TAXNET

세무/회계 전문 재경비즈니스 포털 서비스

인건비를 중심으로 세무, 노무, 4대보험 분야를 총망라한 실무지침서

개정 14판

2025 한눈에 쏙쏙 인건비&4대보험실무

김성중 · 진성규 공저

조세통람

PREFACE

머리말

지난 겨울 유독 길었던 추위와 어둠을 뒤로하며 봄비와 함께 개나리, 진달래, 벚꽃이 만개한 때 「2025 한눈에쏙쏙 인건비&4대보험실무」로 독자 여러분들을 찾아뵙습니다.

이번 「2025 한눈에쏙쏙 인건비&4대보험실무」에서도 최근 개정 법령, 예규, 고시 및 법원 판결 등에 따라 다음과 같은 사항을 보완· 수정하였습니다.

1. 임금 및 퇴직급여관리와 4대보험 관리

1 통상임금의 개념적 징표로서 고정성을 폐기한 대법원 전원합의체 판결에 맞춰 통상임금의 개념과 판단기준을 전면 변경하였고, 관련한 법원의 최근 판단사례 및 고용노동부 통상임금 노사지도 지침을 추가하였습니다.

2 소득세법상 비과세 소득 개정사항을 근로소득 해당 여부에 반영하였고, 조세특례제한법상 비과세 항목이 건강보험 보수월액 등에 포함되는지 여부에 관하여 실무사례를 추가하였습니다.

3 휴일과 결근일, 유급 또는 무급 휴가일이 최저임금액 이상의 임금을 지급해야 하는 시간에 포함되는지 여부에 관한 최근 대법원 판결 내용을 게재하였습니다.

4 법인세법 및 소득세법상 임원의 퇴직소득 한도 초과액 산정 방법 및 근로소득 처리에 관한 사항을 보완하여 이를 명확히 하였습니다.

5 2025.10.23. 시행 예정인 체불임금 사업주 명단공개 및 체불자료의 제공, 상습체불사업주에 대한 보조 · 지원 제한, 출국금지, 체불임금 등에 대한 손해배상청구 제도를 임금체불 및 임금채권 보호 부분에 반영하였습니다.

6 출산육아기 고용안정장려금의 요건 변경 및 업무분담 지원금 신설, 육아휴직급여 및 육아기근로시간 단축 금액 확대 등 변경사항을 4대보험 혜택 부분에 반영하였습니다.

2. 원천징수와 인건비에 대한 세무처리

1 주민세 종업원분의 면세점이 150,000,000원에서 180,000,000원으로 변경되었습니다.

2 대학생 현장실습뿐만 아니라 학교와 현장실습기관이 현장실습표준협약을 체결하고 현장실습수업에 참여하는 고등학생이 현장실습기관으로부터 지급받는 현장실습지원비는 교육 또는 훈련을 목적으로 하는 것이므로 과세대상소득이 아니라는 최신 예규를 소개하였습니다.

3 기업이 근로자 또는 그 배우자의 출산 시 그 출산과 관련하여 자녀의 출생일 이후 2년 이내에 최대 두 차례에 걸쳐 지급하는 급여 전액에 대해서는 과세하지 아니하도록 2024년 귀속분부터 소급 적용되었고 이와 관련된 내용을 상세하게 정리하였습니다.

4 2025년도부터 자사 및 계열사에서 생산 · 공급하는 재화 또는 용역을 할인하여 임원 또는 종업원에게 제공함으로써 임원 또는 종업원이 얻는 이익을 근로소득으로 규정하고, 해당 이익 중 재판매가 허용되지 아니하고 그 임원 또는 종업원이 소비하는 것을 목적하는 이익은 과세하지 아니하도록 개정되었고 이와 관련된 내용을 상세하게 정리하였습니다.

5 선택적 복지포인트의 근로소득 포함여부 소송에 대한 대법원 판례와 연도 중 사망시 부양가족 공제 판정시점 관련 예규와 사례를 소개하였습니다.

6 장애인의 범위를 종전 항시 치료를 요하는 중증환자에서 중증질환 · 희귀난치성 질환 등 중단 없이 주기적인 치료가 필요한 사람으로서 의료기관의 장이 취업 · 취학 등 일상적인 생활에 지장이 있다고 인정하는 사람으로 확대되었고, 장애인 증빙 인정 서류 범위를 장애인증명서 외 발달재활서비스 이용증명서까지 확대하였습니다.

7 근로소득 연말정산 관련 세법 개정

① 중소기업에 취업하는 소득자에 대한 소득세 감면 제외 업종에 관세사법에 따른 통관업, 가상자산 매매 및 중개업, 수의업, 부동산 임대업을 추가하였습니다.

② 중소기업 청년근로자 및 핵심인력 성과보상기금 수령액 세액감면의 가입기간이 5년에서 3년으로 완화되었고 이와 관련된 최신 예규뿐만 아니라 중소기업 재직자 우대 저축공제 상품에 대한 내용을 정리하였습니다.

③ 2024년 연말에 개정된 결혼세액공제에 대한 내용을 정리하였고 종합소득이 있는 거주자의 8세 이상 자녀 · 손자녀 1명당 10만원씩 세액 공제금액을 인상하여 자녀 · 손자녀가 1명인 경우 연 25만원, 2명인 경우 연 55만원, 3명인 경우에는 연 95만원을 종합소득산출세액에서 공제하도록 개정하였습니다.

④ 고향사랑기부금 세액공제 한도가 종전 500만원에서 2,000만원으로 확대하였고 10만원 초과 세액공제율을 특별재난지역의 경우 30%로 확대하였습니다.

⑤ 소기업 · 소상공인 공제부금에 대한 소득공제 한도가 상향되었고 주택청약종합저축 납입액 소득공제 적용대상을 종전 근로소득자인 무주택 세대주에서 그 배우자가 납부한 경우까지 확대되었습니다.

8 거소를 둔 개인의 거주자 · 비거주자 판정 시, 종전 1과세기간 동안 183일 이상을 둔 경우에서 2026.1.1. 이후 개시하는 과세기간부터는 1과세기간 동안 183일 이상인 경우 또는 2과세기간에 걸쳐 계속하여 183일 이상 거소를 둔 경우로 강화되었습니다.

9 2026년부터 기지급 이연퇴직소득이 있는 경우, 기지급 이연퇴직소득부분에 대한 이연퇴직소득세액을 재계산하도록 퇴직소득세액 정산방법이 합리화되었습니다.

10 국내원천 인적용역소득에 대한 비과세 · 면제신청서 및 지급명세서 제출이 의무화되었습니다.

11 2025년부터 외국인 직업운동가인 거주자가 프로스포츠구단과의 계약에 따라 용역을 제공하고 소득을 받는 경우에는 계약기간과 관계없이 그 소득에 대하여 20%의 원천징수세율을 적용합니다.

12 2025년부터 사업자나 법인이 생산 · 공급하는 재화 또는 용역을 그 사업자나 법인(독점규제 및 공정거래에 관한 법률에 따른 계열회사 포함)의 사업장에 종사하는 임원 등에게 시가보다 낮은 가격으로 제공하거나 구입할 수 있도록 지원함으로써 해당 임원 또는 직원이 얻는 이익에 상당하는 금액은 손금산입합니다.

이번 전면 개정판이 재경실무자, 인사담당자, 현장관리자, 취업준비생 등에게 보다 유용한 실무지침서가 될 수 있기를 기대하며 본서를 발간하기까지 많은 도움을 주신 ㈜조세통람의 서원진 대표이사님과 늦은 원고에 많은 고민을 해주신 출판팀 여러분에게도 애정 어린 감사의 말씀을 전합니다.

2025년 4월 봄

김성중 · 진성규 씀

일러두기

소　법 … 소득세법
소　령 … 소득세법 시행령
소　칙 … 소득세법 시행규칙
소　행 … 소득세법 집행기준
소　통 … 소득세법 기본통칙

법　법 … 법인세법
법　령 … 법인세법 시행령
법　칙 … 법인세법 시행규칙
법　행 … 법인세법 집행기준
법　통 … 법인세법 기본통칙

조특법 … 조세특례제한법
조특령 … 조세특례제한법 시행령
조특칙 … 조세특례제한법 시행규칙

부　법 … 부가가치세법
부　령 … 부가가치세법 시행령
부　칙 … 부가가치세법 시행규칙

국기법 … 국세기본법
국기령 … 국세기본법 시행령
국기칙 … 국세기본법 시행규칙

지　법 … 지방세법
지　령 … 지방세법 시행령
지　칙 … 지방세법 시행규칙

지기법 … 지방세기본법
지기령 … 지방세기본법 시행령
지기칙 … 지방세기본법 시행규칙

중기법 … 중소기업기본법
중기령 … 중소기업기본법 시행령
중기칙 … 중소기업기본법 시행규칙

근기법 … 근로기준법
근기령 … 근로기준법 시행령
근기칙 … 근로기준법 시행규칙

근퇴법 … 근로자퇴직급여 보장법
근퇴령 … 근로자퇴직급여 보장법 시행령
근퇴칙 … 근로자퇴직급여 보장법 시행규칙

노동조합법
… 노동조합 및 노동관계조정법

고용및산재보험료징수법
… 고용보험 및 산업재해보상보험의 보험료징수 등에 관한 법률

남녀고용평등법
… 남녀고용평등과 일·가정 양립 지원에 관한 법률

CONTENTS

PART 1 인건비 지급업무의 흐름

CONTENTS

PART 2 임금 및 퇴직급여 관리

CONTENTS

PART 3 4대보험 관리

CONTENTS

CONTENTS

CONTENTS

PART 5 인건비에 대한 세무처리

CONTENTS

PART

1

인건비 지급 업무의 흐름

Chapter

01 인건비와 근로자

01 인건비의 개념

1 인건비와 고용관계

1. 인건비의 의의

일반적으로 인건비란 고용관계나 이와 유사한 계약에 의하여 근로를 제공하고 지급받는 대가로서 임원과 직원에게 지급되는 급여, 상여금, 각종 수당, 퇴직금, 복리후생비 등을 말하며 소득세법상 근로소득(비과세 포함)에 해당하는 모든 항목을 포함한다.

2. 고용관계

고용관계는 당사자 일방이 상대방에 대하여 노무를 제공할 것을 약정하고 상대방이 이에 대하여 보수를 지급할 것을 약정함으로써 그 효력이 발생하며(민법 §655 ①), 이러한 고용관계 하에서 근로기준법상 근로자가 지급받는 임금은 물론, 법인과의 계약에 따라 노무를 제공하고 그 대가로 받는 임원의 보수 또한 인건비에 해당된다.

2 근로소득과 사업소득·기타소득의 구분

세법상 고용관계 없이 독립된 자격으로 계속적으로 용역을 제공하고 지급받는 대가는 사업소득에 해당하고, 일시적으로 용역을 제공하고 지급받는 대가는 기타소득에 해당할 것이나, 고용관계나 이와 유사한 계약에 의하여 근로를 제공하고 지급받는 대가는 근로소득에 해당하는 것으로, 이때 고용관계가 있는지 여부의 판단은 근로제공자가 업무 내지 작업에 대한 거부를 할 수 있는지, 시간적·장소적인 계약을 받는지, 업무수행 과정에 있어서 구체적인 지시를 받는지, 복무규정의 준수의무 등을 종합적으로 고려하여야 한다(소득세과-1227, 2009.8.12.).

| 소득의 구분 |

고용관계 여부		소득구분
고용관계 있음(종속적)		근로소득
고용관계 없음(독립적)	계속적·반복적	사업소득
	일시적·우발적	기타소득

02 인건비 지급대상

인건비 실무상 사용자와 사용인(직원)을 구별하는 것은 중요하다고 할 수 있다.

근로기준법 제2조 제1항 제2호에서 사용자는 "사업주 또는 경영담당자, 그 밖에 근로자에 관한 사항에 대하여 사업주를 위하여 행위하는 자"라고 정의하고 있는데 정리하면 사용자는 근로관계에서 사업주를 위하여 근로자에게 지배력 내지 영향력을 행사하는 사람으로서 근로자를 지휘·감독하고 그 대가로 임금을 지급하는 근로계약의 당사자인 사업주 또는 경영담당자로서 통상 임원을 지칭한다.

반면 사용인은 기업과의 근로계약에 의하여 근로를 제공하고 그 대가를 받는 종업원(피고용인)을 통상적으로 말하는 용어로서, 대표이사와 임원 그리고 이들과 생계를 같이하는 특수관계자는 사용인에 해당되지 않는다.

| 사용자와 사용인(직원) |

구 분	내 용
사용자(임원)	사업주 또는 경영담당자, 그 밖에 근로자에 관한 사항에 대하여 사업주를 위하여 행위하는 자
사용인(직원)*1	기업과의 근로계약에 의하여 근로를 제공하고 그 대가를 받는 자

*1. 법인세법 등에서 사용하고 있었던 사용인의 용어가 직원으로 일괄 변경되었지만 실무상 여전히 혼용되어 사용되고 있는바 용어 사용에 참고하길 바람

이하에서는 인건비 지급대상자를 근로자와 임원으로 구분하여 설명하기로 한다.

1 근로자

1. 세법상 근로자

(1) 개념

인건비의 지급대상인 소득세법상 근로자(직원)는 계속하여 회사의 업무에 종사하는 자로서 임원 이외의 자를 말하며, 통상 근로기준법상 근로자와 같은 뜻으로 사용되나 사용되는 법률의 목적과 취지에 따라 그 뜻을 달리한다.

지방세법에서는 사업소에 근무하거나 사업소로부터 급여를 지급받는 임직원, 그 밖의 종사자로서 급여의 지급 여부와 상관없이 사업주 또는 그 위임을 받은 자와의 계약[*1]에 따라 해당 사업에 종사하는 사람 중 국외근무자를 제외한 자를 의미한다(지방세법 §74 8호, 지방세법시행령 §78의 3 ①).

*1. 계약은 그 명칭·형식 또는 내용과 상관없이 사업주 또는 그 위임을 받은 자와 한 모든 고용계약으로 하고, 현역 복무 등의 사유로 해당 사업소에 일정 기간 사실상 근무하지 아니하더라도 급여를 지급하는 경우에는 종업원으로 본다(지방세법시행령 §78의 3 ②).

(2) 분류

세법상 근로자는 근로제공기간에 따라 일반근로자와 일용근로자와 구분하며, 일용근로자란 근로를 제공한 날 또는 시간에 따라 근로대가를 계산하거나 근로를 제공한 날 또는 시간의 근로성과에 따라 급여를 계산하여 받는 사람을 말한다.

❙ 근로자의 분류 ❙

구 분	요 건	과세방식
일반근로자	일용근로자 외 모든 근로자	종합과세
일용근로자	① 근로를 제공한 날 또는 시간에 따라 근로대가를 받으며, ② 동일한 고용주에게 3개월 이상 계속 고용되지 아니한 자 등[*1]	분리과세

*1. 일용근로자의 자세한 구분에 대해서는 「PART 4 – Chapter 02 – 09」에서 후술하겠음

근로소득자를 두 가지로 구분하는 이유는 일반(계속)근로자가 받는 근로소득은 종합과세대상에 해당되므로 연말정산을 통해 확정되고 일용근로자가 받는 근로소득은 분리과세대상소득에 해당되어 완납적인 원천징수로 모든 납세의무가 종결되기 때문이다.

2. 근로기준법상 근로자

(1) 개념

근로기준법상 근로자란 직업의 종류와 관계없이 임금을 목적으로 사업이나 사업장에 근로를 제공하는 자(근로기준법 §2 1호)로서 이에 해당하는지는 계약의 형식이 고용계약인지 도급계약인지보다 근로제공자가 실질적으로 사업 또는 사업장에 임금을 목적으로 종속적인 관계에서 사용자에게 근로를 제공하였는지에 따라 판단하여야 한다.

(2) 판단기준

여기에서 종속적인 관계가 있는지는 다음의 여러 조건을 종합하여 판단하여야 한다.

① 업무내용을 사용자가 정하고 취업규칙 또는 복무(인사)규정 등의 적용을 받는지

② 업무수행 과정에서 사용자가 상당한 지휘·감독을 하는지

③ 사용자가 근무시간과 근무장소를 지정하고 근로제공자가 이에 구속을 받는지

④ 근로제공자가 스스로 비품·원자재나 작업도구 등을 소유하거나 제3자를 고용하여 업무를 대행케 하는 등 독립하여 자신의 계산으로 사업을 할 수 있는지

⑤ 근로제공을 통한 이윤의 창출과 손실의 위험을 스스로 안고 있는지 등 근로제공 관계의 계속성과 사용자에 대한 전속성의 유무 및 그 정도, 보수의 성격이 근로 자체의 대상적 성격인지

⑥ 기본급이나 고정급이 정하여졌는지

⑦ 근로소득세를 원천징수하였는지

⑧ 사회보장제도에 관한 법령에서 근로자로서의 지위를 인정받는지

다만, 기본급이나 고정급이 정하여졌는지, 근로소득세를 원천징수하였는지, 사회보장제도에 관하여 근로자로 인정받는지 등의 사정은 사용자가 경제적으로 우월한 지위를 이용하여 임의로 정할 여지가 크기 때문에, 그러한 점들이 인정되지 않는다는 것만으로 근로자임을 쉽게 부정하여서는 안 된다(대법원 2018.6.15. 선고 2014두12598 판결).

(3) 분류

근로기준법상 근로자는 고용형태에 따라 정규직 근로자와 비정규직 근로자로 구분할 수 있으며 비정규직 근로자는 기간제근로자, 단시간근로자 및 파견근로자로 다시 나눌 수 있다(기간제및단시간근로자보호등에관한법률 §2, 파견근로자보호등에관한법률 §2).

<table>
<tr><th colspan="2">구 분</th><th>내 용</th></tr>
<tr><td colspan="2">정규직 근로자</td><td>비정규직 근로자가 아닌 자(기간의 정함이 없고 1주간 소정근로시간이 짧지 않으며 고용과 사용이 분리되지 아니한 근로자)</td></tr>
<tr><td rowspan="3">비정규직 근로자</td><td>기간제(계약직)근로자</td><td>기간의 정함이 있는 근로계약을 체결한 근로자*1</td></tr>
<tr><td>단시간근로자</td><td>1주간 소정근로시간이 그 사업장에서 같은 종류의 업무에 종사하는 통상근로자에 비하여 짧은 근로자</td></tr>
<tr><td>파견근로자</td><td>파견근로자보호등에관한법률에 따라 고용과 사용이 분리된 근로자</td></tr>
</table>

*1. 근로계약기간의 만료로써 근로관계는 자동으로 종료되며, 근로계약기간은 2년을 초과할 수 없고, 2년 초과 시에는 무기계약직으로 전환됨. 단, 사업의 완료 등 기간제및단시간근로자보호등에관한법률 제4조 제1항 단서에 해당되는 경우에는 예외적으로 2년을 초과하여 기간제근로자로 사용할 수 있음

3. 노동조합법상 근로자

(1) 개념

근로기준법상 근로자와 달리 노동조합법상 근로자란 직업의 종류를 불문하고 임금·급료 기타 이에 준하는 수입에 의하여 생활하는 자(노동조합법 §2 1호)로서 노동조합법의 입법 목적과 근로자에 대한 정의규정 등을 고려하면, 노동조합법상 근로자에 해당하는지는 노무제공관계의 실질에 비추어 노동3권을 보장할 필요성이 있는지의 관점에서 판단하여야 하고, 반드시 근로기준법상 근로자에 한정된다고 할 것은 아니다(대법원 2015.6.26. 선고 2007두4995 전원합의체 판결).

(2) 판단기준

구체적으로 노동조합법상 근로자에 해당하는지는 노무제공자의 소득이 특정 사업자에게 주로 의존하고 있는지, 노무를 제공받는 특정 사업자가 보수를 비롯하여 노무제공자와 체결하는 계약내용을 일방적으로 결정하는지, 노무제공자가 특정 사업자의 사업 수행에 필수적인 노무를 제공함으로써 특정 사업자의 사업을 통해서 시장에 접근하는지, 노무제공자와 특정 사업자의 법률관계가 상당한 정도로 지속적·전속적인지, 사용자와 노무제공자 사이에 어느 정도 지휘·감독관계가 존재하는지, 노무제공자가 특정 사업자로부터 받는 임금·급료 등 수입이 노무 제공의 대가인지 등을 종합적으로 고려하여 판단하여야 한다(대법원 2006.5.11. 선고 2005다20910 판결).

(3) 근로기준법상 근로자가 아니나 노동조합법상 근로자인 경우

위탁계약에 따른 최소한의 지시만을 받았을 뿐 위탁업무의 수행과정에서 업무의 내용이나 수행방법, 업무수행시간 등에 관하여 회사로부터 상당한 지휘·감독을 받지 아니하고, 위탁업무의 이행실적에 따라 수수료를 지급받으며 회원가입 홍보활동에 투여한 시간 및 비용에 대한 위험은 원칙적으로 스스로 부담하며, 겸직에 제한이 없는 학습지교사의 경우에는 근로기준법상 근로자에 해당하지 않지만, 사업에 필수적인 노무를 제공함으로써 회사와 경제적·조직적 종속관계를 이루고 있고 경제적 약자의 지위에서 회사에게 노무를 제공하는 학습지교사들에게 일정한 경우 집단적으로 단결함으로써 노무를 제공받는 특정 사업자인 회사와 대등한 위치에서 노무제공조건 등을 교섭할 수 있는 권리 등 노동3권을 보장하는 것이 헌법 제33조의 취지에도 부합한다 할 것이므로 노동조합법상 근로자에 해당된다고 본다(대법원 2018.6.15. 선고 2014두12604 판결).

이와 같이 노동조합법상 근로자에 해당되나 근로기준법상 근로자에 해당되지 않는 경우 해당 근로자에게 지급되는 보수는 근로소득이 아닌 사업소득으로서 인건비에는 포함되지 않는다.

핵심사례

1. 채권추심인의 근로자성 인정 여부

최초 계약기간은 6개월로 정하여 채용되었지만 반복적인 재계약 또는 기간연장 합의를 통하여 약 3년 내지 5년 동안 채권추심원으로 종사하여 업무의 계속성이 있었다. 또한 그 업무수행 과정에서 피고로부터 수수료 차감, 다른 팀으로의 이동, 이미 배정된 채권의 환수, 새로이 배정될 채권의 감소 등과 같은 불이익을 받지 않기 위해 캠페인, 조기출근, 야근, 토요일 근무 등 피고가 업무실적향상을 위해 동참을 요구하는 각종 조치에 따를 수밖에 없었다고 보인다. 원고들이 받은 보수는 기본급이나 고정급 없이 성과급의 형태로만 지급되었지만 이는 채권추심업무의 특성에 의한 것일 뿐이고, 원고들이 제공한 근로의 양과 질에 대한 대가로서의 임금의 성격을 지니지 아니한 것이라고 보기는 어렵다. 더구나 피고는 원고들에게 채권추심업무를 수행하는 과정에서 목표설정에서부터 채권추심업무의 처리에 이르기까지 모든 업무의 과정을 채권관리시스템에 입력하게 함으로써 원고들의 업무를 구체적으로 지휘하고 관리·감독한 것으로 보기에 충분하다 (대법원 2016.4.15. 선고 2015다252891 판결).

2. 학원강사의 근로자성 인정 여부

이 사건 강사들이 맡은 각 과목은 수능시험의 필수선택과목으로서 그 수업은 이 사건 학원의 운영에 있어 핵심적이고 불가분한 중요 업무 부분에 해당하여 학원으로서는 적정한 업무수행을 보장하기 위하여 강사들의 강의 이행 여부에 대하여 상당한 지휘·

감독을 하고자 하는 유인이 큰 점, 이 사건 학원이 강사들이 강의할 지점과 주당 강의시간을 결정하였고, 강의시간에의 지각 및 결강 여부를 체크하였으며, 불가피한 사정이 없는 한 강의시간을 변경할 수 없었고, 수강생들의 강의평가나 원장평가, 이와 같은 근무에 대한 성실도 평가 등을 통해 계속근로여부가 결정된 점, 월 강사료는 제공한 강의의 질이나 수강생의 증감에 따라 결정된 것이 아니라, 근로시간에 비례하여 산정되었고, 시간당 강사료와 강의시간 수, 강의 장소, 수강생 등이 이 사건 학원에 의하여 정해졌으므로, 자신들의 계산으로 사업을 영위하거나 노무 제공을 통한 이윤 창출과 손실의 초래 등의 위험을 스스로 안고 있었다고 보기 어려운 점, 정해진 기본급이나 고정급을 지급받지 아니한 점, 강의 시간에 맞추어 자유롭게 출·퇴근하였다는 점, 이 사건 학원에서 강의를 하는 기간 동안 다른 학원에서도 자유롭게 강의를 하는 등 특정 사용자에게 전속되어 있지도 않았다는 점, 근로소득세를 원천징수당하지 아니하였다는 점 등의 사정은 최근에 급격하게 증가하고 있는 시간제 근로자에게 일반적으로 나타나는 현상이나 속성으로 볼 수 있는 데다가 사용자가 경제적으로 우월한 지위에서 사실상 임의로 정할 수 있는 사정들에 불과한 점 등을 종합하면, 이 사건 강사들은 임금을 목적으로 종속적인 관계에서 이 사건 학원에 근로를 제공한 근로자에 해당한다고 봄이 상당하다(대법원 2015.9.10. 선고 2015도8556 판결).

3. 스카이라이프 서비스 기사의 근로자성 인정 여부

사용자인 원고는 참가인(스카이라이프의 서비스 기사)의 업무 내용을 정하고 평가를 하는 등 참가인의 업무수행 과정에서 지휘·감독을 한 점, 참가인이 일정한 사업장에 출퇴근한 것은 아니지만 사용자인 원고가 지정한 근무 시간·장소에 구속되었다고 평가할 수 있는 점, 원고는 참가인에게 스카이라이프 서비스에 필수적인 안테나, 동축케이블, 수신기 등 고가의 장비를 무상으로 제공하였고, 참가인은 원고로부터 PDA로 배정받은 업무를 제3자를 고용하여 대행하도록 할 수 없었고 자신이 직접 처리하는 등 참가인은 원고로부터 독립하여 자신의 계산으로 사업을 영위하였다고 보기는 어려운 점, 참가인이 이윤 창출이나 손실 등 위험을 스스로 부담하였다고 볼 수는 없는 점, 참가인의 노력에 따른 성과와 무관하게 스카이라이프 가입자 수만을 기준으로 금액을 산정해 사후 유지보수 수수료를 지급받았는데, 이를 고려하면 참가인이 받은 수수료에 어느 정도 고정급으로서의 성격이 있다고 평가할 수 있는 점, 참가인의 소득활동이 원고에게만 의존하고 있고, 참가인이 수행하는 업무가 원고의 사업 수행에 필수적인 점 등을 종합하여 볼 때, 참가인은 근로기준법에 따른 근로자로서 산업재해보상보험법에 따른 보험급여를 받을 수 있다고 보아야 한다. 원고가 정한 취업규칙이나 복무(인사)규정이 참가인에게 적용되지 않고, 참가인이 원고로부터 금액이 특정된 고정급을 받지 않았으며, 근로소득세 원천징수도 이루어지지 않았고, 다른 사회보장 관련 법령에서는 참가인이 근로자로 인정되지 않고 있다. 그러나 이들은 모두 사용자인 원고가 경제적으로 우월한 지위를 이용하여 임의로 정할 수 있는 사안이므로 이를 들어 참가인의 근로기준법상 근로자성을 부정할 수는 없다(대법원 2019.11.28. 선고 2019두50168 판결).

4. 지입차주의 근로자성 인정 여부

이 근로를 제공하는 자가 기계, 기구 등을 소유하고 있다고 하여, 곧바로 독립하여 자신의 계산으로 사업을 영위하고 노무제공을 통한 이윤의 창출과 손실의 초래 등 위험을 안는 사업자라고 단정할 것은 아니다. 다만, 기본급이나 고정급이 정하여졌는지, 근로소득세를 원천징수하였는지, 사회보장제도에 관하여 근로자로 인정받는지 등의 사정은 사용자가 경제적으로 우월한 지위를 이용하여 임의로 정할 여지가 크다는 점에서 그러한 점들이 인정되지 않는다는 것만으로 근로자성을 쉽게 부정하여서는 안 된다. 회사에 대하여 종속적인 관계에서 자신들의 소유인 차량을 이용하여 근로를 제공하고 이에 대하여 회사로부터 실비변상적인 성격의 금원을 포함한 포괄적인 형태의 임금을 받아 온 경우 근로기준법상의 근로자에 해당한다(대법원 2013.4.26. 선고 2012도5385 판결).

5. 야쿠르트 위탁판매원의 근로자성 인정 여부

원고와 같은 위탁판매원들이 피고로부터 지급받는 각종 수수료의 금액은 기본적으로 각 위탁판매원의 판매실적에 연동되어 결정되는 것으로서, 위탁판매원들이 제공하는 용역의 내용이나 시간과 반드시 비례적 관련성을 가진다고 볼 수 없다는 점, 피고가 원고에게 근무복을 제공하고 적립형 보험의 보험료 및 상조회비를 일부 지원하였다고 하더라도, 이는 원고의 판매활동을 장려하기 위한 배려 차원에서 이루어진 것일 뿐, 이를 두고 원고가 피고로부터 근무상의 어떠한 지시나 통제를 받은 것으로 평가할 수는 없다는 점, 피고가 원고와 같은 위탁판매원들을 상대로 하여 실시한 매월 2회 정도의 교육은 위탁판매원들의 원활한 판매활동을 위하여 피고가 위탁자의 지위에서 행하는 최소한의 업무 안내 및 판촉활동에 대한 독려에 불과할 뿐, 이로써 위탁판매원들이 피고로부터 위탁판매계약에 따른 용역 제공 과정에서 구체적인 지휘·감독을 받았다고 볼 수는 없다는 점, 설령 피고가 관리점 내에 일정표를 게시하고 위탁판매원들로부터 서약서를 징구하였다고 하더라도, 그 일정 및 서약서의 내용이 위탁판매원들에 대한 구체적인 업무지시와 감독에 관한 것이라고 볼 만한 아무런 사정을 찾을 수 없고, 오히려 이는 위탁판매계약상의 의무를 주지시키는 것에 불과하다고 보인 점, 위탁판매원들에 대하여는 피고의 일반 직원들에게 적용되는 취업규칙 등의 복무규정이 적용되지 않아서 위탁판매원들의 어떠한 의무 위반에 대하여 피고로서는 위탁판매계약의 해지에 따른 불이익만을 위탁판매원들에게 줄 수 있을 뿐, 복무규정에 따른 각종 제재를 부과할 수는 없는 점, 위탁판매원들은 세법 및 사회보장제도에 관한 법령에서 근로자로서의 지위를 인정받지 못하고 있는 점 등을 종합하여 볼 때, 원고가 종속적인 관계에서 피고에게 임금을 목적으로 근로를 제공한 것이라고 볼 수는 없으므로, 원고가 근로자임을 전제로 하는 원고의 이 사건 청구는 나머지 점에 관하여 더 나아가 살펴볼 필요 없이 이유 없다(대법원 2016.8.24. 선고 2015나41982판결).

2 임원

1. 세법상 임원

인건비의 지급대상인 임원은 다음과 같이 구분할 수 있으며 이들은 모두 근로기준법상 사용자가 된다(법인세법시행령 §40 ①).

① 법인의 회장·사장·부사장·이사장·대표이사·전무이사 및 상무이사 등 이사회의 구성원 전원과 청산인

② 합명회사, 합자회사 및 유한회사의 업무집행사원 또는 이사

③ 유한책임회사의 업무집행자

④ 감사

⑤ 그 밖에 ①부터 ④까지의 규정에 준하는 직무에 종사하는 자

다만, 임원에 해당하는지 여부는 종사하는 직무의 실질에 따라 판단할 사항이므로 직책의 명칭에 의하지 않고 실질적인 임원인지 여부로 판단한다.

2. 근로기준법 또는 노동조합법상 사용자

근로기준법 또는 노동조합법상 사용자란 사업주 또는 사업경영담당자, 그 밖에 근로자에 관한 사항에 대하여 사업주를 위하여 행위하는 자(근로기준법 §2 2호, 노동조합법 §2 2호)를 말하는 것으로 통상 임원은 이에 해당한다.

구 분	내 용
사업주	근로자를 사용하여 사업을 행하는 자로서 개인기업의 경우 기업의 경영주 개인을 말하고, 법인기업의 경우 법인 그 자체를 말함
사업경영담당자	사업경영 일반에 관하여 책임을 지는 자로서 사업주로부터 사업경영의 전부 또는 일부에 대하여 포괄적 위임을 받고 대외적으로 사업을 대표하거나 대리하는 자로서 대표이사와 임원 등을 말함
근로자에 관한 사항에 대하여 사업주를 위하여 행위하는 자	근로자의 인사, 급여, 후생, 노무관리 등 근로조건의 결정 또는 업무상의 명령이나 지휘·감독을 하는 등의 사항에 대하여 사업주로부터 일정한 권한과 책임을 부여받은 자를 말함

실무 POINT **임원의 근로자성**

주식회사의 이사, 감사 등 임원은 회사로부터 일정한 사무처리의 위임을 받고 있는 것이므로, 사용자의 지휘·감독 아래 일정한 근로를 제공하고 소정의 임금을 받는 고용관계에 있는 것이 아니나, 회사의 이사 또는 감사 등 임원이라고 하더라도 그 지위 또는 명칭이 형식적·명목적인 것이고 실제로는 매일 출근하여 업무집행권을 갖는 대표이사나 사용자의 지휘·감독 아래 일정한 근로를 제공하면서 그 대가로 보수를 받는 관계에 있다거나 또는 회사로부터 위임받은 사무를 처리하는 외에 대표이사 등의 지휘·감독 아래 일정한 노무를 담당하고 그 대가로 일정한 보수를 지급받아 왔다면 그러한 임원은 근로기준법상의 근로자에 해당한다(대법원 2003.9.26. 선고 2002다64681 판결).

Chapter 02 근로소득·보수와 임금의 구별

01 근로소득·보수와 임금의 개념

1 개념 구별의 필요성

소득세법상 근로소득은 근로의 제공으로 인하여 받는 봉급·급료·보수·세비·임금·상여·수당과 이와 유사한 성질의 급여를 의미하는 반면, 근로기준법상 임금이란 사용자가 근로의 대가로 근로자에게 임금, 봉급, 그 밖에 어떠한 명칭으로든지 지급하는 일체의 금품을 말한다.

이와 같이 소득세법, 근로기준법, 국민연금법, 국민건강보험법, 고용보험법, 고용보험및산업재해보상보험의보험료징수등에관한법률(이하 "고용및산재보험료징수법"이라 한다) 등에서는 유사한 개념으로 근로소득, 소득, 보수, 임금이라는 용어를 사용하고 있는데, 이는 각각의 법의 목적과 취지가 서로 다르기 때문이며 그에 따라 구체적인 범위를 서로 달리한다.

2 소득세법상 근로소득

소득세법상 근로소득은 근로의 제공으로 인하여 받는 봉급·급료·보수·세비·임금·상여·수당과 이와 유사한 성질의 급여 및 퇴직으로 인하여 받는 소득으로서 퇴직소득에 속하지 아니하는 소득(소법 §20 ①)으로 공로금·위로금·학자금·장학금, 여비의 명목으로 받는 연액 또는 월액의 급여, 고용보험·건강보험의 사용자 부담금, 고용보험기금에서 지급받는 육아휴직급여 및 출산전후휴가급여 등도 포함된다. 다만, 산재보험급여, 육아휴직급여 및 출산전후휴가급여, 육아기 근로시단 단축 급여, 학자금, 실비변상적 급여, 사회보험료 사용자 부담금, 식대, 보육수당, 직무발명보상금, 단체보험 등의 소득에 대하여는 소득세가 과세되지 않는다(소법 §12).

참고로 과세되는 근로소득을 총급여액(소법 §20 ②)이라고 하고 비과세되는 근로소득까지 포함된 근로소득을 세법상 총지급액이라고 한다.

3 국민연금법상 소득

국민연금법상 소득이란 소득세법 제20조의 규정에 의한 근로소득에서 소득세법의 규정에 의한 비과세 근로소득(원양어업 선박이나 국외 등을 항행하는 선박에서 근로를 제공하고 받는 월 300만원 이내의 금액은 제외)을 차감한 소득 또는 사업 및 자산을 운영하여 얻는 수입에서 필요경비를 제외한 금액(국민연금법 §3 3호, 동법 시행령 §3 ①)을 말한다. 벤처기업 주식매수선택권 행사이익 및 우리사주조합 인출금 비과세, 외국인 단일세율 적용자에 대해 과세하지 않는 금액 등 조세특례제한법에 따른 비과세 금액은 국민연금법상 소득에 포함된다.

4 국민건강보험법상 보수

국민건강보험법상 보수는 근로의 제공으로 인하여 받은 봉급·급료·보수·세비·임금·상여·수당과 이와 유사한 성질의 금품 중 퇴직금, 현상금·번역료 및 원고료, 소득세법의 규정에 의한 비과세 근로소득(국외근로소득 제외)을 제외한 것(국민건강보험법시행령 §33 ①)을 말하며, 조세특례제한법에 따른 비과세 금액은 보수에 포함된다. 다만, 벤처기업 주식매수선택권 행사이익 비과세, 법인세법상 소득처분된 법인 대표자 인정상여 및 임원 퇴직소득금액 한도초과액은 보수에서 제외되며, 단일세율 적용 외국인 근로자에 대해서는 전체 근로소득을 모두 보수에 포함하되 사택 제공으로 얻은 이익은 제외된다.

5 고용보험법·고용및산재보험료징수법상 보수

고용보험법 또는 고용및산재보험료징수법상 보수는 소득세법 제20조에 따른 근로소득에서 비과세 근로소득을 뺀 금액을 말한다. 다만, 고용보험을 적용하는 경우에는 근로자가 휴직이나 그 밖에 이와 비슷한 상태에 있는 기간 중에 사업주 외의 자로부터 지급받는 금품 중 고용노동부장관이 정하여 고시하는 금품(노조전임자의 급여)은 보수로 보며, 조세특례제한법에 따른 비과세 금액은 이에 포함된다(고용보험법 §2 5호, 고용및산재보험료징수법 §2 3호).

6 근로기준법상 임금

근로기준법상 임금이란 사용자가 근로의 대가로 근로자에게 임금, 봉급, 그 밖에 어떠한 명칭으로든지 지급하는 일체의 금품(근로기준법 §2 5호)으로서 근로자에게 계속적·정기적으로 지급되고 그 지급에 관하여 단체협약, 취업규칙, 급여규정, 근로계약, 노동관행 등에 의하여 사용자에게 지급의무가 지워져 있다면 그 명목 여하를 불문하고 임금에 해당된다(대법원 2013.12.18. 선고 2012다94643 전원합의체 판결).

실무 POINT **근로소득·보수와 임금 요약**

1. 근로소득

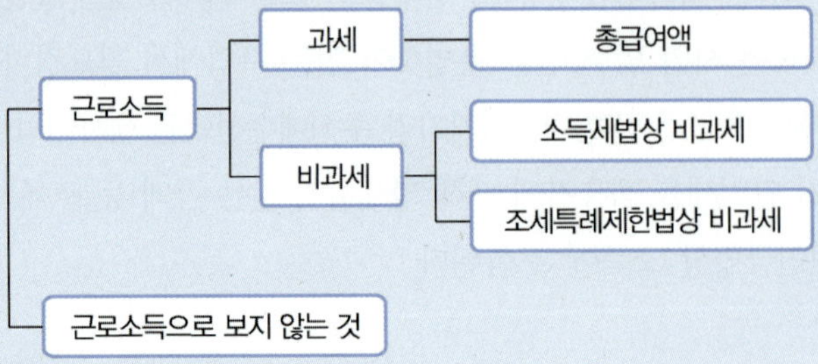

2. 4대보험

구분	국민연금	건강보험	고용·산재보험
기준금액	기준소득월액	보수월액	월평균보수
기준금액 범위	소득세법상 총급여액*1+ 조세특례제한법상 비과세*2 +소득세법상 비과세 중 원양어업 선박이나 국외등을 항행하는 선박에서 근로제공을 하고 받는 월 300만원 이내의 금액	소득세법상 총급여액*1+ 조세특례제한법상 비과세*2 +소득세법상 비과세 중 국외근로소득 비과세	소득세법상 총급여액*1+ 조세특례제한법상 비과세*2

*1. 소득세법상 총급여액이란 근소득원천징수영수증상 ⑯ 총급여액을 말하며 소득세법상 근로소득에서 소득세법상 비과세근로소득을 차감한 금액임(소법 §20 ②).

*2. 조세특례제한법상 비과세 근로소득은 '벤처기업 주식매수선택권 행사이익 비과세 특례(조특법 §16의 2)'와 '우리사주조합 인출금 비과세(조특법 §88의 4)'를 말하는 것으로 최근 실무상 빈번하게 발생하는 주식매수선택권 행사이익 비과세는 소득세는 과세되지 않지만 국민연금과 고용·산재보험 기준금액에는 포함되고 건강보험료 기준금액은 서울행정법원 2023구합70374(2024.5.2.) 판례에 의해서 포함되지 않는 점을 유의하여야 함.

3. 임금

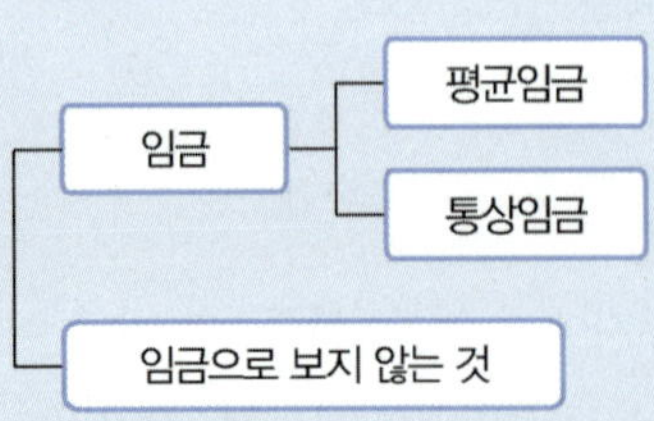

02 근로소득·보수·임금의 해당 여부

소득세, 사회보험료, 퇴직금 등의 산정기초가 되는 근로소득, 소득, 보수 또는 임금에 해당하는지 여부를 수당별로 판단해보면 다음과 같다.

| 소득세·보험료 등의 산정기초가 되는 소득(보수) 여부 |

구 분	근로소득세	국민연금	건강보험	고용·산재 보험(보수)	고용·산재 보험(임금)
휴업수당	○	○	○	○ (산재보험 ×)	×
퇴직위로금·공로금	×	×	×	×	×
퇴직금, 해고예고수당	×	×	×	×	×
육아휴직급여 및 출산전후휴가급여	×	×	×	×	×
출산전후휴가기간의 급여	○	○	○	○ (산재보험 ×)	○
노조전임기간 중 노조로부터 받은 급여	○	○	○	○ (산재보험 ×)	×
성과배분금	○	○	○	○	×
본인 학자금	×	×	×	×	×
일직·숙직료 또는 여비로서 실비변상액	×	×	×	×	×
자가운전보조비 (실제여비지급 대신일 때)	× (월 20만원 내)	× (월 20만원 내)	× (월 20만원 내)	× (월 20만원 내)	×
작업복, 작업모	×	×	×	×	×
선원의 승선수당	× (월 20만원 내)	× (월 20만원 내)	× (월 20만원 내)	× (월 20만원 내)	○
광산근로자의 입갱수당 또는 발파수당	×	×	×	×	○
연구보조비·연구활동비 (연구기관에서 연구활동에 직접 종사하는 자에 한함)	× (월 20만원 내)	× (월 20만원 내)	× (월 20만원 내)	× (월 20만원 내)	○
기자의 취재수당	× (월 20만원 내)	× (월 20만원 내)	× (월 20만원 내)	× (월 20만원 내)	○
벽지수당	× (월 20만원 내)	× (월 20만원 내)	× (월 20만원 내)	× (월 20만원 내)	○

구 분	근로소득세	국민연금	건강보험	고용·산재 보험(보수)	고용·산재 보험(임금)
천재지변, 기타 재해로 인해 받은 급여	×	×	×	×	×
국외근로소득 (국외·북한지역에서 또는 국외 등을 항행하는 항공기·선박에서 근로제공)	× (월 100만원 내. 단, 선박 또는 건설현장은 500만원)	× (월 100만원 내. 단, 건설현장은 500만원, 선박은 월 300만원 이내에서 제외)	○	× (월 100만원 내. 단, 선박 또는 건설현장은 500만원)	○
생산직 등의 연장·야간·휴일근로수당 (월정액급여 210만원·직전연도 총급여액 3천만원 이하의 공장·광산근로자, 선원, 운전 및 운송 관련직 종사자, 돌봄.미용.여가 및 관광.숙박시설.조리 및 음식 관련 서비스직 종사자, 매장 판매 종사자, 상품 대여 종사자, 통신 관련 판매직 종사자, 운송.청소.경비.가사.음식.판매.농림.어업.계기.자판기.주차관리 및 기타 서비스 관련 단순노무직 종사자 중 기획재정부령이 정하는 자)	× (연 240만원 내. 단, 광산 및 일용근로자는 그 전액)	× (연 240만원 내. 단, 광산 및 일용근로자는 그 전액)	× (연 240만원 내. 단, 광산 및 일용근로자는 그 전액)	× (연 240만원 내. 단, 광산 및 일용근로자는 그 전액)	○
월정액급여 210만원·직전연도 총급여액 3천만원 이하로서 어업을 영위하는 자에게 고용되어 근로를 제공하는 자가 받는 생산수당 (비율급인 경우에는 월고정급을 초과하는 비율급)	× (연 240만원 내)	× (연 240만원 내)	× (연 240만원 내)	× (연 240만원 내)	○
식사대	× (월 20만원 내)	× (월 20만원 내)	× (월 20만원 내)	× (월 20만원 내)	○

구 분	근로소득세	국민연금	건강보험	고용·산재 보험(보수)	고용·산재 보험(임금)
출산·보육수당(본인 또는 배우자 출산지원금이나 6세 이하 자녀의 보육관련수당)	× (출산일 이후 2년 이내에 최대 2차례에 걸쳐 지급받은 금액 전액 또는 과세기간 개시일 기준 6세 이하 자녀의 보육과 관련하여 지급받은 급여로서 월 20만원 이내)	× (출산일 이후 2년 이내에 최대 2차례에 걸쳐 지급받은 금액 전액 또는 과세기간 개시일 기준 6세 이하 자녀의 보육과 관련하여 지급받은 급여로서 월 20만원 이내)	× (출산일 이후 2년 이내에 최대 2차례에 걸쳐 지급받은 금액 전액 또는 과세기간 개시일 기준 6세 이하 자녀의 보육과 관련하여 지급받은 급여로서 월 20만원 이내)	× (출산일 이후 2년 이내에 최대 2차례에 걸쳐 지급받은 금액 전액 또는 과세기간 개시일 기준 6세 이하 자녀의 보육과 관련하여 지급받은 급여로서 월 20만원 이내)	×
직급보조비, 업무추진비, 판공비 또는 이와 유사한 성질의 금품(사용목적 및 대상자별 사용한도액 등의 지급기준이 정해져 있고 당해 목적을 위해 사용한 것이 분명한 경우)	○	○	○	○	×
직무발명보상금	× (연 700만원 내)	× (연 700만원 내)	× (연 700만원 내)	× (연 700만원 내)	×
벤처기업 주식매수선택권 행사이익	×	○	×	○	×
법인 출연 또는 잉여금 전입으로 취득한 우리사주 인출금	×	○	○	○	×
단일세율 적용 외국인 근로자에게 지급된 전체 소득	○ (소득의 19% 제외)	○	○ (사택제공으로 인한 이익 제외)	○	×
소득처분된 법인대표자 인정상여	○	○	×	○	×
임원 퇴직소득금액 한도 초과액	○	○	×	○	×

Chapter 03 입사부터 퇴직까지의 인건비 지급

01 인건비 지급 시 고려 요소

입사부터 퇴직까지 인건비를 책정하고 지출함에 있어서는 인건비와 관련된 법령, 다른 기업의 인건비 정책, 회사의 재정사항 및 예산 등을 고려한 통합적인 사고가 필요하다. 인건비 책정 및 지출에 있어 기본적으로 고려하여야 하는 요소는 다음과 같다.

구 분	고려요소
노동법(근로기준법, 최저임금법, 근로자퇴직급여보장법 등)	• 최저임금의 수준 • 평균임금과 통상임금의 범위 • 연장·야간·휴일근로수당 산정 • 주휴수당, 유급휴일 및 휴가수당, 연차수당 산정 • 법정퇴직금 및 퇴직연금의 산정 • 포괄임금제 적용 여부 등
법인세법, 소득세법, 조세특례제한법	• 비용(손금)의 인정 여부 • 소득별 원천징수 신고와 납부 • 연말정산 • 외국인근로자의 과세특례 등
사회보험법(고용및산재보험료징수법, 국민연금법, 건강보험법 등)	• 4대보험의 자격취득신고 • 4대보험의 자격변동신고 • 4대보험의 부과와 납부 • 4대보험의 정산(보수총액 신고) • 4대보험의 자격상실신고 등
기업회계기준	• 급여관련 회계처리 • 연말정산 관련 회계처리 • 퇴직금과 퇴직연금 관련 회계처리

02 인건비 지급업무의 흐름

근로자가 입사한 때부터 퇴직한 때까지의 인건비 지급업무를 요약정리하면 다음과 같다.

구 분	업무내용
직원 입사 시	• 근로계약서 작성 및 연봉체결 • 4대보험 신고 및 세무처리를 위한 기초정보파악 • 4대보험료 및 원천세 계산을 위한 급여내역 파악 • 4대보험 자격취득신고
직원 재직 시	• 급·상여 계산 및 대장의 작성 • 각종 수당의 산정 • 임금명세서 서면 교부 • 소득세와 지방소득세 원천징수 • 고용보험료, 국민연금보험료, 건강보험료 원천징수 • 원천징수이행상황신고서의 신고 및 원천세 납부 • 4대보험료의 납부 또는 자동이체 • 4대보험 자격변동신고 • 4대보험료 예수금 관리 • 퇴직충당금 관리 및 퇴직연금 사외적립 • 계속근로자의 연말정산과 연간 및 간이 지급명세서의 제출 • 4대보험료 보수총액신고와 연말정산 • 인건비 예산 대비 집행률 관리
직원 퇴사 시	• 퇴직월 급여 계산 및 금품청산 • 4대보험 상실신고 및 보험료 퇴직정산 • 근로소득 중도퇴사 연말정산 • 퇴직금 및 퇴직연금의 산정 • 퇴직소득세액의 산정 • 퇴직소득 원천징수 신고와 납부 • 근로소득과 퇴직소득 지급명세서 제출

PART

2

임금 및 퇴직급여 관리

Chapter 01 임금의 의의

01 임금의 개념

임금이란 사용자가 근로의 대가로 근로자에게 임금, 봉급, 그 밖의 어떠한 명칭으로든지 지급하는 일체의 금품(근로기준법 §2 5호)으로서 근로자에게 계속적·정기적으로 지급되고 그 지급에 관하여 단체협약, 취업규칙, 급여규정, 근로계약, 노동관행 등에 의하여 사용자에게 지급의무가 지워져 있다면 그 명목 여하를 불문하고 임금에 해당된다(대법원 2013.12.18. 선고 2012다94643 전원합의체 판결).

1 근로의 대가

임금은 우선 그 지급목적이 근로에 대한 대가로서 근로제공과 직접적으로 관련되거나 그것과 밀접하게 관련된 것으로 볼 수 있어야 하며, 따라서 차량유지비와 같이 실비변상적으로 지급되거나 경조금과 같이 생활보조적·복리후생적으로 지급되는 금품은 임금이 아니다.

2 사용자가 지급하는 금품

임금은 법령, 단체협약, 취업규칙, 근로계약 또는 노동관행(사용자의 방침이나 관행에 따라 계속적으로 이루어져 노사 간에 그 지급이 당연한 것으로 여겨질 정도의 관례가 형성된 경우)에 의해 근로조건의 하나로 정하여져 사용자에게 지급의무가 있고, 사용자가 근로자에게 개별적으로 지급하는 금품(현금 이외의 시설이용 등 경제적 이익 포함)이어야 하며, 따라서 경영성과급과 같이 은혜적·임의적으로 지급되거나 근로자가 공동으로 이용하는 기업시설, 사용자가 부담하는 국민연금보험료·건강보험료, 손님으로부터 주어지는 봉사료는 임금으로 볼 수 없다.

다만, 금품의 지급이 단체협약·취업규칙·근로계약 등이나 사용자의 방침 등에 의하여 이루어진 것이라 하더라도 근로제공과 관련 없이 그 지급의무의 발생이 개별 근로자의 특수하고 우연한 사정에 의하여 좌우되는 경우에는 근로의 대가로 지급된 것으로 볼 수 없으므로 그 금품은 임금이 아니다.

02 임금 여부 판단사례

1 출퇴근교통비

출퇴근교통비는 그 지급의 근거가 급여규정에 반드시 명시되어 있는 것은 아니라 할지라도 정기적, 제도적으로 지급되어 왔고, 사무총장을 제외한 사무국의 전 직원에게 그 직급에 따라 일률적으로 지급되어 온 것일 뿐 아니라, 특히 사무국직원 중 출퇴근교통비가 지급되지 아니한 사무총장에게는 그 대신에 출퇴근차량이 제공되었다는 것이므로 위 출퇴근교통비는 여비, 출장비 등과 같은 실비변상적인 성격의 금원이 아니라 근로기준법 제18조에서 말하는 근로의 대상인 임금의 성질을 갖는 금원이라 할 것이다(대법원 1992.4.10. 선고 91다37522 판결).

2 급식대(식권)

처음에는 전 직원에게 현금으로 지급하다가 나중에는 현물지급 원칙으로 변경하면서 전표나 식권을 발행하여 그 가액상당의 식품이나 식사를 구판장 또는 구내식당을 통하여 수령하도록 한 식대보조비(전표나 식권)는 모두 회사가 전 직원을 대상으로 취업규칙 또는 회사의 방침으로 정한 일정 기준에 의하여 매월 또는 매년 정기적, 계속적으로 지급하여 온 것으로서 그 명칭이나 일부 현물지급 여부에 관계없이 근로의 대가로 지급하여 온 금품으로서 평균임금의 산정에 있어 포함되는 임금으로 봄이 상당하다(대법원 1990.12.7. 선고 90다카19647 판결).

그러나 중식 제공에 관한 규정이 단체협약상 임금의 장이 아니라 후생복지 및 교육훈련의 장에 있다는 점, 식권을 발행하지 않고, 중식을 제공받지 아니한 자에게 따로 현금이나 다른 물건으로 보상하여 주지 않는 점과 회사는 토요일 오전 근무만 하는 자에게도 중식을 제공하였을 뿐만 아니라 식사를 하지 않은 근로자들에게 식사비에 상당하는 현금은 물론이거니와 다른 물건을 따로 제공하지도 아니한 점 등을 종합하여 보면 이 사건 중식은 근로자의 후생복지를 위하여 제공되는 것으로서 근로의 대가인 임금이라고 볼 수 없고 따라서 이를 평균임금 산정의 기초가 되는 임금에 해당한다고 보기 어렵다(대법원 2006.5.26. 선고 2003다54322·54339 판결).

3 차량유지비

차량유지비의 경우 그것이 차량 보유를 조건으로 지급되었거나 직원들 개인 소유의 차량을 업무용으로 사용하는 데 필요한 비용을 보조하기 위해 지급된 것이라면 실비변상적인 것으로서 근로의 대상으로 지급된 것으로 볼 수 없으나 전 직원에 대하여 또는 일정한 직급을 기준으로 일률적으로 지급되었다면 근로의 대상으로 지급된 것으로 볼 수 있다고 할 것이다(대법원 1997.10.24. 선고 96다33037·33044 판결).

4 가족수당

가족수당은 회사에게 그 지급의무가 있는 것이고 일정한 요건에 해당하는 근로자에게 일률적으로 지급되어 왔다면 이는 임의적·은혜적인 급여가 아니라 근로에 대한 대가의 성질을 가지는 것으로서 임금에 해당한다(대법원 2002.5.31. 선고 2000다18127 판결).

5 주택수당

가족수당, 주택수당 등도 그 지급 내용을 보면 그것이 근로시간에 직접 또는 비례적으로 대응하지 않는다는 의미에서 근로 제공과의 밀접도(密接度)가 약하기는 하지만 실질적으로는 근로자가 사용자가 의도하는 근로를 제공한 것에 대하여 그 대가로서 지급되는 것이지 단순히 근로자로서의 지위를 보유하고 있다는 점에 근거하여 지급한다고 할 수 없으며 이러한 수당 등을 지급하게 된 것이 현실의 근로 제공과는 무관하게 단순히 근로자의 생활이나 지위를 보장하기 위한 것이라고 할 수도 없으므로 이러한 수당 등을 현실적인 근로 제공의 대가가 아닌 것으로 보는 것은 임금의 지급 현실을 외면한 단순한 의제(擬制)에 불과하다(대법원 1995.12.21. 선고 94다26721 전원합의체 판결).

6 휴가비·귀향비·선물비·단체보험료·생일자지원금

하계휴가비, 설·추석 귀향비 및 선물비는 모두 단체협약에 의하여 회사에 지급 의무가 지워져 있고, 전 근로자 또는 일정한 요건에 해당하는 근로자에게 일률적으로 지급되어 왔으므로 이는 모두 근로의 대가로서 임금에 해당하여 평균임금 산정의 기초가 되는 임금총액에 포함된다(대법원 1990.12.7. 선고 90다카19647 판결).

노사협의회에서 10년 만기형으로 보험료 월 10,000원의 단체보험에 가입하는 것으로 합의한 후 사용자가 단체보험료는 대납한 경우 그것이 비록 직접 근로자들에게 현실적으로 지급되는 것이 아니고 그 지급의 효과가 즉시 발생하는 것은 아니라고 할지라도 근로의 대상인 임금이 아니라고 할 수는 없는 것이므로, 평균 임금 산정의 기초가 되는 임금총액에 포함된다고 봄이 상당하다.

설날과 추석 무렵 수개의 품목을 제시하여 그 중 근로자가 원하는 선물을 선택할 수 있도록 하되, 선물의 가액 중 100,000원을 초과하는 부분은 당해 근로자의 임금에서 공제하거나 사내 근로복지기금이 지원하여 온 경우 또는 소속 근로자들의 생일에 30,000원 상당의 문화상품권을 지급하여 온 경우 이러한 선물비나 생일자지원금은 노사협의에 의하여 피고 회사에 지급의무가 지워져 있고, 근로의 대가로서의 성질을 가지는 것으로서 임금에 해당된다고 할 것이므로, 평균임금 산정의 기초가 되는 임금총액에 포함된다고 봄이 상당하다(대법원 2019.5.10. 선고 2025다56383 판결).

7 개인연금보조금

매월 개인연금 1만원씩을 퇴직 시까지 불입하기로 노사합의를 하고, 그 무렵부터 전 근로자들에게 매월 기타수당이라는 항목으로 1만원씩을 지급하였으며, 개인연금보조금을 지급함에 있어서 이를 월급여의 총액에 포함시켜 소득세까지 공제하여 왔다는 것이므로 위 개인연금보조금은 정기적·계속적으로 지급되어 온 것으로서 단체협약에 의하여 피고 회사에 그 지급 의무가 지워져 있는 것이지 사용자가 은혜적으로 지급하는 것으로 보기는 어렵다 할 것이다. 그렇다면 이는 근로기준법상 평균임금 산정의 기초가 되는 임금에 해당한다(대법원 2006.5.26. 선고 2003다54322·54339 판결).

또한 비록 근로자들에게 직접 지급되는 것은 아니지만, 단체협약에 따라 회사가 전 근로자들을 피보험자로 하여 개인연금보험에 가입한 후 매월 일정액의 보험료 전부를 대납하고 근로소득세까지 원천징수한 이상, 이는 근로의 대상으로서 정기적, 일률적, 고정적으로 지급하기로 정하여진 임금에 해당한다고 할 것이므로 통상임금 및 평균임금에 포함된다(대법원 2006.2.23. 선고 2005다54029 판결). 다만, 근로자들이 사용자가 제안하는 특정 보험회사의 개인연금보험에 가입 여부 및 중도해지 여부를 개별적으로 선택할 수 있는 경우에는 개인연금보험료 회사부담분은 특정 보험회사 개인연금보험에의 가입 또는 유지 여부라는 개별 근로자의 특수하고 우연적인 사정에 의해 그 지급 여부가 정해지고 이는 근로자의 작업 내용이나 기술, 경력 등과 같은 소정근로의 가치 평가와 관련된 조건이라고는 볼 수 없어 평균임금에 해당하더라도 통상임금으로 볼 수는 없다(대전고법 2022.8.18. 선고 2019나14651 판결).

8 후생용품비

후생용품비로 매년 200,000원을 지급하되 상반기와 하반기로 나누어 지급하기로 노사합의하고 그에 따라 1년에 2회씩 각 10만원 상당의 여러 생활용품을 전시한 후 근로자로 하여금 필요한 생활용품을 선택하게 하고, 만일 선택한 상품이 10만원을 초과할 경우 그 초과 금액 상당액을 임금에서 공제하는 방식으로 현물로 지급한 경우 이러한 후생용품비는 단체협약에 의하여 피고 회사에 지급 의무가 지워져 있고 전 근로자 또는 일정한 요건에 해당하는 근로자에게 일률적으로 지급되어 왔으므로 이는 모두 근로의 대가로서 임금에 해당하여 평균임금 산정의 기초가 되는 임금총액에 포함된다(대법원 2006.5.26. 선고 2003다54322·54339 판결).

9 선택적 복지포인트

어떤 금품이 근로의 대상으로 지급된 것이냐를 판단함에 있어서는 그 금품지급의무의 발생이 근로제공과 직접적으로 관련되거나 그것과 밀접하게 관련된 것으로 볼 수 있어야 한다. 사용자가 선택적 복지제도를 시행하면서 이 사건과 같이 직원 전용 온라인 쇼핑사이트에서 물품을 구매하는 방식 등으로 사용할 수 있는 복지포인트를 단체협약, 취업규칙 등에 근거하여 근로자들에게 계속적·정기적으로 배정한 경우라고 하더라도, 근로자의 근로제공과 무관하게 매년 초에 일괄하여 배정되고, 여행, 건강관리, 문화생활, 자기계발 등으로 사용 용도가 제한되어 있으며 통상적으로 1년 내 사용하지 않으면 이월되지 않고 소멸하게 되고 양도 가능성도 없는 복지포인트는 근로기준법에서 말하는 임금에 해당하지 않고, 그 결과 통상임금에도 해당하지 않는다.

한편 사용자의 복지포인트 배정이라는 사실행위로 인해 근로자가 현실적 이익을 얻는 것도 아니고 사용자가 비용을 지출하게 되는 것도 아니다. 결국 복지포인트 배정이 이루어졌다고 하여 사용자의 근로자에 대한 금품 지급이 이루어졌다고 평가할 수는 없다(대법원 2019.8.22. 선고 2016다48785 전원합의체 판결).

10 개별성과급(인센티브)

인센티브(성과급) 지급규정이나 영업 프로모션 등으로 정한 지급기준과 지급시기에 따라 인센티브(성과급)를 지급하여 왔고 차량판매는 피고 회사의 주업으로서 영업사원들이 차량판매를 위하여 하는 영업활동은 피고 회사에 대하여 제공하는 근로의 일부라 볼 수 있어 인센티브(성과급)는 근로의 대가로 지급되는 것이라고 보아야 하며, 매월 정기적, 계속적으로 이루어지는 인센티브의 지급이 개인근로자의 특수하고 우연한 사정에 의하여 좌우되는 우발적, 일시적 급여라고 할 수 없고, 지급기준 등의 요건에 맞는 실적을 달성하였다면 회사로서는 그 실적에 따른 인센티브의 지급을 거절할 수 없을 것이므로 이를 은혜적인 급부라고 할 수도 없으며, 인센티브(성과급)를 일률적으로 임금으로 보지 않을 경우 인센티브(성과급)만으로 급여를 지급받기로 한 근로자는 근로를 제공하되 근로의 대상으로서의 임금은 없는 것이 되고 퇴직금도 전혀 받을 수 없게 되는 불합리한 결과가 초래될 것인 점 등에 비추어 보면 이 사건 인센티브(성과급)는 퇴직금 산정의 기초가 되는 평균임금에 해당한다(대법원 2011.7.14. 선고 2011다23149 판결).

11 경영평가성과급

공공기관의 경영평가성과급이 계속적·정기적으로 지급되고 지급대상, 지급조건 등이 확정되어 있어 사용자에게 지급의무가 있다면, 이는 근로의 대가로 지급되는 임금의 성질을 가지므로 평균임금 산정의 기초가 되는 임금에 포함된다고 보아야 한다. 경영실적 평가결과에 따라 그 지급 여부나 지급률이 달라질 수 있다고 하더라도 그러한 이유만으로 경영평가성과급이 근로의 대가로 지급된 것이 아니라고 볼 수 없다.

한편 2012년부터는 공공기관 경영평가성과급의 최저지급률과 최저지급액이 정해져 있지 않아 소속 기관의 경영실적 평가결과에 따라서는 경영평가성과급을 지급받지 못할 수도 있다. 이처럼 경영평가성과급을 지급받지 못하는 경우가 있다고 하더라도 성과급이 전체 급여에서 차지하는 비중, 그 지급 실태와 평균임금 제도의 취지 등에 비추어 볼 때 근로의 대가로 지급된 임금으로 보아야 한다(대법원 2018.12.13. 선고 2018다231536 판결).

12 경영성과금(상여금)

회사의 성과금은 근로의 대가가 아닌 경영성과의 분배목적으로 처음 도입되었고 현재까지 성과금 지급률의 상한은 경영성과에 따라 정해지고 있는 점, 성과금 지급률은 회사의 매출신장률, 공수능률향상률, 안전활동, 제안활동을 통한 생산성 향상률에 따라 원칙적으로 정해지며 무쟁의도 지급 여부 및 지급률 하한선의 조건이 되는데 이들 요소들은 구체적인 근로제공과는 직접적인 관련성이 없는 점, 회사에서는 근로의 대가에 해당하는 기본급과 여러 수당들을 꾸준히 인상하여 지급해온 점, 1996년 이전에는 실제 경영실적이나 파업 여부에 따라 성과금 지급률이 변동되거나 차등 지급되었고 1997년 이후에는 200%의 성과금이 일정하게 지급되었으나 이는 위 기간 동안 무분규 조건이 달성됨에 따라 피고회사가 최저지급률 보장약속을 지켰기 때문일 뿐 불황이나 분규발생 등으로 인한 경영실적 악화 시에도 회사가 일정률의 성과금을 계속 지급할 의사가 있다거나 그와 같은 관행이 성립되었다고 보기는 어려운 점, 노동조합도 성과금이 임시적인 것임을 인정하고 고정급으로 지급해 줄 것을 회사에 계속 요구하여 왔으나 합의에 이르지 못한 점 등에 비추어 보면 회사가 지급한 성과금은 경영실적이나 무쟁의 달성 여부에 따라 그 지급 여부나 지급 금액이 달라지는 경영성과의 일부 분배로 볼 수 있을 뿐 근로의 대상으로서의 임금이라 할 수 없다(대법원 2006.2.23. 선고 2005다54029 판결).

13 봉사료

임금이란 사용자가 근로의 대상으로 근로자에게 임금·봉급 기타 어떠한 명칭으로든지 지급하는 일체의 금품을 말하는 것인바, 카지노 영업장의 고객이 자의에 의하여 직접 카지노 영업직 사원들에게 지급한 봉사료를 근로자들이 자율적으로 분배한 것은 사용자로부터 지급받은 근로의 대상이라고 할 수 없으므로 그 성질상 근로기준법이 정한 임금의 범위에 포함되지 않는다(대법원 1999.1.26. 선고 98다46198 판결).

반면, 골프장 캐디의 봉사료도 사용자가 고객으로부터 일괄 납부받고 시설이용료와 봉사료를 구분하지 않고 영수증을 발행한 경우 캐디들의 노무제공에 대한 급여로 보아야 한다(대법원 1992.4.28. 선고 91다8104 판결).

14 사납금초과수입금

운송회사가 그 소속 운전사들에게 매월 실제 근로일수에 따른 일정액을 지급하는 이외에 그 근로형태의 특수성과 계산의 편의 등을 고려하여 하루의 운송수입금 중 회사에 납입하는 일정액의 사납금을 공제한 잔액을 그 운전사 개인의 수입으로 하여 자유로운 처분에 맡겨 왔다면 위와 같은 운전사 개인의 수입으로 되는 부분 또한 그 성격으로 보아 근로의 대가인 임금에 해당한다 할 것이므로 사납금초과수입금은 특별한 사정이 없는 한 퇴직금 산정의 기초가 되는 평균임금에 포함된다 할 것이다.

다만, 평균임금 산정기간 내에 지급된 임금이라 하더라도 퇴직금 산정의 기초가 되는 평균임금을 산출함에 있어서는 사용자의 퇴직금 출연에 예측가능성을 기할 수 있게 하기 위하여 사용자가 관리 가능하거나 지배 가능한 부분이 아니면 그 범위에서 제외하여야 하므로 근로자들이 사납금초과수입금을 개인 수입으로 자신에게 직접 귀속시킨 경우 그 개인 수입 부분의 발생 여부나 그 금액 범위 또한 일정하지 않으므로 운송회사로서는 근로자들의 개인 수입 부분이 얼마가 되는지 알 수도 없고 이에 대한 관리가능성이나 지배가능성도 없다고 할 것이어서 근로자들의 개인 수입 부분은 퇴직금 산정의 기초인 평균임금에 포함되지 않는다고 할 것이다(대법원 2002.8.23. 선고 2002다4399 판결).

저자주 **가족 수나 출근일수에 따라 차등 지급되는 금품의 임금 여부**

고용노동부에서는 "가족수당이 해당 근로자에게만 또는 가족 수에 따라 차등 지급하는 경우라면 이는 근로의 대가와는 관계없이 생활보조적·복리후생적 성격으로 지급되는 금품으로 보아야 할 것이므로 근로기준법의 임금에 포함되지 않으며(고보 68430-918, 2002.10.19.)", "급식(통근)보조비가 급식을 제공받거나 차량보조비를 지급받는 경우 또는 휴직·정직 등 일정 요건하에서는 그 지급을 제한하는 등 근로에 대한 대가성이 희박하고 출근일수 등에 따라 그 지급금액도 변동적이므로 복리후생적인 성격의 금품으로 보아 근로의 대상인 임금으로 보기 어렵다(임금근로시간정책팀-2961, 2006.10.9.)"라는 입장이다.

이에 반해 대법원에서는 세법상의 연말정산이 필요한 과세소득이 있지 아니한 배우자에 대하여 금 20,000원, 20세 미만의 자녀 중 2인에 대하여는 1인당 금 10,000원을 매월 가족수당으로 지급해 온 것에 대하여 "가족수당이 일정한 요건에 해당하는 근로자에게 일률적으로 지급되어 왔다면 이는 임의적, 은혜적인 급여가 아니라 근로에 대한 대가의 성질을 가지는 것으로서 임금에 해당하며(대법원 2002.5.31. 선고 2000다18127 판결)", "출근일에 한하여 현물로 제공되거나 구매권으로 지급되는 식대보조비 등을 지급한 경우에도 이는 근로제공과 밀접하게 관련된 것이라 할 것이고 그것이 정기적, 일률적으로 지급되는 한 그것을 근로제공과 무관한 단순한 복리후생적이거나 은혜적인 급부라 할 수 없으므로 근로의 대가로서의 임금의 성질을 지닌 것으로 보아야 할 것이다(대법원 2001.5.15. 선고 2001도1186 판결)"라는 입장이다.

이처럼 가족수당, 급식대 등 복리후생의 성격을 지니는 금품이 임금에 해당되는지 여부에 대하여 고용노동부 행정해석과 대법원 판례가 서로 상이하나, 임금의 문제는 단지 형사상 문제제기로 끝나는 것이 아니라 민사소송으로 연결될 확률이 높고 최근 복리후생적 성격의 금품에 대하여 그 임금성을 인정하는 다수의 판결이 나오고 있으며 대법원 전원합의체(대법원 2013.12.18. 선고 2012다89399 판결)에서도 근무일수에 연동하는 임금의 통상임금성을 인정하는 판결을 내렸으므로 대법원 판례에 따라 임금성 여부를 판단하는 것이 바람직할 것이다.

저자주

PI, PS가 임금에 해당하는지 여부

공공기관의 경영평가성과급의 임금성을 인정하는 대법원 판결에 나온 이래 하급심에서는 경영성과급의 일환인 PI, PS가 임금에 해당하는지 여부에 관해 서로 다른 판결을 내놓고 있다.

PI, PS의 임금성을 부인하는 입장에서는 "①근로자들이 제공한 근로의 양이나 질에 대한 평가를 기초로, 혹은 근로자들이 제공한 근로의 양이나 질에 대한 대가로 지급된 것이라기보다는 회사의 전반적인 경영성과에 대한 평가를 기초로 그에 따른 이익 중 일부를 근로자들에게 배분하는 것이라고 봐야 한다는 점, ②어떤 근로자에게 어떤 지급률을 적용할 것인지에 관한 사항이 전혀 규정되어 있지 않고, 오히려 어떤 근로자에게 어떤 지급률을 적용할 것인지에 대하여 경영진에게 광범위한 재량권이 주어진 것으로 보인다는 점, ③각 항목을 임금으로 보아 퇴직금을 계산하는 기초가 되는 평균임금에 포함시키면, 동일한 근로자라도 연중 퇴직 시기에 따라 평균임금의 액수가 큰 폭으로 달라지게 되어 통상의 생활임금을 기초로 근로자의 통상의 생활을 종전과 같이 보장하려는 퇴직금 제도의 취지에 반하게 된다는 점, ④지급대상자를 일부 휴직자들을 포함한 '지급기준일 현재 재직자'로 한정하고, 경영실적에 따라 그 지급여부 및 지급액이 달라진다는 이유로 퇴직금의 지급과 관련하여 이 사건 각 항목을 평균임금의 산정에서 제외하는 내용이 명시되어 있고, 피고 소속 근로자들이 지급기준일 전에 퇴직하더라도 그 근무일수에 비례하여 계산된 이 사건 각 항목을 지급받았다는 사실을 뒷받침할 만한 자료도 없다는 점, ⑤각 항목을 소속 근로자들에게 거의 매년 지속적으로 지급했다는 사정만으로 위 각 항목을 임금에 포함시키기로 하는 노동관행이 성립했다는 사실을 뒷받침할 만한 자료도 보이지 않는다는 점 등의 사정들에 비추어 보면, 이 사건 각 항목(목표 인센티브, 성과 인센티브)은 경영실적이나 재무성과에 따라 그 지급여부나 지급금액이 달라지는 경영성과의 일부 분배로 봄이 상당하고, 근로의 대가로서의 임금이라고 볼 수 없다(수원고법 2021.6.17. 선고 2020나26085 판결)"고 본 반면,

그 임금성을 인정하는 입장에서는 "①개별 근로자들의 근로제공과 생산성 향상을 위한 노력이 모이지 않으면 피고의 사업 수행 자체가 불가능한 것 또한 사실이므로, 개별 근로자들이 피고의 경영성과에 직접적으로 큰 영향을 미치기 어렵다는 사정만으로 이 사건 각 인센티브가 근로의 대가가 아니라고 단정할 수 없다는 점, ②각 인센티브는 지급 대상기간 동안 1개월 초과하여 근무한 자에게 지급되고 지급대상기간 중 근무하지 않은 기간에 대하여는 지급률을 월할로 차감하는데, 이와 같이 각 인센티브의 액수는 대상기간 동안 근로자가 제공한 근로의 양과 직접적으로 관련되어 있다는 점, ③각 인센티브는 지급기준일 현재 재직 중인 근로자에게만 지급되고 휴직자, 정직자에게는 지급되지 않으나, 위와 같은 재직자 요건의 존재를 들어 이 사건 각 인센티브가 근로의 대가 즉 임금에 해당하지 않는다고 볼 수는 없다는 점, ④회사는 매년 일정한 시기마다 급여규정에서 정한 바에 따라 근로자들이 대상기간 동안 제공한 근로의 양과 질을 평가하여 이 사건 각 인센티브를 산정 · 지급할 의무를 부담한다. 이와 달리 회사 경영진에게 이 사건 각 인센티브의 지급률을 결정할 재량권이 있다는 점만을 들어 회사에게 이 사건 각 인센티브를 지급할 의무가 없다거나 이 사건 각 인센티브가 돌발적·임시적으로 지급된 은혜적인 금품에 불과하다고 보는 것은, 급여규정들이 가지는 규범력을 무시한 것일 뿐만 아니라 회사의 급여 지급 실태 및 근로자들과의 인식과도 전혀 맞지 않는 자의적 주장일 뿐이라는 점, ⑤근로자가 근로를 제공하는 것은 결국 돈을 벌기 위한 것인데, 정작 원고들이 지급 받은 돈 중 상당한 비중을 차지하는 이 사건 각 인센티브에 관하여 근로의 대가가 아니라고 보는 것은 근로계약의 본질에도 반한다는 점, ⑥각 인센티브가 실비변상적·은혜적 성격의 금품이 아님은 명백하고, 달리 근로자들이 제공한 근로 외에는 피고가 이 사건 각 인센티브를 지급할 다른 이유나 동기를 찾기 어려우며, 또한 이 사건 각 인센티브를 지급하면서 근로소득세를 원천 징수하였다는 점, ⑦근로자 집단 전체에 대하여 근로동기와 의욕을 고취하고 협업을 위한 노력을 장려함으로써, 각 사업 부문 및 사업부별 경영목표를 달성하게 하고(목표 인센티브) 경제적 부가가치를 증가시키기 위해(성과 인센티브) 이 사건 각 인센티브를 임금체계의 일부분으로 도입한 것이라고 봄이 타당하다. 이 사건 각 인센티브는 협업을 위한 노력을 포함하여 회사가 요구하는 근로의 질을 높인 것에 대한 대가로서, 근로자들의 근로제공 및 생산성 향상을 위한 노력에 대한 대가라는 측면에서 개인성과급과 본질적 성격을 달리 볼 이유는 없다는 점, ⑧근로자들이 집단적으로 협업 근로의 양과 질을 높이기 위해 노력하였음에도 불구하고 시장 상황 등 외부적 요인의 영향으로 피고 경영진이 설정한 경영목표나 경제적 부가가치(EVA)상으로는 그러한 근로제공 및 노력의 결과가 측정되지 않아 인센티브가 적게 지급되거나 지급되지 않는 경우도 존재할 수 있으나 그러한 사정을 들어 실제로 지급된 인센티브까지도 근로의 대가가 아니라고 볼 수는 없다는 점, ⑨각 인센티브는 2000년

이래 매년 지급되어 왔고, 근로자들의 전체 급여에서 차지하는 비중 또한 상당하다. 이 사건 각 인센티브의 액수에 다소간의 변동이 있다는 이유만으로 이를 평균임금 산정에서 제외한다면, '통상의 생활임금을 산정한다'는 평균임금 및 퇴직금 제도의 근본취지가 오히려 몰각된다는 점 등의 사정을 종합하여 볼 때, 이 사건 각 인센티브[목표 인센티브(TAI), 성과 인센티브(OPI)]는 급여규정인 HR규정 및 「급여·복리후생·근태 기준」에 의하여 회사에게 그 지급의무가 지워져 있는 것으로서, 회사가 근로의 대가로 원고들에게 계속적, 정기적으로 지급해 온 금품임을 충분히 인정할 수 있으므로, 이 사건 각 인센티브는 평균임금 산정의 기초가 되는 임금에 해당한다(서울중앙지법 2021.6.17. 선고 2019가합542535 판결)"고 본 바 있다.

현재 위와 같은 경영성과급의 임금성 인정 여부에 관한 다수의 사건이 대법원에서 심리 중으로, 공공기관의 경영평가성과급의 임금성을 인정한 대법원 판결 및 최근 통상임금의 범위를 확대한 대법원 전원합의체 판결 취지 등을 고려할 때 대법원에서 경영성과급의 임금성 또한 인정될지 여부가 주목된다.

Chapter 02 평균임금

01 평균임금의 개념

1 평균임금이란?

평균임금이란 근로자가 정상적으로 근로를 하지 않거나 할 수 없는 경우 근로자의 정상적인 생활을 보장하기 위하여 지급되는 통상적인 생활임금의 기준액으로서 회사 귀책사유로 인한 휴업수당, 퇴직급여, 재해보상금(산재보험급여), 실업급여 및 감급한도의 산정기초가 된다.

2 평균임금 산정기초가 되는 임금의 범위

근로기준법상 임금에 해당하는 금품은 평균임금에 포함되나, 임시로 지급되는 임금 및 수당과 통화 외의 것으로 지급되는 임금을 포함하지 아니한다. 다만, 고용노동부장관이 정하는 것은 그러하지 아니하다(근로기준법시행령 §2 ②).

이와 관련하여 고용노동부 예규 제30호에서는 평균임금산정에 포함되는 임금의 범위를 예시하면서 임시로 지급되는 임금, 결혼수당, 사상병수당 등 임시 또는 돌발적인 사유에 따라 지급되거나 지급조건은 사전에 규정되었더라도 그 사유발생일이 불확정적, 무기한 또는 희소하게 나타나는 것은 임금이지만 평균임금 산정 시 임금총액에서 공제되는 것으로 규정으로 하고 있다.

참고 평균임금산정에 포함되는 임금의 범위예시와 확인요령(1981.5.7. 고용노동부 예규 제30호)

제1조 [목적] 이 요령은 근로기준법 제19조 및 산업재해보상보험법 제3조의 규정에 의한 평균임금 산정에 포함되는 임금의 범위예시와 그 확인을 위한 사항을 규정함을 목적으로 한다.

제2조 [용어의 정의] ① "임금"이라 함은 근로기준법 제18조의 규정에 의한 사용자가 근로의 대상으로 근로자에게 임금, 봉급, 기타 여하한 명칭으로든지 지급하는 일체의 금품을 말한다.
② "평균임금"이라 함은 근로기준법 제19조의 규정에 의한 평균임금을 산정하여야 할 사유가 발생한 날 이전 3개월간에 그 근로자에 대하여 지급된 임금의 총액을 그 기간의 총일수로 제한 금액을 말한다.

제3조 [임금의 범위] ① 다음에 기재된 임금의 예시는 임금에 포함되는 것의 전부를 망라한 것이 아니고 임금에 포함되거나 또는 포함되지 않는 예시규정이므로 실제로 임금의 실태를 고려하여 그 포함 여부를 결정하여야 한다.

② 평균임금 산정기초인 임금에 포함되는 것

가. 통화로 지급되는 것

(1) 기본급

(2) 연, 월차 유급휴가수당

(3) 연장, 야간, 휴일근로수당

(4) 특수작업수당, 위험작업수당, 기술수당

(5) 임원, 직책수당

(6) 일, 숙직수당

(7) 장려, 정근, 개근, 생산독려수당

(8) 단체협약 또는 취업규칙에서 근로조건의 하나로서 전 근로자에게 일률적으로 지급하도록 명시되어 있거나 관례적으로 지급되는 다음의 것

(가) 상여금

(나) 통근비(정기승차권)

(다) 사택수당

(라) 급식대(주식대보조금, 잔업식사대, 조근식사대)

(마) 월동비, 연료수당

(바) 지역수당(냉, 한, 벽지수당)

(사) 교육수당(정기적 일률적 전 근로자에게 지급되는 경우)

(아) 별거수당

(자) 물가수당

(차) 조정수당

(9) 가족수당이 독신자를 포함하여 전 근로자에게 일률적으로 지급되는 경우

(10) "봉사료"를 사용자가 일괄 집중관리하여 배분하는 경우 그 배분 금액

나. 현물로 지급하는 것

법령, 단체협약 또는 취업규칙의 규정에 의하여 지급되는 현물급여(예 급식 등)

③ 평균임금 산정기초인 임금에 포함되지 아니하는 것

가. 성질상 임금이 아니기 때문에 포함될 수 없는 것

(1) 통화로 지급되는 것

(가) 결혼축하금

(나) 조의금

(다) 재해위문금

(라) 휴업보상금

(마) 실비변상적인 것(예 기구손실금, 그 보수비, 음료대, 작업용품대, 작업상 피복제공이나 대여 또는 보수비, 출장여비 등)

(2) 현물로 지급되는 것

(가) 근로자로부터 대금을 징수하는 현물급여

(나) 작업상 필수적으로 지급되는 현물급여(예 작업복, 작업모, 작업화 등)

(다) 복지후생시설로서의 현물급여(예 주택설비, 조명, 용수, 의료 등의 제공, 급식, 영양식품의 지급 등)

(3) 기타 임금총액에 포함되지 않는 것

(가) 퇴직금(단체협약, 취업규칙 등에 규정함을 불문한다)

나. 임금이지만 총액에서 공제되는 것

임시로 지급되는 임금

임시 또는 돌발적인 사유에 따라 지급되거나 지급조건은 사전에 규정되었더라도 그 사유 발생일이 불확정적, 무기한 또는 희소하게 나타나는 것(예 결혼수당, 사상병수당)

제4조 [평균임금의 확인] ① 지방사무소장은 보험급여의 산정기초인 평균임금을 적정히 산정하기 위하여 임금조사를 다음에 의하여 철저히 하여야 한다.

가. 평균임금은 사업주 확인에 따라 산정함을 원칙으로 하되, 특히 조사할 필요가 있을 경우나 이례적으로 높다고 인정될 경우에는 다음에 의하여 조사하여야 한다.

(1) 조사할 필요가 있을 경우

근로계약서, 출근부 등에 의한 임금대장, 세무자료 등에 의하여 지불된 임금을 조사 확인하여야 한다.

(2) 이례적으로 높을 경우

재해자(특히 건설공사 일용근로자)의 평균임금이 월등히 높을 경우에는 전 (1)항의 방법은 물론 당해 재해자의 성별, 직종, 학력, 경력, 기능 정도 등과 동일 또는 유사한 근로자의 평균임금을 참작하여야 한다.

나. 중대재해가 발생한 경우의 평균임금확인은 전기 "가"항의 방법에 의함은 물론 재해자 및 유족으로부터도 수령한 임금을 조사하여 평균임금 산정에 정확을 기하여야 한다.

부 칙

제1조 [시행일] 이 예규는 1981년 5월 7일부터 시행한다.

02 평균임금의 산정방법

1 일반근로자의 평균임금산정

1. 원칙

평균임금은 이를 산정하여야 할 사유가 발생한 날 이전 3개월 동안에 그 근로자에게 지급된 임금의 총액을 그 기간의 총일수로 나누어 산정(취업한 후 3개월 미만인 경우도 이에 준함)하되, 그 금액이 근로자의 통상임금보다 적으면 그 통상임금액을 평균임금으로 한다(근로기준법 §2 ① 6호·②).

2. 연간단위 임금의 산입방법

연간단위로 지급률이 정해진 상여금 및 연간단위로 정산되는 연차수당의 경우에는 평균임금 산정사유가 발생한 날 이전 1년간 지급된 상여금 및 연차수당을 그 기간 동안의 근로개월 수로 분할 계산하고 3을 곱하여 산출한 금액을 3월간에 지급된 임금으로 본다(고용노동부 예규 제96호).

참고 평균임금 산정상의 상여금 취급요령(2015.10.14. 고용노동부 예규 제96호)

Ⅰ. 평균임금 산정상의 상여금 취급요령

상여금을 평균임금 산정기초에 산입할지에 관하여 아래와 같은 기준에 따라 처리하기 바람

1. 상여금이 단체협약, 취업규칙, 그 밖에 근로계약에 미리 지급되는 조건 등이 명시되어 있거나 관례로 계속 지급하여 온 사실이 인정되는 경우 그 상여금의 지급이 법적인 의무로서 구속력을 가지게 되어 이때에는 근로제공의 대가로 인정되는 것이므로 이는 임금으로 취급하여야 할 것임. 그러므로 지급되는 상여금은 지급횟수(예를 들어 연 1회 또는 4회 등)를 불문하고 평균임금 산정기초에 산입함
2. 상여금은 근로자가 지급받았을 당해 임금지급기만의 임금으로 취급하여 일시에 전액을 평균임금 산정기초에 산입할 것이 아니고 평균임금을 산정하여야 할 사유가 발생한 때 이전 12개월 중에 지급받은 상여금 전액을 그 기간 동안의 근로 개월 수로 분할 계산하여 평균임금 산정기초에 산입함
3. 근로자가 근로를 제공한 기간이 1년 미만인 경우에는 그 기간 동안 지급받은 상여금 전액을 해당 근로 개월 수로 분할 계산하여 평균임금 산정기초에 산입함

Ⅱ. 행정사항

1. 시행일

이 예규는 발령한 날부터 시행한다.

2. 재검토기한(3년)

고용노동부장관은 이 예규에 대하여 2019년 1월 1일 기준으로 매 3년이 되는 시점(매 3년째의 12월 31일까지를 말한다)마다 그 타당성을 검토하여 개선 등의 조치를 하여야 한다.

저자주 **평균임금 산정 시 연차수당의 산입방법**

고용노동부에서는 연간단위로 정산되는 연차수당에 대하여 평균임금 산정사유가 발생한 날 이전 1년간 지급된 연차수당에 3/12를 곱하여 산출한 금액을 3월간의 임금으로 보아 평균임금을 산정하며, 이 경우 퇴직 전전년도 출근율에 의하여 퇴직 전년도에 발생한 연차유급휴가 중 미사용 휴가일수에 대한 연차유급휴가근로수당을 평균임금 산정 시 임금총액에 산입하면 된다는 입장이다(근기 68207-1875, 2002.5.9.).

이에 반해 대법원에서는 근로자가 퇴직하기 전 해에 개근하거나 9할 이상 출근함으로써 받을 것으로 확정된 연차유급휴가를 사용하지 아니한 채 퇴직함으로 말미암아 그 기간에 대한 연차유급휴가근로수당 지급청구권이 발생하였다 하더라도 이는 위와 같은 연차유급휴가를 받게 된 원인이 된 "퇴직하기 전해 1년간"의 근로의 대상으로 지급되는 것이지, 연차유급휴가를 청구할 수 있게 된 "퇴직하는 그해"의 근로에 대한 대가로 지급되는 것이라고는 볼 수 없기 때문에 연차유급휴가를 받게 된 원인이 된 "퇴직하기 전해 1년간"의 일부가 퇴직한 날 이전 3개월간에 포함되지 않는 한 연차유급휴가근로수당은 퇴직금의 산출기준이 되는 평균임금에 포함시킬 수 없다는 입장이다(대법원 1996.12.23. 선고 95다32631 판결).

그러나 대법원의 입장대로라면 근로자의 퇴직시점 등에 따라 연차수당의 산입여부가 달라지며, 대법원에서 평균임금에 포함시켜야 된다고 보는 연차수당은 평균임금산정사유 발생일에 비로소 그 지급사유가 발생하는 금품이라는 점 등을 감안할 때 고용노동부의 입장에 따라 평균임금을 산정하는 것이 타당하다 할 것이다.

3. 평균임금 산정기준에서 제외되는 기간

평균임금 산정기간 중에 다음의 기간이 있는 경우에는 그 기간과 그 기간 중에 지급된 임금은 평균임금 산정기준이 되는 기간과 임금의 총액에서 각각 공제한다(근로기준법시행령 §2, 남녀고용평등법 §19의 3 ④·§22의 2 ⑥·§22의 4 ④).

① 수습사용 중의 기간

② 사용자 귀책사유로 인하여 휴업한 기간

③ 출산전후휴가기간(유·사산휴가기간 포함)

④ 업무상 재해로 인한 요양을 위하여 휴업한 기간

⑤ 육아휴직기간 및 육아기 근로시간 단축기간

⑥ 가족돌봄휴직·휴가기간 및 가족돌봄 등을 위한 근로시간 단축기간

⑦ 적법한 쟁의행위기간

⑧ 병역법 등에 의한 의무이행을 위하여 휴직하거나 근로하지 못한 기간(임금을 지급받은 경우 제외)

⑨ 업무 외 부상·질병, 기타의 사유로 인하여 사용자의 승인을 얻어 휴업한 기간

정직기간, 직위해제 및 대기발령기간의 경우 그 처분이 부당한 경우라면 그 기간과 그 기간 동안에 지급받은 임금을 평균임금 산정기준이 되는 기간과 임금총액에서 각각 공제하나, 그 처분이 정당한 경우라면 평균임금 산정기준이 되는 기간과 임금총액에 각각 포함하여 평균임금을 산정한다. 다만, 이때 평균임금이 통상임금보다 저액일 경우에는 그 통상임금액을 평균임금으로 본다(임금 68207-562, 2003.7.16., 근기 68207-1005, 1994.6.20.).

핵심사례

1. 연차수당 반납분의 평균임금 산입여부

기왕의 근로에 대하여 이미 발생된 임금채권(연차유급휴가근로수당 등)의 반납이 개별근로자의 진의에 의한 자유의사에 따라 이루어진 경우라도 반납된 금액은 평균임금 산정 시 임금총액에 산입하여야 함이 타당하다고 사료됨(근기 68207-1875, 2002.5.9.)

2. 소급 인상분의 평균임금 산입여부

단체협약(임금협약) 또는 취업규칙은 당사자 간 특약이 없는 한 체결(개정) 당시 재직 중인 근로자에게만 그 체결(개정)시점부터 효력이 발생되는 것이 원칙. 즉 보수규정 개정 등을 통해 임금인상률을 결정하면서 이를 임금인상 결정일 이전으로 소급하여 적용되는 경우라 하더라도 동 임금인상 결정일 이전에 퇴직한 근로자에게는 당사자 간의 특약이 없는 한 인상된 임금이 적용될 수 없는 것이며, 따라서 임금인상률이 퇴직금 중간정산일 이전으로 소급하여 적용되는 경우라 하더라도 임금인상 결정일 이전에 퇴직금 중간정산을 시행한 경우라면 당사자 간의 별도 특약(당사자 간의 합의)이 없었다면 이미 법률효과가 완성된 퇴직금 중간정산금액, 즉 평균임금을 다시 산정하여 지급할 의무는 없는 것으로 보아야 할 것임(임금 68207-523, 2002.7.24.)

3. 6~8월 고열의 근로조건에서 근로하는 근로자에게만 지급하는 하계지원비의 평균임금 산입여부

매년 6~8월에 지급받는 직무수당 성격의 하계건강지원비를 평균임금의 대상 금품으로 보아 퇴직금을 산정할 경우에는 근로기준법 제19조에 따라 퇴직 전 3개월간에 하계 건강지원비를 지급받는 경우에는 그 전액을 산정대상으로 함이 타당하다고 사료됨(임금 68207-504, 2003.6.30.)

4. 해외근무기간 동안 지급받은 급여의 평균임금 산입방법

임금의 의의나 평균임금제도의 근본취지에 비추어 볼 때 국외주재직원으로 근무하는 동안 지급받은 급여 가운데 동등한 직급 호봉의 국내직원에게 지급되는 급여를 초과하는 부분은 근로의 대상으로 지급받는 것이 아니라 실비변상적인 것이거나 해외근무라는 특수한 근무조건에 따라 국외주재직원으로 근무하는 동안 임시로 지급받은 임금이라고 보아야 할 것이므로 회사의 취업규칙에 국외주재직원에 대한 퇴직금의 액수를 산출함에 있어서 그 부분의 급여를 평균임금 산정의 기초가 되는 임금의 총액에 산입하지 아니하도록 규정되어 있다고 하여 그 취업규칙이 무효라고 할 수 없음(대법원 1990.11.9. 선고 90다카4683 판결)

이에 비해 근무장소가 '필리핀 B 조선소 내의 사업장'으로 되어 있어 위 장소에서 근무하는 것을 전제로 근로계약이 체결되었을 뿐만 아니라 이 사건 각 해외지역수당은 기본연봉에 포함된 임금의 구성항목 중 일부로서 회사에게 지급할 의무가 부과된 점, ② 이 사건 해외수당은 필리핀 B 조선소에서 근무하는 근로자들에게 월 1회 급여 지급일에 정기적·일률적으로 지급되어 온 점, ③ 이 사건 각 해외지역수당은 근무성적과 관계없이 처음 근로계약체결 시 책정된 일정금액이 고정적으로 지급되어 온 점, ④ 이 사건 각 해외지역수당이 기본급의 66%의 비율로 그 액수가 상당한데, 이 사건 각 근로계약서에 의하면, 회사가 근로자의 출·입국관련 비용(항공료 등)을 부담하고, 식사, 숙소, 비품, 근무복 등을 제공하기로 되어 있어 이 사건 해외근무를 함에 따라 추가적인 실비가 발생할 여지가 크지 않은 점, ⑤ 회사는 해외근무라는 특수한 근무조건이나 환경에서 직무를 수행함으로 말미암아 추가로 소요되는 비용을 변상하기 위하여 지급되는 실비변상적인 금원이라고 주장하나, 위 해외지역수당이 필리핀 현지에서 현지화폐로 지급된 것이 아니라 국내의 급여계좌에 송금되었고, 다만 급여 중 일정액이 원고 등에게 현지화폐로 지급된 점 등을 종합하여 보면, 이 사건 각 해외지역수당은 임금으로서 통상임금 및 평균임금에 해당함(대법원 2014.10.27. 선고 2013다59333 판결)

5. 의도적 행위로 평균임금이 현저하게 높아진 경우 평균임금 산정방법

평균임금 산정사유 발생일 이전 3월간 임금이 특별한 사유로 인하여 통상의 경우보다 현저하게 적거나 많은 경우 이를 평균임금 산정기초로 삼는다면 근로자의 생활임금을 기초로 퇴직금·재해보상금 등을 보장하려는 근로기준법의 취지에 어긋난다고 볼 수 있으나, 현행 법상 이를 규제할 수 있는 명시적인 규정이 없음. 참고로 판례는 근로자의 의도적 행위로 평균임금이 현저하게 높아진 경우 근로자의 의도적 행위에 해당하는 금액을 계산해내는 것이 쉽지 않으므로 그러한 행위가 있었던 기간을 뺀 직전 3개월간의 임금을 기준으로 평균임금을 산정한 사례(대법원 1995.2.28. 선고 94다8613 판결)가 있으나 이 기준을 일률적으로 판단·적용하기는 어려울 것으로 사료됨(임금 68207-314, 2003.4.24.)

6. 휴업기간 동안 감액지급된 상여금의 평균임금 산입방법

퇴직금 산정사유 발생일 전 12개월의 기간 동안 근로기준법시행령 제2조 제1항 제1호 및 제8호의 경우와 같이 사용자의 승인을 얻어 휴업한 기간과 수습사용 중의 기간이 포함되어 있고 그 기간에 대하여 정상 근로제공 때와 같은 상여금을 지급받지 못하였다면 그 기간과 그 기간 중에 지불된 상여금은 12개월의 기간과 상여금의 총액에서 각각 공제하여 계산한 금액의 3개월분을 평균임금의 계산에 포함시키는 것이 타당하다고 판단됨(임금 68207-513, 2003.7.1.)

7. 노조전임자의 평균임금 산정방법

노조전임자가 노조전임기간 만료 후 병가 및 요양을 하던 중 사직처리된 경우 평균임금 산정사유 발생일은 다음의 기준에 따라 판단함

- 먼저 사업장에 근로를 제공하지 않고 노동조합업무만을 수행한 노동조합전임자가 전임기간 만료와 동시에 퇴직하는 경우에 있어서 평균임금은 이에 대한 노사 간의 정함이 없는 한 노동조합 전임을 개시한 날(최종 임금지급일)을 "평균임금을 산정하여야 할 사유가 발생한 날"로 봄(임금 68207-545, 1994.9.7.)
- 또한 노동조합전임자가 노동조합전임기간 만료와 동시에 업무 외 질병으로 사용자의 승인을 얻어 병가를 사용한 경우에는 이 기간과 이 기간 중에 지급받은 임금은 동법 시행령 제2조 제1항 제8호에 의거 평균임금 산정기준이 되는 기간과 임금의 총액에서 각각 공제됨
- 당해 노조전임자가 결근계를 제출하여 요양한 기간에 대해서는 사용자의 승인을 얻어 휴업한 기간으로 볼 수 있는지 아니면 근로자의 귀책사유로 인하여 근로를 제공하지 못한 결근기간으로 보아야 하는지에 따라 달라짐. 만일 결근계를 제출하여 요양한 기간까지도 사용자의 승인을 얻어 휴업한 것으로 볼 수 있다면 당해 노조전임자의 평균임금 산정 기준일은 노조전임을 개시한 날이 될 것이고, 결근계를 제출하여 요양한 기간이 근로자 귀책사유에 의한 노무제공이 없었던 것으로 볼 수 있다면 평균임금 산정은 결근기간만을 대상으로 하게 되어 평균임금은 없게 되므로 당해 노조전임자의 최종 퇴직시점의 통상임금을 평균임금으로 함

결국 노조전임자의 평균임금의 산정은 평균임금 산정에 대한 특약유무, 업무 외 질병으로 인한 병가기간의 설정유무, 노조전임기간에 대한 통상임금 결정방법 등을 종합적으로 고려하여 검토·판단함(임금 68207-317, 2001.5.3.)

8. 실수령액으로 급여를 정한 경우 대납한 근로소득세 등 원천징수액의 평균임금 산입 여부

병원에서 실수령액에 대한 근로소득세 등을 대납하기로 하였으므로 그 명칭 여하를 불문하고 대납하기로 한 근로소득세 등 상당액은 평균임금 산정의 기초가 되는 임금총액에 포함되어야 한다. 따라서, 퇴직금을 산정할 때 그 기초가 되는 평균임금에 퇴직 전 3개월 동안 병원에서 부담하기로 한 근로소득 등의 금액도 합산되어야 함(대법원 2021.6.24. 선고 2016다200200 판결)

9. 보상휴가제를 도입하거나 연차휴가를 이월한 경우 평균임금 산정방법

평균임금 산정에 포함되는 임금에는 산정사유가 발생한 때를 기준으로 사용자가 지급의무를 부담하는 금액도 포함하여야 하므로(대법원 2023.4.13. 선고 2022두64518 판결), 보상휴가

실시 또는 연차휴가 이월과 관련 없이 사유발생 전 3개월 동안의 연장·야간·휴일근로 또는 미사용 연차휴가일수를 반영하는 것이 평균임금 개념과 취지에 부합할 것으로 사료됨(근로기준정책과-2658, 2023.8.11.; 근로기준정책과-1020, 2023.3.28.)

2 일용근로자의 평균임금산정

1. 원칙

일용근로자*의 평균임금은 고용노동부장관이 사업이나 직업에 따라 정하는 금액으로 하도록 되어 있으나(근로기준법시행령 §3), 일용근로자에 대한 직종별 임금은 따로 정하여진 바가 없어 실무상 일반근로자와 마찬가지로 이전 3개월 동안에 지급된 임금의 총액을 그 기간의 총일수로 나누어 산정한다.

* 일용근로란 1일 단위로 고용되고 그날로 근로계약이 종료되는 근로자로서 근로일에 따라 일당형식의 임금을 지급받는 근로자를 말한다.

2. 산재보험급여 산정 시 일용근로자의 평균임금

산업재해보상보험법상 보험급여를 산정함에 있어 일용근로자의 평균임금은 ① 1월간에 근로자에게 지급된 임금의 총액을 그 기간 중에 근로한 일수로 나눈 금액이나 ② 미리 정하여져 있는 일당 또는 ③ 당해 사업이나 지역에서 동종업무에 종사하는 일용근로자의 일당을 고려하여 산정한 금액에 일용근로자의 1월간 실제 근로일수 등을 고려하여 고용노동부장관이 고시하는 통상근로계수(73/100)를 곱하여 산정한 금액을 평균임금으로 본다.

다만, 근로관계가 3개월 이상 계속되거나 그 근로자 및 같은 사업에서 같은 직종에 종사하는 다른 일용근로자의 근로조건, 근로계약의 형식, 구체적인 고용 실태 등을 종합적으로 고려할 때 근로 형태가 상용근로자와 비슷하다고 인정되는 경우에는 일용근로자로 보지 않으며 평균임금 산정사유 발생일 당시 근무한 기간(해당 사업장 외에 다른 사업장에서 근무한 기간을 포함)이 1개월 이상인 일용근로자에 대하여 통상근로계수를 적용하여 평균임금을 산정하는 것이 실제의 임금 또는 근로일수에 비추어 적절하지 아니한 경우에는 실제의 임금 또는 근로일수를 증명하는 서류를 첨부하여 통상근로계수의 적용 제외를 신청할 수 있다(산업재해보상보험법시행령 §23·24).

3 평균임금산정의 특례

1. 평균임금산정 특례 고시

근로기준법 제2조 제1항 제6호, 근로기준법시행령 제2조 및 제3조에 따라 평균임금을 산정할 수 없는 경우에는 고용노동부장관이 정하는 바에 따른다(근로기준법시행령 §4).

이와 관련하여 고용노동부장관은 평균임금 산정 특례고시(고용노동부 고시 제2015-77호)에서 평균임금의 계산에서 제외되는 기간이 3월 이상인 경우, 근로제공의 초일에 평균임금 산정사유가 발생한 경우, 임금이 근로자 2인 이상 일괄하여 지급되는 경우, 임금총액의 일부 또는 전부가가 명확하지 아니한 경우 등에 있어 평균임금 산정방법을 고시한 바 있다.

참고 **평균임금산정 특례 고시(고용노동부 고시 제2015-77호)**

근로기준법시행령 제4조의 규정에 의하여 근로기준법 제2조 제1항 제6호 및 제2항, 같은 법 시행령 제2조의 규정에 의하여 평균임금을 산정할 수 없는 경우에 대한 평균임금 산정방법을 다음과 같이 고시합니다.

2015년 10월 14일 고용노동부장관

제1조 [평균임금의 계산에서 제외되는 기간이 3개월 이상인 경우] ① 근로기준법시행령(이하 "영"이라 한다) 제2조 제1항에 따라 평균임금의 계산에서 제외되는 기간이 3개월 이상인 경우에는 제외되는 기간의 최초일을 평균임금의 산정사유가 발생한 날로 보아 평균임금을 산정한다.
② 영 제5조는 제1항에 따라 평균임금을 산정할 때 이를 준용한다. 이 경우 영 제5조 제1항 중 "부상 또는 질병이 발생한 달"은 "평균임금의 계산에서 제외되는 기간의 최초일이 속한 달"로 본다.

제2조 [근로제공의 초일에 평균임금 산정사유가 발생한 경우] 근로를 제공한 첫날(근로기준법 제35조 제5호에 따라 수습기간 종료 후 첫날을 포함한다)에 평균임금 산정사유가 발생한 경우에는 그 근로자에게 지급하기로 한 임금의 1일 평균액으로 평균임금을 추산한다.

제3조 [임금이 근로자 2명 이상 일괄하여 지급되는 경우] 근로자 2명 이상을 1개조로 하여 임금을 일괄하여 지급하는 경우 개별 근로자에 대한 배분방법을 미리 정하지 않았다면 근로자의 경력, 생산실적, 실근로일수, 기술·기능, 책임, 배분에 관한 관행 등을 감안하여 근로자 1명당 임금액을 추정하여 그 금액으로 평균임금을 추산한다.

제4조 [임금총액의 일부가 명확하지 아니한 경우] 평균임금의 산정기간 중에 지급된 임금의 일부를 확인할 수 없는 기간이 포함된 경우에는 그 기간을 빼고 남은 기간에 지급된 임금의 총액을 남은 기간의 총일수로 나눈 금액을 평균임금으로 본다.

제5조 [임금총액의 전부가 명확하지 아니한 경우 등] 이 고시 제1조 내지 제4조의 규정에 따라 평균임금을 산정할 수 없는 경우에는 지방고용노동관서장이 다음 각 호의 사항을 감안하여 적정하다고 결정한 금액을 해당 근로자의 평균임금으로 본다.

1. 해당 사업장이 있는 지역의 임금수준 및 물가사정에 관한 사항
2. 해당 근로자에 대한 소득세법 및 관련 법령에 따라 기재된 소득자별근로소득원천징수부, 국민연금법·국민건강보험법·고용보험법에 따라 신고된 보수월액·소득월액·월평균임금 등에 관한 사항
3. 해당 사업장이 있는 지역의 업종과 규모가 동일하거나 유사한 사업장에서 해당 근로자와 동일한 직종에 종사한 근로자의 임금에 관한 사항
4. 해당 사업장의 근로제공기간 중에 받은 금품에 대하여 본인 또는 그 가족 등이 보유하고 있는 기록(이 경우 사업주가 인정하는 경우에만 한정한다) 등 증빙서류에 관한 사항
5. 고용노동부장관이 조사·발간하는 "고용형태별근로실태조사보고서" 및 "사업체노동력조사보고서" 등 고용노동통계에 관한 사항

제6조 [재검토기한 3년] 고용노동부장관은 이 고시에 대하여 2019년 1월 1일 기준으로 매 3년이 되는 시점(매 3년째의 12월 31일까지를 말한다)마다 그 타당성을 검토하여 개선 등의 조치를 하여야 한다.

부 칙

이 고시는 발령한 날부터 시행한다.

2. 직업병에 걸린 사람에 대한 평균임금 산정 특례

산업재해보상보험법 제36조 제6항에 따라 진폐 등 직업병으로 보험급여를 받게 되는 근로자에게 그 평균임금을 적용하는 것이 근로자의 보호에 적당하지 아니하다고 인정되는 경우 진폐가 확인된 날을 기준으로 전체 근로자의 임금 평균액을 고려하여 고용노동부장관이 매년 고시하는 금액 또는 고용노동부장관이 작성하는 사업체노동력조사에 따른 근로자의 월평균 임금총액에 관한 조사내용 중 직업병이 확인된 날이 속하는 분기의 전전분기 말일 이전 1년간 그 근로자와 임금수준이 비슷한 근로자의 월평균 임금총액(사업체노동력조사상에 성별·직종 및 소속한 사업의 업종·규모가 비슷한 근로자의 월평균 임금총액)을 합산한 금액을 그 기간의 총일수로 나눈 금액을 그 근로자의 평균임금으로 한다(산업재해보상보험법시행령 §25).

3. 둘 이상의 사업에서 근로하는 단시간근로자의 평균임금 산정 특례

둘 이상의 사업(산재보험의 보험가입자가 운영하는 사업을 말한다)에서 근로하는 단시간근로자(일용근로자 제외)에게 산재보험급여를 산정할 때 평균임금 산정기간 동안 해당 단시간근로자가 재해가 발생한 사업에서 지급받은 임금과 같은 기간 동안 해당 사업 외의 사업에서 지급받

은 임금을 모두 합산한 금액을 해당 기간의 총일수로 나눈 금액을 그 단시간근로자의 평균임금으로 한다(산업재해보상보험법시행령 §23·24).

4 평균임금의 조정

1. 근로기준법상 재해보상금

근로기준법상 재해보상금을 산정할 때 적용할 평균임금은 소속사업 또는 사업장(소속사업 또는 사업장이 폐지된 때에는 재해발생 당시에 같은 종류, 같은 규모의 사업 또는 사업장)에서 같은 직종의 근로자(같은 직종이 없는 경우 유사한 직종의 근로자)에게 지급된 통상임금의 1명당 1개월 평균액이 그 부상 또는 질병이 발생한 달에 지급된 평균액보다 100분의 5 이상 변동된 경우에는 그 변동비율에 따라 인상되거나 인하된 금액으로 하되, 그 변동 사유가 발생한 달의 다음 달부터 적용하며, 제2회 이후의 평균임금을 조정하는 때에는 직전 회의 변동사유가 발생한 달의 평균액을 산정기준으로 한다(근로기준법시행령 §5 ①·②·③).

2. 근로자퇴직급여보장법상 퇴직금

업무상 부상을 당하거나 질병에 걸린 근로자에게 지급할 근로자퇴직급여보장법 제8조에 따른 퇴직금을 산정할 때 적용할 평균임금도 근로기준법상 재해보상금 산정 시에 적용되는 방법에 의해 조정된 평균임금으로 한다(근로기준법시행령 §5 ④).

3. 산업재해보상보험법상 보험급여

산업재해보상보험법상 보험급여를 산정함에 있어 평균임금을 산정할 사유가 발생한 날부터 1년이 지난 이후에는 매년 전체 근로자의 임금평균액의 증감률에 따라 평균임금을 증감하되, 그 근로자의 연령이 60세에 도달한 이후에는 소비자물가변동률에 따라 평균임금을 증감한다. 다만, 평균임금 산정 특례가 적용되는 진폐에 걸린 근로자에 대한 보험급여는 제외한다(산업재해보상보험법 §36 ③, 동법 시행령 §22 ①).

참고 전체 근로자의 임금 평균액의 증감률 및 소비자물가변동률의 산정기준과 방법
(산업재해보상보험법시행령 제22조 제1항 관련)

1. 법 제36조 제3항에 따른 전체 근로자의 임금 평균액의 증감률은 사업체노동력조사의 내용 중 전체 근로자를 기준으로 다음 산식에 따라 산정한다.

$$\text{전체 근로자의 임금 평균액의 증감률} = \frac{\text{평균임금 증감사유 발생일이 속하는 연도의 전전 보험연도의 7월부터 직전 보험연도의 6월까지의 근로자 1명당 월별 월평균 임금총액의 합계}}{\text{평균임금 증감사유 발생일이 속하는 연도의 3년 전 보험연도의 7월부터 전전 보험연도의 6월까지의 근로자 1명당 월별 월평균 임금총액의 합계}}$$

✔ "평균임금 증감사유 발생일"이란 법 제36조 제3항에 따라 평균임금을 증감할 사유가 발생한 날을 말한다.

2. 소비자물가변동률은 통계법에 따른 지정통계로서 통계청장이 작성하는 소비자물가조사의 내용 중 전 도시의 소비자물가지수를 기준으로 다음 계산식에 따라 산정한다.

$$\text{소비자물가 변동률} = \frac{\text{평균임금 증감사유 발생일이 속하는 연도의 전전 보험연도의 7월부터 직전 보험연도의 6월까지의 월별 소비자물가지수 변동률의 합계}}{12}$$

✔ "소비자물가지수 변동률"은 해당 월의 전 도시 소비자물가지수를 전년도 전 도시 소비자물가지수로 나눈 비율을 말한다.

3. 제1호 및 제2호에 따른 전체 근로자의 임금 평균액의 증감률 및 소비자물가변동률을 산정할 때에는 소수점 이하 다섯째자리에서 반올림한다.

5 평균임금 계산 사례

주 40시간 1일 8시간 근무하는 대가로 월 300만원(기본급 270만원, 직책수당 30만원, 임금계산기간 1일~말일) 및 상여금 연간 기본급의 600%를 받기로 하고 2023.4.1. 입사한 근로자가 2025.3.1.~3.31.간 무급병가를 사용하고 2025.4.16.부로 퇴직한 경우에 있어서 평균임금 및 퇴직금은 얼마인가? 재직기간 중 임금인상은 없었고 병가기간 중에는 그 기간에 비례하여 상여금이 지급되지 않으며 연차휴가는 전부 사용하였다고 가정해 보자.

결과치는 평균임금 147,515.05원, 퇴직금 9,044,895원으로 그 구체적인 계산방식은 아래의 평균임금 및 퇴직금 산정서와 같다.

평균임금 및 퇴직금 산정서(사례)

<table>
<tr><td colspan="2">사업장명칭</td><td>(주)대한민국</td><td>근로자 성명</td><td>홍길동</td><td>주민등록번호</td><td>751011
−1241416</td></tr>
<tr><td colspan="2">입사연월일</td><td>2023.4.1.</td><td>산정사유발생일</td><td>2025.4.16.</td><td>재직일수</td><td>746 일</td></tr>
<tr><td colspan="2">임금지급방법</td><td>월급</td><td>임금지급일</td><td>매월 말일</td><td>고용형태</td><td>상용직</td></tr>
<tr><td colspan="2">임금계산기간</td><td>2025.1.16.부터
2025.1.31.까지</td><td>2025.2.1.부터
2025.2.28.까지</td><td>2025.3.1.부터
2025.3.31.까지</td><td>2025.4.1.부터
2025.4.15.까지</td><td>합 계</td></tr>
<tr><td colspan="2">총일수</td><td>16 일</td><td>28 일</td><td>일</td><td>15 일</td><td>59 일</td></tr>
<tr><td rowspan="12">임금내역</td><td>기본급</td><td>1,393,549</td><td>2,700,000</td><td></td><td>1,350,000</td><td>5,443,549 원</td></tr>
<tr><td>직책수당</td><td>154,839</td><td>300,000</td><td></td><td>150,000</td><td>604,839 원</td></tr>
<tr><td></td><td></td><td></td><td></td><td></td><td>원</td></tr>
<tr><td></td><td></td><td></td><td></td><td></td><td>원</td></tr>
<tr><td></td><td></td><td></td><td></td><td></td><td>원</td></tr>
<tr><td></td><td></td><td></td><td></td><td></td><td>원</td></tr>
<tr><td></td><td></td><td></td><td></td><td></td><td>원</td></tr>
<tr><td></td><td></td><td></td><td></td><td></td><td>원</td></tr>
<tr><td>상여금</td><td colspan="4">(2,700,000×600%×11/12)×3/11×59/90</td><td>2,655,000 원</td></tr>
<tr><td>연차수당</td><td colspan="4">0×3/12</td><td>0 원</td></tr>
<tr><td>기타</td><td colspan="4">0×3/12</td><td>0 원</td></tr>
<tr><td></td><td colspan="4"></td><td></td></tr>
<tr><td colspan="2">임금총액</td><td colspan="4"></td><td>8,703,388 원</td></tr>
<tr><td colspan="2">평균임금액</td><td colspan="4">8,703,388원(임금총액)/59일(총일수)</td><td>147,515.05 원</td></tr>
<tr><td colspan="2">통상임금액</td><td colspan="4">3,000,000원(통상월급)/209×8시간</td><td>114,832.53 원</td></tr>
<tr><td colspan="2">퇴직금</td><td colspan="4">147,515.05원(평균임금)×30일×746일(재직일수)/365일</td><td>9,044,895 원</td></tr>
<tr><td colspan="2">비 고</td><td colspan="5">평균임금액이 통상임금액보다 저액인 경우 통상임금액을 평균임금으로 함</td></tr>
</table>

Chapter 03 통상임금

01 통상임금의 개념

1 통상임금이란?

통상임금이란 근로자에게 정기적이고 일률적으로 소정근로 또는 총근로에 대하여 지급하기로 정한 시간급, 일급, 주급, 월급 또는 도급금액(근로기준법시행령 §6)으로서 평균임금의 최저한을 보장하고 연장·야간·휴일근로수당, 연차수당 및 해고수당의 산정기초가 된다.

이러한 통상임금은 소정근로의 가치를 임금으로 전환한 개념으로 '소정근로의 온전한 제공'이라는 요건이 충족되면 이를 이유로 지급되는 가상의 임금으로서, 실근로와 무관하게 소정근로 그 자체의 가치를 온전하게 반영하는 것이라야 한다는 점에서 근로자가 소정근로를 온전하게 제공하면 그 대가로서 정기적, 일률적으로 지급하도록 정해진 임금은 그에 부가된 조건의 존부나 성취 가능성과 관계없이 통상임금에 해당한다.

어떠한 임금이 통상임금에 속하는지 여부는 임금의 명칭이나 그 지급주기의 장단 등 형식적 기준이 아니라 그 임금이 소정근로를 온전하게 제공하기만 하면 그 대가로서 정기적, 일률적으로 지급되는 것인지를 기준으로 그 객관적인 성질에 따라 판단하여야 하고, 실제 지급된 임금의 총액을 기초로 하여 사후적으로 산정되는 평균임금과 달리 사용자와 근로자가 연장근로 등에 대한 비용 또는 보상의 정도를 예측하여 연장근로 등의 제공 여부에 관한 의사결정을 할 수 있어야 하므로, 통상임금은 연장근로 등을 제공하기 전에 사전에 산정될 수 있어야 한다(대법원 2013.12.18. 선고 2012다89399 전원합의체 판결, 대법원 2024.12.19. 선고 2020다247190 전원합의체 판결).

2 통상임금의 판단기준과 개념적 징표로서 소정근로의 대가성·정기성·일률성

법령상 정의된 통상임금의 본질은 근로자가 소정근로시간에 제공하기로 정한 근로의 가치를 평가한 기준임금이라는 데에 있으므로 '소정근로 대가성'이 통상임금의 본질적인 판단 기준이 되며, '정기성'과 '일률성'은 이러한 '소정근로 대가성' 있는 임금의 전형적 속성이자 그 임금이 소정근로의 대가인 임금임을 뒷받침하는 개념적 징표로서, 임금의 지급 시기와 지급 대상이 미리 일정하게 정해지도록 요구함으로써 통상임금의 범위를 사전에 합리적으로 결정하도록 하는 역할을 담당한다.

그런데 여기에 법령상 근거 없이 '지급 여부나 지급액의 예외 없는 사전 확정'이라는 의미를 가지는 '고정성'이라는 징표를 더하는 것은 사용자가 우월적 지위에서 임금에 조건을 부가함으로써 통상임금의 범위를 부당하게 축소할 위험을 초래할 수 있는데다, 조건을 통하여 사후적 변동 가능성이 있는 실근로를 통상임금과 연계하게 하여 통상임금의 사전적 산정 가능성을 약화시키고, 소정근로를 중심으로 도출되어야 하는 정당한 통상임금의 범위를 법령상 근거 없이 축소시켜 통상임금이 소정근로의 가치를 합당하게 평가한 단위 임금 기능을 수행하지 못하게 할 수 있다.

임금에 부가된 조건은 해당 임금의 객관적 성질을 실질적으로 판단하는 과정에서 소정근로 대가성이나 정기성, 일률성을 부정하는 요소 중 하나로 고려될 수는 있지만 단지 조건의 성취 여부가 불확실하다는 사정만으로 통상임금성이 부정된다고 볼 수는 없다(대법원 2024.12.19. 선고 2020다247190 전원합의체 판결).

1. 소정근로의 대가성

통상임금은 실근로와 구별되는 소정근로의 가치를 반영하는 도구개념으로서 실제 근무일수나 실제 수령한 임금에 관계없이 소정근로의 가치를 반영하여 정한 기준임금이므로, 어떠한 임금이 통상임금에 해당하기 위해서는 근로자와 사용자가 소정근로시간에 통상적으로 제공하기로 정한 근로의 대가이어야 한다.

통상임금을 이루는 개념에는 '임금 지급에 관한 일정한 사전적 규율'의 의미가 내포되어 있으므로 통상임금을 기초로 산정되는 주휴수당, 연장·야간·휴일근로수당, 연차수당 등 소정근로의 제공과 관계없이 일시적이거나 변동적으로 지급되는 금품은 통상임금에 속하지 않으며, 소정근로의 제공 외에 무사고, 일정한 업무성과·평가기준 도달 등 추가적인 자격요건 달성을 요하는 경우 소정근로의 대가성을 갖추었다고 보기 어렵다(대법원 2013.12.18. 선고 2012다89399 전원합의체 판결, 대법원 2024.12.19. 선고 2020다247190 전원합의체 판결).

2. 정기성

어떤 임금이 통상임금에 속하기 위해서 정기성을 갖추어야 한다는 것은 그 임금이 일정한 간격을 두고 계속적으로 지급되어야 함을 의미한다.

통상임금에 속하기 위한 성질을 갖춘 임금이 1개월을 넘는 기간마다 정기적으로 지급되는 경우, 이는 노사 간의 합의 등에 따라 근로자가 소정근로시간에 통상적으로 제공하는 근로의 대가가 1개월을 넘는 기간마다 분할지급되고 있는 것일 뿐 그러한 사정 때문에 갑자기 그 임금이 소정근로의 대가로서의 성질을 상실하거나 정기성을 상실하게 되는 것이 아니므로, 정기상여금과 같이 일정한 주기로 지급되는 임금의 경우 단지 그 지급주기가 1개월을 넘는다는 사정만으로 그 임금이 통상임금에서 제외된다고 할 수 없다(대법원 2013.12.18. 선고 2012다89399 전원합의체 판결).

> **저자주** **1임금산정기간을 초과하는 기간마다 지급되는 임금의 통상임금 산정기초임금에의 해당 여부**
>
> 고용노동부에서는 "통상임금의 산정기초가 되는 임금은 근로계약이나 취업규칙 또는 단체협약 등에 의하여 소정근로(소정근로시간이 없는 경우에는 법정근로시간)에 대하여 근로자에게 지급하기로 정하여진 기본급 임금과 정기적·일률적으로 1임금산정기간에 지급하기로 정하여진 고정급 임금"으로 보아 상여금 등 1임금산정기간 내를 초과하는 기간마다 지급되거나 매월 분할지급되더라도 지급대상기간이 1임금산정기간을 초과하는 연간단위로 설정된 임금은 통상임금에 해당되지 아니한다는 입장이었다(임금 68207-207, 2002.3.29.).
>
> 그러나 대법원 전원합의체에서는 "통상임금에 속하는 성질을 갖춘 임금이 1개월을 넘는 기간마다 정기적으로 지급되는 경우 이는 노사 간의 합의 등에 따라 근로자가 소정근로시간에 통상적으로 제공하는 근로의 대가가 1개월을 넘는 기간마다 분할지급되고 있는 것일 뿐, 그러한 사정 때문에 갑자기 그 임금이 소정근로의 대가로서의 성질을 상실하거나 정기성을 상실하게 되는 것이 아님은 분명하다. 따라서 정기상여금과 같이 일정한 주기로 지급되는 임금의 경우 단지 그 지급주기가 1개월을 넘는다는 사정만으로 그 임금이 통상임금에서 제외된다고 할 수 없다"고 보았고, 고용노동부에서도 대법원 전원합의체 판결 취지에 따라 "연간 500%를 12분할하여 매월 지급하고 다른 추가적인 조건 없이 퇴직자에 대하여 일할 계산하여 지급하는 경우라면 이를 소정근로를 제공하기만 하면 그 지급이 확정된 것이라고 볼 수 있어 통상임금에 해당한다"고 보았다(근로개선정책과-2438, 2014.4.22.).
>
> 근로기준법상 통상임금이란 근로자에게 정기적이고 일률적으로 소정근로 또는 총근로에 대하여 지급하기로 정한 금액으로서, 여기서 "정기적"이라 함은 반드시 1임금산정기간마다 지급되는 것을 의미한다기보다는 일정시기마다 지급되는 것을 의미한다고 보는 것이 합리적이므로 1임금산정기간을 초과하는 기간마다 지급되는 임금에 대하여 대법원 전원합의체 판결에 따라 통상임금 해당 여부를 판단하여야 할 것이다.

3. 일률성

어떤 임금이 통상임금에 속하기 위해서는 그것이 일률적으로 지급되는 성질을 갖추어야 한다. '일률적'으로 지급되는 것에는 '모든 근로자'에게 지급되는 것뿐만 아니라 '일정한 조건 또는 기준에 달한 모든 근로자'에게 지급되는 것도 포함된다.

여기서 '일정한 조건'이란 고정적이고 평균적인 임금을 산출하려는 통상임금의 개념에 비추어 볼 때 고정적인 조건이어야 하며 작업 내용이나 기술, 경력 등과 같이 소정근로의 가치 평가와 관련된 조건이라야 한다.

단체협약이나 취업규칙 등에 휴직자나 복직자 또는 징계대상자 등에 대하여 특정 임금에 대한 지급 제한사유를 규정하고 있다 하더라도, 이는 해당 근로자의 개인적인 특수성을 고려하여 그 임금 지급을 제한하고 있는 것에 불과하므로, 그러한 사정을 들어 정상적인 근로관계를 유지하는 근로자에 대하여 그 임금 지급의 일률성을 부정할 것은 아니다(대법원 2013. 12.18. 선고 2012다89399 전원합의체 판결).

3 통상임금 산정기초가 되는 임금의 범위

근로기준법상 임금에 해당하는 금품 중 기본급, 미리 정하여진 지급조건에 따라 담당하는 업무와 직책의 경중에 따라 지급하는 직책수당, 업무수행에 필요한 기술이나 자격·면허증소지자에 따라 지급하는 면허수당·기술수당, 특수작업 및 위험작업종사에 따라 지급하는 특수작업수당·위험작업수당 등 소정근로 또는 총근로에 대하여 정기적·일률적으로 지급하기로 정한 임금은 통상임금 산정에 기초가 되는 임금에 해당된다.

반면 소정근로시간을 초과하여 근로를 제공하거나 근로계약서에서 제공하기로 정한 근로 외의 근로를 특별히 제공함으로써 사용자로부터 추가로 지급받거나 소정근로시간의 근로와는 관련 없이 지급받는 주휴수당·연장근로수당·야간근로수당·휴일근로수당·연차수당 등과 근로자가 소정근로를 제공하더라도 추가적인 조건을 충족하여야 지급되거나 그 조건 충족 여부에 따라 지급액이 변동되는 무사고수당·성과급 등은 통상임금 산정에 기초가 되는 임금에 해당하지 않는다(대법원 2013.12.18. 선고 2012다89399 전원합의체 판결, 대법원 2024.12.19. 선고 2020다247190 전원합의체 판결).

참고 임금유형별 통상임금 여부(2025.2.6. 고용노동부 통상임금 노사지도 지침)

임금명목	임금의 특징	통상임금 해당여부	
		2013년	2024년
기술수당	기술이나 자격보유자에게 지급되는 수당 (자격수당, 면허수당 등)	통상임금 ○	통상임금 ○
근속수당	근속기간에 따라 지급여부나 지급액이 달라지는 임금	통상임금 ○	통상임금 ○

<table>
<tr><th rowspan="2">임금명목</th><th rowspan="2">임금의 특징</th><th colspan="2">통상임금 해당여부</th></tr>
<tr><th>2013년</th><th>2024년</th></tr>
<tr><td rowspan="2">가족수당</td><td>부양가족 수에 따라 달라지는 가족수당</td><td>통상임금 ×
(근로와 무관한 조건)</td><td>통상임금 ×
(근로와 무관한 조건)</td></tr>
<tr><td>부양가족 수와 관계없이 모든 근로자에게 지급되는 가족수당 분</td><td>통상임금 ○
(명목만 가족수당, 일률성 인정)</td><td>통상임금 ○
(명목만 가족수당, 일률성 인정)</td></tr>
<tr><td rowspan="2">성과급</td><td>근무실적을 평가하여 지급여부나 지급액이 결정되는 임금</td><td>통상임금 ×
(조건에 좌우됨, 고정성 인정 ×)</td><td>통상임금 ×
('소정근로 대가성'을 갖추었다고 보기 어려움)</td></tr>
<tr><td>최소한도가 보장되는 성과급</td><td>그 최소한도만큼만 통상임금 ○
(그만큼은 일률적, 고정적 지급)</td><td>최소한도의 일정액은 통상임금 ○
(근무실적과 무관하게 최소한도의 일정액을 지급하기로 정한 경우 그 금액은 소정근로의 대가에 해당)</td></tr>
<tr><td rowspan="2">상여금</td><td>정기적인 지급이 확정되어 있는 상여금(정기상여금)</td><td>통상임금 ○</td><td>통상임금 ○</td></tr>
<tr><td>기업실적에 따라 일시적, 부정기적, 사용자 재량에 따른 상여금(경영성과분배금, 격려금, 인센티브)</td><td>통상임금 ×
(사전 미확정, 고정성 인정 ×)</td><td>통상임금 ×
('소정근로 대가성'을 갖추었다고 보기 어려움)</td></tr>
<tr><td rowspan="2">특정시점 재직 시에만 지급되는 금품</td><td>특정시점에 재직 중인 근로자만 지급받는 금품
(명절귀향비나 휴가비의 경우 그러한 경우가 많음)</td><td>통상임금 ×
(근로의 대가 ×, 고정성 ×)</td><td>통상임금 ○
(명절귀향비, 휴가비도 소정근로의 대가성이 인정되고 정기성, 일률성을 갖춘 경우 통상임금 ○)</td></tr>
<tr><td>특정시점이 되기 전 퇴직 시에는 근무일수에 비례하여 지급되는 금품</td><td>통상임금 ○
(근무일수 비례하여 지급되는 한도에서는 고정성 ○)</td><td>통상임금 ○</td></tr>
</table>

4 판단사례

1. 근속수당

근속기간은 근로자의 숙련도와 밀접한 관계가 있으므로 소정근로의 가치 평가와 관련이 있는 '일정한 조건 또는 기준'으로 볼 수 있고, 일정한 근속기간 이상을 재직한 모든 근로자에게 그에 대응하는 임금을 지급한다는 점에서 일률성을 갖추고 있다고 할 수 있다(대법원 2013.12.18. 선고 2012다89399 전원합의체 판결).

근속수당은 은혜적인 배려에서가 아니라 일정한 근속연수에 이른 근로자에게 실제의 근무성적과는 상관없이 매월 일정하게 지급된 것으로서 정기적·일률적으로 지급되는 임금이므로 통상임금에 포함되어야 한다(대법원 2002.7.23. 선고 2000다29387 판결).

2. 가족수당

부양가족이 있는 근로자에게만 지급되는 가족수당과 같이 소정근로의 가치 평가와 무관한 사항을 조건으로 하여 지급되는 임금은 그것이 그 조건에 해당하는 모든 근로자에게 지급되었다 하더라도 여기서 말하는 '일정한 조건 또는 기준'에 따른 것이라 할 수 없어 '일률성'을 인정할 수 없으므로 통상임금에 속한다고 볼 수 없다(대법원 2000.12.22. 선고 99다10806 판결, 대법원 2013.12.18. 선고 2012다89399 전원합의체 판결).

그러나 모든 근로자에게 기본금액을 가족수당 명목으로 지급하면서 실제 부양가족이 있는 근로자에게는 일정액을 추가적으로 지급하는 경우 그 기본금액은 소정근로에 대한 대가에 다름 아니므로 통상임금에 속한다(대법원 1992.7.14. 선고 91다5501 판결, 대법원 2013.12.18. 선고 2012다89399 전원합의체 판결).

3. 출근일수 또는 일정 근무일수 조건에 따라 지급되는 교통비·급식대

매 근무일마다 일정액의 임금을 지급하기로 정함으로써 근무일수에 따라 일할계산하여 임금이 지급되는 경우에는 실제 근무일수에 따라 그 지급액이 달라지기는 하지만 근로자가 소정근로를 온전히 제공하기만 하면 그에 대하여 일정액을 지급할 것이 확정되어 있으므로 이러한 임금은 통상임금에 해당한다(대법원 1994.2.22. 선고 93다9620 판결, 대법원 2013.12.18. 선고 2012다89399 전원합의체 판결).

이러한 교통비나 급식대가 일정 근무일수의 충족이라는 추가적인 조건을 성취하여야 비로소 지급되더라도 통상임금은 실제 근무일수나 실제 수령한 임금에 관계없이 소정근로의 가치를 반영하여 정한 기준임금이므로, 소정근로를 온전하게 제공하는 근로자라면 충족할 근무일수 조건, 즉 소정근로일수 이내로 정해진 근무일수 조건의 경우, 그러한 조건이 부가되어 있다는 사정만으로 그 임금의 통상임금성이 부정되지 않는다.

반면 소정근로일수를 초과하는 근무일수 조건부 임금은 소정근로를 제공하였다고 하여 지급되는 것이 아니고 소정근로를 넘는 추가 근로의 대가이므로 통상임금이 아니다(대법원 2024.12.19. 선고 2020다247190 전원합의체 판결).

4. 1임금산정기간을 초과하는 기간마다 지급되는 상여금·체력단련비·월동보조비

매년 일정시기에 월 기본급에 대한 일정액을 체력단련비로 매년 11월에 월기본급에 대한 일정액을 월동보조비로 원고들을 포함한 전 직원에게 각 지급하여 온 사실을 인정할 수 있는바, 이에 의하면 위 체력단련비나 월동보조비는 모두 소정 근로 또는 총 근로에 대하여 지급하기로 한 금품으로서 정기적, 일률적으로 지급되는 임금이라 할 것이므로 통상임금에 속한다고 할 것이다(대법원 1996.2.9. 선고 95다19501 판결).

5. 특정 시점에 재직 중인 근로자에게만 지급되는 임금

통상임금은 실근로와 구별되는 소정근로의 가치를 반영하는 도구개념이므로, 계속적인 소정근로의 제공이 전제된 근로관계를 기초로 산정하여야 한다. 근로자가 재직하는 것은 근로계약에 따라 소정근로를 제공하기 위한 당연한 전제이다. '퇴직'은 정년의 도래, 사망, 해고 등과 함께 근로관계를 종료시켜 실근로의 제공을 방해하는 장애사유일 뿐, 근로자와 사용자가 소정근로시간에 제공하기로 정한 근로의 대가와는 개념상 아무런 관련이 없다. 따라서 정기·명절상여금, 명절선물지원금, 하계휴가비, 생일자지원금 등을 지급받기 위하여 특정 시점에 재직 중이어야 한다는 조건이 부가되어 있다는 사정만으로 그 임금의 소정근로 대가성이나 통상임금성이 부정되지 않는다(대법원 2024.12.19. 선고 2020다247190 전원합의체 판결).

6. 특수한 기술, 경력 등을 조건으로 하는 임금

특수한 기술의 보유나 특정한 경력의 구비 등이 임금 지급의 조건으로 부가되어 있는 경우 근로자가 연장·야간·휴일 근로를 제공하는 시점에서 특수한 기술의 보유나 특정한 경력의 구비 여부는 그 성취 여부가 불확실한 조건이 아니라 기왕에 확정된 사실이므로, 그와 같은 지급조건은 통상임금 인정에 장애가 되지 않는다(대법원 2013.12.18. 선고 2012다89399 전원합의체 판결).

7. 근무실적에 연동하는 임금

근로자의 근무실적에 따라 지급되는 성과급은 단순히 소정근로를 제공하였다고 지급되는 것이 아니라 일정한 업무성과를 달성하거나 그에 대한 평가결과가 어떠한 기준에 이르러야 지급되므로, 일반적으로 '소정근로 대가성'을 갖추었다고 보기 어렵다. 다만 근무실적과 무관하게 최소한도의 일정액을 지급하기로 정한 경우 그 금액은 소정근로에 대한 대가에 해당한다(대법원 2024.12.19. 선고 2020다247190 전원합의체 판결).

근로자의 전년도 근무실적에 따라 당해 연도의 특정 임금의 지급 여부나 지급액을 정하는 경우, 당해 연도에는 그 임금의 지급 여부나 지급액이 확정적이므로 당해 연도에 있어 그 임금은 통상임금에 해당하는 것으로 보아야 한다(서울고법 2013.7.26. 선고 2010나20053 판결, 대법원 2013.12.18. 선고 2012다89399 전원합의체 판결).

그러나 보통 전년도에 지급할 것을 그 지급 시기만 늦춘 것에 불과하다고 볼 만한 특별한 사정이 있는 경우에는 통상임금성을 인정할 수 없다. 다만 이러한 경우에도 근무실적에 관하여 최하 등급을 받더라도 일정액을 최소한도로 보장하여 지급하기로 한 경우에는 그 한도 내에서 통상임금으로 볼 수 있다(대법원 2013.12.18. 선고 2012다89399 전원합의체 판결).

8. 지급의무는 있지만 지급액이 사전에 확정되지 않은 임금

어떤 임금이 통상임금에 해당하기 위해서는 근로자가 실제로 연장·야간·휴일 근로를 하기 전에 그 지급과 지급액이 사전에 확정되어 있어야 하는데, 단체협약은 "회사는 김장철에 김장보너스를 지급하며, 지급금액은 노사협의하여 지급한다"라고 정하고 있고 이에 따라 김장보너스는 지급 직전에 노사협의를 통해 2007년부터 2009년까지는 220,000원, 2010년에는 240,000원이 정해진 사실이 있으므로 이처럼 지급액을 결정하기 위한 객관적인 기준 없이 단지 사후에 노사협의를 통해 그 지급액을 정하도록 한 경우라면 그 지급액이 사전에 확정되어 있다고 볼 수 없다(대법원 2013.12.18. 선고 2012다94643 전원합의체 판결).

9. 근로시간 단축에 따른 보전수당

보전수당이 법정근로시간 단축으로 인하여 주당 4시간의 연장근로가 계속적으로 필요함에 따라 소위 고정O/T수당 등 그 연장근로에 대한 대가의 일환으로 지급되는 금품이라면 소정근로에 대하여 지급하기로 정해진 통상임금으로 볼 수 없을 것이며, 연장근로와 관계없이 근로시간 단축에 따른 임금보전차원에서 지급될 경우 원칙적으로 노사 간의 약정에 따라야 할 것이나 노사 간 별도의 약정이 없을 경우 일정시기까지 한시적으로 지급되는 것이 아니라 근로자에게 정기적·일률적으로 계속 지급된다면 달리 볼 사정이 없는 한 통상임금에 해당한다고 볼 수도 있을 것이다(근로기준과-4504, 2005.8.29.).

10. 임금인상 소급분

근로자와 사용자가 소정근로의 가치를 평가하여 그에 대한 대가로 정한 이상 그것이 단체협약의 지연이라는 우연한 사정으로 인해 소급적용되었다 하여 통상임금이 아니라고 할 수는 없으며, 이러한 노사합의는 소정근로에 대한 추가적인 가치 평가시점만을 부득이 근로의 제공 이후로 미룬 것으로, 그에 따른 임금인상 소급분은 근로자가 업적이나 성과의 달성 등 추가조건을 충족해야만 지급되는 것이 아니라 소정근로의 제공에 대한 보상으로 당연히 지급될 성질의 것이므로 통상임금성을 갖추고 있다.

임금인상 합의가 이루어지기 전에 퇴직한 근로자들에게는 임금인상 소급분을 지급하지 않았으나, 이는 임금 등 근로조건을 결정하는 기준을 소급적으로 변경하는 내용의 단체협약의 효력이 단체협약 체결 이전에 이미 퇴직한 근로자에게 미치지 않기 때문에 발생하는 결과에 불과하므로, 소정근로를 제공한 근로자들에게 그에 대한 보상으로 당연히 지급되는 임금인상 소급분의 성질을 달리 볼 사유가 될 수 없다(대법원 2021.8.26. 선고 2017다269145 판결).

11. 구내식당이 없는 사업장에 지급되는 중식대

구내식당 설치 여부가 해당 근로자의 근로가치에 대한 평가를 좌우하는 근로조건에 해당한다고는 볼 수 없는 점에서, 중식대의 소정근로대가성을 인정할 수 없다. '일정한 조건 또는 기준에 달한 모든 근로자'에게 지급되는 임금에 대해서도 통상임금의 징표인 일률성을 인정할 수 있다. 그러나 여기서 말하는 '조건 또는 기준'은 '작업 내용이나 기술, 경력 등과 같이 소정근로의 가치평가와 관련된 조건'이어야 하는데, '구내식당 설치 여부'는 이와 같은 소정근로의 가치평가와 관련된 조건에 해당하지 않으므로, 일률성도 인정할 수 없다(서울고법 2019.2.22. 선고 2017나28858·28865·28872·28889 판결).

12. 가입 및 중도해지 여부를 선택할 수 있는 개인연금보험료 회사지원금

근로자들은 피고가 제안하는 특정 보험회사의 개인연금보험에 반드시 가입하거나 유지할 의무는 없었고 그 가입 여부 및 중도해지 여부를 개별적으로 선택할 수 있었는바, 이처럼 개인연금보험료 회사부담분은 특정 보험회사 개인연금보험에의 가입 또는 유지 여부라는 개별 근로자의 특수하고 우연적인 사정에 의해 그 지급 여부가 정해지는 점, 개인연금보험료 회사지원금의 지급 조건인 '개인연금보험의 가입 및 유지'는, 근로자의 작업 내용이나 기술, 경력 등과 같은 소정근로의 가치 평가와 관련된 조건이라고는 볼 수 없는 점 등의 사정에 비추어보면, 결국 개인연금 회사부담분은 근로제공의 대가로서 일률적으로 지급되는 임금이라고 보기 어려워 통상임금에 포함된다고 할 수 없다(대전고법 2022.8.18. 선고 2019나14651 판결).

13. 일정 지역에 거주하지 않는 자에게만 지급된 이주수당

이주수당은 울산에 거주하지 않는 근로자들에게만 지급되었는데, 여기서 울산에 거주하여야 한다는 요건은 작업 내용이나 기술, 경력 등과 같이 소정근로의 가치 평가와 관련된 조건이라고 보기 어려우므로, 이주수당이 일률적으로 지급된 임금이라고 보기 어렵고, 한편 부부가 모두 이주수당의 지급 대상인 근로자인 경우 그중 1명에게 100%, 다른 1명에게 50%의 이주수당만 지급한 점에 비추어 보면, 이 사건 이주수당은 결국 근무지 변경에 따라 이주하게 된 직원들에게 추가적으로 소요되는 비용을 변상하기 위한 금품으로 보일 뿐이다. 따라서 이주수당은 통상임금에 해당하지 않는다(울산지법 2018.7.5. 선고 2016가합23416 판결).

저자주 **유급휴가 기간 중 급여 지급 범위**

근로기준법 제60조 제1항·제5항·제6항 제2호에서 사용자는 1년간 80% 이상 출근한 근로자에게 15일의 유급휴가를 주되 임신 중의 여성이 출산전후휴가로 휴업한 기간은 출근한 것으로 보며 연차유급 휴가기간에 대하여는 취업규칙 등에서 정하는 통상임금 또는 평균임금을 지급하여야 한다고 규정하고 있다.

또한, 근로기준법 제74조 제1항·제4항·제7항·제8항에서는 사용자는 임신 중의 여성에게 출산 전과 출산 후를 통하여 90일의 출산전후휴가를 주어야 하고 이에 따른 휴가 중 최초 60일은 유급으로 하되 남녀고용평등법 제18조에 따라 출산전후휴가급여 등이 지급된 경우에는 그 금액의 한도에서 지급의 책임을 면한다고 되어 있으며, 남녀고용평등법 제18조의 2 제1항·제2항에 따르면 사업주는 근로자가 배우자의 출산을 이유로 휴가를 고지하는 경우 20일의 휴가를 주며 이 경우 사용한 휴가기간은 유급으로 하되 출산전후휴가급여등이 지급된 경우에는 그 금액의 한도에서 지급의 책임을 면한다고 규정하고 있다.

이와 관련하여 대법원에서는 "연차휴가기간에 근로자가 근로를 제공하지 않더라도 근로를 제공한 것으로 보아 지급되어야 하는 연차휴가수당은 취업규칙 등에서 산정 기준을 정하지 않았다면 그 성질상 통상임금을 기초로 하여 산정하여야 한다(대법원 2019.10.18. 선고 2018다239110 판결)"고 보았고, 고용노동부에서도 "취업규칙 등에서 별도로 정한 바가 있다면 이에 따라야 할 것이나, 정함이 없는 경우에는 무급휴무일을 제외한 소정근로 기간에 대한 통상임금을 최소한 지급해야 하며, 급여지급 주기상 유급 출산전후휴가 기간이 1개월에 미달되는 날에 대해서는 최소한 일할계산하여 지급하여야 한다(여원 68240-40, 2002.1.24., 여성고용정책과-1644, 2015.6.9.)"고 본 바 있다.

그런데, 최근 통상임금의 개념적 징표로서의 고정성을 폐기하는 대법원 전원합의체의 판결로 지급일 현재 재직조건으로 지급되는 명절상여금이나 하계휴가비 등도 통상임금에 해당하게 됨에 따라, 유급휴가 기간 동안 매월 지급해야 할 임금에 매월 단위로 지급되지 않고 분기, 반기, 연 1회 등 월 외의 일정한 기간 단위로 지급되는 통상임금의 월 환산분도 포함하여 추가로 지급해야 하는 것인지 여부가 논란이 되고 있다.

그러나 관련 법 조항에서는 '통상임금'이 아닌 '유급'으로 표현하고 있는데, 이러한 법정휴가의 '유급'제도는 일정한 요건을 충족하는 근로자가 현실적으로 근로를 제공하지 않더라도 근로를 제공한 것으로 보고 임금 삭감을 하지 않도록 함으로써 근로자가 임금 감소 없이 온전히 휴식을 취할 수 있도록 하기 위한 것으로서, 여기서 유급이라 함은 근로기준법상 임금을 의미하는 것으로 보는 것이 문언에 충실한 해석이라는 점(임금근로시간과-517, 2021.3.15., 국민권익위 중앙행심 2019.2.19. 선고 2018-13494 판정), 만일 '유급'을 '통상임금의 지급'으로 본다면 매월 지급되는 임금 중 통상임금에 해당하지 않은 가족수당, 고정시간외수당, 성과급 등이 있는 경우에는 유급휴가 기간 중에 이를 지급하지 않아도 되게 됨으로써 연차휴가, 출산전후휴가, 배우자출산휴가 등의 자유로운 사용이 위축될 수 있다는 점, 기존 고용노동부 유권해석을 보더라도 취업규칙 등에서 그 유급의 범위를 정할 수는 있으나 최소한 통상임금 이상은 되어야 한다는 취지로서, 출산전후휴가 기간 중 최초 60일에 대해서는 근로계약에 따라 소정근로에 대하여 지급하기로 정한 월급 금액을 지급하고 최종 30일분의 급여 및 상여금은 무급처리하되 해당 월의 역일수로 일할계산하는 방식으로 산정하여 지급해야 한다고 하면서 [통상시급×일 소정근로×(60일-무급휴무일)] 방식의 적용을 배제하고 있다는 점(여원 68240-40, 2002.1. 24., 여성고용정책과-2507, 2016.7.26.), 대법원 전원합의체에서는 통상임금은 소정근로의 온전한 제공이라는 요건이 충족되면 이를 이유로 지급되는 가상의 임금으로서 실근로와 무관하게 소정근로 그 자체의 가치를 온전하게 반영하는 것이라야 하며 이때 고려해야 하는 것은 소정근로를 온전하게 제공하는 경우에 지급되는 임금이 얼마로 정해졌는가이지 실제로 조건을 충족하여 그 임금을 지급받을 가능성은 고려할 필요가 없다고 하면서 지급일 현재 재직조건으로 지급되는 상여금등이 법정수당의 산정 기초를 이루는 통상임금에 해당하더라도 기준시점에 재직하지 않는 근로자에게는 해당 임금이 지급되지 않을 수 있다며 통상임금 인정 여부와 조건이 부가된 임금 항목의 실제 지급 여부는 별개라고 보았다는 점(대법원 2024.12.19. 선고 2020다247190 전원합의체 판결), 만일 유급휴가 기간에 대하여 매월 단위로 지급되는 통상임금뿐만 아니라 월 외의 일정한 기간으로 지급되는 통상임금의 월 환산분까지 추가로 지급하여야 한다고 본다면 근로 시 지급받는 임금보다 유급휴가 기간에 지급받는 급여가 더 많게 되는 불합리한 결과가 발생한다는 점 등을 종합하여 볼 때,

유급휴가 기간에 대해 명절상여금이나 하계휴가비 등 매월 단위로 지급되지 않고 월 외의 일정한 기간 단위로 지급되는 통상임금의 월 환산분을 추가로 지급할 것이 아니라, 유급휴가 기간 중 현실적으로 근로를 제공하지 않더라도 근로를 제공한 것으로 보고 근로계약에 따라 지급하기로 정한 월급 금액 및 월 외의 일정한 기간으로 정한 금액을 삭감 없이 매월 또는 해당 지급기일에 전액 지급하되, 지급시기를 기준으로 임금항목별로 부가된 조건을 성취하지 못하는 경우에는 이를 지급하지 않는 것으로 보는 것이 타당하다 할 것이다.

02 통상임금의 산정방법

1 원칙

통상임금을 시간급 금액으로 산정할 경우에는 일급금액으로 정하여진 임금에 대하여는 그 금액을 1일의 소정근로시간 수로, 주급금액으로 정하여진 임금에 대하여는 그 금액을 주의 통상임금 산정기준시간 수로, 월급금액으로 정하여진 임금에 대하여는 그 금액을 월의 통상임금 산정기준시간 수로, 도급금액으로 정한 임금에 대하여는 그 임금산정기간에서도 급제에 따라 계산된 임금의 총액을 해당 임금산정기간의 총근로시간 수(총근로시간 외에 유급처리되는 시간은 합산한다)로 나누며, 둘 이상의 임금을 받는 경우에는 각각 산정된 금액을 합산한다.

2 통상임금 산정기준시간 수

통상임금 산정 시 사용되는 기준시간인 1일의 소정근로시간 수는 법정근로시간의 범위에서 근로자와 사용자 사이에 정한 근로시간을 말하며(근로기준법 §2 ① 8호), 주의 통상임금 산정기준시간 수는 주의 소정근로시간과 소정근로시간 외의 유급처리되는 시간을 합산한 시간을 말하고, 월의 통상임금 산정기준시간 수는 주의 통상임금산정 기준시간에 1년간의 평균주수(=365일/7일)를 곱한 시간을 12월로 나눈 시간을 말한다(고용노동부 예규 제47호).

예를 들면 1주 40시간 1일 8시간 주5일 근무를 하는 사업장으로서 토요일 무급휴무, 일요일 유급휴일인 사업장의 통상임금 산정기준시간은 다음 표와 같다.

| 통상임금 산정기준시간 |

구 분	산정내역	시 간
1일 소정근로시간 수	–	8시간
주 통상임금산정 기준시간 수	주 소정근로시간+유급처리되는 시간 =(40+8)시간	48시간
월 통상임금산정 기준시간 수	주 통상임금산정 기준시간 수×365/7÷12 =(48×365/7÷12)시간	209시간

만일 1주 40시간제를 실시하는 사업장에서 당초 근로제공의무가 없는 토요일의 8시간을 유급처리하는 경우에 월급금액을 시간급금액으로 계산할 때 월 통상시급 산정기준시간 수는 1주 40시간을 근로할 경우의 월 209시간에 매주 유급처리되는 8시간분을 합하여 월 243시간[=(209시간+8시간)×365/7÷12]이 된다. 다만, 개정 근로기준법에 따라 1주 44시간제에서 1주 40시간제로 근로시

PART 2 임금 및 퇴직급여 관리

간 단축을 하는 경우 통상시급 산정을 위한 기준근로시간을 노사 간에 단체협약으로 월 240시간으로 정하는 것도 근로자에게 불리하지 아니하므로 무방하다(근로기준과-3802, 2004.6.12.).

한편, 대법원에서는 근로자에게 지급된 월급에 통상임금으로 볼 수 없는 근로기준법 제55조가 정한 유급휴일에 대한 임금이 포함되어 있어 월급 금액으로 정하여진 통상임금을 확정하기 곤란한 경우에는 근로자가 이러한 유급휴일에 근무한 것으로 의제하여 이를 소정근로시간과 합하여 총근로시간을 산정한 후, 유급휴일에 대한 임금의 성격을 가지는 부분이 포함된 월급을 그 총근로시간 수로 나눈 방식에 의하여 그 시간급 통상임금을 산정하여도 무방하고, 이러한 법리는 근로기준법 등 법령에 의하여 유급으로 처리되는 시간에 한정되지 않고 근로계약이나 취업규칙 등에 의하여 유급으로 처리하기로 정해진 시간도 포함되며, 근로기준법이 정한 기준근로시간을 초과하는 약정 근로시간에 대한 임금으로서 월급 또는 일급 형태로 지급되는 고정수당을 시간급 통상임금으로 환산하는 경우에는 특별한 정함이 없는 한 근로자가 실제로 근로를 제공하기로 약정한 시간 수 자체를 합산하여야 하는 것이지 가산수당 산정을 위한 '가산율'을 고려한 연장근로시간 수와 야간근로시간 수를 합산할 것은 아니라고 보고 있다(대법원 2019.10.10. 선고 2019다230899 판결, 대법원 2020.1.22. 선고 2015다73067 전원합의체 판결).

참고 **통상임금산정지침(2012.9.25. 고용노동부 예규 제47호)**

제1조 [목적] 이 예규는 근로기준법시행령 제6조에 따른 통상임금의 산정기초가 되는 임금 및 산정기준시간에 대하여 그 개념과 범위를 명확히 정함으로써 근로기준법 등 노동관계법령상의 통상임금을 일관성 있게 산정·적용함을 목적으로 한다.

제2조 [용어의 정의] 이 지침에서 사용하는 용어의 정의는 다음의 각 호와 같다.

1. "통상임금"이란 근로자에게 정기적·일률적으로 소정근로 또는 총근로에 대하여 지급하기로 정한 시간급 금액·일급 금액·주급 금액·월급 금액 또는 도급 금액을 말한다.
2. "법정근로시간"이란 근로기준법 제50조, 제69조 본문 및 산업안전보건법 제46조에 따른 근로시간을 말한다.
3. "소정근로시간"이란 법정근로시간의 범위 내에서 근로자와 사용자 간에 정한 근로시간을 말한다.

제3조 [산정기초임금] ① 통상임금의 산정기초가 되는 임금은 근로계약이나 취업규칙 또는 단체협약 등에 의하여 소정근로시간(소정근로시간이 없는 경우에는 법정근로시간, 이하 같다)에 대하여 근로자에게 지급하기로 정하여진 기본급 임금과 정기적·일률적으로 1임금산정기간에 지급하기로 정하여진 고정급 임금으로 한다.

② 제1항에도 불구하고 도급금액으로 정하여진 임금에 대하여는 그 임금산정기간에 있어서 도급제에 의하여 계산된 임금의 총액(연장·야간·휴일근로 등에 대한 가산수당은 제외한다)으로 한다.

제4조 [산정기준시간] 제3조에 따른 통상임금의 산정기초가 되는 임금을 시간급 금액으로 산정할 경우의 산정기준시간은 다음 각 호의 시간으로 한다.

1. 일급 금액으로 정하여진 경우에는 1일의 소정근로시간

2. 주급 금액으로 정하여진 경우에는 소정근로시간과 소정근로시간 외에 유급처리되는 시간을 합산한 시간(이하 "주의 통상임금 산정기준시간"이라 한다)
3. 월급 금액으로 정하여진 경우에는 주의 통상임금 산정기준시간에 1년간의 평균주수를 곱한 시간을 12월로 나눈 시간(이하 "월의 통상임금 산정기준시간"이라 한다)
4. 도급 금액으로 정하여진 경우에는 당해 임금산정기간(임금마감일이 있는 경우에는 임금마감기간)의 총근로시간(총근로시간 외에 유급처리되는 시간은 합산한다)

제5조 [통상임금의 산정] ① 시간급 통상임금은 제3조에 따른 산정기초임금을 다음 각 호의 방법에 따라 산정한 금액으로 한다.

1. 시간급 임금으로 정하여진 때에는 그 금액
2. 일급 금액, 주급 금액 또는 월급 금액 등으로 정하여진 때에는 그 금액을 각각 그 기간에 해당하는 제4조의 산정기준시간으로 나눈 금액
3. 제2호에 불구하고 근로기준법 제56조의 규정에 의한 연장·야간·휴일근로 등을 전제로 일급 금액, 주급 금액, 월급 금액 등으로 정하여진 때에는 1임금 산정기간의 임금의 총액(연장·야간·휴일근로 등에 대한 가산수당은 제외한다)을 그 기간의 총근로시간 수(총근로시간 외에 유급처리되는 시간은 합산한다)로 나눈 금액

② 일급 통상임금은 시간급 금액에 1일의 소정근로시간을 곱한 금액으로 한다.
③ 주급 통상임금은 시간급 금액에 주의 통상임금 산정기준시간을 곱한 금액으로 한다.
④ 월급 통상임금은 시간급 금액에 월의 통상임금 산정기준시간을 곱한 금액으로 한다.
⑤ 도급제에 의하여 정하여진 경우의 통상임금은 다음 각 호의 방법에 따라 산정한 금액으로 한다.

1. 시간급 통상임금은 1임금산정기간의 임금의 총액(연장·야간·휴일근로 등에 대한 가산수당은 제외한다)을 그 기간의 총근로시간 수(제4조 제4호에 의한 총근로시간 수를 말한다)로 나눈 금액
2. 일급 통상임금은 시간급 금액에 1일의 소정근로시간을 곱한 금액
3. 주급 통상임금은 시간급 금액에 주의 통상임금 산정기준시간을 곱한 금액
4. 월급 통상임금은 시간급 금액에 월의 통상임금 산정기준시간을 곱한 금액

⑥ 월 또는 주 이외의 일정기간으로 정하여진 임금에 대하여는 제1항부터 제5항까지에 준하여 산정한 금액으로 한다.
⑦ 임금이 제1항부터 제6항까지에서 정한 2 이상의 임금으로 되어 있는 경우에는 각 부분에 대하여 제1항부터 제6항까지에 따라 각각 산정된 금액을 합산한 금액으로 한다.

제5조의 2 [통상임금의 판단기준] 통상임금에 포함되는 임금의 범위는 별표의 예시에 따라 판단한다. 다만, 그 명칭만으로 판단하여서는 아니 되며, 통상임금의 의의, 근로계약·취업규칙·단체협약 등의 내용, 직종·근무형태, 지급관행 등을 종합적으로 고려하여야 한다.

제6조 [적용] 이 예규는 근로기준법 제26조, 제46조, 제55조, 제56조, 제60조 및 제74조 등에 근거하는 해고예고수당, 휴업수당, 유급휴일임금, 연장·야간·휴일근로수당, 연차유급휴가수당, 출산전후휴가수당 등과 그 밖에 노동관계법에 규정된 통상임금의 계산에 적용한다.

제7조 [재검토기한 3년] 훈련·예규등의발령및관리에관한규정(대통령훈령 제248호)에 따라 2015년 9월 24일까지 법령이나 현실여건의 변화 등을 검토하여 폐지 또는 개정한다.

부 칙〈노동부예규 제602호, 2009.9.25.〉

이 예규는 2009년 9월 25일부터 시행한다.

부 칙〈고용노동부예규 제47호, 2012.9.25.〉

이 예규는 발령한 날부터 시행한다.

사례 일용근로자, 단시간근로자 등의 통상시급 산정

1. 일당이 9만 5천원인 일용근로자로서 1일 근로시간이 9시간인 경우
   - 1일 환산 근로시간 : [1일 소정근로시간 8시간+(시간외근로시간 1시간×1.5)]=9.5시간
   - 일당의 구성항목 : 기본일당 80,000원+시간외수당 15,000원=일당 95,000원
   - 시간급 통상임금 산정 : 통상일급(80,000원)÷1일 소정근로시간(8시간)=10,000원
2. 일당이 8만원인 일용근로자로서 1일 근로시간이 7시간인 경우
   - 1일 소정근로시간 : 7시간
   - 통상임금 : 일급 80,000원
   - 시간급 통상임금 산정 : 통상일급(80,000원)÷1일 소정근로시간(7시간)≒11,428원 57전
3. 월, 수, 금 각 09:00~18:00(휴게시간 12:00~13:00) 근무하는 단시간근로자에 대하여 월 기본급 1,900,000원 및 월 고정식대 100,000원을 지급하는 경우(단, 주5일 근무 사업장으로서 토요일은 무급휴무일, 주휴일은 일요일임)
   - 1주 소정근로시간 : 8시간×3일=24시간
   - 주의 유급 처리되는 시간 : 1주 소정근로시간(24시간)÷통상근로자의 소정근로일수(5일)
     =4.8시간
   - 월의 통상임금 산정기준시간 : [1주 소정근로시간(24시간)+유급처리되는 시간(4.8시간)]
     ×1년간 평균주수(365일÷7)÷12월=125.14시간
   - 시간급 통상임금 산정 : 통상월급(기본급+식대)÷월의 통상임금 산정기준시간(125.14시간)
     =2,000,000원÷125.14시간≒15,982원 10전
4. 고용노동부로부터 감시·단속적 근로 적용제외 승인을 받은 보안요원이 격일제 24시간(09:00~익일 09:00, 휴게시간 8시간) 근무를 하면서 월 기본급 2,500,000원, 야간수당 234,380원을 받는 경우(적용제외 승인자에 대하여는 근로기준법의 근로시간, 휴게, 휴일규정이 적용제외됨)
   - 월 소정근로시간 : (24-8)시간×365일÷2÷12월=243.33시간
   - 주 또는 월의 유급 처리되는 시간 : 없음(적용제외 승인자에겐 휴일규정이 적용되지 않음)
   - 월의 통상임금 산정기준시간 : 월 소정근로시간(243.33시간)+유급처리되는 시간(0시간)
     =243.33시간
   - 시간급 통상임금 산정 : 통상월급(2,500,000원)÷월의 통상임금 산정기준시간(243.33시간)
     ≒10,274원 11전

Chapter

04 최저임금

01 최저임금의 개념

1. 최저임금이란?

최저임금이란 근로자의 최저수준의 생활보장을 위하여 매년 최저임금위원회의 심의를 거쳐 고용노동부장관이 시간, 일, 주 또는 월단위로 정한 금액으로서 근로자의 생계비, 유사근로자의 임금, 노동생산성 및 소득분배율 등을 고려하여 정한다(최저임금법 §4·§5 ①).

다만, 임금이 통상적으로 도급제나 그 밖에 이와 유사한 형태로 정하여져 있는 경우로서 근로시간의 파악이 어렵거나 시간, 일, 주 또는 월단위로 최저임금액을 정하는 것이 적합하지 아니한 경우에는 해당 근로자의 생산고 또는 업적의 일정단위에 의하여 최저임금액을 정한다(최저임금법 §5 ③, 동법 시행령 §4).

2. 최저임금의 효력

사용자는 최저임금의 적용을 받는 근로자에 대하여 최저임금액 이상의 임금을 지급하여야 하며, 최저임금액에 미달하는 임금을 정한 근로계약은 그 부분에 한하여 이를 무효로 하고, 무효로 된 부분은 최저임금액과 동일한 임금을 지급하기로 정한 것으로 본다(최저임금법 §6 ①·③).

또한 도급으로 사업을 행하는 경우 수급인이 도급인의 책임 있는 사유로 최저임금액에 미달하는 임금을 지급한 때에는 도급인은 해당 수급인과 연대하여 책임을 진다(최저임금법 §6 ⑦).

최저임금액보다 적은 임금을 지급하거나 최저임금을 이유로 종전 임금을 낮춘 자는 3년 이하의 징역 또는 2천만원 이하의 벌금에 처해지며, 근로감독관의 시정지시에도 불구하고 도급인이 시정기한 내에 연대책임을 이행하지 아니한 경우 2년 이하의 징역 또는 1천만원 이하의 벌금에 처해진다(최저임금법 §28 ①·②).

한편, 소정의 근로일에 해당하지 않아 근로자가 근로하지 아니한 휴일(소정의 근로에 대해 매월 1회 이상 정기적으로 지급되고 최저임금 지급대상 시간 수에 포함되는 주휴일은 제외)이나 소정의 근로일에는 해당하지만 근로자가 실제 근로하지 아니하여 본래 임금을 지급할 필요가 없는 휴가일 또는 결근일에 대하여 근로계약이나 취업규칙, 단체협약 등에 의해 임금을 지급하기로 하였더라도, 그 유급으로 처리된 시간은 특별한 사정이 없는 한 최저임금액 이상의 임금을 지급해야 하는 시간에 포함되지 않는다.

그러나 소정근로시간에 포함되는 시간 중 근로자가 실제로 근로를 제공하지 아니하였으나 사용자가 법령에 의해 임금을 지급할 의무를 부담하는 시간은 별도 약정이 없더라도 사용자가 임금 지급 의무를 부담하는 시간이라는 점에서 실제 근로를 제공한 시간과 다를 바 없고, 연차 유급휴가를 사용하여 유급으로 처리된 시간이 최저임금 지급 대상 시간에 포함되지 않는다고 본다면 최저임금액 미만의 임금을 지급받는 근로자들의 연차 유급휴가 사용이 사실상 위축되는 부당한 결과가 초래될 우려가 있으므로, 연차 유급휴가를 사용한 날과 같이, 소정근로시간에 포함되는 시간 중 근로자가 실제로 근로를 제공하지 아니하였으나 사용자가 법령에 의해 임금을 지급할 의무를 부담하는 시간은 최저임금 지급 대상 시간에 포함된다고 본다(대법원 2024.7.25. 선고 2021다24545, 2023다223744·223751 판결).

3. 최저임금의 적용 제외

동거하는 친족만을 사용하는 사업과 가사사용인 및 정신 또는 신체의 장애로 근로능력이 현저히 낮아 고용노동부장관의 인가를 받은 자에 대하여는 최저임금의 적용이 제외되며, 선원법의 적용을 받는 선원과 선원을 사용하는 선박의 소유자에게도 최저임금이 적용되지 아니한다(최저임금법 §3).

실무 POINT **최저임금 적용 제외 인가기준**

1. 근로자의 정신 또는 신체의 장애가 당해 근로자를 종사시키고자 하는 업무의 수행에 직접적으로 현저한 지장을 주는 것이 명백하다고 인정되는 사람
2. 정신 또는 신체 장애인으로서 담당하는 업무를 수행함에 있어 그 정신 또는 신체의 장애로 같거나 유사한 직종에서 최저임금을 받는 다른 근로자 중 가장 낮은 근로 능력자의 평균작업능력에도 미치지 못하는 사람(인근 사업장에도 없는 경우에는 무기능 미숙련자의 작업능력을 고려하여 대상자를 선정하며, 작업능력은 장애인고용촉진및직업재활법에 의한 한국장애인고용촉진공단의 의견을 들어 판단하여야 한다)
3. 인가기간은 1년을 초과할 수 없다.

02 최저임금액

1. 연도별 최저임금액

2025년도 최저임금액은 시간급 10,030원, 월 환산기준시간 수 209시간(주 소정근로 40시간, 유급주휴 8시간) 기준 월 2,096,270원이며, 2024년도 최저임금액은 시간급 9,860원, 월 환산기준시간 수 209시간 기준 2,060,740원이다.

| 기간별 최저임금액 |

적용기간	2023.1.1.~12.31.	2024.1.1.~12.31.	2025.1.1.~12.31.
최저 임금액	시간급 9,620원 월 환산액 2,010,580원 ✔ 월 환산기준시간 수 209시간 (주 40시간, 유급주휴 8시간) 기준	시간급 9,860원 월 환산액 2,060,740원 ✔ 월 환산기준시간 수 209시간 (주 40시간, 유급주휴 8시간) 기준	시간급 10,030원 월 환산액 2,096,270원 ✔ 월 환산기준시간 수 209시간 (주 40시간, 유급주휴 8시간) 기준

2. 최저임금액의 감액 적용

수습사용 중에 있는 자(시용기간 중에 있는 자 포함)로서 수습사용한 날부터 3월 이내인 자에 대하여는 최저임금의 10%를 감한 금액을 적용한다. 다만, 1년 미만의 기간을 정하여 근로계약을 체결한 근로자 및 단순노무업무로 고용노동부장관이 고시하는 직종에 종사하는 근로자(한국표준직업분류상 대분류 9. 단순노무 종사자)는 제외한다(최저임금법 §5 ②, 동법 시행령 §3).

한편 감시단속적 근로에 종사하는 자로서 고용노동부장관의 승인을 얻은 자에 대하여도 최저임금의 10%를 감한 금액을 최저임금액으로 하는 규정이 적용되었으나, 2015.1.1.부터는 위와 같은 감액규정이 폐지되어 일반 근로자와 동일하게 최저임금이 적용되게 되었다(최저임금법 §5 ②, 동법 시행령 §3).

03 최저임금에 산입하는 임금의 범위

1 원칙

최저임금법 제6조 제4항 본문에서 매월 1회 이상 정기적으로 지급하는 임금은 최저임금에 산입한다고 규정하면서 동 조항 단서에서 근로기준법 제2조 제1항 제8호에 따른 소정근로시간 또는 소정의 근로일에 대하여 지급하는 임금 외의 임금으로서 고용노동부령으로 정하는 임금(제1호), 상여금 그 밖에 이에 준하는 것으로서 고용노동부령이 정하는 임금의 월 지급액 중 해당 연도 시간급 최저임금액을 기준으로 산정된 월 환산액의 25%(2020년은 20%, 2021년은 15%, 2022년은 10%, 2023년은 5%, 2024년부터는 0%로 한다)에 해당하는 부분(제2호), 식비, 숙박비, 교통비 등 근로자의 생활 보조 또는 복리후생을 위한 성질의 임금으로서 통화 이외의 것으로 지급하는 임금과 통화로 지급하는 임금의 월 지급액 중 해당 연도 시간급 최저임금액을 기준으로 산정된 월 환산액의 7%(2020년은 5%, 2021년은 3%, 2022년은 2%, 2023년은 1%, 2024년부터는 0%로 한다)에 해당하는 부분(제3호)은 최저임금 적용을 위한 임금에 산입하지 않는다고 규정하고 있다.

따라서 지급된 임금이 최저임금에 미달하는지 여부는 지급된 임금 중 최저임금법 제6조 제4항 단서 및 동법 시행규칙 제2조에서 정한 최저임금에 산입하지 아니하는 임금을 제외한 비교대상 임금액과 최저임금액을 비교하여 판단하여야 한다(대법원 2007.1.11. 선고 2006다64245 판결).

2 일반택시운송사업에서 운전업무에 종사하는 근로자에 대한 특례

최저임금법 제6조 제5항 및 동법 시행령 제5조의 3에서 일반택시운송사업에서 운전업무에 종사하는 근로자의 최저임금에 산입되는 임금의 범위는 생산고에 따른 임금과 소정근로시간 또는 소정의 근로일에 대하여 지급하는 임금 외의 임금 및 근로자의 생활 보조와 복리후생을 위하여 지급하는 임금을 제외한 단체협약, 취업규칙, 근로계약에 정해진 지급 조건과 지급률에 따라 매월 1회 이상 지급하는 임금으로 한다고 규정하고 있다.

따라서 일반택시운송사업에서 운전업무에 종사하는 근로자에 대하여는 소정근로시간 또는 소정의 근로일에 대하여 지급하는 임금 외의 임금 및 근로자의 생활 보조와 복리후생을 위하여 지급하는 임금뿐만 아니라 생산고에 따른 임금(예컨대 초과운송수입금)도 제외한 상태에서 최저임금액과 비교하여야 한다. 다만, 운송수입금의 전부 또는 일부를 택시운송사업자에게 납부하지 않음으로써 공제액이 발생하게 되었거나 공제액이 증가하였다는 등의 특별한 사정이 없는 한, 기준 운송수입금 미달액을 공제한 후의 급여를 토대로 비교대상 임금을 계산하여 최저임금법 위반 여부를 판단하여야 한다(대법원 2022.9.29. 선고 2017다242928 판결).

3 최저임금에 산입하지 아니하는 임금의 범위

다음의 임금은 최저임금에 산입하지 않는다(최저임금법 §6 ④, 최저임금법시행규칙 §2).

① 연장근로 또는 휴일근로에 대한 임금 및 연장야간휴일 근로에 대한 가산임금

② 근로기준법 제60조에 따른 연차 유급휴가의 미사용수당

③ 유급으로 처리되는 휴일(근로기준법 제55조 제1항에 따른 유급 주휴일은 제외한다)에 대한 임금

④ 1개월을 초과하는 기간에 걸친 해당 사유에 따라 산정하는 상여금, 장려가급, 능률수당 또는 근속수당과 1개월을 초과하는 기간의 출근성적에 따라 지급하는 정근수당의 월 지급액 중 해당 연도 시간급 최저임금액을 기준으로 산정된 월 환산액의 25%(2020년은 20%, 2021년은 15%, 2022년은 10%, 2023년은 5%, 2024년부터는 0%로 한다)에 해당하는 부분

⑤ 식비, 숙박비, 교통비 등 근로자의 생활 보조 또는 복리후생을 위한 성질의 임금으로서 통화 이외의 것으로 지급하는 임금과 통화로 지급하는 임금의 월 지급액 중 해당 연도 시간급 최저임금액을 기준으로 산정된 월 환산액의 7%(2020년은 5%, 2021년은 3%, 2022년은 2%, 2023년은 1%, 2024년부터는 0%로 한다)에 해당하는 부분

⑥ 그 밖에 명칭에 관계없이 상기 ①부터 ③까지에 준하는 것으로 인정되는 임금

4 최저임금에 산입하는 임금의 범위

기본급, 직무수당·직책수당, 물가수당·조정수당, 기술수당·면허수당·특수작업수당·위험작업수당, 벽지수당·한냉지근무수당, 승무수당·항공수당·항해수당, 생산장려수당 등 단체협약, 취업규칙, 근로계약 또는 노동관행에 의하여 사용자에게 지급의무가 주어진 임금으로서 소정근로(도급제의 경우에는 총근로)에 대하여 매월 1회 이상 정기적으로 지급하는 임금(최저임금에 산입하지 아니하는 임금은 제외)은 최저임금에 산입한다(최저임금법 §6 ④).

최저임금과 통상임금은 실질적으로 그 범위가 유사하여 최저임금에 산입하는 임금의 범위를 판단함에 있어 통상임금의 개념을 참고할 수 있으나, 최저임금에는 그 성격상 사전에 확정되지 않은 임금(예컨대 매월 지급되는 정근수당, 무사고 수당 등)도 포함될 수 있음에 비해, 통상임금은 연장근로수당 등의 계산의 기초로서 사전확정이 필요하므로, 통상임금에는 사전에 확정되지 않은 임금은 포함될 수 없다.

대법원에서는 최저임금이나 최저임금의 적용을 위한 비교대상 임금은 통상임금과는 그 기능과 산정 방법이 다른 별개의 개념이므로, 사용자가 최저임금의 적용을 받는 근로자에게 최저임금액 이상의 임금을 지급하여야 한다고 하여 곧바로 통상임금 자체가 최저임금액을 그 최하한으로 한다고 볼 수 없다고 하면서 다만 최저임금의 적용을 받는 근로자에게 있어서 비교대상 임금

총액이 최저임금액보다 적은 경우에는 비교대상 임금 총액이 최저임금액으로 증액되어야 하므로, 이에 따라 비교대상 임금에 산입된 개개의 임금도 증액되고 그 증액된 개개의 임금 중 통상임금에 해당하는 임금들을 기준으로 통상임금이 새롭게 산정될 수는 있을 것이라고 본 바 있다(대법원 2017.12.28. 선고 2014다49074 판결).

5 판단사례

1. 상여금

상여금이 소정의 근로시간 또는 근로일에 대하여 매월 1회 정기적으로 지급되는 임금에 해당된다면 최저임금에 산입될 수 있으며 같은 요건을 갖추고 근로자에게 일률적으로 지급될 경우 통상임금에도 해당된다고 볼 수 있을 것이다.

2. 생산장려수당

능률에 따라 지급되는 생산장려수당, 장려가급 등은 매월 1회 이상 지급되지 않는 한 최저임금에 산입되지 않는다.

3. 식비 등 복리후생을 위한 성질의 급여

식비 등 복리후생을 위한 성질의 급여(가족수당·급식수당·주택수당·통근수당 등 근로자의 생활을 보조하는 수당 또는 식사, 기숙사·주택제공, 통근차운행 등)는 단체협약의 임금항목으로 명시되어 매월 1회 이상 정기적으로 지급된다면 최저임금에 산입될 수 있다.

4. 봉사료

봉사료는 사용자가 일괄관리하더라도 정기적·일률적으로 지급하는 임금으로 볼 수 없어 최저임금에 산입되지 않는다(임금 32240-21667, 1989.12.29.).

다만, 기본급화된 봉사료는 최저임금의 산입범위에 포함되며(임금 68200-525, 2001.7.27.) 봉사료가 단체협약·취업규칙 또는 근로계약에 지급근거가 명시되어 있거나 관례에 따라 지급하는 것으로서 매출액에 관계없이 모든 근로자에게 매월 일정금액을 지급한 경우에는 최저임금에 산입될 수 있다(임금 68220-545, 2000.11.3.).

5. 사납금초과수입금

택시업에 있어 사납금초과수입을 운전기사가 갖도록 되어 있는 경우 생산고에 따른 임금지급으로 보아 최저임금에 산입될 수도 있으며(임금 68207-555, 1993.9.14.), 택시운전기사가 소정의 근로시간 또는 소정의 근로일에 근로를 하였음에도 초과운송수입금이 적게 발생되어 결과적으로 최저임금에 미달하였을 경우 취업규칙, 단체협약, 복무규정 등에 따른 징계 등의 조치는 별론으로 하더라도 최저임금법상 사용자의 최저임금 지급의무를 면할 수는 없을 것(임금 68200-839, 2003.10.21)이라는 것이 기존 고용노동부의 입장이었다.

그러나 2007.12.27. 최저임금법 제6조 제5항이 신설되면서 특별시 및 광역시는 2009.7.1.부터, 제주특별자치도 및 시지역은 2010.7.1.부터, 그 밖의 지역은 2012.7.1.부터 택시 운전기사의 사납금초과수입금은 최저임금에 산입하지 않는 것으로 되었다.

04 최저임금 적용을 위한 임금의 환산

1 최저임금 적용을 위한 임금 환산방법

근로자의 임금을 정하는 단위가 된 기간이 그 근로자에게 적용되는 최저임금액을 정함에 있어 단위가 된 기간과 다른 경우에는 다음과 같이 환산하여 시간급 최저임금과 비교함으로써 최저임금 미달여부를 판단하되, 근로자가 받는 임금이 둘 이상의 임금으로 되어 있는 경우에는 그 부분에 대하여 각각 환산한 금액의 합산액을 그 근로자의 시간에 대한 임금으로 하여 최저임금 미달여부를 판단한다(최저임금법 §5의 2, 최저임금법시행령 §5).

① 일 단위로 정하여진 임금에 대하여는 그 금액을 1일의 소정근로시간 수로 나눈 금액

② 주 단위로 정하여진 임금에 대하여는 그 금액을 1주의 최저임금 적용기준 시간 수(1주 동안의 소정근로시간 수와 근로기준법 제55조 제1항에 따라 유급으로 처리되는 시간 수를 합산한 시간 수를 말한다)로 나눈 금액

③ 월 단위로 정하여진 임금에 대하여는 그 금액을 1개월의 최저임금 적용기준 시간 수(1주의 최저임금 적용기준 시간 수에 1년 동안의 평균의 주의 수를 곱한 시간을 12로 나눈 시간 수를 말한다)로 나눈 금액

④ 시간·일·주 또는 월 외의 일정기간을 단위로 정하여진 임금에 대하여는 이에 준하여 산정한 금액

⑤ 생산고에 따른 임금지급제나 그 밖의 도급제로 정해진 임금에 대하여는 그 임금산정기간(임금마감일이 있는 경우에는 임금마감기간을 말한다)의 임금총액을 그 임금산정기간 동안의 총근로시간 수로 나눈 금액

2 최저임금 적용을 위한 임금 환산에 있어 최저임금 적용기준 시간 수

1. 상시 5인 이상 사업장(감시·단속적 근로승인을 받은 자 제외)

최저임금 적용을 위해 시간당 임금으로 환산하는 경우 소정근로시간은 사용자와 근로자가 약정한 근로시간이 법정근로시간 이내이면 그 시간을, 법정근로시간을 초과하면 법정근로시간을 소정근로시간으로 하되, 만일 임금이 주급 또는 월급제 형태로서 근로제공 의무 없이 유급으로 처리되는 임금이 포함된 경우에는 해당 임금을 1주 또는 1개월의 최저임금 적용기준 시간 수(근로기준법 제55조 제1항에 따라 유급으로 처리되는 시간 수를 합산한다)로 나누어 시간급 임금으로 환산한다.

저자주 **주 또는 월단위 임금의 최저임금 미달여부에 대한 판단방법**

> 고용노동부의 행정해석(임금근로시간정책팀-3468, 2007.11.26.)과 달리, 대법원에서는 "주급제 혹은 월급제에서 지급되는 유급휴일에 대한 임금인 이른바 주휴수당은 소정의 근로에 대해 매월 1회 이상 정기적으로 지급되는 임금이라 할 것이어서 최저임금법 제6조 제4항 및 같은 법 시행규칙 [별표 1]이 정하는 '비교대상 임금에 산입되지 않는 임금 또는 수당'에 해당한다고 볼 수 없으므로 비교대상 임금을 산정함에 있어 주휴수당을 가산하여야 하며, 또한 주휴수당 이외에 주별 혹은 월별로 지급된 다른 수당들을 시간에 대한 임금으로 산정함에 있어서는 주휴수당 관련 근로시간을 고려할 필요가 없으므로 여기에서 말하는 '1주 또는 월의 소정근로시간'은 근로기준법 제20조에서 정한 근로시간을 말하고 이는 근로기준법시행령 제6조 제2항 제3호·제4호에 의해 산정되는 '1주 또는 월의 통상임금 산정기준시간 수'와 같을 수 없다"는 입장이다(대법원 2007.1.11. 선고 2006다64245 판결).
>
> 그러나 최저임금법시행령 개정(대통령령 제29469호, 2018.12.31. 일부 개정)으로 근로기준법 제55조 제1항에 의해 유급으로 처리되는 시간은 '최저임금 적용기준 시간 수'에 포함됨에 따라 기존 고용노동부의 행정해석과 마찬가지로 주급 또는 월급에 주휴수당이 포함된 경우에는 해당 임금을 산정기간의 소정근로시간에 근로기준법 제55조 제1항에 따라 유급 처리되는 시간을 합산한 시간으로 나누어 최저임금 미달여부를 판단하여야 할 것이다. 다만, 토요일 4시간 유급분과 마찬가지로 근로기준법 제55조 제1항에 의해 유급 처리되는 시간 외에 약정휴일에 대한 유급분 및 그 시간은 소정근로에 대한 대가가 아니므로 최저임금 및 최저임금적용 기준시간 수에서 각각 제외된다.

2. 감시·단속적 근로 인가를 받은 자 및 상시 4인 이하 사업장

고용노동부장관으로부터 근로시간 등의 적용제외 승인을 받은 감시·단속적 근로자와 상시 근로자 수 4명 이하 사업장의 경우에는 근로기준법상의 근로시간 관련규정의 적용이 배제되므로, 법정근로시간과 관계없이 근로자와 사용자 간에 정한 근로시간을 소정근로시간으로 간주하여 최저임금 미달 여부를 판단한다.

사례 임금형태별 최저임금 미달 여부(2025년도 기준)

1. 1일의 임금(최저임금에 산입되는 임금을 말함. 이하 같음)이 10만원인 근로자로서 1일 근로시간이 9시간인 경우
   - **1일 환산 근로시간 :** [1일 소정근로시간 8시간+(시간외근로시간 1시간×1.5)]=9.5시간
   - **시간당 임금 산정 :** 100,000원÷9.5시간≒₩10,526
   - 시간당 임금 > 고시된 시간급 최저임금(2025.1.~2025.12. : ₩10,030)

   ∴ 최저임금법 위반이 아님

2. 1주의 임금(주휴수당 포함)이 38만원인 통상 근로자로서 주의 소정근로시간이 1주째는 28시간(4일×7시간), 2주째는 35시간(5일×7시간), 3주째는 35시간(5일×7시간), 4주째는 28시간(4일×7시간)인 경우
   - **1주 환산 근로시간 :** [(28+35+35+28)시간÷4주+유급주휴일 7시간]=38.5시간
   - **시간당 임금산정 :** 380,000원÷38.5시간≒₩9,870
   - 시간당 임금 < 고시된 시간급 최저임금(2025.1.~2025.12. : ₩10,030)

   ∴ 최저임금법 위반임

3. 소정근로시간이 1주 40시간, 1일 8시간인 근로자가 최저임금에 산입되지 않는 임금을 제외한 220만원의 월급을 지급받는 경우
   - **연간 월평균 최저임금 적용기준 시간 수 :** [(주당 소정근로시간 40시간+주휴일 8시간)×52주+(1일 8시간)]÷12월≒209시간
   - **시간당 임금의 산정 :** 2,200,000원÷209시간≒₩10,526
   - 시간당 임금 > 고시된 시간급 최저임금(2025.1.~2025.12. : ₩10,030)

   ∴ 최저임금법 위반이 아님

4. 소정근로시간이 1주 40시간, 1일 8시간인 근로자가 매월 시간외근로를 총 6시간 하고 기본급과 시간외수당을 합쳐서 230만원의 월급을 지급받는 경우
   - **1월 환산 근로시간 :** [월 최저임금 적용기준 시간 수 209시간+(시간외근로시간 6시간×1.5)]=218시간
   - **시간당 임금의 산정 :** 2,300,000원÷218시간≒₩10,550
   - 시간당 임금 > 고시된 시간급최저임금(2025.1.~2025.12. : ₩10,030)

   ∴ 최저임금법 위반이 아님

5. 소정근로시간이 1주 40시간, 1일 8시간(월 174시간)인 근로자(택시운전기사가 아님)가 월 40시간의 연장근로를 하여 월 160만원(월 통상임금 130만원+연장근로 임금 및 가산수당 30만원)을 지급받고 이외에 생산고 임금 70만원을 추가 지급받는 경우

- 생산고 임금에 대한 시간당 임금의 산정 : 70만원÷214시간(174+40)≒₩3,271
- 월 임금의 시간당 임금의 산정 : 130만원÷209시간≒₩6,220
- 시간당 임금의 산정 : 3,271원+6,220원≒₩9,491
- 시간당 임금 < 고시된 시간급 최저임금(2025.1.~2025.12. : ₩10,030)

∴ 최저임금법 위반임

6. 고용노동부장관으로부터 감시·단속적 근로인가를 받은 자가 24시간 격일제(06:00~익일 06:00)로 근무하되 8시간 휴게시간(08:00~09:00, 12:00~13:00, 18:00~19:00, 24:00~05:00)을 제외하고 1일 16시간 근로를 하고 야간수당을 포함하여 260만원의 월급을 지급받는 경우

- 1일 환산 근로시간 : 17.5시간(1일 근로시간+야간근로가산수당 환산분=16시간+3시간×0.5시간)
- 1월 환산 근로시간 : 266.146시간[(17.5시간×365÷2)÷12개월]
- 시간당 임금의 산정 : 2,600,000원÷266.146시간≒₩9,769
- 시간당 임금 < 고시된 시간급최저임금(2025.1.~2025.12. : ₩10,030)

∴ 최저임금법 위반임

Chapter

05 임금관리 실무

01 임금관리의 의의

1 임금관리의 중요성

임금은 근로자가 생계를 유지하는 유일한 수단으로서 가장 중요한 근로조건인 반면, 사용자에게는 기업비용의 중요한 요소로서 기업이윤과 직결된다. 이처럼 이해관계가 상반되고 노사 간에 중요한 이슈가 되는 임금을 합리적으로 관리함으로써 근로제공에 관한 동기부여와 생산성 향상을 통해 기업의 지속적 발전이 가능하도록 하여야 한다.

2 임금관리의 체계

임금은 근로자의 생계비수준, 기업의 지불능력, 사회일반의 임금수준 등을 고려하여 적정한 수준으로 관리되어야 하며, 연령, 근속·연공, 담당직무의 가치, 보유능력, 수행된 과업의 성과 등을 기준으로 연공급, 직능급, 직무급 등의 임금체계를 구성함으로써 근로자 개인 간에 공정한 임금격차를 설정하여 동기유발이 될 수 있도록 하여야 한다.

또한 시간급제, 성과급제, 추가급제, 연봉제 등의 합리적인 임금 계산 및 지급방법을 마련함으로써 근로의욕을 고취시킬 수 있도록 하여야 한다.

02 임금수준 및 임금체계의 설정

1 임금수준의 결정

기업이 필요한 근로자를 확보하고 생산성 향상을 통해 안정적인 성장을 계속하기 위해서는 생계비수준, 기업의 지불능력, 사회일반의 임금수준*, 최저임금 등을 조사하여 적정한 수준의 임금이 지급될 수 있도록 하여야 하며, 승급 또는 승격 등을 통해 이를 조정하여야 한다.

* 고용노동부장관이 조사·발간하는 "사업체노동력조사서", "직종별사업체노동력조사서" 및 "기업체노동비용조사서" 등 노동통계와 각종 취업 및 연봉비교사이트를 참조할 수 있다.

2 임금체계의 설정

임금은 기본급, 연장근로수당, 야간근로수당, 휴일근로수당, 연차수당 등의 법정수당과 직책수당, 면허수당, 기술수당, 식대 등의 약정수당 및 상여금(성과급) 등으로 구분된다.

기본급을 연령, 근속·연공, 담당직무의 가치, 보유능력, 수행된 과업의 성과 중 어떠한 기준으로 결정할 것인가, 약정수당으로는 무엇을 설정해 둘 것인가, 그리고 상여금을 성과와 연동시킬 것인가 등은 사업의 종류, 근로형태, 담당업무의 특성 등 제반사정을 고려하여 결정하여야 한다. 약정수당을 단순화하여 기본급으로 흡수하고 직무 또는 성과기준으로 임금을 결정하는 것이 최근 추세이다.

03 임금의 계산

1 원칙

임금은 법령, 단체협약, 취업규칙, 근로계약 등에서 정하는 방법에 의해 산정하여야 하며, 일반적으로 결근, 휴직 등의 사유로 근로를 제공하지 못한 경우 고정임금의 경우 일할계산을 하고, 변동임금의 경우 사전에 정하여진 방법에 의해 계산한다.

2 일할계산

고정임금의 일할계산은 취업규칙 등에서 정하는 바에 따르나 특별히 정한 바가 없다면 고정임금을 그달의 역일수로 나누고 여기에 유급처리되는 기간의 일수를 곱하여 계산(또는 해당 월의 소정근로일수와 유급휴일수를 합한 수로 나누고 여기에 유급처리되는 일수를 곱한다)한다.

지각, 조퇴 또는 외출시간에 대하여는 해당 시간만큼 비례하여 임금을 공제하는 것은 가능하나, 지각, 조퇴, 외출 3회를 결근 1일로 간주하여 일할계산하는 것은 허용되지 않는다.

3 징계·휴직 및 대기발령 기간

정직기간 및 휴직기간에는 임금을 지급하지 아니하여도 무방하다. 다만, 취업규칙 등에서 정한 바가 있으면 그에 따르면 된다.

징계의 일환인 감봉(감급)의 경우 1회의 금액이 평균임금의 1일분의 1/2를, 총액이 1임금지급기의 임금총액의 10분의 1을 초과하지 못한다(근로기준법 §95).

경영상의 필요에 따라 개별 근로자들에 대하여 대기발령을 하였다면 이는 근로기준법 제46조 제1항에서 정한 휴업을 실시한 경우에 해당하므로 사용자는 그 근로자들에게 휴업수당을 지급할 의무가 있다(대법원 2013.10.11. 선고 2012다12870 판결).

4 유급휴일수당

1주간 근로관계가 존속되고 그 기간 동안의 소정근로일에 개근하였다면 1주를 초과한 날(8일째)의 근로가 예정되어 있지 않더라도 주휴일에 대한 유급휴일수당을 지급하여야 한다(임금근로시간과-1736, 2021.8.4.).

근로자에 대한 임금을 월급 금액으로 지급하는 경우 특별한 사정이 없는 한 월급 금액에는 유급휴일에 근무한 것으로 의제하여 그 임금도 포함된 것으로 볼 수 있으므로, 취업규칙이나 단체협약 등으로 월급 금액 외에 유급휴일에 대하여 추가임금을 지급한다는 노사 간 특약이나 그러한 관행이 없는 경우라면 사용자는 유급휴일에 대한 추가적인 임금을 지급할 의무는 없으며, 일급 및 시급제 근로자의 경우에는 근무편성표상 소정근로일이 관공서공휴일에 해당된다면 1일의 통상임금을 유급휴일수당으로 지급해야 하나, 근로제공이 예정되어 있지 않은 비번일, 무급휴(무)일 등이 관공서공휴일에 해당하는 경우 이날에 대하여 유급으로 보장한다는 노사간의 특약이나 그간의 관행이 인정되지 아니한 이상 사용자는 별도의 추가 임금을 지급할 의무가 없다(임금근로시간과-653, 2021.3.22.).

5 연장·야간·휴일근로수당

유급휴일 또는 유급휴가일에 근로를 제공하지 않더라도 통상임금을 지급하여야 하며, 법정근로시간(근로기준법 제50조, 제51조 및 제51조의 2, 제52조 및 제69조에 따른 기준근로시간을 말한다)을 초과하는 연장근로 또는 야간(22:00~06:00)근로를 하는 경우 통상근로에 대한 대가 이외에 통상임금의 50/100 이상을 가산하여 지급하여야 하고, 탄력적 근로시간제 단위기간 중 근로한 기간이 그 단위기간보다 짧은 경우에는 그 단위기간 중 해당 근로자가 근로한 기간을 평균하여 1주간에 40시간을 초과하여 근로한 시간 전부에 대하여 통상임금의 50/100 이상을 가산하여 지급하여야 한다(근로기준법 §51의 3, §56 ①·③).

소정근로시간을 초과하는 근로로서 법정 기준근로시간 내 근로를 제공하는 경우에는 취업규칙 등에서 정하는 바대로 임금을 지급하되, 별도로 정한 바가 없으면 통상임금의 100%만 지급하여도 무방하다. 다만 1주 동안의 소정근로시간이 그 사업장에서 같은 종류의 업무에 종사하는 통상 근로자의 1주 동안의 소정근로시간에 비하여 짧은 단시간근로자의 초과근로에 대하여는 법정 기준근로시간 내라 하더라도 통상임금의 100분의 50 이상을 가산하여 지급하여야 한다(기간제및단시간근로자보호등에관한법률 §6 ③).

최근 연장근로 제한규정이 적용되는 1주일의 의미에 휴일을 포함하면서도 1일 8시간 이내의 휴일근로에 대하여는 통상임금의 50%를, 1일 8시간을 초과하는 휴일근로에 대하여는 통상임금의 100%를 지급하도록 근로기준법이 개정됨에 따라 연장근로와 휴일근로의 중복에 따른 가산임금 지급문제는 명확하게 정리되었다.

저자주 **실근로시간을 기준으로 연장근로수당을 산정하여야 하는지 여부**

"시업시간이 정해져 있음에도 근로자가 이를 준수하지 않고 지각을 하는 경우 당사자 간에 당일의 시업 및 종업시간을 변경하지 않았다면 회사의 입장에서는 지각으로 인하여 근로를 제공하지 못한 시간에 대한 임금을 공제할 수 있고, 또한 단체협약이나 취업규칙 등에서 규정한 바에 따라 근무성적 불량 등에 대한 제재조치를 취할 수는 있을 것이라는 것과는 별도로 종업시간 이후에 근로한 시간에 대하여는 연장근로수당을 지급하여야 한다"라는 고용노동부 행정해석이 존재하나(근기 68207-3181, 2000.10.13.), "연장근로 1시간을 포함하여 시업·종업시각을 정한 경우에도 근로시간 도중에 부분파업으로 인하여 실근로시간이 법정근로시간을 초과하지 않는다면 17:00~18:00 사이의 근로 또는 18:00 이후의 근로에 대하여 동법 제55조에 의한 연장근로가산임금을 지급할 의무는 없다고 사료된다. 다만, 당사자가 실근로시간이 법정근로시간을 초과했는지 여부를 불문하고 17:00 이후의 근로에 대해서는 연장근로수당을 지급한다는 특약이 있는 경우에는 그에 따르면 될 것이다"(근기 68207-2776, 2002.8.21.) 또는 "특정주의 토요일에 8시간을 근로하였다고 하더라도 주중에 휴일 또는 휴가기간이 있어 당해 1주간의 총 근로시간이 44시간을 초과하지 않은 경우에는, 당해 토요일에 행해진 8시간 근로에 대하여는 연장근로수당을 지급하지 않더라도 근로기준법 위반문제는 발생하지 아니한다. 다만, 노사당사자 간 특약으로 특정요일(예 토요일)의 소정근로시간(예 4시간)을 정해놓고 이를 초과할 경우 연장근로수당을 지급한다고 규정하고 있다면 노사당사자는 그에 따라야 한다"(근기 68207-2990, 2000.9.28.)라는 고용노동부의 행정해석도 존재한다.

이와 관련하여 대법원에서는 "근로기준법의 근로시간규정은 1일 또는 1주일을 단위로 하여 과중한 근무시간을 제한하고자 하는 규정이므로 위 법조문의 근로시간은 실근로시간을 의미한다 할 것이다"라는 입장인바(대법원 1992.10.9. 선고 91다14406 판결, 대법원 1992.11.24. 선고 92누9766 판결), 연장근로의 제한 및 연장근로에 대한 가산임금 지급 취지 등을 고려할 때 연장근로여부는 실근로시간을 기준으로 판단하되, 당사자 간에 종업시각 이후의 근로에 대하여 연장근로수당을 지급한다는 특약이 존재하면 그에 따라야 할 것으로 사료된다.
참고적으로, 최근 대법원에서는 "근로기준법 제53조 제1항은 연장근로시간의 한도를 1주간을 기준으로 설정하고 있을 뿐 1일을 기준으로 삼고 있지 아니하므로, 1주간의 연장근로가 12시간을 초과하였는지는 근로시간이 1일 8시간을 초과하였는지를 고려하지 않고 1주간의 근로시간 중 40시간을 초과하는 근로시간을 기준으로 판단하여야 한다(대법원 2023.12.7. 선고 2020도15393 판결)"고 판시함으로써 1주간 연장근로 한도와 연장근로수당 지급 기준이 서로 다름을 분명히 하였다(임금근로시간정책과-165, 2024.1.19.).

사례 연장·야간·휴일근로수당의 산정방법

1. 1주 40시간, 1일 8시간 근무제하에서 시급 10,000원을 받는 근로자가 주중 40시간을 근무하고 주휴일에 9시간(근로시간 13:00~23:00, 휴게시간 18:00~19:00) 근무를 한 경우 주휴수당 외에 추가로 지급하여야 할 임금은?
   - 주휴일에 13:00부터 23:00까지 휴게시간 1시간을 제외하고 9시간 근로를 제공하였다면, 휴일근로시간 9시간에 대하여 통상근로에 대한 대가와 함께 휴일근로에 대한 가산임금을 지급하여야 함은 물론, 개정 근로기준법에 따라 휴일근로 중 8시간을 초과하는 1시간 및 22:00~23:00까지의 야간근로에 대한 가산임금도 추가로 지급하여야 함

     ∴ 위 휴일근로에 대하여 지급하여야 할 임금
     =[통상근로에 대한 대가+휴일근로에 대한 가산임금+휴일근로 중 8시간 초과분에 대한 가산임금+야간근로에 대한 가산임금]
     =[(10,000원×9시간)+(10,000원×9시간×0.5)+(10,000원×1시간×0.5)+(10,000원×1시간×0.5)]
     =[90,000원+45,000원+5,000원+5,000원]
     =₩145,000

2. 1주 40시간, 1일 8시간 근무제하에서 시급 10,000원을 받는 근로자가 주중 유급휴일로 인하여 해당 주에 4일, 32시간 근무한 경우로서 토요일에 9시간(근로시간 09:00~19:00, 휴게시간 12:00~13:00) 근무를 한 경우 이에 대하여 지급하여야 할 임금은?
   - 당사자 간에 소정근로일이 아닌 휴무일에 근무한 경우 연장근로에 대한 가산임금을 지급한다는 특약이 없는 한 연장근로 여부는 실근로시간을 기준으로 판단하는 것이므로 토요일 9시간 근무 중 8시간까지는 가산임금 대상이 아니며 1시간에 대해서만 가산임금을 지급하여야 함

     ∴ 위 토요일 근로에 대하여는 지급하여야 할 임금
     =[통상근로에 대한 대가+토요일 근로 중 8시간 초과분에 대한 가산임금]
     =[(10,000원×9시간)+(10,000원×1시간×0.5)]

PART 2 임금 및 퇴직급여 관리

=[90,000원+5,000원]

=₩95,000

3. 1주 40시간, 1일 8시간 근무제하에서 시급 10,000원을 받는 근로자가 월요일부터 다음 주 금요일까지 2주간에 걸쳐 월, 수, 금요일에 각 10시간(근로시간 08:00~19:00, 휴게시간 12:00~13:00) 근무를 한 경우 2주간 근로에 대하여 지급하여야 할 임금은?

• 1주 40시간 초과근로뿐만 아니라 1일 8시간을 초과하는 근로 또한 연장근로에 해당하며 이에 대하여는 가산임금을 지급하여야 함. 한편, 연장근로인 1일 2시간을 제외한 8시간을 기준으로 1주 소정근로시간을 산정하면 24시간으로서, 주휴일을 유급으로 부여할 의무가 있으며 이때 유급처리되는 시간은 1주간 소정근로시간을 통상근로자의 근로일로 나누어 산정함

∴ 위 2주간 근로에 대하여는 지급하여야 할 임금

=[통상근로에 대한 대가+연장근로에 대한 가산임금+주휴수당]

=[(10,000원×10시간×6일)+(10,000원×2시간×6일×0.5)+(10,000원×24시간÷5일)]

=[600,000원+60,000원+48,000원]

=₩708,000

6 연차수당

휴가발생일로부터 1년간 사용하지 못한 연차휴가에 대하여는 통상임금(=통상일급×미사용휴가일수)을 지급하여야 한다. 다만, 사용자가 연차휴가사용촉진을 하였음에도 불구하고 연차휴가를 사용하지 아니한 경우에는 보상의무가 면제된다.

연차수당은 휴가발생일로부터 1년이 경과되어 휴가사용권이 소멸되게 된 날이 포함된 달의 임금지급일에 지급하되, 퇴직으로 인하여 연차수당을 지급하게 되는 경우 퇴직일로부터 14일 이내에 지급하여야 한다.

종래 고용노동부에서는 퇴직근로자의 경우 실제 휴가사용 가능일수만큼만 정산하여 연차수당을 지급하면 된다고 보았으나, 대법원 판례와 마찬가지로 휴가사용 가능일수와 관계없이 미사용 휴가일수 전체에 대하여 수당을 지급하여야 한다고 그 입장을 변경하였다.

실무 POINT **연차휴가와 연차수당**

1. 원칙(입사일 기준)

취업규칙 등에서 달리 정한 바 없으면 개별 근로자의 입사일을 기준으로 연차유급휴가일수를 산정하는 것이 원칙인데, 최초 입사 후 1년 미만인 기간에는 1개월 개근 시 1일의 유급휴가를 부여하며, 최초 1년이 된 이후에는 이와 별도로 직전 1년마다 출근율을 계산하여 1년간 80%

이상 출근한 경우 15일의 연차를 부여하되(1년간 80% 미만 출근 시 개근한 월수만큼 연차 부여), 근속연수 2년마다 1일을 가산하여 최대 25일 한도 내에서 부여한다. 다만, 연차휴가를 사용할 권리는 다른 특별한 정함이 없는 한 그 전월 1월간 또는 전년도 1년간의 근로를 마친 다음 날 발생하며 그전에 퇴직 등으로 근로관계가 종료한 경우에는 연차휴가를 사용할 권리에 대한 보상으로서 연차휴가수당도 청구할 수 없다(대법원 2021.10.14. 선고 2021다227100 판결).

연차유급휴가는 회사의 귀책사유로 사용하지 못한 경우가 아닌 한 각각의 발생일로부터 1년간(최초 입사 후 1년 미만인 기간에 발생하는 연차휴가는 최초 1년의 근로가 끝날 때까지의 기간을 말한다) 사용할 수 있으며, 그 기한 내 사용하지 못한 일수에 대하여는 연차수당(통상임금)을 지급하여야 한다. 다만, 적법한 연차사용촉진을 한 경우 보상할 의무가 없다.

예 2020년 7월 1일 입사자의 경우

- 2020년 8월 1일, 9월 1일, 10월 1일, 11월 1일, 12월 1일, 2021년 1월 1일, 2월 1일, 3월 1일, 4월 1일, 5월 1일, 6월 1일, 7월 1일에 각각 1일씩 총 11일의 연차발생
- 2021년 7월 1일에 15일, 2022년 7월 1일에 15일, 2023년 7월 1일에 16일, 2024년 7월 1일에 16일, 2025년 7월 1일에 17일 …… 2040년 7월 1일에 24일, 2041년 7월 1일에 25일, 2042년 7월 1일에 25일, 2041년 7월 1일에 25일 발생 ……

2. 회계연도 기준

노무관리 편의를 위해 회계연도 기준으로 연차유급휴가일수를 산정할 수 있는데, 이 경우 중도입사자에 대하여는 근무기간에 비례하여 부여(소수점 이하 올림)하되, 퇴직 시에 입사일 기준과 비교하여 이에 미달되게 부여한 경우에는 그만큼 연차휴가를 추가 부여하거나 연차수당을 지급하여야 하고 이를 초과하여 부여한 경우에는 잔여연차일수에서 제하거나 급여에서 공제할 수 있다. 그 밖에 1년 미만 근속자에 대한 연차부여, 가산휴가 및 총 한도, 연차사용 기한, 연차사용촉진 및 연차수당 지급은 입사일 기준과 같다.

예 2020년 7월 1일 입사자의 경우(회계연도 1.1~12.31) : 계속 근무 시

- 2020년 8월 1일, 9월 1일, 10월 1일, 11월 1일, 12월 1일, 2021년 1월 1일, 2월 1일, 3월 1일, 4월 1일, 5월 1일, 6월 1일, 7월 1일에 각각 1일씩 총 11일의 연차발생
- 2021년 1월 1일에 15일×184일÷365≒8일, 2022년 1월 1일에 15일, 2023년 1월 1일에 15일, 2024년 1월 1일에 16일, 2025년 1월 1일에 16일, 2026년 1월 1일에 17일 …… 2041년 1월 1일에 24일, 2042년 1월 1일에 25일, 2043년 1월 1일에 25일, 2044년 1월 1일에 25일 발생 ……

예 2020년 7월 1일 입사자의 경우(회계연도 1.1~12.31) : 2024년 11월 1일 퇴사 시

- 2020년 8월 1일, 9월 1일, 10월 1일, 11월 1일, 12월 1일, 2021년 1월 1일, 2월 1일, 3월 1일, 4월 1일, 5월 1일, 6월 1일, 7월 1일에 각각 1일씩 총 11일의 연차발생
- 2021년 1월 1일에 15일×184일÷365≒8일, 2022년 1월 1일에 15일, 2023년 1월 1일에 15일, 2024년 1월 1일에 16일, 총 54일 연차발생
- **연차휴가일수 퇴직정산 :** [입사일 기준(2021년 7월 1일에 15일, 2022년 7월 1일에 15일, 2023년 7월 1일에 16일, 2024년 7월 1일에 16일, 총 62일 연차발생)−회계연도 기준(54일)]=8일(*추가 부여 또는 연차수당 지급)

참고 **연차유급휴가 부여시 소정근로일수 및 출근여부 판단기준**
(임금근로시간정책팀-3228, 2007.10.25., 근로기준과-3296, 2009.9.1., 임금근로시간과-30, 2019.4.25., 임금근로시간과-906, 2021.4.15., 임금근로시간과-1736, 2021.8.4.)

1. **법령 또는 약정에 의한 휴(무)일** : 근로의무가 없는 날로 이를 제외한 나머지 연간 소정근로일수를 기준으로 산정한 출근율에 따라 연차휴가 부여
 - 주휴일, 근로자의 날, 관공서공휴일(일요일 제외), 약정휴(무)일

2. **특별한 사유로 근로제공의무가 정지되는 날 또는 기간** : 연간 소정근로일수에서 제외하고 나머지 실질 소정근로일수만을 기준으로 출근율 산정 및 요건 충족 시 [실질 소정근로일수/연간 소정근로일수]에 비례 부여(시간단위로 가능). 단, 현실적으로 근로를 제공한 출근일수가 연간 소정근로일의 80% 이상인 경우 모두 부여하고 월 또는 연의 전부를 출근하지 아니한 경우에는 부여하지 않아도 됨
 - 사용자의 귀책사유로 인한 휴업기간, 적법한 쟁의행위기간(위법한 직장폐쇄기간 중 참가한 적법 쟁의행위기간 포함)
 - 적법한 직장폐쇄기간, 노조전임기간(대법원 2019.2.14. 선고 2015다66052 판결)
 - 약정 육아휴직기간, 업무 외 부상 · 질병 휴직기간, 가족돌봄휴직기간 등 사용자의 허락하에 부여받은 휴직기간

3. **법령상 또는 그 성질상 출근한 것으로 보아야 하는 날 또는 기간** : 연간 소정근로일수에 포함하되 출근한 것으로 보며, 그로 인해 월 또는 연의 전부를 출근하지 아니한 경우에도 모두 부여
 - 업무상 재해로 인한 휴업기간, 출산전후휴가기간(유·사산휴가 포함), 육아휴직기간, 예비군 훈련기간, 민방위 훈련 또는 동원기간, 공민권 행사를 위한 휴무일, 연차휴가, 생리휴가, 난임치료휴가, 배우자 출산휴가, 가족돌봄휴가, 장기기증휴가, 백신휴가, 경조휴가, 병가 등
 - 위법한 직장폐쇄기간 중 쟁의행위에 참가하지 않은 기간(대법원 2019.2.14. 선고 2015다66052 판결)

4. **그 성질상 결근한 것으로 보아야 하는 날 또는 기간** : 연간 소정근로일수에 포함하고 결근한 것으로 봄
 - 정직기간, 직위해제기간
 - 불법 쟁의행위기간(위법한 직장폐쇄기간 중 참가한 불법 쟁의행위기간 포함)

실무 POINT **단시간근로자의 임금계산**

1. **원칙**

단시간근로자의 임금산정 단위는 시간급을 원칙으로 하며, 시간급 임금을 일급 통상임금을 산정할 경우에는 1일 소정근로시간 수에 시간급 임금을 곱하여 산정한다. 이 경우 단시간근로자의 1일

소정근로시간 수는 4주 동안의 소정근로시간을 그 기간의 통상 근로자의 총 소정근로일수로 나눈 시간 수를 의미하며, 비교대상인 통상근로자가 없는 1주 소정근로시간이 40시간 미만인 근로자의 경우에도 이를 준용하여 대상근로자의 1주 평균 소정근로시간을 법정근로시간(40시간)으로 나누어 산정한다(임금근로시간과-2754, 2021.12.3.).

예 1주 40시간 1일 8시간, 주5일제 근무사업장에서 시간급 10,000원을 받고 매주 월요일 4시간, 수요일 6시간, 금요일 6시간 근무하는 단시간근로자의 일급통상임금은?

- 시간급×1일 소정근로시간 수=10,000원×(4주간 소정근로시간/통상근로자의 총소정근로일수) =10,000원×[(16시간×4주)/(5일×4주)]=10,000원×3.2시간=32,000원

2. 초과근로

근로계약서나 취업규칙 등에 명시된 내용 및 정도에 따라 단시간근로자가 소정 근로일이 아닌 날에 근로하거나 소정근로시간을 초과하여 근로한 경우에는 근로계약서나 취업규칙 등에 따라 임금을 지급하되, 그 초과근로에 대하여는 통상임금의 100분의 50 이상을 가산하여 지급하여야 한다.

예 위 사례의 단시간근로자가 금요일에 10시간 근로를 한 경우 초과근로수당은?

- 당초 6시간 근무를 하기로 한 날 10시간 근로하여 4시간 초과근로를 하였으므로, 그 4시간에 대하여는 통상임금의 50%를 가산하여 지급하여야 함. 즉 기본임금 외에 초과근로수당 60,000원[=10,000원×(4시간×1.5)=10,000원×6시간]을 추가로 지급하여야 함

3. 주휴수당

4주 동안 평균하여 1주간 소정근로시간이 15시간 이상인 단시간근로자에 대하여는 근로기준법 제55조의 주휴일을 부여하여야 하며, 이에 대하여 일급 통상임금을 지급하여야 한다.

예 위 사례의 단시간근로자에 대하여 지급하여야 할 주휴수당은?

- 통상근로에 대한 대가 이외에 매주 주휴수당으로 일급 통상임금인 32,000원을 지급하여야 함

4. 출산전후휴가수당 등

여성인 단시간근로자(4주 동안 평균하여 1주간 소정근로시간이 15시간 이상인지 여부를 불문함)에 대하여 근로기준법 제74조의 출산전후휴가 등을 부여하여야 하며, 이에 대하여 일급 통상임금을 지급하여야 한다.

예 위 사례의 단시간근로자가 출산 전과 후를 통하여 90일의 출산전후휴가를 사용한 경우 지급하여야 할 출산전후휴가수당은? (단, 유급으로 부여하여야 하는 최초 60일 중 통상근로자의 무급휴무일인 토요일은 8일임)

- 90일의 출산전후휴가 중 유급으로 부여하는 최초 60일에 대하여 일급 통상임금을 지급하되, 최초 60일 중에서 통상근로자의 무급휴무일인 토요일 8일을 제한 52일분의 일급통상임금(=52일×32,000원=1,664,000원)을 지급하여야 함. 다만, 그 기간에 대하여 단시간근로자가 고용노동부로부터 출산전후휴가 급여 등을 지급받은 경우에는 그 금액을 제한 나머지 금액을 지급하거나 출산전후휴가급여를 대위청구할 수 있음

5. 연차휴가수당

4주 동안 평균하여 1주간 소정근로시간이 15시간 이상인 단시간근로자에 대하여는 근로기준법 제60조의 연차휴가를 부여야 하며, 이 경우 다음 방식으로 계산한 시간단위로 하되 1시간 미만은

1시간으로 본다. 만일 계산된 시간 한도 내에서 연차휴가를 사용한 경우 그 시간에 대하여 통상임금을 지급하면 되며, 회사 귀책사유로 미사용한 연차휴가시간이 존재하는 경우 시간급 임금을 곱하여 연차수당을 지급하여야 한다.

[통상 근로자의 연차휴가일수×단시간근로자의 소정근로시간×8시간/통상 근로자의 소정근로시간]

예 **위 사례의 단시간근로자가 입사 후 최초 1년간 개근한 경우 발생하는 연차유급휴가 및 2년차에 총 30시간의 연차유급휴가를 사용한 경우에 있어 연차수당은?** (단, 회사 귀책사유로 연차휴가를 다 사용하지 못한 것임)

- 연차유급휴가는 48시간[=15일×3.2시간×8시간/8시간]이 발생하며, 그중 30시간을 제한 나머지 시간에 대하여 통상임금 180,000원[=10,000원×(48−30)시간]을 연차수당으로 지급하여야 함

참고 **근로시간 등 적용제외 근로자에 대한 휴일 및 휴가 부여기준**(임금근로시간과-517, 2021.3.15.)

1. 원칙

근로기준법 제63조에 따른 근로시간, 휴게 · 휴일 적용제외 근로자(농림 · 축산 · 양잠 · 수산사업 종사자, 감시 또는 단속적 근로 종사자로서 고용노동부장관의 승인을 받은 자, 관리 · 감독 또는 기밀취급 업무 종사자)에게도 근로자의 날은 유급휴일로 보장하여야 하고 연차유급휴가, 출산전후휴가, 배우자출산휴가 등 법정휴가도 부여해야 함

2. 근로자의 날 유급휴일수당

임금 감소 없이 온전히 휴식을 취할 수 있도록 하는 유급휴일의 취지를 고려할 때, 근로자의 날에 대한 유급휴일수당은 근로자의 날이 겹치는 날의 근로시간을 기준으로 지급하는 것이 타당함

예 월~금요일 9시간, 토요일 4시간을 근로하는 경우(1주 49시간), 근로자의 날이 월~금요일에 겹치면 9시간을, 토요일에 겹치면 4시간의 임금을 지급

3. 연차휴가수당 및 연차휴가 미사용수당

연차유급휴가는 매년 5.1.로 그 날짜가 사전에 확정되어 있는 근로자의 날과 달리 근로자의 선택 또는 사용자의 휴가 부여에 따라 연차휴가 사용일이 근로시간이 긴 날에 부여될 수도 있고 근로시간이 짧은 날에 부여될 수도 있으며,

또한, 연차휴가를 사용하고 남은 휴가일수에 대한 미사용수당의 계산에 있어서도 근로시간이 긴 날을 기준으로 할 것인지, 근로시간이 짧은 날을 기준으로 할 것인지의 문제가 발생하게 되는바, 이러한 문제가 발생하지 않도록 하기 위해서는 기준이 되는 '1일 근로시간'을 산정하여 일관성 · 통일성 있게 적용할 필요가 있음

이와 관련하여 현재 근로기준법 제18조 및 같은 법 시행령 제9조 제1항 [별표2]에 따라 단시간근로자의 경우 통상 근로자의 근로시간에 비례하여 연차휴가를 부여하는 것과 같이 적용제외 근로자의 경우에도 통상 근로자에 비해 근로시간이 긴 만큼 연차휴가를 늘려 부여하도록 1주 40시간에 비례 산정한 시간을 '1일 근로시간'으로 하여 연차휴가수당과 미사용수당을 지급하

는 것이 법 적용의 통일성 및 형평성에 부합한다고 할 것임

예 월~금요일 9시간, 토요일 4시간을 근로하는 경우(1주 49시간), '1일 근로시간'은 9.8시간[(1주 49시간/1주 40) × 8시간]으로 산정하여 연차휴가수당 및 미사용수당 지급
즉, 휴가를 사용한 날의 근로시간(9시간 또는 4시간)과 관계없이 1일 9.8시간을 기준으로 연차휴가수당을 지급해야 하며, 만약 휴가사용일의 근로시간(9시간 또는 4시간)에 대해서만 연차휴가수당을 지급했다면 잔여 휴가시간(0.8시간 또는 5.8시간)에 대해서는 해당 시간만큼 추가로 휴가를 부여하거나 미사용수당으로 지급하여야 할 것임

04 임금의 지급방법

1 임금 지급방법의 분류

임금지급방법으로는 작업의 양과 질에 상관없이 근로시간을 기준으로 하여 임금을 산정·지급하는 시간급(고정급)제, 노동성과를 측정하여 측정된 성과에 따라 임금을 산정·지급하는 성과급제, 임금의 기본 수준을 보장하면서 표준 이상으로 작업성과를 올렸을 때 할증 또는 상여의 형식으로 지급하는 추가급제 그 밖에 집단인센티브제, 이익 또는 성과분배제, 연봉제 등이 있다.

2 임금지급의 원칙

1. 통화불·직접불·전액불의 원칙

임금은 통화로 직접 근로자에게 그 전액을 지급하여야 하나, 법령 또는 단체협약에 특별한 규정이 있는 경우에는 임금의 일부를 공제하거나 통화 이외의 것으로 지급할 수 있다(근로기준법 §43 ①).

2. 정기지불의 원칙 및 예외

임금은 매월 1회 이상 일정한 날짜를 정하여 지급하여야 한다(근로기준법 §43 ②).

그러나 상여금, 부정기적으로 지급되는 제수당 등 임시로 지급하는 임금, 수당 그 밖에 이에 준하는 것은 제외되며, 출산·질병·재해, 혼인·사망, 부득이한 사유로 1주일 이상 귀향하게 되는 경우 등 비상한 경우의 비용에 충당하기 위하여 청구하는 경우에는 임금의 정기지급기일 전이라도 이미 제공된 근로에 대한 임금을 지급하여야 한다(근로기준법 §45).

핵심사례

1. 정기상여금 지급일 전 퇴사자에 대한 상여금 지급 여부

상여금 지급률, 지급시기 등이 단체협약 또는 취업규칙 등에 정해져 있고, 매년 일정시기에 일정률의 상여금을 지급하여 왔다면 동 상여금은 근로의 대상으로 지급되는 임금으로 보아 그 지급시기 이전에 퇴직한 근로자에게도 근무한 만큼의 상여금을 일할 계산하여 지급하여야 한다고 본다. 다만, 단체협약, 취업규칙 등에 '상여금은 지급일 현재 재직 중에 있는 자에 한한다'는 등의 명문규정이 있다면 이에 따라야 하며, 이 경우 근로기준법 위반문제는 발생하지 않는다고 사료됨(근기 68207-1667, 2000.5.31.)

2. 임금지급 착오 시 상계처리 가능 여부

근로기준법 제43조에서 의하여 임금은 직접 근로자에게 전액을 지급하여야 하는 것이므로, 사용자가 근로자에 대하여 가지는 채권으로서 근로자의 임금채권과 상계를 하지 못하는 것이 원칙이나, 계산의 착오 등으로 임금이 초과 지급되었을 때 그 행사의 시기가 초과 지급된 시기와 임금의 정산, 조정의 실질을 잃지 않을 만큼 합리적으로 밀접되어 있고, 금액과 방법이 미리 예고되는 등 근로자의 경제생활의 안정을 해할 염려가 없는 경우나 근로자가 퇴직한 후에 그 재직 중 지급되지 아니한 임금이나 퇴직금을 청구할 경우에는 사용자가 초과 지급된 임금의 부당이익반환청구권을 자동채권으로 하여 상계할 수 있는 것임(대법원 1995.12.21. 선고 94다26721 판결)

3. 근로자 동의 시 임금공제 가능 여부

사용자가 근로자의 동의를 얻어 근로자의 임금채권에 대하여 상계하는 경우에 그 동의가 근로자의 자유로운 의사에 터잡아 이루어진 것이라고 인정할 만한 합리적인 이유가 객관적으로 존재하는 때에는 근로기준법 제42조 제1항 본문에 위반하지 아니한다고 보아야 할 것이나, 임금 전액지급의 원칙의 취지에 비추어 볼 때 그 동의가 근로자의 자유로운 의사에 기한 것이라는 판단은 엄격하고 신중하게 이루어져야 하며, 만일 단체협약에서는 정한 바 없이 취업규칙과 근로계약에만 공제할 수 있는 근거가 마련된 경우 그 공제 효력을 인정받을 수 없음(대법원 2001.10.23. 선고 2001다25184 판결, 대법원 2022.12.1. 선고 2022다219540·219557 판결)

3 임금의 원천공제

1. 법령 또는 단체협약에 의한 공제

사용자는 소득세법, 국민연금법, 건강보험법, 고용보험법 등에 따라 소득세, 주민세, 연금보험료 기여금, 건강보험료 부담금, 고용보험료 근로자 부담금을 임금에서 원천공제하여 이를 납부하여야 하며, 단체협약으로 조합비 등을 일괄공제하기로 약정한 경우 조합원에 대하여 이를 공제한 후 노동조합에 이를 지급하여야 한다.

실무 POINT **보험료 근로자 부담분의 원천공제**

연금보험료	건강보험료	고용보험료
• 사업장가입자 취득당월에 지역가입자 자격상실 시 : 다음 달부터 원천공제·납부(단, 취득일이 초일이거나 가입자가 납부를 희망하는 경우 당월부터)	자격취득 당월 다음 달부터 상실한 날의 전날이 속하는 달까지 원천공제·납부(단, 자격취득일이 초일인 경우 또는 유공자 등 의료보호대상자 중 건강보험 적용 신청으로 자격취득을 하는 경우 그달부터)	자격취득 당월부터 상실한 날의 전날이 속하는 달까지 원천공제
• 분리적용사업장 간에 월중 전출입, 월중 사업장 통폐합 및 분리적용 시 : 기존 사업장에서 해당월 부담분 원천공제·납부 • 18세 또는 60세 도달 월 및 퇴사월 : 해당월 원천공제·납부	자격 변동된 날이 속하는 달의 보험료는 변동되기 전의 기준으로 원천공제·납부(단, 자격이 매월 1일에 변동된 경우에는 변동된 자격을 기준으로)	
• 복직월 : 다음 달부터 원천공제·납부(단, 복직일이 초일이거나 가입자가 납부를 희망하는 경우 당월부터)		
• 채용당월 상실 시 : 가입자가 납부를 희망하는 경우 해당월 원천공제·납부		

2. 압류에 따른 공제

민사집행법에 의해 압류명령이 내려진 경우 이를 송달받은 날 이후 첫 번째 임금지급일부터 임금 등에서 압류금지채권을 제외하고 다음 표와 같이 압류금액을 공제한다(민사집행법 §246 ① 4호, 동법 시행령 §3·4). 다만, 여기서 급여액이란 법령 또는 단체협약에서 정한 공제액(예컨대 소득세, 주민세, 4대보험료 본인부담금, 조합비 등)을 제하고 난 후의 실수령금액을 의미한다.

급여액(세후)	185만원 이하	185만원 초과 ~370만원 이하	370만원 초과 ~600만원 이하	600만원 초과
압류가능금액	0원	급여－185만원	급여/2	급여－[300만원＋(급여/2－300만원)/2]
채무자교부액	급여 전액	185만원	급여/2	급여/4＋150만원

한편 퇴직금, 그 밖에 이와 비슷한 성질을 가진 채권에 대하여는 그 금액 크기에 상관없이 세금공제 후 실수령금액을 기준으로 하여 그 금액의 1/2를 공제한다(민사집행법 §246 ① 5호). 다만, 공무원, 군인, 사립학교 교원의 퇴직금은 압류가 금지되어 있다.

실무 POINT **둘 이상의 채권자로부터 압류통지서가 온 경우**

1. 압류 및 추심명령 통지를 연속하여 받은 경우

압류순서에 관계없이 추심명령 채권자들에게 채권금액 비율만큼 안분하여 지급(배당)한다. 참고적으로 선행 가압류, 압류, 배당요구가 있으면 추심명령은 할 수 있지만 전부명령은 할 수 없다.

2. 압류 및 전부명령 통지를 받은 후 추심명령 통지를 받은 경우

먼저 압류 및 전부명령을 받은 채권자에게 채권금액만큼 모두 지급(배당)하고, 그 후 남은 금액이 있으면 나머지 압류 및 추심명령 채권자에게 배당한다.

✔ 집행공탁 : 둘 이상의 채권자로부터 압류통지서가 온 경우로서 그 처리방법에 대하여 판단하기 어려운 경우 관할법원 집행과 담당자에게 직접 문의하거나 법원에 집행공탁을 함으로써 압류 착오로 인한 채권자의 소송을 피할 수 있음

저자주 **퇴직급여를 받을 권리에 대한 압류가능 여부**

민사집행법 제246조 제1항 제4호에서는 급여채권과 마찬가지로 압류금지채권을 제외하고는 퇴직연금에 대한 압류가 가능한 것으로 규정되어 있다.

그러나 대법원에서는 "근로자퇴직급여보장법 제7조에서 퇴직연금제도의 급여를 받을 권리에 대하여 양도를 금지하고 있으므로 위 양도금지 규정은 강행법규에 해당한다고 볼 것이다. 따라서 퇴직연금제도의 급여를 받을 권리에 대한 압류명령은 실체법상 무효이고 제3채무자는 그 압류채권의 추심금 청구에 대하여 위 무효를 들어 지급을 거절할 수 있다. 한편 민사집행법은 제246조 제1항 제4호에서 퇴직연금 그 밖에 이와 비슷한 성질을 가진 급여채권은 그 1/2에 해당하는 금액만 압류하지 못하는 것으로 규정하고 있으나, 이는 위 퇴직급여법상의 양도금지 규정과의 사이에서 일반법과 특별법의 관계에 있으므로 퇴직급여법상의 퇴직연금채권은 그 전액에 관하여 압류가 금지된다고 보아야 한다(대법원 2014.1.23. 선고 2013다71180 판결)"고 판시한 바 있다.

따라서 대법원 판결취지에 의하여 퇴직연금채권은 그 전액에 관하여 압류가 금지되는 것으로 보아야 할 것이며, 퇴직연금제도의 한 종류로 분류되는 개인형퇴직연금(IRP) 계정으로 입금된 퇴직금도 압류대상 적격이 없어 압류 명령은 무효이고 전액 압류가 금지되며(퇴직연금복지과-1860, 2022.5.3.), 민법 제497조는 "채권이 압류하지 못할 것인 때에는 그 채무자는 상계로 채권자에게 대항하지 못한다"고 규정하고 있으므로 퇴직급여법상의 퇴직연금채권을 수동채권으로 한 상계는 그 전액에 관하여 금지된다(서울고법 2015.7.23. 선고 2015나8737 판결).

한편, 안정적인 노후생활 보장이라는 입법취지와 개인형퇴직연금제도 계정으로의 이전 예외사유에 대하여 엄격히 해석하여야 한다는 점 등을 고려할 때 근로자의 의사에 따른 동의가

민사집행법 제246조 제1항 제4호에서는 급여채권과 마찬가지로 압류금지채권을 제외하고는 퇴직연금에 대한 압류가 가능한 것으로 규정되어 있다.

그러나 대법원에서는 "근로자퇴직급여보장법 제7조에서 퇴직연금제도의 급여를 받을 권리에 대하여 양도를 금지하고 있으므로 위 양도금지 규정은 강행법규에 해당한다고 볼 것이다. 따라서 퇴직연금제도의 급여를 받을 권리에 대한 압류명령은 실체법상 무효이고 제3채무자는 그 압류채권의 추심금 청구에 대하여 위 무효를 들어 지급을 거절할 수 있다. 한편 민사집행법은 제246조 제1항 제4호에서 퇴직연금 그 밖에 이와 비슷한 성질을 가진 급여채권은 그 1/2에 해당하는 금액만 압류하지 못하는 것으로 규정하고 있으나, 이는 위 퇴직급여법상의 양도금지 규정과의 사이에서 일반법과 특별법의 관계에 있으므로 퇴직급여법상의 퇴직연금채권은 그 전액에 관하여 압류가 금지된다고 보아야 한다(대법원 2014.1.23. 선고 2013다71180 판결)"고 판시한 바 있다.

따라서 대법원 판결취지에 의하여 퇴직연금채권은 그 전액에 관하여 압류가 금지되는 것으로 보아야 할 것이며, 퇴직연금제도의 한 종류로 분류되는 개인형퇴직연금(IRP) 계정으로 입금된 퇴직금도 압류대상 적격이 없어 압류 명령은 무효이고 전액 압류가 금지되며(퇴직연금복지과-1860, 2022.5.3.), 민법 제497조는 "채권이 압류하지 못할 것인 때에는 그 채무자는 상계로 채권자에게 대항하지 못한다"고 규정하고 있으므로 퇴직급여법상의 퇴직연금채권을 수동채권으로 한 상계는 그 전액에 관하여 금지된다(서울고법 2015.7.23. 선고 2015나8737 판결).

한편, 안정적인 노후생활 보장이라는 입법취지와 개인형퇴직연금제도 계정으로의 이전 예외사유에 대하여 엄격히 해석하여야 한다는 점 등을 고려할 때 근로자의 의사에 따른 동의가 있는 경우라 하더라도 퇴직급여의 공제 또는 상계는 제한된다 할 것이므로 퇴직금, 확정급여형 퇴직연금의 적립금 및 확정기여형 퇴직연금의 부담금 전액을 개인형퇴직연금제도 계정으로 이전하여야 할 것이다(퇴직연금복지과-1808, 2022.4.28.).

3. 임금공제계산서의 교부

고용보험, 건강보험 및 국민연금 근로자 부담분을 임금에서 공제한 경우 공제계산서를 작성하여 근로자에게 내주어야 한다(고용및산재보험료징수법 §16 ②). 이 경우 고용보험에 있어서는 가입자의 성명, 보험료의 내역, 공제해당월 및 공제연월일이 기재된 공제계산서를 교부하여야 하나, 건강보험료 및 국민연금의 경우 그 공제 내용을 알 수 있는 임금명세서 등으로 이를 대신할 수 있다.

4. 임금명세서의 서면 교부

사용자는 임금을 지급하는 때에는 근로자에게 다음의 사항을 적은 임금명세서를 서면(사내 인트라넷, 이메일, 문자 등을 이용한 전자서면 포함)으로 교부하여야 한다(근로기준법 §48 ②, 동법 시행령 §27의 2). 이때 기본급, 고정 연장근로수당 등 정액으로 지급되는 임금항목은 계산방법을 작성하지 않아도 되나 정직, 강봉, 결근, 휴업 등으로 해당 월의 금액이 달리지게 되는 경우에는 그 계산방법을 기재하여야 하며, 취업규칙이나 근로계약서 등에 명시된 기본적인 계산방법을 계산방법란에 공통적으로 기재하는 것도 가능하나 계산에 필요한 정보는 별도로 기재하여야 한다.

① 근로자의 성명, 생년월일, 사원번호 등 근로자를 특정할 수 있는 정보

② 임금의 지급일

③ 임금 총액

④ 기본급, 각종수당, 상여금, 성과금, 그 밖의 임금의 구성항목별 금액(통화 이외의 것으로 지급된 임금이 있는 경우에는 그 품명 및 수량과 평가총액을 말한다)

⑤ 임금의 구성항목별 금액이 출근일수 · 시간 등에 따라 달라지는 경우에는 임금의 구성항목별 금액의 계산방법(연장 · 야간 또는 휴일근로의 경우에는 그 시간 수를 포함한다)

⑥ 임금의 일부를 공제하는 경우에는 임금의 공제 항목별 금액과 총액 등 공제내역

4 포괄임금제

운수업 근로, 감시단속적 근로 등과 같이 근로시간, 근로형태, 업무의 성질 등을 고려할 때 근로시간과 휴게시간이 불규칙하거나 근로자가 재량을 가지고 근로시간 등을 결정할 수 있어 근로시간의 산정이 어려운 경우 사용자와 근로자 사이에 기본임금을 미리 산정하지 아니한 채 법정수당까지 포함된 금액을 월급여액이나 일당임금으로 정하거나 기본임금을 미리 산정하면서도 법정제수당을 구분하지 아니한 채 일정액을 법정제수당으로 정하여 이를 근로시간 수에 상관없이 지급하기로 약정하는 내용의 이른바 포괄임금제에 의한 임금 지급계약은 그것이 달리 근로자에게 불이익이 없고 여러 사정에 비추어 정당하다고 인정될 때에는 유효하다.

그러나 근로시간의 산정이 어려운 경우가 아니라면 달리 근로기준법상의 근로시간에 관한 규정을 그대로 적용할 수 없다고 볼 만한 특별한 사정이 없는 한 근로기준법상의 근로시간에 따라 임금지급의 원칙이 적용되어야 할 것이므로, 이러한 경우에도 근로시간 수에 상관없이 일정액을 법정수당으로 지급하는 내용의 포괄임금제 방식의 임금지급계약을 체결하는 것은 그것이 근로기준법이 정한 근로시간에 관한 규제를 위반하는 이상 허용될 수 없다(대법원 2010.5.13. 선고 2008다6052 판결).

저자주 일당에 주휴수당 등이 포함된 것으로 한 포괄임금제가 유효한지 여부

대법원에서는 "대체로 일당이라고 할 때에는 통상임금에 모든 수당을 가산하여 거기서 원천세를 공제한 실제의 수입을 가리키는 것이라고 보는 것이 상당하므로 그 일당에는 근로에 대한 통상임금 외에 휴일근무수당, 휴가수당 등 모든 수당도 포함된 것으로 보아야 한다(대법원 1987.6.9. 선고 85다카2473 판결)"는 입장이다.

그러나 고용노동부는 "매일매일 근로관계가 단절되어 계속 고용이 보장되지 않는 순수 일용근로자의 경우 1일 단위로 발생되는 수당(연장·야간근로수당)은 포괄임금에 포함 가능하나 1일 단위를 넘는 기간을 근로해야 발생하는 수당(유급주휴수당, 휴일근로수당, 연차유급휴가수당, 연차유급휴가미사용수당)은 포함할 수 없으며, 일정기간 이상 사용이 예정되어 있는 일당제 일용근로자의 경우 예정되어 있는 근로기간 동안 근로할 경우 지급요건을 충족하는 수당은 포함 가능하나 포괄임금에 포함할 경우 휴가권 박탈의 문제가 있는 연차유급휴가수당 및 연차유급휴가미사용수당은 포함할 수 없다(건설일용근로자 포괄임금 업무처리 지침, 근로개선정책과, 2011.8.8.)"고 보고 있다.

1주 또는 1개월 만근여부에 따라 주휴수당 및 연차휴가 발생여부가 달라진다는 점, 연차수당을 일당에 포함한 것으로 하여 미리 선지급한 경우 연차휴가의 사전매수에 해당되어 근로자의 연차휴가 사용권이 제한된다는 점, 일당에 주휴수당 등이 포함된 것으로 하는 근로계약이 체결되었다고는 하나 경제적 약자인 근로자로서는 계약내용이 지극히 불리하더라도 근로계약서에 서명할 수밖에 없다는 점, 본 사안은 근로시간 및 제수당 산정이 어려운 경우에 해당되지 않아 회사 측의 관리의 편리성 외에 포괄역산방식의 임금제를 적용할 이유가 없으며 그 필요성에 비해 근로자가 받는 불이익이 상대적으로 크다는 점 등을 고려할 때, 고용노동부의 입장에 따라 일당에 주휴수당이나 연차수당 등이 포함된 포괄임금이 유효한 것인지 여부를 판단하는 것이 바람직할 것이다.

다만, 최근 대법원에서는 "연차수당이 근로기준법에서 정한 기간을 근로하였을 때 비로소 발생하는 것이라 할지라도 당사자 사이에 미리 그러한 소정기간의 근로를 전제로 하여 연차수당을 일당임금이나 매월 일정액에 포함하여 지급하는 것이 불가능한 것이 아니며, 포괄임금제란 각종 수당의 지급방법에 관한 것으로서 근로자의 연차휴가권의 행사 여부와 관계가 없으므로 포괄임금제가 근로자의 연차휴가권을 박탈하는 것이라 할 수 없다"며 월급에 포함되어 지급된 연차수당액이 근로기준법이 정한 기준에 따라 산정된 정당한 연차수당액에 미달한 부분에 한하여 무효라고 판단하였는바(대법원 2023.11.30. 선고 2019다29778 판결), 추후 고용노동부의 입장 변경이 주목된다.

5 임금의 반납 및 삭감

1. 임금의 반납

기왕의 근로에 대하여 이미 발생된 임금채권을 일부 반납하거나 앞으로 채권이 발생하면 그중 일부를 반납키로 약속하는 것은 확정된 자기의 권리를 행사하는 것이므로, 노동조합 또는 근로자대표와의 합의 등 집단적 의사결정 방법이 아닌 개별근로자의 자유의사에 기초한 합의(동의)가 있어야 유효하며, 반납의 의사가 사용자에게 수용된 뒤에는 그 의사를 철회하더라도 법적 효력이 인정되지 않는다.

2. 임금의 삭감

이미 발생된 임금채권의 반납이 아니라 앞으로의 근로조건으로서 임금 또는 상여금의 수준을 낮추거나 변경하기 위해서는 단체협약 또는 취업규칙 등의 변경을 통하여 실현되어야 하며, 만일 노조의 결의나 선언만 있고 회사가 후속조치로서 단체협약, 취업규칙 또는 근로계약 등을 변경하지 않았다면 그 효력은 인정될 수 없다(근기 68207-843, 1999.12.13.).

임금삭감의 경우 임금반납과 달리 평균임금 산정 시 그 삭감분이 포함되지 않으므로, 퇴직금 감액 문제가 발생한다는 점에 유념하여야 한다.

한편, 임금을 정년 전까지 일정기간 삭감하는 임금피크제의 경우 그 도입 목적의 타당성, 대상 근로자들이 입는 불이익의 정도, 임금 삭감에 대한 대상조치의 도입 여부 및 그 적정성, 임금피크제로 감액된 재원이 임금피크제 도입의 본래 목적을 위하여 사용되었는지 등 여러 사정을 종합적으로 고려할 때 연령을 이유로 한 차별에 합리적인 이유가 없다고 판단되는 경우, 특히 정년을 그대로 유지하면서 임금이 일시에 대폭 하락한 반면 그 불이익에 대한 대상조치가 없고 전후에 부여된 목표수준이나 업무의 내용에는 차이가 없는 경우에는 그 효력을 인정받을 수 없다(대법원 2022.5.26. 선고 2017다292343 판결).

05 임금대장의 작성

1. 임금대장의 작성

사용자는 각 사업장별로 임금대장을 작성하고 성명, 주민등록번호, 고용연월일, 종사하는 업무, 임금 및 가족수당 계산의 기초가 되는 사항, 근로일수, 근로시간 수, 연장·야간·휴일근로시간 수, 임금내역별 금액, 공제액 등을 임금지급 시마다 기입하여야 한다(근로기준법 §48).

2. 임금대장의 보관

임금대장은 작성일로부터 3년간 보존하여야 한다(근로기준법 §42). 임금대장을 전자문서로 보존하고 필요 시 언제라도 출력하여 사용이 가능하다면 임금보존의무 위반으로 보기 어려우나, 유지보수에 따른 위험은 사용자가 부담해야 하므로, 해킹, 바이러스 감염, 시스템 파손 등에 따라 보존되지 아니한 결과가 발생하는 경우에는 법 위반의 책임을 질 수도 있다(근기 68207-2666, 2002.8.8.).

Chapter

06 퇴직급여

01 퇴직급여제도의 설정

1 설정의무

1. 2012.7.25. 이전 설립 사업장

사용자는 퇴직하는 근로자에 대하여 퇴직 일시금 또는 연금을 지급하기 위하여 근로자퇴직급여보장법에 의한 퇴직급여제도(퇴직금제도와 확정급여형·확정기여형 퇴직연금제도 및 10인 미만을 사용하는 사업에 대한 특례에 따른 개인형 퇴직연금제도) 중 하나 이상의 제도를 설정하여야 한다(근로자퇴직급여보장법 §4 ①).

2. 2012.7.26. 이후 신설 사업장

2012.7.26. 이후 새로 성립(합병·분할된 경우 제외)된 사업의 경우 근로자대표의 의견을 들어 사업의 성립 후 1년 이내에 확정급여형 퇴직연금제도나 확정기여형 퇴직연금제도(10인 미만을 사용하는 사업에 대한 특례에 따른 개인형 퇴직연금제도 포함)를 설정하여야 한다(근로자퇴직급여보장법 §5).

3. 퇴직급여제도 미설정 시의 처리

사용자가 퇴직급여제도나 개인형 퇴직연금제도를 설정하지 아니한 경우에는 퇴직금제도를 설정한 것으로 본다(근로자퇴직급여보장법 §11).

4. 퇴직연금제도의 폐지·중단 시의 처리

퇴직연금제도가 폐지되거나 운영이 중단된 경우에는 폐지된 이후 또는 중단된 기간에 대하여는 퇴직금제도를 적용하며, 퇴직연금제도가 폐지된 경우 지체 없이 적립금으로 급여를 지급하는 데에 필요한 조치로서 미납 부담금의 납입 등의 조치를 하여야 하고, 고용노동부의 시정명령에 따르지 않은 이유 등으로 퇴직연금제도가 중단된 경우에도 적립금 운용에 필요한 업무 등 기본적인 업무를 유지하여야 한다(근로자퇴직급여보장법 §38 ①·②·③).

사용자와 퇴직연금사업자는 퇴직연금제도가 폐지되어 가입자에게 급여를 지급하는 경우에 가입자가 지정한 개인형 퇴직연금제도의 계정으로 이전하는 방법으로 지급하여야 한다. 다만, 가입자가 개인형 퇴직연금제도의 계정을 지정하지 아니한 경우에는 해당 퇴직연금사업자가 운영하는 계정으로 이전한다. 이 경우 가입자가 퇴직금 중간정산을 받은 것으로 본다(근로자퇴직급여보장법 §38 ④·⑤).

실무 POINT 상시 4인 이하의 근로자를 사용하는 사업의 퇴직급여제도의 설정

1. 시행일

상시 4인 이하의 근로자를 사용하는 사업에 있어 퇴직급여제도 설정의무는 2010년 12월 1일부터 적용된다.

2. 퇴직급여 및 부담금에 관한 특례

퇴직금, 확정급여형 퇴직연금의 급여액 및 확정기여형 퇴직연금의 사용자 부담의 수준은 상시 5인 이상 사업장을 기준으로 2012.12.31.까지는 100분의 50, 2013.1.1. 이후에는 100분의 100으로 한다.

2 적용제외

모든 사업 또는 사업장은 퇴직급여제도 중 하나 이상의 제도를 설정하여야 하나, 동거하는 친족만을 사용하는 사업 및 가구 내 고용활동에 대하여는 적용되지 아니한다(근로자퇴직급여보장법 §3).

또한 근속기간 1년 미만의 자, 4주간 평균하여 1주간 소정근로시간이 15시간 미만인 자에 대하여는 퇴직급여제도의 적용이 제외된다(근로자퇴직급여보장법 §4 ①).

실무 POINT 법인 임원에 대한 퇴직급여제도의 설정

법인의 임원이 근로기준법상 근로자에 해당된다면 다른 근로자과 동일하게 근로자퇴직급여보장법이 적용될 것이나, 근로기준법상 근로자로 보기 어렵다 하더라도 정관 또는 정관에서 위임된 퇴직급여지급규정, 취업규칙 등에 따라 퇴직급여제도를 설정할 수 있다.

법인의 임원에 대하여도 현실적으로 퇴직함으로써 받는 퇴직급여만이 소득세법상 퇴직소득에 해당되어 퇴직소득으로서 과세된다. 다만 다음 각 호의 어느 하나에 해당하는 사유가 발생하였으나 퇴직급여를 실제로 받지 아니한 경우는 퇴직으로 보지 아니할 수 있다(소득세법시행령 §43 ①).

1. 종업원이 임원이 된 경우
2. 합병·분할 등 조직변경, 사업양도, 직·간접으로 출자관계에 있는 법인으로의 전출 또는 동일한 사업자가 경영하는 다른 사업장으로의 전출이 이루어진 경우

3. 법인의 상근임원이 비상근임원이 된 경우
4. 비정규직 근로자(기간제근로자 또는 단시간 근로자를 말한다)가 정규직 근로자로 전환된 경우

계속근로기간 중에 다음 각 호의 어느 하나에 해당하는 사유로 퇴직급여를 미리 지급받은 경우에는 그 지급받은 날에 퇴직한 것으로 본다(소득세법시행령 §43 ②).

1. 무주택자의 주택구입 등 근로자퇴직급여보장법시행령 제3조 제1항 각 호의 중간정산 사유에 해당되는 경우
2. 근로자퇴직급여보장법 제38조에 따라 퇴직연금제도가 폐지되는 경우
3. 법인의 임원이 향후 퇴직급여를 지급받지 아니하는 조건으로 급여를 연봉제로 전환하는 경우 (2015.12.31.까지 적용됨)

한편, 정관에 퇴직급여(퇴직위로금 등 포함)로 지급할 금액이 정하여진 경우에는 정관에 정하여진 금액을 초과하는 금액은 법인세법상 손금에 산입되지 않고 인정상여로서 근로소득으로 처리되며, 정관에 정하여진 금액이 없는 경우에는 그 임원이 퇴직하는 날부터 소급하여 1년 동안 해당 임원에게 지급한 총급여액[소득세법 제20조 제1항 제1호 및 제2호에 따른 금액(같은 법 제12조에 따른 비과세소득은 제외)으로 하되, 제43조에 따라 손금에 산입하지 아니하는 금액은 제외함]의 10분의 1에 상당하는 금액에 근속연수(1년 미만의 기간은 월수로 계산하되, 1개월 미만의 기간은 이를 산입하지 아니하고 직원에서 임원으로 된 때에 퇴직금을 지급하지 아니한 경우에는 직원으로 근무한 기간을 근속연수에 합산할 수 있음)를 곱한 금액을 초과하는 금액은 법인세법상 손금에 산입되지 않고 인정상여로서 근로소득으로 처리된다.

또한, 소득세법상 법인 임원의 퇴직소득금액은 특별히 한도가 없었으나, 2012.1.1. 이후의 근속연수에 대하여는 다음 계산식에 따라 계산한 금액을 초과하는 경우에는 그 초과금액은 근로소득으로 본다(소득세법 §22 ③).

[2019.12.31.부터 소급하여 3년(2012.1.1.부터 2019.12.31.까지의 근무기간이 3년 미만인 경우에는 해당 근무기간) 동안 지급받은 총급여의 연평균 환산액 X 1/10 X 2012.1.1.부터 2019.12.31.까지의 근무기간/12 X 3 + 퇴직한 날부터 소급하여 3년(2020.1.1.부터 퇴직한 날까지의 근무기간이 3년 미만인 경우에는 해당 근무기간) 동안 지급받은 총 급여의 연평균 환산액 X 1/10 X 2020.1.1. 이후의 근무기간/12 X 2]

3 차등금지

퇴직급여제도를 설정함에 있어 하나의 사업에서 급여 및 부담금 산정방법의 적용 등에 관하여 차등을 두어서는 아니 된다(근로자퇴직급여보장법 §4 ②). 여기서 하나의 사업안에서의 차등이란 하나의 사업 내에 직종·직위·직급에 따른 퇴직급여의 지급기준이나 지급률 및 부담금 산정방법을 달리하는 것을 의미한다.

또한 하나의 사업장이라 함은 특별한 사정이 없는 한 경영상 일체를 이루는 기업체 자체를 의미하는 것으로서, 3개 업종 각각에 대해 개별법을 근거로 대행계약을 체결하여 사업을 수행하

고 있는 경우라 하더라도 3개 업종의 사업이 동일한 대표이사의 책임하에 인사·회계·노무 등 경영일체가 통합되어 있고, 동일 지역 내에서 사업이 수행되고 있는 경우라면 이는 각각의 업종에 대해 경영상 독립성이 있다고 보기는 곤란하므로 하나의 사업장으로 보며, 이때 업종별로 차등하는 퇴직금제도를 설정하는 것은 관련규정에 위배된다(임금 68207－514, 1996.10.15.).

핵심사례 **퇴직금제도의 차등 여부**

1. 임원과 사원의 퇴직금 차등가능 여부

근로기준법 제34조 제2항에 의하면 퇴직금제도를 설정함에 있어서 하나의 사업 내에 차등제도를 두어서는 아니 된다고 규정하고 있다. 따라서 근로자의 직위, 직급, 직종별로 누진율을 달리하는 등 퇴직금 지급조건을 달리하는 퇴직금 지급제도의 설정은 근로기준법에 위배된다. 다만 귀 질의 내용에서 임원이 업무대표권, 업무집행권이 있는 법인의 이사라면 회사로부터 일정한 사무처리의 위임을 받고 있는 사업경영담당자로서 근로기준법 적용대상이 아니므로 근로기준법 적용대상이 아닌 자의 퇴직금제도와 근로기준법 적용대상인 근로자의 퇴직금제도와의 차등을 두는 것은 가능하다(근기 68207－143, 2000.1.20.).

2. 기존 근로자에 대해서만 퇴직보험에 가입하는 형식으로 퇴직금을 지급하는 경우 퇴직금 제도 차등에 해당되는지 여부

근로기준법 제34조 제2항의 "퇴직금제도를 설정함에 있어서 하나의 사업 내에 차등제도를 두어서는 아니 된다"는 규정의 취지는 하나의 사업 내에 직종·직위·직급에 따른 퇴직금의 지급기준이나 지급률을 달리하는 것을 금지하는 것이다. 따라서 사업주가 일부 근로자에 대하여는 기존의 종업원 퇴직보험에 가입하는 형식으로 퇴직금을 지급하고, 일부 근로자에 대해서는 근로기준법상의 퇴직보험에 가입하여 퇴직금을 지급하더라도 퇴직금의 지급기준과 지급률에 차등을 두지 않는 한 퇴직금 차등제도에 해당한다고 보기 어려울 것이다(임금 68207－287, 1999.4.8.).

3. 단체협약에 의해 별도의 퇴직금제도를 설정하는 것이 가능한지 여부

퇴직금제도 차등금지 규정은 단체협약의 적용을 받는 근로자와 적용을 받지 않는 근로자 간의 차등까지 금지하는 것은 아니므로, 작업의 내용과 근로조건이 상이한 특정직종의 근로자만을 조직대상으로 하는 노동조합과 체결한 단체협약에 의해 별도의 퇴직금제도를 설정하는 것은 가능할 것으로 판단된다(임금 68207－514, 1996.10.15.).

4. 하나의 사업장에 정규직은 DB·DC제도로, 비정규직은 DC제도로 설정할 수 있는지 여부

DB·DC형 퇴직연금 및 퇴직금을 동등한 가치를 지니는 제도로서 근로자퇴직급여보장법 제4조 제3항에 의거 동일한 사업장에서 복수의 제도(예 DB·DC형 병존)를 운영할 수 있으며, 근로자 대표의 동의를 얻어 정규직은 DB·DC제도를, 비정규직은 DC제도를 적용하는 등 퇴직연금 형태를 달리 설정할지라도 근로자퇴직급여보장법 제4조 제2항의 차등금지에 반한다고 볼 수 없다(퇴직연금복지과-640, 2008.11.27.).

5. 특정 퇴직연금 적용대상자에 대해서만 근속연수에 따른 누진율을 적용하거나 지급률을 상향한 DC형 가입대상을 신규 입사자로 한정할 수 있는지

DB형 퇴직연금 적용대상에 대해서만 근속연수에 따른 누진율을 적용하거나 DC형 퇴직연금 적용대상자에 대해서만 근속연수에 따른 부담금 산정비율을 늘리는 것은 차등이 있는 퇴직급여제도를 설정한 것에 해당된다 할 것이며, 전체 근로자에게 제도 선택권을 부여하지 않고 법정 부담금 수준보다 지급률을 상향한 DC형의 가입대상을 신규 입사자로 한정하여 입사일에 따라 지급기준이나 지급률을 달리하는 것을 강제한다면 차등제도 설정에 해당될 수 있다(근로복지과-4301, 2012. 12.6.).

4 설정 절차 및 방법

퇴직급여제도의 종류를 선택하거나 다른 종류의 제도로 변경하고자 하는 경우 근로자의 과반수가 가입한 노동조합이 있는 경우에는 그 노동조합, 근로자의 과반수가 가입한 노동조합이 없는 경우에는 근로자 과반수(이하 "근로자대표"라 한다)의 동의를 얻어야 하고, 그 내용을 변경하고자 하는 경우 근로자대표의 의견(불이익변경 시 동의)을 들어야 한다(근로자퇴직급여보장법 §4 ③·④). 만일 퇴직연금제도를 설정하고자 하는 경우에는 근로자대표의 동의를 얻어 퇴직연금규약을 작성하여 이를 고용노동부장관에게 신고하여야 한다(근로자퇴직급여보장법 §13·19).

근로자대표의 동의가 있는 경우 하나의 사업에 복수의 퇴직급여제도를 설정하여 근로자별로 선택하게 하고 선택치 않은 근로자에 대하여 어느 하나의 퇴직급여제도가 적용되도록 설정할 수 있고, 신규 입사자는 확정기여형을, 기존근로자는 확정급여형을 가입하도록 하는 식의 어떤 근로자가 어떤 제도를 가입하게 하는 것까지도 근로자대표의 동의 절차를 통해 규정할 수 있으며(퇴직급여보장팀-1090, 2007.3.15.), 근로자별로 제도 간의 변경을 허용할 것인지 여부와 제도 간 변경 허용횟수 및 제도 간 적립금 이전 허용 여부도 퇴직연금규약으로 정할 수 있다(퇴직급여보장팀 -678, 2005.11.11.).

저자주 **노조가입 제외 대상만으로 하는 퇴직연금 도입 시 근로자대표 동의방법**

고용노동부에서는 "노동조합 가입대상이 아닌 2급 이상 직원만을 대상으로 퇴직연금제도를 도입하는 경우 과반수 이상으로 조직된 노동조합이라 하더라도 노동조합 가입대상이 아닌 자에 대해서는 그 동의권을 행사할 수는 없으므로 퇴직연금제도를 적용받는 근로자 과반수의 동의를 받는 것이 근로자퇴직급여보장법 제4조 제3항의 입법취지에 부합한다고 사료되며, 이 경우 과반수로 조직된 노동조합에 대해서는 의견을 들으면 족할 것이다. 퇴직연금규약을 해당 지방노동관서에 신고할 때에

는 가입대상 근로자 과반수의 동의와 노동조합의 의견을 들었음을 입증하는 서류를 제출하여야 할 것이다"라고 보고 있다(퇴직급여보장팀-855, 2007.2.26.).

그러나 "여러 근로자 집단이 하나의 근로조건 체계 내에 있어 비록 취업규칙의 불이익변경 시점에는 일부 근로자 집단만이 직접적인 불이익을 받더라도 그 나머지 다른 근로자 집단에게도 장차 직급의 승급 등으로 변경된 취업규칙의 적용이 예상되는 경우에는 일부 근로자 집단은 물론 장래 변경된 취업규칙 규정의 적용이 예상되는 근로자 집단을 포함한 전체 근로자 집단이 동의주체가 되고, 그렇지 않고 근로조건이 이원화되어 있어 변경된 취업규칙이 적용되어 직접적으로 불이익을 받게 되는 근로자 집단 이외에 변경된 취업규칙의 적용이 예상되는 근로자 집단이 없는 경우에는 변경된 취업규칙이 적용되어 불이익을 받는 근로자 집단만이 동의주체가 된다"라는 대법원의 입장(대법원 2009.11.12. 선고, 2009다49377 판결)을 고려할 때, 향후 조합원이 2급 이상으로 승진을 하게 됨에 따라 기존의 퇴직금제도의 계속 적용 여부를 선택할 수 없는 상태에서 당연히 퇴직연금제도의 적용이 예상되는 경우라면 퇴직연금제도 도입 시 과반수 근로자를 대표하는 노동조합의 동의를 얻어야 할 것으로 사료된다.

핵심사례 사업장 이동에 따른 퇴직연금제도의 전환

1. 특수관계에 있는 사업장 간의 소속 변경 시 퇴직연금 적립금의 통산가능 여부

근로자의 소속 사업장이 변경될 경우 당사자 간에 특약이 없는 한 각 퇴직급여 산정의 기초가 되는 계속근로기간은 구분하여 계산하는 것이 원칙인바, 퇴직연금제도의 적용을 받던 근로자의 소속 사업장이 변경될 경우에도 그 퇴직연금 적립금은 각각 구분하여 계리하는 것이 원칙일 것이다. 다만, 귀 질의와 같이 특수관계에 있는 사업장들 간에 특별계약 등에 의하여 퇴직급여 지급과 관련된 자산 및 부채를 포괄 승계하기로 합의한 예외적인 경우에 있어서 변경 전후의 사업장에 모두 퇴직연금제도가 설정되어 있고, 적립금의 통산이 기술적으로 가능하며, 변경 후 사업장의 퇴직연금규약에서 타사업장으로부터의 적립금의 통산을 허용하고 있다면 사업장의 변경 시 가입기간 및 적립금의 통산이 가능할 것으로 사료된다(퇴직급여보장팀-2153, 2006.6.23.).

2. 사업장 전입에 따른 퇴직연금제도 전환 가능 여부

전입 후 사업장의 퇴직연금제도가 확정기여형인 경우에는 이전 사업장의 퇴직연금제도가 확정급여형이든, 확정기여형이든 상관없이 근로자의 사업장 이동에 따른 적립금 및 가입기간 통산의 경우와 동일하게 처리하면 될 것이다. 다만, 전입 후 사업장의 퇴직연금제도가 확정급여형인 경우에는 이전 사업장의 퇴직연금제도가 확정급여형인 경우에만 적립금 및 가입기간 합산이 가능하며, 이와 달리 이전 사업장의 퇴직연금제도가 확정기여형이라면 제도 성격상 합산이 곤란할 것이다(퇴직급여보장팀-4107, 2006.10.27.).

02 퇴직급여제도의 종류

1 퇴직금제도

1. 퇴직금제도란?

퇴직금제도란 계속근로기간 1년에 대하여 30일분 이상의 평균임금을 퇴직하는 근로자에게 지급하는 제도로서 사용자는 퇴직연금제도를 설정하지 아니한 경우 퇴직금제도를 설정하여야 한다(근로자퇴직급여보장법 §8 ①).

2. 건설일용근로자에 대한 특례

건설근로자의고용개선등에관한법률 제10조에 따라 다음의 건설공사를 행하는 사업주는 건설근로자퇴직공제회가 운영하는 퇴직공제에 당연가입되어 공제부금(지난달 근로자들의 총근로일수 누계×6,500원)을 납부하여야 하며, 이 경우 건설공사 사업시작일로부터 14일 이내 퇴직공제 관계 성립신고를 하여야 한다(하도급 공사금액이 10억원 이상인 경우 하수급인 사업주인정 승인신청 가능).

① 국가 또는 지방자치단체가 발주하는 건설공사(전기공사, 정보통신공사, 소방시설공사, 문화재수리공사 포함)로서 공사예정금액(장기계속계약에 따라 연차별로 계약을 체결하는 공사의 경우에는 해당 공사의 예정금액을 말한다. 이하 같다)이 1억원 이상인 공사

② 국가 또는 지방자치단체가 출자 또는 출연한 법인(해당 법인이 납입자본금의 5할 이상을 재출자한 법인을 포함한다)이 발주하는 건설공사(전기공사, 정보통신공사, 소방시설공사, 문화재수리공사 포함)로서 공사예정금액이 1억원 이상인 공사

③ 민간투자사업으로 시행되는 사회기반시설 공사(전기공사, 정보통신공사, 소방시설공사, 문화재수리공사 포함)로서 공사예정금액이 1억원 이상인 공사

④ 200호 이상의 공동주택, 주상복합 및 오피스텔 공사

⑤ 공사예정금액이 50억원 이상인 건설공사(전기공사, 정보통신공사, 소방시설공사, 문화재수리공사 포함)

다만, 1일의 소정근로시간이 4시간 미만이고 1주간의 소정근로시간이 15시간 미만인 근로자, 기간을 정하지 아니하고 고용된 상용근로자 및 1년 이상의 기간을 정하여 고용된 근로자는 적용이 제외되며, 그 밖의 건설공사를 행하는 건설업자의 경우에는 임의가입이 가능하다.

한편, 건설근로자퇴직공제회는 일용근로자의 근무경력과 공제부금을 관리하여 공제부금의 납부 월수(月數)가 12개월 이상인 피공제자가 건설업에서 퇴직하거나 60세에 이른 경우,

공제부금의 납부 월수가 12개월 미만인 피공제자가 65세에 이른 경우, 피공제자가 사망한 경우에는 공제부금의 납부 월수를 고려하여 퇴직공제금(지원된 공제부금 포함, 부가금 제외, 이자 합산, 48개월 이상 피공제자가 건설업에서 퇴직하는 경우 특별퇴직공제금 추가가능)을 지급하되, 납부 월수는 납부 일수 21일분을 1개월로 보아 공제부금의 총 납부 일수를 21로 나누어 산정한다.

3. 외국인근로자에 대한 특례

외국인근로자의고용등에관한법률 제13조 및 동법 시행령 제21조에 따라 건설업으로서 특례고용가능확인을 받은 사업 또는 사업장을 제외한 사업장이 취업활동기간이 1년 이상 남은 외국인근로자를 고용하는 경우에는 근로계약의 효력발생일로부터 15일 이내에 외국인근로자를 피보험자 또는 수익자로 하는 출국만기보험 또는 신탁에 가입하여 매월 월 통상임금의 8.3%를 납부 또는 위탁(상시 4인 이하 사업장의 경우 2012년까지 4.15%)하여야 하며, 이 경우 근로자퇴직급여보장법에 의한 퇴직금제도를 설정한 것으로 본다.

그러나 다음의 체류자격을 가진 외국인근로자는 외국인근로자의고용등에관한법률의 적용이 제외되므로 내국인과 동일하게 퇴직급여제도를 적용한다.

① 단기취업(C-4), 교수(E-1), 회화지도(E-2), 연구(E-3), 기술지도(E-4), 전문직업(E-5), 예술흥행(E-6), 특정활동(E-7), 계절근로(E-8)

② 거주(F-2). 단, 영주자격을 상실한 자 중 국내 생활관계의 권익보호 등을 고려하여 법무부장관이 국내에서 계속 체류하여야 할 필요가 있다고 인정한 자 제외

③ 재외동포(F-4). 단, 단순노무행위, 사행행위 등 선량한 풍속 기타 사회질서에 반하는 행위를 하는 경우 등은 제외

④ 영주(F-5)

⑤ 관광취업(H-1)

2 퇴직연금제도

1. 퇴직연금제도란?

퇴직연금제도란 사용자가 퇴직연금계약에 따라 퇴직금연금사업자에게 일정액의 적립금 또는 부담금을 납부하고 이를 재원으로 퇴직연금사업자가 퇴직근로자에게 연금 또는 일시금을 지급하는 제도를 말한다.

퇴직연금은 가입기간이 10년 이상인 퇴직근로자가 만 55세에 도달하는 경우에 5년 이상의 기간 동안 지급되며, 연금수급요건을 갖추지 못하였거나 일시금 수급을 원하는 경우에는

일시금으로 지급된다(근로자퇴직급여보장법 §17 ①).

퇴직연금제도의 급여를 받을 권리는 양도하거나 담보로 제공할 수 없다. 다만, 무주택자인 본인 명의로의 주택구입과 전세금 또는 임차보증금 부담(1회에 한함), 6개월 이상 요양을 필요로 하는 가입자·배우자 또는 그 부양가족의 질병이나 부상에 대한 의료비와 가입자·배우자 또는 그 부양가족의 대학등록금·혼례비 또는 장례비 부담, 5년 이내 가입자의 파산선고 또는 개인회생절차개시 결정, 휴업 실시로 임금이 감소하거나 재난으로 피해를 입은 경우로서 고용노동부장관이 정하여 고시하는 사유와 요건에 해당하는 경우 등을 이유로 하여 가입자별 적립금의 50% 또는 별도 고시하는 한도에서 담보제공을 할 수 있다(근로자퇴직급여보장법 §7, 동법 시행령 §2).

2. 퇴직연금의 구분

퇴직연금제도는 사용자가 연간 임금총액의 60% 이상을 적립하고 적립금의 운용책임을 부담하되, 근로자 퇴직 시 계속근로기간 1년에 대하여 30일분의 평균임금에 상당하는 금액 이상을 퇴직급여로 지급하는 확정급여형 퇴직연금제와 연간 임금총액의 1/12을 부담금으로 납입함으로써 사용자가 퇴직급여 지급책임을 면하고 근로자가 부담금의 운용책임을 지는 확정기여형 퇴직연금제가 있다.

확정급여형은 퇴직급여의 중도인출이 허용되지 않으나, 확정기여형은 무주택자 주택구입, 6월 이상 요양을 필요로 하는 가입자·배우자 또는 그 부양가족의 의료비를 해당 근로자가 본인 연간 임금총액의 1천분의 125를 초과하여 부담하는 경우 등 일정요건하에 중도인출이 가능하다(근로자퇴직급여보장법 §22).

3. 10인 미만을 사용하는 사업에 대한 특례

상시 10인 미만을 사용하는 사업의 경우 사용자가 개별근로자 동의를 받거나 근로자의 요구에 따라 개인형 퇴직연금제도를 설정하는 경우에는 해당 근로자에 대하여 퇴직급여제도를 설정한 것으로 본다. 다만, 개별근로자의 동의 또는 요구에 따라 퇴직연금사업자를 선정할 수 있어야 하고, 사용자는 가입자별로 연간 임금총액의 1/12 이상에 해당하는 부담금을 현금으로 매년 1회 이상 정기적으로 가입자의 개인형 퇴직연금제도 계정에 납입하여야 하며, 사용자가 부담하는 부담금 외에 가입자의 부담으로 추가 부담금을 납입할 수 있어야 한다(근로자퇴직급여보장법 §25).

개인형 퇴직연금제도에 대한 운용책임은 가입자인 근로자가 지며, 개인형 퇴직연금제도는 확정기여형 퇴직연금과 마찬가지로 주택구입 등 일정요건하에 중도인출이 가능하다.

03 퇴직금 산정 및 지급

1 퇴직금의 산정

1. 원칙

퇴직금은 계속근로연수 1년에 대하여 30일분 이상의 평균임금으로 지급되어야 한다(근로자퇴직급여보장법 §8 ①). 이에 따라 실무상 평균임금 30일(이상)분에 재직일수를 곱하고 이를 365일로 나누어 산정한다.

2. 계속근로연수

퇴직금 산정에 있어 계속근로연수란 근로계약체결 시부터 근로계약 종료 시까지의 재직기간으로서 군복무기간을 제외한 휴직기간도 포함하며, 1개월에 4, 5일 내지 15일 정도 계속 근무하였다면 그 기간도 근로연수에 포함되고, 근로계약이 반복갱신되거나 형식상 퇴직과 입사의 방식을 취했더라도 실질적으로 계열사 간 전보인 이상 모든 기간은 근속연수에 합산된다.

근로계약기간이 갱신되거나 반복 체결된 근로계약 사이에 일부 공백기간이 있다고 하더라도 그 기간이 전체 근로계약기간에 비하여 길지 아니하고, 계절적 요인이나 방학기간 등 당해 업무의 성격에 기인하거나 대기기간, 재충전을 위한 휴식기간 등의 사정이 있어 그 기간 중 근로를 제공하지 않거나 임금을 지급하지 않을 상당한 이유가 있다고 인정되는 경우에는 근로관계의 계속성은 그 기간 중에도 유지된다고 보아야 할 것이다(대법원 2004다29736, 2006.12.7.).

계속하여 근로한 기간 중 4주간 평균하여 1주 소정근로시간이 15시간 이상과 미만을 반복하는 경우에는 퇴직일을 기준으로 역산하여 4주 단위로 1주 소정근로시간을 파악하여 1주 소정근로시간이 15시간 이상인 4주는 산입하고 15시간 미만인 경우는 산입하지 않는 방식으로 산입된 주의 합계가 52주를 초과한다면 퇴직금 지급대상되고, 그 기간이 52주 이하인 경우에는 퇴직금 지급의무가 발생하지 않는다(퇴직연금복지과-5254, 2019.12.9.).

저자주 **퇴직금을 산정함에 있어 휴직기간이 계속근로연수에 포함되는지 여부**

고용노동부에서는 "근로자의 귀책사유로 인한 휴직기간은 원칙적으로 사용종속관계가 유지되는 한 퇴직금 산정을 위한 계속근로연수에 포함되어야 할 것이나, 단체협약, 취업규칙 등에 따로 정한 바가 있다면 이에 따라야 할 것임(임금 68207-326, 1993.5.27.)"이라며 근로자 귀책사유로 인한 휴직기간은 취업규칙 등에 의해 근속연수에서 제외할 수 있다는 입장이다.

그러나 이는 "계속근로연수란 원칙적으로 근로자의 재직기간을 말하므로, 단체협약이나 취업규칙으로 재직기간 중 일부를 퇴직금 산정의 기초가 되는 근속기간에서 함부로 제외하는 것은 그와 같이 하여 산정한 퇴직금의 액수가 근로기준법에 정한 산정방법을 적용하여 산정한 퇴직금의 액수 이상인 경우 등의 특별한 사정이 없는 한 허용될 수 없다(대법원 2005다28358, 2007.11.29.)"라는 대법원의 입장과는 그 견해를 달리하는 것으로서, 계속근로연수가 근로계약 체결 시부터 근로계약종료 시까지의 재직기간을 의미하는 것이라는 점에서 휴직기간을 근속연수에서 제외하여서는 아니 된다 할 것이다. 다만, 군복무기간은 승진에 있어서 실무의 종사기간으로 보아야 한다는 병역법 개정취지를 고려할 때 군복무기간은 퇴직금 산정에 있어 계속근로연수에서 제외하여도 무방하다(대법원 1993.1.15. 선고 92다41986 판결).

핵심사례 **퇴직금 산정에 있어 계속근로연수 등**

1. 공공근로와 일용직 근로를 반복한 경우의 계속근로 여부

지방자치단체에서 3개월 단위로 시행하는 공공근로사업에 동일인이 반복해서 참여하여 그 전체 기간이 1년 이상이 된 경우라 하더라도, 각각의 사업이 서로 다르고 각 사업별 시행기간이 종료되어 근로계약이 만료되면 근로자가 자유의사로 다른 공공근로사업의 참여를 신청하는 방식으로 계속 참여하였다면 그 전체 기간을 근로기준법 제34조의 계속근로로 보기는 어려울 것으로 사료된다(근기 68207-602, 1999.11.12.). 또한 3개월 단위의 공공근로사업에 참여한 근로자가 당해 사업의 종료로 근로계약기간이 만료되고 다시 일용직 근로자로 채용되었다 하더라도 이를 계속근로로 보기는 어렵다(근로기준과-2649, 2004.5.27.).

2. 미등록 외국인근로자의 합법화 등록을 위한 기간이 계속근로연수에 포함되는지

외국인근로자의고용등에관한법률 부칙 제2조(불법체류 외국인 근로자에 대한 특례) 제2항에 의거 2003.3.31.을 기준으로 국내 체류기간이 3년 이상 4년 미만인 불법체류 외국인 근로자의 합법화 조치 및 취업활동 체류자격(E-9)을 부여받을 수 있도록 하기 위하여 출국 전 사업장의 사업주가 동 근로자를 계속 고용하는 것을 전제조건으로 관계기간 등에 '고용확인서' 및 '표준근로계약서' 등을 제출하고 그에 따라 사증발급인정서를 교부받은 불법체류 외국인 근로자가 일정기간 자진출국 후 재입국하여 계속 근로하고 있는 경우라면 동 근로자의 자진출국 등의 기간은 당해 사업주의 승인하에 이루어진 일시 휴직상태로 보아야 할 것이므로 퇴직금산정을 위한 계속근로연수에 포함되어야 할 것으로 사료된다. 다만, 노사당사자 간에 실제 근로제공이 없게 되는 자진출국 등의 기간에 대하여 자진출국 시점에서 근로관계가 종료되고, 재입국 시점에서 근로관계가 새로이 시작되는 것으로 정하였다면 그에 따라 계속근로연수를 판단하여야 할 것으로 사료된다(임금정책과-800, 2005.2.25.).

3. 매년 동절기에 근로관계가 단절된 일용인부의 계속근로연수

1990.7.25.부터 2002.11.30.까지 상대적으로 업무량이 적은 동절기에 근로계약을 체결하지 않았고, 동절기가 종료되면 재계약을 계속 체결하는 것이 관행이었으며, 노사당사자 모두 그렇게 기대하면서 사실관계에 있어서도 동절기가 끝나면 재계약을 체결한 후 일용 인부로서의 동일한 근로를 제공하고 사용자는 임금을 지급하는 형태의 근로관계가 반복되었다면, 근로계약을 체결하지 아니한 동절기는 동일사무에 계속근로를 위한 대기상태로서 근로관계의 단절이 아니라 일시적으로 정지된 것으로 볼 수 있다. 이 경우 특별한 사정이 없는 한, 반복적으로 근로계약을 체결한 전 기간을 퇴직금 산정을 위한 계속근로로 인정할 수가 있으며, 다만, 근로계약을 체결하지 아니하여 실제로 근로를 제공하지 아니한 기간은 퇴직금 산정을 위한 계속근로연수 산정 시 이를 제외하는 것이 타당하다고 사료된다(임금 68207-313, 2003.4.24.).

4. 정년퇴직 후 촉탁직 근무 시 퇴직금 및 연차유급휴가일수 계산을 위한 계속근로연수

정년퇴직자를 기간의 정함이 있는 근로계약으로 재고용하는 경우 당사자 간의 특약이 없다면 근로자의 퇴직금 및 연차유급휴가일수 계산을 위한 계속근로연수는 재고용기간만 해당된다고 사료된다(근기 68207-338, 2001.2.2.).

5. 퇴직금제에서 퇴직연금제로 변경 시 평균임금 산정기준

퇴직금제의 적용을 받고 있던 근로자가 계속근로 중 특정시점부터 퇴직연금제의 적용을 받다가 퇴직할 경우 당해 근로자의 퇴직금 계산을 위한 평균임금의 산정은 달리 볼 사정이 없는 한 실제로 퇴직한 날을 기준으로 이루어져야 할 것이다(퇴직급여보장팀-2115, 2006.6.21.).

6. 건설현장 일용근로자로 근무 중 재해를 당하여 치료종결과 동시 퇴직한 경우 퇴직금 산정 기준일이 부상일인지 또는 치료종결일인지 여부

일용근로자라 함은 1일단위의 계약으로 채용되고 그날의 근로가 종료함으로써 근로계약도 종료하며 계속근로관계가 유지되지 않는 자를 말하므로 일용근로자의 경우 다음 날은 이미 근로계약이 존재하지 않는 것으로 다음 날의 계약을 새로이 체결하지 않는 한 사용자는 계속하여 고용할 의무가 없다고 판단되며, 다만 일용근로자라 하더라도 공사현장 등에 채용된 후 통상적인 근로관계가 상당기간 지속되어 특별한 사정이 없는 한 공사만료 시까지 계속근로가 예정되어 있는 경우에는 공사만료 시까지 고용관계가 계속되는 것으로 볼 수 있다. 따라서 피재근로자가 실질적으로 일용근로자인 경우에는 재해로 인해 근로를 제공할 수 없는 시점에서 근로관계가 단절된다고 사료되며, 다만 피재근로자가 명목상 일용근로자일 뿐 당사자 간 합의 등 특별한 약정 없이 지속적으로 근로관계를 유지하고 있었던 경우에는 동 공사만료 시까지 근로관계가 지속된다고 보아야 할 것으로 사료된다(근기 68207-113, 1999.9.22.).

참고 **1주간 소정근로시간이 주 15시간 이상·미만을 반복하는 경우의 퇴직금 산정**
(임금 68207-735, 2001.10.26.)

근로기준법 제34조에 의한 퇴직금 지급은 같은 법 제10조 및 같은 법 시행령 제1조의 2에 의거 상시 5인 이상의 근로자를 사용하는 사업 또는 사업장에 적용되고 있는바, 사업장에서 상시근로자 수가 5인 이상과 5인 미만을 반복(또는 1주 소정근로시간이 15시간 이상·미만을 반복하는 근로자)하는 경우 퇴직금 관련규정의 적용에 있어 해석상 혼란이 있었음(기존 행정해석 : 임금 68207-206, 1999.11.11. 참조)

이에 대하여 상시근로자 수가 5인 이상·미만을 반복하는 사업장에서의 계속근로연수 산정방법, 평균임금 산정시점, 퇴직금지급청구권 소멸시효 기산점 등 퇴직금 관련규정에 대한 해석기준을 마련하여 붙임과 같이 시달하니 이행에 만전을 기하시기 바라며, 아울러 본 해석기준과 배치되는 종전의 해석은 이를 폐지하니 착오 없으시기 바람

1. 배경

퇴직금은 원칙적으로 그 지급청구권이 근로자가 퇴직한 날 발생하고, 그 금액은 퇴직한 날 이전 3월간의 평균임금을 기준으로 산정하며, 지급청구권의 소멸시효 또한 퇴직한 날을 기준으로 기산함(근로기준법 제19조, 제34조 및 제36조 참조)

그러나 근로기준법상의 퇴직금 관련규정이 상시 5인 이상의 근로자를 사용하는 사업 또는 사업장(이하 "사업장"이라 함)을 적용대상으로 하고 있어, 상시 근로자 수가 5인 이상 또는 5인 미만을 반복하는 사업장의 경우 관련규정의 적용에 있어 해석상 혼선이 있었음

또한 퇴직금 관련규정은 1주간의 소정근로시간이 15시간 미만인 단시간근로자에는 적용이 배제되고 있어 이들 근로자에 있어서도 동일한 문제가 발생함

이에 상시 근로자 수 5인 이상·미만을 반복하는 사업장과 1주 소정근로시간이 15시간 이상·미만을 반복하는 단시간근로자에 대한 퇴직금 관련규정의 해석기준을 제시함으로써 관련 업무처리에 있어 통일성을 기하고자 함

2. 그간의 해석 및 문제점

① 그간의 해석기준

퇴직금의 지급청구권은 근로자가 퇴직한 날 발생하나, 그 금액은 상시근로자 수가 5인 미만이 된 날 이전 3월간의 평균임금을 기준으로 하고, 지급청구권의 소멸시효는 다시 퇴직한 날을 기준으로 기산함. 퇴직금의 지급요건이 되는 계속근로연수의 경우 상시 근로자 수 5인 이상이 되는 각각의 기간을 별개로 보아 그중 근로연수가 1년 이상인 기간에 한하여 퇴직금지급 청구권이 발생하는 것으로 봄

즉 아래 사례를 통해 볼 경우 다음과 같은 기준에 의거 해석함

- **지급청구권의 발생** : 근로자가 퇴직하는 시점 "G"
- **평균임금산정의 기준시점** : 상시근로자 수 5인 이상에서 1년 이상 근로하고 5인 미만이 된 각 시점, 즉 "B, F"
- **지급청구권의 소멸시효 기산시점** : 근로자가 퇴직하는 시점 "G"

– **계속근로연수 :** 상시근로자 수 5인 이상이 되는 각각의 기간 중 1년 이상인 기간, 즉 "①"과 "⑤"의 기간

사례

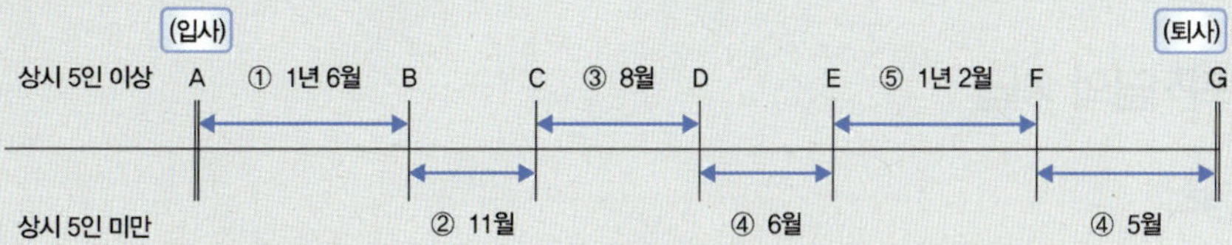

② 그간의 해석의 문제점

›› 평균임금의 산정시점과 관련하여

– 퇴직금의 지급청구권은 근로자가 퇴직한 경우에 발생하고(근로기준법 제36조), 퇴직금 산정을 위한 평균임금은 이를 산정하여야 할 사유가 발생한 날, 즉 퇴직한 날 이전 3월간을 기준으로 하여야 한다(법 제19조)는 명문의 규정과 배치됨

– 상시 근로자 수가 5인 이상에서 5인 미만으로 된 시점을 "퇴직한 날"로 의제할 수 있는 근거규정이 없음

›› 계속근로연수와 관련하여

– 계속근로연수는 일반적으로 근로계약을 체결한 날로부터 근로계약 관계가 종료될 때까지의 근로기간, 즉 재직기간을 말함

– 따라서 계속근로연수는 전체 재직기간을 원칙으로 하되, 법령 등에 의해 적용이 배제될 수 있는 기간, 즉 근로자가 5인 미만인 경우 병역법에 의한 군복무기간 등을 제외한 기간으로 보는 것이 타당함

– 또한 사용자는 상시근로자 수가 5인 이상이 된 경우에는 그 기간의 장단에 관계없이 반드시 퇴직금제도를 설정하여야 함

3. 향후의 해석기준

향후 상시근로자 수가 5인 이상·미만을 반복하는 사업장에 있어 퇴직금 규정관련 해석은 다음의 기준에 의함

– 퇴직금의 지급청구권의 발생, 평균임금의 산정, 지급청구권의 소멸시효의 기산은 모두 근로자가 퇴직하는 날(즉 사례의 "G")을 기준으로 함

– 계속근로연수는 전체 재직기간 중에서 상시근로자 수가 5인 미만인 기간, 기타 병역법에 의한 군복무기간 등을 제외한 기간(사례의 ①, ③, ⑤를 합산한 기간)으로 함

이상의 해석기준은 1주 소정근로시간이 15시간 이상·미만을 반복하는 단시간근로자에 대하여도 적용함

한편, 퇴직금제도의 설정은 상시근로자 수 5인 이상의 사업주에만 적용(법 제34조)되므로 근로자가 상시근로자 수 5인 미만인 경우에 퇴직하면 사업주에 대해서는 퇴직금의 지급의무(법 제36조)만 부과할 수 있음

2 퇴직금의 지급

1. 원칙

퇴직금은 근로자가 퇴직하는 경우 퇴직일로부터 14일 이내에 근로자가 지정한 또는 근로자 명의의 개인형퇴직연금제도의 계정 또는 중소기업퇴직연금기금제도가입자부담금계정으로 이전하는 방법으로 지급하여야 한다. 다만, 특별한 사정이 있는 경우에는 당사자 간의 합의에 의하여 지급기일을 연장할 수 있으며, 55세 이후 퇴직하거나 담보대출 채무상환을 위한 경우 또는 그 금액이 300만원 이하인 경우에는 직접 또는 근로자 명의의 계좌로 지급할 수 있다(근로자퇴직급여보장법 §9).

2. 퇴직금 중간정산

무주택자 주택구입 등의 사유로 근로자가 요구(단, 2012.7.25.까지는 사유 불문함)하는 경우로서 사용자가 이를 허용하는 경우에는 근로자가 퇴직하기 전에 해당 근로자의 계속근로기간에 대한 퇴직금을 미리 정산하여 지급할 수 있다(근로자퇴직급여보장법 §8 ②). 이 경우 중간정산 대상기간, 정산시점 등은 근로자와 사용자가 합의한 바대로 하되, 특별히 정한 경우가 아니라면 근로자가 요구한 계속근로기간을 그 대상기간으로 하여 중간정산 요구 당시 평균임금을 기준으로 퇴직금을 산정한다.

퇴직금을 미리 정산하여 지급한 후의 퇴직금 산정을 위한 계속근로기간은 정산시점부터 새로 계산한다.

실무 POINT 퇴직금 중간정산 사유

1. 무주택자인 근로자가 본인 명의로 주택을 구입하는 경우
2. 무주택자인 근로자가 주거를 목적으로 「민법」 제303조에 따른 전세금 또는 「주택임대차보호법」 제3조의 2에 따른 보증금을 부담하는 경우. 이 경우 근로자가 하나의 사업에 근로하는 동안 1회로 한정한다.
3. 근로자가 6개월 이상 요양을 필요로 하는 근로자 본인, 근로자의 배우자, 근로자 또는 그의

배우자의 부양가족(「소득세법」 제50조 제1항 제3호에 따른 부양가족을 말한다)의 질병이나 부상에 대한 의료비를 해당 근로자가 본인 연간 임금총액의 1천분의 125를 초과하여 부담하는 경우
4. 퇴직금 중간정산을 신청하는 날부터 역산하여 5년 이내에 근로자가 「채무자 회생 및 파산에 관한 법률」에 따라 파산선고를 받은 경우
5. 퇴직금 중간정산을 신청하는 날부터 역산하여 5년 이내에 근로자가 「채무자 회생 및 파산에 관한 법률」에 따라 개인회생절차개시 결정을 받은 경우
6. 사용자가 기존의 정년을 연장하거나 보장하는 조건으로 단체협약 및 취업규칙 등을 통하여 일정나이, 근속시점 또는 임금액을 기준으로 임금을 줄이는 제도를 시행하는 경우
7. 사용자가 근로자와의 합의에 따라 소정근로시간을 1일 1시간 또는 1주 5시간 이상 변경하여 그 변경된 소정근로시간에 따라 근로자가 3개월 이상 계속 근로하기로 한 경우
8. 법률 제15513호 근로기준법 일부개정법률의 시행에 따른 근로시간의 단축으로 근로자의 퇴직금이 감소되는 경우
9. 재난으로 피해를 입은 경우로서 고용노동부장관이 정하여 고시하는 사유에 해당하는 경우

핵심사례 **퇴직금 중간정산**

1. 퇴직금 중간정산 이후 퇴직금 감액사유가 발생한 경우 감액대상이 되는 근속기간

근로기준법 제34조 제1항의 규정에 의하여 사용자의 퇴직금 지급의무는 근로계약이 종료된 때에 발생하는 것임. 다만, 동조 제3항에 의하여 근로자의 요구가 있는 때에는 근로자가 퇴직하기 전에 당해 근로자가 계속 근로한 기간에 대한 퇴직금을 미리 정산하여 지급할 수 있으나, 중간정산 퇴직금이라고 하여 퇴직금과 별도의 성격을 갖는 것은 아니므로, 달리 볼 특별한 사정이 없는 한 퇴직금 중간정산이 있은 후에 퇴직급여규정에 정하고 있는 퇴직금 감액사유가 발생한 경우에는 이미 중간정산된 부분에 대하여도 퇴직급여 규정상의 감액규정이 적용되는 것이고, 사용자로서는 중간정산된 근로기간과 그 후의 근로시간에 대하여 각각 위 감액규정을 적용하여 중간 퇴직금액과 최종 퇴직금액을 산정하고 여기에서 이미 지급된 금액을 공제하고 퇴직금을 지급(초과지급의 경우에는 환수)할 수 있다고 사료된다(대법원 2001다54977, 2003.5.16. 참조). 다만, 이 경우에도 근로기준법 제34조 제1항에서 정하고 있는 법정퇴직금에 미달해서는 안 될 것임(임금정책과-1173, 2004.4.8.)

2. 퇴직금 중간정산 이후 임금인상이 결정된 경우 퇴직금 추가지급 여부

근로기준법 제34조 제3항의 규정에 의거 사용자는 근로자의 요구가 있는 경우에는 근로자가 퇴직하기 전에 당해 근로자가 계속 근로한 기간에 대한 퇴직금을 미리 정산하여 지급할 수 있으며, 이 경우 미리 정산하여 지급한 후의 퇴직금 산정을 위한 계속근로연수는 정산시점부터 새로이 기산하여야 함. 이러한 퇴직금중간정산은 근로자의 요구에 의하여 사용자의 승낙이라는 명시적 의사표시가 있을 때 퇴직금 중간정산의 합의가 성립되며, 그에 따라 사용자는

근로자에게 퇴직금(중간정산금)을 지급하였다면 이에 대한 법률효과는 성립되는 것으로 보아야 함. 따라서 임금인상률이 퇴직금 중간정산일 이전으로 소급하여 적용되는 경우라 하더라도 임금인상 결정일 이전에 퇴직금 중간정산을 시행한 경우라면 당사자 간의 별도 특약(당사자 간의 합의)이 없었다면 이미 법률효과가 완성된 퇴직금 중간정산 금액, 즉 평균임금을 다시 산정하여 지급할 의무는 없는 것으로 보아야 할 것임(임금 68207-523, 2002.7.24.)

3. 퇴직금 지급기준이 변경된 경우 중간정산 시 평균임금 산정기준일

근로기준법 제19조에 의한 평균임금은 이를 산정하여야 할 사유가 발생한 날 이전 3월간에 그 근로자에 대하여 지급된 임금의 총액을 그 기간의 총일수로 나눈 금액을 말하는 것으로서, 여기서 이를 산정하여야 할 사유가 발생한 날이라 함은 퇴직일 또는 같은 법 제34조 제3항의 퇴직금중간정산의 경우에는 당사자 간 별도 정함이 없었다면 근로자의 중간정산요구일이 될 것임. 따라서 노사 간 적법한 절차를 거쳐 퇴직금 지급률을 누진제에서 단수제로 변경하면서 종전의 누진제 퇴직금에 대한 평균임금 산정기준일까지도 확정한 경우라면 근로자가 퇴직(중간정산 요구)할 때에는 종전의 규정에 의한 퇴직금(누진제 퇴직금 채권확정액)에 새로이 변경된 퇴직금 지급률에 의하여 계산된 퇴직금(실제퇴직(중간정산 요구)시점의 평균임금에 법정률을 승한 금액)을 합산하여 지급하여야 할 것임. 그러나 퇴직금 지급률이 단지 누진제에서 법정제로의 변경만 이루어지고 종전의 지급률에 의한 평균임금 산정기준일을 확정하지 않은 경우라면 이때의 퇴직금은 근로자가 실제 퇴직(중간정산 요구)한 시점의 평균임금에 종전의 누진율 및 새로이 변경된 지급률(법정제)을 각각 승한 후 이를 합산 지급함이 타당하다고 사료됨(임금 68207-312, 2001.5.2.)

3. 퇴직금의 선분할 지급

월급이나 일당 등에 포함시켜 퇴직금을 미리 분할지급하는 경우 이에 관한 당사자 간의 합의가 존재하고 임금과 구별되는 퇴직금액이 특정되어 있으며, 퇴직금액을 제외한 임금의 액수 등을 고려할 때 퇴직금 분할약정을 포함하는 근로계약의 내용이 종전의 근로계약이나 근로기준법 등에 비추어 근로자에게 불이익하지 아니하는 등 사용자와 근로자가 임금과 구별하여 추가로 퇴직금 명목으로 일정한 금원을 실질적으로 지급할 것을 약정한 경우에 한하여 그 효력이 인정된다는 것이 대법원의 입장이었다(대법원 2010.5.27. 선고 2008다9150 판결).

또한 대법원은 퇴직금 명목의 금원을 실질적으로 지급하였음에도 불구하고 정작 퇴직금 지급으로서의 효력이 인정되지 아니할 뿐만 아니라 임금지급으로서의 효력도 인정되지 않는다면, 사용자는 법률상 원인 없이 근로자에게 퇴직금 명목의 금원을 지급함으로써 위 금원 상당의 손해를 입은 반면 근로자는 같은 금액 상당의 이익을 얻은 셈이 되므로 근로자는 수령한 퇴직금 명목의 금원을 부당이득으로 사용자에게 반환하여야 하며, 이 경우 이러한

부당이득반환채권을 자동채권으로 하여 근로자의 퇴직금채권과 상계할 수 있되, 퇴직금채권의 1/2을 초과하는 부분에 해당하는 금액에 관하여만 상계가 허용된다고 보았다(대법원 2010.5.20. 선고 2007다90760 전원합의체 판결).

그러나 이러한 대법원의 입장은 퇴직금 중간정산이 법적으로 유효한 경우를 전제로 하는 것으로서 2012.7.26.부터 중간정산사유가 제한됨에 따라 종전의 퇴직금선분할지급약정은 그 효력을 인정받기 어렵다 할 것이다.

참고 **연봉제하의 퇴직금 중간정산요건 지침 변경**

연봉제 근로자도 근로자퇴직급여보장법상의 퇴직금 규정이 그대로 적용된다. 연봉액에 퇴직금을 포함하여 매월 분할하여 지급하는 경우가 많은바, 일정한 요건을 갖춘 경우에는 중간정산으로 인정되는데, 퇴직금제의 본래 취지, 판례 등을 감안하여 다음과 같이 그 요건의 일부를 변경한다.

현 행	변 경
① 연봉액에 포함될 퇴직금의 액수가 명확히 정해져 있어야 함	① 연봉액에 포함될 퇴직금의 액수가 명확히 정해져 있어야 하며, 매월 지급받은 퇴직금의 합계가 중간정산시점을 기준으로 근로자퇴직급여보장법 제8조 제1항의 규정에 의해서 산정된 금액보다 적지 않아야 함
② 퇴직금을 중간정산받고자 하는 근로자의 요구가 있어야 함	② 퇴직금을 중간정산받고자 하는 근로자의 별도(근로계약서·연봉계약서 이외)의 요구가 있어야 하며, 중간정산금을 매월 분할하여 지급한다는 내용이 명확하게 포함되어 있어야 함
③ 근로계약에 의해 매월 또는 계약기간 1년이 경과한 시점에서 근로자가 미리 지급받은 퇴직금의 총액이 계약기간 1년이 경과한 시점에서 산정한 평균임금을 기초로 한 퇴직금의 액수에 미달하지 않아야 함	③ 중간정산 대상기간은 중간정산시점을 기준으로 기왕에 계속근로를 제공한 기간만 해당됨. 그러므로 1년 미만 근속 근로자는 법정퇴직금 지급대상이 아니므로 중간정산 대상자가 아님

• **변경 시기 :** 변경된 지침은 2006년 7월부터 적용

✔ 기존의 연봉계약 중 2006년 6월 말까지 기간이 만료되는 경우는 현행 지침이 유효함
2006년 7월 이후 기간이 만료되는 연봉계약 중 변경(신규)지침에 합당하지 아니한 계약은 유효한 중간정산에 해당하지 아니하므로 2006년 7월 이전 계약변경 필요

참고 매월 분할지급되는 퇴직금의 효력

사용자와 근로자가 매월 지급하는 월급이나 매일 지급하는 일당과 함께 퇴직금으로 일정한 금원을 미리 지급하기로 약정(이하 "퇴직금 분할 약정"이라 한다)하였다면 그 약정은 법 제34조 제3항 전문 소정의 퇴직금 중간정산으로 인정되는 경우가 아닌 한 최종 퇴직 시 발생하는 퇴직금청구권을 근로자가 사전에 포기하는 것으로서 강행법규인 법 제34조에 위배되어 무효이고(대법원 2002.7.26. 선고 2000다27671 판결, 대법원 2007.8.23. 선고 2007도4171 판결 등 참조), 그 결과 퇴직금 분할 약정에 따라 사용자가 근로자에게 퇴직금 명목의 금원을 지급하였다 하더라도 퇴직금 지급으로서의 효력이 없다고 할 것이다.

한편, 법 제18조에서 규정하고 있는 임금은 사용자가 근로의 대가로 근로자에게 지급하는 일체의 금원으로서 근로자에게 계속적·정기적으로 지급하고 그 지급에 관하여 사용자가 단체협약, 취업규칙, 급여규정, 근로계약, 노동관행 등에 따라 지급의무를 부담하는 것을 의미한다(대법원 1999.9.3. 선고 98다34393 판결, 대법원 2006.12.8. 선고 2006다48229 판결 등 참조). 그런데 근로관계의 계속 중에 퇴직금 분할 약정에 의하여 월급이나 일당과는 별도로 실질적으로 퇴직금을 미리 지급하기로 한 경우 이는 어디까지나 위 약정이 유효함을 전제로 한 것인바, 그것이 위와 같은 이유로 퇴직금 지급으로서의 효력이 없다면, 사용자는 본래 퇴직금 명목에 해당하는 금원을 지급할 의무가 있었던 것이 아니므로, 위 약정에 의하여 이미 지급한 퇴직금 명목의 금원은 법 제18조 소정의 '근로의 대가로 지급하는 임금'에 해당한다고 할 수 없다.

이처럼 사용자가 근로자에게 퇴직금 명목의 금원을 실질적으로 지급하였음에도 불구하고 정작 퇴직금 지급으로서의 효력이 인정되지 아니할 뿐만 아니라 법 제18조 소정의 임금 지급으로서의 효력도 인정되지 않는다면, 사용자는 법률상 원인 없이 근로자에게 퇴직금 명목의 금원을 지급함으로써 위 금원 상당의 손해를 입은 반면 근로자는 같은 금액 상당의 이익을 얻은 셈이 되므로 근로자는 수령한 퇴직금 명목의 금원을 부당이득으로 사용자에게 반환하여야 한다고 보는 것이 공평의 견지에서 합당하다(대법원 2010.5.20. 선고 2007다90760 전원합의체 판결).

다만, 퇴직금제도를 강행법규로 규정한 입법취지를 감안할 때 위와 같은 법리는 사용자와 근로자 사이에 실질적인 퇴직금 분할약정이 존재함을 전제로 하여 비로소 적용할 것인바, 사용자와 근로자가 체결한 당해 약정이 그 실질은 임금을 정한 것에 불과함에도 불구하고 사용자가 퇴직금의 지급을 면탈하기 위하여 퇴직금 분할약정의 형식만을 취한 것인 경우에는 위와 같은 법리를 적용할 수 없다고 할 것이다. 즉 사용자와 근로자 사이에 월급이나 일당 등에 퇴직금을 포함시키고 퇴직 시 별도의 퇴직금을 지급하지 않는다는 취지의 합의가 존재할 뿐만 아니라, 임금과 구별되는 퇴직금 명목 금원의 액수가 특정되고, 위 퇴직금 명목 금원을 제외한 임금의 액수 등을 고려할 때 퇴직금 분할약정을 포함하는 근로계약의 내용이 종전의 근로계약이나 근로기준법 등에 비추어 근로자에게 불이익하지 아니하여야 하는 등 사용자와 근로자가 임금과 구별하여 추가로 퇴직금 명목으로 일정한 금원을 실질적으로 지급할 것을 약정한 경우에 한하여 위와 같은 법리가 적용된다 할 것이다(대법원 2010.5.27. 선고 2008다9150 판결).

계산의 착오 등으로 임금을 초과 지급한 경우에, 근로자가 퇴직 후 그 재직 중 받지 못한 임금이나 퇴직금을 청구하거나, 근로자가 비록 재직 중에 임금을 청구하더라도 위 초과 지급한 시기와 상계권 행사의 시기가 임금의 정산, 조정의 실질을 잃지 않을 만큼 근접하여 있고 나아가 사용자가 상계의 금액과 방법을 미리 예고하는 등으로 근로자의 경제생활의 안정을 해할 염려가 없는 때에는, 사용자는 위 초과 지급한 임금의 반환청구권을 자동채권으로 하여 근로자의 임금채권이나 퇴직금채권과 상계할 수 있다고 할 것이다(대법원 1993.12.28. 선고 93다38529 판결, 대법원 1995.12.21. 선고 94다26721 전원합의체 판결 등 참조). 그리고 이러한 법리는 사용자가 근로자에게 이미 퇴직금 명목의 금원을 지급하였으나 그것이 퇴직금 지급으로서의 효력이 없어 사용자가 같은 금원 상당의 부당이득반환채권을 갖게 된 경우에 이를 자동채권으로 하여 근로자의 퇴직금채권과 상계하는 때에도 적용된다고 할 것이다.

왜냐하면 사용자가 이미 퇴직금 명목으로 지급한 금원 상당의 부당이득반환채권과 근로자의 퇴직금채권은 모두 어디까지나 후불적 임금인 퇴직금의 지급과 직접 관련된 것으로서, 그 금원의 지급시기가 근로자의 퇴직 전이냐 후이냐의 점에서 다를 뿐 퇴직금의 지급이라는 본질에 있어서는 다를 바 없어 양자는 서로 밀접 불가분의 관계에 있고, 나아가 퇴직금 명목 금원의 부당이득반환채권에 기한 상계는 사용자가 근로자에게 퇴직금을 아예 지급하지 않겠다는 것이 아니라 단지 근로자의 퇴직으로 지급하여야 할 퇴직금에서 기존에 이미 지급한 퇴직금 상당액을 공제하겠다는 것에 지나지 아니하므로 이는 공평의 견지에서도 당연한 조치이고, 이로써 근로자가 특별히 불리하게 된다거나 임금전액불의 원칙에 반한다고 할 수도 없기 때문이다.

더구나 이 경우에는 당해 근로자가 이미 퇴직하여 더 이상 경제생활의 직접적 기반을 이루는 임금을 지급받는 근로계약관계에 있지 아니한 상황일 뿐만 아니라 사용자가 기왕의 근로관계와는 전혀 무관한 채권으로 근로자의 퇴직금채권과 상계하겠다는 것이 아니기 때문에, 위와 같은 상계로 인하여 근로자의 경제생활의 안정을 해하는 결과를 초래하는 것도 아니다.

결국 사용자가 근로자에게 이미 지급한 퇴직금 명목 금원의 반환채권으로 근로자의 퇴직금채권과 상계하는 것은 한마디로 근로자의 퇴직으로 인하여 사용자가 지급할 퇴직금액의 정산, 조정 방법의 하나에 지나지 아니하므로 이를 허용하지 아니할 아무런 이유가 없는 것이다.

그런데 한편 민사집행법 제246조 제1항 제5호[구 민사집행법(2005.1.27. 법률 제7358호로 개정되기 전의 것) 제246조 제1항 제4호도 같다]는 근로자인 채무자의 생활보장이라는 공익적, 사회 정책적 이유에서 '퇴직금, 그 밖에 이와 비슷한 성질을 가진 급여채권의 2분의 1에 해당하는 금액'을 압류금지채권으로 규정하고 있고, 민법 제497조는 압류금지채권의 채무자는 상계로 채권자에게 대항하지 못한다고 규정하고 있으므로 사용자가 근로자에게 퇴직금 명목으로 지급한 금원 상당의 부당이득반환채권을 자동채권으로 하여 근로자의 퇴직금채권을 상계하는 것은 퇴직금채권의 2분의 1을 초과하는 부분에 해당하는 금액에 관하여만 허용된다고 봄이 상당하다(대법원 2010.5.20. 선고 2007다90760 전원합의체 판결).

4. 퇴직금에 대한 원천징수

근로자에게 퇴직금을 지급하는 경우 사용자는 그에 대한 소득세 및 지방소득세를 원천징수하여야 한다.

이 경우 2015.12.31. 이전에는 퇴직소득금액의 100분의 40에 해당하는 금액과 근속연수(1년 미만의 기간이 있는 경우에는 이를 1년으로 봄)에 따른 다음의 금액을 공제하여 산출된 퇴직소득과세표준을 근속연수로 나눈 후 5를 곱한 금액에 소득세법상 해당 세율을 곱하고 이를 다시 5로 나눈 후 근속연수를 곱하여 소득세액을 산출하되, 2012.12.31. 이전에 근무를 시작한 자의 경우 퇴직소득과세표준에 2012.12.31. 이전의 근속연수 비율(2012.12.31.까지의 근속연수를 전체 근속연수로 나눈 비율)을 곱하여 계산한 금액에 대해서는 종전 규정에 따라 해당 근속연수로 나눈 금액에 소득세법상 해당 세율을 곱하고 이에 다시 근속연수를 곱하는 방식으로 소득세액을 산출한 후 이를 합산하였다. 2024년 근속연수공제는 다음과 같다.

근속연수	5년 이하	5년 초과 ~10년 이하	10년 초과 ~20년 이하	20년 초과
공제액	100만원 × 근속연수	500만원+200만원 × (근속연수−5년)	1,500만원+250만원 × (근속연수−10년)	4,000만원+300만원 × (근속연수−20년)

그런데 소득세법 개정에 따라 2016.1.1.부터는 해당 과세기간의 퇴직소득금액에서 먼저 근속연수에 따른 금액을 공제한 후 그 금액을 근속연수(1년 미만의 기간이 있는 경우에는 이를 1년으로 봄)로 나누고 12를 곱한 후의 환산급여에서 다음 구분에 따른 금액을 공제하며 여기에 소득세법상 해당 세율을 곱하고 12로 나눈 후 다시 근속연수를 곱하여 소득세액을 산출한다(소득세법 §48 ①).

환산급여	8백만원 이하	8백만원 초과 ~7천만원 이하	7천만원 초과 ~1억원 이하	1억원 초과 ~3억원 이하	3억원 초과
공제액	환산급여 × 100%	8백만원 + 8백만원 초과분 × 60%	4,520만원 + 7천만원 초과분 × 55%	6,170만원 + 1억원 초과분 × 45%	15,170만원 + 3억원 초과분 × 35%

다만 2016.1.1.부터 2019.12.31.까지는 종전규정에 따른 퇴직소득 산출세액과 개정규정에 따른 퇴직소득 산출세액에 각각 가중치(2016년도의 경우 종전규정에 따른 퇴직소득 산출세액 : 개정규정에 따른 퇴직소득 산출세액=80% : 20%)를 곱하여 합산한 금액을 소득세액으로 하되, 매년 가중치를 20%씩 점진적으로 낮추거나 높인다.

근로소득의 경우 소득구간별로 근로소득공제율(5백만원 이하 70%, 1천 5백만원 이하 40%, 4천 5백만원 이하 15%, 1억원 이하 5%, 1억원 초과 2%)이 다르며 종합소득공제(기본공제, 추가공제, 특별공제 등)를 하는 것에 비해, 일률적으로 근속연수에 따라 100만원에서 300만원을 공제하고 환산급여(퇴직소득금액을 근속연수로 나누고 12를 곱한 후의 금액을 말함) 구간별로 35%에서 100%를 공제를 하는 퇴직소득이 상대적으로 그 세액이 적다 할 수 있다.

실무 POINT **퇴직급여충당금의 필요경비 인정 한도**

퇴직급여에 충당하기 위한 퇴직급여충당금은 소득금액을 계산할 때 필요경비(손금)에 산입되나 그 금액은 퇴직급여의 지급대상이 되는 종업원(퇴직연금계좌에 가입한 자는 제외)에게 해당 과세기간에 지급한 총급여액의 100분의 5에 상당하는 금액을 한도로 하며, 필요경비(손금)에 산입하는 퇴직급여충당금의 누적액은 해당 과세기간종료일 현재 재직하는 종업원이 모두 퇴직할 경우에 퇴직급여로 지급하여야 할 금액의 추계액에 다음의 비율을 곱한 금액을 한도로 한다(소득세법 시행령 §57, 법인세법시행령 §60).

① 과세기간이 2010년 1월 1일부터 2010년 12월 31일까지인 경우 : 100분의 30
② 과세기간이 2011년 1월 1일부터 2011년 12월 31일까지인 경우 : 100분의 25
③ 과세기간이 2012년 1월 1일부터 2012년 12월 31일까지인 경우 : 100분의 20
④ 과세기간이 2013년 1월 1일부터 2013년 12월 31일까지인 경우 : 100분의 15
⑤ 과세기간이 2014년 1월 1일부터 2014년 12월 31일까지인 경우 : 100분의 10
⑥ 과세기간이 2015년 1월 1일부터 2015년 12월 31일까지인 경우 : 100분의 5
⑦ 과세기간이 2016년 1월 1일 이후인 경우 : 100분의 0

위와 같이 2016년 1월 1일 이후에는 퇴직급여충당금이 필요경비(손금)에 산입되지 않도록 한 것은 퇴직급여제도 중 퇴직연금제도로의 가입을 촉진하기 위한 것이다.

04 퇴직연금의 운용 및 지급

1 확정급여형 퇴직연금

1. 확정급여형 퇴직연금이란?

확정급여형 퇴직연금이란 근로자가 받을 급여의 수준이 사전에 결정되어 있는 퇴직연금을 말한다(근로자퇴직급여보장법 §2 8호).

2. 가입기간 및 급여수준

확정급여형 퇴직연금의 가입기간은 퇴직연금제도의 설정 이후 해당 사업에서 근로를 제공하는 기간으로 하되, 해당 퇴직연금제도의 설정 전에 해당 사업에서 제공한 근로기간에 대하여도 가입기간으로 할 수 있다. 이 경우 퇴직금을 미리 정산한 기간은 제외한다(근로자퇴직급여보장법 §14).

확정급여형 퇴직연금의 급여수준은 가입자의 퇴직일을 기준으로 산정한 일시금이 계속근로기간 1년에 대하여 30일분의 평균임금에 상당하는 금액 이상이 되도록 하여야 한다(근로자퇴직급여보장법 §15).

핵심사례 과거근로기간의 퇴직연금 가입

1. 과거근로기간에 대한 퇴직연금 가입방법

근로자퇴직급여보장법 제12조 제3호 및 제13조 제6호의 규정에 의하여 DC를 설정하는 경우 당해 퇴직연금의 설정 전에 제공한 근로기간에 대하여도 노사가 합의한 경우 가입기간으로 할 수 있으므로, 과거의 일부기간에 대하여만 소급하여 가입기간으로 하는 것도 가능할 것이며, DC를 설정한 사업장에서 노사가 합의하여 과거의 일부기간에 대하여만 소급하여 가입기간으로 하는 경우 그 가입기간의 설정은 과거특정시점까지 일률적으로 소급하는 방법 및 개별 가입자별로 자유의사에 따라 소급 기간을 달리 적용하는 방법 등이 모두 가능할 것이다. 퇴직연금제도를 도입한 이후 과거근로기간에 대하여 소급하여 퇴직연금 가입기간으로 하는 것은 달리 볼 사정이 없는 한 근로자에게 불이익하게 제도내용을 변경하는 것으로 보기는 어려울 것이다.

DB를 설정한 사업장의 경우에도 DC를 설정한 사업장의 경우와 마찬가지로 과거의 일부기간에 대하여만 소급하여 가입기간으로 할 수 있으며, 구체적으로는 과거특정시점까지 일률적으로 소급하는 방법 및 개별 가입자별로 자유의사에 따라 소급 기간을 달리 적용하는 방법 등이 모두 가능할 것이다(퇴직급여보장팀-805, 2006.3.14.).

2. 퇴직금 중간정산이 완료된 과거근로기간의 퇴직연금 가입기간 포함 여부

근로자퇴직급여보장법 제12조 제3호의 규정에 의하여 당해 퇴직연금의 설정 전에 제공한 근로기간에 대하여도 가입기간으로 할 수 있으며, 퇴직금이 중간정산되어 이미 지급된 근로기간에 대하여도 가입기간으로 하는 것은 가능하다고 판단된다. 다만, 동법 시행령 제9조의 규정에 의하여 과거근로기간을 가입기간으로 하는 경우에는 당해 과거근로기간에 대하여 법령에서 정한 수준의 부담금을 적립하여야 할 것이다(퇴직급여보장팀-1440, 2006.4.28.).

3. 과거근로기간에 대한 DC의 부담금 분할납부 가능 여부

근로자퇴직급여보장법 제12조 제3호 및 제13조 제6호의 규정에 의하여 DC를 설정한 사업장에서 퇴직연금의 설정 전에 제공한 근로기간에 대하여도 가입기간으로 할 수 있으며, 이 경우 근로자의 퇴직연금 수급권을 조속히 확보하고자 하는 DC의 취지를 고려할 때, 퇴직연금의 설정 전에 제공한 근로기간을 퇴직연금 가입기간으로 함과 동시에 당해 기간에 대한 부담금을 전액 납부하는 것이 타당할 것이다(퇴직급여보장팀-719, 2006.3.8.).

실무 POINT 가입자에 대한 2 이상의 퇴직연금제도의 설정 시 급여 및 부담금 수준

사용자가 가입자에 대하여 확정급여형 퇴직연금제도 및 확정기여형 퇴직연금제도를 함께 설정하는 경우 확정급여형 퇴직연금제도의 급여 및 확정기여형 퇴직연금제도의 부담금 수준은 다음 각 호에 따르되, 각각의 설정 비율의 합이 1 이상이 되도록 퇴직연금규약을 정하여 퇴직연금제도를 설정하여야 한다(근로자퇴직급여보장법 §6).

1. 확정급여형 퇴직연금제도의 급여 : 법정 급여수준에 확정급여형퇴직연금규약으로 정하는 설정 비율을 곱한 금액
2. 확정기여형 퇴직연금제도의 부담금 : 법정 부담금의 부담 수준에 확정기여형 퇴직연금규약으로 정하는 설정 비율을 곱한 금액

3. 급여의 종류 및 수급요건

확정급여형 퇴직연금의 급여 종류는 연금 또는 일시금으로 하되, 수급요건은 다음과 같다(근로자퇴직급여보장법 §17 ①).

① 연금은 55세 이상으로서 가입기간이 10년 이상인 가입자에게 지급할 것. 이 경우 연금의 지급기간은 5년 이상이어야 함

② 일시금은 연금수급 요건을 갖추지 못하거나 일시금 수급을 원하는 가입자에게 지급할 것

4. 급여의 지급 절차 및 방법

사용자는 가입자의 퇴직 등 급여를 지급할 사유가 발생한 날부터 14일 이내에 퇴직연금사업자로 하여금 적립금의 범위에서 지급의무가 있는 급여 전액(사업의 도산 등의 경우에는 적립금의 비율에 해당하는 금액)을 지급하도록 하여야 한다. 다만, 퇴직연금제도 적립금으로 투자된 운용자산 매각이 단기간에 이루어지지 아니하는 등 특별한 사정이 있는 경우에는 사용자, 가입자 및 퇴직연금사업자 간의 합의에 따라 지급기일을 연장할 수 있다(근로자퇴직급여보장법 §17 ②).

사용자는 퇴직연금사업자가 지급한 급여수준이 법 소정의 급여수준에 미치지 못할 때에는 급여를 지급할 사유가 발생한 날부터 14일 이내에 그 부족한 금액을 해당 근로자에게 지급하여야 한다. 이 경우 특별한 사정이 있는 경우에는 당사자 간의 합의에 따라 지급기일을 연장할 수 있다(근로자퇴직급여보장법 §17 ③).

급여의 지급은 가입자가 지정한 개인형 퇴직연금제도의 계정으로 이전하는 방법으로 하되, 가입자가 개인형 퇴직연금제도의 계정을 지정하지 아니하는 경우에는 해당 퇴직연금사업자가 운영하는 계정으로 이전한다. 다만, 가입자가 55세 이후에 퇴직하여 급여를 받는 경우 등에는 그러하지 아니하다(근로자퇴직급여보장법 §17 ④·⑤).

핵심사례 **DB에서 사용자가 퇴직급여를 직접 모두 지급한 경우의 처리방법**

DB를 적용받는 근로자가 퇴직하는 경우 퇴직연금사업자는 퇴직급여추계액 대비 적립금의 비율에 따라 근로자에게 퇴직급여를 지급하고, 사용자는 퇴직급여 총액과 퇴직연금사업자가 지급한 금액의 차액을 근로자에게 지급하여야 한다. 귀 질의의 경우 구체적인 사실관계를 알 수 없어 명확한 답변이 어려우나, 사용자가 근로자에게 퇴직급여 총액을 전액 지급하였다고 하더라도 사용자가 퇴직연금사업자로부터 퇴직급여를 수령할 수는 없으며, 다만, 근로자에게 과다지급한 금액을 부당이득으로서 환수할 수는 있을 것으로 사료된다(퇴직급여보장팀-2611, 2006.7.24.).

5. 적립금의 적립수준 및 납입

확정급여형 퇴직연금제도를 설정한 사용자는 급여 지급능력을 확보하기 위하여 매 사업연도 말 다음에 해당하는 금액 중 더 큰 금액(기준책임준비금)에 100분의 60 이상으로 대통령령으로 정하는 비율을 곱하여 산출한 금액(최소적립금) 이상을 적립금으로 적립하여야 한다. 다만, 해당 퇴직연금제도 설정 이전에 해당 사업에서 근로한 기간을 가입기간에 포함시키는 경우 대통령령으로 정하는 비율에 따른다(근로자퇴직급여보장법 §16 ①).

① 매 사업연도 말일 현재를 기준으로 산정한 가입자의 예상 퇴직시점까지의 가입기간에

대한 급여에 드는 비용 예상액의 현재가치에서 장래 근무기간분에 대하여 발생하는 부담금 수입 예상액의 현재가치를 뺀 금액으로서 고용노동부령으로 정하는 방법에 따라 산정한 금액

② 가입자와 가입자였던 사람의 해당 사업연도 말일까지의 가입기간에 대한 급여에 드는 비용 예상액을 고용노동부령으로 정하는 방법에 따라 산정한 금액

실무 POINT 확정급여형퇴직연금제도의 최소적립금 수준

1. 2012년 7월 26일부터 2013년 12월 31일까지의 기간: 100분의 60
2. 2014년 1월 1일부터 2015년 12월 31일까지의 기간: 100분의 70
3. 2016년 1월 1일부터 2018년 12월 31일까지의 기간: 100분의 80
4. 2019년 1월 1일부터 2021년 12월 31일까지의 기간: 100분의 90
5. 2022년 1월 1일 이후: 100분의 100

6. 적립수준의 확인결과 통지 및 조치

확정급여형 퇴직연금제도의 운용관리업무를 수행하는 퇴직연금사업자는 매 사업연도 종료 후 6개월 이내에 고용노동부령으로 정하는 바에 따라 산정된 적립금이 최소적립금을 상회하고 있는지 여부를 확인하여 그 결과를 대통령령으로 정하는 바에 따라 사용자에게 알려야 한다. 다만, 최소적립금보다 적은 경우에는 그 확인 결과를 근로자대표에게도 알려야 한다(근로자퇴직급여보장법 §16 ②).

사용자는 확인 결과 적립금이 최소적립금의 95%에 미치지 못하는 경우에는 부담금 납입 등을 통해 최소적립금 대비 부족분 비율의 1/3 이상을 직전 사업연도 종료 후 1년 이내에 해소하여야 하며, 매 사업연도 말 적립금이 기준책임준비금을 초과한 경우 사용자는 그 초과분을 향후 납입할 부담금에서 상계(相計)할 수 있고, 매 사업연도 말 적립금이 기준책임준비금의 100분의 150을 초과하고 사용자가 반환을 요구하는 경우 퇴직연금사업자는 그 초과분을 사용자에게 반환할 수 있다(근로자퇴직급여보장법 §16 ③·④).

7. 운용현황의 통지

퇴직연금사업자는 매년 1회 이상 적립금액 및 운용수익률 등을 고용노동부령으로 정하는 바에 따라 가입자에게 알려야 한다(근로자퇴직급여보장법 §18).

8. 운용상황 등에 관한 교육

사용자는 매년 1회 이상 가입자에게 해당 사업의 퇴직연금제도 운영 상황 등 대통령령으로 정하는 사항에 관한 교육을 하여야 한다. 이 경우 사용자는 퇴직연금사업자에게 그 교육의 실시를 위탁할 수 있다(근로자퇴직급여보장법 §32 ②).

9. 적립금운용위원회 구성 및 운용

상시 300명 이상의 근로자를 사용하는 사업의 사용자는 퇴직연금제도 적립금의 합리적인 운용을 위하여 적립금운용위원회를 구성하고 매년 1회 이상 적립금운용위원회의 심의를 거쳐 작성된 적립금 운용 목적 및 방법, 목표수익률, 운영성과 평가 등에 관한 적립금운용계획서에 따라 적립금을 운용하여야 한다(근로자퇴직급여보장법 §18의 2).

실무 POINT 사용자의 책무

1. 법령 및 퇴직연금규약 준수 의무

- 퇴직금제도 또는 확정기여형 퇴직연금제도를 설정하거나 운영하는 사용자는 임금피크제의 실시, 임금 삭감, 소정근로시간의 감소 또는 법률 제15513호 근로기준법 일부 개정법률의 시행에 따른 근로시간의 단축 등으로 근로자의 급여액에 영향을 미칠 수 있는 경우 가입자에게 퇴직급여 수령액이 감소됨을 알리고 근로자대표와 확정기여형 퇴직연금제도의 도입, 별도의 급여 산정기준 마련 등 필요한 방법을 협의할 것
- 운용관리업무와 자산관리업무의 수행, 관련 서비스 제공 등 퇴직연금제도 전반에 대한 능력과 전문성을 종합적으로 판단하여 퇴직연금사업자를 선정할 것
- 단체협약, 취업규칙, 근로계약서, 급여명세서 등 부담금 산정 및 급여 지급능력 확보 여부 등을 확인하는 데 필요한 자료를 퇴직연금사업자에게 제공할 것
- 퇴직연금사업자에게 가입자에 대한 교육의 실시를 위탁한 경우 집합교육을 실시할 수 있도록 하는 등 협조할 것

2. 매년 1회 이상 가입자에게 해당 사업의 퇴직연금제도 운영 상황 등에 관한 교육 실시 의무

- 퇴직연금사업자에게 위탁하여 실시 가능
  - ✔ 위반 시 1천만원 이하의 과태료 부과

3. 퇴직연금제도의 적절한 운영을 방해하는 행위 금지

- 자기 또는 제3자의 이익을 도모할 목적으로 운용관리업무 및 자산관리업무의 수행계약을 체결하는 행위
  - ✔ 위반 시 2년 이하의 징역 또는 1천만원 이하의 벌금 부과
- 운용관리업무 또는 자산관리업무를 수행하는 데 필요한 자료를 고의로 누락하거나 거짓으로 작성하여 퇴직연금사업자에게 제공하는 행위

- 퇴직연금사업자에게 약관 등에서 정해진 부가서비스 외의 경제적 가치가 있는 서비스의 제공을 요구하거나 제공받는 행위
- 퇴직연금사업자에게 계약 체결을 이유로 물품 등의 구매를 요구하거나 판매하는 행위
- 퇴직연금사업자에게 확정되지 않은 운용방법의 수익을 확정적으로 제시할 것을 요구하거나 제공받는 행위
- 재정안정화계획서를 작성하지 않거나 통보하지 않는 행위

4. **확정급여형 퇴직연금제도 또는 퇴직금제도를 설정한 사용자는 다음 어느 하나에 해당하는 사유가 있는 경우 근로자에게 퇴직급여가 감소할 수 있음을 미리 알리고 근로자대표와의 협의를 통하여 확정기여형 퇴직연금제도로의 전환, 퇴직급여 산정기준의 개선 등 근로자의 퇴직급여 감소를 예방하기 위하여 필요한 조치를 하여야 할 의무**
   - 사용자가 단체협약 및 취업규칙 등을 통하여 일정한 연령, 근속시점 또는 임금액을 기준으로 근로자의 임금을 조정하고 근로자의 정년을 연장하거나 보장하는 제도를 시행하려는 경우
   - 사용자가 근로자와 합의하여 소정근로시간을 1일 1시간 이상 또는 1주 5시간 이상 단축함으로써 단축된 소정근로시간에 따라 근로자가 3개월 이상 계속 근로하기로 한 경우
   - 법률 제15513호 근로기준법 일부개정법률 시행에 따라 근로시간이 단축되어 근로자의 임금이 감소하는 경우

   ✔ 위반 시 500만원 이하의 벌금 부과

PART 2 임금 및 퇴직급여 관리

핵심사례 적립금 운용수익 귀속 및 비용부담 주체

1. DB 적립금 수익의 근로자 귀속 여부

근로자퇴직급여보장법 제2조 제7호의 규정에 의하면 '확정급여형 퇴직연금'이라 함은 근로자가 지급받을 급여의 수준이 사전에 결정되어 있는 퇴직연금을 의미한다. 그러므로 귀 질의와 같이 DB에서 적립금 운용으로 발생한 수익금을 가입근로자들에게 점수화하여 부여한 후 실제 퇴직급여 지급 시 반영하도록 하는 것은 법령 및 DB의 본래 취지에 부합하지 않는 것으로 판단된다(퇴직급여보장팀-1437, 2006.4.28.).

2. DC의 비용부담 주체

근로자퇴직급여보장법 제4조 제1항의 규정에 의하여 근로자에게 퇴직급여를 지급하기 위한 제도를 설정하는 것은 사용자의 의무이므로 퇴직연금제도를 설정한 경우 그 운영에 소요되는 경비는 원칙적으로 사용자가 부담하여야 할 것이다. 또한 DC에서 사용자의 부담금 외에 가입자가 추가로 부담금을 납부하는 것은 법에 규정된 가입자의 권리로서 DC의 기본적 성격의 하나라고 볼 수 있으므로 가입자가 추가로 납부한 부담금이라고 하여 그 운영에 소요되는 경비를 가입자에게 부담하도록 하는 것은 타당하지 않다고 판단된다. DC에서 사용자의 부담금 외에 가입자가 추가로 납부한 부담금에 대하여는 가입자가 퇴직 후 개인퇴

직계좌에 불입할 수 있을 것이나, 1년 미만 근속 후 퇴직한 가입자가 추가로 납부한 부담금은 근로자퇴직급여보장법에 의한 퇴직급여라고 볼 수 없으므로 개인퇴직계좌에 불입할 수 없을 것이다.

또한 근로자퇴직급여보장법시행령 제15조의 규정에 의하여 가입자가 1년 미만 근속 후 퇴직 시 적립금은 사용자에게 귀속되어야 하나, 가입자가 추가로 납부한 부담금이 있는 경우에는 당해 가입자에게 적립금이 귀속되는 것이 타당하다고 사료되며, 이 경우 적립금을 운용함에 있어 손실이 발생하였을 경우 처리방법에 대하여는 관계법령에 정한 바가 없어 명확한 답변이 어려우나 당사자 간에 합의가 있는 경우에는 그에 따르되, 합의가 없는 경우에는 각자가 부담금을 납입한 비율에 따라 손실을 분담하는 것이 타당할 것으로 사료된다(퇴직급여보장팀-1276, 2006.4.18.).

3. 퇴직한 자의 퇴직연금 수수료 부담주체

근로자가 퇴직 시 급여를 일시금으로 받지 않고 연금수급요건 충족을 위해 일정 기간 대기하였다가 연금으로 수령하게 되었다면, 그 편익은 전적으로 근로자에게 귀속되는 것이므로 관련 법령 및 규약 등에서 별도로 정한 바가 없다 하더라도 대기한 기간 동안의 수수료 부담은 원칙적으로 근로자가 하여야 할 것이다. 그럼에도 불구하고 연금수급을 위한 대기기간 동안의 수수료 부담주체 및 부담비율 등에 관한 사항을 노사가 합의하여 규약에 명시(예 노사 공동부담 또는 사업주 부담)하였다면 규약에서 정한 바대로 따르면 될 것이다(퇴직급여보장팀-3413, 2006.9.8.).

2 확정기여형 퇴직연금

1. 확정기여형 퇴직연금이란?

확정기여형 퇴직연금이란 급여의 지급을 위하여 사용자가 부담하여야 할 부담금의 수준이 사전에 결정되어 있는 퇴직연금을 말한다(근로자퇴직급여보장법 §2 9호).

확정기여형 퇴직연금에 있어 가입기간, 급여의 종류, 수급요건과 급여 지급의 절차·방법, 운용현황의 통지, 운용상황 등에 관한 교육에 관한 사항은 확정급여형 퇴직연금과 같다(근로자퇴직급여보장법 §19 ②).

2. 부담금의 부담수준 및 납입

확정기여형 퇴직연금제도를 설정한 사용자는 매년 1회 이상 정기적으로 가입자의 연간 임금총액의 12분의 1 이상에 해당하는 부담금을 가입자의 확정기여형 퇴직연금제도 계정에 납입하여야 한다. 가입자는 사용자가 부담하는 부담금 외에 스스로 부담하는 추가 부담금을 가입자의 확정기여형 퇴직연금 계정에 납입할 수 있다(근로자퇴직급여보장법 §20 ①·②).

사용자가 정하여진 기일(확정기여형 퇴직연금규약에서 납입기일을 연장할 수 있도록 한 경우에는 그 연장된 기일)까지 부담금을 납입하지 아니한 경우 그 다음 날부터 부담금을 납입한 날까지 지연 일수에 대하여 연 100분의 40 이내의 범위에서 은행법에 따른 은행이 적용하는 연체금리, 경제적 여건 등을 고려하여 대통령령으로 정하는 이율에 따른 지연이자(연 20%)를 납입하여야 하되, 천재지변, 그 밖에 대통령령으로 정하는 사유에 따라 부담금 납입을 지연하는 경우 그 사유가 존속하는 기간에 대하여는 적용하지 아니한다(근로자퇴직급여보장법 §20 ③·④).

사용자는 확정기여형 퇴직연금제도 가입자의 퇴직 등 대통령령으로 정하는 사유가 발생한 때에 그 가입자에 대한 부담금을 미납한 경우에는 그 사유가 발생한 날부터 14일 이내에 부담금 및 지연이자를 해당 가입자의 확정기여형 퇴직연금제도 계정에 납입하여야 한다. 다만, 특별한 사정이 있는 경우에는 당사자 간의 합의에 따라 납입 기일을 연장할 수 있다(근로자퇴직급여보장법 §20 ⑤).

가입자는 퇴직할 때에 받을 급여를 갈음하여 그 운용 중인 자산을 가입자가 설정한 개인형 퇴직연금제도의 계정으로 이전해 줄 것을 해당 퇴직연금사업자에게 요청할 수 있으며, 이 경우 퇴직연금사업자는 그 운용 중인 자산을 가입자의 개인형 퇴직연금제도 계정으로 이전하여야 한다(근로자퇴직급여보장법 §20 ⑥·⑦).

핵심사례 **확정기여형 퇴직연금제의 부담금 납부**

1. 휴업기간 중 확정기여형(DC) 퇴직연금제의 부담금

근로자가 당해 연도에 휴업을 실시하여 연간 임금총액이 낮아질 경우에는 휴업의 사유에 따라 달리 적용하여야 하는바, 수습사용기간, 업무상 부상·질병으로 인한 휴업기간, 출산전후휴가기간, 육아휴직기간, 사업주 귀책사유로 인한 휴업기간, 적법한 쟁의행위기간, 병역법 등의 의무이행기간 및 업무 외 부상·질병 기타의 사유로 인하여 사용자의 승인을 얻어 휴업한 기간에 대해서는 해당 기간의 임금을 제외한 연간 임금 총액을 해당 기간을 제외한 기간으로 나눈 금액을 부담금(산식 참조)으로 납부하여야 할 것이며, 무단결근 등 근로자 귀책사유로 인한 휴업인 경우에는 유·무급을 불문하고 연간 지급된 임금 총액의 12분의 1의 금액을 부담금으로 납부하여야 할 것이다(퇴직급여보장팀-1090, 2007.3.15.).

2. 경영성과금을 DC부담금으로 납입가능 여부

근로자퇴직급여보장법 제13조에 따라 확정기여형(DC)의 부담금은 사용자가 최소한 근로자 연간 임금총액의 12분의 1 이상을 부담하도록 규정되어 있으므로 사용자가 동법에서 정한 최소수준 이상을 부담금으로 납부하는 것은 원칙적으로 가능하다. 그러나 회사의 경영성과에 따라 지급 여부 및 지급액이 결정되는 소위 경영성과금은 근로자에게 직접 지급하더라도 특별한 사정이 없는 한 임금으로 보기 어려우므로 이를 근로자에게 직접 지급하는 대신

부담금 형태로 납부하더라도 근로자 수급권 측면에서는 문제가 없으나, 다만 정기적으로 납부해야 하는 부담금 이외에 별도로 경영성과금 등을 부담금으로 추가 납부할 수 있다는 사항을 퇴직연금규약에 명시하여야 할 것이다. 따라서 귀하의 질의와 같이 퇴직연금규약에 명시되지 않은 상태에서는 사용자가 임의로 납부하는 것은 허용되지 아니할 것으로 사료된다(퇴직급여보장팀-3846, 2006.10.12.).

3. 적립금의 운용방법 및 정보제공

확정기여형 퇴직연금제도의 가입자는 적립금의 운용방법을 스스로 선정할 수 있고, 반기마다 1회 이상 적립금의 운용방법을 변경할 수 있다(근로자퇴직급여보장법 §21 ①).

퇴직연금사업자는 반기마다 1회 이상 위험과 수익구조가 서로 다른 세 가지 이상의 적립금 운용방법을 제시하여야 하며, 운용방법별 이익 및 손실의 가능성에 관한 정보 등 가입자가 적립금의 운용방법을 선정하는 데 필요한 정보를 제공하여야 한다(근로자퇴직급여보장법 §21 ②·③).

4. 사전지정운용제도의 설정 및 운영

퇴직연금사업자로부터 확정기여형 퇴직연금의 사전지정운용방법을 제시받은 사용자는 사업 또는 사업장 단위로 사전지정운용방법을 설정하여 근로자대표의 동의를 받아 확정기여형퇴직연금규약에 반영하여야 하며, 가입자는 퇴직연금사업자로부터 제공받은 사전지정운용방법 중 하나를 본인이 적용받을 사전지정운용방법으로 선정하여야 한다. 다만, 사전지정운용방법에 따라 적립금이 운용됨을 통지받은 후 2주 이내에 운용방법을 스스로 선정하지 아니할 경우 해당 가입자의 적립금은 사전지정운용방법으로 선정한 것으로 본다(근로자퇴직급여보장법 §21의 2·§21의 3).

5. 적립금의 중도인출

확정기여형 퇴직연금제도에 가입한 근로자는 무주택자의 주택구입 또는 전세금임차보증금 부담(하나의 사업 또는 사업장에 근로한 기간 동안 1회로 한정한다), 재난으로 피해를 입은 경우로서 고용노동부장관이 정하여 고시하는 사유에 해당하는 경우, 6개월 이상 요양을 필요로 하는 가입자 또는 배우자와 그 부양가족의 의료비를 해당 근로자가 본인 연간 임금총액의 1천분의 125를 초과하여 부담하는 경우, 신청일 전 5년 이내에 파산선고 또는 개인회생절차개시 결정을 받는 경우, 퇴직연금제도의 급여를 받을 권리를 담보로 제공하고 대출을 받은 가입자가 그 대출 원리금을 상환하기 위한 경우로서 고용노동부장관이 정하여 고시하는 사유에 해당하는 경우 등의 사유가 발생하면 적립금을 중도인출할 수 있다(근로자퇴직급여보장법 §22).

3 개인형 퇴직연금

1. 개인형 퇴직연금이란?

가입자의 선택에 따라 가입자가 납입한 일시금이나 사용자 또는 가입자가 납입한 부담금을 적립·운용하기 위하여 설정한 퇴직연금으로서 급여의 수준이나 부담금의 수준이 확정되지 아니한 퇴직연금을 말한다(근로자퇴직급여보장법 §2 10호).

2. 개인형 퇴직연금제도의 설정

퇴직연금사업자는 개인형 퇴직연금제도를 운영할 수 있으며, 다음에 해당하는 사람은 개인형 퇴직연금제도를 설정할 수 있다(근로자퇴직급여보장법 §24 ①·②).

① 퇴직급여제도의 일시금을 수령한 사람

② 확정급여형 퇴직연금제도 또는 확정기여형 퇴직연금제도의 가입자로서 자기의 부담으로 개인형 퇴직연금제도를 추가로 설정하려는 사람

③ 자영업자 등 안정적인 노후소득 확보가 필요한 사람으로서 대통령령으로 정하는 사람 (2017.7.26.부터 적용)

3. 개인형 퇴직연금제도의 운영

개인형 퇴직연금제도의 급여의 종류는 연금 또는 일시금으로 하되, 55세 이상인 가입자에 한하여 본인의 희망에 따라 5년 이상의 기간 동안 연금으로 지급되거나 일시금으로 지급된다(근로자퇴직급여보장법 §24 ⑤).

개인형 퇴직연금제도를 설정한 사람은 자기의 부담으로 개인형 퇴직연금제도의 부담금을 납입한다. 다만, 대통령령으로 정하는 한도를 초과하여 부담금을 납입할 수 없다(근로자퇴직급여보장법 §24 ③).

개인형 퇴직연금제도 적립금의 운용방법 및 운용에 관한 정보제공, 중도인출에 관하여는 확정기여형 퇴직연금제도와 같다(근로자퇴직급여보장법 §24 ④).

개인형 퇴직연금제도를 운영하는 퇴직연금사업자는 해당 사업의 퇴직연금제도 운영 상황 등 대통령령으로 정하는 사항에 대하여 매년 1회 이상 가입자에게 교육을 하여야 한다.

핵심사례 **퇴직일시금의 일부만을 개인퇴직계좌(개인형 퇴직연금 계정)에 적립할 수 있는지 여부**

개인퇴직계좌(개인형 퇴직연금 계정)를 설정한 근로자가 퇴직 시 퇴직일시금의 일부만을 개인퇴직계좌(개인형 퇴직연금 계정)에 적립할 수 있는지에 대하여는 근로자퇴직급여보장법령에 명확한 규정이 없으나, 근로자의 노후소득 확보라는 개인퇴직계좌제도(개인형 퇴직연금 계정)의 취지상 퇴직일시금의 전액을 적립하여야 할 것이다(퇴직급여보장팀-934, 2006.3.23.).

4. 10인 미만을 사용하는 사업에 대한 특례

상시 10명 미만의 근로자를 사용하는 사업의 경우 사용자가 개별 근로자의 동의를 받거나 근로자의 요구에 따라 개인형 퇴직연금제도를 설정하는 경우에는 해당 근로자에 대하여 퇴직급여제도를 설정한 것으로 본다. 이 경우 다음의 사항은 준수되어야 한다(근로자퇴직급여보장법 §25 ①·②).

① 사용자가 퇴직연금사업자를 선정하는 경우에 개별 근로자의 동의를 받을 것. 다만, 근로자가 요구하는 경우에는 스스로 퇴직연금사업자를 선정할 수 있다.

② 사용자는 가입자별로 연간 임금총액의 12분의 1 이상에 해당하는 부담금을 현금으로 가입자의 개인형 퇴직연금제도 계정에 납입할 것

③ 사용자가 부담하는 부담금 외에 가입자의 부담으로 추가 부담금을 납입할 수 있을 것

④ 사용자는 매년 1회 이상 정기적으로 제2호에 따른 부담금을 가입자의 개인형 퇴직연금제도 계정에 납입할 것. 이 경우 납입이 지연된 부담금에 대한 지연이자의 납입에 관하여는 확정기여형 퇴직연금과 같다.

⑤ 그 밖에 근로자의 급여 수급권의 안정적인 보호를 위하여 대통령령으로 정하는 사항

사용자는 개인형 퇴직연금제도 가입자의 퇴직 등 대통령령으로 정하는 사유가 발생한 때에 해당 가입자에 대한 부담금을 납입하지 아니한 경우에는 그 사유가 발생한 날부터 14일 이내에 그 부담금과 지연이자를 해당 가입자의 개인형 퇴직연금제도의 계정에 납입하여야 한다. 다만, 특별한 사정이 있는 경우에는 당사자 간의 합의에 따라 납입 기일을 연장할 수 있다(근로자퇴직급여보장법 §25 ③).

Chapter

07 임금체불 및 임금채권의 보호

01 임금체불의 구제

1. 진정 또는 고소

근로기준법 제43조에 반하여 임금을 통화로 직접 근로자에게 그 전액을 지급하지 않거나 매월 정기지급일에 지급하지 아니한 경우, 연장·야간·휴일근로에 대하여 통상임금의 100분의 50 이상을 가산하여 지급하지 아니한 경우, 근로자의 사망 또는 퇴직일로부터 14일(지급기일 연장에 합의한 경우 그 기일) 이내에 임금, 퇴직급여, 보상금, 그 밖의 일체의 금품을 지급하지 아니한 경우 등 임금체불이 발생한 경우 고용노동부나 검찰에 진정 또는 고소를 제기하여 형사처벌(3년 이하의 징역 또는 3천만원 이하의 벌금, 반의사불벌죄)을 요구할 수 있다.

고용노동부장관은 3년 이내 임금 등을 체불하여 2회 이상 유죄가 확정된 자로서 1년 이내 체불총액이 3천만원 이상인 경우에는 체불사업주의 인적사항 등을 공개할 수 있고 출국금지를 요청할 수 있으며, 1년 이내 체불총액이 2천만원 이상이거나 직전 연도 1년간 3개월분 임금 이상 체불 또는 5회 이상 임금 체불을 하고 체불임금 총액이 3천만원 이상으로 상습체불사업주에 해당하는 경우에는 종합신용정보집중기관이 요청하는 자료를 제공할 수 있다. 다만, 체불사업주의 사망·폐업으로 명단공개 또는 자료제공의 실효성이 없는 경우에는 그러하지 아니하다(근로기준법 §43의 2·3).

고용노동부장관은 공공기관에게 상습체불사업주에 대하여 각종 보조·지원사업의 참여배제나 수급제한, 입찰자격 사전심사나 낙찰자 심사·결정 시 감점 등 불이익 조치를 하도록 요청하고 임금등 체불자료를 제공할 수 있다(근로기준법 §43의 4).

2. 가압류 또는 민사소송

고용노동부로부터 체불금품확인원을 발급받아 법원에 가압류 또는 민사소송을 진행할 수 있으며, 일정요건에 해당하는 자(최종 3월분의 월평균임금 400만원 미만인 피해근로자)의 경우 법률구조공단의 무료법률구조제도를 활용할 수 있다.

3. 임금채권의 소멸시효

임금채권은 3년간 행사하지 아니하면 시효로 소멸하며 퇴직금을 받을 권리 및 재해보상 청구권 또한 3년간 행사하지 아니하면 시효로 인하여 소멸한다(근로기준법 §49, 근로자퇴직급여보장법 §10). 그 밖에 근로관계로 인한 채권은 상사채권에 해당하는 것으로 보아 5년(비영리법인의 경우 일반채권에 해당되어 10년)의 소멸시효가 적용된다.

이러한 임금채권의 소멸시효는 임금지급일 또는 퇴직일(중간정산일)부터 기산되며, 재판상 청구, 압류·가압류, 가처분, 승인으로 인하여 중단되고, 기간의 미도래나 조건불성취 등 법률상 장애사유가 있는 동안에는 진행하지 않으나 사실상 권리의 존재나 권리 행사 가능성을 알지 못하였고 알지 못함에 과실이 없다고 하여도 이러한 사유는 법률상 장애사유에 해당하지 않는다(대법원 2006.4.27. 선고 2006다1381 판결, 대법원 2008.2.1. 선고 2006다20542 판결).

확정기여형 퇴직연금제도에 가입한 근로자의 사용자에 대한 미납된 부담금의 지급청구권(퇴직금제도 또는 확정급여형 퇴직연금제도에서 확정기여형 퇴직연금제도로 전환하여 가입하면서 가입기간을 소급할 때 사용자가 소급 가입기간에 대하여 일시금의 형태로 납입되는 부담금지급청구권 포함)은 근로자퇴직급여보장법에 의해 인정되는 법정 청구권으로서 민사채권의 소멸시효인 10년의 기간이 적용되며 부담금 납입 기일이 아닌 근로자의 퇴직일부터 소멸시효가 진행한다(퇴직연금복지과-4481, 2019.10.22. 서울고법 2022.4.6. 선고 2021나2025234 판결).

한편, 퇴직연금에 가입한 근로자가 퇴직연금사업자에게 퇴직급여를 청구할 수 있는 시효는 보험업법 및 신탁법에서 정하고 있는 보험계약과 신탁계약의 소멸시효를 적용할 수 있으나, 근로자퇴직급여보장법 제18조에 따라 매년 1회 이상 적립금액 및 운용수익률 등을 가입자에게 알려야 하므로 민법상의 시효중단 사유인 '승인'을 구성한다(퇴직연금복지과-1822, 2020.4.22., 퇴직연금복지과-3234, 2021.7.13.).

02 임금채권의 보호

1 도급사업에서의 임금지급 연대책임

1. 일반사업에서의 임금지급 연대책임

사업이 한 차례 이상의 도급에 따라 행하여지는 경우에 하수급인(도급이 한 차례에 걸쳐 행하여진 경우에는 수급인을 말한다)이 직상 수급인(도급이 한 차례에 걸쳐 행하여진 경우에는 도급인을 말한다)의 귀책사유로 근로자에게 임금을 지급하지 못한 경우에는 그 직상 수급인은 그 하수급인과 연대하여 책임을 진다. 다만, 직상 수급인의 귀책사유가 그 상위 수급인의 귀책사유에 의하여 발생한 경우에는 그 상위 수급인도 연대하여 책임을 진다(근로기준법 §44).

도급이 한 차례만 이루어져 도급인과 수급인만이 있는 경우에는 도급인을 직상 수급인으로 보지 아니하면 수급인의 근로자는 어느 누구에게도 연대책임을 구할 수 없어 위 조항의 입법 취지를 전혀 달성할 수 없게 되므로 부득이 도급인을 직상 수급인으로 보아야 하나, 이와 달리 도급이 두 차례 이상 행하여진 경우는 이미 하수급인 근로자가 귀책사유 있는 직상 수급인 혹은 상위 수급인에 대하여 연대책임을 물을 수 있고, 최초 도급인은 사업자가 아닌 경우도 많다는 점까지 고려하면, 수급인이라는 문언을 벗어나 확장 해석을 할 필요가 없으므로, 상위 수급인에는 처음 도급을 한 자, 즉 최초 도급인이 포함되지 않는다(대법원 2024.7.25. 선고 2022다233874 판결).

2. 건설업에서의 임금지급 연대책임

건설업에서 사업이 2차례 이상 공사도급(전기공사·정보통신공사·소방시설공사·문화재수리공사 제외)이 이루어진 경우에 건설업자가 아닌 하수급이 그가 사용한 근로자에게 임금(해당 건설공사에서 발생한 임금으로 한정)을 지급하지 못한 경우에는 그 직상 수급인(건설업자가 아닌 때에는 그 상위 수급인 중에서 최하위 건설업자)은 하수급인과 연대하여 하수인이 사용한 근로자의 임금을 지급할 책임을 진다(근로기준법 §44의 2).

이러한 연대책임제도는 직상 수급인이 건설업등록이 되어 있지 않아 건설공사를 위한 자금력 등이 확인되지 않는 하수급인에게 건설공사를 하도급하는 위법행위를 함으로써 하수급인의 임금지급의무 불이행에 관한 위험을 야기한 잘못에 대하여, 실제로 하수급인이 임금지급의무를 이행하지 않아 이러한 위험이 현실화되었을 때 그 책임을 묻는 것으로서, 건설업에서 2차례 이상 도급이 이루어지고 건설업자가 아닌 하수급인이 그가 사용한 근로자에게 임금을 지급하지 못하였다면, 그 하수급인의 직상 수급인은 자신에게 귀책사유가 있는지 여부 또는 하수급인에게 대금을 지급하였는지 여부와 관계없이 하수급인과 연대하여 하수급인이 사용한 근로자의 임금을 지급할 책임을 부담한다(대법원 2021.6.10. 선고 2021다217370 판결, 대법원 2021.11.25. 선고 2021도10938 판결, 대법원 2024.6.27. 선고 2024도4055 판결).

3. 건설업의 공사도급에 있어서의 임금에 관한 특례

공사도급이 이루어진 경우로서 ① 직상 수급인과 하수급인이 합의한 경우, ② 하수급인의 근로자에게 임금채권이 있음을 증명하는 집행권원이 있는 경우, ③ 임금채무가 있음을 직상 수급인에게 알려주고 파산 등의 사유로 하수급인이 임금을 지급할 수 없는 명백한 사유가 있다고 인정하는 경우에는 직상 수급인은 하수급인에게 지급하여야 하는 하도급 대금 채무의 부담 범위에서 그 하수급인이 사용한 근로자가 청구하면 하수급인이 지급하여야 하는 임금(해당 건설공사에서 발생한 임금으로 한정)에 해당하는 금액을 근로자에게 직접 지급하여야 한다(근로기준법 §44의 3 ①).

공사도급이 2차례 이상 이루어진 경우로서 하수급인(재하도급받은 하수급인 포함)이 사용한 근로자에게 그 하수급인에 대한 집행권원이 있는 경우에는 근로자는 해당하는 금액을 원수급인에게 직접 지급할 것을 요구할 수 있으며, 이 경우 원수급인은 근로자가 자신에 대하여 채권과 대위권을 행사할 수 있는 금액의 범위에서 이에 따라야 한다(근로기준법 §44의 3 ②).

2 미지급 임금 및 퇴직급여에 대한 지연이자

사용자가 임금 및 퇴직급여(일시금만 해당)의 전부 또는 일부를 그 지급사유가 발생한 날부터 14일 이내 또는 임금 정기지불일에 지급하지 아니한 경우 그 다음 날부터 지급하는 날까지의 지연일수에 대하여 100분의 20 이율로 지연이자를 지급하여야 한다(근로기준법 §37 ①).

다만, 사용자가 천재·사변을 당하거나 사실상 도산 또는 파산에 이른 경우, 법령상 제약으로 자금확보가 어려운 경우, 그 임금 및 퇴직금의 전부 또는 일부의 존부를 법원이나 노동위원회에서 다투는 것이 적절한 경우에는 그 사유가 존속하는 기간에 대하여 이를 적용하지 아니한다(근로기준법 §37 ③).

3 체불 임금 등에 대한 손해배상

근로자는 사업주가 명백한 고의로 임금등(퇴직급여는 제외)의 전부 또는 일부를 지급하지 아니하거나 1년 동안 지급하지 아니한 개월 수가 총 3개월 이상인 경우 또는 지급하지 아니한 임금등의 총액이 3개월 이상의 통상임금에 해당하는 경우 법원에 사업주가 지급하여야 하는 임금 등의 3배 이내의 금액을 지급할 것을 청구할 수 있다(근로기준법 §43의 8 ①).

법원은 임금등의 체불기간·경위·횟수 및 체불된 임금등의 규모, 사업주가 임금등을 지급하기 위하여 노력한 정도, 지연이자 지급액, 사업주의 재산상태를 고려하여 손해배상액을 결정한다(근로기준법 §43의 8 ②).

4 임금채권 등의 우선변제

임금, 재해보상금, 그 밖에 근로관계로 인한 채권과 퇴직급여 등(퇴직금, 확정급여형 퇴직연금제도의 급여, 확정기여형 퇴직연금제도의 부담금 중 미납입 부담금 및 미납입 부담금에 대한 지연이자, 10명 미만을 사용하는 사업에 대한 특례에 따른 개인형 퇴직연금제도의 부담금 중 미납입 부담금 및 미납입 부담금에 대한 지연이자)은 사용자의 총재산에 대하여 질권· 저당권 또는 그 밖의 담보권에 따라 담보된 채권 외에는 조세· 공과금 및 다른 채권에 우선하여 변제된다. 다만, 질권· 저당권 또는 그 밖의 담보권에 우선하는 조세· 공과금에 대하여는 그러하지 아니하다(근로기준법 §38 ①, 근로자퇴직급여보장법 §12 ①).

그러나 최종 3개월분의 임금, 재해보상금 및 최종 3년분의 퇴직급여 등은 사용자의 총재산에 대하여 질권· 저당권 또는 그 밖의 담보권에 따라 담보된 채권, 조세· 공과금 및 다른 채권에 우선하여 최우선적으로 변제된다(근로기준법 §38 ②, 근로자퇴직급여보장법 §12 ②).

5 임금채권보장법에 의한 임금채권의 지급보장

사업주가 파산선고, 회생절차개시의 결정, 도산 등 사실인정, 확정된 종국판결 · 지급명령 · 소송상 화해 · 청구의 인낙 · 조정 또는 결정 · 이행권고결정을 받은 경우, 고용노동부장관이 체불임금 등과 체불사업주 등을 증명하는 서류를 발급하여 사업주의 미지급임금 등이 확인된 경우 고용노동부장관은 퇴직한 근로자가 지급받지 못한 최종 3개월분 임금 및 휴업수당, 최종 3년분의 퇴직급여 등 및 최종 3개월분의 출산전후휴가기간 중 급여에 대하여 사업주를 대신하여 대지급금을 지급하고 그 청구권을 대위하며, 사업주가 확정된 종국판결 · 지급명령 · 조정 또는 결정 · 이행권고결정을 받거나 고용노동부장관이 체불임금 등과 체불사업주 등을 증명하는 서류를 발급하여 사업주의 미지급임금 등이 확인된 경우에는 재직근로자(그 통상임금의 평균금액이 최저시급의 110% 미만인 경우에 한한다)가 지급받지 못한 3개월분의 임금 및 휴업수당, 3개월분의 출산전후휴가기간 중 급여에 대해서도 대지급금을 지급하고 그 청구권을 대위한다(임금채권보장법 §7 · §7의 2 · §8).

이러한 대지급금은 사업주의 부담금 및 변제금, 차입금, 수입금 등으로 조성된 임금채권보장기금을 재원으로 하여 지급되며, 사업주의 파산선고, 회생절차개시의 결정, 도산등 사실인정에 따른 대지급금(도산대지급금)은 퇴직 당시의 연령이 30세 미만인 경우 220만원, 30세 이상 40세 미만인 경우 310만원, 40세 이상 50세 미만인 경우 350만원, 50세 이상 60세 미만인 경우 330만원, 60세 이상인 경우 230만원을 그 월 상한액으로 하고, 출산전후휴가기간 중 급여에 대해서는 연령에 관계없이 310만원을 그 월 상한액으로 하며, 사업주가 확정된 종국판결 · 지급명령 · 조정 또는 결정 · 이행권고결정을 받거나 고용노동부장관이 체불임금 등과 체불사업주 등을 증명하는 서류를 발급하여 사업주의 미지급임금 등이 확인된 경우에 지급되는 대지급금(간이대지급금)은 연령에 관계없이 임금, 출산전후휴가기간 중 급여 및 휴업수당과 퇴직급여 등에 대해 각 700만원, 총 1,000만원을 상한액으로 한다.

PART

3

4대보험 관리

Chapter 01 4대보험의 개요

01 국민연금

국민연금은 가입자인 국민이 노령, 장애 또는 사망으로 소득능력이 상실되거나 또는 감퇴된 경우 본인이나 그 유족에게 일정액의 급부를 행하여 안정된 생활을 할 수 있도록 국가가 운영하는 장기적인 소득보장제도이다.

18세 이상 60세 미만의 국민은 국민연금에 가입되어 각자의 전년도 소득에 따라 결정된 기준소득월액의 9%(사업장가입자의 경우 본인 4.5%, 사업주 4.5%, 2025년 기준)를 연금보험료로 매월 납부하며, 국가는 이를 재원으로 하여 연금지급사유가 발생한 가입자에 대하여 노령연금, 장애연금, 유족연금, 반환일시금, 사망일시금 등을 지급한다.

02 건강보험

건강보험은 국민의 질병·부상에 대한 예방, 진단, 치료, 재활과 출산, 사망 및 건강증진에 대하여 보험급여를 실시함으로써 국민보건을 향상시키고 사회보장을 증진하기 위한 제도이다.

국민은 건강보험에 의무적으로 가입되어 각자의 전년도 소득에 따라 결정된 직장가입자 보수월액의 7.09%(직장가입자 본인 3.545%, 사업주 3.545%, 2025년 기준) 및 소득월액의 7.09% 또는 세대별 보험료 부과점수에 보험료 부과점수당 금액(208.4원, 2025년 기준)을 곱한 금액을 건강보험료로 매월 납부하며, 국가는 보험지급사유가 발생한 가입자 및 피부양자에 대하여 요양급여, 장제비 등을 지급하고, 건강검진을 실시한다.

한편, 2008.7.1.부로 실시된 노인장기요양보험은 고령이나 노인성 질병 등으로 목욕이나 집안일 등 일상생활을 혼자하기 어려운 노인들에게 신체활동·가사활동지원 등의 급여를 제공하여 노후생활의 안정과 그 가족의 부담을 덜어주어 국민의 삶의 질을 높여주는 제도로서 모든 건강보험 가입자는 의무적으로 가입되어 건강보험료의 장기요양보험요율(0.9182%)/건강보험요율(7.09%)을 장기요양보험료로 매월 납부하며, 국가는 이를 재원으로 장기요양보호가 필요한 65세 이상의 노인 및 65세 미만으로 노인성 질병을 가진 자에 대하여 시설급여, 재가급여 등을 지급한다.

03 고용보험

고용보험이란 실직 근로자에게 실업급여를 지급하는 실업보험사업과 산업구조조정의 촉진, 실업예방, 고용촉진, 근로자의 생애 직업능력개발 등을 위한 고용안정 및 직업능력개발사업을 상호 연계하여 실시하는 공적인 사회보험제도이다.

근로자를 사용하는 모든 사업 또는 사업장의 사업주와 근로자는 고용보험에 의무적으로 가입되며, 사업주는 매월 근로자의 보수에서 피보험자 부담금(보수총액의 0.9%)을 원천공제하면서 상시근로자 수에 따라 매년 연간 근로자의 개인별 보수총액의 2.05~2.65%(사업주 부담금 1.15~1.75%, 2024년 기준)를 고용보험료로 납부하고, 국가는 이를 기금으로 하여 근로자에 대한 구직급여 및 취업촉진수당 지급, 취업알선, 재취업훈련 지원, 학자금 대부 및 장학사업, 생활안정자금 융자사업, 보육시설의 운영사업 등을 행하고, 전문인력채용 지원, 고용유지지원금 지급, 고용촉진장려금 지급 등 고용창출·조정·촉진을 위한 각종 사업주 지원 사업을 행한다.

04 산재보험

산재보험이란 산재근로자와 그 가족의 생활을 보장하기 위하여 국가가 사업주로부터 소정의 보험료를 징수하여 그 기금으로 사업주를 대신하여 산재근로자에게 보상을 해주는 제도이다.

근로자를 사용하는 모든 사업 또는 사업장의 사업주는 산재보험에 의무적으로 가입되어 사업의 종류에 따라 매년 연간 근로자의 개인별 보수총액의 0.5~18.5%(2025년 기준) 및 통상적인 경로와 방법으로 출퇴근 중 발생한 재해에 대비한 전 업종 공통의 0.06%(2025년 기준)를 산재보험료로 납부하며, 국가는 이를 기금으로 하여 산재근로자 및 그 유족에 대하여 요양급여, 휴업급여, 장해급여, 유족급여, 장례비 등 산재보상을 실시하며, 재활상담, 의료재활지원, 후유증상관리, 장학사업, 생활안정자금대부사업 등 산재근로자 재활 및 복지사업도 행한다.

한편, 경기변동과 산업구조 변화 등으로 사업계속이 불가능하거나 기업경영이 불안정하여 임금 등을 지급받지 못하고 퇴직한 근로자에 대하여 사업주를 대신하여 미지급 임금 등을 지급하기 위하여 국가가 사업주로부터 산재보험료와 함께 임금채권부담금(연간 근로자의 개인별 보수총액의 0.06%, 2025년 기준)을 징수함은 물론, 석면으로 인한 건강피해를 신속하고 공정하게 구제하기 위하여 전전년도 상시근로자 수가 20인 이상 사업 또는 건설업 본사 및 당연일괄적용대상인 건설공사에 대해 석면피해구제분담금(연간 보수총액의 0.006%, 2025년 기준)을 징수한다.

Chapter 02 4대보험의 사업장 적용

01 적용대상 사업장

1 국민연금·건강보험

1. 근로자를 사용하는 모든 사업장

국민연금·건강보험의 적용대상 사업장은 가입대상 근로자를 사용하는 모든 사업장이다. 다만, 외국정부가 사용자인 사업장의 근로자의 건강보험에 관하여 외국정부와의 합의에 의하여 이를 따로 정할 수 있다.

2. 근로자

여기서 근로자란 직업의 종류에 불구하고 사업장에서 노무를 제공하고 그 대가로 보수를 받아 생활하는 자로서 법인의 이사 기타 임원도 포함된다.

3. 사업장

사업장이란 근로자를 사용하는 사업소 및 사무소를 의미하는 것으로서 사업장 상호 간에 본점과 지점, 대리점 또는 출장소 등의 관계에 있고 그 사업경영이 일체로 되어 있는 경우에는 이를 하나의 사업장(단, 사업장이 분리적용을 원하는 경우 별도로 적용가능)으로 본다.

2 고용보험·산재보험

1. 근로자를 사용하는 모든 사업 또는 사업장

고용보험·산재보험의 적용대상은 근로자를 사용하는 모든 사업 또는 사업장이다.

다만, 가구 내 고용활동 및 달리 분류되지 아니한 자가소비 생산활동, 농업·임업 및 어업 중 법인이 아닌 자가 상시 4명 이하(산재보험은 농업·임업·어업 및 수렵업 중 법인이 아닌 자가 상시 5인 미만)의 근로자를 사용하는 사업 및 건설업자가 아닌 자가 시공하는 공사로서 총공사금액이 2천만원 미만인 공사 또는 연면적이 100제곱미터 이하인 건축물의 건축 또는 연면적이 200제곱미터 이하인 건축물의 대수선에 관한 공사(고용보험에 한함)는 제외된다.

2. 근로자

근로자란 직업의 종류를 불문하고 사업 또는 사업장에 임금을 목적으로 사용자의 지휘·감독하에 근로를 제공하는 자로서 업무집행권을 가진 법인의 이사 기타 임원 등 사용자에 해당되는 자는 포함되지 않는다.

다만, 근로기준법상 근로자에 해당되지는 않으나, 현장 실습을 하고 있는 학생 및 직업훈련생(현장실습생), 대학·연구기관등이 수행하는 연구개발과제에 참여하는 학생신분의 연구자, 사업주로부터 직접 또는 온라인 플랫폼을 통해 노무제공을 요청받아 자신이 직접 노무를 제공하고 그 대가를 받는 보험설계사, 공제 또는 우체국보험의 모집을 전업으로 하는 사람, 건설기계를 직접 운전하는 사람, 학습·교구관련 방문강사, 골프장 캐디, 택배 및 퀵서비스 업무 종사자, 대출모집인, 신용카드회원 모집인, 대리운전업자·탁송업자·대리주차업자로부터 업무를 의뢰받아 자동차를 운전하는 사람, 방문판매원, 대여제품 방문점검원, 가전제품 설치 및 수리원, 살수차류·굴절식 및 직진식 카고크레인류·고소작업자동차류 화물자동차를 운전하는 사람, 화물자동차·특수자동차 중 견인형 자동차 또는 특수작업형 사다리차를 운전하는 사람, 소프트웨어사업에서 노무를 제공하는 소프트웨어 기술자, 방과후 과정을 담당하는 강사, 특별활동프로그램을 담당하는 강사, 외국인 관광객을 대상으로 관광안내를 하는 사람, 어린이통학버스를 운전하는 사람 등 노무제공자, 국가 또는 지방자치단체에서 실시하는 자활근로사업 참여자는 산재보험을 적용함에 있어 근로자로 보며, 문화예술용역 관련 계약 또는 노무제공계약에 따라 다른 사람을 사용하지 아니하고 자신이 직접 사업주 또는 노무수령자에게 노무를 제공하는 예술인 또는 노무제공자(65세 이후에 계약을 체결하거나 계약기간이 1개월 이상인 자로서 문화예술용역 관련 계약의 월평균소득이 50만원 또는 노무제공계약에 따라 발생한 월보수액이 80만원 미만인 경우에는 제외)는 고용보험을 적용함에 있어 근로자로 본다.

3. 사업 또는 사업장

사업이란 영리성 여부와 관계없이 어떤 목적을 위하여 업으로 행하여지는 계속적, 사회적, 경제적 활동단위이고, 사업장이란 사업이 행하여지고 있는 사람과 물건이 존재하는 장소적 개념으로, 하나의 사업이 여러 사업장으로 구성된 경우 각각의 사업장이 인사·노무·회계 등에 독립성이 없는 때에는 고용보험은 하나의 사업으로 적용(단, 사업장이 원하는 경우 별도의 사업으로 적용가능)되나, 산재보험은 시간적·장소적으로 독립되어 있고 각각 근로자를 사용하기만 하면 별도의 사업으로 적용된다.

실무 POINT 근로자·예술인·노무제공자의 고용보험 적용

구분	근로자	예술인	노무제공자
피보험자	• 직업의 종류를 불문하고 임금을 목적으로 근로를 제공하는 사람	• 근로자가 아니면서 문화예술용역 관련 계약에 따라 다른 사람을 사용하지 아니하고 자신이 직접 노무를 제공하는 예술인 또는 예술인 활동 증명을 받지 못하였거나 그 유효기간이 지난 사람으로서 문화예술 분야에서 창작, 실연, 기술지원 등의 활동을 하고 있거나 하려는 사람	• 근로자가 아니면서 노무제공계약에 따라 다른 사람의 사업을 위하여 자신이 직접 노무를 제공하는 보험설계사, 학습·교구 관련 방문강사, 택배원, 대출모집인, 전업 신용카드회원 모집인, 방문판매원, 방문점검원, 가전제품 배송원, 방과후학교 강사, 건설기계 운전원, 화물차주로서 수출입 컨테이너 또는 시멘트·철강재·위험물질·화물·자동차·곡물 또는 사료·상품·식자재나 식품을 운송하는 사람, 퀵서비스 종사자, 대리운전원, 소프트웨어기술자, 관광통역안내원, 어린이통학버스 운전원, 골프장 캐디
적용제외	• 65세 이후에 고용(65세 전부터 피보험자격을 유지하던 사람이 65세 이후 계속하여 고용된 경우 제외)된 근로자. 단, 고용안정 및 직업능력개발사업은 적용됨 • 해당 사업에서 1개월간 소정근로시간 60시간 미만인 근로자(1주간 소정근로시간 15시간 미만인 사람 포함). 단, 3개월 이상 계속해서 근로를 제공하는 근로자 및 1개월 미만 동안 고용되는 일용근로자는 고용보험 적용	• 65세 이후에 계약(65세 전부터 피보험자격을 유지하던 사람이 65세 이후 계속하여 계약을 체결한 경우 제외)을 체결한 예술인 • 문화예술용역관련계약에서 지급받기로 한 금액을 계약기간을 나누어 산정한 월평균소득(둘 이상의 계약을 체결한 경우로서 본인이 원하는 경우 합산한 금액)이 50만원 미만인 예술인. 단, 계약기간이 1개월 미만인 단기예술인은 소득기준 충족 여부에 관계없이 고용보험 적용	• 65세 이후에 계약(65세 전부터 피보험자격을 유지하던 사람이 65세 이후 계속하여 계약을 체결한 경우 제외)을 체결한 노무제공자 • 노무제공계약에 따라 노무제공이 개시된 날이 속하는 달에 지급한 것으로 사업주가 신고하거나 그 신고 이후 매월 지급하는 월보수액(둘 이상의 계약을 체결한 경우로서 본인이 원하는 경우 합산한 금액)이 80만원 미만인 예술인. 단, 계약기간이 1개월 미만인 단기노무제공자는 소

구분	근로자	예술인	노무제공자
적용제외		• 15세 미만인 경우. 다만, 15세 미만인 예술인으로서 고용보험 가입을 원하는 사람은 고용보험 가입 가능	득기준 충족 여부에 관계없이 고용보험 적용 • 15세 미만인 경우. 다만, 15세 미만인 노무제공자로서 고용보험 가입을 원하는 사람은 고용보험 가입 가능
피보험 자격신고 의무	• 근로계약체결사업주 • 그 사유가 발생한 날이 속한 달의 다음달 15일까지	• 문화예술용역관련계약체결사업주. 단, 국가·지자체·공공기관발주사업으로서 하나의 사업에 다수의 도급이 이루어져 원수급인이 다수이거나 하나의 사업이 여러 차례의 도급으로 이루어져 하수급인이 다수인 경우 각각 발주자 또는 원수급인이 자격신고의무자임 • 그 사유가 발생한 날이 속한 달의 다음달 15일까지 * 각 계약건별 월평균소득이 50만원 미만이나 중복계약기간 중 합산월평균소득이 50만원 이상인 경우로서 월평균소득의 합산을 원하는 경우 예술인이 직접 신청	• 노무제공계약체결사업주. 단, 노무제공사업의 사업주가 노무제공플랫폼사업자와 노무제공플랫폼이용계약을 체결한 경우 노무제공플랫폼사업자가 자격신고의무자임 • 그 사유가 발생한 날이 속한 달의 다음달 15일까지(그 밖의 일반노무제공자, 소득합산신청노무제공자의 월평균보수 통보는 다음달 말일까지) * 각 계약건별 월보수액이 80만원 미만이나 중복계약기간 중 합산월보수액이 80만원 이상인 경우로서 월보수액의 합산을 원하는 경우 노무제공자가 직접 신청
이중취득	• 둘 이상의 사업에서 동시에 근로자로 고용되어 있는 경우 1) 월평균보수가 많은 사업, 2) 월소정 근로시간이 많은 사업, 3)근로자가 선택한 사업순서로 하나의 사업의 근로자로서의 피보험자격 취득	• 둘 이상의 사업에서 동시에 근로계약, 문화예술용역관련계약 또는 노무제공계약을 체결한 경우 모든 사업에서 각각 피보험자격 취득. 단, 둘 이상의 근로계약을 동시에 체결한 경우에는 근로자로서의 피보험자격의 이중취득 제한에 따라 그 중 하나의 근로자로서의 피보험자격을 취득함	• (좌동)

구분	근로자	예술인	노무제공자
이중취득	• 근로자인 피보험자 및 자영업자인 피보험자(임의가입)에 동시에 해당하는 경우 근로자로서의 피보험자격 취득. 단, 일용근로자인 경우에는 어느 하나를 선택하거나 모두 취득·유지 가능	• 예술인인 피보험자 및 자영업자인 피보험자(임의가입)에 동시에 해당하는 경우 예술인으로서의 피보험자격 취득. 단, 단기예술인인 경우에는 어느 하나를 선택하거나 모두 취득·유지 가능	• 노무제공자인 피보험자 및 자영업자인 피보험자(임의가입)에 동시에 해당하는 경우 노무제공자로서의 피보험자격 취득. 단, 단기노무제공자인 경우에는 어느 하나를 선택하거나 모두 취득·유지 가능
적용사업	• 고용안정·직업능력개발사업(○) • 실업급여(○) • 육아휴직급여(○) • 출산전후휴가급여(○)	• 고용안정·직업능력개발사업(×) • 실업급여(○) • 육아휴직급여(×) • 출산전후휴가급여(○)	• 고용안정·직업능력개발사업(×) • 실업급여(○) • 육아휴직급여(×) • 출산전후휴가급여(○)
보험요율	• 근로자 : 0.9% • 사업주 : 1.15~2.75%	• 근로자 : 0.8% • 사업주 : 0.8%	• 근로자 : 0.8% • 사업주 : 0.8%
보수	• 근로소득−비과세근로소득	• 총수입금액−비과세소득−경비 * 경비=[(사업+기타)소득−비과세소득]x단일공제율(25%)	• 총수입금액−비과세소득−경비 * 경비=[(사업+기타)소득−비과세소득]x직종별공제율(15.7~30.3%) • 노무제공특성상 소득확인이 어려운 건설기계운전원, 화물차주로서 수출입 컨테이너 또는 시멘트, 철강재, 위험물질을 운송하는 사람, 물류센터 간 화물운송 업무를 하는 사람, 자동차, 곡물 또는 사료를 운송하는 사람, 골프장 캐디 직종의 경우 고시금액(2,699,996원~4,830,000원)
기준보수	• 월 2,096,270원~4,806,267원(산업분류별·지역별) * 폐업·도산 등으로 보수를 산정·확인하기 곤란하거나 보수관련자료가 없거나 명확하지 않은 경우 기준보수를 보수액으로 함	• 월 80만원 * 폐업·도산 등으로 보수를 산정·확인하기 곤란하거나 보수관련자료가 없거나 명확하지 않은 경우, 개인별 월평균보수가 월단위 기준보수보다 적은 경우 기준보수를 보수액으로 함	• 월 133만원 * 폐업·도산 등으로 보수를 산정·확인하기 곤란하거나 보수관련자료가 없거나 명확하지 않은 경우, 개인별 월평균보수가 월단위 기준보수보다 적은 경우 기준보수를 보수액으로 함

<table>
<tr><th>구분</th><th>근로자</th><th>예술인</th><th>노무제공자</th></tr>
<tr><td>월평균
보수
(월보수액)</td><td>• 일반근로자
1) 전년도에 근로가 개시된 경우 : 전년도 보수총액을 전년도에 근로한 개월수로 나눈 금액(4월~다음연도 3월 적용)
2) 당해연도에 근로가 개시된 경우 : 근로개시일부터 1년간 또는 계약기간에 지급하기로 한 보수총액을 그 기간에 근로한 개월수로 나눈 금액(근로개시일이 1일인 경우 그 달, 2일 이후인 경우 다음달~다음연도 3월 적용)
• 일용근로자 : 월별보험료를 산정하는 월의 전월에 지급된 보수액</td><td>• 일반예술인
1) 전년도에 노무제공이 개시된 경우 : 전년도 보수총액을 전년도에 노무제공한 개월수로 나눈 금액(4월~다음연도 3월 적용)
2) 당해연도에 노무제공이 개시된 경우 : 노무제공개시일부터 1년간 또는 계약기간에 지급하기로 한 보수총액을 그 기간에 노무제공한 개월수로 나눈 금액(근로개시일이 1일인 경우 그 달, 2일 이후인 경우 다음달~다음연도 3월 적용)
• 단기예술인 또는 소득합산신청예술인 : 월별보험료를 산정하는 월의 전월에 지급된 보수액</td><td>• 일반노무제공자 : 월별보험료를 산정하는 월에 지급된 보수액(노무제공개시일이 1일인 경우 그 달, 2일 이후인 경우 그 다음달부터 적용)
• 단기노무제공자 또는 소득합산신청노무제공자 : 월별보험료를 산정하는 월에 지급된 보수액(노무제공개시일이 1일인 경우 그 달, 2일 이후인 경우 그 다음달부터 적용)</td></tr>
<tr><td>월 별
보험료</td><td>• 개인별 월평균보수에 고용보험료율을 곱한 금액
• 상·하한액 : 없음</td><td>• 개인별 월평균보수에 고용보험료율을 곱한 금액
• 상한액 : 512,440원
• 하한액 : 신고소득이 기준보수보다 적은 경우 기준보수(80만원) 기준으로 부과
* 월별보험료를 부과하는 기간 동안 예술인의 개인별 보수총액이 월단위 기준보수의 합계액보다 적은 경우 그 월단위 기준보수의 합계액을 개인별 보수총액으로 함</td><td>• 월보수액에 고용보험료율을 곱한 금액
• 상한액 : 612,730원
• 하한액 : 신고소득이 기준보수보다 적은 경우 기준보수(133만원) 기준으로 부과</td></tr>
</table>

02 적용제외 근로자 및 사용자

4대보험은 사업장 내 모든 근로자 또는 사용자(단, 국민연금·건강보험에 한함)에게 적용되는 것이 원칙이다. 다만, 보험의 성격, 행정능력의 한계, 건전한 보험재정의 운용, 수급가능 여부 등을 고려하여 다음과 같이 일정한 유형의 근로자 또는 사용자에 대하여 그 적용을 제외하고 있다.

1 연소자 및 고령자

1. 국민연금

국민연금은 18세 이상 60세 미만을 가입대상으로 하므로, 18세 미만인 자 및 60세 이상의 고령자에 대하여는 국민연금이 적용되지 않는다. 다만, 18세 미만의 경우 본인이 원하지 아니하는 경우를 제외하고는 사업장가입자가 되며, 국민연금 가입자 또는 가입자였던 자로서 60세가 된 자(연금보험료 납부실적이 없거나 노령연금·반환일시금 수급자 제외), 전체 국민연금 가입기간의 5분의 3 이상을 특수직종근로자(광부, 선원)로 가입하거나 가입하였던 사람으로서 노령연금 또는 특례노령연금 수급권을 취득한 자 중 노령연금 급여를 지급받지 않는 자는 가입을 신청하면 65세가 될 때까지 임의계속가입자가 될 수 있다.

실무 POINT 국민연금 임의계속가입과 기준소득월액

국민연금 가입자 또는 가입자였던 자로서 60세가 된 자(연금보험료를 납부한 사실이 없는 자, 노령연금 수급권자로서 급여를 지급받고 있는 자, 반환일시금을 지급받은 자는 제외), 전체 국민연금 가입기간의 5분의 3 이상을 특수직종근로자(광부, 선원)로 가입하거나 가입하였던 사람으로서 특례노령연금 수급권을 취득한 자는 가입을 신청하면 65세가 될 때까지 임의계속가입자가 될 수 있다. 이 경우 기준소득월액은 매년 전년도 12월 31일 현재의 지역가입자 전원의 기준소득월액을 기준으로 그 중위수에 해당하는 자의 기준소득월액에 해당하는 금액으로 하되, 가입자 본인이 기준소득월액을 중위수에 해당하는 자의 기준소득월액보다 높게 결정하여 줄 것을 신청하는 경우에는 공단은 기준소득월액의 변경 결정을 할 수 있으며, 그 적용 기간은 해당 연도 1월부터 12월까지이다.

2. 건강보험·고용보험·산재보험

건강보험, 고용보험 및 산재보험은 연령에 상관없이 사업장의 모든 근로자에게 적용된다. 다만, 65세 이후에 고용(65세 전부터 피보험 자격을 유지하던 사람이 65세 이후에 계속하여 고용된 경우는 제외)되거나 노무제공을 개시한 사람에게는 실업급여, 육아휴직급여(육아기 근로시간단축급여 포함) 및 출산전후휴가급여(유·사산휴가급여, 배우자출산휴가, 난임치료휴가 급여 포함)가 적용되지 않으며 고용보험료 중 실업급여의 보험료를 징수하지 않는다.

2 일용근로자 및 1월 미만의 기한부 근로자

1. 국민연금·건강보험

일용근로자란 고용기간의 보장 없이 1일 단위로 고용되어 그날로 고용계약이 종료되는 자로서, 1월 미만의 기간 동안 고용되는 일용근로자 또는 기한부 근로자는 국민연금 및 건강보험의 사업장 적용대상에서 제외된다. 다만, 1개월 이상 계속하여 근로를 제공하는 사람으로서 1개월 동안 근로일수가 8일 이상이거나 1개월 동안의 근로시간이 60시간 이상인 사람(건설공사 또는 산림사업의 사업장에서 근로를 제공하는 경우에는 1개월 동안의 근로일수가 8일 이상인 사람에 한함) 또는 1개월 동안의 소득이 220만원 이상인 사람(소득기준은 국민연금에 한하여 적용됨. 이하 같음)은 적용대상 근로자에 포함되며 이 경우 구체적인 적용기준은 다음과 같다.

① **동일 사업장에서 최초 근로일부터 1월간 8일 또는 60시간 이상 근로를 제공하거나 1월간 소득이 220만원 이상인 경우 :** 최초 근로일에 사업장가입자로 적용

② **동일 사업장에서 전월 1월간 8일 또는 60시간 미만 근로를 제공하거나 소득이 220만원 미만이던 근로자가 당월 1일부터 말일까지 8일 이상 또는 60시간 이상 근로를 제공하거나 그 기간의 소득이 220만원 이상인 경우 :** 당월 1일에 사업장가입자로 적용

2. 고용보험·산재보험

국민연금 및 건강보험과 달리 일용근로자, 단기예술인 또는 단기노무제공자에 대하여 고용·산재보험은 전면 적용된다. 다만, 고용보험법에서는 일용근로자 등을 1월 미만의 기간 동안 고용되는 자 또는 노무제공을 하는 자로 정의하고 피보험 자격관리를 별도로 하고 있다.

| 고용보험법상 일용근로자 여부의 판단 |

고용기간을 사전에 정한 경우	고용기간을 사전에 정하지 않은 경우
• 1월 이상의 고용기간을 사전에 정하고 고용된 경우 : 실제 근로를 제공한 기간·일수·시간을 불문하고 상용근로자로 판단 • 1월 미만(1일 단위 포함)의 고용기간을 정하고 고용되었으나 실제 1월 이상 근로를 제공한 경우 : 일용근로자로 판단	• 입·이직률이 높아 고용기간을 사전에 정하지 아니한 경우로서 근로를 제공한 기간이 결과적으로 1월 이상인 경우 : 일용근로자로 판단(단, 상용전환 여부 판단) • 입·이직률이 높아 고용기간을 사전에 정하지 아니하고 근로를 제공한 기간이 결과적으로 1월 미만인 경우 : 일용근로자로 판단

3 비상근 또는 1월간 근로시간이 짧은 시간제 근로자

1. 국민연금 · 건강보험

비상근 근로자 또는 1개월 동안의 소정근로시간이 60시간 미만인 단시간근로자는 국민연금 및 건강보험의 사업장 적용대상에서 제외된다.

다만, 비상근 대표자, 임원 또는 대주주라도 보수를 지급(일비, 활동비 성격의 실비변상적 금품만을 지급받는 경우 제외)받고 있다면 건강보험의 사업장 적용대상이 되며, 3개월 이상 계속하여 근로를 제공하는 사람으로서 시간강사나 사용자의 동의를 받아 근로자로 적용되기를 희망하는 사람, 둘 이상 사업장에 근로를 제공하면서 각 사업장의 1개월 소정근로시간의 합이 60시간 이상인 사람으로서 1개월 소정근로시간이 60시간 미만인 사업장에서 근로자로 적용되기를 희망하는 사람 및 1개월 이상 계속하여 근로를 제공하는 사람으로서 1개월 동안의 소득이 220만원 이상인 사람도 국민연금의 직장가입자가 된다.

2. 고용보험 · 산재보험

1월간의 소정근로시간이 60시간 미만인 근로자(1주간 소정근로시간이 15시간 미만인 근로자를 포함한다)에 대해서는 고용보험의 적용이 제외되나 1월간의 소정근로시간이 60시간 미만으로서 3개월 이상 계속 근로를 제공하는 경우에는 고용보험이 적용된다. 산재보험은 근로시간 장단에 관계없이 모든 근로자에 대하여 적용된다.

4 소재지가 일정하지 아니한 사업장에 종사하는 근로자 및 사용자

소재지가 일정하지 아니한 사업장에 종사하는 근로자 및 사용자는 국민연금 및 건강보험의 사업장 적용대상에서 제외되나, 소재지가 일정하지 아니한 사업장에 종사하는 근로자라 하더라도 고용보험 및 산재보험은 당연히 적용된다.

5 법인의 이사 중 소득이 없는 자

법인의 이사 중 소득이 없는 자는 국민연금 및 건강보험의 사업장 적용대상에서 제외되며, 고용보험 및 산재보험의 적용을 받는 근로자에 해당되지 아니한다.

6 개인사업주 또는 법인의 대표이사

1. 국민연금 · 건강보험

개인사업체의 사업주라고 하더라도 1명 이상의 근로자(적용제외 근로자 미포함)를 사용하는 경우에는 국민연금 및 건강보험의 사업장 적용대상이 되며, 법인 대표이사의 경우 근로자 없이 혼자만 있는 경우라 하더라도 국민연금 및 건강보험의 사업장 적용대상이 된다. 다만, 대표이사가 무보수인 경우 사업장 적용대상에서 제외된다.

2. 고용보험 · 산재보험

개인사업주 또는 법인의 대표이사는 근로기준법상 사용자에 해당되어 고용보험 및 산재보험의 적용대상에서 제외된다.

다만, 근로자를 사용하지 않거나 50인 미만의 근로자를 사용하는 사업주로서 사업자등록을 하고 실제 사업(부동산임대업 제외)을 영위하고 있는 자영업자는 고용보험에 임의가입할 수 있고, 보험가입자로서 300인 미만의 근로자를 사용하는 중소기업사업주(근로자를 사용하지 아니한 자를 포함) 및 그 배우자(사실상 혼인관계에 있는 자 포함) 또는 4촌 이내 친족으로서 중소기업사업주로부터 노무제공에 대한 보수를 받지 않고 해당 사업에 노무를 제공하는 사람은 산재보험에 임의가입할 수 있다.

7 공무원, 사립학교직원 또는 별정우체국 직원

1. 국민연금 · 건강보험

공무원(군인 포함), 사립학교교직원, 별정우체국 직원 등 다른 공적연금 가입대상자 또는 다른 공적연금을 받을 권리를 얻은 자에 대하여는 국민연금이 적용되지 아니하나, 건강보험의 경우 이들 모두 직장가입자가 된다.

2. 고용보험 · 산재보험

고용보험 및 산재보험은 공무원(군인 포함), 사립학교교직원에 대하여는 적용되지 아니한다. 다만, 별정직 및 임기제 공무원의 경우는 본인의 의사에 따라 고용보험(단, 실업급여에 한함)에 가입할 수 있다.

별정우체국 직원에 대하여는 고용보험이 적용되지 아니하나, 산재보험은 그 적용대상이 된다.

8 외국인

1. 국민연금

국민연금의 적용을 받는 사업장에 종사하는 외국인 사용자 또는 근로자 및 내국민과 동등대우를 받도록 되어 있는 무국적자나 난민의 경우 국민연금 사업장 적용대상이 된다.

다만, 외교관과 그 가족 등 다른 법령 또는 조약(협약)에서 국민연금법 적용을 배제하거나 당해 외국인의 본국법이 국민연금법에 의한 국민연금에 상응하는 연금에 관하여 대한민국 국민에게 적용되지 않는 경우, 체류기간 연장허가를 받지 않고 체류하는 자, 외국인등록을 하지 않거나 강제퇴거명령서가 발부된 자, 체류자격이 문화예술(D-1), 유학(D-2), 산업연수(D-3), 일반연수(D-4), 종교(D-6), 방문동거(F-1), 동반(F-3), 기타(G-1)인 자는 그 적용이 제외된다.

2. 건강보험

건강보험의 적용을 받는 사업장에 종사하는 외국인 또는 재외국민 중 외국인 등록을 하거나 국내거소신고를 한 자는 건강보험 사업장 적용대상이 된다.

다만, 체류기간 연장허가를 받지 않고 체류하는 자, 강제퇴거명령서가 발부된 자는 그 적용이 제외되며, 국내에 근무하는 기간 동안 외국의 법령, 외국의 보험 또는 사용자와의 계약 등에 따라 의료보장을 받을 수 있는 경우에는 그 적용제외를 신청할 수 있다(외국인근로자의고용등에관한법률에 따른 외국인근로자 또는 출입국관리법에 따라 산업연수를 하고 있는 외국인의 경우 장기요양보험 적용제외 신청가능).

3. 고용보험

외국인근로자의고용등에관한법률의 적용을 받는 외국인[체류자격이 비전문취업(E-9), 방문취업(H-2)인 자]에게는 고용안정 및 직업능력개발사업이 당연 적용되나 실업급여사업 및 육아휴직급여 등은 신청이 있는 경우에만 적용된다.

체류자격이 주재(D-7)·기업투자(D-8) 및 무역경영(D-9, 법에 따른 고용보험에 상응하는 보험료와 그 병에 관하여 그 외국인의 본국법이 대한민국 국민에게 적용되지 아니한 경우는 제외), 거주(F-2, 영주자격을 상실한 자 중 국내 생활관계의 권익보호 등을 고려하여 법무부장관이 국내에서 계속 체류하여야 할 필요가 있다고 인정하는 자 제외), 영주(F-5) 및 결혼이민(F-6)인 자에 대하여는 고용보험사업 전부가 당연 적용되며, 체류 자격이 단기취업(C-4), 출입국관리법시행령[별표 1의 2] 중 교수(E-1)부터 선원취업(E-10)까지 및 방문취업(H-2) 또는 재외동포(F-4)인 자는 고용보험에 임의가입할 수 있다.

4. 산재보험

산재보험은 체류자격, 불법체류 여부 등에 상관없이 외국인근로자에게 적용된다.

실무 POINT 4대보험 적용제외 근로자 여부

구 분	국민연금	건강보험	고용보험	산재보험
법인 대표이사	적용 단, 소득이 없는 경우 적용제외	적용 단, 소득이 없는 경우 적용제외	적용제외	적용제외 단, 300인 미만의 근로자를 사용하는 중소기업 사업주(근로자를 사용하지 않는 자 포함) 및 그 배우자(사실상 혼인관계에 있는 자 포함) 또는 친족으로서 노무제공의 대가를 받지 않고 해당 사업에서 노무를 제공하는 사람은 임의가입 가능
개인 사업주	근로자 1인 이상 고용 시 적용	근로자 1인 이상 고용 시 적용	적용제외 단, 50인 미만의 근로자를 사용하는 자영업자(근로자를 사용하지 않는 자 포함)는 임의가입 가능	적용제외 단, 300인 미만의 근로자를 사용하는 중소기업 사업주(근로자를 사용하지 않는 자 포함) 및 그 배우자(사실상 혼인관계에 있는 자 포함) 또는 친족으로서 노무제공의 대가를 받지 않고 해당 사업에서 노무를 제공하는 사람은 임의가입 가능
18세 미만인 자	적용 단, 본인이 원하지 않는 경우 적용제외신청가능	적용	적용	적용
60세 이상인 자	적용제외 단, 일정요건하에 임의가입가능	적용	적용 단, 65세 이후에 고용된 자는 실업급여사업 제외	적용
1월 미만의 기한부 근로자 (일용 근로자)	적용제외 단, 계속하여 1개월 이상 근로를 제공한 경우로서 1개월간의 근로일수가 8일 이상(건설공사 또는 산림사업의 사업장이 아닌 경우에는 1개월간 근로시간이 60시간 이상인 경우를 포함)이거나 1개월간의 소득이 220만원 이상인 경우에는 적용	적용제외 단, 계속하여 1개월 이상 근로를 제공한 경우로서 1개월간의 근로일수가 8일 이상인 경우(건설공사 또는 산림사업의 사업장이 아닌 경우에는 1개월간 근로시간이 60시간 이상인 경우를 포함)에는 적용	적용	적용

구 분	국민연금	건강보험	고용보험	산재보험
1월간 근로 시간이 60시간 미만인 자	적용제외 단, 3개월 이상 계속하여 근로를 제공하는 사람으로서 시간강사나 사용자의 동의를 받아 근로자로 적용되기를 희망하는 자, 둘 이상 사업장에 근로를 제공하면서 각 사업장의 1개월 소정 근로시간의 합이 60시간 이상인 사람으로서 1개월 소정근로시간이 60시간 미만인 사업장에서 근로자로 적용되기를 희망하는 자 및 1개월 이상 계속하여 근로를 제공하는 자로서 1개월 동안의 소득이 220만원 이상인 자 적용	적용제외 단, 비상근 대표자, 임원 또는 대주주라도 보수를 지급받는 경우 적용(일비, 활동비 성격의 실비변상적 금품만을 지급받는 경우 제외)	적용제외 단, 3개월 이상 계속 근로를 제공하는 자 적용	적용
외국인	적용 단, 외교관과 그 가족 등 다른 법령 또는 조약(협약)에서 국민연금법 적용을 배제하거나 당해 외국인의 본국법이 국민연금법에 의한 "국민연금에 상응하는 연금"에 관하여 대한민국 국민에게 적용되지 않는 경우, 불법체류자, 체류자격이 문화예술(D-1), 유학(D-2), 산업연수(D-3), 일반연수(D-4), 종교(D-6), 방문, 동거(F-1), 동반(F-3), 기타(G-1)인 자 적용제외	적용 단, 불법체류자 적용제외, 국내에 근무하는 기간 동안 외국의 법령, 외국의 보험 또는 사용자와의 계약 등에 따라 의료보장을 받을 수 있는 경우에는 그 적용제외 신청가능 ✔ 외국인근로자의고용등에관한법률에 따른 외국인근로자 또는 출입국관리법에 따라 산업연수를 하고 있는 외국인인 경우 장기요양보험 적용제외 신청가능	적용제외 단, 외국인근로자고용등에관한법률이 적용되는 자[체류자격이 비전문취업(E-9), 방문취업(H-2)인 자]는 고용안정 및 직업능력개발사업이당연적용, 체류자격이 주재(D-7)·기업투자(D-8) 및 무역경영(D-9, 고용보험에 상응하는 외국인의 본국법이 대한민국 국민에게 적용되지 않는 경우 제외), 거주(F-2, 영주자격 상실자로 국내체류 필요성이 인정된 자 제외), 영주(F-5) 및 결혼이민(F-6)인 자에 대하여는 당연적용, 단기취업(C-4), 교수(E-1)부터 선원취업(E-10)까지 및 방문취업(H-2) 또는 재외동포(F-4)인 자는 임의가입 가능	적용

구 분	국민연금	건강보험	고용보험	산재보험
공무원, 사립학교 교직원, 별정 우체국 직원	적용제외	적용	적용제외 단, 별정직 및 임기제 공무원은 실업급여사업에 임의가입 가능	적용제외 단, 별정우체국 직원 적용

03 보험관계의 성립

1 당연적용

1. 당연적용이란?

4대보험은 국가가 주관하는 공적 사회보험으로서 사업장이 일정한 요건을 충족하게 되는 경우 당연적용사업장이 되어 사업주 의사와 관계없이 보험관계가 성립된다. 이 경우 당연적용사업장의 사업주는 그 신고여부에 상관없이 소정 요건에 충족되어 당연적용사업에 해당하게 되는 날에 관계법령상의 권리를 취득하고 4대보험 관련 각종 신고의무 및 보험료 납부의무를 부담하게 된다.

2. 국민연금·건강보험

(1) 당연적용 사업장

국민연금·건강보험은 사업장(직장)가입자 대상 근로자를 사용하는 모든 사업장에 당연적용된다. 다만, 소재지가 일정하지 아니한 사업장, 비상근 또는 1월간의 근로시간이 60시간 미만의 근로자 등 적용제외 근로자만을 고용하고 있는 사업장에 대하여는 강제적용되지 아니한다.

(2) 적용일

국민연금·건강보험의 사업장 적용일은 당연적용사업장 해당일인 사용자와 근로자 간 고용관계 성립일이다.

3. 고용보험·산재보험

(1) 당연적용 사업장

고용보험·산재보험은 적용제외 사업을 제외한 근로자를 사용하는 모든 사업 또는 사업장(농업·임업·어업 및 수렵업 중 법인이 아닌 사업의 경우 상시근로자 수가 5명 이상인 경우. 이하 같음)에 당연적용된다.

여기서 근로자라 함은 일용직 근로자, 소정근로시간이 15시간 미만인 근로자 등 고용형태를 불문하고 사실상 고용된 모든 근로자를 말하며, 산재보험에 있어서는 현장실습생, 학생신분의 연구자, 국가 또는 지방자치단체에서 실시하는 자활근로사업 참여자뿐만 아니라 보험설계사, 건설기계를 직접 운전하는 사람, 학습·교구관련 방문강사, 골프장 캐디, 택배 및 퀵서비스업 업무 종사자, 주로 하나의 택배사업자나 운수업자로부터 업무를 위탁받아 물류센터 간 화물운송업무를 하는 화물차주, 대출모집인, 신용카드회원 모집인, 주로 하나의 대리운전업자로부터 업무를 의뢰받아 대리운전 업무를 하는 사람, 방문판매원, 대여제품 방문점검원, 가전제품 설치 및 수리원, 화물차주로서 수출입 컨테이너·시멘트·철강재·위험물질·자동차·곡물·사료를 운송하는 사람, 소프트웨어 사업에서 노무를 제공하는 소프트웨어 기술자, 화물차주로서 주로 하나의 운수업자나 대규모점포 운영사업자·체인사업자·무점포판매업자·음식점 및 주점업자·기관 구내식당업자와 위수탁계약을 체결하여 상품·식자재 등을 운송 또는 배송하는 업무를 하는 사람 등 특수형태근로종사자도 포함하며, 고용보험에 있어서는 문화예술용역 관련 계약 또는 노무제공계약에 따라 다른 사람을 사용하지 아니하고 자신이 직접 사업주 또는 노무수령자에게 노무를 제공하는 예술인 또는 노무제공자(65세 이후에 계약을 체결하거나 계약기간이 1개월 이상인 자로서 문화예술용역 관련 계약의 월평균소득이 50만원 또는 노무제공계약에 따라 발생한 월보수액이 80만원 미만인 경우에는 제외)도 포함한다.

(2) 적용일

고용보험·산재보험은 근로자, 예술인 또는 노무제공자를 최초로 사용하게 된 날 또는 상시근로자 수가 5인 이상이 되어 당연적용사업에 해당하게 된 날로부터 적용된다.

여기서 상시근로자 수는 사업을 시작한 후 최초로 근로자를 사용한 날부터 그 사업의 가동일수 14일 동안 사용한 근로자 연인원(延人員)을 14로 나누어 산정(14일 이내에 사업이 종료되거나 업무상 재해가 발생한 경우에는 그때까지 사용한 연인원을 그 가동일수로 나누어 산정)한다. 이 경우 상시근로자 수가 5명 미만이면 최초로 근로자를 사용한 날부터 하루씩 순차적으로 미루어 가동기간 14일 동안 사용한 근로자 연인원을 14로 나누어 산정하며, 상시근로자 수가 5명 이상이 되는 사업은 상시근로자 수가 최초로 5명 이상이 되는 해당

기간의 첫날에 상시근로자 수가 5명 이상이 되는 사업이 성립한 것으로 본다.

4. 당연적용의 신고

(1) 일반 사업장

4대보험 당연적용사업장에 해당되는 경우 법인등기부등본, 사업자등록증, 임금대장, 사업장현황 및 생산제품설명서 등 구비서류를 첨부하여 국민연금당연적용사업장해당신고서/건강보험사업장(기관)적용신고서/고용·산재보험보험관계성립신고서·보험가입신청서(근로자 종사 사업장) 또는 고용보험관계성립신고서(예술인 종사 사업장, 노무제공자 종사 사업장)/산재보험관계성립신고서(특수형태근로종사자 종사 사업장)를 기한 내 제출하여야 한다. 다만, 근로자의 보수 또는 예술인·노무제공자의 원천징수 대상 사업소득이 기재된 지급명세서나 원천징수이행상황신고서를 원천징수 관할 세무서장에게 제출한 경우 고용·산재보험 보험관계 성립신고서를 제출한 것으로 본다.

구 분	신고기한
국민연금	당연적용사업장 해당일이 속하는 달의 다음 달 15일까지
건강보험	사유발생일로부터 14일 이내
고용/산재보험	보험관계 성립일로부터 14일 이내

실무 POINT **건강보험의 모사업장 지정신고 등**

1. **모사업장 지정신고**
   각각의 사업장관리번호를 가진 사업장(법인등록번호 동일, 개인사업주 주민번호 및 사업자등록번호 동일) 간에 직원의 인사이동이 필요할 때, 상실 및 취득신고 없이 근무처변경신고만으로 근무사업장 변경가능

2. **단위사업장 지정신고**
   사업장 내 지역 및 직종에 따라 보험료를 구분하여 납부하고자 할 경우

3. **영업소 지정신고**
   건강검진 시 사업장 근로자의 관리편의를 원할 때

(2) 건설공사현장 사업장의 경우

건설공사 또는 산림사업 현장에 국민연금·건강보험을 적용함에 있어 각 현장별 일용직만을 대상으로 본사 일반직 근로자와 분리적용하며, 이 경우 국민연금당연적용사업장해당신고서/건강보험사업장(기관)적용신고서를 기한 내 제출하되, 보험료 일괄경정고지

신청서도 함께 제출하고 사업장 자격관리 등을 위하여 정보통신망(EDI)에 가입하여야 한다.

건설공사현장(벌목업 포함)에 고용·산재보험을 적용함에 있어 도급계약서 등 구비서류를 첨부하여 건설공사 및 벌목업 고용·산재보험 보험관계성립신고서를 기한 내 제출하여야 한다. 다만, 건설공사현장에서 근무하는 본사 소속 일반근로자의 경우 본사 고용보험으로 적용하나, 산재보험의 경우 건설공사현장 산재보험으로 적용한다.

5. 당연적용 신고서 작성사례

(1) 일반사업의 경우

■ 국민건강보험법 시행규칙 [별지 제2호서식] 〈개정 2024. 8. 1.〉

국민연금 [✔]당연적용사업장 해당신고서
건강보험 [✔]사업장(기관) 적용신고서

고용보험 [✔]보험관계 성립신고서 [ ]보험가입신청서(근로자 종사 사업장)
산재보험 [✔]보험관계 성립신고서 [ ]보험가입신청서(근로자 종사 사업장)

※ 2쪽의 유의사항 및 작성방법을 읽고 작성하기 바라며, 색상이 어두운 난은 신고인(신청인)이 적지 않습니다. (4쪽 중 1쪽)

접수번호	접수일	처리기간 국민연금 · 건강보험 3일, 고용 · 산재보험 5일

공통	사업장	사업장관리번호	명칭 (주)대한민국	사업장 형태	[✔]법인 [ ]개인
		소재지	우편번호(06252) 서울시 강남구 강남대로 330		
		우편물 수령지	우편번호(06252) 서울시 강남구 강남대로 330	전자우편주소	mail@korea.com
		전화번호 02-2677-2017	(휴대전화) 010-4488-3349	팩스번호	02-508-7084
		업태 제조	종목 전기기계기구 (주생산품) 케이블	업종코드	
		사업자등록번호 220-87-92764	법인등록번호 114671-0038029		
		환급(반환) 계좌 사전신고	은행명 SC 제일은행	계좌번호 212-20-433481	[✔] 자동이체 계좌와 동일
			예금주명 (주)대한민국	* 보험료 정산 등 환급(반환)금액 발생 시 지급될 계좌입니다. (지급 관련하여 통장사본 등 추가 서류를 요청할 수 있습니다.)	
	사용자 (대표자)	성명 홍길동	주민(외국인)등록번호 651003-1234567	전화번호	02-508-3344
		주소 서울시 강남구 강남대로55길 우성아파트 103-1101호			
	보험료 자동이체신청	은행명 SC 제일은행	계좌번호 212-20-433481		
		예금주명 (주)대한민국	예금주 주민등록번호(사업자 등록번호) 220-87-92764		
		합산자동이체 적용여부 [✔] 적용 [ ] 미적용	이체희망일 [✔] 납기일 [ ] 납기전월 말일(월별보험료)		
		※ 고용 · 산재보험 건설업 일시납 개산보험료 및 1기 분납 보험료는 자동이체 처리되지 않음에 유의하여 주시기 바랍니다.			
	전자고지 신청	고지방법 [ ]전자우편 [ ]휴대전화 [ ]전자문서교환시스템 [✔]인터넷홈페이지(사회보험통합징수포털)			
		수신처(전자우편주소, 휴대전화번호 또는 아이디) korea			
		수신자 성명 김영희	수신자 주민등록번호 751003-2345678		
국민연금/건강보험		건설현장사업장 [ ]해당 [✔]비해당	건설현장 사업기간	~	
연금(고용)보험료 지원 신청		「국민연금법」 제100조의3 또는 「고용보험 및 산업재해보상보험의 보험료징수 등에 관한 법률」 제21조에 따라 아래와 같이 연금(고용)보험료 지원을 신청합니다(근로자 수가 10명 미만인 사업(장)만 해당합니다). 국민연금 [ ] 고용보험 [ ]			
국민연금		근로자수 46명	가입대상자수 43명	적용 연월일	2024.10.01.
		분리적용사업장 [ ]해당 [✔]비해당	본점사업장관리번호 220-87-92764-0		
건강보험		적용대상자수 46명	본점사업장관리번호 220-87-92764-0	적용 연월일	2024.10.01.
		사업장 특성부호 7	회계종목(공무원 및 교직원기관만 작성)	1 2 3	
고용보험		상시근로자수 45명	피보험자수 45명	성립일	2024.10.01.
		보험사무대행기관 (명칭)		(번호)	
		주된 사업장 명 칭		사업자등록번호	
		주된 사업장 우선지원대상기업 [ ]해당 [ ]비해당		관리번호	
산재보험		상시근로자수 22명	성립일 2024.10.01.	사업종류코드	
		사업의 형태 [✔] 계속 [ ] 기간이 정해져 있는 사업(사업기간: –)			
		성립신고일(가입신청일) 현재 산업재해발생여부	[ ]있음 [✔]없음		
		주된 사업장 여부 [✔]해당 [ ]비해당	주된 사업장 관리번호		
		원사업주 사업장관리번호 또는 사업개시번호 (사내하도급 수급사업주인 경우만 적습니다)			

행정정보 공동이용 동의서

본인은 이 건 업무처리와 관련하여 담당 직원이 「전자정부법」 제36조제1항에 따른 행정정보의 공동이용을 통해 담당 직원 확인사항의 행정정보를 확인하는 것에 동의합니다. *동의하지 않는 경우에는 신고인(신청인)이 직접 관련 서류를 제출해야 합니다.

신고인(신청인) (주)대한민국 대표이사 홍길동 (서명 또는 인)

위와 같이 신고(신청)합니다. 2024 년 10 월 10 일

신고인 · 신청인(사용자 · 대표자) (주)대한민국 대표이사 홍길동 (서명 또는 인)

[ ]보험사무대행기관(고용 · 산재보험만 해당) (서명 또는 인)

국민연금공단 이사장/국민건강보험공단 이사장/근로복지공단 서울강남 **지역본부(지사)장** 귀하

210mm×297mm[백상지(80g/㎡) 또는 중질지(80g/㎡)]

구분	내용	수수료
신고인(신청인) 제출서류	1. 근로자 과반수의 동의서 1부(고용보험 임의적용 가입신청의 경우에만 제출합니다) 2. 통장 사본 1부(자동이체 신청의 경우에만 제출합니다)	수수료 없음
담당 직원 확인사항	1. 사업자등록증명 2. 주민등록표 초본[고용 · 산재보험의 경우로서, 신고인(신청인)이 개인인 경우만 해당합니다]. 다만, 신고인(신청인)이 직접 신고서(신청서)를 제출하면서 신분증명서(주민등록증, 운전면허증, 여권을 말합니다)를 제시하는 경우에는 그 신분증명서의 확인으로 주민등록표 초본의 확인을 갈음합니다. 3. 법인 등기사항증명서[신고인(신청인)이 법인인 경우만 해당합니다]	

유의사항

1. 국민연금, 건강보험의 건설현장사업장은 건설일용근로자만 가입된 사업장을 말하고, 건설현장사업장으로 적용받으려는 사업장이 일괄경정 고지신청서(해당 기관 서식)를 제출하고 사업장 자격관리 등을 위해 해당 기관이 운영하는 정보통신망(EDI)에 가입하면 일괄경정고지를 받을 수 있습니다.
2. 전자고지는 「국민건강보험법」 제79조에 따라 송달의 효력이 발생하며, 별도의 우편고지서는 발송하지 않습니다.
3. 건설업 및 벌목업의 경우는 「고용보험 및 산업재해보상보험의 보험료징수 등에 관한 법률」 제19조에 따른 확정보험료 신고 · 납부기한부터 30일 이내에 고용보험료 지원을 신청하기 바랍니다.
4. 연금 · 고용보험료 지원 대상 사업장은 전년도의 월평균 근로자 수가 10명 미만이거나 신청 직전 3개월 동안(지원신청이 속한 연도로 한정하며, 보험관계성립일 이후 3개월이 지나지 않은 경우에는 그 기간 동안) 연속하여 근로자 수가 10명 미만이고, 신청월 말일 기준으로 10명 미만이어야 합니다.
   ※ 법인사업장은 법인 단위로 10명 미만 여부를 판단하나, 공동주택관리사무소의 경우 「고용보험 및 산업재해보상보험의 보험료징수 등에 관한 법률 시행령」 제12조제2항에 따라 관리사무소 현장별로 10명 미만 여부를 판단합니다.
5. 신청 연도의 근로자 수가 3개월 연속 10명 이상인 경우 4개월째부터 해당 연도 말까지 연금(고용)보험료 지원 대상에서 제외됩니다.
6. 연금 · 고용보험료 지원은 국민연금 및 고용보험의 자격취득이 된 사람으로 한정하여 이루어지므로 현재까지 자격취득이 안 된 근로자는 반드시 해당 기관에 자격취득신고서(일용근로자의 경우 근로내용확인신고서)를 제출해야 혜택을 받을 수 있습니다. (신고관련 문의: 국번없이 국민연금 1355, 고용보험 1588-0075)
7. 연금 · 고용보험료 지원 대상에 해당하는 경우에 신청 월부터 해당 연도 말까지 지원되며, 매월 해당 월의 보험료가 납부기한 이내에 모두 납부된 경우에만 보험료가 지원됩니다. 따라서 납부기한이 지나서 납부하거나 일부만 납부한 월에는 지원을 받을 수 없습니다.
8. 연금 · 고용보험료는 근로자의 보수(액) 수준 등에 따라 사용자와 근로자의 연금보험료와 고용보험료 부담분의 일부가 지원됩니다. 다만, 근로자의 재산(「지방세법」 제105조에 따른 토지, 건축물, 주택, 항공기 및 선박) 및 「소득세법」 제4조제1항제1호에 따른 종합소득이 보건복지부장관(고용노동부장관)이 고시한 기준 이상에 해당할 경우 지원대상에서 제외되며, 해당 근로자의 지원 여부를 결정하기 위해 국민연금 · 근로복지공단은 해당 근로자의 재산 및 종합소득자료를 수집하여 확인합니다.
9. 연금 · 고용보험료를 지원받고 있는 사업(장)에 신규로 자격을 취득한 근로자가 있을 경우 연금 · 고용보험료 지원신청이 없어도 해당 가입자가 보험료 지원요건을 충족할 경우 연금 · 고용보험료를 지원받을 수 있습니다(고용보험의 경우 건설업 및 벌목업은 해당하지 않습니다).
10. 연금 · 고용보험료 지원 대상 요건에 해당되지 않음이 추후 확인된 경우에는 이미 지원한 금액에 대해 국가가 환수할 수 있습니다.
11. 국민연금공단과 근로복지공단에서 국민연금과 고용보험의 지원 여부를 확인하여 처리 결과를 각각 통보합니다.
12. 국민연금의 경우 18세 미만의 근로자도 사업장가입자입니다. 다만, 본인이 원하지 않으면 가입하지 않을 수 있습니다.
13. 고용 · 산재보험 신고(신청) 시 "건설업 및 임업 중 벌목업(「고용보험 및 산업재해보상보험의 보험료징수 등에 관한 법률」 제8조에 따른 일괄적용 대상 사업은 제외합니다)"의 경우에는 별도 서식을 이용하여 근로복지공단에 제출하여 주시기 바랍니다.
14. 자동이체 신청 시 고용 · 산재보험료의 처리 대상은 월별보험료 및 분할납부보험료(2~4기)이며, 일시납부하는 개산보험료와 분할납부보험료(1기)는 자동이체 처리되지 않습니다. 합산자동이체는 월납보험료를 합산 출금합니다(고용 · 산재보험 일시납, 분할납부보험료는 제외).
15. 산재보험 적용사업(장)은 「임금채권보장법」 및 「석면피해구제법」(①상시근로자수가 20명 이상인 사업주(건설업은 제외), ②건설업 사업주(「고용보험 및 산업재해보상보험의 보험료징수 등에 관한 법률」 제8조제1항의 적용을 받지 않는 건설공사는 제외)을 당연히 적용받게 됩니다.
16. 4대 사회보험료 고지서는 한 장의 고지서에 합산된 금액(보험별 금액도 표기)으로 발송합니다. 월별보험료를 합산고지하며 고용 · 산재보험의 일시납부하는 개산보험료와 분할납부보험료는 합산고지 대상이 아닙니다. 보험별 각각의 고지서를 받기 원하시면 지사로 신청하기 바랍니다.

작성방법

공통사항	1. "사용자 · 대표자"란은 개인사업의 경우 개인사업주, 법인의 경우 대표자 인적사항을 적습니다. 2. "업태와 종목"란은 사업자등록증 상의 업태와 종목을 적습니다. 3. "환급(반환)계좌 사전신고"는 사업장 환급(반환)금 발생 시 지급받을 은행의 은행명, 계좌번호 등을 적습니다. 4. "자동이체신청"란의 예금주 주민등록번호는 계좌개설 시 주민등록번호로 등록되었으면 그 주민등록번호를, 사업자등록번호로 등록되었으면 그 사업자등록번호를 적습니다. "합산자동이체 적용여부"는 4대 사회보험료 모두 합산하여 출금 원하는 경우 적용에 "[√]"표시, 원하지 않는 경우는 미적용에 "[√]"표시를 합니다. 원하는 "이체희망일"에 "[√]"표시하며, 월별보험료인 경우 납기전월 말일을 선택할 수 있습니다. 5. "전자고지 신청"란은 전자고지를 받으려는 방법에 해당하는 부분에 "[√]"표시를 하고, 전자우편이나 휴대전화를 선택한 경우에는 "수신처"에 전자고지를 받으려는 정확한 전자우편주소 또는 휴대전화번호를 적으며, 전자문서교환시스템을 선택한 경우에는 "수신처"에 건강보험 Web EDI 또는 사회보험 EDI 중 하나를 선택하여 적고 아이디도 같이 적으며, 인터넷 홈페이지(사회보험통합징수포털)를 선택한 경우에는 "수신처"에 아이디를 적습니다.
국민연금	1. "적용 연월일"란에는 사업장이 1명 이상의 근로자를 사용하게 된 날을 적습니다. 2. "근로자수"란에는 법인의 대표자는 포함하고, 개인사업장의 사용자는 포함하지 마십시오. 3. "가입대상자수"란에는 사업장의 18세 이상 60세 미만의 근로자와 사용자를 더하되, 18세 미만 근로자도 가입을 희망하면 포함합니다. 4. "분리적용사업장"이란 이미 국민연금에 가입된 본점(모사업장)으로부터 분리하여 별개의 사업장으로 가입한 경우를 말하며, 이러한 분리적용사업장으로 가입하려는 경우에만 본점 명세를 적습니다.
건강보험	1. "적용 연월일"란에는 사업장이 1명 이상의 근로자를 사용하게 된 날을 적습니다. 2. 사업장 특성부호: 1. 공무원사업장 3. 사립학교교직원사업장 5. 군 기관 7. 일반근로자사업장 중에서 해당되는 번호를 적습니다. 3. "회계종목"란은 공무원 및 교직원사업장만 회계종목 사항을 적습니다. ※ 사업장 특성부호: 1. 공무원사업장 3. 사립학교교직원사업장 5. 군 기관 7. 일반근로자사업장 4. 관할 단위사업장 및 부서가 있을 때에는 3쪽의 "단위사업장 현황" 및 "영업소 현황"을 적고, 고용보험의 경우 보험관계 성립사업장이 둘 이상일 때에는 4쪽의 "신고대상사업장 현황"을 계속 적습니다.
고용보험	1. "상시근로자수", "피보험자수"란은 성립 또는 가입 사업 단위의 내용을 적습니다. 2. "우선지원 대상기업"란은 「고용보험법 시행령」 제12조에 따른 "우선지원 대상기업에 해당하는 기업"인지 여부를 적습니다. 3. "주된 사업장 관리번호"란은 주된 사업장의 보험관계가 이미 성립한 경우에만 적습니다. 4. 제출된 서식만으로 사실 여부의 확인이 곤란한 경우 관련 서류의 보완 요구가 있을 수 있습니다.
산재보험	※ "원사업주 사업장관리번호 또는 사업개시번호"란은 사내하도급 근로자를 고용하여 사내하도급을 수행하는 수급사업주가 원사업주의 산재보험 사업장관리번호(원사업주가 일괄적용 사업장인 경우에는 원사업주의 사업개시번호)를 적습니다(건설업은 제외). 1. "사내하도급"이란 원사업주로부터 업무를 도급받거나 업무의 처리를 수탁한 사업주가 자신의 의무를 이행하기 위해 원사업주의 사업장에서 해당 업무를 수행하는 것을 말합니다. 2. "수급사업주"란 업무를 도급받거나 업무의 처리를 위탁받은 사업주를 말합니다. 3. "원사업주"란 업무를 도급하거나 업무의 처리를 위탁한 사업주를 말합니다. 여러 차례의 도급이 있는 경우에는 최상위의 원사업주를 말합니다. 4. "사내하도급 근로자"란 수급사업주가 원사업주로부터 도급받거나 위탁 받은 일을 완성하거나 업무를 처리하기 위해 고용한 근로자를 말합니다. 5. 원사업주가 다수 있는 경우에는 사내하도급 근로자가 가장 많은 사업장의 원사업주 원수급 사업장관리번호를 적습니다. 6. 제출된 서식만으로 사실 여부 확인이 어려우면 관련 서류의 보완 요구가 있을 수 있습니다(원사업주는 수급사업주에게 사업장관리번호 제공에 협조해야 함).

처리절차

신고서(신청서) 작성	➔	접수 및 확인	➔	신고서(신청서) 처리	➔	사업장 해당(적용) · 보험관계 성립 확인통지	➔	수령
신고인(신청인)		국민연금공단 · 국민건강보험공단 · 근로복지공단						신고인(신청인)

공동대표자 현황

번호	성 명	주민(외국인)등록번호	취임일	주 소	전화번호
				우편번호( )	
				우편번호( )	
				우편번호( )	
				우편번호( )	
				우편번호( )	
				우편번호( )	
				우편번호( )	

단위사업장 현황(건강보험)

번호	단위사업장기호	단위사업장명	소 재 지	전화번호
1		(주)대한민국 본사	서울시 강남구 강남대로 330	02-2677-2017
2		(주)대한민국 인천공장	인천시 남동구 용천로 208	032-508-3344

영업소 현황(건강보험)

번호	영업소기호	영업소명	소 재 지	전화번호
1	000001	(주)대한민국 본사	서울시 강남구 강남대로 330	02-2677-2017
2	000002	(주)대한민국 인천공장	인천시 남동구 용천로 208	032-508-3344

유의사항 및 작성방법

1. 관할 단위사업장 및 부서가 있을 때에는 "단위사업장현황", "영업소현황"을 작성합니다.
2. 영업소기호는 사업장에서 영업소별로 부여하여 관리하기 바랍니다.
3. 색상이 어두운 난은 국민건강보험공단에서 작성하므로 신고인(신청인)이 적지 않습니다.

성립 또는 가입 사업 현황(고용보험)

사업장(2)	명칭		[ ] 근로자 종사 사업(장) [ ] 예술인 종사 사업(장) [ ] 노무제공자 종사 사업(장)		전화번호	
	소재지					
	업태		종목 (주생산품:)		업종코드	
	상시근로자 수	명	피보험자 수	명	사업자등록번호	
	예술인 수	명	노무제공자 수	명		
	보험관계성립일				보험사무대행기관번호	
	사업장관리번호					

사업장(3)	명칭		[ ] 근로자 종사 사업(장) [ ] 예술인 종사 사업(장) [ ] 노무제공자 종사 사업(장)		전화번호	
	소재지					
	업태		종목 (주생산품:)		업종코드	
	상시근로자 수	명	피보험자 수	명	사업자등록번호	
	예술인 수	명	노무제공자 수	명		
	보험관계성립일				보험사무대행기관번호	
	사업장관리번호					

사업장(4)	명칭		[ ] 근로자 종사 사업(장) [ ] 예술인 종사 사업(장) [ ] 노무제공자 종사 사업(장)		전화번호	
	소재지					
	업태		종목 (주생산품:)		업종코드	
	상시근로자 수	명	피보험자 수	명	사업자등록번호	
	예술인 수	명	노무제공자 수	명		
	보험관계성립일				보험사무대행기관번호	
	사업장관리번호					

사업장(5)	명칭		[ ] 근로자 종사 사업(장) [ ] 예술인 종사 사업(장) [ ] 노무제공자 종사 사업(장)		전화번호	
	소재지					
	업태		종목 (주생산품:)		업종코드	
	상시근로자 수	명	피보험자 수	명	사업자등록번호	
	예술인 수	명	노무제공자 수	명		
	보험관계성립일				보험사무대행기관번호	
	사업장관리번호					

□ 모사업장 ■ 단위사업장 ■ 영업소 ■ 지정 □ 폐쇄 신청서

주사업장					
사업장관리번호	220-87-92764-0	명칭	(주)대한민국	소속지사명	서울강남지사
소재지	서울시 강남구 강남대로 330		(우편번호 :06252)		
사용자명	홍길동	전화번호	(02) 2677-2017 (FAX : (02) 508-7084)		
사업자등록번호	220-87-92764-0	팩스번호	(02) 508-7084		
법인등록번호	114671-0038029	총개별사업장수	2개		

세 부 사 항

구분	*기호(관리번호)	명칭	사용자명	소 재 지	인원	최초성립일	(지정·폐쇄)일	비고
지정대상		㈜대한민국 인천공항	홍길동	인천시 남동구 용천로 208	23명	2024. 10. 1.		
폐쇄대상								

자동이체(신청.해지)	*기호(관리번호)	명칭	은행명	예금주	예금주주민번호(사업자등록번호)	계좌번호
		㈜대한민국 인천공항	SC제일은행	(주)대한민국	220-87-92764	212-20-433481

고지서수령지	주사업장 (✔)	단위사업장 ( )
기타		

국민건강보험법 제6조 제2항에 의한 적용사업장으로 위와 같이 신청합니다.
단, 모사업장 지정 또는 폐쇄신청 결과, 보험료 정산시에 근무처 변동처리된 가입자에 대한 정산금은 일체의 이의없이 최종사업장에서 부담하거나 환불 받을 것을 확약합니다.

2024.10.10.

사용자(기관장) : (주)대한민국 대표이사 홍길동 (서명 또는 인)

국민건강보험공단 이사장 귀하

안내사항

- 신청 항목과 지정·폐쇄의 유형별 신청여부에 'V' 표시 하십시오.
- 총개별사업장수는 모사업장 지정신청시 모사업장 지정대상 사업장수를 기재하십시오.
- 모사업장 지정신청의 경우 주사업장은 법인대표자가 있는 주된 사업장이며 모사업장 지정대상 및 폐쇄 대상 사업장의 소속지사 명칭은 비고란에 직접 기재하시기 바랍니다.
- 단위사업장지정 신청시 *기호는 공단에서 자동부여(3자리)하므로 기재하지 마십시오. (단, 단위사업장 폐쇄신청시 *기호란은 공단에서 기부여한 단위사업장 기호를 기재하십시오)
- 단위사업장지정시 해당 단위사업장의 최초성립일을 표기하시고 건설현장 단위사업장인 경우는 비고란에 '건설현장'으로 기재하십시오
- 모사업장 지정폐쇄 신청시 *기호는 사업장기호(8자리)를 기재하십시오
- 영업소지정·폐쇄 신청시 *기호는 사업장에서 자체 부여한 일련번호(6자리)를 기재하십시오 (※예시 : 000001, 000002,···)
- 단위사업장 지정.폐쇄시 해당 단위사업장의 자동이체 신청.해지 사항을 기재하십시오.
- 단위사업장 및 영업소 지정신청시 첨부서류 : 소속 가입자 명단 1부(성명,주민등록번호 기재)
- 기타사항은 단위사업장 등 신청항목 관리에 참고사항을 기재하십시요

(2) 건설공사 및 벌목업의 경우

■ 국민건강보험법 시행규칙 [별지 제2호서식] 〈개정 2024. 8. 1.〉

국민연금 [✔]당연적용사업장 해당신고서
건강보험 [✔]사업장(기관) 적용신고서
고용보험 [ ]보험관계 성립신고서 [ ]보험가입신청서(근로자 종사 사업장)
산재보험 [ ]보험관계 성립신고서 [ ]보험가입신청서(근로자 종사 사업장)

※ 2쪽의 유의사항 및 작성방법을 읽고 작성하기 바라며, 색상이 어두운 난은 신고인(신청인)이 적지 않습니다. (4쪽 중 1쪽)

접수번호	접수일	처리기간 국민연금 · 건강보험 3일, 고용 · 산재보험 5일

공통	사업장	사업장관리번호	명칭 ㈜대한민국 포천시 케이블 설치공사현장	사업장 형태	[✔]법인 [ ]개인
		소재지	우편번호(11133) 경기도 포천시 창수면 옥수로 410		
		우편물 수령지	우편번호(11133) 경기도 포천시 창수면 옥수로 410	전자우편주소 mail@korea.com	
		전화번호 031-533-1004	(휴대전화) 010-4488-3349	팩스번호 031-508-7084	
		업태 제조	종목 전기기계기구 (주생산품) 케이블	업종코드	
		사업자등록번호 220-87-92764	법인등록번호 114671-0038029		
		환급(반환) 계좌 사전신고	은행명 SC 제일은행	계좌번호 212-20-433481	[✔] 자동이체 계좌와 동일
			예금주명 (주)대한민국	* 보험료 정산 등 환급(반환)금액 발생 시 지급될 계좌입니다. (지급 관련하여 통장사본 등 추가 서류를 요청할 수 있습니다.)	
	사용자 (대표자)	성명 홍길동	주민(외국인)등록번호 651003-1234567	전화번호 02-508-3344	
		주소 서울시 강남구 강남대로55길 우성아파트 103-1101호			
	보험료 자동이체신청	은행명 SC 제일은행	계좌번호 212-20-433481		
		예금주명 (주)대한민국	예금주 주민등록번호(사업자 등록번호) 220-87-92764		
		합산자동이체 적용여부 [✔] 적용 [ ] 미적용	이체희망일 [✔] 납기일 [ ] 납기전월 말일(월별보험료)		
		※ 고용 · 산재보험 건설업 일시납 개산보험료 및 1기 분납 보험료는 자동이체 처리되지 않음에 유의하여 주시기 바랍니다.			
	전자고지 신청	고지방법 [ ]전자우편 [ ]휴대전화 [ ]전자문서교환시스템 [✔]인터넷홈페이지(사회보험통합징수포털)			
		수신처(전자우편주소, 휴대전화번호 또는 아이디) korea			
		수신자 성명 김영희	수신자 주민등록번호 751003-2345678		
국민연금/건강보험		건설현장사업장 [✔]해당 [ ]비해당	건설현장 사업기간	2024.10.15.~11.30.	
연금(고용)보험료 지원 신청		「국민연금법」 제100조의3 또는 「고용보험 및 산업재해보상보험의 보험료징수 등에 관한 법률」 제21조에 따라 아래와 같이 연금(고용)보험료 지원을 신청합니다(근로자 수가 10명 미만인 사업(장)만 해당합니다). 국민연금 [ ] 고용보험 [ ]			
국민연금		근로자수 20명	가입대상자수 20명	적용 연월일 2024.10.15.	
		분리적용사업장 [✔]해당 [ ]비해당	본점사업장관리번호 220-87-92764-0		
건강보험		적용대상자수 20명	본점사업장관리번호 220-87-92764-0	적용 연월일 2024.10.15.	
		사업장 특성부호 7	회계종목(공무원 및 교직원기관만 작성)	1 2 3	
고용보험		상시근로자수	피보험자수	성립일	
		보험사무대행기관 (명칭)		(번호)	
		주된 사업장 명 칭	사업자등록번호		
		주된 사업장 우선지원대상기업 [ ]해당 [ ]비해당	관리번호		
산재보험		상시근로자수	성립일	사업종류코드	
		사업의 형태 [ ] 계속 [ ] 기간이 정해져 있는 사업(사업기간: -)			
		성립신고일(가입신청일) 현재 산업재해발생여부	[ ]있음 [ ]없음		
		주된 사업장 여부 [ ]해당 [ ]비해당	주된 사업장 관리번호		
		원사업주 사업장관리번호 또는 사업개시번호 (사내하도급 수급사업주인 경우만 적습니다)			

행정정보 공동이용 동의서

본인은 이 건 업무처리와 관련하여 담당 직원이 「전자정부법」 제36조제1항에 따른 행정정보의 공동이용을 통해 담당 직원 확인사항의 행정정보를 확인하는 것에 동의합니다. *동의하지 않는 경우에는 신고인(신청인)이 직접 관련 서류를 제출해야 합니다.

신고인(신청인) (주)대한민국 대표이사 홍길동 (서명 또는 인)

위와 같이 신고(신청)합니다. 2024 년 10 월 10 일

신고인 · 신청인(사용자 · 대표자) (주)대한민국 대표이사 홍길동 (서명 또는 인)

[ ]보험사무대행기관(고용 · 산재보험만 해당) (서명 또는 인)

국민연금공단 이사장/국민건강보험공단 이사장/근로복지공단 지역본부(지사)장 귀하

210mm×297mm[백상지(80g/㎡) 또는 중질지(80g/㎡)]

보험료 일괄경정 · 전자고지 신청서

사업장	명 칭		(주)대한민국 포천시 케이블설치공사현장		
	사업장 관리번호	건강보험			
		국민연금			
	주 소		경기도 포천시 창수면 옥수로 410		
	전화번호		031-533-1004		
신 청 인	성 명		홍길동	생년월일	1965.10.03.
	사업장과의 관계		사용자		
일괄경정 신청내역	신청사유		건설현장 사업장(건설일용근로자 정산)		
	경정일자		매월 6일(토 · 일 · 공휴일인 경우에는 다음날)		
전자고지 신청처리 내역	정기고지		건강 · KT EDI(전자문서교환)로 발송(매월 21~23일)		
	경정고지		건강 · 연금 · KT EDI(전자문서교환)로 발송(매월 6일)		
적용기간	사업장 당연적용 해당 월 ~ 탈퇴 월				

※ **정기고지서는 건강 · KT EDI**로 발송하며, 우편 고지서는 발송되지 않습니다.
(단, 건강보험이 탈퇴될 경우 우편고지서로 발송됩니다.)

※ **경정고지 내역은** 매월 6일 **건강 · 연금 · KT EDI**로 발송됩니다.

※ **사업주는 매월 6일 이후 EDI**(전자문서교환)**에서 경정고지 내역서를 확인하여 경정된 고지금액으로 납부하여야 합니다.**

위와 같이 건강 · 연금보험료 일괄 경정 및 전자고지를 신청합니다.

신청일 : 2024 년 10 월 15 일

신청인(사용자) : (주)대한민국 대표이사 홍길동 (인)

국민건강보험공단
국 민 연 금 공 단 포천 **지사장 귀하**

■ 고용보험 및 산업재해보상보험의 보험료징수 등에 관한 법률 시행규칙 [별지 제3호서식] 〈개정 2024. 7. 1.〉

고용 · 산재보험 토탈서비스(http://total.kcomwel.or.kr)에서도 신고할 수 있습니다.

건설업 및 벌목업 [✔]고용보험 [✔]산재보험 [ ]보험가입신청서 [✔]보험관계 성립신고서

(앞면)

접수번호	접수일	처리기한: 5일

사업장관리번호			성립신고일 현재 산업재해 발생 여부	[ ]있음 [✔]없음
사업주 (대표자)	성명	홍길동	주민등록번호 (외국인등록번호)	651003-1234567
	주소	서울시 강남구 강남대로55길 우성아파트 103-1101호		전화번호 02-508-3344
	전자우편주소	hgd@korea.com	휴대전화번호	010-1234-5678
본사	명칭	(주)대한민국	사업 형태	[✔]법인 [ ]개인
	소재지	서울시 강남구 강남대로 330		전화번호 02-2677-2017
	사업자등록번호	220-87-92764	법인등록번호	114671-0038029
	우편물 수령지			팩스번호 02-508-7084

현장 (건설공사 및 벌목작업)	현장명		포천시 케이블설치공사	고용보험 업종코드	
	구분		[✔]도급 [ ]직영	산재보험 업종코드	
	소재지		경기도 포천시 창수면 옥수로 410		전화번호 031-533-1004
	건설면허번호		서울 10-12	계 약 일	2024년 10월 10일
	건축허가(신고)번호			계약서상 착공일	2024년 10월 15일
	총공사금액	계약금액 (부가세 제외)	50,000,000원	실제 착공일	2024년 10월 15일
		재료 시가환산액	100,000,000원	준공 예정일	2024년 11월 30일
		합계액	원	벌목재적량	㎥
		발주공사 총금액 (분리발주된 경우)	원	벌목 상시근로자수	명
	발주자 성명		한국전력공사	발주자 연락처	02-3465-3114

「고용보험 및 산업재해보상보험의 보험료징수 등에 관한 법률 시행규칙」 제3조제1항 또는 제7조제1항에 따라 위와 같이 신청(신고)합니다.

2024년 10월 15일

신청 · 신고인(사업주) (주)대한민국 대표이사 홍길동 (서명 또는 인)

보험사무대행기관 (서명 또는 인)

근로복지공단 의정부지역본부(지사)장 귀하

개인정보 수집 및 이용 동의서

본인은 이 건 민원사무처리에 대한 처리결과 안내, 캠페인(이벤트), 사업홍보물, 고객만족도조사 및 관련 제도개선에 필요한 의견조사를 위해 우편, 휴대전화 또는 전자우편 등으로 수신 · 참여하는 것에 동의합니다.

2024년 10월 15일

위와 같이 개인정보를 수집 · 이용하는데 동의하십니까? ([✔] 동의함 [ ] 동의안함)

신고인(신청인) (주)대한민국 대표이사 홍길동 (서명 또는 인)

※ 처리 사항(아래 사항은 신청 · 신고인이 적지 않습니다)

가입승인 여부	[ ]승 인	보험관계 성립일	고용보험	년 월 일
	[ ]불승인		산재보험	년 월 일

210㎜×297㎜[백상지(80g/㎡) 또는 중질지(80g/㎡)]

(뒷면)

신고(신청)인 제출서류	1. 공사도급계약서 사본(공사비명세서를 포함합니다) 2. 근로자 과반수의 동의를 받은 사실을 증명하는 서류 1부(고용보험 임의적용 가입신청의 경우에만 해당합니다)	수수료 없음
담당 직원 확인사항	1. 사업자등록증명(주민등록번호 뒷자리가 제외된 사업자등록증명을 말합니다) 2. 주민등록표 초본[신청(고)인이 개인인 경우만 해당합니다]. 다만, 신청(고)인이 직접 신청(고)서를 제출하면서 신분증명서(주민등록증, 운전면허증, 여권을 말합니다)를 제시하는 경우에는 그 신분증명서의 확인으로 주민등록표 초본의 확인을 갈음합니다. 3. 법인 등기사항증명서[신청(고)인이 법인인 경우만 해당합니다] 4. 건축 · 대수선 · 용도변경 허가서 또는 신고필증(건설업인 경우만 해당합니다)	

행정정보 공동이용 동의서

본인은 이 건 업무처리와 관련하여 「전자정부법」 제36조제1항에 따른 행정정보의 공동이용을 통하여 위의 담당 직원 확인사항 제1호 및 제2호의 행정정보를 확인하는 것에 동의합니다.

*동의하지 않는 경우에는 신고인이 직접 관련 서류(제1호의 경우는 사본을 말합니다)를 제출해야 합니다.

신고(신청)인 (주)대한민국 대표이사 홍길동 (서명 또는 인)

유의사항

1. 산재보험 적용사업(장)은 「임금채권보장법」 및 「석면피해구제법」(벌목업은 상시근로자가 20명 이상인 경우만 해당합니다)을 당연히 적용받게 됩니다.
2. 위 성립신고서는 보험관계 성립일(공사착공일)부터 14일 이내에 제출해야 하며, 사업주는 3월 말(연도 중에 보험관계가 성립한 경우에는 보험관계 성립일부터 70일 이내, 기간의 정함이 있는 사업으로서 70일 이내에 끝나는 사업인 경우 공사 종료일 전날까지)까지 고용 · 산재보험료(「임금채권보장법」에 따른 부담금 및 「석면피해구제법」에 따른 분담금 포함)를 신고하고, 이를 자진납부해야 합니다.
3. 위 기간이 경과할 때에는 관련 법 규정에 따른 불이익이 있을 수 있습니다.
4. 보험가입자께서는 사업의 소재지, 가입자 인적사항, 전화번호 등이 변경되거나 사업장이 휴업 · 폐업될 경우 우리 공단에 신고하셔야 합니다.
5. 보험가입을 신청하여 공단이 승인한 경우 그 접수일의 다음 날부터 적용됩니다.
6. 「고용보험 및 산업재해보상보험의 보험료 징수 등에 관한 법률」 제9조제1항 단서에 따라 하수급인을 사업주로 인정받게 하려는 원수급인은 하도급공사의 착공일부터 30일 이내에 하수급인 사업주 승인신청서를 우리 공단에 제출하셔야 합니다.
7. 건설업 및 벌목업 중 「고용보험 및 산업재해보상보험의 보험료징수 등에 관한 법률」 제8조에 따른 일괄적용 대상 사업의 경우에는 별도의 서식을 이용하여 근로복지공단에 제출하여 주시기 바랍니다.

작성방법

1. 고용보험, 산재보험 중 신고(신청)하려는 난에 "√" 표시를 하시기 바랍니다.
2. 보험관계 성립신고서란에는 당연적용, 보험가입신청서란에는 임의가입일 경우 "√" 표시를 합니다.
3. 휴대전화번호, 전화번호 및 전자우편주소(E-mail)를 꼭 적어주시기 바랍니다.
4. "성립신고일 현재 산업재해발생 여부" 란은 제출일 현재 해당 건설공사에서 산업재해가 발생한 경우에는[ ]있음에, 산업재해 발생 사실이 없다면 [ ]없음에 "√" 로 표시합니다.
5. "우편물 수령지" 란은 사업장 소재지와 별도의 주소로 우편물을 받을 경우에만 적습니다.
6. "건축허가(신고)사항"에는 건축허가(신고)에 따른 건축공사에 한하여 "건축허가기관"과 "건축허가번호"를 적습니다.
7. "벌목 상시근로자수"에는 보험관계 성립일 현재 사용하는 근로자 수를 적습니다.

처리절차

신고(청)서 작성 (신고(청)인) → 접수 및 확인 → 신고(청)서 처리 (근로복지공단) → 처리결과 통지 → 수 령

PART 3 4대보험 관리

2 임의적용

1. 국민연금·건강보험

국민연금·건강보험은 대상 근로자를 1인 이상 사용하는 경우에 모두 당연적용사업장에 해당하게 되므로 국민연금·건강보험에는 사업장의 임의가입제도가 별도로 없다.

2. 고용보험·산재보험

(1) 임의가입 요건

고용보험 및 산재보험의 당연적용 대상 사업이 아닌 사업의 사업주는 공단의 승인을 얻어 보험에 임의가입할 수 있다. 다만, 고용보험의 경우 근로자(적용제외 근로자 제외) 과반수 이상의 동의를 얻어야 한다.

고용보험의 경우 실업급여사업과 고용안정 및 직업능력개발사업 전부에 가입하는 것이 원칙이다. 다만, 별정직 또는 임기제 공무원은 실업급여사업에 한하여 임의가입 가능하다.

고용·산재보험에 임의가입을 신청한 경우 신청일의 다음 날부터 고용·산재보험이 적용된다.

(2) 개인사업주 또는 법인 이사

고용·산재보험은 개인사업주, 법인 이사 등 사용자에게 적용되지 않는 것이 원칙이나, 근로자를 사용하지 않거나 50인 미만의 근로자를 사용하는 사업주로서 사업자등록을 하고 실제 사업을 영위하고 있는 자영업자(고용보험 적용제외 사업 및 부동산임대업 제외)는 공단의 승인을 얻어 고용보험에 임의 가입할 수 있으며, 300인 미만의 근로자를 사용하는 사업주 또는 근로자를 사용하지 않고 사업을 행하는 사업주(특수형태근로종사자에 해당하는 사람은 제외)는 공단의 승인을 얻어 자기 또는 유족을 보험수급자로 하여 산재보험에 가입할 수 있다.

한편, 300인 미만의 근로자를 사용하는 사업주 또는 근로자를 사용하지 않고 사업을 행하는 사업주의 배우자(사실상 혼인관계에 있는 사람 포함) 또는 4촌 이내의 친족으로서 중소기업사업주로부터 노무제공에 대한 보수를 받지 않고 해당 사업에 노무를 제공하는 사람은 공단의 승인을 받아 산재보험에 가입할 수 있다.

(3) 해외사업장

해외사업장의 경우 산재보험이 적용되지 않는 것이 원칙이나, 산재보험이 적용되는 사업장 소속 근로자로 해외사업에 파견된 자의 경우 사업주가 공단에 임의가입을 신청하여 산재보험의 적용(사업의 종류 : 해외파견자, 보험료율 : 14/1,000, 2025년 기준)을 받을 수 있다.

3. 임의가입의 신청

임의가입을 원하는 경우 당연적용신고 시 제출하는 구비서류 및 근로자 동의서(고용보험의 경우 과반수 동의서) 등을 첨부하여 고용·산재보험 보험가입신청서를 제출하여야 한다.

4. 임의가입 신청서 작성사례

(1) 자영업자의 고용보험 임의가입의 경우

■ 고용보험 및 산업재해보상보험의 보험료징수 등에 관한 법률 시행규칙 [별지 제59호서식] 〈개정 2024. 7. 1.〉

고용 · 산재보험 토탈서비스(total.comwel.or.kr)에서도 신청할 수 있습니다.

자영업자 고용보험가입신청서

※ 뒤쪽의 유의사항과 작성방법을 읽고 작성하기 바라며, 색상이 어두운 난은 신청인 적지 않습니다.
※ [ ]에는 해당되는 곳에 "√" 표시를 합니다. (앞쪽)

접수번호	접수일	처리기간: 7일

구분	항목	내용	항목	내용
신청인	상호(법인명)	(주)대한민국		
	소재지	서울시 강남구 강남대로 330	전화번호	02-2677-2017
	우편물수령지	서울시 강남구 강남대로 330	전자우편주소	mail@korea.com
	근로자수	45명		
	대표자	홍길동	주민등록번호	651003-1234567
	사업자등록번호 (고유번호 또는 농 · 어업 경영체 등록번호)	220-87-92764	법인등록번호	114671-0038029
	사업 개시일(개업연월일)	2023.10.10.		
	업태	종목 (주생산품)	업종코드	

보험가입 신청내용	보험료산정 기준보수액	5 등급(2,860,000 원)
	사업의 내용	전기기계기구(케이블) 제조

신청일 현재 임금근로자(일용근로자 포함) 피보험자격 취득 여부	예 [✔] 아니오 [ ]

「고용보험 및 산업재해보상보험의 보험료징수 등에 관한 법률」 제49조의2제1항 · 제4항 및 같은 법 시행규칙 제44조의2제1항에 따라 위와 같이 신청합니다.

2024 년 10 월 15 일

신청인(보험가입자) (주)대한민국 대표이사 홍길동 (서명 또는 인)

[ ]보험사무대행기관 (서명 또는 인)

근로복지공단 서울강남 **지역본부(지사)장** 귀하

개인정보 수집 및 이용 동의서(선택)

본인은 산업재해보상보험 제도 안내 및 관련 제도개선에 필요한 의견조사 등을 위해 우편 또는 휴대전화 등으로 관련 정보 등을 수신하는 것에 동의합니다.

① 개인정보의 수집 및 이용 목적: 관련 제도 홍보자료 제공 및 제도개선에 필요한 의견조사 등
② 수집하는 개인정보의 항목: 신청인 성명, 주소 및 휴대전화번호 등 연락처
③ 개인정보의 수집 및 이용기간: 해당 보험관계의 해지 후 1년
④ 동의 거부 권리 등 안내: 신청인은 개인정보 수집 및 이용에 관하여 동의하지 않을 수 있으며, 이 경우 공단이 제공하는 산재보험 제도 안내 및 관련 정보 등은 제공받을 수 없습니다.

위와 같이 개인정보를 수집 · 이용하는데 동의하십니까? [✔] 동의함 [ ] 동의안함

신청인 (주)대한민국 대표이사 홍길동 (서명 또는 인)

※ 처리사항

보험관계 성립일		승인 여부	[ ]승인 [ ]불승인
보험관리번호			

210mm×297mm[백상지(80g/㎡) 또는 중질지(80g/㎡)]

(2) 중소기업사업주의 산재보험 임의가입의 경우

■ 고용보험 및 산업재해보상보험의 보험료징수 등에 관한 법률 시행규칙 [별지 제57호서식] 〈개정 2023. 6. 30.〉

고용 · 산재보험 토탈서비스(total.comwel.or.kr)에서도 신청할 수 있습니다.

☑중소기업 사업주 □가족종사자 산재보험 가입신청서

근로자 사용 여부(해당 ☑)	근로자 사용 □	근로자 미사용 □

(앞쪽)

※ 뒤쪽의 유의사항과 작성방법을 읽고 작성하시기 바라며, [ ]에는 해당되는 곳에 "√" 표를 합니다.

접수번호	접수일	처리기간 7일

구분	항목	내용	항목	내용
산재보험 사업장관리번호		220-87-92764-0	중소기업 사업주 · 가족종사자 사업장관리번호	
사업장	상호(법인명)	(주)대한민국		
	소재지	서울시 강남구 강남대로 330		
	우편물 수령지	서울시 강남구 강남대로 330		
	전화번호	02-2677-2017	휴대전화	
	사업자등록번호	220-87-92764	법인등록번호	114671-0038029
	근로자수	45명	전자우편주소	mail@korea.com
사업주	성명	홍길동	주민등록번호	651003-1234567
	주소	서울시 강남구 강남대로55길 우성아파트 103-1101호		
가족종사자	성명		주민등록번호	
	주소			
	사업주와의 관계	□ 배우자 □ 부모 · 자녀 □ 그 밖에 4촌 이내의 친족 ( )	휴대전화	
보험가입 신청내용	기준보수액	10 등급(6,867,710 원)		
	업무 내용	영업 및 마케팅, 총괄관리		
	근로시간	09:00 부터 18:00 까지		
	특정업무 종사여부	[ ] 분진작업을 수행하는 업무 [ ] 진동 공구를 사용하는 업무 [ ] 납 업무 [ ] 유기용제를 취급하는 업무		
	특정업무 종사경력	최초 종사연월	년 월	
		종사한 기간의 합계	년 월	
	근로자를 사용하지 않는 사업주 중 수요응답형 여객자동차운송사업, 개인택시운송사업자 또는 퀵서비스업자	본인의 주거지에 업무용 자동차 등의 차고지 보유 여부	[ ] 예	[ ] 아니오

「고용보험 및 산업재해보상보험의 보험료징수 등에 관한 법률」 제49조 제2항 및 같은 법 시행규칙 제43조의 2 제1항에 따라 위와 같이 산재보험 가입을 신청합니다.

2024 년 10 월 15 일

신청인(보험가입자) (주)대한민국 대표이사 홍길동 (서명 또는 인)

[ ]보험사무대행기관 (서명 또는 인)

근로복지공단 서울강남 **지역본부(지사)장** 귀하

첨부서류	1. 건강진단서 1부(중소기업 사업주와 가족종사자가 분진 · 진동 · 납 및 유기용제 관련 업무 종사자인 경우에만 해당합니다) 2. 사실상 혼인관계 존재확인청구에 따른 판결문 또는 인우보증서 등 가족관계를 확인할 수 있는 서류(사실혼의 경우만 해당합니다)	수수료 없음
담당직원 확인사항	가족관계증명서(가족종사자의 경우만 해당합니다)	

※ 처리 사항(아래 사항은 신청인이 적지 않습니다)

보험관계 성립일		승인 여부	[ ]승인 [ ]불승인
건강진단 실시기간	년 월 일부터	년 월 일까지	

(3) 해외파견자 산재보험 임의가입의 경우

- 고용보험 및 산업재해보상보험의 보험료징수 등에 관한 법률 시행규칙 [별지 제53호서식] 〈개정 2021. 12. 31.〉

고용 · 산재보험 토탈서비스(total.comwel.or.kr)에서도 신청할 수 있습니다.

[✔]일반사업 [ ]건설업 등 해외파견자 산재보험가입신청서

※ 2쪽의 유의사항과 작성방법을 읽고 작성하기 바라며, [ ]에는 해당되는 곳에 "√" 표를 합니다. (3쪽 중 1쪽)

접수번호	접수일	처리기간 5일

신청인(사업주)	국내사업장 사업장관리번호 220-87-92764-0		
	상호(법인명) (주)대한민국		전화번호 02-2677-2017
	소재지 서울시 강남구 강남대로 330		
	대표자 홍길동		
해외파견(예정)자 가입신청 내역	성명 김대한		주민등록번호 751010-2345678
	파견사업장(공사)명 현대자동차미국법인		출국일 2024.11.1.
	파견예정기간 2024.11.1.~2025.5.6.		공사기간
	보수지급방법	국내사업장[✔] 해외사업장[ ]	월평균(예상)보수액 5,000,000원
	업무내용 기술지도		※ 성립일
	성명 이민국		주민등록번호 761011-3456789
	파견사업장(공사)명 현대자동차미국법인		출국일 2024.11.1.
	파견예정기간 2024.11.1.~2025.5.6.		공사기간
	보수지급방법	국내사업장[✔] 해외사업장[ ]	월평균(예상)보수액 4,000,000원
	업무내용		※ 성립일
	성명		주민등록번호
	파견사업장(공사)명		출국일
	파견예정기간		공사기간
	보수지급방법	국내사업장[ ] 해외사업장[ ]	월평균(예상)보수액
	업무내용		※ 성립일

※ 해외파견(예정)자 인원이 많은 경우 제2쪽에 계속 적기 바랍니다.

「고용보험 및 산업재해보상보험의 보험료징수 등에 관한 법률」 제47조제2항 및 같은 법 시행규칙 제42조제1항에 따라 위와 같이 신청합니다.

2024 년 10 월 15 일

신청인(보험가입자) (주)대한민국 대표이사 홍길동 (서명 또는 인)

[ ]보험사무대행기관 (서명 또는 인)

근로복지공단 서울강남 지역본부(지사)장 귀하

※ 처리 사항 (아래 사항은 민원인이 적지 않습니다)

해외사업장 사업장관리번호	
해외사업장 보험관계 성립일	

210mm×297mm[백상지(80g/㎡) 또는 중질지(80g/㎡)]

3 의제적용

1. 국민연금·건강보험

국민연금·건강보험에는 사업장의 의제가입제도가 별도로 없다.

2. 고용보험·산재보험

고용·산재보험이 당연적용되는 사업이 규모의 변동 등으로 인해 적용제외사업이 된 경우에도 근로자보호를 위하여 보험에 임의 가입한 것으로 보며, 사업주가 그 사업의 운영 중에 근로자(고용보험의 경우 적용제외 근로자는 제외)를 고용하지 아니하게 된 때에는 그날부터 1년의 범위 안에서 근로자를 사용하지 아니하는 기간 동안에도 보험에 가입한 것으로 본다.

그러나 사업자체가 폐지 또는 종료된 경우에는 사업주의 보험관계 소멸신고 또는 공단지사장의 직권에 의하여 곧바로 보험관계는 소멸된다.

4 분리적용 또는 일괄적용

1. 국민연금·건강보험의 분리적용

하나의 사업장으로 국민연금·건강보험에 가입하고 있는 사업장이 지점, 대리점 또는 출장소를 본점과 분리하여 각각 별도로 가입하기를 원하는 경우에는 본·지점 등의 관계를 입증할 수 있는 서류를 첨부하여 당연적용사업장 해당신고서/사업장(기관)적용신고서(분리적용내역 등 기재), 사업장 가입자 자격취득신고서 또는 분리적용 사업장가입자 전입신고서, 소속 가입자명단 등을 제출하여야 한다.

2. 고용보험·산재보험의 일괄적용

고용·산재보험의 경우 사업주가 동일인이고, 각각의 사업이 기간의 정함이 있는 사업이며, 한국표준산업분류표의 대분류에 따른 건설업인 경우에는 사업주의 의사에 관계없이 사업주가 행하는 개별 사업의 전부를 하나의 사업으로 보아 일괄 적용되며, 그 외의 사업으로서 사업주가 동일인인 경우(산재보험의 경우에는 사업의 종류가 동일한 경우에 한함) 공단의 승인을 받아 일괄적용 승인신청서를 접수한 날의 다음 날부터 일괄적용을 받을 수 있다. 이 경우 동종사업 일괄적용사업의 사업주는 각각의 사업에 대하여 사업개시 및 종료신고서를 14일 이내에 제출하여야 하며(사업종료신고는 고용보험에 한함), 건축허가권자에게 착공신고 등을 하여 수리된 경우에는 일괄적용 성립신고서를 제출한 것으로 본다.

공단의 승인을 얻어 일괄적용을 받는 사업주가 그 일괄적용관계를 해지하고자 할 경우에는 다음 보험연도 개시 7일 전까지 공단에 해지신청을 하여 공단의 승인을 얻어야 한다. 이 경우 다음 보험연도의 보험관계부터 일괄적용관계가 해지된다.

한편, 건설업이 여러 차례의 도급에 의하여 시행되는 경우에는 그 원수급인을 사업주로 보되, 공단의 승인을 받은 경우에는 하수급인을 사업주로 보며 국내에 영업소를 두지 아니하는 외국의 사업주로부터 하도급을 받아 시행되는 경우에는 국내에 영업소를 둔 최초 하수급인을 사업주로 본다. 하수급인의 사업주 인정 승인을 받기 위해서는 하수급인이 건설업자로서 원수급인과 보험료 납부의 인계·인수에 관한 서면계약을 체결하고 하도급공사의 착공일부터 30일 이내에 공단에 승인신청을 하여야 하며, 해당 하도급공사에서 하도급공사의 착공 15일부터 승인신청 전까지 업무상 재해가 발생하지 않거나 하도급공사 착공 후 승인신청 전까지 원수급인으로부터 보험급여액을 징수해야 하는 업무상 재해가 발생하지 않아야 한다.

3. 분리적용 또는 일괄적용 신고서 작성사례

(1) 국민연금·건강보험 분리적용의 경우

① 본점은 이미 가입되어 있고, 지점을 신규 가입하려는 경우

■ 국민건강보험법 시행규칙 [별지 제2호서식] 〈개정 2024. 8. 1.〉

국민연금 [✔]당연적용사업장 해당신고서
건강보험 [✔]사업장(기관) 적용신고서
고용보험 [✔]보험관계 성립신고서 [ ]보험가입신청서(근로자 종사 사업장)
산재보험 [✔]보험관계 성립신고서 [ ]보험가입신청서(근로자 종사 사업장)

※ 2쪽의 유의사항 및 작성방법을 읽고 작성하기 바라며, 색상이 어두운 난은 신고인(신청인)이 적지 않습니다. (4쪽 중 1쪽)

접수번호	접수일	처리기간 국민연금·건강보험 3일, 고용·산재보험 5일

공통	사업장	사업장관리번호	명칭 ㈜대한민국 부산공장	사업장 형태	[✔]법인 [ ]개인
		소재지	우편번호(46515) 부산시 북구 산성로 209		
		우편물 수령지	우편번호(46515) 부산시 북구 산성로 209	전자우편주소	mail@korea.com
		전화번호 051-234-5555	(휴대전화) 010-4488-3349	팩스번호	051-234-5556
		업태 제조	종목 전기기계기구 (주생산품) 케이블	업종코드	
		사업자등록번호 220-87-92764	법인등록번호 114671-0038029		
		환급(반환) 계좌 사전신고	은행명 SC 제일은행 / 예금주명 (주)대한민국	계좌번호 212-20-433481	[✔] 자동이체 계좌와 동일 * 보험료 정산 등 환급(반환)금액 발생 시 지급될 계좌입니다. (지급 관련하여 통장사본 등 추가 서류를 요청할 수 있습니다.)
	사용자 (대표자)	성명 홍길동	주민(외국인)등록번호 651003-1234567	전화번호	02-508-3344
		주소 서울시 강남구 강남대로55길 우성아파트 103-1101호			
	보험료 자동이체신청	은행명 SC 제일은행	계좌번호 212-20-433481		
		예금주명 (주)대한민국	예금주 주민등록번호(사업자 등록번호) 220-87-92764		
		합산자동이체 적용여부 [✔] 적용 [ ] 미적용	이체희망일 [✔] 납기일 [ ] 납기전월 말일(월별보험료)		
		※ 고용·산재보험 건설업 일시납 개산보험료 및 1기 분납 보험료는 자동이체 처리되지 않음에 유의하여 주시기 바랍니다.			
	전자고지 신청	고지방법 [ ]전자우편 [ ]휴대전화 [ ]전자문서교환시스템 [✔]인터넷홈페이지(사회보험통합징수포털)			
		수신처(전자우편주소, 휴대전화번호 또는 아이디) korea			
		수신자 성명 김영희	수신자 주민등록번호 751003-2345678		
국민연금/건강보험		건설현장사업장 [ ]해당 [✔]비해당	건설현장 사업기간	~	
연금(고용)보험료 지원 신청		「국민연금법」 제100조의3 또는 「고용보험 및 산업재해보상보험의 보험료징수 등에 관한 법률」 제21조에 따라 아래와 같이 연금(고용)보험료 지원을 신청합니다(근로자 수가 10명 미만인 사업(장)만 해당합니다). 국민연금 [ ] 고용보험 [ ]			
국민연금		근로자수 10명	가입대상자수 10명	적용 연월일	2025.10.1.
		분리적용사업장 [✔]해당 [ ]비해당	본점사업장관리번호 220-87-92764-0		
건강보험		적용대상자수 10명	본점사업장관리번호 220-87-92764-0	적용 연월일	2025.10.1.
		사업장 특성부호 7	회계종목(공무원 및 교직원기관만 작성)	1 2 3	
고용보험		상시근로자수 10명	피보험자수 10명	성립일	2025.10.1.
		보험사무대행기관 (명칭)		(번호)	
		주된 사업장 명칭 ㈜대한민국	사업자등록번호 220-87-92764		
		주된 사업장 우선지원대상기업 [✔]해당 [ ]비해당	관리번호 220-87-92764-0		
산재보험		상시근로자수 10명	성립일 2025.10.1.	사업종류코드	
		사업의 형태 [✔] 계속 [ ] 기간이 정해져 있는 사업(사업기간: ―)			
		성립신고일(가입신청일) 현재 산업재해발생여부	[ ]있음 [✔]없음		
		주된 사업장 여부 [ ]해당 [✔]비해당	주된 사업장 관리번호 220-87-92764-0		
		원사업주 사업장관리번호 또는 사업개시번호 (사내하도급 수급사업주인 경우만 적습니다)			

행정정보 공동이용 동의서

본인은 이 건 업무처리와 관련하여 담당 직원이 「전자정부법」 제36조제1항에 따른 행정정보의 공동이용을 통해 담당 직원 확인사항의 행정정보를 확인하는 것에 동의합니다. *동의하지 않는 경우에는 신고인(신청인)이 직접 관련 서류를 제출해야 합니다.

신고인(신청인) (주)대한민국 대표이사 홍길동 (서명 또는 인)

위와 같이 신고(신청)합니다. 2025 년 10 월 10 일

신고인·신청인(사용자·대표자) (주)대한민국 대표이사 홍길동 (서명 또는 인)

[ ]보험사무대행기관(고용·산재보험만 해당) (서명 또는 인)

국민연금공단 이사장/국민건강보험공단 이사장/근로복지공단 부산북부 지역본부(지사)장 귀하

210mm×297mm[백상지(80g/㎡) 또는 중질지(80g/㎡)]

PART 3 4대보험 관리

② 본점 및 지점이 하나의 사업으로 이미 가입되어 있는 경우

[별지 제11호 서식]

서식기호	k	i	0	3
*접수번호				

결재	파트장	팀 장	지사장
처리	조회필	입력필	확인필

국 민 연 금

분리적용 사업장 (■등록 □해지)신청서

작성자(담당자) 김영희 (인)

본 점 사 업 장			
관리번호	220－87－92764－0	명 칭	(주)대한민국

분 리 적 용 사 업 장

순번	관리번호	명 칭	주 소	전화번호	비고
1	－－ －	(주)대한민국 인천공장	인천시 남동구 용천로 208	032－508－3344	
	－－ －				
	－－ －				
	－－ －				
	－－ －				
	－－ －				
	－－ －				
	－－ －				

국민연금법 시행규칙 제56조의 규정에 의하여
위와 같이 우리 사업장의 분리적용 (■등록 □해지)를 신청합니다.

신청일 2025년 11월 30일

접 수 인

신청인(사용자) (주)대한민국 대표이사 홍길동(인)

국 민 연 금 공 단 이 사 장 귀하

[별지 제10호서식] 국민연금 분리적용 사업장가입자 전입신고서〈개정 2007. 9. 10, 2008. 1. 23, 2012. 12. 18, 2016. 9. 27〉

(앞면)

처리	조 회 필	입 력 필	확 인 필

*접수번호	

국 민 연 금

분리적용 사업장가입자 전입신고서

작성자(담당자) 김영희 (인)

행 정 구 역	현근무지 사 업 장 관 리 번 호	사 업 장 명 칭	전 화 번 호
	9 1 1 8 7 9 2 7 6 4 1	(주)대한민국 인천공장	032-508-3344

일련번호	성 명	주민등록번호	전입(현근무지)일자 년	월	일	전출(이전근무지) 사업장관리번호 및 명칭
1	박한별	820717-2334411	2025	12	1	(주)대한민국 220-87-92764-0
		-				
		-				
		-				
		-				
		-				
		-				
		-				
		-				

총 계	11 명

「국민연금법」 제21조 제1항 및 동법 시행규칙 제56조의 규정에 의하여 위와 같이 분리적용 사업장가입자의 전입신고를 합니다.

접 수 인

신 고 일 2025 . 11 . 30 .

신고인(사용자) (주)대한민국 대표이사 홍길동 (서명 또는 인)

국 민 연 금 공 단 이 사 장 귀하

* 기재요령은 뒷면을 참조하십시오. 210㎜×297㎜ 신문용지54g/㎡

PART 3 4대보험 관리

(2) 고용·산재보험 일괄적용의 경우

① 일괄적용 승인신청 또는 성립신고

■ 고용보험 및 산업재해보상보험의 보험료징수 등에 관한 법률 시행규칙 [별지 제6호서식] 〈개정 2024. 7. 1.〉

고용 · 산재보험토탈서비스(total.comwel.or.kr)에서도 신청(신고)할 수 있습니다.

[ ]고용보험 [✔]산재보험 일괄적용 [✔]승인신청서 [ ]성립신고서

※ 뒤쪽의 유의사항 및 작성방법을 읽고 작성하기 바라며, 색상이 어두운 난은 신청인(신고인)이 적지 않습니다. (앞쪽)

접수번호	접수일	처리기한: 7일

구분	항목	내용	항목	내용
사업장관리번호(일괄적용)				
대표자	성 명	홍길동	주민(외국인)등록번호	651003-1234567
	주 소	서울시 강남구 강남대로55길 우성아파트 103-1101호	전화번호	02-508-3344
본사 사업장	상호 · 법인명	(주)대한민국	대규모기업	[ ]해당 [✔]비해당
	소 재 지	서울시 강남구 강남대로 330	전화번호	02-2677-2017
	우편물 수령지	서울시 강남구 강남대로 330	전화번호	02-2677-2017
	E – mail	mail@korea.com	팩스번호 02-508-7084	휴대전화
	사업자등록번호	220-87-92764	법인등록번호	114671-0038029
	사업종류	전기기계기구제조업	(주생산품명 · 제공되는 서비스명: 케이블)	
	총 상시근로자 수	22명	총 피보험자 수	22명
	주된(본사)사업우편물 수령지		서울시 강남구 강남대로 330	

건설업	건설업면허관련	면허종류	면허번호	등록일자
	공사현장			
	공사기간	(실제착공일:)	공사금액	
일반사업	사업장관리번호	지점 · 지사 · 공장명	소재지	사업종류
	911-87-92764-1	인천공항	인천시 남동구 용천로 208	전기기계기구제조업
일괄적용 현황	총 상시근로자 수	45명	총 피보험자 수	45명
고용보험 성립일(일괄적용)			고용업종코드	
산재보험 성립일(일괄적용)			산재업종코드	

「고용보험 및 산업재해보상보험의 보험료징수 등에 관한 법률 시행령」 제6조제2항 및 같은 법 시행규칙 제4조, 제7조제4항에 따라 위와 같이 신청(신고)합니다.

2025 년 10 월 10 일

신청 · 신고인(사업주) (주)대한민국 대표이사 홍길동 (서명 또는 인)

보험사무대행기관 (서명 또는 인)

근로복지공단 서울강남 지역본부(지사)장 귀하

210mm×297mm[백상지(80g/㎡) 또는 중질지(80g/㎡)]

② 일괄적용 해지신청

■ 고용보험 및 산업재해보상보험의 보험료징수등에 관한 법률 시행규칙 [별지 제7호서식] 〈개정 2021.12.31.〉

고용 · 산재보험 토탈서비스(http://total.kcomwel.or.kr)에서도 신고(신청)할 수 있습니다.

[ ]고용보험 [✔]산재보험 일괄적용 해지신청서

※ 작성방법은 뒷면을 참고하여 주시기 바라며, 색상이 어두운 난은 신청인이 적지 않습니다. (앞면)

접수번호	접수일	처리기한: 5일

사업장관리번호		220-87-92764-9	
사업장	상호 · 법인명	(주)대한민국	
	소 재 지	서울시 강남구 강남대로 330	전화번호 02-2677-2017
	대표자	홍길동	

일괄적용 해지신청	해지 사유	규모축소
	해지 사유 발생일	2025.12.31.

「고용보험 및 산업재해보상보험의 보험료징수 등에 관한 법률 시행령」 제6조제3항 및 같은 법 시행규칙 제5조에 따라 위와 같이 신청합니다.

2025 년 12 월 24 일

신고 · 신청인(사업주) (주)대한민국 대표이사 홍길동 (서명 또는 인)

보험사무대행기관 (서명 또는 인)

근로복지공단 서울강남 지역본부(지사)장 귀하

※ 처리 사항(아래 사항은 민원인이 적지 않습니다)

산재보험 소멸일		고용보험 소멸일	
불승인 사유			

210mm×297mm[일반용지 60g/㎡(재활용품)]

③ 사업개시 또는 종료신고

■ 고용보험 및 산업재해보상보험의 보험료징수 등에 관한 법률 시행규칙 [별지 제10호서식] 〈개정 2024. 7. 1.〉

고용 · 산재보험토탈서비스(total.comwel.or.kr)에서도 신청할 수 있습니다.

일괄적용사업장의 [ ]고용보험 [✔]산재보험 [✔]사업 개시 [ ]사업 종료 신고서

※ 뒤쪽의 유의사항과 작성방법을 읽고 작성하기 바라며, [ ]에는 해당되는 곳에 "√" 표를 합니다. (앞쪽)

접수번호	접수일	처리기간 1일

일괄적용 사업	명칭	(주)대한민국	대표자	홍길동
	일괄적용 사업 관리번호	220-87-92764-9	전화번호	02-2677-2017
건설공사 개시	공사명			
	총공사금액 (재료 시가환산액 포함)	원	발주공사총금액 (분리발주된 경우)	원
	공사기간			
	현장 소재지		현장 전화번호	
	건축허가사항		공동도급공사	[ ]해당 [ ]비해당
	발주자명		공제가입번호	
	발주자 주소		전화번호	
벌목작업 개시	벌목 현장명		전화번호	
	현장 소재지			
	벌목 재적량		벌목기간	
	인원		발주자명	
지점 · 지사 · 공장 등 개시	지점 · 지사 · 공장명	(주)대한민국 부산공장	전화번호	051-234-5555
	소재지	부산시 북구 산성로 209		
	사업종류	전자기계기구 제조업	사업 개시일	2025.12.1.
	사업자등록번호	220-87-92764	인원	10명
사업 종료	개시번호			
	명칭			
	종료일			

「고용보험 및 산업재해보상보험의 보험료징수 등에 관한 법률」 제11조제3항 및 같은 법 시행규칙 제8조에 따라 위와 같이 신고합니다.

2025 년 12 월 5 일

신고인(사업주) (주)대한민국 대표이사 홍길동 (서명 또는 인)

[ ]보험사무대행기관 (서명 또는 인)

근로복지공단 부산북부 지역본부(지사)장 귀하

구분	내용	수수료
신고인 제출서류	1. 공사도급계약서 사본 1부(건설공사 개시신고의 경우에만 제출합니다) 2. 벌목허가서 사본 1부(벌목작업 개시신고의 경우에만 제출합니다)	수수료 없음
담당직원 확인사항	사업자등록증명(주민등록번호 뒷자리가 제외된 사업자등록증명을 말하며, 산재보험과 관련하여 건설공사 및 벌목작업 외의 사업 개시신고의 경우만 해당합니다)	

행정정보 공동이용 동의서

본인은 이 건 업무처리와 관련하여 「전자정부법」 제36조제1항에 따른 행정정보의 공동이용을 통하여 담당 직원이 위의 담당 직원 확인사항을 확인하는 것에 동의합니다.

* 동의하지 않는 경우에는 신청인이 직접 사업자등록증 사본을 제출해야 합니다.

신청인(위임한 사람) (주)대한민국 대표이사 홍길동 (서명 또는 인)

210mm×297mm[백상지(80g/㎡) 또는 중질지(80g/㎡)]

④ 하수급인 사업주 승인신청

■ 고용보험 및 산업재해보상보험의 보험료징수 등에 관한 법률 시행규칙 [별지 제8호서식] 〈개정 2021. 12. 31.〉

고용·산재보험토탈서비스(http://total.kcomwel.or.kr)에서도 신고할 수 있습니다.

[ ]고용보험
[✔]산재보험 하수급인 사업주 보험가입 승인신청서

※ 유의사항 및 작성방법은 뒷면을 참고하여 주시기 바라며, 색상이 어두운 난은 신청인이 적지 않습니다. (앞면)

접수번호	접수일	처리기간	5일

구분		항목	내용	항목	내용
원수급인 (신청인)	본사	상호·법인명칭	(주)대한민국	대 표 자	홍길동
		소재지	서울시 강남구 강남대로 330		
		전화번호	02-2677-2017	팩스 02-508-7084	전자우편주소 mail@korea.com
	원수급 사업	우편물 수령지	서울시 강남구 강남대로 330	수취인	홍길동
		관리번호 (사업개시번호)	911-87-92764-1	현장명	포천시 케이블설치공사
		소재지	경기도 포천시 창수면 옥수로 410	전화번호	031-533-1004

구분		항목	내용		항목	내용
하수급인	본사	상호·법인명칭	(주) 대한건설		대 표 자	박철수
		사업자등록번호	220-87-46890		법인등록번호	114672-0038025
		소재지	서울시 강남구 강남대로 330			
		전화번호	02-2237-3392		팩스 02-2679-3459	전자우편주소 mail@daehan.com
		우편물 수령지	서울시 강남구 강남대로 330		수취인	박철수
		고용보험 업종코드				
	하수급 사업	사업장명(현장명)	포천시 케이블설치공사			
		건설업면허관련	면허종류	종합건설	면허번호 서울-22	등록일자 2016.6.1.
		하수급(공사)금액 (재료 시가환산액 포함)	50,000,000원		공사기간 2025.10.10.~ 2025.11.30.	(실제착공일: 2025.10.10.)
		소재지	경기도 포천시 창수면 옥수로 410		전화번호	031-533-2222
		상시근로자수	20명		총피보험자수	20명
		업무상 재해 발생 여부	[✔]없음 [ ]있음 ([ ]착공 후 14일 이내, [ ]착공 후 15일~신청일)			
		사업장관리번호 (사업개시번호)				

「고용보험 및 산업재해보상보험의 보험료징수 등에 관한 법률 시행령」 제7조제3항 및 같은 법 시행규칙 제6조제1항에 따라 위와 같이 신청합니다.

2025년 10 월 10 일

신청인(원수급인) (주)대한민국 대표이사 홍길동 (서명 또는 인)

□ 보험사무대행기관 (서명 또는 인)

근로복지공단 의정부 지역본부(지사)장 귀하

신청인 제출서류	1. 도급계약서 사본 1부 2. 보험료 납부인수에 관한 서면계약서 사본 1부

※ 처리 사항(아래 사항은 민원인이 적지 않습니다)

결정사항	[ ]승인 [ ]불승인	하수급인 보험관계 성립일(사업 개시일)	년 월 일
불승인 사유			

5 사업장 내역변경 등

1. 사업장 내역변경

대표자의 성명·주민등록번호·주소, 사업장의 명칭, 소재지, 사업자 및 법인등록번호, 전화(팩스번호), 사업종류, 상시근로자 수(고용보험 우선지원대상기업의 해당여부에 변경이 있는 경우에 한함) 등에 변경이 있는 경우 법인등기부등본, 사업자등록증, 대표자의 주민등록초본 등 구비서류를 첨부하여 국민연금사업장내역변경신고서/건강보험사업장(기관)변경통보서/고용·산재보험보험관계변경신고서(근로자 종사 사업장)를 신고기한 내 제출하여야 한다.

구 분	신고기한
국민연금	사유발생일이 속하는 달의 다음 달 15일까지
건강보험	사유발생일로부터 14일 이내
고용/산재보험	변경될 날로부터 14일 이내

2. 사업장 관리번호의 통합·분리·변경

사업자등록번호가 변경되었거나, 사업장관리번호를 통합·분리·변경해야 할 경우 사업장관리번호통합/분리/변경신청서를 별도로 제출하여야 한다.

3. 고용보험 우선지원대상기업 해당신고

사업의 종류 또는 상시근로자 수 변경으로 고용보험 우선지원대상기업의 해당여부에 변경이 있는 경우 보험연도 초일부터 14일 이내 고용보험 우선지원대상기업신고서를 제출하여야 한다.

실무 POINT 고용보험 우선지원대상기업

1. 고용보험 우선지원대상기업이란?

고용보험의 고용안정·직업능력개발사업에 있어서 우선적으로 지원받는 대상이 되는 기업으로서 대기업에 비해 각종 지원금 장려금의 수준이 높고, 직업능력개발사업의 보험료율이 낮으나 지원수준이 높다.

2. 판단기준

상시근로자 수가 제조업 500인 이하, 광업·건설업·운수업·출판, 영상, 방송통신 및 정보서비스업·사업시설관리 및 사업지원 서비스업·전문, 과학 및 기술 서비스업·보건업및 사회복지 서비스업 300인 이하, 도매 및 소매업·숙박 및 음식점업·금융 및 보험업·예술, 스포츠 및 여가관련 서비스업 200인 이하, 그 밖의 업종 100인 이하인 경우 고용보험 우선지원대상기업에 해당된다. 다만 중소기업기본법상 중소기업에 해당되는 경우에는 상시근로자 수에 관계없이 고용보험 우선지원대상기업에 해당되며, 그 규모의 확대 등으로 우선지원대상기업에 해당되지 아니하게 된 경우 그 사유가 발생한 연도의 다음연도부터 5년간은 우선지원 대상기업으로 본다(어떠한 경우든 상호출자제한기업집단에 속하는 회사로 통지받은 경우 다음 보험연도부터 우선지원대상기업이 아님).

이 경우 상시근로자 수는 당해 사업주가 행하는 모든 사업에 있어서 전년도 매월 말일 현재의 근로자 수(건설업에 있어서는 일용근로자 수 제외)의 합계를 전년도 조업월수로 나누어 산정하되, 공동주택을 관리하는 사업의 경우 각 사업별로 산정하며, 1개월 동안 소정근로시간이 60시간 이상인 단시간근로자는 0.5명으로 산정하고, 60시간 미만 단시간근로자는 상시근로자 수 산정에서 제외한다(하나의 사업주가 둘 이상의 산업의 사업을 경영하는 경우에는 상시근로자 수, 임금총액, 매출액이 많은 순으로 적용함).

4. 사업장내역변경 신고서 작성사례

(1) 사업장내역변경의 경우

■ 고용보험 및 산업재해보상보험의 보험료징수 등에 관한 법률 시행규칙 [별지 제13호서식] 〈개정 2024. 7. 1.〉

[✔]국민연금 사업장 내용 변경 신고서
[✔]건강보험 사업장(기관) 변경신고서
[✔]고용보험 보험관계 변경신고서(근로자 종사 사업장)
[✔]산재보험 보험관계 변경신고서(근로자 종사 사업장)

※ 뒤쪽의 유의사항 및 작성방법을 읽고 작성하기 바라며, 색상이 어두운 난은 신고인이 적지 않습니다 . (앞쪽)

접수번호	접수일자	처리기간 3일

사업개시번호	고용보험		산재보험	
사업장	사업장관리번호 220-87-92764-0		전화번호(유선/휴대전화) 02-2677-2017	
	명칭 (주)대한민국			
	소재지 서울시 강남구 강남대로 330			
보험사무대행기관(고용 · 산재)	명칭		번호	
사용자(대표자)	성명 홍길동		주민등록번호(외국인등록번호 · 국내거소신고번호) 651003-1234567	
사용자(대표자/공동대표자)	변경항목	변경일(YYYY.MM.DD)	변경 전	변경 후
	성명			
	주민등록번호(외국인등록번호 · 국내거소신고번호)			
	주소			
	전화번호			
사업장	변경항목	변경일(YYYY.MM.DD)	변경 내용	
	명칭			
	전화번호			
	휴대전화번호			
	FAX번호			
	전자우편주소			
	소재지	2025.07.01.	서울시 강남구 강남대로 400	
	우편물 수령지	2025.07.01.	서울시 강남구 강남대로 460	
	사업자등록번호			
	법인등록번호			
	종류(업종)	2025.07.01.	건설업	
	사업의 기간			
	그 밖의 사항			

위와 같이 신고합니다.

2025 년 7 월 5 일

신고인(가입자) (주)대한민국 대표이사 홍길동 (서명 또는 인)

[ ]보험사무대행기관(고용 · 산재보험만 해당) (서명 또는 인)

국민연금공단 이사장/국민건강보험공단 이사장/근로복지공단 서울강남 **지역본부(지사)장** 귀하

210㎜×297㎜[백상지(80g/㎡) 또는 중질지(80g/㎡)]

(뒤쪽)

신고인 제출서류	없음	수수료 없음
담당 직원 확인사항	1. 사업자등록증명(주민등록번호 뒷자리가 제외된 사업자등록증명을 말하며, 사업장이 변경된 경우만 해당합니다) 2. 주민등록표 초본(고용 · 산재보험의 사업주가 변경된 경우로서, 신고인이 개인인 경우만 해당합니다). 다만, 신고인이 직접 신고서를 제출하면서 신분증명서(주민등록증, 운전면허증, 여권을 말합니다)를 제시하는 경우에는 그 신분증명서의 확인으로 주민등록표 초본의 확인을 갈음합니다. 3. 주민등록표 등본(건강보험의 경우만 해당합니다) 4. 법인 등기사항증명서(신고인이 법인인 경우만 해당합니다)	

행정정보 공동이용 동의서

본인은 이 건 업무처리와 관련하여 담당 직원이 「전자정부법」 제36조제1항에 따른 행정정보의 공동이용을 통해 담당 직원 확인사항란의 제1호 및 제2호의 행정정보를 확인하는 것에 동의합니다. *동의하지 않는 경우에는 신고인이 직접 관련 서류를 제출해야 합니다.

신고인 (서명 또는 인)

유의사항

1. 사업자등록번호 변경 시 사업장 관리번호가 변경될 수 있습니다.
2. 건강보험의 경우 관할 단위사업장 및 부서가 있을 때에는 "단위사업장 현황, 영업소 현황"을 관할지사로 별도 제출하시기 바랍니다.
3. 건강보험증은 가입자 또는 피부양자가 신청하는 경우 발급됩니다. 신청은 가까운 지사를 방문하거나 고객센터(☎1577-1000), 홈페이지(www.nhis.or.kr), 모바일앱 등을 통해 가능합니다.
4. 고용보험의 경우 상시 근로자 수의 변동으로 우선지원 대상기업의 해당 여부에 변경이 있는 경우에만 별도의 "우선지원 대상기업 해당(비해당) 신고서"를 제출하시기 바랍니다.
5. 변경된 사용자(대표자/공동대표자)가 가입 대상일 경우에는 사업장가입자(직장가입자)자격취득신고서를 제출해야 합니다.

작성방법

공통 사항	1. "사업개시번호"란은 고용보험 · 산재보험의 사업일괄적용의 경우만 적습니다. 2. 사용자(대표자/공동대표자)의 성명 및 주민등록번호(외국인등록번호 또는 국내거소신고번호)는 개인사업의 경우 개인사업주, 법인의 경우 대표자 인적사항을 주민등록표 초본 · 등본(외국인등록증 또는 국내거소신고증) 상의 성명 및 주민등록번호(외국인등록번호 또는 국내거소신고번호)를 적습니다. 3. 사용자(대표자/공동대표자) 및 사업장의 변경 내용에 해당되는 부분에 변경날짜를 적습니다. 4. 변경 전 내용과 변경 후 내용을 적습니다. 예) 명칭 변경: ○○○주식회사(변경 전) → □□□□주식회사(변경 후) 5. "종류(업종)"란에는 해당 사업장의 사업 내용이 무엇인지 구체적으로 적습니다. 6. "사업의 기간"은 고용 · 산재보험의 경우에만 적으며, 신고서는 근로복지공단에 제출하시기 바랍니다. 7. "그 밖의 사항"란은 각 보험의 고유 신고사항이 변경된 경우에만 적으며, 신고서는 해당 기관에 제출하시기 바랍니다. ※ 고용 · 산재보험의 건설공사 적용사업장으로 공사금액 · 발주처 등이 변경된 경우 ※ 국민연금 · 건강보험의 건설현장 사업장 사업기간이 변경된 경우 등

처리 절차

신고서 제출	→	접수 및 확인	→	신고서 처리	→	사업장 내용변경 확인 통지	→	수령
신고인		국민연금공단 · 국민건강보험공단 · 근로복지공단						신고인

PART 3 4대보험 관리

(2) 사업장 관리번호의 통합·분리·변경의 경우

사업장관리번호 □통합 ■분리 □변경 신청서

※ 기재요령은 신청서 하단을 참고하시기 바랍니다.

사업장	명 칭	(주)대한민국		사업자등록번호	220-87-92764		
	소 재 지	서울시 강남구 강남대로 330					
	연 락 처	전화번호	02-2677-2017	휴대전화	010-4488-3349	팩스	02-508-7084
사용자(대표자)	성 명	홍길동		생년월일	631003		

사업장관리번호 통합·분리·변경 신청사유	사업장별 분리적용

변 경 전							변 경 후						
							사업자등록번호 사용여부			사업자등록번호 (※사업자등록번호 변경시에만 기재)			
							□ 사용 □ 미사용						
구 분	사업장관리번호	해당보험					구 분	사업장관리번호	해당보험				
		국민연금	건강보험	고용보험	산재보험				국민연금	건강보험	고용보험	산재보험	
사업장 관리번호1	220-87-92764-0	■	■	■	□		사업장 관리번호1		□	□	□	□	
사업장 관리번호2		□	□	□	□		사업장 관리번호2		□	□	□	□	
사업장 관리번호3		□	□	□	□		사업장 관리번호3		□	□	□	□	
사업장 관리번호4		□	□	□	□		사업장 관리번호4		□	□	□	□	

※ 통합신청의 경우 변경 후 사업장관리번호를 기재하지 않아도 되며, 기재할 경우 기재된 사업장관리번호로 통합됩니다.

※ 분리신청의 경우 변경 후 사업장관리번호는 기재하지 마시고, 『사업장관리번호1』란에 분리할 보험만 선택하시면 됩니다.

※ 사업자등록번호 변경으로 인한 변경신청의 경우 『변경된 사업자등록번호』란에 변경된 사업자등록번호를 기재하고, 사업자등록번호가 포함된 사업장관리번호로 변경하고자 할 경우 『사업자등록번호 사용여부』란에 체크표시 하시기 바랍니다.

※ 자동이체 사업장의 관리번호 통합·분리·변경이 발생하는 경우 반드시 자동이체 해지 및 신규신청 처리하시기 바랍니다(일반사업장: 건강보험공단, 고용·산재보험 자진신고사업장: 근로복지공단).

위와 같이 신청합니다.

2025 . 11 . 30 .

신청인(사용자·대표자) : (주)대한민국 대표이사 홍길동 (서명 또는 인)

국민연금공단이사장/국민건강보험공단이사장/근로복지공단 서울강남 지역본부(지사)장 귀하

본인은 이 건 업무처리와 관련하여 「전자정부법」 제22조의 2 제1항에 따른 행정정보의 공동이용을 통하여 담당직원이 아래의 확인사항 및 구비서류를 확인하는 것에 동의합니다.

신고인 (주)대한민국 대표이사 홍길동 (서명 또는 인)

※ 담당직원이 확인할 사항 : 사업자등록증명, 휴·폐업사실증명

*접수번호		*접수일		수수료 없음

(3) 고용보험 우선지원대상기업 해당신고

■ 고용보험 및 산업재해보상보험의 보험료징수 등에 관한 법률 시행규칙[별지 제14호서식] 〈개정 2022.6.30.〉

우선지원 대상기업 신고서

※ 뒤쪽의 유의사항 및 작성방법을 읽고 작성하기 바라며, 색상이 어두운 난은 신청인이 적지 않습니다. (3쪽 중 1쪽)

접수번호	접수일	처리기간: 5일

사업주	상호 · 법인명칭	(주)대한민국		
	소재지	서울시 강남구 강남대로 330		전화번호 02-2677-2017
	대표자	홍길동	주민등록번호	631003-1234567
주된 사업장	사업장관리번호	220-87-92764-0	사업장명	(주)대한민국
	소재지	서울시 강남구 강남대로 330		전화번호 02-2677-2017
	보험사무대행기관 명칭		보험사무대행기관 번호	

변경 내용	항목	변경 전	변경 후	
	사업의 종류 및 업종코드			
	총상시근로자수(전년도)	명	명	
	「중소기업법」에 따른 중소기업 여부	[ ]해당 [ ]비해당	[ ]해당 [ ]비해당	
	상호출자제한기업집단 해당 여부	[ ]해당 [✔]비해당	[✔]해당 [ ]비해당	
변경 사유 발생일		2025.12.1.	총사업장수	3개
변경 사유		상호출자제한기업집단에 편입		

「고용보험 및 산업재해보상보험의 보험료징수 등에 관한 법률 시행령」 제9조 및 같은 법 시행규칙 제10조제2항에 따라 위와 같이 신고합니다.

2025 년 1 월 14 일

신청인(원수급인) (주)대한민국 대표이사 홍길동 (서명 또는 인)

□ 보험사무대행기관 (서명 또는 인)

근로복지공단 서울강남 지역본부(지사)장 귀하

※ 처리 사항(아래 사항은 민원인이 적지 않습니다)

변경 후 기업규모	[ ]우선지원 대상기업 [ ]대규모기업	변경적용 개시일	
변경 사유			

210mm×297mm(일반용지 60g/㎡(재활용품))

PART 3 4대보험 관리

04 보험관계의 소멸

1 소멸사유 및 소멸일

1. 사업의 폐지·종료

폐업 및 부도·도산 등으로 인하여 사업이 폐지 또는 종료된 경우에는 그 폐지 또는 종료된 날의 다음 날(폐지 또는 종료일이 1일인 경우 해당일. 단, 국민연금·건강보험에 한함)에 보험관계는 소멸된다.

2. 사업의 휴업

휴업을 하게 되는 경우 휴업일의 다음 날(휴업일이 1일인 경우 해당일)에 국민연금·건강보험의 보험관계는 소멸된다. 그러나 고용·산재보험은 휴업을 사유로 그 보험관계가 소멸되지 아니한다.

3. 사업의 합병·통합

사업장의 합병·통합 등으로 인하여 소멸되는 사업장은 합병(통합)계약서 또는 법인등기부 등본상의 합병(통합)일자에 보험관계가 소멸된다. 다만, 고용·산재보험의 경우 합병 또는 통합 회사가 그 보험관계를 승계한다.

4. 사용자의 변경

개인사업장에서 법인사업장으로 또는 그 반대로 사업장 형태가 변경되거나 개인사업장의 사용자가 변경 또는 법인사업장의 법인등록번호가 변경되는 경우 직원변동이 없더라도 국민연금·건강보험은 해당 변경일에 보험관계가 소멸되고 변경 후 사업장으로 신규적용된다. 다만, 고용·산재보험의 경우 직원변동이 없는 경우 변경 후 회사가 그 보험관계를 승계한다.

5. 근로자가 없게 된 경우

국민연금·건강보험 당연적용사업장이 사업장 가입대상 근로자가 없게 된 경우 그 사유가 발생한 날이 속하는 다음 달 15일까지 탈퇴사실을 입증할 수 있는 서류를 첨부하여 공단에 사업장 탈퇴신고를 하여야 하며, 이 경우 국민연금·건강보험 보험관계는 소멸된다.

고용·산재보험 당연적용사업장이 사업운영 중에 근로자를 고용하지 아니하게 되어 의제 가입된 경우 근로자를 사용하지 아니한 최초의 날부터 1년이 되는 날의 다음 날에 고용·산재보험 보험관계가 소멸된다.

실무 POINT **대표이사만 있는 법인사업장의 4대보험 적용**

1. 국민연금·건강보험

법인사업장의 대표이사는 근로자와 동일한 개념으로 볼 수 있어 대표이사 1인인 경우에도 사업장 적용대상에 해당한다. 다만, 정상적으로 사업장을 운영하고 대표자도 실제 근로자의 대가로 임금을 지급받아 생활하여야 하며, 국세청에 근로소득신고를 정상적으로 한 경우에 한한다.

2. 고용보험·산재보험

법인의 대표이사는 근로기준법상 근로자에 해당되지 않으므로, 의제적용 사업장이 아닌 한 근로자가 없는 법인사업장에 대하여는 고용·산재보험이 적용되지 않는다.

6. 직권소멸

공단은 사업의 실체가 없는 등의 사유로 계속하여 보험관계를 유지할 수 없다고 인정하는 경우에는 그 보험관계를 소멸시킬 수 있으며, 이 경우 그 소멸의 결정통지를 한 날의 다음 날에 보험관계가 소멸된다.

2 소멸(탈퇴)신고

1. 당연적용 사업장

사업이 사실상 폐지 또는 종료되거나 휴업 또는 합병·통합하는 경우 그 사실을 입증할 수 있는 서류를 첨부하여 국민연금사업장탈퇴신고서/건강보험사업장탈퇴통보서/고용·산재보험보험관계소멸신고서(근로자 종사 사업장) 또는 고용보험보험관계소멸신고서(예술인 종사 사업장, 노무제공자 종사 사업장)/산재보험보험관계소멸신고서(특수형태근로종사자 종사 사업장)를 신고기한 내 제출하여야 한다.

구 분	신고기한
국민연금	사유발생일이 속하는 달의 다음 달 15일까지
건강보험	사유발생일로부터 14일 이내
고용/산재보험	사업이 폐지 또는 종료된 날로부터 14일 이내

2. 임의적용 사업장

고용·산재보험 임의적용 사업장이 보험관계를 해지하고자 하는 경우에는 근로자 2/3 이상의 동의서(산재보험은 제외)를 첨부하여 고용·산재보험보험관계해지신청서(근로자 종사 사업장)를 제출하여야 한다.

3 소멸(탈퇴)신고서 작성사례

1. 일반사업의 경우

■ 고용보험 및 산업재해보상보험의 보험료징수 등에 관한 법률 시행규칙 [별지 제4호서식] 〈개정 2024. 12. 31.〉

국민연금 [✔]사업장 탈퇴신고서
건강보험 [✔]사업장 탈퇴신고서
고용보험 보험관계 [✔]소멸신고서 [ ]해지신청서(근로자 종사 사업장)
산재보험 보험관계 [✔]소멸신고서 [ ]해지신청서(근로자 종사 사업장)

※ 뒤쪽의 유의사항 및 작성방법을 읽고 작성하기 바라며, 색상이 어두운 난은 신고인(신청인)이 적지 않습니다. (앞쪽)

접수번호	접수일	처리기간 3일

사업장	사업장관리번호 911-87-92764-0		
	명칭 (주)대한민국 부산공장		전화번호 02-2677-2017
	사업자등록번호 220-87-92764		법인등록번호 114671-0038029
	소재지 부산시 북구 산성로 209		우편번호( )
	환급(반환) 계좌 사전신고	은행명 SC 제일은행	계좌번호 212-20-433481
		예금주명 (주)대한민국	* 보험료 정산 등 환급(반환)금액 발생 시 지급될 계좌입니다. (지급 관련하여 통장사본 등 추가 서류를 요청할 수 있습니다.)
보험사무 대행기관 (고용·산재)	명칭		번호
사용자 (대표자)	성명 홍길동		주민등록번호(외국인등록번호·국내거소신고번호) 631003-1234567
	주소 서울시 강남구 강남대로55길 우성아파트 103-1101호 우편번호( )		전화번호(유선/이동전화) 02-508-3344
신고(신청) 사유	공통사항(중복선택불가) [ ]폐업 [ ]통폐합 [✔]사업 종료 [ ]그 밖의 사유		
	국민연금·건강보험 [ ]휴업 [ ]근로자 없음		
	고용·산재보험 [ ]근로자 없이 1년 경과 ※ 마지막으로 자격상실한 근로자의 상실일로부터 1년이 지난 날부터 보험관계를 소멸할 수 있습니다.		
사유 발생일자 2025.12.1.			
탈퇴(소멸) 후 우편물 수령지 서울시 강남구 강남대로 330 우편번호( )			
국민연금	휴업기간		탈퇴일
	통폐합 시 흡수하는 사업장	명칭	사업장관리번호
		소재지	
건강보험	근로자 수 10명		탈퇴일
고용/산재	산재보험	근로자 수 10명	소멸일 2025.12.1.
	고용보험	근로자 수 10명	소멸일 2025.12.1.

행정정보 공동이용 동의서

본인은 이 건 업무처리와 관련하여 담당 직원이 「전자정부법」 제36조제1항에 따른 행정정보의 공동이용을 통해 뒤쪽의 담당 직원 확인사항 중 휴업·폐업사실 증명원을 확인하는 것에 동의합니다. *동의하지 않는 경우에는 신고인(신청인)이 직접 관련 서류를 제출해야 합니다.

신고인(신청인) (주)대한민국 대표이사 홍길동 (서명 또는 인)

위와 같이 신고(신청)합니다.

2025 년 12 월 14 일

신고인·신청인(가입자) (주)대한민국 대표이사 홍길동 (서명 또는 인)

[ ]보험사무대행기관(고용·산재보험만 해당) (서명 또는 인)

국민연금공단 이사장/국민건강보험공단 이사장/근로복지공단 부산북부지역본부(지사)장 귀하

210mm×297mm[백상지(80g/㎡) 또는 중질지(80g/㎡)]

(뒤쪽)

구분	내용	수수료
신고인(신청인) 제출서류	1. 사업장 탈퇴 사실을 증명할 수 있는 서류 1부(국민연금 · 건강보험만 해당합니다) 2. 임의적용사업장 해지 신청 시 근로자 과반수의 동의서 1부(고용보험만 해당합니다)	수수료 없음
담당 직원 확인사항	1. 휴업 · 폐업사실 증명원(사업장이 휴업 · 폐업하는 경우만 해당합니다) 2. 법인 등기사항증명서(법인인 경우만 해당합니다)	

유의사항

공통사항	가입자가 있는 경우 사업장(직장)가입자 자격상실 신고서를 같이 제출해야 합니다.
국민연금	"통폐합"으로 탈퇴하는 경우에는 "흡수하는 사업장"의 사용자가 흡수하는 근로자의 "사업장가입자 자격취득 신고서"를 제출해야 합니다.
건강보험	사업장 합병 및 분할의 경우에는 가까운 관할지사에 사업장명단 등 필요한 서류를 제출하기 바랍니다.
고용보험 산재보험	1. 고용 · 산재보험 신고(신청) 시 "건설업(건설장비 운영업 제외) 및 임업 중 벌목업"의 경우에는 별도 서식을 이용하여 근로복지공단에 제출하기 바랍니다. 2. 고용보험 임의적용의 경우, 근로자 동의로 보험관계 해지를 신청하려면 근로자 과반수의 동의서를 첨부해야 합니다. 3. 제출된 서식만으로 사실 여부의 확인이 곤란한 경우 관련 서류의 보완 요구가 있을 수 있습니다. 4. 사업주는 사업의 폐지 · 종료 등으로 보험관계가 소멸한 경우에는 그 보험관계가 소멸한 날부터 14일 이내에 근로자에게 지급한 보수 총액 등(보수총액신고서)을 공단에 신고해야 합니다. 5. 「산업재해보상보험법」 제6조 및 「고용보험 및 산업재해보상보험의 보험료징수 등에 관한 법률」 제5조제3항 · 제4항에 따른 "적용사업(장)"이 보험관계가 소멸되면 「임금채권보장법」 및 「석면피해구제법」에 따른 적용관계도 소멸하게 됩니다.

작성방법

공통사항	1. "환급(반환)계좌 사전신고"는 사업장 환급(반환)금 발생 시 지급받을 은행의 은행명, 계좌번호 등을 적습니다. 2. 각 사회보험 해당 신고(신청) 여부를 "[√]" 표시 하십시오. 3. "신고(신청) 사유"란은 해당 사유 한 가지만 표시한 후 사유 발생일을 적습니다. 4. 신고인(신청인)의 경우 반드시 사용자(대표자)의 서명 또는 날인이 있어야 합니다.
국민연금	사업장이 "휴업"인 경우 휴업기간을 적습니다.

처리절차

신고서(신청서) 제출	➔	접수 및 확인	➔	신고서(신청서) 처리	➔	사업장 탈퇴 (보험관계 소멸 · 해지) 확인 통지	➔	수령
신고인(신청인)		국민연금공단 · 국민건강보험공단 · 근로복지공단						신고인(신청인)

2. 건설업 및 벌목업의 경우(고용·산재보험에 한함)

■ 고용보험 및 산업재해보상보험의 보험료징수 등에 관한 법률 시행규칙 [별지 제5호서식] 〈개정 2021. 12. 31.〉

건설업 및 벌목업 [✔] 고용보험 [ ] 보험관계 해지신청서 / [✔] 산재보험 [✔] 보험관계 소멸신고서

※ 유의사항 및 작성방법은 뒷면을 참고하여 주시기 바라며, 색상이 어두운 난은 신청인이 적지 않습니다. (앞면)

접수번호	접수일	처리기간	3일

구분	항목	내용	항목	내용
사업장관리번호			보험사무대행기관명	
사업주(대표자)	성명	홍길동	주민등록번호	631003-1234567
	주소	서울시 강남구 강남대로55길 우성아파트 104-1101호	전화번호	02-508-3344
	휴대전화번호	010-1234-5678	전자우편주소	hgd@korea.com
본사	사업장명	(주)대한민국		
	소재지	서울시 강남구 강남대로 330		
	전화번호	02-2677-2017	휴대전화번호	010-4488-3349
	우편물 수령지			

구분	항목	내용	항목	내용
현장(건설공사 및 벌목작업)	현장명	(주)대한민국 포천시 케이블설치공사		
	소재지	경기도 포천시 창수면 옥수로 410		
	총공사금액	150,000,000 원	공사(사업)기간	2025.10.15.~11.30.
	착공(시작)일	2025.10.15.	준공(완료)일	2025.11.30.
	고용보험 소멸일	2025.12.1.	산재보험 소멸일	2025.12.1.
	보험관계 소멸 또는 해지신청 사유	[✔]사업 폐업(공사 종료) [ ]사업 규모 축소 [ ]그 밖의 사유(사유 기재):		
주된 사업장이 소멸되는 경우 새로운 주된 사업장의 관리번호				
거래은행 계좌번호 신고서	은행명		예금주명	
	계좌번호			

「고용보험 및 산업재해보상보험의 보험료징수 등에 관한 법률 시행규칙」 제3조제3항 또는 제7조제3항에 따라 위와 같이 신청(신고)합니다.

2025 년 12 월 14 일

신청(신고)인 (주)대한민국 대표이사 홍길동 (서명 또는 인)

[ ] 보험사무대행기관 (서명 또는 인)

근로복지공단 의정부 지역본부(지사)장 귀하

210mm×297mm[백상지(80g/㎡) 또는 중질지(80g/㎡)]

(뒷 쪽)

신고(청)인 제출서류	근로자 동의로 고용보험을 해지 신청하는 경우 근로자 과반수의 동의서 1부	수수료
담당 직원 확인사항	1. 휴업 · 폐업사실 증명원(휴업하거나 폐업한 경우만 해당합니다) 2. 법인 등기사항증명서(법인인 경우만 해당합니다)	없음

행정정보 공동이용 동의서

본인은 이 건 업무처리와 관련하여 「전자정부법」 제36조제1항에 따른 행정정보의 공동이용을 통하여 위의 담당 직원 확인사항 제1호의 행정정보를 확인하는 것에 동의합니다.

*동의하지 않는 경우에는 신고인이 직접 관련 서류를 제출해야 합니다.

신고(신청)인 (주)대한민국 대표이사 홍길동 (서명 또는 인)

유의사항

1. 보험관계가 소멸되는 경우 「고용보험 및 산업재해보상보험의 보험료징수 등에 관한 법률」 제19조에 따라 보험가입자는 보험관계가 소멸한 날의 전날까지 사용한 모든 근로자에게 지급한 보수총액(지급하기로 결정된 금액을 포함)에 의한 보험료를 산정하여 종료일부터 30일 이내 확정보험료로 정산 신고해야 합니다.
2. 확정보험료를 신고하지 않거나, 위 기일을 경과하는 경우에는 가산금 등의 불이익이 있을 수 있습니다.
3. 산재보험적용사업장의 보험관계가 소멸되면 「임금채권보장법」 및 「석면피해구제법」에 의한 적용관계도 소멸하게 됩니다.

작성방법

1. 고용보험, 산재보험 중 신고(신청)하려는 난에 "√" 표시를 하시기 바랍니다.
2. "우편물수령지" 란은 사업장 소재지와 별도의 주소로 소멸통지서를 받을 경우에만 적습니다.
4. "고용보험 소멸일"과 "산재보험 소멸일" 란은 폐업 또는 사업 종료 시에는 그 다음 날이 되며, 해지신청의 경우 공단이 해지승인한 날의 다음 날입니다 (해지신청의 경우에는 해당 난을 적지 마십시오).
5. "보험관계 소멸 또는 해지신청 사유" 란은 해당 사유에 "√"로 표시하고 사유가 [ ]그 밖의 사유에 해당될 경우 구체적으로 사유를 적어 주시기 바랍니다.
6. "주된 사업장이 소멸되는 경우 새로운 주된 사업장관리번호" 란은 성립 당시 주된 사업장과 소멸 당시 주된 사업장이 다른 경우 적습니다.

처리절차

신고(청)서 제출	➔	접수 및 확인	➔	신고(청)서 처리	➔	처리결과 통지	➔	수 령
신고(청)인				근 로 복 지 공 단				

Chapter 03 4대보험의 사업장 자격관리

01 자격취득

1 자격취득신고서의 제출

1. 원칙

채용, 신분변동 등으로 자격취득 대상자가 발생하는 경우 사업주는 증빙서류 등을 첨부하여 국민연금사업장가입자자격취득신고서/건강보험직장가입자자격취득신고서/고용보험근로자피보험자격취득신고서/산재보험근로자자격취득신고서 또는 고용보험피보험자격취득신고서(예술인, 노무제공자)/산재보험입직신고서를 신고기한 내 공단에 제출하여야 한다.

외국인 근로자로서 외국의 법령, 외국의 보험 또는 사용자와의 계약 등에 따라 요양급여에 상당하는 의료보장을 받을 수 있는 경우 본인이 공단에 재외국민 및 외국인 근로자 건강보험 가입제외를 신청함과 동시에 사용자가 증빙서류를 첨부하여 직장가입자자격상실신고서를 제출함으로써 가입제외 신청을 할 수 있으며, 외국인근로자의고용등에관한법률에 따른 외국인 근로자 또는 출입국관리법에 따라 산업연수를 하고 있는 외국인의 경우 장기요양보험 적용제외 신청을 할 수 있다.

한편, 산재보험 노무제공자가 부상·질병, 임신·출산·육아, 사업주의 귀책사유 또는 천재지변·전쟁 또는 이에 준하는 재난이나 감염병의 확산으로 불가피하게 1개월 이상 휴업하는 경우 산재보험 노무제공자 휴업신고를 함으로써 해당 사유가 발생한 기간은 산재보험을 적용받지 않고 보험료가 부과되지 아니할 수 있다.

2. 예외

1개월간 소정근로시간이 60시간 미만인 자(1주간의 소정근로시간이 15시간 미만인 자 포함) 및 외국인 근로자 중 고용보험 적용제외 근로자에 해당하는 자에 대하여는 산재보험 근로자고용신고를 하지 않을 수 있으며, 일용근로자, 단기예술인 또는 단기노무제공자 등에 대하여는 해당 월에 고용 또는 노무제공한 일용근로자 등의 근로일수, 노무제공일수, 임금, 보수 등이 기재된 고용·산재보험 근로내용확인신고서(일용근로자) 또는 고용보험 노무제공내용확인신고서(단기예술인, 단기노무제공자)/산재보험 입·이직신고서(건설기계 특수형태근로종사자)를 제출한 경우에는 고용보험 피보험자격취득 및 상실신고(이직확인서 제출)와 산재보험 근로자고용 및 종료신고를 한 것으로 본다(건설장비운영업을 제외한 건설업 및 임업 중 벌목업은 고용보험만 신고).

구 분	신고기한
국민연금	자격취득일이 속하는 달의 다음 달 15일까지 ✔ 건설공사현장의 경우 반드시 EDI로 다음 달 5일(휴일인 경우 전일)까지
건강보험	자격취득일로부터 14일 이내 ✔ 건설공사현장의 경우 반드시 EDI로 다음 달 5일(휴일인 경우 전일)까지
고용보험	자격취득사유가 발생하는 날이 속하는 달의 다음 달 15일까지. 단, 근로자가 동 기일 이전에 신고를 요구하는 경우에는 지체 없이
산재보험	자격취득사유가 발생하는 날이 속하는 달의 다음 달 15일까지

실무 POINT 근로자별 보험 및 사업적용 구분

구 분	국민연금	건강보험(장기요양)	고 용		산 재			비 고
			실업급여	고안·직능	산재	임채	석면	
법인 대표이사	○	○	×	×	△	×	×	300인 미만의 중소기업사업주(근로자를 사용하지 않는 자 포함) 및 그 배우자(사실상 혼인관계에 있는 자 포함) 또는 4촌 이내의 친족으로서 노무제공의 대가를 받지 않고 해당 사업에서 노무를 제공하는 사람은 산재보험 임의가입 가능
개인사업주	△	△	△	△	△	×	×	– 50인 미만의 자영업자(근로자를 사용하지 않는 자 포함)는 고용보험에 임의가입 가능 – 300인 미만의 중소기업사업주(근로자를 사용하지 않는 자 포함) 및 그 배우자(사실상 혼인관계에 있는 자 포함) 또는 4촌 이내의 친족으로서 노무제공의 대가를 받지 않고 해당 사업에서 노무를 제공하는 사람은 산재보험 임의가입 가능
65세 이상 근로자	×	○	△	○	○	○	○	– 65세 전부터 피보험 자격을 유지하던 자가 65세 이후에 계속하여 고용된 경우 고용보험 적용
60세 이상 근로자	△	○	○	○	○	○	○	– 국민연금 임의계속가입 가능. 단, 근로자가 연금보험료 전액 부담

<table>
<tr><th rowspan="2">구 분</th><th rowspan="2">국민
연금</th><th rowspan="2">건강
보험
(장기요양)</th><th colspan="2">고 용</th><th colspan="3">산 재</th><th rowspan="2">비 고</th></tr>
<tr><th>실업
급여</th><th>고안·
직능</th><th>산
재</th><th>임
채</th><th>석
면</th></tr>
<tr><td>18세 미만
근로자</td><td>△</td><td>○</td><td>○</td><td>○</td><td>○</td><td>○</td><td>○</td><td>– 본인이 원하지 않는 경우 국민연금 적용제외 가능</td></tr>
<tr><td>월 60시간
미만
근로자</td><td>△</td><td>×</td><td>△</td><td>△</td><td>○</td><td>○</td><td>○</td><td>– 3개월 이상 계속 근로를 제공한 자로서 시간강사 또는 사용자의 동의를 받아 적용받기를 희망하는 자, 둘 이상 사업장에 근로를 제공하면서 각 사업장의 1개월 소정근로시간의 합이 60시간 이상인 자로서 1개월 소정근로시간이 60시간 미만인 사업장에서 근로자로 적용되기를 희망하는 자 및 1개월 이상 계속하여 근로를 제공하는 사람으로서 1개월 동안의 소득이 220만원 이상인 자 국민연금 적용
– 3개월 이상 계속 근로를 제공한 자 고용보험 적용</td></tr>
<tr><td>외국인
근로자</td><td>△</td><td>△</td><td>△</td><td>△</td><td>○</td><td>○</td><td>○</td><td>– 해당국의 상응하는 연금이 대한민국 국민에게 적용되지 않는 자, 불법체류자, 체류자격에 따라 국민연금 적용 제외
– 불법체류자 건강보험 적용제외, 외국의 법령, 외국의 보험 또는 사용자와의 계약 등에 따라 요양급여에 상당하는 의료보장을 받을 수 있는 경우 건강보험 적용제외 신청가능
✔ 외국인근로자의고용등에관한법률에 따른 외국인근로자 또는 출입국관리법에 따라 산업연수를 하고 있는 외국인의 경우 장기요양보험 적용제외 신청가능
– 체류자격에 따라 일부 근로자 고용보험 적용
✔ 외국인근로자의고용등에관한법률에 적용을 받은 외국인근로자는 고용안정 및 직업능력개발사업 당연 적용
✔ 주재(D–7), 기업투자(D–8) 및 무역경영(D–9)(고용보험에 상응하는 외국인의 본국법이 대한민국 국민에게 적용되지 않는 경우 제외), 거주(F–2)(영주자격 상실자로 국내체류 필요성이 인정되는 자 제외), 영주(F–5) 및 결혼이민(F–6)인 자 고용보험 당연 적용</td></tr>
</table>

PART 3 4대보험 관리

구 분	국민연금	건강보험 (장기요양)	고 용		산 재			비 고
			실업급여	고안·직능	산재	임채	석면	
1월 미만의 기간 동안 고용되는 일용근로자	△	△	○	○	○	○	○	– 계속해서 1개월 이상 근로한 경우로서 1월간 8일 또는 60시간 이상 근로한 경우 해당 월은 국민연금 및 건강보험 적용(1개월 동안의 소득이 220만원 이상인 경우에도 해당 월에 대해 국민연금 적용)
아르바이트 학생	○	○	△	△	○	○	○	– 졸업직전 취업하여 졸업 후 계속 근로예정자, 취업을 주업으로 하면서 학업을 병행하는 야간학생, 근로제공에만 전념하는 휴학생은 고용보험 적용
학생연구자	×	×	×	×	○	×	×	– 대학, 연구기관 등이 수행하는 연구개발과제에 참여하는 학사·석사·박사학위과정의 학생신분 연구자에 한함
실습생	×	×	×	×	○	×	○	
해외파견자 (해외취업선원)	×	×	×	×	△	×	○	– 해외파견자는 산재보험 임의가입 가능
정부지원인턴	○	○	○	○	○	○	○	– 사업주가 직접 임금을 지급하는 경우
연수생	×	×	×	×	×	×	×	– 고용노동부 실시 연수지원제에 의한 연수생. 단, 연수취업은 적용
항운노조원	○	○	×	×	○	△	○	– 근로자공급사업자, 근로자를 공급받는 사업주·화주로 구성된 산재보험관리기구를 사업주로 하여 산재 적용 – 임금채권부담금 소송승소자에 한해 임금채권부담금 미적용
공익근무요원	×	×	×	×	×	×	×	
국가기관 (지자체)에서 근무하는 청원경찰 등	×	○	○	○	×	×	○	– 청원산림보호원, 각종 위원회의 상임, 전임직원, 기타 행정부장관이 정하는 자 등
그 외 청원경찰	○	○	○	○	○	○	○	
공무원 (군인포함)	×	○	×	×	×	×	×	
사립학교 교직원	×	○	×	×	×	×	×	
별정직·계약직공무원	×	○	△	×	×	×	×	– 고용보험 실업급여사업에 한해 임의가입 가능

구 분	국민연금	건강보험 (장기요양)	고 용		산 재			비 고
			실업급여	고안·직능	산재	임채	석면	
별정직우체국	×	○	×	×	○	×	○	
선원법 및 어선재해보상법 적용자	○	○	○	○	×	×	×	– 단, 톤수 등에 의하여 적용대상 구분
국민기초생활 수급권자로서 자활근로사업 참여자 (주거·의료·교육급여 수급자)	△	×	○	○	○	×	○	– 단, 본인의 희망에 따라 국민연금 사업장가입자에서 제외 신청가능 ✔ 자활근로종사자로 생계급여 수급자는 실업급여가 적용되지 않으며 자활근로종사자로 급여특례·최상위계층은 실업급여 적용
노조전임자·육아휴직·산전후 휴가자	○	○	○	○	×	×	×	– 고용안정 및 직업능력개발사업 보험료는 면제
시간강사	○	○	○	○	○	○	○	
요양보호사	○	○	○	○	○	○	○	– 동거가족 요양보호사는 고용보험 적용 제외
예술인	×	×	○	×	×	×	×	– 고용보험 실업급여사업에 한해 당연적용
특수형태근로 종사자	×	×	○	×	○	×	×	– 방과후학교 강사는 고용보험 실업급여사업에 한하여, 골프장 캐디, 소프트웨어기술자는 산재보험에 한해 당연적용

실무 POINT

❶ 건강보험의 실업자에 대한 특례

1. 실업자에 대한 특례(임의계속가입)란?

건강보험의 실업자에 대한 특례(임의계속가입)란 사용관계가 종료되어 실업자가 된 자로서 일정요건에 해당하는 자에 대하여 일정기간 직장가입자의 자격을 유지하게 하는 제도를 말한다.

2. 임의계속가입의 요건 및 절차

임의계속가입을 하기 위해서는 사용관계가 끝난 사람 중 직장가입자로서 자격을 유지한 기간이 사용관계가 끝난 날 이전 18개월간 통산 1년 이상인 자가 지역가입자가 된 이후 최초로 고지받은 지역가입자 보험료의 납부기한에서 2개월이 지나기 이전까지 공단에 임의계속가입신청서를 제출하여야 하며, 신청 후 최초로 납부하여야 할 보험료를 그 납부기한부터 2개월이 지난 날까지 납부하여야 한다.

3. 임의계속가입의 기간 및 보험료

임의계속가입은 사용관계가 종료된 날의 다음 날부터 기산하여 36개월까지의 기간 동안 가능하며, 보수월액 보험료가 산정된 최근 12개월간의 보수월액을 평균한 금액(보수월액 산정 시 휴직 등의 사유로 보수의 전부 또는 일부가 지급되지 아니한 월의 경우에는 이를 월수에 포함하지 아니함)을 기준으로 보수월액을 산정하고, 보험료는 그 임의계속가입자가 전액을 부담하고 납부하되, 보건복지부장관이 고시하는 바에 따라 그 일부(50%)를 경감할 수 있다.

❷ 건설공사현장의 고용보험 피보험자격 신고 및 고용보험료 원천공제

1. 피보험자격 신고 주체

건설공사현장의 경우 고용보험 피보험자격 신고는 원수급인이 고용하는 근로자는 원수급인이, 그 외의 근로자는 그를 고용하는 건설업자인 하수급인이 그 주체가 된다.

2. 피보험자격 신고 절차

건설공사현장의 피보험자격 신고는 다음의 순서와 절차에 따라 이루어진다.

① 원수급인(사업주 승인을 받은 하수급인 포함, 이하 같음)의 하수급인 명세서 제출 : 하도급계약 체결일로부터 14일 이내

② 원수급인 및 하수급인에게 하수급인 확인서 통지 : 하수급인관리번호 부여

③ 원수급인 및 하수급인 고용보험 피보험자격 취득·상실신고(또는 근로내용 확인신고)

④ 원수급인 및 하수급인에게 고용보험 피보험자격 취득·상실 신고명세 통지, 피보험자에게 고용보험 피보험자격 취득·상실 신고사실 통지

3. 전자적 방법에 따른 신고 및 지원

원수급인 또는 하수급인은 고용노동부장관이 설치운영하는 정보통신망이나 건설고용보험카드를 활용하여 피보험자격의 취득 또는 상실에 관한 신고를 할 수 있다. 이를 위해 건설고용보험카드 발급 신청 및 건설고용보험카드 리더기 설치 신청서를 제출하는 경우 고용노동부장관은 예산의 범위에서 건설고용보험카드, 건설고용보험카드 리더기와 그 부대 물품 등의 장비를 지원할 수 있다.

4. 고용보험료의 원천공제

건설공사현장의 경우 고용보험료의 원천공제는 사업주가 되는 원수급인 또는 하수급인이 행하는 것이 원칙이나, 자기가 고용하는 고용보험 가입자 외의 근로자를 고용하는 하수급인에게 서면으로 위임하여 그 근로자가 부담하는 보험료에 상당하는 금액을 근로자의 보수에서 원천공제하게 할 수 있다. 이 경우 원수급인 및 하수급인은 다음의 사항을 준수하여야 한다.

① 하수급인 매월 하수급인 원천공제 대장 작성·보관

② 원천공제액을 원수급인에게 인도하는 경우 매월 하수급인 원천공제액 인도서 작성·발급

③ 원천공제액을 인도받은 경우 원수급인 매월 하수급인 원천공제액 수령대장 작성·보관

2 자격취득사유 및 시기

1. 보험별 취득사유 및 시기

보험별 자격취득사유 및 그 시기는 다음과 같다.

| 보험별 자격취득사유 및 자격취득일 |

국민연금	건강보험	고용·산재보험
적용사업장에 채용되거나 사업장이 적용사업장이 된 경우 : 그 채용일 또는 적용사업장이 된 날	좌동	좌동
1개월 미만의 기간 동안 고용된 일용근로자 및 기한부 근로자가 계속해서 1개월 이상 근로한 경우로서 1월간 8일 또는 60시간 이상 근로하거나 1월간 소득이 220만원 이상인 경우 : 최초 고용일 ✔ 전월 1월간 근로일수가 8일 또는 근로시간이 60시간 미만이거나 소득이 220만원 미만이던 근로자가 당월 1일부터 말일까지 8일 또는 60시간 이상 근로하거나 소득이 220만원 이상인 경우 : 당월 1일	1개월 미만의 기간 동안 고용된 일용근로자 및 기한부 근로자가 계속해서 1개월 이상 근로한 경우로서 1월간 8일 또는 60시간 이상 근로한 경우 : 최초 고용일 ✔ 전월 1월간 근로일수가 8일 또는 근로시간이 60시간 미만이던 근로자가 당월 1일부터 말일까지 8일 또는 60시간 이상 근로한 경우 : 당월 1일	1월간의 소정근로시간이 60시간 미만(**1주간 소정근로시간 15시간 미만 포함**)인 근로자가 3개월 이상 계속 근로를 제공하게 되는 경우 : 최초 고용일 ✔ 고용보험에 한함
본인이 원하지 않아 적용제외된 근로자 중 18세에 도달한 자가 있는 경우 : 당해 근로자의 18세 도달일	유공자 등 의료보호대상자에서 제외된 경우 또는 의료보호대상자 중 건강보험 적용을 신청한 경우 : 그 제외된 날 또는 신청일	상시 5인 이상의 근로자를 사용하게 된 경우 : 상시근로자 수가 최초로 5인이 된 날 ✔ 농업·임업·어업 및 수렵업 중 법인이 아닌 자에 한함
	의료급여수급권자에서 제외된 경우 : 그 제외된 날	외국인이 가입신청을 한 경우 : 승인을 얻은 날의 다음 날 ✔ 고용보험에 한함

2. 2 이상의 적용사업장에 동시 고용된 경우

2 이상의 적용사업장에 동시에 고용되어 있는 경우 국민연금, 건강보험 및 산재보험은 각각 자격취득을 하나, 고용보험은 통상임금이 많은 사업, 월 소정근로시간이 많은 사업, 근로자가 선택한 사업의 순서에 따라 그중 한 사업(일용근로자와 일용근로자가 아닌 자로 동시에 고용되어 있는 경우 일용근로자가 아닌 자로 고용된 사업)의 근로자로서의 피보험자격을 취득한다.

PART 3 4대보험 관리

다만, 둘 이상의 사업에서 동시에 근로계약, 문화예술용역 관련 계약 또는 노무제공계약을 체결한 경우 모든 사업에서 각각 고용보험 피보험자격을 취득하고, 예술인 또는 노무제공자인 피보험자와 자영업자인 피보험자에 동시에 해당하는 경우에는 예술인 또는 노무제공자로서의 피보험자격을 취득하되 단기예술인 또는 단기노무제공자인 경우에는 어느 하나를 선택할 수 있다.

3 피부양자 자격취득신고

1. 피부양자 자격취득신고서의 제출

건강보험 직장가입자의 배우자, 직계존속(배우자의 직계존속), 직계비속 및 그 배우자, 형제자매 중 직장가입자에 의해 주로 생계를 유지하는 자로서 소득 및 재산이 일정 기준 이하에 해당하는 사람에 대해서는 주민등록등본 또는 가족관계증명서, 장애인등록증, 외국인 등록증 등을 첨부하여 직장가입자자격취득신고서(피부양자가 있는 경우)/피부양자자격취득·상실신고서를 지체 없이 제출하여야 한다.

직장가입자에 의해 주로 생계를 유지하는 자로서 보수 또는 소득이 없는 자일지라도 소유하고 있는 토지, 건축물, 주택, 선박 및 항공기의 지방세법 제110조에 따른 재산세 과세표준의 합이 9억원(형제·자매의 경우는 1억 8천만원)을 초과하는 경우에는 부양요건이 인정되지 아니하여 피부양자 자격취득 신고대상에서 제외된다.

2. 피부양자 자격취득일

피부양자 자격취득신고를 하는 경우 신생아는 출생한 날에, 직장가입자의 자격취득일이나 자격변동일부터 30일 이내 피부양자의 자격취득신고를 한 경우 직장가입자의 자격취득일 또는 자격변동일에, 30일을 초과하여 피부양자 자격취득신고를 한 경우에는 신고서를 제출한 날에 피부양자 자격취득을 한 것으로 본다.

다만, 월의 초일이 토요휴무일 또는 공휴일이어서 그 익월에 신고한 경우, 퇴직한 사업장에서 퇴직일로부터 30일이 경과 후 상실신고를 한 경우 등 본인의 책임 없는 부득이한 사유로 30일을 초과하여 피부양자 자격취득신고를 한 경우에는 직장가입자의 자격취득일 또는 자격변동일에 피부양자 자격취득을 한 것으로 보며, 외국인의 경우 신생아 자녀는 그 출생일, 주민등록등을 한 날부터 90일 이내에 피부양자 자격취득을 신청한 경우 주민등록등을 한 날(단, 주민등록등을 한 이후 직장가입이 된 경우 그 직장가입이 된 날), 주민등록등을 한 날부터 90일이 경과하여 피부양자 자격취득을 신청한 경우로서 국내 거주기간이 6개월 미만인 경우 6개월이 되는 날의 다음날에 피부양자 자격취득을 한 것으로 본다.

❙ 피부양자 자격취득요건 ❙

부양요건	소득 및 재산요건
직장가입자와의 관계에 따른 동거·비동거 여부로 확인결정	소득요건을 모두 충족하고 재산요건 중 어느 하나에 해당되는지 여부로 확인결정 1. 소득요건 가. 이자·배당·사업·기타소득과 근로·연금소득(근로소득공제·연금소득공제를 적용하지 않음)의 연간 합계액이 2,000만원 이하일 것 나. 사업소득이 없을 것. 단, 사업자등록이 되어 있지 않은 경우(부동산업에서 발생하는 소득 중 주택임대소득이 있는 경우 제외), 장애인으로 등록한 경우, 국가유공자등 또는 보훈대상자로서 상이등급 판정을 받은 경우로서 사업소득의 연간 합계액이 500만원 이하일 것 다. 피부양자가 되려는 사람이 폐업 등에 따른 사업중단 등의 사유로 소득이 발생되지 않거나 주택재건축사업으로 발생한 사업소득을 제외하면 가목 및 나목의 요건을 충족하는 경우 등 공단이 인정하는 경우 라. 피부양자가 되려는 사람이 기혼자인 경우에는 부부 모두 가목부터 다목까지의 요건을 충족하여야 함 2. 재산요건 가. 본인·배우자의 직계존·비속 : 토지, 건축물, 주택, 선박 및 항공기에 대한 재산세 과세표준의 합이 5억 4천만원을 초과하면서 9억원 이하이고 이자·배당·사업·기타소득과 근로·연금소득(근로소득공제·연금소득공제를 적용하지 않음)의 연간 합계액이 1천만원 이하이거나 재산세 과세표준의 합이 5억 4천만원 이하일 것 나. 형제자매 : 토지, 건축물, 주택, 선박 및 항공기에 대한 재산세 과세표준의 합이 1억 8천만원 이하일 것

✔ 부양요건과 소득 및 재산요건을 동시에 충족하는 경우에 피부양자 인정

실무 POINT 피부양자자격의 인정기준 중 부양요건

가입자와의 관계	부양요건	
	동거 시	비동거 시
1. 배우자	부양인정	부양인정
2. 부모인 직계존속 가. 부모(부 또는 모와 재혼한 배우자 포함)	부양인정	부모(부 또는 모와 재혼한 배우자 포함)와 동거하고 있는 형제자매가 없거나, 있어도 보수 또는 소득이 없는 경우 부양인정
나. 법률상의 부모가 아닌 친생부모(이하 "친생부모"라 함)	부양인정	친생부모의 배우자 또는 동거하고 있는 직계비속이 없거나, 있어도 보수 또는 소득이 없는 경우 부양인정

가입자와의 관계	부양요건	
	동거 시	비동거 시
3. 자녀(법률상의 자녀가 아닌 친생자녀 포함)인 직계비속	부양인정	미혼(이혼·사별한 경우 포함)인 경우 부양인정. 다만, 이혼·사별한 경우 자녀인 직계비속이 없거나, 있어도 보수 또는 소득이 없는 경우 부양인정
4. 조부모·외조부모 이상인 직계존속	부양인정	조부모·외조부모 이상인 직계존속과 동거하고 있는 직계비속이 없거나, 있어도 보수 또는 소득이 없는 경우 부양인정
5. 손·외손 이하인 직계비속	부모가 없거나, 부 또는 모가 있어도 보수 또는 소득이 없는 경우 부양인정	미혼(이혼·사별한 경우 포함)으로서 부모가 없는 경우 부양인정. 다만, 이혼·사별한 경우 자녀인 직계비속이 없거나, 있어도 보수 또는 소득이 없는 경우 부양인정
6. 직계비속의 배우자	부양인정	부양불인정
7. 배우자의 부모인 직계존속(배우자의 부 또는 모와 재혼한 배우자 포함)	부양인정	배우자의 부모(부 또는 모와 재혼한 배우자 포함)와 동거하고 있는 배우자의 형제자매가 없거나, 있어도 보수 또는 소득이 없는 경우 부양인정
8. 배우자의 조부모·외조부모 이상인 직계존속	부양인정	배우자의 조부모·외조부모 이상인 직계존속과 동거하고 있는 직계비속이 없거나, 있어도 보수 또는 소득이 없는 경우 부양인정
9. 배우자의 직계비속	미혼(이혼·사별한 경우 포함)인 경우 부양인정. 다만, 이혼·사별한 경우 자녀인 직계비속이 없거나, 있어도 보수 또는 소득이 없는 경우 부양인정	부양불인정
10. 다음 각 목의 어느 하나에 해당하는 형제·자매 가. 30세 미만 나. 65세 이상 다. 장애인 라. 국가유공자 등으로서 상이등급 판정을 받은 자 마. 보훈대상자로서 상이등급 판정을 받은 자	미혼(이혼·사별한 경우 포함)으로 부모가 없거나, 있어도 부모가 보수 또는 소득이 없는 경우 부양인정. 다만, 이혼·사별한 경우 자녀인 직계비속이 없거나, 있어도 보수 또는 소득이 없는 경우 부양인정	미혼(이혼·사별한 경우 포함)으로 부모 및 직장가입자 외의 다른 형제·자매가 없거나, 있어도 부모 및 동거하고 있는 형제·자매가 보수 또는 소득이 없는 경우 부양인정. 다만, 이혼·사별한 경우 자녀인 직계비속이 없거나, 있어도 보수 또는 소득이 없는 경우 부양인정

4 자격취득신고서 작성사례

1. 일반 근로자의 경우

■ 고용보험 및 산업재해보상보험의 보험료징수 등에 관한 법률 시행규칙 [별지 제22호의5서식] 〈개정 2024. 12. 31.〉

[✔]국민연금 사업장가입자 자격취득 신고서　[✔]건강보험 직장가입자 자격취득 신고서
[✔]고용보험 근로자 피보험자격취득 신고서　[✔]산재보험 근로자 자격취득 신고서

※ 2쪽의 유의사항 및 작성방법을 읽고 작성하기 바라며, 색상이 어두운 난은 신고인이 적지 않습니다.
※ [ ]에는 해당되는 곳에 "√" 표시를 합니다.
※ 같은 사람의 4대 사회보험 각각의 자격취득일 또는 월 소득액(소득월액, 보수월액, 월평균보수액)이 서로 다른 경우 줄을 달리하여 적습니다.

(5쪽 중 1쪽)

접수번호	접수일	처리기간: 3일(고용 · 산재보험은 5일)	
사업장	사업장관리번호 220-87-92764	명칭 (주)대한민국	단위사업장 명칭 / 영업소 명칭
	소재지 서울시 강남구 강남대로 330		우편번호(06252)
	전화번호 02-2677-2017		팩스번호 02-508-7084
보험사무 대행기관	번호	명칭	하수급인 관리번호(건설공사 등의 미승인 하수급인만 해당합니다)

구분	성명 / 주민등록번호 (외국인등록번호 · 국내거소신고번호)	국적 / 체류자격	대표자 여부	월 소득액 (소득월액 · 보수월액 · 월평균 보수액)(원)	자격 취득일 (YYYY. MM.DD)	국민연금 (자격취득부호 / 특수직종부호 / 직역연금부호)	건강보험 (자격취득부호 / 보험료 감면부호 / 공무원 · 교직원 회계명/부호 / 직종명/부호)	고용보험 · 산재보험 (직종부호 / 1주 소정근로시간 / 계약종료연월(계약직만 작성) / 보험료 부과구분(해당자만 작성) 부호 / 사유)
1	김일수 / 800203-3444555		[ ]예 [✔]아니오	2,500,000	2024.12.1.	[✔]국민연금 ([ ]취득 월 납부 희망)	[✔]건강보험 ([✔]피부양자 신청)	[✔]고용보험(계약직 여부: [ ]예 [✔]아니오) [✔]산재보험
2			[ ]예 [ ]아니오			[ ]국민연금 ([ ]취득 월 납부 희망)	[ ]건강보험 ([ ]피부양자 신청)	[ ]고용보험(계약직 여부: [ ]예 [ ]아니오) [ ]산재보험
3			[ ]예 [ ]아니오			[ ]국민연금 ([ ]취득 월 납부 희망)	[ ]건강보험 ([ ]피부양자 신청)	[ ]고용보험(계약직 여부: [ ]예 [ ]아니오) [ ]산재보험
4			[ ]예 [ ]아니오			[ ]국민연금 ([ ]취득 월 납부 희망)	[ ]건강보험 ([ ]피부양자 신청)	[ ]고용보험(계약직 여부: [ ]예 [ ]아니오) [ ]산재보험

위와 같이 자격취득을 신고합니다.

2024 년 12 월 10 일

신고인(사용자 · 대표자) (주)대한민국 대표이사 홍길동 (서명 또는 인) / [ ]보험사무대행기관 (서명 또는 인)

국민연금공단 이사장/국민건강보험공단 이사장/근로복지공단 서울강남지역본부(지사)장 귀하

297mm×210mm[백상지(80g/㎡) 또는 중질지(80g/㎡)]

첨부 서류	국민연금	임금대장 사본 또는 선원수첩 사본 등 특수직종근로자임을 증명할 수 있는 서류 1부	수수료 없음
	건강보험	직장가입자의 자격을 얻으려는 사람이 재외국민 또는 외국인인 경우에는 다음 각 목의 구분에 따른 서류. 이 경우 「국민건강보험법」 제96조, 같은 법 시행령 제69조의2 및 같은 영 별표 4의3에 따른 자료의 제공 요청을 통해 공단이 확인할 수 없는 경우에만 제출합니다. 가. 재외국민: 「주민등록법」에 따른 주민등록표 등본 1부 나. 외국인: 외국인등록증 사본, 외국인등록 사실증명, 국내거소신고증 사본(「재외동포의 출입국과 법적 지위에 관한 법률」 제2조제2호에 따른 외국국적동포의 경우에만 제출합니다) 또는 국내거소신고사실증명(「재외동포의 출입국과 법적지위에 관한 법률」 제2조제2호에 따른 외국국적동포만의 경우에만 제출합니다) 1부	

유의사항

건강보험	1. 피부양자가 있을 때에는 제5쪽의 직장가입자 자격취득 신고서(피부양자가 있는 경우)를 작성하기 바랍니다. 2. 건강보험증은 가입자 또는 피부양자가 신청하는 경우 발급됩니다. 신청은 가까운 지사를 방문하거나 고객센터(☎1577-1000), 홈페이지(www.nhis.or.kr), 모바일앱 등을 통해 가능합니다.
고용보험 · 산재보험	1. 임의가입대상인 외국인 및 공무원은 "외국인(공무원) 고용보험 가입 · 가입탈퇴 신청서"를 작성해 주시기 바랍니다. 2. 1쪽 신고사항을 신고하지 않거나(기한 내에 신고하지 않은 경우 포함) 거짓으로 신고한 경우 「고용보험법」 제118조제1항제1호 또는「고용보험 및 산업재해보상보험의 보험료징수 등에 관한 법률」 제50조제1항제1호에 따라 300만원 이하의 과태료가 부과될 수 있으며, 거짓 신고 등으로 실업급여를 부정하게 받은 경우 사업주도 연대하여 책임을 지며 형사처벌을 받을 수 있습니다.

작성방법

공통사항	1. 신고대상 가입자 또는 근로자별 사회보험(국민연금 · 건강보험 · 고용보험 · 산재보험) 취득 및 고용 여부에 관하여 해당되는 "[ ]"에 "√" 표시를 합니다. 2. 성명 및 주민등록번호(외국인등록번호 · 국내거소신고번호)란에는 주민등록표(외국인등록증 · 국내거소신고증)상의 성명 및 주민등록번호(외국인등록번호 · 국내거소신고번호)를 적습니다. 3. 자격취득일란에는 해당 사업장의 채용일등을 적습니다. 다만, 국민연금의 경우에는 자격취득 사유가 사업장 전입인 때에는 상대 사업장에서의 전출일과 같은 일자를 적습니다 4. 외국인의 경우에는 국적 및 체류자격(외국인등록증 적은 내역)을 적습니다.
국민연금	1. 특수직종부호는 해당 근로자가 「광업법」에 따른 광업의 종사자인 경우에는 "광원"에 해당하는 부호를 적고, 「어선에서의 「선원법」 제2조제6호에 따른 부원으로서 직접 어로작업에 종사하는 경우에는 "부원"에 해당하는 부호를 적습니다. 2. 국민연금의 경우 18세 미만의 근로자도 사업장가입자입니다. 다만, 본인이 원하지 않으면 가입하지 않을 수 있습니다. 3. 취득일이 1일인 경우를 제외하고, 취득월의 보험료 납부를 희망하는 경우에는 "[ ]취득 월 납부 희망"의 "[ ]"에 "√" 표시를 합니다. 4. 「공무원연금법」,「군인연금법」,「사립학교교직원 연금법」,「별정우체국법」에 따른 직역연금 가입자 또는 퇴역연금, 퇴직연금 등을 받거나 받을 권리를 얻은 자는 사업장가입자로 가입할 수 없습니다.
건강보험	공무원 · 교직원의 경우에만 회계명, 회계부호, 직종명, 직종부호를 적습니다.
고용보험 · 산재보험	1. 산재보험 관리번호와 고용보험 관리번호가 다른 경우에는 신고서를 각각 작성해야 합니다(예술인 및 노무제공자의 경우에는 별도 서식으로 신고합니다). 2. "월평균보수액"은 연도 중에 월별로 지급이 예상되는 평균 보수액을 적습니다(입사 이후 1년간 지급이 예상되는 보수총액을 예상 종사개월수로 나눈 금액을 적습니다). – 근로자의 보수: 「소득세법」 제20조에 따른 근로소득에서 같은 법 제12조제3호에 따른 비과세 근로소득을 뺀 금액(연말정산에 따른 갑근세 원천징수 대상 근로소득과 동일) 3. "1주 소정 근로시간"은 주간의 소정 근로시간을 달리하는 경우에는 평균 1주 소정 근로시간을 적습니다. 4. 피보험자의 계약직 종사자 여부에 대해 "[ ]"에 "√" 표시를 하고, 계약직 종사자인 경우에는 예정된 계약 종료 연도와 월을 적습니다. 근로계약기간이 정해져 있다면 계약 종료일이 속한 월을, 건설공사기간으로 계약을 체결하였다면 예상 공사 종료일이 속한 월을, 사업이나 특정업무를 완성하는 것으로 계약을 체결하였다면 예상 완성일이 속한 월을 적습니다. 5. 보험료 부과구분의 부호 및 사유는 3쪽 하단의 표를 참고하여 해당하는 사람만 작성합니다(부호란에는 해당하는 부호를, 사유란에는 대상 종사자에 해당하는 번호를 적습니다).

자격취득 부호 등

국민연금

[자격취득 부호] 01. 18세 이상 당연취득(「국민연금법 시행령」 제2조제1호가목 · 나목에 따라 1개월 동안의 근로일수 · 근로시간이 일정수준 이상으로 근로자에 포함되는 사람이 누락되지 않도록 유의하시기 바랍니다) 03. 18세 미만 취득

09. 전입(사업장 통 · 폐합) 11. 대학강사 12. 60시간 미만 신청 취득(근로자 본인이 원하고 사용자가 동의하는 경우에 적으시기 바랍니다)

14. 일용근로자 또는 단시간근로자 등(「국민연금법 시행령」 제2조제1호가목 · 나목 및 같은 조 제4호라목에 따라 1개월 동안의 소득이 일정 수준 이상으로 근로자에 포함되는 사람만 해당합니다)

15. 상실취소(착오나 사정변경으로 한 자격상실 신고를 취소하는 경우)

[특수직종 부호] 1. 광원 2. 부원

[직역연금 부호] 1. 직역연금(「공무원연금법」 「군인연금법」 「사립학교교직원 연금법」 「별정우체국법」에 따른 연금) 가입자

2. 직역연금(「공무원연금법」 「군인연금법」 「사립학교교직원 연금법」 「별정우체국법」에 따른 연금) 수급권자

건강보험

[자격취득 부호] 00. 최초취득 04. 의료급여 수급권자등에서 제외 05. 직장가입자 변경 06. 직장피부양자 상실 07. 지역가입자에서 변경 10. 국가유공자 등 건강보험 적용 신청

13. 기타 14. 거주불명 등록 후 재등록 29. 직장가입자 이중가입 30. 상실취소(착오나 사정변경으로 한 자격상실 신고를 취소하는 경우)

[보험료 감면 부호] 11. 해외근무(전액) 12. 해외근무(반액) 21. 현역 군 입대 22. 상근예비역(현역 입대) 24. 상근예비역(근무) 31.시설수용(교도소) 32. 시설수용(기타) 41. 섬 · 벽지(사업장) 42. 섬 · 벽지(거주지) 81. 휴직

고용보험 · 산재보험

[직종 부호] 4쪽의 별지[한국고용직업분류(KECO, 2025) 중 소분류(140개) 직종현황]를 참고하여 적습니다.

[보험료 부과구분 부호]

부호	부과범위: 산재보험 – 산재보험	부과범위: 산재보험 – 임금채권부담금	부과범위: 고용보험 – 실업급여	부과범위: 고용보험 – 고용안정 직업능력 개발	대상 종사자
51	O	O	x	x	09. 고용보험미가입 외국인근로자 10. 월 60시간 미만 근로자 11. 항운노조원(임금채권부담금 부과대상)
52	O	x	x	x	03. 현장실습생(「산업재해보상보험법」 제123조제1항에 따른 고용노동부장관이 정하는 현장실습생) 13. 항운노조원(임금채권부담금 소송승소)
54	O	x	O	O	22. 자활근로종사자(「국민기초생활보장법」 제14조의2에 따른 급여의 특례에 해당하는 사람, 차상위계층, 주거 · 의료 · 교육급여 수급자)
55	x	x	O	O	05. 국가기관에서 근무하는 청원경찰 06. 「선원법」 및 「어선원 및 어선 재해보상보험법」 적용자 07. 해외파견자(「산업재해보상보험법」의 적용을 받지 않는 사람)
56	x	x	O	x	16. 노조전임자(노동조합 등 금품 지급)
58	O	x	x	O	21. 자활근로종사자(생계급여 수급자)
60	O	O	x	O	27. 고용허가 외국인근로자(당연적용대상)

[별지] 한국고용직업분류(KECO, 2025) 중 소분류(140개) 직종현황

0.경영 · 사무 · 금융 · 보험직

01.관리직(임원 · 부서장)

011 의회의원 · 고위공무원 및 기업 고위임원
012 행정 · 경영 · 금융 · 보험 관리자
013 전문서비스 관리자
014 미용 · 여행 · 숙박 · 음식 · 경비 · 청소 관리자
015 영업 · 판매 · 운송 관리자
016 건설 · 채굴 · 제조 · 생산 관리자

02. 경영 · 행정 · 사무직

021 정부행정 전문가 및 관련 종사자
022 경영 · 인사 전문가
023 회계 · 세무 · 감정 전문가
024 광고 · 조사 · 상품기획 · 행사기획 전문가
025 정부행정 사무원
026 경영지원 사무원
027 회계 · 경리 사무원
028 무역 · 운송 · 생산 · 품질 사무원
029 안내 · 고객상담 · 통계 · 비서 및 기타 사무원

03. 금융 · 보험직

031 금융 · 보험 전문가
032 금융 · 보험 사무원
033 금융 · 보험 영업원

1. 연구직 및 공학 기술직

11. 인문 · 사회과학 연구직

110 인문 · 사회과학 연구원

12. 자연 · 생명과학 연구직

121 자연과학 연구원 및 시험원
122 생명과학 연구원 및 시험원

13. 정보통신 연구개발직 및 공학기술직

131 컴퓨터하드웨어 · 통신공학 기술자
132 컴퓨터시스템 전문가
133 소프트웨어 개발자
134 네트워크 시스템 개발자 및 정보보안 전문가
135 데이터 전문가
136 정보시스템 및 웹 운영자
137 통신방송송출 장비 기사

14. 건설 · 채굴 연구개발직 및 공학 기술직

140 건축 · 토목공학 기술자 및 시험원

15. 제조 연구개발직 및 공학기술직

151 기계 · 로봇공학 기술자 및 시험원
152 금속 · 재료공학 기술자 및 시험원
153 전기 · 전자공학 기술자 및 시험원
154 화학공학 기술자 및 시험원
155 에너지 · 환경공학 기술자 및 시험원
156 섬유공학 기술자 및 시험원
157 식품공학 기술자 및 시험원
158 소방 · 방재 · 산업안전 · 비파괴 기술자
159 제도사 및 기타 공학 기술자 및 시험원

2. 교육 · 법률 · 사회복지 · 경찰 · 소방직 및 군인

21. 교육직

211 대학 교수 및 강사
212 학교 교사
213 유치원 교사
214 문리 · 기술 · 예능 강사
215 장학관 및 기타 교육 종사자

22. 법률직

221 법률 전문가
222 법률 사무원

23. 사회복지 · 종교직

231 사회복지사 및 상담사
232 보육교사 및 기타 사회복지 종사자
233 성직자 및 기타 종교 종사자

24. 경찰 · 소방 · 교도직

240 경찰관, 소방관 및 교도관

25. 군인

250 군인

3. 보건 · 의료직

30. 보건의료직

301 의사, 한의사 및 치과의사
302 수의사
303 약사 및 한약사
304 간호사
305 영양사
306 의료기사 · 치료사 · 재활사
307 보건 · 의료 종사자

4. 예술 · 디자인 · 방송 · 스포츠직

41. 예술 · 디자인 · 방송직

411 작가 · 통번역가
412 기자 및 언론 전문가
413 학예사 · 사서 · 기록물관리사
414 창작 · 공연 전문가(작가, 연극 제외)
415 디자이너
416 연극 · 영화 · 방송 전문가
417 문화 · 예술 기획자 및 매니저

42. 스포츠 · 레크리에이션직

420 스포츠 · 레크리에이션 종사자

5. 미용 · 여행 · 숙박 · 음식 · 경비 · 청소직

51. 미용 · 예식 및 반려동물 서비스직

511 미용 서비스원
512 결혼 · 장례 등 예식 서비스원
513 반려동물 서비스원

52. 여행 · 숙박 · 오락 서비스직

521 여행 서비스원
522 항공기 · 선박 · 열차 객실승무원
523 숙박시설 서비스원
524 오락시설 서비스원

53. 음식 서비스직

531 주방장 및 조리사
532 식당 서비스원

54. 경호 · 경비직

541 경호 · 보안 종사자
542 경비원

55. 돌봄서비스직(간병 · 육아)

550 돌봄 서비스 종사자

56. 청소 및 기타 개인서비스직

561 청소 종사자
562 세정원 및 방역원
563 가사 서비스원
564 검침 · 주차관리 및 기타 서비스 단순 종사자

6. 영업 · 판매 · 운전 · 운송직

61. 영업 · 판매직

611 부동산 컨설턴트 및 중개사
612 기술 · 해외 영업원 및 상품중개인
613 자동차 및 제품 영업원
614 텔레마케터
615 판매 종사자
616 매장 계산원 및 매표원
617 판촉 및 기타 판매 단순 종사자

62. 운전 · 운송직

621 항공기 · 선박 · 철도 조종사 및 관제사
622 자동차 운전원
623 물품이동장비 조작원(크레인 · 호이스트 · 지게차)
624 택배원 및 기타 운송 종사자

7. 건설 · 채굴직

70. 건설 · 채굴직

701 건설구조 기능원
702 건축마감 기능원
703 배관공
704 건설 · 채굴 기계 운전원
705 기타 건설 기능원(채굴포함)
706 건설 · 채굴 단순 종사자

8. 설치 · 정비 · 생산직

81. 기계 설치 · 정비 · 생산직

811 기계장비 설치 · 정비원(운송장비 제외)
812 운송장비 정비원
813 금형원 및 공작기계 조작원
814 냉 · 난방 설비 조작원
815 자동조립라인 · 산업용로봇 조작원
816 기계 조립원(운송장비 제외)
817 운송장비 조립원

82. 금속 · 재료 · 설치 · 정비 · 생산직 (판금 · 단조 · 주조 · 용접 · 도장 등)

821 금속관련 기계 · 설비 조작원
822 판금원 및 제관원
823 단조원 및 주조원
824 용접원 및 용접기 조작원
825 도장원 및 도금원
826 비금속제품 생산기계 조작원

83. 전기 · 전자 설치 · 정비 · 생산직

831 전기공
832 전기 · 전자 기기 설치 · 수리원
833 발전 · 배전 장치 조작원
834 전기 · 전자 설비 조작원
835 전기 · 전자 부품 · 제품 생산기계 조작원
836 전기 · 전자 부품 · 제품 조립원

84. 정보통신 설치 · 정비직

841 정보통신기기 설치 · 수리원
842 방송 · 통신장비 설치 · 수리원

85. 화학 · 환경 설치 · 정비 · 생산직

851 석유 · 화학물 가공장치 조작원
852 고무 · 플라스틱 및 화학제품 생산기계 조작원 및 조립원
853 환경관련 장치 조작원

86. 섬유 · 의복생산직

861 섬유 제조 · 가공 기계 조작원
862 패턴사, 재단사 및 재봉사
863 의복 제조원 및 수선원
864 제화원, 기타 섬유 · 의복 기계 조작원 및 조립원

87. 식품가공 · 생산직

871 제과 · 제빵원 및 떡제조원
872 식품 가공 기능원
873 식품 가공 기계 조작원

88. 인쇄 · 목재 · 공예 및 기타설치 · 정비 · 생산직

881 인쇄기계 · 사진현상기 조작원
882 목재 · 펄프 · 종이 생산기계 조작원
883 가구 · 목제품 제조 · 수리원
884 공예원 및 귀금속세공원
885 악기 · 간판 및 기타 제조 종사자

89. 제조 단순직

890 제조 단순 종사자

9. 농림어업직

90. 농림어업직

901 작물재배 종사자
902 낙농 · 사육 종사자
903 임업 종사자
904 어업 종사자
905 농림어업 단순 종사자

직장가입자 자격취득 신고서(피부양자가 있는 경우)

※ 국민건강보험의 피부양자가 있는 경우에 작성합니다.

가입자 성명			주민등록번호(외국인등록번호 · 국내거소신고번호)					
피부양자	관계	성명	주민등록번호 (외국인등록번호 · 국내거소신고번호)	장애인 · 국가유공자 등 · 보훈보상대상자		외국인		
				종별 부호	등록일 (YYYY.MM.DD)	국적	체류자격	체류기간
	부	김영순	560815-1020111	19	1999.4.1.	대한민국		
	모	유순희	571001-2234411					

위와 같이 직장가입자 자격 취득사항을 신고합니다.

2024 년 12 월 10 일

신고인(사용자) (주)대한민국 대표이사 홍길동 (서명 또는 인)

국민건강보험공단 이사장 귀하

첨부서류	1. 취득대상 피부양자와의 관계를 알 수 있는 가족관계등록부의 증명서 1부(주민등록표 등본으로 「국민건강보험법 시행규칙」 제2호제1항 각 호의 요건 충족 여부를 확인할 수 없는 경우에만 제출합니다) 2. 「장애인복지법」 제32조에 따라 등록된 장애인, 「국가유공자 등 예우 및 지원에 관한 법률」 제4조 · 제73조 및 제74조에 따른 국가유공자 등(법률 제11041호로 개정되기 전의 「국가유공자 등 예우 및 지원에 관한 법률」 제73조의2에 따른 국가유공자 등을 포함한다)으로서 같은 법 제6조의4에 따른 상이등급 판정을 받은 사람과 「보훈보상대상자 지원에 관한 법률」 제2조에 따른 보훈보상대상자로서 같은 법 제6조에 따른 상이등급 판정을 받은 사람임을 증명할 수 있는 서류 1부(장애인, 국가유공자 등 또는 보훈보상대상자의 경우에만 제출합니다) 3. 피부양자의 자격을 취득하려는 사람이 재외국민 또는 외국인인 경우에는 다음 각 목의 구분에 따른 서류 가. 재외국민: 「주민등록법」에 따른 주민등록표 등본 1부 나. 외국인: 외국인등록증 사본, 외국인등록사실증명, 국내거소신고증 사본(「재외동포의 출입국과 법적지위에 관한 법률」 제2조제2호에 따른 외국국적동포의 경우에만 제출합니다) 또는 국내거소신고사실증명(「재외동포의 출입국과 법적지위에 관한 법률」 제2조제2호에 따른 외국국적동포의 경우에만 제출합니다) 1부 ※ 위 첨부서류는 「국민건강보험법」 제96조, 같은 법 시행령 제69조의2 및 같은 영 별표 4의3에 따른 자료의 제공 요청을 통해 공단이 확인할 수 없는 경우에만 제출합니다.	수수료 없음

유의사항

※ 건강보험증은 가입자 또는 피부양자가 신청하는 경우 발급됩니다. 신청은 가까운 지사방문, 고객센터(☎1577-1000), 홈페이지(www.nhis.or.kr), 모바일앱 등을 통해 가능합니다.

작성방법

※ 가입자 신고는 '건강보험 직장가입자 자격취득 신고서'에 합니다.

1. "관계"는 가입자와의 관계를 적습니다(예 : 배우자, 부모, 조부모, 자녀, 손자 · 손녀 이하, 형제자매, 처부모, 시부모, 사위, 며느리, 증조부모 등).
2. "성명 및 주민등록번호"는 피부양자의 성명 및 주민등록번호(외국인은 외국인등록번호, 「재외동포의 출입국과 법적 지위에 관한 법률」 제2조제2호에 따른 외국국적동포는 국내거소신고번호)를 적습니다.
3. 장애인, 국가유공자 등 또는 보훈보상대상자인 경우에는 종별 부호 및 등록일을 적습니다.

[종별 부호] 1. 지체장애인 2. 뇌병변장애인 3. 시각장애인 4. 청각장애인 5. 언어장애인 6. 지적장애인 7. 자폐성장애인 8. 정신장애인 9. 신장장애인 10. 심장장애인 11. 호흡기장애인 12. 간 장애인 13. 안면장애인 14. 장루 · 요루장애인 15. 뇌전증장애인 19. 국가유공자 등 또는 보훈보상대상자

4. 피부양자가 외국인인 경우에는 국적, 체류자격(외국인등록증 기재내용) 및 체류기간(외국인등록증 발급일부터 출국 예정일까지)을 적습니다.

297mm×210mm[백상지(80g/㎡) 또는 중질지(80g/㎡)]

2. 일용근로자의 경우

■ 고용보험 및 산업재해보상보험의 보험료징수 등에 관한 법률 시행규칙 [별지 제22호의7서식] 〈개정 2024. 12. 31.〉

[✔]고용보험 [✔]산재보험 근로내용 확인신고서(일용근로자)(2025년 1월분)

※ 2쪽의 유의사항 및 작성방법을 읽고 작성하기 바라며, [ ]에는 해당되는 곳에 "√" 표시를 합니다. (3쪽 중 1쪽)

접수번호	접수일	처리기간: 7일

공통 사업장		
	사업장관리번호 220-87-92764-0	명칭 (주)대한민국
	사업자등록번호 220-87-92764 (국세청 일용근로소득지급명세서 갈음하여 제출하는 경우에만 적습니다)	하수급인관리번호 (건설공사등 미승인 하수급인에 한함)
		공사명(유기사업명)
	소재지 서울시 강남구 강남대로 330	보험사무대행기관 번호 / 보험사무대행기관 명칭
	전화번호 (유선) 02-2677-2017 (휴대전화) 010-4488-3349	FAX번호 02-508-7084
	고용관리 책임자 (※건설업만 해당)	(성명) (주민등록번호) (직위) (직무내용) (근무지)[ ]본사 [ ]해당 사업장(현장) [ ]다른 사업장(현장)

구분				
성명	이시영	최기동		
주민등록번호(외국인등록번호)	770215-2242421	781010-1344455	-	-
국적 / 체류자격	대한민국 /	대한민국 /	/	/
전화번호(휴대전화)	010-2142-4533	010-2142-4533		
직종 부호	028	624		

근로일자("o"표시)

일	1	2	3	4	5	1	2	3	4	5	1	2	3	4	5	1	2	3	4	5
표시				○	○	○	○	○	○	○										
일	6	7	8	9	10	6	7	8	9	10	6	7	8	9	10	6	7	8	9	10
표시	○				○	○	○	○	○	○										
일	11	12	13	14	15	11	12	13	14	15	11	12	13	14	15	11	12	13	14	15
표시	○	○	○					○	○	○										
일	16	17	18	19	20	16	17	18	19	20	16	17	18	19	20	16	17	18	19	20
표시	○	○	○			○	○	○												
일	21	22	23	24	25	21	22	23	24	25	21	22	23	24	25	21	22	23	24	25
표시							○	○	○	○										
일	26	27	28	29	30	26	27	28	29	30	26	27	28	29	30	26	27	28	29	30
표시						○														
일	31					31					31					31				
표시																				

구분				
근로일수 / 일평균 근로시간	10 일 / 8 시간	21 일 / 8 시간	일 / 시간	일 / 시간
보수지급기초일수	10 일	21 일	일	일
보수총액	1,800,000 원	3,150,000 원	원	원
임금총액	1,800,000 원	3,150,000 원	원	원
이직사유 코드	1	1		
보험료부과구분(해당자만) 부호 / 사유	/	/	/	/
국세청 일용근로소득 신고 - 지급월	월	월	월	월
총지급액(과세소득)	1,800,000 원	3,150,000 원	원	원
비과세소득	0 원	0 원	원	원
원천징수액 - 소득세	0 원	0 원	원	원
원천징수액 - 지방소득세	0 원	0 원	원	원
일자리안정자금 지원 신청	[ ]예 [✔]아니오	[ ]예 [✔]아니오	[ ]예 [ ]아니오	[ ]예 [ ]아니오

「고용보험법 시행령」 제7조제1항 후단, 같은 법 시행규칙 제5조제2항 및 「고용보험 및 산업재해보상보험의 보험료징수 등에 관한 법률 시행규칙」 제16조의7제2항제1호에 따라 위와 같이 확인하여 신고합니다.

2025 년 2 월 15 일

신고인(사용자 · 대표자) (주)대한민국 대표이사 홍길동 (서명 또는 인)

[ ] 보험사무대행기관 (서명 또는 인)

근로복지공단 서울강남 지역본부(지사)장 귀하

210mm×297mm[백상지(80g/㎡) 또는 중질지(80g/㎡)]

유의사항

1. 이 서식은 1일 단위로 근로계약을 체결하거나 1개월 미만으로 고용되는 일용근로자를 위한 서식입니다.
2. 건설업(건설장비운영업은 제외합니다)과 임업 중 벌목업 사업장은 고용보험 근로자 근로내용 확인신고서만 작성하고, 산재보험 근로자 근로내용 확인신고서를 작성하지 않습니다.
3. 건설업(건설장비운영업은 제외합니다)과 임업 중 벌목업 사업장 소속 일용근로자의 경우 "임금총액"만 적고, 그 밖의 업종의 사업장 소속 일용근로자는 "보수총액(과세소득)"과 "임금총액(과세소득 및 비과세소득)"을 모두 적습니다.
4. 사업주는 「건설근로자의 고용개선 등에 관한 법률」 제5조제1항 및 제3항에 따라 사업장별(건설공사별)로 고용관리 책임자를 지정 · 신고해야 하며, 이를 위반할 경우에는 같은 법 제26조제3항제1호에 따라 100만원 이하의 과태료가 부과됩니다.

1쪽의 신고사항을 신고하지 않거나(기한 내에 신고하지 않은 경우 포함) 거짓으로 신고한 경우 「고용보험법」 제118조제1항제1호 또는「고용보험 및 산업재해보상보험의 보험료징수 등에 관한 법률」 제50조제1항제1호에 따라 300만원 이하의 과태료가 부과될 수 있으며, 거짓 신고 등으로 실업급여를 부정하게 받은 경우 사업주도 연대하여 책임지고 형사처벌을 받을 수 있습니다.

일용 근로 소득 신고 관련	1. 1쪽의 "사업자등록번호란"에는 「소득세법」 제134조제3항에 따른 원천징수의무자의 "사업자등록번호"를 적습니다. 2. 사업주가 1쪽의 "사업자등록번호란"을 작성 · 제출한 경우 「소득세법 시행령」 제213조제4항에 따라 「소득세법 시행규칙」 별지 제24호서식(4)에 따른 일용근로소득 지급명세서를 별도로 국세청에 제출할 필요가 없습니다. 국세청으로 직접 신고를 원하는 경우 "사업자등록번호"는 적지 않으며, "사업자등록번호란" 및 "국세청 일용근로 소득신고란"을 적지 않거나 잘못 적은 경우 국세청에 일용근로소득 지급명세서를 미제출 · 부실 제출한 것으로 보아 가산세가 부과될 수 있습니다. 3. 일용근로소득 신고 대상자에 대해 "사업자등록번호" 및 "국세청 일용근로 소득신고란"을 작성하지 않은 경우에는 해당 일용근로자에 대한 일용근로소득 지급명세서를 별도로 국세청에 제출해야 합니다.

작성방법

1. "직위"는 고용관리 책임자가 해당 사업장에서 부여받은 직위(예시: 부장, 팀장, 과장, 사원 등)를 작성하고, "근무지"는 고용관리 책임자가 근무하는 사업장 중 해당하는 칸에 체크하며, "직무내용"은 고용관리 책임자의 임무 외에 겸직하고 있는 직무내용에 해당하는 다음의 코드번호를 적습니다(직무내용이 여러개인 경우 모두 적을 수 있습니다).
   01. 인사 · 노무　02. 회계 · 세무 · 경리　03. 경영 · 관리　04. 홍보 · 영업　05. 기술 · 기능　06. 그 밖의 직무
2. "하수급인 관리번호"는 「고용보험법 시행규칙」 제4조에 따라 원수급인이 제출한 고용보험 하수급인명세서에 따라 근로복지공단으로부터 부여받은 관리번호를 말합니다.
3. "직종부호"는 별지[한국고용직업분류(KECO, 2025) 중 소분류(140개) 직종현황]를 참고하여 적습니다.
4. 보수지급기초일수는 피보험기간 중 "보수지급의 기초가 된 일수"를 말하며, "보수지급의 기초가 된 일수"에는 현실적으로 근로하지 않은 날이 포함될 수 있고, 무급휴일, 무급휴무일 또는 결근일 등 보수지급일수에서 제외하는 경우에는 그 일수가 제외됩니다.
   * '보수'란 「고용보험법」 제2조제5호에 따른 보수를 말합니다
5. "보수총액"은 「소득세법」 제20조에 따른 근로소득에서 같은 법 제12조제3호에 따른 비과세 근로소득을 뺀 금액을 말하며, 해당 월에 발생된 금액을 적습니다.
6. "임금총액"은 「근로기준법」 제2조에 따른 임금으로써, 해당 월에 발생된 금액을 적습니다.
7. "이직 사유코드": ◈ 1. 회사의 사정에 의한 이직(폐업, 공사중단, 공사 종료, 계약기간 만료 등)
   ◈ 2. 부득이한 개인사정에 의한 이직 (질병 · 부상, 출산 등)
   ◈ 3. 기타 개인사정에 의한 이직(전직, 자영업을 위한 이직 등)
8. "보험료부과구분"에는 다음에 해당하는 경우는 그 부호를 적습니다(※ 해당자만 적습니다)

부호	부과범위				대상 종사자
	산재보험		고용보험		
	산재보험	임금채권부담금	실업급여	고용안정직업능력개발	
51	O	O	x	x	09. 고용보험 미가입 외국인근로자　11. 항운노조원(임금채권 부담금 부과대상)
52	O	x	x	x	03. 현장실습생(「산업재해보상보험법」 제123조 제1항에 따른 현장실습생) 13. 항운노조원(임금채권부담금 소송승소)
54	O	x	O	O	22. 자활근로종사자(「국민기초생활보장법」 제14조의2에 따른 급여의 특례에 해당하는 자, 차상위계층, 주거 · 의료 · 교육급여 수급자)
55	x	x	O	O	05. 국가기관에서 근무하는 청원경찰　06.「선원법」 및 「어선원 및 어선 재해보상보험법」적용자 07. 해외파견자 (「산업재해보상보험법」의 적용을 받지 않는 자)
56	x	x	O	x	16. 노조전임자(노동조합 등 금품 지급)
58	O	x	x	O	21. 자활근로종사자(생계급여 수급자)

9. "지급월"은 일용근로자에게 급여를 지급한 월(12월 말일까지 미지급한 금액은 12월)을 적습니다.
10. "총지급액(과세소득)"은 일용근로자에게 지급한 급여액(비과세소득 제외)의 월별 합계금액을 적습니다.
11. "비과세소득"은 생산직 일용근로자에게 지급한 야간근로수당 등이 이에 해당됩니다.
12. "소득세"는 [(1일 임금 − 비과세소득) − 근로소득공제(「소득세법」 제47조에 따른 금액)] × 원천징수세율(6%) − 근로소득세액공제(산출세액의 55%)를 적용하여 계산합니다. 다만, 소득세액이 소액부징수(1천원 미만인 경우)에 해당하는 경우에는 "0"으로 적습니다.
13. 원천징수액란의 "지방소득세"는 소득세의 10%를 적습니다.

3. 외국인 근로자의 경우

(1) 건강보험 및 장기요양보험 가입제외신청

<table>
<tr><td colspan="6">재외국민 및 외국인 근로자 건강보험 가입 제외 신청서
Application for Exclusion for Health Insurance for
Overseas Nationals and Foreign Workers</td></tr>
<tr><td rowspan="3">가입자
Applicant</td><td>성명
Name</td><td>로버트 프랜시스 케네디
(Robert Francis Kennedy)</td><td>외국인등록번호
(또는 국내거소신고번호)
Foreigners' Registration Number(or Local residence Notice Number)</td><td colspan="2">8 0 1 1 1 1 − 5 4 3 3 3 2 1</td></tr>
<tr><td>가입제외 사유
Reason for Exclusion</td><td colspan="4">□ 외국의 법령에 따라 의료보장을 받는 경우
Health coverage guaranteed by foreign law.
■ 외국의 보험에 따라 의료보장을 받는 경우
Health coverage guaranteed by foreign insurance
□ 사용자와의 계약 등에 따라 의료보장을 받는 경우
Health coverage guaranteed by employer's contract
※ 해당 란에 "√" 표시 ※ Check the appropriate box</td></tr>
<tr><td>사업장
(기관)
Employer
(Organization)</td><td>명칭
Name</td><td>(주)대한민국</td><td>기호
Number</td><td>220−87−92764−0</td></tr>
<tr><td colspan="6">장기체류 재외국민 및 외국인에 대한 건강보험 적용기준 제3조 제5항 규정에 의하여 위와 같이 재외국민 및 외국인 근로자 건강보험 가입 제외를 신청합니다.
In accordance with regulation article 3, section 5 of the health insurance coverage standard for long−term overseas nationals and foreign workers, the abovementioned exclusion application is being submitted.

2025. 10. 14.

신청인 Applicant 로버트 프랜시스 케네디(Robert Francis Kennedy)(서명 signature)

국민건강보험공단 이사장 귀하
To : Director of the National Health Insurance Corporation</td></tr>
</table>

■ 노인장기요양보험법 시행규칙 [별지 제1호서식] 〈개정 2013.6.10.〉

외국인근로자 장기요양보험 가입제외 신청서

※ 뒤쪽의 작성방법 및 유의사항을 읽고 작성하시기 바라며, 어두운 란은 신청인이 적지 않습니다. (앞쪽)

접수번호	접수일자	처리기간 3일

①사업장	명 칭	(주)대한민국	관리번호	220-87-92764-0
	소재지	서울시 강남구 강남대로 330		
②가입자	성 명	로버트 프랜시스 케네디(Robert Francis Kennedy)	외국인등록번호	801111-5433321
	주 소	경기도 성남시 분당구 구미로116번길 33		
	전화번호	010-4455-6789		
	국 적	미국	체류자격	단기취업(C-4)

「노인장기요양보험법」 제7조제4항 및 같은 법 시행규칙 제1조의2에 따라 장기요양보험 가입 제외를 신청합니다.

2025 년 10 월 14 일

신청인 로버트 프랜시스 케네디(Robert Francis Kennedy) (서명 또는 인)

국민건강보험공단 이사장 귀하

구분	내용	수수료
신청(신고)인 제출서류	없 음	수수료 없 음
담당 직원 확인사항	외국인등록증 사본 또는 외국인등록사실증명 중 1부	

행정정보 공동이용 동의서

본인은 이 건 업무처리와 관련하여 담당 직원이 「전자정부법」 제36조제2항에 따른 행정정보의 공동이용을 통하여 위의 담당 직원 확인사항을 확인하는 것에 동의합니다.

*동의하지 아니하는 경우에는 신청인이 직접 관련 서류를 제출하여야 합니다.

신청인 로버트 프랜시스 케네디(Robert Francis Kennedy) (서명 또는 인)

210mm×297mm[백상지 80g/㎡]

(2) 고용보험 임의가입

■ 고용보험법 시행규칙 [별지 제1호의3서식] 〈개정 2024. 12. 31.〉

외국인 고용보험 [✔] 가 입 / [ ] 가입탈퇴 신청서

※ 2쪽의 작성방법 읽고 작성하기 바라며, 색상이 어두운 난은 신청인이 적지 않습니다. (3쪽 중 1쪽)

접수번호	접수일자	처리기간: 5일

사업장관리번호 220-87-92764-0	하수급인관리번호
보험사무대행기관번호	보험사무대행기관명

신청인(외국인근로자)	성명	영 문 Robert Francis Kennedy	
		한글표기 로버트 프랜시스 케네디	성 별 [✔] 남 [ ] 여
	외국인등록번호 801111-5433321		국 적 미국
	생년월일 1980.11.11.		체류자격 단기취업(C-4)

채용일 2025.10.1.	직종 부호 133	주 소정근로시간 40시간
일용근로자 여부 [ ] 예 [✔] 아니오		월평균보수(원) 4,000,000 원
해당 연도 보수총액 (※ 가입탈퇴 시에만 작성) 원		전년도 보수총액 (※ 가입탈퇴 시에만 작성) 원

「고용보험법」 제10조의2제1항 단서, 같은 법 시행령 제3조의3제2호 및 같은 법 시행규칙 제2조에 따라 위와 같이 ([✔]가입, [ ]가입탈퇴)를 신청합니다.

2025 년 10 월 14 일

신청인(외국인근로자) 로버트 프랜시스 케네디 (서명 또는 인)

사업장명 (주)대한민국 (전화번호 : 02-2677-2017)
소재지 서울시 강남구 강남대로 330
대표자 홍길동 (서명 또는 인)

보험사무대행기관 (전화번호 :)
소재지
대표자 (서명 또는 인)

근로복지공단 서울강남 지역본부(지사)장 귀하

신청인 제출서류	없 음	수수료 없음
담당 직원 확인사항	「출입국관리법」 제88조 제2항에 따른 외국인등록 사실증명	

행정정보 공동이용 동의서

본인은 이 건 업무처리와 관련하여 담당 직원이 「전자정부법」 제36조제1항에 따른 행정정보의 공동이용을 통해 위의 '담당 직원 확인사항'을 확인하는 것에 동의합니다. *동의하지 않는 경우에는 본인이 직접 관련 서류를 제출해야 합니다.

신청인(외국인근로자) 로버트 프랜시스 케네디 (서명 또는 인)

※ 아래의 난은 적지 않습니다.

처리	승인 여부	1. 승인 2. 불승인	외국인등록번호	
	미승인 사유		자격취득일 또는 가입·탈퇴일	

210mm×297mm[백상지(80g/㎡) 또는 중질지(80g/㎡)]

4. 임기제 및 별정직 공무원의 경우

■ 고용보험법 시행규칙 [별지 제1호의2서식] 〈개정 2024. 12. 31.〉

별정직 · 임기제 공무원 고용보험 [✔] 가 입 / [ ] 가입탈퇴 신청서

※ 제2쪽의 작성방법을 읽고 작성하기 바라며, [ ]에는 해당되는 곳에 √표를 합니다. (3쪽 중 1쪽)

접수번호	접수일	처리기간 : 5일

사업장관리번호 220-81-92764-0			
보험사무대행기관번호		보험사무대행기관명	
신청인 (공무원)	성명(한글) 김성실	주민등록번호 820505-4333511	
	직위(직급) 9급	구분(1)	[ ] 별정직 [✔] 임기제
임용일	2025 년 10 월 1 일	구분(2)	[ ] 국가 [✔] 지방
구분(3)	[ ] 입법부 [ ] 행정부 [ ] 사법부 [✔] 기타		
직종 부호 021		주 소정근로시간 40시간	
월 평균보수(원)		2,100,000 원	
해당 연도 보수총액 (※ 가입탈퇴 시에만 작성)	원	전년도 보수총액 (※ 가입탈퇴 시에만 작성)	원

「고용보험법」 제10조제1항3호 단서, 같은 법 시행령 제3조의2제1항 · 제2항 · 제4항 및 같은 법 시행규칙 제1조의3에 따라 위와 같이 ([✔]가입, [ ]가입탈퇴)를 신청합니다.

2025 년 10 월 14 일

신청인(공무원) 김성실 (서명 또는 인)

소속기관 강남구청 (전화번호 : 02-2104-1114)

소재지 서울시 강남구 학동로 426

소속기관의 장 최강남 (서명 또는 인)

보험사무대행기관명 (전화번호 :)

소재지

대표자

(서명 또는 인)

근로복지공단 서울강남 지역본부(지사)장 귀하

신청인(공무원) 제출서류	재직증명서 1부(가입 신청의 경우만 해당한다)	수수료 없음
담당 직원 확인사항	주민등록표 등본	

행정정보 공동이용 동의서

본인은 이 건 업무처리와 관련하여 담당 직원이 「전자정부법」 제36조제1항에 따른 행정정보의 공동이용을 통해 위의 '담당 직원 확인사항'을 확인하는 것에 동의합니다. *동의하지 않는 경우에는 본인이 직접 관련 서류를 제출해야 합니다.

신청인(공무원) 김성실 (서명 또는 인)

※ 아래의 난은 적지 않습니다.

처리	가입 여부	1. 가입 대상 2. 가입 비대상		
	미가입 사유		자격취득일 또는 가입 · 탈퇴일	

210mm×297mm[백상지(80g/㎡) 또는 중질지(80g/㎡)]

5. 피부양자자격취득신고의 경우

■ 국민건강보험법 시행규칙 [별지 제1호서식] 〈개정 2024. 5. 28.〉

피부양자 자격(취득 · 상실) 신고서

(약칭 : 피부양자 신고서, 약호 : A222)

※ 작성방법은 뒤쪽을 참고하시기 바라며, 바탕색이 어두운 난은 신고인이 적지 않습니다. (앞쪽)

접수번호	접수일	처리기간 3일

구분			
사업장(기관)	① 사업장 관리번호 220-87-92764-0	② 사업장 명칭 (주)대한민국	③ 전화번호 02-2677-2017
가입자	④ 성명 김 일 수	⑤ 주민등록번호(외국인등록번호 · 국내거소신고번호) 800203-3444555	⑥ 전화번호 010-2348-4390

	⑦ 관계	⑧ 성명	⑨ 주민등록번호 (외국인등록번호 · 국내거소신고번호)	⑩ 취득(상실) 년월일	⑪ 취득(상실) 부호	⑫ 장애인 · 국가유공자		⑬ 외국인		
						종류 부호	등록일	국적	체류자격	체류기간
피부양자	배우자	한경희	840125-4551321	2025.12.24.	06					

「국민건강보험법 시행규칙」 제2조 및 제61조의3에 따라 위와 같이 피부양자 자격 취득(상실) 사항을 신고합니다.

2025 년 12 월 30 일

신고인 (주)대한민국 대표이사 홍길동 (서명 또는 인)

국민건강보험공단 이사장 귀하

297㎜× 210㎜[백상지 80g/㎡]

(뒤쪽)

첨부서류	1. 피부양자의 가족관계등록부(주민등록표 등본으로 「국민건강보험법 시행규칙」 제2조제1항 각 호의 요건 충족 여부를 확인할 수 없는 경우에만 제출합니다) 1부 2. 「장애인복지법」 제32조에 따라 등록된 장애인, 「국가유공자 등 예우 및 지원에 관한 법률」 제4조 · 제73조 및 제74조에 따른 국가유공자 등(법률 제11041호로 개정되기 전의 「국가유공자 등 예우 및 지원에 관한 법률」 제73조의2에 따른 국가유공자 등을 포함한다)으로서 같은 법 제6조의4에 따른 상이등급 판정을 받은 사람 또는 「보훈보상대상자 지원에 관한 법률」 제2조에 따른 보훈보상대상자로서 같은 법 제6조에 따른 상이등급 판정을 받은 사람임을 증명할 수 있는 서류 1부(해당 사항이 있는 경우에만 제출합니다) 3. 「도시 및 주거환경정비법」에 따른 주택재건축사업의 사업자등록증 사본 등 별표 1의2 제2호에 해당하는 사실을 확인하기 위하여 공단이 요구하는 서류(피부양자가 되려는 사람이 별표 1의2 제2호에 따른 인정을 받으려는 경우만 제출합니다) 1부 4. 피부양자의 자격을 취득하려는 사람 또는 피부양자의 자격을 상실한 피부양자가 재외국민 또는 외국인인 경우에는 다음의 구분에 따른 서류 가. 자격취득의 경우: 다음의 구분에 따른 서류 1) 재외국민: 주민등록표 등본 1부. 2) 외국인: 「재외동포의 출입국과 법적 지위에 관한 법률」 제2조제2호의 외국국적동포의 경우에는 국내거소신고증 사본 또는 국내거소신고 사실증명 1부, 그 밖의 외국인의 경우에는 외국인등록증 사본 또는 외국인등록 사실증명 1부. 나. 자격상실의 경우: 피부양자 자격 상실 사유를 입증하는 서류 1부 ※ 위 첨부서류는 「국민건강보험법」 제96조 및 같은 법 시행령 제69조의2에 따른 자료의 제공 요청을 통해 공단이 확인할 수 없는 경우에만 제출합니다.	수수료 없음

작성방법

①~③: 사업장 및 기관(학교)의 사업장관리번호, 명칭 및 사업장 전화번호를 적습니다.

④~⑥: 직장가입자의 성명, 주민등록번호(외국인은 외국인등록번호, 「재외동포의 출입국과 법적 지위에 관한 법률」 제2조제2호에 따른 외국국적동포는 국내거소신고번호를 적습니다) 및 전화번호를 적습니다.

⑦: 가입자와의 관계를 적습니다. 다만, 피부양자 자격상실의 경우에는 적지 않습니다.

※ 배우자, 부모, 조부모, 자녀, 손자 · 손녀 이하, 형제자매, 처부모, 시부모, 사위 · 며느리, 증조부모, 계자(繼子), 친생자녀, 친생부모, 시조부모, 처조부모, 손녀사위, 손자며느리 등

⑧~⑩: 신고 대상 피부양자의 성명, 주민등록번호(외국인은 외국인등록번호, 「재외동포의 출입국과 법적 지위에 관한 법률」 제2조제2호에 따른 외국국적동포는 국내거소신고번호를 적습니다) 및 취득(상실) 연월일을 적습니다.

⑪: 다음(※)의 구분에 따라 해당하는 취득 또는 상실 사유의 부호를 적습니다.

※ 취득 사유〈부호〉: 출생〈03〉, 의료급여수급권자등에서 제외〈04〉, 직장가입자 변경〈05〉, 피부양자 상실〈06〉, 지역가입자에서 변경〈07〉

※ 상실 사유〈부호〉: 사망〈02〉, 의료급여수급권자로 책정〈04〉, 유공자 등 건강보험 배제신청〈10〉, 거주불명 등록〈14〉, 국적 상실〈17〉, 외국인(재외국민)으로서 출국〈18〉, 이민출국〈19〉,
행방불명〈21〉, 기타〈13〉

⑫: 장애인 또는 국가유공자(6 · 18자유상이자를 포함합니다)인 경우 다음(※)의 구분에 따라 해당하는 장애 종류 및 국가유공자 등의 부호와 그 등록일을 적습니다. 다만, 피부양자 자격상실의 경우에는 적지 않습니다.

※ 장애 종류 및 국가유공자 등〈부호〉: 지체장애인〈01〉, 뇌병변장애인〈02〉, 시각장애인〈03〉, 청각장애인〈04〉, 언어장애인〈05〉, 지적장애인〈06〉, 자폐성장애인〈07〉, 정신장애인〈08〉, 신장장애인〈09〉, 심장장애인〈10〉, 호흡기장애인〈11〉, 간장애인〈12〉, 안면장애인〈13〉, 장루 · 요루장애인〈14〉, 뇌전증장애인〈15〉, 국가유공자 등〈19〉

⑬: 외국인의 경우에는 국적, 체류자격(외국인등록증 기재내용) 및 체류기간(외국인등록증 발급일부터 출국예정일까지)을 적습니다.

유의사항

※ 건강보험증은 가입자 또는 피부양자가 신청하는 경우 발급됩니다. 신청은 가까운 지사를 방문하거나 고객센터(☎1577-1000), 홈페이지(www.nhis.or.kr), 모바일앱 등을 통해 가능합니다.

처리 절차

신고서 작성	➔	접수 및 확인	➔	신고서 처리	➔	자격변경 확인 통지	➔	수령
신고인		국민건강보험공단		국민건강보험공단		국민건강보험공단		신고인

6. 18세 미만 또는 국민기초생활수급자(생계급여 또는 의료급여 수급자)의 국민연금 사업장가입자 적용제외 또는 재가입 신청의 경우

■ 국민연금법 시행규칙 [별지 제7호의2서식] 〈개정 2016.2.4.〉

사업장가입자 [✔] 적용제외 / [ ] 재가입 신청서

※ 아래의 유의사항 및 작성방법을 참고하여 주시고, [ ]에는 해당되는 곳에 "√" 표를 하며, 색상이 어두운 란은 신청인이 적지 않습니다.

접수번호	접수일	처리기간 3일

사 업 장	사업장관리번호 (사업자등록번호) 220-81-92764-0	대표자 홍길동	
	상호 · 법인 명칭(지점) (주)대한민국	전화번호 02-2677-2017	
	소재지 서울시 강남구 강남대로 330		
신 청 인	성명 이수진	주민등록번호 821101-2234411	
	주소 서울시 서초구 강남대로 212		
	휴대전화번호 010-2222-3456	전화번호	
	적용제외 사유 [ ] 18세 미만 근로자	[✔]「국민기초생활 보장법」에 따른 생계급여 수급자 또는 의료급여 수급자인 근로자	

「국민연금법」 제8조제2항 · 제3항 및 같은 법 시행규칙 제6조제2항에 따라 위와 같이 신청합니다.

2025 년 10 월 14 일

신청인 이수진 (서명 또는 인)

국민연금공단 이사장 귀하

담당 직원 확인사항	국민기초생활수급자 증명서(「국민기초생활 보장법」에 따른 생계급여 수급자 또는 의료급여 수급자에 한함)

행정정보 공동이용 동의서

본인은 이 건 업무처리와 관련하여 담당 직원이 「전자정부법」 제36조제2항에 따른 행정정보의 공동이용을 통하여 국민기초생활수급자 증명서를 확인하는 것에 동의합니다(* 동의하지 않는 경우에는 신청인이 직접 그 사본을 제출해야 합니다).

신청인 이수진 (서명 또는 인)

유의사항

적용제외 신청은 18세 미만인 근로자와 「국민기초생활 보장법」에 따른 생계급여 수급자 또는 의료급여 수급자인 근로자가 신청해야 합니다(사용자는 신청 불가).

작성방법

1. "사업장" 항목에는 근무 중인 사업장의 사업장관리번호(사업자등록번호), 대표자, 상호, 전화번호 및 소재지를 적으십시오.
2. "신청인" 항목에는 신청인 본인의 이름, 주민등록번호, 주소, 휴대전화번호, 전화번호 및 적용제외 사유(해당하는 경우에만 작성)를 적으십시오.

처리절차

신청서 제출	→	접수 및 확인	→	신청서 처리	→	자격 변동 확인 통지	→	수 령
신청인		국민연금공단		국민연금공단		국민연금공단		신청인 사업장 사용자

210mm×297mm[일반용지 60g/㎡(재활용품)]

02 가입자 내용변경(정정)

1 내용변경신고서의 제출

가입자의 성명, 주민등록번호, 근무처, 근무내역 등이 변경된 경우 주민등록등본 또는 가족관계증명서, 임금대장 또는 선원수첩, 재직증명서, 인사명령서, 사망진단서, 입영통지서, 의사진단서, 재소자증명서 등을 첨부하여 국민연금사업장가입자내용변경신고서/건강보험직장가입자내용변경신고서/고용보험피보험자 내용변경신고서(근로자 종사 사업장)/산재보험근로자내용변경신고서(근로자 종사 사업장), 고용보험(예술인, 노무제공자)피보험자내용변경신고서 또는 분리적용사업장전입신고서나 건강보험직장가입자(근무처, 근무내역)변동통보서 또는 고용보험피보험자전근신고서/산재보험근로자전보신고서를 신고기한 내 공단에 제출하여야 하며, 근로자가 휴업 또는 휴직, 출산전후휴가 또는 유·사산휴가, 육아휴직 또는 육아기근로시간 단축, 노조전임을 하게 되는 경우 산재보험 근로자 휴직 등 신고서를 공단에 제출하여야 한다.

구 분	신고기한
국민연금	사유발생일이 속하는 달의 다음 달 15일까지 ✔ 건설공사현장의 경우 반드시 EDI로 다음 달 5일(휴일인 경우 전일)까지
건강보험	사유발생일로부터 14일 이내 ✔ 건설공사현장의 경우 반드시 EDI로 다음 달 5일(휴일인 경우 전일)까지
고용보험	사유발생일로부터 14일 이내. 단, 근로자가 동 기일 이전에 신고를 요구하는 경우에는 지체 없이
산재보험	사유발생일로부터 14일 이내

2 내용변경 사유

가입자 성명, 주민등록번호, 취득·상실일 및 사유, 등급, 납부예외재개일, 예외사유, 재개예정일, 특수직종근로자 해당여부에 변경사유가 발생한 경우 내용변경신고를 하며, 근무처변동, 해외근무, 현역군입대, 시설수용, 도서벽지근무, 휴업 또는 휴직, 복직, 휴직종료일 변경, 감면해제 사유가 발생한 경우에 건강보험 근무처·근무내역 변동통보, 고용보험 피보험자 전근신고 및 산재보험 근로자 전보 또는 휴직 등 신고를 한다.

일괄적용사업장의 근로자가 사업장 변경으로 사업개시번호가 변동된 경우라도 사업장관리번호는 그대로이므로 산재보험 근로자 고용정보신고상 전보에 해당되지 않는다.

3 가입자 내용변경신고서 작성사례

1. 가입자의 인적사항 및 취득일자 변경 시

■ 국민연금법 시행규칙 [별지 제13호서식] 〈개정 2023.8.18.〉

[✔]국민연금 사업장가입자 내용 변경 신고서
[✔]건강보험 직장가입자 내용 변경 신고서
[✔]고용보험 피보험자 내용 변경 신고서(근로자 종사 사업장)
[✔]산재보험 근로자 내용 변경 신고서(근로자 종사 사업장)

※ 뒤쪽의 유의사항 및 작성방법을 읽고 작성하기 바라며, 색상이 어두운 난은 신고인이 적지 않습니다. (앞쪽)

접수번호	접수일	처 리 기 간 3일

사업장		
사업장	사업장관리번호 2 2 0 – 8 7 – 9 2 7 6 4 – 0	
	명칭 (주)대한민국	
	전화번호 02-2677-2017	FAX번호 02-508-7084
	소 재 지 서울시 강남구 강남대로 330 우편번호(06252)	

보험사무 대행기관	번호	명칭

하수급인 관리번호	※ 건설공사 등의 미승인 하수급인의 경우만 해당합니다.

일련번호	성명	주민(외국인)등록번호 · 국내거소신고번호	변경내용			
			연월일 (YYYY.MM.DD)	부호	변경 전	변경 후
1	김일수	800203-3444555		4	2024.12.1.	2024.12.2.

[내용변경부호]: 1. 성명 2. 주민(외국인)등록번호 · 국내거소신고번호 3. 특수직종근로자 해당 여부(국민연금만 해당) 4. 자격취득일자(국민연금 · 건강보험만 해당) 5. 자활근로종사자의 보장자격[생계급여 수급자 ⇔ 급여특례 · 차상위계층, 주거급여 · 의료급여 또는 교육급여 수급자](고용보험만 해당) 6. 휴직 종료일(고용 · 산재보험만 해당) 7. 자격상실일자(국민연금 · 건강보험만 해당)

※ 건강보험 자격상실일을 변경할 경우 "직장가입자 보험료 정산내역 착오자 변경 신청서"를 별도 해당 기관으로 신고하시기 바랍니다.

위와 같이 신고합니다.

2024 년 12 월 26 일

신고인(대표자) (주)대한민국 대표이사 홍길동 (서명 또는 인)

[ ]보험사무대행기관 (서명 또는 인)

국민연금공단 이사장 · 국민건강보험공단 이사장 · 근로복지공단 서울강남 지역본부(지사)장 귀하

210mm×297mm[백상지(80g/㎡) 또는 중질지(80g/㎡)]

(뒤쪽)

유의사항

1. 근무처 또는 근무내용이 변경될 경우 건강보험은 국민건강보험공단이 정한 "직장가입자(근무처 · 근무내역) 변동 신고서"를 작성하여 국민건강보험공단에 제출하고, 근무처가 변경될 경우 고용 · 산재보험은 「고용보험법 시행규칙」 별지 제17호서식의 고용보험 피보험자 전근 신고서 및 「고용보험 및 산업재해보상보험의 보험료징수 등에 관한 법률 시행규칙」 별지 제22호의9서식의 산재보험 근로자 전보신고서를 작성하여 근로복지공단에 제출하기 바랍니다.
2. 건강보험증은 가입자 또는 피부양자가 신청하는 경우 발급됩니다. 신청절차는 가까운 지사방문, 고객센터(☎ 1577-1000), 홈페이지(www.nhis.or.kr), 모바일앱 등을 통해 확인할 수 있습니다.

작성방법

1. 가입자의 성명 및 주민등록번호(외국인등록번호 · 국내거소신고번호)란에는 주민등록표 등본(외국인등록증 또는 국내거소신고증)상의 성명 및 주민등록번호, 외국인등록번호 또는 국내거소신고번호를 적습니다.
2. 변경 연월일 및 부호를 적습니다.
3. 변경 전 내용과 변경 후 내용을 적습니다.

처리절차

신고서 작성	➔	접수 및 확인	➔	신고서 처리	➔	자격 변경 확인 통지	➔	수령
신고인		국민연금공단 · 국민건강보험공단 · 근로복지공단						신고인

2. 가입자의 근무처 변경 시

(1) 국민연금 분리적용 사업장가입자 전입신고

처리	조회필	입력필	확인필

*접수번호	

국 민 연 금

분리적용 사업장가입자 전입신고서

작성자(담당자) 김영희 (인)

행정구역	현근무지 사업장관리번호	사업장명칭	전화번호
	91187927641	(주)대한민국 인천공장	032-508-3344

일련번호	성 명	주민등록번호	전입(현근무지)일자			전출(이전근무지) 사업장관리번호 및 명칭
			년	월	일	
1	김일수	800203-3444555	2025	2	1	(주)대한민국 220-87-92764-0
		-				
		-				
		-				
		-				
		-				
		-				
		-				
		-				

총 계	1 명

「국민연금법」 제21조 제1항 및 동법 시행규칙 제56조의 규정에 의하여 위와 같이 분리적용 사업장가입자의 전입신고를 합니다.

접 수 인

신 고 일 2025 . 2 . 5 .

신고인(사용자) (주)대한민국 대표이사 홍길동 (서명 또는 인)

국민연금공단 이사장 귀하

* 기재요령은 뒷면을 참조하십시오.

210㎜×297㎜ 신문용지54g/㎡

(2) 건강보험 직장가입자 근무처 변동신고

직장가입자 (근무처, 근무내역) 변동 신고서

접 수 일		
일 련 번 호		
사업장 (기관)	①관리번호	220-87-92764-0
	②명 칭	(주)대한민국
	③전화번호	02-2677-2017

연번	④성명	⑤주민(외국인) 등록번호	⑥변동부호	⑦변동일자	전근무처	근무처, 근무내역 변동내역				
					⑧전근무처기호	⑨단위 사업장기호	⑩영업소 기호	⑪회계부호	⑫직종부호	⑬감면 (해제)사유
1	김일수	800203-3444555	5	2025.2.1.	00001		00002			
2										
3										
4										
5										

위와 같이 변동 사항을 신고합니다.

2025. 2. 5.

사용자 (주)대한민국 대표이사 홍길동 직인

국민건강보험공단 서울강남 지사장 귀하

직장가입자 근무처, 근무내역 변동 신고서 기재요령

【공　통】

①~③ : 사업장 또는 기관의 관리번호, 명칭, 전화번호를 기재합니다.

④~⑤ : 가입자의 성명, 주민(외국인)등록번호를 기재합니다.(외국인의 경우 외국인등록번호, 재외국민은 국내거소신고번호를 기재합니다.)

⑥~⑦ : 변동부호를 기재하고, 변동 년월일을 기재합니다.

♣ 변동부호 : 전입(전입기관보험료납부)〈1〉, 전입(전출기관보험료납부)〈61〉,회계직종변경〈2〉, 감면(해제)사유발생〈3〉, 단위사업장변동〈4〉, 영업소변동〈5〉

【변동사유　전입(전입기관보험료납부)〈1〉, 전입(전출기관보험료납부)〈61〉일 경우】

⑧ : 전근무처 기호를 기재합니다.

※ 근무처 변동으로 보수월액이 변동된 경우에는 「직장가입자보수월액변경신청서」를 작성하여 주시기 바랍니다.

【변동사유　회계직종변경〈2〉일 경우】

⑪~⑫ : 변동된 회계부호와 직종부호를 기재합니다.

※ 근무처 변동으로 보수월액이 변동된 경우에는 「직장가입자보수월액변경신청서」를 작성하여 주시기 바랍니다.

【변동사유　감면(해제)사유발생〈3〉일 경우】

⑬ : 감면(해제)사유 부호를 기재합니다.

※ 감면(해제)사유〈부호〉

해외근무(전액)〈11〉, 해외근무(반액)〈12〉, 군입대〈21〉, 상근예비역(훈련)〈22〉, 공중보건의(예비역훈련)〈23〉, 특수시설수용〈31〉, 도서벽지(사업장)〈41〉, 도서벽지(거주지)〈42〉, 도서벽지(파견지)〈43〉, 기타휴직〈81〉, 육아휴직〈82〉, 질병휴직〈83〉, 감면해제(도서벽지)〈98〉, 감면해제(도서벽지제외)〈99〉

※ 휴직 후 복직신고 할 경우에는 「직장가입자 복직 및 보험료 분할납부 신청서」를 작성하여 주시기 바랍니다.

【변동사유 : 단위사업장 변동〈4〉일 경우】 : '납부단위'를 구분하여 관리하지 않는 근로자 사업장은 기재하지 않습니다.

⑨ : -공무원 및 교직원 사업장 : 변동된 단위기관 기호를 기재합니다.

-근로자 사업장 : 납부단위를 구분하여 관리 시, 변동된 납부단위 기호를 기재합니다.

【변동사유 : 영업소변동〈5〉일 경우】 : 영업소를 관리하지 않는 사업장은 기재하지 않습니다.

⑩ : 변동된 영업소 기호를 기재합니다.

(3) 고용·산재보험 피보험자 전근·전보신고

고용보험 및 산업재해보상보험의 보험료징수 등에 관한 법률 시행규칙 [별지 제22호의9서식] 〈개정 2021. 12. 31.〉

[✔]고용보험 피보험자 전근 신고서
[✔]산재보험 근로자 전보 신고서

※ 하단의 유의사항을 읽고 작성하시기 바라며, [ ]에는 해당되는 곳에 √표를 합니다.

접수번호	접수일자	처리기간 3일(고용보험은 7일)

사업장	전근(전보) 이전 사업장	전근(전보) 사업장
사업장관리번호	220-87-92764-0	911-87-92764-1
명칭	(주)대한민국	(주)대한민국 인천공항
소재지	서울시 강남구 강남대로 330	인천시 남동구 용천로 208
전화번호	02-2677-2017	032-508-3344
하수급인관리번호 (건설공사 등의 미승인 하수급인에만 해당합니다)		
보험사무대행기관번호		
보험사무대행기관명		

	구분	성 명	주민등록번호	전보일
피보험자	[✔]고용[✔]산재	김일수	800203-3444555	2025 년 2 월 1 일
	[ ]고용[ ]산재			년 월 일
	[ ]고용[ ]산재			년 월 일
	[ ]고용[ ]산재			년 월 일
	[ ]고용[ ]산재			년 월 일

「고용보험법 시행령」 제9조, 같은 법 시행규칙 제9조, 「고용보험 및 산업재해보상보험의 보험료징수 등에 관한 법률 시행령」 제19조의7 제7항제4호, 같은 조 제8항제1호 및 같은 법 시행규칙 제16조의9제2항에 따라 위와 같이 근로자가 전근(전보)하였음을 신고합니다.

2025 년 2 월 5 일

신고인(대표자) (주)대한민국 대표이사 홍길동 (서명 또는 인)

[ ]보험사무대행기관 (서명 또는 인)

근로복지공단 경인 지역본부(지사)장 귀하

유의사항

1. 이 신고서는 근로자가 근무하는 장소가 동일한 사업주의 하나의 사업장에서 다른 사업장으로 변동된 경우 작성합니다.
2. 전근 사업장(전보 후 사업장)을 관할하는 근로복지공단 지사로 제출하시기 바랍니다.

개인정보 수집 및 이용 동의서

본인은 이 건 민원사무처리에 대한 고객만족도 조사 및 관련 제도개선에 필요한 의견조사를 위해 전화번호, 휴대전화번호 등을 수집·이용하는 것에 동의합니다.

2025 년 2 월 5 일

위와 같이 개인정보를 수집·이용하는데 동의하십니까? ([✔] 동의함 [ ] 동의안함)

신고인 (주)대한민국 대표이사 홍길동 (서명 또는 인)

210mm×297mm[백상지(80g/㎡) 또는 중질지(80g/㎡)]

PART 3 4대보험 관리

3. 가입자 휴직 시

(1) 국민연금 사업장가입자 내용변경(정정) 신고

결재처리	차 장	팀 장	지사장
	조회필	입력필	확인필

*접수번호	

국민연금 (■ 사업장 □ 지 역)가입자 내용변경(정정) 신고서

※ 처리기간 및 기재요령은 뒷면을 참고하시기 바랍니다.

사업장관리번호		220-87-92764-0		
사업장(가입자)	명칭(성명)	(주)대한민국	전화번호	02-2677-2017
	소재지(주소)	서울시 강남구 강남대로 330	FAX번호	02-508-7084

연번	성 명	주민(외국인)등록번호	변 경 내 용			
			연월일	부호	변경 전	변경 후
1	이선희	850503-4241412		8	2025.6.1.	2025.5.1.

[사업장 가입자 변경부호]
3. 기준소득월액 4. 취득일 5. 취득사유 6. 상실일 7. 상실사유 8. 납부재개예정일
10. 납부예외일 11. 국적 15. 체류자격 16. 납부예외사유 17.납부재개사유

[지역 가입자 변경부호]
4. 취득일 5. 취득사유 6. 상실일 7. 상실사유 8. 납부예외일 9. 납부예외사유
10. 납부재개일 11. 납부재개사유 12. 납부재개예정일 15. 업종 16. 전화번호
20. 세대주내역 21. 국적 24. 종별변경 25. 재직사업장관리번호 26. 직업코드
27. 탈퇴예정일

위와 같이 신고합니다.

접수인

2025년 7월 10일

신고인(사용자·가입자) : (주)대한민국 대표이사 홍길동 (서명 또는 인)

국민연금공단이사장 귀하

*접수번호		*접수일		수수료 없음

210㎜×297㎜(일반용지 60g/㎡(재활용품))

(2) 건강보험 직장가입자 근무내역 변동신고

직장가입자 (근무처, 근무내역) 변동 신고서

접 수 일		
일 련 번 호		
사 업 장 (기 관)	①관리번호	220-87-92764-0
	②명 칭	(주)대한민국
	③전화번호	02-2677-2017

연번	④성 명	⑤주민(외국인)등록번호	⑥변동부호	⑦변동일자	전근무처	근무처, 근무내역 변동내역				
					⑧전근무처기호	⑨단위 사업장기호	⑩영업소 기호	⑪회계부호	⑫직종부호	⑬감면 (해제)사유
1	이선희	850503-4241412	3	2025.12.1.						83
2										
3										
4										
5										

위와 같이 변동 사항을 신고합니다.

2025 년 12 월 5 일

사용자 (주)대한민국 대표이사 홍길동 직인

국민건강보험공단 서울강남 지사장 귀하

직장가입자 근무처, 근무내역 변동 신고서 기재요령

【공 통】

①~③ : 사업장 또는 기관의 관리번호, 명칭, 전화번호를 기재합니다.

④~⑤ : 가입자의 성명, 주민(외국인)등록번호를 기재합니다.(외국인의 경우 외국인등록번호, 재외국민은 국내거소신고번호를 기재합니다.)

⑥~⑦ : 변동부호를 기재하고, 변동 년월일을 기재합니다.

♣ 변동부호 : 전입(전입기관보험료납부)〈1〉, 전입(전출기관보험료납부)〈61〉,회계직종변경〈2〉, 감면(해제)사유발생〈3〉, 단위사업장변동〈4〉, 영업소변동〈5〉

【변동사유 전입(전입기관보험료납부)〈1〉, 전입(전출기관보험료납부)〈61〉일 경우】

⑧ : 전근무처 기호를 기재합니다.

※ 근무처 변동으로 보수월액이 변동된 경우에는 「직장가입자보수월액변경신청서」를 작성하여 주시기 바랍니다.

【변동사유 회계직종변경〈2〉일 경우】

⑪~⑫ : 변동된 회계부호와 직종부호를 기재합니다.

※ 근무처 변동으로 보수월액이 변동된 경우에는 「직장가입자보수월액변경신청서」를 작성하여 주시기 바랍니다.

【변동사유 감면(해제)사유발생〈3〉일 경우】

⑬ : 감면(해제)사유 부호를 기재합니다.

※ 감면(해제)사유〈부호〉

해외근무(전액)〈11〉, 해외근무(반액)〈12〉, 군입대〈21〉, 상근예비역(훈련)〈22〉, 공중보건의(예비역훈련)〈23〉, 특수시설수용〈31〉, 도서벽지(사업장)〈41〉, 도서벽지(거주지)〈42〉, 도서벽지(파견지)〈43〉, 기타휴직〈81〉, 육아휴직〈82〉, 질병휴직〈83〉, 감면해제(도서벽지)〈98〉, 감면해제(도서벽지제외)〈99〉

※ 휴직 후 복직신고 할 경우에는 「직장가입자 복직 및 보험료 분할납부 신청서」를 작성하여 주시기 바랍니다.

【변동사유 : 단위사업장 변동〈4〉일 경우】 : '납부단위'를 구분하여 관리하지 않는 근로자 사업장은 기재하지 않습니다.

⑨ : –공무원 및 교직원 사업장 : 변동된 단위기관 기호를 기재합니다.

–근로자 사업장 : 납부단위를 구분하여 관리 시, 변동된 납부단위 기호를 기재합니다.

【변동사유 : 영업소변동〈5〉일 경우】 : 영업소를 관리하지 않는 사업장은 기재하지 않습니다.

⑩ : 변동된 영업소 기호를 기재합니다.

(3) 고용·산재보험 근로자 휴직 등 신고

고용보험 및 산업재해보상보험의 보험료징수 등에 관한 법률 시행규칙 [별지 제22호의8서식] 〈개정 2021. 12. 31.〉

고용·산재보험토탈서비스(http://total.kcomwel.or.kr)에서도 신고할 수 있습니다.

근로자 휴직 등 신고서

※ 뒤쪽의 유의사항과 작성방법을 읽고 작성해 주시기 바라며, [ ]에는 해당하는 곳에 √ 표시를 합니다. (앞쪽)

접수번호	접수일자	처리기간	3일

사업장				
	사업장관리번호	220-87-92764-0		
	명칭	(주)대한민국		
	소재지	서울시 강남구 강남대로 330		
	전화번호 02-2677-2017	팩스번호 02-508-7084	전자우편주소 mail@korea.com	휴대전화번호

번호	성 명	주민등록번호	휴업·휴직 등 시작일	휴업·휴직 등 종료일	휴업·휴직 등 사유
1	이선희	850503－4241412	2025.12.1.	2026.4.30.	[ ]휴업·휴직(사업장 사정) [ ]육아휴직 [✔]휴직(병가 등 근로자 사정) [ ]유산·사산 휴가 [ ]노조전임자 [ ]출산전후휴가 [ ]기타( ) [ ]육아기 근로시간단축
		－			[ ]휴업·휴직(사업장 사정) [ ]육아휴직 [ ]휴직(병가 등 근로자 사정) [ ]유산·사산 휴가 [ ]노조전임자 [ ]출산전후휴가 [ ]기타( ) [ ]육아기 근로시간단축
		－			[ ]휴업·휴직(사업장 사정) [ ]육아휴직 [ ]휴직(병가 등 근로자 사정) [ ]유산·사산 휴가 [ ]노조전임자 [ ]출산전후휴가 [ ]기타( ) [ ]육아기 근로시간단축
		－			[ ]휴업·휴직(사업장 사정) [ ]육아휴직 [ ]휴직(병가 등 근로자 사정) [ ]유산·사산 휴가 [ ]노조전임자 [ ]출산전후휴가 [ ]기타( ) [ ]육아기 근로시간단축
		－			[ ]휴업·휴직(사업장 사정) [ ]육아휴직 [ ]휴직(병가 등 근로자 사정) [ ]유산·사산 휴가 [ ]노조전임자 [ ]출산전후휴가 [ ]기타( ) [ ]육아기 근로시간단축
		－			[ ]휴업·휴직(사업장 사정) [ ]육아휴직 [ ]휴직(병가 등 근로자 사정) [ ]유산·사산 휴가 [ ]노조전임자 [ ]출산전후휴가 [ ]기타( ) [ ]육아기 근로시간단축

「고용보험 및 산업재해보상보험의 보험료징수 등에 관한 법률」 제16조의10제5항, 같은 법 시행령 제19조의7제7항제1호에서 제3호까지 및 같은 법 시행규칙 제16조의9제1항에 따라 위와 같이 우리 사업장의 근로자가 휴업·휴직 등을 하였음을 신고합니다.

2025 년 12 월 5 일

신고인(사용자·대표자) (주)대한민국 대표이사 홍길동 (서명 또는 인)

[ ] 보험사무대행기관 (서명 또는 인)

근로복지공단 서울강남 지역본부(지사)장 귀하

210mm×297mm[백상지(80g/㎡) 또는 중질지(80g/㎡)]

4. 가입자의 소득(보수)월액 또는 월평균보수의 변경 시

■ 국민건강보험법 시행규칙 [별지 제27호서식] 〈개정 2023. 11. 14.〉

[✔]국민연금 사업장가입자 기준소득월액 변경신청서
[✔]국민건강보험 직장가입자 보수월액 변경신청서
[✔]고용 · 산재보험 월평균보수 변경신고서(근로자 종사 사업장)

※ 뒤쪽의 유의사항 및 작성방법을 읽고 작성하기 바라며, 색상이 어두운 난은 신청인(신고인)이 적지 않습니다. (앞쪽)

접수번호		접수일		처리기간	5일
사업장	사업장관리번호 220-87-92764-0	명칭 (주)대한민국	전화번호 02-2677-2017	팩스번호 02-508-7084	전자우편주소 mail@korea.com	휴대폰번호 010-4488-3349
	소재지 서울시 강남구 강남대로 330					

성명	주민등록번호(외국인등록번호·국내거소 신고번호)	국민연금 (소득이 보건복지부장관이 고시하는 비율 이상 변동된 자만 신청)			국민건강보험			고용보험 및 산재보험			
		현재 기준소득월액	변경 후 기준소득월액	근로자 동의 (서명 또는 인)	변경 후 보수월액	보수 변경 월	변경 사유	변경 후 월평균보수		보수 변경 월	변경 사유
								고용보험	산재보험		
이선희	850503-4241412	2,200,000	2,700,000	이선희	2,700,000	2025.5	급여인상	2,700,000	2,700,000	2025.5	급여인상

「국민연금법 시행령」 제9조제5항 · 같은 법 시행규칙 제2조제1항제3호,「국민건강보험법 시행령」 제36조제2항 · 같은 법 시행규칙 제41조 및 「고용보험 및 산업재해보상보험의 보험료징수 등에 관한 법률 시행령」 제19조의3제7항 · 같은 법 시행규칙 제16조의3에 따라 위와 같이 기준소득월액(보수월액, 월평균보수)의 변경을 신청(신고)합니다.

* **국민연금 사업장가입자 기준소득월액 변경 요건**
- 기준소득월액 대비 실제 소득이 보건복지부장관이 고시하는 비율 이상 변동(상승 · 하락)된 사업장가입자만 가능(근로자의 동의 필요)
- 변경된 기준소득월액은 신청일이 속하는 달의 다음 달부터 다음 연도 6월까지 적용하며, 변경된 기준소득월액이 과세 자료 등을 통해 확인되는 실제 소득과 일치하는지 확인하여 과부족분에 대해서는 사후정산

2025 년 5 월 10 일

신청인(신고인)(사용자 · 대표자) (주)대한민국 대표이사 홍길동 (서명 또는 인)

[ ] 보험사무대행기관(고용보험 및 산재보험) (서명 또는 인)

국민연금공단 이사장/ 국민건강보험공단 이사장/ 근로복지공단 서울강남 **지역본부(지사)장** 귀하

297mm×210mm[백상지(80g/㎡) 또는 중질지(80g/㎡)]

(뒤쪽)

제출 (첨부) 서류	국민연금 ①	근로자의 경우 임금대장, 근로계약서, 보수규정 등 변경된 소득을 확인할 수 있는 자료	수수료 없음
	고용보험 및 산재보험 ②	1. 근로자의 경우 변경된 근로계약서 사본(근로계약서를 변경한 경우만 해당) 2. 월평균보수가 인상 또는 인하된 명세가 적힌 해당 근로자의 임금대장 사본	

작성 방법 및 유의사항

공통	"성명 및 주민등록번호(외국인등록번호 · 국내거소신고번호)"란에는 주민등록등본(외국인등록증 또는 국내거소신고증)상의 성명 및 주민등록번호(외국인등록번호 또는 거소신고번호)를 적습니다.
국민연금 ①	1. "현재 기준소득월액"과 "변경 후 기준소득월액"란에는 사업장가입자의 현재 기준소득월액과 실제 지급되고 있는 소득을 적습니다. 2. "근로자 동의"란에는 기준소득월액 변경 대상자가 근로자인 경우에, 근로자가 직접 서명하거나 날인합니다.
국민건강보험 ②	1. "변경 후 보수월액" 에는 변경 후 적용되는 보수월액을 적습니다. 2. "보수변경 월"에는 실제로 보수가 변경된 월을 적습니다. 3. "변경 사유"에는 승진, 승급, 보수인상 등 보수월액 변경 사유를 적습니다. 4. 「소득세법」 제12조제3호차목 · 파목 및 거목에 따라 비과세되는 소득, 직급보조비 또는 이와 유사한 성질의 금품은 국민건강보험 보수월액에 포함됩니다. 5. 보수가 지급되지 않은 사용자의 보수월액이 해당 사업장에서 가장 높은 보수월액을 적용받는 근로자의 보수월액보다 낮은 경우에는 그 근로자의 보수월액으로 적용됩니다.
고용보험 및 산재보험 ③	1. 월평균보수의 산정방법은 다음과 같습니다 * 전년도에 근로 등을 개시한 종사자: 전년도 보수총액 ÷ 전년도 종사개월수 * 해당 보험연도에 근로 등을 개시한 종사자: 취득(고용)일부터 1년간(1년 이내의 근로계약기간을 정한 경우에는 그 기간) 지급하기로 정한 보수총액 ÷ 해당 종사개월수 보수: 「소득세법」 제20조에 따른 근로소득에서 같은 법 제12조제3호에 따른 비과세 근로소득을 뺀 금액(연말정산에 따른 갑근세 원천징수 대상 근로소득과 동일) 2. "변경 후 월평균보수"에는 변경 후 적용되는 월평균보수액을 적습니다. 3. "변경 후 월평균보수"가 산재보험 항목과 고용보험 항목이 같은 경우 빈칸으로 비워두거나 "고용보험과 같음"을 적습니다. 만일 고용보험 적용 근로자로서 산재보험 적용제외 대상인 경우는 산재보험 항목에 "–" 또는 "x"로 표시합니다.(다만, 산재보험 항목만 적은 경우에는 고용보험 비해당으로 간주합니다.) 4. "보수변경 월"에는 실제로 보수가 변경된 월을 적습니다. 5. "변경 사유"에는 보수 인상, 보수 인하, 착오 정정 등 월평균보수 변경 사유를 적습니다.

처리 절차

신청(신고)서 제출	→	접수 및 확인	→	신청(신고)서 처리	→	기준소득월액(보수월액), 월평균보수 변경 확인 통지	→	수령
신청(신고)인 또는 보험사무대행기관		국민연금공단, 국민건강보험공단, 근로복지공단						신청(신고)인 또는 보험사무대행기관

직장가입자 보수평균인상·인하율 통보서

①사업장명칭	(주)대한민국	②사업장관리번호	220－87－92764－0	③대표자 성명	홍 길 동
④전화번호	02－2677－2017	⑤ FAX 번호	02－508－7084	⑥작성자 성명	김 영 희
⑦보수인상내역	평균인상율	적용월	⑧보수인하내역	평균인하율	적용월
	5 %	2025년 7월부터		%	월부터

국민건강보험법 시행령 제36조의 규정에 의하여 우리사업장 가입자 전체의 보수가 전년도에 대비하여 위와 같이 (인상, 인하)되었음을 통보합니다.

2025. 7. 5.

신고인(사용자) (주)대한민국 대표이사 홍길동 (인)

국민건강보험공단 이사장 귀하

03 자격상실

1 자격상실신고서의 제출

가입자의 사망, 퇴직, 국적상실 등으로 인해 가입자 자격을 상실한 경우 가족관계증명서, 사망진단서, 의료급여증 등을 첨부하여 국민연금사업장가입자자격상실신고서/건강보험직장가입자자격상실신고서/고용보험근로자피보험자격상실신고서/산재보험근로자자격상실신고서 또는 고용보험피보험자격상실신고서(예술인, 노무제공자)/산재보험이직신고서를 신고기한 내 공단에 제출하여야 하며, 구직급여를 지급받기 위하여 실업을 신고하려는 자가 이직확인서 발급을 요청하는 경우 10일 이내 이를 발급하거나 직업안정기관의 장에게 제출해야 한다.

다만, 일용근로자, 단기예술인 또는 단기노무제공자 등에 대하여 당해 월의 고용 또는 노무제공한 일용근로자 등의 근로일수, 노무제공일수, 임금, 보수 등이 기재된 고용·산재보험 근로내용확인신고서(일용근로자) 또는 고용보험 노무제공내용확인신고서(단기예술인, 단기노무제공자)/산재보험 입·이직신고서(건설기계 특수형태근로종사자)를 제출한 경우에는 고용보험 피보험자격취득 및 상실신고 또는 이직확인서 제출을 한 것으로 본다.

구 분	신고기한
국민연금	사유발생일이 속하는 달의 다음 달 15일까지 ✔ 건설공사현장의 경우 반드시 EDI로 다음 달 5일(휴일인 경우 전일)까지
건강보험	사유발생일로부터 14일 이내 ✔ 건설공사현장의 경우 반드시 EDI로 다음 달 5일(휴일인 경우 전일)까지
고용보험	자격상실사유가 발생하는 날이 속하는 달의 다음 달 15일까지
산재보험	자격상실사유가 발생하는 날이 속하는 달의 다음 달 15일까지

2 자격상실사유 및 시기

보험별 자격상실사유 및 그 시기는 다음과 같다.

| 보험별 자격상실사유 및 자격상실일 |

국민연금	건강보험	고용·산재보험
사망 또는 사용관계 종료 : 사망일 또는 사용관계 종료일의 다음 날	좌동	좌동
60세(임의계속가입자는 65세)가 된 때 : 60세(또는 65세)가 된 날의 다음 날	건강보험의 적용을 받던 자로서 유공자 등 의료보호대상자가 된 자가 건강보험의 적용배제신청을 한 경우 : 그 신청일	적용제외 근로자(공무원, 사립학교교직원, 월 소정근로시간 60시간 미만 자 등)에 해당하게 된 경우 : 적용제외 대상자가 된 날
가입대상 제외자(타공적연금 적용자, 노령연금 수급권 취득자)에 해당하게 된 때 : 그 해당하게 된 날	의료급여 수급권자가 된 경우 : 수급권자가 된 날	보험관계가 소멸한 경우 : 보험관계 소멸일
1개월 이상 계속 근로한 일용근로자로서 자격취득일이 속한 달의 다음달 1개월간의 근로일수가 8일 또는 근로시간이 60시간 미만이거나 소득이 220만원 미만인 경우 : 다음달 1일(단, 다음달의 최종 근로일까지 근로의 연속성이 있는 경우 최종 근로일의 다음 날)	1개월 이상 계속 근로한 일용근로자로서 자격취득일이 속한 달의 다음달 1개월간의 근로일수가 8일 또는 근로시간이 60시간 미만인 경우 : 다음달 1일(단, 다음달의 최종 근로일까지 근로의 연속성이 있는 경우 최종 근로일의 다음 날)	외국인이 가입해지신청을 한 경우 : 해지신청한 날의 다음 날
국적을 상실하거나 국외에 이주한 때 : 상실일 또는 이주일의 다음 날	좌동	국내성립사업장 소속 근로자가 해외로 파견되는 경우 : 국내사업장에서 고용관계가 끝나는 날
국민기초생활수급권자(생계급여 또는 의료급여 수급자에 한함)로서 국민연금 사업장가입자에서의 제외를 희망하는 때 : 신청한 날의 다음 날	–	–

3 자격상실신고서 작성사례

1. 자격상실신고의 경우

■ 고용보험 및 산업재해보상보험의 보험료징수 등에 관한 법률 시행규칙 [별지 제22호의6서식] 〈개정 2023. 6. 30.〉

[✔]국민연금 사업장가입자 자격상실 신고서 [✔]건강보험 직장가입자 자격상실 신고서
[✔]고용보험 근로자 피보험자격상실 신고서 [✔]산재보험 근로자 자격상실 신고서

※ 뒤쪽의 유의사항 및 작성방법을 읽고 작성하기 바라며, 색상이 어두운 난은 신고인이 적지 않습니다.
※ 같은 사람의 4대 사회보험의 상실 연월일이 다른 경우에는 유의사항을 읽고 작성하기 바랍니다.

(앞쪽)

접수번호		접수일자		처리기간 3일(고용 · 산재보험은 7일)
사업장	사업장관리번호 220-87-92764-0	명칭 (주)대한민국	전화번호 02-2677-2017	팩스번호 02-508-7084
	소재지 서울시 강남구 강남대로 330			우편번호(06252)
보험사무대행기관	명칭	번호	하수급인 관리번호(건설공사등의 미승인하수급인에 한함)	

일련번호	성명	주민등록번호 (외국인등록번호 · 국내거소신고번호)	전화번호 (휴대전화번호)	상실 연월일 (YYYY.MM.DD)	국민연금		건강보험					[ ]고용보험 [ ]산재보험			
					상실부호	초일취득 · 당월상실자 납부여부	상실부호	연간 보수 총액				상 실 사 유		해당 연도 보수 총액	전년도 보수 총액
								해당 연도		전년도				고용보험	고용보험
								보수 총액	근무 개월 수	보수 총액	근무 개월 수	구체적 사유	구분 코드	산재보험	산재보험
1	김일수	800203-3444555	010-2332-3344	2025.07.01.	3	희망 [ ]	01	15,000,000	6			권고사직	23	15,000,000 15,000,000	
						희망 [ ]									
						희망 [ ]									
						희망 [ ]									

위와 같이 피보험자격상실 신고를 합니다.

2025 년 7 월 14 일

신고인(사용자 · 대표자) (주)대한민국 대표이사 홍길동 (서명 또는 인) / [ ]보험사무대행기관 (서명 또는 인)

국민연금공단 이사장/국민건강보험공단 이사장/근로복지공단 서울강남 지역본부(지사)장 귀하

297mm×210mm[백상지(80g/㎡) 또는 중질지(80g/㎡)]

(뒤쪽)

유의사항

공통사항	같은 사람의 4대 사회보험의 상실일자가 다른 경우 상실 연월일란에 모두 함께 적되, 해당 칸 안에서 줄을 달리하고 괄호로 해당 사항을 구분하여 표기합니다. (예) yyyy. mm. dd.(건강보험) yyyy. mm. dd.(고용보험)
국민연금	사용자는 소재불명 등으로 상실자에게 통지할 수 없을 때에는 그 사실을 공단에 알려야 합니다.
건강보험	1. 건강보험가입자가 퇴직으로 이 신고서를 제출한 경우에는 「국민건강보험법 시행규칙」 별지 제5호서식의 건강보험 지역가입자 자격취득 · 변동신고서는 제출하지 않습니다. 2. 재외국민 또는 외국인의 직장가입 제외 신고를 하는 경우에는 「국민건강보험법 시행규칙」 제61조의4제2항에 따른 신고서 및 서류를 별도로 제출해야 합니다.
고용보험 산재보험	1. 앞쪽의 신고사항을 신고하지 않거나(기한 내에 신고하지 않은 경우 포함) 거짓으로 신고한 경우 「고용보험법」 제118조제1항제1호 또는 「고용보험 및 산업재해보상보험의 보험료징수 등에 관한 법률」 제50조제1항제1호에 따라 300만원 이하의 과태료가 부과될 수 있으며, 거짓 신고 등으로 실업급여를 부정하게 받은 경우 사업주도 연대하여 책임을 지며 형사처벌을 받을 수 있습니다. 2. 실업급여를 지급 받을 수 있는 기간은 퇴직(이직)일의 다음 날부터 12개월입니다. 3. 연도 중 요율 변경이 있는 사업장의 근로자, 자활근로종사자 또는 노동조합 등으로부터 금품을 지급받는 노조전임자 등의 경우에는 보험료 정산을 위해 근로복지공단이 정하는 신고서를 추가로 제출해야 합니다.

작성방법

공통사항	"성명 및 주민등록번호(외국인등록번호 · 국내거소신고번호)"란에는 주민등록표(외국인등록증 또는 국내거소신고증)상의 성명 및 주민등록번호(외국인등록번호 또는 국내거소신고번호)를 적습니다.
국민연금	1. "상실 연월일"란에는 자격상실 사유 발생일(해당 사업장에서의 퇴직일, 사망일 등)의 다음 날을 적습니다. 다만, 자격 상실 사유가 사업장 간의 전출인 경우에는 상대 사업장에서의 자격 취득일인 전입일을, 상실 부호가 6 · 15 · 16 · 20 · 21인 경우에는 해당 일을 적습니다. (예) 퇴직일/상실일: 1월31일/2월1일, 1월30일/1월31일, 사망일/상실일: 2월1일/2월2일 2. 상실 부호 22. 근로자 제외는 1개월 미만 일용 근로자, 60시간 미만 단시간 근로자등의 경우에만 해당합니다. 3. 초일에 가입자 자격을 취득하고 같은 달에 자격을 상실하는 경우, 연금보험료의 납부를 희망하는 때에는 "초일 취득 · 당월 상실자 납부 여부"란의 "희망[ ]"에 "√"표시를 합니다. 〈상실 부호〉 1. 사망 3. 사용관계 종료 4. 국적 상실(국외 이주) 5. 60세 도달 6. 다른 공적연금 가입 9. 전출(통 · 폐합) 15. (조기)노령연금 수급권 취득(조기노령연금의 지급이 정지 중인 경우는 제외합니다) 16. 협정국 연금가입 19. 체류기간 만료(외국인) 20. 적용제외 체류자격(외국인) 21.무보수 대표이사 22.근로자 제외 26. 취득취소(착오나 사정변경으로 자격취득 신고를 취소하는 경우) 4. 취득취소의 경우 상실부호란에 '26'을 적습니다.
건강보험	1. "상실 연월일"란에는 가입자의 자격상실 사유 발생일의 다음 날을 적습니다. 다만, 의료급여수급권자가 되거나 국가유공자 등으로서 건강보험 적용배제 신청을 하는 경우에는 건강보험 적용배제 신청일을 적습니다. (예) – 퇴직일/상실일: 1월31일/2월1일, –사망일/상실일: 2월1일/2월2일, – 적용배제신청일/상실일: 1월5일/1월5일 〈상실부호〉 퇴직〈01〉 사망〈02〉 의료급여수급권자〈04〉 유공자 등 건강보험 배제신청〈10〉 취득취소(착오나 사정변경으로 자격취득 신고를 취소하는 경우)〈16〉 국적상실〈17〉 이민출국〈19〉 가입제외(외국의 법령)〈24〉 가입제외(외국의 보험)〈25〉 가입제외(사용자와의 계약)〈26〉 무보수대표자〈58〉 그 밖의 사유(외국인 체류기간 만료 등)〈13〉 2. "해당 연도"란의 "보수총액"은 해당 사업장에서 발생된 보수(소득)를 아래에 따라 적되, "전년도"란의 "보수총액"은 보험료 연말정산을 실시하지 않은 경우에만 적습니다. ○ 근로자 – 직장가입자로서 근로를 제공하여 받은 봉급, 급료, 보수, 세비 ,임금, 상여, 수당, 그 밖에 이와 유사한 성질의 금품 · 비과세 근로소득 중 보수총액 포함 항목: 「소득세법」 제12조제3호차목 · 파목 및 거목에 따라 비과세되는 소득과 직급보조비 또는 이와 유사한 성질의 금품 · 보수총액 제외 항목: 퇴직금, 현상금 · 번역료 및 원고료, 「소득세법」에 따른 비과세 근로소득 일부(「소득세법」 제12조제3호차목 · 파목 및 거목에 따라 비과세되는 소득과 직급보조비 또는 이와 유사한 성질의 금품은 제외합니다) · 「소득세법 시행규칙」 제100조제26호에 따른 근로소득원천징수영수증의 ⑯계와 ⑱국외근로소득의 합계를 적습니다. 다만, 비과세 소득 ⑱–1야간근로수당과 ⑳비과세소득 계 등에 직급보조비 등 「국민건강보험법 시행령」 제33조의 보수가 포함되어 있을 경우, 합산하여 적습니다. ○ 개인사업장 사업주 – 해당 사업장 사업소득과 부동산임대소득의 합계(총수입금액에서 필요경비를 제외한 금액)를 적습니다. 3. "근무개월수"는 퇴직 해당 연도(연말정산을 실시하지 않은 경우에는 '전년도'란도 작성함)의 연간 보수총액이 해당하는 개월 수를 적습니다.
고용보험 산재보험	1. "상실 연월일"란에는 자격상실 사유 발생일(해당 사업장에서의 퇴직일, 사망일 등)의 다음 날을 적습니다. (예) 퇴직일/상실일: 1월31일/2월1일, 1월30일/1월31일, 사망일/상실일: 2월1일/2월2일 2. "상실사유"란에는 반드시 구체적 사유를 구분코드와 함께 적습니다. 〈상실사유 구분코드〉 ◈ 자진퇴사: 11. 개인사정으로 인한 자진퇴사 12. 사업장 이전, 근로조건 변동, 임금체불 등으로 자진퇴사 ◈ 회사사정과 근로자 귀책사유에 의한 이직: 22. 폐업 · 도산(예정 포함), 공사 중단 23. 경영상 필요 또는 회사불황으로 인한 인원감축 등에 의한 퇴사(해고 · 권고사직 포함) 26. 근로자의 귀책사유에 의한 징계해고 · 권고사직 ◈ 정년 등 기간만료에 의한 이직: 31. 정년 32. 계약기간 만료, 공사 종료 ◈ 기타: 41. 고용보험 비적용 42. 이중고용 3. "해당 연도 및 전년도 보수총액"란에는 해당 사업장에서 발생된 연간 보수(「소득세법」 제12조제3호에 따른 비과세 근로소득을 제외한 소득액)의 총액을 적되, "전년도 보수총액"란에는 보수총액 신고를 하지 않은 경우에만 적습니다. ※ 전보 또는 휴직 등의 사유로 해당 근로자의 고용보험과 산재보험 보수총액에 차이가 있는 경우에는 각각의 보수총액을 달리하여 적습니다.

처리절차

신고서 작성	➔	접수 및 확인	➔	신고서 처리	➔	자격상실 및 확인 통지	➔	수령
신고인		국민연금공단 · 국민건강보험공단 · 근로복지공단						신고인

2. 고용보험 이직확인의 경우

■ 고용보험법 시행규칙[별지 제75호의4서식] 〈개정 2023. 12. 1.〉

피보험자 이직확인서

※ 뒤쪽의 작성요령을 읽고 적으시기 바랍니다. 별표 표시가 되어 있는 항목은 필수 기재항목입니다.

(앞쪽)

접수번호	접수일자	처리기간:10일

*사업장	사업장관리번호	220-87-92764-0		
	명 칭	(주)대한민국	전화번호	02-2677-2017
	소재지	서울시 강남구 강남대로 330		
	하수급인관리번호(건설공사 등의 미승인 하수급인인 경우에만 작성)			

*피보험자 (이직자)	성 명	김일수	(휴대)전화번호	010-2211-1010
	주민등록번호	800203-3444555		
	주 소	경기도 고양시 일산서구 중앙로 1582		
	입사일(피보험자격 취득일)	2024.12.1.	이직일(근로제공 마지막 날)	2025.6.30.

①*이직코드 및 이직사유 (이직사유 구분코드 뒤쪽 참조)	구분코드	(구체적 사유, 10자 이상 기재)
	23	담당업무 및 부서 폐지에 따른 사업주 권유에 의한 퇴직

②*피보험단위기간 산정대상기간	③*보수지급 기초일수
2025.6.1.~ 6.30.	26일
2025.5.1.~ 5.31.	26일
2025.4.1.~ 4.30.	26일
2025.3.1.~ 3.31.	27일
2025.2.1.~ 2.28	24일
2025.1.1.~ 1.31.	27일
2024.12.1.~ 12.31.	27일
~	
~	
~	
~	
~	
④*통산피보험단위기간	183일

평균임금 산정명세						
⑤*임금계산기간		4.1.부터 4.30.까지	5.1.부터 5.31.까지	6.1.부터 6.30.까지	부터 까지	총 합
⑥*임금계산기간 총 일수		30일	31일	30일	일	91일
⑦* 임금 내역	기본급	2,000,000원	2,000,000원	2,000,000원	원	6,000,000원
	기타 수당	500,000원	500,000원	500,000원	원	1,500,000원
	상여금(이직 전 12개월간 지급된 상여금 총액 × 3/12)					원
	연차수당(이직 전 12개월간 지급된 연차수당 총액× 3/12)					원

⑧ 1일 통상임금(필요한 경우에만 작성)	11,961.72 원
⑨ 1일 기준보수(해당되는 사람만 작성)	원

⑩*1일 소정 근로시간	□ 1시간 이하, □ 2시간, □ 3시간, □ 4시간 이하, □ 5시간, □ 6시간, □ 7시간, ■ 8시간 이상
⑪ 초단시간 근로일수(해당자만 작성)	이직 전 24개월 동안 1주 소정근로시간이 15시간 미만이고, 1주 소정근로일수는 2일 이하인 날의 총 일수 (　　　일)

⑫ 기준기간 연장(해당자만 작성) 사유코드: 1. 질병 · 부상, 2. 사업장 휴업, 3. 임신 · 출산 · 육아, 4. 기타 사유	사유코드				
	연장기간				

「고용보험법」 제42조제3항(제43조제4항) 및 같은 법 시행규칙 제82조의2제1항 · 제2항(제82조의2제4항 · 제5항)에 따라 위와 같이 발급(제출)합니다.

제출일 2025 년 7 월 14 일

발급자(제출자) □ 사업장명

□ 보험사무대행기관

(주)대한민국 대표이사 홍길동 (서명 또는 인)

210mm×297mm[백상지(80g/㎡) 또는 중질지(80g/㎡)]

(뒤쪽)

작성요령

■ ①란 작성법: 해당 이직자의 별지 제6호서식의 고용보험 피보험 자격 상실신고서에 적힌 상실사유의 구분코드를 적고, 보다 구체적인 이직사유는 반드시 10자 이상 작성합니다.

〈상실(이직)사유 구분코드〉
◈ 자진퇴사: 11. 개인사정으로 인한 자진퇴사 12. 사업장 이전, 근로조건 변동, 임금체불 등으로 자진퇴사
◈ 회사사정과 근로자 귀책사유에 의한 이직: 22. 폐업·도산(예정 포함), 공사 중단 23. 경영상 필요 및 회사불황으로 인한 인원감축 등에 따른 퇴사(해고·권고사직·명예퇴직 포함) 26. 근로자의 귀책사유에 의한 징계해고·권고사직
◈ 정년 등 기간만료에 의한 이직: 31. 정년 32. 계약기간 만료, 공사 종료
◈ 기타: 41. 고용보험 비적용, 42. 이중고용

■ ②~④란 작성법
- ②란의 가장 윗 칸에는 이직자의 이직일이 포함된 월의 1일부터 이직일까지를 적습니다. 그 아래 칸에는 1개월씩 지난 기간을 각각 적습니다.
  ※ 예) 12. 24. 이직자의 경우 가장 윗 칸에는 12. 1. ~ 12. 24.를 적고 그 아래 칸에는 11. 1. ~ 11. 30., 10. 1.~ 10. 31.· 을 적되, 통산 피보험단위기간(④)이 180일이 되는 날까지만 적습니다.(통상 7 ~ 8개월 작성하면 됩니다)
- ③란에는 ②란에 작성된 기간 중 실제로 보수지급의 기초가 된 날을 모두 합산하여 작성합니다. 따라서 무급휴일, 보수가 지급되지 않은 결근일 등은 제외되고 유급휴가, 유급휴일 등은 포함됩니다.
- ④란에는 ③란에 작성된 보수지급 기초 일수를 모두 합산하여 적습니다.

■ ⑤~⑨란 작성법
- ⑤란은 이직자의 이직일을 포함하여 3개월 이전까지의 기간을 적습니다.
- ⑥란의 첫 번째 칸에는 이직일이 포함된 월의 1일부터 이직일까지를 적고, 차례로 1개월씩 지난 기간을 적되, 마지막 칸에는 이직자의 이직 월에서는 3개월을 빼고, 이직일에는 1일을 더한 날부터 해당월의 말일까지 적습니다.

〈예〉 12. 24. 이직자

⑤ 임금계산기간	12.1. ~ 12.24.	11.1. ~ 11.30.	10.1. ~ 10.31.	9.25 ~ 9.30
⑥ 임금계산기간 총 일수	24일	30일	31일	6일

〈예〉 1. 31. 이직자

⑤ 임금계산기간	1.1. ~ 1.31.	12.1. ~ 12.31.	11.1. ~ 11.30.	X
⑥ 임금계산기간 총 일수	31일	31일	30일	X

- ⑦란에는 ⑤란에 적힌 기간에 지급된 기본급과 기본급 외의 기타수당을 적습니다. 상여금과 연차수당은 12개월 동안 지급된 총액의 3개월분만 작성합니다. 다만, 12개월 미만으로 근로했던 이직자에 대해서는 그 근로한 개월에 지급된 상여금 및 연차수당에 3을 곱하고 근로한 개월을 나눈 금액을 적습니다.
  ※ 예) 근로한 개월이 6개월인 경우: 상여금 × 3/6, 연차수당 × 3/6
- ⑧란은 필요한 경우에만 적되,「근로기준법 시행령」 제6조에 따른 통상임금을 적습니다.
  다만, 이직일을 기준으로 근무한 기간이 3개월 미만 경우에는 통상임금을 반드시 적습니다.
- ⑨란은 ⑤번란에 작성한 임금계산기간 동안 고용보험료를 모두 기준보수로 낸 경우에만 작성하되, 이직 연도의 시간단위 기준 보수에 ⑩란의 1일 소정 근로시간수를 곱한 임금을 적습니다.

■ ⑪란 작성법: 이직자가 이직 당시에 1주 소정 근로시간이 15시간 미만이고, 1주 소정 근로일수가 2일 이하인 근로자였던 경우에만 적습니다. 실제 근로시간 및 근로일수가 아닌 근로계약서 등으로 정한 소정 근로시간 및 근로일수를 기준으로 작성합니다.

■ ⑫란 작성법: 기준기간 연장사유가 있는 경우에만 기재합니다. "사유코드"란에는 이직일 이전 18개월(단, ⑪번에 해당하는 이직자는 24개월)간 30일 이상 보수 지급을 받을 수 없었던 사유의 번호를 적고, "연장기간"란에 보수의 지급을 받을 수 없었던 기간을 적습니다. 이 경우 휴업 또는 휴직기간에 보수를 지급 받을 수 없었다는 것을 증명할 수 있는 서류를 첨부해야 합니다.

유의사항

근로자 또는 직업안정기관의 장이 사업주에게 이직확인서 발급을 요청한 경우 사업주 등이 이직확인서를 발급해주지 않거나 거짓으로 발급해 준 때에는 300만원 이하의 과태료가 부과될 수 있으며(「고용보험법」 제118조제1항제2호 및 제3호), 본 이직확인서를 거짓으로 작성하여 줌으로써 이직자가 실업급여를 부정하게 받은 경우에는 해당 사업주도 연대하여 책임을 질 수 있습니다.

04 자격확인

1. 국민연금 · 건강보험

국민연금 및 건강보험 가입자의 자격의 취득, 변동 및 상실은 공단의 확인에 의하여 자격의 취득, 변동 및 상실의 시기에 소급하여 효력이 발생한다. 가입자 또는 가입자였던 자는 그 확인을 청구할 수 있다.

2. 고용보험

고용보험 피보험자 또는 피보험자였던 자는 언제든지 고용노동부장관에게 피보험자격의 취득 또는 상실에 관한 확인을 청구할 수 있다. 고용노동부장관은 청구 또는 직권에 의하여 피보험자격의 취득 또는 상실에 관한 확인을 하며, 이를 피보험자 및 사업주 등 이해관계인에게 통지하여야 한다.

Chapter 04 4대보험료의 산정

01 산정원칙

1 국민연금·건강보험

1. 산정원칙

가입자의 자격취득 시의 신고 또는 정기결정에 의한 기준소득월액(2025년 7월~2026년 6월 하한액 40만원~상한액 637만원, 매년 국민연금법시행령 제5조에 의거 조정) 또는 보수월액에 보험료율을 곱하여 산정(2025년 하한액 19,780원~상한액 9,008,340원, 매년 국민건강보험법시행령 제32조에 의거 조정)한다.

2. 부담비율

연금·건강보험료는 사업장가입자와 사업주가 각각 보험료액의 100분의 50씩 부담한다. 다만, 영세사업장 저임금근로자의 연금보험료는 국가가 그 일부를 예산의 범위에서 지원할 수 있고, 사업장임의계속가입자의 연금보험료는 임의계속가입자 본인이 전액 부담하며, 건강보험 직장가입자의 보수외 소득월액 보험료(소득월액×보험료율)는 직장가입자 본인이 전액 부담하고, 건강보험 직장가입자가 교직원으로서 사립학교에 근무하는 교원인 경우 직장가입자가 100분의 50을, 사립학교를 설립·운영하는 자가 100분의 30을, 국가가 100분의 20을 각각 부담하되, 사립학교를 설립·운영하는 자가 그 부담액을 전액 부담할 수 없을 때에는 그 부족액을 학교에 속하는 회계에서 부담하게 할 수 있다.

| 연금·건강보험료의 산정원칙 |

연금보험료	건강보험료
=기준소득월액×연금보험료율(9%) =가입자 기여금(기준소득월액 4.5%) +사용자 부담금(기준소득월액 4.5%) ✔ 소규모사업장 저소득근로자 : 국가에서 80/100 범위에서 36개월 한도로 지원	=[보수월액×보험료율(7.09%)] +[소득월액×보험료율(7.09%)] =[가입자 부담금(보수월액 3.545%) +사용자 부담금(보수월액 3.545% 또는 보수월액 2.127%)+국가 부담금(보수월액 0% 또는 보수월액 1.418%)]+가입자 부담금(소득월액 7.09%)

✔ 상기 보험료율은 2025년도 기준임

2 고용보험·산재보험

1. 산정원칙

고용·산재보험료는 그 사업에 종사하는 근로자, 예술인 또는 노무제공자(고용보험의 경우 적용사업의 보험사업별 피보험자) 개인별 월평균보수(건설업의 경우 연간 보수 총액)에 보험사업별 보험료율을 곱하여 산정한다. 다만, 보험연도 중에 보험관계가 성립된 건설업의 경우에는 보험관계 성립일로부터 보험연도 말일까지의 근로자 보수총액을 기준으로 산정하며, 보험연도 중에 보험관계가 소멸되는 건설업의 경우 보험연도 초일부터 소멸일까지의 근로자 보수 총액을 기준으로 산정한다.

2. 부담비율

고용보험료는 피보험자가 부담하여야 하는 부분과 사업주가 부담하여야 하는 부분으로 구분되며, 산재보험료는 전액 사업주가 부담한다.

가입자인 피보험자가 부담하여야 하는 고용보험료는 자기의 보수(사업의 폐업·도산 등으로 보수 관련 자료가 없거나 명확하지 않은 경우, 사업장 이전 등으로 인하여 사업장 소재지 파악이 곤란한 경우, 일반 예술인 또는 노무제공자의 보수액이 월단위 기준보수보다 적은 경우에는 기준보수)총액에 실업급여의 보험료율의 1/2을 곱한 금액이고, 사업주가 부담하여야 하는 고용보험료는 그 사업에 종사하는 고용보험 피보험자의 개인별 보수총액에 실업급여의 보험료율의 1/2을 곱한 금액과 예술인·노무제공자를 제외한 고용보험 피보험자의 개인별 보수총액에 고용안정·직업능력개발사업의 보험료율을 곱한 금액을 합한 금액이다.

다만, 소규모사업장 저소득가입자의 고용보험료는 국가가 그 일부를 예산의 범위에서 지원할 수 있고, 휴직이나 그 밖에 이와 비슷한 상태에 있는 기간 중에 사업주로부터 보수를 지급받는 근로자로서 고용노동부장관이 고시하는 사유(현재 고시된 사유는 없음)에 해당하는 근로자는 그 기간에 지급받는 보수의 총액에 실업급여의 보험료율을 곱한 금액 전액을 부담하여야 하며, 노조전임기간에 사업주 이외의 자로부터 금품을 지급받은 경우에도 지급받은 금품 총액에 실업급여의 보험료율을 곱한 금액 전액을 부담하여야 하고, 65세 이후에 고용되거나 노무제공 또는 자영업을 개시한 경우에는 실업급여의 보험료를 부담하지 않으며 근로자 또는 자영업자에 대한 고용안정·직업능력개발사업의 보험료만을 부담한다.

사업주가 전액 부담하여야 하는 산재보험료는 그 사업주가 경영하는 사업에 종사하는 근로자 또는 특수형태근로종사자의 개인별 보수총액에 같은 종류의 사업에 적용되는 보험료율 및 전 사업 공통의 통상적인 경로와 방법으로 출퇴근 중 발생한 재해에 관한 보험료율을 곱한 금액으로 한다.

* 사업주 이외의 자로부터 금품을 지급받은 근로자가 그 실업급여의 보험료를 전액 부담하는 경우에는 사업주가 해당 보험료를 신고·납부하고, 근로자는 그 보험료 해당액을 사업주에게 지급한다.

| 고용·산재보험료의 산정원칙 |

고용보험료	산재보험료
=월평균보수×(실업급여 보험료율+고용안정·직업능력개발사업보험료율) =월평균보수×(1.8+0.25~0.85)% =피보험자 부담금(0.9%) +사업주 부담금(1.15~1.75%) ✔ 고용안정·직업능력개발사업보험료율 – 상시근로자 150인 미만 : 0.25% – 상시근로자 150인 이상으로서 고용보험우선지원대상기업 : 0.45% – 상시근로자 150인 이상~1,000인 미만 : 0.65% – 상시근로자 1,000인 이상 및 국가·지방자치단체 : 0.85% ✔ 소규모사업장 저소득가입자 : 국가에서 80/100 범위에서 36개월 한도로 지원	=월평균보수×[같은 종류의 사업에 적용되는 보험료율(사업종류별 0.5~18.5%, 2025년 기준)+통상적인 경로와 방법으로 출퇴근 중 발생한 재해에 관한 보험료율(전 사업 공통 0.06%, 2025년 기준)] =전액 사용자부담

02 기준소득월액, 보수월액, 월평균보수 또는 월보수액의 결정

1 기준소득월액, 보수월액, 월평균보수 또는 월보수액이란?

1. 국민연금의 기준소득월액

기준소득월액이란 연금보험료 및 급여의 산정을 위하여 가입자가 신고한 소득월액에서 천원 미만을 버린 금액(2024년 7월~2025년 6월 하한액 39만원~상한액 617만원, 2025년 7월~2026년 6월 하한액 40만원~상한액 637만원)을 말한다.

2. 건강보험의 보수월액

보수월액이란 직장가입자의 월별 보험료액을 산정하기 위하여 건강보험 직장가입자가 지급받는 보수를 기준으로 하여 산정된 금액(2025년 월별 보험료액 상·하한액을 기준으로 할 때 그 금액이 279,266원 미만인 경우에는 279,266원, 127,056,982원을 초과하는 경우에는 127,056,982원)을 말한다.

한편, 소득월액이란 보수월액의 산정에 포함된 보수를 제외한 직장가입자의 소득(이자·배당·사업·근로·연금·기타소득에서 비과세소득은 제외하며 분리과세 대상에 해당하는 이자소득과 배당소득의 합계액이 1천만원 이하인 경우에는 합산대상에서 제외한다)이 연간 2,000만원을 초과하는 경우 [(연간 보수외소득－연간 2,000만원)×1/12]의 방식으로 산정된 금액(소득월액이 127,056,982원을 넘는 경우 127,056,982원으로 함)으로서, 이자·배당·사업·기타소득 전액과 근로·연금소득의 50%(근로소득공제·연금소득공제를 적용하지 않음)를 합산한 금액에 연간 보수외소득에서 각각의 소득이 차지하는 비율을 곱하여 산출한 금액을 합산하여 산정한다.

3. 고용·산재보험의 월평균보수 또는 월보수액

월평균보수란 고용·산재보험의 월별보험료를 산정하기 위하여 근로자 또는 예술인의 개인별 전년도 보수총액 또는 당해연도에 근로 또는 노무제공이 개시된 경우 그 개시일부터 1년간(1년 이내의 계약기간을 정한 경우 그 기간) 지급하기로 정한 보수총액을 그 기간에 근로 또는 노무제공한 개월 수로 나눈 금액(원 미만 절사) 또는 월별보험료를 산정하는 달의 전월에 지급된 보수액(일용근로자, 단기예술인 또는 소득합산 신청 예술인에게 적용)을 말하며, 월보수액이란 사업주가 노무를 제공받은 월에 대하여 노무제공자에게 지급한 보수액을 말하는 것으로서 노무제공자의 월별보험료 산정기초가 된다.

다만, 예술인 또는 노무제공자의 개인별 월평균보수 또는 월보수액이 월단위 기준보수보다 적은 경우에는 각각의 기준보수를 고용보험의 월별보험료 산정을 위한 월평균보수 또는 월보수액으로 하며, 자영업자, 학생연구자, 중소기업사업주 또는 무급가족종사자의 월평균보수는 고시된 월단위 보수액(그 중 피보험자가 선택하여 신고한 금액)을 고용보험 또는 산재보험의 월별보험료 산정을 위한 월평균보수로 한다.

2 자격취득 시 또는 납부재개 시

1. 기준소득월액 또는 보수월액

자격취득 시 또는 연금보험료의 납부 예외 기간이 끝나 연금보험료의 납부를 재개하는 경우의 기준소득월액 또는 보수월액은 사용자가 신고한 금액을 기준으로 공단이 결정하되, 그 적용 기간은 자격을 취득한 날이나 납부를 재개한 날이 속하는 달부터 정기 결정되는 기준소득월액 또는 보수월액을 적용하는 달의 전달(국민연금은 다음연도 6월, 건강보험은 다음연도 3월)까지로 한다.

그러나 건설현장의 일용근로자의 경우 매월 당해 사업장에서 지급받는 실제 소득 또는 보수월액을 기준으로 결정하되, 취득 또는 부과대상 월부터 다음 변경신청 월의 전월까지를 적용기간으로 한다.

2. 월평균보수 또는 월보수액

자격취득 시 월평균보수 또는 월보수액은 사업주가 신고한 금액을 기준으로 공단이 결정하되, 그 월평균보수의 적용기간은 자격을 취득한 날이 속하는 달(자격취득일이 2일 이후인 경우에 그 다음달)부터 정기 결정되는 월평균보수를 적용하는 달의 전달(다음연도 3월)까지로로 하며, 월보수액은 해당 월에 한하여 적용한다. 다만, 휴직자의 월평균보수는 휴직 전 월평균보수나 전년도 보수액을 기준으로 정기 결정된 월평균보수(보수총액신고 시 휴직 종료 이후 지급예정인 월평균보수로 신고하는 경우 그 금액)로 한다.

3 가입기간 중

1. 기준소득월액 또는 보수월액

가입기간 중의 기준소득월액 또는 보수월액은 전년도 중 해당 사업장에서 종사한 기간에 받은 소득액 또는 보수액을 그 기간의 총일수로 나눈 금액의 30배에 해당하는 금액을 소득(보수)월액으로 하여 매년 공단이 결정하되, 그 적용 기간은 해당 연도 7월부터 다음연도 6월까지(건강보험은 4월부터 다음연도 3월까지)로 한다. 다만, 해당 사업장에서 종사한 기간이 1개월 미만이면 자격취득 시 사용자가 신고한 금액을 기준으로 한다.

> **기준소득월액** = 전년도 소득총액 ÷ 총근무일수(근무기간 − 휴직일수) × 30
> **보수월액** = 전년도 보수총액 ÷ 근무월수
> ✔ 1일이라도 근무하여 근로의 대가로 보수를 받은 경우 근무월수에 포함. 휴직 등의 사유로 보수의 전부 또는 일부가 지급되지 아니한 기간은 근무월수 제외

한편, 건설현장의 일용근로자의 경우 사업장의 소득 변경신청(다음 달 5일까지 신고)에 의하여 신고된 부과 대상 월의 실제 소득 또는 보수월액에 따라 적용하되, 변경신청 월부터 다음 변경신청 월의 전월까지 적용한다.

2. 월평균보수 또는 월보수액

전년도에 근로 또는 노무제공을 개시한 경우에 있어 가입기간 중의 월평균보수는 전년도에 지급받은 보수총액을 전년도에 근로 또는 노무제공한 개월 수로 나눈 금액을 해당 월평균보수로 하여 매년 공단이 결정하되, 그 적용 기간은 해당 연도 4월부터 다음연도 3월까지로

하며, 월보수액은 매월 지급되는 보수액을 기준으로 산정하고 해당 월에 한하여 적용한다.

다만, 근로자의 휴업·휴직, 출산전후휴가 및 노조전임기간 중의 보수는 산재보험료를 산정할 때 월평균보수 또는 보수총액에서 제외한다.

월평균보수=전년도 보수총액÷근무월수

3. 정기결정

사용자는 매년 3월 10일까지(고용·산재보험은 매년 3.15.까지, 국민연금은 매년 5.31., 개인사업장의 사용자의 경우 매년 5월 말일 또는 국세청 성실신고사용자 6월 말일까지) 전년도 가입자에게 지급한 소득 또는 보수의 총액, 종사한 기간 등 기준소득월액, 보수월액 또는 월평균보수의 산정에 필요한 사항을 공단에 통보하여야 한다.

다만, 소득세법 제164조에 따라 지급명세서를 국세청에 제출한 경우 국민연금법상 기준소득월액 통보를 한 것으로 보며, 기준소득월액 정기결정 통지서를 확인한 후 이상이 있을 경우 정정신고를 하며, 소득세법 제164조의 3 제1항에 따라 전년도 직장가입자에게 지급한 보수의 총액에 관한 간이지급명세서를 제출한 경우에는 건강보험법상 보수월액 통보를 한 것으로 본다.

| 기준소득(보수)월액 또는 월평균보수의 결정 및 적용기간 |

자격취득 시(연금 납부재개 시 포함)	가입기간 중
1. **국민연금·건강보험** : 월, 주 기타 일정기간으로 소득(보수)이 정하여진 경우에는 그 소득액(보수액)을 그 기간의 총일수로 나눈 액의 30배에 상당하는 액 **고용보험·산재보험** : 근로 또는 노무제공 개시일로부터 1년간 지급하기로 정한 보수총액을 그 기간에 근로 또는 노무제공한 개월수로 나눈 금액	당해 사업장에서 종사한 기간에 받은 소득(보수)총액을 그 기간에 근로 또는 노무제공한 개월수로 나눈 금액
2. 일·시간·생산고 또는 도급으로 소득(보수)이 정하여지는 경우에는 가입자의 자격을 취득한 날(또는 납부를 재개한 날)이 속하는 달의 전 1월간에 당해 사업장에서 같은 업무에 종사하고 또한 같은 소득(보수)이 있는 자가 받은 소득(보수)월액을 평균한 액 또는 산업·지역별로 정해진 기준보수	■ 적용대상 • **국민연금** : 전년도 종사기간이 1년 이상인 자(단, 납부예외자 제외) • **건강보험** : 매년 12월 말일 현재 직장가입자 자격유지자. 단, 해당연도 12월 중 입사자(12월 보험료 면제자) 및 모든 기간 동안 고시적용자, 휴직자, 시설수용자로 보험료가 부과되지 않은 자 제외

자격취득 시(연금 납부재개 시 포함)	가입기간 중
3. 소득(보수)월액을 산정하기 곤란한 자에 대하여는 직장가입자의 자격을 취득(또는 납부재개)하는 달의 전 1월간에 그 지방에서 같은 업무에 종사하는 (또한 같은 소득이 있는) 자가 받는 소득(보수)액을 평균한 액 또는 산업·지역별로 정해진 기준보수	• **고용·산재보험** : 전년도에 근로 또는 예술인으로서 노무제공을 개시한 자. 단, 모든 기간 동안 고시적용자, 자영업자, 학생연구자, 중소기업사업주, 무급가족종사자 제외 ✔ 고용정보신고 제외자(기타 근로자)는 개인별로 신고하지 않고 보수의 합계로 신고
■ 적용기간 • **국민연금** : 자격을 취득한 날 또는 납부를 재개한 날이 속하는 달부터 정기결정되는 기준소득월액을 적용하는 달의 전달(다음연도 또는 다다음연도 6월)까지 • **건강보험** : 자격을 취득한 날이 속하는 달(자격취득일이 2일 이후인 경우 그 다음 달)부터 정기결정되는 소득월액을 적용하는 달의 전달(다음연도 또는 다다음연도 3월)까지 • **고용·산재보험** : 자격을 취득한 날이 속하는 달(자격취득일이 2일 이후인 경우 그 다음 달)부터 정기결정되는 소득월액을 적용하는 달의 전달(다음연도 또는 다다음연도 3월)까지	■ 적용기간 • **국민연금** : 매년 7월부터 다음연도 6월까지 • **건강보험, 고용·산재보험** : 매년 4월부터 다음연도 3월까지

4 소득관련 자료가 없거나 불명확한 경우

1. 기준소득월액

국민연금 사업장가입자의 소득월액을 신고를 하지 않고 확인결과 소득관련자료가 없는 경우로서 가입자 자격취득 시 또는 납부재개 시의 기준소득월액을 결정하는 경우에는 매년 전년도 12월 31일 현재의 사업장가입자 전원의 기준소득월액을 기준으로 그 중위수에 해당하는 자의 기준소득월액에 해당하는 금액을, 가입기간 중 기준소득월액을 결정하는 경우에는 당해 가입자의 전년도 기준소득월액을 평균소득월액의 변동률을 기준으로 조정한 금액을 소득월액으로 하여 공단이 기준소득월액을 결정하며, 사업장가입자의 기준소득월액을 계산하기 곤란하거나, 신고 또는 신청한 소득이 실제소득과 현저한 차이가 있는 경우에는 공단이 이를 결정한다.

2. 보수월액

건강보험 직장가입자의 보수관련 자료가 없거나 불명확한 경우 또는 최저임금액 등을 고려할 때 보수관련 자료의 신뢰성이 없다고 공단이 인정하는 경우에는 보건복지부장관이 정하여 고시하는 금액(100만원)을 보수로 보며, 직장가입자의 보수월액을 산정하기 곤란하거나 보수를 확인할 수 있는 자료가 없는 경우 공단의 정관에서 정한 바에 따르고, 사업주가 보수통보를 하지 아니하거나 그 통보내용이 사실과 다른 경우에는 공단은 그 사실을 조사하여 보수월액을 산정·변경할 수 있다.

3. 월평균보수 또는 월보수액

사업주가 보수총액 등의 신고를 하지 아니하거나, 신고한 내용이 사실과 다른 때에는 사업주에게 미리 알리고 그 사실을 조사하여 공단이 조사하여 산정한 금액 또는 사업주가 공단 또는 국세청 등 유관기관에 근로자의 보수 등을 신고한 사실이 있는 경우에는 그 금액을 기준으로 월평균보수 또는 월보수액을 결정할 수 있으며, 사업의 폐업·도산 등으로 보수관련 자료가 없거나 명확하지 않은 경우, 사업 또는 사업장 소재지 이전 등으로 사업의 소재지 파악이 곤란한 경우, 예술인 또는 노무제공자의 개인별 월평균보수 또는 월보수액이 월단위 기준보수보다 적은 경우에는 고용노동부장관이 고시하는 기준보수를 기준으로 월평균보수 또는 월보수액을 결정할 수 있고, 사업주가 월평균보수 등을 정정하여 신고하는 경우에는 사실 여부를 조사하여 재산정할 수 있다.

5 보수의 일부 또는 전부가 지급되지 아니한 경우

1. 휴직기간 등의 기준소득월액, 보수월액 또는 월평균보수

휴직, 그 밖의 사유로 보수의 전부 또는 일부가 지급되지 아니한 가입자의 보험료는 당해 사유가 발생하기 전월의 소득(보수)월액 또는 월평균보수를 기준으로 보험료를 산정한다.

2. 보수가 지급되지 아니하는 사용자의 기준소득월액 또는 보수월액

보수가 지급되지 아니하는 사용자의 국민연금 소득월액은 사용자의 신고금액을 기준으로 하며, 건강보험 보수월액은 당해 연도 중 당해 사업장에서 발생한 사업소득으로서 객관적인 자료에 의하여 확인된 금액 또는 수입을 확인할 수 있는 객관적인 자료가 없는 경우에는 사용자의 신고금액으로 산정하되, 그 금액이 사업장에서 가장 높은 보수월액의 적용을 받는 근로자의 보수월액보다 낮은 경우에는 당해 근로자의 보수월액을 그 사용자의 보수월액으로 하며, 확인금액이 0원 이하이거나 자료 제출과 수입금액 통보를 하지 않고 수입을 확인할 수 있는 객관적인 자료도 없는 경우에는 해당 사업장 근로자의 보수월액을 평균한 금액을 사용자의 보수월액으로 한다.

6 2 이상 적용사업장에서 보수를 받고 있는 경우

1. 기준소득월액 또는 보수월액

사업장가입자가 2 이상 적용사업장에서 보수를 받고 있는 경우에 기준소득월액 또는 보수월액은 각 사업장에서 받고 있는 소득(보수)월액을 기준으로 각각 기준소득월액(보수월액)을 결정하여 적용하되, 각 사업장의 기준소득월액(보수월액)의 합이 최고 기준소득월액(보수월액)을 초과한 때에는 각 사업장별 소득(보수)월액이 그 합산된 소득(보수)월액에서 차지하는 비율을 최고 기준소득월액(보수월액)에 곱하여 계산된 금액을 기준으로 각각 기준소득월액(보수월액)을 결정한다.

다만 1개월간 소정근로시간이 60시간 미만인 사업장이 존재하는 경우에는 다음과 같은 기준에 따라 국민연금 기준소득월액을 결정한다.

① **복수사업장 단시간근로자가 근로를 제공하는 사업장이 모두 1개월 소정근로시간이 60시간 미만인 사업장인 경우**

가. 60시간 미만 사업장의 각각의 기준소득월액의 합이 기준소득월액의 하한액 이상인 경우 : 각 60시간 미만 사업장의 소득월액

나. 60시간 미만 사업장의 각각의 기준소득월액의 합이 기준소득월액의 하한액 미만인 경우 : 각 60시간 미만 사업장별 기준소득월액이 각 60시간 미만 사업장의 기준소득월액의 합에서 차지하는 비율을 기준소득월액의 하한액에 곱하여 계산된 금액

② **복수사업장 단시간근로자가 근로를 제공하는 사업장이 1개월 소정근로시간이 60시간 이상인 사업장과 60시간 미만 사업장이 함께 있는 경우**

가. 60시간 미만 사업장 : 각 60시간 미만 사업장의 소득월액

나. 60시간 이상 사업장 : 상·하한액 범위에서 산정된 기준소득월액

③ **각 사업장의 기준소득월액의 합이 기준소득월액 상한액을 초과하는 경우** : 각 사업장별 기준소득월액이 각 사업장별 기준소득월액의 합에서 차지하는 비율을 기준소득월액 상한액에 곱하여 계산된 금액

2. 월평균보수 또는 월보수액

근로자가 2 이상 적용사업장에서 보수를 받고 있는 경우에 월평균보수 또는 월보수액은 각 사업장에서 받고 있는 보수월액을 기준으로 각각 월평균보수 또는 월보수액을 결정하여 적용한다. 다만, 피보험자격의 이중취득이 제한되는 근로자인 피보험자의 고용보험은 통상임금이 많은 사업, 월 소정근로시간이 많은 사업, 근로자가 선택한 사업 순서에 따라 그중 어느 한 사업에서만 월평균보수를 결정하여 적용한다.

7 기준소득월액, 보수월액 또는 월평균보수의 변경

1. 기준소득월액

실제 소득과 기준소득월액과의 차이가 현재 기준소득월액 대비 20% 이상 상승 또는 하락한 경우 가입자의 동의를 얻어 기준소득월액 결정특례를 신청할 수 있으며, 이 경우 변경된 기준소득월액은 신청한 달의 다음 달부터 다음연도 정기결정 전달(6월)까지 적용된다. 기준소득월액을 변경하기 위하여 사용자는 근로자의 동의를 받아 국민연금 사업장가입자 기준소득월액 변경신청서를 공단에 제출하여야 한다.

2. 보수월액

사업주는 당해 건강보험 직장가입자의 보수가 인상되거나 인하되었을 때에는 공단에 직장가입자보수월액변경신청서 또는 직장가입자 보수평균인상·인하율통보서를 제출함으로써 보수월액의 변경을 신청할 수 있으며, 이 경우 공단은 보수 인상월 또는 인하월부터 소급하여 보수월액을 변경할 수 있다. 다만, 상시 100명 이상의 근로자가 소속되어 있는 사업장의 사용자는 해당 월의 보수가 14일 이전에 변경된 경우 해당 월의 15일까지, 해당 월의 보수가 15일 이후에 변경된 경우 해당 월의 다음 달 15일까지 그 보수월액의 변경을 의무적으로 신청하여야 한다.

3. 월평균보수

월평균보수가 산정된 후에 근로자 또는 예술인의 보수가 인상 또는 인하되었을 경우 사업주는 고용·산재보험 월평균보수변경신고서(근로자 종사 사업장) 또는 고용보험 월평균보수변경신고서(예술인 종사 사업장)를 제출함으로써 월평균보수의 인상 또는 인하를 신청할 수 있으며, 공단은 사업주가 신고한 금액을 토대로 월평균보수를 다시 결정하여 이를 신고한 날이 속하는 달의 다음 달부터 적용한다. 다만, 착오신고에 따른 정정인 경우에는 정정 월부터 소급하여 재산정된다.

03 보험료율

1 국민연금·건강보험

2025년도 기준으로 사업장가입자의 연금보험료율은 1백분의 9(9%)이고, 직장가입자의 건강보험료율은 1만분의 709(7.09%)이다. 다만, 국외에서 업무에 종사하고 있는 직장가입자에 대한 건강보험료율은 1만분의 354.5(3.545%)이다.

2 고용보험·산재보험

1. 고용보험료율

고용보험료율은 보험수지의 동향과 경제상황 등을 고려하여 1,000분의 30의 범위 안에서 고용안정·직업능력개발사업의 보험료율 및 실업급여의 보험료율로 구분하여 정해진다. 고용보험료율의 구체적인 내용은 다음과 같다. 다만, 상시근로자수가 증가하여 고용안정·직업능력개발사업의 보험료율이 증가하는 경우에는 그 사유가 발생한 보험연도의 다음 보험연도부터 3년 동안(상호출자제한기업집단에 속하는 회사의 경우에는 그 지정된 날이 속한 보험연도까지를 말한다) 상시근로자수가 증가하기 전에 적용된 고용안정·직업능력개발사업의 보험료율을 적용한다.

고용보험의 사업별 보험료율

고용안정·직업능력개발사업	실업급여사업
상시근로자 150인 미만인 사업주의 사업 : 25/10,000(0.25%)	전 사업 : 1천분의 18(1.8%)
상시근로자 150인 이상으로서 우선지원대상기업의 사업 : 45/10,000(0.45%)	
상시근로자 150인 이상 1천인 미만인 사업주의 사업 : 65/10,000(0.65%)	
상시근로자 1천인 이상인 사업주의 사업 및 국가·지방자치단체가 직접 행하는 사업 : 85/10,000(0.85%)	

✔ 상시근로자 수=전년도 매월 말일 현재 사용하는 근로자 수의 합계/전년도 조업월수(건설업에 있어 근로자 수 확인이 곤란한 경우 전년도 공사실적액×전년도 노무비율/전년도 건설업 월평균임금×조업월수) 또는 보험관계성립일 현재 근로자 수
- 상시근로자 수는 사업주가 행하는 국내의 모든 사업의 상시근로자 수를 합산한 수로 하되, 공동주택을 관리하는 사업의 경우 각 사업별로 산정

✔ 예술인·노무제공자 : 1천분의 16(1.6%). 단, 실업급여 및 출산전후휴가급여(유·사산휴가급여 포함)만 적용

참고 **업무상 사고로 사망한 사람 수 등을 고려한 개별실적요율의 적용 기준**

1. 개별실적요율 적용 사업 중 일괄적용을 받는 건설업으로서 2년 전 보험연도의 총공사금액이 60억원 이상인 사업과 건설업 및 벌목업을 제외한 사업으로서 상시근로자 수가 500인 이상인 사업(이하 "대상사업"이라 한다)에서 기준보험연도 6월 30일 이전 3년 동안에 업무상 사고로 사망한 사람(해당 사업에서 직접 고용한 근로자, 수급인·관계수급인의 근로자 및 파견근로자가 해당 사업에서 업무수행 중 사고로 사망한 경우를 모두 포함한다. 이하 제2호에서 같다)의 수가 3명 이상 발생한 경우의 개별실적요율은 '산재보험료율의 인상 및 인하 비율'에 따른 산재보험료율의 인하율을 사망한 사람의 수에 따라 다음 각 목의 비율만큼 줄여 산정한 요율로 한다.
   가. 사망자가 3명인 경우 : 40퍼센트
   나. 사망자가 4명인 경우 : 60퍼센트
   다. 사망자가 5명인 경우 : 80퍼센트
   라. 사망자가 6명 이상인 경우 : 100퍼센트
2. 제1호에도 불구하고 개별실적요율 적용 사업 중 대상사업이 기준보험연도 6월 30일 이전 3년 동안에 업무상 사고로 사망한 사람의 수가 3명 이상인 사업에 해당하고, 해당 사업장이 「산업안전보건법」이 정한 산업재해 발생 사실 은폐 또는 보고의무 위반에 따른 공표 대상 사업장에 해당하는 경우의 개별실적요율은 별표 1에 따른 산재보험료율의 인하율을 사망한 사람의 수에 따라 다음 각 목의 비율만큼 줄여 산정한 요율로 한다.
   가. 사망자가 3명인 경우 : 50퍼센트
   나. 사망자가 4명인 경우 : 70퍼센트
   다. 사망자가 5명인 경우 : 90퍼센트
   라. 사망자가 6명 이상인 경우 : 100퍼센트

(3) 산재예방요율

제조업, 임업, 산재보험료율의 사업의 종류 중 위생 및 유사서비스업으로서 상시근로자 수 50인 미만인 사업의 사업주가 해당 사업의 근로자의 안전보건을 위하여 재해예방활동(위험성평가의 실시, 재해예방 관련 교육 이수 및 산재예방계획의 수립, 1주간 근로시간을 5시간 이하로 단축)을 실시하고 이에 대하여 고용노동부장관의 인정을 받은 때에는 일반 또는 개별실적요율에 재해예방활동별 산재보험료율 인하율[10(또는 20) × 전년도 재해예방 활동의 인정일수/100 × 365]을 곱하여 산정한 비율을 출퇴근 중 발생한 재해에 관한 산재보험료율과 합하여 그 사업에 대한 다음 보험연도의 산재보험료율로 할 수 있다.

다만, 개별실적요율과 산재예방요율을 모두 적용받을 수 있는 사업의 경우 각각 인상 또는 인하한 비율을 합하여 얻은 값만큼을 인상하거나 인하한 비율을 그 사업의 다음 보험연도 산재보험료율로 한다.

(4) 특례자의 보험요율

현장실습생, 학생연구자, 중소기업사업주, 특수형태근로종사자에게 적용되는 산재보험료율은 그 사업이 적용받는 사업의 산재보험료율로 한다.

04 보험료의 경감·면제

1 국민연금·건강보험

1. 연금보험료의 납부예외

사업 중단, 실직 또는 휴직 중인 경우, 병역의무를 수행하는 경우, 학교에 재학 중인 경우, 교정시설에 수용 중인 경우, 보호감호시설이나 치료감호시설에 수용 중인 경우, 1년 미만 행방불명된 경우, 질병이나 부상으로 3개월 이상 입원한 경우, 재해보조나 지원의 대상이 된 경우, 재해나 사고 등의 발생으로 연금보험료를 낼 경우 보건복지부장관이 정하는 기초생활을 유지하는 것이 곤란하다고 인정될 정도로 소득이 감소된 경우로 인하여 연금보험료를 낼 수 없으면 공단에 납부예외신청을 함으로써 그 사유가 계속되는 기간에는 연금보험료를 내지 아니할 수 있다. 다만, 기간의 전부 또는 일부에 상응하는 보험료를 추후 납부할 수 있다.

2. 건강보험료의 경감 및 면제

섬·벽지·농어촌, 군부대 소재 지역 등 요양기관의 이용이 제한되는 경우, 65세 이상인 자, 장애인, 국가유공자, 휴직자, 그 밖에 생활이 어렵거나 천재지변 등의 사유로 보험료의 경감이 필요하다고 보건복지부장관이 고시하는 자에 대하여는 건강보험료의 일부를 경감받을 수 있다. 이에 따라 섬·벽지 근무자는 가입자 보험료의 50%, 군부대 소재 지역에서 근무하는 군인은 가입자 보험료의 20%, 육아휴직자를 제외한 휴직자는 휴직전월 보수월액(휴직전월의 보수월액이 없는 자는 휴직 당월의 보수월액)을 기준으로 산정한 보수월액보험료와 휴직기간에 해당 사업장에서 지급받은 보수를 기준으로 산정한 보험료 차액의 50%, 육아휴직자는 휴직기간 중 사업장에서 지급받은 보수와 관계없이 휴직전월 보수월액을 기준으로 산정한 보수월액보험료와 직장가입자의 보수월액보험료 하한 금액을 적용하여 산정한 보수월액보험료와의 차액만큼 경감된다(단, 휴직기간이 1개월 이상인 자에 한함).

국외에서 3개월(업무에 종사하기 위해 국외에 체류하는 경우라고 공단이 인정하는 경우에는 1개월)

이상 체류하는 때, 현역병(지원에 의하지 아니하고 임용된 하사 포함), 전환복무된 사람 및 군간부후보생, 교도소, 그 밖에 이에 준하는 시설에 수용되어 있는 때 등 건강보험 급여가 정지되는 때에는 당해 가입자의 건강보험료를 면제받되, 급여정지사유가 발생하는 날이 속하는 달의 다음 달부터 사유가 없어진 날이 속하는 달까지 적용된다. 다만, 직장가입자의 경우에는 국내에 거주하는 피부양자가 없을 때에만 보험료를 면제받고, 급여정지 사유가 매월 1일에 없어지거나 가입자 또는 그 피부양자가 국내에 입국하여 입국일이 속하는 달에 보험급여를 받고 그 달에 출국하는 경우에는 그 달의 보험료를 면제받지 못한다.

3. 보험료의 감액

보험료 납부의무자가 전자문서로 납입고지를 받거나 계좌 또는 신용카드 자동이체의 방법으로 보험료를 내는 경우 그에 따라 절감되는 우편요금 등 행정비용의 범위에서 건강보험공단의 정관으로 정하는 바에 따라 보험료를 감액받거나 감액하는 금액에 상당하는 금품을 제공받을 수 있다. 전자우편고지 이용 사업장에 대하여는 적용 월부터 연금보험료에서 200원 감액 적용을 받는다.

실무 POINT 장기요양보험료 경감제도

1. 경감대상

다음의 사람이 장기요양보험 가입자 및 그 피부양자(세대원)로서 장기요양보험의 수급자로 결정되지 못한 경우

- 장애인복지법에 따라 등록된 제1급 및 제2급 장애인
- 보건복지가족부 장관이 정하여 고시하는 희귀난치성질환자(6종) : 부신백질영양장애, 글라이코스아미노글라이칸 대사장애, 유전성 운동실조, 척추성 근육위축 및 관련증후군, 다발경화증, 근육의 원발성장애

2. 경감율 : 장기요양보험료의 30%

✔ 확인이 불가능한 경우 경감신청을 받아 처리

3. 경감사유별 적용방법

- 등록장애인 1급 또는 2급 : 가입자의 별도신청 없이 경감 적용 및 해지. 공단이 보유하고 있는 전산자료를 활용함
- 희귀난치성질환자(6종) : 가입자의 신청에 의해 적용. 진단서 또는 소견서 등 필요

2 고용보험·산재보험

1. 천재지변 등에 따른 보험료 경감

천재지변, 화재, 폭발 및 전화, 그 밖에 이에 준하는 재난으로 보험료의 경감이 필요하다고 인정되는 경우 보험료, 그 밖의 징수금의 100분의 30을 경감받을 수 있으며, 이 경우 그 사유가 발생한 날부터 30일 이내에 보험료 등의 경감신청서에 그 사유를 소명할 수 있는 서류를 첨부하여 공단에 제출하여야 한다.

2. 정보통신망을 이용한 신고 시 보험료 경감

보수총액 또는 개산보험료를 기한 이내에 고용·산재정보통신망을 통하여 신고하는 경우에는 고용보험료 5천원 및 산재보험료 5천원을 경감(단, 월별보험료 또는 개산보험료가 10만원 미만인 경우 제외)받을 수 있고, 월별보험료 또는 개산보험료를 자동계좌이체의 방법으로 납부하는 경우에는 고용보험 월별보험료 및 산재보험 월별보험료 250원을 각각 경감받거나 분기마다 고용보험 개산보험료 및 산재보험 개산보험료 250원을 각각 경감받을 수 있다.

3. 소액 처리

고용·산재보험료로 납부하거나 환급받아야 할 금액이 건당 2천원 미만인 경우에는 이를 납부 또는 환급받지 않는다.

실무 POINT 임금채권부담금의 경감제도

1. 경감대상

다음의 어느 하나에 해당하는 사업주(전년도 또는 전년도 말일 기준)
- 퇴직금을 미리 정산하여 지급한 사업주
- 퇴직보험 등에 가입하거나 퇴직연금제도를 설정한 사업주
- 외국인근로자 출국만기보험·신탁에 가입한 사업주

2. 경감기준
- 부담금의 100분의 50×직전연도 말을 기준으로 전체 근로자의 최종 3년간의 퇴직금 중 미리 정산하여 지급한 비율 또는 퇴직연금제도의 설정 등으로 지급이 보장되는 비율 단, 확정급여형 퇴직연금제도에 있어 전체 가입근로자의 평균가입기간이 3년을 초과하고 소급적용하지 아니한 경우 {[3년-(가입근로자의 평균가입연수×(1-가입기간 중 퇴직급여 적립비율)]/3년} 및 퇴직보험·신탁 등에 있어 가입 근로자의 평균근속연수가 3년을 초과하는 경우 {[3년-(평균근속연수×(1-퇴직금 적립비율)]/3년}로 산정된 비율을 그

지급보장비율로 함

✔ 1개 사업체에서 2개 이상의 경감사유가 있는 경우 전체 퇴직급여 지급대상 근로자 중 각 경감사유 해당 근로자의 비율을 구한 후 각 경감사유별 정산·지급보장 비율을 곱하여 산정한 값을 더하여 최종 정산·지급보장 비율을 산정함

3. 경감절차

- 부담금을 경감받으려는 사업주는 부담금 경감요건을 갖춘 후 부담금경감신청서 제출

05 보험료의 지원

1 국민연금

지원신청일이 속하는 달의 말일 현재 사업장가입자 중 사용자(개인사업장 사용자 및 법인의 대표이사를 말함)를 제외한 근로자 수(해당 사업장에 출산전후휴가 또는 유·사산휴가를 사용한 근로자, 육아휴직으로 연금보험료 납부의 예외가 된 근로자, 육아기근로시간단축을 한 근로자가 있으면 그 기간 동안에는 해당 근로자를 뺀 수를 해당 사업장의 근로자 수로 봄)가 10명 미만이면서 전년도 월평균 근로자 수가 10명 미만이거나 직전 3개월 동안 연속하여 근로자 수가 10명 미만인 사업장에 고용되어 기준소득월액 260만원 미만의 소득을 얻고 재산(토지, 건축물, 주택, 항공기 및 선박) 6억원 및 종합소득 4,300만원 미만인 근로자의 경우 다음과 같이 해당 사업장가입자의 연금보험료 중 기여금 및 부담금의 일부를 예산의 범위에서 지원받을 수 있다. 다만, 연금보험료의 지원대상이 되는 사업장이 해당 연도에 3개월 연속으로 근로자 수가 10명 이상이 되면 그 사유가 발생한 날이 속하는 달의 다음 달부터 해당 연도의 마지막 달까지 지원이 중단된다.

① **해당 근로자가 국민연금 최초가입자이거나 1년간(소득세법 시행령 제20조 제1항에 따른 일용근로자의 경우에는 6개월간) 국민연금 사업장가입 이력이 없는 경우 :** 사업주와 근로자가 각각 부담하는 연금보험료의 80/100에 해당하는 금액(10원 미만 버림)

② 2018년 1월 1일 이후 해당 근로자가 지원받을 수 있는 연금보험료는 36개월을 초과할 수 없음

PART 3 4대보험 관리

2 고용보험

지원신청일이 속한 보험연도의 전년도에 근로자인 피보험자 수(매월 초일부터 말일까지 근로내용 확인신고서 제출을 통해 신고한 일용근로자의 연인원을 22.3으로 나누어 산정한 피보험자 중 일용근로자 수와 매월 말일 현재 일용근로자를 제외한 근로자인 피보험자의 수를 더한 인원수를 산정 대상기간의 개월의 수로 나누어 산정함. 이 경우 해당하는 사업에서 출산전후휴가 또는 유·사산휴가를 사용하거나 육아휴직 또는 육아기 근로시간 단축을 실시한 경우 그 출산전후휴가 등의 기간 동안에는 해당 사업의 총 고용보험 가입근로자 수에서 출산전후휴가 등을 실시한 고용보험 가입근로자 수를 뺀 수를 해당 사업의 근로자인 피보험자 수로 봄)가 월평균 10명 미만(지원신청일이 속한 보험연도의 전년도 월평균 근로자인 피보험자 수가 10명 이상이거나 보험연도 중에 보험관계가 성립된 사업의 경우로서 지원신청일이 속한 달의 직전 3개월 동안 근로자인 피보험자 수가 연속하여 10명 미만인 경우를 포함)이면서 지원신청일이 속한 달의 말일을 기준으로 근로자인 피보험자 수가 10명 미만이고 고용보험료 지원이 시작된 이후 해당 보험연도의 매월 말일을 기준으로 한 근로자인 피보험자 수가 3개월 연속 10명 이상이 되지 않는 사업에 고용 또는 사용되어 월보수(월평균보수 또는 근로내용·노무제공내용 확인신고서에 기재된 월별로 지급된 보수액) 260만원 미만을 받고 전년도 재산(토지, 건축물, 주택, 항공기 및 선박)의 과세표준액 합계 6억원 및 종합소득 4,300만원 미만인 근로자, 예술인 또는 노무제공자의 경우 다음과 같이 그 사업주와 피보험자가 각각 부담하는 고용보험료의 일부를 예산의 범위에서 지원받을 수 있다. 다만, 예술인 또는 노무제공자의 경우 사업주 요건을 갖추지 않아도 된다.

① **지원신청일 직전 1년간(소득세법 시행령 제20조 제1항에 따른 일용근로자의 경우에는 6개월간) 고용보험의 피보험자격 취득 이력이 없는 근로자** : 사업주와 근로자가 부담하는 각각의 고용보험료의 80/100에 해당하는 금액(10원 미만 버림). 단, 2018.1.1. 이후 근로자인 피보험자로서 지원받을 수 있는 월 고용보험료는 36개월을 초과할 수 없음.

② **하나의 문화예술용역 관련 계약 또는 노무제공계약을 체결한 경우로서 월평균보수 또는 월별로 지급된 보수액(둘 이상의 계약을 동시에 체결하여 둘 이상의 사업에서 피보험자격을 취득한 경우 월평균보수 또는 월별로 지급된 보수액을 합한 금액)이 260만원 미만인 예술인 또는 노무제공자** : 사업주와 근로자가 부담하는 각각의 고용보험료의 80/100에 해당하는 금액(10원 미만 버림). 단, 예술인 또는 노무제공자인 피보험자로서 지원받을 수 있는 월 고용보험료는 각각 36개월을 초과할 수 없음.

Chapter 05 4대보험료의 부과납부 및 정산

01 소득(보수) 등의 통보

1 국민연금·건강보험

1. 자격취득 시 또는 정기결정 시

사업주는 사업장가입자 자격취득 시 소득(보수)월액을 신고하여야 함은 물론 매년 5월 말일까지(건강보험은 근로자는 매년 2월 말일, 개인대표자는 6월 10일까지) 전년도 사업장가입자에게 지급한 소득(보수)의 총액과 사업장가입자가 당해 사업장에 종사한 기간 등 소득(보수)월액의 산정에 필요한 사항을 소득총액신고서 또는 직장가입자보수총액통보서에 기재하여 공단에 이를 통보하여야 한다.

다만, 국세청에 지급명세서가 제출된 국민연금 사업장가입자에 대하여는 국민연금 소득총액신고를 할 필요가 없으며, 고시된 보수월액이 적용되는 건강보험 직장가입자에 대하여는 그 통보를 생략할 수 있다.

한편, 건설현장의 일용근로자의 경우 매월 당해 사업장에서 지급받는 실제 소득 또는 보수월액을 기준으로 국민연금 및 건강보험의 보험료를 납부하게 되므로, 소득 또는 보수월액이 변경되는 경우 다음 달 5일(토요일 또는 휴일인 경우 전일)까지 국민연금 사업장가입자 내용변경(정정)신고서, 직장가입자 보수월액 변경신청서를 EDI로 제출하여야 한다.

2. 자격상실 시

사업장이 폐업·도산하거나 이에 준하는 사유가 발생한 때, 건강보험 직장가입자가 퇴직한 때에는 사유발생일로부터 14일 이내에 그때까지 지급한 보수총액, 당해 사업장 종사기간 등 보수월액의 산정에 필요한 사항을 직장가입자자격상실신고서에 기재하여 공단에 이를 통보하여야 한다.

2 고용보험·산재보험

1. 자격취득 시 또는 정기결정 시

사업주는 피보험자격취득 시 월평균보수를 신고하여야 함은 물론, 매년 3월 15일까지(보험관계가 소멸한 때에는 소멸한 날부터 14일 이내) 전년도 근로자, 예술인 또는 노무제공자에게 지급한 보수총액, 취득일, 전보일 등 월평균보수의 산정에 필요한 사항을 고용·산재보험 보수총액신고서(근로자·예술인용) 또는 고용보험 보수총액신고서(노무제공자용)에 기재하여 공단에 이를 통보하여야 한다.

이 경우 보수총액의 신고는 정보통신망을 이용하거나 전산 처리된 테이프, 디스켓 또는 콤팩트디스크(Compact Disc) 등 전자적 기록매체로 제출하는 방식으로 하여야 한다. 다만, 상시근로자 수 10인 미만인 사업의 사업주는 보수총액의 신고를 문서로써 할 수 있다.

2. 수정신고 시

보수총액신고서를 그 신고기한 내에 제출한 사업주는 보수총액신고서에 적은 보수총액이 사실과 달라 실제로 신고하여야 하는 보수총액에 미달하는 경우에는 공단이 사업주에 대하여 사실을 조사하겠다는 뜻을 미리 알리기 전까지 보수총액을 수정하여 신고할 수 있다. 이 경우 전체 근로자가 아닌 수정되는 사항이 발생한 근로자의 고용정보에 대하여만 수정신고를 하며, 추가 징수결정되는 가산금의 50%를 면제받을 수 있다.

3 소득(보수)총액의 신고서 작성사례

※ 근로소득원천징수영수증(예시)

■ 소득세법 시행규칙 [별지 제24호서식(1)] 〈개정 2025. 3. 21.〉 (8쪽 중 제1쪽)

관리번호	

[ ]근로소득 원천징수영수증
[✓]근로소득 지 급 명 세 서
([ ]소득자 보관용 [✓]발행자 보관용 [ ]발행자 보고용)

거주구분		거주자1/비거주자2	
거주지국		거주지국코드	
내 · 외국인		내국인1 /외국인9	
외국인단일세율적용		여 1 / 부 2	
외국법인소속 파견근로자 여부		여 1 / 부 2	
종교관련종사자 여부		여 1 / 부 2	
국적		국적코드	
세대주 여부		세대주1, 세대원2	
연말정산 구분		계속근로1, 중도퇴사2	

징수의무자	① 법인명(상 호) (주)대한민국	② 대 표 자(성 명) 홍길동
	③ 사업자등록번호 220-87-92764	④ 주 민 등 록 번 호 651003-1234567
	③-1 사업자단위과세자 여부 여1 / 부2	③-2 종사업장 일련번호
	⑤ 소 재 지(주소) 서울시 강남구 강남대로 330	
소득자	⑥ 성 명 정 선 수	⑦ 주 민 등 록 번 호(외국인등록번호) 701203-1444555
	⑧ 주 소 경기도 고양시 일산서구 중앙로 1588	

	구 분		주(현)	종(전)	종(전)	⑯-1 납세조합	합 계
Ⅰ 근무처별소득명세	⑨ 근 무 처 명		(주)대한민국				
	⑩ 사업자등록번호		212-87-92764				
	⑪ 근무기간		2025.1.1.~12.31.	~	~	~	~
	⑫ 감면기간		~	~	~	~	~
	⑬ 급 여		46,800,000				46,800,000
	⑭ 상 여		1,000,000				1,000,000
	⑮ 인 정 상 여						
	⑮-1 주식매수선택권 행사이익						
	⑮-2 우리사주조합인출금						
	⑮-3 임원 퇴직소득금액 한도초과액						
	⑮-4 직무발명보상금						
	⑯ 계		47,800,000				47,800,000
Ⅱ 비과세및감면소득명세	⑱ 국외근로	M0X	5,000,000				5,000,000
	⑱-1 야간근로수당	O0X					
	⑱-2 보육수당	Q0X					
	⑱-3 출산지원금	Q0X					
	⑱-4 연구보조비	H0X					
	⑱-5 비과세학자금		1,200,000				1,200,000
	~						
	⑱-40 비과세식대	P01					
	⑲ 수련보조수당	Y22					
	⑳ 비과세소득 계		6,200,000				6,200,000
	⑳-1 감면소득 계						

	구 분			⑲ 소 득 세	⑳ 지방소득세	㉑ 농어촌특별세
Ⅲ 세액명세	㉓ 결 정 세 액			2,130,480	213,040	
	기납부 세 액	㉔ 종(전)근무지 (결정세액란의 세액을 적습니다)	사업자 등록 번호			
		㉕ 주(현)근무지		2,833,560	283,320	
	㉖ 납부특례세액					
	㉗ 차 감 징 수 세 액(㉓-㉔-㉕-㉖)			-703,080	-70,280	

위의 원천징수액(근로소득)을 정히 영수(지급)합니다.

2026 년 3 월 10 일

징수(보고)의무자 (주)대한민국 대표이사 홍길동 (서명 또는 인)

세 무 서 장 귀하

1. 국민연금 소득총액신고의 경우

접수번호		※ 소득총액 신고는 국민연금 고유 신고사항이므로 반드시 국민연금 관할지사에 신고하셔야 합니다.

2025년 귀속 소득총액 신고서

지사(지사코드) :	사업장관리번호 : 220－87－92764－0
지사 전화번호 :	사업장 명칭 : (주)대한민국
	사업장 전화번호 : 02－2677－2017
지사 팩스번호 :	사업장 팩스번호 : 02－508－7084

▼ ①, ③번은 반드시 작성해 주시고, ②실제 휴직일수는 해당자만 작성하시면 됩니다.
※ 작성하신 근무기간에 의거 소득월액이 산정되므로 ①근무시작일 및 ②실제 휴직일수를 정확히 작성해 주시기 바랍니다.
▼ 신고유형은 신고대상으로 발췌된 사유를 표시한 것으로, 신고 안내문 및 동봉된 리플렛 3번을 참조하시기 바랍니다.

순번	성 명	신고 유형	주민등록 번 호	해당사업장 취득일자	2025년 근무기간 ① 실제 근무시작일	공적 휴직일수	② 실제 휴직일수	③ 2025년 소득총액
1	정선수	2 유형	701203－1444555	2024.10.1.	1.1.	12.31.	30	4 7 8 0 0 0 0 0

국민연금법 시행규칙 제13조 규정에 의하여 우리 사업장 소속 가입자의 2025년 소득총액을 위와 같이 신고합니다.

2026. 5. 31. 신고인(사용자) (주)대한민국 대표이사 홍길동 (인)
작성자(담당자) 김영희 (인)

NPS 국민연금공단 이사장 귀하

※ 위 신고서에 기재된 소득총액 신고 대상자 이외의 가입자는 과세자료를 활용하여 공단에서 기준소득월액을 결정할 예정이므로 소득총액 신고를 하실 필요가 없습니다.

소득총액 신고서 작성방법

1. 소득총액 신고대상

○ 2025.12.1. 이전부터 해당 사업장에 근무 중인 가입자 중 앞면 신고서에 기재된 대상자
  – 개인사업장사용자, 근로소득 미보유 및 자료상이자 등(보다 자세한 사항은 동봉 안내문 및 리플렛 참조)

2. 소득총액 신고서 작성방법

① 근무시작일 : 해당 사업장의 2025년도 중 실제 근무시작일(휴직기간 포함)을 기재
  – 개인사업장사용자 중 2025년도 신규 사업개시자는 사업시작일을 근무시작일에 기재
  – 2025년 중도 입사자의 근무시작일은 2025.1.1. 이 아닌 실제 근무시작일을 기재

② 실제 휴직일수 : 해당 사업장의 2025년도 중 실제 총 휴직일수를 기재(휴직기간이 없는 대상자는 작성 안함)
  – "공적 휴직일수"는 공단에 납부예외 신청한 일수임
   (단, "5유형" 대상은 "산전 후•육아휴직 및 산재요양"에 따른 휴직일수임)
  – 휴직기간에 대해 납부예외 신청을 하지 않았더라도, 휴직기간 동안 급여가 적게 발생하였다면 "실제 휴직일수"로 산정

③ 소득총액 : "①"항의 근무기간(근무시작일~12.31.) 동안 귀 사업장에서 지급한 총급여(사업소득금액)를 기재
  ▷ 개인사업장사용자 : 「사업소득명세서」의 ⑪번 소득금액
  ▷ 근로자 : 「근로소득원천징수영수증」의 (주)현 근무처 ⑯번(계) 금액을 작성하되,
   – 소득세법에 의한 비과세 소득외의 비과세 소득(조세특례제한법에 의한 비과세소득)은 합산하여 신고
    [단, 원양어업선박이나 국외 등을 항행하는 선박에서 근로를 제공하고 받는 금액(월 300만원 이내)의 경우에는 포함]
   – "②"항의 휴직일수가 있는 경우, 휴직기간에 발생한 급여는 소득총액에서 제외

[작성 예시]

순번	성 명	신고 유형	주민등록 번 호	해당사업장 취 득 일 자	2025년 근무기간			③ 2025년 소득총액
					①시작일	공적 휴직일수	② 실제 휴직일수	
1	김국민	2유형	123456-**	2025.8.1.	8.1.	0	0	6000000
2	김연금	4유형	222222-**	2024.4.1.	1.1.	30	92	9000000
3	이희망	5유형	333333-**	2025.3.1.	3.1.	90	90	8000000

예) 1번 김국민 : 2025.8.1. 입사, 휴직기간 없음 ☞ ① 근무기간 : 8.1. ~ 12.31. ② 휴직일수 : 0 ③ 소득총액 : 6,000,000원
예) 2번 김연금 : 2024.4.1. 입사, 2025.5.1.부터 7.31.까지 일반휴직(92일), 2025.8.1. 복직(당시 30일만 공단에 납부예외 신청)
 ☞ ① 근무기간 : 1.1. ~ 12.31. ② 실제 휴직일수 : 92 ③ 소득총액 : 9,000,000원 (휴직기간에 발생한 급여 제외)
예) 3번 이희망 : 2025.3.1. 입사, 2025.6.1.부터 8.29.까지 산전후휴가(90일), 2025.8.30. 복직(당시 납부예외 신청하지 않음)
 ☞ ① 근무기간 : 3.1. ~ 12.31. ② 실제 휴직일수 : 90 ③ 소득총액 : 8,000,000원 (휴직기간에 발생한 급여 제외)

기준소득월액 = 2025년 귀속 소득총액 ÷ 2025년 총근무일수 (근무기간 – 실제휴직일수) × 30 (천원 미만 절사)

3. 신고기한 및 기타 유의사항

○ 신고기한 : 2026년 5월 31일(금)까지[단, 개인사업장사용자 중 성실신고 확인대상은 2026년 6월 30일(화)까지 신고 가능]
○ 사용자와 작성자의 서명날인이 누락되거나, 증빙자료 요청시 해당 자료를(사업소득명세서 등) 제출하지 않으면 소득총액을 신고하지 않은 것으로 간주합니다.
○ 신고대상자에 포함되었으나 이미 퇴사한 경우에는 두 줄을 그은 후 "상실"이라고 기재하고 「사업장가입자 자격상실신고서」를 함께 제출해 주시면 됩니다.
○ 동봉된 리플렛 「6. 대표적인 착오 신고 사례 및 올바른 신고방법」을 참고하시어, 반드시 실제 근무기간 및 해당 기간 중 발생한 소득총액으로 신고해 주시기 바랍니다.

2. 건강보험 보수총액통보의 경우

■ 국민건강보험법 시행규칙 [별지 제26호서식] 〈개정 2013.9.30.〉

직장가입자 보수 총액 통보서

※ 작성방법은 뒤쪽을 참고하시기 바라며, 바탕색이 어두운 난은 통보인이 적지 않습니다. (앞쪽)

접수번호	접수일	처리기간	즉시

사업장	단위사업장명 (주)대한민국		회계
	사업장 관리번호 220-87-92764-0		명칭
	전화번호 02-2677-2017	팩스번호 02-508-7084	작성자 성명 김영희

① 일련번호	② 건강보험증 번호	③ 성명	④ 주민등록번호(외국인등록번호)	⑤ 자격 취득일 (변동일)	⑥ 전년도 보험료 부과 총액	⑦ 전년도 보수 총액	⑧ 근무 개월 수
1		정선수	701203-1444555	2024.10.1.	2,697,600	52,800,000	12

「국민건강보험법 시행규칙」 제40조에 따라 위와 같이 직장가입자의 보수 총액 등을 통보합니다.

2026 년 3 월 10 일

통보인(사용자) (주)대한민국 대표이사 홍길동 (서명 또는 인)

국민건강보험공단 이사장 귀하

297㎜×210㎜[백상지 80g/㎡]

(뒤쪽)

작성방법

① ~ ⑥: 일련번호, 건강보험증 번호, 성명, 주민등록번호(외국인등록번호), 자격 취득일(변동일), 전년도 보험료 부과 총액은 공단에서 통보합니다.

※ 가입자가 외국인 또는 재외국민인 경우 ④란은 외국인등록번호, 국내거소신고번호가 기재됩니다.

※ 전년도 보험료 부과 총액은 사용자 부담금을 제외한 가입자 부담분만 기재됩니다.

⑦ : 해당 사업장에서 해당 연도에 발생한 보수(소득)를 아래에 따라 적습니다.

▷ 근로자 – 직장가입자로서 근로의 대가로 받은 봉급, 급료, 보수, 세비(歲費), 임금, 상여, 수당, 그 밖에 이와 유사한 성질의 금품

· 비과세 근로소득 중 보수 총액 포함 항목: 「소득세법」 제12조 제3호 차목 · 파목 및 거목에 따라 비과세되는 소득과 직급보조비 또는 이와 유사한 성질의 금품

· 보수 총액 제외 항목: 퇴직금, 현상금 · 번역료 및 원고료, 「소득세법」에 따른 비과세 근로소득 일부

· 「소득세법 시행규칙」 제100조제26호에 따른 근로소득원천징수 영수증의 ⑯ 계와 ⑱ 국외근로소득의 합계를 적습니다.

(다만, 같은 영수증의 비과세 소득 ⑱-1야간근로수당과 ⑳ 비과세 소득 계 등에 직급보조비 등 「국민건강보험법 시행령」 제33조에 따른 보수가 포함되어 있을 경우 합산하여 적습니다)

▷ 개인사업장 사업주 – 해당 사업장 사업소득과 부동산임대소득의 합계(총수입금액에서 필요경비를 제외한 금액)를 적습니다.

⑧ : 직장가입자로서 전년도 보수 총액이 해당하는 개월 수를 적습니다. 다만, 개인사업장 사업주는 사업 시작일부터 적습니다.

– 1일이라도 근무하여 근로의 대가로 보수를 받은 경우 근무개월 수 산정에 포함합니다.

– 휴직(산재해 등으로 휴직할 경우 포함), 그 밖의 사유로 보수의 전부 또는 일부가 지급되지 않은 기간은 근무개월 수 산정에서 제외합니다.

※ 육아휴직기간 동안 고용보험에서 지급받는 보전적(補塡的) 급여는 보수에서 제외하며 근무개월 수에서도 제외합니다.

처리 절차

통보서 작성	→	접수 및 확인	→	통보서 처리 및 통보	→	수령
통보인		국민건강보험공단				통보인

직장가입자 보험료 정산내역 착오자 변경 신청서

<table>
<tr><td rowspan="2">사업장</td><td>명칭</td><td colspan="3">(주)대한민국</td></tr>
<tr><td>관리번호</td><td>220－87－92764－0</td><td>전화</td><td>02－2677－2017</td></tr>
</table>

<table>
<tr><td rowspan="2">연번</td><td rowspan="2">증번호</td><td rowspan="2">성 명</td><td rowspan="2">주민등록번호</td><td rowspan="2">※
구분</td><td colspan="2">변 경 내 역</td><td rowspan="2">비고</td></tr>
<tr><td>변 경 전</td><td>변 경 후</td></tr>
<tr><td>1</td><td></td><td>정선수</td><td>701203－1444555</td><td>①</td><td>52,800,000</td><td>50,000,000</td><td></td></tr>
<tr><td>2</td><td></td><td>정선수</td><td>701203－1444555</td><td>②</td><td>12월</td><td>11월</td><td></td></tr>
<tr><td>3</td><td></td><td></td><td></td><td></td><td></td><td></td><td></td></tr>
<tr><td>4</td><td></td><td></td><td></td><td></td><td></td><td></td><td></td></tr>
<tr><td>5</td><td></td><td></td><td></td><td></td><td></td><td></td><td></td></tr>
<tr><td>6</td><td></td><td></td><td></td><td></td><td></td><td></td><td></td></tr>
<tr><td>7</td><td></td><td></td><td></td><td></td><td></td><td></td><td></td></tr>
<tr><td>8</td><td></td><td></td><td></td><td></td><td></td><td></td><td></td></tr>
<tr><td>9</td><td></td><td></td><td></td><td></td><td></td><td></td><td></td></tr>
<tr><td>10</td><td></td><td></td><td></td><td></td><td></td><td></td><td></td></tr>
</table>

※ 구분 : ①전년도보수총액 ②근무월수 중 해당 착오내역 번호 기재

첨부서류 (다음 중 선택)

1. 근로소득원천징수영수증
2. 임금대장
3. 기타 이에 준하는 소득증빙 관련서류 등

위와 같이 직장가입자 보험료 정산내역 착오자에 대하여 변경 신청합니다.

2026 년 3 월 15 일

신청인(사용자) (주)대한민국 대표이사 홍길동 ㉑

국민건강보험공단 이사장 귀하

3. 고용·산재보험 보수총액신고의 경우

■ 고용보험 및 산업재해보상보험의 보험료징수 등에 관한 법률 시행규칙 [별지 제22호의4서식] 〈개정 2022. 12. 30.〉

[✔]산재보험 [✔]고용보험 (2025)년도 보수총액신고서(근로자 · 예술인용)

※ 신고는 고용 · 산재보험 토탈서비스(total.comwel.or.kr)를 이용하거나 전자적 매체(CD 등)를 제출하는 방식으로 합니다(10명 미만 사업장은 서면으로도 신고할 수 있습니다).

※ [ ]에는 해당되는 곳에 "√" 표시를 하기 바라며, 색상이 어두운 난은 신고인이 적지 않습니다. (앞쪽)

접수번호	접수일자	처리기간	5일

관리번호	220-87-92764-0	사업장명	(주)대한민국	대표자	홍길동	산재업종	전기기계기구제조업 (요율: 6/1,000)
사업장 소재지	서울시 강남구 강남대로 330			전화번호	02-2677-2017	팩스번호	02-508-7084

성 명	주민(외국인)등록번호	① 보험료 부과구분	산재보험 취득일(전입일)	산재보험 전보일(전출일)	② 연간 보수총액(원)	고용보험 취득일(전입일)	고용보험 전보일(전출일)	③ 종사지 코드	④ 연간 보수총액(원)
정선수	701203-1444555		2024.10.1.		47,800,000	2024.10.1.			47,800,000

구분	산재보험	금액	고용보험		금액
일용근로자 보수총액 (※뒤쪽 작성방법 제4호 참조)	⑤ 산재보험 일용근로자 보수총액	10,000,000	⑥ 고용보험 일용근로자 (단기예술인) 보수총액	근로자 종사 사업	10,000,000
				예술인 종사 사업	
			⑥-1 65세 이후 새로 고용된 일용근로자 및 고용안정 · 직업능력개발만 적용된 고용허가외국인 일용근로자 보수총액(실업급여만 적용 제외)		0
그 밖의 근로자 보수총액(산재보험만 해당) (※뒤쪽 작성방법 제5호 참조)	⑦ 월 60시간 미만 단시간 상용근로자(일용 제외)	6,000,000			
	⑧ 산재 고용정보 미신고외국인근로자				
⑨ 합계	산재보험 ②+⑤+⑦+⑧+⑭	63,800,000	고용보험	근로자 종사 사업(④+⑥+⑮)	63,800,000
				예술인 종사 사업(④+⑥)	

※ 「산업재해보상보험법」 제126조에 따라 「국민기초생활 보장법」 제15조에 따른 자활급여 수급자 중 고용노동부장관이 정하여 고시하는 사업에 종사하는 자(이하 "자활근로종사자"라 합니다) 및 노동조합 등으로부터 금품을 지급받는 "노조전임자"가 있는 경우에는 해당 근로자의 보수총액 등은 뒤쪽의 ⑬란에 적습니다.

⑩ 연도 중 산재보험 업종변경 사업장의 기간별 보수총액 (※ 연도 중 산재보험 업종변경이 있는 경우에만 적습니다)

구분	업종변경전 (. . . ~ . . .)	업종변경후 (. . . ~ . . .)
사업장의 보수총액(원)		

⑪ 매월 말일 현재 일용근로자 및 그 밖의 근로자 수(※ ⑤,⑥ 또는 ⑦, ⑧ 해당 근로자가 있는 경우에만 적습니다)

구분	1월	2월	3월	4월	5월	6월	7월	8월	9월	10월	11월	12월
일용근로자 및 그 밖의 근로자 수(명)	2	2	1	1	0	2	2	1	1	0	2	2

「고용보험 및 산업재해보상보험의 보험료징수 등에 관한 법률」 제16조의10제1항 · 제2항, 같은 법 시행령 제19조의7제1항 · 제2항 · 제5항 및 같은 법 시행규칙 제16조의6에 따라 사업장 근로자 · 예술인의 보수총액 등을 위와 같이 신고합니다.

2026 년 3 월 15 일

신고인(사업주) (주)대한민국 대표이사 홍길동 (서명 또는 인) / [ ] 보험사무대행기관 (서명 또는 인)

근로복지공단 서울강남 **지역본부(지사)장** 귀하

297mm×210mm[백상지(80g/㎡) 또는 중질지(80g/㎡)]

(뒤쪽)

⑬ 자활근로종사자 및 노동조합 등으로부터 금품을 지급받는 "노조전임자"의 보수총액(※ 해당 근로자가 있는 경우에만 적습니다)

관리번호			사업장명			사업장 소재지				
성명	주민등록번호 (외국인등록번호)	① 보험료 부과구분	산재보험			고용보험				
			취득일 (전입일)	전보일 (전출일)	⑭ 연간 보수총액(원)	취득일 (전입일)	전보일 (전출일)	③ 종사지 코드	⑮ 연간 보수총액(원)	
									실업급여	고용안정 · 직업능력개발
김민서	751110-2345679	56				2024.12.1			36,000,000	

※ 위 ⑮란의 "고용보험 연간 보수총액"은 "실업급여"와 "고용안정 · 직업능력개발" 중 어느 한 부문만 적용될 수 있으므로 해당 부문을 구분하여 적습니다.
※ 노조전임자가 연도 중 일정 기간만을 노동조합에 전임한 경우에는 비전임기간의 보수총액도 ⑬란에 같이 적습니다.

작성방법

1. ①란의 "보험료 부과구분" 부호의 내용

부과구분 부호	부과범위				대상 종사자
	산재보험		고용보험		
	산재보험	임금채권부담금	실업급여	고용안정 · 직업능력개발	
51	O	O	x	x	09. 고용보험미가입 외국인근로자 10. 월 60시간 미만 근로자 11. 항운노조원(임금채권부담금 부과대상)
52	O	x	x	x	03. 현장실습생(「산업재해보상보험법」 제123조제1항에 따른 고용노동부장관이 정하는 현장실습생) 13. 항운노조원(임금채권부담금 소송승소)
54	O	x	O	O	22. 자활근로종사자(「국민기초생활보장법」 제14조의2에 따른 급여의 특례에 해당하는 자, 차상위계층, 주거 · 의료 · 교육급여 수급자)
55	x	x	O	O	05. 국가기관에서 근무하는 청원경찰 06. 「선원법」 및 「어선원 및 어선 재해보상보험법」 적용자 07. 해외파견자(「산업재해보상보험법」의 적용을 받지 않는 자)
56	x	x	O	x	01. 별정직 · 임기제(일반, 전문, 시간선택제, 한시)공무원 16. 노조전임자(노동조합 등 금품 지급) 25. 예술인 28. 고용허가외국인(당연적용대상 중 실급 임의가입자)
58	O	x	x	O	21. 자활근로종사자(생계급여 수급자)
60	O	O	x	O	27. 고용허가외국인(당연적용대상)

2. ②, ④, ⑭ 및 ⑮란의 "연간 보수총액"은 해당 연도에 발생된 보수총액을 적습니다.
* 근로자의 연간 보수총액:「소득세법」 제20조에 따른 근로소득에서 같은 법 제12조제3호에 따른 비과세 근로소득을 뺀 금액(연말정산에 따른 갑근세 원천징수 대상 근로소득과 동일합니다)
* 예술인의 연간 보수총액: 「소득세법」 제19조에 따른 사업소득과 같은 법 제21조에 따른 기타소득을 더한 금액에서 같은 법 제12조제2호 · 제5호에 따른 비과세소득과 고용노동부장관이 정하여 고시하는 방법에 따라 산정한 필요경비를 뺀 금액
* 휴업 · 휴직 및 「근로기준법」 제74조에 따른 보호휴가(출산전후휴가 또는 유산 · 사산 휴가를 말합니다) 중의 보수는 고용보험 보수총액에는 포함시키고, 산재보험 보수총액에서는 제외합니다.

3. ③란의 "종사지 코드"는 신고연도 마지막 날(보험관계가 소멸된 사업장의 경우에는 소멸일을 말합니다)에 근로자 · 예술인이 실제로 종사하고 있는 사업장의 우편번호를 적습니다.
* 다만, 기간이 정해진 사업을 영위하는 사업장의 근로자 · 예술인은 본사 주소지의 우편번호를 적습니다.
* 사업주별 사업장 리스트는 고용 · 산재보험 토탈서비스(total.comwel.or.kr) 또는 고용보험(www.ei.go.kr)에서 조회할 수 있습니다.
4. ⑤ 및 ⑥란의 "일용근로자 보수총액"은 일용근로자(1개월 미만 동안 고용되는 근로자) 또는 단기예술인들의 연간 보수총액 합계액을 적고 ⑥-1 란은 ⑥의 일용근로자 보수총액 중 65세이후 새로 고용된 일용근로자 및 고용안정 · 직업능력개발만 적용된 고용허가외국인 일용근로자 보수총액 합계액을 적습니다.
5. ⑦ 및 ⑧란은 「고용보험법 시행령」 제3조제1항에 따라 고용보험 적용제외자인 "월 60시간 미만 단시간 상용근로자 보수총액 합계액" 및 같은 영 제3조의3제2호 각 목에 해당하는 사람으로서 고용보험 가입을 신청하지 않은 외국인근로자 중 산재보험 고용정보를 신고하지 않은 "산재 고용정보 미신고 외국인근로자 보수총액 합계액"을 각각 적습니다.
6. ⑩란의 "연도 중 산재보험 업종변경 사업장의 기간별 보수총액"은 ⑨번의 합계금액을 업종변경 전과 후를 구분하여 적습니다(연도 중 산재보험 업종변경이 없는 경우에는 적지 않습니다).
7. ⑪란의 "매월 말일 현재 일용근로자 및 그 밖의 근로자수"는 매월 말일 현재 근무하는 일용근로자 및 그 밖의 근로자의 수를 적습니다(해당자가 없는 경우에는 적지 않습니다).
8. 사업장 정보가 틀린 경우 "보험관계 변경신고서", 근로자 · 예술인의 고용정보가 틀린 경우 "피보험자 고용정보 내용 변경 신고서", 신고가 누락된 근로자 · 예술인을 추가 신고하는 경우 "피보험자격취득 신고서"를 별도 제출합니다.
9. 근로자 또는 예술인이 다른 사업장으로 전보된 경우 전보 이전 사업장에서는 "전보일(전출일)"란에 전보된 일자를 적고, 전보 이후 사업장에서는 "취득일(전입일)"란에 전입일을 적습니다.
※ 변경 및 정정에 필요한 각종 서식은 근로복지공단 홈페이지(www.comwel.or.kr)에서 다운로드하고, 고용 · 산재보험 토탈서비스(total.comwel.or.kr)에서 전자신고가 가능합니다.

과납 보험료 선납 충당 또는 반환 신청서

과납된 [✔]산재보험료, [✔]고용보험료가 있을 경우 내야 할 보험료와 그 밖의 징수금에 선납 충당 또는 반환하여 주시기 바랍니다.

반환금 입금 계좌	(sc제일)은행	계좌번호: 212-20-433481	예금주: (주)대한민국

「고용보험 및 산업재해보상보험의 보험료징수 등에 관한 법률 시행령」 제31조제2항 · 제56조의5제6항제3호 · 제56조의6제8항제3호 및 「임금채권보장법 시행령」 제21조에 따라 위와 같이 과납보험료를 [ ]선납 충당 [ ] 반환 신청합니다.

2026 년 3 월 15 일

신고인(사업주) (주)대한민국 대표이사 홍길동 (서명 또는 인)/ [ ]보험사무대행기관 (서명 또는 인)

근로복지공단 서울강남 지역본부(지사)장 귀하

■ 고용보험 및 산업재해보상보험의 보험료징수 등에 관한 법률 시행규칙 [별지 제22호의11서식] 〈개정 2022. 12. 30.〉 고용 · 산재보험 토탈서비스(total.comwel.or.kr)에서도 신고할 수 있습니다.

[✔] 산재보험 [ ] 고용보험 (2025)년도 보수총액 수정신고서(근로자 · 예술인)

(앞쪽)

접수번호	접수일	처리기한 5일

관 리 번 호	220-87-92764-0	사업장명	(주)대한민국	대표자	홍길동	산재업종	전자기계기구제조업
사업장소재지	서울시 강남구 강남대로 330	전화번호		02-2677-2017		팩스번호	02-508-7084

성 명	주민등록번호 (외국인등록번호)	산재보험 수정신고		고용보험 수정신고	
		취득일(전입일)	① 연간 보수총액(원)	취득일(전입일)	② 연간 보수총액(원)
정선수	701203-1444555	2024.10.1.	25,000,000		

일용근로자 보수총액 (※ 수정사항이 있는 경우에만 작성)	③ 산재보험 일용근로자 보수총액		④ 고용보험 일용근로자(단기예술인) 보수총액	근로자 종사 사업	
				예술인 종사 사업	
			④-1 65세 이후 새로 고용된 일용근로자 및 고용안정 · 직업능력개발만 적용된 고용허가외국인 일용근로자 보수총액(실업급여만 적용 제외)		
그 밖의 근로자 보수총액 (※수정사항이 있는 경우에만 작성)	⑤ 월60시간 미만 단시간 상용근로자(일용 제외)				
	⑥ 산재 고용정보 미신고 외국인근로자				

※ 「산업재해보상보험법」 제126조에 따라 「국민기초생활 보장법」 제15조에 따른 자활급여 수급자 중 고용노동부장관이 정하여 고시하는 사업에 종사하는 자(이하 "자활근로종사자"라 합니다) 및 노동조합 등으로부터 금품을 지급받는 "노조전임자"가 있는 경우에는 해당 근로자의 보수총액 등은 뒤쪽의 ⑨란에 작성합니다.

⑦ 연도 중 산재보험 업종변경 사업장 기간별 보수총액(※ 수정사항이 있는 경우에만 작성)

구분	업종변경 전 (. . ~ . .)	업종변경 후 (. . ~ . .)
사업장보수총액 (원)		

⑧ 매월 말일 현재 일용근로자 및 그 밖의 근로자 수(※ 수정사항이 있는 경우에만 작성)

구분	1월	2월	3월	4월	5월	6월	7월	8월	9월	10월	11월	12월
일용근로자 및 그 밖의 근로자 수(명)												

「고용보험 및 산업재해보상보험의 보험료징수 등에 관한 법률」 제16조의11 · 제48조의2제8항제2호 · 제48조의3제8항제2호 및 같은 법 시행규칙 제16조의10에 따라 위와 같이 우리 사업장의 보수총액을 수정신고합니다.

2026 년 3 월 20 일

신고인(사용자 · 대표자) (주)대한민국 대표이사 홍길동 (서명 또는 인) / [ ] 보험사무대행기관 (서명 또는 인)

근로복지공단 서울강남 지역본부(지사)장 귀하

297mm×210mm[백상지(80g/㎡) 또는 중질지(80g/㎡)]

(뒤쪽)

⑨ 자활근로종사자 및 노동조합 등으로부터 금품을 지급받는 노조전임자 보수총액 수정신고서(※ 수정 대상 근로자만 작성)

관리번호		사업장명		사업장소재지		
성명	주민등록번호 (외국인등록번호)	산재보험 수정신고		고용보험 수정신고		
		취득일(전입일)	⑩ 연간 보수총액(원)	취득일(전입일)	⑪ 연간 보수총액(원)	
					실업급여	고용안정 · 직업능력개발

※ ⑪ 연간 보수총액은 실업급여와 고용안정 · 직업능력개발 중 어느 한 부문만 적용될 수 있으므로 해당 부문을 구분하여 적습니다.
※ '노조전임자'가 연도 중 노조에 일정 기간만을 전임한 경우 비전임기간의 보수총액도 ⑨란에 같이 적습니다.

작성방법

1. 수정 대상 근로자 또는 예술인에 대해서만 신고합니다.
 가. 산재보험 "근로자 고용신고" 또는 고용보험 "피보험자격 취득신고"가 누락된 근로자 또는 예술인을 추가 신고할 경우에는 피보험자격취득 신고서를 별도 제출합니다.
 나. 근로자 자격취득 신고서 또는 피보험자격 취득신고서는 근로복지공단 홈페이지(www.comwel.or.kr)에서 내려 받거나 고용 · 산재토탈서비스(total.comwel.or.kr)에서 전자신고 가능합니다.

2. ① 및 ②란의 "연간 보수총액"은 해당 연도에 발생된 보수총액을 적습니다.
 가. 근로자의 경우
  1) 연간 보수총액: 「소득세법」 제20조에 따른 근로소득에서 같은 법 제12조제3호에 따른 비과세 근로소득을 뺀 금액(연말정산에 따른 갑근세 원천징수 대상 근로소득과 동일)
  2) 휴업 · 휴직 및 「근로기준법」 제74조에 따른 보호휴가(출산전후 휴가 또는 유산 · 사산휴가) 중의 보수는 고용보험 보수총액에는 포함하고, 산재보험 보수총액에서는 제외
 나. 예술인의 경우
  – 연간 보수총액: 「소득세법」 제19조에 따른 사업소득과 같은 법 제21조에 따른 기타소득을 더한 금액에서 같은 법 제12조제2호 · 제5호에 따른 비과세소득과 고용노동부장관이 정하여 고시하는 방법에 따라 산정한 필요경비를 뺀 금액

3. ③ 및 ④란의 "일용근로자 보수총액"은 일용근로자 또는 단기예술인(계약 기간이 1개월 미만인 근로자 또는 예술인)의 연간 보수총액 합계액을 적습니다(수정사항이 없는 경우에는 적지 않습니다).

4. ④–1란은 ④ 일용근로자 보수총액 중"65세 이후 새로 고용된 일용근로자 보수총액과 고용보험 중 고용안정 · 직업능력개발만 적용되고 실업급여는 적용되지 않는 고용허가외국인 일용근로자 보수총액"의 합계액을 적습니다(수정사항이 없는 경우에는 적지 않습니다).

5. ⑤란은 「고용보험법 시행령」 제3조제1항에 따라 고용보험 적용제외자인 "월 60시간 미만 단시간 상용근로자 보수총액 합계액"을 적고, ⑥란은 같은 영 제3조의3제2호 각 목에 해당하는 사람으로서 고용보험 가입을 신청하지 않은 외국인근로자 중 산재보험 고용정보를 신고하지 않은"산재 고용정보 미신고 외국인근로자 보수총액 합계액"을 적습니다(수정사항이 있는 경우에만 적습니다).

6. ⑦란의 "연도 중 산재보험 업종변경 사업장 기간별 보수총액"은 산재보험 사업장 보수총액을 업종변경 전과 후를 구분하여 적습니다(수정사항이 없는 경우에는 적지 않습니다).

7. ⑧란의 "매월 말 현재 일용근로자 및 그 밖의 근로자 수"는 매월 말 현재 근무하는 일용근로자의 수 및 그 밖의 근로자의 수의 합계를 적습니다(수정사항이 없는 경우에는 적지 않습니다).

8. 근로자 또는 예술인이 다른 사업장으로 전보된 경우 전보 이전 사업장에서는 "취득일(전입일)"란에 취득일을 적고, 전보 이후 사업장에서는 "취득일(전입일)"란에 전입일을 적기 바랍니다.

02 보험료의 부과·납부 및 정산

1 보험료의 부과

1. 원칙

사업주가 통보한 소득(보수) 등에 의해 산정된 소득(보수)월액 또는 월평균보수를 기준으로 공단은 매월 보험료를 부과하되, 공단이 매월 15일까지 신고분을 자료마감한 후 산출(16일~말일 신고분은 익월 고지에 합산)하여 납입고지서로 각 사업자에 발송·고지한다.

당월분 고지금액=당월분 보험료±소급분 금액

이 경우 근로자, 예술인 또는 노무제공자인 가입자가 월의 중간에 새로이 고용되거나 고용관계가 종료되는 경우, 가입자가 동일한 사업주의 하나의 사업장에서 다른 사업장으로 전근되는 경우, 가입자의 휴업·휴직, 출산전후휴가 또는 유·사산휴가, 그 밖에 가입자가 근로 또는 노무를 제공하지 않은 상태로서 고용노동부장관이 인정하는 사유에 해당하는 기간이 월의 중간에 걸쳐 있는 경우에는 그 가입자에 대한 고용·산재보험의 월별보험료는 일수에 비례하여 계산한다.

2. 건설공사현장 특례

건설공사현장의 경우 매월 사업주가 신고한 실제 소득 또는 보수월액에 따라 국민연금 및 건강보험의 보험료를 부과하되, 매월 5일(토요일 또는 휴일인 경우 전날)까지 전월의 자격 및 소득변동 신고를 마감한 후 일괄경정고지하고 납부마감일 1일 전(토요일 또는 휴일인 경우 전날)까지 수시경정고지 신청을 받아 최종 경정고지한다.

또한 건설업(건설장비운영업 제외), 임업 중 벌목업의 경우 연간단위로 고용·산재보험 개산보험료 및 확정보험료를 신고·납부한다.

2 보험료의 납부

1. 원칙

보험료 납부의무가 있는 사업주는 해당 월의 보험료를 그 다음 달 10일까지 납부하여야 한다. 다만, 연금보험료의 경우 납부의무자의 책임 없는 사유로 고지서가 송달지연되거나 자동이체되지 아니하는 경우로서 그 해당하는 달의 다음 달 연금보험료의 납부기한까지 납부기한 연장신청을 하는 경우, 그 밖에 보건복지부장관이 인정하는 부득이한 사유가 있는 경우에는 1개월 범위에서 납부기한을 연장할 수 있다.

2. 연금보험료의 납부예외

휴직, 병역의무수행, 학교재학, 질병 또는 부상으로 3월 이상 입원한 경우 등에 해당하여 연금보험료를 납부할 수 없는 경우에는 진단서 또는 휴직발령서 등 납부예외신청 사유를 입증할 수 있는 서류(병역의무수행으로 인한 경우 제외)를 첨부하여 연금보험료 납부예외·납부재개신고서를 제출함으로써 그 사유가 계속되는 기간에는 연금보험료를 내지 아니할 수 있다.

이 경우 납부예외 기간은 납부예외 사유가 발생한 날이 속하는 달부터 납부예외 사유가 없어진 날이 속하는 달까지로 하되, 납부예외 사유가 없어진 날이 초일인 경우 또는 가입자가 납부를 원하는 경우 납부예외 사유가 없어진 날이 속하는 달의 전달까지로 한다. 다만, 가입자는 납부예외 기간의 전부 또는 일부에 상응하는 보험료의 추후납부를 신청할 수 있다.

실무 POINT **소급분 연금보험료의 분할 납부**

1. 분할 납부 대상

기준소득월액 정정 등의 사유로 당초 징수 결정한 금액을 다시 산정함으로써 연금보험료를 추가 징수하여야 하는 경우로서 추가 납부액이 당월분 연금보험료를 초과하는 경우

2. 분할 납부 방법

- 소급분 연금보험료 납부기한 3일 전까지 공단에 신청
- 3회 이내에서 분할납부 가능

3. 건강보험 보험료의 납입고지유예

병역을 위한 휴직, 학업을 위한 휴직, 육아휴직, 산재휴직, 질병휴직 등 휴직자 또는 직위해제자, 무노동무임금자, 기간제 교사의 방학기간 등 근로를 제공하지 않아 보수의 일부 또는 전부가 지급되지 않은 자에 대하여는 휴직자 등 직장가입자보험료납입고지유예신청을 하여 보험료 납입고지를 유예받을 수 있다.

이 경우 유예기간의 보험료는 유예사유가 없어진 후 고지유예사유발생 전월의 보수월액을 기준으로 정산하며, 그 보험료가 월 보험료액의 3배 이상인 경우 분할납부(1회 분납액은 월 보험료액 이상, 분납횟수는 10회 이내)도 가능하다.

3 보험료의 정산

1. 국민연금 · 건강보험

국민연금은 별도로 보험료정산을 실시하지 않으나, 건강보험료는 당초 산정 · 징수한 건강보험료의 금액이 매년 3월 10일(개인사업 대표자는 5월 말일. 단, 국세청 성실신고자는 6월 말일) 보수총액통보에 근거하여 다시 산정한 보험료의 금액을 초과하는 경우 그 초과액을 사업주에게 반환하여야 하고, 부족한 경우에는 그 부족액을 사용자로부터 추가 징수(그 금액이 보수월액 보험료 이상인 경우 5회 또는 위기경보 발령 시 10회로 분할납부. 단, 사용자 신청에 따라 1회에 전액 납부하거나 10회 이내 범위에서 분할납부 가능)하여야 하며, 사업주는 반환받은 금액 또는 추가 납부한 금액 중 사업장가입자가 반환받을 금액 및 부담하여야 할 금액에 대하여 당해 사업장가입자에게 정산하여야 한다.

또한 사업주는 건강보험 직장가입자의 사용관계가 종료된 때에는 당해 직장가입자가 납부한 보험료를 다시 산정하여 근로자와 정산한 후 공단과 정산절차를 거쳐야 한다. 다만, 고시된 보수월액이 적용되는 직장가입자에 대하여는 보험료 정산을 생략할 수 있다.

2. 고용보험 · 산재보험

고용 · 산재보험료의 경우에도 매년 3월 15일 보수총액신고에 근거하여 다시 산정한 보험료의 금액을 기준으로 건강보험공단은 사업주가 이미 납부한 보험료가 정산한 보험료보다 더 많은 경우에는 그 초과액을 사업주에게 반환하고, 부족한 경우에는 그 부족액을 사업주로부터 정산을 실시한 달의 보험료에 합산하여 징수하여야 한다. 다만, 그 부족액이 정산을 실시한 달의 보험료를 초과하는 경우에는 그 부족액을 2등분하여 정산을 실시한 달의 보험료와 그 다음 달의 보험료에 각각 합산하여 징수한다.

4 보험료의 부과·납부관련 신청서 작성사례

1. 합산고지 및 자동이체 신청

<table>
<tr><td colspan="2" rowspan="3">사업장 합산고지·합산자동이체·
전자고지 신청서</td><td colspan="5">※ 공단기재사항</td></tr>
<tr><td rowspan="2">결재</td><td>담당</td><td>팀장</td><td>부장</td><td>지사장</td></tr>
<tr><td></td><td></td><td></td><td></td></tr>
<tr><td>통합납부자번호</td><td></td><td colspan="2">사업장관리번호</td><td colspan="3">220-87-92764-0</td></tr>
<tr><td>사업장명</td><td>(주)대한민국</td><td colspan="2">사용자성명</td><td colspan="3">홍길동</td></tr>
<tr><td rowspan="2">연락처</td><td>전화번호</td><td colspan="2">휴대폰번호</td><td colspan="3">팩스번호</td></tr>
<tr><td>02-2677-2017</td><td colspan="2">010-4488-3349</td><td colspan="3">02-508-7084</td></tr>
</table>

<table>
<tr><td rowspan="5">합산고지
[✔] 신규
[ ] 해지</td><td>보험가입여부 ■ 건강보험 ■ 국민연금 ■ 고용보험 ■ 산재보험</td></tr>
<tr><td>적용시작(종료)년월: 2025 년 1 월부터</td></tr>
<tr><td>* 합산고지는 4대 보험료를 합산하여 한 장의 고지서만 발송합니다.</td></tr>
<tr><td>* 각 보험별로 ①사업장관리번호 ②대표자명 ③고지유형(OCR, 자동이체)이 모두 일치해야 합산고지 신청가능합니다.</td></tr>
<tr><td>* 합산고지 신청 시 기존의 보험별 구분 자동이체 신청사항은 직권으로 해지됩니다.</td></tr>
</table>

<table>
<tr><td rowspan="8">합산(계좌)
자동이체

[✔] 신규
[ ] 변경
[ ] 해지</td><td>금융기관명</td><td colspan="2">SC 제일은행</td><td colspan="2">계좌번호</td><td>220-87-92764-0</td></tr>
<tr><td>예금주
(사업장명)</td><td colspan="2">(주)대한민국</td><td colspan="2">예금주주민번호
(사업자등록번호)</td><td>220-87-92764</td></tr>
<tr><td>자동이체적용
시작(종료)년월</td><td colspan="2">2025 년 1 월</td><td>이체희망일
선택</td><td>■ 익월10일
□ 말일</td><td>※자동이체시작월 7월, 이체희망일 '익월 10일(납기)'선택할 경우, 8월10일 최초 출금</td></tr>
<tr><td>출금우선순위</td><td>■ 지정
□ 미지정</td><td colspan="3">지정시, 출금 우선순위를 1,2,3,4 로 표기
건강(3) 연금(4) 고용(1) 산재(2)</td><td>※ 출금우선순위 미지정 시, 출금된 금액은 보험료 비율에 따라 각 보험별로 배분됨</td></tr>
<tr><td colspan="6">* 합산고지 사업장만 신청가능하며, 4대 사회보험료를 합산하여 출금합니다.(출금일+2일(영업일기준) 납부 확인가능)</td></tr>
<tr><td colspan="6">* 보험관계의 변동(성립, 탈퇴 등)으로 합산고지신청이 해지되면 합산자동이체가 별도의 통지없이 직권해지 됩니다.</td></tr>
<tr><td colspan="6">* 하나의 보험이라도 3개월 연속 전액 미이체 되면 합산 자동이체가 직권해지 될 수 있습니다.</td></tr>
<tr><td colspan="6">* 고용·산재보험은 자동이체로 납부기한 내 완납 시 각각 250원 감액 혜택 적용됩니다.</td></tr>
</table>

<table>
<tr><td rowspan="5">전자고지

[✔] 신규
[ ] 변경
[ ] 해지</td><td colspan="2">■ 건강보험 ■ 국민연금 ■ 고용보험 ■ 산재보험</td></tr>
<tr><td>전자고지방법</td><td>□ 전자우편 □ 휴대전화 ■ 전자문서교환시스템 □ 인터넷홈페이지(사회보험통합징수포털)</td></tr>
<tr><td>수신처 (전자우편주소,
휴대전화번호 등)</td><td>mail@korea.com</td></tr>
<tr><td>수신자 성명</td><td>홍길동</td></tr>
<tr><td colspan="2">* 휴대전화고지 신청의 경우 SK텔레콤 회원은 별도로 모바일인증이 필요합니다.</td></tr>
</table>

[개인정보 수집 및 이용 동의]

- 수집 및 이용목적: 합산고지 신청처리, 자동이체, 전자고지 서비스의 원활한 제공
- 수집항목(개인정보): (필수항목) 성명, 연락처, 계좌정보, 전자우편주소, 휴대전화번호
- 보유 및 이용기간: 전자금융거래법에 의거 자동이체 이용 종료 또는 해지 후 5년
- 신청고객은 개인정보 수집 및 이용을 거부할 권리가 있으며, 권리행사 시 합산자동이체, 전자고지 신청이 거부될 수 있습니다.

(개인정보) 동의함 ■ 동의안함 □

※국민건강보험법 시행령 제81조에 따라 국민건강보험공단은 주민등록번호 처리가 가능합니다

본인은 자동이체거래약관에 대한 설명을 충분히 이해하였으며, 자동이체를 신청한 때로부터 해지 신청할 때까지 금융거래정보(거래금융기관명, 영업점명, 계좌번호, 주민등록번호 등)를 상기 거래금융기관에 제공하는 것과 위 정보 제공사실을 명의인에게 통지하지 않는 것에 대하여 약관과 '금융실명거래 및 비밀보장에 관한 법률'의 규정에 따라 동의하며 위와 같이 합산고지, 합산자동이체 및 전자고지를 신청합니다.

신 청 일: 2025 년 1 월 10 일

신 청 인(대표자): (주)대한민국 대표이사 홍길동 (서명 또는 날인)

국민건강보험공단 이사장 귀하

2. 보험료 납부기한 연장신청

■ 국민건강보험법 시행규칙 [별지 제28호의2서식] 〈신설 2013.9.30.〉

보험료 납부기한 연장신청서

※ 작성방법 및 유의사항을 읽고 작성하여 주시기 바라며, 바탕색이 어두운 난은 신청인이 적지 않습니다.

접수번호	접수일	처리기간	3일

납부의무자	성명 홍길동	주민등록번호	651003-1234567
	전화번호 02-2677-2017		
	주소 우편번호(06252) 서울시 강남구 강남대로 330		
사업장	명칭 (주)대한민국	사업장관리번호	20-87-92764-0
납부기한 연장사유	납부기한 연장월		2025 년 2 월분
	납부기한 연장사유 납부기한 지나서 고지서 송달		

「국민건강보험법 시행규칙」 제48조의2제2항에 따른 보험료 납부기한 연장을 위와 같이 신청합니다.

2025 년 2 월 12 일

신청인(가입자) (주)대한민국 대표이사 홍길동 (서명 또는 인)

국민건강보험공단이사장 귀하

첨부서류	「국민건강보험법 시행규칙」 제48조의2제1항 각 호의 어느 하나에 해당하는 사유를 입증할 수 있는 서류	수수료 없음

유의사항

1. 이 신청서는 납부기한 연장을 신청하려는 건강보험료의 납부기한으로부터 1개월 이내에 공단에 제출하여야 합니다.
2. 납부기한 연장 대상으로 확인된 경우에는 원래 납부하여야 하는 건강보험료의 납부기한으로부터 1개월의 범위에서 공단이 정하는 날까지 납부기한이 연장됩니다.

작성방법

1. "성명"란 및 "주민등록번호"란에는 납부의무자의 주민등록표상 성명 및 주민등록번호를 적습니다.
2. "전화번호"란에는 납부의무자와 연락할 수 있는 전화번호를 적습니다.
3. "주소"란 및 "우편번호"란에는 고지서를 수령할 수 있는 장소를 적습니다.
4. 직장가입자의 사용자가 납부기한 연장을 신청하는 경우에는 사업장의 "명칭"란 및 "사업장관리번호"란을 적습니다.
5. "납부기한 연장월"란은 납부기한 내에 고지서가 송달되지 아니하거나 자동계좌이체가 되지 아니한 달을 적습니다.
6. "납부기한 연장사유"란은 납부기한 연장하려는 사유를 구체적으로 적습니다.
   예) 년 월 일 주소변경

처리절차

신청서 제출	→	접수 및 확인	→	신청서 처리	→	고지서 발송	→	수 령
신청인		국민건강보험공단		국민건강보험공단		국민건강보험공단		신청인

210mm×297mm[일반용지 60g/㎡(재활용품)]

3. 연금보험료 납부예외(납부재개) 신청

■ 국민연금법 시행규칙 [별지 제28호서식] 〈개정 2024. 1. 23.〉

연금보험료 [✔]납부 예외 신청서 [ ]납부 재개 신고서

※ 뒤쪽의 작성방법 및 유의사항을 읽고 작성하여 주시기 바라며, [ ]에는 해당되는 곳에 √표를 합니다. (앞 쪽)

접수번호	접수일시	처리기간	3일

[ ] 지역 가입자가 신청(신고) 하는 경우	성명			주민등록번호(외국인등록번호 · 국내거소신고번호)			
	전화번호(자택)		(회사)		휴대전화		
	전자우편주소(e-mail)						
	*납부 예외 신청시 작성			*납부 재개 신고시 작성			
	예외사유 부호	납부 예외일	납부 재개 예정일	납부 재개일	소득월액	재개월 납부희망여부	특수직종 부호
						[ ]희망 [ ]미희망	

구분	사업장 관리번호		사업장 명칭			전화번호			
[✔] 사업장에서 사용자가 신청(신고) 하는 경우	220-87-92764-0		(주)대한민국			02-2677-2017			
	성명	주민등록번호(외국인등록번호 · 국내거소신고번호)	*납부 예외 신청시 작성			*납부 재개 신고시 작성				가입자 확인
			예외사유 부호	납부 예외일	납부 재개 예정일	납부 재개일	소득월액	재개월 납부 희망여부	특수직종 부호	
	이선희	850503-4241412	11	2025. 12.1.	2026. 5.1.			[ ]희망 [ ]미희망		(인)
								[ ]희망 [ ]미희망		(인)
								[ ]희망 [ ]미희망		(인)
								[ ]희망 [ ]미희망		(인)
								[ ]희망 [ ]미희망		(인)
								[ ]희망 [ ]미희망		(인)

「국민연금법」 제91조, 같은 법 시행규칙 제41조에 따라 위와 같이 연금보험료의 납부 예외(납부 재개)를 신청(신고)합니다.

2025 년 12 월 5 일

신청인(신고인) (주)대한민국 대표이사 홍길동 (서명 또는 인)

국민연금공단이사장 귀하

지역가입자 예외사유 부호
1. 실직 2. 병역의무수행 3. 재학 4. 교정시설 수용 5. 보호(치료)감호시설 수용 6. 1년 미만 행방불명
7. 3개월 이상 입원 8. 자연재해 등으로 보조 (지원)대상 9. 사업중단 10. 휴직(기타사유)
11. 재해 · 사고 등으로 기초생활곤란 12. 기타

사업장가입자 예외사유 부호
1. 산전후휴가 · 육아휴직 2. 병역의무수행 3. 재학 7. 3개월 이상 입원 11. 휴직(기타사유) 12. 무보수 대표이사
13. 무급 근로자 21. 산재요양 22. 노동조합의 업무에 종사하는 근로자로서 사용자로부터 급여를 지급받지 않는 자

210mm×297mm(백상지 80g/㎡)

4. 건강보험료 납입고지유예 신청

- 국민건강보험법 시행규칙 [별지 제30호서식]

휴직자등 직장가입자 보험료 납입고지 유예 [✔] 신청서 / [ ] 해지 신청서

※ 유의사항 및 작성방법은 뒤쪽을 참고하시기 바라며, 바탕색이 어두운 난은 신청인이 적지 않습니다. (앞쪽)

접수번호	접수일	처리기간	3일

사업장	사업장관리번호 220-87-92764-0	명칭 (주)대한민국

① 일련번호	② 건강보험증 번호	③ 성명	④ 주민등록번호	⑤ 고지 유예 적용일	⑥ 고지 유예 해지 예정일	⑦ 유예사유 (코드)	⑧ 사유별 고지 유예 기간			⑨ 고지 유예 해지일	⑩ 해지 시 보수월액(원)	⑪유예기간 중 받은 보수		⑫ 분할납부 횟수
							유예사유	시작일	종료일			연도	보수 총액(원)	
1		이선희	850503-4241412	2025.12.1.	2026.5.1.	83								

「국민건강보험법 시행규칙」 제50조에 따라 위와 같이 납입고지 유예 또는 납입고지 유예 해지를 신청합니다.

2025 년 12 월 5 일

신청인 (주)대한민국 대표이사 홍길동 (서명 또는 인)

국민건강보험공단 이사장 귀하

297㎜×210㎜[백상지 80g/㎡]

(뒤쪽)

유의사항

1. 납입고지 유예 해지 전에는 "신청서"와 "해지 신청서"를 동시에 처리할 수 없습니다.
2. 납입고지 유예기간 중 보험료에 대한 분할납부는 납입고지가 유예된 보험료가 해당 직장가입자의 월 보험료의 3회 이상이고, 1회 분할 보험료가 해당 직장가입자의 월 보험료 이상이어야만 분할납부를 할 수 있습니다.
3. 납입고지 유예 신청 및 해지 신청 시 공단에서 요구하는 근거서류를 제출하여야 합니다.

작성방법

① ~ ④: 일련번호, 건강보험증 번호, 성명, 주민등록번호를 적습니다.
⑤: 납입고지 유예 적용일(사유 발생일)을 적습니다.
⑥: 납입고지 유예 해지 예정일(사유 종료 예정일의 다음 날)을 적습니다.
⑦: 납입고지 유예 사유(코드)를 적습니다.
[유예 사유 코드] 기타휴직(81), 육아휴직(82), 질병휴직(83), 무급노조전임자휴직(84), 그 밖의 사유(89)
※ 기타휴직(81)은 육아휴직, 질병휴직, 무급노조전임자휴직을 제외한 나머지 휴직임.
※ 그 밖의 사유(89)는 휴직 외의 사유로 1개월 이상 보수의 전부 또는 일부가 지급되지 않는 경우를 말합니다.

※ 납입고지 유예를 해지하는 경우에는 아래 항목까지 기재합니다.

⑦: 사유별로 납입고지 유예기간을 정확히 적습니다.
※ 전체 납입고지 유예기간에 유예 사유가 2개 이상일 경우에는 사유별로 유예기간을 구분하여 기재합니다.
⑧: 납입고지 유예 해지일을 적되, 해지일은 납입고지 유예 종료일 다음 날입니다.
⑨: 납입고지 유예 해지 시 보수월액을 적되, 보수월액 산정은 신규취득자에 준합니다.
⑩: 납입고지 유예기간에 해당 사업장에서 받은 보수 총액을 연도별로 구분하여 적습니다.
※ 유예 사유가 기타휴직(81), 질병휴직(83)인 경우: 휴직기간에 받은 보수는 복직일이 속하는 연도를 기준으로 휴직기간 보수를 적되, 연도가 빠른 순으로 작성하며, 해당 연도 보수가 없는 경우에는 "0"원을 적습니다.
※ 무급노조전임자휴직(84)은 휴직기간 중 받은 보수 총액이 "0"원이어야 합니다.
⑪: 납입고지 유예기간 중 보험료의 분할납부 횟수는 최대 10회까지 가능합니다.

처리 절차

신청서 작성	→	접수 및 확인	→	신청서 처리 및 통보	→	수령
신청인		국민건강보험공단				신청인

5. 과오납 보험료 환급 신청

사업장 보험료 환급금신청서 (건강 · 장기요양보험, 국민연금)	※ 공단기재사항		
	결재	담당	접수 및 입력대사
		전결	

통합납부자번호	220-87-92764-0	사업장명	(주)대한민국
사업장관리번호	220-87-92764	사용자명	홍길동
사업장주소	(06252) 서울시 강남구 강남대로 330		
사업장전화	02-2677-2017	휴대전화	010-4488-3349

공단기재

〈건강•장기요양보험 환급내역〉

대상월	환급금액	보험료		연체금		이자		발생사유
		건강	요양	건강	요양	건강	요양	

〈국민연금 환급내역〉

대상월	환급금액	원금(보험료+연체금)	이자	발생사유

신고사항

〈환급금 수령계좌〉

금융기관(은행)	SC 제일은행	계좌번호	212-20-433481		
예금주명	(주)대한민국	생년월일/사업자번호 *계좌 실명번호 기재	114671-0038029	사용자와의 관계	본인

〈정산지불이행서〉

■ 상기 신청인은 아래 개인정보보호법에 따른 개인정보(고유식별정보 포함)수집 및 이용에 동의합니다.

■ 국민건강보험법 시행령 제39조 제1항 및 제3항의 규정에 따라 보험료등 환급액에 대하여 해당 가입자에게 정산 지급할 것을 서약하며 건강(장기요양)보험료 및 연금보험료 환급금 지급 신청서를 제출 하오니 처리하여 주시기 바랍니다.

◉ 주민(법인)등록번호 : 114671-0038029

◉ 대표자(신청인)명 : (주)대한민국 대표이사 홍길동 (인) (법인은 법인인감 날인)

2025 . 5 . 10 .

국민건강보험공단 강남 지사장 귀하

[개인정보(고유식별정보) 수집 및 이용 안내]

▶ 수집 및 이용목적 : 건강(장기요양), 연금 보험료 환급금 지급

▶ 수집항목 : 성명, 주민등록번호, 계좌번호, 전화번호 등

* 주민등록번호는 국민건강보험법 시행령 제81조에 의해 수집합니다.

▶ 보유 및 이용기간 : 준영구

* 신청고객은 개인정보(고유식별정보) 수집 및 이용을 거부하실 수 있으며, 이 경우 환급금 지급이 제한될 수 있습니다.

위 개인정보 수집 · 이용을 확인합니다. 확인 ■

신청방법	◉ 신청계좌: (법인) 법인 계좌 (개인사업장) 대표자 명의 계좌 ◉ 날인: (법인) 법인 인감 날인 (개인사업장) 대표자 날인 … 공동대표자는 공동대표자 전체의 동의 필요 ※ 휴•폐업, 청산 등의 사업장은 법인인감증명서, 위임장, 법인등기부등본, 채권양도증명서 등 추가 서류 필요할 수 있음

◉ 기타 작성 시 문의사항은 관할지사 또는 1577-1000번으로 문의하십시오.

6. 건강보험료(추가정산분) 분할납부 신청

결재	담당	차장	부장

사업장	관리번호	220-87-92764	명 칭	(주)대한민국
	주 소	서울시 강남구 강남대로 330	전화번호	02-2677-2017

《정산보험료 분할납부 개별신청 내역》

연번	증 번 호	성 명	생년월일	구 분	분할납부 대상금액 (가입자 부담금)	분할 횟수
1		정선수	1970.12.3.	건강보험	301,440	3회
				장기요양보험	19,740	
				건강보험		회
				장기요양보험		
				건강보험		회
				장기요양보험		
				건강보험		회
				장기요양보험		
				건강보험		회
				장기요양보험		
				건강보험		회
				장기요양보험		
				건강보험		회
				장기요양보험		

《정산보험료 분할납부 일괄신청 내역》

분할납부 대상자 전원의 분할횟수를 동일하게 신청하는 경우 작성

회(외 명)

국민건강보험법 시행령 제39조 제4항 및 노인장기요양보험법 제11조의 규정에 의거 위와 같이 보수월액보험료(당월 산정보험료를 제외한 정산보험료) 분할납부를 신청합니다.

2025 년 5 월 6 일

신청인(사용자) (주)대한민국 대표이사 홍길동 (인)

국민건강보험공단 이사장 귀하

주) 1. 추가 징수할 정산보험료가 다음과 같은 경우에는 분할 납부신청이 가능합니다.
- 가. 분할납부 대상 : 정산보험료가 당월 보험료의 100분의 100 이상인 경우
- 나. 분할납부 신청 가능 횟수 : 10회 이내
- 다. 1회 분납보험료는 월 분할횟수에 의해 10원 단위 균등분할 적용, 균등분할 하였을 때 10원 미만 금액은 첫 회에 합산하여 정기분 보험료에 추가하여 고지

2. 분할납부중인 가입자가 퇴직하거나, 사업장이 탈퇴할 경우 잔여 회차 분할납부 보험료를 퇴직(탈퇴)신고 이후 최초 산정되는 월 보험료에 합산고지

3. 신청기한
- 가. 당월 보험료 납부 마감일까지 신청 가능
- 나. 자동이체 사업장은 납부마감일로부터 2일 이전(은행영업일)까지 신청하여야 청구금액 변경 가능

※ 이 신청서에 대한 승인결과는 별도 통보하지 않으며, 정기분 보험료 고지서로 통보를 갈음합니다.

7. 소급분 연금보험료 분할납부 신청

■ 국민연금법 시행규칙 [별지 제24호의4서식] 〈개정 2022. 6. 28.〉

소급분 연금보험료 분할납부 신청서

※ 아래의 유의사항 및 작성방법을 참고하여 주시기 바라며, 색상이 어두운 란은 신청인이 적지 않습니다.

접수번호	접수일	처리기간	즉시

구분			
[✔]사업장	명칭 (주)대한민국		사업장관리번호 220-87-92764-0
[ ]가입자	성명		주민등록번호 (외국인등록번호 · 국내거소신고번호)
전화번호	자택 또는 사업장 02-2677-2017	휴대전화번호	전자우편주소(e-mail) mail@korea.com
주 소			

신청내용		
신청내용	분할납부 신청월	2025 년 12 월분
	분할납부 개월 수	3 개월

「국민연금법」 제88조제5항, 같은 법 시행령 제56조의2제2항 및 같은 법 시행규칙 제34조의2에 따라 위와 같이 신청합니다.

2026 년 1 월 5 일

신청인(가입자) (주)대한민국 대표이사 홍길동 (서명 또는 인)

국민연금공단 이사장 귀하

첨부서류	없음	수수료 없음

유의사항

1. 신청자는 소급분 연금보험료 납부기한 3일전까지 신청서를 제출해야 합니다.
2. 자동이체자는 출금의뢰가능일(D-3일)까지 신청서를 제출해야 합니다.
3. 국민건강보험공단은 소급분 연금보험료 분할납부 신청자에게 소급분 연금보험료 고지서를 10회 이내로 발송합니다.

작성방법

1. 사업장의 경우는 "사업장"에, 그 외의 자는 "가입자"에 "[√]"표시를 하고 신청내용을 적으십시오.
2. 사업장의 경우에는 "명칭"란 및 "사업장관리번호"란을 적으십시오.
3. 가입자는 "성명"란 및 "주민등록번호"란에 주민등록표상의 성명 및 주민등록번호를 적으십시오.
4. "전화번호"란에는 연락 가능한 전화번호를 적으십시오.
5. "주소"란에는 고지서를 수령할 수 있는 장소와 우편번호를 적으십시오.
6. "분할납부 개월 수"란에는 분할납부 개월 수를 10개월 이내로 결정하여 적으십시오.

처리절차

신청서 제출	→	접수 및 확인	→	신청서 처리	→	고지서 발송	→	수 령
신청인		국민연금공단		국민연금공단		국민건강보험공단		신청인

210mm×297mm(백상지 80g/㎡)

8. 임금채권부담금 경감 신청

■ 임금채권보장법 시행규칙 [별지 제7호서식] 〈개정 2024. 8. 6.〉 (3쪽 중 제1쪽)

부담금 경감 신청서

※ 제2쪽의 작성방법을 참고하시기 바라며, 색상이 어두운 난은 신청인이 적지 않습니다.

※ 고용 · 산재보험 토탈서비스(http://total.kcomwel.or.kr)에서도 신청할 수 있습니다.

접수번호	접수일자	처리기간 7일

신청인	①사업장 관리번호 220-87-92764	②사업장명 (주)대한민국
	③소재지 서울시 강남구 강남대로 330	(전화번호: 02-2677-2017) (휴대전화번호: 10-4488-3349) (전자우편주소: mail@korea.com)
	④대표자 성명 홍길동	⑤대표자 주민등록번호 651003-1234567

⑥전년도말 현재 근로자수	45명	⑦퇴직급여제도 설정대상 근로자 수 40명	
퇴직금 중간정산	⑧해당 근로자수	⑨최종 3년간 퇴직금 중 중간정산으로 지급된 금액	⑩최종 3년간 퇴직금 추계액

유 형	⑪계약체결일	⑫해당 근로자수	⑬가입자별 근속연수의 합	⑭가입자별 가입기간의 합
퇴직연금 [확정기여(DC)형]	2024.10.1.	36명	43.12년	43.12년
중소기업 퇴직연금기금				
개인형 퇴직연금제도 (「근로자퇴직급여보장법」 제25조 특례 관련)				

퇴직연금 [확정급여(DB)형]	⑮계약체결일	⑯해당 근로자수	⑰최종 3년 퇴직금 추계액 (가입기간 3년 미만인 경우만 작성)	⑱과거기간 가입여부(아래의 해당하는 곳에 √ 표시)
				해당( ), 해당 없음( )

퇴직연금 [확정급여(DB)형]	⑲평균 근속연수	⑳적립금	㉑최종 적립비율	㉒총 가입기간	㉓장래 가입기간		㉔과거 가입기간	
					적립비율	기간	적립비율	기간

퇴직보험, 출국만기보험 등	㉕해당 근로자수	㉖적립금액의 합	㉗퇴직금 추계액	㉘평균 근속연수
	4명	8,934,500원	8,934,500원	5.12년

「임금채권보장법 시행령」 제15조제2항 및 같은 법 시행규칙 제9조제1항에 따라 위와 같이 부담금 경감을 신청합니다.

2026 년 1 월 25 일

신청인 (주)대한민국 대표이사 홍길동 (서명 또는 인)

근로복지공단 서울강남 **지역본부(지사)장** 귀하

첨부서류	1. 퇴직보험 등의 가입사실을 증명하는 서류 2. 사업장 현황(본사에서 전체 사업장에 대하여 퇴직보험 등에 가입한 경우만 해당합니다)	수수료 없음

210mm×297mm(백상지 80g/㎡)

작성방법

1. 본사에서 전체 사업장에 대하여 퇴직연금 등에 가입한 경우, 본사에서 부담금 경감 신청서를 본사 관할 근로복지공단 지사에 제출하면 해당 사업 전부에 대하여 부담금 경감비율을 산정하여 개별 사업장의 해당 관할 근로복지공단 지사에 통보합니다.
   ※ 본사에서 전체 가입한 경우 사업장 현황(제3쪽의 서식)을 반드시 제출하시기 바랍니다.
2. ⑥란은 전년도 말일을 현재 기준으로 모든 근로자수를 적습니다.
3. ⑦란은 전년도 말일을 현재 기준으로 근속연수 1년 이상인 근로자수를 적습니다.
   ※ 퇴직금을 중간정산한 근로자의 경우 중간정산 이후의 근속연수가 1년 미만인 경우라도 해당 근로자의 총 근속연수가 1년 이상인 경우에는 그 근로자를 포함하여 "전년도말 현재 근로자수"를 산정합니다.
4. ⑧란은 전년도 말일을 기준으로 퇴직금을 중간정산한 근로자수를 적습니다.
5. ⑨란은 전년도 말일을 기준으로 최종 3년간의 퇴직금에 대하여 전년도 기간 중에 중간정산으로 지급된 퇴직금 금액을 적습니다.
6. ⑩란은 전년도 중 중간정산을 하기 전 기준으로 전년도 말일 현재 근속기간 1년 이상인 근로자들의 최종 3년간의 퇴직금 추계액을 적습니다.
7. ⑪란은 확정기여형(DC형)퇴직연금 또는 중소기업퇴직연금기금 또는 개인형퇴직연금제도(「근로자퇴직급여보장법」 제25조 특례 관련)의 계약체결일을 적고, ⑫란은 전년도 말일 기준 확정기여형(DC형)퇴직연금 또는 중소기업퇴직연금기금 또는 개인형퇴직연금제도(「근로자퇴직급여보장법」 제25조 특례 관련)의 가입근로자 중 근속기간 1년 이상인 근로자수를 적으며, ⑬란은 전년도 말일 이전 3년의 기간 동안에 확정기여형(DC형)퇴직연금 또는 중소기업퇴직연금기금 또는 개인형퇴직연금제도(「근로자퇴직급여보장법」 제25조 특례 관련)에 가입한 근속기간이 1년 이상인 근로자들의 근속기간을 합산하여 적습니다.
   ※ 근로자 근속기간이 3년 이상인 경우에는 3년을 그 근속기간으로 하고, 3년 이하인 경우에는 해당 가입기간을 근속기간으로 하여 합산합니다.(근속기간은 소수점 셋째자리에서 반올림합니다.)
8. ⑭란은 전년도 말일 이전 3년의 기간 동안에 확정기여형(DC형)퇴직연금 또는 중소기업퇴직연금기금 또는 개인형퇴직연금제도(「근로자퇴직급여보장법」 제25조 특례 관련) 가입에 따른 사용자의 부담금이 실제로 납부된 기간을 합산하여 적습니다.
   ※ 납부기간이 3년 이상인 경우에는 3년을 그 납부기간으로 하고, 3년 이하인 경우 해당 가입기간을 납부기간으로 하여 합산합니다.(연 단위로 계산하되, 납부기간은 소수점 셋째자리에서 반올림합니다.)
9. ⑮란은 확정급여형(DB형) 퇴직연금의 계약체결일을 적고, ⑯란은 전년도 말일 기준 확정급여형(DB형) 퇴직연금 가입근로자 중 근속기간 1년 이상인 근로자수를 적습니다.
10. ⑰란은 ㉒란의 총 가입기간이 3년 미만인 경우에만 작성하고, 전년도 말일 기준 확정급여형(DB형) 퇴직연금 가입근로자 중 근속기간이 1년 이상인 근로자들의 최종 3년간의 퇴직금 추계액을 적으며, ⑱란은 확정급여형(DB형) 퇴직연금을 계약 체결할 때 계약일 이전 과거의 근속기간에 대하여도 가입하였는지 여부를 표시합니다.
11. ⑲란의 평균 근속연수는 전년도 말일 기준 가입(정산) 근로자들의 근속연수의 합계를 가입(정산) 근로자수로 나누어 적되, 소수점 셋째자리에서 반올림하고 평균 근속연수가 3년을 넘는 경우에는 3년으로 적습니다. 근속연수는 실제 근로한 연수가 아니라 퇴직금 산정 시 기준이 되는 근속연수를 말합니다.
    ※ 예를 들어 10년 근무 시 15년분의 퇴직금을 지급하는 퇴직금누진제 사업장의 경우 그 근속연수는 15년입니다.
12. ⑳란은 전년도 말일 기준 확정급여형(DB형)에 적립된 전체 금액을 적고, ㉑란은 전년도 말일 기준 근속기간 1년 이상인 근로자들의 최종 3년간에 대한 퇴직금 추계액 대비 적립금 비율을 적으며, ㉒란은 ㉓ 장래 가입기간과 ㉔ 과거 가입기간의 합산기간을 적습니다.
13. ㉓란은 장래 가입기간의 적립비율은 근속기간 1년 이상인 근로자들의 퇴직연금 계약 체결일 이후의 기간에 대한 퇴직금 추계액 대비 적립된 금액의 비율을 적고, 기간은 근속기간 1년 이상인 확정급여형(DB형) 가입근로자들의 전체 가입연수의 합계를 그 가입 근로자수로 나눈 값을 적습니다.(가입연수는 소수점 셋째자리에서 반올림합니다)
14. ㉔ 란의 과거 가입기간의 적립비율은 확정급여형(DB형) 퇴직연금에 가입한 근로자 중 퇴직연금 계약 체결일 이전의 기간에 대해 소급하기로 약정된 근속기간 1년 이상인 근로자의 과거가입기간에 대한 퇴직금 추계액 대비 적립된 금액의 비율을 말하며, 기간은 근속기간 1년 이상인 가입근로자의 계약 체결일 이전의 과거 가입연수의 합계를 그 가입근로자수로 나눈 값을 적습니다.
15. ㉕란은 해당 보험가입 근로자수를 적고, ㉖적립금액의 합은 여러 금융기관에 퇴직보험 등을 가입한 경우 각 퇴직보험 등에 적립된 금액을 합산하여 적되, 근속연수 1년 미만인 근로자는 각각 제외합니다.
16. ㉗란의 퇴직금 추계액은 전년도 말일 기준 퇴직금이 발생되는 근속연수 1년 이상인 근로자의 퇴직금 추계액을 적으며, ㉘란은 ⑲란의 평균 근속연수 산정방법을 참고하여 적습니다.

처리절차

이 신청서는 아래와 같이 처리됩니다.

신청인	취급기관 근로복지공단 지역본부 · 지사
신청서 작성 →	접수(민원실)
	↓
	사실확인(가입지원부)
	↓
경감내용 통보 ←	기록 · 관리 (부담금 경감 자료)

03 건설업 등의 개산·확정보험료의 신고 및 납부

1 개산보험료

1. 개산보험료의 신고

건설업(건설업 본사 포함) 및 임업 중 벌목업의 사업주는 매 보험연도 초일부터 3월 31일까지(보험연도 중 성립한 경우 그 성립일로부터 70일 이내) 당해 연도 1년간에(보험연도 중 성립한 경우 그 성립일부터 보험연도 말일까지) 지급할 보수총액 추정액에 고용·산재보험료율을 각각 곱하여 산정한 금액을 신고하고 납부하여야 한다.

이 경우 보수총액의 추정액이 전년도에 사용한 근로자 보수총액의 70% 이상 130% 이내인 경우에는 전년도에 사용한 근로자 보수총액을 당해 보험연도의 보수총액 추정액으로 하여 개산보험료를 산정하며, 건설공사에서 보수총액의 추정액을 결정하기 곤란한 경우에는 총공사금액에 고용노동부장관이 고시하는 노무비율(2025년도 일반건설업 총공사금액의 27%, 하도급 건설업 하도급공사금액의 29%, 벌목업 벌목재적량 1㎥당 10,374원)을 곱하여 보수총액을 결정한다.

> 개산보험료=당해 연도 보수총액 추정액×보험료율
> 개산보험료=총공사금액×노무비율×보험료율
> (단, 건설공사에서 보수총액의 추정액을 결정하기 곤란한 경우)

2 개산보험료의 납부

개산보험료는 매년 3월 31일까지(보험연도 중에 성립한 사업장은 성립일부터 70일 이내) 사업주가 전액을 납부하여야 하나, 보험관계가 6월 말 이전에 성립한 사업장(6개월 이상의 건설공사 포함)으로서 개산보험료신고 시 분할납부를 신청하는 경우 분할납부(보험연도 중에 성립한 사업에 있어 분할납부를 하는 경우 각 기별 해당일수에 비례하여 분할납부)가 가능하다. 다만, 이 경우 법정납부기한 내에 일시납부하는 경우에 보험료의 3%를 공제받는 혜택을 받을 수 없다.

3. 개산보험료의 감액조정신청

보험연도 중에 사업규모가 축소되어 실제의 개산보험료액이 이미 신고한 개산보험료액보다 30% 이상 감소하게 된 경우 사업주의 개산보험료감액조정신청에 의하여 그 초과액을 감액할 수 있다.

2 확정보험료

1. 확정보험료의 신고

건설업 등의 사업주는 다음 보험연도 초일부터 3월 31일까지(보험연도 중 소멸한 경우 그 소멸일로부터 30일 이내) 당해 보험연도 중 실제 지급한 보수총액(지급하기로 결정되었으나 미지급된 보수 포함)에 보험료율을 곱하여 산정한 금액을 신고하고 납부하여야 한다. 건설공사에서 보수총액을 결정하기 곤란한 경우에는 직영인건비와 외주비에 하도급노무비율을 곱한 금액을 더한 금액에 보험료율을 곱하여 산정한다.

> 확정보험료 = 당해 보험연도 중 실제 지급한 보수총액 × 보험료율
> 확정보험료 = (직영인건비 + 외주비 × 하도급노무비율) × 보험료율
> (단, 건설공사에서 보수총액을 결정하기 곤란한 경우 외주비 중 하수급인 보험료납부인수승인된 공사금액은 제외)

2. 확정보험료의 납부 및 충당

확정보험료를 산정한 결과 이미 신고납부한 개산보험료가 확정보험료액에 미달하는 경우에는 그 차액 전액을 일시금으로 납부하며, 확정보험료액을 초과하는 경우에는 다른 보험료, 그 밖의 징수금의 미납이 있을 경우 공단에서 직권으로 충당조치하고, 초과 납부된 보험료를 사업주가 다음 보험연도의 보험료에 충당하고자 할 경우에는 보험료신고서 뒷면에 그 내용을 명시하여 신청하여야 한다. 이 경우 같은 보험사업에 우선 충당하고, 충당 후에도 초과납부액이 발생한 경우에는 실업급여, 고용안정·직업능력개발사업순으로 충당하며, 고용 및 산재보험료 간에 충당하고자 할 경우에는 보험료 기금간 충당신청서를 제출하여야 한다.

3 개산·확정보험료의 경정청구 및 수정신고

1. 개산·확정보험료의 경정청구

법정신고기한 내에 신고한 개산 또는 확정보험료가 신고하여야 할 개산 또는 확정보험료를 초과하는 때에는 법정신고기한이 지난 후 1년 이내(개산보험료의 경정청구는 확정보험료 신고기한 이내 또는 확정보험료 신고 이전)에 최초에 신고한 개산 또는 확정보험료의 경정을 청구할 수 있다.

이러한 경정청구는 그 횟수에 제한이 없으나, 납부방법의 변경은 할 수 없으며, 경정청구 처리 후 개산보험료의 보수총액 추정액이 전년도 확정보험료 보수총액의 70% 이상 100% 미만인 경우에는 개산보험료의 보수총액 추정액은 전년도 보수총액과 동일한 금액으로 하고, 70% 미만 또는 100% 이상인 경우 사업주가 경정청구한 금액으로 한다.

2. 확정보험료의 수정신고

법정기한 내에 신고한 확정보험료가 신고하여야 할 확정보험료에 미달하는 경우 공단이 확정보험료 조사계획 통지 전까지 확정보험료 수정신고를 할 수 있다. 이 경우 수정신고결과 추징금에 대한 가산금의 50%를 경감받을 수 있다.

4 건설업 등의 보험료 신고서 작성사례

1. 개산 및 확정보험료의 신고

■ 고용보험 및 산업재해보상보험의 보험료징수 등에 관한 법률 시행규칙[별지 제23호서식] 〈개정 2023. 6. 30.〉 고용·산재보험 토탈서비스(total.comwel.or.kr)에서도 신고할 수 있습니다.

(2025)년도 고용 · 산재보험(임금채권부담금 등) 보험료신고서

※ 뒤쪽의 유의사항과 작성방법을 읽고 작성하기 바라며, [ ]에는 해당되는 곳에 "√" 표시를 합니다. (앞쪽)

접수번호	접수일	처리기간 5일

신고 사업장			
사업장관리번호 : 220-87-46890-0		공사명(건설공사) :	
사업장명칭 : (주)대한건설	대표자 : 박철수	소재지 : 서울시 강남구 강남대로 300	
전화번호 : 02-2237-9654	휴대전화 : 010-4488-3349	FAX : 02-508-7084	E-mail : mail@korea.com

(2025)년 확정보험료	구분		산정기간	①보수총액	②보험료율	③확정보험료액 (①×②)	개산보험료액 ④신고액	개산보험료액 ⑤납부액	⑥추가납부할 금액 (③-④)	⑦초과액(⑤-③) 충당액	⑦초과액(⑤-③) 반환액
	산재보험	근로자 (임금채권부담금 등 포함)	1.1. ~12.31.	437,200,000원	36.26/1,000	15,852,872원	16,448,370원	16,448,370원	-595,498원	595,498원	
		노무제공자	1.1. ~12.31.	0원	36.26/1,000	0원	0원	0원	0원	0원	
		계		437,200,000원		15,852,872원	16,448,370원	16,448,370원	-595,498원	595,498원	
	고용보험	실업급여	1.1. ~12.31.	446,200,000원	18/1,000	8,031,600원	8,575,600원	8,575,600원	-544,000원	544,000원	
		고용안정·직업능력개발	1.1. ~12.31.	446,200,000원	2.5/1,000	1,115,500원	1,224,200원	1,224,200원	-108,700원	108,700원	
		계				9,147,100원	9,799,800원	9,799,800원	-652,700원	652,700원	

(2026)년 개산보험료 (추정보험료)	구분		산정기간	⑧보수총액	⑨보험료율	⑩개산보험료액 (⑧×⑨)	⑪분할납부 여부
	산재보험	근로자 (임금채권부담금 등 포함)	1.1. ~12.31.	437,200,000원	36.26/1,000	15,852,872원	[ ]일시납부 [✔]분할납부
		노무제공자	1.1. ~12.31.	0원	36.26/1,000	0원	
		계		437,200,000원		16,014,630원	
	고용보험	실업급여	1.1. ~12.31.	446,200,000원	18/1,000	8,031,600원	[ ]일시납부 [✔]분할납부
		고용안정·직업능력개발	1.1. ~12.31.	446,200,000원	2.5/1,000	1,115,500원	
		계				9,147,100원	

※ 퇴직보험 등에 가입한 사업장은 별도로 임금채권부담금 경감신청서를 제출하여 임금채권부담금을 경감받으시기 바랍니다.

확정보험료 보수총액 대비 개산보험료 보수총액 감소(30% 초과) 사유
[ ]근로자 감소 [ ]휴업
[ ]그 밖의 사유:

※ 분할납부는 개산보험료로 한정하며, 분할납부를 원하는 경우 뒤쪽의 분할납부신청서 작성
※ 일시납부를 하는 경우 3% 할인

「고용보험 및 산업재해보상보험의 보험료징수 등에 관한 법률 시행령」 제20조, 제26조 및 같은 법 시행규칙 제17조, 제22조제1항에 따라 위와 같이 신고합니다.

2026 년 3 월 31 일

신고인(보험가입자) (주)대한건설 대표이사 박철수 (서명 또는 인)
[ ]보험사무대행기관 (서명 또는 인)

근로복지공단 서울강남 지역본부(지사)장 귀하

(2025)년도 확정보험료 산정 기초 보수총액

구분	산재보험 인원	산재보험 보수총액	고용보험 인원	고용보험 보수총액
1월	10명	34,500,000원	10명	34,500,000원
2월	10명	34,500,000원	10명	34,500,000원
3월	11명	36,500,000원	11명	36,500,000원
4월	11명	36,500,000원	11명	36,500,000원
5월	11명	36,500,000원	11명	36,500,000원
6월	11명	36,500,000원	11명	36,500,000원
7월	11명	36,500,000원	11명	36,500,000원
8월	11명	36,500,000원	11명	36,500,000원
9월	12명	37,000,000원	12명	40,000,000원
10월	12명	37,000,000원	12명	40,000,000원
11월	12명	37,000,000원	12명	40,000,000원
12월	11명	38,200,000원	11명	38,200,000원
합계	133명	437,200,000원	133명	446,200,000원
월평균	11.08명	36,433,333원	11.08명	37,183,333원

297mm×210mm[백상지 80g/㎡(재활용품)]

2. 개산보험료의 감액조정 신청

■ 고용보험 및 산업재해보상보험의 보험료징수 등에 관한 법률 시행규칙[별지 제29호서식] 〈개정 2021.12.31.〉

고용 · 산재보험 토탈서비스(http://total.kcomwel.or.kr)에서도 신고할 수 있습니다.

[✔]고용보험 [✔]산재보험 개산보험료 감액조정신청서

※ 유의사항 및 작성방법은 뒷면을 참고하여 주시기 바랍니다. (앞 면)

접수번호	접수일	처리기간 5일

사업장	사업장관리번호	220-87-46890-0	대표자	박철수
	사업장명	(주)대한건설	전화번호	02-2237-9654
	소재지	서울시 강남구 강남대로 300		
감액조정신청사유		사업규모 축소		

구 분			⑥ 산정기간	⑦ 보수총액	⑧보험료율	⑨ 개산보험료	⑩ 감액보험료
산 재 보 험 (임금채권부담금)	⑪기 신고액		2026.1.1. ~ 12.31.	437,200,000	36.26/1,000	15,852,872	(⑪-⑫) 4,931,360
	⑫조정신청액			301,200,000	36.26/1,000	10,921,512	
고용 보험	감액보험료 총계		—	—	—	—	1,957,500
	실업급여	⑬기 신고액	2026.1.1. ~ 12.31.	446,200,000	18 /1,000	8,031,600	(⑬-⑭) 2,610,000
		⑭조정신청액		301,200,000	18 /1,000	5,421,600	
	고용안정 · 직업능력 개발	⑮기 신고액	2026.1.1. ~ 12.31.	446,200,000	2.5 /1,000	1,115,500	(⑮-⑯) 362,500
		⑯조정신청액		301,200,000	2.5 /1,000	753,000	

산재보험(임금채권부담금)보수총액 추정명세			고용보험 보수총액 추정명세		
월 별	⑰ 인 원	⑱ 보수총액	월 별	⑲ 인 원	⑳ 보수총액
1	11명	36,500,000원	1	11명	36,500,000원
2	11명	36,500,000원	2	11명	36,500,000원
3	11명	36,500,000원	3	11명	36,500,000원
4	11명	36,500,000원	4	11명	36,500,000원
5	6명	19,400,000원	5	6명	19,400,000원
6	6명	19,400,000원	6	6명	19,400,000원
7	6명	19,400,000원	7	6명	19,400,000원
8	6명	19,400,000원	8	6명	19,400,000원
9	6명	19,400,000원	9	6명	19,400,000원
10	6명	19,400,000원	10	6명	19,400,000원
11	6명	19,400,000원	11	6명	19,400,000원
12	6명	19,400,000원	12	6명	19,400,000원
계	92명	301,200,000원	계	92명	301,200,000원

「고용보험 및 산업재해보상보험의 보험료징수 등에 관한 법률」 제18조제2항(「임금채권보장법」 제16조에 따라 준용하는 경우를 포함) 및 같은 법 시행규칙 제21조에 따라 위와 같이 신청합니다.

2026 년 6 월 20 일

신청인(보험가입자) (주)대한건설 대표이사 박철수 (서명 또는 인)

[ ]보험사무대행기관 (서명 또는 인)

근로복지공단 서울강남 지역본부(지사)장 귀하

210mm×297mm[일반용지 60g/㎡(재활용품)]

3. 개산 및 확정보험료의 경정청구

■ 고용보험 및 산업재해보상보험의 보험료징수 등에 관한 법률 시행규칙[별지 제26호서식] 〈개정 2024.7.1.〉

[✔] 고용보험 [✔] 산재보험	(2025)년도	[✔] 개산보험료 [✔] 확정보험료	경정청구서

※ 작성방법은 뒷면을 참고하여 주시기 바라며, 색상이 어두운 난은 신청인이 적지 않습니다. (앞면)

접수번호	접수일	처리기간	2개월

구분	항목	내용	
사업장관리번호		220-87-46890-0	
신고인	상호 · 법인명	(주)대한건설	
	소재지	서울시 강남구 강남대로 300	전화번호 02-2237-3392
	대표자	박철수	

구분	항목	내용
신고 내용	법정 신고일	2026년 3월 31일
	최초 신고일	2026년 3월 31일
	경정청구 이유	2025년 8월 고용 · 산재 확정보험료 산정기초 인원 및 보수총액의 착오산정

	구분	최초신고(경정 전)	경정청구
경정청구 사항	보험료 종류	산재보험 2026년도 개산보험료 및 2025년도 확정보험료	산재보험 2026년도 개산보험료 및 2025년도 확정보험료
	보수총액	2025년 8월 보수총액 36,500,000원(11명)	2025년 8월 보수총액 39,500,000원(12명)
	보험료액	개산보험료 25,161,730원 확정보험료 25,161,730원	개산보험료 25,333,120원 확정보험료 25,333,120원
	그 밖에 필요한 사항		

「고용보험 및 산업재해보상보험의 보험료징수 등에 관한 법률 시행령」 제23조 · 제26조 및 같은 법 시행규칙 제19조에 따라 위와 같이 청구합니다.

2026 년 6 월 20 일

신고(신청)인 (주)대한건설 대표이사 박철수 (서명 또는 인)

[ ] 보험사무대행기관 (서명 또는 인)

근로복지공단 서울강남 지역본부(지사)장 귀하

210mm×297mm(일반용지 60g/㎡(재활용품))

4. 확정보험료의 수정신고

■ 고용보험 및 산업재해보상보험의 보험료징수 등에 관한 법률 시행규칙[별지 제30호서식] 〈개정 2024.7.1.〉

[✔] 고용보험
[✔] 산재보험 (2025)년도 확정보험료 수정신고서

※ 작성방법은 뒷면을 참고하여 주시기 바라며, 색상이 어두운 난은 신청인이 적지 않습니다. (앞면)

접수번호	접수일	처리기간 5일

사업장관리번호		220-87-46890-0	
신고인	상호 · 법인명	(주)대한건설	
	소재지	서울시 강남구 강남대로 300	전화번호 02-2237-3392
	대표자	박철수	

신고 내용	법정 신고일	2026년 3월 31일
	최초 신고일	2026년 3월 31일
	수정신고 이유	2026년 2월 고용 · 산재 확정보험료 산정기초 인원 및 보수총액의 착오 산정

경정청구 사항	구 분	최초신고(수정신고 전)	수정신고
	보험료 종류	2026년도 확정보험료	2026년 확정보험료
	보험료액	고용보험 9,147,100원 산재보험 16,014,630원	고용보험 9,208,600원 산재보험 16,124,520원
	그 밖에 필요한 사항		

「고용보험 및 산업재해보상보험의 보험료징수 등에 관한 법률 시행령」 제19조 제5항 · 제6항, 제48조의 6 제13항 제2호 및 같은 법 시행규칙 제23조에 따라 위와 같이 신고합니다.

2026 년 6 월 20 일

신고(신청)인 (주)대한건설 대표이사 박철수 (서명 또는 인)

[ ] 보험사무대행기관 (서명 또는 인)

근로복지공단 서울강남 지역본부(지사)장 귀하

210mm×297mm(일반용지 60g/㎡(재활용품)

04 가산금·연체금 및 보험급여액의 징수

1 국민연금·건강보험

1. 국민연금 연체금

사업주가 납부기한(연금보험료 납부기한 연장을 한 경우에는 그 기한)까지 연금보험료를 납부하지 아니한 때에는 그 납부기한이 경과한 날부터 매 1일이 경과할 때마다 체납된 연금보험료의 1천 500분의 1에 해당하는 금액을 가산한 연체금(체납된 연금보험료의 2% 한도) 및 납부기한 후 30일이 경과한 날부터 매 1일이 경과할 때마다 체납된 연금보험료의 6천분의 1에 해당하는 연체금을 추가로 납부하여야 하며, 이 경우 연체금의 합계액이 체납된 연금보험료의 5%를 초과하지 못한다. 다만, 천재지변이나 전쟁이나 사변, 사업장의 폐쇄, 화재 등 재해 발생으로 인하여 체납하거나 고용조정지원 대상 업종에 속하는 사업장 또는 중대한 질병 등의 사유로 소득의 50% 이상이 감소한 납부의무자가 체납한 경우에는 연체금을 징수하지 아니할 수 있다.

2. 건강보험 가산금·연체금

사용자가 직장가입자가 될 수 없는 자를 거짓으로 직장가입자로 신고한 경우 직장가입자로 처리된 기간 동안 지역가입자로서 부담하여야 하는 보험료의 총액에서 해당 가입자에 대하여 직장가입자로서 부과된 보험료의 총액을 뺀 금액의 10%에 상당하는 금액이 가산금으로 부과된다. 다만, 가산금이 3천원 미만이거나 가산금을 징수하는 것이 적절하지 아니하다고 공단이 인정하는 부득이한 사유가 있는 경우 이를 징수하지 아니할 수 있다.

건강보험료는 그 납부기한까지 보험료 등을 내지 아니하면 그 납부기한이 지난 날부터 매 1일이 경과할 때마다 체납된 보험료 등의 1천 500분의 1에 해당하는 금액을 가산한 연체금(체납된 보험료 등의 2% 한도) 및 납부기한 후 30일이 경과한 날부터 매 1일이 경과할 때마다 체납된 보험료 등의 6천분의 1에 해당하는 연체금을 추가로 납부하여야 하며, 이 경우 연체금은 체납된 보험료 등의 5%를 넘지 못한다. 다만, 천재지변, 전쟁 또는 사변, 사업장 폐업·폐쇄, 화재로 피해가 발생해 체납한 경우, 체납된 보험료 등이 남아 있지 않은 연체금으로서 2천원 미만의 금액, 그 밖에 연체금을 징수하기가 곤란한 부득이한 사유가 있다고 인정되는 경우에는 이를 징수하지 아니할 수 있다.

실무 POINT **건강보험 연체금**

최근 보험료 납부능력이 부족한 저소득 체납자의 보호를 위해 국민건강보험법이 개정됨에 따라 다음과 같이 연체금이 인하되어 2020.1.16.부터 시행되고 있다.

1. **납부의무자가 보험료 또는 보험급여 제한 기간 중 받은 보험급여에 대한 징수금을 체납한 경우**
   해당 체납금액의 1천 500분의 1에 해당하는 금액을 가산한 연체금(체납된 보험료 등의 2% 한도) 및 납부기한 후 30일이 지난 날부터 매 1일이 경과할 때마다 해당 체납금액의 6천분의 1에 해당하는 금액을 납부하여야 하며, 이 경우 연체금은 해당 체납금액의 5%를 넘지 못한다.
2. **제1호 외에 징수금을 체납한 경우**
   해당 체납금액의 1천분의 1에 해당하는 금액을 가산한 연체금(체납된 보험료 등의 3% 한도) 및 납부기한 후 30일이 지난 날부터 매 1일이 경과할 때마다 해당 체납금액의 3천분의 1에 해당하는 금액을 납부하여야 하며, 이 경우 연체금은 해당 체납금액의 9%를 넘지 못한다.
3. 다만, 천재지변, 전쟁 또는 사변, 사업장 폐쇄, 체납된 보험료 등이 남아 있지 않은 연체금으로서 2천원 미만의 금액, 그 밖에 연체금을 징수하기가 곤란한 부득이한 사유가 있다고 인정되는 경우에는 이를 징수하지 아니할 수 있다.

2 고용보험·산재보험

1. 가산금

확정보험료를 법정신고기한 내에 신고·납부하지 않거나, 그 보고가 사실과 다를 경우에는 징수하여야 할 보험료액의 10%가 가산금으로 부과된다. 다만, 가산금 징수액의 합계액이 3천원 미만이거나 확정보험료를 신고하지 아니한 것이 천재지변에 의한 경우에는 가산금이 면제되며, 확정보험료 수정신고를 한 사업주에게는 가산금의 50%가 경감된다.

2. 연체금

납부기한까지 보험료 또는 그 밖의 징수금을 내지 아니한 경우에는 그 납부기한이 지난 날부터 매 1일이 경과할 때마다 체납된 보험료, 그 밖의 징수금의 1천분 500분의 1에 해당하는 금액을 가산한 연체금(체납된 연금보험료의 2% 한도) 및 납부기한 후 30일이 경과한 날부터 매 1일이 경과할 때마다 체납된 보험료, 그 밖의 징수금의 6천분의 1에 해당하는 연체금이 추가로 부과된다. 이 경우 연체금은 체납된 보험료, 그 밖의 징수금의 5%를 넘지 못한다. 다만, 「채무자 회생 및 파산에 관한 법률」 제140조에 따른 징수의 유예가 있거나 연체금,

가산금, 급여징수액이 체납되거나 보험료 체납이 천재지변에 의한 경우에는 연체금이 면제된다.

3. 보험급여액의 징수

사업주가 산재보험가입신고를 게을리한 기간 중에 발생한 재해에 대하여 보험급여가 지급된 때에는 요양을 개시한 날부터 1년간 발생한 보험급여의 50%에 해당하는 금액(사업주가 가입신고를 게을리한 기간 중에 납부하여야 하였던 산재보험료의 5배를 초과할 수 없음)을 추가 납부하여야 하며, 보험료의 납부를 태만히 한 기간 중에 발생한 재해에 대하여는 보험급여의 10%에 해당하는 금액(사업주가 가입신고를 게을리한 기간 중에 납부하여야 하였던 산재보험료의 5배를 초과할 수 없음)을 추가 납부하여야 한다. 다만, 미납보험료의 비율이 50% 미만인 경우에는 그러하지 아니하다.

보험급여액을 징수할 때 지급 결정된 보험급여가 장해보상연금 또는 유족보상연금인 경우에는 최초의 급여청구사유가 발생한 날에 장해보상일시금 또는 유족보상일시금이 지급 결정된 것으로 보며, 단시간근로자에게 보험급여를 지급하는 경우에는 평균임금 중 재해가 발생한 사업을 대상으로 산정한 평균임금이 차지하는 비율에 해당하는 보험급여액을 기준으로 하여 보험급여액을 징수하되 재해가 발생한 사업만의 평균임금으로 보험급여를 산정할 경우 해당 평균임금이 낮아 최저 보상기준에 따라 보험급여가 산정되는 경우에는 그 산정된 보험급여액을 기준으로 한다.

Chapter

06 4대보험의 혜택

01 국민연금

1. 노령연금

가입기간(연금보험료 납부기간)이 10년 이상이면 60세(소득이 없을 경우 55세) 이후부터 평생 매월 지급받을 수 있으며, 가입기간, 연령, 소득활동 유무에 따라 완전노령연금, 감액노령연금, 재직자노령연금, 조기노령연금 및 파생급여로서 분할연금이 있다.

노령연금을 받을 수 있는 연령은 2012년까지 60세(조기노령연금은 55세)이나 2013년부터 5년마다 단계적으로 1세씩 연장되어 2033년 이후에는 65세(조기노령연금은 60세)가 된다.

연금급여는 기본연금액과 부양가족연금액을 합산한 금액으로 받게 되며, 전체가입자의 평균소득에 해당하는 사람이 40년의 가입기간(현행 보험료율은 소득의 9% 기준)이 있는 경우 가입기간이 속한 연도에 따라 종전소득의 70~40%를 받게 된다.

연금급여=기본연금액×연금종별 지급률 및 제한율+부양가족연금액

기본연금액은 사업장가입자 및 지역가입자의 평균소득을 기초로 하여 산출되는 균등부분과 가입자 개인의 가입기간 동안의 소득수준에 의하여 산출되는 소득비례부분으로 구성되며, 기본연금액에 대한 연금종별 해당 지급률에 따라 실제 지급될 연금액이 산출된다.

기본연금액

=[2.4(A+0.75B)×P1/P〈1988~1998년〉+1.8(A+B)×P2/P〈1999~2007년〉+1.5(A+B)×P3/P〈2008년〉+1.485(A+B)×P4/P〈2009년〉+⋯+1.215(A+B)×P22/P〈2027년〉+1.2(A+B)×P23/P〈2028년 이후〉+×(A+A)×C/P〈출산크레딧〉+×(A+1/2A)×6/P〈군복무크레딧〉]×(1+0.05n/12)

- A : 연금수급 전 3년간의 평균소득월액의 평균액
- B : 가입자 개인의 가입기간 중 기준소득월액의 평균액
- P : 가입자의 전체가입월수(노령연금액 산정 시에만 출산 및 군복무 크레딧 포함한 전체가입월수)
- n : 20년 초과월수(노령연금액 산정 시에만 출산 및 군복무 크레딧 포함한 전체가입월수)

- X : 1.5~1.2까지의 비례상수 중 노령연금 수급권 취득시점의 상수
- C : 추가가입기간 12, 30, 48, 50(균분하는 경우에는 6, 15, 24, 25)
  (출산 및 군복무 크레딧으로 인한 연금액 및 증가되는 가입기간은 노령연금액 산정 시에만 적용됨)
- 출산크레딧 : 2008.1.1. 이후 출생한 자녀부터 2 자녀 이상 출산 시 가입기간을 12, 30, 48, 50개월을 추가로 인정하고 해당기간의 소득은 평균소득월액(A값)의 전액을 인정함
- 군복무크레딧 : 2008.1.1. 이후 군에 입대하는 자로서 병역의무를 이행한 자에게 6개월의 가입기간을 추가로 인정하고 해당기간의 소득은 평균소득월액(A값)의 1/2을 인정함

✔ A, B, n 값이 클수록 연금액이 많아짐

부양가족연금액은 수급권자(유족연금의 경우에는 사망한 가입자 또는 가입자였던 자)에 의하여 생계를 유지하고 있는 자(타공적연금 수급권자 제외)에 대하여 지급하는 일종의 가족수당 성격의 부가급여로서 배우자 연 15만원, 19세 미만 또는 장애 2급 이상의 자녀(계자녀 포함) 연 10만원, 60세 이상 또는 장애 2급 이상의 부모(계부모, 배우자의 부모 포함) 연 10만원이다.

연금의 월별 지급액은 가입자였던 최종 5년 동안의 기준소득월액 또는 가입기간 동안의 기준소득월액을 평균한 금액을 전국소비자물가변동률을 기준으로 조정한 금액 중에서 많은 금액을 최고한도로 한다.

노령연금 수급권자가 법소정의 소득이 있는 업무에 종사하면 60세 이상 65세 미만(특수직종근로자는 55세 이상 60세 미만)인 기간에는 노령연금액(부양가족연금액은 제외)에서 소득구간별 초과소득월액의 5~25%에 해당하는 금액을 뺀 금액을 지급한다. 이 경우 빼는 금액은 노령연금액의 2분의 1을 초과할 수 없다.

❙ 노령연금 급여종류별 수급요건 및 급여수준 ❙

구 분	수급요건	급여수준
완전 노령연금	가입기간 20년 이상, 60세(특수직종근로자 55세, 이하 같음)에 도달한 자(65세 이전까지는 소득이 없을 경우에 한함)	기본연금액 100%+부양가족연금액
감액 노령연금	가입기간 10년 이상 20년 미만으로 60세에 도달한 자(65세 이전까지는 소득이 없을 경우에 한함)	기본연금액 50%(가입기간 10년 초과 1년마다 기본연금액 지급률 5%씩 증가)+부양가족연금액
재직자 노령연금	완전 또는 감액노령연금수급권자가 65세 이전에 소득이 있는 업무에 종사하는 경우(소득 있는 업무에 종사하지 않으면 완전 또는 감액노령연금으로 전환)	완전 또는 감액노령연금 기본연금액×연령별 지급률 50%(60세 기준, 연령 1세 증가 시 연령별 지급률 10%씩 증가)

구 분	수급요건	급여수준
조기 노령연금	가입기간 10년 이상, 연령 55세 이상인 자가 소득이 있는 업무에 종사하지 아니하고, 60세 도달 전에 청구한 경우(60세 전에 소득 있는 업무종사 시 그 기간 지급정지하고 60세 이후 65세 이전에는 재직자노령연금으로 전환)	완전 또는 감액노령연금 기본연금액×연령별 지급률 70%(55세 기준, 연령 1세 증가 시 연령별 지급률 6%씩 증가, 수급개시연령 1개월 초과 시마다 지급률 0.5%씩 추가)＋부양가족연금액
분할연금	가입기간 중 혼인기간(별거, 가출 등의 사유로 인하여 실질적인 혼인관계가 존재하지 아니하였던 기간 제외)이 5년 이상인 노령연금수급권자의 이혼한 배우자가 60세 이상이 된 경우	배우자였던 자의 노령연금액(부양가족연금액 제외) 중 가입기간 중 혼인기간(5년 이상)에 해당하는 연금액의 1/2

2. 장애연금

가입기간 중에 발생한 질병 또는 부상(가입자가 60세가 되어 가입자격을 상실하게 된 날부터 지급연령에 도달하는 날까지의 기간에 발생한 질병이나 부상 포함)으로 인해 완치된 후에도 장애가 남았을 때 완치일(또는 1년 6개월이 경과된 시점)을 기준으로 장애등급(1급~4급)에 따라 급여를 지급한다. 만약 1년 6개월 경과 시점에서 장애가 경미하여 장애등급에 해당되지 않았으나, 그 장애가 악화되어 60세가 되기 전에 장애등급에 해당되면 청구한 날을 기준으로 장애등급을 결정한다.

한 사람에게 여러 부위에 장애가 발생하면 장애 정도를 합하여 장애등급을 결정하며, 장애등급 결정 후에 장애가 악화되거나 호전된 경우에는 장애등급을 변경한다.

| 장애등급별 급여수준 |

장애 1급	장애 2급	장애 3급	장애 4급
기본연금액의 100% ＋부양가족연금액	기본연금액의 80% ＋부양가족연금액	기본연금액의 60% ＋부양가족연금액	기본연금액의 225%

초진일 당시 연금보험료를 납부한 사실이 없거나 납부한 기간이 납부하여야 할 기간의 2/3에 미달(단, 지급사유발생 당시 보험료를 납부하지 않은 기간이 6월 미만인 경우 제외)하는 경우 장애연금이 지급되지 않으며, 고의로 질병·부상 또는 그 원인이 되는 사고를 발생시켜서 장애를 입게 된 경우에도 장애연금이 지급되지 않는다.

제3자의 행위에 의해 장애연금 지급사유가 발생한 경우에는 수령한 손해배상을 기준으로 일정기간 장애연금의 지급을 정지하고, 정지 기간이 종료된 후 장애연금을 다시 지급하며, 장애연금 수급권자가 동일한 사유로 근로기준법에 의한 장애보상, 산업재해보상보험법에 의한 장해급여, 선원법에 의한 장해보상을 받을 수 있는 경우에는 장애연금액의 1/2에 해당하는 금액을 지급한다.

3. 유족연금

국민연금 가입자 또는 연금을 지급받던 사람(가입자가 60세가 되어 가입자격을 상실하게 된 날부터 지급연령에 도달하는 날까지의 기간 중 사망한 경우 포함)이 사망할 경우 그에 의해 생계를 유지하던 유족에게 지급된다.

유족연금 수급요건 및 급여수준

구 분	수급요건	급여수준	
유족연금	- 노령연금 수급권자가 사망한 경우 - 가입자가 사망한 경우(단, 가입기간이 1년 미만인 경우는 가입 중에 발생한 질병이나 부상으로 사망한 경우) - 장애등급 2급 이상의 장애연금 수급권자가 사망한 경우 - 가입기간 10년 이상 가입자였던 자가 사망한 경우 - 가입기간 10년 미만의 가입자였던 자가 가입 중에 발생한 질병이나 부상으로 가입 중 초진일 또는 가입자자격상실 후 1년 이내의 초진일로부터 2년 이내에 사망한 경우	10년 미만	기본연금액 40% +부양가족연금액
		10년 이상 ~20년 미만	기본연금액 50% +부양가족연금액
		20년 이상	기본연금액 60% +부양가족연금액

장애연금과 마찬가지로 유족연금도 연금보험료 미납, 제3자 행위에 의한 손해배상, 다른 법률에 의한 중복급여에 따라 그 지급이 제한된다. 다만, 가입자가 자살을 한 경우에도 유족연금은 지급되나, 가입자 또는 가입자였던 자 및 유족연금의 수급권자로 될 수 있는 자를 고의로 사망하게 하거나 유족연금의 수급권자가 다른 수급권자를 고의로 사망하게 한 경우 지급되지 않는다.

유족연금의 수급권자인 배우자에 대하여는 수급권이 발생한 때부터 3년 동안 유족연금을 지급한 후 55세가 될 때까지 지급을 정지한다. 다만, 그 수급권자가 장애등급이 2급 이상인 경우, 가입자 또는 가입자였던 자의 25세 미만인 자녀 또는 장애등급 2급 이상인 자녀의 생계를 유지한 경우, 법소정의 소득이 있는 업무에 종사하지 아니하는 경우에는 그 지급을 정지하지 아니한다.

4. 반환일시금

가입기간 10년 미만인 사람이 60세가 된 경우(단, 특례노령연금수급권자 제외), 가입자 또는 가입자였던 자가 사망하였으나 유족연금에 해당하지 않는 경우, 국적을 상실하거나 국외에 이주한 경우, 1999.4.1. 전에 다른 공적연금을 받았거나 받고 있는 사람이 가입자 자격상실을 한 경우 등 연금급여를 받을 수 있는 요건을 충족하지 못하였거나 국외이주 등으로 더 이상 국민연금의 보호가 필요하지 않을 경우 지급된다.

반환일시금은 납부한 연금보험료에 이자(해당기간의 3년 만기 정기예금이자율 적용)를 더해 지급된다.

5. 사망일시금

가입자 또는 가입자였던 사람, 노령연금 수급권자 또는 장애등급이 3급 이상인 장애연금 수급권자가 사망하였으나 유족연금 또는 반환일시금을 지급받을 수 있는 유족범위에 해당하는 자가 없는 경우 그 배우자, 자녀, 손자녀, 조부모, 형제자매 또는 4촌 이내 방계혈족에게 장제부조비 성격으로 지급하는 급여로서 가출·실종한 자에게는 지급하지 아니하며, 사망 당시 가입자 또는 가입자였던 자에 의하여 생계를 유지하고 있던 4촌 이내의 방계혈족에게만 지급된다.

사망일시금은 반환일시금에 상당한 금액(최종 기준소득월액을 연도별 재평가율에 따라 사망일이 속하는 해의 전년도의 현재가치로 환산한 금액과 가입기간 중 기준소득월액의 평균액 중에서 많은 금액의 4배를 초과하지 못한다) 또는 수급권자가 사망할 때까지 받은 연금액을 사망일이 속하는 해의 전년도의 현재가치로 환산한 금액과의 차액에 해당하는 금액이 지급된다.

6. 급여의 조정 및 소멸시효

둘 이상의 연금급여가 발생한 경우 원칙적으로 선택한 하나의 급여만 지급받을 수 있으나, 선택하지 아니한 급여가 유족연금일 경우 선택한 급여와 유족연금의 20%를 지급(단, 선택한 급여가 반환일시금인 경우 제외)하며, 선택하지 아니한 급여가 반환일시금인 경우 선택한 급여를 전액 지급하고 반환일시금은 사망일시금 상당액을 지급한다(단, 선택한 급여가 장애연금인 경우 장애연금만 지급).

장애 또는 유족연금 수급권자가 해당 연금의 지급사유와 같은 사유로 근로기준법, 산업재해보상보험법, 선원법, 어선원및어선재해보상법에 의해 장해보상 또는 유족보상을 받을 수 있는 경우에는 그 장애 또는 유족연금액의 1/2에 해당하는 금액을 받게 된다.

제3자의 가해행위로 장애 또는 유족연금을 지급할 사유가 발생하고 가해자로부터 손해배상액을 수령한 경우 그 배상액의 범위 안에서 연금지급이 정지된다.

한편, 연금급여는 압류가 금지된 급여수급전용계좌로 지급되고 급여를 받을 수 있는 권리를 가진 자가 권리발생일로부터 5년 안에 청구하지 않으면 소멸시효가 완성되어 연금급여를 받을 수 없게 된다. 다만, 매월 지급되는 연금급여의 경우는 신청일로부터 역산하여 최근 5년 이내의 급여분은 지급받을 수 있으며, 가입자 자격상실 후 1년 경과, 국외이주·국적상실 및 타공적연금 가입으로 반환일시금 수급권이 발생한 경우 소멸시효가 완성되었더라도 이후 60세에 도달하거나 사망한 경우에는 그때부터 소멸시효가 새로이 진행되어 반환일시금을 받을 수 있다.

02 건강보험

1. 요양급여 및 요양비

가입자 및 피부양자가 질병 또는 부상에 대한 예방, 진단, 치료, 재활을 하거나 출산, 사망 및 건강증진을 필요로 하는 경우 의료서비스에 대해 직접 현물 또는 현금급여를 지급받게 된다. 이때 보험급여로 현금을 지급받는 수급자의 신청이 있는 경우에는 압류가 금지되는 요양비 등 수급계좌로 입금하여야 한다.

가입자(피부양자 포함)가 요양기관 이외의 장소에서 출산(임신 16주 이후의 사산 포함)을 한 경우 요양급여에 상당하는 금액(25만원)을 지급하며, 긴급 기타 부득이한 사유로 업무정지처분기간 중인 요양기관이나 요양기관에서 제외되는 의료기관에서 요양을 받은 경우 그 요양급여에 상당하는 금액을 지급받는다. 다만, 해외에서 출산 또는 진료를 받는 경우 그 지급대상에서 제외된다.

2. 임신·출산 진료비

임신·출산(유산 및 사산 포함)한 가입자 또는 피부양자와 2세 미만인 가입자 또는 피부양자의 법정대리인(출산한 가입자 또는 피부양자가 사망한 경우에 한함)이 지정된 요양기관에서 받는 임신·출산한 가입자 또는 피부양자의 진료(출산 전후 산모의 건강관리와 관련된 진료를 포함) 및 처방된 약제, 치료재료의 구입에 드는 비용 또는 2세 미만 영유아의 진료 및 처방된 약제·치료재료의 구입에 드는 비용을 전자바우처 방식인 고운맘 카드로 지급하되, 그 지급액은 100만원(둘 이상의 태아를 임신한 경우 140만원)의 범위에서 임신한 가입자 또는 피부양자가 실제 부담한 금액으로 한다. 다만, 피부양자가 임신·출산에 관련된 진료를 받기 어려운 분만

취약지에 주민등록이 되어 연속하여 30일 이상 있는 경우 20만원을 더한 범위에서 임신한 가입자 또는 피부양자가 실제 부담한 금액을 지급하며, 분만예정일 또는 출산일(유산일 또는 사산일)부터 2년까지 사용할 수 있다.

3. 장애인 보조기기 급여

장애인복지법에 따라 등록한 장애인인 가입자 및 피부양자가 팔·다리 의지, 팔·척추·골반·다리 보조기, 교정용 신발, 휠체어, 지팡이, 목발, 의안, 보청기 등 장애인 보조기기를 구입한 경우 보조기기의 유형 및 구분 항목별로 고시금액, 제품별로 고시하는 금액 및 해당 보조기기를 구입한 금액 중 가장 낮은 금액의 90%(희귀난치성질환자등이 구입한 보조기기에 대해서는 100%)에 해당하는 금액을 지급한다.

4. 본인 부담액 상한제

부담액의 연간총액이 보건복지부장관이 고시하는 세대별 보험료 부담수준 또는 개인별 보험료 부담수준에 따른 본인부담상한액(상한액기준보험료를 10분위 7개 구간으로 구분하여 81~580만원까지 각 구간이 속한 상한액 적용. 단, 요양병원에 120일을 초과하여 입원한 경우 125~580만원 적용)을 넘는 경우에는 공단이 그 넘는 금액을 부담한다. 다만, 2~3인실을 이용한 경우, 고시 추나요법에 대하여 요양급여를 받은 경우, 65세 이상의 노인이 치과임플란트 요양급여를 받은 경우, 경제성 또는 치료효과성 등의 검증을 위한 추가적인 근거가 필요하거나 경제성이 낮아도 건강회복에 잠재적 이득이 있어 선별급여를 받은 경우, 급여가 정지 또는 제한되거나 학교폭력 중 학생 간의 폭행에 의한 경우 등에 본인이 부담하는 비용은 본인부담액의 연간 총액에서 제외한다.

이 경우 연간 같은 요양기간에서 진료를 받고 지급할 본인부담액 총액이 580만원(2015년부터 매년 조정)을 넘을 경우 요양기관은 진료받은 사람에게 580만원까지만 받고 그 초과액은 공단에 청구하여 지급받으며, 본인부담액 연간 총액이 개인별 상한액을 넘고 상한제 사전급여를 받지 않은 경우 그 초과액을 공단이 환급하고 상한액 기준보험료 결정(진료 다음 해 7월경) 전후로 나누어 지급하되 결정 전에는 최고상한액 580만원 초과 건을 매월 계산하여 지급하고 결정 후에는 개인별 상한액과 최고상한액의 차액을 지급한다.

5. 일반건강검진 및 암검진

사무직에 종사하지 않는 직장가입자 매년, 사무직에 종사하는 직장가입자는 2년마다 신체계측, 혈압·시력·청력 측정, 흉부방사선 촬영, 요검사, 혈액검사, 구강검사(치면세균막검사 제외)와 특정 연령 해당 시 간염검사, 골밀도 검사(여성에 한함), 인지기능장애, 생활습관평가,

정신건강검사, 노인신체기능검사, 치면세균막검사 등 일반건강검진을 해당연도에 실시하며, 암관리법 시행령에서 정한 바에 따라 특정 연령 이상의 남·여에 대해 2년마다 위암, 유방암(여성에 한함), 자궁경부암(여성에 한함) 검사를 실시하고 간암 또는 폐암 발생 고위험군에 대해서는 6개월 또는 2년마다 간암 또는 폐암검사를 실시한다.

6. 영유아 건강검진

생후 14~35일, 4~6개월, 9~12개월, 18~24개월, 30~36개월, 42~48개월, 54~60개월, 66~71개월에 각 1회, 총 8회 영유아건강검진(영유아구강검진은 생후 18개월 이후 1년마다 1회 총 4회)에 걸쳐 문진과 진찰, 신체계측, 발달평가 및 상담, 건강교육, 구강검진을 실시한다.

7. 급여의 제한 및 정지

보험급여를 받을 수 있는 자가 다음에 해당하면 보험급여의 지급이 제한된다.

- 고의 또는 중대한 과실로 인한 범죄행위가 원인이 되거나 고의로 사고를 일으킨 경우
- 고의 또는 중대한 과실로 요양에 관한 지시를 따르지 않거나 물건 제출 거부 또는 질문·진단을 기피한 경우
- 업무상 재해로 보상을 받게 되는 경우
- 1개월 이상 소득월액 보험료 및 세대단위 보험료 또는 직장가입자 본인의 귀책사유로 인한 보수월액보험료를 체납한 경우. 단, 체납기간에 관계없이 총체납횟수가 6회 미만인 경우 제외
- 분할납부 승인을 받은 사람이 정당한 사유 없이 2회 이상 그 승인된 보험료를 체납한 경우

보험급여를 받을 수 있는 자가 국외 여행 중이거나 국외에서 업무에 종사하고 있는 경우, 현역병으로 복무하거나 시설에 수용된 기간은 보험급여 지급이 정지된다.

03 고용보험

1 구직급여(상병급여, 훈련연장급여, 개별연장급여, 특별연장급여 포함)

1. 수급요건

이직한 피보험자가 다음의 요건을 모두 갖추어 직업안정기관에 실업신고를 한 경우 이직

일의 다음 날부터 12개월 이내에 피보험기간 및 연령에 따른 수급기간(120~270일) 동안 평균임금의 60%(최저임금의 80% 이상 5만 5천원 이내)를 구직급여로 지급한다. 이때 수급자격자의 신청이 있는 경우에는 압류가 금지된 실업급여수급계좌로 입금하되, 정보통신장애나 그 수급자격자가 금융기관을 이용할 수 없는 지역에 거주하여 신청일부터 14일 이내 금융기관을 통하여 실업급여 지급이 불가능한 경우에는 수급자격자에게 직접 현금으로 지급할 수 있다.

① 이직일 이전 기준시간 동안의 피보험 단위기간이 통산하여 180일 이상일 것. 이 경우 기준기간은 이직일 이전 18개월로 하되, 이직일 이전 18개월간 질병·부상, 휴업, 휴직 등으로 계속해서 30일 이상 보수를 지급받을 수 없었던 경우에는 18개월에 그 기간을 가산한 기간(3년을 초과할 때에는 3년으로 한다)으로 하며, 이직 당시 1주 소정근로시간이 15시간 미만이고 1주 소정근로일수가 2일 이하인 근로자로서 이직일 이전 24개월 동안의 피보험 단위기간 중 90일 이상 근로하였을 경우에는 이직일 이전 24개월을 그 기준기간으로 한다.

② 근로의 의사와 능력이 있음에도 불구하고 취업(영리를 목적으로 사업을 영위하는 경우 포함)하지 못한 상태에 있을 것

③ 이직사유가 수급자격제한 사유에 해당하지 아니할 것

④ 재취업을 위한 구직노력을 적극적으로 할 것

⑤ 수급자격 인정신청일이 속한 달의 직전 달 초일부터 수급자격 인정신청일까지의 근로일수의 합이 같은 기간 총 일수의 1/3 미만이거나 또는 건설일용근로자로서 수급자격 인정신청일 이전 14일간 연속하여 근로내역이 없을 것(최종 이직 당시 일용근로자에 한함)

⑥ 최종 이직 당시의 기준기간 동안의 피보험 단위기간 180일 중 다른 사업에서 수급자격의 제한 사유에 해당하는 사유로 이직한 사실이 있는 경우에는 그 피보험 단위기간 중 90일 이상을 일용근로자로 근로하였을 것(최종 이직 당시 일용근로자에 한함)

참고 구직급여의 소정급여일수

1. 자영업자 이외의 소정급여일수

구 분		피보험기간				
		1년 미만	1년 이상 3년 미만	3년 이상 5년 미만	5년 이상 10년 미만	10년 이상
이직일 현재 연령	50세 미만	120일	150일	180일	210일	240일
	50세 이상	120일	180일	210일	240일	270일

비고 : 장애인고용촉진및직업재활법 제2조 제1호에 따른 장애인은 50세 이상인 것으로 보아 위 표를 적용한다.

2. 자영업자의 소정급여일수

구 분	피보험기간			
	1년 이상 3년 미만	3년 이상 5년 미만	5년 이상 10년 미만	10년 이상
소정급여일수	120일	150일	180일	210일

2. 수급자격 제한사유

피보험자가 다음 어느 하나에 해당되는 경우 수급자격이 제한된다.

① 중대한 귀책사유로 해고된 자로서 ㉠ 형법 또는 직무관련 법률을 위반하여 금고 이상의 형을 선고받은 경우, ㉡ 사업에 막대한 지장을 초래하거나 재산상 손해를 끼친 경우로서 금품이나 향응을 받고 불량품을 납품받아 생산에 차질을 가져온 경우나 경쟁사에 기밀을 누설하거나 공금 착복·장기유용·횡령·배임한 경우 등 고용노동부령이 정하는 기준에 해당하는 경우, ㉢ 정당한 사유 없이 근로계약 또는 취업규칙 등을 위반하여 장기간 무단 결근한 경우

② 자기 사정으로 이직한 피보험자로서 ㉠ 전직 또는 자영업을 하기 위하여 이직한 경우, ㉡ 중대한 귀책사유가 있는 자가 해고되지 아니하고 사업주의 권고로 이직한 경우, ㉢ 이직일 이전 1년 이내에 2개월 이상 실제 근로조건이 채용 시 제시되거나 채용 후 일반적으로 적용받던 근로조건보다 낮아지게 된 경우, 정년도래나 계약기간 만료 등 고용노동부령이 정하는 정당한 사유에 해당하지 아니하는 사유로 이직한 경우

참고 이직 사유에 따른 수급자격의 제한

- 사업에 막대한 지장을 초래하거나 재산상 손해를 끼친 경우
  1. 납품업체로부터 금품이나 향응을 받고 불량품을 납품받아 생산에 차질을 가져온 경우
  2. 사업의 기밀이나 그 밖의 정보를 경쟁관계에 있는 다른 사업자 등에게 제공한 경우
  3. 거짓 사실을 날조·유포하거나 불법 집단행동을 주도하여 사업에 막대한 지장을 초래하거나 재산상 손해를 끼친 경우
  4. 직책을 이용하여 공금을 착복·장기유용·횡령하거나 배임한 경우
  5. 제품이나 원료 등을 절취하거나 불법 반출한 경우
  6. 인사·경리·회계담당 직원이 근로자의 근무상황 실적을 조작하거나 거짓 서류 등을 작성하여 사업에 막대한 지장을 초래하거나 재산상 손해를 끼친 경우

7. 사업장의 기물을 고의로 파손하여 사업에 막대한 지장을 초래하거나 재산상 손해를 끼친 경우
8. 영업용 차량을 사업주의 위임이나 동의 없이 다른 사람에게 대리운전하게 하여 교통사고를 일으킨 경우

• 수급자격이 제한되지 아니하는 정당한 이직사유

1. 다음 각 목의 어느 하나에 해당하는 사유가 이직일 전 1년 이내에 2개월 이상 발생한 경우
   가. 실제 근로조건이 채용 시 제시된 근로조건이나 채용 후 일반적으로 적용받던 근로조건보다 낮아지게 된 경우
   나. 임금체불이 있는 경우
   다. 소정근로에 대하여 지급받은 임금이 최저임금법에 따른 최저임금에 미달하게 된 경우
   라. 근로기준법 제53조에 따른 연장 근로의 제한을 위반한 경우
   마. 사업장의 휴업으로 휴업 전 평균임금의 70% 미만을 지급받은 경우
2. 사업장에서 종교, 성별, 신체장애, 노조활동 등을 이유로 불합리한 차별대우를 받은 경우
3. 사업장에서 본인의 의사에 반하여 성희롱, 성폭력, 그 밖의 성적인 괴롭힘을 당한 경우

3의 2. 근로기준법 제76조의 2에 따른 직장 내 괴롭힘을 당한 경우

4. 사업장의 도산·폐업이 확실하거나 대량의 감원이 예정되어 있는 경우
5. 다음 각 목의 어느 하나에 해당하는 사정으로 사업주로부터 퇴직을 권고받거나, 인원 감축이 불가피하여 고용조정계획에 따라 실시하는 퇴직 희망자의 모집으로 이직하는 경우
   가. 사업의 양도·인수·합병
   나. 일부 사업의 폐지나 업종전환
   다. 직제개편에 따른 조직의 폐지·축소
   라. 신기술의 도입, 기술혁신 등에 따른 작업형태의 변경
   마. 경영의 악화, 인사 적체, 그 밖에 이에 준하는 사유가 발생한 경우
6. 다음 각 목의 어느 하나에 해당하는 사유로 통근이 곤란(통근 시 이용할 수 있는 통상의 교통수단으로는 사업장으로의 왕복에 드는 시간이 3시간 이상인 경우를 말한다)하게 된 경우
   가. 사업장의 이전
   나. 지역을 달리하는 사업장으로의 전근
   다. 배우자나 부양하여야 할 친족과의 동거를 위한 거소 이전
   라. 그 밖에 피할 수 없는 사유로 통근이 곤란한 경우
7. 부모나 동거 친족의 질병·부상 등으로 30일 이상 본인이 간호해야 하는 기간에

기업의 사정상 휴가나 휴직이 허용되지 않아 이직한 경우

8. 산업안전보건법 제2조 제7호에 따른 "중대재해"가 발생한 사업장으로서 그 재해와 관련된 고용노동부장관의 안전보건상의 시정명령을 받고도 시정기간까지 시정하지 아니하여 같은 재해 위험에 노출된 경우
9. 체력의 부족, 심신장애, 질병, 부상, 시력·청력·촉각의 감퇴 등으로 피보험자가 주어진 업무를 수행하는 것이 곤란하고, 기업의 사정상 업무종류의 전환이나 휴직이 허용되지 않아 이직한 것이 의사의 소견서, 사업주 의견 등에 근거하여 객관적으로 인정되는 경우
10. 임신, 출산, 만 8세 이하 또는 초등학교 2학년 이하의 자녀(입양한 자녀 포함)의 육아, 병역법에 따른 의무복무 등으로 업무를 계속적으로 수행하기 어려운 경우로서 사업주가 휴가나 휴직을 허용하지 않아 이직한 경우
11. 사업주의 사업 내용이 법령의 제정·개정으로 위법하게 되거나 취업 당시와는 달리 법령에서 금지하는 재화 또는 용역을 제조하거나 판매하게 된 경우
12. 정년의 도래나 계약기간의 만료로 회사를 계속 다닐 수 없게 된 경우
13. 그 밖에 피보험자와 사업장 등의 사정에 비추어 그러한 여건에서는 통상의 다른 근로자도 이직했을 것이라는 사실이 객관적으로 인정되는 경우

3. 구직급여의 지급정지

정당한 사유 없이 직업안정기관의 장이 소개한 직업에 취직하는 것을 거부하거나 직업능력개발훈련 등을 거부하는 경우 또는 직업안정기관의 장이 실시하는 재취업 촉진을 위한 직업지도를 거부하는 경우 1개월 범위 내에서 구직급여의 지급을 정지하고, 거짓이나 부정한 방법으로 실업급여를 받았거나 받으려 한 자에게는 그날부터 구직급여를 지급하지 아니한다.

4. 상병급여

수급자격자가 실업의 신고를 한 이후에 질병·부상 또는 출산으로 취업이 불가능하여 실업의 인정을 받지 못한 날에 대하여는 그 수급자격자의 청구에 의하여 구직급여 소정급여일수에서 구직급여 지급일수를 뺀 일수를 한도로 상병급여를 지급한다. 다만, 구직급여의 지급이 정지된 기간에 대하여는 상병급여를 지급하지 아니하며, 근로기준법에 따른 휴업보상, 산업재해보상보험법에 따른 휴업급여, 국가배상법에 따른 휴업배상, 의사사상자등예우및지원에관한법률에 따른 보상금을 지급받을 수 있는 경우에는 상병급여를 지급하지 아니한다.

5. 훈련연장급여

수급자격자의 연령, 경력 등을 고려할 때 재취업을 위하여 직업능력개발 훈련 등이 필요하면 직업안정기관의 장은 직업능력개발 훈련 등을 받도록 지시할 수 있고, 이 경우 직업능력개발 훈련 등의 기간 중 실업인정을 받은 날에 대하여는 소정급여일수를 초과하여 구직급여를 연장, 훈련연장급여(2년 한도, 구직급여일액의 100%. 단, 최저구직급여일액 이상)를 지급할 수 있다.

6. 개별연장급여

실업 신고일부터 구직급여의 지급이 끝날 때까지 직업안정기관의 장의 직업소개(심층상담이나 집단상담에 참여한 경우를 포함한다)에 3회 이상 응하였으나 취업되지 아니한 자로서 18세 미만이나 65세 이상인 자, 장애인, 1개월 이상 요양환자, 소득이 없는 배우자, 학업 중인 사람으로서 고용노동부장관이 정하여 고시하는 사람에 해당하는 부양가족이 있고 급여기초 임금일액과 본인과 배우자의 재산합계액이 각각 고용노동부장관이 정하여 고시하는 기준 이하인 자 등 취업이 특히 곤란하고 생활이 어려운 수급자격자에 대하여는 실업인정을 받은 날에 대하여 소정급여일수를 초과하여 구직급여를 연장, 개별연장급여(60일 한도, 구직급여일액의 70%. 단, 최저구직급여일액 이상)를 지급할 수 있다.

7. 특별연장급여

실업의 급증 등의 사유가 발생한 경우 수급자격자가 실업의 인정을 받는 날에 대하여 소정급여일수를 초과하여 구직급여를 연장, 특별연장급여(60일 한도, 구직급여일액의 70%. 단, 최저구직급여일액 이상)를 지급할 수 있다. 다만, 이직 당시 지급받은 금품의 명칭이 무엇이든 급여기초 임금일액 상한액의 24개월분(730일분) 이상의 금품을 지급받거나 실업자 취업훈련수당이 특별연장급여액을 초과하는 등의 사유로 특별 연장급여를 받지 아니하려는 자에 대하여는 그러하지 아니하다.

2 취업촉진수당

수급자격자의 재취업 촉진을 위하여 다음과 같이 조기재취업수당, 직업능력개발수당, 광역구직활동비, 이주비 등을 지급할 수 있다. 이때 수급자격자의 신청이 있는 경우에는 구직급여와 마찬가지로 실업급여수급계좌로 입금하여야 한다.

| 취업촉진수당 종류별 수급요건 및 급여수준 |

구 분	수급요건	급여수준
조기재취업 수당	– 실업의 신고일부터 14일이 지난 후 재취업한 날의 전날을 기준으로 소정급여일수를 1/2 이상 남기고 재취업한 경우로서 다음 어느 하나에 해당되는 경우 – 12개월 이상 계속하여 고용된 경우이거나 이직일 당시 65세 이상인 사람(65세 전부터 65세가 될 때까지 피보험자격을 유지한 사람만 해당)으로서 6개월 이상 계속하여 고용될 것으로 고용노동부장관이 정하는 바에 따라 직업안정기관의 장이 인정하는 경우. 단, 수급자격자가 최후에 이직한 사업의 사업주나 그와 관련된 사업주로서 최종이직 당시의 사업주와 합병·분할되거나 그 사업을 넘겨받은 사업주에게 재고용되거나 실업의 신고일 이전에 채용을 약속한 사업주에게 고용된 경우, 가입대상이 아닌 공무원으로 채용된 경우, 고용노동부장관이 정하여 고시하는 임금액 이상을 받는 경우 제외 – 사업을 영위하기 위한 준비활동을 재취업활동으로 신고하여 실업인정을 받고 12개월 이상 계속하여 사업을 영위한 경우이거나 이직일 당시 65세 이상인 사람으로서 6개월 이상 계속하여 사업을 영위할 것으로 고용노동부장관이 정하는 바에 따라 직업안정기관의 장이 인정하는 경우 ✔ 외국인근로자고용등에관한법률 제2조에 따른 외국인근로자 및 재취업 또는 사업을 시작한 날 이전 2년간에 조기재취업수당을 지급받은 자는 대상에서 제외	– 구직급여일액×미지급일수×1/2
직업능력 개발 수당	수급자격자가 직업안정기관의 장이 지시한 직업능력개발 훈련 등을 받은 경우 ✔ 직업안전기관의 장이 소개하는 직업에 취직하는 것을 거부하거나 직업능력개발 훈련 등을 거부함에 따라 구직급여의 지급이 정지된 기간은 제외	직업훈련 등을 받는 날로서 구직급여의 지급대상이 되는 날에 대하여 고용노동부장관이 고시하는 금액(1일 7,530원)
광역구직 활동비	수급자격자가 직업안정기관의 소개에 따라 광범위한 지역에 걸쳐 구직활동을 하는 경우로서 구직활동비용을 방문사업장으로부터 지급받지 않거나 그 금액이 광역구직활동비에 미달하고 거주지로부터 방문사업장까지의 거리가 25킬로미터 이상인 경우(수로의 거리는 실제거리의 2배로 환산)	구직활동에 통상 드는 비용으로서 운임실비와 고용노동부장관이 고시하는 숙박료(공무원여비규정 국내여비지급표에 따른 실비, 할인 가능한 경우 할인요금 적용)에서 방문사업장의 사업주로부터 지급된 금액 공제

구 분	수급요건	급여수준
이주비	수급자격자가 취업하거나 직업안정기관의 장이 지시한 직업능력개발 훈련 등을 받기 위하여 그 주거를 이전하는 경우로서 거주지 관할 직업안정기관의 장이 주거의 변경이 필요하다고 인정하고 사업주로부터 주거이전비용을 지급받지 않거나 그 금액이 이주비에 미달하며 취업을 위한 이주의 경우 1년 이상의 근로계약기간을 정하여 취업한 경우	이주거리에 따라 고용노동부장관이 고시하는 금액(공무원여비규정 이전비지급기준표에 따른 국내이전비의 지급기준에 따름)에서 고용하는 사업주로부터 지급되었거나 지급되기로 되어 있는 금액 공제

3 직업능력개발사업

고용보험 피보험자 및 피보험자였던 자, 그 밖에 취업할 의사를 가진 자의 직업능력을 개발·향상시키기 위한 지원제도로 다음과 같이 사업주에 대한 직업능력개발 훈련비용의 지원, 근로자의 직업능력개발을 위한 지원 및 능력개발비용의 대부 및 지원제도가 있다.

| 직업능력개발사업별 지원요건 및 지원내용 |

구 분	지원요건	지원내용
사업주에 대한 직업능력개발 훈련비용의 지원	–피보험자, 피보험자가 아닌 자로서 해당 사업주에게 고용된 자, 해당 사업이나 그 사업과 관련되는 사업에서 고용하려는 자, 직업안정기관에 구직등록을 한 자를 대상으로 직업능력개발 훈련을 실시하는 경우 –우선지원 대상기업 또는 상시근로자 수가 150명 미만인 사업주가 해당 근로자를 대상으로 계속하여 5일 이상의 유급휴가(연차유급휴가가 아닌 경우로서 통상임금 이상의 임금을 지급하는 경우를 말한다. 이하 같다)를 주어 20시간 이상의 훈련을 실시한 경우 또는 30일 이상의 유급휴가를 주어 120시간 이상의 훈련을 실시하면서 대체인력을 고용한 경우 –우선지원 대상기업 및 상시 150명 미만인 사업주가 아닌 사업주가 1년 이상 재직하고 있는 근로자를 대상으로 계속하여 60일 이상의 유급휴가를 주어 180시간 이상의 훈련을 실시한 경우	–**집체훈련** : 직종별 훈련비용 기준단가 또는 정부승인단가×훈련시간×훈련수료인원×사업주 규모별 훈련비 지원율 [우선지원 대상기업 자체훈련 100%·위탁훈련 90%, 상시근로자 1,000인 미만(우선지원 대상기업 제외) 60%, 상시근로자 1,000인 이상 40%. 단, 우선지원 대상기업이 아닌 사업주가 비정규직 근로자 또는 퇴직예정자를 대상으로 하는 전직훈련은 자체훈련 지원금 기준단가 또는 위탁훈련 지원금 기준단가의 70%, 둘 이상의 사업주와 협약을 체결하여 그 근로자를 위하여 수행하는 직업능력개발 훈련을 실시하는 경우에는 자체훈련 지원금 기준단가의 100%에 해당하는 금액을 지원하며, 고숙련·신기술 훈련과정에 대하여는 직종별 훈련비용 기준단가의 300% 범위 내에서 지급할 수 있고, 다른 법령에서 정한 교육으로서 해당 법령에 특정된 직무교육이거나 개별 사업주에 대한 평가 또는 인증 등의 필요에 따라 실시하는 교육은 자체훈련 지원금 기준금액 또는 위탁훈련 지원금 기준금

구 분	지원요건	지원내용
사업주에 대한 직업능력개발 훈련비용의 지원	–사업주가 기능·기술을 장려하기 위하여 근로자 중 생산직 또는 관련 직에 종사하는 근로자로서 우수 숙련기술자 또는 숙련기술 장려 모범사업체에 선정된 연도의 다음 연도 1월 1일부터 3년까지 생산 및 그 관련 직에 종사하는 근로자를 대상으로 유급휴가를 주어 20시간 이상의 훈련을 실시한 경우 ✔ 사업주가 기간제근로자, 단시간근로자, 파견근로자 및 일용근로자(이하 "비정규직 근로자"라 한다), 고령자 또는 준고령자, 생산직 또는 생산 관련 직에 종사하는 근로자로서 고용노동부장관이 기능기술을 장려하기 위하여 필요하다고 인정하거나 고용창출을 위하여 사업주가 근로자를 조별로 나누어 교대로 근로하게 하는 교대제를 새로 실시하거나 조를 늘려 4조 이하의 교대제를 실시한 이후 교대제의 적용을 새로 받게 되는 근로자로서 고용노동부장관이 정하여 고시한 자, 고용노동부장관이 정한 직업능력개발 훈련 및 평가를 받는 것을 조건으로 고용한 근로자에 대하여 직업능력개발 훈련을 실시하는 경우에는 우대 지원할 수 있음 ✔ 사업주가 받을 수 있는 직업능력개발 훈련비용의 연간 총액은 고용안정·직업능력개발사업의 보험료의 100%(우선지원 대상기업 240%). 단, 고용조정 우선지원 기업 130%(우선지원 대상기업 300%)이며, 최소금액은 500만원임	액의 30%(우선지원 대상기업 50%, 상시근로자 1,000인 이상 20%), 외국어 과정은 지원금의 50%, 사업 재편 계획을 승인받은 기업이 근로자의 재취업 교육과 새로 진출한 업종에 대한 교육은 지원금의 80%(우선지원 대상기업 100%, 상시근로자 1,000인 이상 60%), 해당 사업이나 그 사업과 관련되는 사업에서 고용하려는 자에 대한 훈련은 직종별 훈련비용 기준단가×훈련시간×훈련종료 후 90일이 결과한 시점에 채용이 확인된 훈련생 수×약정 기업 취업률에 따른 사업주 규모별 지원율, 채용예정자를 대상으로 한 훈련은 상시근로자 10인 이하 피보험자 수의 300%, 10인 초과 30인 이하 100%, 30인 초과 300인 이하 50%, 300인 초과 1,000인 미만 30%, 1,000인 이상 20% 범위 내에서 지원한 대]+비정규직 근로자를 대상으로 훈련 시 훈련시간×시간급 최저임금액(우선지원 대상기업 120%. 단, 사업주가 훈련시간에 대하여 지급한 임금 한도), 채용예정자나 구직자 대상으로 월평균 120시간 이상 양성훈련을 1개월 이상 실시하고 훈련수당 지급 시 그 한도 내에서 월 20만원+1일 평균 5시간 이상 훈련을 실시하고 숙식을 제공하거나 숙식비를 지급 시 식비 1일 3,300원, 숙식비 1일 14,000원까지 (1개월 이상 과정으로 주5일 이상 연속하여 실시하고 휴일에도 기숙사 운영 시 월 330,000원 한도)+피보험자에게 유급휴가를 주고 훈련 시 소정훈련시간×시간급 최저임금액(우선지원대상기업 최저임금액의 150%. 단, 사업주가 훈련시간에 대하여 지급한 임금 한도)+대체인력 채용 시 대체인력의 채용일부터 훈련종료일까지의 소정근로시간×시간급 최저임금액. 단, 대체인력에게 지급한 임금 한도 –**현장훈련** : 집체훈련 준용. 단, 위탁훈련과 외국어 과정은 제외되며, 고숙련·신기술 훈련과정 및 사업 재편 계획에 따른

구 분	지원요건	지원내용
사업주에 대한 직업능력개발 훈련비용의 지원		근로자의 재취업 교육과 새로 진출한 업종에 대한 교육은 적용하지 않음 –원격훈련 : 훈련과정 심사 등급별 원격훈련 지원금(인터넷 2,970~6,160원, 스마트 교수설계유형 5,940~12,100원 및 기술기반 유형 8,910~18,150원, 우편 2,170~3,960원)×훈련시간×훈련수료인원×원격 훈련 과정 공급 수준에 따른 조정계수(0.7~1.0. 단, 스마트훈련 적용제외)×사업주 규모별 훈련비 지원율[우선지원 대상기업 100%(위탁훈련 90%, 스마트훈련 95%), 상시근로자 1,000인 미만 기업 80%(스마트훈련 90%), 상시근로자 1,000인 이상 기업 40%(스마트훈련 60%), 단, 훈련수료인원이 3,000명 또는 5,000명 초과 시 초과인원에 대하여는 지원금의 15%를 지원하며, 다른 법령에서 정한 교육으로서 해당 법령에 특정된 직무교육이나 개별 사업주에 대한 평가 또는 인증 등의 필요에 따라 실시하는 교육, 외국어 과정 및 채용예정자를 대상으로 한 훈련에 대한 예외규정은 집체훈련과 동일하게 적용한다]
근로자의 직업능력개발을 위한 지원	우선지원 대상기업에 고용된 자, 기간제근로자, 단시간근로자, 파견근로자, 일용근로자, 고용보험에 임의가입한 자영업자, 취업훈련을 신청한 날부터 180일 이내에 이직 예정인 자, 경영상의 이유로 90일 이상 무급휴직 중인 자, 대규모기업에 고용된 45세 이상이거나 최근 3개월간 월 평균임금이 300만원 미만인 자, 사업주가 실시하는 직업능력개발훈련을 수강하지 못한 기간이 3년 이상인 자, 육아휴직 중인 자가 세미나, 심포지엄 등 정보교류 활동 또는 시사·일반상식 등 교양과정, 취미활동, 오락과 스포츠 등을 목적으로 하는 과정, 그 밖에 고용노동부장관이 직업능력개발 훈련과정으로 적합하지 아니하다고 인정하는 과정을 제외한 직업능력개발 훈련과정에 해당하고	–집체훈련 : 정부승인 훈련비×훈련비 지원율[직종평균 취업률에 따라 근로장려금 수급자 72.5~92.5%, 일반훈련생 45~85%, 취성패 2유형 50~85%, 취성패 1유형 80~100%, 외국어·법정직무과정 50%]+훈련장려금[실업상태에 있거나 1개월간 소정근로시간 60시간 미만(1주간 15시간 미만 포함)이거나 근로장려금 또는 자녀장려금을 수급하는 자로서 별도 기준을 충족하는 자, 취업성공패키지 1유형에 참여 중인 자 등이 총 훈련시간 140 이상인 훈련과정을 수강하면서 단위기간 출석률 80% 이상인 경우 출석일수×2,500원(일 소정훈련시간 5시간 미만, 월 50,000원 한도) 또는 5,800원(일 소정훈련시간 5시간 이상, 월 116,000원 한도)]+급식 제공[일평균 소정훈련시간이 5시간 이상이고 급식 제공에 서면

구 분	지원요건	지원내용
	훈련일수 2일 이상, 훈련시간 16시간 이상인 과정을 수강한 경우로서 직업능력개발계좌(내일배움카드)를 발급받은 경우 ✔ 1인당 계좌한도는 300만원, 1회에 한하여 기간제, 파견, 단시간근로자로 재직 중이거나 우선지원 대상기업에 재직 중인 피보험자, 고용위기지역 및 특별고용지원업종 종사자, 당해 연도 기준 중위소득의 50% 초과 60% 이하인 자는 100만원, 당해 연도 기준 중위소득의 50% 이하인 자는 200만원을 추가하여 지원할 수 있고, 계좌발급일로부터 5년간 유효하며 유효기간 만료로 계좌잔액 소멸함	동의한 훈련생 1인당 단위기간별 소정훈련일수 ×3,300원(월 66,000원 한도)]+기숙사 제공[일 소정훈련시간이 5시간 이상이고 주 소정훈련일수가 4일 이상이며 기숙사 제공에 서면 동의한 훈련생 1인당 기숙사 운영일수 ×14,000원(월 350,000원 한도)] – **원격훈련** : 훈련과정 심사 등급별 원격훈련 지원금(인터넷 2,970~6,160원, 스마트 교수설계유형 5,940~12,100원 및 기술기반 유형 8,910~18,150원, 우편 2,170~3,960원)×훈련시간×훈련비 지원율, 그 외 집체훈련 준용
능력개발 비용의 대부 및 지원	피보험자(자영업자는 대부사업 공고일 현재 보험가입 후 합산하여 180일이 지난 자로 한정)가 자기비용으로 학교나 시설(기능대학, 전문대학 또는 대학졸업자와 동등한 학력·학위가 인정되는 원격형태의 평생교육시설, 고등교육법 제2조의 학교)에 입학하거나 재학하는 경우, 세미나, 심포지엄 등 정보교류 활동 또는 시사·일반상식 등 교양과정, 취미활동, 오락과 스포츠 등을 목적으로 하는 과정, 그 밖에 고용노동부장관이 직업능력개발훈련 과정으로 적합하지 아니하다고 인정하는 과정을 제외한 직업능력개발 훈련과정을 수강하는 경우 ✔ 우선지원 대상기업의 피보험자(자영업자는 제외) 중 성적이 우수한 자에게 예산범위 내에서 학자금의 전부 또는 일부 지원가능	– **대부금액** : 해당 학기 학자금(수업료 및 그 밖의 납부금) 전액에서 장학금이나 보조금으로 지원받거나 지자체 및 공공기관으로부터 지원 또는 대부받은 금액을 뺀 금액, 직업능력개발훈련 수강료에서 사업주 등으로부터 지원받거나 직업능력개발훈련을 받을 것이 명백한 경우 그 지원금을 제외한 금액(단, 해당 보험연도 1인당 300만원 한도) – **대부횟수** : 대학의 총학기수

4 고용창출지원사업

고용환경 개선, 근무형태 변경 등으로 고용의 기회를 확대한 사업주에게 필요한 지원을 하는 사업으로서 일자리함께하기 지원사업, 고용환경개선 지원사업, 지역·성장산업 고용 지원사업, 전문인력채용 지원사업 등이 있다.

▍고용창출지원사업별 지원요건 및 지원수준▐

구 분	지원요건	지원수준
일자리 함께하기 지원사업	–1년 이상 재직하고 있는 근로자를 대상으로 30일 이상의 유급휴가를 부여하여 120시간 이상의 훈련을 실시하거나 30일 이상의 안식휴가를 부여하는 일자리순환제를 실시한 경우 –교대제를 새로 실시하거나 조를 늘려 실시(4조 이하로 실시하는 경우에 한함)한 경우 –사업계획서상의 실근로시간 단축조치 시작일 이후 3개월간 전체근로자의 주평균 초과근로시간이 단축조치를 시작한 날이 속한 달의 직전 3개월간 전체근로자의 주평균 초과근로시간보다 2시간 이상 단축하는 실근로시간 단축제를 실시한 경우로서, –일자리함께하기 제도를 도입한 다음 달부터 3개월마다 그 사업의 월평균 근로자 수가 일자리함께하기 제도 도입한 날이 속한 달의 직전 3개월의 월평균 근로자 수를 초과하여 실업자를 새로 고용한 경우일 것 –사업계획서 승인 통보서를 받은 날이 속한 다음 달부터 6개월 이내(불가피한 사유로 6개월 이내에서 연장된 경우에는 연장된 날)에 취업규칙·단체협약 등을 개정한 후 제도도입을 할 것 –행정기관, 공공기관, 지방공기업, 주점업, 사행시설 관리 및 운영업, 무도장 운영업, 임금 등을 체불하거나 중대 산업재해 발생 등으로 명단이 공개 중인 사업주, 이직 당시의 사업주와 같은 경우, 신청 기간(12개월)을 지나 신청한 경우 등 지원제외 사업주가 아닐 것	–**지원수준** : 증가된 근로자 수(도입 후 월평균근로자 수–도입 전 월평균근로자 수)×3개월 단위 1~2년간 회차별 180~270만원(총 720~2,160만원, 도입 전 월평균근로자 수의 1/3 한도)+우선지원 대상기업으로서 총설비투자비의 1/3 범위 내에서 제도도입 후 6개월간 증가근로자 수가 5인 이상인 경우(100~300인 미만 7인 이상, 300~500인 이하 15인 이상) 1인당 500만원(제조업은 1,000만원)씩 최대 2억원 한도 지원+설비투자 소요비용의 2/3 범위 내에서 최대 50억원(설비투자비를 지원받는 우선지원 대상기업은 최대 25억원) 융자(대출금리 1~2%, 1년 거치 4년 균등 상환)+우선지원 대상기업으로서 근로시간 단축으로 감소된 임금감소분 중 사업주가 보전한 임금의 1/2 범위 내에서 제도 도입 후 3개월간 증가근로자 수가 5인 이상인 경우(100~300인 미만 7인 이상, 300~500인 이하 15인 이상) 1인당 최대 10만원씩 최대 5억원 한도 지원. 단, 증가근로자 수 1인당 임금 감소 근로자 10명(제조업은 20명)을 한 도로 최대 6개월간 지원 –**지원제외 근로자** : 근로계약 기간을 정한 근로자(단, 사업완료 등으로 2년을 초과하는 기간을 정한 경우, 55세 이상인 자와 기간을 정한 근로계약을 체결하는 경우, 취업취약계층과 1년 이상 근로계약을 체결하는 경우 등 제외), 최저임금액 미만의 임금을 지급받기로 한 근로자(최저임금 적용제외 인가자 제외), 고용 후 정년까지의 기간이 2년 미만인 근로자, 사업주(법인의 대표이사 포함)의 배우자, 직계 존·비속, 거주(F–2)·영주(F–5)·결혼이민자(F–6)를 제외한 외국인, 고용보험 미가입자
고용환경 개선지원	–중소기업인력지원특별법시행령 제2조에서 정한 업종(부동산업, 일반유흥 주점업, 무도유행 주점업, 기타 주점업, 기타 갬블링 및 배팅	–**지원수준** : 고용환경개선 투자금액의 1/2(10인 미만 사업장은 2/3) 범위 내에서 5천만원 한도로 지원+투자금의 2/3 범위 내에

구 분	지원요건	지원수준
고용환경 개선지원	업)을 제외한 업종으로서 우선지원 대상기업에 해당할 것 –사업주가 승인된 개선계획에 따라 기숙사, 구내식당, 사내 교육시설, 목욕시설, 체력단련시설(옥외시설 포함), 통근차량(16인승 이상 중형 또는 대형승합자동차) 등의 시설에 1천만원 이상(뿌리기업은 500만원 이상)을 투자할 것 –사업계획서를 승인받은 날부터 1년 또는 6개월(불가피한 사유로 6개월 이내에서 연장승인받은 경우 그 기간) 이내에 고용환경개선 또는 주택 구입·임차를 완료하고 고용창출지원사업 제도도입 등 신고서 등을 그 완료일로부터 1개월 이내에 지방고용노동관서의 장에게 제출할 것 –고용환경개선 완료일이 속한 달의 다음 달부터 3개월 동안의 월평균 근로자 수가 고용환경개선 완료일이 속한 직전 달의 직전 3개월 동안의 월평균 근로자 수를 초과할 것. 단, 융자지원금은 증가근로자 수와 관계없이 지원 –지원대상 시설 또는 융자금을 4년 이내에 목적 외 용도로 사용하거나 매각·종료하지 아니할 것	서 최대 2억 5천만원까지 융자지원(연리 1%, 1년 거치 4년 균등 상환)+증가된 근로자 수 1명당 120만원(30명 한도)을 합산한 금액 지원 ✔ 시설비용지원은 순고용증가 인원 수와 연계하여 차등지원(1명 이상 2명 미만 증가 시 1천만원, 2명 이상 3명 미만 증가 시 2천만원, 3명 이상 4명 미만 증가 시 3천만원, 4명 이상 5명 미만 증가 시 4천만원, 5명 이상 증가 시 5천만원) –**지원제외 근로자** : 일자리함께하기 지원사업과 동일
지역·성장산업 고용지원	–신성장동력산업에 해당하는 창업 후 6개월 이상 5년 이내의 피보험자 수 10인 미만인 사업주 또는 5대 유망서비스업(보건의료, 교육, 관광, 금융, SW)에 해당하는 창업 후 6개월 이상 5년 이내의 우선지원 대상기업의 사업주가 실업자를 고용보험 피보험자로 신규 고용하되, 지원대상 근로자의 고용유지기간이 3개월 이상이어야 하며, 고용 전 3개월부터 고용 후 12개월까지 해당 사업장의 근로자(지원대상자보다 나중에 고용한 근로자는 제외)를 고용조정으로 이직시키지 아니할 것 –산업통상자원부장관이 지정하는 국내복귀	–**지원수준** : 성장유망업종에서 근로자를 고용하고 매 3개월 이상 고용을 유지한 경우 새로 고용된 근로자 1명당 1년간 4차로 구분하여 각각 180만원(제조업의 경우 270만원)을 지급하되, 5대 유망서비스산업 분야의 사업주가 청년(15~34세)을 고용하고 매 3개월 이상 고용을 유지한 경우 2년간 8차로 구분하여 임금의 75%를 한도로 각각 180만원(제조업의 경우 270만원)을 지급(단, 동일 사업주에 대하여 누적하여 3명 한도) 국내복귀 기업에서 증가된 근로자 1명당 1년간 3개월 단위로 180만원, 총 720만원(제조업 270만원, 총 1,080만원) 지급하되, 매

PART 3 4대보험 관리

구 분	지원요건	지원수준
지역·성장산업 고용지원	제조업으로서 국내복귀 기업 선정(국내복귀 기업 지정일) 후 6개월 이내인 우선지원 대상기업의 사업주가 실업자를 고용보험 피보험자로 신규 고용하여 사업계획서 승인 통보서를 받은 날이 속한 다음 달부터 3개월이 경과된 이후 매월 3개월마다 그 기간의 월평균 근로자 수가 사업계획서 제출일 속한 달의 직전 3개월간의 월평균 근로자 수보다 1명 이상 초과할 것 –지역특화산업으로서 인력수급이 원활하지 못한 업종에 해당하여 고용지원이 필요할 것	회차 100명 이내 지역특화산업·인력수급불일치 업종에서 근로자를 고용하고 매 3개월 이상 고용을 유지한 경우 1년간 4차로 구분하여 임금의 75%를 한도로 각각 180만원(제조업의 경우 270만원)을 지급(단, 사업계획서 제출일이 속한 달의 직전 3개월간 월평균 고용보험 피보험자 수의 30% 이내) –**지원제외 근로자** : 일자리함께하기 지원사업과 동일
전문인력 채용지원	–중소기업인력지원특별법시행령 제2조에서 정한 업종(부동산업, 일반유흥 주점업, 무도유행 주점업, 기타 주점업, 기타 갬블링 및 배팅업)을 제외한 업종으로서 우선지원 대상기업에 해당할 것 –경영기획·인사노무·능력개발·재무·지적재산권·마케팅관련 전문인력, 제품·기술개발관련 전문인력, 기술·기능관련 전문인력, 안전 또는 보건관리자 업무 전담인력을 고용보험 피보험자로 새로 고용하거나 전문인력을 우선지원 대상기업이 아닌 다른 기업으로부터 지원받아 해당 전문분야에 근로하게 할 것. 단, 전문인력을 지원받는 경우에는 근로자를 서로 교환하는 경우가 아니며, 지원하는 기업이 근로자대표와 협의를 거친 후 그 전문인력의 동의를 받아 실시하여야 하고, 1년 이상 지원받아 사용한 전문인력을 다시 지원받는 경우가 아니며, 상호협약을 맺고 시행하되 전문인력의 임금 중 40% 이상을 그 전문인력을 지원하는 기업이 부담하는 경우일 것 –지원대상 근로자의 고용(사용)기간이 3개월 이상이어야 하며, 고용(사용) 전 3개월부터 고용(사용) 후 12개월까지 해당 사업장의 근로자(지원대상자보다 나중에 고용한 근로자는 제외)를 고용조정으로 이직시키지 아니할 것	–**지원수준** : 근로자를 고용(사용)하고 매 3개월 이상 고용을 유지한 경우 1년간 4차로 구분하여 각각 270만원 지급하되, 안전·보건관리자에 대하여는 2년간 지원. 단, 동일사업주에 대하여 누적하여 3명 한도(50세 이상인 전문인력을 추가로 고용하거나 지원받아 사용함으로써 3명을 초과하는 경우에는 4명 한도) –**지원제외 근로자** : 일자리함께하기 지원사업과 동일

5 고용조정지원사업

경기의 변동, 산업구조의 변화 등에 따른 사업규모의 축소, 사업의 폐업 또는 전환으로 고용조정이 불가피하게 된 사업주를 지원하는 제도로서 고용유지원금, 이직예정자 등 재취업지원 등이 있다.

| 고용조정지원사업별 지원요건 및 지원수준 |

구 분	지원요건	지원수준
고용유지 지원금	– 고용유지조치를 실시하는 첫날이 속하는 직전 월(기준월)의 말일 재고량을 기준으로 직전연도의 평균재고량에 비하여 50% 이상 증가하거나 직전월의 생산량(매출액), 직전 3월의 월평균 생산량(매출액) 또는 직전연도의 월평균 생산량(매출액)에 비하여 15% 이상 감소한 경우, 기준월의 재고량(매출액)과 기준월 직전 2분기의 월평균 재고량(매출액)이 계속 증가(감소)추세에 있는 경우, 사업의 일부 부서의 폐지감축이나 일부 생산라인의 폐지 등으로 사업규모를 축소한 경우, 자동화시설을 설치하거나 작업형태·생산방식을 변경한 경우, 경영악화된 사업을 인수하여 종전 사업근로자의 60% 이상이 그 사업에 재배치되고 종전 사업의 근로자가 그 사업지분의 50%를 초과하여 취득하고 있는 경우 등 고용조정이 불가피하게 된 사업주일 것. 단, 재난 등으로 급격히 악화된 고용사정이 6개월 이상 계속되는 경우에는 재고량 증가, 생산량 또는 매출액 감소를 비교하는 시점을 각각 달리 정하여 고시할 수 있음 – 피보험자격 취득 후 90일이 지난 피보험자[우선지원 업종 또는 지역의 사업주 또는 재난 등으로 고용사정이 급격히 악화된 경우에는 대상이 되는 피보험자의 피보험자격 취득기간을 고시기간으로 달리 정할 수 있으며, 일용근로자, 해고예고된 자, 경영상 이유에 따른 권고에 따라 퇴직이 예정된 사람 및 사업주(사업주가 법인인 경우에는 그 대표자를 말한다)의 배우자 및 직계존속·	– **지원수준** : 근로시간 조정, 교대제 개편, 휴업 또는 휴직 등으로 단축된 근로시간 또는 휴직기간에 대하여 임금을 보전하기 위하여 지급한 금품의 2/3(단축된 근로시간이 1개월간 50% 미만인 대규모기업의 경우 1/2). 단, 고용사정이 악화되어 고시하는 기간은 3/4 이상 9/10 이하로서 고시하는 비율(대규모기업의 경우 2/3) – **지원한도** : 1인당 1일에 급여기초임금일액 상한액(11만원)의 60%. 단, 그 금액이 최저일급의 80%을 곱한 금액보다 낮은 경우 최저일급의 80%를 곱한 금액을 상한액으로 함 – **지원기간** : 당해 보험연도 기간 동안 180일 한도 ✔ **무급휴업.휴직 고용유지지원금** 고용조정이 불가피하게 된 사업주가 고용조정 대신에 소정의 피보험자 수에 대하여 30일 이상 휴업을 실시하고 그 기간 동안 노동위원회 승인을 받아 휴업수당을 지급하지 않거나 평균임금의 50% 미만에 해당하는 휴업수당을 지급하는 경우 또는 직전 1년 이내에 전체 피보험자 총근로시간의 20% 초과하여 근로시간을 단축하거나 피보험자의 20% 이상에 대한 1월 이상의 휴직을 하는 고용유지조치를 3개월 이상 실시한 후 소정의 피보험자 수에 대하여 30일 이상의 휴직을 실시하고 그 기간 동안 근로자대표와의 합의에 따라 휴직수당 등 금품을 지급하지 않는 경우 해당 피보험자의 평균임금의 50% 범위에서 고용노동부장관이 정하는 금액을 해당 피보험자에게 지급. 이 경우 사업주는 피보험자의 직업능력 개발.향상 등을 위하여 필요한 조치가 포함된 고용유지조치계획을 수립하여

구 분	지원요건	지원수준
고용유지 지원금	비속은 그 대상에서 제외한다]를 감원하지 않고 휴업, 휴직, 인력재배치 등 다음과 같이 고용유지조치로 근로자의 계속고용을 유지할 것 ✔ 근로시간 조정, 교대제 개편 또는 휴업 등을 통하여 역에 따른 1개월 단위의 전체 피보험자 총근로시간(고용유지조치를 시작한 날이 속하는 달의 전체 피보험자의 소정근로시간의 합계로 하되, 연장근로가 반복적으로 이루어진 경우 고용유지조치를 시작한 날이 속한 달의 직전 3개월부터 직전 1개월까지의 기간 동안 전체 피보험자가 근로한 시간의 합계를 월평균한 것으로 한다)의 20%를 초과하여 근로시간을 단축하고 그 단축된 근로시간의 임금을 보전하기 위하여 금품을 지급할 것 ✔ 1월 이상 휴직을 부여하고 그 휴직기간에 대하여 임금을 보장하기 위해 금품을 지급할 것 – 고용유지조치를 실시하는 기간과 이후 1개월 동안에 정리해고, 권고사직, 비자발적 명예희망퇴직 등 인위적 감원조치를 하지 않을 것 – 고용유지조치기간 동안 근로자를 새로이 고용하거나 3년 이상 연속하여 같은 달에 고용유지조치를 실시하지 않은 경우 또는 고용유지조치를 하려는 날의 전날 이전 2년 동안 고용유지지원금을 지급받은 사실이 있는 경우에는 그 고용유지조치 기간의 마지막 날의 다음 날부터 6개월 이내에 고용조정으로 소속 피보험자의 100분의 10 이상을 이직시킨 경우가 아닐 것. 단, 관할지방고용노동관서의 장이 불가피하다고 인정하는 경우 제외 – 고용유지조치를 실시하고 있는 사용사업주 또는 도급사업주의 사업장에서 종사하는 피보험자를 대상으로 고용유지조치를 취하여 그 고용유지조치 기간과 이후 1개월 동안 고용조정으로 해당 피보험자를 이직시키지 않은 파견사업주 또는 수급사업주에게도 그 단축된 근로시간 또는 휴직기간을 산정하여 고용유지지원금 지급	제출하여야 하며 피보험자 1인당 매월 10만원 범위 내에서 이에 소요되는 비용에 대한 지원금을 사업주에게 지급 ✔ **고용안정 협약 지원금** 고용조정이 불가피하게 된 사업주(무급휴업·휴직 고용유지지원금 지급요건에 해당하는 사업주 제외)가 단체협약의 체결, 취업규칙의 변경, 근로계약의 변경 또는 그 밖의 상호 합의를 통해 해당 사업에 고용된 전체 피보험자의 고용을 유지하면서 임금을 감소하고 지원기간과 그 이후 1개월 동안 고용조정 등 비자발적 퇴직으로 이직시키지 않는 경우 최대 6개월간 1개월 임금감소액 중 승인받은 금액의 50% 지급(1인당 1개월에 50만원, 사업장 단위로 20억원 한도)

구 분	지원요건	지원수준
이직 예정자 등 재취업 지원	– 고용조정이 불가피한 사업주가 단독이나 공동으로 해당 사업의 피보험자 또는 피보험자였던 자로서 고용조정, 정년 또는 근로계약기간 만료에 따른 이직 또는 이직예정자에게 신속한 재취업을 지원하기 위하여 필요한 시설을 갖추거나 외부기관에 위탁하여 재취업지원에 필요한 서비스를 제공하는 경우	

6 고용촉진지원사업

고령자 등 노동시장의 통상적인 조건하에서는 취업이 특히 곤란한 자의 고용을 촉진하기 위하여 고령자 등을 새로이 고용하거나 이들이 고용안정에 필요한 조치를 취하는 사업주 또는 사업주가 취하는 고용안정조치에 해당된 근로자에 대하여 지원하는 제도로서 고용촉진장려금, 출산육아기 고용안정장려금 등이 있다.

| 고용촉진지원사업별 지원요건 및 지원수준 |

구 분	지원요건	지원수준
고용촉진 장려금	–직업안정기관 등에 구직등록을 한 사람으로서 취업이 특히 곤란한 사람을 대상으로 하는 취업지원프로그램을 이수한 자, 중증장애인으로서 1개월 이상 실업상태에 있는 자, 가족부양의 책임 있는 여성실업자 중 배우자가 없는 여성으로서 근로능력이 없는 자를 부양하고 있거나 근로능력이 없는 배우자를 부양하고 있는 국민기초생활보장법상 취업대상자 또는 한부모가족지원법상 보호대상자에 해당하고 1개월 이상 실업상태에 있는 자, 도서지역에 거주하여 취업지원프로그램 참여가 어려운 자로서 1개월 이상 실업상태에 있는 자를 피보험자로 6개월 이상 고용할 것 –근로계약기간을 단기간인 경우 등으로 고용하는 경우, 대규모기업이 만 29세 이하인 실업자로서 고등교육법 제2조의 학교	–**지원수준** : 고용한 날부터 매 6개월마다 그 지급시기가 도래하는 때에 360만원(대규모기업 180만원)을 12개월분까지 지급. 단, 취업성공패키지 I 유형의 기초생활수급자, 중증장애인 또는 가족부양 책임이 있는 여성실업자 중 1개월 이상 실업상태에 있는 자는 24개월분까지 지급 –**지원한도** : 사업주가 부담하는 임금의 80% 이내에서 상기 고시된 금액에 고용된 피보험자 수를 곱하여 지급하되 지급대상이 되는 피보험자의 수는 해당 사업의 직전 보험연도 말일 기준 피보험자 수의 30%(소수점 이하 버림)를 한도로 지원. 단, 새로 고용한 피보험자 수가 30명 이상인 경우 30명, 직전 보험연도 말일 기준 피보험자 수가 10명 미만인 경우 10명, 피보험자가 없는 경우 근로자가 새로 고용된 해의 보험관계성립일 현재 기준 피보험자 수의 30%(피보험

PART 3 4대보험 관리

구 분	지원요건	지원수준
고용촉진 장려금	를 졸업하고 구직기간이 12개월 미만인 자를 고용하는 경우, 고용 전 3개월 전부터 고용 후 1년까지(고용기간이 1년 미만인 경우에는 그 고용관계 종료 시까지) 고용조정으로 근로자(고용촉진장려금 지급대상 근로자보다 나중에 고용된 근로자는 제외)를 이직시키는 경우, 지급대상자를 고용한 사업주가 해당 근로자의 이직(고용하기 전 1년 이내 이직한 경우에 한함) 당시의 사업주와 같은 경우(단, 고용조정에 따른 해고자를 우선 재고용하거나 일용근로자를 무기계약직으로 다시 고용한 경우 제외), 장애인 고용의무를 이행하지 않은 사업주가 그 장애인 고용의무가 이행되기 전까지 장애인(중증장애인은 제외)을 새로 고용한 경우에 해당하지 않을 것 –임금 등을 체불하거나 중대 산업재해 발생 등으로 명단이 공개 중인 사업주가 아닐 것 –행정기관, 공공기관, 지방공기업, 주점업, 사행시설 관리 및 운영업, 무도장 운영업이 아닐 것 –신청 기간(12개월)을 지나 신청한 경우가 아닐 것	자 수가 10명 미만인 경우 3명으로, 피보험자 수의 30%가 30명을 초과하는 경우 30명으로 함)에서 지급대상자 고용일의 직전 3년간 고용촉진장려금의 지급대상이 되었던 피보험자 수를 제외한 인원 한도 –**지원제외 근로자** : 일자리 함께하기 지원사업과 동일. 단, 최저임금액 미만 대신 사업주가 신고한 월평균보수 110만원 미만인 근로자 지원제외
임금 피크제 지원금	–사업주가 근로자대표의 동의를 받아 정년을 60세 이상으로 연장하거나 정년을 56세 이상 60세 미만으로 연장하면서 55세 이후부터 일정나이, 근속시점 또는 임금액을 기준으로 임금을 감액하는 임금피크제를 시행할 것 –정년을 55세 이상으로 정한 사업주가 정년에 이른 사람을 재고용(재고용기간이 1년 미만인 경우 제외)하면서 정년퇴직 이후부터 임금을 정년퇴직 당시보다 줄이는 경우 –사업주가 위의 각 제도를 시행하면서 주당 소정근로시간을 15시간 이상 30시간 이하로 단축하는 경우 –해당 사업주에게 고용되어 18개월 이상 계속 근무한 자로서 임금피크제 적용으로 각각 10~20%(상시근로자 수 300인 미만인 사업	–**지원금액** : [피크임금×임금피크제 적용 이후 연도별 임금인상율×70~90%(피크제 유형, 삭감 후 기간, 300명 미만 사업장 여부 감안)]–[근로소득–임금피크제 지원금] 단, 연간 지급한도액은 1,080만원(정년 60세 미만 연장형 720만원, 재고용형 600만원, 근로시간 단축형 500만원)으로 하며, 해당 연도 근로소득과 임금피크제 지원금 지급액의 합계액이 7,250만원(근로시간 단축형 6,340만원)을 초과할 수 없음 –**지원기간** : 임금피크제가 적용되는 때부터 5년 ✔ 사업주 지원 : 정년연장형 또는 재고용형 임금피크제를 시행하면서 주당 소정근로시간을 15시간 이상 30시간 이하로 단축한 경우 [월별 30만원×임금피크제 근로시간단축 근로자 수] 에 상당하는 금액 1년간 지급

구 분	지원요건	지원수준
임금 피크제 지원금	10%), 20%(상시근로자 수 300인 미만인 사업 10%) 또는 30% 이상 임금수준이 낮아진 경우. 단, 해당 연도 근로소득(비과세소득 제외)의 연간 총 합계액에서 임금피크제 지원금을 빼고 남은 금액이 7,250만원을 초과한 자 제외	
출산 육아기 고용안정 장려금	– 피보험자인 근로자에게 육아휴직 또는 육아기 근로시간 단축을 30일(출산전후휴가기간 90일과 중복되는 기간 제외) 이상 허용한 우선 지원대상기업일 것 – 피보험자인 근로자에게 출산전후휴가, 유·사산휴가, 육아휴직 또는 육아기 근로시간 단축을 30일 이상 부여하거나 허용하고 대체인력을 고용하거나 파견근로자를 대체 인력으로 사용한 경우로서 출산전후휴가, 유·사산휴가 또는 육아휴직등의 시작일(출산전후휴가에 연이어 유·사산휴가 또는 육아기 근로시간 단축을 시작하는 경우 출산전후휴가 시작일) 전 2개월이 되는 날부터 새로 대체인력을 고용 또는 파견근로자를 대체인력으로 사용하여 30일 이상 계속 고용·사용하거나 임신 중에 60일을 초과하여 근로시간 단축을 허용하고 30일 이상 대체인력을 고용 또는 파견근로를 대체 인력으로 사용한 경우로서 근로시간 단축 종료에 연이어 출산전후휴가, 유·사산휴가 또는 육아휴직등을 시작한 이후에도 대체인력을 계속 고용·사용하고, 새로 대체 인력을 고용하기 전 3개월부터 고용 후 1년까지(대체인력의 고용기간이 1년 미만인 경우 그 고용종료 시까지) 고용조정으로 다른 근로자(새로 고용한 대체인력보다 나중에 고용된 근로자는 제외)를 이직시키지 말 것 – 피보험자인 근로자에게 육아휴직등을 30일 이상 허용하거나 부여한 경우로서 해당 근로자의 업무 전부 또는 일부를 대신하여 수행할 업무분담자를 지정하고 해당 업무 분담자에게 업무분담에 대한 금전적 지원	– **육아휴직 또는 육아기근로시간 단축을 부여한 경우** : 1년 한도로 30만원(임신 중 육아휴직 포함 만 12개월 이내 자녀 대상 3개월 이상 육아휴직 부여 시 첫 3개월까지는 매월 200만원, 육아기 근로시간 단축을 한번도 사용하지 않은 사업장에서 최초로 육아기 근로시간 단축을 허용한 경우에는 세번째 허용 사례까지는 월 10만원의 인센티브 추가)에 근로자가 육아휴직 등을 사용한 개월(공공기관의 근로자가 육아휴직을 한 경우 그 기간은 제외) 수를 곱하여 산정한 금액 지급(일할계산 가능) ✔ 50%에 해당하는 금액은 육아휴직등을 시작한 날이 속하는 다음 달부터 3개월마다 지급하고 나머지 금액은 육아휴직등이 끝난 후 6개월이 지난 날부터 한꺼번에 지급 – **출산전후휴가, 유·사산휴가, 육아휴직 또는 육아기 근로시간 단축을 부여 또는 허용하고 대체인력을 고용 또는 사용한 경우** : 사업주가 부담하는 임금의 80% 이내에서 120만원(최대 2개월의 인수인계기간에도 동일기준 적용, 육아기 근로시간 단축의 경우 단축 근로시간의 범위에서 대체인력으로 근무한 시간에 비례하여 산정)에 출산전후휴가 등을 사용한 기간(육아기 근로시간 단축 등을 사용하기 전 2개월간의 업무 인수인계기간 포함) 중 대체인력을 고용 또는 사용한 개월 수를 곱하여 산정한 금액 지급(일할계산 가능). 단, 사업주가 대체인력에게 지급한 임금액 또는 근로자파견의 대가를 초과할 수 없으며 다른 지원금 또는 장려금 등이 있는 경우 해당 금액을 뺀 금액 지급 ✔ 업무인수인계기간은 대체인력지원금의 100%를 출산전후휴가, 유·사산휴가, 육아휴직 또는

구 분	지원요건	지원수준
출산 육아기 고용안정 장려금	을 한 우선지원대상기업일 것. 다만, 육아기 근로시간 단축 근로자에 대한 업무분담자를 지정한 경우에는 육아기 근로시간 단축 근로자의 단축된 근로시간이 주당 10시간 이상이어야 함 –임금 등을 체불하거나 중대 산업재해 발생 등으로 명단이 공개 중인 사업주가 아닐 것 –행정기관, 공공기관, 지방공기업, 주점업, 사행시설 관리 및 운영업, 무도장 운영업이 아닐 것	육아기 근로시간 단축을 시작한 후 30일이 지난 날부터 지급하고, 출산전후휴가, 유·사산 휴가, 육아휴직 또는 육아기 근로시간 단축의 기간은 대체인력지원금의 50%에 해당하는 금액을 출산전후휴가, 유·사산휴가, 육아휴직 또는 육아기 근로시간 단축을 시작한 날이 속하는 달의 다음달부터 3개월마다 지급하며, 나머지 금액은 출산전후휴가, 유·사산 휴가 또는 육아기 근로시간 단축이 끝난 후 1개월(해당 근로자의 자기 사정으로 인하여 1개월 이상 계속 고용하지 못한 경우 포함)이 끝난 다음 날부터 한꺼번에 지급 –육아휴직, 육아기 근로시간 단축 근로자의 업무를 분담하고 금전적 지원을 한 경우 : 육아휴직, 육아기 근로시간 단축 근로자 1명당 월 20만원을 한도로 사업주가 업무분담자(최대 5명까지 지정 가능)에게 지급한 금액의 100%를 지급하되, 사업주가 근로자에게 업무분담을 사유로 지급한 금액을 초과할 수 없으며 다른 지원금 또는 장려금 등이 있는 경우 해당 금액을 뺀 금액을 지급 –**지원제외 근로자** : 최저임금액 미만의 임금을 지급받기로 한 근로자(최저임금 적용제외 인가자 제외), 사업주(법인의 대표이사 포함)의 배우자, 직계 존·비속, 거주(F-2)·영주(F-5)·결혼이민자(F-6)를 제외한 외국인, 고용보험 미가입자

7 고용안정 및 취업촉진사업

피보험자의 채용·장기근속 및 전직지원, 고령자·여성·장애인인 피보험자의 고용환경개선, 건설근로자의 고용안정, 기간제·파견·단시간근로자·안전관리자·보건관리자의 고용안정, 단시간근로자로의 전환지원 지원, 근무형태 변경 등 고용환경개선을 통한 일·가정 양립 지원 등 피보험자의 고용안정 및 취업을 촉진하기 위한 사업을 실시하는 자에게 필요한 비용을 지원 또는 대부하는 제도로서 고용관리 진단 등 지원, 고령자 고용환경개선자금 융자, 장애인 고용시설 등의 설치·수리에 필요한 비용의 융자·무상 지원, 장애인 고용관리비용지원 및 보조공학기기 지원, 여성고용친화시설 융자 및 직장어린이집 설치비용 지원, 직장어린이집 인건비 및 운영비 지원 등이 있다.

| 고용안정 및 취업촉진사업별 지원요건 및 지원수준 |

구 분	지원요건	지원수준
고령자 고용환경 개선자금 융자	–고용보험에 가입하고 보험료를 체납하고 있지 않은 사업주일 것 –신청일 현재 준고령자 및 고령자를 고용하고 있거나 융자대상시설 등의 설치, 개선, 교체, 구입이 완료되기 전까지 준고령자 및 고령자를 고용할 계획이 있는 사업주일 것 –고용보험법 등에 따라 정부로부터 고령자 고용환경개선 융자사업과 동일한 품목으로 시설 및 장비를 지원받고 있는 사업주가 아닐 것 –융자대상자 결정통보일 이후 직접 설치하거나 사용할 목적으로 융자대상시설 등을 취득할 것 –고령자 고용환경 개선완료 시까지 융자금 1억원당 준고령자 또는 고령자 1명을 신규 고용하여 융자기간 동안 유지할 것	–융자대상시설 등을 설치, 개선, 교체, 구입하는 데 필요한 자금 중 신청한 금액 범위 내로 하되, 10억원 한도 –융자금에 대한 이율 연 1%, 거치기간 3년, 균등분할 상환기간 5년
직장 어린이집 시설 설치비 지원	–고용보험에 가입한 사업장의 사업주(사업주 단체의 대표사업주 포함)로서 단독 또는 공동으로 직장어린이집을 설치하려 하거나 중소기업 공동직장어린이집을 설치하려는 경우, 불가피한 사유로 운영 중인 직장어린이집을 이전하려 하거나 보육영유아 수 증가 등의 사유로 시설을 확충 또는 개보수하려 하거나 교재교구를 교체하려는 경우에 해당할 것 –신청기간이 지나거나 지원 신청일까지 고용보험료를 체납하지 말 것 –시설설치비용 지원결정이 취소되거나 지원결정이 취소되어 지원금을 지급받지 아니한 자로서 해당 지원금 신청일부터 1년이 지나지 아니한 사업주가 아닐 것 –고용노동분야 국고보조사업 관리규정 제9조 제4호 각 호에 해당하지 아니할 것	–**시설건립비**(매입비) : 소요비용의 90%(매입비 40%), 최대 4~20억원 한도. 단, 우선지원 대상기업에 한함 –**시설전환비** : 소요비용의 90%, 최대 4~20억원 지원한도액의 잔액 범위에서. 단, 대규모 기업은 소요비용의 60%(영아전담 또는 장애아전문 80%), 최대 3~6억원 한도 –**시설개보수비** : 소요비용의 90%, 5년이 지날 때마다 1회씩 최대 1억원 한도 –**교재교구비**(교체비) : 소요비용의 90%, 최대 7천만원(교체비는 3년이 지날 때마다 1회씩 3천만원) 한도. 단, 대규모 기업은 소용비용의 60%(영아전담 또는 장애아전문 80%), 최대 5천만원(교체비 3천만원) 한도 ✔ 시설설치비 지원금은 단위 사업장 기준 최대 어린이집 3개소까지 지원

구 분	지원요건	지원수준
직장 어린이집 인건비 및 운영비 지원	-사업주가 단독 또는 공동으로 사업장의 근로자를 위하여 정식 인가를 받아 자격을 가진 직장어린이집 원장과 보육교사를 고용하고 사업장 소속의 피보험자 자녀 수가 전체 보육 영유아 수의 3분의 1(매월 말일 기준) 이상이거나 4분의 1 이상이면서 피보험자(다른 사업장 소속 피보험자 포함)의 자녀의 수가 2분의 1 이상인 직장어린이집을 설치·운영한 경우 -인건비 지원 대상은 월 중 유급고용일수가 20일 이상인 보육교사, 원장, 조리원에 한하며, 직장어린이집 원장의 인건비 지원의 경우 매월 말일 기준 보육영아 수가 20인 이상인 경우에 한함 -운영비에 대한 지원은 우선지원 대상기업의 사업주(직장어린이집에서 보육하는 영유아 중 우선지원 대상기업 소속 피보험자의 자녀 수가 전체 보육 영유아 수의 50% 이상인 사업주 단체 포함)에 대한 영유아보육에 직접적으로 필요한 운영비에 한정함	-인건비 : 직장어린이집의 보육교사 등에 대한 인건비 지원금액×월 중 유급고용일수가 20일 이상인 보육교사, 원장, 조리원 수×[(전체 보육영유아 수-피보험자의 자녀가 아닌 자의 수)/전체 보육영유아 수] ✔ 보육교사 등에 대한 인건비 지원금액 : 월평균 주 40시간 이상인 경우 1명당 월 60만원(우선지원 대상기업 월 120만원), 월평균 주 30시간 이상 40시간 미만인 경우 월 55만원(우선지원 대상기업 월 105만원), 월평균 주 20시간 이상 30시간 미만인 경우 월 40만원(우선지원 대상기업 월 75만원), 월평균 주 15시간 이상 20시간 미만인 경우 월 30만원(우선지원 대상기업 월 45만원) -운영비 : 보육아동 수가 100명 이상인 경우 월 520만원, 99명 이하인 경우 월 440만원, 79명 이하인 경우 월 360만원, 59명 이하인 경우 월 280만원, 39명 이하인 경우 월 200만원

8 출산전후휴가 및 육아휴직 급여

출산전후휴가 또는 육아휴직 중인 피보험자의 생활안정을 위하여 출산전후휴가급여, 육아휴직급여 등을 지급할 수 있다.

| 출산전후휴가 급여 등의 지원요건 및 지원수준 |

구 분	지원요건	지원수준
출산전후 휴가급여 등	-출산전후휴가 또는 유·사산휴가를 받은 경우와 배우자출산휴가 및 난임치료휴가를 받은 경우로서 휴가가 끝난 날 이전에 피보험 단위기간이 통산하여 180일 이상일 것 -휴가를 시작한 날[또는 휴가 시작 후 60일(한 번에 둘 이상의 자녀를 임신한 경우에는 75일)이 지난 날] 이후 1개월부터 휴가가 끝난 날	-지원금액 : 통상임금(시간급 최저임금액에 의한 통상임금~90일 기준 630만원 한도. 단, 미숙아를 출산한 경우 100일에 대하여 700만원, 한 번에 둘 이상의 자녀를 임신한 경우 120일에 대하여 840만원 한도 및 배우자출산휴가기간 20일에 대하여 1,607,650원 및 난임치료휴가기간 최초 1일분에 대하여 80,380원, 최초 2일분에 대하여 160,760원 한도)을 해당 근로자에게 지급.

구 분	지원요건	지원수준
출산전후 휴가급여 등	이후 12개월 이내에 신청할 것. 단, 천재지변, 질병·부상, 의무복무, 구속이나 형의 변, 질병·부상, 의무복무, 구속이나 형의 집행 등으로 신청할 수 없었던 자는 그 사유가 끝난 후 30일 이내	단, 보호휴가기간 중 사업주로부터 통상임금에 해당하는 금품을 지급받은 경우로서 사업주로부터 받은 금품과 출산전후휴가 급여 등을 합한 금액이 보호휴가 시작일을 기준으로 한 통상임금을 초과한 경우 그 초과하는 금액을 출산전후휴가 급여 등에서 빼고 지급(보호휴가기간 중에 통상임금이 인상된 피보험자에게 사업주가 인상된 통상임금과 출산전후휴가 급여 등의 차액을 지급하였을 때에는 제외) – **지원기간** : 출산전후휴가 또는 유·사산휴가기간[대규모기업의 경우 휴가기간 중 60일(한 번에 둘 이상의 자녀를 임신한 경우에는 75일)을 초과한 일수로 30일(미숙아를 출산한 경우 40일, 한 번에 둘 이상의 자녀를 임신한 경우에는 45일) 한도 내], 배우자 출산휴가기간 및 난임치료휴가 기간 중 최초 2일(우선지원 대상기업에 한함). 단, 기간제근로자 또는 파견근로자가 출산전후휴가기간 또는 유·사산휴가기간 중 근로계약기간이 끝나는 경우 근로계약 종료일부터 해당 출산전후휴가 또는 유·사산휴가 종료일까지의 기간에 대한 출산전후휴가 급여등에 상당하는 금액 전부를 지급
육아휴직 급여 및 육아기 근로시간 단축급여	– 육아휴직 또는 육아기 근로시간 단축을 30일(출산전후휴가기간과 중복된 기간 제외) 이상 부여받은 피보험자로서 육아휴직을 시작한 날 이전 피보험단위기간이 통산하여 180일 이상일 것 – 육아휴직 또는 육아기 근로시간 단축을 시작한 날 이후 1개월부터 끝난 날 이후 12개월 이내에 신청할 것. 단, 천재지변, 질병·부상, 의무복무, 구속이나 형의 집행 등으로 신청할 수 없었던 자는 그 사유가 끝난 후 30일 이내 신청할 것	– **지원금액** : 월 통상임금의 80%(70만원~160만원)를 육아휴직급여로 근로자에게 지급하고, 한부모가족의 모 또는 부에 대해서는 6개월까지 월 통상임금의 100%(3개월까지 : 70만원~250만원, 6개월까지 : 70만원~200만원), 7개월째부터 종료일까지 월 통상임금의 80%(70만원~160만원)를 지급. 2022.12.31.까지 같은 자녀에 대하여 부모가 순차적으로 육아휴직을 하는 경우 두 번째 육아휴직을 한 피보험자의 최초 3개월의 육아휴직급여는 월 통상임금에 해당하는 금액(70만원~250만원, 육아휴직 기간이 겹치는 경우에는 그 기간은 제외), 4개월째부터

구 분	지원요건	지원수준
육아휴직 급여 및 육아기 근로시간 단축급여		종료일까지의 육아휴직급여는 월 통상임금의 50%(70만원~120만원)를 지급하고, 같은 자녀에 대하여 자녀 출생 후 18개월이 될 때까지 부모 모두 육아휴직을 하는 경우 6개월까지는 각 월 통상임금에 해당하는 금액(상한액은 각각 1~6개월인 경우 각각 첫번째 달은 월 250만원, 두번째 달은 250만원, 세번째 달은 월 300만원, 네번째 달은 월 350만원, 다섯번째 달은 월 400만원, 여섯번째 달은 월 450만원, 하한액은 70만원), 7개월째부터 종료일까지는 각 월 통상임금의 80%(70만원~160만원)를 지급. 단, 육아휴직 기간 중 사업주로부터 육아휴직을 이유로 금품을 지급받은 경우로서 매월 단위로 육아휴직 기간 중 지급받은 금품과 육아휴직 급여를 합한 금액이 육아휴직 시작일을 기준으로 한 월 통상임금을 초과한 경우에는 그 초과하는 금액을 육아휴직 급여에서 빼고 지급 ✔ 육아기 근로시간단축 급여= (매주 최초 10시간 단축분) 단축 개시일 기준 월 통상임금에 해당하는 금액(50~220만원)×10(주당 단축 근로시간이 10시간 미만인 경우 실제 단축한 시간)/단축 전 소정근로시간 (나머지 근로시간 단축분) 단축 개시일 기준 월 통상임금의 80%(50~150만원)×(단축 전 소정근로시간−단축 후 소정근로시간−10)/단축 전 소정근로시간 −지원기간 : 육아휴직 또는 육아기 근로시간 단축기간

9 출산전후휴가 및 육아휴직 급여 신청관련 서류의 작성사례

1. 출산전후(유·사산, 배우자출산)휴가급여 신청

■ 고용보험법 시행규칙[별지 제105호서식] 〈개정 2025. 2. 21.〉

출산전후휴가 급여등 신청서(1 회차)

[✔]] 출산전후휴가 [ ] 유산·사산휴가 [ ] 배우자 출산휴가 [ ] 난임치료휴가

※ 뒤쪽의 작성방법을 읽고 작성하시기 바라며, [ ]에는 해당되는 곳에 √표시를 합니다. (앞쪽)

접수번호	접수일	처리기간: 14일

1. 신청인 정보

① 성명 최 수 미	② 주민등록번호 810708-4451411
③ 주소 및 연락처 서울시 성북구 오패산로 35 (연락처: 010-9988-9654)	
④ 출산일(출산예정일, 유산·사산일) 2025 년 8 월 15 일	⑤ 영아의 주민등록번호 210815-4452334 ⑥ 다태아(多胎兒) 여부 [ ]예 [✔]아니오 ⑦ 미숙아(未熟兒) 여부 [ ]예 [✔]아니오

2. 신청내용

⑧ 이번 회차 신청기간 2025 년 8 월 30 일 ~ 2025 년 9 월 28 일

⑨ 급여 지급받을 계좌번호
은행명: 하나은행 계좌번호: 179-009892-00230 예금주: 최수미

3. 확인사항

⑩ 위 신청기간 중 통상임금에 해당하는 금품을 사업주로부터 받은 사실이 있습니까?
[ ]예 (기간: , 금액: 원) [✔]아니오

⑪ 급여 신청기간 중에 조기 복직 또는 퇴사한 사실이 있습니까? [ ]예 [✔]아니오
※ '예'를 선택한 경우 아래 란에서 해당되는 곳에 √표시를 하고, 해당 내용을 적습니다.
[ ] 조기복직 조기복직일:
[ ] 퇴사 퇴사일:

⑫ 급여 신청기간 중에 다른 사업장에서 근로소득 또는 자영업을 통한 사업소득 활동을 한 사실이 있습니까?
[ ]예 [✔]아니오 ※ '예'를 선택한 경우 아래 란에서 해당되는 곳에 √표시를 하고, 해당 내용을 적습니다.
[ ] 근로소득 소득활동기간: , 총 소득액: 원
[ ] 사업소득 소득활동기간: , 총 소득액: 원
· 근로소득의 경우 주당 근로시간: 주 시간

⑬ 신청기간 연장 사유(출산전후휴가 등의 기간이 종료된 후 12개월이 경과하여 신청하는 신청자만 기재)

4. 서명 및 날인

「고용보험법」 제75조 및 같은 법 시행규칙 제121조에 따라 위와 같이 신청합니다.

2025 년 10 월 10 일

신청인 최수미 (서명 또는 인)

서울 지방고용노동청(지청)장 귀하

첨부서류	1. 「고용보험법 시행규칙」 제123조에 따른 출산전후(유산·사산)휴가 확인서(최초 1회만 제출합니다) 또는 배우자 출산휴가(난임치료휴가) 확인서 1부 2. 통상임금을 확인할 수 있는 자료(임금대장, 근로계약서 등) 사본 1부 3. 휴가기간 동안 사업주로부터 금품을 지급받은 경우 이를 확인할 수 있는 자료 4. 다음 각 목의 구분에 따른 서류 가. 출산전후휴가 급여: 「근로기준법 시행규칙」 제12조의2제1항에 따른 미숙아를 출산한 사실을 증명할 수 있는 의료기관(「의료법」 제3조에 따른 의료기관을 말합니다)의 진단서 1부(미숙아의 출산으로 출산전후휴가를 받은 경우만 해당합니다) 나. 유산·사산휴가 급여: 유산이나 사산한 사실을 증명할 수 있는 의료기관(「의료법」 제3조에 따른 의료기관을 말합니다)의 진단서(임신기간이 적혀 있어야 합니다) 1부 다. 난임치료휴가 급여: 난임치료를 받은 사실을 증명할 수 있는 의료기관(「의료법」 제3조에 따른 의료기관을 말합니다)의 진단서 1부	수수료 없음
담당 공무원 확인사항	주민등록표 등본 또는 가족관계등록전산정보	

행정정보 공동이용 동의서

본인은 이 건의 업무처리와 관련하여 담당 공무원이 「전자정부법」 제36조 제1항에 따른 행정정보의 공동이용을 통하여 위의 담당 공무원 확인 사항을 확인하는 것에 동의합니다.
※ 다만, 동의하지 않는 경우에는 신청인이 직접 해당 서류를 제출해야 합니다.

신청인 (서명 또는 인)

210mm×297mm[백상지(80g/㎡) 또는 중질지(80g/㎡)]

■ 고용보험법 시행규칙[별지 제107호서식] 〈개정 2025. 2. 21.〉

[✔] 출산전후휴가
[ ] 유산 · 사산휴가 확인서

※ 뒤쪽의 작성방법을 읽고 작성하시기 바라며, [ ]에는 해당되는 곳에 "√" 표시를 합니다. (앞쪽)

<table>
<tr><td rowspan="10">기본사항</td><td>① 사업장관리번호</td><td colspan="4">220-87-92764-0</td></tr>
<tr><td>② 우선지원대상기업</td><td>[✔] 해당
[ ] 비해당</td><td colspan="3">(「고용보험법 시행령」 제12조에 따름)</td></tr>
<tr><td>③ 사업장명</td><td colspan="4">(주)대한민국</td></tr>
<tr><td>④ 사업장소재지 및 담당자</td><td colspan="4">사업장소재지: 서울시 강남구 강남대로 330
담당자: 김영희 연락처(전화번호: 02-2677-2017 전자우편: mail@korea.com)</td></tr>
<tr><td>⑤ 근로자 성명</td><td>최수미</td><td>⑥ 근로자 주민등록번호</td><td colspan="2">810708-4451411</td></tr>
<tr><td>⑦ 임신기간
(유산 · 사산휴가인 경우에만 작성)</td><td colspan="4">[ ] 11주 이내 [ ] 12주~15주
[ ] 16주~21주 [ ] 22주~27주
[ ] 28주 이상</td></tr>
<tr><td rowspan="3">⑧ 출산(예정)일</td><td rowspan="3">2025 년 8 월 15 일</td><td>⑨ 분할사용 여부</td><td colspan="2">[ ] 예 [✔] 아니오</td></tr>
<tr><td>⑩ 다태아(多胎兒) 여부</td><td colspan="2">[ ] 예 [✔] 아니오</td></tr>
<tr><td>⑪ 미숙아(未熟兒) 여부</td><td colspan="2">[ ] 예 [✔] 아니오</td></tr>
</table>

<table>
<tr><td colspan="2">⑫ 출산전후 또는 유산 · 사산 휴가 기간</td><td colspan="2">⑬ 출산전후 또는 유산 · 사산 휴가 기간 중 통상임금 지급액</td></tr>
<tr><td>첫번째 30일</td><td>2025 년 7 월 1 일 ~
2025 년 7 월 30 일(30 일)</td><td>첫번째 30일</td><td>2,500,000 원</td></tr>
<tr><td>두번째 30일</td><td>2025 년 7 월 31 일 ~
2025 년 8 월 29 일(30 일)</td><td>두번째 30일</td><td>2,500,000 원</td></tr>
<tr><td>세번째 30일</td><td>2025 년 8 월 30 일 ~
2025 년 9 월 28 일(30 일)</td><td>세번째 30일</td><td>원</td></tr>
<tr><td>네번째 30일
(미숙아 또는 다태아인 경우만 작성)</td><td>년 월 일 ~
년 월 일(일)</td><td>네번째 30일
(미숙아 또는 다태아인 경우만 작성)</td><td>원</td></tr>
<tr><td colspan="2">⑭ 통상임금
(출산전후 또는 유산 · 사산 휴가 시작일 기준)</td><td colspan="2">산정기준: 시급, 일급, 주급, 월급(기타)
통상임금: 2,500,000 원</td></tr>
<tr><td colspan="2">⑮ 산정기준 단위기간 동안의 소정근로시간
(출산전후 또는 유산 · 사산 휴가 시작일 기준)</td><td colspan="2">월 173.8 시간</td></tr>
</table>

「고용보험법」 제77조 및 같은 법 시행규칙 제123조에 따라 위와 같이 출산전후(유산 · 사산)휴가 사실을 확인합니다.

확인자 사업장명 ㈜대한민국

대표자 홍길동 (서명 또는 인)

서울 지방고용노동청(지청)장 귀하

210㎜×297㎜[백상지(80g/㎡) 또는 중질지(80g/㎡)]

(뒤쪽)

작성방법

◎ 사업주는 출산전후휴가 또는 유산 · 사산휴가 확인서 작성 · 확인 등 모든 절차에 적극 협력하여야 합니다.

1. ①란에는 고용보험가입번호를 적습니다.
2. ②란 우선지원대상기업 해당 여부는 「고용보험법 시행령」 제12조에 해당하는 기업을 의미합니다.
   ※ 자세한 사항은 「고용보험법 시행령」 제12조를 참조
3. ⑤란, ⑥란에는 출산전후휴가 또는 유산 · 사산휴가를 부여받은 근로자 성명 및 주민등록번호를 적습니다.
4. ⑦란은 유산 또는 사산휴가를 부여받은 경우에만 의료기관에서 발행한 진단서상의 임신기간을 해당 부분에 표시합니다(정상 분만의 경우에는 적을 필요가 없습니다).
5. ⑨란은 출산전후휴가 분할사용 여부를 표시합니다.
6. ⑩란은 다태아(2명 이상)를 출산한 경우 '[ ] 예' 부분에 표시합니다.
7. ⑪란은 미숙아를 출산한 경우 '[ ] 예' 부분에 표시합니다.
8. ⑫란에는 사업주가 근로자에게 부여한 출산전후휴가 또는 유산 · 사산휴가의 모든 기간을 적습니다. 만약, 출산전후휴가를 분할하여 사용한 경우 각각의 기간을 모두 적습니다.
9. ⑬란은 출산전후휴가 또는 유산 · 사산휴가 기간 중에 통상임금에 해당하는 금품을 사업주가 지급한 경우(지급예정인 경우 포함) 해당 기간별 지급금액을 적고, 없으면 "없음"으로 적습니다.
10. ⑭란의 통상임금은 최초 출산전후휴가 또는 유산 · 사산휴가 시작일 기준의 통상임금을 적습니다. 근로자에게 해당하는 임금 산정기준에 "○" 표시를 하고, 월급 근로자의 경우는 출산전후휴가 또는 유산 · 사산휴가 시작일 현재의 월 통상임금을, 시급 · 일급 · 주급 근로자의 경우 해당 통상임금(시급 · 일급 · 주급)을 적습니다.
    ※ 통상임금: 「근로기준법 시행령」 제6조와 「통상임금 산정지침」(고용노동부예규) 참조
    「통상임금 산정지침」은 고용노동부 홈페이지 〈법령정보실–예규〉에서 검색 가능
11. ⑮란에는 소정근로시간은 최초 출산전후휴가 또는 유산 · 사산휴가 시작일을 기준으로 ⑭란의 통상임금 산정기준 단위기간(일급인 경우 일, 주급인 경우 주, 월급인 경우 월 등) 동안의 소정근로시간을 적되, 연장 · 야간 · 휴일근로시간 등은 소정근로시간이 아니므로 총시간에서 제외하며, 시급 또는 일급인 경우에는 1일의 소정근로시간을 적되, 일 소정근로시간 및 1주간의 근무일수가 불규칙할 경우에는 이전 4주간을 통산하여 1일 평균 근로시간을 적습니다.

출산육아기 고용안정 지원 제도 안내(우선지원대상기업 사업주 지원)

1. 육아휴직 등 허용 장려금: 육아휴직 또는 육아기 근로시간 단축을 30일(「근로기준법」 제74조에 따른 출산전후휴가기간 90일과 중복되는 기간은 제외됩니다) 이상 허용한 사업주에게는 육아휴직 등에 대한 출산육아기 고용안정 지원금을 지급합니다. 이 경우, 지원금의 50%에 해당하는 금액은 사업주가 피보험자인 근로자에게 육아휴직 등을 허용한 경우에 육아휴직 등을 시작한 날이 속한 달의 다음 달부터 3개월 단위로 지급하고, 나머지 금액은 육아휴직 등이 끝난 후 6개월 이상 해당 근로자를 피보험자로 계속 고용하는 경우에 합산하여 한꺼번에 지급합니다.
2. 출산육아기 대체인력 지원금: 출산전후휴가, 유산 · 사산휴가, 육아휴직 또는 육아기 근로시간 단축의 시작일 전 2개월이 되는 날 이후 새로 대체인력을 고용하거나 파견근로자를 대체인력으로 사용하여 30일 이상 계속 고용 또는 사용한 사업주 또는 임신 중인 근로자에게 60일을 초과하여 근로시간 단축을 허용하고 대체인력을 고용 또는 사용하고 출산전후휴가, 유산 · 사산휴가, 육아휴직 또는 육아기 근로시간 단축을 시작한 이후에도 계속 같은 대체인력을 고용 또는 사용한 사업주에게는 대체인력지원금을 지급합니다. 다만, 사업주는 새로 대체인력을 고용 또는 사용하기 전 3개월부터 고용 후 1년까지 고용조정으로 다른 근로자를 이직시키지 않아야 합니다. 이 경우 지원금의 50%에 해당하는 금액은 출산전후휴가 등에 따른 대체인력 고용 또는 사용기간 중에 지급하며, 나머지 금액은 출산전후휴가 등이 끝난 근로자를 1개월 이상 피보험자로 계속 고용하는 경우에 합산하여 한꺼번에 지급합니다.
3. 업무분담 지원금: 근로자에게 육아휴직 또는 육아기 근로시간 단축을 30일 이상 허용하거나 부여한 경우로서 해당 근로자의 업무 전부 또는 일부를 대신하여 수행할 근로자를 지정하고 해당 업무분담자에게 업무분담에 대한 금전적 지원을 한 사업주에게는 업무분담 지원금을 지급합니다. 다만, 육아기 근로시간 단축 근로자에 대한 업무분담자를 지정한 경우에는 육아기 근로시간 단축 근로자의 단축된 근로시간이 주당 10시간 이상이어야 합니다.
4. 위의 출산육아기 고용안정 지원 제도(사업주 장려금)는 육아휴직, 육아기 근로시간 단축, 출산전후휴가 등이 종료된 날부터 12개월 이내에 고용센터(www.work24.go.kr)에 신청해야 지원받을 수 있습니다.

210㎜×297㎜[백상지(80g/㎡) 또는 중질지(80g/㎡)]

■ 고용보험법 시행규칙[별지 제107호의2서식] 〈개정 2025. 2. 21.〉

[✔] 배우자 출산휴가 / [ ] 난임치료휴가 확인서

※ 뒤쪽의 작성방법을 읽고 작성하시기 바라며, [ ]에는 해당되는 곳에 "√" 표시를 합니다. (앞쪽)

기본사항	① 사업장관리번호	220-87-92764-0		
	② 우선지원대상기업	[✔]해당 [ ]비해당	(「고용보험법 시행령」 제12조에 따름)	
	③ 사업장명	(주)대한민국		
	④ 사업장소재지	서울시 강남구 강남대로 330		
	⑤ 담당자	성명: 김영희 전화번호: 02-2677-2017 (전자우편 주소: mail@korea.com)		
	⑥ 근로자 성명	김동희	⑦ 근로자 주민등록번호	800411-1251411
	⑧ 배우자 출산일(배우자 출산휴가의 경우에만 작성)	2025 년 8 월 15 일	⑨ 분할사용 여부	[ ]예 [✔]아니오

⑩ 배우자 출산휴가 또는 난임치료휴가 부여기간	2025 년 8 월 13 일 ~ 2025 년 9 월 3 일 년 월 일 ~ 년 월 일 년 월 일 ~ 년 월 일 년 월 일 ~ 년 월 일 년 월 일 ~ 년 월 일 년 월 일 ~ 년 월 일
⑪ 휴가부여기간 중 통상임금지급액 (급여지급액이 없으면 "없음"으로 기재)	2,129,040 원
⑫ 통상임금 (휴가시작일 기준)	산정기준: [ ] 시급 [ ] 일급 [ ] 주급 [✔] 월급 (기타) 통상임금: 3,000,000 원
⑬ 산정기준 기간 동안의 소정근로시간 (휴가시작일 기준)	월 173.8 시간

「고용보험법」 제71조 및 제77조, 같은 법 시행규칙 제123조에 따라 위와 같이 배우자 출산휴가 또는 난임치료휴가 사실을 확인합니다.

확인자 사업장명 ㈜대한민국

대표자 홍길동 (서명 또는 인)

서울 **지방고용노동청(지청)장** 귀하

210mm×297mm[백상지(80g/㎡) 또는 중질지(80g/㎡)]

■ 고용보험법 시행규칙[별지 제105호의2서식] 〈개정 2025. 2. 21.〉

출산전후휴가 급여등 대위 신청서

[✔] 출산전후휴가 [ ] 유산 · 사산휴가 [ ] 배우자 출산휴가 [ ] 난임치료휴가

※ 뒤쪽의 작성방법을 읽고 작성하시기 바라며, [ ]에는 해당되는 곳에 "√" 표시를 하시기 바랍니다.
※ 색상이 어두운 칸은 작성하지 않습니다.

(앞쪽)

접수번호	접수일	처리기간 : 14일

기본사항	① 사업장관리번호	220-87-92764-0		
	② 우선지원대상기업	[✔] 해당 [ ] 비해당 (「고용보험법 시행령」 제12조에 따름)		
	③ 사업장명			
	④ 사업장 소재지	소재지: 서울시 강남구 강남대로 330 담당자: 김영희 연락처(전화번호: 02-2677-2017 전자우편: mail@korea.com)		
	⑤ 근로자 성명	최수미	⑥ 근로자 주민등록번호	810708-4451411
⑦ 출산(예정)일		2025 년 8 월 15 일	⑨ 출산전후휴가 등 휴가부여기간	2025년 7월 1일 ~ 2025년 9월 28일(90일) 년 월 일 ~ 년 월 일(일) 년 월 일 ~ 년 월 일(일) 년 월 일 ~ 년 월 일(일) 년 월 일 ~ 년 월 일(일) 년 월 일 ~ 년 월 일(일) 분할사용 여부 [ ]아니오 [ ]예
⑧ 영아의 주민등록번호 (다태아의 경우에는 1명만 기재)		210815-4452334		
⑩ 임신기간 (유산 · 사산휴가인 경우에만 [ ] 에 √ 표시)			[ ] 11주 이내 [ ] 12주~15주 [ ] 16주~21주 [ ] 22주~27주 [ ] 28주 이상	
⑪ 통상임금 (휴가시작일 기준)			산정기준: 시급, 일급, 주급, 월급(기타) 통상임금: 2,500,000 원	
⑫ 산정기준 기간동안의 소정근로시간 (휴가시작일 기준)			총 173.8 시간	

⑬ 근로자에게 준 휴가급여 등 지급액(통상임금에 해당하는 금품)	구분	첫 번째 30일	두 번째 30일	세 번째 30일	네 번째 30일 (미숙아 또는 다태아인 경우)
	출산전후(유산 · 사산)휴가	(2,500,000)원	(2,500,000)원	(없음)원	(없음)원
	배우자 출산휴가, 난임치료휴가	기간: . 금액: 원 기간: . 금액: 원 기간: . 금액: 원 기간: . 금액: 원 기간: . 금액: 원 기간: . 금액: 원			

⑭ 출산전후휴가 급여등을 대위하여 지급받을 계좌번호	은행/계좌번호 : SC제일은행 212-20-433481 (예금주: (주)대한민국)

본 신청서의 기재사항은 사실과 다르지 아니하며, 「고용보험법」 제75조의2 및 같은 법 시행규칙 제121조의2에 따라 위와 같이 출산전후휴가 급여등을 대위 신청합니다.

2025 년 10 월 10 일

출산전후휴가 급여등 대위 신청인

대표자(사업주) (주)대한민국 대표이사 홍길동 (서명 또는 인)

서울 지방고용노동청(지청)장 귀하

210㎜×297㎜[일반용지 60g/㎡(재활용품)]

2. 육아휴직(육아기 근로시간 단축)급여 신청

■ 고용보험법 시행규칙 [별지 제100호서식] 〈개정 2025. 2. 21.〉

[✔] 육아휴직 급여
[ ] 육아기 근로시간 단축 급여 **신청서**

※ 2쪽의 공지사항 및 작성방법을 읽고 작성하기 바라며, [ ]에는 해당되는 곳에 √표시를 합니다. (3쪽 중 1쪽)

접수번호	접수일	처리기간 : 14일

1. 신청인 정보

성명 최수미 | 주민등록번호 810708-4451411

주소 서울시 성북구 오패산로 35 (연락처: 010-9988-9654)

대상 자녀의 주민등록번호 22815-4452334 | 출산 예정일 2025.8.15.

2. 신청내용

① 급여 신청기간 2025 년 9 월 29 일 ~ 2026 년 9 월 28 일

①-1: 위 급여 신청기간에 「남녀고용평등과 일·가정 양립 지원에 관한 법률」 제19조제2항 단서에 따른 육아휴직 추가 부여기간(6개월)이 포함되어 있습니까?
[ ] 예 [✔] 아니오

①-2(①-1란을 '예'로 선택한 경우). 육아휴직 추가 부여기간(6개월)이 포함된 경우 그 사유는 무엇입니까?
[ ] 같은 자녀를 대상으로 부모가 모두 육아휴직을 각각 3개월 이상 사용한 경우의 부(父) 또는 모(母)
[ ] 「한부모가족지원법」 제4조제1호의 부 또는 모
[ ] 「장애인복지법 시행규칙」 별표 1에 따른 장애의 정도가 심한 장애아동의 부 또는 모

② 급여를 지급받을 계좌번호
은행명: 하나은행 계좌번호: 179-009892-00230 예금주: 최수미

③ 대상 자녀에 대해 신청인이 아닌 부 또는 모가 과거에 육아휴직을 사용한 적이 있어 이번 육아휴직이 부모 중 두 번째 육아휴직에 해당합니까?
[ ] 예 [[✔] 아니오

④ (③란을 '예'로 선택한 경우) 육아휴직 시작일 기준 신청인의 육아휴직 대상 자녀가 생후 18개월 이내에 해당합니까?
[ ] 예 [ ] 아니오

(④-1: ④란을 '예'로 선택한 경우 신청인의 배우자가 작성) 신청인의 배우자가 「고용보험법 시행령」 제95조의3제1항에 따른 육아휴직급여 특례 규정을 적용받게 되면 해당 배우자에게 육아휴직 급여의 추가 지급분이 발생합니까? '예'로 선택한 경우 해당 배우자의 인적사항 및 계좌번호를 적습니다.
[ ] 예 [ ] 아니오
배우자의 성명: 주민등록번호:
(은행명: 계좌번호: 예금주:)

(④-2: ④란을 '아니오'로 선택한 경우) 신청인이 신청하려는 육아휴직 급여의 종류를 선택합니다.
[ ] 「고용보험법 시행령」 제95조에 따른 육아휴직 급여
[ ] 「고용보험법 시행령」 제95조의2제1항에 따른 육아휴직 급여 특례
※ 2022년 1월 1일 현재 피보험자의 육아휴직 급여 특례의 적용 기간이 1개월 이상 남은 경우로서 2022년 1월 1일 이후의 육아휴직 기간에 대한 육아휴직 급여 특례를 적용받으려는 경우 선택할 수 있습니다.

⑤ 신청인은 「한부모가족지원법」 제4조제1호 각 목의 어느 하나에 해당하는 모 또는 부로서 「고용보험법 시행령」 제95조의3제3항에 따른 육아휴직급여를 신청하는 것입니까?
[ ] 예 [✔] 아니오

3. 확인사항

⑥ 급여 신청기간 중 사업주로부터 급여를 받은 사실이 있습니까?
[ ] 예 (급여를 받은 기간: 부터 까지, 금액: 원), [✔] 아니오

⑦ 급여 신청기간 중에 조기 복직 또는 퇴사했거나 다른 사업장에서 근로소득 또는 자영업을 통한 사업소득 활동을 한 사실이 있습니까? [ ] 예 [✔] 아니오
※ '예'를 선택한 경우 아래 난에서 해당되는 곳에 √표시를 하고, 해당 내용을 적습니다.
■ ( ) 조기복직 조기복직일:
( ) 퇴사 퇴사일:
■ ( ) 근로소득 소득활동기간: , 총 소득액: 원
( ) 사업소득 소득활동기간: , 총 소득액: 원
■ 근로소득의 경우 주당 근로시간: 주 시간

⑧ 배우자가 대상 자녀에 대해 육아휴직 또는 육아기 근로시간 단축을 동시에 부여받은 사실이 있습니까?
[ ] 예 (휴직 또는 근로시간 단축 기간 : 부터 까지), [✔] 아니오

⑨ 급여 신청기간 연장 사유(육아휴직 또는 육아기 근로시간 단축 기간이 끝난 후 12개월이 지나서 신청하는 경우에만 적습니다)
[ ]

4. 서명 및 날인

「고용보험법」 제70조 또는 제73조의2 및 같은 법 시행규칙 제116조제1항에 따라 위와 같이 신청합니다.

2025 년 11 월 1 일

신청인 최 수 미 (서명 또는 인)
배우자 (서명 또는 인)

○○지방고용노동청(지청)장 귀하

210mm×297mm[백상지(80g/㎡) 또는 중질지(80g/㎡)]

■ 고용보험법 시행규칙 [별지 제102호서식] 〈개정 2025. 2. 21.〉

[✔] 육아휴직
[ ] 육아기 근로시간 단축 확인서

※ 뒤쪽의 작성방법을 읽고 작성하시기 바라며, [ ]에는 해당하는 곳에 "√" 표시를 합니다. (앞쪽)

<table>
<tr><td rowspan="6">기본사항</td><td colspan="2">①사업장관리번호</td><td>220-87-92764-0</td><td colspan="2">②사업장명</td><td>(주)대한민국</td></tr>
<tr><td colspan="2">③사업장소재지 및 담당자</td><td colspan="4">사업장소재지: 서울시 강남구 강남대로 330
담당자: 김영희 연락처(전화번호: 02-2677-2017 이메일: mail@korea.com)</td></tr>
<tr><td colspan="2">④근로자 성명</td><td>최수미</td><td colspan="2">⑤근로자 주민등록번호</td><td>810708-4451411</td></tr>
<tr><td rowspan="2">⑥대상 자녀의 성명</td><td>육아휴직</td><td>안성국</td><td rowspan="2">⑦대상 자녀의 주민등록번호 (출산 예정일)</td><td>육아휴직</td><td>220815-4452334</td></tr>
<tr><td>육아기 근로시간 단축</td><td></td><td>육아기 근로시간 단축</td><td></td></tr>
</table>

<table>
<tr><td>⑧육아휴직 또는 육아기 근로시간 단축 기간</td><td colspan="2">2025 년 9 월 29 일 ~ 2026 년 9 월 28 일</td></tr>
<tr><td colspan="3">⑧-1. 위 육아휴직 기간에 「남녀고용평등과 일·가정 양립 지원에 관한 법률」 제19조제2항 단서에 따른 육아휴직 추가 부여기간(6개월)이 포함되어 있습니까? [ ] 예 [✔] 아니오</td></tr>
<tr><td colspan="3">⑧-2(⑧-1란을 '예'로 선택한 경우). 육아휴직 추가 부여기간(6개월)이 포함된 경우 그 사유는 무엇입니까?
[ ] 같은 자녀를 대상으로 부모가 모두 육아휴직을 각각 3개월 이상 사용한 경우의 부 또는 모
[ ] 「한부모가족지원법」 제4조제1호의 부 또는 모
[ ] 「장애인복지법 시행규칙」 별표 1에 따른 장애의 정도가 심한 장애아동의 부 또는 모</td></tr>
<tr><td rowspan="2">⑨육아기 근로시간 단축에 따른 근로시간 변동</td><td colspan="2">근로시간 단축 전 소정근로시간 주 시간</td></tr>
<tr><td colspan="2">근로시간 단축 후 소정근로시간 주 시간</td></tr>
<tr><td>⑩통상임금
(육아휴직 또는 육아기 근로시간 단축 시작일 기준)</td><td colspan="2">산정기준 : 시급, 일급, 주급, 월급, 기타
통상임금 : 2,500,000 원</td></tr>
<tr><td>⑪산정기준 단위기간 동안의 소정근로시간
(육아휴직 또는 육아기 근로시간 단축 시작일 기준)</td><td colspan="2">월 173.8 시간</td></tr>
<tr><td rowspan="7">⑫육아휴직 또는 육아기 근로시간 단축기간 중 급여지급 내역</td><td>월</td><td>원</td></tr>
<tr><td>월</td><td>원</td></tr>
<tr><td>월</td><td>원</td></tr>
<tr><td>월</td><td>원</td></tr>
<tr><td>월</td><td>원</td></tr>
<tr><td>월</td><td>원</td></tr>
<tr><td>월</td><td>원</td></tr>
</table>

「고용보험법」 제71조 · 제74조제2항 및 같은 법 시행규칙 제118조에 따라 위와 같이 육아휴직(육아기 근로시간 단축) 사실을 확인합니다.

확인자 사업장명

대표자 ㈜대한민국 홍길동 (서명 또는 인)

서울 지방고용노동청(지청)장 귀하

210mm×297mm[백상지(80g/㎡) 또는 중질지(80g/㎡)]

(뒤쪽)

작성방법

◎ 사업주는 육아휴직 또는 육아기 근로시간 단축 확인서의 작성 · 확인 등 모든 절차에 적극 협력해야 합니다.

1. ①, ② 및 ③란에는 사업장에 관한 정보를 적습니다.
2. ④란 및 ⑤란에는 육아휴직 또는 육아기 근로시간 단축 급여를 받으려는 근로자의 성명 및 주민등록번호를 적습니다.
3. ⑥란에는 육아휴직(8세 이하 또는 초등학교 2학년 이하의 자녀의 양육을 위하여 한 육아휴직만 해당합니다) 또는 육아기 근로시간 단축 대상 자녀의 성명을 적습니다.
4. ⑦란은 다음 각 목의 구분에 따라 적습니다.
   가. 임신 중인 여성 근로자가 모성보호를 위하여 한 육아휴직: 출산 예정일(임신 중인 여성 근로자가 육아휴직 신청 시 제출한 육아휴직 신청서에 적힌 출산 예정일을 말합니다)
   나. 8세 이하 또는 초등학교 2학년 이하의 자녀의 양육을 위하여 한 육아휴직: 대상 자녀의 주민등록번호
   다. 육아기 근로시간 단축: 대상 자녀의 주민등록번호
5. ⑧란에는 사업주가 근로자에게 부여한 육아휴직 또는 육아기 근로시간 단축의 총 기간을 적습니다. ⑧-1란에는 「남녀고용평등과 일 · 가정 양립 지원에 관한 법률」 제19조제2항 단서에 따라 추가로 부여받은 육아휴직 기간이 포함되어 있는지 여부를 선택하고, ⑧-2란에는 ⑧란에서 '예'로 선택한 경우 그 사유를 선택합니다.
6. ⑨란에는 육아기 근로시간 단축 전 1주 소정근로시간과 육아기 근로시간 단축 후 1주 소정근로시간을 각각 적습니다.
7. ⑩란에는 최초 육아휴직 또는 육아기 근로시간 단축 시작일 기준의 통상임금을 적습니다. 근로자에게 해당하는 임금 산정기준에 "○" 표시를 하고, 월급 근로자의 경우는 육아휴직 또는 육아기 근로시간 단축 시작일 현재의 월 통상임금을, 주급 · 일급 · 시급 근로자의 경우 해당 통상임금(주급 · 일급 · 시급)을 적습니다.
   ※ 통상임금: 「근로기준법 시행령」 제6조와 「통상임금산정지침」(고용노동부예규)를 참고하시기 바랍니다. 「통상임금산정지침」은 고용노동부홈페이지 〈법령정보실-예규〉에서 검색 가능합니다.
8. ⑪란에는 육아휴직(육아기 근로시간 단축) 시작일을 기준으로 ⑩란의 통상임금 산정기준 단위기간(일급인 경우 일, 주급인 경우 주, 월급인 경우 월 등)동안의 소정근로시간을 적되, 연장 · 야간 · 휴일근로시간 등은 소정근로시간이 아니므로 총 시간에서 제외하며, 시급 또는 일급인 경우에는 1일의 소정근로시간을 적되, 일 소정근로시간 및 1주간 동안의 근무일수가 불규칙할 경우에는 이전 4주간을 통산하여 1일 평균 근로시간을 적습니다.
9. ⑫란에는 육아휴직 또는 육아기 근로시간 단축 기간 중에 급여를 사업주가 지급한 경우(지급예정인 경우를 포함합니다) 해당 기간별 지급금액을 적습니다.

출산육아기 고용안정 지원 제도 안내(우선지원대상기업 사업주 지원)

1. 육아휴직 등 허용 장려금: 육아휴직 또는 육아기 근로시간 단축을 30일(「근로기준법」 제74조에 따른 출산전후휴가기간 90일과 중복되는 기간은 제외됩니다) 이상 허용한 사업주에게는 육아휴직 등에 대한 출산육아기 고용안정 지원금을 지급합니다. 이 경우, 지원금의 50%에 해당하는 금액은 사업주가 피보험자인 근로자에게 육아휴직 등을 허용한 경우에 육아휴직 등을 시작한 날이 속한 달의 다음 달부터 3개월 단위로 지급하고, 나머지 금액은 육아휴직 등이 끝난 후 6개월 이상 해당 근로자를 피보험자로 계속 고용하는 경우에 합산하여 한꺼번에 지급합니다.
2. 출산육아기 대체인력 지원금: 출산전후휴가, 유산 · 사산휴가, 육아휴직 또는 육아기 근로시간 단축의 시작일 전 2개월이 되는 날 이후 새로 대체인력을 고용하거나 파견근로자를 대체인력으로 사용하여 30일 이상 계속 고용 또는 사용한 사업주 또는 임신 중인 근로자에게 60일을 초과하여 근로시간 단축을 허용하고 대체인력을 고용 또는 사용하고 출산전후휴가, 유산 · 사산휴가, 육아휴직 또는 육아기 근로시간 단축을 시작한 이후에도 계속 같은 대체인력을 고용 또는 사용한 사업주에게는 대체인력지원금을 지급합니다. 다만, 사업주는 새로 대체인력을 고용 또는 사용하기 전 3개월부터 고용 후 1년까지 고용조정으로 다른 근로자를 이직시키지 않아야 합니다. 이 경우 지원금의 50%에 해당하는 금액은 출산전후휴가 등에 따른 대체인력 고용 또는 사용기간 중에 지급하며, 나머지 금액은 출산전후휴가 등이 끝난 근로자를 1개월 이상 피보험자로 계속 고용하는 경우에 합산하여 한꺼번에 지급합니다.
3. 업무분담 지원금: 근로자에게 육아휴직 또는 육아기 근로시간 단축을 30일 이상 허용하거나 부여한 경우로서 해당 근로자의 업무 전부 또는 일부를 대신하여 수행할 근로자를 지정하고 해당 업무분담자에게 업무분담에 대한 금전적 지원을 한 사업주에게는 업무분담 지원금을 지급합니다. 다만, 육아기 근로시간 단축 근로자에 대한 업무분담자를 지정한 경우에는 육아기 근로시간 단축 근로자의 단축된 근로시간이 주당 10시간 이상이어야 합니다.
4. 위의 출산육아기 고용안정 지원 제도(사업주 장려금)는 육아휴직, 육아기 근로시간 단축, 출산전후휴가 등이 종료된 날부터 12개월 이내에 고용센터(www.work24.go.kr)에 신청해야 지원받을 수 있습니다.

04 산재보험

1. 산재보험급여

업무상 사유에 따른 근로자의 부상, 질병, 장해 또는 사망이 발생한 경우 다음과 같이 산재보험급여가 지급된다. 다만, 보험급여(장례비 제외)를 산정할 때 평균임금이 고용정책기본법 제17조의 고용구조 및 인력수요 등에 관한 통계에 따른 상용근로자 5명 이상 사업체 전체 근로자의 임금평균액의 1.8배(최고보상기준금액)를 초과하거나 1/2(최저보상기준금액)보다 적으면 그 최고 또는 최저보상기준금액을 평균임금으로 하되 최저보상기준금액이 시간급 최저임금액에 8을 곱한 금액보다 적으면 그 최저임금액을 최저보상기준금액으로 한다(휴업급여 및 상병보상연금은 최저보상기준금액의 적용 제외).

| 산재보험급여의 종류별 지급요건 및 지급수준 |

구 분	지급요건	지급수준
요양급여	– 근로자가 업무상의 사유로 부상을 당하거나 질병에 걸린 경우 – 부상 또는 질병이 3일 이내의 요양으로 치유될 수 없는 경우 ✔ 요양급여의 범위 : 진찰 및 검사, 약제 또는 진료재료와 의지, 그 밖의 보조기의 지급, 처치·수술, 그 밖의 치료, 재활치료, 입원, 간호 및 간병, 이송	산재보험 의료기관에서의 요양. 단, 부득이한 경우에는 요양에 갈음하여 요양비 지급
휴업급여	– 업무상 사유로 부상을 당하거나 질병에 걸린 근로자에게 요양으로 취업하지 못한 경우 – 취업하지 못한 기간이 3일을 초과할 것 ✔ 부분휴업급여 : 요양 또는 재요양을 받고 있는 근로자가 그 요양기간 중 일정기간 또는 단시간 취업하는 경우로서 요양 중 취업 사업과 종사업무 및 근로시간이 정해져 있고, 취업을 하더라도 치유시기가 지연되거나 악화되지 아니할 것이라는 의사소견이 있는 경우	– 1일당 평균임금의 70%. 단, 재요양기간 중에는 재요양 당시의 임금을 기준으로 산정하되, 그 금액이 최저임금액보다 적거나 산정대상 임금이 없는 경우 최저임금액을 지급하며, 1일당 휴업급여액이 최저보상기준금액의 80% 이하인 경우 평균임금의 90%(최저보상기준금액의 80% 한도)를 휴업급여로 함 – 휴업급여를 받는 근로자가 61세가 되면 그 이후의 휴업급여는 감액지급 – 부분휴업 시 평균임금에서 취업한 날 또는 시간의 임금을 뺀 금액의 90%
장해급여	업무상의 사유로 부상을 당하거나 질병에 걸려 치유된 후 신체 등에 장해가 있는 경우	– 장해등급(1~14급)에 따라 장해보상연금 또는 일시금 선택(장해 1~3급은 연금만) – 장해보상연금은 최초 2년분(또는 4년분)까지의 1/2 선급가능

구 분	지급요건	지급수준
간병급여	요양급여를 받은 자 중 치유 후 의학적으로 상시 또는 수시로 간병이 필요하여 실제 간병을 받은 경우	– 실제 간병을 받은 날(재요양기간 제외) 1일당 상시 41,170원(전문간병인 44,760원), 수시 27,450원(전문간병인 29,840원). 단, 간병비용을 지출하지 않거나 기준보다 적은 금액을 지출한 경우 실제 지출한 금액
유족급여	근로자가 업무상의 사유로 사망한 경우	– 전액 유족보상연금(평균임금의 47%+부양가족 1인당 5% 가산, 최대 67%) 및 1/2 일시금–1/2 연금 가능 – 연금수급권자가 없을 경우에는 유족보상일시금(평균임금 1,300일분)
상병보상연금	요양급여를 받은 근로자가 요양을 시작한 지 2년이 지난 날 이후 치유되지 아니한 상태로서 중증요양상태등급 1~3급에 해당되며 요양으로 인하여 취업하지 못한 경우	– **중증요양상태등급 1급** : 평균임금의 329일분, **중증요양상태등급 2급** : 평균임금의 291일분, **중증요양상태등급 3급** : 평균임금의 257일분 – 평균임금이 최저임금액의 70%보다 적을 때는 최저임금액의 70%를 평균임금으로 하고, 61세 이후의 상병보상연금은 감액 지급
장례비	근로자가 업무상 사유로 사망한 경우 ✔ **장례비 선지급** : 업무상 사고 또는 출퇴근 중 재해로 사망하였다고 추정되는 경우에는 장례를 지내기 전이라도 유족의 청구에 따라 최저금액을 미리 선지급	– 평균임금의 120일분. 단, 유족이 아닌 자가 장제를 지낸 경우 평균임금 120일분 범위 내에서 실제 드는 비용 – 전년도 장례비 수급권자에게 지급된 1인당 평균장례비 90일분+최고 또는 최저보상기준금액의 30일분을 최고 또는 최저금액
직업재활급여 (직업훈련비용·수당)	– 장해등급 1~12급에 해당하거나 요양 중으로서 치유 후에도 장해등급 1~12급 어느 하나에 해당할 것이라는 의학적 소견이 있을 것 – 취업하고 있지 아니할 것 – 다른 직업훈련을 받고 있지 아니할 것 – 직업복귀계획을 수립하였을 것 – 자격과 연계되는 직종, 우선선정 직종이나 직업능력개발훈련 과정으로 인정받은 과정일 것	– **직업훈련비용** : 12개월 이내의 직업훈련기간 중 수강료, 재료비, 교재비 등 고용노동부장관이 고시한 금액(정부지원승인 훈련비 및 600만원) 범위 내에서 공단과 해당 직업훈련기관 사이에 계약한 항목 및 금액 – **직업훈련수당** : 1일당 최저임금에 상당하는 금액. 단, 출석률 80% 이상인 경우에 지급되며 훈련시간, 기간 등에 따라 차등지급(장해보상 또는 진폐보상연금액과 직업훈련수당을 합한 금액이 평균임금의 70%를 초과하면 그 금액만큼 공제), 휴업급여나 상

구 분		지급요건	지급수준
직업 재활 급여	직업 훈련 비용 · 수당	(교양과정, 학위부여목적의 정규교육과정, 1종 대형, 특수면허 등을 제외한 운전면허 취득과정, 외국어 및 예체능연마과정 등을 제외) – 장해 또는 진폐장해등급 판정일부터 3년 이내에 신청할 것(2회까지 가능)	병보상연금을 받는 훈련대상자에게는 직업훈련수당 지급 제한
	직장 복귀 지원금	– 장해등급 1~9급 산재장해인을 사업장에 복귀시켜 요양종결일로부터 6개월 이상 고용을 유지하는 경우 – 장애인 고용의무에 따른 고용이거나 다른 규정에 의해 지원을 받은 경우 또는 사업장 복귀 3개월 전부터 복귀 후 6개월 이내에 다른 장애인을 퇴직하게 한 경우가 아닐 것	– **지원기간** : 12개월 내 – **지원한도** : 고용노동부장관 고시금액(장해 1~3급 월 80만원, 장해 4~9급 월 60만원, 장해등급 10~12급 월 45만원) – **지원금액** : 사업주가 장해급여자에게 지급한 임금액(다른 법령에 따라 이에 해당하는 금액을 받은 경우 그 받은 금액을 빼고 지급)
	직장 적응 훈련비 및 재활 운동비	– 장해등급 1~9급 산재장해인을 사업장에 복귀시켜 그 직무수행이나 다른 직무로 전환하는 데 필요한 직장적응훈련(직장 복귀 전에 실시하는 경우 포함)을 요양종결일 또는 직장복귀일 직전 3개월부터 요양종결일 또는 직장복귀일 이후 6개월 이내 시작하거나 재활운동을 요양종결일 또는 직장복귀일 이후 6개월 이내 시작하고 6개월 이상 고용을 유지한 경우 – 다른 규정에 의하여 지원을 받은 경우가 아닐 것	– **지원기간** : 3개월 이내 – **지원한도** : 고용노동부장관 고시금액(직장적응훈련비 월 45만원 이내, 재활운동비 월 15만원 이내) – **지원금액** : 실제 드는 비용(다른 법령에 따라 이에 해당하는 금액을 받은 경우 그 받은 금액을 빼고 지급)
	대체 인력 지원금	– 상시 근로자 50인 미만 고용 사업주일 것 – 산재근로자의 업무상 재해일 이후부터 원직장 복귀한 날의 전날(산재근로자가 요양종결일부터 30일이 경과하여 원직장에 복귀한 경우에	– **지원범위** : 대체인력 1인을 최초로 고용한 날부터 최대 6개월(대체인력의 병가, 휴직 등으로 임금을 지급하지 않은 기간 제외) 범위에서 산재근로자 원직장 복귀한 날의 전날 또는 대체인력이 퇴사한 날(고용종료일의 전날) 중 빠른 날까지 대체인력에게

구 분		지급요건	지급수준
직업 재활 급여	대체 인력 지원금	는 요양종결일부터 30일이 되는 날)까지 대체인력을 고용하였을 것 – 대체인력에 대하여 30일 이상 고용하고 임금을 지급하였을 것(지원기간 동안 산재보험이나 고용보험 피보험자격을 취득하고 있어야 함) – 산재장해인이나 요양승인 기간이 2개월 이상인 산재근로자를 원직장에 복귀시킨 후 30일 이상 고용하고 임금을 지급하였을 것	지급한 임금의 50%에 해당하는 금액 – **지원한도** : 월 최대 60만원을 해당 월의 일수로 나눈 금액에 지급대상 일수를 곱하여 산정한 금액(10원 미만 버림)

업무상 재해는 다음 어느 하나에 해당하는 사유로 부상, 질병 또는 장해가 발생하거나 사망한 경우를 말한다. 다만, 업무와 재해 사이에 상당인과관계가 없는 경우 근로자의 고의, 자해행위(업무상의 사유로 발생한 정신질환으로 치료를 받았거나 받고 있는 사람 또는 업무상 재해로 요양 중인 사람, 그 밖에 업무상의 사유로 인한 정신적 이상 상태에서 자해행위를 하였다는 상당인과관계가 의심되는 경우는 제외)나 범죄행위 또는 그것이 원인이 되어 발생한 부상, 질병, 장해 또는 사망은 업무상 재해로 보지 않는다.

① 근로자가 근로계약에 따른 업무나 그에 따르는 행위를 하던 중 발생한 사고
② 사업주가 제공한 시설물 등을 이용하던 중 그 시설물 등의 결함이나 관리소홀로 발생한 사고
③ 사업주가 제공한 교통수단이나 그에 준하는 교통수단을 이용하는 등 사업주의 지배관리 하에서 출퇴근 중 발생하는 사고, 그 밖에 통상적인 경로와 방법으로 출퇴근하는 중 발생한 사고
④ 사업주가 주관하거나 사업주의 지시에 따라 참여한 행사나 행사준비 중에 발생한 사고
⑤ 휴게시간 중 사업주의 지배관리하에 있다고 볼 수 있는 행위로 발생한 사고
⑥ 그 밖에 업무와 관련하여 발생한 사고
⑦ 업무수행과정에서 물리적 인자, 화학물질, 분진, 병원체, 신체에 부담을 주는 업무 등 근로자의 건강에 장해를 일으킬 수 있는 요인을 취급하거나 그에 노출되어 발생한 질병
⑧ 업무상 부상이 원인이 되어 발생한 질병
⑨ 근로기준법 제76조의 2에 따른 직장 내 괴롭힘, 고객의 폭언 등으로 인한 업무상 정신적 스트레스가 원인이 되어 발생한 질병
⑩ 그 밖에 업무와 관련하여 발생한 질병

2. 산재근로자 재활 및 복지사업

산재근로자의 재활과 복지증진을 위하여 다음과 같은 재활 및 복지사업이 실시되고 있다.

▌산재근로자 재활 및 복지사업별 지급요건 및 지급수준▐

구 분	지급요건	지급수준
산재 근로자 창업 지원 사업	– 2개월 이상 요양한 산재근로자로서 공단이 지원하는 직업훈련사업 또는 직업능력 개발훈련시설에서 직업훈련과정을 수료하거나 다른 법령에 따라 예산 및 기금이 지원되는 창업훈련과정을 수료한 자(훈련시간 50시간 미만으로 1개월 미만의 훈련과정 및 운전면허 과정 수료자 제외), 국가공인자격증(민간자격증과 운전면허증 제외) 취득자, 진폐장해등급 결정 또는 진폐의증에 활동성 폐결핵이 합병되어 요양급여 수급 후 요양종결한 자, 2년 이상 종사한 업종과 관련 있는 업종으로 창업을 희망하는 자(단, 진폐장해등급 결정자 등은 본인 희망업종으로 지원 가능하며 부득이한 사유로 부양가족에게 사업양도를 한 경우 부양가족도 지원대상에 포함됨) – 지원신청일 현재 요양 중이거나 자영업 운영(배우자 포함) 또는 직업생활을 하는 자, 근로복지공단 또는 장애인고용공단으로부터 생업자금 대부 등 지원을 받고 있거나 받았던 자, 성인전용의 유흥 및 사치 향락성 업종에 속하거나 사내, 도박장 등 국민경제상 불요불급한 업종으로 창업을 희망하는 자, 신청일 현재 미성년자, 연체 등의 신용도판단정보가 등록된 자, 외국국적자(단, 영주권 취득하고 사업자등록 가능자 제외), 기한 내 채권보전 가능한 점포를 확보하지 못하여 지원결정이 2회 이상 취소된 자, 부당이득금에 대하여 납부할 금액이 있는 자는 지원대상에서 제외	– **지원범위** : 임차보증금 1억5천만원 이내의 임대점포(배우자 및 직계가족 소유점포 제외) 임차지원(단, 월세가 포함된 점포의 경우 월 250만원 이내에 한하여 가능하며 생활안정자금으로 별도로 대부받은 사업자금을 차감함), 창업컨설팅 등 총 4회 경영컨설팅 서비스 제공 – **지원기간** : 임대차계약기간 1년 또는 2년 단위로 최장 6년 이내, 연리 2% 월별 균등분할 납부

구 분	지급요건	지급수준
산재 근로자 창업 지원 사업	– 신청서 제출일부터 30일 이내(점포를 확보하지 못하여 기한 연장 신청시 5개월까지) 채권보전이 가능한 점포를 확보하여 채권보전 여부에 대한 조회 의뢰할 것	
산재 근로자 및 자녀 장학 사업	신청서 접수일 현재 산재로 인정받은 산재사망근로자 배우자 및 자녀, 상병보상연금 수급권자 본인, 그 배우자 및 자녀, 산재장해등급 1~7급 판정자 본인, 그 배우자 및 자녀, 5년 이상 장기요양 중인 이황화탄소 질병판정자 본인, 그 배우자 및 자녀로서 고등학교에 재학 또는 입학예정인 경우	– **지급범위** : 입학금, 수업료, 학교운영지원비 등 등록금 전액 – **지급기간** : 선발시점에서 고등학교 졸업 시까지 해당학교 지정계좌로 온라인 입금
산재 근로자 및 자녀 대학생 학자금 융자 사업	산재사망근로자 배우자 및 자녀, 상병보상연금수급권자 본인, 그 배우자 및 자녀, 산재장해등급 1~9급 해당자, 그 배우자 및 자녀, 업무상 재해자로서 5년 이상 장기요양 중인 이황화탄소 질병판정자 본인, 그 배우자 및 자녀 중 대학, 산업대학, 교육대학, 전문대학에 입학 예정자 또는 재학 중인 자로서 대부재원 범위 내에서 우선순위 선발	– **융자한도** : 1인 융자횟수 한도는 신청자가 재학 중인 대학의 정규 수업연한에 2를 곱한 횟수, 세대당 융자액 한도는 2천만원 – **융자기간** : 융자일부터 정규 수업연한 중 잔존기간과 유예기간 1년을 더한 기간(군복무기간 연기 가능)까지 연 1% 거치기간 후 4년간 연 2% 원금균등분할상환
산재 근로자 생활 안정 자금 융자 사업	신청서 접수일 현재 유족급여 수급권자, 상병보상연금 수급권자(노동능력 100% 상실된 경우 생계를 같이하는 배우자, 자녀, 부모 포함), 장해등급 1~9급 결정을 받은 자, 융자신청일 현재 5년 이상 장기요양 중인 이황화탄소 질병판정자, 융자신청일 현재 3개월 이상 요양 중인 산재근로자로서 평균임금이 최저임금 이하에 해당하는 자로 의료비, 혼례비, 장례비, 사업자금, 차량구입비, 주택이전비, 취업안정자금이 필요한 경우(융자신청일 현재 3개월 이상 요양 중인 산재근로자로서 평균임금이 최저임금 이하에 해당하는 자는 의료비, 혼례비, 장례비에 한함)	– **융자한도** : 1천만원(단, 차량구입비, 주택이전비, 사업자금은 1천5백만원) – **융자기간** : 5년 이내, 연 1.25% 1년 거치 4년, 2년 거치 3년 또는 3년 거치 2년 원금균등분할 상환 중 하나 선택

PART

4

원천징수

Chapter

01 인건비 지급업무와 원천징수제도

01 원천징수제도

1 원천징수제도의 의의와 성격

1. 원천징수제도의 의의

원천징수란 상대방의 소득 또는 수입금액을 지급할 때 이를 지급하는 자가 그 금액을 받는 사람이 내야 할 세금을 미리 징수하여 대신 납부하는 제도(국기법 §2 3호)를 말한다. 이때 소득을 지급받는 자를 납세의무자(근로자 등)라고 하고, 납세의무자를 대신하여 세금을 납부하는 자를 원천징수의무자(사업자)라고 한다.

| 원천징수의 흐름 |

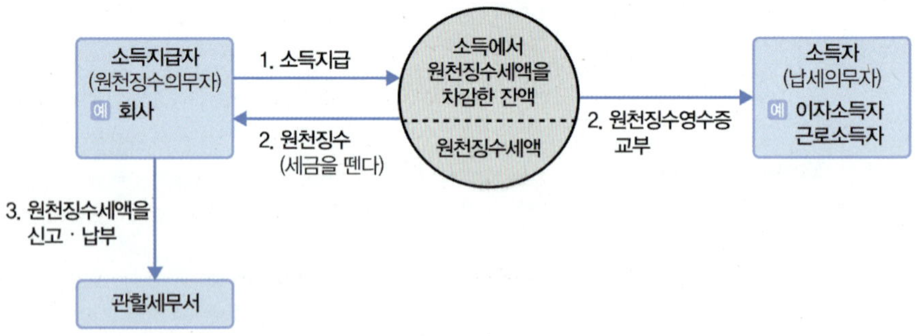

이러한 원천징수제도는 과세당국인 세무서(국가)의 입장에서는 개인이 발생된 소득에 대하여 세금을 제대로 신고하지 않거나 납부를 하지 않는 경우에 발생할 수 있는 탈세가능성을 사전에 방지하여 국가재정 수입을 원천징수시점에 조기에 확보할 수 있다는 데 목적이 있다.

(원천징수의무자 → 소득자)	(원천징수의무자 → 세무서)
1. 원천징수대상소득을 지급할 때 일정금액의 세금을 뗀다(원천징수한다).	3. 원천징수한 달의 다음 달 10일까지 원천징수한 원천세를 신고·납부한다. 또한 관할세무서에 원천징수이행상황신고서를 제출한다.
2. 소득자(납세의무자)에게 "원천징수영수증"을 발급한다.	

2. 원천징수의 성격

(1) 증명서류

원천징수한 세액은 원천징수이행상황신고서에 해당 내역을 기재하여 신고기한까지 신고·납부하여야 하고 원천징수의 개별적인 내용을 담고 있는 지급명세서 또한 제출기한까지 제출하여야 한다. 이러한 원천징수이행상황신고서와 지급명세서는 원천징수에 따른 사실관계(정규증명서류 성격)를 보관하는 것이며 원천징수이행상황신고서와 지급명세서는 재무제표 등의 서류 등과 마찬가지로 신고기한의 다음 날로부터 5년간 보관하여야 한다.

(2) 소득구분

원천징수는 납세의무자의 소득을 결정한다. 납세의무자가 법인이면 법인세를, 개인이면 소득세를 신고·납부하여야 한다.

| 납세의무자가 개인인 경우의 소득구분과 원천징수방법 |

구 분		내 용
종합과세	① 이자소득	은행, 예금 및 적금으로 벌어들인 이자수입액
	② 배당소득	주식 등에 투자하여 받은 배당금수입액
	③ 사업소득	개인사업자가 영리목적으로 사업을 영위하여 발생한 소득
	④ 근로소득	근로자가 근로의 제공으로 받은 모든 대가(급여, 상여금 등)
	⑤ 연금소득	국민연금 등을 지급받는 경우 발생한 소득
	⑥ 기타소득	상금, 복권, 강의료 등 기타소득으로 발생하는 소득
분류과세	① 퇴직소득	퇴직 시 지급받은 퇴직금(소득)
	② 양도소득	부동산, 비상장주식 등의 양도로 인하여 발생한 소득
원천징수방법	① 완납적 원천징수(분리과세)와 ② 예납적 원천징수	

실무 POINT 원천징수이행상황신고서와 지급명세서 상호검증

원천징수이행상황신고서에는 지급된 총인원과 총지급액, 소득세 등 금액만 기록되어 근로자별 지급된 내용을 알 수 없지만 지급명세서는 근로자별 개별 지급금액과 소득세 등이 기록되어 있다. 따라서 원천징수이행상황신고서의 연간 합계액과 근로자 개별 지급명세서의 총합계액은 당연히 일치해야 하므로 연말정산이 완료된 후 근로자 지급명세서 제출 시에는 해당 합계액의 일치 여부를 검증하여 지급명세서제출불성실과 관련된 가산세를 부담하지 않도록 하여야 함에 유의하자. 상호검증 요령은 다음과 같다.

원천징수이행상황신고서 [연말정산(A04)+중도퇴사(A02)]		근로소득지급명세서
소득지급	1. 인원	근로소득원천징수영수증의 매수
	2. 총지급액[*1]	[총급여(⑯)+비과세소득계(⑳) 합계[*2]
징수세액	3. 소득세 등	77. 차감징수세액의 소득세 합계
	4. 농어촌특별세	77. 차감징수세액의 농어촌특별세 합계

*1. 총지급액에는 조세조약에 따른 비과세·면제금액과 보육수당 등 일부 비과세는 포함되지만 차량유지보조금 등의 비과세는 포함되지 않는다.

*2. 종근무지의 총급여 및 비과세소득 포함

실무적으로는 일명 원천징수검토표를 작성해서 지급명세서 전자제출 결과인 '과세자료 접수증'과 비교하여 누락된 금액을 확인할 수 있다. 반드시 해야 할 업무는 아니지만 지급명세서제출불성실가산세를 사전에 방지할 수 있는 업무처리 사항이므로 지급명세서 제출 후 확인해 볼 것을 권장하는 바이다.

원천징수검토표(편의상 근로소득 부분만 작성하였음)

월	총지급액		중도퇴사	신고×	소득세 (A01)	지방 소득세
	금액	신고○	금액			
1	2,250,000			100,000	20,560	2,050
2	2,250,000			100,000	20,560	2,050
3	2,250,000			100,000	20,560	2,050
4	2,250,000			100,000	20,560	2,050
5	2,767,060			100,000	36,610	3,660
6	2,250,000			100,000	20,560	2,050
7	2,250,000			100,000	20,560	2,050
8	2,456,820			100,000	26,320	2,630
9	2,250,000			100,000	20,560	2,050
10	3,356,980		23,637,530	200,000	7,300 (−44,450)[*1]	730 (−4,440)
11	2,637,198		1,173,703	100,000	7,300	730
12	1,950,000			100,000	5,460	540
합계	28,918,058		24,811,233	1,300,000	219,610	21,910

*1. 원천징수이행상황신고서→소득세의 A02 금액임

✔ 총지급액에는 제출(신고)되는 비과세인 보육수당과 식대 등이 포함되어 있으며, '신고 ×'는 미제출(미신고)되는 차량유지보조금 비과세 등을 의미하며, 위 검토표는 편의상 근로소득만 작성했지만, 퇴직소득 등 다른 원천징수한 내역도 동일한 방법으로 검증하길 바람

2 원천징수의 유형

1. 완납적 원천징수

완납적 원천징수란 원천징수의무자가 원천징수대상 소득금액 또는 수입금액에 대하여 원천징수세액을 납부하면 당해 소득금액 등에 대한 납세의무가 종결되는 원천징수를 말한다(소법 §14 ③).

납세의무가 종결된다는 의미는 소득자가 별도로 익년 5월에 종합소득세 신고를 하여 원천징수된 세액과 진짜로 납부하여야 할 세금과의 차액을 정산할 필요가 없다는 의미를 말하는 것이며 종합과세에서 분리된다는 의미로 완납적 원천징수를 일반적으로 '분리과세'라고 표현하기도 한다.

❙ 금융소득이 2천만원 이하인 경우 완납적 원천징수 ❙

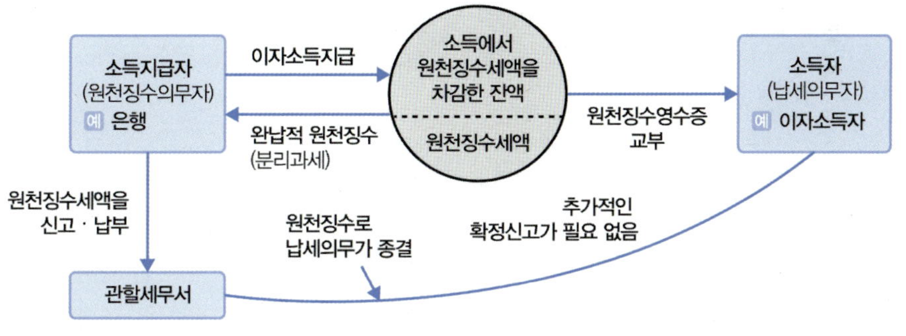

❙ 완납적 원천징수의 유형 ❙

① 분리과세금융소득(2천만원 이하의 금융소득, 이자소득 및 배당소득을 말함)
② 분리과세근로소득(일용근로자의 급여)
③ 분리과세주택임대소득(주택임대 총수입금액이 2천만원 이하인 경우)으로 신청한 경우
④ 분리과세기타소득(연금 외 수령한 소득, 복권당첨금, 서화 · 골동품의 양도로 인하여 발생하는 기타소득)
⑤ 분리과세연금소득(연금으로 수령한 금액 중 퇴직연금으로 수령하는 금액과 연금계좌에서 가입자의 사망 등의 부득이한 사유로 인출하는 경우)
⑥ 다음의 소득에 대해서는 예납적 원천징수와 완납적 원천징수 선택가능
- 기타소득금액(분리과세 기타소득 제외)이 연 300만원 이하(계약금이 위약금 등으로 대체된 기타소득에 해당하여 원천징수 되지 아니하는 경우도 포함)인 경우. 기타소득금액은 수입금액에서 필요경비를 차감한 금액을 말함
- 공적연금 외의 연금소득의 연간 수입금액(사적연금소득)이 연 1,500만원 이하인 경우
- 공적연금 외의 연금소득의 연간 수입금액(사적연금소득)이 연 1,500만원 초과하는 경우로 15% 분리과세를 선택한 경우

2. 예납적 원천징수

소득금액 또는 수입금액을 지급할 때 원천징수의무자의 원천징수로 납세의무가 종결되지 않고 납세의무자가 다른 소득과 합산하여 과세표준과 세액을 계산한 후 원천징수 납부된 세액을 기납부세액으로 차감하여 차가감납부세액을 신고·납부하는 원천징수를 말한다. 이자소득·배당소득·일용근로소득·연금소득·기타소득과 비영리내국법인이 이자소득에 대하여 분리과세·원천징수방법을 선택한 경우 등 완납적 원천징수를 제외한 소득세법과 법인세법상의 원천징수가 예납적 원천징수 대상이다.

| 예납적 원천징수의 흐름 |

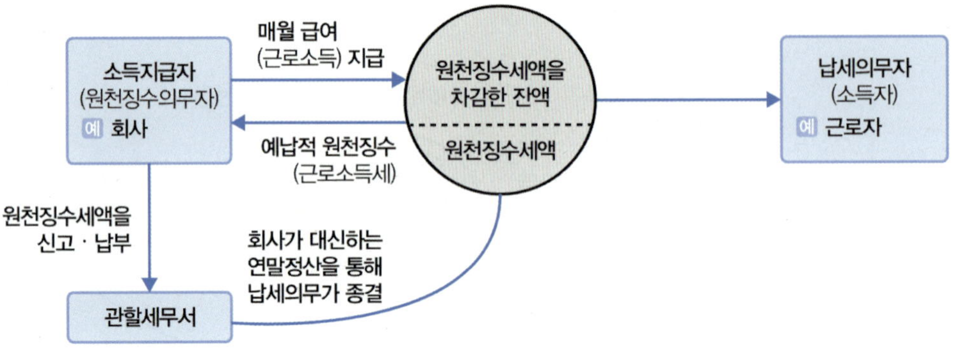

| 예납적 원천징수 유형 예 |

① 금융소득(이자·배당소득) : 소득의 합계액이 2천만원(이자소득 등의 종합과세기준금액)을 초과하는 경우의 이자·배당소득 총금액 ② 근로소득 ③ 일정한 사업소득 등

3 원천징수 대상소득과 원천징수세율

원천징수대상소득은 소득자가 거주자(개인)인 경우와 법인인 경우로 나누어 원천징수대상소득을 구분하고 있다.

1. 소득자가 거주자(개인)인 경우

원천징수의무자(회사)가 거주자(개인)에게 소득을 지급할 때 일정금액의 세금, 즉 소득세를 원천징수하여야 한다. 소득세법상 원천징수하여야 하는 소득은 ① 이자소득, ② 배당소득,

③ 사업소득 중 일부, ④ 근로소득, ⑤ 연금소득, ⑥ 기타소득, ⑦ 퇴직소득으로 7가지이다(소법 §127).

구 분			소득세법 (소득자가 거주자(개인)인 경우)	법인세법 (소득자가 법인인 경우)
원천징수대상소득	종합소득	① 이자소득	◎	◎ ① 이자소득
		② 배당소득	◎	② 투자신탁의 이익
		③ 사업소득	◎ (사업소득 중 일부)	×
		④ 근로소득	◎	×
		⑤ 연금소득	◎	×
		⑥ 기타소득	◎	×
	⑦ 퇴직소득		◎	×

2. 소득자가 법인인 경우

원천징수의무자(회사)가 거주자(개인)가 아닌 법인에게 소득을 지급할 때도 일정금액의 세금, 즉 법인세를 원천징수하여야 한다. 법인세법상 원천징수해야 할 소득은 ① 이자소득과 ② 투자신탁의 이익(투자신탁회사가 지급하는 배당금의 일종)이다(법법 §73 ①).

3. 원천징수세율

일반적인 원천징수세율을 요약하면 다음과 같고(소법 §129), 구체적 원천징수세율은 해당 소득에서 설명하기로 한다.

원천징수대상소득			소득세법상 원천징수세율	법인세법상 원천징수세율
종합소득	① 이자소득	이자소득금액	14%	14%
		비영업대금 이익	25%	25%
	② 배당소득	배당소득금액	14%	투자신탁의 이익만 14%
	③ 사업소득	원천징수대상 사업소득	3%	×
	④ 근로소득	일용근로자의 근로소득	6%	×
		일반근로자의 근로소득 (매월 원천징수분)	근로소득 간이세액표	×

<table>
<tr><th colspan="4">원천징수대상소득</th><th>소득세법상
원천징수세율</th><th>법인세법상
원천징수세율</th></tr>
<tr><td rowspan="10">종합
소득</td><td rowspan="7">⑤ 연금소득</td><td colspan="2">공적연금
(매월분의 공적연금소득)</td><td>기본세율
(연금소득 간이세액표)</td><td>×</td></tr>
<tr><td rowspan="6">공적
연금 외*</td><td rowspan="3">나이에 따른 세율</td><td>70세 미만 : 5%</td><td rowspan="6">×</td></tr>
<tr><td>70세 이상
80세 미만 : 4%</td></tr>
<tr><td>80세 이상 : 3%</td></tr>
<tr><td>종신계약에 따라 받는 연금소득</td><td>4%</td></tr>
<tr><td rowspan="2">퇴직소득을 연금으로 수령하는 경우</td><td>연금 실제 수령 연차가 10년 이하인 경우 70%</td></tr>
<tr><td>연금 실제 수령 연차가 10년 초과하는 경우 60%</td></tr>
<tr><td rowspan="3">⑥ 기타소득</td><td colspan="2">3억원 초과분 복권당첨금 등</td><td>30%</td><td>×</td></tr>
<tr><td colspan="2">세액공제를 받은 연금계좌 납입액과 연금계좌 운용실적에 따라 증가된 금액 등</td><td>15%</td><td rowspan="2">×</td></tr>
<tr><td colspan="2">그 외의 기타소득</td><td>20%</td></tr>
<tr><td colspan="2">⑦ 퇴직소득</td><td colspan="2">원천징수대상 퇴직소득</td><td>기본세율(소득세율)</td><td>×</td></tr>
</table>

* 위의 세율은 일반적으로 적용되는 원천징수세율을 정리한 것이므로 예외적으로 적용되는 각 세목의 세율과 종교인 소득의 세율은 별도로 확인하여야 하며 공적연금 외의 경우 각각의 요건을 동시에 충족하는 때에는 낮은 세율을 적용한다.

4 지방소득세 특별징수와 주민세 종업원분

1. 지방소득세 특별징수

이자소득의 원천징수세율은 소득세법상 14%로 규정되어 있다. 그런데 실제로는 은행으로부터 이자(소득) 100만원을 지급받을 때 은행은 14%에 해당하는 14만원에 추가적으로 1만 4천원을 원천징수한다. 즉 은행은 이자소득에서 15만 4천원(15.4%)을 떼고 지급한다. 이자소득 원천징수세율 14%에 추가되는 1.4%(14%의 10%)는 무엇일까?

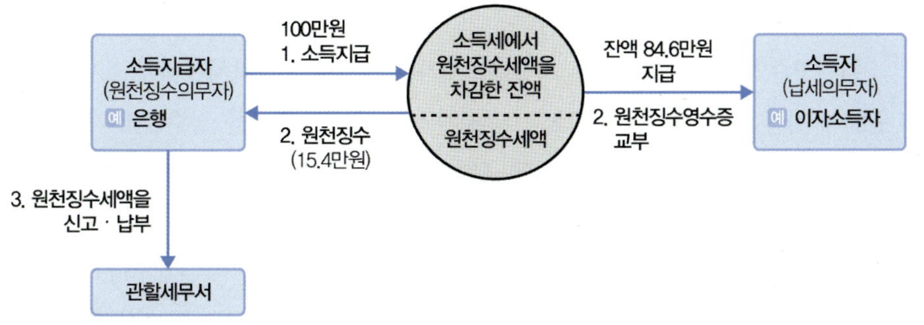

소득세법상 원천징수세액의 10%를 추가적(별도)으로 떼는 것을 지방세에서는 '특별징수'라고 한다(원천징수라고 하지 않지만 의미는 동일하다). 소득세법상 원천징수세액의 10%에 해당하는 지방소득세를 특별징수세액으로 하여 원천징수세액과 별도로 특별징수한다(지법 §103의13). 즉 소득세 원천징수(14%)와는 별도로 소득세 원천징수세액의 10%에 해당하는 지방소득세 1.4%(소득세 10%)를 특별징수하므로 원천징수의무자는 총 15.4%를 징수한다.

원천징수(세율, 14%)+특별징수(세율, 1.4%)=총원천징수(세율, 15.4%)

지방세법상 특별징수되는 지방소득세의 과세표준은 소득세액이며 세율은 원천징수되는 소득세액의 10%이다. 소득분 지방소득세는 원천징수세액과 함께 지방자치단체에 신고·납부하여야 한다. 원천징수와 특별징수를 비교하여 요약하면 다음과 같다.

징수근거	소득세와 법인세(국세)	개인/법인 지방소득세(지방세)
징수형태	• 소득세법상 원천징수 • 법인세법상 원천징수	지방세법상 특별징수
징수세율	법소정 원천징수세율	소득세 또는 법인세 원천징수세액의 10%
신고·납부	국가(세무서)에 신고·납부	지방자치단체에 신고·납부

실무 POINT **특별징수**

원천징수의무자는 소득세법상 원천징수세액의 10%에 해당하는 지방소득세를 특별징수세액으로 하여 원천징수세액과 별도로 특별징수한다.

예 이자소득에 대한 원천징수세율은 14%이고 원천징수세액의 10%, 즉 1.4%가 특별징수세율이므로 금융기관인 원천징수의무자는 총 15.4%를 원천징수한다.

원천징수세율(14%)+특별징수세율(1.4%)=총원천징수세율(15.4%)

2. 주민세 종업원분

원천징수의무자는 특별징수 지방소득세와는 별도로 지방자치단체에 소재한 사업소 종업원에게 지급한 그달의 급여총액의 0.5%에 해당하는 주민세를 징수일의 다음 달 10일까지 사업장 관할 지방자치단체에 주민세 종업원분을 신고하고 납부하여야 한다(지법 §74 3호·7호, §84의 2, §84의 3, §84의 6).

주민세 종업원분 적용 시 종업원은 사업장별로 급여의 지급여부에 불구하고 사업주 또는 그 위임을 받은 자와의 계약에 의하여 당해 사업자에 종사하는 자로서 일용직 및 법인의 대표이사를 포함하며 국외근무자는 제외한다(지법 §74 8호, 지령 §78의 3).

단, 급여지급일이 속하는 달부터 최근 1년간 해당 사업소 종업원 급여총액의 월평균금액이 180,000,000원(360만원×50명으로 계산된 금액이며 2025.1.1. 이후 급여액을 지급하는분부터 적용함, 2020.1.1.부터 2024.12.31.까지는 150,000,000원, 2019.12.31.까지는 135,000,000원임) 이하인 경우에는 주민세 종업원분을 부과하지 아니한다(지법 §84의 4, 지령 §85의 2 ②). 이것을 '면세점'이라고 한다.

여기서 종업원 급여총액의 월평균 금액은 급여지급일이 속하는 달을 포함하여 최근 12개월간(사업기간이 12개월 미만인 경우에는 급여지급일이 속하는 달부터 개업일이 속하는 달까지의 기간을 말함) 해당 사업소의 종업원에게 지급한 급여총액을 해당 개월 수로 나눈 금액을 기준으로 하며, 이 경우 개업 또는 휴·폐업 등으로 영업한 날이 15일 미만인 달의 급여총액과 그 개월 수는 종업원 급여총액의 월평균금액 산정에서 제외한다(지령 §85의 2 ①).

지방소득세 종업원분=종업원 총급여액* ×0.5%

* 총급여액이란 사업주가 그 종업원에게 지급하는 급여로서 소득세법에 따른 근로소득에 해당하는 급여의 총액을 말하지만 다음의 급여는 제외함(지령 §78의 2)
① 소득세법에 따른 비과세 대상 급여
② 근로기준법에 따른 출산전후휴가를 사용한 종업원이 그 출산전후휴가 기간 동안 받는 급여(개정, 2021.1.1. 이후부터 적용)
③ 남녀고용평등과 일·가정 양립 지원에 관한 법률에 따른 육아휴직을 한 종업원이 그 육아휴직 기간 동안 받는 급여
④ 6개월 이상 계속하여 육아휴직을 한 종업원이 직무 복귀 후 1년 동안 받는 급여

실무 POINT 중소기업 고용지원과 주민세 종업원분 미신고 시 불이익

1. 중소기업 고용지원(지법 §84의 5)

(1) 중소기업기본법 제2조에 따른 중소기업의 사업주가 종업원을 추가로 고용한 경우(해당 월의 종업원 수가 50명을 초과하는 경우만 해당함)에는 다음의 계산식에 따라 산출한 금액을 종업원분의 과세표준(총급여액)에서 공제한다. 이 경우 직전 사업연도의 월평균 종업원

수가 50명 이하인 경우에는 50명으로 간주하여 산출한다.

공제액=(신고한 달의 종업원 수－직전 사업연도의 월평균 종업원 수)×월 적용급여액

(2) 위 (1)을 적용할 때 다음의 어느 하나에 해당하는 중소기업에 대해서는 다음에서 정하는 달부터 1년 동안(해당 월의 종업원 수가 50명을 초과하는 달만 해당) 50명을 초과한 인원을 직전 사업연도의 월평균 종업원 수로 본다.

① 사업소를 신설하면서 50명을 초과하여 종업원을 고용하는 경우 : 종업원분을 최초로 신고하여야 하는 달

⇒ 사업소 신설 당시에는 종업원이 50명 미만이었으나, 그 후 추가 고용을 통해 50명을 초과한 경우 위 ①을 적용할 수 없는데 해당 규정은 '사업소를 신설하면서 50명을 초과하여 종업원을 고용하는 경우'로 그 대상을 한정하고 있기 때문임(조심 2019지1711, 2019.5.23.).

② 해당 월의 1년 전(해당 월의 과거 1년 내에 사업소를 신설한 경우에는 신설한 달을 말함)부터 계속하여 매월 종업원 수가 50명 이하인 사업소가 추가 고용으로 그 종업원 수가 50명을 초과하는 경우(해당 월부터 과거 5년 내에 종업원 수가 1회 이상 50명을 초과한 사실이 있는 사업소의 경우 제외) : 해당 월의 종업원분을 신고하여야 하는 달

(3) 위 (1)을 적용할 때 월 적용급여액은 해당 월의 종업원 급여 총액을 신고한 달의 종업원 수로 나눈 금액으로 한다.

(4) 위 (1)을 적용할 때 휴업 등의 사유로 직전 사업연도의 월평균 종업원 수를 산정할 수 없는 경우에는 사업을 재개한 후 종업원분을 최초로 신고한 달의 종업원 수를 직전 사업연도의 월평균 종업원 수로 본다.

(5) 종업원 수의 산정은 종업원의 월 통상인원을 기준으로 하며, 월 통상인원은 다음과 같이 계산한다.

$$\text{월 통상인원} = \text{해당 월의 상시고용 종업원 수} \times \frac{\text{해당 월의 수시고용 종업원의 연인원}}{\text{해당 월의 일수}}$$

2. 주민세 종업원분 미신고 시 불이익

지방소득세 특별징수는 납부만 하면 되지만 주민세 종업원분은 신고까지 하여야 함에 유의하여야 한다.

(1) 자진신고·납부하는 경우

주민세 종업원분을 신고기한까지 무신고하거나 과소신고하는 경우에는 지방세기본법상 무신고가산세 또는 과소신고가산세를 부담하여야 하며, 납부를 하지 않을 경우에는 납부지연가산세를 부담하여야 한다.

① 무신고가산세

납세의무자가 법정신고기한까지 과세표준 신고를 하지 아니한 경우에는 그 신고로 납부하여야 할 세액(이 법과 지방세관계법에 따른 가산세와 가산하여 납부하여야 할 이자 상당 가산액이 있는 경우 그 금액은 제외함)의 20%(부정한 방법일 경우 40%)에 상당하는 금액을 가산세로 부과한다(지기법 §53).

② 과소신고가산세

납세의무자가 법정신고기한까지 과세표준 신고를 한 경우로서 신고하여야 할 납부세액보다 납부세액을 적게 신고한 경우에는 과소신고한 납부세액(이 법과 지방세관계법에 따른 가산세와 가산하여 납부하여야 할 이자 상당 가산액이 있는 경우 그 금액은 제외함)의 10%(부정한 방법일 경우 40%)에 상당하는 금액을 가산세로 부과한다(지기법 §54).세로 부과한다(지기법 §55).

③ 납부지연가산세

납세의무자가 납부기한까지 지방세를 납부하지 아니하거나 납부하여야 할 세액보다 적게 납부한 경우에는 다음의 계산식에 따라 산출한 금액을 합한 금액을 가산

> 납부하지 아니한 세액 또는 과소납부분 세액(지방세관계법에 따라 가산하여 납부하여야 할 이자 상당 가산액이 있는 경우 그 금액을 더함)×납부기한의 다음 날부터 자진납부일 또는 부과결정일까지의 기간×0.022%

(2) 보통징수하는 경우

주민세 종업원분의 납세의무자가 주민세 종업원분을 신고 또는 납부의무를 다하지 아니하면 산출한 세액 또는 그 부족세액에 무신고가산세, 과소신고가산세 그리고 납부지연가산세를 합한 금액을 세액으로 하여 보통징수의 방법으로 징수한다(지법 §84의 6 ③).

3. 주민세 종업원분의 실무상 유의사항

(1) 주민세 종업원분의 과세표준인 종업원의 급여총액에서 제외되는 '육아휴직을 한 종업원이 직무 복귀 후 1년 동안 받는 급여'의 의미(서울시 안건번호 20-02054, 2020.7.14.)

⇒ 질의요지 : 종업원이 6개월 이상 계속된 육아휴직 기간 종료 후 곧바로 직무에 복귀하지 않고 그 외의 사유에 따른 휴직을 하고 직무에 복귀한 경우, 주민세 종업원분의 급여총액에서 제외되는 '직무 복귀 후 1년 동안 받는 급여'는 해당 종업원이 육아휴직 기간의 종료 시점부터 1년 동안 받는 급여인지, 아니면 실제로 직무에 복귀한 시점부터 1년 동안 받는 급여인지?

⇒ 회신 : '육아휴직을 한 종업원이 직무 복귀 후 1년 동안 받는 급여'는 해당 종업원이 실제로 직무에 복귀한 시점부터 1년 동안 받는 급여임

(2) 주민세 종업원분의 면세점의 검토

실무상 매달 지급하는 종업원의 총급여액이 1.8억원 이상이면 실무상 매달 주민세 종업원분을 신고·납부하겠지만 불규칙적으로 1.8억원이 초과하거나 미달하는 경우라면 매월 최근 1년간 월평균금액이 1.8억원을 초과하는지 여부를 확인하여야 하며 사업기간이 12개월 미만인 경우에는 급여지급일이 속하는 달로부터 개업일이 속하는 달까지의 월평균금액이 1.8억원 이상인지 확인하여야 함에 유의하여야 한다.

(3) 총급여액의 결정

주민세 종업원분은 총급여액을 과세표준으로 하는 세액이므로 소득세법상 비과세가 제외된다. 따라서 과세되는 근로소득과 비과세되는 근로소득의 구분을 정확하게 하여야 하며 일용직 총급여액도 과세대상임에 유의하여야 한다.

(4) 납세지

주민세 종업원분은 급여를 지급한 날(월 2회 이상 급여를 지급하는 경우에는 마지막으로 급여를 지급한 날을 말함) 현재의 사업소 소재지(사업소를 폐업하는 경우에는 폐업하는 날 현재의 사업소 소재지를 말함)를 관할하는 지방자치단체에 각각 신고·납부하는 것(지법 §76 ③)이므로 만약 본점이 서울에 있고, 지점이 부산에 있는 경우라면 각각의 사업소별로 주민세 종업원분을 신고·납부하여야 하는 것이며 주민세 종업원분의 면세점도 각각 판단하여야 하는 것이다.

참고로 '동일건물 내 소재 사업소의 종업원분 주민세 관련' 예규를 소개하면 다음과 같다.

> '사업소'란 인적 및 물적 설비를 갖추고 계속하여 사업 또는 사무가 이루어지는 장소를 말하는 것이므로 영업점 및 지역본부가 각각 사업자등록을 하고 별도의 회계처리 등을 수행하고 있다고는 하나, 영업점 및 지역본부의 종업원은 모두 갑(甲)은행과 고용관계에 있고, 관련 내부규정에 의하면 지역본부의 운영목적이 관할지역 내 영업점의 유기적이고 효율적인 업무신장을 도모하는 데 있는 점, 지역본부장이 관할 영업점 직원을 지휘·감독하는 점 등을 종합해 볼 때, 동일한 건물 내에 위치한 영업점 및 지역본부는 별도의 독립된 사업소라기보다는 귀 은행의 사업 목적을 수행하기 위해 효율적인 업무관리를 하고자 조직을 기능별로 구분한 것이라 하겠으므로 하나의 사업소로 보아 종업원분 주민세의 면세점을 판단하여야 할 것으로 판단됨(서울세제-3937, 2014.3.20.)

(5) 개인사업자의 법인전환 및 사업의 승계·양도시 중소기업고용지원 적용 여부

개인사업자의 법인전환 및 사업의 승계·양도는 신규 고용창출 없이 기존 종업원을 계속 고용하는 것으로, 사업자의 변경만 있을 뿐, 중소기업고용지원에 따른 '사업소 신설'로 보기 어렵다고 판단되므로 적용할 수 없음(지방세운영-1537, 2014.5.8.).

■ 지방세법 시행규칙[별지 제39호의2서식] (2024.12.31. 개정)

주민세(종업원분) 신고서

※ 색상이 어두운 난은 신청인이 작성하지 아니하며, 제3쪽의 작성방법을 읽고 작성하시기 바랍니다. (3쪽중 제1쪽)

접수번호	접수일자	관리번호

신고인(납세자)		
신고인(납세자)	① 사업소명(상호) ㈜민후	
	② 성명(법인명) 진민후	③ 주민(법인)등록번호 110111-1234567
	④ 본점 소재지 서울시 중구 동호로 14길 1-1	⑥ 사업자등록번호 123-81-45678
	⑤ 사업소(과세대상) 소재지 서울시 중구 동호로 14길 1-1	
	⑦ 전화번호	⑧ FAX번호

2025년 3월분 신고납부 (급여지급일: 2025년 3월 31일)	⑨ 종업원 수 (소수점 이하 1자리까지 기재)	⑩ 최근 1년간 종업원 급여총액의 월평균금액 (소수점 이하 1자리까지 기재)	과세표준		
			⑪ 급여총액	⑫ 과세제외급여액	⑬ 과세급여총액
	31.2인	215,641,654원	231,392,000원	8,100,000원	223,292,000원

「지방세법」 제84조의5에 따른 과세표준 공제액

⑭ 직전 연도 월평균 종업원수 (소수점 이하 1자리까지 기재)	⑮ 신고월의 월 적용급여액 (⑬ /⑨)	⑯ 과세표준 공제액 (⑮×(⑨-⑭))
인	7,156,794원	원

납부할 세액						
납부할 세액	⑰ 산출과표 (⑬-⑯)	223,292,000원	⑱ 산출세액 (⑰×0.5%)	1,116,460원	무신고가산세	원
					과소신고가산세	원
					납부지연가산세	원
					⑲ 가산세 합계	원
	⑳ 신고세액합계 (⑱+⑲)	1,116,460원				

「지방세법」 제84조의6 및 같은 법 시행령 제85조의4에 따라 위와 같이 신고합니다.

2025년 4월 10일

신고인(납세자) ㈜민후 (서명 또는 인)

시장 · 군수 · 구청장 귀하

접수증

(접수번호)

성명(법인명)		주 소		
년 주민세(종업원분) 신고서 접수증입니다.		접수자		접수일
		성명	(서명 또는 인)	

210mm×297mm(일반용지 60g/㎡(재활용품))

급여 총괄표

<table>
<tr><td rowspan="4">납세
의무자</td><td colspan="2">사업소명(상호) ㈜민후</td></tr>
<tr><td>성명(법인명) 진민후</td><td>주민(법인)등록번호
110111-1234567</td></tr>
<tr><td>사업소(과세대상) 소재지
서울시 중구 동호로 14길 1-1</td><td>사업자등록번호
123-81-45678</td></tr>
<tr><td>전화번호</td><td>FAX 번호</td></tr>
</table>

사업소 인원 (소수점 이하 1자리까지 기재)	계	상시고용종업원	수시고용종업원	비고
	33.1	33	0.1	

2025년 3월분 급여 합계**(급여지급일: 2025년 3월 31일)**

과 세 대 상		비과세대상		비 고
구 분	급여액	구 분	급여액	
기본급	222,842,000	기본급	2,900,000	
수 당	450,000	수 당	600,000	
상여금		상여금	200,000	
기 타		기 타	4,400,000	
합 계	223,292,000	합 계	8,100,000	

최근 12개월간 월급여총액(소수점 이하 1자리까지 기재)

※ 신고월(급여지급일이 속한 달) 이전 최근 12개월간의 월급여를 순서대로 기재합니다.

월별	평균	2025년	2025년	2025년	2024년	2024년	2024년	2024년	2024년	2024년	2024년	2024년	2024년
		신고월	2월	1월	12월	11월	10월	9월	8월	7월	6월	5월	4월
급여 총액	215,641,654	223,292,000	223,372,000	216,505,000	216,505,000	216,475,000	209,033,000	208,888,000	206,318,000	205,508,000	205,428,000	261,072,000	195,303,855

직전 연도 월별 종업원수 (소수점 이하 1자리까지 기재)

※「지방세법」 제84조의5에 따른 중소기업 고용지원 공제 대상에 해당하는 경우만 작성합니다

월별	계	1월	2월	3월	4월	5월	6월	7월	8월	9월	10월	11월	12월
종업 원수	375.3	31	31.1	31	30.6	30	30.1	30.1	31	31.1	33.1	33.1	33.1

작성방법

ㅁ 신고인(납세자)란

① 사업소명(상호): 「부가가치세법」 제8조,「법인세법」 제111조,「소득세법」 제168조에 따라 사업자등록을 한 경우 등록된 상호명을, 사업자등록을 하지 않은 경우에는 내부관리명칭을 사업소명으로 적습니다.

※ 사업소: 「지방세법」 제74조제4호에 따라 인적 및 물적 설비를 갖추고 계속하여 사업 또는 사무가 이루어지는 장소를 말합니다.

② 성명(법인명): 개인의 경우 성명, 법인의 경우 법인등기부등본상의 상호명을 적습니다.

③ 주민(법인)등록번호: 개인은 주민등록번호, 외국인은 외국인등록번호, 법인은 법인등록번호를 적습니다.

④ 본점 소재지: 법인등기부등본상 본점 소재지를 적습니다.

⑤ 사업소(과세대상) 소재지: 신고하려는 사업소의 도로명 주소 또는 지번주소를 적습니다.

⑥ 사업자등록번호: 해당 사업소에 사업자등록을 한 경우에는 사업자등록번호를 적고, 사업자등록을 하지 않은 경우에는 빈 칸으로 둡니다.

⑦ 전화번호: 연락이 가능한 유선전화 또는 휴대전화 번호를 적습니다.

※ 기재착오, 계산착오 등으로 과세관청에서 연락이 필요한 경우에 활용합니다.

⑧ FAX번호: 수신이 가능한 FAX번호를 기재하되, 기재를 원하지 않는 경우 생략할 수 있습니다.

ㅁ 신고납부란

⑨ 종업원 수: 「지방세법 시행규칙」 제38조의2에 따른 월 통상인원[해당 월의 상시고용 종업원수 + (해당 월의 수시고용 종업원의 연인원/해당 월의 일수)]을 산출하여 기재합니다.

※ 수시고용 종업원의 연인원은 수시고용 종업원이 근무한 일수의 합계를 의미합니다.

(예시) 수시고용 종업원 3명이 각 10일, 15일, 20일씩 근무한 경우: (10×1 + 15×1 + 20×1) = 45

⑩ 최근 1년간 종업원 급여총액의 월평균금액: 신고월을 포함하여 최근 12개월간 해당 사업소의 종업원에게 지급한 급여총액을 12로 나눈 값을 기재합니다. 이 경우 개업 또는 휴 · 폐업 등으로 영업한 날이 15일미만인 달의 급여총액과 그 개월수는 제외합니다.

⑪ 급여총액: 신고월에 종업원에게 지급한 급여의 총액을 적습니다.

⑫ 과세제외급여액:「소득세법」 제12조제3호에 따른 비과세 대상 급여액을 적습니다.

⑬ 과세급여총액: 급여총액에서 과세제외급여액을 차감한 금액(⑪-⑫)을 적습니다.

ㅁ「지방세법」 제84조의5에 따른 과세표준 공제액란

⑭ 직전 연도 월평균 종업원 수: 「중소기업기본법」 제2조에 따른 중소기업의 사업주가 종업원을 추가로 고용한 경우 직전 연도의 월평균 종업원 수를 기재하되, 그 수가 50명 이하인 경우에는 50명으로 기재합니다.

⑮ 신고월의 월 적용급여액: 과세급여총액(⑬)을 종업원 수(⑨)으로 나눈 값을 적습니다.

⑯ 과세표준 공제액: 다음 계산식에 따라 산출한 값을 적습니다. 이 경우 다음 각 호의 어느 하나에 해당하는 경우에는 다음 각 호에서 정하는 달부터 1년 동안(해당 월의 종업원 수가 50명을 초과하는 달만 해당합니다) 월평균 종업원 수 50명에 해당하는 월 적용급여액을 공제액으로 합니다.

과세표준 공제액 = 신고월의 월 적용급여액(⑮) x [신고월의 종업원 수(⑨) - 직전 연도 월평균 종업원 수(⑭)]

1. 사업소를 신설하면서 50명을 초과하여 종업원을 고용하는 경우: 종업원분을 최초로 신고하여야 하는 달
2. 해당 월의 1년 전(해당 월의 과거 1년 내에 사업소를 신설한 경우에는 신설한 달을 말합니다)부터 계속하여 매월 종업원 수가 50명 이하인 사업소가 추가 고용으로 그 종업원수가 50명을 초과하는 경우(과거 5년 내에 종업원 수가 1회 이상 50명을 초과한 사실이 있는 사업소의 경우는 제외함): 해당 월의 종업원분을 신고하여야 하는 달

ㅁ 납부할 세액란

⑰ 산출과표: 과세급여총액에서 공제액을 차감한 액수(⑬-⑯)를 적습니다.

⑱ 산출세액: 산출과표(⑰)에 「지방세법」 제84조의3에 따른 세율을 곱하여 산출한 세액을 적습니다.

⑲ 가산세 합계: 「지방세기본법」 제53조의 무신고 가산세, 같은 법 제54조의 과소신고가산세, 같은 법 제55조의 납부지연가산세를 산출하여 합계금액을 적습니다. 이 경우 같은 법 제57조에 따른 가산세의 감면사유에 해당하는 경우에는 감면 후의 금액을 적습니다.

⑳ 신고세액 합계: 신고인이 납부하여야 할 세액의 합계(⑱+⑲)를 적습니다.

ㅁ 문의사항은 시(군 · 구) 과(☎ -)로 문의하시기 바랍니다.

210mm×297mm[백상지(80g/㎡) 또는 중질지(80g/㎡)]

5 원천징수의 절차

1. 원천징수 시기와 신고납부

(1) 원천징수 시기

회사(원천징수의무자)는 원천징수대상소득을 소득귀속자에게 지급할 때 해당 소득에서 소득세법 및 법인세법에 의한 원천징수세액과 지방세법에 의한 특별징수세액을 징수하여야 한다.

실무 POINT 소액부징수

원천징수대상소득에 대한 소득세법 및 법인세법에 의한 원천징수세액이 1,000원 미만일 경우 징수하지 않는다. 단, 소득세법상 이자소득과 인적용역 사업소득(2024.7.1. 이후 지출하는 소득분부터 적용)에 대해서는 소액부징수를 적용하지 않으므로 1,000원 미만에 대해서도 원천징수를 하여야 한다(소법 §86, 법법 §73).

구 분	소액부징수
소득세법상 원천징수세액	1,000원 미만. 단, 이자소득과 인적용역 사업소득(2024.7.1. 이후 지급분부터 적용)은 소액부징수에서 제외되므로 원천징수함.
법인세법상 원천징수세액	1,000원 미만. 단, 인적용역 사업소득(2024.7.1. 이후 지급분부터 적용)은 소액부징수에서 제외되므로 원천징수함.

(2) 원천징수세액의 신고·납부

원천징수세액의 신고와 납부는 월별 납부자와 특례 납부자인 반기별 납부승인자로 구분할 수 있다.

| 원천징수세액의 신고 및 납부 |

구 분	일반적인 납부 : 월별 납부자	특례 : 반기별 납부승인자
원천징수일	소득지급일	소득지급일
신고·납부일	징수일이 속하는 달의 다음 달 10일까지	1월~ 6월분 : 7월 10일까지 7월~12월분 : 1월 10일까지
신고 시 제출서류	원천징수이행상황신고서를 세무서 제출	
납부 시 제출서류	소득세 납부서와 지방소득세 납부서로 금융기관에 납부	

1) 원천징수세액의 신고·납부-월별납부자

원천징수의무자는 원천징수세액을 그 징수일이 속하는 달의 다음 달 10일까지 국가 및 지방자치단체에 납부해야 하며 원천징수내역(소득지급내역과 징수세액 등)이 기재되어 있는 원천징수이행상황신고서를 원천징수관할세무서장에게 제출해야 한다(소법 §128). 예를 들어 4월 25일 급여를 지급할 때 원천징수하였다면 다음 달 5월 10일에 신고·납부하여야 한다.

2) 반기별 신고·납부특례-반기납부자

세무서장의 승인을 얻거나 국세청장이 정하는 바에 따라 지정을 받은 자는 반기별 납부도 가능하다. 위의 일반적인 납부와는 달리 소규모기업과 종교단체의 경우에는 원천징수의무자가 그 징수일이 속하는 반기의 마지막 달의 다음 달 10일까지 납부할 수 있는 특례규정을 두고 있다(소법 §128 ②, 소령 §186). 즉 1월부터 6월까지 징수한 세액은 7월 10일에 신고·납부하고, 7월부터 12월까지 징수한 세액은 1월 10일에 신고·납부할 수 있도록 하고 있다.

① 승인신청

원천징수세액을 매 반기별로 납부하고자 하는 자는 반기별로 납부하고자 하는 반기의 직전 월(6월, 12월)의 1일부터 말일까지 원천징수세액의 납세지관할세무서장에게 신청하여야 한다.

② 승인 및 통지

승인신청을 받은 원천징수세액의 납세지관할세무서장은 당해 원천징수의무자의 원천징수세액 신고·납부의 성실도 등을 참작하여 승인 여부를 결정한 후 신청일이 속하는 반기의 다음 달 말일까지 이를 통지하여야 한다. 기한 내 미통지 시 승인한 것으로 간주된다.

③ 포기

반기별로 납부하고 있는 원천징수의무자가 원천징수세액을 매월별로 납부하려는 경우에는 원천징수한 세액을 매월별로 납부하려는 월의 직전 월 말일까지 '원천징수세액 반기별납부 포기신청서'를 제출하여야 하며 이 경우 반기별납부 포기신청은 세무서장의 승인을 필요로 하지 않는다(원천징수 사무처리규정 §30 ①).

반기별납부 포기신청서를 제출한 때에는 당해 반기의 첫 번째 달부터 포기신청서를 제출한 달까지의 징수내역을 1장의 신고서에 기재하여 신청서를 제출한 달의 다음 달 10일까지 관할세무서장에게 제출하고 징수한 세액을 납부하고 그 다음 달부터 월별 신고·납부를 하여야 한다(원천징수 사무처리규정 §30 ②).

예를 들면 반기별 사업자가 4월부터 매월 신고·납부를 하고자 하는 경우라면 3월 말까지 '원천징수세액 반기별납부 포기신청서'를 제출하고, 1월부터 3월까지(신고구분 반기, 귀속 1월, 지급 3월) 원천징수내역을 4월 10일까지 신고·납부하고 4월부터는 매월 신고·납부하는 것이다.

실무 POINT **소규모 기업과 반기별 납부자의 연말정산 환급분 환급신청 시의 신고 등**

1. 소규모기업이란

소규모기업이란 직전 과세기간(신규로 사업을 개시한 사업자의 경우 신청일이 속하는 반기를 말함)의 상시고용인원이 20인 이하(20명까지)인 사업자('직전 연도 상시고용인원'이란 직전 연도의 1월부터 12월까지의 매월 말일 현재의 상시고용인원의 평균인원수를 말함)를 말한다. 상시고용인원의 평균 인원수가 20인 이하인 원천징수의무자(금융 및 보험업을 경영하는 사업자는 제외)로서 원천징수관할세무서장으로부터 원천징수세액을 매 반기별로 납부할 수 있도록 승인(반기 직전 연월의 말일까지 신청)을 받거나 국세청장이 정하는 바에 따라 지정을 받은 경우에 가능하다.

2. 반기사업자의 원천징수 신고

반기별 납부자가 연말정산 환급분에 대한 환급신청을 하는 경우에는 1년에 3번 신고·납부할 수 있다. 즉, 1월부터 2월까지 징수한 세액을 3월 10일에 신고하면서 연말정산 환급분에 대한 환급신청을 하고, 7월 10일에는 3월부터 6월까지, 익년도 1월 10일에는 7월부터 12월까지 징수한 세액을 신고·납부한다. 정리하면 반기별 납부 사업자는 연말정산 환급분에 대한 환급신청을 하지 않으면 1년에 2번, 연말정산 환급분에 대한 환급신청을 하는 경우에는 1년에 3번 원천징수이행상황신고서를 신고하는 것이다.

3. 종업원수가 20명을 초과하는 경우의 반기별 신고여부

원천징수 사무처리규정 28조에 의하면 세무서장(원천제세 담당과장)은 해당 과세기간의 상시고용인원이 20명을 초과하는 경우에는 다음 과세기간 1월 징수분부터 원천징수세액을 월별로 납부하여야 함을 안내하고, '원천징수세액 반기별납부 제외통지서'로 통지하여야 한다고 규정되어 있으므로 종업원수가 20명을 초과하는 경우라면 실무상 '원천징수세액 반기별납부 제외통지서'를 통지받지 못했다고 하더라도 '원천징수세액 반기별납부 포기신청서'를 제출하고 매월 납부자로 신고·납부하여야 할 것으로 판단된다.

4. 반기별 신고납부특례가 적용되지 않는 경우

반기별 납부자도 다음의 원천징수세액에 대해서는 월별납부자와 동일하게 지급일의 다음달 10일가지 신고하여야 한다(소법 §128②).

① 법인세법에 따라 처분된 상여·배당 및 기타소득에 대한 원천징수세액

② 국제조세조정에 관한 법률 제13조 또는 제22조에 따라 처분된 배당소득에 대한 원천징수세액

③ 소득세법 156의 5 제1항 및 제2항(비거주연예인등의 용역제공과 관련된 원천징수절차 특례)에 따른 원천징수세액

(3) 지방소득세 특별징수세액의 납부

특별징수한 개인지방소득세는 그 징수일이 속하는 달(영세업에 대한 특례규정에 의하여 반기별로 원천징수세액을 납부하는 경우 그 소득세에 대한 지방소득세는 징수일이 속하는 반기의 마지막 달)의 다음 달 10일까지 납부서에 계산서와 명세서를 첨부하여 납세지관할시·군에 납부하여야 한다(지법 §103의 13). 이 경우 근로소득, 이자소득, 연금소득(국민연금 등 공적연금)에 대하여는 그 명세서를 첨부하지 아니할 수 있다(지령 §100의 5 ②).

(4) 원천징수의 위임 또는 대리

특수관계자인 임직원이 법인에게 가지급금 인정이자를 지급하는 경우 비영업대금이익에 해당되므로 원천징수의무가 발생되지만 소득지급자인 임직원이 실무상 원천징수신고를 할 수가 없으므로 법인으로 하여금 원천징수를 대리하거나 위임할 수가 있다. 이때 원천징수를 하여야 할 자(사업소득의 경우 원천징수대상 사업소득으로 한정함)를 대리하거나 그 위임을 받은 자의 행위는 수권(授權) 또는 위임의 범위에서 본인 또는 위임인의 행위로 보아 원천징수를 적용한다(소법 §127 ②, 법법 §73 ④, 원천-599, 2009.7.13.).

이 경우 원천징수한 세액의 납세지는 그 대리인 또는 수임인의 납세지로 하는 것(소통 70-0…1)이며 금융기관과 내국법인 간에 대리 또는 위임의 관계로 인하여 금융기관이 원천징수의무자가 되는 경우 지급명세서의 제출의무는 당해 금융기관에 있는 것이고(서면1팀-161, 2006.2.6.), 원천징수 미신고와 지급명세서 미제출에 대한 가산세는 위임받은 법인이 부담한다(기획재정부소득-147, 2011.4.22.).

■ 소득세법 시행규칙 [별지 제21호의2서식] 〈개정 2018. 3. 21.〉

원천징수세액 반기별납부 승인신청서

(앞쪽)

접수번호	접수일자	처리기간

징 수 의무자 인 적 사 항	상 호(법인명)	[ ] 종교단체 * 해당되면 √표기	대 표 자
	사 업 장 주 소		업 종
	사업자등록번호		전 화 번 호

상 시 고 용 인 원 수 의 계 산			
① 반기별 납부를 적용하려는 연도의 직전 연도 1월부터 12월까지의 매월 말일 현재 고용인원 누계 (신규사업자의 경우 신청일이 속하는 반기의 매월 말일 현재의 고용인원 누계를 적습니다)		② 평균인원수 (① / 월수)	

근로소득 및 종교인소득 지급 및 징수 현황
(일용근로 소득은 제외)

(단위: 원)

월	인원	적 용 연 도		직 전 연 도		비 고
		총지급액	소득세 징수액	총지급액	소득세 징수액	
1월						
2월						
3월						
4월						
5월						
6월						
7월						
8월						
9월						
10월						
11월						
12월						
합 계	명					

년 월부터 매월 원천징수하는 세액을 반기별로 납부하기 위하여 「소득세법 시행령」 제186조제3항에 따라 승인을 신청합니다.

년 월 일

원천징수의무자 (서명 또는 인)

세 무 서 장 귀하

작 성 방 법

1. "② 평균인원수"란에는 평균인원수 계산결과 소수점 이하가 있을 경우 소수점 이하는 버리고 기재합니다.
2. "적용연도"의 총지급액(비과세포함)은 신청월의 전월까지 지급분을 기재합니다. 다만, 비과세 근로소득의 경우 「소득세법 시행령」 제214조제1항제2호의2 및 제2호의3에 해당하는 금액은 제외하며, 비과세 종교인소득의 경우에는 「소득세법」 제12조제5호아목에 해당하는 금액은 제외합니다.
   ※ "적용연도"란은 6월에 반기별납부 승인 신청을 하는 경우에 작성합니다. 다만, 신규사업자는 12월에 반기별 납부 승인 신청을 하는 경우에도 작성합니다.
3. 종교단체의 경우에는 상시 고용인원을 기재하지 않아도 됩니다.

210mm×297mm[백상지 80g/㎡(재활용품)]

[별지 제21호의3서식] 〈신설 2007.4.17〉

원천징수세액 반기별납부 승인통지서

<table>
<tr><td rowspan="3">징수의무자 인적사항</td><td>상 호(법인명)</td><td></td><td>대 표 자</td><td></td></tr>
<tr><td>사 업 장 주 소</td><td colspan="3"></td></tr>
<tr><td>사업자등록번호</td><td></td><td>업 종</td><td></td></tr>
<tr><td colspan="2">승 인 기 간</td><td colspan="3">년 월 징수분부터</td></tr>
</table>

위와 같이 매월 원천징수한 세액을 반기별로 신고 · 납부할 수 있음을 승인하여 「소득세법 시행령」 제186조제4항에 따라 통지합니다.

년 월 일

세무서장

210㎜×297㎜(신문용지 54g/㎡(재활용품))

【원천징수사무처리규정 별지 제4호 서식】

원천징수세액반기별납부포기신청서

징수의무자 인적사항	상 호(법인명)		대 표 자	
	사 업 장 주 소		업 종	
	사업자등록번호		전화번호	

반기별 납부 포기 신청사항

매월 납부하고자 하는 기간	년 월 징수분부터

반기별로 납부하던 원천징수세액을 매월 납부하기 위하여 반기별납부 포기 신청서를 제출합니다.

년 월 일

원천징수의무자 : 인

세무서장 귀하

※ 유의사항

- 매월별로 납부하려는 달의 직전월 말일까지 신청서를 제출하여야 합니다.
- 반기중에 신청서를 제출한 경우에는 해당 반기의 첫번째 달부터 포기신청서를 제출한 달까지의 징수내용을 1장의 신고서에 기재하여 신청서를 제출한 달의 다음 달 10일까지 제출하고 징수한 세액을 납부하여야 합니다.

210㎜×297㎜(신문용지54g/㎡(재활용품)

PART 4 원천징수

2. 원천징수세액의 납세지

원천징수세액의 납세지는 다음과 같다(소법 §7).

원천징수의무자	납세지
거주자(개인)인 경우	그 거주자의 주된 사업장의 소재지. 다만, 주된 사업장 외의 사업장에서 원천징수를 하는 경우에는 그 사업장의 소재지, 사업장이 없는 경우에는 그 거주자의 주소지 또는 거소지
비거주자(개인)인 경우	비거주자의 주된 국내사업장의 소재지. 다만, 주된 국내사업장 외의 국내사업장에서 원천징수를 하는 경우에는 그 국내사업장의 소재지, 국내사업장이 없는 경우에는 비거주자의 거류지 또는 체류지
법인인 경우	법인의 본점 또는 주사무소의 소재지

실무 POINT **지방소득세의 납세지**

지방소득세 특별징수분의 납세지는 사업장 관할 지방자치단체(시·군·구)이다(지법 §89 ③). 원천징수세액인 국세의 경우 사업장 관할 세무서를 위반하여 납부하여도 사업자등록번호로 관리가 되므로 납부와 관련된 가산세 대상은 아니나 지방소득세 특별징수분의 경우 사업장 관할 지방자치단체(시·군·구)를 달리하여 납부하는 경우 납부지연가산세에 해당이 될 수 있으므로 지방소득세 특별징수분 납부 시에는 실무상 정확한 사업장 관할 지방자치단체의 확인이 필요하다(세정-351, 2005.1.21.).

3. 원천징수이행상황신고서

원천징수의무자가 매월 원천징수하면서 발급한 원천징수영수증을 건별 또는 개인별로 보고할 필요는 없다. 원천징수대상소득을 지급한 달의 다음 달 10일까지 세무서에 보고하는 별도의 서식이 있는데 이를 원천징수이행상황신고서라고 한다. 이는 매월 지급한 소득내역 및 원천징수내역을 1장의 서식에 총괄적으로 요약하여 나타내는 집계표이다.

이러한 원천징수이행상황신고서가 필요한 이유는 원천징수의무자는 일반적으로 매월 한 종류의 소득만을 지급하는 것이 아니기 때문이다. 즉 회사의 경우 근로소득, 퇴직자가 있는 경우에는 퇴직소득, 원고료 등을 지급하는 경우 기타소득 등 여러 종류의 원천징수대상소득이 발생하기 때문이다. 원천징수이행상황신고서의 양식을 소개하면 다음과 같다.

세로축	소득종류(코드 A01~A99)	
가로축	지급한 소득내역	원천징수내역
	④ 인원 ⑤ 총지급액	⑥ 소득세 등
	주의사항 : 원천징수하여 납부할 세액이 없거나 신고되는 비과세도 포함하여 작성한다.	

실무 POINT **원천징수이행상황신고서와 지급명세서에 포함되지 않는 비과세**

소득세법시행령 제214조 제1항에 의하면 근로소득 중 원천징수이행상황신고서와 지급명세서에 제출(포함)되지 않는 비과세가 있다. 예를 들면 차량유지보조금(20만원)은 해당 서식에 제출(포함)되지 않는 반면 식대(20만원 비과세)와 보육수당(20만원 비과세) 등은 해당 서식에 제출(포함)되는 비과세이다.

■ 소득세법 시행규칙 [별지 제24호서식(1)] (2025.3.21. 개정) (9쪽 중 제5쪽)

비과세 및 감면 소득 코드

구분	법조문	코드	기재란	비과세항목	지급명세서 작성 여부
비과세	소득세법§12 3 가	A01		복무 중인 병(兵)이 받는 급여	×
	소득세법§12 3 나	B01		법률에 따라 동원 직장에서 받는 급여	×
	소득세법§12 3 다	C01		「산업재해보상보험법」에 따라 지급받는 요양급여 등	×
	소득세법§12 3 라	D01		「근로기준법」등에 따라 지급받는 요양보상금 등	×
	소득세법§12 3 마	E01		「고용보험법」 등에 따라 받는 육아휴직급여 등	×
		E02		「국가공무원법」 등에 따라 받는 육아휴직수당 등[사립학교 직원이 학교의 정관 · 규칙에 따라 받는 육아휴직수당(월 150만원 한도) 포함]	×
	소득세법§12 3 바	E10		「국민연금법」에 따라 받는 반환일시금(사망으로 받는 것에 한함) 및 사망일시금	×
	소득세법§12 3 사	F01		「공무원연금법」 등에 따라 받는 요양비 등	×
	소득세법§12 3 아	G01	⑱-5	비과세 학자금(소득령§ 11)	○
	소득세법§12 3 자	H02		소득령§12 2 ~ 3(일직료 · 숙직료 등)	×
		H03		소득령§12 3(자가운전보조금)	×
		H04		소득령§12 4, 8(법령에 따라 착용하는 제복 등)	×
		H05	⑱-18	소득령§12 9 ~ 11(경호수당, 승선수당 등)	○
		H06	⑱-4	소득령§12 12 가(연구보조비 등)-「유아교육법」, 「초 · 중등교육법」	○
		H07	⑱-4	소득령§12 12 가(연구보조비 등)-「고등교육법」	○
		H08	⑱-4	소득령§12 12 가(연구보조비 등)-특별법에 따른 교육기관	○
		H09	⑱-4	소득령§12 12 나(연구보조비 등)	○
		H10	⑱-4	소득령§12 12 다(연구보조비 등)	○
		H14	⑱-22	소득령§12 13 가(보육교사 근무환경개선비)-「영유아보육법 시행령」	○
		H15	⑱-23	소득령§12 13 나(사립유치원 수석교사 · 교사의 인건비)-「유아교육법 시행령」	○
		H11	⑱-6	소득령§12 14 (취재수당)	○
		H12	⑱-7	소득령§12 15 (벽지수당)	○
		H13	⑱-8	소득령§12 16 (천재 · 지변 등 재해로 받는 급여)	○
		H16	⑱-24	소득령§12 17 (정부 · 공공기관 중 지방이전기관 종사자 이전지원금)	○
		H17	⑱-30	소득령§12 18(종교관련종사자가 소속 종교단체의 규약 또는 소속 종교단체의 의결기구의 의결 · 승인 등을 통하여 결정된 지급 기준에 따라 종교 활동을 위하여 통상적으로 사용할 목적으로 지급받은 금액 및 물품)	○
	소득세법§12 3 차	I01	⑱-19	외국정부 또는 국제기관에 근무하는 사람에 대한 비과세	○
	소득세법§12 3 카	J01		「국가유공자 등 예우 및 지원에 관한 법률」에 따라 받는 보훈급여금 및 학습보조비	×
	소득세법§12 3 타	J10		「전직대통령 예우에 관한 법률」에 따라 받는 연금	×
	소득세법§12 3 파	K01	⑱-10	작전임무 수행을 위해 외국에 주둔하는 군인 등이 받는 급여	○
	소득세법§12 3 하	L01		종군한 군인 등이 전사한 경우 해당 과세기간의 급여	×
	소득세법§12 3 거	M01	⑱	소득령§16①1(국외 등에서 근로에 대한 보수) 100만원	○
		M02	⑱	소득령§16①1(국외 등에서 근로에 대한 보수) 300만원(2023년 귀속분까지만 적용)	○
		M03	⑱	소득령§16①2(국외근로)	○
		M04	⑱	소득령§16①1(국외 등에서 근로에 대한 보수) 500만원	○
	소득세법§12 3 너	N01		「국민건강보험법」 등에 따라 사용자 등이 부담하는 보험료	×
	소득세법§12 3 더	O01	⑱-1	생산직 등에 종사하는 근로자의 야간수당 등	○
	소득세법§12 3 러	P01	⑱-40	비과세 식사대(월 20만원 이하)	○
		P02		현물 급식	×
	소득세법§12 3 머	Q01	⑱-2	출산, 6세 이하의 자녀의 보육 관련 비과세 급여(월 20만원 이내)(2023년 귀속분까지만 적용)	○
		Q02	⑱-2	6세 이하의 자녀의 보육 관련 비과세 급여(월 20만원 이내)	○
		Q03	⑱-3	자녀 출생일 이후 2년 이내에 받는 출산지원금(1회)	○
		Q04	⑱-3	자녀 출생일 이후 2년 이내에 받는 출산지원금(2회)	○
	소득세법§12 3 버	R01		국군포로가 지급받는 보수 등	×
	소득세법§12 3 서	R10	⑱-21	「교육기본법」 제28조제1항에 따라 받는 장학금	○
	소득세법§12 3 어	R11	⑱-29	소득령 17의3 비과세 직무발명보상금	○
	소득세법§12 3 저	V01		사택 제공 이익	×
		V02		주택 자금 저리 · 무상 대여 이익	×
		V03		종업원 등을 수익자로하는 보험료 · 신탁부금 · 공제부금	×
		V04		공무원이 받는 상금과 부상(연 240만원 이내)	×
		V05		「영유아보육법 시행령」에 따라 사업주가 부담하는 보육비용	×
	구 조특법§ 15	S01	⑱-11	주식매수선택권 비과세	○
	조특법§16의2	U01	⑱-31	벤처기업 주식매수 선택권 행사이익 비과세	○
	조특법§ 88의4⑥	Y02	⑱-14	우리사주조합 인출금 비과세(50%)	○
		Y03	⑱-15	우리사주조합 인출금 비과세(75%)	○
		Y04	⑱-16	우리사주조합 인출금 비과세(100%)	○
	소득세법§12 3 자	Y22	⑲	소득령§12 13 다(전공의 수련보조수당)	○
감면	조특법§18	T01	⑱-12	외국인 기술자 소득세 감면(50%)	○
		T02	⑱-36	외국인 기술자 소득세 감면(70%)	○
	조특법§19	T30	⑱-33	성과공유 중소기업의 경영성과급에 대한 세액공제 등	○
	조특법§29조의6	T40	⑱-34	중소기업 청년근로자 및 핵심인력 성과보상기금 수령액에 대한 소득세 감면 등(50%)	○
		T41	⑱-37	중견기업 청년근로자 및 핵심인력 성과보상기금 수령액에 대한 소득세 감면 등(30%)	○
		T42	⑱-38	중소기업 청년근로자 및 핵심인력 성과보상기금 수령액에 대한 소득세 감면 등(청년 90%)	○
		T43	⑱-39	중견기업 청년근로자 및 핵심인력 성과보상기금 수령액에 대한 소득세 감면 등(청년 50%)	○
	조특법§18조의3	T50	⑱-35	내국인 우수인력의 국내복귀에 대한 소득세 감면	○
	조특법§30	T12	⑱-27	중소기업 취업자 소득세 감면(70%)	○
		T13	⑱-32	중소기업 취업자 소득세 감면(90%)	○
	조세조약	T20	⑱-28	조세조약상 소득세 면제(교사 · 교수)	○

■ 소득세법 시행규칙 [별지 제21호서식] (2025.3.21. 개정) (10쪽 중 제1쪽)

① 신고구분						[ ]원천징수이행상황신고서 [ ]원천징수세액환급신청서	② 귀속연월	년 월
매월	반기	수정	연말	소득처분	환급신청		③ 지급연월	년 월

원천징수의무자	법인명(상호)		대표자(성명)		일괄납부 여부	여, 부
					사업자단위과세 여부	여, 부
	사업자(주민)등록번호		사업장 소재지		전화번호	
					전자우편주소	@

① 원천징수 명세 및 납부세액

(단위: 원)

소득자 소득구분			코드	원천징수명세: 소득지급(과세 미달, 일부 비과세 포함) ④ 인원	⑤ 총지급액	징수세액 ⑥ 소득세 등	⑦ 농어촌특별세	⑧ 가산세	⑨ 당월 조정 환급세액	납부세액 ⑩ 소득세 등(가산세 포함)	⑪ 농어촌특별세
개인(거주자·비거주자)	근로소득	간이세액	A01								
		중도퇴사	A02								
		일용근로	A03								
		연말정산 합계	A04								
		연말정산 분납신청	A05								
		연말정산 납부금액	A06								
		가감계	A10								
	퇴직소득	연금계좌	A21								
		그 외	A22								
		가감계	A20								
	사업소득	매월징수	A25								
		연말정산	A26								
		가감계	A30								
	기타소득	연금계좌	A41								
		종교인소득 매월징수	A43								
		종교인소득 연말정산	A44								
		가상자산	A49								
		인적용역	A59								
		그 외	A42								
		가감계	A40								
	연금소득	연금계좌	A48								
		공적연금(매월)	A45								
		연말정산	A46								
		가감계	A47								
	이자소득		A50								
	배당소득		A60								
	저축 등 해지 추징세액 등		A69								
	비거주자 양도소득		A70								
법인	내·외국법인원천		A80								
수정신고(세액)			A90								
총 합 계			A99								

② 환급세액 조정

(단위: 원)

전월 미환급 세액의 계산: ⑫ 전월 미환급세액	⑬ 기환급 신청세액	⑭ 차감잔액 (⑫-⑬)	당월 발생 환급세액: ⑮ 일반환급	⑯ 신탁재산 (금융회사 등)	⑰ 그 밖의 환급세액: 금융회사 등	합병 등	⑱ 조정대상 환급세액 (⑭+⑮+⑯+⑰)	⑲ 당월조정 환급세액 계	⑳ 차월이월 환급세액 (⑱-⑲)	㉑ 환급신청액

원천징수의무자는 「소득세법 시행령」 제185조제1항에 따라 위의 내용을 제출하며, **위 내용을 충분히 검토하였고 원천징수의무자가 알고 있는 사실 그대로를 정확하게 적었음을 확인합니다.**

년 월 일

신고인 (서명 또는 인)

세무대리인은 조세전문자격자로서 위 신고서를 성실하고 공정하게 작성하였음을 확인합니다.

세무대리인 (서명 또는 인)

세 무 서 장 귀하

신고서 부표 등 작성 여부 ※ 해당란에 "○" 표시를 합니다.		
부표(4~5쪽)	환급(7쪽~9쪽)	승계명세(10쪽)

세무대리인	
성 명	
사업자등록번호	
전화번호	
국세환급금 계좌신고	
예입처	
예금종류	
계좌번호	

210mm×297mm[백상지80g/㎡ 또는 중질지80g/㎡]

PART 4 원천징수

작성방법 (1)

※ **참고사항**
1. 신고서 부표 등 작성 여부란에는 해당란에 "○"표시를 합니다. 다만, 근로소득(A01,A02,A03,A04,A10) 중 파견근로에 대한 대가, 기타소득 중 비거주자의 가상자산소득(A49), 이자소득(A50), 배당소득(A60) 및 법인원천(A80)에 해당하는 소득을 지급하거나 저축 등 해지 추징세액 등(A69) 및 연금저축해지가산세를 징수한 원천징수의무자와 비거주자 또는 외국법인에 국내원천소득(「소득세법」제119조의3제1항 또는 「법인세법」 제93조의3제1항에 해당하는 소득은 제외합니다)을 지급한 원천징수의무자는 반드시 원천징수이행상황신고서 부표를 작성하여 신고해야 합니다.
2. 원천징수세액을 환급신청하는 경우 원천징수세액환급신청서 부표, 기납부세액 명세서, 전월미환급세액 조정명세서를 제출해야 합니다.
3. 「소득세법」 제21조제1항제26호에 따른 종교인소득에 관하여는 2018년 1월 1일 이후에 발생하는 종교인소득에 대해 원천징수하는 경우부터 적용됩니다.
4. 「소득세법」 제119조제12호타목에 따른 비거주자의 가상자산소득에 관하여는 2027년 1월 1일 이후에 발생하는 가상자산소득에 대해 원천징수하는 경우부터 적용됩니다.
5. 「소득세법」 제21조제1항제19호에 따른 인적용역소득(A59)에 관하여는 2024년 1월 1일 이후에 지급하는 인적용역소득에 대해 원천징수하는 경우부터 적용됩니다.

1. 원천징수대상소득을 지급하는 원천징수의무자(대리인, 위임받은 자 또는 「소득세법」 제164조 및 「법인세법」 제120조에 따라 지급명세서를 작성하여 제출해야 하는 자를 포함합니다)는 납부(환급)세액의 유무와 관계없이 이 서식을 작성하여 제출해야 하며, 귀속연월이 다른 소득을 당월분과 함께 원천징수하는 경우에는 이 서식을 귀속월별로 각각 별지로 작성하여 제출합니다.
   · 「부가가치세법」 제5조제2항 및 제3항에 따라 사업자단위로 등록한 경우 법인의 본점 또는 주사무소에서는 사업자단위과세사업자로 전환되는 월 이후 지급하거나, 연말정산하는 소득에 대해 원천징수이행상황신고서를 작성하여 제출합니다.

2. 기본사항 및 소득구분
   가. ① 신고구분란은 매월분 신고서는 "매월"에, 반기별 신고서는 "반기"에, 수정신고서는 "수정"에, 소득처분에 따른 신고 시에는 "소득처분"에 "○"표시(지점법인 · 국가기관 및 개인은 제외합니다)를 하며, 매월분 신고서에 계속근무자의 연말정산분이 포함된 경우에는 "매월" 및 "연말"란 두 곳에 모두 "○"표시를 합니다. 원천징수세액을 환급신청하려는 경우 "환급신청"란에도 "○" 표시를 합니다.
   나. ② 귀속연월란은 소득발생 연월[반기별납부자는 반기 개시월(예: 상반기는 ××년 1월)을 말합니다]을 적습니다.
   다. ③ 지급연월란은 지급한 월(또는 지급시기 의제월)[반기별납부자는 반기 종료월(예: 상반기는 ××년 6월)을 말합니다]을 적습니다.
   라. ⑤ <u>총지급액란은 비과세 및 과세미달을 포함한 총지급액을 적습니다.</u> 다만, 비과세 근로소득의 경우 「소득세법 시행령」 제214조제1항제2호의2 및 제2호의3에 해당하는 금액은 제외하고, 비과세 종교인소득의 경우 「소득세법」 제12조제5호아목에 해당하는 금액(「소득세법 시행령」 제19조제3항제3호에 따른 금액을 제외한 금액을 말합니다)은 제외하며, 비거주자 또는 외국법인의 국채등 이자 · 양도소득의 경우 「소득세법」 제119조의3제1항 또는 「법인세법」 제93조의3제1항에 해당하는 금액은 제외합니다.
   마. [A26]연말정산란은 보험모집인 등 사업소득자(중도해약자를 포함합니다) 연말정산분을 함께 적습니다.
   바. 가산세(⑧ · ⑩)란에는 소득세 · 법인세 또는 농어촌특별세의 가산세가 있는 경우 이를 포함하여 적습니다.
   사. 비거주자 국내원천소득 중 개인분은 아래의 예와 같이 소득종류별로 거주자분과 합산하여 해당 소득란에 적고, 비거주자 중 법인분은 법인원천[A80]란에 합산하여 적습니다.
      예) 임대 · 인적용역 · 사용료소득 등은 사업소득[A25, A26, A30]란, 유가증권양도소득 등은 비거주자 양도소득[A70]란에 합산합니다.

3. 원천징수 명세 및 납부세액(❶)과 환급세액 조정(❷)
   가. 소득지급(④ · ⑤)란에는 과세미달분과 비과세를 포함한 총지급액과 총인원을 적고, 퇴직 · 기타 · 연금소득의 연금계좌란은 연금계좌에서 지급된 금액을 적습니다(그 외는 연금계좌 외로 지급되는 금액을 적음). 다만, 총지급액은 근로소득(A02, A04) 사업소득(A26), 기타소득(A44)의 경우에는 주(현), 종(전) 근무지 등으로부터 지급받은 소득을 합산하여 원천징수하는 경우에는 총지급액의 합계액을 적습니다.
   나. 징수세액(⑥ ~ ⑧)란에는 각 소득별로 발생한 납부 또는 환급할 세액을 적되, 납부할 세액의 합계는 총합계 (A99의 ⑥ ~ ⑧)에 적고, 환급할 세액은 해당란에 "△"표시하여 적은 후 그 합계액은 ⑮ 일반환급란에 적습니다["△"표시된 세액은 어떠한 경우에도 총합계를 (A99의 ⑥ ~ ⑪)란에는 적지 않습니다].

210mm×297mm[백상지 80g/㎡ 또는 중질지 80g/㎡]

작성방법 (2)

다. 근로소득 연말정산 분납신청(A05)은 분납할 인원(④), 징수세액(⑥ ~ ⑧)만 기재, 징수세액란은 A04 = A05 + A06이 되도록 적습니다.
  1) 인원(④), 총지급액(⑤)의 가감계(A10) = (A01 + A02 + A03 + A04), 징수세액(⑥ ~ ⑧)의 가감계(A10) = (A01 + A02 + A03 + A06)
  ※ 3월 신고분 분납신청(A05) = 4월 신고분 납부금액(A06) + 5월 신고분 납부금액(A06)

라. 근로소득 · 사업소득 · 기타소득, 연금소득 경우 납부할 세액 또는 환급할 세액의 계산은 코드별 가감 계[A10, A30, A40, 또는 A47]의 금액을 기준으로 합니다.
  1) 징수세액(⑥ ~ ⑧)란에 납부할 세액만 있는 경우에는 소득별로 납부세액(⑩ · ⑪)란에 옮겨 적습니다.
  2) 징수세액(⑥ ~ ⑧)란에 환급할 세액만 있는 경우에는 그 합계를 ⑮ 일반환급란에 적습니다.
  3) 징수세액(⑥ ~ ⑧)란에 각 소득종류별로 납부할 세액과 환급할 세액이 각각 있는 경우는 다음과 같이 적습니다.
    가) 납부할 세액의 합계가 조정대상 환급세액보다 큰 경우에는 ⑱ 조정대상환급세액란의 금액을 ⑨ 당월조정환급세액란에 코드[A10, A20, · ·]순서대로 적어 조정환급하고, 잔액은 납부세액(⑩ · ⑪)란에 적습니다.
    나) 납부할 세액의 합계가 환급할 세액인 ⑱ 조정대상환급세액보다 작은 경우에는 위와 같은 방법으로 조정하여 환급하고, 그 나머지는 납부세액(⑩ · ⑪)란에 적지 아니하며, ⑳ 차월이월 환급세액란에 적습니다.
    ※ 위의 가) 및 나)에 따른 세목(소득세 · 법인세 및 농어촌특별세)간 조정환급은 그 조정환급 명세를 원천징수이행상황신고서에 적은 경우에만 가능하며, 원천징수이행상황신고서에 적지 않고 임의 조정하여 충당한 경우에는 무납부로 처리됩니다.
    다) ⑨ 당월조정환급세액란의 합계액[A99코드의 ⑨]은 ⑲ 당월조정환급세액계란에 옮겨 적습니다.
  4) ⑰ 그 밖의 환급세액란은 금융회사 등이 「소득세법 시행령」 제102조에 따라 환매조건부채권의 매매거래에 따른 원천징수세액을 환급하는 금액 및 「법인세법 시행령」 제114조의2에 따라 환매조건부채권 등의 매매거래에 따른 원천징수세액을 환급하는 금액을 "금융회사 등"란에 적어 먼저 법인세부터 ⑨ 당월조정환급세액란에서 조정환급하고, 나머지는 위 3)의 방법과 같이 조정합니다.
  또한 합병법인이 피합병법인의 최종 차월 이월 환급세액을 승계하거나, 사업자단위과세로 지점 등의 최종 차월이월 환급세액을 승계하는 경우 그 승계금액을 "합병 등"란에 적을 수 있습니다. "합병 등"란에 피합병법인 및 지점 등의 최종 차월이월 환급세액을 적은 경우에는 합병 및 사업자단위과세 전환 등에 따른 차월이월 환급세액 승계 명세서(제10쪽)를 제출해야 합니다.
  5) ⑳ 차월이월 환급세액 중 환급받으려는 금액을 ㉑ 환급신청액에 적고 원천징수세액환급신청서 부표를 작성합니다.

마. 저축 등 해지 추징세액 등(A69)란은 이 서식 부표의 [C41, C42, C43, C44, C45, C46]의 합계를 적습니다.

바. 납부세액의 납부서는 신고서 · 소득종류별(근로소득세, 퇴직소득세 등)로 별지에 작성하여 납부합니다.

4. 반기별 신고 · 납부자의 신고서 작성방법
  가. 인원
    1) 간이세액(A01): 반기(6개월)의 마지막 달의 인원을 적습니다.
    2) 중도퇴사(A02): 반기(6개월) 중 중도퇴사자의 총인원을 적습니다.
    3) 일용근로(A03): 월별 순인원의 6개월 합계 인원을 적습니다.
    4) 사업(A25) · 기타소득(A40): 지급명세서 제출대상인원(순인원)을 적습니다.
    5) 퇴직(A20) · 이자(A50) · 배당(A60) 및 법인원천(A80): 지급명세서 제출대상 인원을 적습니다.
  나. 지급액: 신고 · 납부 대상 6개월 합계액을 적습니다.
  다. 귀속월, 지급월, 제출일은 다음과 같이 적습니다.
    1) 1월 신고 · 납부: 귀속월 201X년 7월, 지급월 201X년 12월, 제출일 201X년 1월
    2) 7월 신고 · 납부: 귀속월 201X년 1월, 지급월 201X년 6월, 제출일 201X년 7월
  라. 반기납 포기를 하는 경우 반기납 개시월부터 포기월까지의 신고서를 한 장으로 작성합니다.
    (예) 2010년 4월 반기납 포기: 귀속연월에는 반기납 개시월(2010년 1월)을, 지급연월에는 반기납 포기월(2010년 4월)을 적습니다.

※ **수정원천징수이행상황신고서 작성방법**(① 신고구분란에 수정으로 표시된 경우를 말합니다)

1. 처음 신고분 자체의 오류정정만 수정신고대상에 해당합니다(따라서 추가지급 등에 의한 신고는 귀속연월을 정확히 적어 정상신고해야 합니다).
2. 수정신고서는 별지로 작성 · 제출하며, 귀속연월과 지급연월은 반드시 수정 전 신고서와 동일하게 적습니다.
3. 수정 전의 모든 숫자는 상단에 빨강색으로, 수정 후 모든 숫자는 하단에 검정색으로 적습니다.
4. 수정신고로 발생한 납부 또는 환급할 세액은 수정 신고서의 [A90]란은 적지 않으며, 그 세액은 수정신고하는 월에 제출하는 당월분 신고서의 수정신고 [A90]란에 옮겨 적어 납부 · 환급세액을 조정해야 합니다.
5. 수정신고한 납부세액의 납부서는 신고서 · 소득종류별(근로소득세, 퇴직소득세 등)로 별지에 작성하여 납부합니다.

210mm×297mm[백상지 80g/㎡ 또는 중질지 80g/㎡]

사업자등록번호 □□□-□□-□□□□□

원천징수이행상황신고서 부표

(단위: 원)

소득자 소득구분					코드	소득지급		징수세액			조정환급세액	납부세액	
						인원	총지급액	소득세 등	농어촌특별세	가산세		소득세 등(가산세)	농어촌특별세
거주자(개인)	이자·배당소득	비과세소득	장기주택마련저축		C01								
			비과세종합저축		C02								
			개인연금저축		C03								
			장기저축성보험차익		C05								
			조합 등 예탁금		C06								
			조합 등 출자금		C07								
			농어가목돈마련저축		C08								
			우리사주 배당소득		C10								
			농업회사법인 배당소득		C20								
			영농·영어조합법인 배당소득		C23								
			재형저축 이자·배당소득·		C40								
			개인종합자산관리계좌 이자·배당소득		C60								
			청년우대형 주택청약종합저축		C27								
			장병내일준비적금		C31								
			기타 비과세이자소득		C19								
			기타 비과세배당소득		C29								
		세금특례	기타 이자·배당소득		C11								
			영농·영어조합법인 배당소득		C54								
			농업회사법인 배당소득		C55								
			부동산집합투자기구등 집합투자증권의 배당소득		C56								
			고위험·고수익투자신탁 배당소득		C57								
			개인종합자산관리계좌 이자·배당소득		C93								
			공모부동산집합투자기구의 집합투자증권의 배당소득		C94								
		세금우대	이자소득(9%)		C12								
			배당소득(9%)		C22								
			특정사회기반시설 집합투자기구 배당소득(9%)		C95								
		일반세율(14%) 분리과세	기타 분리과세 이자소득		C13								
			직장공제회 초과반환금(기본세율)		C18								
			부동산집합투자기구등 집합투자증권의 배당소득		C58								
			기타 분리과세 배당소득		C39								
			투융자집합투자기구 배당소득		C96								
		일반과세	이자소득		C14								
			배당소득		C24								
		고배당기업	배당소득(9%)		C91								
			배당소득(25%)		C92								
		비실명소득	비실명이자소득		C15								
			비실명배당소득		C25								
		비영업대금이익 (25%)			C16								
		출자공동사업자(25%)			C26								
		이자·배당소득 계			C30								
	근로	파견근로에 대한 대가		19%	C59								
	해지추징세액 등	벤처기업투자신탁		3.5%	C41								
		장기주택마련저축		4.8%	C42								
		연금저축		2%	C43								
		소기업·소상공인공제부금		2%	C44								
		주택청약종합저축		6%	C45								
		장기집합투자증권저축		6%	C46								
		청년형장기집합투자증권저축		6%	C48								
		해지추징 계			C50								

210mm×297mm[백상지 80g/㎡ 또는 중질지 80g/㎡]

(10쪽 중 제5쪽)

소득자 소득구분				코드	소득지급		징수세액			조정환급세액	납부세액	
					인원	총지급액	소득세 등	농어촌특별세	가산세		소득세 등(가산세)	농어촌특별세
비거주자(개인)	이자		제한, 20%	C61								
	배당		제한, 20%	C62								
	사업	선박 등 임대, 사업	2%	C63								
		인적용역	20%, 3%	C64								
		사용료	제한, 20%	C65								
	양도	유가증권 양도	10%, 20%	C66								
		부동산 양도	10%, 20%	C67								
	기타	가상자산	10%, 20%	C77								
		그 외	20%	C68								
	근로	파견근로에 대한 대가	19%	C69								
	비거주자 계			C70								
법인원천	내국법인	이자	14%	C71								
		투자신탁의 이익	14%	C72								
		신탁재산 분배	14%	C73								
		신탁업자 징수분	14%	C74								
		비영업대금의 이익(25%)		C75								
		비과세 소득 등		C76								
	외국법인(국내원천소득)	이자	제한, 20%	C81								
		배당	제한, 20%	C82								
		선박 등 임대, 사업	2%	C83								
		인적용역	20%, 3%	C84								
		사용료	제한, 20%	C85								
		유가증권양도	10%, 20%	C86								
		부동산 양도	10%, 20%	C87								
		기타 - 가상자산	10%, 20%	C89								
		기타 - 가상자산 외	20%	C88								
	법인세 계			C90								

210mm×297mm[백상지 80g/㎡ 또는 중질지 80g/㎡]

원천징수이행상황신고서 부표 작성방법

◇ 이 서식은 원천징수이행상황신고서 제1쪽의 근로소득(A01,A02,A03,A04,A10) 중 파견근로에 대한 대가, 기타소득 중 가상자산소득(A49),이자소득(A50), 배당소득(A60), 비거주자양도소득(A70), 법인원천(A80) 원천징수명세(④ ~ ⑧) 및 납부세액(⑩ · ⑪), 저축해지추징세액(A69), 사업소득(A25, A26, A30), 기타소득(A40) 중 비거주자분에 대한 원천징수명세 및 납부세액 대하여 아래의 작성방법에 따라 적어야 합니다.
◇ 이 서식의 신고내용이 변경되는 경우에는 원천징수이행상황신고서 제1쪽의 내용도 수정하여 작성해야 합니다.

1. [C01-C10, C20, C23, C27, C31, C40, C60]: 「조세특례제한법」의 장기주택마련저축, 비과세종합저축, 개인연금저축, 조합 등 예탁금, 조합 등 출자금, 농어가목돈마련저축, 우리사주 배당소득, 농업회사법인 배당소득, 영농(영어)조합법인 배당소득, 재형저축, 개인종합자산관리계좌, 청년우대형 주택청약종합저축, 장병내일준비적금 등 비과세 이자 · 배당소득과 「소득세법」의 저축성보험차익에 해당하지 않은 비과세 보험차익으로 소득세가 비과세되는 해당 저축상품의 소득지급란의 인원, 총지급액을 적으며 이자소득 또는 배당소득의 합계액을 적습니다.
2. [C19, C29]는 「조세특례제한법」 및 「소득세법」에 따라 비과세되는 저축상품([C01-C10, C20, C23, C28, C40] 란 작성대상 저축상품 제외)에 해당되는 소득에 대하여 소득지급란의 인원, 총지급액을 적으며 이자 또는 배당소득의 해당란에 각각 적습니다.
3. [C11, C54, C55, C56, C57, C93, C94]은 장기채권 (30%), 「조세특례제한법」의 영농(영어)조합법인 배당소득 등 특례세율이 적용되는 이자 또는 배당소득의 소득지급란의 인원, 총지급액을 적으며 이자 또는 배당소득의 해당란에 각각 적습니다.
4. [C12, C22, C95]는 「조세특례제한법」의 세금우대종합저축 및 특정사회기반시설 집합투자기구의 소득지급란의 인원, 총지급액을 적으며 이자 또는 배당소득의 해당란에 각각 적습니다.
5. [C13, C18, C39, C58]은 「조세특례제한법」 또는 「소득세법」에 따라 일반세율이 적용되면서 분리과세되는 소득과 직장공제회초과반환금(기본세율)으로 분리과세 해당되는 소득의 소득지급란의 인원, 총지급액을 적으며 이자 또는 배당소득의 해당란에 각각 적습니다.
6. [C14, C24]는 일반세율(22%,20%,15%,14% 등)이 적용되고, 거주자에 지급하는 소득지급란의 인원, 총지급액을 적으며 이자 또는 배당소득의 해당란에 적습니다.
7. [C15, C25]는 「금융실명거래 및 비밀보장에 관한 법률」에 따라 90% 세율이 적용되는 비실명 거래분과 「소득세법」에 따라 비실명 소득에 대한 원천징수명세를 이자소득 또는 배당소득의 해당란에 적습니다.
8. [C16]은 비영업대금의 이자소득에 대한 원천징수명세를 적습니다.
9. [C26]은 「소득세법」 제17조제1항제8호에 따라 출자공동사업자의 배당소득에 대한 원천징수명세를 적습니다.
10. [C30]은 이자 · 배당소득의 원천징수합계액을 적으며 C30, C61, C62의 합계액과 A50, A60의 합계액과 일치해야 합니다.
11. [C59],[C69] 란은 원천징수이행상황신고서 근로소득(A01,A02,A03,A04,A10) 중 사용내국법인이 파견외국법인에게 지급한 파견근로에 대한 대가의 원천징수 명세를 적습니다.
12. [C41](벤처기업투자신탁)란: 벤처기업투자신탁의 수익증권에 투자하여 소득공제를 받은 거주자가 투자일부터 3년이 지나기 전에 벤처기업투자신탁의 수익증권을 양도하거나 환매하는 경우 해당 벤처기업투자신탁을 취급하는 금융기관이 추징하는 해지 추징세액을 적고, 해당 금융회사 등이 추징하는 배당소득은 [C24](일반과세)란에 적습니다.
13. [C42](장기주택마련저축추징세액)란은 장기주택마련저축에 가입하고 주택자금공제를 받은 자가 계약일부터 5년 이내에 중도해지 하는 경우에는 해당 저축기관이 추징하는 해지 추징세액(근로소득)을 적고, 해당 금융회사 등이 추징하는 이자소득은 [C14](일반과세)란에, 배당소득은 [C24](일반과세)란에 적습니다.
14. [C43](연금저축해지가산세)란은 연금저축을 계약일부터 5년 이내에 중도해지하는 경우에는 해당 저축취급 금융회사 등이 추징하는 해지가산세(세목: 근로소득)를 적으며, 저축납입계약만료 전에 해지하거나 연금 외의 형태로 지급받아 기타소득으로 과세되는 경우에는 (제1쪽) [A40](기타소득)란에만 적습니다. 연금소득은 (제1쪽) [A45](연금소득 매월징수)란에만 적습니다.
15. [C44](소기업 · 소상공인공제부금 해지가산세)란은 소기업 · 소상공인공제계약이 가입일부터 5년 이내에 중도해지하는 경우에는 중소기업중앙회가 추징하는 해지가산세(세목: 근로소득)를 적으며, 공제계약해지로 인한 기타소득은 (제1쪽)[A40](기타소득)란에만 적습니다.
16. [C45](주택청약종합저축추징세액)란은 주택청약종합저축에 가입하고 주택자금공제를 받은 자가 계약일부터 5년 이내에 중도해지하거나 국민주택규모 초과 주택에 당첨된 경우에는 해당 저축기관이 추징하는 해지 추징세액(근로소득)을 적고, 해당 금융회사 등이 추징하는 이자소득은 [C14](일반과세)란에 적습니다.
17. [C46](장기집합투자증권저축추징세액)란은 장기집합투자증권저축에 가입하고 장기집합투자증권저축 소득공제를 받은 자가 계약일부터 5년 이내에 중도해지하는 경우에는 해당 저축기관이 추징하는 해지 추징세액(근로소득)을 적고, 해당 금융회사 등이 추징하는 이자소득은 [C14](일반과세)란에 적습니다.
18. [C48](청년형장기집합투자증권저축추징세액)란은 청년형장기집합투자증권저축에 가입하고 청년형장기집합투자증권저축 소득공제를 받은 자가 계약일부터 3년 이내에 중도해지하는 경우에는 해당 저축기관이 추징하는 해지 추징세액(근로소득)을 적고, 해당 금융회사 등이 추징하는 배당소득은 [C14](일반과세)란에 적습니다.
19. [C50]란은 저축 등 해지 추징세액의 합계액을 적으며 추징세액은 근로소득세로 납부합니다.
20. [C61-C70, C77](비거주자)란은 「소득세법」상 비거주자에게 지급하는 이자소득 · 배당소득 · 사업소득 · 양도소득 · 기타소득 및 근로소득에 대한 원천징수명세를 적으며, 신고서 제1쪽의 해당 소득 [A25],[A40],[A50],[A60],[A69],[A70]란에 각각 적습니다.
21. [C71](이자)란은 내국법인에 지급하는 일반세율의 이자소득의 원천징수세액을 적습니다. [C72](투자신탁의 이익)란은 「소득세법」 제17조제1항제5호에 따른 집합투자기구로부터의 이익 중 투자신탁의 이익에 대한 원천징수세액을 적습니다.
22. [C73](신탁재산 분배)란은 「자본시장과 금융투자업에 관한 법률」에 따른 신탁업자가 신탁이익을 분배하면서 원천징수한 명세를 적습니다.
23. [C74](신탁업자 징수분)란은 「자본시장과 금융투자업에 관한 법률」에 따른 신탁업자가 집합투자업자의 신탁재산에 원천징수한 명세를 적고, 신탁업자가 신탁재산 귀속소득에 대하여 원천징수한 명세는 [C72]투자신탁의 이익란에 적습니다.
24. [C75](비영업대금의 이익)란은 내국법인에 지급한 비영업대금의 이익에 대한 원천징수명세를 적습니다.
25. [C76](비과세법인소득)란은 내국법인에 지급한 비과세 소득금액을 적습니다.
26. [C81-C89]란은 외국법인의 국내원천소득에 대한 원천징수명세를 적습니다.
27. [C90](법인세계)란은 법인(외국법인 포함)에 지급한 소득에 대한 원천징수 합계액을 적습니다[법인원천(A80)=법인세 계(C90)]

◇ 채권 등의 중도매매 관련 원천징수이행상황신고 시에는 아래와 같은 방법으로 원천징수이행상황신고서를 작성하기 바랍니다.
o 「소득세법」 제46조가 적용되는 채권의 중도매매의 경우 채권 등을 거주자 등으로부터 매수한 법인은 개인보유기간의 이자상당액에 대하여 원천징수해야 하며, 거주자에게 원천징수영수증을 발급하고 지급명세서를 제출합니다.
o 채권과세 특례의 경우 비거주자는 [C61]소득지급란의 인원 및 총지급액에 개인보유기간의 이자상당액을 포함하여 작성하며, 「소득세법 시행령」 제102조에 따른 환매조건부채권의 매매거래 시 원천징수한 세액을 포함하여 적고, 환급세액을 조정환급세액란에 적습니다.

210mm×297mm[백상지 80g/㎡ 또는 중질지 80g/㎡]

(10쪽 중 제7쪽)

사업자등록번호 □□□-□□-□□□□□ **원천징수세액환급신청서 부표** (단위: 원)

소득의 종류	귀속 연월	지급 연월	코드	인 원	소 득 지급액	① 결정 세액	기납부 원천징수세액			③ 차감 세액	④ 분납 금액	⑤ 조정 환급 세액	⑥ 환급 신청액
							② 계	기납부세액 [주(현)]	기납부세액 [종(전)]				
합계													

작 성 방 법

1. 「소득세법 시행규칙」 제93조 등에 따라 제출합니다.
2. 이 부표는 원천징수세액환급신청서(제1쪽)의 ㉑ 환급신청란에 환급신청액을 적어 환급신청을 한 경우 작성합니다.
3. 소득의 종류란은 환급대상 원천징수 세목의 소득을 적습니다.
4. 귀속연월은 신청한 환급세액이 발생한 "원천징수이행상황신고서(제1쪽)"의 ② 귀속연월을 적습니다.
   지급연월은 신청한 환급세액이 발생한 "원천징수이행상황신고서(제1쪽)"의 ③ 지급연월을 적습니다.
5. 코드란은 환급 신청대상 원천징수 소득의 해당 코드(제1쪽의 코드 참조)를 적으며, 인원란은 환급대상 소득에 해당하는 원천징수이행상황신고서(제1쪽)의 소득자 소득구분 및 코드에 해당하는 인원을 적습니다. 소득지급액란은 "원천징수이행상황신고서(제1쪽)의 ⑤ 총지급액의 작성방법을 준용하여 작성합니다.
6. ① 결정세액, 기납부 원천징수세액(② 계, 기납부세액[주(현)], 기납부세액[종(전)]란은 환급대상 소득에 해당하는 지급명세서의 결정세액, 기납부원천징수세액의 합계액을 적어야 하며, 기납부세액[주(현), 종(전)]이 있는 경우에는 "기납부세액 명세서(제8쪽)"를 작성해야 합니다.
7. ③ 차감세액란은 환급대상 소득에 해당하는 지급명세서의 차감징수세액의 합계액과 일치해야 합니다.
8. ④ 분납금액란은 "원천징수이행상황신고서(제1쪽)"의 ⑥소득세 등(A05)의 금액과 일치해야 합니다.
9. ⑤ 조정환급세액란은 환급할 세액에서 차감한 같은 세목의 납부할 세액을 포함하여 적으며, ④ 분납금액에서 ③ 차감세액과 ⑥ 환급신청액을 각각 차감한 금액과 일치해야 합니다.
10. 합계의 ⑥ 환급신청액란은 "원천징수이행상황신고서(제1쪽)"의 ㉑ 환급신청액란의 금액과 일치해야 합니다. "환급신청 시 원천징수이행상황신고서(제1쪽)"의 2. 환급세액 조정의 ⑫ 전월미환급세액란에 금액이 있는 경우에는 "전월미환급세액 조정명세서(제9쪽)"를 작성하여 제출해야 합니다.
11. 환급신청서 부표에 포함되는 소득지급명세서는 별도로 제출합니다. 다만, 지급명세서 법정제출기한 내에 해당 지급명세서를 제출한 경우에는 별도로 제출할 필요가 없습니다.
12. 환급신청자가 "기납부세액 명세서(제8쪽)" 및 "전월미환급세액 조정명세서(제9쪽)"를 제출하지 않은 경우에는 원천징수 관할 세무서장은 즉시 해당 명세서를 추가로 제출할 수 있도록 안내하고, 그 제출기간은 환급처리기간에 포함하지 않습니다.

210mm×297mm[백상지 80g/㎡ 또는 중질지 80g/㎡]

사업자등록번호 □□□－□□－□□□□□

기 납 부 세 액 명 세 서

(단위: 원)

❶ 원천징수 신고 납부 현황

소득의 구분	귀속연월	지급연월	코드	인원	총지급액	징수세액		
						① 소득세 등	② 농어촌 특별세	가산세
합 계								

❷ 지급명세서 기납부세액 현황

소득의 구분	성명	주민등록 번호	주(현)근무지		종(전)근무지 결정세액				계	
			③ 소득세 등	④ 농어촌 특별세	종(전) 근무지	사업자 등록번호	소득세 등	농어촌 특별세	소득세 등	농어촌 특별세
합 계										

❸ 기납부세액 차이 조정 현황

소득세 등			농어촌특별세			사 유
① 소득세 등 합계	③ 소득세 등 합계	차이금액 (③ － ①)	② 농어촌 특별세 합계	④ 농어촌 특별세 합계	차이금액 (④ － ②)	

작 성 방 법

1. 「소득세법 시행규칙」 제93조 등에 따라 제출합니다.
2. [1. 원천징수 신고 납부 현황]은 환급신청 대상 세목에 대한 원천징수 신고 납부 현황을 적습니다. 작성대상이 많은 경우 [1. 원천징수 신고 납부 현황]에 대해 합계를 적고 해당 명세에 대한 형식을 참고하여 별지 형식으로 제출할 수 있습니다.
3. [2. 지급명세서 기납부세액 현황]은 환급신청 대상 세목에 대한 지급명세서 기납부세액을 적습니다. 작성대상이 많은 경우 [2. 지급명세서 기납부세액 현황]에 대하여 합계를 적고 해당 명세에 대한 형식을 참고하여 별지 형식으로 제출할 수 있습니다.
4. [1. 원천징수 신고납부 현황]의 ① 소득세 등의 합계와 [2. 지급명세서 기납부세액 현황]의 주(현)근무지 ③ 소득세 등의 합계와 일치해야 합니다. 또한 [1. 원천징수 신고납부 현황]의 ② 농어촌특별세의 합계와 [2. 지급명세서 기납부세액 현황]의 주(현)근무지 ④ 농어촌특별세의 합계와 일치해야 합니다.
5. [1. 원천징수 신고납부 현황]의 ① 소득세 등의 합계, ② 농어촌특별세의 합계와 [2. 지급명세서 기납부세액 현황]의 주(현)근무지 ③ 소득세 등의 합계, ④ 농어촌특별세의 합계가 일치하지 않는 경우에는 [3. 기납부세액 차이 조정 현황]을 작성해야 합니다.
6. [3. 기납부세액 차이 조정 현황]은 [1. 원천징수 신고 납부 현황] 과 [2. 지급명세서 기납부세액 현황]을 비교하여 작성하여 차이 금액이 발생하는 경우 해당 사유를 명확히 적고 적을 내용이 많은 경우 별지로 작성하여 제출할 수 있습니다.

210mm×297mm[백상지 80g/㎡ 또는 중질지 80g/㎡]

사업자등록번호 □□□-□□-□□□□□

전월미환급세액 조정명세서

(단위: 원)

❶ 환급 신청 시 전월미환급세액 명세

귀속연월	지급연월	신고구분	세목 및 코드	① 발생환급세액	② 같은 세목의 납부할 세액	③ 당월발생 환급세액 (① - ②)

❷ 환급세액 조정 현황

귀속연월	지급연월	전월미환급세액			⑦ 당월발생 환급세액	⑧ 조정대상 환급세액	⑨ 당월조정 환급세액	⑩ 차월이월 환급세액
		④ 전월 미환급세액	⑤ 기환급 세액	⑥ 차감 잔액				

작 성 방 법

1. 「소득세법 시행규칙」 제93조 등에 따라 제출합니다.
2. "전월미환급세액 조정명세서"는 환급신청 시 전월미환급세액이 있는 경우에 작성합니다.
3. [1. 환급 신청 시 전월미환급세액 명세]는 환급신청 시 「원천징수이행상황신고서 2. 환급세액 조정」의 ⑫ 전월미환급세액란에 금액이 있는 경우에는 해당 ⑫ 전월미환급세액의 최초 발생 시의 명세를 적습니다. 신고구분란에는 해당 ⑫ 전월미환급세액의 발생 사유를 연말정산, 수정신고 등 해당되는 사유를 구분하여 적습니다.
   세목 및 코드는 해당 ⑫ 전월미환급세액의 세목 및 해당 세목의 코드를 적습니다.
4. [2. 환급세액 조정 현황]은 「원천징수이행상황신고서 2. 환급세액 조정」란을 참고하여 작성합니다.
   ⑦ 당월발생환급세액란에는 [1. 환급 신청 시 전월미환급세액 명세]의 ③ 당월발생급세액을 적습니다. ⑩ 차월이월 환급세액란은 환급신청 시 「원천징수이행상황신고서 2. 환급세액 조정」의 ⑫ 전월미환급세액과 일치해야 합니다.

210mm×297mm[백상지 80g/㎡ 또는 중질지 80g/㎡]

사업자등록번호 □□□-□□-□□□□□

합병 및 사업자단위과세 전환 등에 따른 차월이월 환급세액 승계 명세

(단위: 원)

승계대상 사업자		차월이월 환급세액 승계 근거		승계대상 차월이월 환급세액 명세		
사업자등록번호	상호	일자	근거	귀속연월	지급연월	차월이월 환급세액
합 계						

작 성 방 법

1. 합병 또는 사업자단위과세 전환 등으로 인해 피합병법인 또는 지점 등의 차월이월 환급세액을 합병법인 또는 사업자단위과세 본점(또는 주사무소) 등이 승계하는 경우에 합병 및 사업자단위과세 전환 등에 따른 차월이월 환급세액 승계 명세를 작성해야 합니다.
2. 승계대상 사업자등록번호 및 상호란은 피합병법인 및 지점 법인의 사업자등록번호를 적습니다.
3. 차월이월 환급세액 승계 근거란은 차월이월 환급세액 승계 근거가 발생한 일자와 근거(코드)를 적습니다.

승계근거	합병	사업자단위과세전환	그 밖의 원인
코드	1	2	3

4. 승계대상 차월이월 환급세액 명세란은 승계할 차월이월 환급세액이 발생한 "원천징수이행상황신고서(제1쪽)"의 ② 귀속연월, ③ 지급연월, ⑳ 차월이월 환급세액란의 금액을 적습니다.
5. 합병 및 사업자단위과세전환 등에 따른 차월이월 환급세액 승계 명세를 착오 또는 거짓으로 적은 경우 과소납부 등으로 가산세를 부담할 수 있으므로 정확히 작성해야 합니다.

210mm×297mm[백상지 80g/㎡ 또는 중질지 80g/㎡]

참고 납부서

1. 소득세 납부서

원천징수의무자가 원천징수세액을 다음 달 10일까지 납부할 때 국세징수법에 의한 영수증서(별지 제9호 서식)가 필요하다. 즉 원천징수세액을 금융기관에 납부할 때에 필요한 서식이다. 영수증서는 3장으로 구성되어 납세자용, 수납기관용, 징수기관용으로 구분되며 이 중 수납기관용은 수납기관이 보관하게 되는 것이다.

❙ 영수증서(납부서) 양식 ❙

■ 국세징수법 시행규칙[별지 제1호서식] (2025.3.21. 개정) (앞쪽)

납부서(수납기관용)

납부번호					수입징수관서			QR코드
분류기호	납부연월	납부구분	세목	발행번호	세무서명	서코드	계좌번호	
126	2504	4	14		성동	206	011905	
성명(상호)	(주)원천징수		주민등록번호(사업자등록번호)		109-81-14756	회계연도		
주소(사업장)					일반회계	기획재정부소관	조세	

연도/기분	2025년 귀속 4월분												
세목명	납부금액												
	조	천	백	십	억	천	백	십	만	천	백	십	일
근로소득세									1	0	2	3	0
농어촌특별세													
계													

왼쪽의 금액을 한국은행 국고(수납)대리점인 은행 또는 우체국 등에 납부합니다.
(인터넷 등에 의한 전자납부 가능)

납부기한 년 월 일

년 월 일
은 행 지점
우체국 등
수납인

(1) **분류기호 :** 고정된 숫자임(01. 국세, 26. 국세청)

(2) **납부연월 :** 연도와 월을 합하여 4자리 기입함(2025년 4월 납부 → 2504)

(3) **납부구분 :** 다음의 숫자를 기입함

① **정기신고 시 :** 정기신고 시에는 숫자 '4'를 기입함. '4'는 원천분자납을 말함

② **수정신고 시 :** 수정신고 시에는 숫자 '2'를 기입함. '2'는 수시분자납을 말함

(4) **세목 :** 이자소득(11), 배당소득(12), 사업소득(13), 근로소득(14), 기타소득(15), 연금소득(17), 퇴직소득(21) 기입

(5) **수입징수관서 :** 세무서명, 세무서 고유번호(서코드) 등이 기입됨

→ 성동세무서일 경우 세무서명은 성동, 서코드는 206, 계좌번호는 011905임

(6) **성명과 사업자등록번호 등 :** 회사명과 회사의 사업자등록번호, 주소 등을 기입함

(7) 기타 기입사항

① **연도/기분 :** 연도와 귀속월을 입력함

② **납부금액 :** 소득세 및 지방소득세를 원천징수하여 납부할 때 세액 중 참고로 10원 미만의 금액은 절사한다. 따라서 납부서를 작성할 때 만일 세액이 10,231원이라면 10,230원으로 적으면 됨

2. 지방소득세 특별징수세액 납부서

납부서(영수증서)란 특별징수세액(지방소득세)을 금융기관에 납부할 때 필요한 서식이다.

■ 지방세법 시행규칙 [별지 제42호서식] (2024.3.26 개정)

(앞쪽)

지방소득세 특별징수 납부서 및 영수필통지서

특별징수의무자	성명(상호명)	
	주민(법인)등록번호	
	대표자	
	사업자등록번호	
	주소(소재지)	
	전 화 번 호	

귀속 년 월 (지급 년 월)			
① 세 목	지방소득세	② 신고하는 특별자치시·특별자치도·시·군·구	
③ 납부액	일금 원정		

구 분		인 원	과세표준	지방소득세
개인	④ 이자소득			
	⑤ 배당소득			
	⑥ 사업소득			
	⑦ 근로소득			
	⑧ 연금소득			
	⑨ 기타소득			
	⑩ 퇴직소득			
	⑪ 저축해지추징세액 등			
	⑫ 비거주자 양도소득			
	⑬ 가감세액(조정액)			
	⑭ 가산세			
	⑮ 계			
법인	⑯ 법인원천 내국법인			
	⑯ 법인원천 외국법인			
	⑰ 가감세액(조정액)			
	⑱ 가산세			
	⑲ 계			
합 계(⑮ + ⑲)				

위 금액을 납부 합니다 년 월 일 ○○○ (인) 특별자치시장·특별자치도지사 시장·군수·구청장 귀하	위의 금액을 영수하였음을 통지합니다. 년 월 일 ○○○ 수납기관 특별자치시장·특별자치도지사 시장·군수·구청장 귀하

지방소득세 특별징수 수납의뢰서

특별징수의무자	성명(상호명)	
	주민(법인)등록번호	
	대표자	
	사업자등록번호	
	주소(소재지)	
	전 화 번 호	

귀속 년 월 (지급 년 월)			
① 세 목	지방소득세	② 신고하는 특별자치시·특별자치도·시·군·구	
③ 납부액	일금 원정		

구 분		인 원	과세표준	지방소득세
개인	④ 이자소득			
	⑤ 배당소득			
	⑥ 사업소득			
	⑦ 근로소득			
	⑧ 연금소득			
	⑨ 기타소득			
	⑩ 퇴직소득			
	⑪ 저축해지추징세액 등			
	⑫ 비거주자 양도소득			
	⑬ 가감세액(조정액)			
	⑭ 가산세			
	⑮ 계			
법인	⑯ 법인원천 내국법인			
	⑯ 법인원천 외국법인			
	⑰ 가감세액(조정액)			
	⑱ 가산세			
	⑲ 계			
합 계(⑮ + ⑲)				

위 금액을 수납 의뢰합니다.
년 월 일
특별자치시장 · 특별자치도지사
시장 · 군수 · 구청장
수납기관 귀하

지방소득세 특별징수 영수증

특별징수의무자	성명(상호명)	
	주민(법인)등록번호	
	대표자	
	사업자등록번호	
	주소(소재지)	
	전 화 번 호	

귀속 년 월 (지급 년 월)			
① 세 목	지방소득세	② 신고하는 특별자치시·특별자치도·시·군·구	
③ 납부액	일금 원정		

구 분		인 원	과세표준	지방소득세
개인	④ 이자소득			
	⑤ 배당소득			
	⑥ 사업소득			
	⑦ 근로소득			
	⑧ 연금소득			
	⑨ 기타소득			
	⑩ 퇴직소득			
	⑪ 저축해지추징세액 등			
	⑫ 비거주자 양도소득			
	⑬ 가감세액(조정액)			
	⑭ 가산세			
	⑮ 계			
법인	⑯ 법인원천 내국법인			
	⑯ 법인원천 외국법인			
	⑰ 가감세액(조정액)			
	⑱ 가산세			
	⑲ 계			
합 계(⑮ + ⑲)				

위의 금액을 영수합니다.
년 월 일
○○○ 수납기관 (수납인)
특별자치시장 · 특별자치도지사
시장 · 군수 · 구청장 귀하

※ 납부장소 : ① (방문납부) 전국우체국, 농협, 관내금융기관 ② (인터넷납부) 위택스 www.wetax.go.kr

(뒤쪽)

작성방법

1. 「지방세법」 제103조의13, 제103조의29, 제103조의52 및 제103조의56에 따른 지방소득세 특별징수의무자가 특별징수 세액을 납부하는 경우에 작성합니다.
2. 귀속연월란은 소득발생 연월[반기별납부자는 반기 개시월(예: 상반기는 ××년 1월)을 말합니다.]을 적습니다.
3. 지급연월란은 지급한 월(또는 지급시기 의제일) [반기별납부자는 반기 종료월(예: 상반기는 ××년 6월)을 말합니다.]
4. ④~⑫, ⑯ 과세표준은 원천징수하는 소득세 또는 법인세액을 적습니다.
5. ④~⑫, ⑯의 지방소득세는 지방세법상의 납부기한까지 납부하여할 세액을 적습니다.
6. ⑬, ⑰ 가감세액(조정액)은 연말정산, 중도퇴사자 등으로 인한 조정세액 및 연말정산 추가납부 등으로 인한 납부세액이 있을 경우 작성합니다.
   - 연말정산세액 등의 조정은 본 납부서에 적은 경우만 가능하며, 임의 조정하여 충당한 경우에는 무납부로 처리되어 가산세가 부과됩니다.
7. ⑭, ⑱ 가산세는 「지방세법」 제103조의14에 따른 특별징수 의무불이행 가산세액(납부하지 않거나 부족한 세액에「지방세기본법」 제56조에 따라 산출한 금액) 등을 적습니다. 이 경우 가감세액(조정액)이 있는 경우 이를 가감한 후의 납부할 세액을 기준으로 가산세를 계산하여 적습니다.
   ※ 「지방세기본법」 제56조(특별징수납부 등 불성실가산세) 특별징수의무자가 징수하여야 할 세액을 지방세관계법에 따른 납부기한까지 납부하지 아니하거나 과소납부한 경우에는 납부하지 아니한 세액 또는 과소납부분 세액의 100분의 10을 한도로 하여 다음 각 호의 금액을 합한 금액을 가산세로 부과한다.
      1) 납부하지 아니한 세액 또는 과소납부분 세액의 100분의 3에 상당하는 금액
      2) 다음의 계산식에 따라 산출한 금액

납부하지 아니한 세액 또는 과소납부분 세액 × 납부기한의 다음 날부터 자진납부일 또는 부과결정일까지의 기간 × 금융회사 등이 연체대출금에 대하여 적용하는 이자율 등을 고려하여 대통령령으로 정하는 이자율(일 22/100,000)
8. 보다 상세한 내용은 지방세포털사이트인 위택스(www.wetax.go.kr)에서 확인하십시오.

■ 지방세법 시행규칙 [별지 제42호의2서식] 〈개정 2015.12.31.〉

지방소득세 특별징수 계산서 및 명세서

※ 뒤쪽의 작성방법을 참고하시기 바라며, 색상이 어두운 란은 신청인이 적지 않습니다. (앞쪽)

접수번호	접수일자	관리번호

특별징수 의 무 자	①성명(법인명)	②주민(법인)등록번호
	③상호(대표자)	④사업자등록번호
	⑤주소(영업소)	
	⑥전화번호 (휴대전화:)	⑦전자우편주소

⑧일련 번호	⑨소득 종류	⑩징수 연월일	⑪납세의무자		⑭과세표준	⑮산출세액	⑯조정액 (환급액)	⑰ 납부액 (⑮-⑯)	비고
			⑫성명	⑬주민등록번호					
합계									

210mm×297mm[백상지 (80g/㎡) 또는 중질지(80g/㎡)]

PART 4 원천징수

(뒤쪽)

작성방법

□ 인적사항(특별징수의무자)란

① 성명(법인명): 개인은 성명, 법인은 법인등기부상의 법인명을 적습니다.

② 주민(법인)등록번호: 개인은 주민등록번호, 법인은 법인등록번호, 외국인은 외국인등록번호를 적습니다.

③ 상호(대표자): 개인사업자는 상호명, 법인은 법인등기부상의 대표자명을 적습니다.

④ 사업자등록번호: 「소득세법」,「법인세법」,「부가가치세법」에 따라 등록된 사업장의 등록번호를 적고, 등록번호가 없는 경우 빈 칸으로 둡니다.

⑤ 주소(영업소):

- 개인: 주민등록표상의 주소를 원칙으로 하되, 주소가 사실상의 거주지와 다른 경우 거주지를 적을 수 있습니다.
- 법인 또는 개인사업자: 법인은 주사무소 소재지, 개인사업자는 주된 사업장 소재지를 적습니다. 다만, 주사무소 또는 주된 사업장 소재지와 분사무소 또는 해당 사업장의 소재지가 다를 경우 분사무소 또는 해당 사업장의 소재지를 적을 수 있습니다.

⑥ 전화번호: 연락이 가능한 일반전화(휴대전화)번호를 적습니다.

⑦ 전자우편주소: 수신이 가능한 전자우편주소(E-mail 주소)를 적습니다.

□ 특별징수 명세

⑨ 소득종류:「소득세법」 또는 「법인세법」에 따라 원천징수되는 소득종류[이자소득, 배당소득, 사업소득, 근로소득, 연금소득, 기타소득, 퇴직소득, 저축해지추징세액 등, 「소득세법」 제119조(양도소득)에 대한 원천징수, 「법인세법」 제73조 및 제98조에 따른 원천징수 및 가감세액(조정액)]을 적습니다.

⑪ 납세의무자: 해당 소득에 대한 납세의무자를 적습니다.

⑭ 과세표준 : 「소득세법」 또는 「법인세법」에 따라 원천징수세액

⑯ 조정액(환급액) : 연말정산등 환급액

□ 문의사항은 시(군 · 구) 과(☎ -)로 문의하시기 바랍니다.

3. 원천징수세액과 특별징수세액 전자납부절차

(1) 원천징수세액 전자납부

1) 홈택스를 통한 전자납부

① 이용방법

㉠ 홈택스 홈페이지에 접속, 공인인증서로 로그인 후 [납부/고지/환급] → [세금납부] 선택 단, 전자납부하고자 하는 본인의 공인인증서와 본인명의의 통장 필요

〈전자납부 방법〉

- 관할세무서에 서면신고한 경우 : [자진납부] 선택 후 납부내역 직접 입력
- 홈택스를 이용해 전자신고한 경우(분납포함) : [납부할 세액 조회납부] 선택 후 납부내역 확인(분납 포함)
- 세무대리인 등 타인이 납부하고자 하는 경우 : [타인세금납부] 선택 후 납부내역 직접 입력

㉡ '납부하기'를 선택하고 금융결제원 지로시스템 화면으로 이동하면 계좌정보 입력

㉢ [납부/고지/환급] → [납부내역/세액계산] 메뉴에서 납부내역 조회를 클릭하여 국세전자납부확인서 출력

✔ 납부할 세금보다 잔고가 부족한 경우라도 금액을 수정하여 일부만 납부하고 나머지는 신고기한 내에 차후 납부 가능하다.

② 이용시간

365일(07:00~23:30) : 우리, 국민, 신한, 하나, 산업, SC제일, 한국씨티, 부산, 대구, 광주, 전북, 제주, 경남, 상호저축은행, 농협, 수협, 신협, 우체국, 새마을금고, 외환, 기업

2) 인터넷 및 ARS·ATM에 의한 납부

① 인터넷 등에 의한 전자납부

가정이나 직장에서 인터넷·ARS 등의 전자납부 수단에 의하여, 은행창구에서는 ATM을 이용하여 납부할 수 있다.

② 이용절차

㉠ 인터넷뱅킹 또는 폰뱅킹에 가입하지 않은 원천징수의무자

최초 한 번은 거래은행을 방문하여 인터넷뱅킹 또는 폰뱅킹 이용신청을 하여야 한다(이후는 방문 불필요).

㉡ 현재 인터넷뱅킹 또는 폰뱅킹을 이용하는 원천징수의무자

거래은행의 인터넷사이트 또는 ARS에 바로 접속

③ 납부절차 및 요령

㉠ 고지서 또는 납부서 준비

국세납부는 입력항목이 다소 많으므로 반드시 고지서나 내용이 기재된 납부서를 준비한 후 납부신청(입력)하여야 한다.

㉡ 납부할 방법을 선택

은행잔고를 이용한 계좌이체를 하고자 할 때에는 인터넷, ARS에 의하여 접속하거나 은행창구의 자동입출금기(ATM)를 이용

✔ 현금이나 수표는 직접 은행이나 우체국을 방문하여 납부

㉢ 납부절차

〈인터넷에 의한 납부〉

은행 사이트 접속 후 국세납부 등으로 조회하여 납부. 납부 후 국세납부신청확인서 발급가능

〈ARS에 의한 납부〉

거래은행에 전화를 한 후 [국세납부] 선택(이하 절차는 인터넷과 동일)

〈공과금수납기에 의한 납부〉

거래은행의 창구에 설치된 자동입출금기를 이용, 계좌이체를 한다(이용가능은행 : 우리·신한·국민·기업·경남·광주은행, 수협, 농협).

㉣ 국세전자납부확인서 발급

전자납부 신청 종료시점에서 〈국세납부신청확인서〉를 출력하여 영수증으로 사용할 수 있다.

3) 신용카드에 의한 납부(2015.1.1.부터 납부한도 폐지)

① 신용카드에 의한 납부

모든 국세는 신용카드(포인트 포함), 직불카드 등에 의해 납부할 수 있다(수수료 0.8%. 단, 체크카드는 0.5% 부담해야 함).

② 납부절차 및 요령

신용카드 납부 전용 홈페이지(www.cardrotax.or.kr)에 접속하여 납세자가 필요한 기본정보(납세자정보, 세목, 납부금액 등)를 조회 또는 입력한 후 카드결제 방식으로 세금을 납부한다.

(2) 지방소득세 위택스(WeTax) 전자신고납부

2011년 1월 신고분부터 납세자가 홈택스에 법인세, 소득세(종합소득세, 원천징수)를 전자신고한 후에 「지방소득세 납부」를 선택하면 바로 관련된 지방소득세를 위택스(WeTax)로 이동하여 납부 가능하다.

02 지급명세서의 제출[1)]

1 일반 지급명세서의 제출

1. 지급명세서 제출기간

(1) 일반적인 경우의 지급명세서 제출기간

국내에서 거주자에게 원천징수 대상소득 또는 수입금액을 지급하거나 비거주자에게 국내원천소득을 지급하는 자는 그 지급을 받는 소득자별로 지급명세서를 원천징수관할 세무서장, 관할지방국세청장, 국세청장에게 제출해야 한다.

지급명세서란 일정한 소득금액 또는 수입금액에 대해서 지급받는 자의 인적사항, 소득금액, 수입금액의 종류와 금액, 소득금액 또는 수입금액의 지급시기와 귀속연도 등을 기재한 서류를 말한다.

지급명세서는 지급일을 기준으로 제출한다. 즉, 소득세 납세의무가 있는 개인에게 원천징수대상소득을 국내에서 지급하는 자(법인, 원천징수대상소득의 지급을 대리하거나 그 지급권한을 위임 또는 위탁받은 자 및 납세조합, 원천징수세액의 납세지를 본점 또는 주사무소의 소재지로 하는 자와 사업자단위과세사업자를 포함함)는 해당 소득에 대한 지급명세서를 그 지급일이 속하는 과세기간의 다음 연도 2월 말일(원천징수대상 사업소득, 근로소득, 퇴직소득 또는 특정 봉사료[2)]의 경우에는 다음 연도 3월 10일, 휴업 또는 폐업한 경우에는 휴업일 또는 폐업일이 속하는 달의 다음다음 달 말일)까지 원천징수 관할 세무서장, 지방국세청장 또는 국세청장에게 제출해야 한다. 다만, 근로소득 중 일용근로자의 근로소득의 경우에는 그 지급일이 속하는 달의 다음 달 말일(휴업, 폐업 또는 해산한 경우에는 휴업일, 폐업일 또는 해산일이 속하는 달의 다음 달 말일)까지 지급명세서를 제출해야 한다(소법 §164 ①, 법법 §120).

일반적인 경우의 지급명세서 제출시기를 요약하면 다음과 같다.

1) 전문가가 되자! 2017 연말정산(정종철 저, 새로운제안, p.572~575 일부 참고)

2) 사업자(법인을 포함)가 봉사료에 해당하는 용역을 제공하고 그 공급가액과 함께 용역을 제공하는 자의 봉사료를 계산서·세금계산서·영수증 또는 신용카드 매출전표 등에 그 공급가액과 구분하여 적는 경우로서 그 구분하여 적은 봉사료금액이 공급가액의 100분의 20을 초과하는 경우의 봉사료

| 일반적인 경우의 지급명세서 제출시기 |

구 분		제출기한[*1]
다음 항목을 제외한 모든 소득(즉 기타소득[*2], 이자소득·배당소득, 비거주자 관련 이자·배당·사용료)		지급일이 속하는 과세기간의 다음 연도 2월 말까지
근로소득	일반근로자	지급일이 속하는 과세기간의 다음 연도 3월 10일까지
	일용근로자	지급일이 속하는 달의 다음달 말일까지[*3]
원천징수대상 사업소득[*2](봉사료 포함)		지급일이 속하는 과세기간의 다음 연도 3월 10일까지
종교인소득		
퇴직소득		
휴업·폐업 또는 해산한 경우	일용근로자	휴업일, 폐업일 또는 해산일이 속하는 달의 다음 달 말일까지(2021.6.30.까지는 분기 마지막 달의 다음 달 말일까지임)
	그 외	휴업일, 폐업일 또는 해산일이 속하는 달의 다음다음 달 말일까지

*1. 일반적으로 지급명세서는 지급일을 기준으로 하여 제출한다. 예를 들어 3월 귀속분에 대한 일용근로소득을 4월에 지급하는 경우 일용직근로소득지급명세서는 4월 말까지가 아니라 5월 말까지 제출하는 것이다. 다만 아래 (2) 과세기간종료일을 지급일로 보는 경우도 있으므로 각 소득별 지급명세서 제출시기에 유의하여야 한다.

*2. 간이지급명세서 제출대상 사업소득(보험모집인 등의 연말정산 대상 사업소득은 제외)과 기타소득(소법 §21 ① 19호 해당되는 인적용역 기타소득을 말함)의 경우 간이지급명세서를 제출한 경우에는 그 제출한 부분에 대하여 지급명세서를 제출한 것으로 본다. 다만, 사업소득은 2023.1.1. 이후 소득을 지급하는 분부터 적용하고 기타소득은 2024.1.1. 이후 소득을 지급하는 분부터 적용한다(소법 §164 ⑦, 소칙 법률 제19196호 §6 2022.12.31., 법법 §75의 7 ⑤, 법칙 법률 제19193호 §11 2022.12.31.).

*3. 해당 연도 귀속 일용근로소득을 12월 31일까지 미지급한 경우에도 지급명세서는 다음 연도 1월 31일까지 반드시 제출해야 한다. 예를 들면 2025년 12월 근무에 대한 소득을 2026년 1월에 지급한 경우 2025년 12월에 지급한 것으로 적어서 2026년 1월말까지 지급명세서를 제출해야 하는 것이다.

(2) 과세기간종료일을 지급일로 보는 경우

다음에 같이 지급시기의제 규정이 적용되는 소득에 대해서는 해당 소득에 대한 과세기간 종료일을 지급일로 보아 지급명세서 제출시기를 판단한다(소법 §164 ①).

구 분		지급시기의제	관련 법령
이자 배당소득	잉여금처분에 의한 배당을 미지급한 경우	처분결정일부터 3개월이 되는 날[*2]	소법 §131
	법인세법 제67조에 따라 처분되는 배당(인정배당)	신고일 또는 수정신고일(결정·경정하는 경우는 소득금액변동통지서를 받은 날)	

구 분		지급시기의제	관련 법령
근로소득	1월부터 11월까지의 근로소득을 12월 31일까지 미지급한 경우	12월 31일	소법 §135
	12월분의 근로소득을 다음 연도 2월 말일까지 미지급한 경우	다음 연도 2월 말일	
	잉여금처분에 의한 상여를 미지급한 경우	처분결정일부터 3개월이 되는 날*2	
	법인세법 제67조에 따라 처분되는 상여(인정상여)	신고일 또는 수정신고일(결정·경정하는 경우는 소득금액변동통지서를 받은 날)	
연말정산 대상 사업소득*1	1월부터 11월까지의 사업소득을 12월 31일까지 미지급한 경우	12월 31일	소법 §144의 5
	12월분의 사업소득을 다음 연도 2월 말일까지 미지급한 경우	다음 연도 2월 말일	
퇴직소득	1월부터 11월까지의 퇴직소득을 12월 31일까지 미지급한 경우	12월 31일	소법 §147
	12월분의 퇴직소득을 다음 연도 2월 말일까지 미지급한 경우	다음 연도 2월 말일	

*1. 연말정산대상 사업소득이란 다음 중 어느 하나에 해당하는 사업자로서 간편장부대상자가 받는 해당 사업소득을 말한다(소령 §137 ①).

① 독립된 자격으로 보험가입자의 모집 및 이에 부수되는 용역을 제공하고 그 실적에 따라 모집수당 등을 받는 자

② 방문판매등에관한법률에 의해 방문판매업자를 대신하여 방문판매업무를 수행하고 그 실적에 따라 판매수당 등을 받는 자(방문판매업자로부터 사업장의 관리·운영의 위탁을 받은 자를 포함함)(단, 해당 사업소득의 원천징수의무자가 연말정산을 한 것만 해당함)

③ 독립된 자격으로 일반 소비자를 대상으로 사업장을 개설하지 않고 음료품을 배달하는 계약배달 판매 용역을 제공하고 판매실적에 따라 판매수당 등을 받는 자

*2. 다만, 11월 1일부터 12월 31일까지의 사이에 결정된 처분에 따라 다음 연도 2월 말일까지 그 배당·상여·퇴직소득을 지급하지 않은 경우에는 다음 연도 2월 말일에 지급한 것으로 본다(소법 §131 ① 단서, 소법 §135 ③ 단서, 소법 §147 ③ 단서).

2. 지급명세서 제출방법

(1) 전자제출

지급명세서를 제출해야 하는 자는 지급명세서의 기재 사항을 정보통신망에 의해 제출하거나 디스켓 등 전자적 정보저장매체로 제출해야 한다(소법 §164 ③).

이 경우 다음 중 어느 하나에 해당하는 소득을 지급하는 자는 현금영수증 발급장치 등을 통해 제출[3]할 수 있으며, 이 경우 지급명세서를 제출한 것으로 본다(소법 §164 ③, 소령 §213의 2).

① 일용근로자에게 지급하는 근로소득(소령 §213 ⑤)

② 총급여액이 근로소득공제액, 본인에 대한 기본공제액 및 표준공제액의 합계액 이하인 거주자에게 지급하는 근로소득(소령 §215 ②)

✔ 다만, 종된 근무지가 없는 거주자만 해당하며 과세기간 중에 취직 또는 퇴직한 자에 대해서는 연으로 환산한 총급여액을 기준으로 적용한다.

(2) 문서제출

국세청장은 직전 과세기간에 제출한 지급명세서의 매수가 50매 미만인 자 또는 상시 근무하는 근로자의 수(매월 말일의 현황에 따른 평균인원수를 말함)가 10명 이하인 자에게는 지급명세서를 문서로 제출하게 할 수 있다. 다만, 다음 중 어느 하나에 해당하는 자는 제외한다(소법 §164 ④, 소령 §214 ③).

① 한국표준산업분류상의 금융보험업자

② 국가·지방자치단체 또는 지방자치단체조합

③ 법인

④ 복식부기의무자

실무 POINT 지급명세서의 수시제출

1. 연간제출

제출대상이 [1. 연간합산제출]인 경우 연 1회 제출 가능하며 제출기한(3월 10일)까지 최종 전송자료를 접수자료로 인정한다.

2. 수시제출

[2. 휴폐업에 의한 수시제출] 또는 [3. 수시(월별)분할 제출]인 경우에는 매월 제출 가능하며 그 달 말일까지 최종 전송자료를 접수자료로 인정한다.

---

3) 현금영수증 발급장치를 통해 급여의 귀속연도, 일용근로자 또는 거주자의 주민등록번호, 급여액 및 소득세(결정세액을 말함)를 모두 제출하는 것을 말한다(소령 §213의 2 ②).

3. 수정·기한 후 제출

원천징수의무자가 연간합산기간에 제출하지 못한 지급명세서를 기한 후 신고로 제출하거나, 연간합산으로 제출한 지급명세서를 소득자별로 수정해서 다시 제출할 수 있다. 근로소득, 기부금(2016년 귀속 이전), 의료비 지급명세서만 수정·기한 후 제출 서비스를 제공하고 있으며 일단위로 제출 당일을 기준으로 최종 제출한 자료에 대해 유효한 자료로 인정하며 당해 귀속에 해당하는 수정·기한 후 제출 서비스는 4월 말부터 운영 예정이다.

4. 유의사항

지급명세서 제출서비스(연간합산제출, 수시제출, 수정·기한 후 제출)가 다양화됨에 따라 지급명세서 중복 제출 또는 누락이 발생하지 않도록 유의하자.

5. 지급명세서 제출 사례

중도퇴사자 10건, 계속근무자 100건의 근로소득 지급명세서를 제출하고자 할 때, 아래의 2가지 방법 중 하나를 선택할 수 있다.

① 중도퇴사자와 계속근무자의 지급명세서를 각각 제출하고자 하는 경우

중도퇴사자(10건)는 제출대상을 '수시제출'로 제출(2025년 9월)하고, 계속근무자(100건)는 연말정산기간에 제출대상을 '연간합산제출'로 제출(2026년 3월)할 수 있음.

➜ 지급명세서 총 제출건수 110건, 2장의 접수증이 발급됨.

② 계속근무자와 중도퇴사자의 지급명세서를 같이 제출하고자 하는 경우

연말정산기간에 중도퇴사자를 포함하여 제출대상을 '연간합산제출'로 제출할 수 있음.

➜ 지급명세서 총 제출건수 110건, 1장의 접수증이 발급됨.

※ 유의사항

2025년 9월에 중도퇴사자(4건)를 '수시제출'로 제출하고, 2025년 11월에 중도퇴사자(6건)를 '수시제출'로 제출한 뒤, 2026년 3월(연말정산기간)에 계속근무자(100건)와 2025년 9월과 11월에 제출한 중도퇴사자(10건) 자료를 합해 '연간합산제출'로 제출하면 중도퇴사자 자료는 중복 제출되어 이중 자료가 되므로(지급명세서 총 제출건수 120건, 3장의 접수증이 발급됨) 중복제출되지 않도록 주의하여야 함.

PART 4 원천징수

(3) 납세지별 지급명세서 제출방법[4)]

<table>
<tr><th colspan="2">구 분</th><th>원천징수 의무자</th><th>월(반기)별 신고 관할세무서</th><th>지급명세서제출자</th><th>지급명세서의 원천징수의무자 사업자등록번호</th></tr>
<tr><td colspan="2">개 인</td><td>개인</td><td>사업장 관할세무서</td><td>개인사업자</td><td>개인사업자번호</td></tr>
<tr><td rowspan="3">법인</td><td>본 점</td><td>본점</td><td>본점 관할세무서</td><td>• 원칙 : 본점 및 지점의 원천징수 의무자</td><td>각 본·지점 사업자번호</td></tr>
<tr><td>지점 (독립채산체인 경우)</td><td>지점</td><td>지점 관할세무서</td><td>• 예외 : 본점 또는 지점에서 일괄제출하는 경우</td><td>• 본점직원 : 본점사업자번호
• 지점직원 : 지점사업자번호</td></tr>
<tr><td>본점일괄 납부자, 사업자단위 과세사업자</td><td>본점 및 지점</td><td>본점 관할세무서</td><td>본점에서 일괄하여 제출</td><td>• 본점직원 : 본점사업자번호
• 지점직원 : 지점사업자번호</td></tr>
</table>

✔ 지급명세서의 '징수의무자 사업자등록번호' 기재요령

① 모든 지급명세서제출자는 매월(반기) 신고별로 신고하는 원천징수이행상황신고서의 사업자등록번호와 일치해야 한다.

② 다만, 예외적으로 '본점일괄납부 승인을 받은 자'의 경우에는 본인이 소속된 본·지점의 사업자등록번호를 기재해야 한다.

3. 지급명세서 등 제출 불성실 가산세

1) 가산세액

지급명세서를 제출해야 할 자가 해당 지급명세서를 제출기한까지 제출하지 않았거나 제출된 지급명세서가 불분명한 경우에 해당하는 경우에는 다음의 가산세를 소득세 또는 법인세로서 납부해야 한다[5)]. 이 경우 산출세액이 없는 때에도 가산세는 납부해야 한다(소법 §81의 11, 법법 §75의 7).

4) 알기쉬운 연말정산안내 p.17, 2006.11, 국세청

5) 다만, 세금우대자료 미제출가산세가 부과되는 분에 대해서는 그렇지 않다(소법 §81 ① 단서, 조특법 §90의 2).

| 지급명세서 등 제출 불성실 가산세 |

미제출한 경우	일용근로소득 외 소득	제출하지 않은 분의 지급금액의 1% (제출기한이 지난 후 3개월 이내에 제출 시 0.5%)
	일용근로소득*1	제출하지 않은 분의 지급금액의 0.25% (제출기한이 지난 후 1개월 이내에 제출 시 0.125%)
불분명 또는 사실과 다른 경우	일용근로소득 외 소득	불분명하거나 사실과 다른 분의 지급금액의 1%
	일용근로소득	불분명하거나 사실과 다른 분의 지급금액의 0.25%

✔ **일용직 지급명세서제출 불성실가산세**

2021.7.1.부터 일용근로소득에 대한 지급명세서를 제출기한까지 미제출한 경우에는 제출하지 아니한 분의 지급금액의 0.25%, 제출기한이 지난 후 1개월 이내에 지연 제출하는 경우에는 0.125%를 적용하고 불분명 또는 사실과 다른 경우에는 불분명하거나 사실과 다른 분의 지급금액의 0.25%를 적용하는 것임.

✔ **불분명 또는 사실과 다른 경우의 가산세 면제**

일용근로소득 또는 원천징수대상 사업소득의 경우 지급명세서 등에 기재된 각각의 총 지급금액에서 불분명 또는 사실과 다른 분의 지급금액이 차지하는 비율이 5% 이하인 경우에는 불분명 또는 사실과 다른 경우의 가산세는 부과하지 아니함(소법 §81의 11 ④, 소령 §147의 7 ④, 법법 §75의 7 ④).

참고로 2024.1.1. 이후 지급하는 기타소득과 2026.1.1. 이후 지급하는 일반 근로소득도 해당 가산세 면제가 적용됨

구 분	불분명 또는 사실과 다른 경우의 가산세 면제 적용시기
일용근로소득과 사업소득	2021.7.1. 이후 지급하는 분부터 적용
인적용역 관련 기타소득	2024.1.1. 이후 지급하는 분부터 적용
일반근로소득	2026.1.1. 이후 지급하는 분부터 적용

2) 지급명세서가 불분명한 경우란?

① **지급명세서가 불분명한 경우**(소령 §147의 7 ①, 법령 §120 ⑨)

㉠ 제출된 지급명세서에 지급자 또는 소득자의 주소, 성명, 고유번호(주민등록번호로 갈음하는 경우에는 주민등록번호)나 사업자등록번호, 소득의 종류, 소득귀속연도 또는 지급액을 적지 않았거나 잘못 적어 지급사실을 확인할 수 없는 경우

㉡ 제출된 지급명세서 및 이자·배당소득 지급명세서에 유가증권표준코드를 적지 않았거나 잘못 적어 유가증권의 발행자를 확인할 수 없는 경우

㉢ 내국법인인 금융회사 등으로부터 제출된 이자·배당소득 지급명세서에 해당 금융회사 등이 과세구분을 적지 않았거나 잘못 적은 경우

㉣ 제출된 지급명세서에 이연퇴직소득세를 적지 않았거나 잘못 적은 경우

② **지급명세서가 불분명한 금액에 포함되지 않는 경우**(소령 §147의 7 ②, 법령 §120 ⑩)

㉠ 지급일 현재 납세번호를 부여받은 자 또는 사업자등록증의 교부를 받은 자에게 지급한 금액이거나 사업자등록증의 발급을 받은 자 또는 고유번호를 부여받은 자에게 지급한 경우

㉡ 위 외의 지급금액으로서 지급 후에 그 지급받은 자의 소재가 불명된 것이 확인된 금액

3) 가산세 한도

지급명세서제출불성실가산세에 대해서는 그 의무위반의 종류별로 각각 5,000만원(중소기업기본법상 중소기업이 아닌 기업은 1억원)을 한도로 한다. 다만, 해당 의무를 고의적으로 위반한 경우에는 그렇지 않다(국기법 §49 ①).

참고 지급명세서 제출의무 면제대상

지급명세서를 제출하지 않는 주요 소득은 다음과 같다.

(1) 비과세되는 기타소득(소령 §214 ① 1호, 소법 §12 5호)

① 국가유공자등예우및지원에관한법률 또는 보훈보상대상자지원에관한법률에 따라 받는 보훈급여금·학습보조비 및 북한이탈주민의보호및정착지원에관한법률에 따라 받는 정착금·보로금(報勞金)과 그 밖의 금품

② 국가보안법에 따라 받는 상금과 보로금

③ 상훈법에 따른 훈장과 관련하여 받는 부상(副賞)이나 그 밖에 대통령령으로 정하는 상금과 부상

④ 종업원 등 또는 대학의 교직원이 퇴직한 후에 지급받거나 대학의 학생이 소속 대학에 설치된 산학협력단으로부터 받는 직무발명보상금으로서 연 500만원 이하의 금액

⑤ 국군포로의송환및대우등에관한법률에 따라 국군포로가 받는 위로지원금과 그 밖의 금품

⑥ 문화유산의보존및활용에관한법률에 따라 국가지정문화재로 지정된 서화·골동품의 양도로 발생하는 소득

⑦ 서화·골동품을 박물관 또는 미술관에 양도함으로써 발생하는 소득

(2) 비과세대상 근로소득 중 일부(소령 §214 ① 2호의 2, 소법 §12 3호)

비과세근로소득 중 일부는 지급명세서 제출의무가 면제된다. 이러한 비과세근로소득은 원천징수이행상황신고서 '⑤총지급액'에도 기재하지 않는다.

(3) 다음에 해당하는 소득(소령 §214 ① 2호의 3, 소령 §12)

① 선원법에 의하여 받는 식료

② 일직료·숙직료 또는 여비로서 실비변상정도의 금액(종업원의 소유차량을 종업원이 직접 운전하여 사용자의 업무수행에 이용하고 시내출장 등에 소요된 실제여비를 받는 대신에 그 소요경비를 당해 사업체의 규칙 등에 의하여 정하여진 지급기준에 따라 받는 금액 중 월 20만원 이내의 금액을 포함)

③ 법령·조례에 의하여 제복을 착용하여야 하는 자가 받는 제복·제모 및 제화

④ 병원·시험실·금융회사 등·공장·광산에서 근무하는 사람 또는 특수한 작업이나

역무에 종사하는 사람이 받는 작업복이나 그 직장에서만 착용하는 피복(被服)

(4) 다음 중 어느 하나에 해당하는 소득(소령 §214 ① 3호, 소칙 §97)

① 복권, 경품권, 그 밖의 추첨권에 당첨되어 받는 금품(복권 및 복권기금법 제2조에 따른 복권 당첨금은 제외)인 경우로서 1건당 당첨금품의 가액이 10만원 이하인 경우(소법 §21 ① 2호)

② 승마투표권, 승자투표권, 소싸움경기투표권 및 체육진흥투표권의 구매자가 받는 환급금으로서 1건당 환급금이 200만원 미만(체육진흥투표권의 경우 10만원 이하)인 경우(소법 §21 ① 4호)

③ 기타소득의 과세최저한 규정에 의해 소득세가 과세되지 않는 기타소득(소법 §84) 다만, 원작자의 원고료 등(소법 §21 ① 15호) 및 인적용역의 일시제공대가(소법 §21 ① 19호)에 해당하는 기타소득은 제외한다.

- 승마투표권 등의 권면에 표시된 금액의 합계액이 10만원 이하이고 적중한 개별투표당 환급금이 10만원 이하인 경우 또는 단위투표금액당 환급금이 단위투표금액의 100배 이하이면서 적중한 개별투표당 환급금이 200만원 이하인 경우
- 슬롯머신 등을 이용하는 행위에 참가하여 받는 당첨금품 등이 건별로 200만원 이하인 경우
- 그 밖의 기타소득금액이 건별로 5만원(연금계좌 납입액 및 운용수익에 대해 연금 외 수령하여 기타소득으로 과세되는 금액은 제외) 이하인 경우.

④ 안마시술소에서 제공하는 용역에 대한 소득으로서 안마시술소가 소득세를 원천징수하는 소득

(5) 법인세가 과세되지 않거나 면제되는 소득(법령 §162 단서)

(6) 지급명세서를 제출한 것으로 보는 경우

① 원천징수의무자가 원천징수를 하여 지급명세서 제출기한까지 제출한 원천징수에 관한 명세서, 그 밖의 관계서류 중 지급명세서에 해당하는 것이 있으면 그 제출한 부분에 대해 지급명세서를 제출한 것으로 본다(소법 §164 ⑤, 소령 §215 ①).

② 사업장 소재지 관할 세무서장에게 제출한 매출·매입처별 계산서합계표와 부가가치세법에 따라 사업장 소재지 관할 세무서장에게 제출한 매출·매입처별 세금계산서합계표 중 지급명세서에 해당하는 것이 있으면 그 제출한 부분에 대해 지급명세서를 제출한 것으로 본다(소법 §164 ⑥).

(7) 비거주자에 대한 지급명세서 제출의무 특례

법소정 국내원천소득을 비거주자에게 지급하는 자는 납세지 관할세무서장에게 지급명세서를 제출해야 한다. 다만, 다음 중 어느 하나에 해당하는 소득에 대해서는 지급명세서를 제출하지 않는다(소법 §164의 2 ①, 소령 §216의 2 ①).

① 소득세법 또는 조세특례제한법에 따라 소득세가 과세되지 않거나 면제되는 국내원천소득(비과세·면제신청서를 제출하지 않는 경우는 제외)

② 다음의 국내원천소득으로서 국내사업장과 실질적으로 관련되거나 그 국내사업장에 귀속되는 소득(채권 등의 이자 등에 대해 원천징수되는 소득(소법 §46)은 제외)
- 이자소득(소법 §119 1호)
- 배당소득(소법 §119 2호)
- 선박 등 임대소득(소법 §119 4호)
- 사용료소득(소법 §119 10호)
- 유가증권양도소득(소법 §119 11호)
- 기타소득(복권당첨금품 등[6]은 제외)(소법 §119 12호)

③ 국내원천소득으로서 부동산소득(소법 §119 3호)

④ 국내원천소득으로서 사업소득(소법 §119 5호) 및 국내원천 인적용역소득(소법 §119 6호)[7]

⑤ 국내원천소득으로서 기타소득(소법 §119 12호) 중 복권당첨금품 등

⑥ 조세조약에 따라 비과세 또는 면제신청을 한 국내원천소득(소법 §156의 2)

⑦ 원천징수세액이 1천원 미만인 소득

⑧ 기타 지급명세서를 제출할 실효성이 없다고 인정되는 다음의 소득(소칙 §97의 2)
- 예금 등의 잔액이 30만원 미만으로서 1년 이상 거래가 없는 계좌에서 발생하는 이자소득 또는 배당소득
- 계좌별로 1년간 발생한 이자소득 또는 배당소득이 3만원 미만인 경우의 당해 소득
- 국내원천소득으로서 일용근로자의 소득

(8) 실무상 유의사항

소득세를 납부하지 않더라도 지급명세서 제출의무 면제대상으로 열거하고 있지 않는 이상 지급명세서를 제출해야 한다. 예를 들어, 일시적 인적용역에 해당하는 강사료를 지급한 경우 강사료가 건당 125,000원에 해당하는 경우 60%의 필요경비를 공제하고 나면 기타소득금액은 5만원 이하로서 과세최저한에 해당하여 소득세를 과세하지 않게 된다. 그러나 일시적 인적용역에 해당하는 강사료는 지급명세서 제출의무 면제대상에서 제외되므로 이에 대한 지급명세서는 제출해야 하는 것이다.

2 간이지급명세서의 제출

1. 의의

2019년부터 근로소득자에 대한 근로장려금을 당해 연도 반기별로 지급함을 전제로 하여

6) 복권 등 당첨금품과 승마투표권 등의 구매자가 받는 환급금 및 슬롯머신 등을 이용하는 행위에 참가하여 받는 당첨금품 등은 제외한다.
7) 비거주자에 대한 원천징수특례규정(소법 §156)이 적용되는 경우는 제외함. 그리고 2026.1.1. 이후 지급하는 분부터 비거주자 국내원천 인적용역소득에 대한 지급명세서는 제출하고 조세조약상 비과세와 면제 적용신청은 의무화하도록 세법이 개정되었다.

상용근로소득 및 원천징수대상 사업소득에 대한 간이지급명세서의 제출 근거를 신설하였다. 참고로 2021년부터 근로소득간이지급명세서를 간이지급명세서로 용어를 변경하였다.

2. 제출대상 소득

소득세 납세의무가 있는 개인에게 다음의 어느 하나에 해당하는 소득을 국내에서 지급하는 자(법인, 소득의 지급을 대리하거나 그 지급 권한을 위임 또는 위탁받은 자 및 납세조합, 원천징수세액의 납세지를 본점 또는 주사무소의 소재지로 하는 자와 부가가치세법상 사업자 단위 과세 사업자 포함)는 간이지급명세서를 원천징수 관할 세무서장, 지방국세청장 또는 국세청장에게 제출하여야 한다(소법 §164의 3 ①).

① 일용근로자가 아닌 근로자에게 지급하는 근로소득

② 원천징수대상 사업소득

③ 인적용역 기타소득(소법 §21 ① 19호에 해당하는 기타소득을 말하며, 2024.1.1. 이후 지급하는 소득에 대하여 제출하여야 하거나 제출하는 경우부터 적용함)

✔ 인적용역 기타소득(소법 §21 ① 19호)

다음의 어느 하나에 해당하는 인적용역(소법 §21 제15호부터 제17호까지의 규정을 적용받는 용역은 제외한다)을 일시적으로 제공하고 받는 대가

가. 고용관계 없이 다수인에게 강연을 하고 강연료 등 대가를 받는 용역

나. 라디오 · 텔레비전방송 등을 통하여 해설 · 계몽 또는 연기의 심사 등을 하고 보수 또는 이와 유사한 성질의 대가를 받는 용역

다. 변호사, 공인회계사, 세무사, 건축사, 측량사, 변리사, 그 밖에 전문적 지식 또는 특별한 기능을 가진 자가 그 지식 또는 기능을 활용하여 보수 또는 그 밖의 대가를 받고 제공하는 용역

라. 그 밖에 고용관계 없이 수당 또는 이와 유사한 성질의 대가를 받고 제공하는 용역

3. 제출시기

(1) 일반적인 경우

일용근로자가 아닌 근로자에게 지급하는 근로소득 관련 간이지급명세서는 소득 지급일(근로소득 원천징수시기 특례를 적용받는 소득에 대해서는 해당 소득에 대한 과세기간 종료일을 말함)이 속하는 반기의 마지막 달의 다음 달 말일(휴업, 폐업 또는 해산한 경우에는 휴업일, 폐업일 또는 해산일이 속하는 반기의 마지막 달의 다음 달 말일)까지 원천징수 관할 세무서장, 지방국세청장 또는 국세청장에게 제출하여야 한다(소법 §164의 3 ①).

반면 원천징수대상 사업소득과 인적용역 기타소득 관련 간이지급명세서는 그 소득 지급일(연말정산 대상 사업소득 원천징수시기 특례를 적용받는 소득에 대해서는 해당 소득에 대한 과세기간 종료일을 말함)이 속하는 달의 다음 달 말일(휴업, 폐업 또는 해산한 경우에는 휴업일, 폐업일 또는 해산일이 속하는 달의 다음 달 말일)까지 원천징수 관할 세무서장, 지방국세청장 또는 국세청장에게 제출하여야 한다(소법 §164의 3 ①, 2021.7.1.부터 적용).

| 간이지급명세서 제출시기 |

구 분			제출기한
간이지급명세서*1	근로소득*2	1월부터 6월까지 지급분	7월 말일까지
		7월부터 12월까지 지급분	익년 1월 말일까지
		휴업·폐업·해산하는 경우*3	휴업·폐업·해산일이 속하는 반기 마지막 달의 다음 달 말일까지*4
	사업소득	일반적인 경우	지급일이 속하는 달의 다음 달 말일까지 (참고로 2021년 6월 지급분까지는 반기 마지막 달의 다음 달 말일까지 제출하였음)
		휴업·폐업·해산하는 경우*2	휴업·폐업·해산일이 속하는 달의 다음 달 말일까지*4
	기타소득*5	일반적인 경우	지급일이 속하는 달의 다음 달 말일까지
		휴업·폐업·해산하는 경우*3	휴업·폐업·해산일이 속하는 달의 다음 달 말일까지

*1. 지급일 기준으로 제출하는 것이므로 2025년 6월 귀속분을 2025년 7월에 지급하는 경우 근로소득 간이지급명세서는 2026년 1월말까지 제출하는 것이며, 사업소득 간이지급명세서는 2025년 8월말까지 제출한다.

*2. 2026.1.1.부터 지급하는 근로소득에 대해서는 사업소득과 동일하게 소득 지급일이 속하는 달의 다음 달 말일까지 제출하여야 하며 휴업·폐업·해산하는 경우에도 휴업일·폐업일·해산일이 속하는 달의 다음 달 말일까지 제출한다.

*3. 휴업, 폐업 또는 해산을 이유로 간이지급명세서 제출기한까지 지급명세서를 제출한 자로서 아래의 어느 하나에 해당하는 자는 제출을 제외(소령 §213 ②)하는데 이것은 휴업, 폐업 또는 해산에 대한 지급명세서를 제출한 경우 간이지급명세서는 이중 제출할 필요가 없다는 의미이다. 다만, 해당 법령은 2024.1.1. 이후 관련 법령에서 삭제되었다.

① 일용근로자가 아닌 근로자에게 지급하는 근로소득의 경우 : 휴업, 폐업 또는 해산하여 지급명세서를 휴업일, 폐업일 또는 해산일이 속하는 반기의 마지막 달의 다음 달 말일까지 제출한 자

② 원천징수대상 사업소득의 경우 : 휴업, 폐업 또는 해산하여 지급명세서를 휴업일, 폐업일 또는 해산일이 속하는 달의 다음 달 말일까지 제출한 자

*4. 2021.6.30.까지는 휴업·폐업·해산일이 속하는 반기 마지막 달의 다음 달 말일까지이다.

*5. 2024.1.1. 이후 지급하는 기타소득(소법 §21 ① 19호에 해당하는 기타소득을 말함)에 대해서만 간이지급명세서를 제출한다. 관련 기타소득의 코드번호는 다음과 같다.

코드번호	소득구분
76	다음 각 목의 어느 하나에 해당하는 인적용역을 일시적으로 제공하고 받는 대가 가. 고용관계 없이 다수인에게 강연을 하고 강연료 등 대가를 받는 용역 나. 라디오·텔레비전방송 등을 통하여 해설·계몽 또는 연기의 심사 등을 하고 보수 또는 이와 유사한 성질의 대가를 받는 용역 다. 변호사, 공인회계사, 세무사, 건축사, 측량사, 변리사, 그 밖에 전문적 지식 또는 특별한 기능을 가진 자가 그 지식 또는 기능을 활용하여 보수 또는 그 밖의 대가를 받고 제공하는 용역 (대학이 자체연구관리비 규정에 따라 대학에서 연구비를 관리하는 경우에 교수가 제공하는 연구용역 포함) 라. 그 밖에 고용관계 없이 수당 또는 이와 유사한 성질의 대가를 받고 제공하는 용역
79	소득세법 제21조 제1항 제19호에 해당하는 소득으로서 자문 또는 고문 활동을 하고 보수 또는 이와 유사한 성질의 대가를 받고 제공하는 용역

실무 POINT **하반기 간이지급명세서 작성 관련 유의사항**

근무한 연도가 지난 후 지급하는 근로소득과 사업한 연도가 지난 후 지급하는 사업소득의 경우 간이지급명세서 제출대상이 아니었지만 2021년 하반기 제출분부터는 제출하는 것으로 세법이 개정되었으므로 12월 귀속분을 1월에 지급하는 경우 아래 유의사항을 참고하여 제출하도록 하자.

1. 근로소득의 경우

(1) **해당 귀속연도의 근로소득을 12월 말일까지 미지급한 경우**

해당 근로소득을 12월에 지급한 것으로 간이지급명세서를 작성한다. 예를 들면 2025년 12월 근무에 대한 소득을 2026년 1월에 지급한 경우, 2025년 하반기분 간이지급명세서의 12월 지급분에 포함하여 제출한다.

(2) **상반기 중 퇴사한 근로자에게 상반기 근무에 대한 소득을 하반기에 지급하는 경우**

해당 소득자 인적사항 및 근로소득 내용을 하반기 간이지급명세서에 포함하여 제출하되, ⑯ 근무기간란에 해당 소득의 지급일을 적는다. 예를 들면 2025년 6월 30일 퇴사한 자에게 2025년 6월 근무에 대한 소득을 2025년 7월 20일에 지급하는 경우 근무기간란에 2025.07.20.~2025.07.20.을 기입하여 간이지급명세서를 제출한다.

2. 사업소득의 경우

(1) **연말정산 대상 사업소득**(보험모집인, 방문판매원, 음료배달원)

해당 귀속연도의 사업소득을 12월 말일까지 미지급한 경우 12월에 지급한 것으로 보아 다음 연도 1월 말일까지 간이지급명세서를 제출한다.

예를 들면 2025년 12월 소득을 2026년 1월에 지급한 경우, 2025년 12월 지급분 간이지급명세서에 포함하여 제출하고, 2026년 1월 지급분 간이지급명세서 제출시에는 제외하는 것이다.

(2) **연말정산 대상 사업소득 외 사업소득**

2025년 12월 귀속, 2026년 1월에 지급하는 경우의 사업소득은 지급일이 속하는 달의 다음달 말일까지 간이지급명세서를 제출하는 것이므로 2026년 2월말까지 간이지급명세서를 제출한다.

(2) 근로소득원천징수시기 특례 또는 연말정산 사업소득의 원천징수시기 특례가 적용되는 경우

근로소득원천징수시기 특례가 적용되는 경우에는 과세기간 종료일이 속하는 반기의 마지막 달의 다음 달 말일(휴업, 폐업 또는 해산한 경우에는 휴업일, 폐업일 또는 해산일이 속하는 반기의 마지막 달의 다음 달 말일. 참고로 2024.1.1. 이후 지급하는 소득에 대한 제출분부터는 휴업일, 폐업일 또는 해산일이 속하는 달의 다음달 말일까지 제출하는 것으로 세법이 개정되었음)까지 원천징수 관할 세무서장, 지방국세청장 또는 국세청장에게 근로소득 관련 간이지급명세서를 제출하여야 한다.

반면 연말정산대상 사업소득원천징수시기 특례가 적용되는 경우에는 과세기간 종료일이 속하는 달의 다음 달 말일(휴업, 폐업 또는 해산한 경우에는 휴업일, 폐업일 또는 해산일이 속하는 달의 다음 달 말일)까지 원천징수 관할 세무서장, 지방국세청장 또는 국세청장에게 사업소득 관련 간이지급명세서를 제출하여야 한다(소법 §164의 3 ①, 2021.7.1. 지급분부터 적용). 근로소득원천징수시기 특례는 근로소득의 수입시기를 참고하길 바란다.

4. 제출방법과 제출면제

간이지급명세서의 제출방법과 제출면제는 지급명세서 제출방법과 동일하므로 지급명세서 제출방법과 제출면제를 참고하길 바란다(소법 §164의 3 ②·③, 소령 §214).

5. 미제출 시 불이익

(1) 간이지급명세서 제출 불성실 가산세

간이지급명세서를 제출해야 할 자가 해당 간이지급명세서를 제출기한까지 제출하지 않았거나 제출된 지급명세서가 불분명한 경우에 해당하는 경우에는 다음의 가산세를 소득세 또는 법인세로서 납부해야 한다(소법 §81의 11 ①, 법법 §75의 7 ① 1호 나목).

참고로 원천징수세액을 반기별로 납부하는 원천징수의무자가 2021.7.1.부터 2022.6.30.까지 원천징수대상 사업소득에 대한 간이지급명세서를 그 소득 지급일이 속하는 반기의 마지막 달의 다음 달 말일(휴업, 폐업 또는 해산한 경우에는 휴업일, 폐업일 또는 해산일이 속하는 반기의 마지막 달의 다음 달 말일)까지 제출하는 경우에는 지급명세서 등 제출불성실가산세를 부과하지 아니한다(소법 §81의 11 ②, 법법 §75의 7 ①).

┃간이지급명세서 제출 불성실 가산세┃

구 분		내 용
미제출한 경우	근로소득	제출하지 않은 분의 0.25%*1 단, 3개월 이내 제출시 0.125%*2
	사업소득, 인적용역 관련 기타소득	제출하지 않은 분의 0.25%*1 단, 1개월 이내 제출시 0.125%
불분명 또는 사실과 다른 경우*3		불분명하거나 사실과 다른 분의 지급금액의 0.25%*1

*1. 근로소득과 사업소득 간이지급명세서의 경우 2021.6.30.까지는 0.5%이었음.

*2. 참고로 2026.1.1. 이후에는 근로소득도 소득 지급일이 속하는 달의 다음달 말일까지 간이지급명세서를 제출하는 것으로 세법 개정이 예정되어 있으므로 근로소득도 1개월 이내 제출시 0.125%를 적용할 예정임.

*3. 불분명 또는 사실과 다른 경우란 제출된 간이지급명세서에 지급자 또는 소득자의 주소·성명·납세번호(주민등록번호로 갈음하는 경우에는 주민등록번호), 사업자등록번호, 소득의 종류, 소득의 귀속연도 또는 지급액을 적지 않았거나 잘못 적어 지급사실을 확인할 수 없는 경우를 말한다(소령 §147의 7).
참고로 원천징수대상 사업소득의 경우 지급명세서 등에 기재된 각각의 총 지급금액에서 불분명 또는 사실과 다른

분의 지급금액이 차지하는 비율이 5% 이하인 경우에는 불분명 또는 사실과 다른 경우의 가산세는 부과하지 아니하고 2024.1.1. 이후 지급하는 소득분부터는 인적용역 관련 기타소득도, 2026.1.1.. 이후 지급하는 소득분부터는 상용근로소득도 적용된다(소법 §81의 11 ③, 소법 §147의 7 ④, 법법 §75의 7 ④, 법령 §120 ⑪).

구 분	불분명 또는 사실과 다른 경우의 가산세 면제 적용시기
사업소득 간이지급명세서	2021.7.1. 이후 지급하는 분부터 적용
인적용역 관련 기타소득 간이지급명세서	2024.1.1. 이후 지급하는 분부터 적용
상용근로소득 간이지급명세서	2026.1.1. 이후 지급하는 분부터 적용

(2) 간이지급명세서 제출 불성실 가산세 면제

2024.1.1. 이후 지급하는 인적용역 관련 기타소득에 대한 간이지급명세서와 2026.1.1. 이후 지급하는 상용근로소득에 대한 간이지급명세서의 제출이 사업소득과 동일하게 지급일이 속하는 달의 다음달 말일까지 제출하는 것으로 세법이 개정되었지만 인적용역 기타소득에 대한 지급명세서와 상용근로소득에 대한 간이지급명세서를 종전 주기대로 제출하는 경우 간이지급명세서 제출 불성실 가산세를 한시적으로 면제하도록 세법이 개정되었다(소법 §81의 11 ③, 법법 §75의 7 ③).

① 일용근로소득을 제외한 근로소득의 경우

2026.1.1.부터 2026.12.31.(원천징수세액을 반기별로 납부하는 원천징수의무자의 경우에는 2027.12.31.)까지 일반 근로소득에 대한 간이지급명세서를 그 소득 지급일(근로소득 원천징수시기 특례를 적용받는 경우는 과세연도 종료일)이 속하는 반기의 마지막 달의 다음 달 말일(휴업, 폐업 또는 해산한 경우에는 휴업일, 폐업일 또는 해산일이 속하는 반기의 마지막 달의 다음 달 말일)까지 제출하는 경우

② 인적용역 기타소득(소법 §21 ① 19호의 기타소득을 말함)의 경우

2024.1.1.부터 2024.12.31.까지 인적용역 기타소득을 지급하는 경우로서 해당 소득에 대한 지급명세서를 그 소득 지급일이 속하는 과세연도의 다음 연도의 2월 말일(휴업, 폐업 또는 해산한 경우에는 휴업일, 폐업일 또는 해산일이 속하는 달의 다음다음 달 말일)까지 제출하는 경우

(3) 간이지급명세서 제출 불성실 가산세 배제

원천징수대상 사업소득(연말정산 대상 사업소득은 제외) 또는 인적용역 관련 기타소득에 대한 지급명세서 등의 제출의무가 있는 자에 대하여 지급명세서 제출 불성실 가산세가 부과되는 부분에 대해서는 간이지급명세서 제출 불성실 가산세를 부과하지 아니한다(소법 §81의 11 ⑤, 법법 §75의 7 ⑤).

다만, 원천징수 대상 사업소득의 경우에는 2023.1.1. 이후 지급하는 소득에 대한 제출분부터 적용하고 인적용역 관련 기타소득의 경우에는 2024.1.1. 이후 지급하는 소득

에 대한 제출분부터 적용한다.

실무 POINT **지급명세서와 간이지급명세서의 개정**

지급명세서와 간이지급명세서의 미제출과 관련된 과세당국의 사후검증이 빈번하게 발생되어 가산세 리스크가 증대되는 추세이고 2023년에 이와 관련된 세법내용도 다소 복잡하게 개정되어 정리가 필요한 것으로 판단된다.

본문에서 설명한 2023년에 개정된 지급명세서와 간이지급명세서의 내용과 적용시기를 요약정리하면 다음과 같고 참고로 지급명세서와 간이지급명세서 관련 상용근로소득 개정내용은 2024.1.1. 이후 지급하는 분부터 적용하는 것으로 세법이 개정이 되었으나 시행시기를 2년 연기하여 2026.1.1. 이후 지급하는 분부터 적용될 예정이다.

1. 간이지급명세서 제출대상 소득 확대와 제출시기 개정

(1) 인적용역 관련 기타소득의 간이지급명세서 제출 개정

인적용역관련 기타소득(소법 §21 ① 19호의 기타소득을 말함)을 간이지급명세서 제출대상 소득으로 추가하였다(소법 §164의 3 ①). 적용시기는 2024.1.1. 이후 지급하는 소득에 대하여 지급명세서 등을 제출하여야 하거나 제출하는 경우부터 적용한다.

내 용	대상소득	적용시기
간이지급명세서 제출대상 소득 확대	인적용역 관련 기타소득	2024.1.1. 이후 지급하는 소득분부터 적용

(2) 상용근로소득과 인적용역 관련 기타소득 간이지급명세서 제출시기 개정

2024.1.1.부터 지급하는 기타소득과 2026.1.1.부터 지급하는 상용근로소득에 대한 간이지급명세서 제출시기가 사업소득과 동일하게 지급일이 속하는 달의 다음달 말일까지, 휴업·폐업·해산하는 경우에는 휴업·폐업·해산일이 속하는 달의 다음 달 말일까지 제출하도록 개정되었다(소법 §164의 3 ①). 인적용역관련 기타소득의 적용시기는 2024.1.1. 이후 지급하는 분부터 적용되고 상용근로소득의 적용시기는 2026.1.1. 이후 지급하는 분부터 적용한다.

내 용	대상소득	적용시기
간이지급명세서 제출시기 개정	인적용역 관련 기타소득	2024.1.1. 이후 지급하는 소득분부터 적용
	상용근로소득	2026.1.1. 이후 지급하는 소득분부터 적용

2. 간이지급명세서 제출시 지급명세서 제출의무 면제

사업소득과 인적용역 관련 기타소득 간이지급명세서를 제출한 경우 지급명세서를 제출한 것으로 세법이 개정되었다(소법 §164 ⑦). 따라서 간이지급명세서를 제출기한까지 제출한 경우 일반 지급명세서를 제출하지 않더라도 지급명세서 미제출과 관련된 가산세는 적용되지 않지만 실무상 2가지 모두 제출할 것을 권장하는 바이다.

내 용	대상소득	적용시기
간이지급명세서 제출시	사업소득	2023.1.1. 이후 지급하는 소득분부터 적용
지급명세서 제출의무 면제	인적용역 관련 기타소득	2024.1.1. 이후 지급하는 소득분부터 적용

3. 지급명세서 등 제출 불성실 가산세 부담 완화

(1) 지연제출시 가산세를 50% 감면하는 제출 기간 개정

상용근로소득 간이지급명세서의 미제출 가산세를 50% 감면해주는 지연 제출 기간이 3개월에서 1개월로 개정되었고 인적용역관련 기타소득 간이지급명세서의 1개월 이내 지연제출시 미제출 가산세를 50% 감면해주는 세법개정이 신설되었다.

인적용역관련 기타소득의 적용시기는 2024.1.1. 이후 지급하는 분부터 적용되고 상용근로소득의 적용시기는 2026.1.1. 이후 지급하는 분부터 적용한다(소법 §81의 11 ① 1호 나목, 법법 §75의 7 ① 1호 나목).

내 용	대상소득	적용시기
간이지급명세서	인적용역 관련 기타소득	2024.1.1. 이후 지급하는 소득분부터 적용
지연 제출시기 개정·신설	상용근로소득	2026.1.1. 이후 지급하는 소득분부터 적용

(2) 종전방법으로 제출시 한시적 가산세 면제

상용근로소득과 인적용역 관련 기타소득을 지급하는 원천징수의무자로 하여금 해당 소득에 대한 간이지급명세서를 매달 제출하도록 세법이 개정되었지만 상용근로소득에 대한 간이지급명세서를 종전 방법대로 소득 지급일(근로소득 원천징수 시기특례를 적용받는 경우는 해당 소득에 대한 과세연도 종료일을 말함)이 속하는 반기의 마지막 달의 다음 달 말일(휴업, 폐업 또는 해산한 경우에는 휴업일, 폐업일 또는 해산일이 속하는 반기의 마지막 달의 다음 달 말일)까지 제출하는 경우 또는 인적용역 관련 기타소득에 대한 지급명세서를 종전 방법대로 소득 지급일이 속하는 과세연도의 다음 연도의 2월 말일(휴업, 폐업 또는 해산한 경우에는 휴업일, 폐업일 또는 해산일이 속하는 달의 다음다음 달 말일)까지 제출하는 경우에 간이지급명세서 미제출에 따른 가산세와 지급명세서 미제출에 따른 가산세를 각각 면제하도록 하였다(소법 §81의 11 ③, 법법 §75의 7 ③).

<table>
<tr><th>내 용</th><th>대상소득</th><th colspan="2">적용시기</th></tr>
<tr><td rowspan="3">간이지급명세서와 지급명세서를 종전 주기대로 제출하는 경우 가산세 면제</td><td>인적용역 관련 기타소득</td><td colspan="2">2024.1.1.부터 2024.12.31.까지 소득을 지급하는 경우</td></tr>
<tr><td rowspan="2">상용 근로소득</td><td>매월 납부자</td><td>2026.1.1.부터 2026.12.31.까지 소득을 지급하는 경우</td></tr>
<tr><td>반기 납부자</td><td>2026.1.1.부터 2027.12.31.까지 소득을 지급하는 경우</td></tr>
</table>

(3) 불분명 또는 사실과 다른 경우의 가산세 면제

사업소득 간이지급명세서가 불분명하거나 사실과 다른 경우에도 간이지급명세서에 기재된 지급금액에서 불분명하거나 사실과 다른 부분의 지급금액이 차지하는 비율이 5% 이하인 경우에는 관련 가산세를 면제하였는데 상용근로소득 또는 인적용역 관련 기타소득도 관련 요건이 충족되면 가산세를 면제하도록 개정되었다(소법 §81의 11 ④, 법법 §75의 7 ④).

내 용	대상소득	적용시기
불분명 또는 사실과 다른 경우 불분명 등 금액이 5% 이하일 경우 가산세 면제	인적용역 관련 기타소득	2024.1.1. 이후 지급하는 소득분부터 적용
	상용근로소득	2026.1.1. 이후 지급하는 소득분부터 적용

(4) 지급명세서 가산세 부과시 간이지급명세서 가산세 면제

원천징수대상 사업소득 또는 인적용역 관련 기타소득에 대한 지급명세서 등의 제출의무가 있는 자에 대하여 지급명세서에 대한 가산세를 부과하는 부분에 대해서는 간이지급명세서에 대한 가산세는 부과하지 아니하도록 세법이 개정되었다(소법 §164 ⑦, 소칙 법률 제19196호 §6 2022.12.31., 법법 §75의 7 ⑤, 법칙 법률 제19193호 §11 2022.12.31.). 다만, 상용근로소득의 경우에는 2가지 가산세 모두 적용되는 것이므로 주의를 요한다.

내 용	대상소득	적용시기
지급명세서 가산세 적용시 간이지급명세서 가산세 면제	사업소득	2023.1.1. 이후 지급하는 소득분부터 적용
	인적용역 관련 기타소득	2024.1.1. 이후 지급하는 소득분부터 적용

(5) 지급명세서 등에 대한 세액공제

세액공제를 받으려는 과세연도의 상시고용인원 수가 20명 이하인 원천징수의무자(소규모사업자)가 2026.1.1.부터 2027.12.31.까지 지급하는 소득에 대한 간이지급명세서를 제출기한까지 국세정보통신망을 이용하여 직접 제출하는 경우에는 해당 과세연도의 소득세 또는 법인세의 납부세액에서 간이지급명세서에 기재된 소득자의 인원 수 등을 고려하여 200원을 공제한다(조특법 §104의 5, 조특령 §104의 2).

다만, 세무사 등의 세무대리인이 소규모사업자를 위하여 제출할 경우에는 세무대리인이 공제를 받으며 간이지급명세서 제출자별로 연 1만원 미만인 때에는 이를 1만원으로 하고, 연 300만원(세무법인 또는 회계법인인 경우에는 600만원)을 한도로 한다.

간이지급명세서
(근로소득)

([ ]지급자 보관용 [ ]지급자 제출용)

❶ 원천징수의무자 인적사항 및 지급내용 합계사항

원천징수의무자	① 상호(법인명)	② 성명(대표자)	③ 사업자등록번호
	④주민(법인) 등록번호	⑤ 소재지(주소)	
	⑥ 전화번호	⑦ 전자우편주소	

지급내용	⑧ 귀속연도	년	⑨ 지급 시기	[ ] 상반기(1월～6월) [ ] 하반기(7월～12월)
	⑩ 근로자 총 인원	명	⑪ 과세소득 (⑱번 합계 + ⑲번 합계)	

❷ 소득자 인적사항 및 근로소득 내용

일련번호	⑫ 주민등록번호 / ⑬ 성명	⑭ 내·외국인 / ⑮ 거주자구분	⑯ 근무기간	⑰ 지급월	⑱ 급여 등	⑲ 인정상여
1			–	1월/7월		
				2월/8월		
				3월/9월		
				4월/10월		
				5월/11월		
				6월/12월		
				합계		
2			–	1월/7월		
				2월/8월		
				3월/9월		
				4월/10월		
				5월/11월		
				6월/12월		
				합계		

원천징수의무자는 「소득세법」 제164조의3제1항에 따라 위의 내용을 제출하며 위 내용을 충분히 검토하고 원천징수의무자가 알고 있는 사실 그대로를 정확하게 적었음을 확인합니다.

년 월 일

제출자: (서명 또는 인)

※ 작성방법 참고하시기 바랍니다.

210㎜×297㎜(백상지 80g/㎡)

작 성 방 법

1. 이 서식은 「소득세법」에 따른 일용근로자가 아닌 근로자(상용근로자)에게 근로소득을 지급하는 경우에 작성합니다.
2. 원천징수의무자(지급자)는 해당 연도의 반기 마지막 달의 다음 달 말일(휴업, 폐업 또는 해산한 경우에는 휴업일, 폐업일 또는 해산일이 속하는 반기 마지막 달의 다음 달 말일)까지 제출해야 합니다.

 – 1월부터 6월까지 지급분 : 7월 31일까지 제출, 7월부터 12월까지 지급분 : 1월 31일까지 제출

3. ⑧ 귀속연도란은 근로를 제공받은 연도, ⑨ 지급 시기란은 근무에 대한 소득을 지급한 반기에 [√]를 표시합니다.
4. ⑪ 과세소득란은 근로자에게 지급한 ⑱ 급여 등의 합계 금액과 ⑲ 인정상여의 합계 금액을 더해서 적습니다.
5. ⑭ 내 · 외국인란에는 내국인의 경우에는 "1"을 외국인의 경우에는 "9"를 적습니다.
6. ⑮ 거주자 구분란에는 거주자는 "1"을 비거주자는 "2"를 적습니다.
7. ⑯ 근무기간은 월일로 적습니다.(예: 01.01. – 06.30.)
8. ⑱ 급여 등란에는 「소득세법」 제20조제2항에 따른 "총급여액"에서 같은 조 제1항제3호의「법인세법」에 따라 상여로 처분된 금액을 제외한 금액을 적고, ⑲ 인정상여란에는 같은 조 제1항제3호의 「법인세법」에 따라 상여로 처분된 금액을 적습니다.
9. ⑱ 급여 등란과 ⑲ 인정상여란에는 지급월을 구분하여 작성합니다. (예: 급여를 1월부터 6월까지 매월 100만원씩 지급한 경우 지급월을 구분하여 각각 100만원씩을 작성)

※ 하반기 간이지급명세서(근로소득) 작성 관련 유의사항

– 해당 귀속연도의 근로소득을 12월 말일까지 미지급한 금액은 12월에 지급한 것으로 작성합니다.(예: 2021년 12월 근무에 대한 소득을 2022년 1월에 지급한 경우, 2021년 하반기분 간이지급명세서의 12월 지급분에 포함하여 제출하고 2022년 상반기분 제출시에는 제외)

– 상반기 중 퇴사한 근로자에게 상반기 근무에 대한 소득을 하반기에 지급하는 경우에는 해당 소득자 인적사항 및 근로소득 내용을 하반기 간이지급명세서에 포함하여 제출하되, ⑯ 근무기간란에 해당 소득의 지급일을 적습니다.(예: 2021년 6월 30일 퇴사한 자에게 2021년 6월 근무에 대한 소득을 2021년 7월 20일에 지급하는 경우의 근무기간 : 2021.07.20. – 2021.07.20.)

간이지급명세서
(근로소득)

([ ]지급자 보관용 [ ]지급자 제출용)

❶ 지급자 인적사항 및 지급내용 합계사항

① 상호 (법인명, 성명)	② 사업자(주민) 등록번호	③ 소재지 (주 소)	④ 소득 인원	⑤ 총지급액

⑥ 귀속연도		⑦ 지급월 (해당 월에 "○")	[ ]1월 [ ]2월 [ ]3월 [ ]4월 [ ]5월 [ ]6월 [ ]7월 [ ]8월 [ ]9월 [ ]10월 [ ]11월 [ ]12월

❷ 소득자 인적사항 및 근로소득 내용

일련번호	⑧ 성명	⑨ 주민등록번호	⑩ 외국인 여부 (외국인"○")	⑪ 비거주자 여부 (비거주자"○")	⑫ 퇴사일	⑬ 근무기간	⑭ 급여 등	⑮ 인정상여
1						–		
2						–		
3						–		
4						–		
5						–		
6						–		
7						–		
8						–		
9						–		
10						–		
11						–		
12						–		
13						–		
14						–		
15						–		

지급자는 「소득세법」 제164조의3제1항에 따라 위의 내용을 제출하며, 위 내용을 충분히 검토하고 지급자가 알고 있는 사실 그대로를 정확하게 적었음을 확인합니다.

년 월 일

제출자: (서명 또는 인)

※ 서식작성에 관한 설명은 뒷면의 작성방법을 참고하시기 바랍니다.

210㎜×297㎜(백상지 80g/㎡)

간이지급명세서
(거주자의 사업소득)
([ ]지급자 보관용 [ ]지급자 제출용)

❶ 지급자 인적사항 및 지급내용 합계사항

① 상호 (법인명, 성명)	② 사업자(주민) 등록번호	③ 소재지 (주 소)	④ 소득인원	⑤ 총지급액 (⑭번 합계)

⑥ 지급연도		⑦ 지급월 (해당 월에 "○")	[ ]1월 [ ]2월 [ ]3월 [ ]4월 [ ]5월 [ ]6월 [ ]7월 [ ]8월 [ ]9월 [ ]10월 [ ]11월 [ ]12월

❷ 소득자 인적사항 및 사업소득 내용

일련번호	⑧ 귀속연도	⑨ 귀속월	⑩ 업종구분	⑪ 소득자 성명(상호)	⑫ 주민(사업자) 등록번호	⑬ 외국인여부 (외국인"○")	⑭ 지급액	⑮ 세율	⑯ 소득세	⑰ 지방소득세	⑱ 계 (⑯+⑰)
1											
2											
3											
4											
5											
6											
7											
8											
9											
10											
11											
12											
13											
14											
15											

지급자는 「소득세법」 제164조의3제1항에 따라 위의 내용을 제출하며, 위 내용을 충분히 검토하고 지급자가 알고 있는 사실 그대로를 정확하게 적었음을 확인합니다.

년 월 일

제출자: (서명 또는 인)

※ 서식작성에 관한 설명은 뒷면의 작성방법을 참고하시기 바랍니다.

210㎜×297㎜(백상지 80g/㎡)

작 성 방 법

■ **이 서식은 인터넷을 이용한 홈택스(www.hometax.go.kr), 스마트폰 손택스(앱)을 이용하면 간편하게 작성할 수 있습니다.**

1. 이 서식은 「소득세법」 제2조에 따라 소득세 납세의무가 있는 거주자에게 원천징수대상 사업소득(연말정산 사업소득 포함)을 지급한 경우에 작성합니다.
 - 비거주자(국내에 주소가 없고 183일 미만 거소를 둔 개인)인 인적용역사업자에게 지급한 소득은 작성대상이 아닙니다.
 - 「소득세법」제14조제3항제2호에 따른 일용근로자(예: 식당주방보조원, 시간제 편의점근무자, 건설노동자 등)에게 지급한 소득에 대해서는 이 서식을 작성하지 않고 일용근로소득지급명세서를 작성합니다.

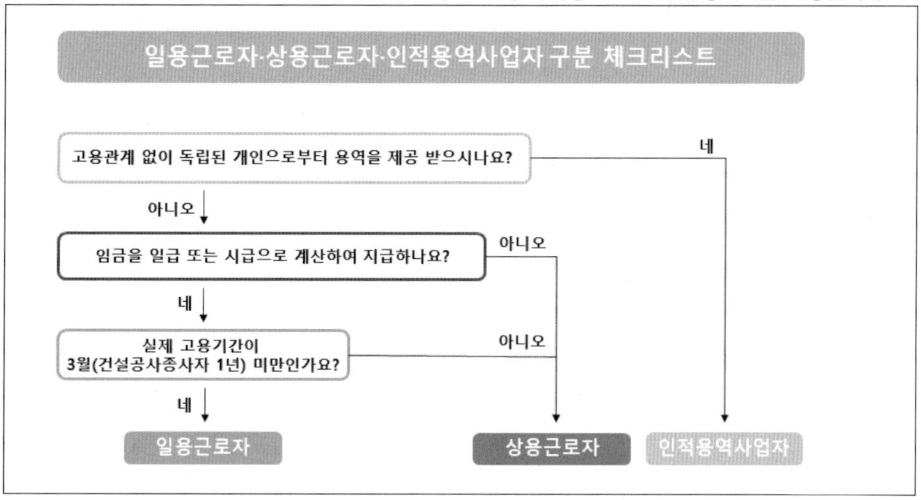

2. 지급자는 소득 지급일이 속하는 달의 다음 달 말일(휴업, 폐업 또는 해산한 경우에는 휴업일, 폐업일 또는 해산일이 속하는 달의 다음 달 말일)까지 제출해야 합니다.
3. 이 서식은 아래 순서에 따라 작성합니다.
 가. ⑥ 지급연도란은 소득자에게 대가를 지급한 연도를 적습니다.
 ⑦ 지급월란은 소득자에게 대가를 지급한 월에 "○"를 표시합니다.
 나. ⑧ 귀속연도란 및 ⑨ 귀속월란은 소득자로부터 용역을 제공받은 연도와 월을 적습니다.
 ※ 다만, 해당 귀속연도의 사업소득을 12월 말일까지 미지급한 경우 연말정산 사업소득(보험모집인, 방문판매원, 음료배달원)은 12월에 지급한 것으로 보아 다음 연도 1월 말일까지 제출해야 합니다.
 (예: 2022년 12월 근무에 대한 소득을 2023년 1월에 지급한 경우 연말정산 사업소득은 2022년 12월 지급분에 포함하여 2023년 1월 말일까지 제출하고, 그 외 사업소득은 2023년 1월 지급분으로 2월 말일까지 제출)
 다. ⑩ 업종구분란은 소득자의 업종에 해당하는 업종코드번호(3쪽 참조)를 적습니다.
 라. ⑪ ~ ⑫란은 소득자의 성명, 주민등록번호를 적습니다. 다만, 소득자가 병의원(851101)인 경우에는 상호, 사업자번호를 적습니다.
 마. ⑬ 외국인 여부란은 소득자가 외국인일 경우에는 "○"를 표시하고 내국인일 경우에는 표시하지 않습니다.
 바. ⑭ 지급액란에는 소득자를 기준으로 해당 월에 지급한 금액을 적습니다.
 ※ 건별 소액부징수(⑯ 소득세액이 1천원 미만인 경우를 말합니다)되는 지급액도 적어 제출합니다.
 사. ⑮ 세율란에는 3%를 적습니다. 다만, 직업운동가(940904) 중 프로스포츠 구단과의 계약기간이 3년 이하인 외국인 직업운동가는 20%, 봉사료 수취자(940905) 중 「소득세법 시행령」 제184조의2에 해당하는 봉사료 수입금액은 5%를 적습니다.
 아. ⑯ 소득세란은 ⑭ 지급액과 ⑮ 세율을 곱한 금액을 적습니다.
 자. ⑰ 지방소득세란은 ⑯ 소득세에 10%를 곱한 금액을 적습니다.

작 성 방 법

□ 업종코드번호

종목	업종 코드	적용범위	종목	업종 코드	적용범위
가수	940304	가수	자문 · 고문	940600	자문, 감독, 지도료, 교정, 고증, 필경, 타자 등
성악가 등	940305	성악가, 국악인, 무용가, 고전음악연주가, 악사, 영화감독, 연출가	바둑기사	940901	바둑기사
작곡가	940301	작곡·작사가, 편곡가, 각색영화편집	꽃꽂이교사	940902	꽃꽂이, 무용, 음악, 사교댄스 및 요리교사
저술가/작가	940100	학술·문예에 관한 번역수입금액 포함	학원강사	940903	학원강사, 강사, 과외교습자, 재단사
화가관련 예술가	940200	회화, 서예가, 조각가, 만화가, 삽화가, 도예가	학습지 방문강사	940920	학습지 회원의 가정을 방문하여 학습내용 지도
배우	940302	탤런트, 성우, MC, 코미디언, 개그맨, 만담가	교육교구 방문강사	940921	유아/아동에게 학습지가 아닌 교재/교구를 활용지도
모델	940303	탤런트, 배우 등의 광고모델수입 포함	방과후강사	940925	학교 정기수업 외 방과후 학교 프로그램 종사
연예보조	940500	연예보조출연자, 조명, 촬영, 장치, 녹음, 분장 등	대리운전	940913	대리운전용역을 직접 제공
1인미디어 콘텐츠창작자	940306	유튜버, BJ, 크리에이터 등	퀵서비스	940918	퀵서비스배달원, 배달대행업체배달원
소프트웨어 프리랜서	940926	소프트웨어개발, 제작, 생산, 유통, 운영 및 유지 · 관리	심부름용역	940917	심부름센터, 말벗서비스
기타 모집수당	940911	증권매입권유, 저축권장 분양알선, 모집알선, 채권회수수당	물품운반	940919	의류(직물)운반, 이삿짐운반, 짐운반원
대출모집인	940923	대출관련 업무수행 (금융회사, 대출모집법인)	캐디	940914	골프장 경기자의 보조용역수행
신용카드 회원모집인	940924	신용카드발급 관련 업무수행	직업운동가	940904	운동지도가, 역사(심판포함), 경륜·경정선수, 기수, 경기기록원, 감독 등 포함
음료배달	940907	우유배달판매, 요구르트배달판매	보험설계사	940906	보험가입자의 모집 등 활동
방문판매원	940908	서적외판원, 학습지·화장품·정수기·자동차 등 방문판매	대여제품 방문점검원	940922	가정/사무실 등 방문하여 대여제품의 정기 점검활동
중고자동차 판매원	940929	중고자동차의 매입과 알선 및 판매	관광통역 안내사	940927	외국인 관광객을 대상으로 국내관광 안내
다단계판매	940910	다단계 판매원의 후원수당	어린이 통학버스기사	940928	어린이(13세미만) 통학버스를 운전
간병인	940912	개인간병, 방문간호, 파출간병인서비스 등	봉사료수취자	940905	유흥접객원, 댄서
목욕관리사	940915	목욕관리사	병의원	851101	요양병원, 정신병원, 병원급 장애인 의료 재활시설
행사도우미	940916	상품 및 시설의 장점, 기능 등 홍보	기타자영업	940909	조율사,전기·가스검침원 등 달리 분류되지 않는 업종

※ 기타자영업 코드(940909)는 고용관계 없이 독립된 자격으로 일정한 고정보수를 받지 않고 그 실적에 따라 수당 또는 이와 유사한 성질의 대가를 지급받는 경우로서 위 표에서 기타자영업을 제외한 39개 업종코드 중 어느 하나로 분류되지 않는 업종[예: 컴퓨터 프로그래머(소프트웨어 프리랜서 제외), 전기 · 가스검침원 등]인 경우 적습니다.

※ 업종코드를 정확히 기재하지 않을 경우 소득자의 소득세가 잘못 계산되거나 고용보험 가입이 누락 또는 착오 적용될 수 있습니다.

간이지급명세서
(거주자의 기타소득)
([ ]지급자 보관용 [ ]지급자 제출용)

❶ 지급자 인적사항 및 지급내용 합계사항

① 상호 (법인명, 성명)	② 사업자(주민) 등록번호	③ 소재지 (주 소)	④ 소득인원	⑤ 총지급액 (⑮번 합계)

⑥ 지급연도		⑦ 지급월 (해당 월에 "○")	[ ]1월 [ ]2월 [ ]3월 [ ]4월 [ ]5월 [ ]6월 [ ]7월 [ ]8월 [ ]9월 [ ]10월 [ ]11월 [ ]12월

❷ 소득자 인적사항 및 기타소득 내용

일련번호	⑧ 귀속연도	⑨ 귀속월	⑩ 소득구분	⑪ 소득자 성명(상호)	⑫ 주민(사업자) 등록번호	⑬ 외국인 여부 (외국인"○")	⑭ 지급건수	⑮ 지급액	⑯ 필요경비	⑰ 소득금액	⑱ 세율	⑲ 소득세	⑳ 지방소득세	㉑ 계 (⑲+⑳)
1														
2														
3														
4														
5														
6														
7														
8														
9														
10														
11														
12														
13														
14														
15														

지급자는「소득세법」 제164조의3제1항에 따라 위의 내용을 제출하며, 위 내용을 충분히 검토하고 지급자가 알고 있는 사실 그대로를 정확하게 적었음을 확인합니다.

년 월 일

제출자: (서명 또는 인)

※ 서식작성에 관한 설명은 뒷면의 작성방법을 참고하시기 바랍니다.

210㎜×297㎜(백상지 80g/㎡)

PART 4 원천징수

작 성 방 법

■ **이 서식은 인터넷을 이용한 홈택스(www.hometax.go.kr), 스마트폰 손택스(앱)을 이용하면 간편하게 작성할 수 있습니다.**

1. 이 서식은「소득세법」제2조에 따라 소득세 납세의무가 있는 거주자에게 같은 법 제21조제1항제19호에 해당하는 기타소득(예: 강연료, 자문료 등)을 지급한 경우에 작성합니다.
   -「소득세법」제19조제1항제21호에 따른 인적용역사업자에게 지급하는 영리목적의 독립적이고 계속 · 반복적 소득(예: 학원강사, 전문 컨설턴트)에 대해서는 이 서식을 작성하지 않고 간이지급명세서(거주자의 사업소득)를 작성합니다.

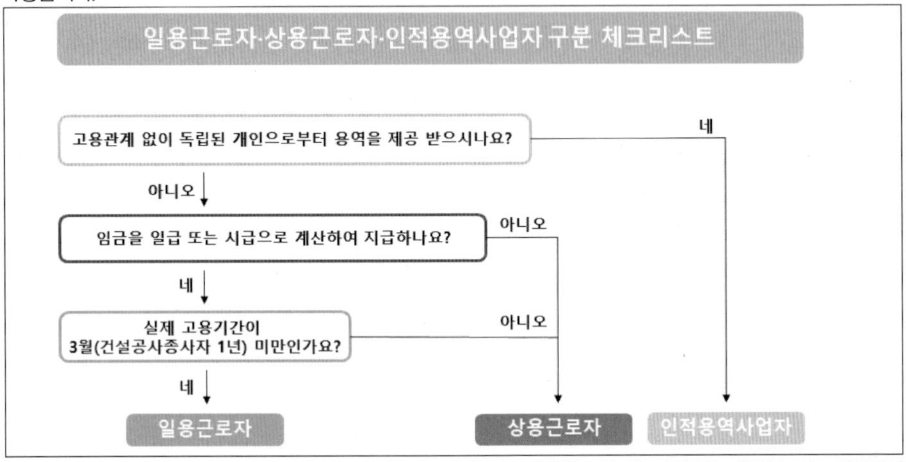

2. 지급자는 소득 지급일이 속하는 달의 다음 달 말일(휴업, 폐업 또는 해산한 경우에는 휴업일, 폐업일 또는 해산일이 속하는 달의 다음 달 말일)까지 제출해야 합니다.
3. 이 서식은 아래 순서에 따라 작성합니다.
   가. ⑥ 지급연도란은 소득자에게 대가를 지급한 연도를 적습니다.
   ⑦ 지급월란은 소득자에게 대가를 지급한 월에 "○"를 표시합니다.
   나. ⑧ 귀속연도란 및 ⑨ 귀속월란은 소득자로부터 용역을 제공받은 연도와 월을 적습니다.
   다. ⑩ 소득구분란은 아래의 소득구분표에서 해당하는 코드번호를 적습니다.

코드	소득구분
76	다음 각 목의 어느 하나에 해당하는 인적용역을 일시적으로 제공하고 받는 대가 가. 고용관계 없이 다수인에게 강연을 하고 강연료 등 대가를 받는 용역 나. 라디오 · 텔레비전방송 등을 통하여 해설 · 계몽 또는 연기의 심사 등을 하고 보수 또는 이와 유사한 성질의 대가를 받는 용역 다. 변호사, 공인회계사, 세무사, 건축사, 측량사, 변리사, 그 밖에 전문적 지식 또는 특별한 기능을 가진 자가 그 지식 또는 기능을 활용하여 보수 또는 그 밖의 대가를 받고 제공하는 용역 (대학이 자체연구관리비 규정에 따라 대학에서 연구비를 관리하는 경우에 교수가 제공하는 연구용역 포함) 라. 그 밖에 고용관계 없이 수당 또는 이와 유사한 성질의 대가를 받고 제공하는 용역
79	「소득세법」제21조 제1항 제19호에 해당하는 소득으로서 자문 또는 고문 활동을 하고 보수 또는 이와 유사한 성질의 대가를 받고 제공하는 용역

   라. ⑪ ~ ⑫란은 소득자의 성명(상호), 주민(사업자)등록번호를 적습니다.
   마. ⑬ 외국인 여부란은 소득자가 외국인일 경우에는 "○"를 표시하고 내국인일 경우에는 표시하지 않습니다.
   바. ⑮ 지급액란은 소득자를 기준으로 해당 월에 지급한 금액을 적습니다.
   [건별 소액부징수(⑲ 소득세액이 1천원 미만인 경우를 말합니다)되는 지급액도 적어 제출합니다]
   사. ⑯ 필요경비란은 ⑮ 지급액의 100분의 60을 적습니다. 다만, 실제 지출한 필요경비가 100분의 60의 금액을 초과하면 그 초과하는 금액도 포함하여 적습니다.
   아. ⑰ 소득금액란은 ⑮ 지급액에서 ⑯ 필요경비를 뺀 금액을 적습니다.
   자. ⑱ 세율란은 20%를 적습니다.
   차. ⑲ 소득세란은 ⑰ 소득금액과 ⑱ 세율 20%를 곱한 금액을 적습니다.
   카. ⑳ 지방소득세란은 ⑲ 소득세에 10%를 곱한 금액을 적습니다.

210mm×297mm(백상지80g/㎡)

3 원천징수불이행 시 불이익

(1) 원천징수 등 납부지연가산세

원천징수 등 납부지연가산세는 소득세법 및 법인세법에 의해 원천징수의무자가 원천징수하였거나 원천징수하여야 할 세액을 납부하지 아니하였거나 미달하여 납부하였을 때에 해당하는 가산세이다. 이러한 경우 원천징수의무자는 원천징수세액에 대해 다음과 같은 가산세(세법상의 불이익)를 더한 금액을 납부하여야 한다(국기법 §47의 5, 국기령 §27의 4).

❙ 원천징수 등 납부지연가산세 ❙

원천징수하였거나 원천징수하여야 할 세액을 그 기한 내에 납부하지 아니하였거나 미달하게 납부한 때에는 해당 세액의 50%[*1] 한도 내에서 다음의 금액을 가산한 금액을 부과한다.
원천징수 등 납부지연가산세=①+②

① 납부하지 아니한 원천징수세액×미납부일수[*2]×0.022%[*3]
② 납부하지 아니한 원천징수세액×3%

*1. ①과 ② 중 법정납부기한의 다음 날부터 납세고지일까지의 기간에 해당하는 금액을 합한 금액은 10%임
*2. 법정납부기한의 다음 날부터 납부일까지의 기간(납세고지일부터 납세고지서에 따른 납부기한까지의 기간은 제외)
*3. 2019.2.11.까지는 0.03%, 2019.2.12.부터 2022.2.14.까지는 0.025%, 2022.2.15.부터는 0.022%를 적용한다. 예를 들면 2019.2.12. 이전에 납세의무가 성립한 납부지연가산세를 2022.2.15. 이후에 납부하는 경우 당초 납부기한의 다음날부터 2019.2.11.까지는 0.03%, 2019.2.12.부터 2022.2.14.까지는 0.025%, 2022.2.15. 이후는 0.022%를 적용한다[국기령 §27의 4, 국기령 부칙(대통령령 32424호) §6].

(2) 특별징수 납부지연가산세

특별징수 납부지연가산세는 지방세관계법에 따른 납부기한까지 납부하지 아니하거나 과소납부한 경우에는 납부하지 아니한 세액 또는 과소납부하였을 때에 해당하는 가산세이다. 이러한 경우 특별징수의무자는 특별징수세액에 대해 다음과 같은 가산세(세법상의 불이익)를 더한 금액을 납부하여야 한다(지기법 §56, 지기령 §34).

❙ 특별징수 납부지연가산세 ❙

특별징수하여야 할 세액을 법정납부기한까지 납부하지 아니하였거나 과소납부한 경우에 납부하지 아니한 세액 또는 과소납부분 세액의 50%[*1] 한도 내에서 다음의 금액을 가산한 금액을 부과한다.

특별징수 납부지연가산세=①+②+③

① 납부하지 아니한 세액 또는 과소납부세액×3%
② 납부하지 아니한 세액 또는 과소납부세액×경과일수[*2]×22/100,000[*3]
③ 납세고지서에 따른 납부기한이 지난 날부터 1개월이 지날 때마다 계산한 다음의 금액

납부하지 아니한 세액 또는 과소납부분 세액(가산세는 제외)×금융회사 등이 연체대출금에 대하여 적용하는 이자율 등을 고려하여 정하는 이자율(22/100,000[*3])

*1. ①과 ② 중 법정납부기한의 다음 날부터 납세고지일까지의 기간에 해당하는 금액을 합한 금액은 10%이고 ③의 가산세를 부과하는 기간은 60개월(1개월 미만은 없는 것으로 봄)을 초과할 수 없음.

*2. 납부기한의 다음 날부터 자진납부일 또는 부과결정일까지의 기간

*3. 2018.12.31.까지는 0.03%, 2022.6.6.까지는 0.025%, 2022.6.7. 이후부터는 0.022%를 적용한다. 다만, 2018.12.31. 이전 지방세 관련 납부지연 가산세를 부과해야 하는 사유가 발생한 경우로서 2019.1.1. 이후 납부를 해야 할 경우에는 개정된 규정에도 불구하고 종전 규정인 0.03%를 적용해야 할 것으로 판단되며(지기령 부칙 대통령령 제29436, 2018.12.31.) 2022.6.7. 이전 납세의무가 성립한 납부지연가산세를 2022.6.7. 이후 납부하는 경우 2022.6.7. 이전 기간분에 대한 납부지연가산세의 계산에 적용되는 이자율은 개정규정에도 불구하고 종전 규정인 0.025%를 적용하고 2022.6.7. 이후 기간분에 대한 납부지연가산세의 계산에 적용되는 이자율은 개정규정인 0.022%를 적용한다(지기령 §34, 지기령 부칙 대통령령 제32665호, 2022.6.7. 2022년 개정).

실무 POINT

원천징수 등 납부지연 가산세와 특별징수 납부지연 가산세액의 세율 구간

원천징수 등 납부지연가산세와 특별징수세액 납부지연 가산세의 세율 적용구간을 정리하면 다음과 같다.

구 분	0.03% 구간	0.025% 구간	0.022% 구간
원천징수 등 납부지연 가산세	2019.2.11.까지	2019.2.12. ~2022.2.14.	2022.2.15. 이후
특별징수 납부지연 가산세	2018.12.31.까지	2019.1.1. ~2022.6.6.	2022.6.7. 이후

본론 소득세 기본내용

1 소득세의 개요와 특징

1. 소득세의 개요

소득세란 개인이 경제활동을 영위하면서 1월 1일부터 12월 31일까지 1년간 벌어들인 소득을 크게 (1) 종합소득, (2) 퇴직소득, (3) 양도소득으로 분류하여 각 소득별로 과세하는 세금을 의미한다. 이러한 소득세에 관련된 사항은 소득세법에 규정하고 있다.

구 분		내 용
(1) 종합소득	이자소득	은행, 예금 및 적금으로 벌어들인 이자수입액
	사업소득	개인사업자가 영리목적으로 사업을 영위하여 발생한 소득
	근로소득	근로자가 근로의 제공으로 받은 모든 대가(급여, 상여금 등)
(2) 퇴직소득	퇴직 시 지급받은 퇴직금	
(3) 양도소득	부동산, 비상장주식 등의 양도로 인하여 발생한 소득	

소득이란 개인이 1월 1일부터 12월 31일까지 1년간 벌어들인 돈을 의미한다. 이러한 소득은 근로자가 회사로부터 근로의 제공으로 받은 모든 대가인 연봉 또는 개인이 사업을 영위하면서 1년간 발생한 총수입금액을 의미하는 것이다. 그러면 소득금액은 무엇인가? 소득에서 수입(금액)을 창출하기 위해 지출한 필요경비를 차감한 금액을 의미한다. 이를 세법상에서는 소득금액이라 한다. 소득금액을 구하는 것이 소득세 계산의 출발이다.

소득금액 = 소득(총수입금액) − 필요경비

구 분	이자소득	사업소득	근로소득
소 득	총수입금액	총수입금액	총급여
(−)필요경비	−	(−)필요경비	(−)근로소득공제
소득금액	소득금액	소득금액	소득금액

2. 소득세 특징

(1) 열거주의(소득원천설) 과세방식

개인은 경제활동을 영위하면서 다양한 소득이 발생한다. 그러나 개인이 1년간 벌어들인 모든(All) 소득에 대하여 세금을 납부하는 것은 아니다. 소득세법은 개인이 벌어들인 소득에 대하여 납부의무가 있는 과세대상소득을 크게 3가지(1. 종합소득, 2. 퇴직소득, 3. 양도소득)로 열거하여 규정하고 있으며, 이렇게 세법에 열거된 소득에 대하여만 과세한다는 입장이다. 이를 열거주의 과세방식(소득원천설)이라 한다.

열거주의와는 반대 개념으로 법인세법의 경우에는 포괄주의 과세방식을 택하고 있다. 포괄주의란 법인세법에서 순자산증가설에 입각하여 순자산이 증가하는 소득은 그 종류가 무엇이든 간에 상관없이 모두 과세하는 방식이다. 따라서 포괄주의는 열거주의보다 더욱 엄격한 과세방식이다.

상기에서 언급하고 있는 과세방식(과세소득의 범위)에 관한 학설을 정리하면 다음과 같다.

구 분	소득세법	법인세법
학 설	열거주의(소득원천설)	포괄주의(순자산증가설)
과세방식	일정한 소득발생원천에서 경상적·반복적으로 발생하는 것만 과세	모든 순자산의 증가액을 과세

(2) 신고납세제도 채택

소득세는 납세자의 신고에 의해 납세의무가 확정되는 조세이다. 이와 달리 정부부과제도는 과세관청의 처분에 의해 납세의무가 확정된다는 점에서 구분된다.

납세의무 확정방법	해당 세금
신고납세제도	법인세, 소득세, 부가가치세 등
정부부과제도	상속세, 증여세 등

(3) 개인별 과세

소득세는 소득이 있는 각 개인별로 과세한다. 그러므로 맞벌이부부(남편과 부인)가 각각의 근로소득이 발생되었다면 근로소득을 합산하지 않고 별도 구분하여 소득세를 계산하여 신고·납부하여야 한다. 그러나 예외적으로 탈세목적으로 공동사업자 중에 특수관계인(배우자, 직계존비속, 형제자매 등)이 포함되어 있는 경우 특수관계인의 소득금액을 공동사업자의 소득금액에 합산하여 과세한다. 이러한 공동사업합산과세제도는 개인별 과세하는 원칙을 예외로 적용한 경우이다.

구 분	소득내용	과 세	비 고
맞벌이부부	근로소득	개인별 과세	부부 별도로 소득세를 신고·납부
공동사업자	사업소득	합산과세	개인별 과세원칙의 예외 적용

2 종합소득세의 계산과 신고·납부

1. 과세대상 소득의 구분

소득세법상에서 과세대상으로 열거된 소득은 크게 소득발생원천별로 (1) 종합소득, (2) 퇴직소득, (3) 양도소득의 3가지 유형으로 분류되고 다시 종합소득을 소득발생원천별로 세분화하면 다음과 같이 8가지 소득으로 구분된다.

참고로 2025.1.1. 이후 발생하는 소득분부터는 금융투자상품 간 조세중립성 확보를 위해서 금융투자상품에서 발생한 모든 소득을 합산하여 금융투자소득이 신설될 예정이다.

소득의 발생원천별 분류

소득발생원천별 구분		내 용
(1) 종합소득	① 이자소득	은행, 예금 및 적금으로 벌어들인 이자수입액
	② 배당소득	주식 등에 투자하여 받은 배당금수입액
	③ 사업소득	개인사업자가 영리목적으로 사업을 영위하여 발생한 소득
	④ 근로소득	근로자가 근로의 제공으로 받은 모든 대가(급여, 상여금 등)
	⑤ 연금소득	국민연금 등을 지급받는 경우 발생한 소득
	⑥ 기타소득	상금, 복권, 강의료 등 기타소득으로 발생하는 소득
(2) 퇴직소득		퇴직 시 지급받은 퇴직금(소득)
(3) 양도소득		부동산, 비상장주식 등의 양도로 인하여 발생한 소득

2. 과세되지 않는 소득(=열거되지 않은 소득)

소득세법은 원칙적으로 열거된 8가지 소득에 대하여만 과세하므로 세법상 열거되지 않은 소득에 대하여는 과세하지 않는다. 예를 들면 상기에 열거된 비상장주식의 양도로 인하여 발생한 소득은 과세된다. 그러나 예외적으로 소액주주가 증권선물거래소시장의 상장주식 및 코스닥의 상장주식을 증권선물거래소나 코스닥시장을 통하여 양도하는 경우 발생한 소득은 과세되지 않는다. 왜냐하면 소액주주가 상장주식의 양도로 인하여 발생한 양도소득은 소득세법에 열거되어 있지 않기 때문이다.

과세(양도)대상	대상별 구분	과세 여부
비상장주식	대주주, 소액주주 불문	과세
상장주식(증권선물거래소시장 및 코스닥 상장주식)	① 대주주*	과세
	② 소액주주	비과세

* 대주주는 다음과 같다.
① 비상장주식의 경우 : 주식 등의 양도일이 속하는 사업연도의 직전사업연도 종료일 현재 발행주식총수의 1% 또는 10억원의 주식을 소유한 주주
② 상장주식의 경우 : 주식 등의 양도일이 속하는 사업연도의 직전사업연도 종료일 현재 발행주식총수의 1%(코스닥 2%, 코넥스 4%) 또는 시가총액 50억원 이상의 주식을 소유한 주주

3. 소득세는 어떻게 부과하는가(종합과세 및 분류과세)

(1) 종합과세와 분류과세

소득세법상 과세대상 소득인 종합소득, 퇴직소득 및 양도소득에 대한 과세방법은 차이가 있다. 우선 종합소득은 퇴직소득과 양도소득을 제외한 6가지 소득인 이자·배당·사업·근로·연금·기타소득으로 구성된다. 여기에서 종합의 의미는 소득세의 과세기간(직전 연도 1월 1일부터 12월 31일까지의 1역년) 동안 벌어들인 소득 중에서 종합소득의 6가지 소득 중 두 가지 이상의 소득이 발생한다면 합산(종합)하여 소득세를 계산한다는 것이다. 이러한 종합소득은 세금을 6가지 소득별로 따로따로(별도) 계산하지 않고 이를 모두 합산한 종합소득금액에 누진세율을 적용하여 소득세를 계산한다. 이러한 과세방법을 '종합(합산)과세'라 한다.

구 분		소득 특징	과세방법(체계)
종합과세	① 이자소득	반복적 발생	종합소득(① 이자소득, ② 배당소득, ③ 사업소득, ④ 근로소득, ⑤ 연금소득, ⑥ 기타소득)은 합산하여 종합소득금액을 구하고 종합소득금액에 누진세율을 적용하여 종합소득세를 과세한다. [종합소득×누진세율(기본세율)＝종합소득세]
	② 배당소득		
	③ 사업소득		
	④ 근로소득		
	⑤ 연금소득		
	⑥ 기타소득		
분류과세	⑦ 퇴직소득	장기간 형성	종합소득과 합산하지 않고 따로 분류하여 퇴직소득세를 과세한다. [퇴직소득×별도세율(기본세율)＝퇴직소득세]
	⑧ 양도소득	일시적 발생	종합소득과 합산하지 않고 따로 분류하여 양도소득세를 과세한다. [양도소득×별도세율(양도세율)＝양도소득세]

이렇게 종합(합산)과세하는 이유는 소득세율이 누진세율의 구조를 가지고 있기 때문이다. 6가지 소득(종합소득)을 더하면 더할수록 높은 소득금액이 되고 높은 소득구간에서는 높은 누진세율을 적용하기 위함이다. 반면에 퇴직소득과 양도소득은 종합소득처럼 합산하

지 않고 각각 별도로 세금을 구하는데 이를 따로따로 분류하여 세금을 구한다고 하여 '분류과세'라 한다.

(2) 종합과세 특징

종합소득을 구성하는 6가지 소득을 합산하게 되면 어떠한 효과가 있을까? 한마디로 소득금액과 과세표준이 커져서 세금을 많이 내게 되는 효과가 생긴다. 즉 소득세율은 누진세율 구조로 되어 있어 소득이 많으면 높은 세율을 적용한다. 이것이 소득세법이 종합과세를 채택한 이유이다.

(3) 소득세율(누진세율) 구조

우리나라 소득세법은 최저 6%에서 최고 45%의 초과누진세율을 채택하고 있다. 과세표준(과세대상 금액)을 단계별로 구분하여 일정금액까지는 낮은 세율을 적용하고 일정금액을 초과하는 금액에 대해서는 높은 세율을 적용한다. 이러한 누진세율은 과세표준(과세대상 금액)이 커짐에 따라 종합소득세액이 증가하여 세금부담이 늘어난다. 소득금액의 크기인 과세표준별로 적용되는 소득세율은 아래와 같이 8단계 초과누진세율로 되어 있다.

과세표준	소득세율*
1,400만원 이하	과세표준의 6%
1,400만원 초과 5,000만원 이하	84만원 + 1,400만원 초과금액의 15%
5,000만원 초과 8,800만원 이하	624만원 + 5,000만원 초과금액의 24%
8,800만원 초과 1.5억원 미만	1,536만원 + 8,800만원 초과금액의 35%
1.5억원 초과 3억원 미만	3,706만원 + 1.5억원 초과금액의 38%
3억원 초과 5억원 미만	9,406만원 + 3억원 초과금액의 40%
5억원 초과 10억원 미만	17,406만원 + 5억원 초과금액의 42%
10억원 초과	38,406만원 + 10억원 초과금액의 45%

* 종합소득세율을 다른 말로 기본세율이라고도 한다.

(4) 종합과세 효과

소득세는 종합소득 6가지 중에 2가지 이상의 소득이 발생하는 경우 합산하여 종합과세한다. 예를 들어 홍길동 공인회계사는 서울회계법인에서 근로소득이 1,200만원이 발생하였고 고정적으로 강의하는 (주)민후에서 강사료 등 사업소득이 1,200만원이 발생하였다고 가정하고 양 소득을 따로따로 과세하는 경우와 종합과세하는 경우를 비교하여 종합과세의 효과를 분석하면 다음과 같다. 단, 종합소득공제는 없다고 가정한다.

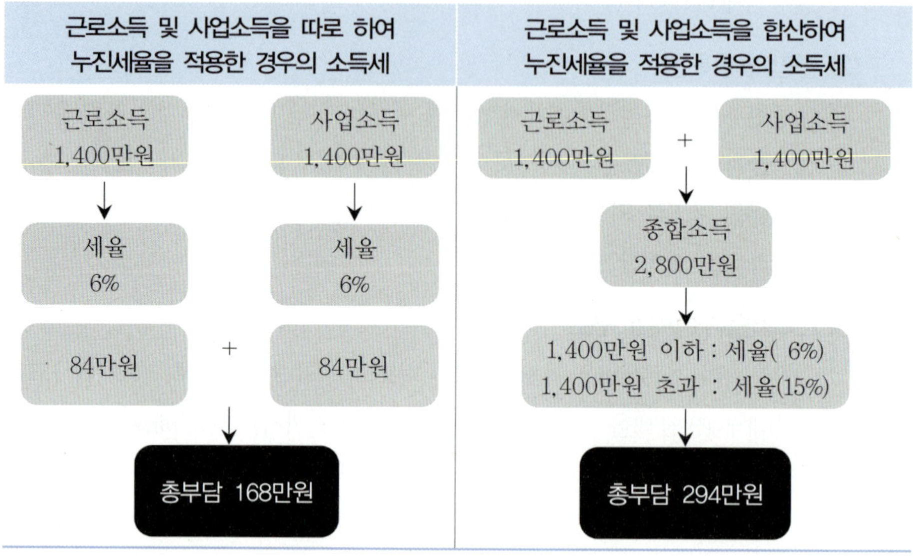

양 소득을 따로따로 과세하는 경우 근로소득 1,400만원 및 사업소득 1,400만원은 1,400만원 이하 단계이므로 세율 6%가 적용된다. 이 경우 산출되는 소득세는 168만원이다. 그런데 양 소득을 합산하여 종합과세하는 경우 양 소득의 합인 종합소득 2,800만원은 1,400만원 초과 5,000만원 이하 단계이므로 세율 15%가 적용된다. 소득세는 1,400만원까지는 6% 그리고 1,400만원 초과분은 15%가 적용된다. 이렇게 산출된 소득세는 294만원이다.

따로따로 과세의 소득세	종합과세의 소득세	종합과세 효과
168만원	294만원	세부담 126만원 증가

종합소득(근로소득+사업소득)을 합산하여 누진세율을 적용한 소득세가 각 소득별로 합산하지 않고 따로 누진세율을 적용하여 산출한 근로소득세와 사업소득세의 합보다 세금부담이 75% 더 증가한다. 이것이 종합과세로 인한 세부담 증가효과이다.

(5) 분류과세 특징

종합소득과 달리 퇴직소득 및 양도소득은 종합소득에 합산하지 않고 따로따로 과세하는 분류과세를 적용한다. 분류과세 효과는 종합소득에 합산하지 않기 때문에 누진세율이 적용되지 않아 소득세 부담이 감소(경감)되는 것이다. 퇴직소득의 경우 입사부터 퇴직 시까지 장기간 형성된 소득이라는 점과 향후 노후대비를 위한 소득이므로 소득세부담을 경감시켜 주기 위하여 별도 분류과세한다. 또한 양도소득은 일시적인 불로소득의 성격이므로 소득세를 중과할 목적으로 별도 분류과세한다.

4. 소득세는 누가 어디에 내는가(납세의무자 및 과세기간)

(1) 소득세의 납세의무자

1) 거주자

거주자는 국내에 주소를 두거나 183일 이상 거소를 둔 자를 말한다. 주소는 생활의 근거가 되는 곳으로 생활관계의 객관적 사실에 의해 판정한다. 거소는 주소지 외의 장소에서 상당기간에 걸쳐 거주하는 장소로서 주소지와 같은 밀접한 생활관계가 형성되지 않는 장소를 말한다. 소득자가 우리나라의 거주자에 해당하는 때에는 국내 및 국외의 모든 소득에 대하여 과세된다.

2) 비거주자

비거주자는 거주자가 아닌 자로서 국내원천소득이 있는 개인이다. 비거주자에 대하여는 국내원천소득에 한하여 과세한다.

(2) 납세의무자별 과세범위

구 분	거주자	비거주자
과세 범위	국내 및 국외의 모든 소득에 과세	국내원천소득에 한하여 과세
	국내에서 벌어들인 소득뿐만 아니라 외국에서 벌어들인 소득에 대하여도 납세의무가 있다. 이러한 의미에서 거주자를 무제한 납세의무자라 한다.	소득원천이 국내에 있는 소득에 대하여만 납세의무가 있다. 이러한 의미에서 비거주자를 제한적 납세의무자라 한다.

(3) 과세기간

소득세는 매년 1월 1일부터 12월 31일까지를 하나의 과세기간으로 한다. 다만, 소득자가 사망한 경우에는 1월 1일부터 사망일까지, 해외로 출국하는 경우에는 1월 1일부터 출국일까지를 과세기간으로 한다.

(4) 납세지

납세지는 세금의 신고 및 납부 등의 관할세무서를 결정하는 기준이 된다.

구 분	거주자	비거주자
납세지	주소지	국내사업장 소재지

5. 소득세는 얼마나 내는가(소득세 계산구조)

소득세의 계산은 크게 4단계의 절차로 이루어진다. 1단계에서는 총수입금에서 필요경비를 차감한 소득금액, 2단계는 소득금액에서 소득공제를 차감한 과세표준, 3단계는 과세표준에 세율을 적용한 산출세액, 그리고 4단계는 결정세액 및 총 납부할 세액을 계산한다.

1단계	2단계	3단계	4단계
총수입금액 − 필요경비 = 소득금액	소득금액 − 소득공제 = 과세표준	과세표준 × 소득세율 = 산출세액	산출세액 − 세액감면 및 공제 + 가산세 = 결정세액 − 기납부세액 = 총납부할세액
8가지 소득종류별로 소득금액을 계산 후 종합소득에 해당하는 6가지 소득은 종합소득으로 합산한다(종합과세).	2단계부터, 즉 소득공제를 적용하는 경우는 종합소득, 퇴직소득, 양도소득으로 구분하여 계산한다.	과세표준에 소득세율을 적용하여 산출세액을 계산한다.	산출세액에서 세액감면 및 공제를 차감하고 기납부세액을 차감하여 총 납부할 세액을 계산한다.

(1) 1단계 : 소득금액 계산

소득금액은 종합소득의 경우 6가지와 퇴직소득 및 양도소득, 즉 8가지 소득별로 총수입금액에서 필요경비를 차감하여 계산한다.

① 이자 및 배당소득

필요경비를 별도로 인정하지 않기 때문에 총수입금액이 바로 이자 또는 배당소득금액이 된다. 왜냐하면 이자소득과 배당소득은 자본을 투자한 대가이므로 필요경비가 있을 수 없기 때문이다.

② 사업소득

개인사업자가 사업을 영위하여 벌어들인 사업소득은 총수입금액에서 필요경비를 차감하여 소득금액이 산정된다.

③ 근로소득

근로소득의 경우 필요경비를 확인하는 것이 힘들기 때문에 소득세법에서는 필요경비 대신 근로소득공제라는 제도를 두어 이를 차감하여 근로소득금액을 계산한다.

④ 연금소득

연금소득의 경우 총연금액에서 연금소득공제를 차감하여 연금소득금액을 계산한다.

⑤ 기타소득

총수입금액에서 필요경비를 차감하여 기타소득금액을 계산한다.

(2) 2단계 : 과세표준 계산

소득금액이 계산되면 법에서 정한 소득공제를 차감하여 과세표준을 계산한다.

(3) 3단계 : 산출세액 계산

과세표준이 계산되면 세율을 곱하여 산출세액을 계산한다.

(4) 4단계 : 결정세액 및 총 납부할 세액 계산

산출세액에서 세액감면 및 공제를 차감하고 가산세를 가산하여 결정세액을 계산하고 추가적으로 결정세액에 기납부세액을 차감하여 총 납부할 세액을 계산한다.

4단계 : 결정세액 및 납부세액 계산
• 산출세액－세액감면 및 공제＋가산세＝결정세액 • 결정세액－기납부세액＝총 납부할 세액(또는 환급세액)

주 기납부세액은 중간예납세액, 원천납부세액, 예정신고납부세액으로 구성된다.

6. 소득세는 언제, 어떻게 내는가(신고 및 납부)

(1) 종합소득세 확정신고·납부(기한)

종합소득금액이 있는 개인(거주자)은 1년간 6가지 종합소득을 합산하여 그 과세기간 다음 연도 5월 1일부터 5월 31일까지 주소지관할세무서에 자진신고·납부하여야 한다. 이를 '종합소득세 확정신고'라 한다.

신고 시 제출할 서식	"종합소득세·농어촌특별세 과세표준확정신고 및 납부계산서"를 세무서에 제출

실무 POINT **개인 지방소득세 신고**

2014년부터 지방소득세가 독립세 체계로 개편되었지만 2019년 신고분까지는 개인 납세의무자의 편의를 위하여 소득세 신고 시 개인지방소득세를 함께 신고한 것으로 보는 유예 규정을 적용하였다.

하지만 2020년 신고하는 분부터 유예기간이 종료됨에 따라 2020년 5월(성실신고사업자의 경우는 6월) 신고하는 분부터 개인 지방소득세는 지자체에 관련 서식을 작성하여 신고·납부하여야 한다.

(2) 퇴직소득세 및 양도소득세 확정신고·납부

원칙적으로 종합소득, 퇴직소득, 양도소득이 있는 모든 개인은 소득세를 확정신고하여야 한다. 그러나 퇴직소득지급 시 사업자가 퇴직소득세를 원천징수한 경우, 양도소득세를 예정신고한 경우에는 다시 확정신고할 필요가 없다.

실무 POINT **양도소득세 예정신고·납부**

양도소득세 예정신고 및 납부는 다음 기간 이내에 납세지 관할세무서장에게 예정신고·납부하여야 한다.

① 토지 및 건물, 부동산에 대한 권리 및 기타자산의 양도
→ 양도일이 속하는 달의 말일부터 2개월 이내

② 주식 양도
→ 양도일이 속하는 반기의 말일부터 2개월 이내

(3) 종합소득 및 퇴직소득의 확정신고 예외사항

종합소득 및 퇴직소득이 있다고 하여 모두 5월에 확정신고를 해야 하는 것은 아니다. 또한 종합소득 중 근로소득이나 분리과세되는 이자·배당·기타소득만이 있는 경우에는 원천징수로 납세의무가 종결되므로 확정신고를 하지 않는다. 따라서 기본적으로 다음과 같이 종합소득 및 퇴직소득 확정신고 예외사항에 해당하는 경우에는 확정신고할 필요가 없다.

예를 들어 근로소득만 있는 근로자는 회사에서 매월 급여지급 시 근로소득세라는 세금을 원천징수하다가 연말에 가면 연말정산을 하게 되는데, 연말정산의 결과를 회사가 세무서에 대신 신고하므로 근로소득자 개인이 별도로 5월에 확정신고할 필요가 없다. 또한 근로소득만 있는 근로자와 마찬가지로 퇴직소득만 있는 거주자, 연금소득만 있는 거주자는 해당 소득에 대하여 확정신고를 하지 않아도 된다.

그러나 근로소득자라 하더라도 별도의 사업소득이 있다면 이는 종합합산대상이 되는 별도의 소득이 존재한다는 것이므로 근로자 본인이 5월 31일까지 종합소득을 합산하여 자진신고·납부를 하여야 한다.

실무 POINT 종합소득 및 퇴직소득의 확정신고 예외사항

다음에 해당하는 거주자는 해당 소득에 대하여 확정신고를 하지 않아도 된다.

1. 근로소득만 있는 자(연말정산)
2. 퇴직소득만 있는 자(원천징수)
3. 법소정 연금소득만 있는 자
4. 법소정 원천징수대상 사업소득만 있는 자

<중략>

8. 분리과세이자소득, 분리과세배당소득, 분리과세연금소득 및 분리과세기타소득만 있는 자

Chapter

02 근로소득 원천징수 실무

01 근로소득의 세액계산 체계

근로소득자의 연말정산 세액계산 체계를 요약하면 다음과 같다.

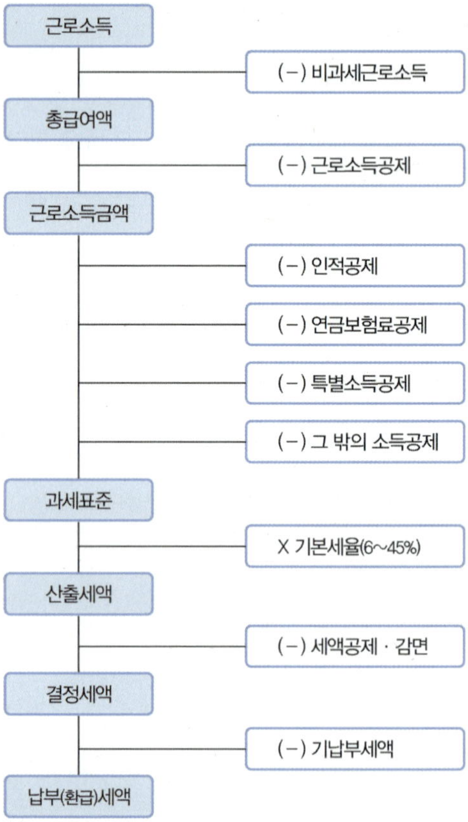

❙ 일반근로자의 연말정산 세액계산 체계 요약 ❙

<table>
<tr><th>단 계</th><th>구 분</th><th>내 용</th></tr>
<tr>
<td>1단계
근로소득
금액</td>
<td>총급여액
(−)근로소득공제
= 근로소득금액</td>
<td>
■ 총급여액에는 비과세 소득은 제외함
– 비과세 소득
• 비과세 요건을 충족한 본인의 학자금
• 자가운전보조금(월 20만원 이내)
• 식대(20만원 이내, 식사를 제공받지 않아야 함)
• 출산 수당과 6세 이하 자녀에 대한 보육수당(20만원 이내) 등
■ 근로소득공제금액
<table>
<tr><th>총급여액</th><th>근로소득공제금액</th></tr>
<tr><td>500만원 이하</td><td>총급여액의 100분의 70</td></tr>
<tr><td>500만원 초과
1,500만원 이하</td><td>350만원+(총급여액−500만원)×40%</td></tr>
<tr><td>1,500만원 초과
4,500만원 이하</td><td>750만원+(총급여액−1,500만원)×15%</td></tr>
<tr><td>4,500만원 초과
1억원 이하</td><td>1,200만원+(총급여액−4,500만원)×5%</td></tr>
<tr><td>1억원 초과</td><td>1,475만원+(총급여액−1억원)×2%</td></tr>
</table>
</td>
</tr>
<tr>
<td>2단계
과세표준</td>
<td>근로소득금액
(−)각종 소득공제
• 인적공제
• 연금보험료공제
• 특별소득공제
• 그 밖의 소득공제
= 과세표준</td>
<td>
■ 인적공제
– 기본공제·추가공제
■ 연금보험료 공제
– 국민연금, 공무원연금 등 본인부담금(전액 공제)
■ 특별공제 및 그 밖의 소득공제
<table>
<tr><th>특별소득공제</th><th>그 밖의 소득공제</th></tr>
<tr><td>① 보험료</td><td>① 개인연금저축</td></tr>
<tr><td>② 주택자금공제</td><td>② 소기업·소상공인공제</td></tr>
<tr><td>• 주택임차차입금원리금상환액</td><td>③ 주택마련저축</td></tr>
<tr><td>• 장기주택저당차입금이자상환액</td><td>④ 벤처투자조합 출자 등</td></tr>
<tr><td rowspan="2">③ 기부금이월공제
(2024년부터 적용제외)</td><td>⑤ 신용카드 등 사용액</td></tr>
<tr><td>⑥ 우리사주조합소득공제</td></tr>
<tr><td></td><td>⑦ 고용유지중소기업 소득공제</td></tr>
<tr><td></td><td>⑧ 장기집합투자증권저축소득공제</td></tr>
<tr><td></td><td>⑨ 청년형 장기집합투자증권저축 소득공제</td></tr>
<tr><td></td><td>(①+…+⑨)</td></tr>
</table>
■ 공제한도 : 2,500만원
– 주택자금, 청약저축, 우리사주조합, 투자조합 등 출자(벤처기업에 직접투자 제외), 소기업·소상공인 공제부금, 신용카드, 장기집합투자증권, 청년형 장기펀드소득공제
</td>
</tr>
</table>

<table>
<tr><th>단 계</th><th>구 분</th><th>내 용</th></tr>
<tr>
<td>3단계
산출세액</td>
<td>과세표준
(×)세율
= 산출세액</td>
<td>
(1) 초과누진방식
<table>
<tr><th>과세표준 구간</th><th>세 율</th></tr>
<tr><td>1,400만원 이하</td><td>과세표준×6%</td></tr>
<tr><td>1,400만원 초과
5,000만원 이하</td><td>84만원+(과세표준−1,200만원)×15%</td></tr>
<tr><td>5,000만원 초과
8,800만원 이하</td><td>624만원+(과세표준−4,600만원)×24%</td></tr>
<tr><td>8,800만원 초과
1.5억원 이하</td><td>1,536만원+(과세표준−8,800만원)×35%</td></tr>
<tr><td>1.5억원 초과
3억원 이하</td><td>3,706만원+(과세표준−1.5억원)×38%</td></tr>
<tr><td>3억원 초과
5억원 이하</td><td>9,406만원+(과세표준−3억원)×40%</td></tr>
<tr><td>5억원 초과
10억원 이하</td><td>17,406만원+(과세표준−5억원)×42%</td></tr>
<tr><td>10억원 초과</td><td>38,406만원+(과세표준−10억원)×45%</td></tr>
</table>
(2) 누진공제방식
<table>
<tr><th>과세표준 구간</th><th>세 율</th></tr>
<tr><td>1,400만원 이하</td><td>과세표준×6%</td></tr>
<tr><td>1,400만원 초과
5,000만원 이하</td><td>과세표준×15%−126만원</td></tr>
<tr><td>5,000만원 초과
8,800만원 이하</td><td>과세표준×24%−576만원</td></tr>
<tr><td>8,800만원 초과
1.5억원 이하</td><td>과세표준×35%−1,544만원</td></tr>
<tr><td>1.5억원 초과
3억원 이하</td><td>과세표준×38%−1,994만원</td></tr>
<tr><td>3억원 초과
5억원 이하</td><td>과세표준×40%−2,594만원</td></tr>
<tr><td>5억원 초과
10억원 이하</td><td>과세표준×42%−3,594만원</td></tr>
<tr><td>10억원 초과</td><td>과세표준×45%−6,594만원</td></tr>
</table>
</td>
</tr>
<tr>
<td>4단계
결정세액</td>
<td>산출세액
(−)세액공제 등
= 결정세액</td>
<td>■ 세액감면
− 파견외국인에 대한 세액감면, 외국인기술자에 대한 세액 감면, 내국인 우수인력의 국내 복귀에 대한 소득세 감면
− 중소기업에 취업하는 소득자의 세액감면
− 중소기업 청년근로자 및 핵심인력 성과보상기금 수령액에 대한 세액감면
− 성과공유제 중소기업 경영성과급 세액감면</td>
</tr>
</table>

단 계	구 분	내 용
4단계 결정세액	산출세액 (−)세액공제 등 = 결정세액	■ 세액공제 – 근로소득세액공제(급여별 한도 있음) ✔ 산출세액이 130만원 이하인 경우 : 산출세액의 55% 산출세액이 130만원 초과인 경우 : 초과하는 산출세액은 30% – 결혼세액공제(1인당 50만원, 2024년부터 2026년까지) – 자녀세액공제(일반공제, 추가공제) – 특별세액공제(보장성보험료, 의료비, 교육비, 기부금) – 정치자금세액공제, 고향사랑 기부금 세액공제 – 납세조합세액공제, 주택취득차입금이자세액공제, 외국납부세액공제 – 월세세액공제 – 연금계좌세액공제
5단계 납부 (환급)할 세액	73. 결정세액 (−)기납부세액 = 77. 납부(환급) 할 세액	■ 기납부세액 – 74. 이중근로자 또는 중도입사자인 경우 종된(종전) 근로소득 원천징수영수증상의 결정세액을 입력 – 75. 매월 급여지급 시 징수당한 원천징수세액 – 납부할 세액이 10만원을 초과하는 경우 2월, 3월, 4월의 급여지급 시 분납신청 가능

※ 특별소득공제, 특별세액공제 월세세액공제를 적용하지 않는 경우에는 표준세액공제(13만원)를 적용함

관리번호	

[ ]근로소득 원천징수영수증
[ ]근로소득 지 급 명 세 서

([ ]소득자 보관용 [ ]발행자 보관용 [ ]발행자 보고용)

거주구분		거주자1/비거주자2	
거주지국		거주지국코드	
내 · 외국인		내국인1 /외국인9	
외국인단일세율적용		해당1 / 미해당2	
외국법인소속 파견근로자 여부		해당1 / 미해당2	
종교관련종사자 여부		해당1 / 미해당2	
국적		국적코드	
세대주 여부		세대주1, 세대원2	
연말정산 구분		계속근로1, 중도퇴사2	

징 수 의무자	① 법인명(상호)	② 대표자(성명)	
	③ 사업자등록번호	④ 주민록번호	
	③-1 사업자단위과세자 여부 해당1 / 미해당2	③-2 종사업장 일련번호	
	⑤ 소재지(주소)		
소득자	⑥ 성명	⑦ 주민등록번호(외국인등록번호)	
	⑧ 주소		

	구분		주(현)	종(전)	종(전)	⑯-1 납세조합	합계
Ⅰ 근무처별소득명세	⑨ 근무처명						
	⑩ 사업자등록번호						
	⑪ 근무기간		~	~	~	~	~
	⑫ 감면기간		~	~	~	~	~
	⑬ 급여						
	⑭ 상여						
	⑮ 인정상여						
	⑮-1 주식매수선택권 행사이익						
	⑮-2 우리사주조합인출금						
	⑮-3 임원 퇴직소득금액 한도초과액						
	⑮-4 직무발명보상금						
	⑯ 계						
Ⅱ 비과세및감면소득명세	⑱ 국외근로	M0X					
	⑱-1 야간근로수당	O0X					
	⑱-2 보육수당	Q0X					
	⑱-3 출산지원금	Q0X					
	⑱-4 연구보조비	H0X					
	⑱-5						
	~						
	⑱-40 비과세식대	P01					
	⑲ 수련보조수당	Y22					
	⑳ 비과세소득 계						
	⑳-1 감면소득 계						

	구분				⑲소득세	⑳ 지방소득세	㉑ 농어촌특별세
Ⅲ 세액명세	㊸ 결정세액						
	기납부 세액	㉔ 종(전)근무지 (결정세액란의 세액을 적습니다)	사업자 등록 번호				
		⑮ 주(현)근무지					
	⑯ 납부특례세액						
	⑰ 차감징수세액(⑬-⑭-⑮-⑯)						

위의 원천징수액(근로소득)을 정히 영수(지급)합니다.

년 월 일

징수(보고)의무자 (서명 또는 인)

세 무 서 장 귀하

(9쪽 중 제2쪽)

구분						금액
Ⅳ 정산명세	㉑ 총급여(⑯, 외국인단일세율 적용시 연간 근로소득)					
	㉒ 근로소득공제					
	㉓ 근로소득금액					
	종합소득공제	기본공제	㉔ 본인			
			㉕ 배우자			
			㉖ 부양가족(명)			
		추가공제	㉗ 경로우대(명)			
			㉘ 장애인(명)			
			㉙ 부녀자			
			㉚ 한 부 모 가 족			
		연금보험료공제	㉛ 국민연금보험료		대상금액	
					공제금액	
			㉜ 공적연금보험료공제	㉮ 공무원연금	대상금액	
					공제금액	
				㉯ 군인연금	대상금액	
					공제금액	
				㉰ 사립학교교직원연금	대상금액	
					공제금액	
				㉱ 별정우체국연금	대상금액	
					공제금액	
		특별소득공제	㉝ 보험료	㉮ 건강보험료(노인장기요양보험료포함)	대상금액	
					공제금액	
				㉯ 고용보험료	대상금액	
					공제금액	
			㉞ 주택자금	㉮ 주택임차차입금 원리금상환액	대출기관	
					거주자	
				㉯ 장기주택저당차입금 이자상환액 / 2011년 이전 차입분	15년 미만	
					15년~29년	
					30년 이상	
					15년 이상 / 고정금리이면서 비거치상환 대출	
					15년 이상 / 고정금리이거나 비거치상환대출	
				㉯ 장기주택저당차입금 이자상환액 / 2012년 이후 차입분	15년 이상 / 고정금리이면서 비거치상환 대출	
					15년 이상 / 고정금리거나, 비거치상환 대출	
					15년 이상 / 그 밖의 대출	
					10년~15년 / 고정금리이거나, 비거치상환 대출	
			㉟ 계			
	㊱ 차감소득금액					
	그 밖의 소득공제	㊲ 개인연금저축				
		㊳ 소기업·소상공인 공제부금				
		㊴ 주택마련저축	㉮ 청약저축			
			㉯ 주택청약종합저축			
			㉰ 근로자주택마련저축			
		㊵ 투자조합출자 등				
		㊶ 신용카드등 사용액				
		㊷ 우리사주조합 출연금				
		㊸ 고용유지 중소기업 근로자				
		㊹ 장기집합투자증권저축				
		㊺ 청년형 장기집합투자증권저축				
		㊻ 그 밖의 소득공제 계				
	㊼ 소득공제 종합한도 초과액					

구분					금액
㊽ 종합소득 과세표준					
㊾ 산출세액					
세액감면	㊿ 「소득세법」				
	51 「조세특례제한법」(52 제외)				
	52 「조세특례제한법」 제30조				
	53 조세조약				
	54 세액감면 계				
세액공제	55 근로소득				
	56 혼인세액공제				
	57 자녀			공제대상자녀 (명)	
				출산·입양자 (명)	
	연금계좌	58 「과학기술인공제회법」에 따른 퇴직연금		공제대상금액	
				세액공제액	
		59 「근로자퇴직급여 보장법」에 따른 퇴직연금		공제대상금액	
				세액공제액	
		60 연금저축		공제대상금액	
				세액공제액	
		60-1 개인종합자산관리계좌만기 시 연금계좌 납입액		공제대상금액	
				세액공제액	
	특별세액공제	61 보험료	보장성	공제대상금액	
				세액공제액	
			장애인전용 보장성	공제대상금액	
				세액공제액	
		62 의료비		공제대상금액	
				세액공제액	
		63 교육비		공제대상금액	
				세액공제액	
		64 기부금 / ㉮ 정치자금 기부금	10만원 이하	공제대상금액	
				세액공제액	
			10만원 초과	공제대상금액	
				세액공제액	
		64 기부금 / ㉯ 고향사랑 기부금	10만원 이하	공제대상금액	
				세액공제액	
			10만원 초과	공제대상금액	
				세액공제액	
		64 기부금 / ㉰ 특례기부금		공제대상금액	
				세액공제액	
		64 기부금 / ㉱ 우리사주조합 기부금		공제대상금액	
				세액공제액	
		64 기부금 / ㉲ 일반 기부금(종교단체 외)		공제대상금액	
				세액공제액	
		64 기부금 / ㉳ 일반기부금(종교단체)		공제대상금액	
				세액공제액	
		65 계			
		66 표준세액공제			
	67 납세조합공제				
	68 주택차입금				
	69 외국납부				
	70 월세액			공제대상금액	
				세액공제액	
	71 세액공제 계				
72 결정세액(㊾-54-71)					
82 실효세율(%) (72/㉑)×100					

⑱ 소득·세액공제 명세[인적공제항목은 해당란에 "○"표시(장애인 해당 시 해당 코드 기재)를 하며, 각종 소득공제·세액공제 항목은 공제를 위하여 실제 지출한 금액을 적습니다.]

인적공제 항목							각종 소득공제·세액공제 항목											
관계코드	성 명	기본공제		경로우대	혼인세액공제	출산입양	자료구분	보험료				의료비					교육비	
내·외국인	주민등록번호	부녀자	한부모	장애인		자녀		건강	고용	보장성	장애인전용보장성	일반	미숙아·선천성이상아	난임	6세이하 65세이상 장애인·건강보험 산정특례자	실손의료보험금	일반	장애인특수교육
인적공제 항목에 해당하는 인원수를 적습니다.							국세청 계											
							기타 계											
0		○					국세청											
	(근로자 본인)					–	기타											
							국세청											
	–						기타											
							국세청											
	–						기타											

각종 소득공제·세액공제 항목							
자료구분	신용카드등 사용액공제						기부금
	신용카드	직불카드등	현금영수증	문화체육사용분 (총급여 7천만원 이하자만 기재)	전통시장 사용분	대중교통 이용분	
국세청 계							
기타 계							
국세청							
기타							
국세청							
기타							

작 성 방 법

「소득세법」 제149조제1호에 해당하는 납세조합이 「소득세법」 제127조제1항제4호 각 목에 해당하는 근로소득을 연말정산하는 경우에도 사용하며, 이 경우 "⑨ 근무처명"란 및 "⑩ 사업자등록번호"란에는 실제 근무처의 상호 및 사업자번호를 적습니다. 다만, 근무처의 사업자등록이 없는 경우 납세조합의 사업자등록번호를 적습니다.

1. "거주지국"란 및 "거주지국코드"란: 근로소득자가 비거주자에 해당하는 경우에만 적으며, 국제표준화기구(ISO)가 정한 ISO코드 중 국명약어 및 국가코드를 적습니다(※ ISO국가코드: 국세청홈페이지→국세정책/제도→국제조세정보→참고자료실→국제표준화기구(ISO)가 정한 국가코드에서 조회할 수 있습니다) 예) 대한민국 : KR, 미국 : US
2. 근로소득자가 외국인에 해당하는 경우에는 "내·외국인"란에 "외국인 9"를 선택하고 "국적 및 국적코드"란에 국제표준화기구(ISO)가 정한 ISO코드 중 국명약어 및 국가코드를 적습니다. 해당 근로소득자가 외국인근로자 단일세율적용신청서를 제출한 경우"외국인단일세율 적용"란에 해당1을 선택합니다. 또한, 근로소득자가 종교관련종사자에 해당하는 경우에는 "종교관련종사자 여부"란에 해당1을 선택합니다.
3. 원천징수의무자가 「부가가치세법」에 따른 사업자단위 과세자에 해당하는 경우에는 ③-1에서 해당1을 선택하고, ③-2에 소득자가 근무하는 사업장의 종사업장 일련번호를 적습니다.
4. 원천징수의무자는 지급일이 속하는 연도의 다음 연도 3월 10일(휴업 또는 폐업한 경우에는 휴업일 또는 폐업일이 속하는 달의 다음 다음 달 말일을 말합니다)까지 지급명세서를 제출해야 합니다.
5. "Ⅰ. 근무처별 소득명세"란: 비과세소득을 제외한 금액을 해당 항목별로 적습니다.
6. "Ⅱ. 비과세 및 감면소득 명세"란: 지급명세서 작성대상 비과세소득 및 감면대상을 해당 코드별로 구분하여 적습니다(적을 항목이 많은 경우 "Ⅱ. 비과세 및 감면소득 명세"란의 "⑳ 비과세소득 계"란 및 "⑳-1 감면세액 계"란에 총액만 적고, "Ⅱ.비과세 소득"란을 별지로 작성할 수 있습니다).
7. 「소득세법」 제127조제1항제4호의 각 목에 해당하는 근로소득과 그 외 근로소득[주(현)란]을 더하여 연말정산하는 경우에는 "⑯-1 납세조합"란에 각각 근로소득 납세조합과 「소득세법」 제127조제1항제4호 각 목에 해당하는 근로소득을 적고,「소득세법」 제150조에 따른 납세조합공제금액을 "㊻ 납세조합공제"란에 적습니다. 합병, 기업형태 변경 등으로 존속 법인 등이 연말정산을 하는 경우에는 피합병법인에서 발생한 소득과 기업형태 변경 전의 법인에서 발생한 소득은 근무처별 소득명세 종(전)란에 별도로 적습니다.
   또한, 동일회사 내 사업자등록번호가 다른 곳에서 전입 등을 하여 해당 법인이 연말정산을 하는 경우에는 전입하기 전 지점 등에서 발생한 소득은 "근무처별 소득명세 종(전)"란에 별도로 적습니다.
8. "㉑ 총급여"란: "⑯계"란의 금액을 적되, 외국인근로자가 「조세특례제한법」 제18조의2제2항에 따라 단일세율을 적용하는 경우에는 "⑯계"의 금액과 비과세소득금액을 더한 금액을 적습니다. 이 경우 소득세와 관련한 비과세·공제·감면 및 세액공제에 관한 규정은 적용하지 않습니다.
9. "종합소득 특별소득공제(㉝~㉞)"란 및 "그 밖의 소득공제(㊲~㊻)"란: 근로소득자 소득·세액 공제신고서(별지 제37호서식)의 공제액을 적습니다(소득공제는 서식에서 정하는 바에 따라 순서대로 소득공제를 적용하여 종합소득과세표준과 세액을 계산합니다).
10. "연금계좌(㊽~㊿-1)"란 및 "특별세액공제(61~65)"란: 근로소득자 소득·세액 공제신고서(별지 제37호서식)의 공제대상금액 및 세액공제액을 적습니다.

02 원천징수 대상 근로소득

1 근로소득의 범위

1. 근로소득의 의의

근로소득이란 근로자가 고용계약에 의하여 근로를 제공하고 받는 모든 대가를 의미한다. 근로자가 받는 모든 근로제공의 대가는 급여, 수당, 상여 등 명칭 또는 형식(현금 및 현물도 포함)에 상관없이 모두 근로소득이 된다.

근로소득은 해당 과세기간에 발생한 다음의 소득으로 구성된다(소법 §20).

① 근로의 제공으로 인하여 받는 봉급·급료·보수·세비·임금·상여·수당과 이와 유사한 성질의 급여

② 법인의 주주총회·사원총회 또는 이에 준하는 의결기관의 결의에 의하여 상여로 받는 소득

③ 법인세법에 의하여 상여로 처분된 금액(인정상여)

④ 퇴직으로 인하여 받는 소득으로서 퇴직소득에 속하지 아니하는 소득

⑤ 종업원 등 또는 대학의 교직원이 지급받는 직무발명보상금(기타소득으로 보는 직무발명보상금은 제외)

참고로 직무발명보상금은 근무 중 수령여부에 따라서 다음과 같이 구분한다.

직무발명보상금 수령시기	소득구분	비과세 소득
근무 중 지급받는 경우	근로소득	연간 700만원 비과세(2023.12.31.까지는 500만원)
퇴직 후 지급받는 경우	기타소득	연간 700만원에서 비과세 근로소득을 차감한 금액

⑥ 사업자나 법인이 생산·공급하는 재화 또는 용역을 그 사업자나 법인(독점규제 및 공정거래에 관한 법률에 따른 계열회사 포함)의 사업장에 종사하는 임원등에게 시가보다 낮은 가격으로 제공하거나 구입할 수 있도록 지원함으로써 해당 임원등이 얻는 이익

– 임원등에게 시가보다 낮은 가격으로 제공하거나 구입할 수 있도록 지원하는 방식이란?

㉠ 사업자나 법인이 생산·공급하는 재화 또는 용역(자사제품 등)을 임원등에게 시가보다 낮은 가격으로 판매 또는 제공하는 방식

㉡ 사업자나 법인이 임원등에게 자사제품등을 구입하거나 제공받는 데 사용하도록 지원금을 지급하는 방식

㉢ 사업자나 법인이 임원등에게 사업자나 법인의 계열회사가 생산·공급하는 재화 또는 용역(계열회사제품등)을 구입하거나 제공받는 데 사용하도록 지원금을 지급하는 방식

㉣ 사업자나 법인의 계열회사가 사업자나 법인의 임원등에게 계열회사제품등을 시가보다 낮은 가격으로 판매 또는 제공하고, 사업자나 법인이 그 계열회사에 그 판매 또는 제공가액과 시가와의 차액을 지급하는 방식

– 시가란?

건전한 사회 통념 및 상거래 관행과 특수관계인이 아닌 자 간의 정상적인 거래에서 적용되거나 적용될 것으로 판단되는 가격을 기준으로 하지만 다음의 경우에는 임원등이 해당 재화 또는 용역을 구입하거나 제공받을 때 지급한 가격을 시가로 함

㉠ 재화의 파손 또는 변질로 인해 임원등이 아닌 자에게 판매할 수 없는 경우

㉡ 탑승권 및 숙박권 등 사용시기가 제한되는 재화 또는 용역의 사용 기한이 임박하여 임원등이 아닌 자에게 판매 또는 제공하는 것이 현저히 곤란한 경우

실무 POINT **근로소득 구분과 근로소득원천징수영수증**

1. 원천징수 대상 근로소득과 원천징수대상이 아닌 근로소득

2010년 이전에는 근로소득을 갑종근로소득과 을종근로소득으로 구분하였지만 세법의 용어가 2010년 개정이 되어 원천징수대상 근로소득과 원천징수대상이 아닌 근로소득으로 구분을 한다. 다만, 실무상 관행적으로 갑종근로소득 또는 갑근세라는 용어를 여전히 사용하기도 하므로 기초세무실무자들은 관행적 용어도 참고하길 바란다.

구 분	내 용
원천징수대상 근로소득	회사가 근로소득에 대하여 원천징수를 하고 지급함
원천징수대상이 아닌 근로소득 (소법 §127)	회사가 근로소득에 대하여 원천징수를 하지 않음 외국기관 또는 우리나라에 주둔하는 국제연합군(미군은 제외)으로부터 받는 근로소득과 국외에 있는 비거주자 또는 외국법인(국내지점 또는 국내영업소는 제외)으로부터 받는 근로소득 예 외국계회사의 한국지점에서 근무하면서 외국본사로부터 급여(근로소득)를 지급받는 경우

주 원천징수대상이 아닌 근로소득에 대하여는 납세조합을 결성하여 원천징수 및 연말정산을 할 수 있다.

2. 근로소득원천징수영수증상 근로소득

근로소득원천징수영수증상 근로소득은 ⑬부터 ⑮-4까지란에 각각 구분하여 입력한다.

	구 분	주(현)	종(전)	⑯-1 납세조합	합계
Ⅰ 근무처별소득명세	⑨ 근 무 처 명				
	⑩ 사업자등록번호				
	⑪ 근무기간	~	~	~	~
	⑫ 감면기간	~	~	~	~
	⑬ 급 여				
	⑭ 상 여				
	⑮ 인 정 상 여				
	⑮-1 주식매수선택권 행사이익				
	⑮-2 우리사주조합인출금				
	⑮-3 임원 퇴직소득금액 한도초과액				
	⑮-4 직무발명보상금				
	⑯ 계				

2. 근로소득의 구분

원천징수대상 근로소득은 근로의 제공으로 인하여 받는 봉급·급료·보수·세비·임금·상여·수당과 이와 유사한 성질의 급여 등의 총괄적인 근로소득항목이 포함된다. 또한 다음과 같은 근로소득이 근로제공의 대가라면 명칭이나 형식에 불문하고 근로소득에 포함한다(소령 §38).

① 기밀비(판공비 포함)·교제비 기타 이와 유사한 명목으로 받는 것으로서 업무를 위하여 사용된 것이 분명하지 아니한 급여

② 종업원이 받는 공로금·위로금·개업축하금·학자금·장학금(종업원의 수학 중인 자녀가 사업자로부터 받는 학자금·장학금을 포함) 기타 이와 유사한 성질의 급여

③ 근로수당·가족수당·전시수당·물가수당·출납수당·직무수당 기타 이와 유사한 성질의 급여

④ 보험회사·자본시장과금융투자업에관한법률에 따른 투자매매업자 또는 투자중개업자 등의 종업원이 받는 집금수당과 보험가입자의 모집, 증권매매의 권유 또는 저축을 권장하여 받는 대가, 그 밖에 이와 유사한 성질의 급여

⑤ 급식수당·주택수당·피복수당 기타 이와 유사한 성질의 급여

⑥ 주택을 제공받음으로써 얻는 이익

⑦ 종업원이 주택(주택에 부수된 토지를 포함)의 구입ㆍ임차에 소요되는 자금을 저리 또는 무상으로 대여받음으로써 얻는 이익(2021년 개정)

⑧ 기술수당·보건수당·연구수당 기타 이와 유사한 성질의 급여

⑨ 시간외근무수당·통근수당·개근수당·특별공로금 기타 이와 유사한 성질의 급여

⑩ 여비의 명목으로 지급되는 연액 또는 월액의 급여
⑪ 벽지수당·해외근무수당 기타 이와 유사한 성질의 급여
⑫ 종업원이 계약자이거나 종업원 또는 그 배우자 기타의 가족을 수익자로 하는 보험·신탁 또는 공제와 관련하여 사용자가 부담하는 보험료·신탁부금 또는 공제부금
⑬ 법인이 임원에게 지급한 퇴직급여 중 다음 어느 하나에 해당하는 금액을 초과하는 금액
㉠ 정관에 퇴직급여(퇴직위로금 등을 포함)로 지급할 금액이 정하여진 경우에는 정관에 정하여진 금액
㉡ 정관에 퇴직급여로 지급할 금액이 정하여지지 않은 경우의 다음의 금액
퇴직하는 날부터 소급하여 1년 동안 지급한 총급여액×10%×근속월수÷12
⑭ 휴가비 기타 이와 유사한 성질의 급여
⑮ 계약기간 만료 전 또는 만기에 종업원에게 귀속되는 단체환급부보장성보험의 환급금
⑯ 법인의 임원 등이 해당 법인 또는 해당 법인과 특수관계에 있는 법인으로부터 부여받은 주식매수선택권을 해당 법인 등에서 근무하는 기간 중 행사함으로써 얻은 이익(주식매수선택권 행사 당시의 시가와 실제 매수가액과의 차액을 말하며, 주식에는 신주인수권을 포함함)
⑰ 공무원에게 지급되는 직급보조비
⑱ 공무원이 국가 또는 지방자치단체로부터 공무 수행과 관련하여 받는 상금과 부상

3. 가지급금인정이자

(1) 가지급금인정이자의 의의

법인이 주주나 임직원, 계열회사 등 특수관계에 있는 자와 거래를 하면서 독립된 제3자와 거래하는 경우와 비교하여 여러 가지 혜택을 주는 경우가 있다.

예를 들면 비중소기업이 특수관계인인 직원에게 주택자금을 무상 또는 낮은 이자율로 대부한 경우에 법인세법에서는 적정한 이자율로 계산한 금액과 직원이 실제 지급한 수입이자와의 차액을 법인세법상 익금에 산입하고 귀속자인 직원에게 상여로 처분하는데, 이것을 가지급인정이자라 한다(법령 §88 ① 6호).

즉, 세법에서는 법인의 특수관계인과의 거래에 있어서 발생하게 되는 부당행위를 엄격하게 규제하고 있는데 가지급금 인정이자를 익금산입하는 것은 세법상 부당행위 계산부인의 가장 대표적인 형태이다.

실무 POINT **부당행위계산의 부인**

1. 부당행위계산의 부인의 의의

납세지관할세무서장(관할지방국세청장)은 법인의 행위 또는 소득금액의 계산이 특수관계인과의 거래로 인하여 조세의 부담을 부당히 감소시킨 것으로 인정되는 경우에는 그 법인의 행위 또는 소득금액의 계산에 관계없이 그 법인의 각 사업연도소득금액을 계산할 수 있는데, 이를 '부당행위계산의 부인'이라고 한다(법법 §52 ①).

2. 부당행위계산의 부인의 조건

부당행위계산의 부인은 특수관계인과의 부당한 행위로 인하여 조세부담이 부당히 감소된 경우에 적용한다. 따라서 특수관계가 없는 자와의 거래인 경우나 특수관계인과의 거래인 경우에도 적정한 거래에 대하여는 부당행위계산 부인을 적용할 수 없다. 부당행위계산의 부인에 대한 판단은 다음 2가지 항목이다.

① 당해 법인과 특수관계에 있는 자와의 거래일 것
② 법인의 소득에 대한 조세의 부담을 부당히 감소시킨 것으로 인정되는 경우일 것

3. 특수관계자

특수관계인이란 본인과 다음의 어느 하나에 해당하는 관계에 있는 자를 말한다. 이 경우 이 법 및 세법을 적용할 때 본인도 그 특수관계인의 특수관계인으로 본다(국기법 §2 20호, 국기령 §1의 2).

(1) 혈족·인척 등 대통령령으로 정하는 친족관계

① 4촌 이내의 혈족(2023년 이전까지는 6촌 이내의 혈족)
② 3촌 이내의 인척(2023년 이전까지는 4촌 이내의 인척)
③ 배우자(사실상의 혼인관계에 있는 자 포함)
④ 친생자로서 다른 사람에게 친양자 입양된 자 및 그 배우자·직계비속
⑤ 본인이 민법에 따라 인지한 혼인 외 출생자의 생부나 생모(본인의 금전이나 그 밖의 재산으로 생계를 유지하는 사람 또는 생계를 함께하는 사람으로 한정)

(2) 임원·사용인 등의 경제적 연관관계

① 임원과 그 밖의 사용인
② 본인의 금전이나 그 밖의 재산으로 생계를 유지하는 자
③ ① 및 ②의 자와 생계를 함께하는 친족

(3) 주주·출자자 등의 경영지배관계

1) 본인이 개인인 경우

① 본인이 직접 또는 그와 친족관계 또는 경제적 연관관계에 있는 자를 통하여 법인의 경영에 대하여 지배적인 영향력을 행사하고 있는 경우 그 법인

② 본인이 직접 또는 그와 친족관계, 경제적 연관관계 또는 ①의 관계에 있는 자를 통하여 법인의 경영에 대하여 지배적인 영향력을 행사하고 있는 경우 그 법인

2) 본인이 법인인 경우

① 개인 또는 법인이 직접 또는 그와 친족관계 또는 경제적 연관관계에 있는 자를 통하여 본인인 법인의 경영에 대하여 지배적인 영향력을 행사하고 있는 경우 그 개인 또는 법인

② 본인이 직접 또는 그와 경제적 연관관계 또는 ①의 관계에 있는 자를 통하여 어느 법인의 경영에 대하여 지배적인 영향력을 행사하고 있는 경우 그 법인

③ 본인이 직접 또는 그와 경제적 연관관계, ① 또는 ②의 관계에 있는 자를 통하여 어느 법인의 경영에 대하여 지배적인 영향력을 행사하고 있는 그 법인

④ 본인이 독점규제및공정거래에관한법률에 따른 기업집단에 속하는 경우 그 기업집단에 속하는 다른 계열회사 및 그 임원

3) 지배적인 영향력

위 1) 또는 2)에서 지배적인 영향력이란 다음과 같다.

① 영리법인인 경우

㉠ 법인의 발행주식총수 또는 출자총액의 30% 이상을 출자한 경우

㉡ 임원의 임면권의 행사, 사업방침의 결정 등 법인의 경영에 대하여 사실상 영향력을 행사하고 있다고 인정되는 경우

② 비영리법인인 경우

㉠ 법인의 이사의 과반수를 차지하는 경우

㉡ 법인의 출연재산(설립을 위한 출연재산만 해당)의 30% 이상을 출연하고 그중 1인이 설립자인 경우

(2) 가지급금의 범위

인정이자 계산대상인 가지급금은 업무와 관련 없이 특수관계인에게 자금을 대여한 것을 말한다. 다만, 다음에 해당하는 가지급금 등은 인정이자 계산에서 제외한다(법령 §89 ⑤, 법칙 §44).

① 미지급소득에 대한 소득세 대납액

② 국외투자법인 종사자의 여비, 급료, 기타비용의 대납액

③ 우리사주조합원에 대한 주식취득자금대여액

④ 국민연금법에 의하여 근로자가 지급받은 것으로 보는 퇴직금전환금(당해 근로자가 퇴직할 때까지의 기간에 상당하는 금액에 한함)

⑤ 대표자에게 상여처분한 금액에 대한 소득세를 법인이 납부하고 이를 가지급금으로

계상한 금액(특수관계가 소멸될 때까지의 기간에 상당하는 금액에 한함)

⑥ 직원에 대한 월정액급여액 범위 내의 일시적인 급여 가불금

⑦ 직원에 대한 경조사비 또는 학자금(자녀의 학자금 포함)대여액

⑧ 중소기업에 근무하는 직원(지배주주 등인 직원은 제외)에 대한 주택구입 또는 전세자금의 대여액(2020년부터 적용)

(3) 가지급금 인정이자의 계산

가지급금에 대한 인정이자는 다음과 같이 계산한다.

$$\text{가지급금인정이자} = \text{가지급금적수} \times \frac{1}{365}\left(\text{윤년인 경우 } \frac{1}{366}\right) \times \text{이자율}$$

1) 가지급금 적수

가지급금의 적수는 가지급금에 대여일수를 곱하여 계산한다.

$$\text{가지급금적수} = \text{가지급금} \times \text{대여일수}$$

대여일수 계산 시 대여일인 초일은 산입하고 상환일인 말일은 불산입한다. 가지급금 적수는 특수관계인 각 개인별로 계산하여야 한다.

2) 이자율

① 원칙(가중평균차입이자율)

금전의 대여에 있어서는 가중평균차입이자율을 시가로 한다(법령 §89 ③). 여기서 '가중평균차입이자율'이란 법인이 대여시점 현재 각각의 차입금 잔액(특수관계인으로부터의 차입금과 채권자 불분명사채 및 비실명 채권·증권과 관련된 차입금은 제외)에 차입 당시의 각각의 이자율을 곱한 금액의 합계액을 당해 차입금 잔액의 총액으로 나눈 이자율을 말한다(법칙 §43 ①).

$$\text{가중평균차입이자율} = \frac{\left(\begin{array}{c}\text{자금대여시점의}\\ \text{각각 차입금 잔액}\end{array} \times \begin{array}{c}\text{차입 당시의}\\ \text{각각 이자율}\end{array}\right)\text{의 합계액}}{\text{자금대여시점의 차입금 잔액의 총액}}$$

② 예외

다음의 사유에 해당되는 경우 예외적으로 해당 사업연도에 한정하여 당좌대출이자율을 적용한다(법령 §89 ③ 1호, 법칙 §43 ③).

㉠ 특수관계인이 아닌 자로부터 차입한 금액이 없거나 차입금 전액이 채권자가 불분

명한 사채 또는 매입자가 불분명한 채권·증권의 발행으로 조달된 경우 : 해당 대여금 또는 차입금에 대하여 당좌대출이자율을 적용한다.

㉡ 대여한 날로부터 해당 사업연도 종료일까지의 기간이 5년을 초과하는 대여금이 있는 경우 : 해당 대여금 또는 차입금에 한정하여 당좌대출이자율을 시가로 한다.

당좌대출이자율은 다음과 같다(법칙 §43 ②).

연 도	이자율
2009.1.1.부터 2011.12.31.까지의 대여금	8.5%
2012.1.1.부터 2016.3.6.까지 대여금	6.9%
2016.3.7.부터 현재까지의 대여금	4.6%

③ 당좌대출이자율의 의무 적용

법인세 신고 시 당좌대출이자율을 시가로 선택한 경우에는 당좌대출이자율을 시가로 선택한 사업연도와 이후 2개 사업연도는 당좌대출이자율을 시가로 한다(법령 §89 ③).

(4) 인정이자에 대한 세무조정

① 회사의 회계처리

예를 들어 홍길동 대표가 회사에서 임의로 1억원을 가져갔다고 하자. 이 경우 회사는 가지급금 항목으로 다음과 같이 회계처리를 한다.

(차) 가지급금	1억원	(대) 현 금	1억원

가지급금을 계상하고 난 이후 회사는 특수관계인으로부터 수취하여야 할 이자수입에 대한 회계처리를 하여 손익계산서(결산서상)에 수익으로 계상하여야 하지만 실무상 특수관계가 있는 자(대표이사, 주주 등)에 대하여는 실질적으로 이자를 받지 않는 경우가 허다하다. 즉 위의 가지급금에 대한 이자수입에 대한 회계처리가 이루어지지 않는 경우가 많다는 것이다.

② 세법 규정

회사가 이자수입(수익) 관련 회계처리를 하지 않으면 결과적으로 이자수입 4.6백만원(당좌대출이자율 4.6% 적용한다고 가정)이 손익계산서(결산서상)에 계상되지 아니하게 되며 그 결과 당기순이익이 과소계상되어 법인세 산출세액도 과소하게 납부된다. 세법은 특수관계인에게 이자 없이 돈을 빌려주는 것을 인정하지 않기 때문에 다음과 같은 회계처리로 손익계산서에 반영하도록 하고 있다.

(차) 현 금	4,600,000	(대) 이자수입	4,600,000

만약 세법 규정에 따라 회사가 당좌대출이자율 4.6%만큼 약정이자를 회사수익으로 계상을 하면 대표이사인 홍길동이 회사의 특수관계인이라고 하더라도 이에 따른 세무조정은 하지 않아도 된다. 왜냐하면 세법상 정상적으로 처리되었기 때문이다.

③ 세무조정과 소득처분

만약 회사가 세법 규정을 따르지 않고 특수관계인인 대표이사 홍길동으로부터 이자수익을 수취하지 않게 되면 다음과 같은 인정이자가 발생되어 법인세법상 세무조정 대상이 된다.

가지급금인정이자(460만원) − 약정이자(0만원) = 인정이자(460만원)

가지급금인정이자는 '익금산입'으로 세무조정을 하고 그 귀속자에 따라 '상여 등'의 소득처분을 하여 이를 법인세 계산 시 반영한다.

세무조정 〈익금산입〉 인정이자 4,600,000원(상여)

④ 가지급금에 대한 인정이자 관련 소득처분

가지급금에 대한 인정이자를 계산하여 익금산입하고 금전을 대여받은 자에 따라 다음과 같이 소득처분한다.

소득귀속자	소득처분	소득귀속자	소득처분
① 출자자	배당	③ ①과 ② 이외 자	기타소득
② 임원, 사용인	상여	④ 법인 또는 개인사업자	기타사외유출

실무 POINT 약정이 있는 경우의 인정이자에 대한 세무조정 요약

실무적으로 가지급금 인정이자는 결산 이후에 계상하므로 결산 시 다음과 같이 회계처리를 한다.

(차) 미수이자 4,600,000 (대) 이자수익 4,600,000

가지급금은 자금을 대여해 준 것이므로 원칙적으로 이에 대한 약정서(개별약정)를 작성하여야 하는데 만약 상환기간과 약정 이자율 등이 명시되어 있는 약정서를 작성한 경우라면 세법상 미수이자와 관련된 회계처리를 인정하여 주므로 별도의 세무조정이 필요 없다.

왜냐하면 가지급금에 대한 미수이자는 '신고한 과세표준에 이미 산입된 미지급 소득'에 해당하여 원천징수대상이 되지 않기 때문이다. 다만, 이런 경우 미수이자로 계상된 금액은 사업연도종료일로부터 1년 이내 회수되거나 특수관계가 소멸되는 시점까지는 회수되어야 하는데 만약 회수되지 않으면 그 시점에 상여 등으로 소득처분된다.

반면 약정서가 작성되지 않은 경우라면 인정이자 계상금액을 익금산입(상여 등) 처분한다.

2 근로소득으로 보지 않는 경우

근로소득으로 보지 아니하는 경우와 비과세근로소득의 구분은 실무상 매우 중요하다. 근로소득으로 보지 아니하는 경우는 근로제공의 대가로 보지 않으므로 근로소득세 계산에서 제외시키는 항목을 의미하고 비과세소득은 근로소득에 포함되지만 근로소득세액을 계산할 때는 세금의 경감차원에서 차감하고 계산한다는 의미이다.

근로소득으로 보지 아니하는 경우	비과세근로소득
근로소득, 즉 근로제공의 대가로 보지 않음	근로소득에 포함하고 차감항목

근로소득으로 보지 않는 경우는 다음과 같다.

1. 사회통념상 타당하다고 인정되는 범위 내의 경조금

사업소득이 있는 거주자가 그 사용인에게 지급한 경조금 중 사회통념상 타당하다고 인정되는 범위 안의 금액에 대해서는 해당연도의 소득금액계산에 있어서 필요경비에 산입할 수 있는 것이며, 또한 이를 지급받는 사용인의 급여로 보지 않는다(소칙 §10 ①, 소행 27-55-14).

경조금의 범위는 일반적으로 관혼상제를 말하는 것이며, 사회통념상 타당하다고 인정되는 범위 안의 금액이라 함은 경조사비 지급규정, 경조사 내용, 법인의 지급능력, 직원의 직위·연봉 등을 감안해 결정한다(서이 46013-11480, 2002.8.2.).

[예규] 경조금 관련

- **출산축하금의 과세여부**(서면1팀-829, 2004.6.18.)
  근로자 또는 그 배우자의 출산으로 사용자로부터 지급받는 급여로서 월 10만원(현재는 20만원) 이내의 금액은 비과세대상 근로소득에 해당하는 것이며, 월 10만원(현재는 20만원)을 초과하는 금액은 과세대상 근로소득에 해당하는 것이다.
  ⇒ 2024년 세법개정으로 출산축하금 비과세요건에 해당되면 전액 근로소득 비과세임
- **생일축하금과 선물대**(원천-296, 2009.4.9.)
  종업원이 지급받는 생일축하금과 설날, 생일, 결혼기념일 등 특정한 날에 지급받는 선물대는 과세대상 근로소득에 해당한다.

2. 대학생 현장실습에 따라 지급받는 현장실습운영비

대학생 현장실습 운영규정 제5조 제4항에 따라 수업으로서의 요건을 갖춘 현장실습수업에 참여하는 학생이 같은 규정 제7조에 따라 지급받는 현장실습지원비는 근로소득 및 기타소득에 해당하지 아니하며(서면법령해석소득 2020-4237, 2021.3.18.), 학교와 현장실습기관이 현장실습표준협약을 체결하고 현장실습수업에 참여하는 고등학생이 현장실습기관으로부터

지급받는 현장실습지원비는 교육 또는 훈련을 목적으로 하는 것이므로 과세대상소득에 해당하지 않는다(원천-1125, 2025.1.21.).

다만, 상기 규정에 따른 현장실습지원비가 아니라면 고용관계나 이와 유사한 계약에 의하여 근로를 제공하고 지급받는 대가는 근로소득이고, 3개월 미만(건설공사 종사하는 경우 1년) 고용하여 시간제, 일당제로 급여를 지급하는 경우 일용근로소득, 고용관계 없이 독립된 자격으로 계속적으로 용역을 제공하고 지급받는 대가는 인적용역 사업소득, 일시적으로 용역을 제공하고 지급받는 대가는 기타소득에 해당하는 것이므로 사실관계를 판단하여 소득구분을 하여야 한다.

실무 POINT **대학생 현장실습 운영규정과 현장실습생의 4대보험 등**

1. 대학생 현장실습 운영규정

대학생 현장실습 운영규정은 2021.7.6. 이후 대학생 현장실습학기제 운영규정으로 개정되었으므로 개정된 운영규정에서는 제4조 제4항과 제22조를 참고하길 바란다. 당초 규정인 대학생 현장실습 운영규정을 소개하면 다음과 같다.

제5조 현장실습 운영 원칙

④ 현장실습은 다음 각 호에 정하는 바에 따라 수업으로서의 요건을 갖추도록 한다.

가. 현장실습 수업계획

나. 수강신청 계획

다. 실습기관 교육담당자 및 현장 지도 계획

라. 지도(담당)교수 현장 방문 지도 계획

마. 평가 방식, 학점 부여 근거 및 기준

바. 기타 현장실습 운영을 위해 필요한 사항

제7조 현장실습지원비

① 실습기관은 현장실습생의 실습수행이 원활이 이루어질 수 있도록 현장실습지원비를 지급하는 것을 원칙으로 한다.

② 현장실습에 소요되는 비용의 산정 및 부담 방법 등은 대학과 실습기관이 협의하여 결정한다.

③ 제5조 제4항에 의한 수업의 요건을 갖추지 않는 현장실습으로서 실질적 근로에 해당하는 경우, 최저임금법 및 근로기준법에 따라 고시되는 시간급 최저임금액 이상의 실습지원비를 현장실습생에게 지급하여야 한다.

2. 대학생 현장실습생의 4대보험 가입 여부

요건을 충족한 대학생 현장실습자는 근로소득자가 아니므로 국민연금, 건강보험 그리고 고용보험 가입의무는 없지만 고용노동부 소관 산업재해보상보험법 제123조에 따른 현장실습생에 대한 산업재해보상보험 적용범위(고용노동부 고시 제2018-69호, 2018.9.11. 시행)에 의거하여 실습기관에서는 현장실습학기제 참여 학생을 대상으로 산재보험 가입은 하여야 한다.

3. 대학생 현장실습생에 대한 현장실습비 처리방법

요건을 충족한 대학생 현장실습운영비는 근로소득 또는 기타소득이 아니므로 원천세 신고 대상에 해당하지 않으며 협약서(계약서)와 송금 영수증 등을 지출내역에 대한 증명서류로 보관하는 걸 권장하는 바이다.

3. 퇴직급여 지급을 위한 사용자 적립금액

퇴직급여로 지급되기 위하여 적립되는 급여는 근로소득에 포함하지 아니하며, 이때 근로자가 적립금액 등을 선택할 수 없는 것으로서 아래의 요건을 모두 충족하는 방법으로 적립하는 것을 말한다(소령 §38 ②, 소칙 §15의 4). 참고로 아래 요건을 모두 충족하는 경우 해당 소득은 퇴직소득에 포함된다.

① 퇴직급여제도의 가입 대상이 되는 근로자(임원을 포함) 전원이 적립할 것. 다만, 각 근로자가 다음 어느 하나에 해당하는 날에 향후 적립하지 아니할 것을 선택할 수 있는 것이어야 한다.

- 사업장에 적립 방식이 최초로 설정되는 날(해당 사업장에 최초로 근무하게 된 날에 적립방식이 이미 설정되어 있는 경우에는 최초로 퇴직급여제도의 가입 대상이 되는 날을 말함)
- 적립 방식이 변경되는 날

② 적립할 때 근로자가 적립 금액을 임의로 변경할 수 없는 적립 방식을 설정하고 그에 따라 적립할 것

③ 적립 방식이 사용자가 체결하는 계약에 명시되어 있을 것

④ 사용자가 퇴직연금계좌에 적립할 것

4. 공적연금 등 사용자 부담금

국민연금법, 공무원연금법, 사립학교교직원연금법, 군인연금법, 근로자퇴직급여보장법 또는 과학기술인공제회법에 따른 국가·지방자치단체 또는 사용자가 부담하는 부담금은 근로소득으로 보지 않는다(소법 §20의 3 ①, 소법 §22 ①, 소령 §38 ②).

5. 사내근로복지기금으로부터 받는 장학금 등

종업원이 사내근로복지기금으로부터 지급받는 자녀학자금은 지급되는 학자금의 원천이 출연금인지 또는 출연금의 수익금인지 여부에 관계없이 과세대상 근로소득에 해당하지 않는

다(재소득-67, 2003.12.13.). 사내근로복지기금이 기금의 용도사업으로 정관에 규정하고, 정관에 규정한 수혜대상자에게 용도사업의 일환으로 창립기념품을 지급하는 경우 동 기념품은 근로소득으로 보지 않는다(서면1팀-1366, 2007.10.8.).

실무 POINT **사내근로복지기금의 용도**

기금법인은 근로복지기본법 제62조 규정에 의해 그 수익금으로 다음의 사업을 행한다.

1. 근로자 주택구입자금의 보조, 우리사주 주식구입의 지원 등 근로자 재산형성을 위한 지원
2. 장학금, 재난구호금의 지급, 그 밖에 근로자의 생활원조
3. 모성보호 및 일과 가정생활의 양립을 위해 필요한 비용 지원
4. 기금법인 운영을 위한 경비지급
5. 근로복지시설로서 고용노동부령으로 정하는 시설에 대한 출자·출연 또는 같은 시설의 구입·설치 및 운영
6. 해당 사업으로부터 직접 도급받는 업체의 소속 근로자 및 해당 사업에의 파견근로자의 복리후생 증진
7. 사용자가 임금 기타 법령에 의해 근로자에게 행할 의무가 있는 것 외의 법령이 정하는 사업

6. 과세특례 적용을 받는 주식매수선택권(스톡옵션) 행사이익

창업자, 신기술사업자, 벤처기업 또는 부품·소재전문기업과 주권상장법인, 협회등록법인으로서 일정 요건을 갖춘 법인(벤처기업 및 부품·소재전문기업 등)의 종업원 등이 주식매수선택권을 2006.12.31.까지 부여받아 이를 행사함으로써 얻는 이익 중 연간 3,000만원 한도 내의 금액은 근로소득, 사업소득 또는 기타소득으로 보지 않는다(구조특법 §15 ①). 참고로 2007.1.1.부터 부여받은 주식매수선택권의 행사이익은 근로소득으로 과세된다.

| 과세특례 한도 |

부여 기간	특례대상 기준	특례한도
1999.12.31. 이전	주식의 매수가액	연간합계액 5천만원
2000.1.1.~2000.12.31.	주식의 매수가액	연간합계액 3천만원
2001.1.1.~2006.12.31.	행사이익	연간 3천만원

3 비과세 근로소득

다음에 해당하는 것은 비과세 근로소득으로 하며 근로소득으로 과세되지 않는다(소법 §12, 조특법 §18의 2·§88의 4·§100).

PART 4 원천징수

① 복무 중인 병(兵)이 받는 급여
② 법률에 따라 동원된 사람이 그 동원 직장에서 받는 급여
③ 산업재해보상보험법에 따라 수급권자가 받는 요양급여, 휴업급여, 장해급여, 간병급여, 유족급여, 유족특별급여, 장해특별급여, 장례비 또는 근로의 제공으로 인한 부상·질병·사망과 관련하여 근로자나 그 유족이 받는 배상·보상 또는 위자(慰藉)의 성질이 있는 급여
④ 근로기준법 또는 선원법에 따라 근로자·선원 및 그 유족이 받는 요양보상금, 휴업보상금, 상병보상금(傷病補償金), 일시보상금, 장해보상금, 유족보상금, 행방불명보상금, 소지품 유실보상금, 장례비 및 장제비
⑤ 고용보험법에 따라 받는 실업급여, 육아휴직 급여, 육아기 근로시간 단축 급여, 출산전후휴가 급여 등, 제대군인지원에관한법률에 따라 받는 전직지원금, 국가공무원법·지방공무원법에 따른 공무원 또는 사립학교교직원 연금법·별정우체국법을 적용받는 사람이 관련 법령에 따라 받는 육아휴직수당(사립학교법 제70조의2에 따라 임명된 사무직원이 학교의 정관 또는 규칙에 따라 지급받는 육아휴직수당으로서 월 150만원 이하 포함)
⑥ 국민연금법에 따라 받는 반환일시금(사망으로 받는 것만 해당한다) 및 사망일시금
⑦ 공무원연금법, 공무원재해보상법, 군인연금법, 군인재해보상법, 사립학교교직원연금법 또는 별정우체국법에 따라 받는 공무상요양비·요양급여·장해일시금·비공무상 장해일시금·비직무상 장해일시금·장애보상금·사망조위금·사망보상금·유족일시금·퇴직유족일시금·유족연금일시금·퇴직유족연금일시금·퇴역유족연금일시금·순직유족연금일시금·유족연금부가금·퇴직유족연금부가금·퇴역유족연금부가금·유족연금특별부가금·퇴직유족연금특별부가금·퇴역유족연금특별부가금·순직유족보상금·직무상유족보상금·위험직무순직유족보상금·재해부조금·재난부조금 또는 신체·정신상의 장해·질병으로 인한 휴직기간에 받는 급여
⑧ 법소정 학자금
⑨ 법소정 실비변상적(實費辨償的) 성질의 급여
⑩ 외국정부(외국의 지방자치단체와 연방국가인 외국의 지방정부를 포함) 또는 대통령령으로 정하는 국제기관에서 근무하는 사람으로서 대통령령으로 정하는 사람이 받는 급여. 다만, 그 외국정부가 그 나라에서 근무하는 우리나라 공무원의 급여에 대해 소득세를 과세하지 않는 경우만 해당
⑪ 국가유공자등예우및지원에관한법률 또는 보훈보상대상자지원에관한법률에 따라 받는 보훈급여금·학습보조비
⑫ 전직대통령예우에관한법률에 따라 받는 연금
⑬ 작전임무를 수행하기 위해 외국에 주둔 중인 군인·군무원이 받는 급여
⑭ 종군한 군인·군무원이 전사(전상으로 인한 사망을 포함한다. 이하 같다)한 경우 그 전사한 날이 속하는 과세기간의 급여
⑮ 국외 또는 남북교류협력에관한법률에 따른 북한지역에서 근로를 제공하고 받는 대통령령으로 정하는 급여
⑯ 국민건강보험법, 고용보험법 또는 노인장기요양보험법에 따라 국가, 지방자치단체 또는 사용자가 부담하는 보험료
⑰ 생산직 및 그 관련 직에 종사하는 근로자로서 급여 수준 및 직종 등을 고려하여 대통령령으로 정하는 근로자가 대통령령으로 정하는 연장근로·야간근로 또는 휴일근로를 하여 받는 급여

⑱ 근로자가 사내급식이나 이와 유사한 방법으로 제공받는 식사 기타 음식물 또는 근로자(식사 기타 음식물을 제공받지 아니하는 자에 한정)가 받는 월 20만원 이하의 식사대

⑲ 근로자 또는 그 배우자의 출산이나 자녀의 보육과 관련하여 사용자로부터 지급받는 다음의 급여

㉠ 근로자(사용자와 특수관계에 있는 자는 제외) 또는 그 배우자의 출산과 관련하여 자녀의 출생일 이후 2년 이내에 사용자로부터 최대 두 차례에 걸쳐 지급받는 급여(2021년 1월 1일 이후 출생한 자녀에 대하여 2024년 1월 1일부터 2024년 12월 31일 사이에 지급받은 급여를 포함) 전액

㉡ 근로자 또는 그 배우자의 해당 과세기간 개시일을 기준으로 6세 이하(6세가 되는 날과 그 이전 기간을 말함)인 자녀의 보육과 관련하여 사용자로부터 지급받는 급여로서 월 20만원 이내의 금액

⑳ 국군포로의송환및대우등에관한법률에 따른 국군포로가 받는 보수 및 퇴직일시금

㉑ 교육기본법 제28조 제1항에 따라 받는 장학금 중 대학생이 근로를 대가로 지급받는 장학금(고등교육법 제2조 제1호부터 제4호까지의 규정에 따른 대학에 재학하는 대학생에 한함)

㉒ 발명진흥법 제2조 제2호에 따른 직무발명으로 받는 보상금으로서 대통령령으로 정하는 금액

㉠ 발명진흥법 제2조 제2호에 따른 종업원 등이 같은 호에 따른 사용자 등으로부터 받는 보상금 중 연 700만원. 다만 보상금을 지급한 사용자등과 특수관계에 있는 자가 받는 보상금은 제외함 (2024.1.1. 이후 지급하는 소득분부터 적용함)

㉡ 대학의 교직원 또는 대학과 고용관계가 있는 학생이 소속 대학에 설치된 산업교육진흥및 산학연협력촉진에관한법률 제25조에 따른 산학협력단으로부터 같은 법 제32조 제1항 제4호에 따라 받는 보상금 중 연 700만원

㉓ 복리후생적 성질의 급여(2021.1.1.부터 시행)

㉔ 사업자나 법인이 생산·공급하는 재화 또는 용역을 그 사업자나 법인(독점규제 및 공정거래에 관한 법률에 따른 계열회사 포함)의 사업장에 종사하는 임원등에게 시가보다 낮은 가격으로 제공하거나 구입할 수 있도록 지원함으로써 해당 임원등이 얻는 이익 중 다음의 요건을 모두 충족하는 소득으로서 대통령령으로 정하는 금액 이하의 금액

㉠ 임원 또는 종업원 본인이 소비하는 것을 목적으로 제공받거나 지원을 받아 구입한 재화 또는 용역으로서 대통령령으로 정하는 기간 동안 재판매가 허용되지 아니할 것

㉡ 해당 재화 또는 용역의 제공과 관련하여 모든 임원등에게 공통으로 적용되는 기준이 있을 것

㉕ 보유기간 2(4)(6)년 이상 우리사주조합원의 우리사주인출 비과세특례

실무 POINT 국민연금 사용자 부담금과 신고되는 비과세

1. 국민연금 사용자 부담금

2012년까지 국민연금 등 사용자 부담금은 비과세 근로소득에 포함되었지만, 2013년부터는 근로소득으로 보지 않는 것으로 세법이 개정되었다.

2. 제출되는 비과세

근로소득 비과세는 원천징수이행상황신고서와 근로소득 지급명세서에 제출되는 비과세와 미제출 비과세로 구분할 수 있다. 예를 들면 실비변상적 목적의 차량보조금(20만원)비과세는 미제출 비과

세이므로 급여대장에만 해당 금액이 기입되면 되지만, 식대(20만원)와 보육수당(20만원)비과세는 제출되는 비과세이므로 급여대장뿐만 아니라 원천징수이행상황신고서와 지급명세서에도 해당 금액이 기입되어야 한다.

만약 종업원 1명에게 과세급여 3,000,000원, 차량보조금 비과세 200,000원, 보육수당 비과세 200,000원이 지급되는 경우 원천징수이행상황신고서 간이세액란의 총지급액에는 3,200,000원(=과세급여 3,000,000원+보육수당 비과세 200,000원)을 기입하고 근로소득 지급명세서에는 ⑬번 급여에 3,00,000원, ⑱-2 출산·보육수당란에 200,000원을 기입하는 것이다.

〈원천징수이행상황신고서〉

소득자 소득구분			코드	원천징수명세: 소득지급(과세 미달, 일부 비과세 포함) ④ 인원	⑤ 총지급액	징수세액: ⑥ 소득세 등	⑦ 농어촌특별세	⑧ 가산세	⑨ 당월 조정 환급세액	납부세액: ⑩ 소득세 등 (가산세 포함)	⑪ 농어촌특별세
근로소득	간이세액		A01	1	3,200,000						
	중도퇴사		A02								
	일용근로		A03								
	연말정산	합계	A04								
		분납신청	A05								
		납부금액	A06								
	가감계		A10								

〈근로소득 지급명세서〉

	구 분		주(현)	종(전)	⑯-1 납세조합	합 계
I 근무처별소득명세	⑨ 근 무 처 명					
	⑩ 사업자등록번호					
	⑪ 근무기간			~	~	~
	⑫ 감면기간		~	~	~	~
	⑬ 급 여		3,000,000			
	⑭ 상 여					
	~ 생략 ~					
	⑯ 계		3,000,000			
	⑱ 국외근로	M0X				
	⑱-1 야간근로수당	O0X				
	⑱-2 출산보육수당	Q0X	200,000			
	~ 생략 ~					
	⑳ 비과세소득 계		200,000			

실무상 회계·인사 프로그램을 활용하여 근로소득에 대한 원천징수신고를 하는 것이 일반적이므로 신고되는 비과세를 입력하고자 할 경우 해당 비과세 관련 코드 설정을 정확하게 하여 비과세를 입력하여야 할 것이며 급여대장상 근로소득과 신고되는 비과세의 합이 원천징수이행상황신고서상 총지급액(근로소득+신고되는 비과세)과 일치되는지 여부를 확인하는 업무처리가 될 수 있도록 유의하자.

비과세 근로소득 중 주요 비과세 근로소득 내용을 정리하면 다음과 같다.

1. 비과세 학자금

(1) 본인학자금

초·중등교육법 및 고등교육법에 의한 학교와 국민평생직업능력개발법에 따른 직업능력개발 훈련시설의 입학금·수업료·수강료, 그 밖의 공납금 중 다음의 요건을 갖춘 학자금을 회사로부터 받는 경우 이는 비과세된다(소법 §12 3호 아목, 소령 §11).

① 당해 근로자가 종사하는 사업체의 업무와 관련 있는 교육·훈련을 위해 받는 것(업무연관성)

② 당해 근로자가 종사하는 사업체의 규칙 등에 의해 정해진 지급기준에 따라 받는 것(지급기준 유무)

③ 교육·훈련기간이 6월 이상인 경우 교육·훈련 후 당해 교육기간을 초과하여 근무하지 않은 때에는 지급받는 금액을 반납할 것을 조건으로 하여 받는 것(추가 근무조건 여부)

(2) 자녀학자금

자녀학자금은 사내근로복지기금을 통해서 지급되는 경우를 제외하고는 예외 없이 과세한다(소령 §38 ① 2호).

| 비과세 학자금과 비과세되지 않는 학자금(소행 12-11-1) |

비과세 학자금	비과세되지 않는 학자금
• 대학원 납입한 학자금 • 출자임원에 대한 학자금 • 해외 MBA과정에 납입한 학자금	• 사설 어학원 수강을 지원하는 교육훈련비 • 자치회비 및 교재비 • 자녀학자금 • 학비보조금(또는 연수비)

| [예규] 학자금 관련 |

① 사설학원수강료

사설어학원 수강을 지원하는 교육훈련비는 비과세소득으로 보는 학자금에 해당하지 않음(서면1팀-1499, 2004.11.8.)

② 최고경영자 과정 대학원 등록금의 비과세 여부

종업원이 회사로부터 지급받는 학자금은 근로소득에 포함되나 회사에서 소속 종업원(임원포함)에게 지원하는 학비에 대한 비과세 갖춘 학자금은 근로소득세를 비과세하는 것임. 단, 자치회비 또는 교재비는 근로소득 과세임(원천-798, 2009.9.25., 서면1팀-1673, 2007.12.6., 서면2팀-17, 2005.1.3.)

③ 퇴직자가 지급받는 창업교육훈련비 등

법인이 퇴직자 혹은 퇴직예정자들에게 퇴직 후 안정적인 정착 및 적응을 위해 실시하는 교육과 관련하여 회사가 부담하는 교육비는 퇴직위로금 등으로서 근로자의 근로소득에 해당함(서면1팀-440, 2008.3.28.)

PART 4 원천징수

| 학자금의 과세 여부 |

구 분	지출형태		근로소득 과세 여부
근로자 본인 학자금	특정 입학금·수업료·수강료 및 기타 공납금	요건만족	비과세
		요건불만족	과세
	사설학원 수강료		과세
	퇴직자의 창업훈련비		과세
	학자금 대여액		과세제외
자녀 학자금	사내근로복지기금의 학자금 지원액		과세제외
	그 외 학자금 지원액		과세

2. 실비변상적 성질의 급여(소법 §12 3호 자목, 소령 §12)

(1) 자가운전보조비

종업원이 소유하거나 본인 명의로 임차한 차량(부부공동명의는 포함하나 그 외 공동명의는 포함하지 않음)을 종업원이 직접 운전하여 사용자의 업무에 활용하고, 시내출장 등 소요되는 실제여비를 지급받는 대신에 그 소요경비를 당해 사업체의 규칙 등에 의해 정해진 지급기준에 따라 지급받는 금액 중 월 20만원 이내의 금액을 비과세 적용한다.

| [관련 기본통칙] 자기차량운전보조금을 지급받는 경우의 근로소득금액 |

> 종업원이 시내출장 등에 따른 여비를 별도로 지급받으면서 연액 또는 월액의 자기차량운전보조금을 지급받는 경우 시내출장 등에 따라 소요된 실제여비는 실비변상적인 급여로 비과세하나, 자기차량운전보조금은 소득세법시행령 제38조 제1항 제10호의 규정에 의한 근로소득에 포함한다(소통 12-12…1).

실무 POINT 출퇴근 차량과 출퇴근 수당을 지급하는 경우의 근로소득

출퇴근이 불가능한 근로자에게 출근(통근)차량을 제공하는 경우는 근로소득으로 보지 않는 것이나 직원의 출·퇴근의 편의를 위하여 지급하는 교통보조금은 시내 출장 등에 소요된 실제 여비가 아닌 소득세법에 따른 근로소득에 해당하는 것이다(원천-597, 2012.11.7.).

| 차량보조금의 과세 여부 |

구 분	근로소득 과세 여부
출퇴근 차량(통근차량)제공	과세제외
출퇴근보조금(통근수당) 지급	과세

구 분			근로소득 과세 여부
자가운전보조금	본인이 소유하거나 본인 명의로 임차한 차량 (기타요건은 충족)		비과세
	공동명의 차량 (기타요건은 충족)	부부 공동명의	비과세
		그 외	과세
	자가운전보조금을 지원받으면서 시내교통비를 함께 지급받는 경우		시내교통비는 여비교통비 자가운전보조금은 과세
	자가운전보조금을 지원받으면서 시외교통비를 함께 지급받는 경우		시외교통비는 여비교통비 자가운전보조금은 비과세
	이중근로자 (2 이상의 회사로부터 각각 자가운전보조금 수령)		지급하는 회사별로 20만원 비과세 가능

(2) 일직료·숙직료 또는 여비로서 실비변상 정도의 금액

일직·숙직료에 대한 실비변상 정도의 금액에 대한 판단은 회사의 사규 등에 의해 그 지급기준이 정해져 있고 사회통념상 타당하다고 인정되는 범위 내에서는 비과세되는 급여로 보는 것이며, 이때 숙직료 등을 월단위로 모아서 지급한다 할지라도 1일 숙직료 등을 기준으로 판단한다.

실무 POINT **해외 출장경비 등의 근로소득 여부**

1. 해외근무에 따른 귀국휴가여비(소행 12-12-3)

국외에 근무하는 내국인근로자 또는 국내에 근무하는 외국인근로자의 본국휴가에 따른 여비는 다음의 조건과 범위 내에서 소득세법시행령 제12조 제3호에서 규정하는 실비변상적 급여로 본다.

① 조건

㉠ 회사의 사규 또는 고용계약서 등에 본국 이외의 지역에서 1년 이상 근무(1년 이상 근무하기로 규정된 경우를 포함한다)한 근로자에게 귀국여비를 회사가 부담하도록 되어 있을 것

㉡ 해외근무라고 하는 근무환경의 특수성에 따라 직무수행상 필수적이라고 인정되는 휴가일 것

② 실비변상적 급여로 보는 범위

왕복교통비(항공기의 운행관계상 부득이한 사정으로 경유지에서 숙박한 경우 그 숙박료를 포함한다)로서 가장 합리적 또는 경제적이라고 인정되는 범위 내의 금액에 한하며, 관광여행이라고 인정되는 부분의 금액은 제외된다.

2. 해외출장여비의 실비변상적 급여의 범위(소행 12-12-4)

① 회사의 업무수행을 위하여 근로자가 해당 회사의 '해외출장비 지급기준'에 따라 지급받는 출장비로 출장목적, 출장지, 출장기간 등을 감안하여 실지 소요되는 비용을 충당할 정도의 범위 내에서 지급하는 경우 실비변상적인 성질의 급여에 해당되어 비과세 된다.

② 종업원이 업무수행을 위한 해외출장으로 인하여 실제 소요된 항공료 · 숙박비를 선지출하고 해당 법인으로부터 그 지출한 금액을 정산하여 지급받는 경우로서 해당 해외출장 비용이 소득세법에서 규정한 증빙(신용카드매출전표, 현금영수증, 세금계산서, 계산서)에 의하여 확인되는 때에는 동 금액은 해당 종업원의 근로소득에 해당하지 않는다.

(3) 그 외 실비변상으로 보는 비과세 급여

① 법령·조례에 의한 위원회 등의 보수를 받지 않는 위원(학술원 및 예술원의 회원을 포함) 등이 받는 수당

② 선원법에 의해 승선 중인 선원에게 공급하는 식료에 대해서는 비과세되는 것이나, 휴가기간 동안에 지급받는 급식비는 이에 포함되지 않는다(구 소통 12-12…2 ①).

③ 법령·조례에 의해 제복을 착용해야 하는 자가 받는 제복·제모 및 제화

④ 병원·시험실·금융회사 등·공장·광산에서 근무하는 사람 또는 특수한 작업이나 역무에 종사하는 사람이 받는 작업복이나 그 직장에서만 착용하는 피복(被服)

⑤ 특수분야에 종사하는 군인이 받는 낙하산강하위험수당·수중파괴작업위험수당·잠수부위험수당·고전압위험수당·폭발물위험수당·항공수당·비무장지대근무수당·전방초소근무수당·함정근무수당 및 수륙양용궤도차량승무수당, 특수분야에 종사하는 경찰공무원이 받는 경찰특수전술업무수당과 경호공무원이 받는 경호수당

⑥ 선원법의 규정에 의한 선원으로서 기획재정부령이 정하는 자(제16조 및 제17조의 규정을 적용받는 자를 제외)가 받는 월 20만원 이내의 승선수당, 경찰공무원이 받는 함정근무수당·항공수당 및 소방공무원이 받는 함정근무수당·항공수당·화재진화수당

✔ 국외근로소득 및 야간수당 등에 대해 비과세를 적용받는 선원에 대해서는 승선수당 비과세 규정을 적용하지 않는다.

⑦ 광산근로자가 받는 입갱수당 및 발파수당

⑧ 다음 어느 하나에 해당하는 자가 받는 연구보조비 또는 연구활동비 중 월 20만원 이내의 금액

㉠ 유아교육법, 초·중등교육법 및 고등교육법에 따른 학교 및 이에 준하는 학교(특별법에 따른 교육기관을 포함)의 교원

㉡ 특정연구기관육성법의 적용을 받는 연구기관, 특별법에 따라 설립된 정부출연연

구기관, 지방자치단체출연연구원의설립및운영에관한법률에 따라 설립된 지방자치단체출연연구원에서 연구활동에 직접 종사하는 자(대학교원에 준하는 자격을 가진 자에 한함) 및 직접적으로 연구활동을 지원하는 자. 다만, 직접적으로 연구활동을 지원하는 자에는 특정연구기관육성법의 적용을 받는 연구기관, 특별법에 따라 설립된 정부출연연구기관, 지방자치단체출연연구원의설립및운영에관한법률에 따라 설립된 지방자치단체출연연구원의 종사자 중 다음에 해당하는 경우는 제외한다.

• 건물의 방호·유지·보수·청소 등 건물의 일상적 관리에 종사하는 자

• 식사제공 및 차량의 운전에 종사하는 자

㉢ 기초연구진흥및기술개발지원에관한법률시행령 제16조 제1항 제1호 또는 제3호에 따른 중소기업 또는 벤처기업의 기업부설연구소와 같은 조 제2항에 따라 설치하는 연구개발전담부서(중소기업 또는 벤처기업에 설치하는 것으로 한정한다)에서 연구활동에 직접 종사하는 자

⑨ 국가 또는 지방자치단체가 지급하는 다음 어느 하나에 해당하는 것

㉠ 영유아보육법시행령 제24조 제1항 제7호에 따른 비용 중 보육교사의 처우개선을 위해 지급하는 근무환경개선비

㉡ 유아교육법시행령 제32조 제1항 제2호에 따른 사립유치원 수석교사·교사의 인건비

㉢ 전문과목별 전문의의 수급 균형을 유도하기 위해 전공의(專攻醫)에게 지급하는 수련보조수당

⑩ 방송법에 따른 방송, 뉴스통신진흥에관한법률에 따른 뉴스통신, 신문등의진흥에관한법률에 따른 신문(일반일간신문, 특수일간신문 및 인터넷신문을 말하며, 해당 신문을 경영하는 기업이 직접 발행하는 잡지등정기간행물의진흥에관한법률에 따른 정기간행물을 포함한다)을 경영하는 언론기업 및 방송법에 따른 방송채널사용사업에 종사하는 기자(해당 언론기업 및 방송법에 따른 방송채널사용사업에 상시 고용되어 취재활동을 하는 논설위원 및 만화가를 포함한다)가 취재활동과 관련하여 받는 취재수당 중 월 20만원 이내의 금액. 이 경우 취재수당을 급여에 포함하여 받는 경우에는 월 20만원에 상당하는 금액을 취재수당으로 본다.

⑪ 근로자가 벽지에 근무함으로 인해 받는 월 20만원 이내의 벽지수당

실무 POINT 벽지의 범위

벽지수당이 적용되는 벽지의 범위는 다음과 같다(소칙 §7).

① 「공무원 특수지근무수당 지급대상지역 및 기관과 그 등급별 구분에 관한 규칙」 별표 1의 지역

② 「지방공무원 특수지근무수당 지급대상지역 및 기관과 그 등급별 구분에 관한 규칙」 별표 1의 지역(같은 표 제1호의 벽지지역과 제2호의 도서지역 중 군지역의 경우 지역 및 등급란에 규정된 면지역 전체를 말함)

③ 도서·벽지교육진흥법시행규칙 별표의 지역

④ 광업법에 의해 광업권을 지정받아 광구로 등록된 지역

⑤ 소득세법시행규칙 별표 1의 의료취약지역

- 의료법 제2조에 규정하는 의료인(보건복지부장관의 면허를 받은 의사·치과의사·한의사·조산사·간호사)의 경우로 한정

[별표 1] 의료취약지역

구 분	지 역
1. 경기도	연천군
2. 강원도	양양군·고성군·화천군·양구군·평창군·횡성군·인제군·철원군·영월군·정선군
3. 충청북도	증평군·괴산군·단양군·보은군·옥천군·영동군·진천군
4. 충청남도	청양군·태안군·당진군
5. 전라북도	장수군·무주군·진안군·임실군·순창군
6. 전라남도	신안군·완도군·담양군·곡성군·진도군·강진군·장흥군·구례군·무안군·함평군·장성군·고흥군
7. 경상북도	울릉군·영양군·군위군·고령군·성주군·울진군·청송군·봉화군·예천군·영덕군·청도군
8. 경상남도	산청군·고성군·함양군·남해군·의령군·거창군·하동군·함안군·합천군

⑫ 근로자가 천재·지변 기타 재해로 인해 받는 급여

⑬ 수도권정비계획법 제2조 제1호에 따른 수도권 외의 지역으로 이전하는 국가균형발전특별법 제2조 제9호에 따른 공공기관의 소속 공무원이나 직원에게 한시적으로 지급하는 월 20만원 이내의 이전지원금

⑭ 종교관련종사자가 소속 종교단체의 규약 또는 소속 종교단체의 의결기구의 의결승인·등을 통하여 결정된 지급 기준에 따라 종교 활동을 위하여 통상적으로 사용할 목적으로 지급받은 금액 및 물품

3. 국외근로소득

① 국외 또는 남북교류협력에관한법률에 따른 북한지역(이하 '국외 등')에서 근로를 제공(원양산업발전법에 따라 허가를 받은 원양어업용 선박 또는 국외 등을 항행하는 선박이나 항공기에서 근로를 제공하는 것 포함)하고 받은 보수 중 월 100만원(원양어업선박, 국외 등을 항행하는 선박에서 근로를 제공하고 받는 보수와 국외 등의 건설현장에서 근로를 제공하고 받는 보수의 경우 월 500만원,

참고로 2023년까지는 월 300만원이었음) 이내의 금액. 이 경우 그 근로의 대가를 국내에서 받는 경우를 포함한다(소법 §12 3호 거목, 소령 §16 ① 1호).

실무 POINT 국외근로소득 비과세 적용 범위

1. 국외 등의 건설현장 등에서 근무시 비과세 적용

국외 등의 건설현장 등은 국외 등의 건설공사 현장과 그 건설공사를 위해 필요한 장비 및 기자재의 구매, 통관, 운반, 보관, 유지·보수 등이 이루어지는 장소를 포함하며(소칙 §8 ②), 국외건설현장의 근로에는 설계 및 감리업무를 포함한다.

2. 원천징수의무자에 따라 국외근로자 비과세 규정 적용이 달라지는지 여부

해외 주재원의 급여를 국내 법인에서 해외주재원에게 직접 급여를 지급하는 형태뿐만 아니라 해외 현지법인 또는 국내법인의 자회사인 해외 현지법인에서 근로소득을 지급받는 임직원에 대해서도 비과세를 적용하는 것이므로 국외근로비과세는 근로의 대가를 국외뿐 아니라 국내에서 받는 경우를 포함한다(서면원천 2024-2794, 2024.11.21.).

| 관련 기본통칙 |

- **소득세법기본통칙 12-16…4【국외근로소득에 대한 과세 방법】**

  국외근로소득은 월 100만원(또는 500만원)을 공제하고 과세하며, 당해 월의 국외근로소득이 월 100만원(또는 500만원) 이하인 경우에는 그 급여를 한도로 하여 비과세하며, 당해 월의 국외근로소득이 100만원(또는 500만원) 이하가 될 때에는 그 부족액은 다음 달 이후의 급여에서 이월하여 공제하지 않는다. 이 경우 공제금액을 계산함에 있어서 국외근무기간이 1월 미만인 경우에는 1월로 본다. 또한 당해 월의 근로소득에는 당해 월에 귀속하는 국외근로로 인한 상여 등을 포함한다.

- **소득세법기본통칙 12-16…2【원양어선의 선원이 보합금을 받는 경우의 비과세소득】**

  원양어선에 승선한 선원이 근로의 대가를 구 소득세법시행령 제49조 제2항에 규정하는 보합금 등의 방법으로 지급받는 경우 보합금으로 지급받는 금액을 어로기간의 월수로 나눈 금액을 매월 지급받은 것으로 보아 국외근로소득 비과세를 적용한다.

- **소득세법기본통칙 12-16…3【외국항행 선박의 승무원이 받는 급여의 국외근로소득 포함 범위】**

  ① 국외에서 근로를 제공할 것을 조건으로 고용된 자의 국내근로소득(대기기간의 급여 등)은 국외근로소득에 포함하지 않는다.

  ② 원양어업선박 또는 외국항행선박이 수리 및 정비 등의 사유로 국내에 체재하는 기간 중 동 선박의 승무원으로 고용된 거주자의 국내체재기간에 해당되는 급여는 국외근로소득에 포함한다.

PART 4 원천징수

② 공무원(외무공무원법 제32조에 따른 재외공관 행정직원과 이와 유사한 업무를 수행하는 사람으로서 기획재정부장관이 정하여 고시하는 사람 포함), 대한무역투자진흥공사법에 따른 대한무역투자진흥공사, 한국관광공사법에 따른 한국관광공사, 한국국제협력단법에 따른 한국국제협력단, 한국국제보건의료재단법에 따른 한국국제보건의료재단 및 한국산업인력공단법에 따른 한국산업인력공단 및 중소기업진흥에 관한 법률에 따른 중소벤처기업진흥공단의 종사자가 국외 등에서 근무하고 받는 수당 중 해당 근로자가 국내에서 근무할 경우에 지급받을 금액상당액을 초과하여 받는 금액 중 실비변상적 성격의 급여로서 외교부장관이 기획재정부장관과 협의하여 고시하는 금액

③ 근로소득을 외화로 지급받을 경우의 원화 환산

거주자가 근로소득을 외화로 지급받은 때에는 당해 급여를 지급받은 날 현재 외국환거래법에 의한 기준환율 또는 재정환율[서울외국환중개주식회사의 홈페이지(www.smbs.biz) → 환율조회 → 오늘의 환율]에 의해 환산한 금액을 근로소득으로 하며, 이 경우 급여를 정기급여 지급일 이후에 지급받은 때에는 정기급여일 현재 기준환율 등에 의해 환산한 금액을 당해 근로소득으로 본다(소칙 §16 ①).

사례 해외취업 근로자(월 100만원 비과세 한도 적용)의 비과세 국외근로소득 계산

문 해외주재원 월급여액이 다음과 같은 경우 국외근로소득 비과세금액은?

1월 ~ 3월 : 월 80만원, 4월 ~ 6월 : 월 170만원

7월 ~ 9월 : 월 180만원, 10월 ~ 12월 : 월 200만원

답 비과세 국외근로소득 1,140만원

⇒ (1월~3월 : 80만원×3) + (4월~12월 : 100만원×9)

✔ 1월~3월 급여액 중 100만원에 미달하는 금액은 이월하여 비과세를 적용하지 않는다.

4. 생산직근로자가 받는 야간근로수당 등

생산직 및 그 관련직에 종사하는 근로자로서 급여수준 및 직종 등을 고려하여 월정액급여 210만원 이하로서 직전 과세기간의 총급여액이 3,000만원 이하인 근로자(일용근로자 포함)가 근로기준법에 따른 연장근로·야간근로 또는 휴일근로를 하여 통상임금에 더하여 받는 급여는 일정한도 내에서 비과세가 적용된다(소법 §12 3호 더목, 소령 §17, 소칙 §9).

(1) 생산직 및 그 관련직에 종사하는 근로자

① 공장 또는 광산에서 근로를 제공하는 자로서 통계청장이 고시하는 한국표준직업분류에

의한 생산 및 관련 종사자 중 소득세법시행규칙 별표 2에 규정된 직종에 종사하는 근로자

② 어업을 영위하는 자에게 고용되어 근로를 제공하는 자로서 어선에 승무하는 선원. 다만, 선원법 제2조 3호의 규정에 의한 선장은 포함하지 않는다.

③ 운전 및 운송 관련직 종사자, 돌봄·미용·여가 및 관광·숙박시설·조리 및 음식 관련 서비스직 종사자, 매장 판매 종사자, 상품 대여 종사자, 통신 관련 판매직 종사자, 운송·청소·경비·가사·음식·판매·농림·어업·계기·자판기·주차관리 및 기타 서비스 관련 단순 노무직 종사자 중 소득세법 시행규칙 별표 2에 규정된 직종에 종사하는 자(2021년 개정)

실무 POINT 생산 및 그 관련직에 종사하는 근로자 해당 여부

- '공장'이라 함은 제조시설 및 그 부대시설을 갖추고 한국표준산업분류상의 제조업을 영위하기 위한 사업장을 말하는 것이므로 건설업체 등의 직원으로서 공장의 제조·생산시설의 설치 또는 유지·보수용역을 제공하는 자는 동 규정에 의한 '공장에서 근로를 제공하는 자'에 포함하지 아니함(소통 12-17…1)
- 제조업을 영위하는 자로부터 제조공정의 일부를 도급받는 용역업체(예 소사장제)에 고용된 자로서 당해 제조업체의 공장내에서 실질적인 생산활동에 종사하는 자는 생산직근로자에 해당
- 작업반(조)장·직공반장 등이 주로 자기통제하에 있는 생산직근로자와 동일한 형태의 작업에 직접 참여하면서 작업의 수행을 통제하는 부가적인 직무를 수행하는 경우에는 작업반(조)장·직공반장도 생산직근로자에 해당
- 통상 단위작업에 직접적으로 참여하지 않고 근로자들의 일상작업 활동을 기획·조직·통제하는 경우에는 생산부서 관리직으로서 비과세되는 생산직 근로자에 해당되지 않음
- 자동차 정비공장은 공장에 포함되고, 견습공은 그가 배우고 있는 직종에 따라 분류
- 광업법 제3조의 법정광물 이외의 석재(화강암 등)를 채굴, 쇄석하여 골재를 생산하는 장소에서 종사하는 자는 생산직근로자에 포함되지 않음(단, 골재채취장은 공장이나 광산에 포함되지 않음)
- 건설업을 영위하는 업체의 건설현장에서 근로를 제공하는 일용근로자는 소득세법시행령 제17조 제1항 제1호에 규정하고 있는 '공장 또는 광산에서 근로를 제공하는 자'에 해당하지 않으므로 동 건설용역근로자가 연장시간근로·야간근로 또는 휴일근로로 인해 받는 급여는 과세대상 근로소득에 해당

[관련 법률] 소득세법시행규칙 별표 2(2021.3.16.)

[별표 2] 생산직 및 관련직의 범위(제9조 제1항 관련)

직 종			한국표준 직업분류번호
연 번	대분류	중분류, 소분류 또는 세분류	
1	서비스 종사자	돌봄 서비스직 미용 관련 서비스직 여가 및 관광 서비스직 숙박시설 서비스직 조리 및 음식 서비스직	4211 422 4321 4322 44
2	판매 종사자	매장 판매 및 상품 대여직 통신 관련 판매직	52 531
3	기능원 및 관련 기능 종사자	식품가공 관련 기능직 섬유·의복 및 가죽 관련 기능직 목재·가구·악기 및 간판 관련 기능직 금속 성형 관련 기능직 운송 및 기계 관련 기능직 전기 및 전자 관련 기능직 정보 통신 및 방송장비 관련 기능직 건설 및 채굴 관련 기능직 기타 기능 관련직	71 72 73 74 75 76 77 78 79
4	장치·기계 조작 및 조립 종사자	식품가공 관련 기계 조작직 섬유 및 신발 관련 기계 조작직 화학 관련 기계 조작직 금속 및 비금속 관련 기계 조작직 기계 제조 및 관련 기계 조작직 전기 및 전자 관련 기계 조작직 운전 및 운송 관련직 상하수도 및 재활용 처리 관련 기계 조작직 목재·인쇄 및 기타 기계 조작직	81 82 83 84 85 86 87 88 89
5	단순노무 종사자	건설 및 광업 관련 단순 노무직 운송 관련 단순 노무직 제조 관련 단순 노무직 청소 및 경비 관련 단순 노무직 가사·음식 및 판매 관련 단순 노무직 농림·어업 및 기타 서비스 단순 노무직	91 92 93 94 95 99

비고 : 위 표의 한국표준직업분류번호는 통계청 고시 제2017-191호(2017. 7. 3.) 한국표준직업분류에 따른 분류번호로서 2단위 분류번호(44, 52, 71, 72, 73, 74, 75, 76, 77, 78, 79, 81, 82, 83, 84, 85, 86, 87, 88, 89, 91, 92, 93, 94, 95, 99)는 중분류 직종, 3단위 분류번호(422, 531)는 소분류 직종, 4단위 분류번호(4211, 4321, 4322)는 세분류 직종의 분류번호임

(2) 월정액급여 요건

① 월정액급여는 매월 직급별로 받는 봉급·급료·보수·임금·수당, 그 밖에 이와 유사한 성질의 급여(해당 과세기간 중에 받는 상여 등 부정기적인 급여와 소득세법시행령 제12조에 따른 실비변상적 성질의 급여 및 소득세법시행령 제17조의 4에 따른 복리후생적 성질의 급여는 제외)의 총액에서 근로기준법에 따른 연장근로·야간근로 또는 휴일근로를 하여 통상임금에 더하여 받는 급여 및 선원법에 따라 받는 생산수당(비율급으로 받는 경우에는 월 고정급을 초과하는 비율급을 말한다)을 뺀 급여를 말한다.

② 생산직 및 그 관련직에 종사하는 근로자가 야간근로수당 등의 비과세를 적용받기 위해서는 월정액급여가 210만원 이하인 경우에 한한다.

> 월정액급여＝급여총액－(상여 등 비정기적인 급여
> ＋실비변상적 성질의 급여＋복리후생적 성질의 급여＋시간외근무수당)

(3) 총급여액 요건

생산직 및 그 관련직에 종사하는 근로자가 연장근로수당 등에 대해 비과세를 적용받기 위해서는 월정액급여 요건뿐만 아니라 직전 과세기간의 소득세법 제20조 제2항에 따른 총급여액이 3,000만원 이하인 근로자에 해당해야 한다.

실무 POINT **야간근로수당 등의 비과세 대상 급여 기준 적용방법**

월정액급여=급여의 총액-야간근로 수당 등

① 급여의 총액은 매월 지급받는 봉급·급료·보수·임금·수당, 그 밖에 이와 유사한 성질의 급여의 합계액(다만, 상여 등 부정기적인 급여와 실비변상적인 급여 및 복리후생적 성질의 급여 제외)

② 비과세되는 식사대는 실비변상적인 급여에 해당하지 않으므로 월정액급여 계산 시 차감하지 않도록 주의

③ 상여금을 매월 급여항목으로 지급받는 경우에는 월정액급여 계산 시 차감하지 않음
- 상여금지급규정에 의해 2개월에 한 번씩 지급받는 상여금은 부정기적인 급여에 해당

④ 야간근로수당 등 크기가 매월 변동되더라도 매월 계산되는 급여항목인 경우에는 급여총액에 포함

⑤ 임금협상 결과 1월분부터 소급인상하기로 함에 따라 이미 지급된 급여와 인상금액과의 차액을 소급하여 지급하는 경우 월정액급여의 계산은 1월분부터 인상된 금액으로 재계산

(4) 비과세금액 한도

① 근로기준법에 의한 연장근로·야간근로 또는 휴일근로를 하여 통상임금에 더하여 받는 급여 중 연 240만원 이하의 금액은 비과세하나, 광산근로자 및 일용근로자는 연 240만원을 초과하더라도 전액 비과세한다.

- 월정액급여 210만원을 초과하는 달에 받는 연장·야간 또는 휴일근로수당(주휴수당 포함)은 모두 과세

② 어선에 승무하는 선원(선장 제외)의 경우 선원법에 의해 받는 생산수당(비율급으로 받는 경우 월 고정급을 초과하는 비율급) 중 연 240만원 이내의 금액에 대해 비과세한다.

사례 생산직근로자의 연장근로수당 등의 비과세 적용

문 ㈜민후는 홍길동을 생산직으로 고용하다. 종업원 홍길동의 당월 급여내역이 다음과 같을 때 종업원 홍길동이 지급받은 연장시간근로수당 10만원에 대한 비과세 여부를 판단하라. 단, 홍길동의 직전연도 총급여액(비과세제외)은 3,000만원이었다.

1) 급여총액 : 280만원
2) 보너스 : 50만원은 급여총액에 포함되어 있음
3) 자가운전보조금 15만원, 연장시간근로수당 10만원, 식대 20만원, 보육수당 10만원은 급여총액 280만원에 포함되어 있음

답

1) 홍길동의 월정액급여=280만원－보너스 50만원－실비변상적 성질의 급여 15만원－연장근로수당 10만원=205만원. 식대와 보육수당은 월정액급여에 포함되는 것임
2) 홍길동은 직전연도 총급여액이 3,000만원 이하이고 월정액급여가 210만원 이하이므로 연장시간근로수당 10만원은 비과세됨

실무 POINT 통상임금에 가산하여 지급받는 급여의 범위

1. 통상임금에 가산하여 지급받는 급여【근로기준법 제56조, 연장·야간 및 휴일 근로】

사용자는 연장근로(제53조·제59조 및 제69조 단서에 따라 연장된 시간의 근로)와 야간근로(오후 10시부터 다음 날 오전 6시까지 사이의 근로) 또는 휴일근로에 대해서는 통상임금의 100분의 50 이상을 가산하여 지급해야 한다.

- 연장시간근로(통상임금의 50% 가산하여 지급)

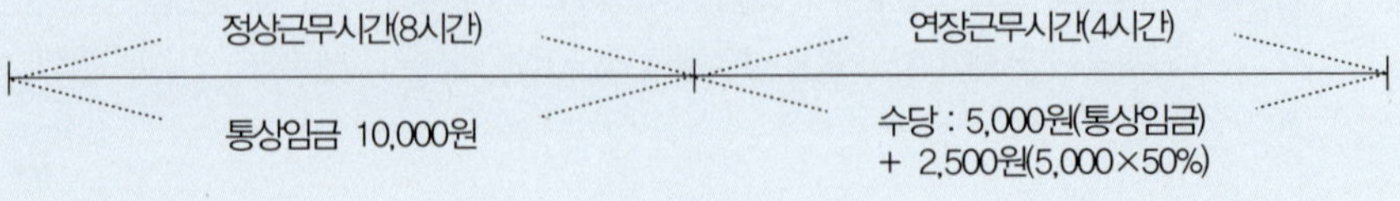

⇨ 연장시간근로수당 : 5,000원+2,500원=7,500원

• 휴일근로(8시간 근로, 통상임금의 50% 가산하여 지급)

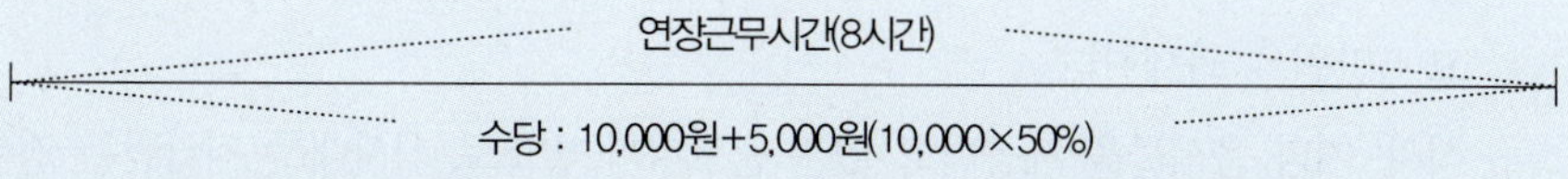

⇨ 휴일근로수당 : 10,000원+5,000원=15,000원

• 야간(22:00~06:00)에 연장근로(4시간)하는 경우(통상임금의 50% 가산하여 지급)

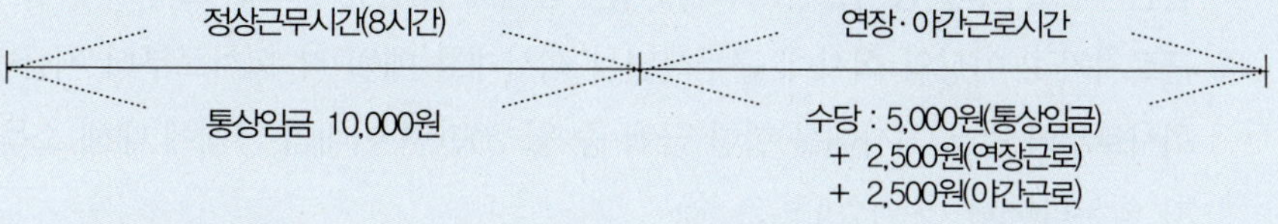

⇨ 야간·연장근로시간 수당 : 5,000원+2,500원+2,500원=10,000원

2. 생산직근로자의 연장·야간·휴일근로수당의 비과세 급여란?

생산직근로자가 받는 야간근무수당 등의 비과세 규정을 적용함에 있어 근로기준법에 의한 연장시간근로·야간근로 또는 휴일근로로 인하여 통상임금에 가산하여 받는 급여란 연장시간근로 등으로 인하여 지급받는 급여의 총액을 말하는 것임(서면 1팀-1579, 2006.11.21.).

5. 식사대 등

근로자가 사용인으로부터 현물 식사 또는 금전으로 식사대를 제공받을 경우 당해 식사 또는 식사대의 비과세 해당 여부는 다음과 같이 판단한다(소법 §12 3호 러목).

① 근로자가 사내급식 또는 이와 유사한 방법으로 제공받는 식사 기타 음식물은 비과세한다. 비과세되는 식사·기타 음식물이라 함은 사용자가 무상으로 제공하는 음식물로서 다음의 요건에 해당해야 한다(소통 12-0…3 ①).

• 통상적으로 급여에 포함되지 않음
• 음식물의 제공 여부로 급여에 차등이 없음
• 사용자가 추가부담하여 제공

② 사용자가 기업 외부의 음식업자와 식사·기타 음식물 공급계약을 체결하고 그 사용자가 교부하는 식권에 의해 제공받는 식사·기타 음식물로서 당해 식권이 현금으로 환급할 수 없고, 통상적으로 급여에 포함되지 않고, 음식물의 제공 여부로 급여에 차등이 없으며, 사용자가 추가부담으로 제공하는 경우 비과세되는 식사·기타 음식물로 본다(소통 12-0…3 ②).

③ 식사·기타 음식물을 제공받지 아니하는 근로자가 식사대를 월 20만원 이상 지급받는

경우에는 월 20만원까지 비과세되는 식사대로 본다(소통 12-0…3 ③). 예를 들면 회사로부터 음식물을 제공받지 않고 식사대로 매월 25만원을 지급받는 경우 20만원은 비과세하고 5만원은 과세한다.

④ 식사·기타 음식물을 제공받고 있는 근로자가 별도로 식사대를 지급받는 경우에는 식사·기타 음식물에 한하여 비과세되는 급여로 본다. 다만, 다른 근로자와 함께 일률적으로 급식수당을 지급받고 있는 근로자가 야간근무 등 시간외 근무를 하는 경우에 별도로 제공받는 식사·기타 음식물은 비과세되는 급여에 포함한다(소통 12-0…3 ④).

⑤ 근로자가 2 이상의 회사에 근무하면서 식사대를 매월 각 회사로부터 지급받는 경우 각 회사로부터 받은 식사대를 합한 금액 중 월 20만원 이내의 금액에 대해 소득세를 과세하지 않는다(소행 12-17의 2-1 ⑥).

❙ 식대 관련 과세 여부 ❙

구 분			소득세 과세 여부
식사 제공	식사(야근식사 포함)*1		전액 비과세
	식 권	환금성 있는 것*2	월 20*3만원까지 비과세
		환금성 없는 것	전액 비과세
식사와 식대를 동시 제공			식사는 전액 비과세 식대는 전액 과세
식대만 지급			월 20*3만원까지 비과세
이중근로자 (2 이상의 회사로부터 각각 식대수령)			각 회사로부터 받은 식사대를 합한 금액 중 월 20만원까지 비과세, 20만원 초과분은 과세

*1. 통상적으로 사용자가 무상으로 제공하는 음식물로서 통상적으로 급여에 포함되지 않고, 음식물의 제공 여부로 급여에 차등이 없으며 사용자가 추가부담하여 제공하여 함.

*2. 기업외부의 음식업자와 식사·기타 음식물 공급계약을 체결한 경우

*3. 2022년까지는 10만원이었고, 2023.1.1. 이후 받는 식사대부터 20만원이 적용되는 것임. 참고로 2023년부터 지급하는 식사대는 미제출비과세에서 제출비과세로 변경되었음.

6. 출산·보육수당

(1) 출산수당

근로자(사용자와 특수관계에 있는 자는 제외) 또는 그 배우자의 출산과 관련하여 자녀의 출생일 이후 2년 이내에 사용자로부터 대통령령으로 정하는 바에 따라 최대 두 차례에 걸쳐 지급받는 급여(2021.1.1. 이후 출생한 자녀에 대하여 2024.1.1.부터 2024.12.31. 사이에 지급받은 급여를 포함) 전액은 비과세 근로소득에 해당된다(소법 §12 3호 머목 1)).

실무 POINT 제외되는 특수관계자와 대통령령으로 정하는 출산수당 지급방법

제외되는 특수관계자와 대통령령으로 정하는 출산수당 지급방법은 다음과 같다(소령 §17의 2).

1. 제외되는 특수관계자

자세한 특수관계자 범위는 443쪽의 부당행위계산부인의 3.특수관계자를 참고할 것

(1) 사용자가 개인인 경우 : 국세기본법 시행령 제1조의2 제1항에 따른 친족관계

(2) 사용자가 법인인 경우 : 법인세법 시행령 제43조 제7항에 따른 지배주주등(해당 지배주주등과 국세기본법 시행령 제1조의 2 제1항에 따른 친족관계 또는 같은 조 제3항 제2호 가목에 따른 경영지배관계에 있는 사람 포함)인 관계

- 지배주주등 : 법인의 발행주식총수 또는 출자총액의 1% 이상의 주식 또는 출자지분을 소유한 주주등으로서 그와 특수관계에 있는 자와의 소유 주식 또는 출자지분의 합계가 해당 법인의 주주등 중 가장 많은 경우의 해당 주주등을 말함

2. 대통령령으로 정하는 출산수당 지급방법

대통령령으로 정하는 바에 따라 최대 두 차례에 걸쳐 지급받는 급여란 사용자로부터 해당 급여를 지급받는 횟수에 관계 없이 자녀의 출생일 이후 2년 이내에 첫 번째와 두 번째 지급받는 급여를 말하며 이 경우 근로자가 지급받는 급여의 횟수는 사용자별로 계산한다.

3. 출산수당 업무처리

① 출산수당은 공통된 지급규정에 의하여 지급하여야 한다.

② 출산수당은 제출되는 비과세이므로 원천징수이행상황신고서의 총지급액과 근로소득 지급명세서에 기입되어야 한다.

③ 출산수당을 지급하는 경우 사용자는 출산수당을 지급받는 근로자의 근로소득 연말정산시 출산지원금 비과세 적용 명세서를 작성하여 지급명세서 제출시 제출하여야 한다.

(2) 보육수당

근로자 또는 그 배우자의 해당 과세기간 개시일을 기준으로 6세 이하(6세가 되는 날과 그 이전 기간을 말함)인 자녀의 보육과 관련하여 회사(사용자)로부터 지급받는 급여로서 월 20만원(2024.1.1. 이전까지는 월 10만원) 이내 금액은 비과세한다(소법 §12 3호 머목 2)).

실무 POINT 2025년 과세기간의 보육수당 비과세 적용

1. 비과세 보육수당 판단을 위한 나이 산정 기준

비과세 보육수당의 '6세 이하'란 해당 과세기간 개시일 기준 현재 6세가 되는 날과 그 이전 기간을 의미함(기획재정부소득-831, 2024.8.12., 소집행 12-0-4).

2. 비과세 보육수당 나이 계산

관련 법령·예규 그리고 소득세 집행기준에 의한 비과세 대상 자녀의 나이계산은 다음과 같이 하면 된다.

2025년 귀속 – 6세 = 2019년

따라서 다음과 같이 2025년 기준 보육수당 비과세 내용을 요약 정리할 수 있다.

구 분	비과세 적용 여부
2019.1.1. 이후 태어난 자녀가 있는 경우	비과세
2018.12.31. 이전 태어난 자녀가 있는 경우	과세

① 6세 이하의 자녀의 보육과 관련한 급여로서 월 20만원 이내의 금액은 자녀 수에 관계없이 지급월을 기준으로 20만원 이내의 금액을 비과세하며, 동 보육수당을 분기별로 지급하거나 수개월분을 일괄지급하는 경우에도 그 지급월을 기준으로 월 20만원 이내의 금액을 비과세한다(소행 12–0–4 ②).

② 동일 직장에서 맞벌이하는 근로자가 6세 이하의 자녀 1인에 대하여 각각 보육수당을 수령하는 경우에는 소득자별로 각각 월 20만원 이내의 금액을 비과세한다(소행 12–0–4 ③).

③ 근로자가 2 이상의 회사에 근무하면서 6세 이하 자녀보육수당을 매월 각 회사로부터 중복하여 지급받는 경우에는 각 회사의 보육수당 합계금액 중 월 20만원 이내의 금액에 대하여 소득세를 과세하지 않는다(소행 12–0–4 ④).

▎보육수당 과세 여부▕

<table>
<tr><th colspan="2">구 분</th><th>비과세 적용 여부</th></tr>
<tr><td rowspan="2">일반적인 경우
(자녀수 무관함)</td><td>매월 지급</td><td>월 20만원까지 비과세
월 20만원 초과분은 과세</td></tr>
<tr><td>분기별 지급 또는 수개월분 일괄지급</td><td>지급월을 기준으로 월 20만원까지 비과세
즉, 분기별로 30만원을 지급하는 경우라면 20만원은 비과세, 10만원은 과세임</td></tr>
<tr><td colspan="2">맞벌이부부의 경우</td><td>소득자별로 각각 월 20만원까지 비과세
즉, 남편도 20만원, 부인도 20만원 적용가능함</td></tr>
<tr><td colspan="2">이중근로자
(2 이상의 회사로부터 받는 경우)</td><td>각 회사의 보육수당 합계액 중 월 20만원까지 비과세</td></tr>
</table>

✔ 보육수당 비과세 월 20만원 비과세는 2024.1.1. 이후 지급하는 근로소득분부터 적용하는 것이며 2024.1.1 시행 전에 지급받은 출산 · 보육과 관련한 소득의 비과세 한도에 관하여는 개정규정에도 불구하고 종전의 규정에 따라 월 10만원 비과세를 적용함[2023.12.31 법률 제19933호 부칙 제2조].

7. 근로장학금 비과세

교육기본법 제28조 제1항에 따라 받는 장학금 중 대학생이 근로를 대가로 지급받는 장학금(고등교육법 제2조 제1호부터 제4호까지의 규정에 따라 대학·산업대학·교육대학·전문대학에 재학하는 대학생에 한함)에 대해서는 소득세를 비과세한다(소법 §12 3호 서목).

8. 직무발명보상금

발명진흥법 제2조 제2호에 따른 직무발명으로 받는 직무발명 보상금으로서 대통령령으로 정하는 금액은 비과세한다(소법 §12 3호 어목).

① 발명진흥법 제2조 제2호에 따른 종업원 등이 같은 호에 따른 사용자 등으로부터 받는 보상금 중 연 700만원 이하의 금액. 다만, 보상금을 지급한 사용자등과 특수관계에 있는 자가 받는 보상금은 제외한다.

② 대학의 교직원 또는 대학과 고용관계가 있는 학생이 소속 대학에 설치된 산업교육진흥및산학연협력촉진에관한법률 제25조에 따른 산학협력단으로부터 같은 법 제32조 제1항 제4호에 따라 받는 보상금 중 연 700만원 이하의 금액

✔ 직무발명보상금 비과세 금액 개정
직무발명보상금 비과세 금액이 연 500만원에서 700만원으로 개정되었다. 해당 개정규정은 2024.2.29이 속하는 과세기간에 지급받는 소득부터 적용한다[2024.02.29 대통령령 제34265호 부칙 제3조].

✔ 보상금을 지급한 사용자등과 특수관계에 있는 자(소령 §17의3 ②)
- 사용자등이 개인인 경우 : 국세기본법 시행령 제1조의 2 제1항에 따른 친족관계
- 사용자등이 법인인 경우 : 법인세법 시행령 제43조 제7항에 따른 지배주주등(해당 지배주주등과 국세기본법 시행령 제1조의 2 제1항에 따른 친족관계 또는 같은 조 제3항에 따른 경영지배관계에 있는 자를 포함)인 관계

9. 복리후생 성질 급여

(1) 종업원 등의 사택제공이익

비출자임원(소액주주 임원 포함)과 종업원(국가·지방자치단체·비영리법인 또는 개인으로부터 근로소득을 지급받는 자 포함)이 사택을 제공받음으로써 얻는 이익은 근로소득으로 보지 않는다(소법 §12 3호 저목, 소령 §17의 4 1호).

1) 사택의 범위

근로소득으로 보지 않는 사택은 다음과 같다(소칙 §15의 2 ①).

① 사용자가 소유하고 있는 주택을 종업원 및 임원에게 무상 또는 저가로 제공하는 주택

② 사용자가 직접 임차하여 종업원 등에게 무상으로 제공하는 주택

2) 사택의 임차

사용자가 임차주택을 사택으로 제공하는 경우 임대차기간 중에 종업원 등이 전근·퇴직 또는 이사하는 때에는 다른 종업원 등이 당해 주택에 입주하는 경우에 한해 이를 사택으로 보는 것이나, 다음 중 어느 하나에 해당하는 경우에는 사택으로 보지 않는다(소칙 §15의 2 ②).

① 입주한 종업원 등이 전근·퇴직 또는 이사한 후 당해 사업장의 종업원 등 중에서 입주 희망자가 없는 경우

② 당해 임차주택의 계약잔여기간이 1년 이하인 경우로서 주택임대인이 주택임대차계약의 갱신을 거부하는 경우

▌비과세 되는 사택 제공의 이익 사례(소집 12-17의 4-1)▐

① 사택에 거주하던 근로자가 인사이동으로 출퇴근이 불가능한 원거리로 전근되었으나 가족이 질병요양·취학 등 부득이한 사유로 함께 이주하지 못하고 사택에 계속 거주하는 경우, 해당 사택을 제공받음으로써 얻는 이익은 비과세 대상임.

② 종업원 등에게 제공되는 사택의 경우 사택제공 비과세 요건을 충족하면 주택규모에 관계없이 비과세 대상임.

③ 소득세법에 따른 '사택'은 주택법 제2조 제1호에 따른 주택을 말하는 것으로써 호텔은 주택에 해당하지 아니하므로 수령일이 해당 종업원의 퇴직일 이전일 경우 근로소득, 퇴직일 이후의 경우 기타소득에 해당함.

3) 사택을 제공받는 자

사택을 제공받을 수 있는 사람은 다음과 같다.

① 주주 또는 출자자가 아닌 임원

② 소액주주인 임원 : 발행주식총수 또는 출자총액의 100분의 1에 미달하는 주식등을 소유한 주주 등(해당 법인의 국가, 지방자치단체가 아닌 지배주주등의 특수관계인인 자는 제외함)을 말함(소칙 §9의 2, 법령 §50 ②).

③ 임원이 아닌 종업원(비영리법인 또는 개인의 종업원을 포함함)

④ 국가 또는 지방자치단체로부터 근로소득을 지급받는 사람

4) 사택관련 비용

사택 제공과 관련하여 사택임차료 및 사택관리비는 근로소득으로 보지 않는 것이나. 당해 근로소득자의 생활과 관련된 사적비용(냉난방비, 전기·수도·가스·전화요금 등)으로 지출되는 금액인 관리비 상당액을 회사에서 지원하는 경우에는 근로소득에 해당된다(법인 46012-3960, 1995.10.24.).

5) 주택보조금과 주택 취득·임차자금의 대여 시의 근로소득 여부 판단

근로제공으로 인해 받는 주택수당(소령 §38 ⑤)과 주택을 제공받음으로써 얻는 이익(소령 §38 ⑥) 그리고 비중소기업의 종업원과 중소기업의 임원이 주택(주택에 부수된 토지를 포함한다)의 구입·임차에 소요되는 자금을 저리 또는 무상으로 대여 받음으로써 얻는 이익은 근로소득 과세이다(소령 §38 ⑦).

(2) 주택 구입·임차에 소요되는 자금을 저리 또는 무상으로 대여 받음으로써 얻는 이익

조세특례제한법 시행령 제2조에 따른 중소기업의 종업원이 주택(주택에 부수된 토지를 포함함)의 구입·임차에 소요되는 자금을 저리 또는 무상으로 대여 받음으로써 얻는 이익은 근로소득 비과세이다(소령 §17의 4 2호, 2021년 개정, 2019년까지는 근로소득이었으며, 2020년은 근로소득으로 보지 않았음).

다만, 2024.2.29. 이후 발생하는 소득부터 해당 종업원이 중소기업과 특수관계에 있는 경우 그 종업원이 얻는 이익은 제외한다(소령 §17의 4 2호, 2024년 개정, 자세한 특수관계범위는 443~444쪽 참고).

① 중소기업이 개인사업자인 경우 : 국세기본법시행령 제1조의 2 제1항에 따른 친족관계

② 중소기업이 법인사업자인 경우 : 법인세법시행령 제43조 제7항에 따른 지배주주등(해당 지배주주등과 국세기본법시행령 제1조의 2 제1항에 따른 친족관계 또는 같은 조 제3항에 따른 경영지배관계에 있는 자 포함)인 관계

| 사택관련 비용 등의 근로소득 포함 여부 |

<table>
<tr><th>구 분</th><th colspan="4">내 용</th><th>근로소득 포함 여부</th></tr>
<tr><td rowspan="5">사택
제공</td><td rowspan="3">사택제공</td><td rowspan="2">출자임원</td><td colspan="2">소액주주 외</td><td>과세</td></tr>
<tr><td colspan="2">소액주주</td><td>비과세</td></tr>
<tr><td colspan="3">비출자임원, 종업원</td><td>비과세</td></tr>
<tr><td colspan="4">사택 일반관리비</td><td>비과세</td></tr>
<tr><td colspan="4">사택의 공공요금 지원액(전기요금, 전화요금, 가스, 수도료 등)</td><td>과세</td></tr>
<tr><td colspan="5">주택수당과 주택을 제공받음으로써 얻는 이익</td><td>과세</td></tr>
<tr><td colspan="2" rowspan="5">주택 취득·임차자금의 저리·무상 대여함에 따른 이익</td><td rowspan="4">중소기업[*1]</td><td rowspan="3">종업원[*2]</td><td>2019년까지</td><td>과세</td></tr>
<tr><td>2020년[*3]</td><td>근로소득으로 보지 않음</td></tr>
<tr><td>2021년 이후</td><td>비과세</td></tr>
<tr><td colspan="2">임원</td><td>과세</td></tr>
<tr><td colspan="3">중소기업 외</td><td>과세</td></tr>
</table>

PART 4 원천징수

*1. 조세특례제한법시행령 제2조에 따른 중소기업을 말하며 다음의 경우에 해당하는 주택자금관련 대여 이익은 근로소득 과세이므로 유의를 하여야 한다.
- 조세특례제한법시행령 제2조에 따른 중소기업 종업원의 2020.1.1. 이전 주택관련 대여분의 이익(소득령 부칙 §19, 대통령령 제31442호, 2021.2.17.)
- 조세특례제한법시행령 제2조에 따른 중소기업 임원의 주택자금 관련 대여분의 이익
- 조세특례제한법시행령 제2조에 따른 중소기업이 아닌 기업 임직원의 주택자금 관련 대여분의 이익

*2. 2024.2.29. 이후 발생하는 소득부터 해당 종업원이 중소기업과 특수관계에 있는 경우 그 종업원이 얻는 이익은 근로소득 비과세에서 제외한다(2024.2.29 대통령령 제34265호 부칙 제4조).

*3. 중소기업이 직원에게 주택구입 또는 전세자금 대여 시 인정이자 계산 제외규정의 적용시기(서면법인 2022-595, 2023.4.20.)
중소기업이 2019년 12월 31일 이전에 개시하는 사업연도에 해당 중소기업에 근무하는 직원(지배주주등인 직원은 제외한다)에게 주택구입 또는 전세자금을 대여한 경우에도 2020년 1월 1일 이후 개시하는 사업연도부터는 법인세법 시행령 제89조 제5항 본문의 규정이 적용되지 않는 것이므로 업무무관 가지급으로 보지 않는 것임.

실무 POINT 조세특례제한법상 중소기업

조세특례제한법상 중소기업은 다음의 요건을 모두 갖춘 기업을 말하며(자산총액이 5천억원 이상인 경우에는 제외) 구체적 규정은 관련 법령을 확인하길 바란다.

① 매출액이 업종별로 중소기업기본법 시행령 별표 1에 따른 규모 기준("평균매출액등"은 "매출액"으로 봄)이내일 것

② 독점규제 및 공정거래에 관한 법률 제14조 제1항에 따른 공시대상기업집단에 속하는 회사 또는 같은 법 제14조의 3에 따라 공시대상기업집단의 소속회사로 편입·통지된 것으로 보는 회사에 해당하지 않으며, 실질적인 독립성이 중소기업기본법 시행령 제3조 제1항 제2호에 적합할 것.

③ 소비성서비스업을 주된 사업으로 영위하지 아니할 것

(3) 위탁보육비 지원금 및 직장어린이집 운영비

영유아보육법 제14조에 따라 직장어린이집을 설치·운영하거나 위탁보육을 하는 사업주가 부담하는 보육비용으로 해당 사업장의 종업원이 얻는 이익은 비과세이다(소령 §17의 4 2호의 2, 2024년 개정).

✔ 사업주가 부담하는 보육비용
① 직장어린이집을 설치하고 지원하는 운영비(영유아보육법 §37)
② 지역어린이집과 위탁계약을 맺고 지원하는 위탁보육비(영유아보육법 시행령 §25)
→ 어린이집의 운영 및 수탁 보육 중인 영유아의 보육에 필요한 비용의 50% 이상을 부담

(4) 사용자가 부담한 다음의 특정보험료(법에 정한 보험료의 사용자 대납액)

1) 근로소득으로 보지 않는 보험료

다음의 보험료에 대해서는 근로소득으로 보지 않는다.

① **단체순수보장성보험·단체환급부보장성보험** : 종업원의 사망·상해 또는 질병을 보

험금의 지급사유로 하고 종업원을 피보험자와 수익자로 하는 보험으로서 만기에 납입보험료를 환급하지 않는 보험과 만기에 납입보험료를 초과하지 않는 범위 안에서 환급하는 보험의 보험료 중 연 70만원 이하의 금액(소령 §38 ① 12호 나목).

② **임직원책임배상보험** : 임직원의 고의(중과실 포함) 외의 업무상 행위로 인한 손해의 배상청구를 보험금의 지급사유로 하고 임직원을 피보험자로 하는 보험의 보험료(소령 §38 ① 12호 마목).

2) 근로소득으로 보는 보험료

① 단체환급부보장성보험의 환급금

계약기간 만료 전 또는 만기에 종업원에게 귀속되는 단체환급부보장성보험의 환급금은 근로소득으로 보며(소령 §38 ① 16호), 단체환급부보장성보험이 환급이 되는 경우 환급금 중 근로소득에 해당하는 금액을 산정하여 전 근무지 소득으로 보아 연말정산 대상 근로소득에 포함시킨다(서면1팀-921, 2004.7.7).

$$\text{단체환급보장성보험료의 환급금 중 근로소득금액} = \text{환급금} \times \frac{\text{연 70만원 이하의 납입보험료 합계액}}{\text{납입보험료의 총합계}}$$

단체순수보장성보험과 단체환급부보장성보험 불입·환급 시 과세 포함 여부를 정리하면 다음과 같다.[8)]

구 분		불입 시	환급 시
단체순수보장성보험	연 70만원 이하분	비과세	해당되지 않음
	연 70만원 초과분	과세	해당되지 않음
단체환급부보장성보험	연 70만원 이하분	비과세	과세
	연 70만원 초과분	과세	비과세

② 종업원을 수익자로 하는 보험료

종업원을 보험수익자(피보험자)로 하고 사용자가 부담하는 보험료(선원보험료, 단체퇴직보험료에 부가된 재해특약보험, 상해보험료, 선원보증보험료, 신원보증보험료, 퇴직보험료 등 소득세법과 소득세법시행령에 특별한 규정이 없는 보험료)는 이를 당해 종업원의 급여로 본다(소통 27-55…5).

8) 전문가가 되자: 2015 연말정산(정종철, 박창현, 새로운제안) p.130 참고

③ 법인을 수익자로 하는 보험료

피보험자를 종업원으로, 계약자 및 수익자를 법인으로 하여 납입한 단체보험의 보험료는 피보험자인 종업원의 근로소득으로 볼 수 없는 것이며, 소득금액계산상 익금에 산입하고 종업원에게 지급하는 보험금은 종업원의 근로소득에 해당하는 것이다(원천-1073, 2009.12.29.).

요약하면 종업원의 사망, 상해 또는 질병의 확정으로 보험금 지급사유가 발생하여 회사에서 보험금을 수령한 후 근로자에게 보험금을 지급하는 경우 그 종업원에게 지급하는 보험금은 해당 종업원의 근로소득에 해당하는 것이다.

▌보험료 관련 근로소득 포함 여부 정리[9]▐

<table>
<tr><th>구 분</th><th colspan="2">보험의 종류</th><th>계약자</th><th>피보험자</th><th>수익자</th><th>근로소득 과세여부</th></tr>
<tr><td rowspan="6">단체
보장성
보험</td><td colspan="2" rowspan="2">단체순수보장성보험</td><td>회사</td><td>사용인</td><td>사용인</td><td>1인당 연 70만원 이하 금액
근로소득 비과세</td></tr>
<tr><td>회사</td><td>사용인</td><td>회사</td><td>보험금 수령 후 근로자에게
지급 시 근로소득 과세</td></tr>
<tr><td rowspan="3">단체
환급부
보장성
보험</td><td rowspan="2">일반적인
경우</td><td>회사</td><td>사용인</td><td>사용인</td><td>1인당 연 70만원 이하 금액
근로소득 비과세</td></tr>
<tr><td>회사</td><td>사용인</td><td>회사</td><td>보험금 수령 후 근로자에게
지급 시 근로소득 과세</td></tr>
<tr><td>만기 전
또는 만기
환급금</td><td>회사</td><td>사용인</td><td>사용인</td><td>불입 시 근로소득 비과세
환급 시 근로소득 과세</td></tr>
<tr><td rowspan="2">임원
관련
보험</td><td colspan="2">임원책임배상보험
불입액</td><td>회사</td><td>임원</td><td>임원</td><td>전액 근로소득 비과세</td></tr>
<tr><td colspan="2">특정임원에 대한
종신보험</td><td>회사</td><td>임원</td><td>회사</td><td>전액 근로소득 과세</td></tr>
</table>

9) 전문가가 되자. 2015 연말정산(정종철, 박창현, 새로운제안) p.128 참고

실무 POINT

보장성 보험과 저축성 보험의 근로소득 여부
(서면2팀-1631, 2006.8.28., 법규-3439, 2006.8.24.)

1. 사실관계

- 당사는 생명보험을 영위하는 보험회사로서 중소기업을 대상으로 하는 보장성 보험(만기환급금이 없음)과 저축성 보험을 판매하고 있음
  - 보장성 보험 : 정기보험, 종신보험 및 변액유니버셜 종신보험
  - 저축성 보험 : 변액연금보험, 양로보험 및 연금지급형 양로보험
- 당사가 상기 보험상품을 판매할 때의 계약 형태는 다음과 같으며, 이 중 사례 1(피보험자는 임원이고 계약자 및 수익자는 법인)이 주된 계약 형태임

구 분	사례 1	사례 2	사례 3	사례 4
계약자	법인	법인	법인	법인
피보험자	임원	임원	종업원	종업원
수익자	법인	임원	법인	종업원

✔ 상기에서 임원에는 대표이사도 포함되며, 수익자인 임원 및 종업원에는 당해 임원 및 종업원의 가족도 포함되고, 보험료는 보험계약자인 법인이 납부함

- 보험 가입의 주된 목적
  - 일반적으로 중소기업의 경우 대표이사나 임원은 회사의 경영을 책임지는 가장 중요한 위치에 있고, 중소기업에 있어서 경영자의 사망은 사업의 지속에 중대한 영향, 중소기업은 경영자 개인의 신용에 따라 회사의 존속이 유지, 경영자 사고 시 영업 및 재무측면에서 회사에 큰 손해가 발생할 수 있음
  - 생명보험을 통하여 이러한 위험에 대비하고 사고 발생 시 긴급자금을 확보하는 경우 회사의 재정적 안정을 도모함으로써 단기간에 경영을 정상화하는 데 큰 도움을 줄 수 있음
  - 회사가 이러한 보험에 가입하는 것은 경영진의 사망 시 발생할 수 있는 위험에 대비하기 위하여 회사가 당해 법인을 계약자 및 수익자로 하고 경영진을 피보험자로 하여 회사의 존속을 보장하기 위한 "사업보장 대책 자금"을 마련

2. 질의

사례 1 : 피보험자는 임원, 수익자는 법인

- 보험상품이 만기환급금이 없는 보장성 보험(정기보험, 종신보험 및 변액유니버셜 종신보험)인 경우 납입 보험료에 대한 세무처리

질의 1 피보험자는 임원(대표이사 포함)이고 수익자는 법인인 경우에 있어서 보험계약자인 법인이 납입하는 보험료의 손금 산입 가능 여부

질의 2 법인이 납입한 보험료가 피보험자인 임원(대표이사 포함)의 근로소득(소득세 과세) 해당 여부

• 보험상품이 저축성 보험(변액연금보험, 양로보험 및 연금지급형 양로보험)인 경우 납입 보험료에 대한 세무처리

질의 3 피보험자는 임원(대표이사 포함)이고 수익자는 법인인 경우에 있어서 보험계약자인 법인이 납입하는 보험료의 손금산입 가능 여부(법인이 납입한 보험료 중 만기환급금에 상당하는 보험료 적립액은 회계상 자산으로 처리되며, 기타의 부분은 비용으로 처리)

질의 4 법인이 납입한 보험료가 피보험자인 임원(대표이사 포함)의 근로소득(소득세 과세) 해당 여부

사례 2 : 피보험자 및 수익자는 법인

• 법인이 피보험자 및 수익자를 임원(대표이사 포함)으로 하여 보장성 보험 및 저축성 보험에 가입하고 납입하는 보험료의 세무처리

질의 5 피보험자 및 수익자가 임원(대표이사 포함)인 경우에 있어서 보험계약자인 법인이 납입하는 보험료의 손금 산입 가능 여부

사례 3 : 피보험자는 종업원, 수익자는 법인

• 종업원이 피보험자이고 법인을 수익자로 하는 보장성 보험 및 저축성 보험에 법인이 가입하고 납입하는 보험료의 세무처리

질의 6 피보험자는 종업원이고 수익자는 법인인 경우에 있어서 보험계약자인 법인이 납입하는 보험료의 손금 산입 가능 여부

질의 7 법인이 납입한 보험료가 피보험자인 종업원의 근로소득(소득세 과세) 해당 여부

사례 4 : 피보험자 및 수익자는 법인

• 법인이 피보험자 및 수익자를 종업원으로 하여 보장성 보험 및 저축성 보험에 가입하고 납입하는 보험료의 세무처리

질의 8 피보험자 및 수익자가 종업원인 경우에 있어서 보험계약자인 법인이 납입하는 보험료의 손금 산입 가능 여부

3. 회신

1. **질의 1, 3, 6** 의 경우, 법인이 피보험자를 임원(대표이사 포함) 또는 종업원으로, 수익자를 법인으로 하여 보장성 보험과 저축성 보험에 가입한 경우, 법인이 납입한 보험료 중 만기환급금에 상당하는 보험료상당액은 자산으로 계상하고, 기타의 부분은 이를 보험기간의 경과에 따라 손금에 산입한다.
2. **질의 2, 4, 7** 의 경우, 법인이 피보험자를 임원(대표이사 포함) 또는 종업원으로 하고, 계약자 및 수익자를 법인으로 하여, 납입한 보험료는 피보험자인 임원 및 종업원의 근로소득으로 볼 수 없다.
3. **질의 5** 의 경우, 법인이 보험계약자이고, 임원이 피보험자 또는 수익자인 경우 법인

이 납입한 보험료 중 법인세법시행령 제43조의 규정에 따라 정관, 주주총회 또는 이사회 결의에 의해 결정된 급여지급기준을 초과하는 금액은 손금불산입하여 상여 처분한다.

4. **질의 8** 의 경우, 법인이 보험계약자이고 종업원이 피보험자 또는 수익자인 경우 법인이 납입한 보험료는 종업원의 급여로 보아 손금에 산입한다.

10. 임원등 할인금액

(1) 비과세 요건

사업자나 법인이 생산·공급하는 재화 또는 용역을 그 사업자나 법인의 사업장에 종사하는 임원등에게 시가보다 낮은 가격으로 제공하거나 구입할 수 있도록 지원함으로써 해당 임원등이 얻는 이익 중 다음의 요건을 모두 충족한 경우 비과세를 적용한다(소법 §12 3호 처목).

① 임원 또는 종업원 본인이 소비하는 것을 목적으로 구입한 재화 또는 용역으로서 다음의 기간 동안 재판매가 허용되지 아니할 것

㉠ 소비자기본법 시행령 제8조 제3항의 품목별 소비자분쟁해결기준에 따른 품목별 내용연수가 5년을 초과하는 재화 : 2년

㉡ 개별소비세법 제1조 제2항 제2호에 해당하는 재화 : 2년

✔ 개별소비세법 제1조 제2항 제2호
- 보석[공업용 다이아몬드, 가공하지 아니한 원석(原石) 및 나석(裸石)은 제외], 진주, 별갑(鼈甲), 산호, 호박(琥珀) 및 상아와 이를 사용한 제품(나석을 사용한 제품은 포함)
- 귀금속 제품, 고급시계, 고급 융단, 고급 가방
- 고급모피와 그 제품(토끼 모피 및 그 제품과 생모피(生毛皮)는 제외), 고급가구

㉢ ㉠ 및 ㉡에 해당하지 않는 재화 : 1년

② 해당 재화 또는 용역의 제공과 관련하여 모든 임원등에게 공통으로 적용되는 기준이 있을 것

(2) 비과세 금액

비과세 금액은 다음과 같다.

Max(①, ②)
① 임원 또는 종업원이 해당 과세기간 동안 시가보다 낮은 가격으로 제공받거나 지원을 받아 구입한 재화 또는 용역의 시가를 합한 금액에 20%를 곱한 금액
② 연간 240만원

▌소비자분쟁해결기준 〈별표 Ⅳ〉 품목별 내용연수표▐

품목	내용연수
농업용기기	사업자가 품질보증서에 표시한 부품보유기간으로 함. 다만, 그 기간이 [별표Ⅲ]의 부품보유기간에 기재된 기간보다 짧거나 미기재한 경우 [별표Ⅲ]의 부품보유기간으로 함
침대, 책상, 장롱, 장식장, 책장	
보일러, 에어컨, TV, 전축, 냉장고, 정수기, 가습기/제습기, 전기청소기, 식탁, 신발장, 문갑, 전자렌지	
비디오플레이어, DVD 플레이어, 전기(가스)오븐, 비데, 전기압력밥솥, 가스레인지, 유·무선전화기, 믹서기, 전기온수기, 냉온수기, 캠코더, 홈시어터, 안마의자, 족욕기, 망원경, 현미경, 자동차, 소파, 화장대, 찬장	
선풍기, 냉풍기, 전기장판, 세탁기, 모터사이클, 카메라, 디지털피아노, 네비게이션, 난로(전기, 가스, 기름), 헬스기구, 골프채	
퍼스널 컴퓨터(완성품) 및 주변기기, 노트북PC, 휴대용음향기기(MP3, 카세트, CD 플레이어)	
휴대폰, 스마트폰, 전기면도기, 전기조리기기(멀티쿠커, 튀김기, 다용도식품조리기, 전기토스터, 전기냄비, 전기프라이팬 등), 헤어드라이어	
라켓(테니스, 탁구, 배드민턴 등) 몸체(라켓에 부착된 라바 또는 끈 등은 제외), 문구, 완구	
별도의 기간을 정하지 않은 경우로서 유사품목에 따를 수 없는 경우	5년

▌소비자분쟁해결기준 〈별표 Ⅲ〉 품목별 품질보증기간 및 부품보유기간▐

※ 부품보유기간의 기산 : 해당 제품의 제조일자(제조연도 또는 제조연월만 기재된 경우 제조연도 또는 제조월의 말일을 제조일자로 봄)를 기산점으로 한다. 다만, 자동차는 동일한 형식의 자동차를 최종 판매한 날부터 기산한다.

품목	품질보증기간	부품 보유 기간
1. 자동차	○ 차체 및 일반부품* : 2년 이내. 다만, 주행거리가 4만㎞를 초과한 경우에는 기간이 만료된 것으로 함. * 차량 출고 시 장착된 내장형 내비게이션을 포함함. ○ 원동기(엔진) 및 동력전달장치, 고전원전기장치*, 수소연료생산시스템** : 3년 이내. 다만, 주행거리가 6만㎞를 초과한 경우에는 기간이 만료된 것으로 함. * 「자동차 및 자동차부품의 성능과 기준에 관한 규칙」에 따른 자동차의 구동을 목적으로 하는 구동축전지, 전력변환장치, 구동전동기, 연료전지 등 작동전압이 직류 60볼트 초과 1,500볼트 이하이거나 교류(실효치를 말한다) 30볼트 초과 1,000볼트 이하의 전기장치	○ 동일한 형식의 자동차를 최종 판매한 날로부터 8년 (단, 성능·품질상 하자가 없는 범위 내에서 유사부품 사용가능)

품 목	품질보증기간	부품 보유 기간
1. 자동차	** 연료탱크밸브, 연료전지제어장치(FCU), 연료압력조절기 ㅇ 외판(후드, 도어, 필러, 휀더, 트렁크리드(테일게이트), 도어사이드실, 루프)관통부식 : 5년	
2. 모터사이클	ㅇ 1년 이내. 다만, 주행거리가 1만km를 초과한 경우에는 기간이 만료된 것으로 함.	ㅇ 제조일로부터 7년 (단, 성능·품질상 하자가 없는 범위에서 유사부품 사용가능)
3. 보일러	ㅇ 2년	ㅇ 제조일로부터 8년
4. 농·어업용기기 1) 농업용기기	ㅇ 원동기 및 동력전달장치 : 2년. 단, 주행거리가 5천km 또는 사용시간이 총 1천시간(콤바인의 경우에는 400시간)을 초과한 경우에는 기간이 만료된 것으로 함. ㅇ 기타 장치 : 1년 단, 주행거리가 2천500km 또는 사용시간이 총 500시간(콤바인의 경우에는 200시간)을 초과한 경우에는 기간이 만료된 것으로 함.	ㅇ 제조일로부터 9~14년(농업용기기에 따라 내용연수 포함하여 4년까지 생산·공급. 다만, 성능 품질 상 하자가 없는 범위 내에서 유사부품 사용 가능)
2) 어업용기기	ㅇ 1년	
5. 가전제품, 사무용기기, 전기통신기자재, 광학기기, 주방용품 등 1) 완제품 – 에어컨(냉방 전용)	ㅇ 2년	ㅇ 제조일로부터 8년
– 에어컨(냉난방 겸용)	ㅇ 1년	ㅇ 제조일로부터 8년
– 난로(전기, 가스, 기름), 선풍기, 냉풍기, 전기장판	ㅇ 2년	ㅇ 제조일로부터 5년
– TV, 냉장고	ㅇ 1년	ㅇ 제조일로부터 9년
– 전축, 전자레인지, 정수기, 가습기, 제습기, 전기청소기	ㅇ 1년	ㅇ 제조일로부터 7년
– 세탁기	ㅇ 1년	ㅇ 제조일로부터 7년
– 의류건조기, 의류관리기	ㅇ 1년	ㅇ 제조일로부터 7년
– 비디오플레이어, DVD플레이어, 전기(가스)오븐, 비데, 전기압력밥솥, 가스레인지, 유·무선전화기, 믹서기, 전기온수기, 냉온수기, 캠	ㅇ 1년	ㅇ 제조일로부터 6년

품 목	품질보증기간	부품 보유 기간
코더, 홈시어터, 안마의자, 족욕기, 망원경, 현미경		
– 네비게이션, 카메라, 디지털피아노	ㅇ 1년	ㅇ 제조일로부터 5년
– 데스크탑(완성품) 및 주변기기, 노트북, 태블릿, 휴대용 음향기기(MP3, 카세트, CD플레이어)	ㅇ 1년	ㅇ 제조일로부터 4년
– 스마트폰, 휴대폰	ㅇ 2년(단, 배터리는 1년)	ㅇ 제조일로부터 4년
– 전기면도기, 전기조리기기(멀티쿠커, 튀김기, 다용도식품조리기, 전기토스터, 전기냄비, 전기프라이팬 등), 헤어드라이어	ㅇ 1년	ㅇ 제조일로부터 3년
– 복사기	ㅇ 6개월 다만, 복사 매수가 복사기종에 따라 각각 3만매(소형), 6만매(중형), 9만매(대형)를 초과한 경우에는 기간이 만료된 것으로 함.	ㅇ 제조일로부터 5년
– 신발	ㅇ 가죽제품(가죽이 전체 재질의 60% 이상) : 1년 ㅇ 천 등 그 외의 소재 : 6개월	
– 라켓(테니스, 탁구, 배드민턴 등) 몸체(라켓에 부착된 라바 또는 끈 등 제외)	ㅇ 6개월	ㅇ 제조일로부터 1년
– 헬스기구, 골프채	ㅇ 1년	ㅇ 제조일로부터 5년
– 우산류	ㅇ 1개월	
– 전구류	ㅇ 1개월(형광등, 백열전구) ㅇ 6개월(LED전구)	
– 문구	ㅇ 6개월	ㅇ 제조일로부터 1년
– 완구	ㅇ 6개월	ㅇ 제조일로부터 1년
– 가발	ㅇ 6개월(인모) ㅇ 1년(인공모)	
2) 핵심부품	ㅇ 핵심부품 품질보증기간내 정상적인 사용상태하에서 발생한 성능·기능상의 하자로 부품수리가 필요한 경우 – 핵심부품에 대한 무상수리	
– 에어컨 : 컴프레서	ㅇ 4년	
– LCD TV, LCD 모니터(단, LCD 노트북 모니터는 제외), LCD모니터·본체 일체형 PC : LCD 패널	ㅇ 2년(단, 소비자가 확인 가능한 타이머가 부착된 제품으로 5,000시간을 초과한 경우에는 기간이 만료된 것으로 함)	

품 목	품질보증기간	부품 보유 기간
- PDP TV 패널	○ 2년(단, 소비자가 확인 가능한 타이머가 부착된 제품으로 5,000시간을 초과한 경우에는 기간이 만료된 것으로 함)	
- LED TV, LED 모니터(단, LED 노트북 모니터는 제외), LED모니터·본체 일체형 PC : LED 패널	○ 2년(단, 소비자가 확인 가능한 타이머가 부착된 제품으로 5,000시간을 초과한 경우에는 기간이 만료된 것으로 함)	
- 세탁기 : 모터, TV : CPT, 냉장고 : 컴프레서, 모니터 : CDT, 전자렌지 : 마그네트론, VTR : 헤드드럼, 비디오카메라 : 헤드드럼, 팬히터 : 버너, 로터리히터 : 버너	○ 3년(단, 모니터용 CDT의 경우에는 소비자가 확인 가능한 타이머가 부착된 제품으로서 10,000시간을 초과한 경우에는 기간이 만료된 것으로 함)	
- 의류건조기 : 컴프레서, 의류관리기 : 컴프레서	○ 3년	
- 데스크탑, 노트북 : Main Board	○ 2년	
6. 별도의 기간을 정하지 않은 경우 1) 유사품목에 따를 수 있는 경우 2) 유사품목에 따를 수 없는 경우	 ○ 유사품목에 따름 ○ 1년	 ○ 유사품목에 따름 ○ 제조일로부터 5년

11. 벤처기업 주식매수선택권 행사이익

① 적용대상 주식매수선택권

벤처기업 또는 벤처기업이 인수한 기업(벤처기업이 발행주식 총수의 30% 이상을 인수한 기업을 말함)의 임원 또는 종업원이 해당 벤처기업으로부터 2027.12.31. 이전에 벤처기업육성에 관한 특별법 제16조의 3에 따라 부여받은 주식매수선택권 및 상법 제340조의 2 또는 제542조의 3에 따라 부여받은 주식매수선택권(코넥스상장기업으로부터 부여받은 경우로 한정)을 행사(벤처기업 임원 등으로서 부여받은 주식매수선택권을 퇴직 후 행사하는 경우를 포함)함으로써 얻은 이익(주식매수선택권 행사 당시의 시가와 실제 매수가액과의 차액을 말하며, 주식에는 신주인수권을 포함함) 중 연간 2억원(2019.12.31. 이전 부여분의 행사이익에 대해서는 연간 2천만원, 2020.1.1. 이후 부여분 중 2021.12.31.까지 행사이익에 대해서는 연간 3천만원, 2022.1.1.부터 2022.12.31.까지 행사분은 연간 5천만원임) 이내의 금액에 대해서는 소득세를 과세하지 아니한다. 다만, 소득세를 과세하지 아니하는 벤처기업 주식매수선택권 행사이익의 벤처기업별 총 누적 금액은 5억원을 초과하지 못한다(조특법 §16의 2).

| 벤처기업 주식매수선택권 행사이익의 비과세 |

구 분		비과세금액
2019.12.31. 이전 부여분		연간 2천만원 이내
2020.1.1. 이후 부여분	2021.12.31.까지 행사	연간 3천만원 이내
	2022.1.1. 이후 행사	연간 5천만원 이내
	2023.1.1. 이후 행사	연간 2억원 이내 단, 벤처기업별 총 누적금액은 5억원 한도*

* 2023.1.1. 이후 주식매수선택권을 행사는 경우부터 적용하고 2023.1.1. 전에 주식매수선택권을 행사하여 얻은 이익은 누적 금액에 포함하지 아니한다.

② 비과세 신청

원천징수의무자는 벤처기업 주식매수선택권 행사이익 비과세를 적용하는 경우 비과세 특례적용명세서(별지 6호의 2 서식)를 벤처기업 주식매수선택권 행사일이 속하는 연도의 다음 연도 2월 말일까지 원천징수 관할 세무서장에게 제출해야 한다.

다만, 벤처기업 주식매수선택권 행사이익 납부특례(조특법 §16의 3) 또는 벤처기업 주식매수선택권 행사이익 과세특례(조특법 §16의 4)를 적용받기 위하여 특례적용대상명세서(별지 6호의 3 서식) 또는 특례적용대상명세서(별지 6호의 4 서식)를 원천징수 관할 세무서장에게 제출한 경우에는 비과세특례적용명세서를 제출하지 않는다(조특령 §14의 2).

실무 POINT **벤처기업 주식매수선택권 행사이익 납부특례와 과세특례**

벤처기업 주식매수선택권 행사이익 납부특례와 과세특례에 대한 대략적인 내용만 소개하는 바이니 구체적인 실무 업무처리 방안은 관련 법령과 예규 그리고 판례를 참고하길 바란다.

1. 벤처기업 주식매수선택권 행사이익 납부특례

벤처기업 임원 등이 2027.12.31. 이전에 벤처기업육성에 관한 특별법 제16조의 3에 따라 부여받은 주식매수선택권 및 상법 제340조의 2 또는 제542조의 3에 따라 부여받은 주식매수선택권을 행사함으로써 발생한 벤처기업 주식매수선택권 행사이익(벤처기업 주식매수선택원 행사이익 중 비과세되는 금액은 제외)에 대한 소득세는 다음 각 호에 따라 납부할 수 있다. 다만, 주식매수선택권의 행사가격과 시가와의 차액을 현금으로 교부받는 경우에는 그러하지 아니하다(조특법 §16의 3).

① 벤처기업 주식매수선택권 행사이익에 대하여 벤처기업 임원 등이 원천징수의무자에게 납부특례의 적용을 신청하는 경우 소득세를 원천징수하지 아니한다.

② 원천징수를 하지 아니한 경우 벤처기업 임원 등은 주식매수선택권을 행사한 날이 속하는 과세기간의 종합소득금액에 대한 종합소득과세표준 확정신고 및 확정신고납부 시 벤처기업 주식매수선택권 행사이익을 포함하여 종합소득 과세표준을 신고하되, 벤처기업 주

식매수선택권 행사이익에 관련한 소득세액으로서 대통령령으로 정하는 금액의 5분의 4에 해당하는 금액(분할납부세액)은 제외하고 납부할 수 있다.

③ ②에 따라 소득세를 납부한 경우 벤처기업 임원 등은 주식매수선택권을 행사한 날이 속하는 과세기간의 다음 4개 연도의 종합소득과세표준 확정신고 및 확정신고납부 시 분할납부세액의 4분의 1에 해당하는 금액을 각각 납부하여야 한다.

2. 벤처기업 주식매수선택권 행사이익 과세특례

벤처기업육성에 관한 특별법 제2조 제1항에 따른 벤처기업 또는 벤처기업이 인수한 기업(벤처기업이 발행주식 총수의 30% 이상을 인수한 기업을 말함)의 임원 또는 종업원으로서 2027. 12.31. 이전에 해당 벤처기업으로부터 부여받은 주식매수선택권으로서 적격주식매수선택권을 행사(퇴직 후 행사하는 경우 포함)함으로써 얻은 이익(주식매수선택권 행사 당시의 시가와 실제 매수가액과의 차액을 말하며, 주식에는 신주인수권을 포함함)에 대해서 양도소득세 과세 적용신청(주식매수선택권전용계좌를 개설하고 확인서를 첨부하여 행사일 전일까지 신청)한 경우에는 주식매수선택권 행사시에 소득세를 과세하지 아니할 수 있다. 다만, 주식매수선택권의 행사 당시 실제 매수가액이 해당 주식매수선택권 부여 당시의 시가보다 낮은 경우 그 차액(시가 이하 발행이익)에 대해서는 주식매수선택권 행사시에 근로소득 또는 기타소득에 따라 소득세를 과세한다(조특법 §16의 4 ①).

① 벤처기업 임직원에는 주식매수선택권 행사시 지분 10% 초과보유자, 지배주주, 지분 10% 초과보유자 및 그 초과보유자와 친족관계 또는 경영지배관계에 있는 자는 제외한다.

② 적격주식매수선택권은 다음의 요건을 갖추어야 한다.
- 주식매수선택권의 수량·매수가액·대상자 및 기간 등에 관하여 주주총회의 결의를 거쳐 벤처기업 임직원과 약정할 것
- 주식매수선택권을 다른 사람에게 양도할 수 없을 것
- 사망·정년 등 불가피한 경우 이외에는 주주총회의 결의가 있는 날부터 2년 이상 재직 후에 주식매수선택권을 행사할 것
- 해당 벤처기업으로부터 부여받은 주식매수선택권의 연간 행사가액의 합계가 3년간 5억원 이하일 것

12. 우리사주 관련 소득

우리사주조합원의 과세인출주식에 대한 인출금[10]의 경우 우리사주의 보유기간과 법인의 규모에 따라 다음 중 어느 하나에 상당하는 금액에 대해서는 소득세를 비과세하며, 이 경우 우리사주의 보유기간은 증권금융회사의 우리사주조합원별 계정에 의무적으로 예탁해야 하는 기간의 종료일의 다음 날부터 인출한 날까지의 기간으로 한다(조특법 §88의 4 ⑥).

10) 우리사주조합원이 출연금을 우리사주 취득에 사용하지 않고 인출하는 경우에는 해당 금액(소득공제를 받지 않은 것은 제외)을 인출금에 포함한다(조특법 §88조의 4 ⑦).

과세인출주식의 수 및 보유기간 등을 계산함에 있어서는 우리사주조합원에게 먼저 배정된 자사주(동시에 배정된 자사주의 경우에는 과세대상주식 외의 자사주)를 먼저 인출하는 것으로 본다(조특령 §82의 4 ⑤).

| 중소기업의 경우-보유기간에 따른 인출금 비과세 |

구 분	비과세금액
과세인출주식을 2년 이상 4년 미만 보유하는 경우	인출금의 50%
과세인출주식을 4년 이상 6년 미만 보유하는 경우	인출금의 75%
과세인출주식을 6년 이상 보유하는 경우	인출금의 100%

| 비중소기업의 경우-보유기간에 따른 인출금 비과세 |

구 분	비과세금액
과세인출주식을 2년 이상 4년 미만 보유하는 경우	인출금의 50%
과세인출주식을 4년 이상 6년 미만 보유하는 경우	인출금의 75%

실무 POINT **조세특례제한법상 비과세의 4대보험 기준금액 포함 여부와 농어촌특별세 해당 여부**

1. 4대보험 기준금액 포함 여부

4대보험 기준금액에 소득세법상 비과세(건강보험의 경우 소득세법상 비과세인 국외근로소득 비과세는 건강보험 보수에 포함됨)는 포함되지 않지만 조세특례제한법상 비과세는 포함되므로 건강보험과 고용·산재보험 보수총액신고시 주의하여야 했었다.

그러나 서울행정법원 2023구합 70374(국민건강보험료 부과처분 취소, 2024.5.2.)에 의하면 '국민건강보험료 등을 산정할 때 그 기초가 되는 보수에서 조세특례제한법에 따른 비과세 근로소득은 제외되어야 한다고 판단'한다고 하였으므로 건강보험의 보수월액에서 제외되고 과다 부과된 건강보험료의 고지분에 대해서는 환급신청이 가능하게 되었다.

다만, 위 판례는 국민건강보험료에 관련된 부분만 판단한 것이므로 여전히 국민연금과 고용·산재보험에서 조세특례제한법 비과세는 기준금액에 포함되는 것이므로 유의하여야 하며 향후 기준금액에 포함되는지 여부에 대해서도 관심을 가져야 할 것이다.

2. 농어촌특별세 해당 여부

조세특례제한법에 의하여 소득세 비과세, 세액감면, 세액공제 또는 소득공제 등을 적용받는 경우에는 농어촌특별세를 납부할 의무를 지는 것이며 농어촌특별세 비과세에 해당이 되는 경우에는 납부의무가 없다(농특세 §2 및 §4).

주식매수선택권 행사이익 비과세의 경우 당초에는 농어촌특별세 납부의무가 있었으나 2023.2.28. 이후 과세표준 및 세액을 신고하거나 결정·경정하는 경우부터는 농어촌특별세 비과세가 적용되는 것으로 세법이 개정되었다(농특령 §4 ⑦ 1호, 농어촌특별세법 시행령 부칙[대통령령 제33282호] §2).

참고로 농어촌특별세 납부의무가 있는 경우의 주식매수선택권 행사일은 주식매수선택권의 행사를 청구한 날을 말하는 것이며, 당해 주식을 교부하는 때에 농어촌특별세를 원천징수하여 다음달 10일까지 신고·납부를 하여야 했었다(서면인터넷방문상담1팀-438, 2008.3.28.).

4 기타 수당의 근로소득 과세 여부

1. 경영성과분배금과 성과급상여

직전연도의 계량적·비계량적 요소를 평가하여 지급하는 성과급상여는 근로소득에 해당하며(소법 §20 ①), 급여지급기준에 의하여 기본항목의 급여 외에 업무실적 등이 우수직원에게 추가로 지급하는 성과상여금 역시 근로소득에 해당하며, 부서단위로 지급받는 경우 그 성과상여금이 근로자 개개인에게 귀속되는 경우에는 근로자 각자의 근로소득에 해당하여 이를 지급하는 때 소득세를 원천징수하여야 한다(서면1팀-118, 2007.1.19.).

실무 POINT 성과급상여의 귀속시기

1. 소득세법상 성과급상여의 귀속시기

① 성과급상여의 소득세법상 귀속시기는 성과급매출액·영업이익률 등 계량적 요소에 따라 성과급상여를 지급하기로 한 경우에는 계량적 요소가 확정되는 날이 속하는 연도가 귀속시기가 되는 것이고, 영업실적과 인사고과에 따른 계량적·비계량적 요소를 평가하여 그 결과에 따라 차등 지급하는 경우 해당 성과급상여의 귀속시기는 직원들의 개인별 지급액이 확정되는 연도가 되는 것이며, 이때 재직 중 성과에 따라 퇴직 후 지급받는 경우도 포함한다.

② 법인이 종업원에게 성과급으로 자기주식을 지급하는 경우의 성과상여에 대한 수입시기도 위의 ①에 따라 귀속되며 상여금의 평가는 지급 당시의 시가에 의하여 계산한다(소행 24-49-2).

2. 법인세법상 성과급상여의 귀속시기

법인세법상 성과급상여의 손금 귀속시기는 지급여부, 배부기준 등이 사업연도 중에 확정되었는지 여부에 의해 판단하는 것이다.

① 사업연도종료일을 기준으로 성과배분기준, 상여금 지급총액 그리고 개인별 지급액이 확정되어 있는 경우

법인이 사업연도종료일을 기준으로 정상적인 성과산정지표 등(임원의 경우에는 정관·주주총회·사원총회 또는 이사회의 결의에 의하여 결정된 급여지급기준)에 따라 임직원의 성과배분상여금을 산정하고 미지급금으로 계상한 경우 해당 성과배분상여금은 그 성과배분의 기준일이 속하는 사업연도의 손금에 산입하는 것이며, 그 후 사업연도에 실제 성과금을 지급하기 전에 지급기준의 일부 변경으로 성과배분상여금 금액의 증감이 발생한 경우 동 증감금액은 그 변경일이 속하는 사업연도의 손금 또는 익금에 산입하는 것이다(법인-1154, 2010.12.15., 서면2팀-1161, 2007.7.10.).

② **사업연도종료일을 기준으로 성과배분기준과 상여금 지급총액은 확정되어 있지만 개인별 지급액이 확정되어 있지 않은 경우**

법인이 노사 간의 단체 협약에 의하여 근로자에게 '법인세 차감 후 당기순이익'을 기준으로 성과배분상여금을 지급하기로 하고, 사업연도종료일을 기준으로 산정한 성과배분상여금을 미지급금으로 계상한 경우, 당해 성과배분상여금은 「법인세법」 제40조의 규정에 의하여 그 성과배분의 기준일이 속하는 사업연도의 손금으로 하는 것이다(법규-1313, 2005.11.29.).

③ **사업연도종료일을 기준으로 성과배분기준이 미확정되거나 확정되어 있다 하더라도 상여금 지급총액과 개인별 지급액이 확정되지 않은 경우**

법인이 임직원에 대한 성과상여금의 지급여부 및 지급기준을 사업연도종료일까지 결정하지 못하고 사업연도종료일 이후(결산확정 전)에 결정함에 따라 지급하는 당해 성과상여금은 그 지급기준 및 지급의무가 결정된 날이 속하는 사업연도의 손금으로 하는 것이다(서면2팀-551, 2006.3.30.).

3. 소득세법과 법인세법상의 차이

소득세법의 경우 비계량적 요소로 평가하여 성과급상여를 지급하는 경우의 귀속시기는 개인별 지급액이 확정되는 연도가 되지만 법인세법의 경우 사실관계 여부에 따라서 손금귀속시기가 상이할 수 있음에 유의하여야 한다. 법인세법상 손금귀속시기를 실무상 내용으로 요약 정리하면 다음과 같다.

사업연도종료일 현재			손금귀속시기
성과배분기준 확정여부	성과배분상여금 지급총액 확정여부	개인별 지급액 확정여부	
확정	확정	확정	지급기준일이 속하는 사업연도
확정	확정	미확정	지급기준일이 속하는 사업연도
확정 또는 미확정	미확정	미확정	상여금 총액과 개인별 지급액이 확정되는 사업연도

2. 종업원에 대한 상금과 포상금

종업원에게 지급하는 각종 상금 중 사실상 급여에 속하는 상금은 소득세법 제20조 제1항의 규정에 의한 근로소득에 해당하는 것이며, 종업원의 특별한 공로에 대하여 경진·경영·

경로대회·전람회 등에서 우수한 자에게 지급하는 상금은 기타소득에 해당한다(원천-129, 2010.2.8.).

3. 장기근속 수당

회사에서 장기근속한 근로자 전원(10년 근속자에게는 15만원 상당액, 15년 근속자에게는 50만원 상당액, 20년 근속자에게는 150만원 상당액)에게 매년 시무식에서 표창과 함께 부상으로 기념품(금 등) 또는 여행비용 등의 비용을 지급하는 경우 근로자가 지급받는 포상금품의 소득구분은 근로소득에 해당하는 것이다(소득 46011-1377, 1995.5.19.).

4. 출제수당

신규채용 시험이나 사내교육을 위한 출제·감독·채점 또는 강의교재 등을 작성하고 근로자가 지급받는 수당·강사료·원고료 명목의 금액은 근로소득에 해당하나(소통 20-38…2, 소행 20-38-1), 사원이 업무와 관계없이 독립된 자격에 의해 사내에서 발행하는 사보 등에 원고를 게재하고 받는 대가는 기타소득에 해당한다(소통 21-0…4).

5. 반환조건부 사이닝보너스(Signing Bonus)의 소득구분

특별한 능력 또는 우수한 능력이 있는 근로자가 기업과 근로계약을 체결하면서 지급받는 사이닝보너스는 근로소득으로 한다.

사이닝보너스를 근로계약체결 시(계약기간 내 중도퇴사 시 일정금액을 반환하는 조건) 일시에 선지급하는 경우에는 당해 사이닝보너스를 계약조건에 따른 근로기간동안 안분하여 계산한 금액을 각 과세연도의 근로소득수입금액으로 한다(소통 20-0…5).

참고로 해당 근로자가 의무근무기간을 채우지 못하고 중도퇴사하여 계약금의 일부를 반환하는 경우 반환하는 금액은 근로소득에서 제외하는 것이므로, 당초 지급 시 수행했던 근로소득에 대한 연말정산을 수정해야 한다(서면1팀-401, 2007.3.23.).

6. 의료비 지원금

① 건강검진관련 법률 등에 따라 모든 임직원에 대하여 건강검진을 실시하는 데 따른 비용은 법인의 손금으로 임직원의 근로소득에 해당하지 않는 것이나, 직원은 기본검진을, 임원은 종합검진을 하는 등 임직원에 대하여 검진내용에 차별을 두고 실시함에 따라 발생하는 비용차액이 임원의 근로소득에 해당하는지 여부는 관련 법률규정 등의 검진범위, 검진내용 및 비용의 차액 등 건전한 사회통념 등을 감안하여 사실 판단하여야 하는 것임(서면2팀-921, 2005.6.27.)

② 의료업법인이 임직원에게 의료용역을 제공하고 의료보험본인부담금의 일부를 경감한 경우 동 경감액은 법인의 익금에 해당하며 동시에 임직원의 근로소득에 해당하는 것임(서면1팀-1118, 2006.6.15.)

③ 구 사내근로복지기금법에 의한 사내근로복지기금이 사내 근로자인 종업원에게 노동부장관으로부터 인가된 동 기금의 용도사업 수행으로 인해 지급하는 보조금은 당해 종업원의 근로소득으로 보지 않는 것임(원천-363, 2010.4.29.)

7. 재해보상금

① 업무 관련성이 있는 경우

산업재해보상보험법에 따라 수급권자가 받는 요양급여, 휴업급여, 장해급여, 간병급여, 유족급여, 유족특별급여, 장해특별급여, 장례비 또는 근로의 제공으로 인한 부상·질병·사망과 관련하여 근로자나 그 유족이 받는 배상·보상 또는 위자(慰藉)의 성질이 있는 급여(생계보상금 포함)와 근로기준법 또는 선원법에 따라 근로자·선원 및 그 유족이 받는 요양보상금, 휴업보상금, 상병보상금(傷病補償金), 일시보상금, 장해보상금, 유족보상금, 행방불명보상금, 소지품 유실보상금, 장례비 및 장제비는 비과세 근로소득에 해당된다(소법 §12 ③ 다목·라목).

다만, 업무상 부상 등으로 요양 중에 있는 자가 산업재해보상보험법에 의한 휴업급여 등과는 별도로 매월 지급받는 일반적인 생계보조금은 과세대상 근로소득에 해당한다(서이46013-11035, 2002.5.15.).

② 업무 관련성이 없는 경우

노사 간 단체협약에 의해 업무 외의 원인으로 인한 부상·질병·사망으로 인해 지급받는 급여는 과세대상 근로소득에 해당하며(서면1팀-1213, 2006.9.1), 근로자가 업무상 부상 등과 관련하여 회사의 내부규정에 따라 지급받은 보상금상당액이 근로기준법의 지급기준을 초과하는 경우 그 초과액도 과세대상 근로소득에 해당된다(서면1팀-935, 2005.7.28.).

실무 POINT 휴업급여 등의 비과세

① **휴업급여** : 피재근로자에게 취업하지 못한 기간에 임금 대신 지급하는 산업재해보상보험법상 보험급여(평균임금의 70%, 산업재해보상보험법 §52)는 소득세법상 비과세임

② **휴업보상금** : 사용자가 요양 중에 있는 피재근로자에게 취업하지 못한 기간에 임금 대신 지급하는 근로기준법상 보상금(평균임금의 60%, 휴업급여가 지급되는 경우는 면책, 근기법 §79)은 소득세법상 비과세임

③ **휴업수당** : 사용자의 귀책사유로 휴업하는 경우에 휴업기간 동안 근로자에게 지급하여야 하는 수당(평균임금의 70% 이상, 근기법 §46)은 소득세법상 과세임

8. 육아휴직수당 등

① 산전후 휴가급여

고용보험법에 따라 근로자가 지급받는 출산전후휴가급여는 비과세소득에 해당하며, 사업주가 근로자에게 미리 지급하고 대위신청한 것을 포함한다(원천-695, 2010.9.6.).

② 육아휴직수당

고용보험법에 따라 받는 육아휴직급여, 육아기 근로시간 단축 급여 및 출산전후휴가급여, 국가공무원법 및 지방공무원법에 따른 공무원 또는 사립학교교직원연금법 및 별정우체국법의 적용을 받는 자가 관련 법령에 따라 받는 육아휴직수당은 비과세소득에 해당한다. 반면, 근로기준법에 따라 임산부의 보호휴가 기간 중 사용자가 지급하는 출산전후휴가급여는 과세대상 근로소득에 해당한다(원천-624, 2010.7.29.).

③ 배우자 출산휴가 급여

고용보험법 개정으로 2020년 귀속 소득분부터 고용보험법에 따라 근로자가 지급받는 배우자 출산휴가급여는 비과세이다(소법 §12 ③ 마호).

실무 POINT **배우자 출산휴가 급여**

1. 배우자 출산휴가란?

배우자 출산휴가는 배우자가 출산했을 때 모든 남성근로자가 사용할 수 있는 휴가로서 출산한 배우자와 태아의 건강을 보호하고 남성의 육아참여를 확대하기 위한 제도를 말한다.

2. 배우자 출산휴가 기간

배우자 출산휴가 기간은 「남녀고용평등과 일·가정 양립 지원에 관한 법률」 제18조의 2에 따라 20일(유급)이며 출산당일부터 사용가능하고 사용기한은 근로자의 배우자가 출산한 날부터 120일 이내이고 분할사용(3회 분할, 4회 사용)도 가능하다.

3. 배우자 출산휴가 급여 지급대상과 급여지급액

고용보험법에 따른 우선지원대상기업 소속 근로자(고용보험 피보험 단위 기간이 180일 이상인 근로자에 한함)에 한해 지급하며 20일간의 유급휴가 기간동안 통상임금 100%를 고용노동부가 지급(상한액 1,607,650원)하며 배우자 출산휴가를 시작한 날 이후 1개월부터 끝난 날 이후 12개월 이내에 신청하여야 한다.

4. 회사가 지급하는 배우자 출산휴가 급여지급액

회사가 지급하는 출산휴가 급여지급액(상한액 초과분을 말함)은 근로소득 과세로 판단된다.

9. 명절 등 특정한 날에 지급받는 선물의 근로소득 포함 여부

① 결혼기념일에 회사로부터 받는 선물의 근로소득여부

임직원을 대상으로 생일, 결혼기념일, 출산시 복리후생기념으로 2~3만원 상당의 선물 지급 시 결혼기념일에 회사로부터 받는 선물은 과세대상 근로소득에 해당하는 것이다(원천-296, 2009.4.9.).

② 생일이나 창립기념일에 지급받는 선물의 근로소득 여부

근로자가 회사로부터 근로자의 생일이나 회사의 창립기념일에 지급받는 선물은 과세되는 근로소득의 범위에 포함되는 것이다(법인 46013-1358, 1999.4.13.).

③ 설날이나 추석날에 지급받는 선물의 근로소득 여부

근로자가 회사로부터 설날등 특정한 날에 지급받는 선물은 과세되는 근로소득의 범위에 포함되는 것이고(법인 46013-1378, 1993.5.14.), 물품을 매입하여 종업원에게 이를 추석 선물시 현물급여로 지급하는 경우 근로소득에 대한 수입금액은 지급 당시의 시가에 의해 계산하는 것이며, 당해 시가에는 부가가치세 매출세액 상당액을 포함하는 것이다(원천-825, 2009.10.6.).

10. 체력단련수당

법인이 직원에게 체력단련비 명목으로 직접 지급하는 금품의 가액은 근로소득에 해당하는 것이다(원천-555, 2011.9.5.).

11. 임직원 골프지원비 등의 회식비

법인이 임원 또는 사용인의 복리후생을 위하여 지출하는 비용은 손금으로 인정되는 것이나, 특정 임원들 간의 경영관리 회의와 단합 및 사기증진을 위해 골프장 이용료로 지출한 비용은 건전한 사회통념과 상관행에 비추어 정상적인 법인의 지출로 인정할 수 없으므로 법인의 손금에 산입할 수 없는 것이며 관련 지출비용은 해당 임원의 상여로 처분하는 것이다(서면2팀-1259, 2005.8.3.).

반면 사용주가 근로자들의 사기진작 등을 위하여 일시적으로 부서별로 실시하는 회식에 지출한 비용과 숙박을 동반하는 시외출장 업무수행 시 현지에서 실제로 사용한 식사비는 근로소득에 포함되지 아니하는 것이다(법인 46013-172, 1996.2.10.).

12. 근로자에게 지급하는 상품권 등

과세대상 근로소득은 급여의 명칭 여하에 불구하고 근로의 제공으로 인하여 받는 보수 중 소득세법에서 비과세 소득으로 열거된 소득을 제외하는 것이며 종업원에게 지급하는 각종 상금 중 사실상 급여에 속하는 상금은 근로소득, 종업원의 특별한 공로에 대하여 경진·경영·경로대회·전람회 등에서 우수한 자에게 지급하는 상금은 기타소득에 해당하는 것이다(원천세과-129, 2010.2.8.).

또한 근로자가 회사에서 일정기간 장기근속한 경우에 지급받는 포상금(금, 해외여행경비 등)은 근로소득에 해당한다(소득 46011-1377, 1995.5.19.).

13. 피복비

병원·시험실·금융기관·공장·광산에서 근무하는 자 또는 특수한 작업이나 역무에 종사하는 자가 받는 작업복이나 그 직장에서만 착용하는 피복은 소득세를 과세하지 아니하는 것이나 직원들에게 지급한 피복이 회사의 마크가 없고 외출복으로도 착용 가능한 일반피복(동절기 잠바 및 하절기 티셔츠)인 경우 소득세 비과세대상에 해당하지 않는 것이다(법인 46013-2331, 1998.8.18.).

14. 휴대폰 보조금 등의 통신수당

종업원소유의 핸드폰을 회사의 업무수행에 사용하고 회사의 지급규정에 따라 실제 소요된 핸드폰사용료를 지급받는 경우 사용내역서 등에 의하여 업무수행에 사용하였음이 확인되는 금액상당액은 회사의 업무관련비용으로 당해 종업원의 근로소득에 포함하지 아니한다(법인 46013-1097, 2000.5.4., 법인 46013-3279, 1999.8.20.).

15. 선택적 복지포인트 사용액

선택적 복지제도 운영지침에 따라 복지후생제도를 시행함에 있어 각 종업원에게 개별로 포인트를 부여하여 이를 사용하게 하는 경우, 당해 포인트사용액(근로소득으로 보지 않는 것은 제외)은 근로소득으로 과세되는 것이다(서면1팀-1417, 2006.8.14.).

실무 POINT 선택적 복지포인트의 근로소득 여부 소송

1. 공기업인 코레일의 소송 - 근로소득이 아님

선택적 포인트의 근로소득 여부에 대해서 공기업인 코레일의 소송은 복지포인트가 근로복지에 해당할 뿐 근로의 대가로 볼 수 없다고 판단하면서 복지포인트가 현금과 달리 사용제한이 있고, 1년 내 미사용 시 소멸되는 점을 근거로 들며 조세형평성을 고려해 과세 대상이 아니라고 고등법원에서 판시하였지만 아직 대법원 결정이 남아있다.
고등법원 판례는 다음과 같다.

[제목] 선택적 복지포인트는 근로조건 및 금원의 지급으로 볼 수 없어 근로소득이 아님 (대전고등법원 2022누13617, 2023.10.26.).

[요약] 근로복지기본법상 선택적 복지제도에 따른 선택적 복지포인트는 '근로복지'에 해당할 뿐, 사용자와 근로자 사이의 근로관계에서 임금·근로시간·후생·해고 기타 근로자의 대우에 관하여 정한 조건인 '근로조건'에 해당하지 않아 '근로조건'의 내용을 이루고 있지 않고, 복지포인트 배정을 금원의 지급으로 볼 수 없으므로, 선택적 복지포인트는 과세대상 근로소득에 해당하지 않음.

2. 사기업인 한화손해배상의 소송 - 근로소득임

대법원 판례(대법원 2024두44631, 2024.12.26.)에 의하면 '원고 소속 임직원들은 원고에게 근로를 제공하고 그와 관련하여 이 사건 복지포인트를 배정받아 사용한 것이므로, 복지포인트는 해당 임직원들이 제공한 근로와 대가관계에 있는 경제적 이익 내지 근로와 밀접히 관련된 급여로서 근로소득에 해당한다고 봄이 상당하다.'고 판시하고 있으므로 선택적 복지포인트는 근로소득으로 결론지었다.

3. 사기업인 한국×××의 소송 - 근로소득임

당초에는 공무원의 복지점수와 한국XXX의 복지포인트가 사실상 동일하다고 보아 조세형평성에 반하므로 근로소득이 아니라고 결론지었으나(광주고등법원 2023누10852, 2024.1.25.), 최근 대법원 판례(대법원 2024두34122, 2024.12.24.)에 의하면 선택적 복지포인트는 근로소득이라고 판시하였다.

4. 결론

사기업인 한화손해배상과 한국XXX의 대법원 판례에 의하면 '선택적 복지포인트는 근로소득'으로 확정판시되었고 공기업인 코레일의 소송만 마지막 대법원의 판결이 남아 있으나 사기업에 대한 대법원 확정판결이 판시되었으므로 실무상 선택적 복지포인트는 근로소득의 과세로 원천징수처리하여야 할 것이다.

16. 부임수당

전근하는 종업원이 지급받는 부임수당 중 이사에 소요되는 비용상당액은 과세대상 근로소득에 해당하지 않는 것이나, 이사에 소요되는 비용상당액을 초과하는 부분과 숙박비 등 명목으로 지급받은 금액은 근로소득에 해당한다(소행 12-12-3 ①, 서면1팀-1212, 2005.10.10.).

또한, 외국인근로자가 근로계약 이행을 위해 국내 입국 시 소요되는 항공료 또는 근로의 제공 완료 후 출국할 때 소요되는 항공료 등을 해당 회사에서 지급하는 경우 동 금액은 실비변상적 성질의 급여에 해당하지 않는다(소행 12-12-3 ②).

17. 근무지 지방이전에 따른 위로금

수도권 소재 본점의 지방이전에 따라 임직원의 고용유지를 위해 위로금을 지급하되 지방이전 후 일정기간 근무조건 및 약정근무기간 이내에 퇴사 시 미도래한 근무기간에 해당하는 위로금을 추징할 것을 조건으로 하여 지방이전 시 위로금을 일시에 선지급했을 경우 당해 위로금은 근로소득에 해당되며, 약정상 근무기간 동안 안분하여 계산된 금액을 근로소득으로 하여 각 과세기간별로 원천징수하는 것이다(서이 46013-11656, 2003.9.17.).

18. 해외파견직원의 해외이주비용

해외지점에 파견된 직원에게 지급하는 그 가족의 해외이주비용 중 이주에 실제소요되는 비용상당액을 초과하는 금액은 근로소득에 해당한다(법인 22601-390, 1991.2.27.).

실무 POINT 근로소득 원천징수 중점확인사항

다음은 국세청에서 근로소득에 대한 중점확인사항이라고 소개한 내용이다(2024년 귀속 원천징수의무자를 위한 연말정산 신고안내, p.34~35).

구 분	중점확인사항	관련 근거
과세대상 근로소득 포함 항목	① 미지급 급여 • 1월부터 11월까지 미지급 급여는 해당 과세기간의 12.31.에 지급한 것으로 보며, 12월분 미지급 급여는 다음 연도 2월 말일에 지급한 것으로 보아 소득세를 원천징수하고 연말정산 시 미지급 급여를 총급여액에 포함	소법 §135
	② 3월 이상(건설 1년) 동일 고용주에게 계속 근무하는 일용근로자의 급여 • 1년 이상 계속 고용된 건설노무자를 일반급여자로 보는 시기 및 연말정산의 취급(소통 20-20…1) – 근로소득에 대한 원천징수는 계속 고용으로 1년이 되는 날이 속하는 월부터 일반급여자로 본다. – 연말정산 시는 1년이 되는 날이 속하는 과세기간의 초일부터 일반급여자로 본다(일반급여자로서 연말정산 대상에 해당함).	소령 §20
	③ 인정상여(예시) • 비중소기업의 종업원과 2019년까지 중소기업의 종업원에게 주택자금 등 저리 또는 무상으로 대여한 대여금의 인정이자 • 현실적인 퇴직에 해당하지 않는 임직원에게 지급한 퇴직금의 인정이자	법령 §88 소령 §98

구 분	중점 확인사항	관련 근거
	• 회사의 제품·상품을 소속 직원에게 무상으로 지급하는 현물급여(양도가능 할인쿠폰 포함) 및 현저하게 낮은 가액으로 할인판매한 가액과 시가와 차액 • 다만, 사용인에게 자기의 제품이나 상품 등을 할인판매하는 경우로서 다음에 해당하는 때는 인정상여에 포함하지 아니함(법통 52-88…3) – 할인판매가격이 법인의 취득가액 이상이며 통상 일반 소비자에게 판매하는 가액에 비하여 현저하게 낮은 가액이 아닌 것 – 할인판매를 하는 제품 등의 수량은 사용인이 통상 자기의 가사를 위하여 소비하는 것이라고 인정되는 정도의 것	법령 §88 소령 §98
	④ 파견수당(파견공무원, 대학병원 교수, 파견근로자 등) • 파견공무원, 대학병원 교수, 파견근로자 등이 파견지에서 근로의 대가로 지급받는 각종수당(비과세 소득 제외)	소령 §38
	⑤ 시내출장 여비와 별도로 지급받는 자기차량운전보조금 • 시내출장의 여비를 별도로 지급받으면서 자기차량운전보조금을 지급받거나, 근로자 본인 소유 차량이 없음에도 자기차량운전보조금을 지급받는 경우 그 자기차량운전보조금은 근로소득에 해당	소령 §12 소통 12-12 …1
과세대상 근로소득 포함 항목	⑥ 비과세 한도를 초과한 국외근로소득 비과세 금액과 국외 출장기간 중의 급여 • 국외 등 건설현장에서 근로를 제공하고 받는 보수 중 월 500만원 이내의 금액을 비과세하나, 이는 건설관련 기능직, 건설 단순 종사원, 감리업무 수행자에 해당하는 것으로, 국외 건설현장 파견직원 중 경영지원·영업·자재·기타 공통업무를 수행하는 직원은 월 100만원 이내에서 비과세됨 • 인사발령내역, 출입국 사실 등을 확인하여 국외 장기출장 중에 받은 급여는 비과세가 아닌 근로소득에 해당	소령 §16
	⑦ 현물식사와 별도로 지급받는 식사대 • 현물식사를 근로자에게 제공하면서 급여에 별도로 식사대를 포함하여 지급하는 경우 그 식사대(20만원)는 비과세가 아닌 근로소득에 해당	소령 §17의 2 소통 12-17의 2…1
	⑧ 직원에게 지급하는 비과세 아닌 학자금 및 자녀교육비 지원액 • 명예퇴직하는 근로자에게 노사합의에 의해 퇴직 후 일정기간 동안 지원하는 자녀학자금은 당해 근로자의 근로소득에 해당 • 회사가 임직원의 자녀를 특정하여 학교장으로 하여금 장학생 등으로 추천하게 하여 지급하는 장학금(학자금)은 당해 임직원의 근로소득에 해당 • 우수인재 확보를 위해 근로관계가 없는 대학생 등에게 지급하는 장학금은 그 학생이 해당 회사에 입사한 이후 계약조건에 따라 안분한 금액을 근로소득에 가산함(장학금은 입사 전까지 소득세 과세대상 아님)	소령 §11 소령 §38 ① 2호

구 분	중점 확인사항	관련 근거
과세대상 근로소득 포함 항목	⑨ 초·중·고 교사의 방과후학교 수업대가 • 초·중등교육법에 따른 교육기관이 학생들로부터 받은 방과후학교 수업료를 교원에게 수업시간당 일정금액으로 지급하는 금액은 비과세 연구보조비 대상에 해당하지 아니하는 것임	소령 §12

5 원천징수이행상황신고서와 지급명세서 기재대상 비과세소득

근로소득 중 비과세소득은 소득세가 과세되지 않는 소득이므로 연말정산 시 소득세액 산정에는 영향을 미치지 않는다.

다만, 출산·보육수당 등 일부 비과세소득의 경우에는 원천징수이행상황신고서와 다음 해 3월 10일까지 제출하는 연말정산 내역인 근로소득지급명세서[법정 코드(⑱~⑲)]에 일부 기재를 해야 하는데 만약 이러한 지급명세서 기재대상 비과세소득을 근로소득지급명세서상 기재하지 않고 제출한 경우에는 그 지급금액의 2%(또는 1%)의 지급명세서제출불성실가산세가 있음에 유의해야 한다.

비과세대상 소득 중 기재되는 비과세와 기재가 되지 않는 비과세를 정리하면 다음과 같다(별지 24호 서식(1)).

실무 POINT 식대 비과세의 미제출비과세에서 제출비과세로 변경

2023.2.28. 소득세법 시행령이 확정되면서 식대가 미제출비과세에서 제출비과세로 변경되었다. 이에 국세청은 2023.2.28. 이후 신고분부터 원천징수이행상황신고서의 총지급액에 식대 비과세를 포함하여 신고하고 2023.2.28. 이전에 신고한 기 신고분(실무상 2023.2.10.에 신고한 1월 지급분 신고서일 것임)은 별도로 수정신고 하지 않도록 안내를 하였다.

다만, 2023.1.1. 이후 지급하는 식사대부터 제출비과세이고 2023년 귀속 근로소득 지급명세서에는 2023.2.28. 이전 지급분 식사대도 제출비과세로 기입될 것이므로 2023년 귀속 근로소득 지급명세서상 총급여액과 제출비과세의 합계액은 2023년 원천징수이행상황신고서의 총지급액과 해당 식사대 비과세(실무상 1월의 식사대일 것임)만큼 차액이 발생되었다.

비과세 및 감면 소득 코드

구분	법조문	코드	기재란	비과세항목	지급명세서 작성 여부
비과세	소득세법§12 3 가	A01		복무 중인 병(兵)이 받는 급여	×
	소득세법§12 3 나	B01		법률에 따라 동원 직장에서 받는 급여	×
	소득세법§12 3 다	C01		「산업재해보상보험법」에 따라 지급받는 요양급여 등	×
	소득세법§12 3 라	D01		「근로기준법」등에 따라 지급받는 요양보상금 등	×
	소득세법§12 3 마	E01		「고용보험법」 등에 따라 받는 육아휴직급여 등	×
		E02		「국가공무원법」 등에 따라 받는 육아휴직수당 등[사립학교 직원이 학교의 정관 · 규칙에 따라 받는 육아휴직수당(월 150만원 한도) 포함]	×
	소득세법§12 3 바	E10		「국민연금법」에 따라 받는 반환일시금(사망으로 받는 것에 한함) 및 사망일시금	×
	소득세법§12 3 사	F01		「공무원연금법」 등에 따라 받는 요양비 등	×
	소득세법§12 3 아	G01	⑱-5	비과세 학자금(소득령§ 11)	○
	소득세법§12 3 자	H02		소득령§12 2 ~ 3(일직료 · 숙직료 등)	×
		H03		소득령§12 3(자가운전보조금)	×
		H04		소득령§12 4, 8(법령에 따라 착용하는 제복 등)	×
		H05	⑱-18	소득령§12 9 ~ 11(경호수당, 승선수당 등)	○
		H06	⑱-4	소득령§12 12 가(연구보조비 등)-「유아교육법」, 「초 · 중등교육법」	○
		H07	⑱-4	소득령§12 12 가(연구보조비 등)-「고등교육법」	○
		H08	⑱-4	소득령§12 12 가(연구보조비 등)-특별법에 따른 교육기관	○
		H09	⑱-4	소득령§12 12 나(연구보조비 등)	○
		H10	⑱-4	소득령§12 12 다(연구보조비 등)	○
		H14	⑱-22	소득령§12 13 가(보육교사 근무환경개선비)-「영유아보육법 시행령」	○
		H15	⑱-23	소득령§12 13 나(사립유치원 수석교사 · 교사의 인건비)-「유아교육법 시행령」	○
		H11	⑱-6	소득령§12 14 (취재수당)	○
		H12	⑱-7	소득령§12 15 (벽지수당)	○
		H13	⑱-8	소득령§12 16 (천재 · 지변 등 재해로 받는 급여)	○
		H16	⑱-24	소득령§12 17 (정부 · 공공기관 중 지방이전기관 종사자 이전지원금)	○
		H17	⑱-30	소득령§12 18(종교관련종사자가 소속 종교단체의 규약 또는 소속 종교단체의 의결기구의 의결 · 승인 등을 통하여 결정된 지급 기준에 따라 종교 활동을 위하여 통상적으로 사용할 목적으로 지급받은 금액 및 물품)	○
	소득세법§12 3 차	I01	⑱-19	외국정부 또는 국제기관에 근무하는 사람에 대한 비과세	○
	소득세법§12 3 카	J01		「국가유공자 등 예우 및 지원에 관한 법률」에 따라 받는 보훈급여금 및 학습보조비	×
	소득세법§12 3 타	J10		「전직대통령 예우에 관한 법률」에 따라 받는 연금	×
	소득세법§12 3 파	K01	⑱-10	작전임무 수행을 위해 외국에 주둔하는 군인 등이 받는 급여	○
	소득세법§12 3 하	L01		종군한 군인 등이 전사한 경우 해당 과세기간의 급여	×
	소득세법§12 3 거	M01	⑱	소득령§16①1(국외 등에서 근로에 대한 보수) 100만원	○
		M02	⑱	소득령§16①1(국외 등에서 근로에 대한 보수) 300만원(2023년 귀속분까지만 적용)	○
		M03	⑱	소득령§16①2(국외근로)	○
		M04	⑱	소득령§16①1(국외 등에서 근로에 대한 보수) 500만원	○
	소득세법§12 3 너	N01		「국민건강보험법」 등에 따라 사용자 등이 부담하는 보험료	×
	소득세법§12 3 더	O01	⑱-1	생산직 등에 종사하는 근로자의 야간수당 등	○
	소득세법§12 3 러	P01	⑱-40	비과세 식사대(월 20만원 이하)	○
		P02		현물 급식	×
	소득세법§12 3 머	Q01	⑱-2	출산, 6세 이하의 자녀의 보육 관련 비과세 급여(월 20만원 이내)(2023년 귀속분까지만 적용)	○
		Q02	⑱-2	6세 이하의 자녀의 보육 관련 비과세 급여(월 20만원 이내)	○
		Q03	⑱-3	자녀 출생일 이후 2년 이내에 받는 출산지원금(1회)	○
		Q04	⑱-3	자녀 출생일 이후 2년 이내에 받는 출산지원금(2회)	○
	소득세법§12 3 버	R01		국군포로가 지급받는 보수 등	×
	소득세법§12 3 서	R10	⑱-21	「교육기본법」 제28조제1항에 따라 받는 장학금	○
	소득세법§12 3 어	R11	⑱-29	소득령 17의3 비과세 직무발명보상금	○
	소득세법§12 3 저	V01		사택 제공 이익	×
		V02		주택 자금 저리 · 무상 대여 이익	×
		V03		종업원 등을 수익자로하는 보험료 · 신탁부금 · 공제부금	×
		V04		공무원이 받는 상금과 부상(연 240만원 이내)	×
		V05		「영유아보육법 시행령」에 따라 사업주가 부담하는 보육비용	×
	구 조특법§ 15	S01	⑱-11	주식매수선택권 비과세	○
	조특법§16의2	U01	⑱-31	벤처기업 주식매수 선택권 행사이익 비과세	○
	조특법§ 88의4⑥	Y02	⑱-14	우리사주조합 인출금 비과세(50%)	○
		Y03	⑱-15	우리사주조합 인출금 비과세(75%)	○
		Y04	⑱-16	우리사주조합 인출금 비과세(100%)	○
	소득세법§12 3 자	Y22	⑲	소득령§12 13 다(전공의 수련보조수당)	○
감면	조특법§18	T01	⑱-12	외국인 기술자 소득세 감면(50%)	○
		T02	⑱-36	외국인 기술자 소득세 감면(70%)	○
	조특법§19	T30	⑱-33	성과공유 중소기업의 경영성과급에 대한 세액공제 등	○
	조특법§29조의6	T40	⑱-34	중소기업 청년근로자 및 핵심인력 성과보상기금 수령액에 대한 소득세 감면 등(50%)	○
		T41	⑱-37	중견기업 청년근로자 및 핵심인력 성과보상기금 수령액에 대한 소득세 감면 등(30%)	○
		T42	⑱-38	중소기업 청년근로자 및 핵심인력 성과보상기금 수령액에 대한 소득세 감면 등(청년 90%)	○
		T43	⑱-39	중견기업 청년근로자 및 핵심인력 성과보상기금 수령액에 대한 소득세 감면 등(청년 50%)	○
	조특법§18조의3	T50	⑱-35	내국인 우수인력의 국내복귀에 대한 소득세 감면	○
	조특법§30	T12	⑱-27	중소기업 취업자 소득세 감면(70%)	○
		T13	⑱-32	중소기업 취업자 소득세 감면(90%)	○
	조세조약	T20	⑱-28	조세조약상 소득세 면제(교사 · 교수)	○

03 근로소득의 수입시기 및 원천징수시기

1 근로소득의 수입시기와 원천징수시기

근로소득의 귀속연도는 근로소득의 수입시기에 해당하는 날이 속하는 과세연도를 말하며, 수입시기에 따라 해당 연도의 연말정산 대상 근로소득이 정해진다.

근로소득의 수입시기는 해당 근로소득에 따라 다음에 따른 날로 한다(소령 §49).

구 분		수입시기 및 원천징수시기
급 여		• 수입시기 : 근로를 제공한 날 • 원천징수시기 : 실제로 지급하는 때
잉여금처분에 의한 상여		• 수입시기 : 당해 법인의 잉여금처분결의일 • 원천징수시기 : 당해 법인의 잉여금처분결의일로부터 3개월이 되는 날을 지급일로 봄
해당 사업연도의 소득금액을 법인이 신고하거나 세무서장이 결정·경정함에 있어 발생한 그 법인의 임원 또는 주주·사원, 그 밖의 출자자에 대한 상여		• 수입시기 : 해당 사업연도 중 근로를 제공한 날. 이 경우 월평균금액을 계산한 것이 2년도에 걸친 때에는 각각 해당 사업연도 중 근로를 제공한 날 • 원천징수시기 : 소득금액변동통지서를 받은 날 또는 법인세 과세표준 및 세액의 신고기일 또는 수정신고일
근로소득으로 보는 퇴직위로금·퇴직공로금 등(퇴직으로 인해 받는 소득으로서 퇴직소득에 속하지 않는 퇴직위로금·퇴직공로금 기타 이와 유사한 성질의 급여)		• 수입시기 : 지급받거나 지급받기로 한 날 • 원천징수시기 : 실제로 지급할 때
연차수당	개별근로자별 산정	• 수입시기 : 연차수당산정기준일이 속하는 연도 • 원천징수시기 : 실제로 지급하는 때
	회계연도단위 산정	• 수입시기 : 소정의 근로일수를 개근한 연도의 익년 • 원천징수시기 : 실제로 지급하는 때
부당해고기간 급여		• 수입시기 : 법원의 판결·화해 등에 의해 부당해고기간의 급여를 일시에 지급받는 경우에는 해고기간에 근로를 제공하고 지급받는 것으로 봄 • 원천징수시기 : 판결이 있는 날의 다음 달 말일
급여를 소급인상하고 이미 지급된 금액과의 차액을 추가로 지급하는 경우		• 수입시기 : 근로제공일이 속하는 연·월 • 원천징수시기 : 실제로 지급하는 때
성과급 상여		• 수입시기 : 자산수익률·매출액 등 계량적 요소에 따라 성과급상여를 지급하기로 한 경우 당해 성과급상여의 귀속시기는 계량적 요소가 확정되는 날이 속하는 연도와 계량적·비계량적

PART 4 원천징수

구 분	수입시기 및 원천징수시기
성과급 상여(계속)	요소를 평가하여 그 결과에 따라 차등 지급하는 경우 당해 성과급상여의 귀속시기는 개인별 지급액이 확정되는 연도 • 원천징수시기 : 실제로 지급하는 때
사이닝보너스 (기업이 우수한 인재를 스카우트하기 위해 연봉 외에 지급)	• 수입시기 : 근로계약 체결 시 일시에 선지급(계약기간 내 퇴사 시 일정금액 반환 조건)하는 경우 당해 선지급 사이닝보너스를 계약조건에 따른 근로기간 동안 안분 • 원천징수시기 : 계약조건에 따른 근로기간 동안 안분
도급 기타 이와 유사한 계약에 의해 급여를 받는 경우에 당해 과세기간의 과세표준 확정 신고기간 개시일 전에 당해 급여가 확정되지 않은 때	• 수입시기 : 그 확정된 날에 수입한 것으로 봄(다만, 그 확정된 날 전에 실제로 받은 금액은 그 받은 날로 함) • 원천징수시기 : 실제로 지급하는 때
퇴직 후 지급액	• 수입시기 : 지급받거나 지급받기로 한 날 • 원천징수시기 : 실제로 지급하는 때

실무 POINT **연차수당의 귀속시기**

1. 소득세법상 귀속시기

근로기준법에 따른 연차 유급휴가일에 근로를 제공하고 지급받는 연차수당의 수입시기는 소정의 근로일수를 개근한 연도의 다음연도가 되는 것이며 그 지급대상기간이 2개 연도에 걸쳐 있는 경우에는 그 지급대상 연도별로 안분하여 해당 연차수당의 근로소득 수입시기를 판단한다(소행 24-49-3).

따라서 2024년에 소정근로일수를 개근하여 2025년에 부여받은 연차일수 중 미사용 연차일수에 대한 보상을 2026년 1월에 지급받았다면 해당 연차수당의 근로소득 귀속시기는 소정근로일수를 개근한 연도의 익년인 2025년이 되는 것이다.

2. 법인세법상 손금귀속시기

① 근로자가 근로기준법에 의한 연차휴가일에 근로를 제공함에 따라 통상임금에 가산하여 지급하는 연차수당을 매년 12.31.을 기준일로 하여 계산하고 지급은 익년 1월에 하는 경우에 동 연차수당에 대한 법인세법상 손금의 귀속사업연도는 그 기준일이 속하는 사업연도로 하는 것이며 연차수당에 대한 근로소득수입시기는 매년 12.31.을 기준으로 연차수당을 계산하는 경우에는 그 기준일이 속하는 연도를 근로소득의 귀속연도로 하는 것임(법인 46012-3223, 1996.11.20.)

② 법인이 연·월차수당의 지급기준을 정하고, 이에 따라 근로자별로 지급금액이 확정된 때에는 당해 미지급수당을 그 지급이 확정된 날이 속하는 사업연도의 손금으로 하는 것임(원천 46013-38, 2003.1.28.)

③ 연차수당의 지급대상기간이 2개 연도에 걸쳐 있는 경우에는 그 지급대상 연도별로 안분하여 당해 연차수당의 근로소득 수입시기를 판단하는 것임(서면2팀-2646, 2004.12.16.)

2 근로소득의 원천징수시기에 대한 특례

근로소득을 미지급한 경우 일정한 시기가 도래하면 지급하지 않았더라도 지급한 것으로 간주하여 소득세를 원천징수한다. 예를 들어 1~11월 사이에 발생한 근로소득을 12월 31일까지 지급하지 아니하는 때에는 그 근로소득은 12월 31일에 지급한 것으로 본다. 그러면 12월에 발생한 근로소득을 다음 연도 2월 말일까지 지급하지 아니한 때에는 그 근로소득은 2월 말일에 지급한 것으로 본다.

또한 법인이 이익 또는 잉여금의 처분에 따라 지급하여야 할 상여를 그 처분을 결정한 날부터 3개월이 되는 날까지 지급하지 아니한 경우에는 그 3개월이 되는 날에 그 상여를 지급한 것으로 보아 소득세를 원천징수한다. 다만, 그 처분이 11월 1일부터 12월 31일까지의 사이에 결정된 경우에 다음 연도 2월 말일까지 그 상여를 지급하지 아니한 경우에는 그 상여를 다음 연도 2월 말일에 지급한 것으로 보아 소득세를 원천징수한다(소법 §135).

구 분	지급의제일	원천징수 신고일
1월부터 11월까지의 근로소득을 12월 31일까지 미지급한 경우	12월 31일	다음 연도 1월 10일 (귀속 11월, 지급 12월)*1
12월분의 근로소득을 다음 연도 2월 말일까지 미지급한 경우	다음 연도 2월 말일	다음 연도 3월 10일 (12월 귀속, 2월 지급)*2
잉여금처분에 의한 상여를 미지급한 경우	처분결정일부터 3개월이 되는 날*4	처분결정일부터 3개월이 되는 날의 다음 달 10일 (귀속 2024년 3월, 지급 2024년 6월)*3

*1. 2025년 11월 급여를 12월 말까지 미지급했다고 가정

*2. 2025년 12월 급여를 2026년 2월 말까지 미지급했다고 가정

*3. 2025년 3월 잉여금처분에 의한 상여처분결정을 하였고, 2025년 6월 말까지 미지급하는 경우라고 가정

*4. 다만, 11월 1일부터 12월 31일까지의 사이에 결정된 처분에 따라 다음 연도 2월 말일까지 그 배당·상여·퇴직소득을 지급하지 않은 경우에는 다음 연도 2월 말일에 지급한 것으로 본다.

사례연구[11)]

구 분		사 례	귀속 시기	원천징수 시기	연말정산 시기	지급명세서 제출기한
일반적인 경우		2025년 귀속 급여를 매월 말 지급하는 경우	2025	2025. 매월 말	2026.2.28.	2026.3.10.
미지급 임금	1월 ~11월분	2025년 11월 급여를 연도 말까지 미지급	2025	2025.12.31.	2026.2.28.	2026.3.10.
	12월분	2025년 12월 급여를 익년 2월까지 미지급	2025	2026.2.28.	2026.2.28.	2026.3.10.

구 분	사 례	귀속시기	원천징수시기	연말정산시기	지급명세서 제출기한
잉여금처분에 의한 상여	2025.3.31.에 잉여금처분결의를 한 상여를 미지급	2025	2025.6.30.	2026.2.28.	2026.3.10.
소득처분(상여)금액	2025.8.31.에 2022년 귀속분 소득금액변동 통지받음	2022	2025.8.31.	2025.8.31.	2025.9.10.
도급 기타 이와 유사한 계약에 의해 급여를 받는 경우	2025년도 급여를 2025.12.31. 확정 및 지급	2025	2025.12.31.	2026.2.28.	2026.3.10.
Signing bonus(이적료)	2023부터 2025까지 3년간 근무약정	2023~2025년 각각의 연도에 안분하여 처리			
계량적·비계량적 성과평가에 의한 성과급상여	2024년 실적기준 성과급을 2025.3.31. 확정지급	2025	2025.3.31.	2026.2.28.	2026.3.10.
연차수당 - 개별근로자별 산정	2025.6.30까지의 대상자에 대해 2025.7.1. 지급	2025	2025.7.1.	2026.2.28.	2026.3.10.
연차수당 - 회계연도 단위 산정	2025.12.31.까지의 대상자에 대해 2026.1.1. 지급	2025	2026.1.1.	2026.2.28.	2026.3.10.
소급인상분 급여·상여	2025.3.31.에 2024년분 급여를 소급인상	2025	2025.3.31.	2025.3.31.	2025.4.10.
부당해고기간 급여	2023~2025 해고기간분 지급판결(2025.1.1.)	2023 2024	2025.2.28.	2025.2.28.	2025.3.10.

04 근로소득 수입금액 계산

근로소득의 총수입금액의 계산은 해당 과세기간에 수입했거나 수입할 금액의 합계액으로 한다.

1 금전 외의 것을 수입한 경우

금전 외의 것을 수입할 때에는 그 수입금액을 그 거래 당시의 가액에 의해 계산하되 그 거래당시의 가액은 다음에 해당하는 금액으로 한다(소령 §51 ⑤).

11) 전문가가 되자. 2015 연말정산(정종철, 박창현, 새로운제안) p.155 참고

① 제조업자·생산업자 또는 판매업자로부터 그 제조·생산 또는 판매하는 물품을 인도받은 때에는 그 제조업자·생산업자 또는 판매업자의 판매가액

② 제조업자·생산업자 또는 판매업자가 아닌 자로부터 물품을 인도받은 때에는 시가

③ 법인으로부터 이익배당으로 받은 주식은 그 액면가액

④ 주식의 발행법인으로부터 신주인수권을 받은 때(주주로서 받은 경우 제외)에는 신주인수권에 의해 납입한 날의 신주가액에서 당해 신주의 발행가액을 공제한 금액. 이 경우 신주가액이 그 납입한 날의 다음 날 이후 1월 내에 하락한 때에는 그 최저가액을 신주가액으로 한다.

⑤ 그 외의 경우에는 법인세법시행령 제89조(시가의 범위 등)를 준용하여 계산한 금액

실무 POINT 종업원에게 현물급여로 지급하는 경우의 근로소득 금액

법인이 물품을 매입하여 종업원에게 이를 현물급여로 지급하는 경우 근로소득에 대한 수입금액은 소득세법 제24조 제2항 및 같은법 시행령 제51조 제5항에 따라 그 지급 당시의 시가에 의해 계산하는 것임. 이 경우 당해 시가에는 부가가치세 매출세액 상당액을 포함하는 것임(원천-825, 2009.10.6.).

2 외화로 지급받는 급여의 원화 환산

급여를 외화로 지급받는 자의 근로소득금액의 계산은 다음 기준에 의한다(소칙 §16 ①).

① 정기급여지급일 전에 외화를 받아 원화로 환가한 경우에는 당해 지급일의 외국환거래법에 의한 기준환율 또는 재정환율에 의해 환산한 금액

② 정기급여지급일 또는 정기급여지급일 이후에 외화로 받는 경우에는 정기급여일 현재 외국환거래법에 의한 기준환율 또는 재정환율에 의해 환산한 금액

구 분	환율기준일	적용환율
정기급여일 전에 지급받은 경우	급여 지급받은 날	외국환거래법에 의한 기준환율 또는 재정환율
정기급여일 이후에 지급받은 경우	정기급여일	

* 외국환거래법에 의한 기준환율 또는 재정환율 조회방법 : 서울외국환중개(주) 홈페이지(http:// www.smbs.biz)의 메뉴 중 [환율조회]에서 조회

PART 4 원천징수

05 근로소득 원천징수세액 계산

1 간이세액표 보는 방법

1. 간이세액표의 의의

일반근로자에게 지급하는 근로소득에 대하여는 매월 근로소득(급여)을 지급하는 때에 근로소득 간이세액표에 의하여 간편한 방법으로 근로소득세를 원천징수한다. 이를 간이세액표에 의한 근로소득 원천징수라 한다(소법 §134 ①).

근로소득간이세액표에 의한 근로소득세의 원천징수는 매월 근로소득(급여)을 지급하는 때에 정부가 산정하여 공포한 간이세액표를 보고 기재되어 있는 소득세를 원천징수하여 납부하는 방법이다.

매월분 근로소득에 대한 원천징수=간이세액표에 의한 근로소득 원천징수

2. 간이세액표 이용 방법

근로소득 간이세액표는 소득세법에 따라 원천징수의무자가 근로자에게 매월 급여를 지급하는 때에 원천징수세액을 급여수준 및 공제대상가족의 수별로 정한 표이다(소칙 §89 ①).

| [요약정리] 간이세액표의 구성 |

간이세액표는 가로축의 공제대상가족의 수와 세로축의 월급여액으로 구성된 조견표이다.

가로축	세로축	산출내역
공제대상가족의 수	월급여(비과세 및 학자금 제외)	근로소득세

| 간이세액표 |

월급여액(천원) [비과세 및 학자금 제외]		공제대상가족의 수(본인 포함) (단위 : 원)										
이상	미만	1	2	3	4	5	6	7	8	9	10	11
2,440	2,450	33,660	26,660	15,330	11,950	8,580	5,200	1,830	–	–	–	–
2,450	2,460	33,980	26,980	15,530	12,150	8,780	5,400	2,030	–	–	–	–
2,460	2,470	34,300	27,300	15,730	12,350	8,980	5,600	2,230	–	–	–	–
2,470	2,480	34,630	27,630	15,920	12,550	9,170	5,800	2,420	–	–	–	–

월급여액(천원) [비과세 및 학자금 제외]		공제대상가족의 수(본인 포함) (단위 : 원)										
이상	미만	1	2	3	4	5	6	7	8	9	10	11
2,480	2,490	34,950	27,950	16,120	12,750	9,370	6,000	2,620	–	–	–	–
2,490	2,500	35,270	28,270	16,320	12,950	9,570	6,200	2,820	–	–	–	–
2,500	2,510	35,600	28,600	16,530	13,150	9,780	6,400	3,030	–	–	–	–
2,510	2,520	35,940	28,940	16,740	13,360	9,990	6,610	3,240	–	–	–	–
2,520	2,530	36,280	29,280	16,950	13,580	10,200	6,830	3,450	–	–	–	–
2,530	2,540	36,630	29,630	17,160	13,790	10,410	7,040	3,660	–	–	–	–
2,540	2,550	36,970	29,970	17,370	14,000	10,620	7,250	3,870	–	–	–	–
2,550	2,560	37,310	30,310	17,590	14,210	10,840	7,460	4,090	–	–	–	–
2,560	2,570	37,650	30,650	17,800	14,420	11,050	7,670	4,300	–	–	–	–

(1) 공제대상가족의 수

우선 기본공제대상자로 본인, 처 및 다른 부양가족 수를 합하여 실제 공제대상가족의 수를 산출한다. 실제 공제대상가족의 수를 산정 후 공제대상 가족 중 8세 이상 20세 이하의 자녀가 있는 경우 아래의 산식에 따라 간이세액표에 적용할 '공제대상가족의 수'를 산출한다.

> 공제대상가족의 수=실제 공제대상가족의 수+8세 이상 20세 이하 자녀의 수

공제대상 가족 중 8세 이상 20세 이하의 자녀가 두 명 이상인 경우 적용사례는 다음과 같다.

적용사례	적용 공제대상가족의 수
공제대상가족의 수가 4인(8세 이상 20세 이하 자녀가 2명)인 경우	4+2=6
공제대상가족의 수가 5인(8세 이상 20세 이하 자녀가 3명)인 경우	5+3=8
공제대상가족의 수가 6인(8세 이상 20세 이하 자녀가 4명)인 경우	6+4=10

(2) 월급여액

간이세액표상 월급여액은 지급받은 월급여총액에서 세법에서 열거하고 있는 비과세 소득을 공제하여 적용하고 근로소득에 해당하는 학자금을 지급하는 경우 이를 차감한 것이다.

당월 근로소득(월급여 총액) − 비과세소득 − 학자금 = 간이세액표상 월급여액

(3) 월급여 지급 시 간이세액표에 의한 원천징수하기

월급여 지급 시 간이세액표에 의한 원천징수방법은 다음과 같다.

월급여액(천원) [비과세 및 학자금 제외]		공제대상가족의 수(본인 포함) (단위 : 원)										
이상	미만	1	2	3	4	5	6	7	8	9	10	11
2,440	2,450	33,660	26,660	15,330	11,950	8,580	5,200	1,830	−	−	−	−
2,450	2,460	33,980	26,980	15,530	12,150	8,780	5,400	2,030	−	−	−	−
2,460	2,470	34,300	27,300	15,730	12,350	8,980	5,600	2,230	−	−	−	−
2,470	2,480	34,630	27,630	15,920	12,550	9,170	5,800	2,420	−	−	−	−
2,480	2,490	34,950	27,950	16,120	12,750	9,370	6,000	2,620	−	−	−	−
2,490	2,500	35,270	28,270	16,320	12,950	9,570	6,200	2,820	−	−	−	−
2,500	2,510	35,600	28,600	16,530	13,150	9,780	6,400	3,030	−	−	−	−
2,510	2,520	35,940	28,940	16,740	13,360	9,990	6,610	3,240	−	−	−	−
2,520	2,530	36,280	29,280	16,950	13,580	10,200	6,830	3,450	−	−	−	−
2,530	2,540	36,630	29,630	17,160	13,790	10,410	7,040	3,660	−	−	−	−
2,540	2,550	36,970	29,970	17,370	14,000	10,620	7,250	3,870	−	−	−	−
2,550	2,560	37,310	30,310	17,590	14,210	10,840	7,460	4,090	−	−	−	−
2,560	2,570	37,650	30,650	17,800	14,420	11,050	7,670	4,300	−	−	−	−

① 1단계(세로축) : 월급여액 산정(월급여총액 − 비과세근로소득 − 학자금)

예를 들어 홍길동의 월급여총액이 300만원이고 이 중 50만원이 비과세근로소득이라면 간이세액표의 맨 왼쪽 세로축에 있는 월급여액란에서 월급여가 300만원 − 50만원 = 250만원이 기재되어 있는 구간을 찾는다.

② 2단계(가로축) : 공제대상가족의 수 산정

소득자의 공제대상가족의 수를 구한다. 예를 들어 홍길동이 실제 공제대상가족의 수가 3인(본인, 8세 이상 20세 이하의 자녀 2명)이고 이 중 8세 이상 20세 이하 자녀가 2인인 경우에는 다음과 같은 산식에서 공제대상가족의 수를 구한다.

공제대상가족의 수 = 실제 공제대상가족의 수 + 8세 이상 20세 이하 자녀의 수
= 3 + 2 = 5

간이세액표의 맨 위쪽 가로축에 있는 공제대상가족의 수란에서 공제대상가족의 수가 5인이 기재되어 있는 구간을 찾는다.

③ 3단계(교차점) : 월급여액과 공제대상가족의 수의 구간이 교차점

월급여액이 250만원에 해당되는 구간과 공제대상가족의 수가 5인에 해당하는 구간의 교차점을 찾아 ㉠ 원천징수할 간이세액(근로소득세액) 9,780원을 산출한다.

이를 기준으로 ㉡ 개인지방소득세 970원(근로소득세액의 10%로서 10원 미만 절사)을 산출한다.

따라서 회사는 홍길동에게 이번 달에 원천징수할 근로소득세액은 9,780원이고, 이에 대한 10%인 970원이 특별징수할 지방소득세액이다.

3. 소득세 원천징수세액의 선택

2015.7.1.부터 근로자가 본인의 연간 세부담 수준에 맞게 원천징수세액을 근로소득간이세액표에 따른 세액의 80% 또는 120%로 선택 가능(선택하지 않은 경우에는 100% 적용)하다. 관련 내용을 정리하면 다음과 같다.

(1) 근로자의 신청

근로자는 다음의 방법에 의해 본인이 원하는 원천징수세액을 신청할 수 있으며, 이 경우 그 제출일 이후 지급하는 근로소득부터 변경된 원천징수세액의 비율을 적용한다.

① 소득세 원천징수세액 조정신청서 제출

원천징수세액을 조정하고자 하는 근로자는 원천징수세액을 조정하려는 달의 근로소득 지급일 전일까지 '소득세 원천징수세액 조정신청서(소득세법시행규칙 별지 제24호의 2 서식)'를 원천징수의무자에게 제출하여야 함

② 근로소득자 소득·세액공제신고서를 통한 원천징수세액 조정 신청

근로소득자 소득·세액 공제신고서에 맞춤형 원천징수세액 선택항목란이 추가되어 근로소득자는 연말정산 시 근로소득자 소득·세액공제신고서에 원천징수세액의 비율(근로소득 간이세액표의 120%, 100%, 80%)을 선택하여 원천징수의무자에게 제출한다.

| 근로소득자 소득·세액 공제신고서 |

소득자 성명		주민등록번호	−
근무처 명칭		사업자등록번호	−　　−
세대주 여부	[ ]세대주 [ ]세대원	국 적	(국적 코드 :　　　)
근무기간	～	감면기간	～
거주구분	[ ]거주자 [ ]비거주자	거주지국	(거주지국 코드 :　　　)
인적공제 항목 변동 여부	[ ]전년과 동일 [ ]변동	분납신청 여부	[ ]신청 [ ]미신청
원천징수세액 선택	[ ]120% [ ]100% [ ]80%	※ 근로소득자 본인이 원하는 경우 매월 원천징수하는 세액을 법령상 세액의 120%, 100%, 80% 중 선택할 수 있습니다.	

③ 원천징수세액 적용방법 및 사례

원천징수세액을 조정 신청한 경우 조정한 날부터 해당 과세기간 종료일까지는 계속 적용한다.

사례

월급여액 400만원이고, 부양가족 4명(20세 이하 자녀 2명 포함)인 근로자가 2024. 7.1. 120%를 신청하여 원천징수하다가 2025.5.1. 80%로 변경신청하는 경우

(100% 적용시 간이세액표 적용 원천징수세액 : 65,420원)

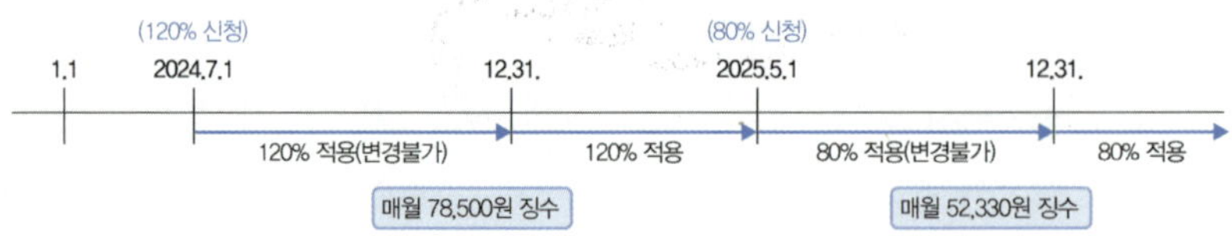

(2) 원천징수의무자의 실무

원천징수의무자는 신청받은 내용에 대하여 별도로 국세청에 신청을 할 필요는 없고 근로자가 원천징수세액의 비율로 변경한 경우에 변경한 날부터 해당 과세기간의 종료일까지 지급되는 근로소득분에 대해서는 그 변경한 비율을 적용하여 원천징수한다.

2 상여가 지급되는 경우의 원천징수세액

상여는 근로의 대가로 매월 지급되는 급여와는 달리 추가적으로 지급되는 비정기적인 급여이다. 따라서 상여를 지급하는 경우에는 월급여에 상여 등을 지급대상기간으로 평균한 금액을 가산한 월평균급여액으로 간이세액을 산출한다. 소득세법에서는 지급대상기간의 설정 여부에 따라 (1) 지급대상기간이 있는 상여(정기적 상여 : 정기보너스)에 대한 원천징수방법과 (2) 지급대상기간이 없는 상여(비정기적 상여 : 추석 등 명절 특별상여)에 대한 원천징수방법으로 나누어 규정하고 있다.

구 분	원천징수방법
(1) 지급대상기간이 있는 경우 연간 400%의 정기 상여 지급 시 → 지급대상기간은 3개월	월평균급여를 기준으로 하여 산출된 지급대상 전 기간에 해당하는 간이세액에서 기원천징수세액을 차감하는 방법으로 산출한다. 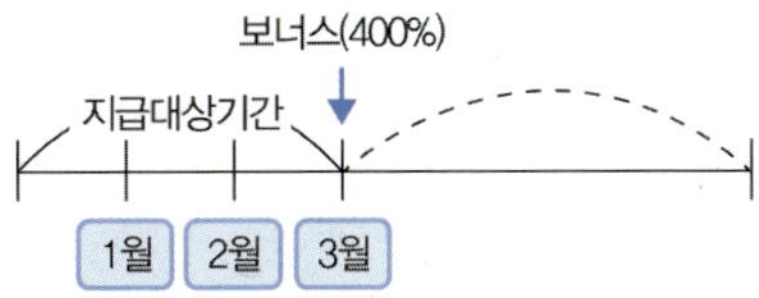
(2) 지급대상기간이 없는 경우 → 지급대상기간은 상여금의 지급일이 속하는 달까지	1월 1일부터 상여금의 지급일이 속하는 달까지를 지급대상기간으로 하여 위와 같이 (1) 지급대상기간이 있는 경우의 원천징수방법으로 세액을 산출한다.

1. 지급대상기간이 있는 상여 등의 원천징수

상여 등의 금액을 지급대상기간의 월수로 나누어 계산한 금액과 그 지급대상기간의 상여 등 외의 월평균급여액을 합산한 금액에 대하여 간이세액표에 의하여 계산한 금액을 지급대상기간의 월수로 곱하여 계산한 금액에서 그 지급대상기간의 근로소득에 대하여 이미 원천징수하여 납부한 세액을 공제한 것을 그 원천징수세액으로 한다(소칙 §91 ①).

PART 4 원천징수

(1) 월평균급여 산출

$$\frac{\text{상여 등의 금액}+\text{지급대상기간의 상여 등 외의 급여의 합계액}}{\text{지급대상기간의 월수}}=\text{월평균급여 산출}$$

(2) 간이세액 산출

$$\begin{matrix}\text{상여를 지급받는 월의}\\\text{근로소득원천징수세액}\end{matrix}=\begin{matrix}\text{월평균급여를}\\\text{적용한 간이세액}\end{matrix}\times\text{지급대상기간 월수}-\begin{matrix}\text{지급대상기간}\\\text{기원천징수세액}\end{matrix}$$

참고로 상여 등의 금액과 그 지급대상기간이 사전에 정해진 경우(금액과 지급대상기간이 사전에 정하여진 상여 등을 지급대상기간의 중간에 지급하는 경우 포함)에는 '매월분의 급여'와 '상여 등의 금액을 그 지급대상기간으로 나눈 금액'을 합한 금액에 대하여 근로소득 간이세액표에 의한 매월분 세액을 징수할 수 있다(소칙 §91 ③).

2. 지급대상기간이 없는 상여 등의 원천징수

상여 등을 받은 연도의 1월 1일부터 그 상여 등의 지급일이 속하는 달까지를 지급대상기간으로 하여 1.의 (1)의 방법에 의하여 계산한 것을 그 세액으로 한다. 이 경우 그 연도에 2회 이상의 상여 등을 받은 때에는 직전에 상여 등을 받은 날이 속하는 달의 다음 달부터 그 후에 상여 등을 받은 날이 속하는 달까지를 지급대상기간으로 하여 세액을 계산한다.

지급대상기간 계산은 지급대상기간이 1년을 초과하는 경우에는 1년으로 보고, 1월 미만의 끝수가 있는 경우에는 1개월로 보며 지급대상기간의 마지막 달이 아닌 달에 지급되는 상여 등은 지급대상기간이 없는 상여 등으로 본다. 지급대상기간이 서로 다른 상여 등을 같은 달에 지급하는 경우 지급대상기간을 다음과 같이 계산한다(소법 §136 ①).

$$\text{지급대상기간} = \frac{\text{같은 달에 지급받은 상여 등의 지급대상기간의 합계}}{\text{같은 달에 지급받은 상여 등의 개수}}$$

사례 상여금이 지급되는 경우의 원천징수세액 계산

㈜원천징수는 종업원 홍길동에게 급여(기본급 250만원, 비과세 50만원) 외에 과세되는 정기상여를 매년 3월, 6월, 9월 그리고 12월에 각각 3,000,000원씩 지급한다. 공제대상가족의 수가 3(본인, 자녀 2명)이고 이 중 8세 이상 20세 이하 자녀가 2인인 경우이다. ㈜원천징수가 종업원 홍길동에게 3월 기본급과 상여를 지급할 때 원천징수세액 및 특별징수세액을 계산하라.

- 공제대상 가족 수의 결정
  ① 우선 기본공제대상자로 본인 및 자녀 2명을 합하여 실제 공제대상가족의 수 3인을 산출한다.
  ② 공제대상 가족 중 8세 이상 20세 이하의 자녀를 파악하여 아래의 산식에 따라 간이세액표에 적용할 공제대상가족의 수를 산출한다.

공제대상가족의 수=실제 공제대상가족의 수+8세 이상 20세 이하 자녀의 수=3+2=5

따라서 공제대상가족의 수가 5인인 가로축 구간을 찾는다.

- 간이세액표에 적용할 상여지급대상기간의 월평균급여 산출
  ① 지급대상기간은 3개월이다.

② 지급대상기간의 과세되는 기본급과 상여를 모두 더하여 지급대상기간의 급여총액

1월 급여 250만원+2월 급여 250만원+3월 급여와 보너스(250만원+300만원)=1,050만원

③ 상여지급대상기간의 월평균급여

1,050만원÷3개월=3,500,000원

따라서 간이세액표의 월급여액 3,500,000원인 구간을 찾는다.

월급여액(천원) [비과세 및 학자금 제외]		공제대상가족의 수(본인 포함) (단위 : 원)										
이상	미만	1	2	3	4	5	6	7	8	9	10	11
3,480	3,500	124,770	99,770	60,900	47,770	37,010	31,760	26,510	21,260	16,980	13,610	10,230
3,500	3,520	127,220	102,220	62,460	49,340	37,630	32,380	27,130	21,880	17,390	14,010	10,640
3,520	3,540	129,660	104,660	64,030	50,900	38,260	33,010	27,760	22,510	17,790	14,410	11,040

④ 간이세액표에 의한 간이세액(근로소득세)=37,630원

⑤ 지급대상기간 전체 근로소득세액

=평균급여에 대한 근로소득세액×지급대상기간=37,630원×3개월=112,890원

⑥ 상여를 지급한 달의 근로소득세액(원천징수세액)

=지급대상기간 전체의 근로소득세액(원천징수세액)−기원천징수세액

=112,890원−19,560원=93,330원

* 1월과 2월에 월급 250만원에 대하여 간이세액표에서는 9,780원씩 2개월을 원천징수하였으므로 19,560원이다.

⑦ 개인지방소득세 특별징수세액=93,330원×10%=9,330원

06 인적공제

1 기본공제

기본공제는 근로자 본인 및 부양가족 각각에 대해 연 150만원의 공제가 가능하다. 다만, 부양가족의 경우에는 생계요건, 나이요건과 소득요건을 충족한 경우에만 공제가 가능하다. 참고로 기본공제의 합계액이 근로소득금액을 초과한 경우에는 그 초과하는 금액은 없는 것으로 한다(소법 §50, 소령 §106).

| 기본공제대상자의 요건 |

공제대상		공제요건		
		생계(동거)요건	연령요건	소득요건
근로소득자 본인		동거제한 없음	연령제한 없음	소득제한 없음
배우자		동거제한 없음	연령제한 없음	소득금액의 연간 합계액이 100만원 이하 (근로소득만 있는 경우 연 150만원 이하 포함)
부양가족	본인 및 배우자의 직계존속	동거원칙 (주거형편상 별거 및 일시퇴거자 포함)	만 60세 이상	
	직계비속 및 동거 입양자	동거 여부에 불문	만 20세 이하	
	본인 및 배우자의 형제자매	동거원칙(일시퇴거자 포함)	만 60세 이상 만 20세 이하	
	국민기초수급자	동거원칙(일시퇴거자 포함)	해당 사항 없음	
	위탁아동	동거원칙(일시퇴거자 포함)	만 18세 미만* 6개월 이상 양육	

* 위탁아동의 경우 세법에서는 별도의 연령요건을 명시하지 않고 있으나, 아동복지법 제3조 제1항에 의하면 만 18세 미만의 아동(아동복지법 제16조 제4항에 따라 보호기간이 연장된 경우 20세 이하인 아동 포함)으로 정의하고 있으므로 실질적인 연령요건이 적용되는 것임

1. 공제대상 부양가족의 판정시점

공제대상 배우자, 공제대상 부양가족, 공제대상 장애인 또는 공제대상 경로우대자에 해당하는지 여부의 판정은 해당 과세기간의 과세기간 종료일(12월 31일) 현재의 상황에 따른다. 다만, 과세기간 종료일 전에 사망한 사람 또는 장애가 치유된 사람에 대해서는 사망일 전날 또는 치유일 전날의 상황에 따른다(소법 §53 ④, 소행 53-0-2 ①).

| 공제대상 부양가족의 판단시점 정리 |

구 분	소득자의 과세기간	소득공제대상자 여부 판정시점
일반적인 경우	1.1.~12.31.	12.31. 현재
사망한 경우	1.1.~사망일	사망일 전날
장애가 치유된 경우	1.1.~12.31.	치유일 전날
출국하여 비거주자가 되는 경우	1.1.~출국일	출국일 현재

실무 POINT **연도 중 사망시 부양가족 공제 판정시점 관련 예규**

• 2024년 1월 1일 사망한 부양가족에 대한 부양가족 공제를 적용할 수 있는지 여부 (기준법령해석소득 2021-162, 2021.10.14.)

소득세법 제50조, 제51조 및 제59조의 2에 따른 공제대상 배우자, 공제대상 부양가족, 공제대상 장애인 또는 공제대상 경로우대자에 해당하는지 여부의 판정 시, 과세기간 종료일 전(1월 1일을 포함)에 사망한 사람 또는 장애가 치유된 사람에 대해서는 사망일 전날 또는 치유일 전날의 상황에 따르는 것임.

• 연도중 사망한 부양가족의 공제여부 사례(직계존속으로 소득금액 요건은 충족한다고 가정함)

사례	생년월일	사망일시	2025년 귀속 공제여부	2026년 귀속 공제여부
①	1965.01.01.	2025.01.01.	공제불가	-
②	1965.01.01.	2025.01.02.	공제가능	-
③	1965.12.31	2025.12.31.	공제불가	-
④	1965.12.31	2026.01.01.	공제가능	공제가능

〈해설〉

사례① : 사망일 전날인 2024.12.31.기준으로 60세 미만이므로 2025년 귀속연도에 공제불가임

사례② : 사망일 전날인 2025.1.1.기준으로 60세 이상이므로 2025년 귀속연도에 공제가능임

사례③ : 사망일 전날인 2025.12.30.기준으로 60세 미만이므로 2025년 귀속연도에 공제불가임

사례④ : 사망일 전날인 2025.12.31.기준으로 60세 이상이므로 2025년 귀속연도에 공제가능하고 2026년 귀속연도도 공제가능임

2. 관계요건

기본공제대상자에 해당하는 부양가족은 다음과 같다.

(1) 근로자 본인

(2) 근로자 본인의 배우자

배우자는 법적 배우자를 말하는 것이므로 신혼부부의 혼인신고 여부와 이혼여부 등을 12월 31일 시점으로 반드시 확인하여야 한다.

(3) 근로자 본인 또는 배우자의 부양가족

① **직계존속** : 직계존속에는 배우자의 직계존속(장인, 장모 등)뿐만 아니라 직계존속이 재혼한 경우 직계존속의 배우자로서 혼인(사실혼 제외) 중임이 증명되는 사람 과 거주자의 직계존속이 사망한 경우 해당 직계존속의 사망일 전날을 기준으로 혼인(사실혼은 제외) 중에 있었음이 증명되는 사람은 포함한다(소령 §106 ⑤).

② **직계비속·입양자** : 직계비속에는 거주자의 배우자가 재혼한 경우로서 당해 배우자가 종전의 배우자와의 혼인(사실혼 제외) 중에 출산한 자(거주자와 주민등록표상 동거사실이 확인되는 자에 한함)를 포함하며(소령 §106 ⑥ 2호), 입양자란 민법 또는 입양특례법에 따라 입양한 양자 및 사실상 입양상태에 있는 사람으로서 거주자와 생계를 같이하는 사람을 말한다(소령 §106 ⑦). 또한 직계비속 또는 입양자의 배우자(며느리, 사위 등)는 기본공제대상에 해당하지 않으나, 직계비속 또는 입양자와 그 배우자가 모두 장애인에 해당하는 경우에는 그 배우자를 포함한다(소행 50-0-1 ③).

③ **형제자매** : 근로자 및 배우자의 형제자매는 기본공제대상에 포함될 수 있으나, 형제자매의 배우자(제수, 형수 등)는 기본공제대상에 포함하지 않는다(소행 50-0-1 ④).

④ **수급자** : 국민기초생활보장법에 따른 수급권자 중 기초생활보장법에 의한 급여를 받는 자를 말한다(소령 §106 ⑧).

⑤ **위탁아동** : 위탁아동은 아동복지법에 따른 가정위탁을 받아 양육하는 아동으로서 해당 과세기간에 6개월 이상 직접 양육한 위탁아동(아동복지법 제16조 제4항에 따라 보호기간이 연장된 경우로서 20세 이하인 위탁아동을 포함)을 말한다. 다만, 직전 과세기간에 소득공제를 받지 못한 경우에는 해당 위탁아동에 대한 직전 과세기간의 위탁기간을 포함하여 계산한다(소령 §106 ⑨).

실무 POINT **관계요건의 공제대상자 여부사례와 관련 예규**

1. 관계요건 대상자

(1) 공제받을 수 없는 관계요건 대상자

삼촌, 고모, 큰아버지, 작은아버지, 이모, 조카, 며느리(사위), 형수, 제부, 형부에 대해서는 공제를 받을 수 없다.

(2) 공제받을 수 있는 관계요건 대상자

공제를 받을 수 있는 관계요건 대상자를 정리하면 다음과 같다.

구 분			공제대상자
소득자 본인			근로자 본인
배우자			배우자
부양가족	직계존속	소득자의 직계존속	부모, 조부모, 외조부모, 증조부모, 증외조부모
		배우자의 직계존속	장인(시부), 장모(시모), 처조모(시조모), 처조부(시조부)
	직계비속 입양자	자녀·입양자	자녀, 입양자, 손자녀, 장애인인 자녀·입양자의 장애인 배우자

구 분		공제대상자
	형제자매	형(오빠), 누나(언니), 동생, 처남(시동생, 아주버니), 처제(시누이)
	기초생활수급자	국민기초생활보장법에 따른 수급권자
	위탁아동	아동복지법에 따른 가정위탁을 받아 양육하는 아동

2. 공제대상 직계존속의 범위(소집행 50-0-4)

① 직계존속이 재혼한 경우에 있어서 그 배우자의 직계존비속은 공제대상 부양가족에서 제외한다.

② 거주자가 배우자의 사망으로 재혼한 경우 사망한 배우자의 직계존속은 공제대상 부양가족에서 제외한다.

③ 국내에서 거주하는 외국인 거주자(A : 외국에 국적이 있는 자)가 본국 거주 비거주자인 직계존속(C)을 부양하고 있음이 확인되거나, 또는 거주자(B)의 외국인배우자의 직계존속(D)이 해외 본국에서 거주하고 있는 경우로서 해당 거주자가 부양하고 있음이 확인되는 경우 직계존속(C, D)은 거주자(배우자)의 직계존속이므로 기본공제대상자에 포함된다.

3. 입양된 경우에 있어서 공제대상 부양가족의 범위(소집행 50-106-1)

입양된 경우에 있어서 공제대상 부양가족의 범위에는 양가 또는 생가의 직계존속과 형제자매가 포함되는 것으로 한다.

4. 공제대상 직계비속의 범위 등

① 재혼인 경우에 있어서 전 배우자와의 혼인 중에 출생한 자

② 거주자의 배우자가 재혼한 경우로서 해당 배우자가 종전의 배우자와의 혼인(사실혼 제외) 중에 출산한 자

③ 거주자가 혼인 외의 자로 입적된 직계비속과 생계를 같이하는 경우에는 공제대상 부양가족에 해당한다.

④ 부부가 이혼으로 미성년자인 자에 대한 친권을 모(母)가 행사하기로 하면서 동거하기로 하고 부(父)는 그 양육비의 일부를 지급하는 경우 해당 미성년자는 부(父) 또는 모(母)의 공제대상부양가족에 해당한다.

5. 관계요건 대상자 관련 예규

(1) 당해연도에 출생하고 사망하여 출생 및 사망신고를 하지 아니한 자녀의 소득공제 여부 (원천-251, 2009.3.27.)

당해연도에 출산하여 사망한 자녀에 대해 출생 및 사망 신고를 하지 아니한 경우 병원의 기록에 의하여 가족관계 출생 및 사망기록이 확인될 때에는 소득세법 제50조 제1항 제3호 나목에 규 정된 직계비속에 해당하는 것임.

(2) **해외 본국거주 외국인 직계존속 등이 기본공제대상자에 해당하는지 여부**

(기획재정부 소득-84, 2010.2.10.)

외국인 거주자의 직계존속 또는 거주자의 외국인배우자의 직계존속이 해외본국에서 거주하고 있는 경우로서 거주자가 실제 부양하고 있음이 확인되는 경우에는 소득세법 제50조에 따른 기본공제를 적용받을 수 있음.

(3) **외국인 거주자의 본국에 있는 배우자와 자녀에 대한 소득공제 여부**

(법인 46013-1617, 1996.6.14.)

근로소득이 있는 외국인거주자 본국에 생계를 같이하는 공제대상 배우자와 공제대상 부양가족이 있는 경우에는 당해연도의 소득금액에서 배우자공제 및 부양가족공제를 받을 수 있음.

다만, 소득공제신청시 당해 외국인 거주자의 배우자 및 부양가족임을 증명할 수 있는 서류와 소득유무를 증명할 수 있는 서류를 제출함.

✔ [저자주] 배우자 및 부양가족의 요건충족여부를 증명할 수 있는 서류는 다음과 같고 해당 서류들을 과세당국이 면밀히 확인하기에는 실무상 어려움이 있을 것으로 판단됨. 다만, 해당 배우자 및 부양가족을 공제를 받는 경우 근로소득지급명세서의 전자제출은 주민등록번호 등이 확인이 되지 않으므로 서면 제출하여야 할 것이고 서면 제출시 과세당국의 확인 요청을 받을 수 있음은 유의하여야 할 것임.

- 외국법에 의한 호적서류 등 직계존속임을 확인할 수 있는 서류
- 외국 관계기관의 소득금액 증명원
- 생활비 송금내역 등 실제 부양하고 있음을 입증할 수 있는 서류 등

3. 생계요건(부양가족) → 구비서류 : 주민등록등본, 가족관계증명서 등

부양가족이란 주민등록표의 동거가족으로서 해당 거주자의 주소 또는 거소에서 현실적으로 생계를 같이하는 사람을 말한다.

① **생계요건의 제한을 받지 않는 자**

근로자 본인, 본인의 배우자, 본인 또는 배우자의 직계비속과 입양자는 항상 생계를 같이하는 것으로 본다(소법 §53 ①).

② **일시퇴거자인 경우**

직계비속과 입양자를 제외한 동거가족이 취학, 질병의 요양, 근무상 또는 사업상의 형편 등으로 거주자의 주소·거소에서 일시적으로 퇴거한 경우에도 생계를 같이하는 것으로 본다(소법 §53 ②, 소령 §114 ①).

③ **직계존속**

거주자(배우자 포함)의 직계존속이 주거 형편에 따라 별거하고 있는 경우 생계를 같이하는 것으로 본다(소법 §53 ③).

여기서 '주거의 형편에 따라 별거하고 있는 경우'는 거주자가 결혼으로 인한 분가 또는

취업 등으로 인하여 직계존속과 주민등록표상 동일한 주소에서 생계를 함께 하고 있지 아니하나 직계존속이 독립된 생계능력이 없어 당해 거주자가 실제로 부양하고 있는 경우를 말하는 것이며(서이 46013-10057, 2003.1.9.),

근로자의 주민등록표상 동거가족으로 등재되지 아니한 직계존속을 실제로 부양하는 경우란 동 직계존속이 독립생계 능력이 없어 주로 당해 근로자의 소득에 의존하여 생활하는 경우를 말하는 것이다(법인 46013-1053, 1999.3.23.).

따라서 근로소득이 있는 아버지와 함께 거주하고 있어 아버지가 어머니를 부양하고 있음이 확인되는 경우에는 자녀가 주민등록상 별도의 세대를 구성하고 있는 어머니의 생활비를 일부 부담하였다라는 이유만으로 어머니를 생계를 같이하는 부양가족으로 보아 소득공제를 할 수는 없는 것이다(국심 2004전3684, 2005.6.23.).

저자주 **주거 형편의 별거**

소득세법집행기준 53-0-3에 의하면 별거하고 있는 직계존속에 대한 부양가족공제를 받고자 하는 자는 직계존속의 주민등록등본 또는 가족관계등록부와 해당 근로자의 다른 형제 등이 직계존속에 대한 부양가족공제를 받지 않음을 객관적으로 입증할 수 있는 자료를 회사에 제출해야 한다고 하는데 실무상 해당 서류를 제출하는 경우는 거의 없으며 생계요건의 충족은 일반적으로 모두 충족되는 것으로 본다.

하지만 언제든지 세무상 불이익은 발생할 수 있으므로 다른 가족들이 해당 직계존속에 대해 인적공제를 받지 않고 있음을 연말정산 시 반드시 확인하고 부양을 하고 있다는 사실관계 서류(생활비 계좌이체 내역 등) 등은 보관할 필요가 있을 것으로 판단된다.

4. 나이요건

기본공제대상자가 되기 위한 연령요건은 다음과 같다(소법 §50 ① 3호).

| 나이요건 |

구 분		나이요건	비 고
본 인		제한 없음	
배우자		제한 없음	
부양가족	직계존속	만 60세 이상(1965.12.31. 이전 출생자)	장애인은 나이요건 제한 없음
	직계비속·입양자	만 20세 이하(2005.1.1. 이후 출생자)*2	
	형제자매	만 60세 이상 또는 만 20세 이하	
	기초생활수급자	제한 없음	
	위탁아동	6개월 이상 양육, 18세 미만(2007.1.2. 이후 출생)*1	

PART 4 원천징수

*1. 아동복지법 제16조 제4항에 따라 보호기간이 연장된 경우 20세 이하인 위탁아동을 포함함
① 고등교육법 제2조에 따른 대학 이하의 학교(대학원은 제외)에 재학 중인 경우
② 아동양육시설 또는 근로자직업능력개발법 제2조 제3호에 따른 직업능력개발훈련시설에서 직업 관련 교육·훈련을 받고 있는 경우
③ 그 밖에 위탁가정 및 각종 아동복지시설에서 해당 아동을 계속하여 보호·양육할 필요가 있다고 정하는 경우
- 20세 미만인 사람으로서 학원의설립·운영및과외교습에관한법률에 따라 등록된 학원에서 교육을 받고 있는 경우
- 시·도지사 또는 시장·군수·구청장이 보호대상아동의 장애·질병 등을 이유로 보호기간 연장을 요청하는 경우
- 25세 미만이고 지능지수가 71 이상 84 이하인 사람으로서 자립 능력이 부족한 경우
- 취업이나 취업 준비 등 그 밖의 사유를 이유로 보호대상아동이 보호기간 연장을 요청하여 1년 이내의 범위에서 보호기간을 연장하는 경우

*2. 20세가 되는 날과 그 이전 기간을 말함

(1) 나이산정방법

20세 이하의 판정기준은 20세가 되는 날과 그 이전 기간을 말하는 것이며 해당 과세기간의 과세기간 중에 해당 나이에 해당되는 날이 있는 경우에 공제대상자로 본다(소법 §53 ⑤, 소행 53-0-2 ②). 나이요건 판단 시의 나이는 만 나이를 의미하므로 실무상 귀속연도에서 태어난 연도를 차감하여 계산한다.

> • 나이요건 충족 여부=신고대상 귀속연도(2025년)−태어난 연도
> (예 직계존속으로서 생년월일이 1965.12.31.이라면 2025년−1965년=60세이므로 귀속연말정산 시 공제대상이 된다)

(2) 장애인

장애인의 경우에는 나이요건은 제한이 없다(소법 §50 ①). 즉, 관계요건과 생계요건 그리고 소득요건만 충족되면 기본공제대상이다.

참고로 며느리나 사위는 관계요건에 해당되지 않으므로 원칙적으로 기본공제대상자에 해당되지 않지만 직계비속 또는 입양자와 그 배우자(며느리, 사위)가 모두 장애인에 해당하는 경우에는 그 배우자도 관계요건, 생계요건, 소득요건을 충족하면 기본공제대상자에 포함된다.

장애인 공제 시 증명서류는 다음과 같다.

> ① 장애인 유형 1.
> 장애인복지법에 의한 장애인 및 장애아동 복지지원법에 따른 장애인(소령 §107 ②)
> − 장애인복지법에 따른 장애인 : 복지카드, 장애인증명서, 장애인등록증으로 확인가능
> − 장애아동 복지지원법에 따른 장애인 : 장애아동 복지지원법 제21조 제1항에 따른 발달재활서비스를 지원받고 있는 사람을 말하며 의료기관에서 발행하는 장애인증명서뿐만 아니라 발달재활서비스 이용증명서(2025년 세법개정)로 확인가능

② 장애인 유형 2.

- 국가유공자등예우및지원에관한법률에 의한 상이자 : 상이증명서로 확인가능
- 상이자와 유사한 자로서 근로능력이 없는 자 : 국가유공자등예우및지원에관한법률시행령 별표 3에 규정한 상이등급구분표에 게기하는 상이자와 같은 정도의 신체장애가 있는 자를 말하며(소통 50－107…1), 보훈청에서 발급한 장애인증명서로 확인가능
  - ✔ 5·18민주유공자예우에관한법률에 따른 5·18민주화운동부상자로서 등록된 자
  - ✔ 고엽제후유의증환자지원등에관한법률에 따른 고엽제 후유의증환자로서 장애등급을 받은 자

③ 장애인 유형 3

국민건강보험법 시행령 별표 2 제3호 라목 1)부터 10)까지 외의 부분 전단에 따른 희귀성난치질환등 또는 이와 유사한 질병·부상으로 인해 중단 없이 주기적인 치료가 필요한 사람으로서 의료기관의 장이 취업·취학 등 일상적인 생활에 지장이 있다고 인정하는 사람 : 의료기관에서 발행하는 장애인증명서(소득세법시행규칙 별지 제38호 서식)로 확인가능

- ✔ 장애상태가 1년 이상 지속될 것으로 기재된 장애인증명서 등을 이미 제출한 때에는 그 장애기간 동안은 다시 제출하지 않음. 다만, 그 장애기간 중 사용자를 달리하게 된 때에는 장애인증명서를 제출해야 하며, 이 경우 전 원천징수의무자로부터 이미 제출한 장애인증명서를 반환받아 이를 제출할 수 있음.
- ✔ 소득세법에서 정한 장애인증명서는 장애인복지법에 의한 장애인등록증과는 구별되며, 장애인복지법에 의한 장애인등록증을 발급받은 경우에 별도 장애인증명서는 필요하지 않음
- ✔ 국민건강보험공단이 발급하는 중증진료 등록확인증은 세법상 항시 치료를 요하는 중증환자의 장애인공제 증명서류로 적합하지 않음

■ 소득세법 시행규칙 [별지 제38호서식] (2025. 3. 21. 개정)

장 애 인 증 명 서

1. 증명서 발급기관

① 상 호		②사업자등록번호				-		-					
③ 대표자(성명)			
④ 소 재 지			

2. 소득자 (또는 증명서 발급 요구자)

⑤ 성 명		⑥ 주민등록번호							-							
⑦ 주 소			

3. 장애인

⑧성 명		⑨주민등록번호							-							
⑩ 소득자와의 관계	의	⑪장애예상기간 (또는 장애기간)	[ ] 영구 (. . .부터) [ ] 비영구(. . .부터 . . .까지)
⑫장애내용	제 호	⑬용 도	소득공제 신청용

위 사람은 「소득세법」 제51조제1항제2호 및 같은 법 시행령 제107조제1항에 따른 장애인에 해당함(또는 소득공제 받으려는 과세기간 중에 장애인이었으나 치유가 되었음)을 증명합니다.

년 월 일

진 료 자 (서명 또는 인)

발 행 자 (서명 또는 인)

귀 하

작 성 방 법

⑪ 장애예상기간(또는 장애기간)란을 작성할 때 비영구적 장애로서 장애예상기간을 예측하기 어려운 경우에는 소득공제를 받으려는 과세기간의 말일을 장애예상기간의 종료일로 적습니다.

⑫ 장애내용란에는 다음의 해당 번호를 적습니다.

1. 「장애인복지법」에 따른 장애인 및 「장애아동 복지지원법」에 따른 장애아동 중 발달재활서비스를 지원받고 있는 사람: 1
2. 「국가유공자 등 예우 및 지원에 관한 법률」에 따른 상이자 및 이와 유사한 자로서 근로능력이 없는 자: 2
3. 국민건강보험법 시행령」 별표 2 제3호 라목 1)부터 10)까지 외의 부분 전단에 따른 희귀성난치질환등 또는 이와 유사한 질병 · 부상으로 인해 중단 없이 주기적인 치료가 필요한 사람으로서 의료기관의 장이 취업 · 취학 등 일상적인 생활에 지장이 있다고 인정하는 사람: 3

210mm×297mm[백상지80g/㎡ 또는 중질지80g/㎡]

5. 소득요건

소득요건이라 함은 소득금액(수입금액에서 필요경비를 차감한 금액을 말함)의 합계액이 연간 100만원 이하(근로소득만 있는 경우 연간 150만원 이하 포함)인 것을 말한다. 참고로 수입금액은 소득세 과세대상(종합소득·퇴직소득·양도소득)인 소득을 말하는 것이므로 비과세소득, 비열거소득 그리고 분리과세소득은 포함하지 않으며 소득금액의 합계액은 종합과세와 분류과세 소득금액을 모두 합한 금액을 말하는 것이다.

실무 POINT 근로소득만 있는 경우의 소득요건 충족과 소득관련 국세청 간소화 자료

1. 근로소득만 있는 경우의 소득요건 충족

연말정산 시 배우자 및 부양가족이 근로소득만 있는 경우 해당 과세기간의 총급여액이 500만원(근로소득금액 150만원) 이하인 경우 소득요건을 충족하는 것이다.

2. 소득관련 국세청 간소화 자료

2024년 귀속 연말정산부터 2024년 상반기 소득금액이 100만원(근로소득만 있는 경우 총급여 500만원)을 초과하는 부양가족의 명단을 제공하고, 해당하는 부양가족의 간소화자료는 제외한 후 일괄제공될 예정이다.

다만, 부양가족의 소득금액 초과에 대한 자료는 완벽한 자료가 아니므로 실제 연말정산시 부양가족의 소득금액 초과여부는 반드시 재확인후 공제여부를 결정하여야 할 것이다.

① 근로소득, 사업소득, 기타소득, 퇴직소득, 양도소득은 포함될 예정임

② 주식양도소득, 금융소득, 연금소득은 제외될 예정

③ 소득금액과 관계없이 공제 가능한 의료비, 장애인 특수교육비는 종전과 동일하게 제공

사례 소득금액 계산[12)]

소득종류		소득금액 계산	소득금액 100만원(근로소득만 있는 경우 150만원) 이하 사례
① 종합소득	근로소득	총급여액 − 근로소득공제	총급여액 333만원−근로소득공제 233만원=100만원
	연금소득	총연금액 − 연금소득공제	• 공적연금 : 총연금액 516만원−연금소득공제 416만원=100만원 • 사적연금 : 총연금액 1,500만원 이하로서 분리과세로 선택한 경우 종합소득금액에서 제외되어 기본공제 가능하며, 초과한 경우에도 종합과세가 아닌 분리과세를 선택한 경우라면 공제가능 ✔ 공적연금소득의 경우 2001.12.31. 이전 불입분은 비과세

12) 2024년 원천징수의무자를 위한 연말정산 신고안내(국세청, p.101 참조)

소득종류		소득금액 계산	소득금액 100만원 이하 사례
① 종합소득	사업소득	총수입금액 – 필요경비	총수입금액에서 필요경비를 차감한 금액이 100만원이 되는 경우
	기타소득	총수입금액 – 필요경비	총수입금액에서 필요경비를 차감한 금액이 100만원인 경우가 이에 해당하나, 기타소득금액 300만원 이하는 분리과세소득으로 종합소득금액에서 제외되어 공제가능
	이자·배당소득	총수입금액	이자소득과 배당소득의 합계금액이 2,000만원 이하인 경우 분리과세소득으로 종합소득금액에서 제외되어 공제가능
	소 계	위의 소득금액의 합계액이 종합소득금액이 된다.	종합소득금액 100만원(단, 비과세 및 분리과세소득은 제외) (근로소득만 있는 자는 총급여 500만원)
② 퇴직소득		퇴직소득 =퇴직소득금액	비과세소득을 제외한 금액이 100만원인 퇴직금
③ 양도소득		양도가액–필요경비 –장기보유 특별공제	필요경비와 장기보유특별공제금액을 차감한 금액이 100만원인 양도소득금액
연간 소득금액의 합계액 (①+②+③)			종합소득·퇴직소득·양도소득이 있는 경우 각 소득금액을 합계한 금액으로 함

저자주

소득금액의 확인

근로소득 연말정산 시 부양가족에 대한 인적공제를 받기 위해서는 소득요건을 충족하여야 한다. 여기서 소득요건이라 함은 소득이 없거나 소득금액이 100만원 이하인 경우(근로소득만 있는 경우 150만원 이하 포함)를 말하는데 회계·인사부서에서 부양가족의 소득요건의 충족여부를 파악하기에는 실무상 어려움이 있다. 이에 개인적인 판단으로는 연말정산 부서에서 소득금액 요건 충족여부에 대한 질의를 근로자로부터 받는다면 해당 금액을 확인할 수 있을 정도의 실무대처 능력은 필요하다고 판단되는바 관련 소득금액 확인방법을 간략하게 설명하고자 한다. 참고로 2024년 귀속 연말정산부터 2024년 상반기 소득금액이 100만원(근로소득만 있는 경우 총급여 500만원)을 초과하는 부양가족의 명단을 제공하고, 해당하는 부양가족의 간소화자료는 제외한 후 일괄제공될 예정이지만, 다만, 부양가족의 소득금액 초과에 대한 자료는 완벽한 자료가 아니므로 실제 연말정산시 부양가족의 소득금액 초과여부는 반드시 재확인후 공제여부를 결정하여야 할 것이다.

국세청 간소화 자료에서 제공되는 자료는 다음과 같다.

① 근로소득, 사업소득, 기타소득, 퇴직소득, 양도소득은 포함

② 주식양도소득, 금융소득, 연금소득은 제외

(1) 이자·배당소득

이자소득과 배당소득의 소득금액은 '이자·배당소득원천징수영수증, 소득세법시행규칙 별지 23호(1)'을 제출받아 확인한다. 다만, 이자소득과 배당소득의 경우 연간 합계액이 2,000만원 이하일 경우에는 완납적 원천징수로서 소득금액은 없는 것이므로 소득금액 요건은 충족한다.

(2) 사업소득

① 사업소득금액의 확인

사업소득 중 연말정산 대상사업자(보험모집인, 음료수배달업, 외판/방판 사업자)는 '사업소득원천징수영수증, 소득세법시행규칙 별지 23호(3)'에 의해 소득금액이 확인되지만, 그 외 사업소득은 '종합소득세·농어촌특별세 과세표준확정신고 및 납부계산서, 소득세법시행규칙 별지 40호'를 제출받아 확인할 수 있다.

다만, 사업소득의 종합소득 신고는 익년도 5월에 이루어지므로 사업소득이 있는 부양가족의 소득금액을 회계·인사부에서 미리 확인하기에는 소득세에 대한 전반적 이해 없이 실무상 매우 어렵다고 판단된다. 이에 사업소득이 있는 부양가족은 연말정산 시 소득금액 확인이 불가능하다면 부양가족에서 제외한 후, 익년 5월 신고금액을 확인하여 부양가족 포함이 가능하다면 근로자 본인 스스로 추가적인 종합소득세 확정신고를 하는 것이 합리적인 의사결정으로 판단된다.

② 주택임대소득의 과세대상여부

2019년 귀속분부터 본격적으로 주택임대소득에 대한 소득세 신고가 이루어지고 있으며, 주택임대소득에 대한 세법 지식부족으로 인하여 종합소득세 신고기한 이내에 신고하지 못하는 경우도 발생되는 것으로 판단된다.

만약 부양가족이 신고대상 주택임대소득이 있음에도 불구하고 신고를 하지 않는 경우로서 해당 부양가족의 소득금액 요건 충족여부 검토없이 부양가족 공제를 받는 경우라면 연말정산 사후검증을 통하여 부양가족에 대한 과다공제 통지를 받을 수 있으므로 이에 대한 주의가 필요하다.

주택임대소득의 과세대상 및 비과세에 대하여 간략하게 정리하면 다음과 같다.

보유주택수	과세대상 ○	과세대상 ×
1주택	• 국외주택 월세수입 • 기준시가 12억원 초과 주택 • 월세 수입	• 국내 기준시가 12억원 이하 주택의 월세 수입 • 모든 보증금·전세금
2주택	• 모든 월세 수입	• 모든 보증금·전세금
3주택 이상	• 모든 월세 수입 • 비소형주택 3채 이상 보유 and 해당 보증금·전세금 합계액이 3억원 초과하는 경우	• 소형주택의 보증금·전세금 • 비소형주택 3채 미만 보유한 경우의 보증금·전세금 • 비소형주택의 보증금·전세금 합계액이 3억원 이하인 경우

PART 4 원천징수

- ✔ 보유주택수는 부부 합산하여 계산하는 것임
- ✔ 소형주택은 주거전용 면적이 40m² 이하이면서 기준시가가 2억원 이하임
- ✔ 과세대상 주택임대소득 수입금액이 2,000만원 이하이면 분리과세를 선택할 수 있음

(3) **근로소득**

근로소득의 경우 익년도 2월 급여지급 시 연말정산이 이루어지므로 '근로소득원천징수영수증, 소득세법시행규칙 별지 24호(1)의 2쪽'을 제출받아 소득금액 여부를 확인한다.

(4) **연금소득**

연금소득의 경우 '연금소득원천징수영수증(연말정산용), 소득세법시행규칙 별지 24호(5)' 또는 '연금계좌원천징수영수증, 소득세법시행규칙 별지 24호(6)'을 제출받아 소득금액을 확인한다. 연금소득은 공적연금과 사적연금으로 구분하며 공적연금의 경우 과세대상 연금소득에 대해서 익년도 1월 연금소득 지급 시 연금소득에 대한 연말정산을 수행한다. 여기서 과세대상 공적연금은 2002.1.1. 이후에 납입된 연금 기여금 및 사용자 부담금(국가 또는 지방자치단체의 부담금을 포함)을 기초로 하거나 2002.1.1. 이후 근로의 제공을 기초로 하여 받는 연금소득으로 한다(소법 §20의 3 ②). 즉, 공적연금으로서 2001.12.31. 이전에 납입된 연금 기여금 등을 기초로 하거나 근로를 기초로 하여 받는 연금소득은 과세대상 연금소득이 아니다.

참고로 사적연금소득이 연간 1,500만원 이하인 경우에는 완납적 원천징수와 예납적 원천징수를 선택할 수 있고 연간 1,500만원을 초과하는 경우로서 분리과세(15%)를 선택하는 경우 소득금액은 없는 것이므로 소득금액 요건은 충족하는 것으로 판단된다.

(5) **기타소득**

기타소득은 '거주자의기타소득원천징수영수증, 소득세법시행규칙 별지 제23호(4)'를 제출받아 소득금액 충족여부를 확인한다. 참고로 기타소득은 기타소득금액이 300만원 이하인 경우 완납적 원천징수와 예납적 원천징수를 선택할 수 있으므로 만약 부양가족이 완납적 원천징수를 선택한다면 소득금액은 없는 것이므로 소득금액 요건은 충족한다.

(6) **퇴직소득**

퇴직소득은 '퇴직소득원천징수영수증, 소득세법시행규칙 별지 제24호(2)'를 제출받아 소득금액 충족여부를 확인한다.

(7) **양도소득**

양도소득은 '양도소득과세표준 신고 및 납부계산서, 소득세법시행규칙 별지 84호'를 제출받아 소득금액 충족여부를 확인한다. 참고로 양도소득은 확정신고(그 과세기간의 다음 연도 5월 1일부터 5월 31일까지)를 하기 전에 그 법정 자산의 양도일이 속하는 달(주식·출자지분의 경우 '반기'를 기준으로 함)의 말일부터 2개월 이내에 양도소득과세표준의 예정신고를 해야 하므로 연말정산 시 소득금액 충족 여부의 확인이 가능하다.

실무 POINT **기본공제시 유의사항**(소행 50-0-1)

① 장애인의 경우 연령 제한을 적용받지 아니하나 연간 소득금액 합계액이 100만원(근로소득만 있는 자는 총급여 500만원)을 초과하는 경우에는 기본공제대상에 해당하지 않는다.
② 직계존속에는 배우자의 직계존속(장인, 장모 등)뿐만 아니라 직계존속이 재혼한 경우 직계존속의 배우자로서 혼인(사실혼 제외) 중임이 증명되는 자를 포함한다.
③ 직계비속의 배우자(며느리 등)는 기본공제대상에 해당하지 않는다. 다만, 장애인인 직계비속의 장애인 배우자는 기본공제 대상이 될 수 있다.
④ 근로자 및 배우자의 형제자매는 기본공제대상에 포함될 수 있으나, 형제자매의 배우자(제수, 형수 등)는 기본공제대상에 포함하지 않는다.
⑤ 동거입양자는 「민법」 또는 「입양특례법」에 따라 입양한 양자, 사실상 입양상태에 있는 자로서 거주자와 생계를 같이하는 자를 말한다.
⑥ 비거주자의 경우 인적공제 중 비거주자 본인 외의 자에 대한 공제는 하지 않는다.
⑦ 과세기간 또는 부양기간이 1년 미만인 경우에도 월할 계산하지 아니하고 연 150만원을 공제한다.

2 추가공제

기본공제대상자 중 일정요건을 충족하면 일정액의 추가공제를 받을 수 있다(소법 §51).

추가공제대상자의 요건

구 분	요 건	공제액
경로우대자공제	기본공제대상자 중 70세 이상인 경로우대자가 있는 경우	공제인원수×100만원
장애인공제	기본공제대상자 중 장애인이 있는 경우	공제인원수×200만원
부녀자공제	소득금액이 3,000만원 이하(총급여액 41,470,588원 이하)인 근로자로서 ① 거주자 본인이 배우자가 있는 여성인 경우. 단, 배우자의 소득유무는 상관없음 ② 배우자가 없는 여성으로서 기본공제대상 부양가족이 있는 세대주인 경우	연 50만원
한부모소득공제	배우자가 없는 거주자로서 직계비속과 입양신고한 입양자가 있는 경우	연 100만원

PART 4 원천징수

실무 POINT **추가공제 기타사항**

① 추가공제는 기본공제뿐만 아니라 다른 추가공제와도 중복하여 공제받을 수 있다. 예를 들면 기본공제대상자이면서 경로우대자와 장애인이라면 총 450만원의 공제를 받을 수 있다. 다만, 한부모소득공제와 부녀자공제가 중복되는 경우에는 한부모소득공제만 적용한다.

② 경로우대자공제와 장애인공제의 추가공제 적용 시 다른 소득자의 기본공제대상자에 해당하는 경우에는 기본공제를 적용받은 소득자가 추가공제를 받을 수 있는 것이므로 이 점을 항상 유념해야 한다.

③ 과세기간 중에 배우자가 사망한 경우 소득세법 제53조 제4항의 부양가족의 판정시기에 따라 사망일 전날 상황에 따라 공제대상 배우자 여부를 판단하게 되므로 배우자에 대한 인적공제 및 추가공제는 가능하나 한부모소득공제는 불가능하다.

3 둘 이상 거주자의 인적공제대상자에 해당되는 경우

1. 원칙

거주자의 인적공제대상자가 동시에 다른 거주자의 공제대상가족에 해당되는 경우에는 해당 과세기간의 과세표준확정신고서, 근로소득자 소득·세액 공제신고서, 연금소득자 소득·세액 공제신고서 또는 소득·세액 공제신고서에 기재된 바에 따라 그중 1인의 공제대상가족으로 한다(소령 §106 ①).

2. 둘 이상이 공제신청을 한 경우

둘 이상의 거주자가 공제대상가족을 서로 자기의 공제대상자로 하여 신고서에 적은 경우 또는 누구의 공제대상으로 할 것인가를 알 수 없는 경우에는 다음의 기준에 따른다(소령 §106 ②).

① 거주자의 공제대상배우자가 다른 거주자의 공제대상부양가족에 해당되는 때에는 공제대상배우자로 한다.

② 거주자의 공제대상부양가족이 다른 거주자의 공제대상부양가족에 해당하는 때에는 직전 과세기간에 부양가족으로 인적공제를 받은 거주자의 공제대상 부양가족으로 한다. 다만, 직전 과세기간에 부양가족으로 인적공제를 받은 사실이 없는 때에는 해당 과세기간의 종합소득금액이 가장 많은 거주자의 공제대상부양가족으로 한다.

③ 거주자의 추가공제대상자가 다른 거주자의 추가공제대상자에 해당하는 때에는 ① 및 ②에 따라 기본공제를 하는 거주자의 추가공제대상자로 한다.

| 인적공제 우선순위 |

구 분		공제대상자
원 칙		해당 과세기간의 과세표준확정신고서, 소득·세액공제신고서에 공제대상가족으로 기재한 소득자가 공제받음
둘 이상 소득자가 공제신청한 경우	공제대상 배우자가 다른 거주자의 공제대상부양가족에 해당되는 때	배우자가 공제를 받음
	공제대상 부양가족	다음의 순서대로 공제받음 ① 직전 연도 부양가족 신청자 ② 해당 연도 종합소득금액이 가장 많은 자
	추가공제 대상자	기본공제를 적용한 거주자가 공제받음

4 해당 과세기간의 중도에 사망 또는 외국에서 영주하기 위해 출국한 경우

해당 과세기간의 중도에 사망했거나 외국에서 영주하기 위해 출국한 거주자의 공제대상가족으로서 상속인 등 다른 거주자의 공제대상가족에 해당하는 사람에 대해서는 피상속인 또는 출국한 거주자의 공제대상가족으로 한다(소령 §106 ③).

이 경우 피상속인 또는 출국한 거주자에 대한 인적공제액이 소득금액을 초과하는 경우에는 그 초과하는 부분은 상속인 또는 다른 거주자의 해당 과세기간의 소득금액에서 공제할 수 있다(소령 §106 ④).

5 인적공제 한도 등

인적공제금액 합계액이 종합소득금액(근로소득의 경우 총급여액에서 근로소득공제를 차감한 금액)을 초과하는 경우 그 초과하는 공제액은 없는 것으로 한다(소법 §51 ④).

과세기간 및 부양기간이 1년 미만인 경우 소득세법 제50조(기본공제) 내지 제51조(추가공제)에서 규정하는 인적공제는 월할계산하지 않고 전액 공제한다.

07 연말정산

1 연말정산의 의의

연말정산이란 근로소득의 지급자인 회사(원천징수의무자)가 근로자를 대신하여 1년간 총급여가 확정되어지는 시점인 다음 연도 2월분 급여를 지급하는 때에 세법에 따라 계산한 1년간의 총급여에 대한 근로소득세를 매월 급여지급 시 회사가 1년 동안 원천징수하여 납부한 원천징수세액과 비교하여 정산해야 한다. 연말정산결과 ① 많이 원천징수했다면 환급하여 주고 ② 부족하게 징수했다면 추가징수하여 납부하는 절차를 말한다.

<table>
<tr><th>과세기간(1.1.~12.31.)(매월 급여지급 시)</th><th>연말정산</th><th>총급여가 확정되는 시점(다음 해 2월)</th></tr>
<tr><td>매월분 근로소득에 대한 근로소득세 원천징수</td><td>비교</td><td>연말정산</td></tr>
<tr><td rowspan="2">1년간 원천징수세액의 합계(기납부세액)</td><td>>
→ 환급세액</td><td rowspan="2">연말정산을 통한 최종
근로소득세(결정세액)</td></tr>
<tr><td><
→ 납부세액</td></tr>
</table>

근로소득만 있는 거주자가 연말정산에 의해 근로소득에 대한 소득세를 납부한 경우 5월에 종합소득 과세표준확정신고를 하지 않아도 된다.

이러한 연말정산을 수행해야 하는 연말정산의무자는 다음과 같다(소법 §137 ①, 소행 137-0-2).

<table>
<tr><th colspan="3">구 분</th><th>연말정산의무자</th></tr>
<tr><td colspan="3">일반적인 경우</td><td>근로소득을 지급하는 모든 개인·법인</td></tr>
<tr><td colspan="3">재취직자의 전 근무지 근로소득</td><td>현 근무지의 연말정산의무자가 합산</td></tr>
<tr><td colspan="3">둘 이상의 근로소득이 있는 경우</td><td>종 근무지의 원천징수의무자는 약식 연말정산을 수행하고, 주 근무지의 원천징수의무자가 통합하여 연말정산</td></tr>
<tr><td rowspan="3">파견 근로자</td><td rowspan="2">파견 사업주의 피고용인인 경우</td><td>파견사업주의 일을 위한 파견인인 경우</td><td>파견사업주</td></tr>
<tr><td>사용사업주의 일을 위한 파견인인 경우</td><td>파견사업주</td></tr>
<tr><td colspan="2">파견사업주와 사용사업주 모두의 피고용인인 경우</td><td>둘 이상의 근로소득이 있는 경우에 준용</td></tr>
<tr><td colspan="3">원천징수제외대상 근로소득자</td><td>납세조합에 가입한 경우 원천징수대상 근로소득의 지급자가 합산신고·납부할 수 있고, 그렇지 않은 경우 종합소득세 신고 시 합산신고·납부</td></tr>
</table>

구 분		연말정산의무자
전출을 보낸 경우	고용승계 및 퇴직급여 충당금 승계의 경우	전입법인에서 연말에 통산하여 정산
	위 외의 경우	전입법인과 전출법인이 각각 연말정산 수행 (재취직자와 같이 처리)
개인기업의 법인전환	고용승계 및 퇴직급여 충당금 승계의 경우	법인이 개인기업 근무 시의 소득을 합산하여 연말정산 가능
	위 외의 경우	개인기업과 법인기업 각각 연말정산 수행 (재취직자와 같이 처리)
사업의 양·수도	고용승계 및 퇴직급여 충당금 승계의 경우	사업양수기업이 사업양도기업에 근무 시의 소득을 합산하여 연말정산 가능
	위 이외의 경우	사업양수기업과 사업양도기업 각각 연말정산 수행 (재취직자와 같이 처리)
합병 (분할)	고용승계 및 퇴직급여 충당금 승계의 경우	합병(분할신설)법인이 피합병(분할)법인 근무 시의 소득을 합산하여 연말정산
	위 이외의 경우	합병(분할신설)법인과 피합병(분할)법인 각각 연말정산 수행 (재취직자와 같이 처리)
단체환급부보장성보험의 환급금 (불입 당시 과세제외된 부분에 한함) 등 외부자로부터 받는 근로소득		원천징수의무자가 종(전) 근무지의 인정상여란에 기재하여 합산

2 중도퇴사자의 연말정산

1. 중도퇴사 연말정산 시기

해당 과세기간의 중도에 퇴직한 근로자에 대해서는 퇴직하는 달의 근로소득을 지급하는 때에 연말정산에 의한 원천징수를 해야 한다(소법 §134 ②).

따라서 중도 퇴직하는 근로자의 경우 퇴직하는 달의 급여를 받기 전에 원천징수의무자에게 근로소득자소득공제신고서와 해당 근무기간 동안 지출한 연말정산 관련 소득공제 영수증을 제출해야 한다.

참고로 중도퇴사자의 연말정산 관련 내용은 원천징수이행상황신고서 중도퇴사(A02)란에 기재된다.

2. 중도퇴사자 연말정산 수행순서

(1) 중도퇴사자 급여정리

중도퇴사자의 근로소득원천징수부를 확인하여 총급여, 비과세소득, 원천징수세액을 함께 정리하여 연말정산 프로그램에 반영한다.

(2) 연말정산 자료 수집

중도퇴사자로부터 정산에 필요한 증빙서류를 받아 공제 요건이 적정한지 확인하고 서류 및 자료 보완이 필요한 경우 근로자에게 요청하도록 한다.

(3) 연말정산 세액계산

퇴사일까지의 근로소득에 대하여 정산을 하여 환급(추징)세액을 계산하고, 최종 급여 지급 시 환급(추징)세액을 차가감한다.

3. 원천징수세액 환급세액 처리 방법

원천징수의무자는 환급세액이 발생한 경우 그 환급세액은 원천징수하여 납부할 세액에서 조정하거나, 관할 세무서에 환급 신청하여 돌려받을 수 있다.

(1) 원천징수이행상황신고서 작성 방법

① 납부세액과 상계(조정환급)하는 경우

납부할 세액의 합계가 조정대상 환급세액보다 큰 경우에는 조정대상환급세액란의 금액을 ⑨ 당월조정환급세액란에 코드(A10, A20,…) 순서대로 적어 조정환급하고, 잔액은 납부세액(⑩·⑪)란에 적는다.

납부할 세액의 합계가 환급할 세액인 조정대상환급세액보다 작은 경우에는 위와 같은 방법으로 조정하여 환급하고, 그 나머지는 납부세액(⑩·⑪)란에 적지 아니하며, 차월이월 환급세액란에 기재한다. 참고로 차월이월 환급세액란의 금액은 다음 달 원천징수이행상황신고서의 ⑫ 전월미환급세액란으로 반영된다.

② 환급 신청하는 경우

원천징수이행상황신고서의 '원천징수세액환급신청서'에 '☑'표시하고 '환급신청액'란에 환급신청액을 기재한 후 원천징수세액환급신청서 부표, 기납부세액 명세서, 전월미환급세액 조정명세서, 환급신청대상 소득지급명세서 등을 함께 제출하여야 한다.

사례 중도퇴사자의 연말정산

1. 실무자료

생산직 사원 이동희(부양가족 없음)는 2025년 3월 31일자로 퇴사하였다. 이동희는 퇴사시점에 2025년 3월 귀속분에 대한 급여를 수령하였다. 급여지급내역이 다음과 같을 때 생산직 사원 이동희에 대한 중도퇴사자 연말정산을 하시오. 이동희가 퇴사시점에 제출한 연말정산서류는 없는 것으로 한다.

월	급여액	비과세(보육수당)	소득세	국민연금	건강보험	고용보험
1	3,000,000	200,000	30,000	135,000	91,800	19,500
2	3,000,000	200,000	30,000	135,000	91,800	19,500
3	3,000,000	200,000		135,000	91,800	19,500
합 계	9,000,000	600,000	60,000	405,000	275,240	58,500

2. 해답 – 중도퇴사 연말정산

(1) 근로소득금액=9,000,000원−5,100,000원=3,900,000원

✔ 근로소득공제=3,500,000원+(9,000,000원−5,000,000원)×40%=5,100,000원

(2) 종합소득공제=1,905,000원

✔ 기본공제 1,500,000원+국민연금 405,000원=1,905,000

(3) 과세표준=(1)−(2)=1,995,000원

(4) 산출세액=1,995,000×6%=119,700원

(5) 근로소득세액공제=65,830원

(6) 결정세액=119,700원−65,830원−130,000원(표준세액공제)
=(−)76,130 ⇒ 0원

(7) 기납부세액=60,000원

(8) 환급세액=(−)60,000원

중도퇴사 연말정산 결과가 반영된 원천징수이행상황신고서

❶ 원천징수 명세 및 납부세액 (단위: 원)

<table>
<tr><th colspan="3" rowspan="3">소득자 소득구분</th><th rowspan="3">코드</th><th colspan="5">원천징수명세</th><th rowspan="3">⑨ 당월 조정 환급 세액</th><th colspan="2">납부세액</th></tr>
<tr><th colspan="2">소득지급 (과세 미달, 일부 비과세 포함)</th><th colspan="3">징수세액</th><th rowspan="2">⑩ 소득세 등 (가산세 포함)</th><th rowspan="2">⑪ 농어촌 특별세</th></tr>
<tr><th>④ 인원</th><th>⑤ 총지급액</th><th>⑥ 소득세 등</th><th>⑦ 농어촌 특별세</th><th>⑧ 가산세</th></tr>
<tr><td rowspan="7">근로 소득</td><td colspan="2">간이세액</td><td>A01</td><td>4</td><td>16,000,000</td><td>30,000</td><td></td><td></td><td></td><td></td><td></td></tr>
<tr><td colspan="2">중도퇴사</td><td>A02</td><td>1</td><td>9,600,000</td><td>△ 60,000</td><td></td><td></td><td></td><td></td><td></td></tr>
<tr><td colspan="2">일용근로</td><td>A03</td><td>1</td><td>500,000</td><td></td><td></td><td></td><td></td><td></td><td></td></tr>
<tr><td rowspan="3">연말 정산</td><td>합계</td><td>A04</td><td></td><td></td><td></td><td></td><td></td><td></td><td></td><td></td></tr>
<tr><td>분납신청</td><td>A05</td><td></td><td></td><td></td><td></td><td></td><td></td><td></td><td></td></tr>
<tr><td>납부금액</td><td>A06</td><td></td><td></td><td></td><td></td><td></td><td></td><td></td><td></td></tr>
<tr><td colspan="2">가감계</td><td>A10</td><td>6</td><td>25,800,000</td><td>△ 30,000</td><td></td><td></td><td></td><td></td><td></td></tr>
</table>

❷ 환급세액 조정 (단위: 원)

<table>
<tr><th colspan="3">전월 미환급 세액의 계산</th><th colspan="4">당월 발생 환급세액</th><th rowspan="3">⑱ 조정대상 환급세액 (⑭+⑮+⑯+⑰)</th><th rowspan="3">⑲ 당월조정 환급세액 계</th><th rowspan="3">⑳ 차월이월 환급세액 (⑱–⑲)</th><th rowspan="3">㉑ 환급 신청액</th></tr>
<tr><th rowspan="2">⑫ 전월 미환급 세액</th><th rowspan="2">⑬ 기환급 신청세액</th><th rowspan="2">⑭ 차감잔액 (⑫–⑬)</th><th rowspan="2">⑮ 일반환급</th><th rowspan="2">⑯ 신탁재산 (금융회사 등)</th><th colspan="2">⑰ 그 밖의 환급세액</th></tr>
<tr><th>금융회사 등</th><th>합병 등</th></tr>
<tr><td></td><td></td><td></td><td>△ 30,000</td><td></td><td></td><td></td><td>△ 30,000</td><td></td><td>△ 30,000</td><td></td></tr>
</table>

이동희 사원의 3월 급여명세서 최종

월	급여액	비과세(보육수당)	국민연금	건강보험	고용보험	소득세	지방소득세	차인지급액
3	3,000,000	200,000	135,000	91,800	19,500	△60,000	△6,000	3,019,700

■ 소득세법 시행규칙 [별지 제24호서식(1)] 〈개정 2025.3.21.〉 (9쪽 중 제1쪽)

관리번호	

[✔]근로소득 원천징수영수증
[ ]근로소득 지 급 명 세 서

([ ]소득자 보관용 [ ]발행자 보관용 [ ]발행자 보고용)

거주구분	거주자1/비거주자2
거주지국	거주지국코드
내·외국인	내국인1 /외국인9
외국인단일세율적용	여 1 / 부 2
외국법인소속 파견근로자 여부	여 1 / 부 2
종교관련종사자 여부	여 1 / 부 2
국적	국적코드
세대주 여부	세대주1, 세대원2
연말정산 구분	계속근로1, 중도퇴사2

구분		
징수의무자	① 법인명(상 호) (주)민후	② 대 표 자(성 명) 진민후
	③ 사업자등록번호 109-81-14741	④ 주 민 등 록 번 호
	③-1 사업자단위과세자 여부 여1 / 여2	③-2 종사업장 일련번호
	⑤ 소 재 지(주소) 서울시 성동구 뚝섬로 13길 11, 620호	
소득자	⑥ 성 명 이동희	⑦ 주 민 등 록 번 호(외국인등록번호) 700123-1023137
	⑧ 주 소 서울시 강남구 역삼로 7길	

	구 분		주(현)	종(전)	종(전)	⑯-1 납세조합	합 계
Ⅰ 근무처별소득명세	⑨ 근 무 처 명		㈜민후				
	⑩ 사업자등록번호		109-81-14741				
	⑪ 근무기간		2025.1.1.~3.31.	~	~	~	~
	⑫ 감면기간		~	~	~	~	~
	⑬ 급 여		9,000,000				9,000,000
	⑭ 상 여						
	⑮ 인 정 상 여						
	⑮-1 주식매수선택권 행사이익						
	⑮-2 우리사주조합인출금						
	⑮-3 임원 퇴직소득금액 한도초과액						
	⑮-4 직무발명보상금						
	⑯ 계		9,000,000				9,000,000
Ⅱ 비과세 및 감면소득명세	⑱ 국외근로	M0X					
	⑱-1 야간근로수당	O0X					
	⑱-2 출산·보육수당	Q0X	600,000				600,000
	⑱-4 연구보조비	H0X					
	⑱-5						
	⑱-6						
	~						
	⑱-40 비과세식대	P01					
	⑲ 수련보조수당	Y22					
	⑳ 비과세소득 계		600,000				600,000
	⑳-1 감면소득 계						

	구 분			⑱ 소 득 세	⑲ 지방소득세	⑳ 농어촌특별세
Ⅲ 세액명세	㉓ 결 정 세 액					
	기납부 세 액	㉔ 종(전)근무지 (결정세액란의 세액을 적습니다)	사업자등록번호			
		㉕ 주(현)근무지		60,000	6,000	
	㉖ 납부특례세액					
	㉗ 차 감 징 수 세 액(㉓-㉔-㉕-㉖)			-60,000	-6,000	

위의 원천징수액(근로소득)을 정히 영수(지급)합니다.

2025 년 3 월 31 일

징수(보고)의무자 ㈜민후 진민후 (서명 또는 인)

성동 세 무 서 장 귀하

210mm×297mm[백상지 80g/㎡ 또는 중질지 80g/㎡]

PART 4 원천징수

(9쪽 중 제2쪽)

Ⅳ 정산명세			㉑ 총급여(⑯, 외국인단일세율 적용시 연간 근로소득)			9,000,000
			㉒ 근로소득공제			5,100,000
			㉓ 근로소득금액			3,900,000
	종합소득공제	기본공제	㉔ 본인			1,500,000
			㉕ 배우자			
			㉖ 부양가족(명)			
		추가공제	㉗ 경로우대(명)			
			㉘ 장애인(명)			
			㉙ 부녀자			
			㉚ 한 부 모 가 족			
		연금보험료공제	㉛ 국민연금보험료		대상금액	405,000
					공제금액	
			㉜ 공적연금보험료공제	㉮ 공무원연금	대상금액	
					공제금액	
				㉯ 군인연금	대상금액	
					공제금액	
				㉰ 사립학교교직원연금	대상금액	
					공제금액	
				㉱ 별정우체국연금	대상금액	
					공제금액	
		특별소득공제	㉝ 보험료	㉮ 건강보험료(노인장기요양보험료포함)	대상금액	
					공제금액	
				㉯ 고용보험료	대상금액	
					공제금액	
			㉞ 주택자금	㉮ 주택임차차입금 원리금상환액	대출기관	
					거주자	
				㉯ 장기주택저당차입금 이자상환액 — 2011년 이전 차입분	15년 미만	
					15년~29년	
					30년 이상	
					15년 이상 — 고정금리이면서 비거치상환 대출	
					15년 이상 — 고정금리이거나 비거치상환대출	
				㉯ 장기주택저당차입금 이자상환액 — 2012년 이후 차입분	15년 이상 — 고정금리이면서 비거치상환 대출	
					15년 이상 — 고정금리거나, 비거치상환 대출	
					15년 이상 — 그 밖의 대출	
					10년~15년 — 고정금리이거나, 비거치상환 대출	
			㉟ 계			
			㊱ 차감소득금액			1,995,000
	그 밖의 소득공제		㊲ 개인연금저축			
			㊳ 소기업·소상공인 공제부금			
			㊴ 주택마련저축	㉮ 청약저축		
				㉯ 주택청약종합저축		
				㉰ 근로자주택마련저축		
			㊵ 투자조합출자 등			
			㊶ 신용카드등 사용액			
			㊷ 우리사주조합 출연금			
			㊸ 고용유지 중소기업 근로자			
			㊹ 장기집합투자증권저축			
			㊺ 청년형 장기집합투자증권저축			
			㊻ 그 밖의 소득공제 계			
			㊼ 소득공제 종합한도 초과액			

			㊽ 종합소득 과세표준			1,995,000
			㊾ 산출세액			119,700
세액감면			㊿ 「소득세법」			
			51 「조세특례제한법」(52 제외)			
			52 「조세특례제한법」 제30조			
			53 조세조약			
			54 세액감면 계			
세액공제			55 근로소득			65,830
			56 혼인세액공제			
			57 자녀		공제대상자녀 (명)	
					출산·입양자 (명)	
	연금계좌		58 「과학기술인공제회법」에 따른 퇴직연금		공제대상금액	
					세액공제액	
			59 「근로자퇴직급여 보장법」에 따른 퇴직연금		공제대상금액	
					세액공제액	
			60 연금저축		공제대상금액	
					세액공제액	
			60-1 개인종합자산관리계좌만기 시 연금계좌 납입액		공제대상금액	
					세액공제액	
	특별세액공제		61 보험료	보장성	공제대상금액	
					세액공제액	
				장애인전용 보장성	공제대상금액	
					세액공제액	
			62 의료비		공제대상금액	
					세액공제액	
			63 교육비		공제대상금액	
					세액공제액	
		64 기부금	㉮ 정치자금 기부금	10만원 이하	공제대상금액	
					세액공제액	
				10만원 초과	공제대상금액	
					세액공제액	
			㉯ 고향사랑 기부금	10만원 이하	공제대상금액	
					세액공제액	
				10만원 초과	공제대상금액	
					세액공제액	
			㉰ 특례기부금		공제대상금액	
					세액공제액	
			㉱ 우리사주조합 기부금		공제대상금액	
					세액공제액	
			㉲ 일반기부금(종교단체 외)		공제대상금액	
					세액공제액	
			㉳ 일반기부금(종교단체)		공제대상금액	
					세액공제액	
			65 계			
			66 표준세액공제			53,870
			67 납세조합공제			
			68 주택차입금			
			69 외국납부			
			70 월세액		공제대상금액	
					세액공제액	
			71 세액공제 계			119,700
			72 결정세액(㊾-54-71)			
			82 실효세율(%) (72/㉑)×100			1.33%

(9쪽 중 제3쪽)

⑱ 소득 · 세액공제 명세[인적공제항목은 해당란에 "○"표시(장애인 해당 시 해당 코드 기재)를 하며, 각종 소득공제 · 세액공제 항목은 공제를 위하여 실제 지출한 금액을 적습니다.]

인적공제 항목							각종 소득공제 · 세액공제 항목											
관계코드	성 명	기본공제		경로우대	혼인세액공제	출산입양	자료구분	보험료				의료비					교육비	
내 · 외국인	주민등록번호	부녀자	한부모	장애인		자녀		건강	고용	보장성	장애인전용보장성	일반	미숙아 · 선천성이상아	난임	6세이하 65세이상 장애인 · 건강보험산정특례자	실손의료보험금	일반	장애인특수교육
인적공제 항목에 해당하는 인원수를 적습니다.							국세청 계											
							기타 계											
0		○					국세청											
	(근로자 본인)					–	기타											
							국세청											
	–						기타											
							국세청											
	–						기타											

자료구분	각종 소득공제 · 세액공제 항목						
	신용카드등 사용액공제						기부금
	신용카드	직불카드등	현금영수증	문화체육사용분 (총급여 7천만원 이하자만 기재)	전통시장 사용분	대중교통 이용분	
국세청 계							
기타 계							
국세청							
기타							
국세청							
기타							

작 성 방 법

「소득세법」 제149조제1호에 해당하는 납세조합이 「소득세법」 제127조제1항제4호 각 목에 해당하는 근로소득을 연말정산하는 경우에도 사용하며, 이 경우 "⑨ 근무처명"란 및 "⑩ 사업자등록번호"란에는 실제 근무처의 상호 및 사업자번호를 적습니다. 다만, 근무처의 사업자등록이 없는 경우 납세조합의 사업자등록번호를 적습니다.

1. "거주지국"란 및 "거주지국코드"란: 근로소득자가 비거주자에 해당하는 경우에만 적으며, 국제표준화기구(ISO)가 정한 ISO코드 중 국명약어 및 국가코드를 적습니다(※ ISO국가코드: 국세청홈페이지→국세정책/제도→국제조세정보→참고자료실→국제표준화기구(ISO)가 정한 국가코드에서 조회할 수 있습니다) 예) 대한민국 : KR, 미국 : US
2. 근로소득자가 외국인에 해당하는 경우에는 "내 · 외국인"란에 "외국인 9"를 선택하고 "국적 및 국적코드"란에 국제표준화기구(ISO)가 정한 ISO코드 중 국명약어 및 국가코드를 적습니다. 해당 근로소득자가 외국인근로자 단일세율적용신청서를 제출한 경우"외국인단일세율 적용"란에 해당1을 선택합니다. 또한, 근로소득자가 종교관련종사자에 해당하는 경우에는 "종교관련종사자 여부"란에 해당1을 선택합니다.
3. 원천징수의무자가 「부가가치세법」에 따른 사업자단위 과세자에 해당하는 경우에는 ③-1에서 해당1을 선택하고, ③-2에 소득자가 근무하는 사업장의 종사업장 일련번호를 적습니다.
4. 원천징수의무자는 지급일이 속하는 연도의 다음 연도 3월 10일(휴업 또는 폐업한 경우에는 휴업일 또는 폐업일이 속하는 달의 다음 다음 달 말일을 말합니다)까지 지급명세서를 제출해야 합니다.
5. "Ⅰ. 근무처별 소득명세"란: 비과세소득을 제외한 금액을 해당 항목별로 적습니다.
6. "Ⅱ. 비과세 및 감면소득 명세"란: 지급명세서 작성대상 비과세소득 및 감면대상을 해당 코드별로 구분하여 적습니다(적을 항목이 많은 경우 "Ⅱ. 비과세 및 감면소득 명세"란의 "⑳ 비과세소득 계"란 및 "⑳-1 감면세액 계"란에 총액만 적고, "Ⅱ.비과세 소득"란을 별지로 작성할 수 있습니다).
7. 「소득세법」 제127조제1항제4호의 각 목에 해당하는 근로소득과 그 외 근로소득[주(현)란]을 더하여 연말정산하는 경우에는 "⑯-1 납세조합"란에 각각 근로소득 납세조합과 「소득세법」 제127조제1항제4호 각 목에 해당하는 근로소득을 적고, 「소득세법」 제150조에 따른 납세조합공제금액을 "⑯ 납세조합공제"란에 적습니다. 합병, 기업형태 변경 등으로 존속 법인 등이 연말정산을 하는 경우에는 피합병법인에서 발생한 소득과 기업형태 변경 전의 법인에서 발생한 소득은 근무처별 소득명세 종(전)란에 별도로 적습니다.
   또한, 동일회사 내 사업자등록번호가 다른 곳에서 전입 등을 하여 해당 법인이 연말정산을 하는 경우에는 전입하기 전 지점 등에서 발생한 소득은 "근무처별 소득명세 종(전)"란에 별도로 적습니다.
8. "㉑ 총급여"란: "⑯계"란의 금액을 적되, 외국인근로자가 「조세특례제한법」 제18조의2제2항에 따라 단일세율을 적용하는 경우에는 "⑯계"의 금액과 비과세소득금액을 더한 금액을 적습니다. 이 경우 소득세와 관련한 비과세 · 공제 · 감면 및 세액공제에 관한 규정은 적용하지 않습니다.
9. "종합소득 특별소득공제(㉝~㉞)"란 및 "그 밖의 소득공제(㊲~㊻)"란: 근로소득자 소득 · 세액 공제신고서(별지 제37호서식)의 공제액을 적습니다(소득공제는 서식에서 정하는 바에 따라 순서대로 소득공제를 적용하여 종합소득과세표준과 세액을 계산합니다).
10. "연금계좌(58~60-1)"란 및 "특별세액공제(61~65)"란: 근로소득자 소득 · 세액 공제신고서(별지 제37호서식)의 공제대상금액 및 세액공제액을 적습니다.

3 계속근로자의 연말정산

1. 연말정산 시기

근로소득을 지급하는 자(원천징수의무자)가 해당 과세기간의 다음 연도 2월분의 근로소득을 지급할 때에 연말정산에 의한 원천징수를 해야 한다(소법 §134 ②).

2. 연말정산 절차

연말정산은 근로소득자로부터 ① 근로소득자소득·세액공제신고서 및 첨부서류를 수취하고 수취한 자료에 대하여 법정서식의 요건, 세법상 각종 소득공제 또는 세액공제·감면요건을 검토하는 연말정산 준비하기 단계, ② 검토한 연말정산 자료를 토대로 근로소득세를 계산하여 최종적으로 근로소득원천징수영수증을 작성하는 연말정산 계산하기 과정, ③ 연말정산 결과에 따라 납부 또는 환급하고 관련 서류를 제출하는 연말정산 마무리하기 단계로 진행된다. 이러한 연말정산 절차를 요약하면 다음과 같다.

단 계		절 차	주 체
①	연말정산 준비하기	1. 근로소득자소득·세액공제신고서 및 첨부서류 제출	근로자
		2. 제출된 동 신고서와 첨부서류 검토	연말정산의무자
②	연말정산 계산하기	1. 근로소득세(결정세액)를 계산하여 납부(환급)세액을 결정 2. 근로소득원천징수영수증을 작성	연말정산의무자
③	연말정산 마무리하기	1. 연말정산결과에 따라 근로자별로 다음 연도 2월분의 근로소득(급여)을 지급하는 때에 정산 2. 근로자에게 근로소득원천징수영수증을 발급	연말정산의무자
		3. 연말정산을 통해 산출된 세액의 납부 및 환급 – 연말정산을 통하여 산출된 납부(환급)세액을 2월분 급여에 대한 원천징수 납부세액과 함께 포함하여 추가 납부하거나 조정환급하고 이를 3월 10일까지 신고·납부 4. 원천징수이행상황신고서를 3월 10일까지 세무서에 제출 5. 지급명세서를 3월 10일까지 세무서에 제출	

만약 근로소득자가 연도 중에 퇴직하는 경우라면 퇴직하는 달의 근로소득을 지급하는 때 상기의 절차에 따라 연말정산을 하여야 한다.

3. 연말정산 준비하기

근로자는 종합소득공제 등을 위하여 근로소득자소득·세액공제신고서 및 첨부서류를 회사에 제출하여야 한다. 연말정산의무자는 근로자가 작성하여 제출한 근로소득자소득·세액공제신고서 및 증빙서류에 대하여 법정서식의 요건, 세법상 각종 소득공제 및 세액공제·감면요건을 검토하여야 한다.

세부절차	주 체
1. 근로소득자소득·세액공제신고서 및 첨부서류 제출	근로자
2. 제출된 근로소득자소득·세액공제신고서와 첨부서류 검토	연말정산의무자

(1) 근로자로부터 신고서와 첨부서류 수취

연말정산대상자인 근로자는 근로소득 연말정산을 위하여 회사에 근로소득자소득·세액공제신고서와 함께 동 신고서에 관련된 첨부서류를 구비하여 연말정산기간 내에 제출하여야 한다. 이는 연말정산 시 근로자의 인적사항 및 지출된 의료비, 교육비 등을 고려하여 일정한도를 근로소득금액에서 공제하여 세금부담을 줄여주는 소득공제내역을 구하기 위함이다.

따라서 연말정산의무자는 수취하여야 할 신고서 작성 및 첨부서류에 대하여 충분한 설명과 지도를 하여야 한다. 예를 들어 근로자의 소득공제를 위한 첨부서류는 해당 기관에서 직접 발급받아 제출하여야 하지만 첨부서류를 간편하게 제출할 수 있는 국세청 연말정산간소화서비스 이용을 홍보하여야 한다.

(2) 추가적인 근로소득원천징수영수증의 수취

① 전 근무지가 있는 입사근로자의 경우

해당 과세기간 중 전 근무지가 있는 입사근로자에 대하여 연말정산의무자는 전 근무지에서 해당 과세기간의 1월부터 중도퇴직한 날이 속하는 달까지 받은 근로소득과 해당(현) 근무지의 근로소득의 합계액을 해당 근로자의 근로소득으로 보아 연말정산을 하여야 한다. 따라서 연말정산의무자는 이전 근무지가 있는 근로자로부터 전 근무지의 근로소득원천징수영수증 사본을 제출받아야 한다.

② 종된 근무지가 있는 근로자의 경우

2 이상의 근무지가 있는 근로자가 근무지신고를 한 경우에는 연말정산의무자는 주된 근무지와 종된 근무지의 근로소득을 합하여 연말정산을 하여야 한다. 따라서 연말정산의무자는 해당 근로자로부터 종된 근무지의 근로소득원천징수영수증을 연말정산기간 내에 제출받아야 한다.

③ 근로소득자소득·세액공제신고서 서식의 이해

근로자는 연말정산을 위하여 근로소득자소득·세액공제신고서를 본인이 직접 작성하여 제출하여야 한다. 신고서 서식 및 작성방법은 종합사례에서 언급한다.

소득·세액 공제신고서/근로소득자 소득·세액 공제신고서(년 소득에 대한 연말정산용)

※ 근로소득자는 신고서에 소득·세액 공제 증명서류를 첨부하여 원천징수의무자(소속 회사 등)에게 제출하며, 원천징수의무자는 신고서 및 첨부서류를 확인하여 근로소득 세액계산을 하고 근로소득자에게 즉시 근로소득원천징수영수증을 발급해야 합니다. 연말정산 시 근로소득자에게 환급이 발생하는 경우 원천징수의무자는 근로소득자에게 환급세액을 지급해야 합니다.

소득자 성명		주민등록번호	-
근무처 명칭		사업자등록번호	- -
세대주 여부	[ ]세대주 [ ]세대원	국 적	(국적 코드:)
근무기간	~	감면기간	~
거주구분	[ ]거주자 [ ]비거주자	거주지국	(거주지국 코드:)
인적공제 항목 변동 여부	[ ]전년과 동일 [ ]변동	분납신청 여부	[ ]신청 [ ]미신청
원천징수세액 선택	[ ]120% [ ]100% [ ]80%	※ 근로소득자 본인이 원하는 경우 매월 원천징수하는 세액을 법령상 세액의 120%, 100%, 80% 중 선택할 수 있습니다.	

I. 인적공제 및 소득·세액공제 명세

인적공제 항목								각종 소득·세액 공제 항목									
관계코드	성 명	소득금액 기준	기본공제		경로우대	혼인세액공제	출산입양	자료구분	보험료				의료비				
내·외국인	주민등록번호	(백만원) 초과여부	부녀자	한부모	장애인		자녀		건강	고용	보장성	장애인전용보장성	일반	미숙아 선천성이상아	난임시술비	6세이하 65세이상 장애인·건강보험산정특례자	실손의료보험금
인적공제 항목에 해당하는 인원수를 적습니다.								국세청계									
								기타 계									
0			○					국세청									
	(근로자 본인)							기타									
								국세청									
	-							기타									
								국세청									
	-							기타									

각종 소득·세액 공제 항목									
자료구분	교육비		신용카드등 사용액						기부금
	일반	장애인 특수교육비	신용카드	직불카드등	현금영수증	문화체육사용분(총급여 7천만원 이하자만 기재)	전통시장 사용분	대중교통 이용분	
국세청 계									
기타 계									
국세청									
기타									
국세청									
기타									

유의사항

1. "인적공제 항목 변동 여부"란: 해당 항목에 "√"표시합니다(인적공제 항목이 전년과 동일한 경우에는 주민등록표등본을 제출하지 않습니다).
2. 관계코드

구 분	관계코드	구 분	관계코드	구 분	관계코드
소득자 본인(「소득세법」 §50①1)	0	소득자의 직계존속(「소득세법」 §50①3가)	1	배우자의 직계존속(「소득세법」 §50①3가)	2
배우자(「소득세법」 §50①2)	3	직계비속(자녀·손자녀, 입양자)(「소득세법」 §50①3나)	4	직계비속(코드 4 제외)(「소득세법」 §50①3나)	5*
형제자매(「소득세법」 §50①3다)	6	수급자(코드1~6제외)(「소득세법」 §50①3라)	7	위탁아동(「소득세법」 §50①3마)	8

* 관계코드 5: 해당 직계비속과 그 배우자가 장애인인 경우 그 배우자를 말하며, 관계코드 4~6은 소득자와 배우자의 각각의 관계를 포함합니다.

3. 연령기준 및 소득기준
 - 경로우대: 기본공제 대상 부양가족이 만 70세 이상에 해당하는 경우 "√"표시합니다.
 - 소득금액기준: 부양가족의 소득금액 합계액이 100만원(근로소득만 있는 자는 총급여 500만원)을 초과하는지 여부를 "√"표시합니다.
4. "부녀자 공제"란: 소득자 본인이 여성인 경우로서 다음의 요건을 모두 충족하는 경우에 표시합니다.
 가. 해당 과세기간의 종합소득과세표준을 계산할 때 합산하는 종합소득금액이 3천만원 이하일 것
 나. 배우자가 없는 여성으로서 「소득세법」 제50조제1항제3호에 따른 부양가족이 있는 세대주이거나 배우자가 있는 여성일 것
5. "장애인 공제"란: 다음의 해당 코드를 적습니다.

구분	「장애인복지법」에 따른 장애인 및 「장애아동 복지지원법」에 따른 장애아동 중 발달재활서비스를 지원받고 있는 사람	「국가유공자 등 예우 및 지원에 관한 법률」에 따른 상이자 및 이와 유사한 자로서 근로능력이 없는 자	그 밖에 항시 치료를 요하는 중증환자
해당코드	1	2	3

6. 내·외국인: 내국인=1, 외국인=9로 구분하여 적습니다. 근로소득자가 외국인에 해당하는 경우 국적을 적으며, 국적코드는 거주지국코드를 참조하여 적습니다.

210mm×297mm[백상지80g/㎡ 또는 중질지80g/㎡]

4. 연말정산 계산하기

연말정산의무자인 회사는 근로자가 작성하여 제출한 근로소득자소득·세액공제신고서 및 첨부서류를 검토하여 소득자별 근로소득세(결정세액)를 계산하는 연말정산을 수행한다. 이 과정의 궁극적인 목적은 근로소득원천징수영수증을 작성하는 것이다.

세부절차	주 체
1. 근로소득세(결정세액)를 계산하는 연말정산을 수행 2. 근로소득원천징수영수증을 작성	연말정산의무자

(1) 연말정산 계산구조

근로소득세는 종합소득세의 일부이므로 연말정산 계산구조는 종합소득세 계산구조와 마찬가지로 근로소득금액을 계산하는 1단계, 과세표준을 계산하는 2단계, 산출세액을 계산하는 3단계, 결정세액을 계산하고 기납부세액(원천징수세액)을 차감하여 최종적인 납부 또는 환급세액을 계산하는 4단계로 이루어져 있다.

1단계	2단계	3단계	4단계
근 로 소 득 − 비과세근로소득 = 총 급 여 액 − 근로소득공제 = 근로소득금액	근로소득금액 − 종합소득공제 = 종합소득과세표준	종합소득과세표준 × 소 득 세 율 = 종합소득산출세액	산 출 세 액 − 세액공제 및 감면 = 결 정 세 액 − 기 납 부 세 액 = 납부(환급)세액
1. 근로소득 범위 2. 비과세소득 3. 근로소득공제	종합소득공제	소득세율 (누진세율구조)	근로소득세액공제 등

(2) 근로소득금액 계산

근로소득금액은 ① 근로소득(연간급여액)에서 비과세소득을 차감하여 총급여액을 구하고 ② 총급여액에서 근로소득공제를 차감하여 근로소득금액을 구한다. 이것을 연말정산의 첫 걸음(전반부 공식)이라 한다.

근로소득(연간급여액) − 비과세소득 = 총급여액 − 근로소득공제 = 근로소득금액

① 총급여액 계산

② 근로소득금액 계산

1) 근로소득, 비과세소득 및 총급여액

구 분		내 용
1. 근로소득	근로소득의 범위	근로소득은 명칭이나 형식(현물, 현금) 여하를 불문한 근로제공에 대한 모든 대가를 포함한다.
	근로소득으로 보지 않는 경우	근로소득으로 보지 않는 경우는 사회적 통념상 인정하는 범위의 경조금 등으로 근로소득 범위에서 제외시킨다.
2. 비과세소득	비과세소득	소득세를 부과하지 않기 위하여 소득세법에 열거된 소득으로 실비변상적 성질의 급여, 식사 또는 식대(월 10만원 이내) 등의 유형으로 구분된다.
총급여액(=1-2)		해당 과세기간의 근로소득(연간급여액)에서 비과세소득을 차감한 금액으로 연말정산에서 소득공제요건 및 한도계산 시 기준이 되는 금액이다.

실무 POINT 근로소득, 총급여액 및 근로소득금액 구분

근로소득, 총급여액 및 근로소득금액의 차이를 인식하자.

1. **근로소득** : 연간급여액 또는 해당 과세기간 근로소득총액을 의미한다.
2. **총급여액** : 근로소득에서 비과세소득을 차감하여 구한다.
3. **근로소득금액** : 총급여액에서 근로소득공제를 차감하여 구한다.

2) 근로소득공제

근로소득공제는 근로소득을 위한 필요경비적 성격으로 지출한 금액을 총급여액 수준별로 일정액을 총급여액에서 공제해주는 것이다. 이는 개인사업자의 경우 사업상 총수입금액에서 실제로 지출한 필요경비를 차감하는 것과 같은 논리로 원칙적으로 실제 경비를 차감하는 것이 타당하다. 그러나 근로소득을 위하여 지출한 교통비, 식비 등 실제경비를 입증하고 자료를 취합하는 것은 매우 번거롭다. 따라서 실제 경비를 공제하는 대신에 다음과 같이 총급여액수준별로 일정액의 근로소득공제를 총급여액에서 차감한다. 다만, 공제액이 2,000만원을 초과하는 경우에는 2,000만원을 공제한다.

| 근로소득공제 |

총급여액	총급여액 수준별 공제액
500만원 이하	총급여액×70%
500만원 초과 1,500만원 이하	350만원+ 500만원 초과금액×40%
1,500만원 초과 4,500만원 이하	750만원+ 1,500만원 초과금액×15%
4,500만원 초과 1억원 이하	1,200만원+ 4,500만원 초과금액× 5%
1억원 초과	1,475만원+ 1억원 초과금액× 2%

사례 **근로소득금액 계산**

1. 실무자료

근로자 홍길동의 1년간 근로소득이 1,800만원이고 비과세근로소득이 600만원인 경우 근로소득금액을 계산하라.

2. 근로소득금액

1) 총급여액=근로소득 1,800만원−비과세근로소득 600만원=1,200만원
2) 근로소득공제액=350만원+(1,200만원−500만원)×40%=630만원
3) 근로소득금액=총급여액 1,200만원−근로소득공제액 630만원=570만원

(3) 근로소득과세표준의 계산

근로소득금액에서 소득공제를 차감하여 과세표준을 계산한다. 근로소득은 종합소득에 포함되므로 종합소득과세표준이라 한다.

종합소득과세표준=근로소득금액−① 인적공제−② 특별소득공제−③ 그 밖의 소득공제

종합소득과세표준(課稅標準)은 종합소득세세율 적용의 기초가 되는 금액이므로 차감항목인 소득공제는 연말정산의 핵심이라 할 수 있다.

소득공제는 소득세법에서 열거하고 있는 종합소득공제와 조세특례제한법에서 열거하고 있는 그 밖의 소득공제로 구분되며 오른쪽과 같다.

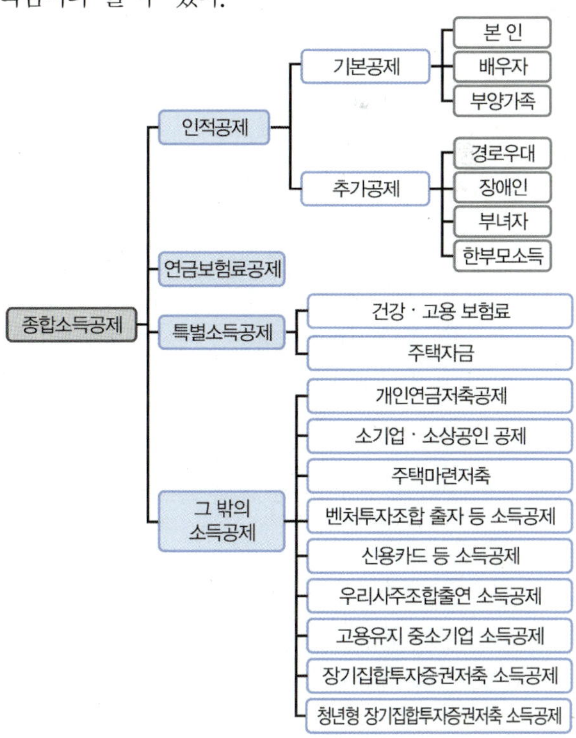

(4) 종합소득공제

종합소득공제는 인적공제와 연금보험료공제와 특별소득공제 그리고 그 밖의 소득공제(조세특례제한법상 소득공제)로 구분할 수 있다. 이 중 인적공제는 「06 인적공제」에서 설명하였으므로 참고하길 바란다.

1) 연금보험료공제

종합소득이 있는 거주자가 공적연금 관련법에 따른 기여금 또는 개인부담금을 납입한 경우에는 해당 과세기간의 종합소득금액에서 그 과세기간에 납입한 연금보험료를 공제한다. 연금보험료공제의 합계액이 종합소득금액을 초과하는 경우 그 초과하는 공제액은 없는 것으로 한다.

2) 특별소득공제

근로소득이 있는 거주자(일용근로자는 제외함)에게 적용되는 보험료공제와 주택자금공제 그리고 기부금이월분을 특별소득공제라 한다. 이러한 특별소득공제는 해당 거주자가 신청한 경우에 적용되며, 공제액이 그 거주자의 해당 과세기간의 합산과세되는 종합소득금액(종합소득금액－원천징수세율 적용되는 금융소득)을 초과하는 경우 그 초과하는 금액은 없는 것으로 한다.

① 보험료공제

근로소득자가 기본공제대상자를 위하여 지출한 사회보장성 경비인 건강보험료, 고용보험료, 노인장기요양보험료 중 근로자 부담분을 전액공제한다.

② 주택자금공제

근로소득자 중 집이 없는 무주택자에 대하여는 국가에서 정책적으로 근로소득자의 내집 마련을 돕기 위하여 특별소득공제항목으로 주택자금공제를 두고 있다.

구 분	공제대상 주택자금	공제액
1. 주택마련저축불입액*1	① 주택법에 의한 청약저축(연 불입액 300만원 이내) ② 주택법에 의한 주택종합청약저축(총급여액 7,000만원 이하 근로자만 해당, 연 불입액 300만원 이내) ③ 근로자 주택마련 저축(월 불입액 15만원 이내)	ⓐ 불입금액의 40%
2. 주택임차차입금의 원리금상환액	① 주택임차차입금의 원리금상환액 무주택세대의 세대주인 근로소득자가 국민주택 규모의 주택임차를 위한 차입금의 원리금상환 시 상환금액	ⓑ 상환금액의 40%

✔ 한도=1+2=400만원

*1. 주택마련저축공제는 세대주 또는 세대주의 배우자가 불입한 금액에 대해서 공제가 가능하고 주택마련저축공제를 제외한 주택자금공제는 세대주가 주택자금공제를 받지 않는 경우에 근로소득이 있는 세대의 구성원이 주택자금공제를 적용받을 수 있음
2021년 귀속분 연말정산부터는 거주자인 외국인근로자도 주택임차입금원리금상환액공제와 장기주택저당차입금이자상환액 공제를 받을 수 있다. 이때 외국인근로자는 다음과 같다.
– 출입국관리법에 따라 등록한 외국인
– 재외동포의 출입국과 법적 지위에 관한 법률에 따라 국내거소신고를 한 외국국적동포

구 분	공제대상 주택자금	공제액
3. 장기주택저당차입금의 이자상환액	무주택세대의 세대주인 근로소득자가 주택취득을 위하여 장기주택저당차입을 한 경우 이에 대한 이자상환금액 ✔ 장기주택저당차입금(일종의 모기지론) 요건 ① 차입금 상환(대출)기간이 15년(10년) 이상일 것 ② 공시가격이 6억원 이하일 것 ③ 주택취득일로부터 3개월 이내에 차입한 금액일 것 ④ 동 주택을 저당권(담보)으로 설정한 차입금인 경우	ⓒ 이자상환 금액 전액

✔ 전체 한도는 800만원. 단, 3. 장기주택저당차입금의 이자상환액이 법소정 경우에 해당할 경우의 한도는 다음과 같음

- 차입금의 상환기간이 15년 이상인 장기주택저당차입금의 이자를 고정금리 방식으로 지급하고, 그 차입금을 비거치식 분할상환 방식으로 상환하는 경우 : 2천만원
- 차입금의 상환기간이 15년 이상인 장기주택저당차입금의 이자를 고정금리로 지급하거나 그 차입금을 비거치식 분할상환으로 상환하는 경우 : 1천 800만원
- 차입금의 상환기간이 15년 이상인 장기주택저당차입금의 이자를 변동금리로 지급하거나 그 차입금을 거치식 분할상환하는 경우 : 800만원
- 차입금의 상환기간이 10년 이상인 장기주택저당차입금의 이자를 고정금리로 지급하거나 그 차입금을 비거치식 분할상환으로 상환하는 경우 : 600만원

실무 POINT 주택자금공제 시 세대의 범위

주택자금공제 시 세대의 범위는 다음과 같다.

구 분	세대의 범위 포함 여부	
	동일 주소·거소에서 생계를 같이하는 경우	동일 주소·거소에서 생계를 같이하지 않는 경우
본 인	○	○
배우자	○	○
본인(또는 배우자)의 직계존속	○	×
직계비속과 그 배우자	○	×
본인(또는 배우자)의 형제·자매	○	×

주 고모, 조카 등 기본공제대상자가 아닌 자는 같은 주소에서 동거하여도 세대가 아님

주 직계비속의 배우자(며느리, 사위)는 기본공제대상자가 아니라 할지라도 동거하는 경우에는 같은 세대로 봄

주 직계존속은 기본공제대상자에 해당이 된다고 할지라도 동거하지 않으면 세대가 아님

사례 주택자금공제 계산

1. 실무자료

자료 1 근로소득자 홍길동의 주택자금 관련 지출내역이 다음과 같은 경우의 주택자금공제액을 계산하라.

- 주택마련저축불입액 100만원
- 주택임차차입금원리금상환액 400만원

자료 2 근로소득자인 나주택 씨의 연도 중 장기주택저당차입금의 이자상환액은 다음과 같다.

- 장기주택저당차입금의 이자상환액 600만원(2024년 차입분으로 만기 15년, 원리금을 고정금리를 적용하고 비거치식 분할상환함)

2. 주택자금공제 계산

자료 1 주택마련저축불입액과 주택임차 관련 원리금상환액의 주택자금공제액

Min[200만원, 400만원] = 200만원

✔ 주택마련저축불입액의 40%인 40만원과 주택임차차입금원리금상환액의 40%인 160만원의 합계액은 200만원이다.

자료 2 장기주택저당차입금 이자상환액의 주택자금공제액

Min[600만원, 2,000만원] = 600만원

✔ 장기주택저당차입금 이자상환액 600만원은 한도 2,000만원을 넘지 아니하므로 600만원 전액을 주택자금공제받을 수 있다.

3) 그 밖의 소득공제

상기에서 언급한 인적공제와 특별소득공제 외에 조세특례제한법에 ① 신용카드관련 소득공제, ② 고용관련 소득공제, ③ 출자 및 공제부금관련 소득공제 등을 별도 규정하고 있다. 이를 '그 밖의 소득공제'라 한다.

구 분	내 용
① 신용카드	신용카드 등 사용금액에 대한 소득공제(조특법 §126의 2)
② 고용유지	고용유지 중소기업 근로자 소득공제(조특법 §30의 3)
③ 출자 및 공제부금	• 연금저축에 대한 소득공제(조특법 §86) • 벤처투자조합 출자 등에 대한 소득공제(조특법 §16) • 우리사주조합출자에 대한 소득공제(조특법 §88의 4 ①) • 소기업·소상공인 공제부금에 대한 소득공제(조특법 §86의 3) • 장기집합투자증권저축 소득공제(조특법 §91의 9) • 청년형 장기집합투자증권저축 소득공제(조특법 §91의 20)

① 신용카드 등 사용금액에 대한 소득공제

근로소득자가 사업자로부터 재화나 용역을 제공받고 신용카드 등을 사용한 경우 일정금액을 근로소득금액에서 공제한다.

| 공제대상 및 요건 |

구 분	공제대상요건
신용카드 사용자	근로자 본인, 기본공제대상자인 배우자와 직계존비속(연령의 제한은 없고 소득금액의 제한이 있음)이 신용카드를 사용하는 경우. 참고로 형제자매는 신용카드 공제대상자가 될 수 없음
신용카드 등	신용카드·직불카드·기명식선불카드, 기명식선불전자지급수단, 기명식전자화폐, 현금영수증
사용기간	과세기간 1월부터 당해 연도 12월까지의 사용금액
제외금액	• 부동산임대사업소득과 관련된 비용 • 국외에서 사용한 금액 및 외국발행신용카드 • 취득세가 부과되는 재산의 구입비용 • 제세공과금 및 자동차구입비용(중고차 구입금액의 10%는 포함함) • 법인의 비용 • 현금서비스 • 보험료 • 교육비 및 의료비 등

② 소득공제금액

신용카드 등 사용금액의 합계액이 해당 총급여액의 25%를 초과하는 경우에만 신용카드 공제가 가능하며 대중교통이용액과 전통시장사용액은 사용금액의 40%, 대중교통이용액은 사용금액의 40%, 도서·신문·공연·박물관·미술관·문화체육사용액(총급여액 7,000만원 이하 근로자만 해당, 이하 도서 등 사용액이라고 함)과 직불카드사용액(현금영수증 포함)은 사용금액의 30%, 대중교통이용액과 전통시장사용액, 도서 등 사용액(현금영수증 포함)을 제외한 신용카드사용액은 사용금액의 15%를 공제한다. 단, 공제한도는 급여수준별로 다르며 전통시장사용분과 대중교통이용분 그리고 도서 등 사용액(총급여액 7,000만원 이하 근로자만 해당)이 있는 경우 추가로 300만원까지 가능하다.

신용카드 등 소득공제액=Min(①, ②)+③

① 공제대상액=(㉠+㉡+㉢+㉣+㉤)−㉥(ⓐ, ⓑ 또는 ⓒ)

㉠ 전통시장사용액×40%

㉡ 대중교통이용액×40%

㉢ 도서 등 사용액×30%

㉣ (직불카드 등 총사용액−대중교통이용액−전통시장사용액−도서 등 사용액)×30%

㉤ (신용카드 총 사용액−대중교통이용액−전통시장사용액−도서 등 사용액−직불카드 등 사용액)×15%

㉥ 최저사용분 차감액 : ⓐ, ⓑ 또는 ⓒ

ⓐ 총급여액×25%≤신용카드사용액
⇒ 총급여액×25%×15%

ⓑ 신용카드사용액<총급여액×25%≤(신용카드+현금영수증+직불·선불카드+총급여 7천만원 이하 자의 도서 등 사용분인 경우)
⇒ 신용카드사용액×15%+(총급여액×25%−신용카드사용액)×30%

ⓒ 신용카드+현금영수증+전통시장 사용액<총급여액×25%
⇒해당 과세연도의 총급여액이 7천만원 이하인 경우
신용카드사용액×15%+(현금영수증+직불·선불카드+도서등 사용액)×30%+(총급여액×25%−신용카드사용액−현금영수증−직불·선불카드−도서등 사용액)×40%
⇒해당 과세연도의 총급여액이 7천만원 초과인 경우
신용카드사용액×15%+(현금영수증+직불·선불카드)×30%+(총급여액×25%−신용카드사용액−현금영수증−직불·선불카드)×40%

② 공제한도액

총급여액	공제한도
7천만원 이하	300만원
7천만원 초과	250만원

③ 전통시장사용액 등 추가공제
=Min(한도초과액, 전통시장과 대중교통 공제액(200만원 한도, 단 7,000만원 이하로서 도서 등 사용액이 있는 경우에는 300만원 한도)

사례 **신용카드공제 계산사례**

1. 실무자료

총급여액이 4,000만원인 근로소득자 홍길동의 신용카드 등 사용금액을 바탕으로 신용카드소득공제액을 계산하라. 소비증가분 사용금액은 없다.

- 전통시장 사용금액　　300만원
- 대중교통 이용금액　　100만원
- 도서 등 사용금액　　100만원
- 직불카드 사용금액　　500만원(전통시장·대중교통·도서 등 사용금액 제외분)
- 현금영수증 사용금액　　100만원(전통시장·대중교통·도서 등 사용금액 제외분)
- 신용카드 사용금액　　1,100만원(전통시장·대중교통·도서 등 사용금액 제외분)

2. 신용카드공제액 계산

신용카드 등 소득공제액=Min(①, ②)+③=385만원

① 공제대상액=(㉠+㉡+㉢+㉣+㉤)−㉥= 385만원

㉠ 전통시장사용액×40%=300만원×40%=120만원

㉡ 대중교통이용액×40%=100만원×40%=40만원

㉢ 도서 등 사용액×30%=100만원×30%=30만원

㉣ (직불카드 등 사용액−전통시장이용액−대중교통시장사용액−도서 등 사용액)×30%
=600만원(직불카드사용분과 현금영수증 사용분)×30%
=180만원

㉤ (신용카드 총 사용액−전통시장사용분−대중교통이용분−도서 등 사용액−직불카드사용분)×15%
=1,100만원×15%=165만원

㉥ 최저사용분 차감액

- 총급여액×25%≤신용카드사용분=4,000만원×25%≤1,100만원
⇒ 총급여액×25%×15%=1,000만원×15%=150만원

② 공제한도액=300만원

- 한도초과액(공제대상액−공제한도액)이 발생한 경우

③ 추가공제금액
=Min(한도초과액, 전통시장 등 공제액, 300만원)=85만원

- 한도초과액=385만원−300만원=85만원
- 전통시장 등 공제액=120만원(전통시장)+40만원(대중교통)+30만원(도서 등)=190만원

④ 결론

신용카드 추가공제한도로 인하여 미공제분 전액을 추가로 공제받을 수 있다. 따라서 신용카드 등 총공제액은 3,850,000원이다.

PART 4 원천징수

③ 고용유지 중소기업 근로자 소득공제

공제대상	고용유지 중소기업 근로자(2023.12.31.까지 일몰연장) 해당 과세연도의 상시근로자(해당 과세연도 중에 근로관계가 성립한 상시근로자는 제외) 1인당 시간당 임금이 직전 과세연도에 비하여 감소하지 아니한 경우로서 해당 과세연도의 상시근로자 수가 직전 과세연도의 상시근로자 수와 비교하여 대통령령으로 정하는 일정비율(0%) 이상 감소하지 아니하고 상시근로자 1인당 연간 임금총액이 직전 과세연도에 비하여 감소한 경우
소득공제액	공제액=(직전 과세연도 연간 임금총액−해당 과세연도 연간임금 총액)×50% (단, 1,000만원 한도)

④ 출자 및 공제부금관련 소득공제

구 분	공제대상	기부금 공제액
개인연금저축	거주자가 저축불입계약기간 만료 후 연금의 형태로 지급을 받는 저축으로서 2000.12.31.까지 가입한 경우	저축불입액의 40% 공제 (한도 72만원)
벤처투자조합 출자 등에 대한 소득공제	근로소득자가 벤처투자조합 등에 출자하거나 벤처기업 등에 투자하는 경우	출자 또는 출자액의 10% (벤처기업에 투자 또는 출자한 금액 중 3,000만원 이하는 100%, 5,000만원 이하는 50%, 5,000만원 초과분은 30%, 근로소득금액의 50%를 한도)
우리사주조합 출자에 대한 소득공제	우리사주조합원이 자사주를 취득하기 위하여 우리사주조합에 출연하는 경우	한도 400만원 (벤처기업 등의 경우에는 1,500만원)
소기업·소상공인 공제	거주자가 소기업·소상공인 공제에 가입하여 납부하는 공제부금이 있는 경우(2016년부터 2024년까지 가입하는 경우에는 법인 대표자의 총급여액이 7,000만원 이하인 경우에 한하고 2025년 이후 가입하는 경우에는 8,000만원 이하인 경우에 한함)	소득공제액=Min[①, ②] ① 공제부금 납부액 ② 600만원(소득금액이 4천만원 초과 1억원 이하인 경우는 400만원, 1억원 초과인 경우는 200만원)
장기집합투자증권 소득공제	근로소득이 있는 거주자(일용근로자 제외)가 장기집합투자증권저축에 2015.12.31.까지 가입하는 경우 가입한 날로부터 10년 동안 각 과세기간에 납입한 경우(단, 총급여액 8,000만원 초과하는 경우 제외함)	납입금액의 40% 공제 (한도 240만원)

구 분	공제대상	기부금 공제액
청년형 장기집합투자 증권 소득공제	근로소득이 있는 거주자[가입일 현재 19세 이하 34세 이하인 사람. 단, 병역을 이행한 경우 해당 기간(6년을 한도로 함)을 가입일 현재 연령에서 빼고 계산한 연령이 34세 이하인 사람]가 청년형장기집합투자증권저축에 2025년 12월 31일까지 가입하고 납입한 경우	납입금액의 40% 공제 (한도 240만원)

실무 POINT **종합소득공제 한도**

거주자의 종합소득에 대한 소득세를 계산할 때 다음의 어느 하나에 해당하는 공제금액이 2,500만원을 초과하는 경우에는 그 초과하는 금액은 없는 것으로 한다.
㉠ 특별소득공제 중 주택자금공제, ㉡ 벤처투자조합 출자 등에 대한 소득공제, ㉢ 소기업·소상공인 공제부금에 대한 소득공제, ㉣ 청약저축 등에 대한 소득공제, ㉤ 우리사주조합출자에 대한 소득공제, ㉥ 장기집합투자증권저축 소득공제, ㉦ 신용카드 등 사용금액에 대한 소득공제

(5) 근로소득(종합소득)산출세액 계산

근로소득(종합소득)산출세액은 종합소득과세표준에 종합소득세율(기본세율)을 곱하여 계산한다. 종합소득세율(기본세율)은 8단계 누진세율이기 때문에 종합소득산출세액은 종합소득과세표준에 단계별 누진세율을 곱하고 전 단계까지의 누진공제를 차감하여 계산한다.

과세표준	세 율
1,400만원 이하	과세표준의 6%
1,400만원 초과 5,000만원 이하	84만원+ 1,400만원 초과금액의 15%
5,000만원 초과 8,800만원 이하	624만원+ 5,000만원 초과금액의 24%
8,800만원 초과 1.5억원 이하	1,536만원+ 8,800만원 초과금액의 35%
1.5억원 초과 3억원 이하	3,706만원+ 1.5억원 초과금액의 38%
3억원 초과 5억원 이하	9,406만원+ 3억원 초과금액의 40%
5억원 초과 10억원 이하	17,406만원+ 5억원 초과금액의 42%
10억원 초과	38,406만원+ 10억원 초과금액의 45%

실무 POINT **산출세액 계산방법(누진공제방식, 간편법)**

근로소득산출세액은 다음과 같이 누진공제방식(간편법)으로 보다 빠른 계산이 가능하다.

과세표준 구간	세 율
1,400만원 이하	과세표준× 6%
1,400만원 초과 5,000만원 이하	과세표준× 15%− 126만원
5,000만원 초과 8,800만원 이하	과세표준× 24%− 576만원
8,800만원 초과 1.5억원 이하	과세표준× 35%−1,544만원
1.5억원 초과 3억원 이하	과세표준× 38%−1,994만원
3억원 초과 5억원 이하	과세표준× 40%−2,594만원
5억원 초과 10억원 이하	과세표준× 42%−3,594만원
10억원 초과	과세표준× 45%−6,594만원

사례 **근로소득(종합소득)과세표준 계산**

1. 실무자료

근로소득자인 홍길동의 근로소득금액은 4,500만원이고, 종합소득공제금액이 500만원이다. 홍길동의 종합소득(근로소득)과세표준 산출세액을 구하라.

2. 근로소득(종합소득)과세표준 계산

1) 근로소득(종합소득)과세표준=근로소득금액 4,500만원−소득공제 500만원 =4,000만원

2) 근로소득(종합소득)과세표준 산출세액=84만원+(4,000만원−1,400만원)×15% =474만원

주 간편법=4,000만원×15%−1,260,000원=4,740,000원

사례 **근로소득(종합소득)산출세액**

근로소득(종합소득)산출세액이 납부해야 할 세액을 의미하는 것은 아니다.
산출세액−세액감면 및 공제+가산세=결정세액−기납부세액=납부(환급)세액

(6) 근로(종합)소득결정세액 계산

근로(종합)소득산출세액에서 세액공제 및 감면을 차감하여 결정세액을 계산한다.

1) 세액공제

연말정산 시 근로자가 받을 수 있는 세액공제 및 감면에는 ① 근로소득세액공제,

② 결혼세액공제 ③ 자녀세액공제, ④ 연금계좌세액공제, ⑤ 특별세액공제, ⑥ 정치자금세액공제, ⑦ 외국납부세액공제, ⑧ 납세조합세액공제, ⑨ 월세세액공제 등이 있다.

① 근로소득세액공제

근로소득세액공제는 근로소득자의 세금부담을 경감하기 위하여 근로(종합)소득산출세액에서 차감하는 세액공제를 말한다.

근로소득에 대한 산출세액	근로소득 세액공제
산출세액이 130만원 이하	근로소득에 대한 산출세액의 55%
산출세액이 130만원 초과	715,000원+(근로소득 산출세액−1,300,000원)×30%

다만, 근로소득세액공제는 급여지급별로 다음과 같이 한도를 적용한다.

근로소득에 대한 산출세액 한도	한도금액
총급여액 3,300만원 이하	74만원
총급여액 3,300만원 초과 7,000만원 이하	Max(①, ②) ① 740,000원−(총급여액−33,000,000원)×0.8% ② 한도 660,000원
총급여액 7,000만원 초과 1.2억원 이하	Min(①, ②) ① 660,000원−(총급여액−70,000,000원)×50% ② 한도 500,000원
총급여액 1.2억원 초과	Min(①, ②) ① 500,000원−(총급여액−120,000,000원)×50% ② 한도 200,000원

실무 POINT **기타의 근로소득세액공제**

1. 중소기업에 취업하는 청년근로자의 세액감면이 적용되는 경우의 근로소득세액공제

조세특례제한법 제30조의 중소기업에 취업하는 청년에 대한 소득세 감면이 있는 경우의 근로소득세액공제액은 다음과 같다.

- 소득세법 제59조 제1항에 따라 계산한 근로소득 세액공제액×(1−감면급여비율)

✔ 감면급여비율=감면대상 중소기업체에서 받는 근로소득이 해당 근로자의 총급여액에서 차지하는 비율

2. 근로소득 이외의 종합소득이 있는 경우의 근로소득세액공제

근로소득 이외의 다른 종합소득이 있는 자는 다음과 같이 근로소득에 대한 산출세액을 산정하게 된다(소득 46011−355, 2000.3.15.).

$$근로소득산출세액 = 종합소득산출세액 \times \frac{근로소득금액}{종합소득금액}$$

PART 4 원천징수

② 결혼세액공제

거주자가 2026년 12월 31일까지 이전에 혼인신고를 한 경우에는 1회에 한정하여 혼인신고를 한 날이 속하는 과세기간의 종합소득산출세액에서 50만원을 공제한다(조특법 §92).

✔ 결혼세액공제를 받은 거주자가 혼인이 무효가 된 경우로서 혼인무효의 소에 대한 판결이 확정된 날이 속하는 달의 다음 달부터 3개월이 되는 날까지 국세기본법 제45조에 따른 수정신고 또는 같은 법 제45의 3에 따른 기한 후 신고를 한 경우에는 대통령령으로 정하는 바에 따라 같은 법 제47조의 2부터 제47의 4까지에 따른 가산세의 전부 또는 일부를 부과하지 아니하되, 대통령령으로 정하는 바에 따라 계산한 이자상당액을 소득세에 가산하여 부과한다.

✔ 혼인신고 여부는 혼인관계증명서(대법원 전자가족관계등록시스템―http://efamily.scourt.go.kr에서 인터넷 출력가능)의 상세내용에서 확인 가능하다.

③ 자녀세액공제

근로소득자의 기본공제대상자에 해당하는 자녀(입양자 및 위탁아동을 포함) 및 손자녀로서 8세 이상의 사람에 대해서는 다음의 금액을 종합소득산출세액에서 공제한다.

구 분	기본공제대상자인 자녀 수	자녀세액공제
일반공제	1명	25만원
	2명	55만원
	3명 이상	55만원+(자녀 수−2명)×40만원

✔ 8세 이상의 8세는 2017년생까지를 말하므로 2018년생 이후부터는 일반공제 적용 불가함

또한 근로소득자가 해당 과세기간에 출산하거나 입양 신고한 공제대상자녀가 있는 경우에는 다음의 금액을 종합소득산출세액에서 공제한다.

구 분	자녀세액공제
출생 또는 입양	출생 또는 입양 신고한 공제대상자녀가 첫째인 경우 : 연 30만원 둘째인 경우 : 연 50만원 셋째 이상인 경우 : 연 70만원

④ 연금계좌세액공제

거주자가 연금계좌에 납입한 금액의 12%에 해당하는 금액을 해당 과세기간의 종합소득산출세액에서 공제한다. 다만, 연금계좌 납입액이 연 600만원을 초과하는 경우에는 그 초과하는 금액은 없는 것으로 하고, 연금저축계좌에 납입한 금액 중 600만원 이내의 금액과 퇴직연금계좌에 납입한 금액을 합한 금액이 연 900만원을 초과하는 경우에는 그 초과하는 금액은 없는 것으로 한다.

연금계좌세액공제＝세액공제대상 연금계좌 납입액×12%(총급여액 5,500만원 이하와 종합소득금액 4,500만원 이하인 경우 15%)

여기서 세액공제대상 연금계좌 납입액은 다음과 같다.

세액공제대상 연금계좌 납입액＝Min(①, ②)＋③

① Min(연금저축계좌 납입액, 600만원)＋퇴직연금계좌 납입액

② 한도 : 연 900만원

③ 전환금액이 있는 경우 : Min{전환금액×10%, 300만원}

주 연금계좌세액공제를 적용하는 연금계좌 납입액은 다음에 해당하는 금액을 제외함
㉠ 소득세가 원천징수되지 아니한 퇴직소득 등 과세가 이연된 소득
㉡ 연금계좌에서 다른 연금계좌로 계약을 이전함으로써 납입되는 금액

주 전환금액이란 「조세특례제한법」 제91조의 18에 따른 개인종합자산관리계좌의 계약기간이 만료되고 해당 계좌 잔액의 전부 또는 일부를 연금계좌로 납입한 경우 그 납입한 금액을 말한다.

⑤ 특별세액공제

가. 보험료 세액공제

근로소득이 있는 거주자가 해당 과세기간에 만기에 환급되는 금액이 납입보험료를 초과하지 아니하는 보험의 보험계약에 따라 보험료를 지급한 경우 아래와 같이 해당하는 금액을 해당 과세기간의 종합소득산출세액에서 공제한다.

보험료 세액공제＝㉠＋㉡

㉠ 장애인전용 보장성보험 : Min(보험료지급액, 연 100만원)×15%

㉡ 일반 보장성보험 : Min(보험료지급액, 연 100만원)×12%

주 1. 장애인전용 보장성보험 : 기본공제대상자 중 장애인을 피보험자·수익자로 하는 보험
2. 일반 보장성보험 : 기본공제대상자를 피보험자로 하는 법소정의 보험 즉 생명보험, 상해보험, 화재보험, 손해보험, 자동차보험 등에 근로자가 부담하는 보험료

사례 보험료세액공제 계산

1. 실무자료

근로소득자 홍길동의 자료를 보고 보험료세액공제액을 계산하라.

- 본인명의 자동차보험료 : 연 1,100,000원
- 국민연금보험료 : 연 480,000원
- 자녀명의 교육보험(저축성) : 연 300,000원

2. 보험료세액공제액

보험료세액공제액 합계＝보장성보험 1,000,000×12%＝120,000원

나. 의료비 세액공제

근로소득이 있는 거주자가 기본공제대상자(나이 및 소득의 제한을 받지 아니한다)

를 위하여 법 소정의 의료비(실손의료보험금을 지급받은 경우 그 실손의료보험금은 제외함)를 지급한 경우 다음 금액을 해당 과세기간의 종합소득산출세액에서 공제한다.

> 의료비 세액공제=㉠×30%+㉡×20%+(㉢+㉣)×15%
> ㉠ 난임시술비(난임시술과 관련하여 처방받은 의약품 구입비용 포함)
> ㉡ 미숙아 및 선천성이상아를 위하여 지급한 의료비
> ㉢ 특정의료비=근로소득자 본인, 과세기간 개시일 현재 6세 이하인 사람, 장애인, 65세 이상인 자의 의료비, 대통령령으로 정하는 중증질환자, 희귀난치성질환자 또는 결핵환자, 난임시술비
> ㉣ 일반의료비(총의료비－난임시술비－특정의료비)
> =Min[일반의료비－총급여액의 3%, 700만원]

공제대상 법 소정 의료비는 다음과 같다.

구 분	내 역
의료비 공제 대상	㉠ 진찰, 진료, 질병예방을 위하여 의료기관에 지급하는 비용 ㉡ 치료, 요양을 위하여 의약품(한약 포함)을 구입하고 지급하는 비용 ㉢ 장애인을 위한 의수, 의족, 휠체어 등의 보장구 구입비용 및 의사 등의 처방에 따른 의료기기의 구입 또는 임차비용 ㉣ 시력보정용 안경 또는 콘택트렌즈의 구입비용으로서 기본공제대상자(연령, 소득금액의 제한 없음) 1인당 연 50만원 이내의 금액 ㉤ 보청기구입비용 ㉥ 근로자가 산후조리원에 산후조리 및 요양의 대가로 지급하는 비용으로서 출산 1회당 200만원 이내의 금액

사례 ❶ 의료비 세액공제 계산

1. 실무자료

총급여액이 4,000만원인 근로자 김수석이 본인의료비 1,000만원, 장애인의료비 100만원 그리고 자녀에 대한 의료비 500만원을 연도 중에 지출한 경우 의료비 세액공제액을 계산하라.

2. 의료비 세액공제 계산(Ⅰ)

① 특정의료비=본인 1,000만원+장애인 100만원=1,100만원

② 일반의료비(일반의료비=총의료비－특정의료비)
=Min[일반의료비－(총급여액 4,000만원×3%), 700만원]
=Min[500만원－120만원, 700만원]=380만원

③ 의료비세액공제금액=[①+②]×15%=[1,100만원+380만원]×15%
=222만원

사례 ❷ 의료비 세액공제 계산

1. 실무자료

총급여액이 3,000만원인 근로소득자인 홍길동이 본인의료비 200만원, 8세 자녀에 대한 의료비 50만원을 합하여 총의료비가 250만원인 경우 연말정산 시 의료비 공제액을 구하라.

2. 의료비 세액공제 계산(II)

① 특정의료비=본인의료비 200만원

② 일반의료비(일반의료비=총의료비−특정의료비)
=Min[일반의료비−(총급여액 3,000만원×3%), 700만원]
=Min[50만원−90만원, 700만원]=△40만원

③ 의료비세액공제금액=[①+②]×15%=[200만원+△40만원]×15%
=24만원

다. 교육비 세액공제

근로소득이 있는 거주자가 그 거주자와 기본공제대상자를 위하여 법 소정의 교육비를 지급한 경우 다음의 세액공제대상 교육비(한도 내 금액만 해당)금액의 15%에 해당하는 금액을 해당 과세기간의 종합소득산출세액에서 공제한다.

구 분	교육비 공제대상	교육비 공제액
본 인	근로소득자 본인(대학원, 직업능력훈련개발비 그리고 학자금 대출 원리금 상환액 포함)의 교육비	전액 공제
부양가족	다음의 기본공제대상자(연령의 제한은 받지 않지만 소득금액의 제한은 받으며 대학원생은 제외)를 위하여 지출한 교육비. 다만, 기본공제대상자가 학자금대출을 받아 지급하는 교육비는 세액공제대상에서 제외하고 근로자 본인의 학자금 대출의 원리금상환에 지출한 교육비는 포함함 ㉠ 배우자, ㉡ 직계비속, ㉢ 형제자매, ㉣ 입양자 및 위탁아동	• 대학생 : 1인당 연 900만원 • 초·중·고등학생, 취학 전 아동 및 유치원아 : 1인당 연 300만원

PART 4 원천징수

구 분	교육비 공제대상	교육비 공제액
장애인 특수 교육비	기본공제대상자인 장애인(연령 및 소득금액의 제한은 없으나 ㉡의 기관에 대해서는 과세기간 종료일 현재 18세 미만인 자만 해당함)을 위하여 다음의 법인(기관)에 지출한 특수교육비 ㉠ 사회복지사업법에 따른 사회복지시설 및 민법에 따라 설립된 비영리법인으로서 보건복지부장관이 장애인 교육기관으로 인정한 법인 ㉡ 장애인의 기능향상과 행동발달을 위한 발달재활서비스를 제공하는 장애인복지지원법에 따라 지방 자치단체가 지정한 기관 ㉢ 위 ㉠과 유사한 것으로 외국에 있는 시설 또는 법인	전액공제

실무 POINT **교육비 세액공제**

연령제한으로 기본공제를 받지 못하는 부양가족에 대해 지출한 교육비가 있는 경우에도 교육비 세액공제가 가능하다. 그러나 직계존속에 대한 일반교육비(장애인 특수교육비는 제외)는 세액공제대상이 아니며 장애인특수교육비의 경우 연령요건과 소득요건이 충족되지 않더라도 세액공제가 가능하다.

교육비 세액공제는 수업료 등 학교 등에 지급한 교육비 성격에만 해당되므로 사설학원의 과외수업료 등은 공제대상이 되지 않는다. 다만, 사설학원비의 경우 취학 전 아동만 그 대상이 된다.

라. 기부금 세액공제

기부문화를 활성화하기 위해 거주자(사업소득만 있는 자는 제외)가 해당 과세기간에 지급한 기부금이 있는 경우 다음의 세액공제 대상 기부금 금액의 15%(해당 금액이 1천만원 초과인 경우에 대해서는 30%)에 해당하는 금액을 해당 과세기간의 합산과세되는 종합소득산출세액에서 공제한다.

- 공제요건(기부자)

근로소득자뿐 아니라 기본공제대상자(나이의 제한을 받지 않음)가 기부한 기부금도 근로소득자 본인이 기부금세액공제를 받을 수 있다. 단, 정치자금기부금 및 우리사주조합기부금은 근로소득자 본인이 지급한 기부금만 공제대상 기부금으로 본다.

• 공제대상 기부금

공제대상 기부금은 정치자금 기부금, 고향사랑 기부금, 특례기부금, 우리사주조합기부금 및 일반기부금으로 구분되며, 기부금의 공공성 정도에 따라 한도를 단계적으로 제한하고 있다.

구 분	공제대상 기부금	기부금 공제
1. 정치자금 기부금	정치자금법에 따라 정당에 기부한 정치자금 중 10만원 초과금액	정치자금기부금 전액공제
2. 고향사랑 기부금	고향사랑 기부금에 관한 법률에 따라 지방자치단체에 기부한 고향사랑 기부금 중 10만원 초과금액	고향사랑기부금 전액공제
3. 특례 기부금	① 국가·지방자치단체에 무상으로 기증하는 금품, 국방헌금과 위문금품, 천재지변(특별재난지역)으로 인한 이재민구호금품의 가액 ② 사립학교 등에 시설비·교육비·장학금 또는 연구비로 지출한 기부금 ③ 국립대학교병원 등에 시설비, 교육비, 연구비로 지출하는 기부금 ④ 특별재난지역을 복구하기 위하여 자원봉사한 경우 그 용역의 가액 등	공공성이 높은 기부금 ↓ 특례기부금 해당액 전액공제 (한도 100% 내)
4. 우리사주 조합 기부금	우리사주조합에 우리사주조합이 아닌 자가 지출하는 기부금	우리사주조합 기부금 해당액 부분인정 (한도 30% 내)
5. 일반 기부금	① 사회복지·문화·교육·예술·종교·자선·학술 등 공익목적으로 지출하는 기부금 ② 영업자가 조직한 단체로서 법인이거나 주무관청에 등록된 조합 또는 협회에 지급한 회비 중 특별회비와 동 호의 규정에 의한 조합 또는 협회 외의 임의로 조직된 조합 또는 협회에 지급한 회비 ③ 노동조합에 가입한 자가 납부한 회비 등 ④ 해외지정기부금단체로 지정받은 단체에 지출하는 기부금 등	공공성 낮은 기부금 제한적 공제혜택 ↓ 일반기부금 해당액 (한도 30% 내)

• 세액공제액

상기의 공제대상 기부금 외의 기부금(비일반기부금이라고 함)은 전혀 공제를 받지 못한다. 세액공제액은 공제대상 기부금×15%(해당 금액이 1천만원 초과인 경우에 대해서는 30%. 단, 정치자금기부금의 경우에는 3천만원을 초과하는 경우 그 초과분에 대해서는 25%)이며 기부금 종류별 해당 공제대상기부금의 한도액은 다음과 같다.

기부금	기부금 한도액
① 정치자금 기부금	근로소득금액×100%
② 고향사랑 기부금	(근로소득금액–공제되는 정치자금기부금)×100%
③ 특례기부금	(근로소득금액–공제되는 정치자금·고향사랑 기부금)×100%
④ 우리사주 조합기부금	(근로소득금액–정치자금·고향사랑·특례 기부금)×30%
⑤ 지정기부금	• 종교단체기부금이 없는 경우 : 일반기부금 한도액 =(근로소득금액–공제되는 정치·고향사랑·특례·우리사주조합기부금)×30% • 종교단체기부금이 있는 경우 : 일반기부금 한도액 =(근로소득금액–공제되는 정치·고향사랑·특례·우리사주조합기부금)×10%+Min[① (근로소득금액–공제되는 정치·고향사랑·특례·우리사주조합 기부금)×20%, ② 종교단체 외 지정기부금]

실무 POINT **특례기부금 및 일반기부금의 이월공제 등**

1. 기부금 세액공제액이 해당 과세기간의 종합소득산출세액을 초과하는 경우 다음과 같이 이월공제할 수 있다.
   ① 해당 기부금과 한도를 초과한 특례기부금은 10년 이내 이월공제가 가능함
   ② 해당 기부금과 한도를 초과한 일반기부금은 10년 이내 이월공제가 가능함
2. 기부장려금
   기부자가 기부금 세액공제를 받는 대신 그 기부금에 대한 세액공제 상당액(기부장려금)을 기부금을 받은 자가 지급받을 수 있도록 하는 제도이다. 기부자는 기부장려금을 신청하고자 하는 경우 기부금단체에 기부장려금 신청서를 제출한다.
3. 기부금명세서 제출의무
   원천징수의무자는 연말정산 시 기부금을 세액공제받은 거주자에 대해서는 지급명세서를 제출하는 때에 기부금명세서가 전산처리된 테이프 또는 디스켓을 관할세무서장에게 제출한다.

사례 기부금공제 계산

1. 실무자료

근로소득자 홍길동은 기부문화를 실천하는 근로소득자이다. 다음의 자료는 기부금내역이다. 근로소득자 홍길동의 기부금 특별세액공제액을 계산하라.

- 근로소득금액은 3,000만원이다.
- 기부금내역
  - 국방헌금 70,000원, 해외 쓰나미 구호금품 200,000원, 회계공시를 한 노동조합비 150,000원

2. 기부금공제 계산

1) 특례기부금=국방헌금 7만원+해외 쓰나미 구호금품 20만원=27만원
특례기부금은 근로소득금액을 100% 한도로 전액 세액공제대상이 된다.

2) 일반기부금=노동조합비 15만원
종교단체기부금이 없는 경우로서 일반기부금 한도액
=(근로소득금액 3,000만원−27만원)×30%=8,919,000원이므로
일반기부금 15만원 전액이 세액공제대상이 된다.

3) 기부금 세액공제액=(특례기부금 27만원+일반기부금 15만원)×15%=63,000원

마. 표준세액공제

근로소득이 있는 거주자로서 위 항목별 세액공제(정치자금기부금세액공제와 우리사주조합기부금세액공제는 제외)와 특별소득공제 그리고 월세세액공제를 신청하지 아니한 사람에 대해서는 연 13만원을 종합소득산출세액에서 공제한다.

⑤ 정치자금세액공제

근로소득자가 정치자금법에 따라 정당에 기부한 정치자금은 10만원까지 그 기부금의 100/110을 세액공제하고 10만원을 초과하는 금액에 대하여는 기부금세액공제를 적용한다.

실무 POINT 정치자금 세무처리

근로자가 정치자금법에 따라 정당에 기부한 정치자금은 다음과 같이 세무처리한다.

10만원 이내	10만원 초과
정치자금기부금세액공제	기부금세액공제(정치자금기부금)

⑥ 고향사랑기부금 세액공제

거주자가 고향사랑 기부금에 관한 법률에 따라 고향사랑 기부금을 지방자치단체에 기부한 경우 다음의 금액을 기부금 지출 해당 과세연도의 종합소득산출세액에서 공제한다.

고향사랑 기부금액	세액공제액
10만원 이하	고향사랑 기부금×100/110
10만원 초과 2,000만원 이하	10만원×100/110+(고향사랑기부금−10만원)×15%*

* 재난 및 안전관리 기본법 제60조에 따라 특별재난지역으로 선포된 지방자치단체에 특별재난지역 선포일부터 대통령령으로 정하는 기간 이내에 기부한 경우에는 30%

⑦ 외국납부세액공제

구 분	내 역
공제요건	종합소득금액에 국외에서 근로를 제공하고 받은 국외근로소득이 있는 경우
공제액	공제금액＝외국정부 등에 납부하였거나 납부할 세액 공제한도 : 종합(근로)소득산출세액×(국외근로소득금액/근로소득금액)
이월공제	외국정부 등에 납부하였거나 납부할 세액, 즉 공제액이 공제한도를 초과하는 경우 초과액은 다음 연도부터 10년간 이월공제 가능
취 지	국외원천소득에 대한 국제적인 이중과세 방지

⑧ 납부조합세액공제

근로소득이 있는 자가 조직한 납세조합이 그 조합원의 연말정산 또는 종합소득과세표준확정신고를 하는 경우 종합소득산출세액의 3%(한도 100만원)를 세액공제한다.

⑨ 월세세액공제

과세기간 종료일 현재 주택을 소유하지 아니한 세대의 세대주(세대주가 주택마련저축, 주택임차차입금의 원리금상환액, 장기주택저당차입금의 이자상환액 공제를 받지 아니하는 경우에는 세대의 구성원 가능)로서 해당 과세기간의 총급여액이 8천만원 이하인 근로소득이 있는 거주자(해당 과세기간에 종합소득과세표준을 계산할 때 합산하는 종합소득금액이 7천만원을 초과하는 사람은 제외)가 국민주택규모(오피스텔과 고시원 포함)의 주택이거나 기준시가 4억원 이하인 주택을 임차하면서 월세액을 지급하는 경우 그 금액의 15%(해당 과세기간의 총급여액이 5천 500만원 이하인 근로소득이 있는 근로자의 경우에는 17%)에 해당하는 금액을 해당 과세기간의 종합소득산출세액에서 공제한다. 다만, 해당 월세액이 1,000만원을 초과하는 경우 그 초과하는 금액은 없는 것으로 한다.

2) 세액감면

특정소득에 대하여 세금을 경감하거나 면제시켜 주는 것이 세액감면이다. 소득세법상 세액감면은 주로 외국인 기술자의 급여에 대한 규정에 적용되고 있었는데 2012.1.1.부터 2026.12.31.까지 중소기업에 취업하는 소득자에 대한 세액감면과 중소기업 청년근로자 및 핵심인력 성과보상기금 수령액에 대한 세액감면 그리고 성과공유 중소기업 근로자의 경영성과급에 대한 소득세 감면 제도가 시행되고 있다. 이에 대해서는 「08 인건비 관련 세액감면」에서 설명하기로 한다.

(7) 납부세액(또는 환급세액) 계산

근로(종합)소득결정세액이 계산되면 과세기간 중 매월 원천징수하여 이미 납부했던 기납부세액을 차감하여 연말정산으로 추가 징수할 납부세액 또는 돌려받을 환급세액이 계산된다.

예를 들어 홍길동의 근로(종합)소득결정세액은 450만원이고, 회사가 월별로 원천징수한 금액의 합계가 400만원인 경우 납부세액은 50만원이고, 회사가 월별로 원천징수한 금액의 합계가 430만원인 경우 환급세액이 20만원이다. (−)금액이 나오는 경우는 환급세액이라고 하여 근로소득자가 돌려받을 수 있는 세액을 말한다. 환급세액이 발생하는 경우는 회사가 매월 근로소득세를 더 많이 징수했기 때문이다. 위와 같이 근로소득세 계산의 최종산출물은 근로소득납부세액(또는 환급세액)이다.

5. 연말정산 마무리(신고·납부)하기

회사는 2단계 연말정산 계산하기가 종결되면 다음과 같은 세부절차에 따라 연말정산을 마무리한다.

구 분	세부절차
회사→근로자	① 원천징수의무자가 근로자별로 다음 연도 2월분의 근로소득(급여)을 지급하는 때에 정산하고 ② 근로자에게 근로소득원천징수영수증을 발급한다.
회사→세무서	③ 연말정산을 통해서 산출된 세액의 납부 및 환급 연말정산을 통하여 산출된 납부(환급)세액을 2월분 급여에 대한 원천징수 납부세액과 함께 포함하여 추가 납부하거나 조정환급하고 이를 3월 10일까지 신고·납부를 한다. ④ 원천징수이행상황신고서를 3월 10일까지 제출한다. ⑤ 지급명세서를 3월 10일까지 세무서에 제출한다.

(1) 연말정산 및 근로소득원천징수영수증의 발급(To 근로자)

회사는 2단계인 연말정산 계산하기가 완료되면 ① 원천징수의무자가 근로자별로 다음 연도 2월분의 근로소득(급여)을 지급하는 때에 정산(징수 또는 환급)하고 ② 근로자에게 근로소득원천징수영수증을 발급한다.

1) 연말정산세액의 징수

원천징수의무자는 해당 과세기간의 다음 연도 2월분의 근로소득 또는 퇴직자의 퇴직하는 달의 근로소득을 지급할 때 이를 받는 사람의 해당 과세기간의 근로소득금액 또는 퇴직하는 달까지의 해당 과세기간의 근로소득금액에서 납세의무자인 근로자가 신고한 내용에 따라 종합소득공제를 적용한 금액을 근로(종합)소득과세표준으로 하여 근로(종합)소득산출세액을 계산하고 그 세액에서 외국납부세액공제와 근로소득세액공제를 한 후 해당 과세기간에 이미 원천징수하여 납부한 소득세를 공제하고 남은 금액을 원천징수하여 사업장 관할세무서에 신고·납부하여야 한다.

2) 연말정산세액의 환급

해당 과세기간에 이미 원천징수하여 납부한 소득세가 해당 종합소득산출세액에서 외국납부세액공제와 근로소득세액공제를 적용한 금액(결정세액)을 초과하는 경우에 원천징수의무자는 그 초과액을 해당 근로자에게 환급하여야 한다.

3) 근로소득원천징수영수증의 발급

원천징수의무자가 근로자별로 다음 연도 2월분의 근로소득(급여)을 지급하는 때에 정산(징수 또는 환급)하고 근로자에게 근로소득원천징수영수증을 발급한다. 이때 3부의 근로소득원천징수영수증을 작성하여 그중 1부는 근로소득자에게 발급하고 1부는 회사가 보관하며 나머지 1부는 지급명세서로 세무서에 제출한다.

(2) 연말정산세액 납부 및 환급(To 세무서)

1) 연말정산 납부세액이 발생한 경우

회사는 다음 해 2월 말까지 연말정산을 한다. 그러면 연말정산을 통해서 산출된 납부세액이 발생한 경우는 이를 2월 급여분에 대한 원천징수 납부세액과 함께 포함하여 납부서를 1장으로 작성하고 3월 10일까지 신고·납부하여야 한다.

2) 연말정산의 환급세액이 발생한 경우

① 조정환급의 개념

연말정산을 통해서 환급세액이 발생한 경우 환급세액은 원칙적으로 세무서로부터 근로소득자가 돌려받아야 한다. 하지만 실무적으로 근로소득자에게 세무서가 일일

이 환급하기란 매우 번거롭다. 따라서 세법에서는 환급세액을 원천징수의무자(회사)가 연말정산 이후에 원천징수하여 납부할 소득세에서 조정하여 환급하도록 하고 있는데 이를 '조정환급'이라고 한다.

② 조정환급의 사례

예를 들어 홍길동과 김판서라는 두 근로소득자만으로 구성된 회사의 연말정산 결과가 다음과 같다고 가정하자. 2025년도 연말정산분 납부(또는 환급)세액과 2026년도 2월분 급여에 대한 원천징수 납부세액을 비교하면 홍길동의 경우에는 (−)200의 환급세액이 발생하고, 김판서에 대하여는 500의 추가 납부금액이 발생한다.

근로소득자	2025년도 연말정산		2026년 2월 급여분에 대한 원천징수 납부세액	정산액
	구분	세액		
홍길동	환급	(−)1,000	800	(−)200
김판서	납부	200	300	500
			추가 납부세액	300

이와 같은 경우에 원천징수(또는 연말정산)의무자는 홍길동에게 2월분 근로소득세액 중 200을 지급하고 나머지를 300을 1장의 납부서로 작성하여 3월 10일까지 신고 납부한다. 이것이 조정환급의 예이다.

③ 추가적인 환급세액이 발생한 경우

회사가 조정환급을 하여도 추가적인 환급세액이 발생하는 경우는 두 가지 방법으로 환급세액을 처리한다.

추가적인 환급세액 처리방법	환급 또는 조정
추가적인 환급세액에 대해 환급신청을 하는 방법	30일 내 환급
익월(4월 10일) 납부할 납부세액에서 차감하는 방법	익월(4월 10일) 조정

실무 POINT 연말정산 환급신청과 지방소득세 환급신청

회사가 조정환급을 하여도 추가적인 환급세액이 발생하는 경우 회사는 원천징수세액 환급신청서를 작성하여 환급신청을 하면 신고일로부터 30일 이내에 연말정산 소득세 환급금을 돌려받을 수 있다.

지방소득세는 원칙적으로는 국세와 지방세의 관할이 다른 것이므로, 원천징수의무자가 세무서에서 환급금을 받은 내역을 기초로 개별적으로 관할 시·군·구청에 환급신청을 하여야 한다.

지방자치단체에 직접 환급신청을 하는 경우에는 '지방소득세(특별징수분신고·고지분)환급청구서(지방세법시행규칙 제23호 서식)'를 작성하고 다음의 서류를 첨부하여 환급신청을

PART 4 원천징수

하면 된다.

① 국세환급 통지서 또는 통장입금분 사본

② 은행통장 사본

③ 소득자별 환급신청명세서

④ 연말정산분 원천징수이행상황신고서(부표 포함)

⑤ 지방소득세 특별징수계산서 및 명세서

(3) 원천징수이행상황신고서의 제출

회사는 2월 급여지급분 원천징수이행상황신고서에 연말정산의 결과를 기재하여 3월 10일까지 세무서에 제출한다.

(4) 근로소득지급명세서의 제출

회사는 2월 급여지급분 원천징수이행상황신고서 제출과 함께 근로소득지급명세서를 3월 10일까지 세무서에 제출하여야 한다. 이때 근로소득지급명세서를 별도로 작성하지 않고 근로소득원천징수영수증(세무서 제출용)을 제출하면 된다.

6. 전자신고 및 전자제출

(1) 지급명세서의 제출

근로소득 연말정산이 마무리되면 원천징수의무자는 연말정산 결과를 원천징수이행상황신고서의 연말정산(A04)란에 반영하여 신고를 하고 각각의 근로자 지급명세서(발급자보고용)를 연말정산을 한 귀속연도의 다음연도 3월 10일까지 과세당국에 제출하여야 한다. 만약 해당 지급명세서를 제출하지 않으면 지급명세서제출불성실과 관련된 가산세(제출하지 아니한 분의 지급금액의 1%, 3개월 이내 지연제출 시에는 0.5%)를 부담하여야 한다.

(2) 지급명세서 제출방법

1) 전자제출

지급명세서를 제출하여야 하는 자는 지급명세서의 기재 사항을 국세기본법에 따른 정보통신망에 의하여 제출하거나 디스켓 등 전자적 정보저장매체로 제출하여야 한다.

2) 문서제출

직전 과세기간에 제출한 지급명세서의 매수가 50매 미만인 자 또는 상시 근무하는 근로자의 수(매월 말일의 현황에 따른 평균인원수를 말한다)가 10명 이하인 자는 문서로 제출할 수 있다.

다만, 다음에 해당되는 경우 문서로 제출할 수 없다.

① 한국표준산업분류상의 금융보험업자

② 국가·지방자치단체 또는 지방자치단체조합

③ 법인

④ 개인복식부기의무자

(3) 지급명세서의 전자신고 및 전자제출

지급명세서의 전자제출은 국세청 홈택스에서 직접 작성하여 제출하는 방식이 있고 회계프로그램에 작성된 지급명세서를 변환하여 제출하는 방식이 있다.

1) 직접 작성방식

일반 사용자가 홈택스 작성프로그램을 이용하여 직접 입력한 후 오류검증하여 제출(전송)하는 방식이다.

① 홈택스 가입

가까운 세무서를 방문하여 홈택스 이용신청서를 작성하여 제출한다. 신원확인용 공인인증서를 보유한 경우 홈택스에 접속하여 인터넷으로 가입 가능하다.

② 홈택스 로그인

홈택스(www.hometax.go.kr)에 접속한 후 이용 신청 시 기재한 사용자번호와 비밀번호를 입력하여 로그인한다.

③ 지급명세서 작성 프로그램 실행과 지급명세서 작성

국세청 홈택스 화면에서 [지급명세서 자료제출·공익법인] → [(근로, 사업 등)지급명세서 제출] → [근로·퇴직소득] → [근로소득 지급명세서 제출/내역조회]를 차례대로 클릭한다.

! 수시제출 (휴폐업 또는 중도퇴사자)

- 휴폐업 등으로 인한 수시제출은 휴업일 또는 폐업일 속하는 다음다음달 말일까지 지급명세서를 제출합니다.
- 중도퇴사자의 자료는 수시제출분으로 제출 가능합니다.
- 매월 제출이 가능하며, 그 달 말일까지 최종 전송자료를 접수자료로 인정합니다.

! 정기제출(연간 합산 제출)

- 소득 지급일이 속하는 과세기간의 다음해 2월 1일 ~ 3월 10일(법정제출기한 마감일)까지 제출합니다. (단, 마감일이 토요일·공휴일일 경우에는 그 다음날까지 제출합니다.)
- 기한 내에 지급명세서를 제출하지 않을 경우, 지급명세서제출불성실가산세(미제출 지급금액의 1%, 기한 후 3개월 이내에 제출 시 0.5%)를 부과하게 됩니다.
- 제출 마감일을 기준으로 최종 제출한 자료를 유효한 자료로 인정합니다.
- 중도퇴사자의 자료는 수시제출분으로 제출하지 않았을 경우, 연간합산제출에 포함하여 제출 가능합니다.

! 수정 또는 기한 후 제출(당해 귀속은 4월 말부터 제출 가능)

- [직접 작성 제출 방식(수정 또는 기한후)]은 '14년 귀속부터, [변환제출방식]은 '10년 귀속부터 제출 가능합니다.
- 제출 당일을 기준으로 최종 제출한 자료를 유효한 자료로 인정하므로 다음날 반영된 자료를 확인하시기 바랍니다.
- 기 제출된 자료가 있을 경우에는 수정 제출로 처리하고, 기 제출된 자료가 없을 경우에는 기한 후 제출로 처리합니다.
  [기 제출된 자료의 사업자번호, 주민등록번호, 근무기간은 수정되지 않습니다.]

제출방식을 '직접작성제출방식(정기 또는 수시제출)'을 선택하여 지급명세서를 작성한다.

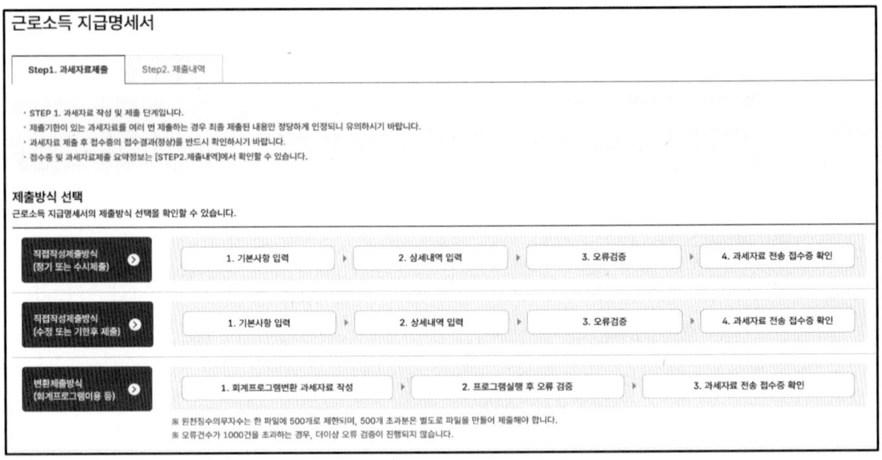

④ 지급명세서 전송(전자제출)

지급명세서 작성완료 후에는 [오류검증]을 눌러 오류여부를 검사하고 오류검증이 완료된 후에는 [지급명세서 보내기] 버튼을 눌러 작성한 지급명세서를 홈택스로 전송한다.

⑤ 접수증 확인

지급명세서가 정상적으로 전송되면 접수결과를 알려주는 접수증이 화면에 자동팝업으로 보여준다.

⑥ 제출결과확인

홈택스에 접속하여 [(근로, 사업 등)지급명세서]의 [제출내역]을 클릭하여 건수, 금액 등 제출결과를 재확인한다.

2) 변환방식

회계프로그램 등 사용자가 회계프로그램이나 자가개발프로그램에서 지급명세서 파일을 작성한 후 홈택스에서 제공하는 변환 프로그램을 이용하여 오류검증하여 제출(전송)하는 방식이다. 제출순서는 다음과 같다.

① **지급명세서 작성 및 파일생성**

회계프로그램 등을 이용하여 지급명세서를 작성한 후 전산매체 파일을 생성한다.

② **지급명세서 변환프로그램 설치 및 자료변환**

홈택스 지급명세서 변환프로그램을 설치한 후 변환프로그램을 실행하여 전산매체 파일을 변환한다.

③ **홈택스 로그인 후 지급명세서 전송(전자제출)**

국세청 홈택스의 [지급명세서 자료제출·공익법인]→[(근로, 사업 등)지급명세서] 클릭한 후 나오는 화면에서 근로소득 등의 세목을 각각 선택한 후 '변환제출방식(회계프로그램이용 등)'을 선택한다. 지급명세서는 세목별로 각각 제출되어야 함에 유의하자.

④ **지급명세서 변환**

지급명세서를 변환한 후에는 [오류검증]을 눌러 오류여부를 검사하고 오류검증이 완료된 후에는 [지급명세서 제출하기] 버튼을 눌러 작성한 지급명세서를 홈택스로 전송한다.

⑤ **접수증 확인**

지급명세서가 정상적으로 전송되면 접수결과를 알려주는 접수증이 화면에 자동팝업으로 보여준다.

⑥ **제출결과확인**

홈택스에 접속하여 [(근로, 사업 등)지급명세서]의 [제출내역]을 클릭하여 건수, 금액 등 제출결과를 재확인한다.

(4) 원천징수이행상황신고서 전자신고

1) 국세청 홈택스 접속

국세청 홈택스에서 로그인한 후 [세금신고]→[원천세 신고]→[일반 신고]를 차례대로 선택한다.

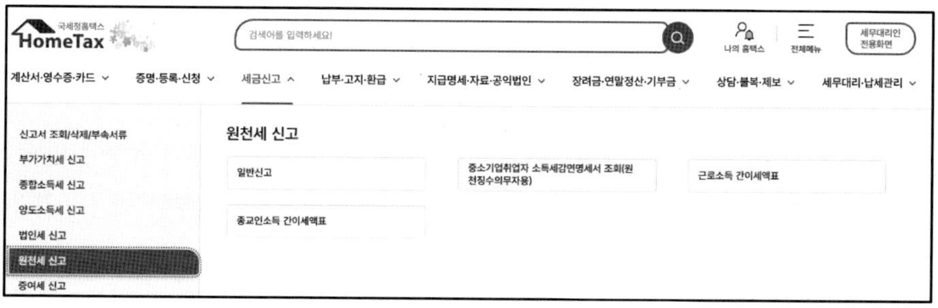

2) 원천징수이행상황신고서 작성방법 선택

[정기신고] 등과 [파일 변환신고(회계프로그램)] 중에 하나를 선택하여 원천징수이행상황 신고를 한다.

① 정기신고 등

정기신고, 정기신고(연말정산 환급/분납신청 대화형 방식), 기한후 신고 또는 수정신고를 선택한 후 직접 신고서를 작성하여 신고하는 방식이다.

② 파일 변환신고(회계프로그램)

우선 변환프로그램을 PC에 설치한 후 회계프로그램에서 생성한 전자신고 파일을 신고유형(정기/수정/기한 후)에 따라 변환한 후 [신고서전송하기]를 클릭한다.

✔ 변환프로그램 설치 : [신고서전송하기]를 클릭하여 자동설치하거나 홈택스 첫 화면 상단의 [홈택스 프로그램 설치]에서 변환프로그램을 내려받아 직접 설치할 수 있다.

3) 접수결과 확인

정상적으로 홈택스에 전송이 되면 접수결과를 알려주는 팝업창이 뜬다. 접수결과를 확인하고 접수증은 인쇄하여 보관한다.

7. 연말정산 실무 사례

(1) 실무자료

1) 요구사항

2025년에 발생한 홍길동의 근로소득에 대하여 소득세법의 규정에 의해 본인이 부담하여야 할 세액을 계산하고 1년 동안 매월 급여수령 시 납부한 세액을 차감하여 추가납부 또는 환급을 결정하라. 그리고 근로소득원천징수영수증을 작성하여 발급하라.

2025년 근로자 홍길동의 연말정산 관련 내용은 다음과 같다.

(가) 원천징수의무자 및 소득자 인적사항

근무지(징수의무자 인적사항)	소득자 인적사항
① 사업자등록번호 : 123－81－45678 ② 법인명 : ㈜민후 ③ 대표자 성명 : 진민후 ④ 법인등록번호 : 111122－00000123 ⑤ 주소 : 서울 중구 동호로 14길 1－1	① 성명 : 홍길동 ② 주민등록번호 : 660516－1234567 ③ 주소 : 서울 강남구 도산대로 104길 1－1 ④ 1주택 세대주

주 인적사항 번호는 원천징수영수증의 서식번호와 동일하게 구성한다.

(나) 급여상황

① 급여액 : 매월 300만원

② 상여금 : 월급여액의 400%

③ 식사대 : 매월 20만원(식사제공 없음, 급여 및 상여와 별도)

④ 자녀양육수당 : 매월 20만원(사규 있음, 급여 및 상여와 별도)

⑤ 자가운전보조금 : 매월 20만원(사규 있음, 급여 및 상여와 별도)

⑥ 근로소득세 원천징수세액(개인지방소득세) : 1,482,000원(148,200원)

(다) 동거가족사항

① 배우자 : 박춘향(720514－2031234, 총급여액 3,000만원)

② 어머니 : 이율곡(390513－2122345, 장애인, 소득 없음)

③ 자녀 : 홍길몽(070216－1234561, 고등학생, 소득 없음)

④ 자녀 : 홍길도(191131－3012345, 취학 전 아동, 소득 없음)

(라) 지출비용

소득공제 등을 위해 지출한 비용의 내역은 다음과 같다(아래의 첨부서류를 제출함).

① 보험료

• 국민연금, 건강보험료(노인장기요양보험료 포함) 및 고용보험료

국민연금	건강보험료	고용보험료
1,890,000	1,230,000	210,000

• 보장성보험료 및 장애인전용 보장성보험료

－ 어머니를 위한 장애인전용 보장성보험료 : 연 60만원

－ 자동차보험료 : 연 100만원

② 의료비(의료비 총액=150만원)

- 배우자에 대한 의료비 지급액 : 연 50만원
- 어머니에 대한 의료비 지급액 : 연 100만원

③ 교육비

- 고등학생 자녀 급식비 : 연 50만원
- 고등학생 자녀 학원비 : 연 420만원
- 취학 전 아동 자녀 태권도장비 : 연 20만원

④ 기부금

- 국방헌금 : 20만원
- 교회헌금 : 100만원
- 정치후원금 : 90만원

⑤ 금융기관 관련 지출

- 주택청약종합저축(2018년 가입분)납입액 : 연 120만원
- 연금저축(2014년 가입분)납입액 : 연 60만원
- 장기주택저당차입금 이자상환액 : 연 240만원(2011년 이전 가입분)

(국민주택규모로서 취득 당시 기준시가 3억원인 주택을 취득하기 위한 만기 15년인 소득공제대상 장기주택저당차입금 이자상환액임)

⑥ 2025.1.1.~2025.12.31. 신용카드 등 사용액

- 신용카드사용금액 확인서상 신용카드사용액(전통시장사용분은 아님) : 1,300만원

(2) 연말정산 준비하기 : 근로소득자소득·세액공제신고서 작성

■ 소득세법 시행규칙 [별지 제37호서식(1)] (2025.3.21 개정) (10쪽 중 제1쪽)

소득·세액 공제신고서/근로소득자 소득·세액 공제신고서(2025년 소득에 대한 연말정산용)

※ 근로소득자는 신고서에 소득·세액 공제 증명서류를 첨부하여 원천징수의무자(소속 회사 등)에게 제출하며, 원천징수의무자는 신고서 및 첨부서류를 확인하여 근로소득 세액계산을 하고 근로소득자에게 즉시 근로소득원천징수영수증을 발급해야 합니다. 연말정산 시 근로소득자에게 환급이 발생하는 경우 원천징수의무자는 근로소득자에게 환급세액을 지급해야 합니다.

소득자 성명	홍길동	주민등록번호	660516 - 1234567
근무처 명칭	(주)민후	사업자등록번호	123 - 81 - 45678
세대주 여부	[✔]세대주 [ ]세대원	국 적	(국적 코드:)
근무기간	2025.1.1.~2025.12.31.	감면기간	~
거주구분	[✔]거주자 [ ]비거주자	거주지국	(거주지국 코드:)
인적공제 항목 변동 여부	[✔]전년과 동일 [ ]변동	분납신청 여부	[ ]신청 [ ]미신청
원천징수세액 선택	[ ]120% [✔]100% [ ]80%	※ 근로소득자 본인이 원하는 경우 매월 원천징수하는 세액을 법령상 세액의 120%, 100%, 80% 중 선택할 수 있습니다.	

I. 인적공제 및 소득·세액공제 명세

인적공제 항목								각종 소득·세액 공제 항목									
관계코드	성 명	소득금액 기준	기본공제		경로우대	혼인세액공제	출산입양	자료구분	보험료				의료비				
내·외국인	주민등록번호	(백만원) 초과여부	부녀자	한부모	장애인		자녀		건강	고용	보장성	장애인 전용 보장성	일반	미숙아 선천성 이상아	난임 시술비	6세이하 65세이상 장애인·건강보험 산정특례자	실손 의료 보험금
인적공제 항목에 해당하는 인원수를 적습니다.			4		1			국세청계		1,000,000	600,000		1,500,000				
					1		2	기타 계	1,440,000								
0	홍길동		○					국세청			1,000,000						
1	(근로자 본인)							기타	1,230,000	210,000							
3	박춘향							국세청					500,000				
1	720514-2031234							기타									
1	이율곡		○		○			국세청				600,000	1,000,000				
1	390513-2031234				○			기타									
4	홍길몽		○					국세청									
1	070216-1234561						○	기타									
4	홍길도		○					국세청									
1	191131-3012345						○	기타									

각종 소득·세액 공제 항목									
자료구분	교육비		신용카드등 사용액						기부금
	일반	장애인 특수 교육비	신용카드	직불카드등	현금영수증	문화체육사용분(총급여 7천만원 이하자만 기재)	전통시장 사용분	대중교통 이용분	
국세청 계	500,000		13,000,000						
기타 계	200,000								2,100,000
국세청			13,000,000						
기타									2,100,000
국세청									
기타									
국세청									
기타									
국세청	500,000								
기타									
국세청									
기타	200,000								

유의사항

1. "인적공제 항목 변동 여부"란: 해당 항목에 "√"표시합니다(인적공제 항목이 전년과 동일한 경우에는 주민등록표등본을 제출하지 않습니다).
2. 관계코드

구 분	관계코드	구 분	관계코드	구 분	관계코드
소득자 본인(「소득세법」 §50①1)	0	소득자의 직계존속(「소득세법」 §50①3가)	1	배우자의 직계존속(「소득세법」 §50①3가)	2
배우자(「소득세법」 §50①2)	3	직계비속(자녀·손자녀, 입양자)(「소득세법」 §50①3나)	4	직계비속(코드 4 제외)(「소득세법」 §50①3나)	5*
형제자매(「소득세법」 §50①3다)	6	수급자(코드1~6제외)(「소득세법」 §50①3라)	7	위탁아동(「소득세법」 §50①3마)	8

* 관계코드 5: 해당 직계비속과 그 배우자가 장애인인 경우 그 배우자를 말하며, 관계코드 4~6은 소득자와 배우자의 각각의 관계를 포함합니다.

3. 연령기준 및 소득기준
   - 경로우대: 기본공제 대상 부양가족이 만 70세 이상에 해당하는 경우 "√"표시합니다.
   - 소득금액기준: 부양가족의 소득금액 합계액이 100만원(근로소득만 있는 자는 총급여 500만원)을 초과하는지 여부를 "√"표시합니다.
4. "부녀자 공제"란: 소득자 본인이 여성인 경우로서 다음의 요건을 모두 충족하는 경우에 표시합니다.
   가. 해당 과세기간의 종합소득과세표준을 계산할 때 합산하는 종합소득금액이 3천만원 이하일 것
   나. 배우자가 없는 여성으로서 「소득세법」 제50조제1항제3호에 따른 부양가족이 있는 세대주이거나 배우자가 있는 여성일 것
5. "장애인 공제"란: 다음의 해당 코드를 적습니다.

구분	「장애인복지법」에 따른 장애인 및 「장애아동 복지지원법」에 따른 장애아동 중 발달재활서비스를 지원받고 있는 사람	「국가유공자 등 예우 및 지원에 관한 법률」에 따른 상이자 및 이와 유사한 자로서 근로능력이 없는 자	그 밖에 항시 치료를 요하는 중증환자
해당코드	1	2	3

6. 내·외국인: 내국인=1, 외국인=9로 구분하여 적습니다. 근로소득자가 외국인에 해당하는 경우 국적을 적으며, 국적코드는 거주지국코드를 참조하여 적습니다.

210mm×297mm[백상지80g/㎡ 또는 중질지80g/㎡]

PART 4 원천징수

구분		지출명세				지출구분	금 액	한도액	공제액
Ⅱ. 연금보험료공제	연금보험료(국민연금, 공무원연금, 군인연금, 교직원연금 등)	국민연금보험료			종(전)근무지	보험료		전액	
					주(현)근무지	보험료	1,890,000	전액	1,890,000
		국민연금보험료 외의 공적연금보험료			종(전)근무지	보험료		전액	
					주(현)근무지	보험료		전액	
		연금보험료 계					1,890,000		1,890,000
Ⅲ. 특별소득공제	보험료	국민건강보험(노인장기요양보험 포함)			종(전)근무지	보험료		전액	
					주(현)근무지	보험료	1,230,000	전액	1,230,000
		고용보험			종(전)근무지	보험료		전액	
					주(현)근무지	보험료	210,000	전액	210,000
		보험료 계					1,440,000		1,440,000
	주택자금	주택임차차입금			대출기관차입	원리금상환액		작성방법 참조	
					거주자 차입				
		장기주택저당차입금	2011년 이전 차입분		15년 미만	이자 상환액		작성방법 참조	
					15년~29년		2,400,000		2,400,000
					30년 이상				
				15년 이상	고정금리이면서, 비거치상환 대출				
					고정금리이거나, 비거치상환 대출				
			2012년 이후 차입분	15년 이상	고정금리이면서, 비거치상환 대출				
					고정금리이거나, 비거치상환 대출				
					기타 대출				
				10년~15년	고정금리이거나, 비거치상환 대출				
		주택자금 공제액 계							3,600,000
Ⅳ. 그 밖의 소득공제	개인연금저축(2000년 이전 가입)					납입금액		납입액 40%와 72만원	
	소기업·소상공인 공제부금					납입금액		작성방법 참조	
	주택마련저축	청약저축				납입금액		작성방법 참조	
		근로자주택마련저축				납입금액		작성방법 참조	
		주택청약종합저축				납입금액	1,200,000	작성방법 참조	480,000
		주택마련저축 소득공제 계					1,200,000		480,000
	투자조합 출자 등	2022년 출자·투자분			벤처 등	출자·투자금액		작성방법 참조	
					조합1				
					조합2				
		2023년 출자·투자분			벤처 등	출자·투자금액		작성방법 참조	
					조합1				
					조합2				
		2024년 출자·투자분			벤처 등	출자·투자금액		작성방법 참조	
					조합1				
					조합2				
		투자조합 출자 등 소득공제 계							
	신용카드등 사용액	① 신용카드				사용금액	13,000,000		
		② 직불·선불카드				사용금액			
		③ 현금영수증				사용금액			
		④ 문화체육사용분 등(총급여 7천만원 이하자)				사용금액			
		⑤ 전통시장사용분				사용금액			
		⑥ 대중교통이용분				사용금액			
		⑦ 소비증가분 (2024년 신용카드등사용금액 중 2023년 대비 5%를 초과하여 증가한 금액)				증가금액			
		계(①+②+③+④+⑤+⑥+⑦)					13,000,000		150,000
	우리사주조합 출연금					출연금액		작성방법 참조	
	고용유지중소기업 근로자					임금삭감액		작성방법 참조	
	장기집합투자증권저축					납입금액		작성방법 참조	
	청년형 장기집합투자증권저축					납입금액		작성방법 참조	

210mm×297mm[백상지80g/㎡ 또는 중질지80g/㎡]

(10쪽 중 제3쪽)

구분			세액감면 · 공제명세	세액감면 · 공제 명세			
V. 세액감면 및 공제	세액감면	외국인 근로자	입국목적	[ ]정부간 협약 [ ]「조세특례제한법」상 감면 [ ]조세조약 상 감면			
			기술도입계약 또는 근로제공일		감면기간 만료일		
			외국인 근로소득에 대한 감면	접수일		제출일	
			근로소득에 대한 조세조약 상 면제	접수일		제출일	
		성과공유 중소기업 경영성과급 감면		시작일		종료일	
		중소기업 청년근로자 및 핵심인력 성과보상기금 수령액 감면		시작일		종료일	
		내국인 우수 인력 국내 복귀 감면		시작일		종료일	
		중소기업 취업자 감면		취업일		감면기간 종료일	

구분		공 제 종 류			명세		한도액	공제대상금액	공제율	공제세액
V. 세액감면 및 공제	세액공제	연금계좌	「과학기술인공제회법」에 따른 퇴직연금		납입금액		작성방법 참조		12%, 15%	
			「근로자퇴직급여 보장법」에 따른 퇴직연금		납입금액					
			연금저축		납입금액	600,000		600,000		90,000
			개인종합자산관리계좌 만기 시 연금계좌 납입액		납입금액					
			연금계좌 계			600,000		600,000		90,000
		특별세액공제	보험료	보장성	보험료	1,000,000	100만원	1,000,000	12%	120,000
				장애인전용보장성	보험료	600,000	100만원	600,000	15%	90,000
				보험료 계		1,600,000		1,600,000		210,000
			의료비	본인·6세 이하 또는 65세 이상인 자·장애인·건강보험산정특례자	지출액	1,000,000	작성방법 참조	1,000,000	15%	150,000
				난임시술비	지출액				30%	
				미숙아·선천성 이상아	지출액				20%	
				그 밖의 공제대상자	지출액	500,000		−940,000	15%	−141,000
				실손의료보험금 계	수령액					
				의료비 계		1,500,000		60,000		9,000
			교육비	소득자 본인	공납금(대학원 포함)		전액		15%	
				취학전 아동 (1명)	유치원·학원비 등	200,000	1명당 300만원	200,000		30,000
				초·중·고등학교(1명)	공납금	500,000	1명당 300만원	500,000		75,000
				대학생(대학원 불포함) (명)	공납금		1명당 900만원			
				장애인 (명)	특수교육비		전액			
				교육비 계		700,000		700,000		105,000
			기부금	정치자금 기부금 10만원 이하	기부금액	100,000	작성방법 참조	100,000	100/110	90,909
				정치자금 기부금 10만원 초과	기부금액	800,000		800,000	15%,25%	120,000
				고향사랑 기부금 10만원 이하	기부금액				100/110	
				고향사랑 기부금 10만원 초과	기부금액				15%	
				특례기부금	기부금액	200,000		200,000	15% · 30%	30,000
				우리사주조합기부금	기부금액					
				일반기부금(종교단체기부금 제외)	기부금액					
				일반기부금 중 종교단체기부금	기부금액	1,000,000		1,000,000		150,000
				기부금 계		2,100,000		2,100,000		390,909

구분		세액감면 · 공제명세	명세			
V. 세액감면 및 공제	세액공제	외국납부세액	국외원천소득			
			납세액(외화)			
			납세액(원화)		−	
			납세국명		납부일	
			신청서제출일		국외근무처	
			근무기간		직책	
		주택자금차입금이자세액공제	이자상환액		30%	
		월세액 세액공제	지출액		15% 또는 17%	

신고인은 「소득세법」 제140조에 따라 위의 내용을 신고하며, **위 내용을 충분히 검토하였고 신고인이 알고 있는 사실 그대로를 정확하게 적었음을 확인합니다.**

2026년 1월 31일

신고인 홍 길 동 (서명 또는 인)

Ⅵ. 추가 제출 서류				
1. 외국인근로자 단일세율적용신청서 제출 여부(○ 또는 × 로 적습니다)				제출 ( )
2. 종(전)근무지 명세	종(전)근무지명		종(전)급여총액	종(전)근무지 근로소득 원천징수영수증 제출 ( )
	사업자등록번호		종(전) 결정세액	
3. 연금 · 저축 등 소득 · 세액 공제명세서 제출 여부 (○ 또는 × 로 적습니다)			제출 ( ) ※ 연금계좌, 주택마련저축 등 소득 · 세액공제를 신청한 경우 해당 명세서를 제출해야 합니다.	
4. 월세액 · 거주자 간 주택임차차입금 원리금상환액 소득 · 세액공제 명세서 제출여부 (○ 또는 × 로 적습니다)			제출 ( ) ※ 월세액, 거주자 간 주택임차차입금 원리금상환액 소득 · 세액공제를 신청한 경우 해당 명세서를 제출해야 합니다.	
5. 그 밖의 추가 제출 서류	① 의료비지급명세서 ( ), ② 기부금명세서 ( ), ③ 소득 · 세액공제 증명서류			

유 의 사 항

1. 근로소득자가 종(전)근무지 근로소득을 원천징수의무자에게 신고하지 않은 경우에는 근로소득자 본인이 종합소득세 신고를 해야 하며, 신고하지 않은 경우 가산세 부과 등 불이익이 따릅니다.
2. 현 근무지의 연금보험료 · 국민건강보험료 및 고용보험료 등은 신고인이 기재하지 않아도 됩니다.
3. "공제금액"란: 근로소득자가 원천징수의무자에게 제출하는 경우 적지 않을 수 있습니다.

210mm×297mm[백상지80g/㎡ 또는 중질지80g/㎡]

(3) 연말정산 계산하기

1) 총급여액 : 48,000,000원

① 급여액 : 3,000,000×12=36,000,000원

② 상여금 : 3,000,000×4=12,000,000원

✔ 식대, 자가운전보조금 및 자녀양육수당은 비과세소득에 해당한다.

2) 근로소득금액 : 35,850,000원

근로소득금액=총급여액−근로소득공제

=48,000,000−[12,000,000+(48,000,000−45,000,000)×5%]=35,850,000원

3) 종합소득공제 : 15,360,000원

• 인적공제액 : 9,000,000원

− 기본공제액 : 6,000,000원(본인, 어머니, 자녀 2명)

− 추가공제액 : 3,000,000원(어머니 경로우대자·장애인공제)

• 연금보험료공제액 : 1,890,000원

국민연금 : 1,890,000원(국민연금부담분 전액)

• 보험료공제액 : 1,440,000원

− 건강보험료 : 1,230,000원(건강보험료 부담분 전액)

− 고용보험료 : 210,000원(고용보험료 부담분 전액)

• 장기주택저당차입금 이자상환액 공제액 : 2,400,000원

전체 주택자금공제(1. 주택마련저축불입액, 2. 주택임차차입금의 원리금상환액 및 월세액은 불입금액의 40%+3. 장기주택저당차입금 이자상환액)는 1,000만원을 한도로 공제한다.

즉 Min[주택마련저축소득공제액+장기주택저당차입금 이자상환액, 1,000만원]

• 주택마련저축소득공제 : 480,000원

Min[저축불입액×40%, 400만원]=Min[1,200,000×40%, 400만원]=480,000원

• 신용카드 등 소득공제 : 150,000원

가. 공제대상 신용카드사용액=13,000,000원

나. 소득공제 한도액=300만원

다. 소득공제액

Min[(13,000,000−48,000,000×25%)×15%, 한도액]=150,000원

4) 과세표준

과세표준=근로소득금액−종합소득공제액=35,850,000−15,360,000=20,490,000원

5) 산출세액

산출세액=과세표준×세율=20,490,000×15%−1,260,000원=1,813,500원

6) 세액공제 : 1,814,909원

① 근로소득세액공제 : 660,000원[=Min(715,000+333,500×30%, 한도 66만원)]

② 자녀세액공제 : 350,000원

③ 연금계좌세액공제 : 90,000원[=600,000×15%]

연금저축 : 600,000원(400만원 한도)

④ 특별세액공제 : 624,000원

㉮ 보험료 세액공제

- 보장성보험료 : 1,000,000원(자동차보험료 100만원 한도)
- 장애인전용 보장성보험료 : 600,000원(어머니가 장애인에 해당)
- 보험료 세액공제 : 210,000원[=1,000,000×12%+600,000×15%]

㉯ 의료비 세액공제액

- 공제대상 의료비

㉠ 특정(전액공제)의료비=어머니 의료비 100만원

㉡ 일반의료비(일반의료비=총의료비−특정의료비)

=Min[일반의료비−총급여액 4,800만원×3%, 700만원]

=Min[50만원−144만원, 700만원]=−94만원

- 의료비 세액공제금액 : 9,000원=[(㉠+㉡)×15%=6만원×15%]

㉰ 교육비 세액공제액

- 공제대상 의료비

구 분	교육비공제대상	교육비공제액
부양가족	㉠ 유치원 유치원아, 영유아 또는 취학 전 아동 ㉡ 초·중·고등학생인 경우	20만원 50만원

주 고등학생 자녀의 학원비는 교육비공제대상이 아니다.

- 교육비 세액공제액 : 105,000원[=700,000×15%]

㉣ 기부금 세액공제액

• 기부금의 구분

국방헌금	정치후원금		교회헌금
	10만원 이내	10만원 초과	
특례기부금	정치자금기부금세액공제	기부금세액공제 (정치자금기부금)	일반기부금

국방헌금과 10만원 초과 정치후원금은 특례기부금, 교회헌금은 일반기부금에 해당된다. 또한 정치후원금 10만원은 정치자금기부금세액공제를 적용받으므로 10만원 초과 정치후원금은 특례기부금으로 처리한다.

• 정치자금기부금 공제대상금액 : 80만원

• 특례기부금 공제대상금액

특례기부금 공제대상금액 : 20만원

Min[특례기부금 지출액, 근로소득금액] = 20만원

• 일반기부금 공제대상금액 : 100만원

Min[일반기부금 지출액, (근로소득금액-공제되는 정치자금·특례기부금) × 10%]

= Min[1,000,000, (34,150,000 - 1,000,000) × 10%] = 1,000,000원

• 기부금 세액공제액 = 300,000원 = [(80만원 + 20만원 + 100만원) × 15%]

⑤ 정치자금세액공제 : 90,909원[= 100,000 × 100/110]

7) 결정세액

결정세액 = 산출세액 - 세액공제 = 1,813,500 - 1,814,909 = (-)1,409원

⇒0원

8) 납부(환급)세액

납부(환급)세액 = 결정세액 - 기납부세액 = 0원 - 1,482,000 = (-)1,482,000원

(환급, 원단위절사)

✔ 개인지방소득세 환부세액 = 0원 - (148,200원) = (-)148,200원

(4) 연말정산 마무리하기

1) 근로소득원천징수영수증

원천징수의무자(회사)는 근로소득원천징수영수증을 소득자에게 교부한다.

■ 소득세법 시행규칙 [별지 제24호서식(1)] (2025.3.21. 개정) (8쪽 중 제1쪽)

관리번호	

[ ]근로소득 원천징수영수증
[ ]근로소득 지 급 명 세 서

([ ]소득자 보관용 [ ]발행자 보관용 [ ]발행자 보고용)

거주구분		거주자1/비거주자2	
거주지국		거주지국코드	
내 · 외국인		내국인1 /외국인9	
외국인단일세율적용		여 1 / 부 2	
외국법인소속 파견근로자 여부		여 1 / 부 2	
종교관련종사자 여부		여 1 / 부 2	
국적		국적코드	
세대주 여부		세대주1, 세대원2	
연말정산 구분		계속근로1, 중도퇴사2	

구분				
징수 의무자	① 법인명(상 호) (주)민후		② 대 표 자(성 명) 진민후	
	③ 사업자등록번호 123-81-45678		④ 주 민 등 록 번 호	
	③-1 사업자단위과세자 여부	여1 / 부2	③-2 종사업장 일련번호	
	⑤ 소 재 지(주소) 서울시 중구 동호로 14길 1-1			
소득자	⑥ 성 명 홍길동		⑦ 주 민 등 록 번 호(외국인등록번호) 660516-1234567	
	⑧ 주 소 서울시 강남구 역삼로 7길			

	구 분		주(현)	종(전)	종(전)	⑯-1 납세조합	합 계
Ⅰ 근무처별소득명세	⑨ 근 무 처 명		(주)민후				
	⑩ 사업자등록번호		123-81-45678				
	⑪ 근무기간		2025.1.1.~12.31	~	~	~	~
	⑫ 감면기간		~	~	~	~	~
	⑬ 급 여		36,000,000				36,000,000
	⑭ 상 여		12,000,000				12,000,000
	⑮ 인 정 상 여						
	⑮-1 주식매수선택권 행사이익						
	⑮-2 우리사주조합인출금						
	⑮-3 임원 퇴직소득금액 한도초과액						
	⑮-4 직무발명보상금						
	⑯ 계		48,000,000				48,000,000
Ⅱ 비과세및감면소득명세	⑱ 국외근로	M0X					
	⑱-1 야간근로수당	O0X					
	⑱-2 출산 · 보육수당	Q0X	2,400,000				2,400,000
	⑱-4 연구보조비	H0X					
	⑱-5						
	⑱-6						
	~						
	⑱-40						
	⑲ 수련보조수당	Y22					
	⑳ 비과세소득 계		2,400,000				2,400,000
	⑳-1 감면소득 계						

	구 분			⑲ 소 득 세	⑳ 지방소득세	㉑ 농어촌특별세
Ⅲ 세액명세	㉓ 결 정 세 액			0	0	
	기납부 세 액	㉔ 종(전)근무지 (결정세액란의 세액을 적습니다)	사업자 등록 번호			
		㉕ 주(현)근무지		1,482,000	148,200	
	㉖ 납부특례세액					
	㉗ 차 감 징 수 세 액(㉓-㉔-㉕-㉖)			△ 1,482,000	△ 148,200	

위의 원천징수액(근로소득)을 정히 영수(지급)합니다.

2026년 2월 28일

징수(보고)의무자 ㈜민후 진민후 (서명 또는 인)

중부 세 무 서 장 귀하

(9쪽 중 제2쪽)

Ⅳ 정산명세				㉑ 총급여(⑯, 외국인단일세율 적용시 연간 근로소득)		48,000,000
				㉒ 근로소득공제		12,150,000
				㉓ 근로소득금액		35,850,000
	종합소득공제	기본공제		㉔ 본인		1,500,000
				㉕ 배우자		
				㉖ 부양가족(3명)		4,500,000
		추가공제		㉗ 경로우대(1명)		1,000,000
				㉘ 장애인(1명)		2,000,000
				㉙ 부녀자		
				㉚ 한 부 모 가 족		
		연금보험료공제		㉛ 국민연금보험료	대상금액	1,890,000
					공제금액	
			㉜ 공적연금보험료공제	㉮ 공무원연금	대상금액	
					공제금액	
				㉯ 군인연금	대상금액	
					공제금액	
				㉰ 사립학교교직원연금	대상금액	
					공제금액	
				㉱ 별정우체국연금	대상금액	
					공제금액	
		특별소득공제	㉝ 보험료	㉮ 건강보험료(노인장기요양보험료포함)	대상금액	1,230,000
					공제금액	
				㉯ 고용보험료	대상금액	210,000
					공제금액	
			㉞ 주택자금	㉮ 주택임차차입금원리금상환액	대출기관	
					거주자	
				㉯ 장기주택저당차입금이자상환액 2011년 이전 차입분	15년 미만	
					15년~29년	2,400,000
					30년 이상	
				㉯ 2012년 이후 차입분 15년 이상	고정금리이면서 비거치상환 대출	
					고정금리이거나 비거치상환대출	
				㉯ 2012년 이후 차입분 15년 이상	고정금리이면서 비거치상환 대출	
					고정금리이거나, 비거치상환 대출	
					그 밖의 대출	
				㉯ 10년~15년	고정금리이거나, 비거치상환 대출	
				㉟ 계		3,840,000
				㊱ 차감소득금액		21,120,000
	그 밖의 소득공제			㊲ 개인연금저축		
				㊳ 소기업·소상공인 공제부금		
			㊴주택마련저축	㉮ 청약저축		480,000
				㉯ 주택청약종합저축		
				㉰ 근로자주택마련저축		
				㊵ 투자조합출자 등		
				㊶ 신용카드등 사용액		150,000
				㊷ 우리사주조합 출연금		
				㊸ 고용유지 중소기업 근로자		
				㊹ 장기집합투자증권저축		
				㊺ 청년형 장기집합투자증권저축		
				㊻ 그 밖의 소득공제 계		630,000
				㊼ 소득공제 종합한도 초과액		

			㊽ 종합소득 과세표준		20,490,000
			㊾ 산출세액		1,813,500
세액감면			㊿ 「소득세법」		
			51 「조세특례제한법」(52 제외)		
			52 「조세특례제한법」 제30조		
			53 조세조약		
			54 세액감면 계		
세액공제			55 근로소득		660,000
			56 혼인세액공제		
			57 자녀	공제대상자녀 (2명)	350,000
				출산·입양자 (명)	
	연금계좌		58 「과학기술인공제회법」에 따른 퇴직연금	공제대상금액	
				세액공제액	
			59 「근로자퇴직급여 보장법」에 따른 퇴직연금	공제대상금액	
				세액공제액	
			60 연금저축	공제대상금액	600,000
				세액공제액	40,000
			60-1 개인종합자산관리계좌 만기 시 연금계좌 납입액	공제대상금액	
				세액공제액	
	특별세액공제		61 보험료 보장성	공제대상금액	1,000,000
				세액공제액	120,000
			61 보험료 장애인전용보장성	공제대상금액	600,000
				세액공제액	90,000
			62 의료비	공제대상금액	60,000
				세액공제액	9,000
			63 교육비	공제대상금액	700,000
				세액공제액	105,000
		64 기부금	㉮ 정치자금기부금 10만원 이하	공제대상금액	100,000
				세액공제액	90,909
			㉮ 정치자금기부금 10만원 초과	공제대상금액	800,000
				세액공제액	120,000
			㉯ 고향사랑기부금 10만원 이하	공제대상금액	
				세액공제액	
			㉯ 고향사랑기부금 10만원 초과	공제대상금액	
				세액공제액	
			㉰ 특례기부금	공제대상금액	200,000
				세액공제액	30,000
			㉱ 우리사주조합기부금	공제대상금액	
				세액공제액	
			㉲ 일반기부금(종교단체 외)	공제대상금액	
				세액공제액	
			㉳ 일반기부금(종교단체)	공제대상금액	1,000,000
				세액공제액	150,000
			65 계		673,500
			66 표준세액공제		
			67 납세조합공제		
			68 주택차입금		
			69 외국납부		
			70 월세액	공제대상금액	
				세액공제액	
			71 세액공제 계		1,814,909
			72 결정세액(49-54-71)		
			82 실효세율(%) (72/21)×100		

⑱ 소득·세액공제 명세[인적공제항목은 해당란에 "○"표시(장애인 해당 시 해당 코드 기재)를 하며, 각종 소득공제·세액공제 항목은 공제를 위하여 실제 지출한 금액을 적습니다.]

인적공제 항목							각종 소득공제·세액공제 항목											
관계코드	성 명	기본공제		경로우대	혼인세액공제	출산입양	자료구분	보험료				의료비					교육비	
내·외국인	주민등록번호	부녀자	한부모	장애인		자녀		건강	고용	보장성	장애인전용보장성	일반	미숙아·선천성이상아	난임	6세이하 65세이상 장애인·건강보험 산정특례자	실손의료보험금	일반	장애인특수교육
인적공제 항목에 해당하는 인원수를 적습니다.		4		1			국세청 계		1,000,000	600,000		1,500,000					500,000	
				1		2	기타 계	1,440,000									200,000	
0	홍길동	○					국세청			1,000,000								
1	(근로자 본인)					—	기타	1,230,000	2,100,000									
3	박춘향						국세청					500,000						
1	720514-2031234						기타											
1	이율곡	○		○			국세청				600,000	1,000,000						
1	390513-2031234			○														
4	홍길몽	○															500,000	
1	070216-1234561					○	기타											
4	홍길도	○																
1	191131-3012345					○											200,000	

각종 소득공제·세액공제 항목							
자료구분	신용카드등 사용액공제						기부금
	신용카드	직불카드등	현금영수증	문화체육사용분 (총급여 7천만원 이하자만 기재)	전통시장 사용분	대중교통 이용분	
국세청 계	13,000,000						
기타 계							2,100,000
국세청	13,000,000						
기타							2,100,000
국세청							
기타							
국세청							
기타							
국세청							
기타							
국세청							
기타							

작 성 방 법

「소득세법」 제149조제1호에 해당하는 납세조합이 「소득세법」 제127조제1항제4호 각 목에 해당하는 근로소득을 연말정산하는 경우에도 사용하며, 이 경우 "⑨ 근무처명"란 및 "⑩ 사업자등록번호"란에는 실제 근무처의 상호 및 사업자번호를 적습니다. 다만, 근무처의 사업자등록이 없는 경우 납세조합의 사업자등록번호를 적습니다.

1. "거주지국"란 및 "거주지국코드"란: 근로소득자가 비거주자에 해당하는 경우에만 적으며, 국제표준화기구(ISO)가 정한 ISO코드 중 국명약어 및 국가코드를 적습니다(※ ISO국가코드: 국세청홈페이지→국세정책/제도→국제조세정보→참고자료실→국제표준화기구(ISO)가 정한 국가코드에서 조회할 수 있습니다) 예) 대한민국 : KR, 미국 : US
2. 근로소득자가 외국인에 해당하는 경우에는 "내·외국인"란에 "외국인 9"를 선택하고 "국적 및 국적코드"란에 국제표준화기구(ISO)가 정한 ISO코드 중 국명약어 및 국가코드를 적습니다. 해당 근로소득자가 외국인근로자 단일세율적용신청서를 제출한 경우"외국인단일세율 적용"란에 해당1을 선택합니다. 또한, 근로소득자가 종교관련종사자에 해당하는 경우에는 "종교관련종사자 여부"란에 해당1을 선택합니다.
3. 원천징수의무자가 「부가가치세법」에 따른 사업자단위 과세자에 해당하는 경우에는 ③-1에서 해당1을 선택하고, ③-2에 소득자가 근무하는 사업장의 종사업장 일련번호를 적습니다.
4. 원천징수의무자는 지급일이 속하는 연도의 다음 연도 3월 10일(휴업 또는 폐업한 경우에는 휴업일 또는 폐업일이 속하는 달의 다음 다음 달 말일을 말합니다)까지 지급명세서를 제출해야 합니다.
5. "Ⅰ. 근무처별 소득명세"란: 비과세소득을 제외한 금액을 해당 항목별로 적습니다.
6. "Ⅱ. 비과세 및 감면소득 명세"란: 지급명세서 작성대상 비과세소득 및 감면대상을 해당 코드별로 구분하여 적습니다(적을 항목이 많은 경우 "Ⅱ. 비과세 및 감면소득 명세"란의 "⑳ 비과세소득 계"란 및 "⑳-1 감면세액 계"란에 총액만 적고, "Ⅱ.비과세 소득"란을 별지로 작성할 수 있습니다).
7. 「소득세법」 제127조제1항제4호의 각 목에 해당하는 근로소득과 그 외 근로소득[주(현)란]을 더하여 연말정산하는 경우에는 "⑯-1 납세조합"란에 각각 근로소득납세조합과 「소득세법」 제127조제1항제4호 각 목에 해당하는 근로소득을 적고,「소득세법」 제150조에 따른 납세조합공제금액을 "㊻ 납세조합공제"란에 적습니다. 합병, 기업형태 변경 등으로 존속 법인 등이 연말정산을 하는 경우에는 피합병법인에서 발생한 소득과 기업형태 변경 전의 법인에서 발생한 소득은 근무처별 소득명세 종(전)란에 별도로 적습니다.
   또한, 동일회사 내 사업자등록번호가 다른 곳에서 전입 등을 하여 해당 법인이 연말정산을 하는 경우에는 전입하기 전 지점 등에서 발생한 소득은 "근무처별 소득명세 종(전)"란에 별도로 적습니다.
8. "㉑ 총급여"란: "⑯ 계"란의 금액을 적되, 외국인근로자가 「조세특례제한법」 제18조의2제2항에 따라 단일세율을 적용하는 경우에는 "⑯ 계"의 금액과 비과세소득금액을 더한 금액을 적습니다. 이 경우 소득세와 관련한 비과세·공제·감면 및 세액공제에 관한 규정은 적용하지 않습니다.
9. "종합소득 특별소득공제(㉝~㉞)"란 및 "그 밖의 소득공제(㊲~㊻)"란: 근로소득자 소득·세액 공제신고서(별지 제37호서식)의 공제액을 적습니다(소득공제는 서식에서 정하는 바에 따라 순서대로 소득공제를 적용하여 종합소득과세표준과 세액을 계산합니다).
10. "연금계좌(㊽~㊿-1)"란 및 "특별세액공제(61~65)"란: 근로소득자 소득·세액 공제신고서(별지 제37호서식)의 공제대상금액 및 세액공제액을 적습니다.

08 인건비 관련 세액감면

1 중소기업에 취업하는 소득자에 대한 소득세 감면

근로계약 체결일 현재 연령이 15세 이상 34세 이하인 청년, 60세 이상인 사람 및 장애인 및 경력단절 근로자가 중소기업기본법 제2조에 따른 중소기업(비영리기업을 포함)으로서 중소기업체에 2012.1.1.(60세 이상인 사람 또는 장애인의 경우 2014.1.1. 경력단절 근로자의 경우 2017.1.1.)부터 2026.12.31.까지 취업하는 경우 그 중소기업체로부터 받는 근로소득으로서 취업일부터 3년(청년의 경우 5년이고 청년으로서 병역을 이행한 후 1년 이내에 병역 이행 전에 근로를 제공한 중소기업체에 복직하는 경우에는 복직한 날부터 2년이 되는 날이 속하는 달까지 또는 그 복직한 날이 최초 취업일부터 5년이 지나지 아니한 경우에는 최초 취업일부터 7년이 되는 날이 속하는 달까지를 말함, 2018년 개정사항)이 되는 날이 속하는 달까지 발생한 소득에 대해서는 소득세의 70%(청년의 경우 90%, 2018년 개정사항임. 참고로 2012.1.1.부터 2013.12.31.까지 취업자는 100%, 2014.1.1.부터 2015.12.31.까지 취업자는 50%)에 상당하는 세액을 감면(200만원 한도, 2016년 이후 취득자는 2016년부터 2022년까지는 150만원 한도)한다.

이 경우 소득세 감면기간은 소득세를 감면받은 사람이 다른 중소기업체에 취업하거나 해당 중소기업체에 재취업하는 경우 또는 합병·분할·사업 양도 등으로 다른 중소기업체로 고용이 승계되는 경우와 관계없이 소득세를 감면받은 최초 취업일부터 계산한다(조특법 §30 ①).

1. 감면대상자

(1) 적용대상 근로자의 범위(청년, 60세 이상, 장애인 그리고 경력단절 근로자)

1) 청년

청년이란 근로계약 체결일 현재 연령이 15세 이상 34세 이하인 사람을 말한다. 다만, 아래의 어느 하나에 해당하는 병역을 이행한 경우에는 그 기간(6년 한도)을 근로계약 체결일 현재 연령에서 빼고 계산한 연령이 34세 이하인 사람을 포함한다(조특령 §27 ①).

① 병역법 제16조 또는 제20조에 따른 현역병(같은 법 제21조·제25조에 따라 복무한 상근예비역 및 의무경찰·의무소방원을 포함한다)

② 병역법 제26조 제1항에 따른 사회복무요원

→ 병역법 제36조에 따른 전문연구요원·산업기능요원은 병역을 이행한 자로 보지 않음

→ 전문연구요원·산업기능요원이 감면대상 중소기업체에 취업하고, 취업 시 연령이 34세 이하인 경우에는 감면을 적용받을 수 있음

③ 군인사법 제2조 제1호에 따른 현역에 복무하는 장교, 준사관 및 부사관

실무 POINT **중소기업에 취업하는 청년근로자의 나이 계산방법**

조세특례제한법 제30조에 따른 중소기업에 취업하는 청년에 대한 소득세 감면 적용 시 중소기업에 취업하는 사람의 연령이 근로계약 체결일 현재 만 34세 미만(병역 이행기간 차감)인 경우 '34세 이하'에 포함되는 것이므로 같은 조에 따른 소득세를 감면하는 것임(소득세제과-163 수정, 2013.4.1.).

예를 들면 1991.6.2.에 태어난 근로자 A가 2025.6.1.에 중소기업에 취업했다면 취업일 현재 연령이 34년 364일로 34세 이하이므로 소득세 감면이 가능하다.

2) 60세 이상

2014.1.1. 이후 취업하는 경우부터 해당되고 근로계약 체결일 현재 연령이 60세 이상인 사람을 말한다(조특령 §27 ①). 따라서 취업일 당시 60세가 안되고 동일한 중소기업에서 계속근무 중에 60세 이상이 된 경우에는 취업 당시 60세가 아니었으므로 감면대상에 해당되지 않는다.

3) 장애인

2014.1.1. 이후 취업하는 경우부터 해당되고 장애인복지법의 적용을 받는 장애인과 국가유공자등예우및지원에관한법률에 따른 상이자와 5·18민주유공자예우에관한법률에 따른 5·18 민주화운동 부상자, 고엽제후유의증등환자지원및단체설립에관한법률에 따른 고엽제후유의 증환자로서 장애등급 판정을 받은 사람을 말하므로 항시 치료를 요하는 중증환자는 감면대상이 아니다(조특령 §27 ①).

4) 경력단절 근로자

2017.1.1. 이후 취업하는 경우부터 해당되고 경력단절 근로자의 범위는 다음의 요건을 모두 충족하는 여성을 말한다(조특령 §27 ①, 조특법 §29의 3 ①, 조특령 §26의 3 ③ 및 ④).

① 해당 중소기업 또는 해당 기업과 한국표준산업분류상의 중분류를 기준으로 동일한 업종의 중소기업(2019.12.31.까지는 동일 중소기업임)에서 1년 이상 근무하였을 것(대통령령으로 정하는 바에 따라 해당 중소기업이 경력단절 여성의 근로소득세를 원천징수하였던 사실이 확인*1되는 경우로 한정, 동일 업종의 개정은 2020.1.1.부터 적용)

② 대통령령으로 정하는 결혼·임신·출산·육아 및 자녀교육의 사유*2로 퇴직하였을 것

③ 해당 중소기업에서 퇴직한 날부터 2년 이상 15년 미만의 기간이 지났을 것

④ 해당 중소기업의 최대주주 또는 최대출자자(개인사업자의 경우에는 대표자를 말함)나 그와 대통령령*3으로 정하는 특수관계인이 아닐 것

PART 4 원천징수

*1. 근로소득원천징수부를 통하여 근로소득세를 원천징수한 사실이 확인되는 경우
*2. ① 퇴직한 날부터 1년 이내에 혼인한 경우(가족관계기록사항에 관한 증명서를 통하여 확인되는 경우로 한정)
② 퇴직한 날부터 2년 이내에 임신하거나 난임시술을 받은 경우(의료기관의 진단서 또는 확인서를 통하여 확인되는 경우에 한정)
③ 퇴직일 당시 임신한 상태인 경우(의료기관의 진단서를 통하여 확인되는 경우로 한정)
④ 퇴직일 당시 8세 이하의 자녀가 있는 경우
⑤ 퇴직일 당시 「초·중등교육법」 제2조에 따른 학교에 재학 중인 자녀가 있는 경우
*3. 특수관계자는 「국세기본법 시행령」 제1조의 2 제1항에 따른 친족관계인 사람을 말함
- 4촌 이내의 혈족
- 3촌 이내의 인척
- 배우자(사실상의 혼인관계에 있는 자를 포함함)
- 친생자로서 다른 사람에게 친양자 입양된 자 및 그 배우자·직계비속

(2) 적용대상 근로자의 범위에서 제외되는 사람

다음의 어느 하나에 해당되는 근로자는 적용대상 근로자에서 제외된다(조특령 §27 ②).

① 법인의 임원

② 해당 기업의 최대주주 또는 최대출자자(개인사업자의 경우 대표자)와 그 배우자

③ '②'의 직계존속·비속(그 배우자 포함) 및 친족관계인 사람(6촌 이내 혈족, 4촌 이내 인척)

④ 일용근로자

⑤ 국민연금 및 건강보험료를 납부하지 않는 사람. 다만, 국민연금법 제6조 단서에 따라 국민연금 가입 대상이 되지 아니하는 자(2016.2.5. 개정)와 국민건강보험법 제5조 제1항 단서에 따라 건강보험 가입자가 되지 아니하는 자는 제외

실무 POINT

국민연금 가입대상이 아닌 60세 이상 취업자와 사회보장협정 체결대상 외국인 근로자의 세액감면 적용 여부

1. 60세 이상

중소기업취업자 세액감면을 적용받는 근로자 중 60세 이상 취업자는 국민연금 가입대상자가 아니므로 종전 규정에 의하면 소득세 감면을 적용받지 못하였으나 2016.2.5. 세법이 개정(국민연금법에 따라 국민연금 가입 대상이 되지 아니하는 자는 적용대상 근로자의 범위에서 제외되지 않음)되어 2016.2.5. 이후 연말정산하거나 과세표준을 신고하는 분부터 감면을 적용받을 수 있다.

2. 사회보장협정 체결대상 외국인 근로자

거주자인 외국인 근로자도 취업시 연령 및 중소기업 취업 요건 등을 충족하는 경우에는 중소기업 취업자에 대한 소득세 감면을 적용받을 수 있는 것이나, 해당 외국인이 국민연금과 직장가입자로서 건강보험료 납부사실이 확인되지 않는 경우에는 감면대상에 해당하지 않는다.

다만, 국민연금법 제126조 제1항 단서 규정(사회보장협정을 맺은 경우 국민연금법이 아닌 그

사회보장협정에 따름) 및 동법 제127조에 따른 사회보장협정체결에 따라 국내 체류 외국인의 국민연금 납부가 면제된 경우, 중소기업에 취업한 동 외국인 근로자는 조세특례제한법 제30조에 따른 중소기업 취업자에 대한 소득세 감면을 적용 받을 수 있다(기획재정부소득-663, 2019.12.12.; 서면법령해석소득 201-3707, 2019.12.16.).

(3) 계약기간 연장 등을 통해 해당 중소기업체에 재취업하는 경우 적용배제

중소기업체 취업 청년근로자에 대한 세액감면규정을 적용할 때 2011.12.31. 이전에 중소기업체에 취업한 자가 2012.1.1. 이후 계약기간 연장 등을 통해 해당 중소기업체에 재취업(경력단절 근로자는 제외)하는 경우에는 소득세 감면을 적용하지 않는다.

실무 POINT

2012.1.1. 이후 계약기간 연장 등에 의한 해당 중소기업에 재취업한 경우 세액감면 적용 여부

1. 동일기업에 재취업한 경우

청년이 2011.12.31. 이전에 중소기업체에 취업하였다가 퇴사한 후 2012.1.1. 이후 해당 중소기업체에 다시 재취업하는 경우 중소기업에 취업하는 청년에 대한 소득세 감면을 적용하지 않는다(원천세과-576, 2012.10.25.).

다만, 해당 내용은 계약기간의 연장과 유사한 방식을 통해서 해당기업체에 실질적으로 계속하여 근무를 하고 있음에도 형식상 퇴사 처리를 하여, 해당 중소기업에 재취업한 것으로 조세감면을 받는 결과에 이르게 되는 경우라면 중소기업 취업자에 대한 소득세 감면이 배제되는 것으로 이에 해당하지 않는 경우라면 세액감면이 가능한 것으로 판단된다.

2. A회사 취업 → B회사 이직 → A회사 재취업인 경우

2011.12.31. 이전에 중소기업인 A사에 취업하였다가 퇴사 후 B사로 이직하고 다시 B사에서 퇴사하여 2012.1.1. 이후 중소기업인 A사에 재취업한 경우 해당 A사 재취업이 계약기간 연장 등을 통해 해당 중소기업에 재취업한 것에 해당하지 아니하는 경우에는 조세특례제한법 제30조 제1항의 감면을 적용받을 수 있는 것이며, 이에 해당하는지는 사실판단할 사항임(사전법령해석소득 2019-62, 2019.5.10.).

3. 정년퇴직 후 재인사한 경우 중소기업 취업자 소득세 감면 가능한지 여부

'계약기간 연장 등을 통해 해당 중소기업에 재취업하는 경우 소득세 감면을 적용하지 않는다'라는 규정은 반드시 계약기간 연장을 통해 중소기업에 재취업한 경우로 한정하여 해당 규정을 적용하는 것은 아니며, 계약연장과 같은 유사한 방식으로 해당 업체에 실제 계속하여 근무를 하고 있음에도 형식상 퇴사 처리를 하여 해당 업체에 재취업한 경우에는 감면이 배제되는 것임(서면원천 2023-244, 2023.5.22.).

> **4. 무기계약직에서 일반관리직으로 신규 채용된 경우 중소기업 취업자에 대한 소득세 감면 여부**
> 퇴직금 정산 및 신규 입사의 절차를 거쳤다고 하더라도 근로형태를 변경하는 과정에서 이루어진 형식적인 절차에 불과하므로 근로관계가 실질적으로 단절되었다고 볼 수 없어 감면대상이 아님(심사소득 2021-25, 2021.7.14.).

2. 중소기업의 범위

중소기업기본법 제2조에 따른 중소기업(비영리기업 포함, 규모요건이 충족되어야 함)으로서 조세특례제한법시행령 제27조 제3항에 정하는 업종에 취업하는 경우에 한해 감면이 적용된다. 단, 국가, 지방자치단체(지방자치단체조합을 포함), 공공기관의운영에관한법률에 따른 공공기관 및 지방공기업법에 따른 지방공기업은 제외한다.

❙ 중소기업기본법 제2조에 따른 중소기업의 범위 ❙

1. 다음 각 목의 요건을 모두 갖추고 영리를 목적으로 사업을 하는 기업
   가. 업종별로 매출액 또는 자산총액 등이 대통령령으로 정하는 기준에 맞을 것
   나. 지분 소유나 출자 관계 등 소유와 경영의 실질적인 독립성이 대통령령으로 정하는 기준에 맞을 것
2. 사회적기업육성법 제2조 제1호에 따른 사회적기업 중에서 대통령령으로 정하는 사회적기업
3. 협동조합기본법 제2조에 따른 협동조합, 협동조합연합회, 사회적협동조합, 사회적협동조합연합회 중 대통령령으로 정하는 자
4. 소비자생활협동조합법 제2조에 따른 조합, 연합회, 전국연합회 중 대통령령으로 정하는 자

(1) 중소기업에 취업하는 소득자의 세액감면 업종요건(조특령 §27 ③)

중소기업에 취업하는 소득자의 세액감면을 적용받을 수 있는 업종과 적용받을 수 없는 업종을 정리하면 다음과 같다.

해당업종	해당하지 않는 업종
농업, 임업 및 어업, 광업, 제조업, 전기·가스·증기 및 공기조절 공급업, 수도·하수·폐기물처리·원료재생업, 건설업, 도매 및 소매업, 운수 및 창고업	운수 및 창고업 중 관세사법에 따른 통관업
숙박 및 음식점업	주점 및 비알코올 음료점업
정보통신업	비디오물 감상실 운영업, 가상자산 매매 및 중개업
부동산업	부동산 임대업, 금융보험업

해당업종	해당하지 않는 업종
연구개발업, 광고업, 시장조사 및 여론조사업	
건축기술·엔지니어링 및 기타 과학기술 서비스업	
기타 전문·과학 및 기술 서비스업	수의업, 법무 관련 서비스업(변호사, 변리사, 법무사 등), 회계 관련 서비스업(세무사, 공인회계사 등), 경영컨설팅서비스
사업시설 관리 및 사업 지원 및 임대 서비스업(인력공급, 여행사, 경비, 경호)	
기술 및 직업훈련학원(운전학원, 기타 기술 및 직원훈련학원)	기술 및 직업훈련학원을 제외한 교육서비스업
컴퓨터 학원	
사회복지 서비스업	보건업(병의원)
개인 및 소비용품 수리업	
창작 및 예술 관련 서비스업	
도서관, 사적지 및 유사 여가 관련 서비스업	
스포츠 서비스업	협회 및 단체, 미용·욕탕·세탁 등 개인 서비스업

실무 POINT **중소기업 업종 판단**

감면업종에 해당하는지 여부는 통계법 제22조에 따라 통계청장이 고시하는 한국표준산업분류를 따르는 것이다. 포털사이트에서 '통계분류포털(https://kssc.kostat.go.kr)'를 검색하여 감면업종 여부에 해당하는지 확인할 수 있다.

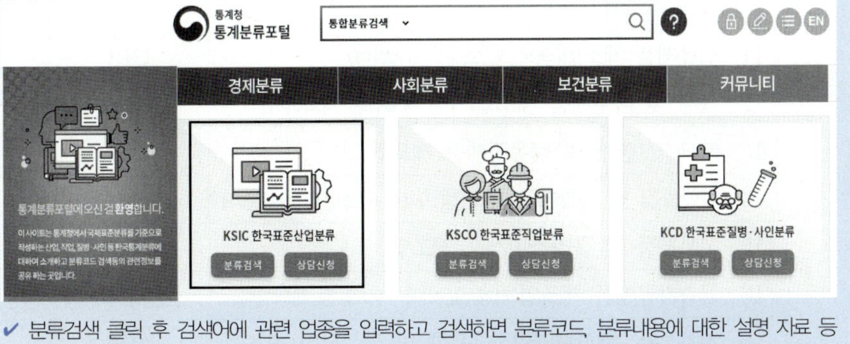

✔ 분류검색 클릭 후 검색어에 관련 업종을 입력하고 검색하면 분류코드, 분류내용에 대한 설명 자료 등 조회가 가능하고 분류내용보기(해설서)를 선택하면 한국표준산업분류 내용을 직접 선택하여 확인할 수 있다.

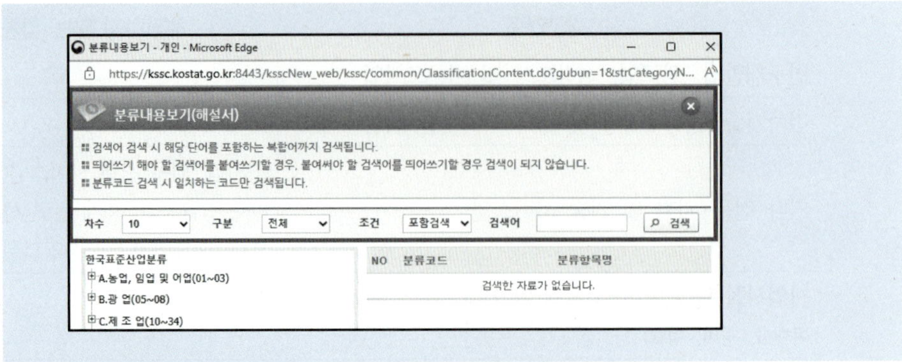

(2) 중소기업에 취업하는 소득자 세액감면의 규모요건

중소기업에 취업하는 소득자의 세액감면을 적용받을 수 있는 중소기업의 규모요건을 정리하면 다음과 같다.

해당 기업의 주된 업종	분류기호	규모 기준
1. 의복, 의복액세서리 및 모피제품 제조업	C14	평균매출액 등 1,500억원 이하
2. 가죽, 가방 및 신발 제조업	C15	
3. 펄프, 종이 및 종이제품 제조업	C17	
4. 1차 금속 제조업	C24	
5. 전기장비 제조업	C28	
6. 가구 제조업	C32	
7. 농업, 임업 및 어업	A	평균매출액 등 1,000억원 이하
8. 광업	B	
9. 식료품 제조업	C10	
10. 담배 제조업	C12	
11. 섬유제품 제조업(의복 제조업은 제외한다)	C13	
12. 목재 및 나무제품 제조업(가구 제조업은 제외한다)	C16	
13. 코크스, 연탄 및 석유정제품 제조업	C19	평균매출액 등 1,000억원 이하
14. 화학물질 및 화학제품 제조업(의약품 제조업은 제외한다)	C20	
15. 고무제품 및 플라스틱제품 제조업	C22	
16. 금속가공제품 제조업(기계 및 가구 제조업은 제외한다)	C25	
17. 전자부품, 컴퓨터, 영상, 음향 및 통신장비 제조업	C26	
18. 그 밖의 기계 및 장비 제조업	C29	
19. 자동차 및 트레일러 제조업	C30	

해당 기업의 주된 업종	분류기호	규모 기준
20. 그 밖의 운송장비 제조업	C31	평균매출액 등 1,000억원 이하
21. 전기, 가스, 증기 및 공기조절 공급업	D	
22. 수도업	E36	
23. 건설업	F	
24. 도매 및 소매업	G	
25. 음료 제조업	C11	평균매출액 등 800억원 이하
26. 인쇄 및 기록매체 복제업	C18	
27. 의료용 물질 및 의약품 제조업	C21	
28. 비금속 광물제품 제조업	C23	
29. 의료, 정밀, 광학기기 및 시계 제조업	C27	
30. 그 밖의 제품 제조업	C33	
31. 수도, 하수·폐기물 처리, 원료재생 및 환경복원업 (수도업은 제외)	E(E36제외)	
32. 운수 및 창고업	H	
33. 정보통신업	J	
34. 산업용 기계 및 장비 수리업	C34	평균매출액 등 600억원 이하
35. 전문, 과학 및 기술 서비스업	M	
36. 사업시설관리, 사업지원 및 임대 서비스업(임대업 제외)	N(N76제외)	
37. 보건업 및 사회복지 서비스업	Q	
38. 예술, 스포츠 및 여가 관련 서비스업	R	
39. 수리(修理) 및 기타 개인 서비스업	S	
40. 숙박 및 음식점업	I	평균매출액 등 400억원 이하
41. 금융 및 보험업	K	
42. 부동산업	L	
43. 임대업	N76	
44. 교육 서비스업	P	

비고

1. 해당 기업의 주된 업종의 분류 및 분류기호는 「통계법」 제22조에 따라 통계청장이 고시한 한국표준산업분류에 따른다.
2. 위 표 제19호 및 제20호에도 불구하고 자동차용 신품 의자 제조업(C30393), 철도 차량 부품 및 관련 장치물 제조업(C31202) 중 철도 차량용 의자 제조업, 항공기용 부품 제조업(C31322) 중 항공기용 의자 제조업의 규모 기준은 평균매출액 등 1,500억원 이하로 한다.

앞의 규모기준 중 평균매출액 등은 직전 3개 사업연도 평균매출액을 말하며 매출액은 손익계산서의 매출액이다. 다만, 업종의 특성에 따라 매출액에 준하는 영업수익 등을 사용하는 경우 그 금액을 합하여 계산한다.

중소기업기본법에 의한 중소기업의 적용기간은 직전 사업연도 말일에서 3개월이 경과한 날부터 1년이다(중기령 §3의 3 ①). 따라서 2022년부터 2024년까지의 매출액을 평균한 금액이 업종별 매출액 기준 이하이면 중소기업의 적용기간은 2025.4.1.~2026.3.31.이며 해당 기간을 소득세 감면기간으로 한다.

(3) 기타 요건

① **자산 총액 기준**(중소기업기본법시행령 §3)

자산총액이 5천억원 미만이어야 한다.

② **소유와 경영의 실질적인 독립성 위배 기준**(중소기업기본법시행령 §3)

소유와 경영이 실질적으로 독립되어야 하므로 다음의 경우에 해당하지 않아야 한다.

> 가. 독점규제및공정거래에관한법률 제14조 제1항에 따른 상호출자제한기업집단에 속하는 회사 또는 같은 법 제14조의 3에 따라 공시대상기업집단의 소속회사로 편입·통지된 것으로 보는 회사 중 상호출자제한기업집단에 속하는 회사
>
> 나. 자산총액이 5천억원 이상인 법인(외국법인 포함, 비영리법인 및 제3조의 2 제3항 각 호의 어느 하나에 해당하는 자는 제외)이 주식 등의 100분의 30 이상을 직접적 또는 간접적으로 소유한 경우로서 최다출자자인 기업. 이 경우 최다출자자는 해당 기업의 주식 등을 소유한 법인 또는 개인으로서 단독으로 또는 다음의 어느 하나에 해당하는 자와 합산하여 해당 기업의 주식 등을 가장 많이 소유한 자를 말하며, 주식 등의 간접소유 비율에 관하여는 국제조세조정에관한법률시행령 제2조 제2항을 준용한다.
>
> 1) 주식 등을 소유한 자가 법인인 경우 : 그 법인의 임원
>
> 2) 주식 등을 소유한 자가 1)에 해당하지 아니하는 개인인 경우 : 그 개인의 친족
>
> 다. 관계기업에 속하는 기업의 경우에는 제7조의 4에 따라 산정한 평균매출액 등이 중소기업기본법시행령 별표 1의 기준에 맞지 아니하는 기업

(4) 중소기업 유예

중소기업이 그 규모의 확대 등으로 '졸업기준'에 해당하거나 중소기업기본법시행령 [별표1]의 기준을 초과함에 따라 중소기업에 해당하지 아니하게 되는 때에는 최초 1회에 한하여 그 사유가 발생한 날이 속하는 사업연도와 그 다음 3개 사업연도까지는 이를 중소기업으로 보고, 동 기간이 경과한 후에는 사업연도별로 중소기업 해당 여부를 판정한다.

다만, 중소기업이 다음 중 어느 하나의 사유로 중소기업에 해당하지 아니하게 된 경우에는 유예기간을 적용하지 아니한다.

① 중소기업기본법의 규정에 의한 중소기업 외의 기업과 합병하는 경우
② 유예기간 중에 있는 법인과 합병하는 경우
③ [별표2]의 규정에 의한 기업외의 기업에 해당되는 경우
④ 창업일이 속하는 사업연도 종료일부터 2년 이내의 사업연도 종료일 현재 중소기업 기준을 초과하는 경우

실무 POINT **중소기업 유예기간 관련 청년등 감면적용 여부와 비영리법인의 감면 적용 여부**

1. 중소기업에서 중견기업으로 변경된 법인이 다시 중소기업으로 변경된 경우, 청년등 감면 적용 여부

중소기업체에 취업한 청년이 소득세를 감면받던 중 위 기업이 중소기업체에 해당하지 않게 되어 소득세 감면의 적용이 배제되었으나 이후 다시 중소기업체에 해당하게 되었다면, 다시 중소기업체에 해당하게 된 날부터 해당 기업에 취업하여 소득세를 감면받은 최초 취업일로부터 5년이 되는 날이 속하는 달까지 발생한 소득에 대해서는 세액을 감면하는 것임(사전법령해석소득 2021-697, 2021.6.30.; 2021 국세청 세법해석 사례집 p.88 참고).

2. 중소기업기본법상 중소기업에 해당하지 않는 비영리법인의 청년등 감면 적용 여부

〈사실관계〉

비영리법인인 사회복지서비스업에 근무하고 있는 근로자의 중소기업 취업자 감면 적용 여부를 판단함에 있어, 해당 비영리 법인이 중소기업기본법 제2조에서 규정하는 중소기업 중 사회적 기업, 협동조합 등 열거된 비영리기업에는 해당되지 않음에도 중소기업 취업자 감면 적용 여부

〈검토내용〉

조특법 §30 ①에서 중소기업기본법 제2조에 따른 중소기업(비영리기업을 포함)에서 비영리기업은 중기법 §2 ① 2 · 3 · 4에서 열거된 비영리기업외의 비영리기업도 포함되는 것이다.

중소기업 취업자에 대한 소득세 감면은 조특법 §30 ①에 따라 중기법 §2에 따른 중소기업을 대상으로 하는 것인데, 비영리기업 중에서 중기법 §2 ① 2호의 사회적 기업과 제3호의 조합법인 등만을 감면적용 대상 기업에 포함시키려고 하였다면 굳이 ( )를 만들어 ( )안에 '비영리기업을 포함한다'라고 규정하지 않아도 될 것으로, 이는 중기법 §2에 따른 중소기업으로만 규정하여도 해당 규정 2호~4호의 비영리기업은 당연 중소기업이기 때문이다.

따라서, 중기법 §2에 따른 중소기업 중 열거된 비영리기업에 해당하지 않는 비영리기업도 조특법 §30에 따른 소득세 감면적용 대상 비영리기업에 해당되어 중소기업 취업자에 대한 소득세 감면을 받을 수 있는 것이다.

다만, 비영리기업도 중기령 §3의 매출액기준, 자산규모기준, 독립성기준을 모두 충족하는 경우에 한하여 소득세 감면적용 대상이 됨을 유의하여야 한다(기획재정부 소득세제과-663, 2019.12.12.; 사전법령해석소득 2020-351, 2020.5.20.; 중소기업 취업자 소득세 감면제도 안내, 국세청 2022.5 p.12~13 참고).

3. 감면기간

중소기업체에 2012.1.1.(60세 이상인 사람 또는 장애인의 경우 2014.1.1., 경력단절 근로자의 경우 2017.1.1.)부터 2026.12.31.까지 취업하는 경우 그 중소기업체로부터 받는 근로소득으로서 취업일(경력단절 근로자의 경우는 재취업일)부터 3년(청년의 경우 5년)이 되는 날이 속하는 달까지 발생한 소득에 대해 감면을 적용하며, 감면을 적용받은 사람이 다른 중소기업체에 취업하거나 해당 중소기업체에 재취업하는 경우 또는 합병·분할·사업 양도 등으로 다른 중소기업체로 고용이 승계되는 경우에 관계없이 소득세를 감면받은 최초 취업일부터 계산한다(조특법 §30 ①).

한편 청년으로서 병역을 이행한 후 1년 이내에 병역 이행 전에 근로를 제공한 중소기업체에 2015.1.1. 이후 복직하는 경우에는 복직한 날부터 2년이 되는 날이 속하는 달까지 감면을 적용하거나 또는 그 복직한 날이 최초 취업일부터 5년이 지나지 아니한 경우에는 최초 취업일부터 7년이 되는 날이 속하는 달까지 감면을 적용한다.

| 중소기업 취업자별 세액감면 적용기간 정리 |

구 분		세액감면 기간
일반적인 취업·재취업인 경우		소득세를 감면받은 최초 취업일*(경력단절 여성의 경우에는 재취업일*)부터 3년(청년의 경우에는 5년)이 되는 날이 속하는 달까지임
청년근로자로서 2015.1.1. 이후 법정 병역을 이행한 후 1년 이내에 동일 중소기업에 복직하는 경우	최초 취업일 기준 5년 이내 복직하는 경우	소득세를 감면받은 최초 취업일부터 7년이 되는 날이 속하는 달까지임
	최초 취업일 기준 5년 이후 복직하는 경우	복직한 날로부터 2년이 되는 날이 속하는 달까지임

* 소득세 감면기간은 소득세를 감면받은 사람이 다른 중소기업체에 취업하거나 해당 중소기업체에 재취업하는 경우 또는 합병·분할·사업 양도 등으로 다른 중소기업체로 고용이 승계되는 경우에 관계없이 소득세를 감면받은 최초 취업일부터 계산함(조특법 §30 ①)

실무 POINT **감면기간**(중소기업 취업자에 대한 소득세 감면 요건 모두 충족한 것으로 가정)

1. 취업일로부터 5년이 되는 날이 속하는 달까지 감면
   ① 2020.4.1.에 취업한 청년근로자의 경우 취업일로부터 5년이 되는 날이 속하는 달은 2025.4.1.이므로 감면기간은 2025.4.30.까지이다.
   ② 2020.4.1.에 취업한 근로자가 2021.9.30.에 퇴사한 후 다른 중소기업에 2022.1.1.에 입사한 경우에도 감면기간은 최초 감면을 받은 날부터 5년이 되는 날이 속하는 달이므로 감면기간은 2025.4.30.까지이다.

2. 청년으로서 병역복무 후 1년 이내에 해당 중소기업체에 복직하는 경우
   ① **사례 1** **최초 취업 2018.6.1. → 병역 이행 후 1년 이내인 2021.4.1. 복직한 경우**
   복직한 날이 최초 취업일로부터 5년이 지나지 않았으므로 최초 취업일로부터 7년이 되는 날이 속하는 달까지인 2025.6.30.이 감면기간이 된다.
   ② **사례 2** **최초 취업 2018.6.1. → 병역 이행 후 1년 이내인 2023.8.1. 복직할 경우**
   복직한 날이 최초 취업일로부터 5년이 지났으므로, 복직한 날로부터 2년이 되는 날이 속하는 달까지인 2025.8.31.이 감면기간이 된다.

4. 감면세액

(1) 근로소득 산출세액 감면율과 공제한도

감면세액은 다음 산식에 따라 계산한 금액으로 한다. 다만, 2016.1.1. 이후 취업한 근로자(감면율 70%, 2018년부터 청년의 경우는 90% 적용)에 한하여 과세기간별로 200만원(2023년 세법개정, 2022.12.31.까지는 150만원) 한도가 적용되며, 2015.12.31. 이전에 취업한 경우에 대해서는 종전의 규정에 따라 한도를 두지 않는다(조특법 부칙 제13560호 §47).

$$\text{산출세액} \times \frac{\text{감면대상 중소기업체로부터 받는 총급여액}}{\text{해당 근로자의 총급여액}} \times \text{감면율}$$

산식의 감면율은 다음과 같이 적용한다.

감면대상 취업자	최초 취업일(재취업일)	감면율
청 년	2012.1.1.부터 2013.12.31.까지 입사한 근로자	100%[*2]
	2014.1.1.부터 2015.12.31.까지 입사한 근로자	50%[*2]
	2016.1.1.부터 2017.12.31.까지 입사한 근로자	70%[*3]
	2018.1.1.부터 입사한 근로자 또는 2018년 현재 중소기업에 취업한 지 5년이 경과되지 않는 청년[*1]	90%[*3]

감면대상 취업자	최초 취업일(재취업일)	감면율
60세 이상과 장애인	2014.1.1.부터 2015.12.31.까지 입사한 근로자	50%*2
	2016.1.1.부터 2021.12.31.까지 입사한 근로자	70%*3
경력단절 근로자	2017.1.1.부터 2021.12.31.까지 입사한 근로자	70%*3

*1. 중소기업 취업자에 대한 소득세 감면율 90%는 이 법 시행일(2018.5.29.)이 속하는 과세연도부터 적용하며, 청년의 나이 기준 34세 미만은 이 영 시행일(2018.8.28.)이 속한 과세기간부터 적용하되, 이 영 시행 전에 취업한 청년에 대해서도 적용한다(조특법 부칙 29116호, 조특령 부칙 15623호).

*2. 2015.12.31. 이전에 중소기업에 취업한 경우 감면한도 없음

*3. 2016.1.1. 이후 중소기업에 취업한 경우 감면한도 150만원 적용하고 2023년부터는 200만원 적용함

실무 POINT

1. 이직 당시 감면기간이 남아 있는 경우라면 이직 당시의 나이요건 충족 여부는 상관없음

중소기업 취업 청년에 대한 소득세 감면을 적용받던 자가 해당 회사를 퇴사한 이후 다시 취업하는 경우 다시 취업하는 때에 연령 요건을 갖추어야 하는 것으로 국세청 상담사례에서 안내되고 있었으나 '중소기업 취업자에 대한 소득세 감면을 적용받는 청년이 다른 중소기업체로 이직하는 경우에 그 이직 당시의 연령에 관계없이 소득세를 감면받은 최초 취업일로부터 5년이 속하는 달까지 발생한 소득에 대하여 감면을 적용받을 수 있는 것(기획재정부 소득-510, 2016.12.19.)'이라고 예규가 소개되었으므로 감면기간이 남아 있는 상태에서 이직한 경우로서 이직한 회사가 중소기업이면 이직 당시의 나이요건 충족여부와 상관없이 감면기간까지 감면을 적용받을 수 있는 것이다.

2. 중소기업에 취업하는 청년근로자에 대한 개정세법과 관련된 국세청 상담사례

〈질문〉 2018년 5월 29일 개정세법으로 인해 중소기업에 취업한 지 5년이 안 되는 청년의 2018년 귀속분부터 해서 취업일로부터 5년이 속하는 달까지 발생한 근로소득은 감면대상에 해당되는 걸로 알고 있습니다. 당사의 경우 2015년 7월 1일 중소기업으로 전환되었으며, 이 경우 2015년 7월 1일 이후 입사한 인원에 대해서만 감면대상을 적용할 수 있는지, 아니면 현재기준 중소기업이면 2018년 현재기준 입사한 지 5년이 안 된 2013년 입사자(당시 중견기업)도 해당이 되는 건지 알고 싶습니다.

〈답변〉 중소기업 취업일 현재 중소기업에 입사한 경우에 한하여 중소기업 취업자에 대한 감면을 적용받을 수 있는 것이므로, 2015년 7월 이전에 입사한 근로자는 해당 감면을 적용받을 수 없습니다.

참고로 중소기업체로부터 받는 근로소득(감면소득)과 그 외의 종합소득이 있는 경우 해당 과세기간의 감면세액은 다음 산식에 따라 계산한 금액으로 한다(조특령 §27 ⑧).

$$\text{종합소득 산출세액} \times \frac{\text{근로소득금액}}{\text{종합소득금액}} \times \frac{\text{감면대상 중소기업체로부터 받는 총급여액}}{\text{해당 근로자의 총급여액}} \times \text{감면율}$$

(2) 감면소득과 그 외의 종합소득이 함께 있는 경우의 근로소득세액공제

근로소득세액공제를 적용할 때 감면소득과 다른 근로소득이 있는 경우(감면소득 외에 다른 근로소득이 없는 경우 포함)에는 다음 계산식에 따라 계산한 금액을 근로소득세액공제액으로 한다(조특령 §27 ⑨).

소득세법 제59조 제1항에 따라 계산한 근로소득세액공제액×(1 − 감면급여비율*)

* 감면급여비율=감면세액÷산출세액

5. 감면신청

(1) 근로자의 감면신청

감면 신청을 하려는 근로자는 '중소기업 취업자 소득세 감면신청서'(조특칙 별지 제11호 서식)에 병역복무기간을 증명하는 서류 등을 첨부하여 취업일이 속하는 달의 다음 달 말일까지 원천징수의무자에게 제출해야 한다(조특령 §27 ⑤).

참고로 감면 신청기한 경과 후 감면신청서를 제출하더라도 감면을 적용받을 수 있다(원천-428, 2012.8.17).

(2) 원천징수의무자

근로자로부터 감면 신청을 받은 경우 그 신청을 한 근로자의 명단을 신청을 받은 날이 속하는 달의 다음 달 10일까지 원천징수 관할 세무서장에게 '중소기업 취업자 소득세 감면대상 명세서'(조특칙 별지 제11호의 2 서식)를 제출해야 한다(조특법 §30 ③).

이 경우 원천징수의무자는 감면신청서를 제출받은 달의 다음 달부터 매월분의 근로소득에 대한 소득세를 원천징수하지 않는다.

(3) 원천징수 관할 세무서장

감면 신청을 한 근로자의 명단을 받은 경우 해당 근로자가 감면요건에 해당하지 않는 사실이 확인되는 때에는 원천징수의무자에게 그 사실을 통지해야 한다(조특법 §30 ④).

실무 POINT 소득세 감면대상명세서의 전자신청과 근로자의 경정청구 그리고 퇴직한 근로자의 신청

1. 소득세 감면대상명세서의 전자신청

회사 인증서로 국세청 홈택스 접속 → 지급명세 · 자료 · 공익법인 → 과세자료 제출 → 원천세 관련 자료 제출 → 중소기업취업자에 대한 소득세감면명세서 제출/내역조회를 클릭하면 나오는 화면에서 '직접작성 제출방식' 또는 '변환제출방식(회계프로그램이용 등)'을 선택하여 제출·신청할 수 있다.

소득세 감면을 받고자 한다면 최대한 신속하게 신청을 하여 과세당국으로부터 감면기간의 확인을 받는 것도 실무상 매우 유익한 업무처리로 판단되며, 감면대상명세서가 제출되면 회사뿐만 아니라 근로자 본인도 국세청홈택스의 'My홈택스'에서 감면기간을 직접 확인할 수 있다.

2. 근로자의 경정청구

연말정산 이후 소급하여 감면신청하는 경우에는 중소기업자 소득세 감면신청서와 중소기업자 소득세감면명세서 서류를 준비하여 근로자가 종합소득세 경정청구를 통해 감면을 적용받을 수 있다.

3. 퇴직한 근로자의 신청

2019.1.1.부터 세법이 개정되어 퇴직한 근로자는 감면신청서 및 경정청구서를 감면 관련 첨부서류와 함께 근로자 주소지 관할 세무서장에게 감면신청을 할 수 있다. 즉, 경정청구시 회사를 통하지 않고 근로자 스스로 직접 경정청구가 가능한 것이다.

■조세특례제한법 시행규칙 [별지 제11호서식] (2023.3.20. 개정)

중소기업 취업자 소득세 감면신청서

※ [ ]에는 해당되는 곳에 √표를 합니다.

<table>
<tr><td rowspan="2">1. 신청인</td><td>①성명 장유성</td><td colspan="2">② 주민등록번호 890808-1023541</td></tr>
<tr><td>③주소
경기 성남시 수정구 위례순환로 211</td><td>④ 취업자 유형</td><td>[○] 청년(15세~34세)
[ ] 60세 이상 사람
[ ] 장애인
[ ] 경력단절여성</td></tr>
</table>

2. 취업 시 연령	
⑤ 중소기업에 취업한 날 연령	35년 11월 7일 (취업일: 2025.07.01., 생년월일: 1989.08.08)
⑥ 병역근무기간* (6년을 한도로 함)	1년 9월 0일 (입대일 · 소집일: 2011.06.22., 전역일 · 소집해제일: 2013.03.22.)
⑦ 병역근무기간 차감 후 연령*(⑤ - ⑥)	34년 2월 7일

* ⑥ 및 ⑦은 '청년'만 작성합니다.

3. 감면기간	
⑧ 시작일*: 2020년 11월 01일 * 2012. 1. 1. 이후 소득세 감면을 받은 최초 취업일	⑨ 종료일*: 2025년 11월 30일 * 시작일부터 3년(청년 5년)이 되는 날(병역이행 후 1년 이내 동일 중소기업에 복직하는 경우 복직한 날부터 2년이 되는 날을 말하며, 그 복직한 날이 최초 취업일부터 5년이 지나지 아니한 경우에는 최초 취업일부터 7년이 되는 날을 말합니다)이 속하는 달의 말일

「조세특례제한법」 제30조제1항 및 같은 법 시행령 제27조제5항에 따라 위와 같이 중소기업 취업자에 대한 소득세 감면을 신청합니다.

2025 년 7 월 1 일

신청인 장유성 (서명 또는 인)

원천징수의무자 귀하

첨부서류	1. 병역복무기간을 증명하는 서류 1부 2. 장애인등록증(수첩, 복지카드) 사본 1부 3. 「소득세법」 제143조에 따라 발급받은 근로소득 원천징수영수증 1부(「조세특례제한법」 제30조에 따라 중소기업 취업 감면을 적용받은 청년 등이 다른 중소기업체에 취업하거나 해당 중소기업체에 재취업하는 경우로 한정합니다)	수수료 없 음

유 의 사 항

1. 감면신청서를 사실과 다르게 신청하는 경우에는 부당하게 감면받은 세액에 가산세를 가산하여 추징하게 됩니다.
2. 장애인은 「장애인복지법」에 따른 장애인과 「국가유공자 등 예우 및 지원에 관한 법률」에 따른 상이자를 말합니다.
3. 2013. 12. 31. 이전에 취업한 청년이 해당 중소기업체에 계속하여 근무하는 경우 취업일부터 3년간 해당 중소기업체에서 받는 근로소득의 소득세 100%를 감면받을 수 있습니다.
4. 2014. 1. 1.부터 2015. 12. 31. 까지 중소기업체에 최초 취업자는 취업일부터 3년간, 재취업자는 소득세 감면기간 종료일까지 해당 중소기업체에서 받는 근로소득의 소득세 50%를 감면받을 수 있습니다
5. 2016. 1. 1. 이후 중소기업체에 최초 취업자는 취업일부터 3년간 해당 중소기업체에서 받는 근로소득의 소득세 70%를 감면(한도 200만원)받을 수 있습니다.
6. 청년의 경우 2018년 이후 귀속 근로소득부터는 취업일로부터 5년간 감면이 적용되며, 근로소득의 소득세 90%를 감면(한도 150만원)받을 수 있습니다.
7. 중소기업체 재취업자의 소득세 감면기간 ⑧ 시작일과 ⑨ 종료일은 최초 감면신청서 상 감면기간의 시작일과 종료일을 적습니다.
8. 경력단절여성은 조세특례제한법 제29의3에서 규정하고 있는 여성을 말합니다(해당 중소기업에서 1년 이상 근무하다가 임신, 출산 ,육아의 사유로 퇴직하고 3년 이상 10년 미만의 기간이 경과한 후 해당 중소기업에 재취업하는 여성으로서 최대주주 또는 최대출자자나 그와 특수관계인이 아닌 경우).
9. 「조세특례제한법 시행령」 제27조제3항 각 호에 따른 사업을 주된 사업으로 영위하는 중소기업으로부터 받은 근로소득만 감면대상입니다.

210mm× 297mm[백상지 80g/㎡ 또는 중질지 80g/㎡]

PART 4 원천징수

■ 조세특례제한법 시행규칙 [별지 제11호의2서식] 〈개정 2021. 3. 16.〉

중소기업 취업자 소득세 감면 대상 명세서

1. 원천징수의무자	상 호 ㈜민후	사업자등록번호 123-81-454678
	사업장소재지 서울 중구 동호로 14길 1-1 (전화번호 :)	주업종코드 321000

2. 감면 적용 대상자 명단

성 명	주민 등록번호	취업일	취업자 유형	중소기업 취업 시 연령	병역근무기간 (6년을 한도로 함)	병역근무기간 차감 후 연령	감면기간	
장유성	890808 -1023541	2025.7.1	청년	35세	1년 9월 0일	34세	시작일	종료일
							2020.11.1.	2025.11.30.
							시작일	종료일
							시작일	종료일
							시작일	종료일

「조세특례제한법」 제30조제3항 및 같은 법 시행령 제27조제6항에 따라 중소기업 취업자 소득세 감면 대상 명세서를 제출합니다.

2025 년 8 월 10 일

원천징수의무자 ㈜민후 대표이사 진민후 (서명 또는 인)

중부 세무서장 귀하

작성방법

1. "취업자 유형"은 '청년', '60세 이상 사람', '장애인', '경력단절여성' 으로 구분하여 적습니다.
2. "병역근무기간"과 "병역근무기간 차감 후 연령"은 취업자 유형이 '청년'인 경우 적습니다.
3. "감면기간"란에는 「조세특례제한법 시행규칙」 별지 제11호서식 「중소기업 취업자 소득세 감면신청서」의 ⑧ · ⑨란의 시작일과 종료일을 적습니다.
4. "주업종코드" 란에는 원천징수의무자의 주업종코드를 기재합니다.(「조세특례제한법 시행령」 제27조제3항 각 호에 따른 사업을 주된 사업으로 영위하는 중소기업으로부터 받은 근로소득만 감면대상입니다.)

210mm× 297mm[백상지 80g/㎡ 또는 중질지 80g/㎡]

6. 부적격자의 통지

(1) 계속 근로자

감면 신청을 한 근로자가 감면 요건을 갖추지 못한 사실을 통지받은 원천징수의무자는 그 통지를 받은 날 이후 근로소득을 지급하는 때에 당초 원천징수했어야 할 세액에 미달하는 금액의 합계액에 105%를 곱한 금액을 해당 월의 근로소득에 대한 원천징수세액에 더해 원천징수해야 한다(조특법 §30 ⑤).

(2) 퇴직 근로자

원천징수의무자는 해당 근로자가 퇴직한 사실을 '중소기업 취업자 소득세 감면 부적격 대상 퇴직자 명세서'(조특칙 별지 제11호의 3 서식)에 의해 원천징수 관할 세무서장에게 통지를 해야 하고, 해당 근로자의 주소지 관할 세무서장이 감면으로 과소징수된 금액에 105%를 곱한 금액을 해당 근로자에게 소득세로 즉시 부과·징수해야 한다(조특법 §30 ⑤·⑥).

7. 중소기업 취업자 소득세 감면 주요 예규

(1) 감면대상인 아닌 경우의 예규

① 최다출자자 변동으로 법인의 '중소기업체' 해당 여부가 변경되는 경우 중소기업 취업 청년 소득세 감면 적용방법(서면법령해석소득 2015-22597, 2015.10.4.)

조세특례제한법 제30조에 따른 중소기업체에 취업한 청년은 최초 취업일부터 3년간 같은 조에 따른 중소기업 취업자에 대한 소득세 감면을 적용받는 것이나 감면기간 중 해당 중소기업체가 중소기업기본법시행령 제3조에 따른 중소기업 요건을 미충족하는 등의 사유로 중소기업체에서 제외되었다가 다시 중소기업체에 해당하게 된 경우 중소기업체에서 제외된 기간 중에 근로자가 지급받은 근로소득에 대하여는 조세특례제한법 제30조에 따른 중소기업취업자에 대한 소득세 감면을 적용할 수 없는 것임

② 해당 중소기업에서 퇴사 후 재입사한 청년이 중소기업 취업 청년 소득세 감면대상 여부(원천-576, 2012.10.25.)

청년이 2011.12.31. 이전에 같은 법 시행령 제27조 제3항에 따른 중소기업체에 취업했다가 퇴사한 후 2012.1.1. 이후 해당 중소기업체에 다시 재취업하는 경우 같은 법 제30조에 따른 중소기업에 취업하는 청년에 대한 소득세 감면을 적용하지 않는 것임

③ 관계기업 중 지배기업에서 종속기업으로 전입한 청년은 중소기업 취업 청년 소득세

감면 안됨(원천-480, 2012.9.13.)

2011.12.31. 이전 중소기업에 취업한 자가 법인세법시행령 제87조에 따른 특수관계 있는 다른 중소기업에 2012.1.1.부터 2013.12.31.까지 전입하여 근무하는 경우 조세특례제한법 제30조에 따른 중소기업에 취업하는 청년에 대한 소득세를 감면받을 수 없는 것임

(2) 감면대상인 경우의 예규

① 청년으로 중소기업 취업자 소득세 감면을 적용받은 자가 경력단절 여성으로 해당 감면을 적용받을 수 있는지(서면법규소득 2021-5836, 2022.11.9.)

「조세특례제한법」 제30조에 따른 중소기업 취업자에 대한 소득세 감면(이하 "쟁점감면")을 적용함에 있어서 같은 조 제1항의 "청년" 및 "경력단절 여성"에 모두 해당하는 경우에는, "청년"으로 쟁점감면을 적용받은 기간을 제외한 나머지 기간에 대해서는 "경력단절 여성"으로 쟁점감면을 적용받을 수 있는 것임.

② 법인으로 전환한 법인에 재취업하는 경우 중소기업 취업자에 대한 소득세 감면 여부(서면법령해석소득 2020-317, 2020.12.1.)

개인인 중소기업체에 취업한 60세 이상인 자가 '16.12월 위 중소기업체에서 퇴사한 후 '17.1.1 위 개인인 중소기업체가 전환한 법인에 취업한 경우가 「조세특례제한법」 제30조 제8항의 계약기간 연장 등을 통해 해당 중소기업체에 재취업하는 경우에 해당하는지는 사실판단할 사항임.

③ 중소기업기본법에 따라 중소기업에 해당하지 않는 비영리 기업 취업자가 중소기업 취업자에 대한 감면을 적용 받을 수 있는지 여부(서면원천 2020-1316, 2020.3.25.)

비영리기업이 조세특례제한법 시행령 제27조 제3항에 열거된 사업을 주된 사업(통계법 제22조에 따라 통계청장이 고시하는 한국표준산업분류)으로 영위하고, 중소기업기본법 시행령 제3조 제1항의 중소기업 요건을 충족하는 경우 조세특례제한법 제30조에 따른 중소기업 취업자에 대한 소득세 감면 적용이 가능함.

④ 중소기업에 재취업하기 전 다른 기업에 취업한 사실이 있는 경우 조특법 §30의 세액감면 적용 여부(서면법령해석소득 2019-3314, 2020.2.14.)

직전 근무한 기업에서 퇴사 후 미취업상태에 있던 여성이 동일한 중소기업에 재취업한 경우로서 조세특례제한법 제29조의 3 제1항 각 호의 요건을 모두 충족하는 경우 해당 여성은 조세특례제한법 제30조 제1항에 따른 소득세의 감면을 적용받을 수 있는 것임.

⑤ 국민연금을 납부하지 아니하는 외국인의 중소기업 취업자에 대한 소득세 감면 적용

여부(서면법령해석소득 2019-3708, 2019.12.16.)

국민연금법에 따른 사회보장협정 체결에 따라 국내체류 외국인의 국민연금 납부가 면제되는 경우 중소기업 취업자에 대한 소득세 감면을 적용 받을 수 있는 것임

⑥ 최다출자자 변동으로 법인의 '중소기업체' 해당 여부가 변경되는 경우 중소기업 취업 청년 소득세 감면 적용방법(서면법령해석소득 2015-22597, 2015.10.4.)

같은법 제30조 제2항에 따른 감면신청 및 같은 조 제3항의 명단을 신청기한 경과 후 제출하는 경우 중소기업취업자에 대한 소득세 감면을 적용받을 수 있는 것임.

⑦ 중소기업이 과세연도 중 대기업 편입 시 중소기업 취업청년에 대한 소득세 감면 여부 (서면법규-24, 2014.1.13.)

조세특례제한법 제30조 제1항에 따른 중소기업에 취업하는 청년에 대한 소득세 감면을 적용받던 중소기업이 2013년 과세연도 중 대기업에 주식이 100% 인수됨에 따라 조세특례제한법시행령 제2조 제1항 제3호의 실질적인 독립성 기준에 해당하지 아니하여 중소기업 외의 기업이 된 경우 2013.1.1.부터 주식인수로 대기업에 편입된 전일까지 해당 중소기업에서 지급한 근로소득에 대하여는 중소기업에 취업하는 청년에 대한 소득세 감면을 적용할 수 있는 것임.

⑧ 대기업과 합병한 사업연도에 지급한 근로소득에 대한 중소기업 취업청년 소득세 감면 여부(서면법규-1064, 2013.10.1.)

중소기업기본법 제2조에 따른 중소기업이 중소기업 외의 기업과 합병하여 합병일이 속하는 과세연도부터 중소기업에 해당하지 아니하게 된 경우 합병일이 속한 과세연도 개시일 이후 합병일 전에 지급한 근로소득에 대하여는 조세특례제한법 제30조 제1항에 따른 중소기업에 취업하는 청년에 대한 소득세 감면을 적용할 수 있는 것임.

⑨ 파견근로자에서 정규직 근로자로 채용된 청년이 중소기업 취업 청년 소득세 감면대상인지 여부(서면법규과-42, 2013.1.16.)

파견사업주에 고용되어 조세특례제한법시행령 제27조 제3항에 해당하는 중소기업에 파견근무를 하다가 퇴직한 후 2012.1.1.부터 2013.12.31.까지 해당 중소기업의 정규직 근로자로 취업하여 근무하는 경우 그 해당 중소기업의 취업일로부터 3년간 중소기업에 취업하는 청년에 대한 소득세 감면을 적용받을 수 있는 것임.

⑩ 중소기업 유예기간도 중소기업에 해당하는 것으로 중소기업 취업 청년 소득세 감면 대상임(원천-307, 2012.6.1.)

취업일이 속하는 과세연도에는 조세특례제한법 제30조 제1항에서 규정하는 중소기업체에 해당했으나 해당 중소기업체가 그 규모의 확대 등으로 그 다음연도부터 중소

기업체에 해당하지 않게 된 경우라도 중소기업기본법 제2조 제3항과 조세특례제한법 시행령 제2조 제2항에서 규정하고 있는 기간까지는 중소기업으로 보고 있으므로 중소기업으로 보는 유예기간까지는 중소기업체로 보아 조세특례제한법 제30조에 따른 감면규정을 적용받을 수 있는 것임.

8. 중소기업에 취업하는 소득자의 소득세 감면사례

아래의 모든 사례는 중소기업에 취업하는 소득자의 세액감면 요건을 충족하였다고 가정한다.

사례 ❶ 해당 소득자는 청년근로자임

구 분	A회사	B회사
근무기간	2011.3.1.~2025.3.31.	2025.7.1. 입사
2025년 총급여액	10,000,000원	25,000,000원
산출세액(A회사+B회사)	500,000원	

〈해설〉

A회사는 감면을 받지 못하고 B회사는 감면율 90%(한도액 200만원), 감면기간은 2030년 7월 31일까지임

- 2025년 감면세액=500,000원×25,000,000원/35,000,000원×90%=321,428원
- 근로소득세액공제=275,000원*1×(1−0.6428*2)=98,230원

*1. 500,000원×55%=275,000원

*2. 감면급여비율=중소기업 취업자 감면세액/종합소득산출세액=321,428원/500,000원=0.6428

사례 ❷ 해당 소득자는 청년근로자임

구 분	A회사	B회사
근무기간	2012.3.1.~2025.3.31.	2025.7.1. 입사
2025년 총급여액	10,000,000원	25,000,000원
산출세액(A회사+B회사)	500,000원	

〈해설〉

A회사의 감면율은 100%, 감면기간은 2015년 3월 말까지임. 2025년 현재 중소기업에 취업한 지 5년이 경과하였으므로 나이요건이 충족된다고 하더라도 2025년에 B회사는 감면을 받지 못함

사례 ❸ 해당 소득자는 청년근로자가 아님

구 분	A회사	B회사
근무기간	2022.11.1.~2025.3.31.	2025.7.1. 입사
2025년 총급여액	10,000,000원	25,000,000원 (11월 말까지 총급여액은 20,000,000원임)
산출세액(A회사+B회사)	500,000원	

〈해설〉

해당 근로자의 감면기간은 2025.11.30.까지임. 따라서 B회사 입사 시에도 세액감면을 받을 수 있음. 단, A회사와 B회사 모두 감면율 70%(한도 200만원)이고 11월 말까지의 총급여액이 감면대상 급여액임

- 2025년 감면세액 = (A회사)500,000원×10,000,000원/35,000,000원×70%
  +(B회사)500,000원×20,000,000원/35,000,000원×70%
  = 10,000+200,000원=300,000원
- 근로소득세액공제 = 275,000원[*1]×(1−0.6[*2]) = 110,000원

*1. 500,000원×55%=275,000원

*2. 300,000원/500,000원=0.6

사례 ❹ 해당 소득자는 청년근로자임

구 분	A회사	B회사
근무기간	2020.11.1.~2025.3.31.	2025.7.1. 입사
2025년 총급여액	10,000,000원	25,000,000원 (11월 말까지 총급여액은 20,000,000원임)
산출세액(A회사+B회사)	500,000원	

〈해설〉

해당 청년근로자의 감면기간은 2025.11.30.까지이고 B회사 이직일은 2025.7.1.이므로 해당 근로자는 감면기간 종료전 퇴사, 감면기간 종료전 이직한 경우로서 감면기간 종료전까지 세액감면을 적용받을 수 있음. 감면율은 90%(한도 200만원)임

- 2025년 감면세액 = 500,000원×30,000,000원/35,000,000원×90% = 472,500원
- 근로소득세액공제=275,000원[*1]×(1−0.94[*2])=16,500원

*1. 500,000원×55%=275,000원

*2. 472,500원/500,000원=0.94

PART 4 원천징수

저자주 감면기간의 확인

사례 ❸과 사례 ❹의 경우 해당 근로자의 감면기간이 2025년 11월 말까지임을 파악하기가 쉽지 않다. 이러한 경우 청년근로자 감면 대상 명세서를 최대한 빨리 제출하여 국세청 홈택스에서 관련 감면기간을 확인할 수 있다.

홈택스 확인 경로는 국세청 홈택스 → MY 홈택스 → 왼쪽 하단의 '나의 소득 · 연말정산' → '중소기업취업자 소득세 감면명세조회(개인)' 또는 '지급명세서 · 원천징수영수증 내역'에서 확인할 수 있다.

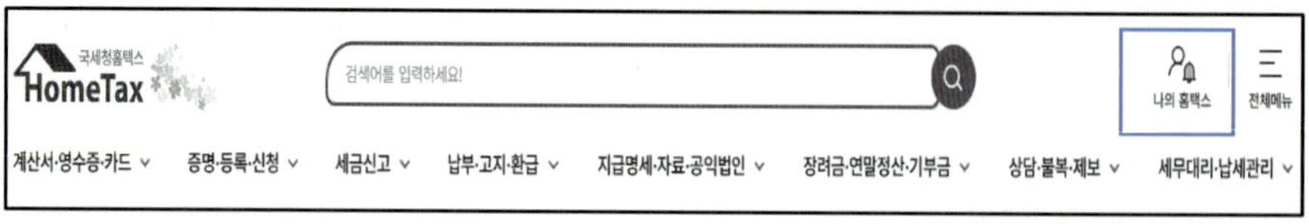

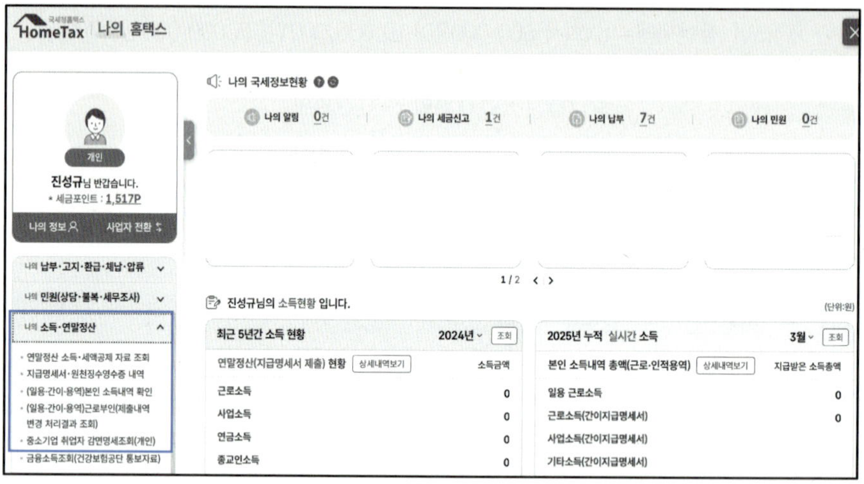

방법 ① : 감면기간이 확인되는 경우

종전 근무지에서 감면대상명세서를 제출한 경우 국세청 홈택스에서 감면대상명세서 전자제출시 감면기간이 안내되고 있으므로 홈택스 전자제출을 적극 권장하는 바이고 근로자 스스로 '중소기업취업자 소득세 감면명세조회(개인)'에서 확인할 수 있다.

방법 ② : 감면기간이 확인 안 되는 경우

국세청 홈택스에서 감면기간이 확인 안 되는 경우에는 근로소득원천징수영수증을 통하여 확인할 수 있다. 청년근로자 감면세액 대상 총급여액이 근로소득원천징수영수증 1페이지 ⑱-27(70%), ⑱-32(90%)란에 기입되므로 근로자로부터 종전근무지의 근로소득원천징수영수증(입사연도부터 퇴사연도까지)을 제출받아 해당란에 청년근로자 감면세액 대상 총급여액과 감면기간이 기입되어 있는지 확인한 후 해당연도의 근무기간의 초일을 기산일로 하여 감면기간을 계산할 수 있으며 '지급명세서 · 원천징수영수증 내역'에서 확인할 수 있다.

사례 ❺ 해당 소득자는 청년근로자가 아님

구 분	A회사	B회사
근무기간	2022.3.1.~2025.3.31.	2025.7.1. 입사
2025년 총급여액	10,000,000원	25,000,000원
산출세액(A회사+B회사)	500,000원	

✔ A회사에서 요건 충족을 했었음에도 불구하고 감면을 적용하지 않았음

〈해설〉

A회사에서 감면을 적용받지 않았으므로 B회사 입사 시 감면율은 70%(한도 200만원)이고 감면기간은 2028년 7월 말까지임

- 2025년 감면세액=500,000원×25,000,000원/35,000,000원×70%=250,000원
- 근로소득세액공제=275,000원[*1]×(1−0.5[*2])=135,000원

*1. 500,000원×55%=275,000원

*2. 감면급여비율=중소기업 취업자 감면세액/종합소득산출세액=250,000원/500,000원=0.5

사례 ❻ 해당 소득자는 청년근로자임

A회사에서 2020.11.1.부터 계속 근무 중인 경우로서 중소기업 청년근로자 세액감면을 적용하지 않고 있다가 2025년부터 감면을 받고자 하는 경우

2025년 총급여액은 35,000,000원(2025년 11월 말까지 급여는 30,000,000원이고 연말정산 시 산출세액은 500,000원이다)

〈해설〉

A회사의 감면기간은 2020년 11월 1일부터 2025년 11월 말까지이므로 2025년 11월 말까지의 급여에 대해서는 감면을 받을 수 있으며 감면율은 90%이다.

- 2025년 감면세액 = 500,000원×30,000,000원/35,000,000원×90% = 385,714원
- 근로소득세액공제 = 275,000원[*1]×(1−0.7714[*2])=62,865원

*1. 500,000원×55%=275,000원

*2. 385,714원/500,000원=0.7714

저자주 중소기업 청년근로자의 세액감면의 소급적용

사례 ❺의 경우 2022년부터 2024년 연말정산에 대한 세액감면을 소급적용하고자 하는 경우 방법은 2가지이다. 하나는 A회사에서 연말정산에 대한 경정청구를 하는 것이고 또 하나는 근로자 본인이 직접 종합소득세 경정청구 신고를 하는 것이다.

일반적으로 퇴사한 A회사에서 경정청구를 해주는 경우는 거의 드물므로 근로자 본인이 직접 종합소득세 경정청구 신고를 하여야 할 것으로 판단된다.

만약 근로자 본인이 직접 경정청구를 하는 경우 해당 근로자의 감면기간은 2025년 3월말까지이므로 B회사의 급여에 대해서는 감면을 적용받지 못함에 유의하여야 할 것이다.

사례 ❻의 경우는 A회사에서 청년근로자가 계속 근무하고 있으므로 실무상 A회사에서 2020년부터 2024년까지 연말정산과 관련된 세액감면을 적용하여 원천징수이행상황신고서와 근로소득지급명세서를 수정신고 형식으로 과세당국에 제출할 수 있다.

단, 수정신고 하는 경우 2020년부터 2024년까지 감면율은 90%(2022년까지 한도는 150만원, 2023년이후 한도는 200만원)를 적용하여야 함에 유의하여야 할 것이다.

9. 중소기업에 취업하는 소득자에 대한 세액감면 추가 정리

(1) 2018년 개정 사항

2018년 5월 29일에 청년 일자리 대책의 일환으로 중소기업에 취업하는 청년에 대한 세액감면 세법 개정이 다음과 같이 이루어졌다.

법조문	감면요건	개정 전	개정 후
조특법 §30	감면대상기간	3년	5년
	감면율	70%	90%(감면한도 150만원)
	일몰	2018년	2021년
조특령 §27	대상연령	15세~29세	15세~34세

✔ 위의 개정 내용은 중소기업에 취업한 지 5년이 경과하지 아니한 청년의 2018년 귀속 소득분부터 적용하는 것임. 즉, 감면율 등의 적용은 2018년 귀속분부터 적용하고 감면대상기간과 대상연령의 기준은 소급되어 적용되는 것임. 따라서 2017년 이전 귀속분은 경정청구 대상이 아니었다.

✔ 감면이 연장되거나 감면기간이 종료된 후 감면을 적용받게 된 청년근로자의 경우 감면 대상 명세서를 다시 재제출하여야 함

✔ 적용사례

㉠ 2017.6.1.에 취업, 취업 시 나이 29세 → 감면기간(3년) 2020.6.30.까지 감면율 70% 적용
→ 세법개정으로 감면기간(5년) 2022.6.30.까지 연장되고, 2018년부터 2022년 6월까지 감면율 90% 적용

㉡ 2017.6.1.에 취업, 취업 시 나이 34세 → 나이요건 때문에 감면을 적용받지 못함
→ 세법개정으로 감면기간(5년) 2022.6.30.까지 연장되고, 2018년부터 2022년 6월까지 감면율 90% 적용
→ 세법개정은 2018년 귀속분부터 적용되므로 2017년은 감면 적용하지 않음

(2) 중소기업 취업자 소득세 감면 주요 Q&A

① 감면을 적용받던 청년이 다른 중소기업으로 이직하는 경우, 이직 당시 만 34세 이하의 연령요건을 충족하여야 하는지?

✔ 중소기업취업감면을 적용받던 청년이 다른 중소기업체로 이직하는 경우에는 그 이직 당시의 연령에 관계없이 소득세를 감면받은 최초 취업일로부터 3년(5년으로 확대)이 속하는 달까지 발생한 소득에 대하여 감면을 적용받을 수 있는 것임(이직 시 연령요건 불필요)

② 생애 최초로 취업한 경우에만 감면 적용이 가능한가?

✔ 모든 요건이 충족되는 중소기업에 취업(재취업 포함)하는 경우 감면 적용이 가능한 것이므로 생애 최초 취업이 필요요건은 아님

③ 취업 후 이직하는 경우 감면기간은 어떻게 되나?

✔ 중소기업에 취업하는 소득자의 세액감면기간은 근로자가 다른 중소기업체에 취업하거나 해당 중소기업체에 재취업하는 경우에 관계없이 최초 감면 신청한 회사의 취업일로부터 계산하는 것임. 따라서 이직 후 재취업한 중소기업에 감면신청서를 제출했다면 재취업한 회사의 취업일부터 감면기간을 적용받는 것임

④ 연도 중 급여지급 시 감면율을 적용하여 원천징수를 한 경우, 연말정산 시 세액감면을 적용하지 않아도 되는지?

✔ 연도 중 급여지급 시 감면율을 적용한 여부와 상관없이 무조건 연말정산 시 세액감면을 적용하여야 감면 혜택을 적용할 수 있는 것임

(3) 실무 적용 시 유의사항

① 실무상 감면 대상 명세서는 늦어도 연말정산 때까지 반드시 제출하도록 함

② 중소기업에서 감면을 받고 있던 근로자가 연도 중 비중소기업에 취업하는 경우로서 종전근무지와 현재근무지의 급여를 합산하여 연말정산하는 경우라면 종전근무지의 총급여액에 대한 산출세액에 감면율을 적용하여 세액감면을 적용하여야 하므로 비중소기업도 청년 등 세액감면을 적용할 수 있음에 유의하여야 함

(4) 연도별 주요 개정사항(중소기업 취업자 소득세 감면제도 안내, 국세청 2022.5월, p.2 발췌)

개정일	감면 내용	대상자	적용시기 및 적용례
2011. 12. 31. (신설)	3년간 100%	청년(15~29세)	2012.1.1.~2013.12.31. 취업자에 대해 적용
2014. 1. 1.	3년간 50%	60세 이상자, 장애인 추가	2014.1.1. 이후 취업하여 지급받는 소득부터
2015. 12. 15.	3년간 70% (한도 150만원)	–	2016.1.1. 이후 취업하여 지급받는 소득부터
2016. 12. 20.	–	경력단절여성 추가	2017.1.1. 이후 재취업하여 지급받는 소득부터

PART 4 원천징수

개정일	감면 내용	대상자	적용시기 및 적용례
2018. 5. 29.	5년간 90%	청년(15~34세)	2018.1.1. 이후 지급받는 소득부터
2019. 1. 1.	-	장애인범위 확대	2019.2.12. 이후 취업하여 지급받는 소득부터
2020. 1. 1.	대상업종 확대 · 창작, 예술 및 여가 관련 서비스업 등	경력단절여성 요건 완화 · 결혼, 자녀교육 사유 추가 · 퇴직후 3~15년 이내 동종업종 취업	2020.1.1. 이후 발생하는 소득부터
2022. 1. 1.	-	경력단절여성 인정기간 요건 완화 · 퇴직후 2~15년 이내 동종업종 취업	2022.1.1. 이후 발생하는 소득부터
2023. 1. 1.	-	감면한도 확대 (150만원에서 200만원으로)	2023.1.1. 이후 발생하는 소득부터

2 중소기업 청년근로자 및 핵심인력 성과보상기금 수령액에 대한 소득세 감면

중소기업인력지원특별법 제35조의 2에 따른 중소기업 청년근로자 및 핵심인력 성과보상기금의 공제사업으로서 대통령령으로 정하는 공제사업에 2027.12.31.까지 가입한 중소기업과 중견기업의 근로자가 공제납입금을 3년 이상 납입하고 그 성과보상기금으로부터 공제금을 수령하는 경우에 해당 공제금 중 같은 법 제35조의 3 제1호에 따라 중소·중견기업이 부담한 기여금 부분에 대해서는 소득세법 제20조에 따른 근로소득으로 보아 소득세를 부과하되, 소득세의 일정 비율을 곱한 금액에 상당하는 세액을 감면한다. 다만, 해당 기업이 사업을 폐업하거나 법인을 해산하는 등 대통령령으로 정하는 부득이한 사유로 공제납입금을 3년 이상 납입하지 못하고 핵심인력이 공제금을 수령하게 된 경우에도 세액을 감면한다(조특법 §29의 6, 조특령 §26의 6).

✔ 해당 공제사업 상품은 2014년 8월에 개시되었고 5년 이상 납입의 조건이 있으므로 2019년 9월부터 최초로 수령금액이 발생했음

✔ 대통령령으로 정하는 공제사업이란 중소기업 근로자의 장기 재직 촉진 및 자산형성을 지원하기 위해 중소기업과 근로자가 공동으로 적립한 성과보상기금을 장기 재직한 근로자에게 지급하는 공제사업으로서 기획재정부장관이 고시하는 공제사업을 말함(조특령 §29의 6 ①)

1. 감면대상

(1) 핵심인력

소득세 감면대상 핵심인력이란 다음 요건을 충족하는 사람을 말한다(조특법 §29의 6 ①, 조특령 §26의 6 ②, 중소기업인력지원특별법 §2).

1) 직무 기여도가 높아 해당 중소기업의 대표자가 장기재직이 필요하다고 지정하는 근로자일 것

2) 다음 어느 하나에 해당하는 사람이 아닐 것

① 해당 기업의 최대주주 또는 최대출자자(개인사업자의 경우에는 대표자)와 그 배우자(사실상의 혼인관계에 있는 자 포함)

② '①'에 해당하는 사람과 다음 관계에 있는 사람

㉠ 직계존비속(그 배우자 포함)

㉡ 4촌 이내의 혈족

㉢ 3촌 이내의 인척

㉣ 친생자로서 다른 사람에게 친양자 입양된 자 및 그 배우자·직계존속

㉤ 본인이 민법에 따라 인지한 혼인 외 출생자의 생부나 생모(본인의 금전이나 그 밖의 재산으로 생계를 유지하는 사람 또는 생계를 함께하는 사람으로 한정)

(2) 성과보상기금

소득세 감면대상 '성과보상기금'은 중소기업청장이 중소기업 핵심인력의 장기재직 촉진 및 중소기업 인력양성을 위하여 설치한 중소기업 핵심인력 성과보상기금을 말한다(조특법 §29의 6 ①, 중소기업인력지원특별법 §35의 2).

(3) 기여금

소득세 감면대상 '기여금'이란 성과보상기금 재원 중 중소기업이 부담하는 기여금을 말하며 공제금에 포함되어 있는 해당 기여금은 공제금을 수령하는 핵심인력의 과세대상 근로소득이다(조특법 §29의 6 ①, 중소기업인력지원특별법 §35의 3).

(4) 공제납입기간

2025.1.1. 전에 공제사업에 가입한 근로자의 공제납입기간은 5년(중소기업 또는 중견기업의 청년근로자를 대상으로 하는 공제사업에 가입하여 만기까지 납입한 후에 핵심인력을 대상으로 하는 공제사업에 연계하여 납입하는 경우에는 해당 기간을 합산하여 5년)이었지만 2025년 세법개정으로 2025.1.1. 이후 공제사업에 가입한 근로자의 공제납입기간은 3년으로 단축되었다.

참고로 공제납입기간이 끝나기 전 퇴직 등의 사유로 수령하게 되는 기업의 기여금에 대해서는 세액감면을 적용하지 않는다.

공제사업 가입연도	공제납입기간
2024.12.31.까지 가입한 경우*1	5년
2025.1.1. 이후 가입한 경우*2	3년

PART 4 원천징수

*1. 중소기업 또는 중견기업의 청년근로자를 대상으로 하는 공제사업에 가입하여 만기까지 납입한 후에 핵심인력을 대상으로 하는 공제사업에 연계하여 납입하는 경우에는 해당 기간을 합산하여 5년임

*2. 2025.3.14. 이후 가입한 경우에는 해당 기업이 사업을 폐업하거나 법인을 해산하는 등 부득이한 사유로 공제납입금을 3년 이상 납입하지 못하고 핵심인력이 공제금을 수령하게 된 경우에도 세액감면을 적용함(조특법 §29의 6 ① 단서, 법률 제20778호 부칙 5조, 2025.3.14.)

2. 감면신청

(1) 핵심인력 근로자

중소기업 핵심인력 성과보상기금 수령액에 대한 소득세 감면을 신청하려는 핵심인력 근로자는 공제금을 수령하는 달이 속하는 달의 다음 달 말일까지 '중소기업 핵심인력 성과보상기금 수령액에 대한 소득세 감면 신청서(조특칙 별지 10호의 6 서식)'를 원천징수의무자에게 제출하여야 한다(조특령 §26의 6 ④).

(2) 원천징수의무자

원천징수의무자는 감면을 받는 경우 신청을 받은 달이 속하는 달의 다음 달 10일까지 원천징수관할세무서장에게 '중소기업 핵심인력 성과보상기금 수령액에 대한 소득세 감면대상 명세서(조특칙 별지 10호의 7 서식)'를 제출하여야 한다(조특령 §26의 6 ⑤).

3. 감면세액 계산

감면세액은 다음과 같이 계산한다(조특령 §26의 6 ③).

$$\text{산출세액} \times \frac{\text{중소기업이 부담한 기여금}}{\text{해당 근로자의 총급여액}} \times \text{감면율}^{*}$$

* 2021년까지 성과기금 수령액에 대해서는 중소기업 50%, 중견기업 30%가 적용되었지만 2022.1.1. 이후 공제금을 수령하는 경우부터의 감면율은 다음과 같다(조특법 §29의 6 ①, 조특법 부칙 §10).

구 분		감면율
대통령령으로 정하는 청년	중소기업 근로자	90%
	중견기업 근로자	50%
그 외의 경우	중소기업 근로자	50%
	중견기업 근로자	30%

여기서 대통령령으로 정하는 청년이란 15세 이상 34세(병역을 이행한 사람의 경우에는 6년을 한도로 병역을 이행한 기간을 현재 연령에서 빼고 계산한 연령을 말함) 이하인 사람 중 다음에 해당하는 사람을 제외한 사람을 말한다(조특령 §26의 6 ②, 조특령 §26의 8 ③ 1호).

① 기간제 및 단시간근로자 보호 등에 관한 법률에 따른 기간제근로자 및 단시간근로자
② 파견근로자 보호 등에 관한 법률에 따른 파견근로자
③ 청소년 보호법에 따른 청소년유해업소에 근무하는 같은 법에 따른 청소년

4. 원천징수 신고와 납부

중소기업인력지원특별법 제35조의 2에 따라 설치한 중소기업 핵심인력 성과보상기금의 공제사업에 가입한 조세특례제한법 제29조의 6 제1항에 따른 중소기업 또는 중견기업의 근로자가 성과보상기금으로부터 만기 시 수령하는 공제금 중 근로소득에 해당하는 기업기여금에 대한 원천징수의무는 해당 중소기업 또는 중견기업에 있다(기획재정부소득-526, 2019.9.18.).

저자주 중소기업 청년근로자 및 핵심인력 성과보상기금 수령액에 대한 원천징수 실무

현행 법령상 중소기업 청년근로자 및 핵심인력 성과보상기금 수령액에 대한 원천징수 의무 규정이 미흡하나 실무상 다음과 같이 원천징수를 하여야 할 것으로 판단된다.

① 매월 납부한 중소기업 또는 중견기업의 납입금에 대해서는 원천징수하지 않으며 전액 회사의 비용(연구인력개발비 세액공제를 받을 수 있으므로 경상연구개발비 등으로 처리가능)으로 처리한다.

② 중소기업 청년근로자 및 핵심인력 성과보상기금 수령액에 대한 근로소득의 수입시기는 공제금을 수령하는 조건이 성취되는 날이므로 기업 납입금을 수령하는 달에 원천징수를 하여 신고·납부하여야 할 것으로 판단된다.

③ 실무상 공제금을 수령한 달에 원천징수하지 않고 공제금을 수령하는 날이 속하는 과세기간의 연말정산시 반영하는 업무처리를 하기도 하는데 실무상 무방한 업무처리로 판단되나 원천징수의무 불이행에 따른 가산세 대상이 될 수도 있음은 유의하여야 한다.

④ 근로자가 중도에 퇴사하거나 공제금 수령액 요건을 충족하지 못하고 중도해지하는 경우로서 회사의 납입금의 반환금액을 근로자에게 지급한다하더라도 세액감면은 적용되지 않는다.

5. 이자소득세 과세

공제금 중 핵심인력이 납부한 공제납입금과 기여금을 제외한 금액은 소득세법 제16조 제1항의 이자소득으로 보아 소득세를 부과한다(조특법 §29의 6 ②).

6. 중소기업 청년근로자 및 핵심인력 성과보상기금 수령액 세액감면 주요 예규

① 중도퇴사자의 연말정산 이후에 내일채움공제의 만기금액을 수령하는 경우의 원천징수 방법(서면원천 2024-2485, 2024.10.7.)

내일채움공제 상품의 만기 수령시점과 관계없이 근로자의 입사일과 퇴사일은 실제 사실관계에 따라 판단하는 것이며, 중도퇴사자의 연말정산 이후에 내일채움공제의 만기금액을 수령하는 경우에는 해당 중도퇴사자의 근로소득금액으로 인식하여 연말정산을 재정산해야 하는 것임. 근로자가 만기금액에 대한 소득세 감면을 적용받기 위해서는 조세특례제한법 시행령 제29조의 6 제4항에 따라 원천징수의무자에게 감면신청하고, 원천징수의무

자는 제5항에 따라 관할 세무서장에게 감면대상명세서를 제출해야 함

② **내일채움공제 가입시에는 중소기업이었으나 수령시 중견기업으로 전환된 경우의 세액감면 감면율은 중소기업 감면율을 적용함**(사전법규소득 2024-111, 2024.4.1.)

중소기업의 근로자로서 내일채움공제사업에 가입하여 공제납입금을 납입하던 중 소속 기업이 중견기업으로 전환된 후 공제금을 수령하는 경우에, 조세특례제한법 제29조의6 제1항에 따른 소득세 감면 비율은 같은 항 제1호 가목 또는 제2호 가목에 의하는 것이므로 중소기업 감면율을 적용하는 것임.

③ **내일채움공제 가입시에는 중견기업이었으나 수령시 대기업으로 전환된 경우에도 세액감면을 적용함**(사전법규소득 2023-723, 2024.3.14.)

중견기업의 근로자로서 내일채움공제사업에 가입하여 공제금을 적립하던 중 소속 기업이 중견기업에서 제외되는 경우에도 가입시점에 요건을 충족하여 만기까지 납입한 후 그 공제금을 수령하는 경우에는 동법 동조에 따른 세액감면을 적용받을 수 있는 것임.

실무 POINT **내일채움공제**

중소기업 핵심인력 성과보상기금은 일명 '내일채움공제(재직자 내일채움공제 포함)'라고 한다. 참고로 청년 내일채움공제(2년형, 3년형)는 중소기업 핵심인력 성과보상기금에 해당되지 않는다.

1. 내일채움공제

내일채움공제란, 중소기업에 근무하는 우수인력의 장기재직을 촉진하기 위해 사업주가 핵심인력을 지정하고, 사업주와 핵심인력이 가입기간 동안 일정금액을 공동으로 납입한 후 가입기간 동안 장기재직 시 공적립금과 복리이자 전액을 핵심인력에게 장기재직 성과 보상금으로 지급하는 제도로, '중소기업인력지원특별법'에 근거를 두어 중소기업 내 유입인력의 장기재직 촉진을 통한 생산성 향상 및 인력수급 불일치 해소를 목적으로 도입된 제도로 '내일채움공제 홈페이지(www.sbcplan.or.kr)'와 '중소벤처기업진흥공단(www.kosmes.or.kr)'에서 정보를 확인할 수 있다.

(1) 가입대상

① 중소기업

중소기업기본법상의 중소기업으로 부동산업, 주점업(일반유흥 주점업, 무도유흥 주점업 및 기타 주점업), 기타 갬블링 및 베팅업, 무도장 운영업 등을 제외한 종업원 1인 이상의 기업이 대상이며 휴·폐업 기업, 국세체납 기업, 중소기업기본법상 중소기업 범위에 해당하지 않는 비영리기업은 가입이 제한된다.

② 핵심인력

중소기업 소속 상시근로자 중 해당 중소기업 대표자가 지정한 인력(학력, 경력, 자격 무관)과 5년(2025.1.1. 이후 가입부터는 3년) 이상 장기재직이 가능한 근로자(만기 시 재직여

부 확인)가 대상이며 기업의 대표자, 실경영주 등은 가입이 제외된다.

③ 가입기간

5년(2025.1.1. 이후 가입부터는 3년) 만기제이며 만기수령 후 재가입 시 3~5년 선택가능하다.

(2) 가입금액

· 최소 매월 34만원 이상 불입하여야 하며 핵심인력과 사업주가 1대 2 이상 비율로 납부하여야 한다.

· 납입예시 : 핵심인력 10만원+매월 사업주 24만원

(3) 가입자 혜택

① 중소기업

㉠ 기업 납입금에 대하여 손금(법인기업) 또는 필요경비(개인기업) 인정

㉡ 일반연구·인력개발비 세액공제 적용

당기 발생액의 25% 또는 증가발생액(당기 발생액-전기 발생액)의 50% 선택 적용

② 핵심인력

㉠ 5년(2025.1.1. 이후 가입부터는 3년) 만기 시, 본인 납입금+기업 기여금+복리이자 합계액 수령

⇒ 기업 기여금 및 복리이자는 핵심인력의 근로소득 및 이자소득에 해당

⇒ 근로소득의 수입시기는 공제금을 수령하는 조건(핵심인력이 5년 또는 3년 이상 해당 중소기업에서 장기재직)이 성취되는 날 또는 해지 환급금을 수령한 날을 수입시기로 보아 근로소득세를 과세한다.

㉡ 5년(2025.1.1. 이후 가입부터는 3년) 만기 시, 기업 납입금에 대한 근로소득세의 50% 상당 감면

2. 청년재직자 내일채움공제

중소기업과 중견기업의 청년취업을 장려하고 장기근속을 유도하기 위하여 중소기업과 중견기업에 1년 이상 재직 중인 청년을 대상으로 5년간 재직 및 불입을 조건으로 청년 불입금액과 기업불입금액 그리고 정부지원 금액을 합하여 3,000만원의 재산형성을 지원하는 제도로 2022년 사업 일몰로 현재 가입불가이다.

(1) 지원금 적립구조

청년납입금	기업납입금	정부지원금	합 계
월 12만원×60개월=720만원	월 20만원×60개월=1,200만원	1,080만원	3,000만원

(2) 지원대상

중소기업과 중견기업(부동산업, 주점업, 기타 갬블링 및 베팅업, 무도장운영업, 비영리법인 제외)에 1년 이상 재직 중인 15세 이상 34세 이하의 청년근로자(대표자, 최대주주의 배우자, 직계비속, 형제자매는 제외함)

(3) 세제상 혜택

내일채움공제 가입자 혜택과 동일하다.

(4) 기타사항

– 청년내일채움공제, 희망두배 청년통장, 청년연금·청년 마이스터 통장 등에서 정부지원을 받은 가입자 또는 참여 중인 자는 이중 지원이므로 가입이 불가능하다.
– 중도인출은 불가하지만, 청년근로자의 생활안정자금 지원 등 복지사업의 일환으로 운영 중인 공제계약 대출은 가능하다.
– 공제 가입기간은 5년이므로 5년 이내 이직 등 퇴직하는 경우로서 귀책사유가 청년에게 있는 경우에는 기업 납입금은 기업이 수령한다.

3. 중소기업 재직자 우대 저축공제

중소기업 재직자가 월 최대 50만원을 적립하고, 중소기업은 재직자 납부금의 20%를 지원하여 만기 시 재직자에게 전액 지급하는 상품으로 2024.10.28. 출시되었고 내일채움공제와 세제지원 혜택이 동일한 상품이다.

(1) 상품 구조

재직자 납입금+은행 금리우대+기업지원금(재직자 납입금액의 20%)+정부 세제지원

(2) 지원대상과 가입기간

중소기업 재직자만 가입이 가능하므로 중견기업과 대기업 재직자는 가입이 불가하고 가입기간은 5년이다.

(3) 가입금액

· 재직자 : 월 10만원부터 월 50만원까지 1만원 단위로 선택 가능
· 기업 : 재직자 납부금액의 20%를 불입하므로 월 2만원부터 월 10만원까지 1천원 단위로 선택 가능

(4) 세제상 혜택

내일채움공제 가입자 혜택과 동일하다.

(5) 기타사항

– 내일채움공제는 기업의 특수관계자는 가입이 불가하지만 중소기업 재직자 우대 저축공제는 기업의 특수관계자 가입이 가능하다. 단, 특수관계자가 가입된 경우 세제지원 혜택은 적용하지 않는다.
– 만기공제금 수령액 예시(출처 : 내일채움공제 홈페이지 발췌)

재직자 납입금	기업지원금	5년 만기 예상 수령액
10만원	2만원	806만원(재직자 납입금 600만원)
30만원	6만원	2,418만원(재직자 납입금 1,800만원)
50만원	10만원	4,029만원(재직자 납입금 3,000만원)

✔ 은행이자는 최대이자인 5% 단리를 적용함

4. 청년 내일채움 공제

(1) 청년내일채움공제란?

입사 6개월 미만 청년 근로자(만 15세 이상 34세 이하)가 5인 이상 중소기업(벤처기업, 청년 창업기업 등 일부 5인 미만 기업도 가능함)에 취업한 후 청년내일채움공제를 가입하여 청년이 2년간 400만원(핵심인력 공제납입금, 20개월×16만원, 이후 4개월×20만원, 총 24개월 납입)을 적립하면, 정부가 400만원(취업지원금), 기업이 400만원(기업기여금, 20개월×16만원, 이후 4개월×20만원, 총 24개월 납입)을 공동 적립하여 만기시 1,200만원의 목돈을 마련할 수 있는 상품이다.

다만, 2024년부터 신규 신청은 중단되었고 2023년까지 신청한 근로자만 지원금을 신청할 수 있다.

(2) 불입금액

청년과 기업은 2년간 400만원(핵심인력 공제납입금과 기업기여금, 20개월×16만원, 이후 4개월×20만원, 총 24개월 납입, 참고로 2023년 이전 신청자는 300만원이었음)을 불입한다.

참고로 2023년 이전의 기업불입금액 3,000,000원이었고 사업장규모(고용보험 피보험자 수)에 따라 채용유지지원금(기업기여금)을 지원하였다. 다만, 전년도 평균 고용보험 피보험자수를 기준으로 기업기여금은 다음과 같이 기업부담금(기업이 실제 부담하는 금액)과 기업지원금(정부가 기업에게 지원하는 금액으로 정부가 중진공에 직접 적립하는 금액)으로 구분되었다.

기업규모	기업기여금(2년간 불입)				총 합계
	기업부담금 (매월 125,000원 기준)		기업지원금 (6개월 단위 적립)		
	비율	금액	비율	금액	
30인 미만	0%	0원	100%	750,000원	3,000,000
30~49인	20%	25,000원	80%	600,000원	
50~199인	50%	62,500원	50%	375,000원	
200인 이상	100%	125,000원	0%	0원	

(3) 기업부담금의 과세 여부와 손금인정 여부와 원천징수

- 고용정책기본법 제25조, 고용보험법 제25조 및 청년고용촉진특별법 제7조 등에 근거하여 고용노동부가 주관하는 청년내일채움공제에 가입한 거주자가 해당 공제의 만기에 지급받는 공제금 중 정부가 부담하는 정부지원금 및 정부가 지급하는 채용유지지원금에서 기업기여금으로 적립한 부분은 소득세 과세대상에 해당하지 않는 것(기획재정부 소득세제과-184, 2019.3.7.)으로 청년 내일채움 공제는 세액감면 적용대상이 아님.
- 다만, 위의 예규는 기업기여금에 대해서 정부가 100% 채용유지지원금으로 보조를 해주었던 시기에 적용되는 예규이므로 실질적인 기업부담금이 없으므로 원천징수 의무가 없지만 2021년 가입 신청자부터는 30인 이상 기업의 경우 기업부담금이 발생하였으므로 청년내일채움공제를 수령하는 달에 일반 내일채움공제와 재직자 내일채움공제처럼

PART 4 원천징수

기업부담금으로 수령하는 금액에 대해서는 원천징수 신고와 납부를 하여야 한다.

5. 청년연계형 내일채움 공제

(1) 청년연계형 내일채움 공제란?

중소기업 사업주(청년내일채움공제 만기자 배출)와 핵심인력(청년내일채움공제 만기자)이 공동으로 적립한 공제금을 가입기간(3년)에 따라 핵심인력에게 성과보상금 형태로 지급하는 공제상품이다.

(2) 불입금액

기업과 핵심인력이 각각 14만원씩 고정으로 공동 납부 후 3년 뒤 핵심인력 적립액 504만원과 기업 적립액 504만원 총 1,080원을 수령한다.

(3) 세제상 혜택

내일채움공제 가입자 혜택과 동일하다.

■ 조세특례제한법 시행규칙 [별지 제10호의6서식] (2025.3.21. 개정)

중소기업 청년근로자 및 핵심인력 성과보상기금 수령액에 대한 소득세 감면신청서

1. 신청인	① 성 명	황용식	② 주민등록번호 830420-1018856	
	③ 주 소	서울 성동구 뚝섬로 13길 11, 102동 2001호	④ 근로자 유형	[ ] 청년(15세~34세) [○] 그 외

2. 중소기업 청년근로자 및 핵심인력 성과보상기금 가입 기간(5년, 3년)	
⑤ 가 입 일	2020년 10월 1일
⑥ 종 료 일	2025년 10월 2일

3. 중소기업 청년근로자 및 핵심인력 성과보상기금에서 만기 시 수령한 공제금	
⑦ 총 수령 금액	21,470,000원
- ⑧ 기업이 부담한 기여금(감면대상)	14,400,000원
- ⑨ 근로자가 납부한 공제납입금(旣 과세)	6,000,000원
- ⑩ 그 외 금액(이자소득세 과세)	1,070,000원

「조세특례제한법」 제29조의6제1항 및 같은 법 시행령 제26조의6제4항에 따라 위와 같이 중소기업 청년근로자 및 핵심인력 성과보상기금 수령액에 대한 소득세 감면을 신청합니다.

2025년 11월 30일

신청인

황용식 (서명 또는 인)

원천징수의무자 귀하

첨부서류	중소기업 청년근로자 및 핵심인력 성과보상기금에서 공제납입금을 수령하였다는 것을 증명하는 서류 1부	수수료 없 음

유 의 사 항

1. 감면신청서를 사실과 다르게 신청하는 경우에는 부당하게 감면받은 세액에 가산세를 가산하여 추징하게 됩니다.
2. 감면을 적용받기 위한 중소기업 청년근로자 및 핵심인력 성과보상기금 가입 기간은 다음과 같습니다.
   가. 24.12.31. 이전 가입한 경우: 5년
   나. 25.1.1. 이후 가입한 경우: 3년
3. 감면을 신청한 경우 청년근로자 및 핵심인력 성과보상기금 만기 시 수령한 공제금 중 기업이 부담한 기여금에 대해 중소기업의 경우 소득세의 50%(청년근로자 90%), 중견기업의 경우 30%(청년근로자 50%)를 감면받을 수 있습니다.

210mm× 297mm[백상지 80g/㎡ 또는 중질지 80g/㎡]

■ 조세특례제한법 시행규칙 [별지 제10호의7서식] (2025. 3.21. 개정)

중소기업 청년근로자 및 핵심인력 성과보상기금 수령액에 대한 소득세 감면 대상 명세서

<table>
<tr><td rowspan="2">1. 원천징수의무자</td><td>상 호 ㈜민후</td><td colspan="2">사업자등록번호 123-81-454678</td></tr>
<tr><td>사업장소재지 서울 중구 동호로 14길 1-1
(전화번호 :)</td><td>원천징수의무자 유형</td><td>[○] 중소기업
[ ] 중견기업</td></tr>
</table>

2. 감면 적용 대상자 명단

<table>
<tr><td rowspan="2">성 명</td><td rowspan="2">주민 등록번호</td><td rowspan="2">중소기업 청년근로자 및 핵심인력 성과보상 기금 가입일</td><td rowspan="2">중소기업 청년근로자 및 핵심인력 성과보상 기금 종료일</td><td rowspan="2">만기 시 수령한 공제금 중 기업이 부담한 기여금</td><td>근로자 유형</td></tr>
<tr><td>1. 청년(15세~34세)
2. 그외</td></tr>
<tr><td>황용식</td><td>830420
-1018856</td><td>2020년 10월 1일</td><td>2025년 10월 1일</td><td>14,400,000원</td><td></td></tr>
<tr><td></td><td></td><td></td><td></td><td></td><td></td></tr>
<tr><td></td><td></td><td></td><td></td><td></td><td></td></tr>
<tr><td></td><td></td><td></td><td></td><td></td><td></td></tr>
<tr><td></td><td></td><td></td><td></td><td></td><td></td></tr>
<tr><td></td><td></td><td></td><td></td><td></td><td></td></tr>
</table>

「조세특례제한법」 제29조의6제1항 및 같은 법 시행령 제26조의6제5항에 따라 중소기업 청년근로자 및 핵심인력 성과보상기금 수령액에 대한 소득세 감면 대상 명세서를 제출합니다.

2025년 12월 10일

원천징수의무자 ㈜민후 대표이사 진민후 (서명 또는 인)

중부 세무서장 귀하

작성방법

1. "수령한 공제금 중 기업이 부담한 기여금"란: 기업이 해당 청년근로자 및 핵심인력을 위하여 성과보상기금 가입일부터 종료일까지 성과보상기금에 부담한 기여금 총액을 적습니다.
2. "근로자 유형"란: 청년(15세~34세)에 해당하는 경우는 '1'을 적고, 그 외의 경우는 '2'를 적습니다.

210mm× 297mm[백상지 80g/㎡ 또는 중질지 80g/㎡]

3 성과공유 중소기업 근로자의 경영성과급에 대한 소득세 감면

중소기업인력지원특별법 제27조의 2 제1항에 따른 성과공유 중소기업으로부터 2027. 12.31.까지 경영성과급을 지급받는 경우 그 경영성과급에 대한 소득세의 50%에 상당하는 세액을 감면한다(조특법 §19, 조특령 §17).

✔ 근로자는 소득세 감면을 적용하고 사업자는 세액공제를 적용한다. 성과공유 중소기업의 경영성과급에 대한 세액공제는 「PART 4 – Chapter 03」에서 설명하기로 한다.

1. 감면대상

(1) 성과공유 중소기업

중소기업인력지원특별법 제27조의 2 제1항에 따른 중소기업으로서 중소벤처기업부장관이 발급하는 성과공유기업 확인서가 있는 중소기업을 말한다(조특법 §19 ②).

(2) 감면대상자

성과공유 중소기업 근로자로서 경영성과급을 받는 근로자를 말한다. 다만, 다음에 해당하는 근로자는 제외한다(조특법 §19 ②, 조특령 §17 ⑥).

1) 해당 과세기간의 총급여액이 7천만원을 초과하는 사람

✔ 총급여액에 내일채움공제 만기지급금 중 근로소득 과세대상인 기여금도 포함함(사전법규소득 2024-13, 2024.5.30.)

2) 해당 기업의 최대주주 또는 최대출자자(개인사업자의 경우에는 대표자)와 그 배우자(사실상의 혼인관계에 있는 자 포함)

3) 2)에 해당하는 자와 다음 관계에 있는 사람

① 직계존비속(그 배우자 포함)

② 4촌 이내의 혈족

③ 3촌 이내의 인척

④ 친생자로서 다른 사람에게 친양자 입양된 자 및 그 배우자·직계비속

2. 경영성과급

경영성과급은 중소기업인력지원특별법시행령 제26조의 2 제1항 제1호에 따라 중소기업과 근로자가 경영목표 설정 및 그 목표 달성에 따른 성과급 지급에 관한 사항을 사전에 서면으로 약정하고 이에 따라 근로자에게 지급하는 성과급을 말한다(조특령 §17 ②).

✔ 우리사주조합을 통하여 성과급으로서 근로자에게 지급하는 우리사주는 포함함

3. 감면신청

(1) 근로자

성과공유 경영성과급에 대한 세액감면을 받고자 하는 근로자는 경영성과급을 지급받는 날이 속하는 달의 다음 달 말일까지 '성과공유 중소기업 경영성과급 소득세 감면 신청서(별지 8호의 4 서식)'를 원천징수의무자에게 제출하여야 한다(조특령 §17 ⑨).

(2) 원천징수의무자

세액감면신청서를 제출받은 원천징수의무자는 신청을 받은 달이 속하는 달의 다음 달 말일까지 원천징수관할세무서장에게 '성과공유 중소기업 경영성과급 소득세 감면 대상 명세서(별지 8호의 5 서식)'를 제출하여야 한다(조특령 §17 ⑩).

✔ 성과공유 중소기업 경영성과급 소득세 감면이 기한후 신청도 되는지 여부(서면원천 2025-509, 2025.3.25.)
원천징수의무자가 성과공유 중소기업 경영성과급 소득세 감면대상 명세서를 기한 후 제출하는 경우에도 소득세 감면을 적용받을 수 있음

4. 감면세액 계산

감면세액은 다음과 같이 계산한다(조특령 §17 ⑧).

$$(\text{산출세액}-\text{중소기업 취업자 세액감면액}) \times \frac{\text{경영성과급}}{\text{해당 과세기간의 총급여액}} \times 50\%$$

✔ 중소기업자 세액감면액을 차감한다는 의미는 중소기업 취업자 세액감면을 우선 적용하고, 중소기업 취업자 감면과 중복 적용 배제된다는 의미임

5. 성과공유 경영성과급의 수입시기

성과공유 경영성과급의 수입시기는 다음과 같다.

성과급의 평가	수입시기
자산수익률과 매출액 등 계량적 평가	계량적 요소가 확정되는 날이 속하는 연도
계량적 평가와 영업실적과 인사고과에 따른 비계량적 요소를 포함하여 평가	개인별 지급액이 확정되는 연도

참고 성과공유기업 확인서

제2025-　　　　호

성과공유기업 확인서

사업자번호(법인번호) :
기 업 명:
대 표 자:
주　　소:

유효기간: 2025. 03. 06. ~ 2026. 03. 05.
승인유형: 성과공유 우수기업
①성과급 지급, ②성과보상공제

위 기업은 「중소기업인력지원 특별법」 제27조의2에 따른 '성과공유기업'임을 확인하며, 동법 시행령 제26조의2에 따라 성과공유기업 확인서를 발급합니다.

2025년 3월 6일

중소벤처기업부장관 [중소벤처기업부장관인]

■ 조세특례제한법 시행규칙 [별지 제8호의4서식] <신설 2019. 3. 20.>

성과공유 중소기업 경영성과급 소득세 감면 신청서

1. 신청인	①성명 황용식	② 주민등록번호 830420-1018856
	③주소 서울 성동구 뚝섬로 13길 11, 102동 2001호	

2. 감면 요건

적용 요건	여	부
④ 총급여액 7천만원 이하	○	
⑤ 최대주주 및 특수관계인		○

3. 감면대상 성과급

⑥ 지급확정일	2025년 12월 20일
⑦ 지급금액	2,000,000원

「조세특례제한법」 제19조제2항 및 같은 법 시행령 제17조제9항에 따라 위와 같이 성과공유 중소기업 경영성과급 수령액에 대한 소득세 감면을 신청합니다.

2025 년 12 월 20 일

신청인

황용식 (서명 또는 인)

원천징수의무자 귀하

유 의 사 항
1. 공제신청서를 사실과 다르게 신청하는 경우에는 부당하게 감면받은 세액에 가산세를 가산하여 추징하게 됩니다.
2. 감면을 신청한 경우 수령한 경영성과급에 대한 소득세의 50%를 감면받을 수 있습니다.
3. 지급확정일은 계량적 요소에 따라 성과급을 지급하는 경우는 계량적 요소가 확정된 날을 말하며, 계량적 · 비계량적 요소로 평가하여 그 결과에 따라 지급하는 경우 개인별 지급액이 확정되는 날을 말합니다.
4. "⑤ 최대주주 및 특수관계인"이란 해당 기업의 최대주주 또는 최대출자자(개인사업자의 경우 대표자)와 그 배우자 및 그 직계존속, 친족관계에 있는 사람을 의미합니다.

210mm× 297mm[백상지 80g/㎡ 또는 중질지 80g/㎡]

■ 조세특례제한법 시행규칙 [별지 제8호의5서식] 〈신설 2019. 3. 20.〉

성과공유 중소기업 경영성과급 소득세 감면 대상 명세서

1. 원천징수의무자	상 호 ㈜민후	사업자등록번호 123-81-454678
	사업장소재지 서울 중구 동호로 14길 1-1 (전화번호 :)	

2. 감면 적용 대상자 명단

성 명	주민 등록번호	경영성과급 서면약정여부	총급여액 7천만원 이하 여부	최대주주, 특수관계인 해당 여부	경영성과급 금액
황용식	880808-1023541	여, 부	여, 부	여, 부	2,000,000원
		여, 부	여, 부	여, 부	
		여, 부	여, 부	여, 부	
		여, 부	여, 부	여, 부	

「조세특례제한법」 제19조제2항 및 같은 법 시행령 제17조제10항에 따라 성과공유 중소기업 경영성과급 수령액에 대한 소득세 감면 대상 명세서를 제출합니다.

2026 년 1 월 31 일

원천징수의무자 ㈜민후 진민후 (서명 또는 인)

중부 세무서장 귀하

작성방법

1. "성과공유 중소기업"이란 「중소기업 인력지원 특별법」 제27조의2제1항에 따른 성과공유 중소기업을 말합니다.
2. "최대주주 및 특수관계인"이란 해당 기업의 최대주주 또는 최대출자자(개인사업자의 경우 대표자)와 그 배우자 및 그 직계존속, 친족관계에 있는 사람을 의미합니다.

210mm× 297mm[백상지 80g/㎡ 또는 중질지 80g/㎡]

실무 POINT 근로소득지급명세서와 세액감면

조세특례제한법상 세액감면을 근로소득지급명세서에 기입하는 방법은 다음과 같다.

(1) 근무처별 소득명세의 감면기간과 급여

	구 분	주(현)	종(전)	종(전)	⑯-1 납세조합	합 계
Ⅰ 근무처별소득명세	⑨ 근 무 처 명					
	⑩ 사업자등록번호					
	⑪ 근무기간	~	~	~	~	~
	⑫ 감면기간	~	~	~	~	~
	⑬ 급 여					
	⑭ 상 여					
	⑮ 인 정 상 여					
	⑮-1 주식매수선택권 행사이익					
	⑮-2 우리사주조합인출금					
	⑮-3 임원 퇴직소득금액 한도초과액					
	⑮-4 직무발명보상금					
	⑯ 계					

✔ ⑫ 감면기간은 감면기간의 종료일을 기입하되 2개 이상의 감면율이 적용되는 경우 감면기재방법에 대한 구체적 법령이 없으니 실무상 마지막 감면종료일을 기입하면 무방할 것으로 판단됨.

⑬ 급여란에는 중소기업에 취업하는 소득자의 세액감면에 해당하는 급여와 중소기업 핵심인력 성과보상금에 대한 금액(회사 기여금을 말함)과 성과공유 중소기업의 경영성과금액이 모두 기재되어 있어야 함에 유의해야 함

(2) 비과세 및 감면소득명세

Ⅱ 비과세및감면소득명세	⑱ 국외근로	MOX					
	⑱-1 야간근로수당	OOX					
	⑱-2 출산・보육수당	QOX					
	⑱-4 연구보조비	HOX					
	⑱-5						
	⑱-6						
	~						
	⑱ 34						
	⑲ 수련보조수당	Y22					
	⑳ 비과세소득 계						
	⑳-1 감면소득 계						

✔ 해당 감면대상란에 감면대상 급여를 기입함

(3) 근로소득지급명세서 2쪽의 세액감면란

세액감면	(50) 「소득세법」	
	(51) 「조세특례제한법」(52 제외)	
	(52) 「조세특례제한법」 제30조	
	(53) 조세조약	
	(54) 세 액 감 면 계	

✔ (52)란에는 중소기업에 취업하는 소득자의 세액감면액을 기입하고, (51)란에는 그 외 감면세액을 기입함

4 외국인 근로자

1. 거주자와 비거주자

(1) 거주자와 비거주자의 개념

개인에 대한 원천징수는 거주자인지, 비거주자인지에 따라 과세소득의 범위와 과세방법이 달라진다. 여기서 거주자란 국내에 주소를 두거나 183일 이상 거소를 둔 개인을 말하며, 비거주자란 거주자가 아닌 개인을 말한다(소법 §1의 2 ①).

따라서 거주자·비거주자의 개념은 국적을 기준으로 하여 구분하는 내국인·외국인의 개념과는 다른 것이다.

| 거주자와 비거주자의 개념과 과세범위 |

구 분	개 념	과세범위
거주자	국내에 주소를 두거나 183일 이상의 거소를 둔 개인	국내외 모든 소득에 과세
비거주자	거주자가 아닌 개인	국내원천소득만 과세

✔ 주소 : 주소는 국내에서 생계를 같이하는 가족 및 국내에 소재하는 자산의 유무 등 생활관계의 객관적 사실에 따라 판정한다(소령 §2 ①).

✔ 거소 : 거소는 주소지 외의 장소 중 상당기간에 걸쳐 거주하는 장소로서 주소와 같이 밀접한 일반적 생활관계가 형성되지 아니한 장소로 한다(소령 §2 ②).

✔ 2026년 1월 1일 이후 개시하는 과세기간에 발생하는 소득분부터는 1과세기간 동안 183일 이상인 경우 또는 2과세기간에 걸쳐 계속하여 183일 이상인 경우에도 국내에 183일 이상 거소를 둔 것으로 본다(소령 §4 ③).

(2) 거주자와 비거주자의 판정기준

1) 국내에 주소를 가진 것으로 보는 경우

국내에 거주하는 개인이 다음에 해당하는 경우에는 국내에 주소를 가진 것으로 본다(소령 §2 ③).

① 계속하여 183일 이상 국내에 거주할 것을 통상 필요로 하는 직업을 가진 때

② 국내에 생계를 같이하는 가족이 있고, 그 직업 및 자산상태에 비추어 계속하여 183일 이상 국내에 거주할 것으로 인정되는 때

2) 국내에 주소가 없는 것으로 보는 경우

국외에 거주 또는 근무하는 자가 외국국적을 가졌거나 외국법령에 의하여 그 외국의 영주권을 얻은 자로서 국내에 생계를 같이하는 가족이 없고 그 직업 및 자산상태에 비추어 다시 입국하여 주로 국내에 거주하리라고 인정되지 아니하는 때에는 국내에 주소가 없는 것으로 본다(소령 §2 ④).

(3) 거주자 또는 비거주자가 되는 시기

거주자 또는 비거주자가 되는 시기를 정리하면 다음과 같다(소령 §2의 2).

1) 비거주자가 거주자로 되는 시기

① 국내에 주소를 둔 날

② 국내에 주소를 가지거나 국내에 주소가 있는 것으로 보는 사유(소령 §2 ③·⑤)가 발생한 날

③ 국내에 거소를 둔 기간이 183일이 되는 날

2) 거주자가 비거주자로 되는 시기

① 거주자가 주소 또는 거소의 국외 이전을 위하여 출국하는 날의 다음 날

② 국내에 주소가 없거나 국외에 주소가 있는 것으로 보는 사유(소령 §2 ④·⑤)가 발생한 날의 다음 날

(4) 거주기간의 계산

거주기간은 다음과 같이 계산한다(소령 §4).

① 국내에 거소를 둔 기간은 입국하는 날의 다음 날부터 출국하는 날까지로 한다.

② 국내에 거소를 두고 있던 개인이 출국 후 다시 입국한 경우에 생계를 같이하는 가족의 거주지나 자산소재지 등에 비추어 그 출국목적이 관광, 질병의 치료 등 기획재정부령으로 정하는 사유에 해당하여 명백하게 일시적인 것으로 인정되는 때에는 그 출국한 기간도 국내에 거소를 둔 기간으로 본다.

✔ 관광, 질병의 치료 등 기획재정부령으로 정하는 사유란?(소칙 §2 ①)
- 단기 관광, 질병 치료, 친족 경조사 참석, 출장 · 연수 등 사업의 경영 또는 업무와 관련된 사유 등
- 위 규정은 2025.2.28.이 속하는 과세기간에 출국하는 경우부터 적용함

③ 국내에 거소를 둔 기간이 1과세기간 동안 183일 이상인 경우에는 국내에 183일 이상 거소를 둔 것으로 본다.

④ 재외동포의출입국과법적지위에관한법률 제2조에 따른 재외동포가 입국한 경우 생계를 같이하는 가족의 거주지나 자산소재지 등에 비추어 그 입국목적이 관광, 질병의 치료 등 기획재정부령으로 정하는 사유에 해당하여 그 입국한 기간이 명백하게 일시적인 것으로 인정되는 때에는 해당 기간은 국내에 거소를 둔 기간으로 보지 아니한다.

✔ 관광, 질병의 치료 등 기획재정부령으로 정하는 사유란?(소칙 §2 ①)
- 단기 관광, 질병 치료, 병역의무의 이행, 그 밖에 친족 경조사 참석 등 사업의 경영 또는 업무와 무관한 사유

(5) 납세의무의 범위

① 거주자

국내원천소득은 물론 국외원천소득을 포함한 모든 소득에 대하여 납세의무를 진다. 다만, 민법상 세대주와 세대원은 적용될 수 없으므로 연말정산 시 주택자금공제와 관련된 공제는 불가능하다.

② 비거주자

국내원천소득에 대하여만 납세의무를 진다. 참고로 비거주자인 경우 종합소득공제 신고 시 비거주자 본인에 대한 기본공제와 추가공제만 적용한다.

2. 외국인 근로자 원천징수방법과 연말정산

(1) 외국인 근로자의 단일세율신청

외국인 근로자에게 매월분의 근로소득을 지급할 때 근로소득 간이세액표에도 불구하고 해당 근로소득(총지급액)에 19%를 곱한 금액을 원천징수할 수 있다.

외국인 근로자는 근로를 제공한 날이 속하는 달의 다음 달 10일까지 '외국인 근로자 단일세율적용 원천징수(포기)신청서(조세특례제한법시행규칙 별지 제8호의 2 서식)'를 원천징수의무자를 거쳐 원천징수 관할 세무서장에게 제출해야 한다(조특법 §18의 2, 조특령 §16의 2).

> 근로소득세 원천세액(결정세액) = 근로소득* × 19%
>
> * 근로소득은 총근로대가에서 근로소득으로 보지 아니하는 금액으로 비과세 근로소득은 포함하므로 외국인 근로자의 건강보험 사용자부담금과 노인장기요양보험 사용자부담금에 대해서도 원천세액이 계산된다. 다만, 2023.12.31.까지 우수한 외국인 인재 유치 지원을 위해 외국인 근로자에 대한 사택제공이익은 단일세율 적용대상 근로소득에서 제외되었고(소득령 부칙 31442호, §19 ②), 2024년부터는 해당 사택제공이익은 근로소득에서 제외가 항구화 되었다(조특법 §18의 2 ③, 조특령 §16의 2 ⑤).

참고로 외국인 근로자는 단일세율(19%) 적용방식과 근로소득 간이세액표에 따른 방법 중 매월 원천징수방법을 선택할 수 있다.

1) 적용대상 외국인 근로자

① 적용대상 외국인 근로자는 해당 과세연도 종료일 현재 대한민국 국적(영주권자, 이중국적자)을 가지지 않은 외국인인 임원 또는 사용인(직원)이다.

② 대통령령으로 정하는 외국인투자기업을 제외한 특수관계인(특수관계기업)에게 근로를 제공하는 경우는 적용할 수 없다.

실무 POINT **특수관계기업의 범위**

특수관계기업에게 근로를 제공하는 경우는 과세특례의 적용을 제외하는데 여기서 특수관계기업이란 해당 과세연도 종료일 현재 외국인 근로자가 근로를 제공하는 기업과 친족관계 또는 경영지배관계에 있는 경우의 해당 기업을 말하는 것(조특령 §16의 2 ②)으로 국세기본법 제2조 제20호, 국세기본법시행령 제1조의 2의 범위와 동일하다.

관련 특수관계범위는 근로소득의 가지급금 인정이자(443쪽)를 참고하기 바란다.

2) 적용기간

외국인 근로자 단일세율 신청은 2026.12.31. 이전에 국내에서 최초로 근로를 제공하기 시작하는 경우 국내에서 근무함으로써 받는 근로소득으로서 국내에서 최초로 근로를 제공한 날부터 20년 이내에 끝나는 과세기간까지 받는 근로소득에 대한 소득세에 대해서 적용한다(조특법 §18의 2 ②).

✔ 2023.1.1. 이후 외국인근로자 단일세율 적용기간이 5년 이내에서 20년 이내로 개정되었는데, 개정규정은 2023.1.1. 당시 국내에서 최초로 근로를 제공한 날부터 20년이 지나지 아니한 외국인근로자에 대해서도 적용한다(조특법 부칙 법률 제19199호 §10, 2022.12.31.).

3) 단일세율 과세특례 적용 시 유의사항

① 소득세법 및 조세특례제한법에서 규정한 소득세와 관련한 모든 공제·감면 및 세액공제에 관한 규정을 적용하지 않는다(조특법 §18의 2 ③).

② 과세특례대상 외국인 근로자 근로소득에는 납세조합에 가입한 근로소득도 포함되므로(서이-192, 2005.1.27.) 납세조합에 가입한 근로소득이 있는 근로자도 과세특례(단일세율 19%)를 적용받을 수 있다.

③ 외국인 근로자가 국내에서 근로를 제공하고 지급받는 근로소득에 대해서 적용되므로(서이-960, 2007.5.17.), 국외에서 내국법인에게 근로를 제공하고 지급받는 근로소득에 대하여는 과세특례규정이 적용되지 않는다(서일-796, 2007.6.13.).

(2) 외국인 근로자의 연말정산

1) 외국인 근로자 단일세율 신청을 하지 않은 경우

일반 국내근로자와 동일하게 연말정산을 한다. 거주자와 비거주자 여부에 따라서 소득공제와 소득범위가 달라짐에 유의하여야 한다.

2) 외국인 근로자 단일세율 신청을 한 경우

근로소득(총지급액)의 19%를 적용하여 연말정산을 한다. 매월에 근로소득 간이세액표에 의해서 원천징수를 하였다 하더라도 연말정산 시 외국인 근로자 단일세율을 신청하여 연말정산을 할 수 있으며 외국인 근로자 단일세율 신청을 한 경우에도 근로소득지급명세서는 제출하여야 한다.

참고로 외국인은 소득·세액공제신고서에 다음 서류를 첨부하여 연말정산 시 연말정산의무자에게 제출하여야 한다.

① 관할 출입국관리사무소장(또는 출장소장)이 발행하는 외국인등록사실증명

② 이외 외국인은 여권번호가 기재된 여권사본

3. 외국인근로자의 급여 유의사항

(1) 과세되는 급여

① 국내입국 시 비용

외국인 근로자가 근로계약이행을 위하여 국내에 입국할 때 소요되는 경비(본인 및 가족 항공료와 이사비용)와 부임하는 데 소요되는 비용 중 근로자가 부담할 성격의 경비(본인 및 가족의 비자 및 여권수속 수수료, 건강진단비용 및 면역주사료, 어학연수비, 세금신고서 작성 수수료와 가재도구 창고보관료 등)를 해당 회사가 근로자를 대신하여 지급한 경우 해당 경비는 과세대상 근로소득에 해당된다(서일-1071, 2005.9.8.; 서일-456, 2006.4.10.).

② 사택제공

회사가 외국인 근로자에게 사택을 제공하거나 주택임차비용을 부담하는 대신 해당 근로자가 국외에 파견되지 않았더라면 본국에서 발생하는 통상적인 추정주거비용을 차감하여 급여를 지급하는 경우 해당 추정주거비용은 근로소득금액에 포함된다(서이46011-11067, 2002.5.22.).

③ 출국여비

외국인 근로자가 근로의 제공을 완료한 후 출국할 때 소요되는 항공료 등을 해당 회사에서 지급하는 경우 과세대상소득으로 본다(서일-1071, 2005.9.8.).

(2) 비과세되는 급여

① 부임여비

외국인 근로자의 부임여비는 사규 또는 고용계약서 내용, 회사의 사업수행목적, 일반적인 고용관행 등을 종합적으로 판단하여 합리적인 금액의 범위 내에서 실비변상적인 성질의 급여로 보아 비과세한다(국심 2005서1591, 2005.11.29.).

② 사택제공

외국인 근로자가 비출자임원이거나 종업원에 해당되고, 동 외국인 근로자에게 제공된 사택이 소득세법에서 규정하는 사택에 해당되는 경우 해당 근로자가 주택을 제공

받음으로써 얻는 이익도 근로소득으로 보지 아니한다(서이-76, 2004.1.26.).

③ 해외근무에 따른 귀국휴가여비

국내에 근무하는 외국인 근로자의 본국휴가에 따른 여비는 다음의 조건과 범위 내에서 실비변상적 급여로 보아 비과세한다(소행 12-12-4).

㉠ 조건

- 회사의 사규 또는 고용계약서 등에 본국 이외의 지역에서 1년 이상(1년 이상 근무하기로 규정된 경우 포함) 근무한 근로자에게 귀국여비가 회사 부담으로 되어 있을 것
- 해외근무라고 하는 근무환경의 특수성에 따라 직무수행상 필수적이라고 인정되는 휴가일 것

㉡ 범위

왕복교통비(항공기의 운행관계상 부득이한 사정으로 경유지에서 숙박한 경우 해당 숙박료 포함)로서 가장 합리적 또는 경제적이라고 인정되는 범위 내의 금액에 한하며, 관광여행이라고 인정되는 부분 및 동반가족의 여비금액은 제외된다.

실무 POINT 해외현지 비거주자 등에게 지급하는 급여와 인적용역소득 원천징수 방법

1. 해외현지 비거주자에게 급여지급시 원천징수 방법

내국법인이 해외에 연락사무소를 설치하고 오로지 현지에서만 활동하는 연락사무소장에 현지인(외국국적의 비거주자)을 고용하여 급여를 지급할 경우에 동 급여는 소득세법 제119조 제7항의 규정에 따라 국외원천소득에 해당되어 원천징수의무가 없는 것이나, 만일 고용된 연락사무소의 소장이 소득세법상 거주자에 해당하는 경우, 동 연락사무소의 소장은 소득세법 제3조의 규정에 의하여 국내외의 모든 소득에 대하여 납세의무가 있어 원천징수의무자는 지급하는 급여에 대하여 소득세법상의 근로소득에 대한 원천징수의 규정에 따라 소득세를 원천징수하여 신고·납부하여야 하는 것임(제도 46017-12667, 2001.7.25.).

따라서 만약 원천징수의무가 없는 것이라면 '인보이스, 송금명세서 등'의 서류를 보관하여 업무관련성 있는 대금을 지급했다라는 사실관계를 주장할 수 있는 관리를 하여야 할 것으로 판단됨.

2. 비거주자 인적용역소득의 원천징수 방법(조세조약 확인)

비거주자의 인적용역소득은 용역수행지국과세원칙(국가별 면세요건은 체약국별 조세조약에서 확인)에 따라 원천징수하여야 하는데 해외 현지 비거주자의 인적용역에 대한 원천징수방법에 대한 국세청 상담센터의 질의·응답을 소개하니 업무에 참고하길 바란다.[13]

〈사실관계〉

질의 법인은 소프트웨어를 개발하는 법인으로서 질의 법인의 근로자로 고용되어 있던 베트남 국적의 외국인이 근로계약을 종결하고 본국인 베트남에 돌아갔습니다.
다만, 해당 베트남 국적의 외국인에 대해서 근로계약은 종결되었지만 해당 외국인의 기술능력이 높게 평가되어 본국에 돌아가서도 독립적인 사항에서 동일한 국내 질의 법인과 인적용역 계약을 맺고 국내 법인을 위한 소프트웨어 개발을 계속 진행할 예정이고 질의 법인은 해당 용역의 대가를 외화로 지급할 예정입니다.
이와 관련된 원천징수 여부에 대해서 질문드립니다.

(갑설) 해당 외국인 근로자는 본국에 돌아가게 되어 더 이상 거주자에 해당되지 않고, 국외에서 용역을 제공하고 있으므로 국내 원천소득이 발생되지 않으므로 원천징수 대상이 아님

(을설) 해당 외국인 근로자가 본국에 돌아가서 더 이상 거주자에 해당되지 않지만, 국내 법인을 위하여 용역을 제공한 후 해당 용역에 대한 대가를 지급하는 것이므로 비거주자의 국내원천소득에 해당되며, 국내원천 사업소득에 대한 원천징수를 하여야 함

위 갑설과 을설 중 어느 것이 타당한지 질문드립니다.

〈국세청 상담센터 답변〉

비거주자의 경우 소득세법 제119조에 따른 국내원천소득에 대하여만 납세의무가 있으며, 인적용역소득의 경우 용역을 수행한 국가에 소득의 원천이 있는 것으로 판단하고 있습니다.
따라서, 일반적으로는 비거주자가 국외에서 소득세법 제119조 제6호에 해당하는 인적용역을 수행하고 지급받는 대가는, 비거주자의 국내원천소득에 해당되지 않아 국내에서 과세되지 않는 경우가 대부분이지만, 베트남의 경우, 2021.1.20. 발효된 한-베트남 조세조약 의정서 제6조 및 제12조에 따라, 2022.1.1. 이후 지급되는 원천징수대상 조세에 대하여는 국내에서 발생된 것으로 의제하고 있으므로, 베트남 거주자가 국외에서 수행된 기술용역의 대가를 국내에서 지급하는 경우에도 7.5%의 제한세율을 한도로 하여 국내에서 과세할 수 있는 것입니다.
다만, 소득세법 제156조 제1항 제4호에 따라, 3%의 세율을 적용하여 원천징수 하셔야 할 것으로 판단됩니다.

13) (저자주) 비거주자의 원천징수 업무처리는 다음과 같은 방법을 활용하길 제안하는 바이다.
① 국세청 발간책자 활용 : [국세법령정보시스템(http://taxlaw.nts.go.kr)]→'전자도서관'→[발간책자]에서 '분야'에 '국제조세'를 선택한 후 '번호 273. 비거주자·외국법인의 국내원천소득 과세제도 해설, 국제조세관리관, 2024.12.31.' 책자 이용
② '국세상담센터' 혹은 '국세청 홈택스'에서 '인터넷 상담'에서 익명으로 질의 후 답변 받기

[참고법령]

◎ 한-베트남 조세조약 의정서(2021.01.20.) 【의정서(2021.01.20)】

제6조 이 협정의 제12조(사용료)를 삭제하고 다음으로 대체한다.

◎ 한-베트남 조세조약 제12조 [사용료 및 기술용역대가]

1. 한쪽 체약국에서 발생하고 다른 쪽 체약국의 거주자에게 지급된 사용료 및 기술용역대가는 그 다른 쪽 체약국에서 과세할 수 있다.
2. 그러나 그러한 사용료 및 기술용역대가는 그 사용료 및 기술용역대가가 발생한 체약국에서도 그 체약국의 법에 따라 과세할 수 있다. 다만, 그 사용료 및 기술용역대가의 수익적 소유자가 다른 쪽 체약국의 거주자인 경우 그렇게 부과되는 조세는 다음을 초과하지 않는다.
   나. 기술용역대가의 경우, 그러한 대가 총액의 7.5퍼센트
3. 이 조에서 사용되는 "사용료"란 영화필름이나, 라디오·텔레비전 방송을 위한 필름·테이프를 포함하는 문학적, 예술적 또는 과학적 작품에 관한 모든 저작권의 사용 또는 사용권, 모든 특허권, 상표권, 의장이나 신안, 도면, 비밀공식 또는 공정의 사용 또는 사용권, 또는 산업적, 상업적 또는 과학적 장비의 사용 또는 사용권, 또는 산업적, 상업적 또는 과학적 경험에 관한 정보에 대한 대가로서 받는 모든 종류의 지급금을 말한다. 이 조에서 사용되는 "기술용역대가"란 그 지급인이 거주자인 체약국에서 수행된 경영, 기술 또는 자문 성격의 모든 용역에 대한 대가로서 그 지급인의 직원에게 지급된 지급금을 제외한 모든 인에 대한 모든 종류의 지급금을 말한다.
4. 사용료 및 기술용역대가는 그 지급인이 한쪽 체약국 자신, 정치적 하부조직, 지방당국 또는 그 국가의 거주자인 경우 그 한쪽 체약국에서 발생하는 것으로 본다. 그러나 사용료 및 기술용역대가의 지급인이 한쪽 체약국의 거주자인지 여부에 관계없이, 한쪽 체약국 안에 그 사용료 또는 기술용역대가의 지급원인이 되는 채무와 관련된 고정사업장이나 고정시설을 가지고 있고, 그 사용료나 기술용역대가가 그러한 고정사업장이나 고정시설에 의해 부담되는 경우, 그러한 사용료나 기술용역대가는 그 고정사업장이나 고정시설이 소재하는 체약국에서 발생하는 것으로 본다.

◎ 한-베트남 조세조약 의정서 제12조

1. 각 체약국은 이 의정서의 발효를 위해 각 체약국의 법이 요구하는 국내 절차의 완료를 다른 쪽 체약국에 통보한다. 이 의정서는 그 중 나중의 통보가 접수된 날 후 30일째 되는 날 발효되며 그 규정은 양 체약국에서 다음에 대하여 곧바로 효력을 갖는다.

가. 원천징수되는 조세의 경우, 이 의정서가 발효되는 연도의 다음 역년의 1월 1일 또는 그 후 지급 또는 납입되는 금액분, 그리고

나. 다른 조세의 경우, 이 의정서가 발효되는 연도의 다음 역년의 1월 1일 또는 그 후에 개시되는 과세연도분

▣ 소득세법 제119조【비거주자의 국내원천소득】

비거주자의 국내원천소득은 다음 각 호와 같이 구분한다.

6. 국내원천 인적용역소득 : 국내에서 대통령령으로 정하는 인적용역을 제공함으로써 발생하는 소득(국외에서 제공하는 인적용역 중 대통령령으로 정하는 용역을 제공함으로써 발생하는 소득이 조세조약에 따라 국내에서 발생하는 것으로 간주되는 경우 그 소득을 포함한다). 이 경우 그 인적용역을 제공받는 자가 인적용역 제공과 관련하여 항공료 등 대통령령으로 정하는 비용을 부담하는 경우에는 그 비용을 제외한 금액을 말한다.

▣ 소득세법 제156조【비거주자의 국내원천소득에 대한 원천징수의 특례】

① 제119조 제1호·제2호·제4호부터 제6호까지 및 제9호부터 제12호까지의 규정에 따른 국내원천소득으로서 국내사업장과 실질적으로 관련되지 아니하거나 그 국내사업장에 귀속되지 아니한 소득의 금액(국내사업장이 없는 비거주자에게 지급하는 금액을 포함한다)을 비거주자에게 지급하는 자(제119조 제9호에 따른 국내원천 부동산등양도소득을 지급하는 거주자 및 비거주자는 제외한다)는 제127조에도 불구하고 그 소득을 지급할 때에 다음 각 호의 금액을 그 비거주자의 국내원천소득에 대한 소득세로서 원천징수하여 그 원천징수한 날이 속하는 달의 다음 달 10일까지 대통령령으로 정하는 바에 따라 원천징수 관할 세무서, 한국은행 또는 체신관서에 납부하여야 한다.

4. 제119조 제6호에 따른 국내원천 인적용역소득 : 지급금액의 100분의 20. 다만, 국외에서 제공하는 인적용역 중 대통령령으로 정하는 용역을 제공함으로써 발생하는 소득이 조세조약에 따라 국내에서 발생하는 것으로 보는 소득에 대해서는 그 지급금액의 100분의 3으로 한다.

■ 조세특례제한법 시행규칙 [별지 제8호서식] 〈개정 2019. 3. 20.〉

외국인근로자 단일세율적용신청서

❶ 신청인	성명	외국인등록번호
	국적	직책
	주소	

❷ 단일세율 적용신청 근로소득(과세기간: 년도)

근 무 처	사업자등록번호	소 재 지	근 로 소 득

위의 근로소득에 대하여 「조세특례제한법」 제18조의2제2항 및 같은 법 시행령 제16조의2제4항에 따라 외국인근로자 단일세율의 적용을 신청합니다.

년 월 일

신청인(소득자) (서명 또는 인)

귀하

210mm×297mm[백상지 80g/㎡ 또는 중질지 80g/㎡]

■ 조세특례제한법 시행규칙 [별지 제8호의2서식] 〈개정 2024. 3. 22.〉

외국인근로자 단일세율적용 원천징수(포기)신청서

❶ 원천징수 의무자	법인명(상호)	대표자(성명)
	사업자등록번호	주민등록번호
	소재지(주소)	

❷ 소득자	성 명	외국인등록번호 또는 여권번호
	국 적	
	주 소	

❸ 구 분	[ ] 단일세율적용 신청 [ ] 단일세율적용 포기

위의 소득자에 대하여「조세특례제한법」 제18조의2 제5항 및 같은 법 시행령 제16조의2 제6항 또는 제7항에 따라 매월분의 근로소득을 지급할 때 단일세율의 적용(포기)을 신청합니다.

년 월 일

신청인(소득자) (서명 또는 인)

세 무 서 장 귀하

210mm×297mm[백상지 80g/㎡ 또는 중질지 80g/㎡]

PART 4 원천징수

09 일용직 원천징수

1 일용직 근로자의 범위

일반적인 근로소득은 종합소득과세표준계산에 있어서 이를 합산하지만, 일용근로자의 급여는 종합소득과세표준의 계산에 있어서 합산하지 않고 원천징수로써 과세를 종결한다.

일용근로자는 근로를 제공한 날 또는 시간에 따라 근로대가를 계산하거나 근로를 제공한 날 또는 시간의 근로성과에 따라 급여를 계산하여 받는 자로서 다음에 규정된 자를 말한다(소령 §20).

1. 건설공사와 하역작업의 일용직 근로자

(1) 건설공사

1) 동일한 고용주에게 계속하여 1년 이상 고용된 자

2) 다음의 업무에 종사하기 위하여 통상 동일한 고용주에게 계속하여 고용되는 자

① 작업준비를 하고 노무에 종사하는 자를 직접 지휘, 감독하는 업무

② 작업현장에서 필요한 기술적인 업무, 사무, 타자, 취사, 경비 등의 업무

③ 건설기계의 운전 또는 정비업무

(2) 하역작업에 종사하는 자(항만근로자를 포함한다)로서 다음의 자는 제외

1) 통상 근로를 제공한 날에 근로대가를 받지 아니하고 정기적으로 근로대가를 받는 자

2) 다음의 업무에 종사하기 위하여 통상 동일한 고용주에게 계속하여 고용되는 자

① 작업준비를 하고 노무에 종사하는 자를 직접 지휘, 감독하는 업무

② 주된 기계의 운전 또는 정비업무

2. 그 외의 일용직근로자

건설공사와 하역작업 외의 업무에 종사하는 자로서 근로계약에 따라 동일한 고용주에게 3월 이상 계속하여 고용되어 있지 아니한 자

이 경우 3월이라 함은 고용일수에 의하여 계산하는 것이 아니라 민법 제160조의 규정에 따라 역에 의하여 계산한다.

✔ 이 경우 근로자가 근로계약에 따라 일정한 고용주에게 3월[1의 1)에 해당하는 근로자는 1년] 이상 계속하여 고용되어 있지 않고, 근로단체를 통해 여러 고용주의 사용인으로 취업하는 경우 이를 일용근로자로 본다.

실무 POINT **일용근로자의 해당 여부**

1. 고용계약에 의한 근로제공의 경우

근로자가 고용주와 일정근로조건(시간급파트타임 등)으로 고용 계약하여 근로를 제공하는 경우는 일용근로자에 해당하나, 동일한 고용주에게 3월 이상 계속하여 고용된 자는 이에 해당하지 않는다(소행 14-20-3 ②).

2. 가정주부의 가내수공업적인 용역 제공

가정주부가 고용관계 없이 부업으로 수출물품 등의 가공 등 가내수공업적인 용역을 제공하고 받는 대가는 일용근로자의 급여로 보는 것이다(소통 14-20…1).

2 일용직 근로자의 원천징수세액 계산하기

일용근로자의 급여액은 종합소득과세표준에 합산하지 않고 원천징수로써 과세를 종결한다(완납적 원천징수). 그 원천징수세액은 다음과 같이 계산한다(소법 §47 ②·§59 ③·§129 ① 4호).

계산	비고
일 급 여 액	
－근 로 소 득 공 제	일 150,000원
＝과 세 표 준	종합소득공제는 적용하지 않음
×세 율	6%
＝산 출 세 액	
－근 로 소 득 세 액 공 제	산출세액의 55%(한도액 없음)
＝원 천 징 수 할 세 액	

원천징수할 세액이 1천원 미만일 경우 소액부징수에 해당되어 원천징수를 하지 않고 일급여액을 전액 일용근로자에게 지급하면 되지만 일용근로자의 일급여액을 일정기간 단위로 일괄지급할 경우에는 일별 징수세액의 합계액을 기준으로 소액부징수 여부를 판단한다(소행 86-0-1).

예를 들면 160,000원을 일급여로 지급하는 경우 원천징수세액은 (160,000원－150,000원)×6%×45%＝270원이기 때문에 원천징수하지 않고 일급여액 160,000원을 전액 지급하면 되지만 주급(5일 기간)으로 지급할 경우 일별 원천징수세액의 합계액은 1,350원(＝270원×5일)이 되므로 특별징수세액까지 포함한 1,480원(＝1,350원＋130원)을 공제하고 급여를 지급해야 한다.

참고로 원천징수를 하지 않는 일급여액 기준은 187,000원 정도이다.

실무 POINT 일용근로자의 비과세

1. 국외근무수당 비과세

국외 또는 북한지역에서 근로를 제공하고 받는 보수 중 월 100만원(또는 월 500만원) 이내의 금액은 일용근로자 여부에 관계없이 비과세하는 것이며 일용근로소득을 일정기간 단위로 일괄지급 시 동 금액을 소정의 근로일수에 배분하여 공제하고 원천징수하는 것이다(서일 46011-10643, 2002.5.15.).

2. 식대 등 비과세

사내지급규정에 의거 근로일수에 따라 일정액을 지급하는 여비 및 숙식비는 일용근로자의 일급여에 포함되는 것이며, 해당 여비 및 숙식비 중 식대(현물 제공 식사 포함)에 해당하는 금액으로서 실비상당액은 소득세가 비과세되는 것이다(법인 46013-3242, 1996.11.21.).

3 일용직 근로자의 세법상 의무

1. 지급명세서의 제출

(1) 지급명세서의 제출

일용직 근로자의 지급명세서 제출기간은 지급일이 속하는 달의 다음달 말일(휴업, 폐업 또는 해산한 경우에는 휴업일, 폐업일 또는 해산일이 속하는 달의 다음달 말일)까지이다(소법 §164 ①, 법법 §120).

일용근로자의 소득에 대한 지급명세서 제출시기

구 분	지급명세서 제출시기
매월 지급분*	지급일이 속하는 달의 다음달 말일까지
휴업, 폐업 또는 해산한 경우	휴업일, 폐업일 또는 해산일이 속하는 달의 다음달 말일까지

* 해당 연도 귀속 일용근로소득을 12월 31일까지 미지급한 경우에도 지급명세서는 다음 연도 1월 31일까지 반드시 제출하여야 한다. 예를 들면 2025년 12월 근무에 대한 소득을 2026년 1월에 지급한 경우 2025년 12월에 지급한 것으로 지급명세서를 작성하여 2026년 1월 31일까지 제출하여야 하는 것이다.

(2) 지급명세서의 미제출 가산세

일용근로소득에 대한 지급명세서를 제출기한까지 제출하지 않았거나 제출된 지급명세서가 불분명한 경우에 해당하는 경우에는 그 지급금액의 0.25%(1개월 이내 지연 제출일 경우 0.125%)의 지급명세서제출불성실가산세가 부과된다(소법 §81 ①, 법법 §76 ⑦).

| 일용근로자의 지급명세서제출불성실가산세 |

구 분	지급명세서 제출시기
미제출한 경우	제출하지 않은 분의 지급금액의 0.25% (제출기한이 지난 후 1개월 이내에 제출 시 0.125%)
불분명 또는 사실과 다른 경우	불분명하거나 사실과 다른 분의 지급금액의 0.25%

2. 일용근로자가 일반근로자가 된 경우의 연말정산

일용근로자에 해당하는 거주자가 3월 이상(건설공사종사자는 1년) 계속하여 동일한 고용주에게 고용되는 경우에는 3월 이상이 되는 월부터 일반급여자로 보아 원천징수하고, 해당연도 1월 1일부터 12월 31일까지 지급받은 급여를 합산하여 연말정산해야 한다(소통 20-20…1, 소행 14-20-3 ①).

예를 들어 일반업종 일용근로자로서 동일 고용주에게 계속하여 2025.5.1.부터 2025.12.31.까지 근무 시 3월 이상 동일 고용주에게 고용되었기 때문에 3월이 되는 날이 속하는 연도의 초일(당해 연도 중에 고용한 경우에는 최초 고용일)로부터 즉, 2025.5.1.부터 과세기간종료일까지(2025.12.31.) 일반급여자로 보아 연말정산하는 것이다.

사례 일용근로소득 원천징수하기

1. 실무자료

㈜민후는 일용근로자 홍길동을 4월 중 15일을 고용하고, 4월 30일 급여 3,000,000원(일당 200,000원)을 지급하다. 마지막 근무일은 4월 30일이다.

징수의무자 인적사항	소득자 인적사항
① 사업자등록번호 : 123-81-45678 ② 법인명 : ㈜민후 ③ 대표자 성명 : 진민후 ④ 법인등록번호 : 111122-0000123 ⑤ 주소 : 경기 성남시 수정구	① 성명 : 홍길동 ② 주민등록번호 : 660516-1234567 ③ 주소 : 서울 강남구 도산대로 104길 1-1

〈요구사항〉

회사가 징수해야 할 원천징수세액 및 특별징수세액을 계산하라. 그리고 원천징수한 소득세를 언제까지 신고·납부하는가?

PART 4 원천징수

2. 해답 – 원천징수세액 및 특별징수세액 계산

(1) 원천징수세액 및 특별징수세액 계산

1단계	2단계	3단계	4단계
200,000 − 0 = 200,000	200,000 − 150,000 = 50,000	50,000 × 세율(6%) = 3,000	3,000 − 1,650 = 1,350
일 단위로 계산	근로소득공제 : 1일 15만원	세율 : 6%	근로소득세액공제 (산출세액의 55%)

① 일용근로소득의 원천징수세액[=1,350원×15일] 20,250원

② 개인지방소득세의 특별징수세액[=20,250원×10% 2,020원

③ 총원천징수세액=22,270원

(2) 원천징수세액 및 특별징수세액 납부

원천징수의무자(회사)는 원천징수한 일용근로소득세를 그 징수일이 속하는 달의 다음 달 10일인 5월 10일까지 관할세무서에 신고·납부하여야 한다.

(3) 일용근로소득 원천징수영수증과 지급명세서

원천징수의무자(회사)는 일용근로소득 지급일이 속하는 달의 다음달 말일까지인 2024년 5월말까지 근로소득 및 원천징수세액을 기재한 일용근로소득 지급명세서를 제출하여야 한다.

■ 소득세법 시행규칙 [별지 제24호서식(3)] (개정 2023. 3. 20.) (앞쪽)

일용근로소득 지급명세서(원천징수영수증)

([ ] 소득자 보관용 [ ] 지급자 보관용)

외국인 여부
(예, 아니오)

구분	항목	내용	항목	내용
원천징수 의무자 (지급자)	①상호(법인명)	㈜민후	②성 명(대표자)	진민후
	③사업자등록번호	123-81-45678	④주민등록번호(법인등록번호)	111122-0000123
	⑤소재지(주소)	경기도 성남시 수정구	⑥전화번호	
소득자	⑦성 명	홍길동	⑧주민등록번호	660516-1234567
	⑨주 소	서울 강남구 도산대로 104길	⑩전화번호	
⑪ 귀속연도	2025	⑫ 지급월 (해당 월에 "○")	[ ]1월 [ ]2월 [ ]3월 [○]4월 [ ]5월 [ ]6월 [ ]7월 [ ]8월 [ ]9월 [ ]10월 [ ]11월 [ ]12월	

귀 속			⑯ 과세소득	⑰ 비과세소득	원천징수세액	
⑬ 근무월	⑭ 근무일수	⑮ 최종근무일			⑱ 소득세	⑲ 지방소득세
4월	15일	30일	3,000,000		20,250	2,020

위의 일용근로소득(원천징수세액)을 지급(영수)합니다.

2025년 4월 30일

징수의무자(지급자) ㈜민후 (서명 또는 인)

※ 이 자료는 「조세특례제한법」 제100조의6에 따른 근로장려금 신청 시 꼭 필요한 서류이므로 잘 보관하시기 바랍니다.

210mm×297mm[백상지80g/㎡ 또는 중질지80g/㎡]

일용근로소득 지급명세서(지급자제출용)
[일용근로소득 지급명세서(원천징수영수증) 월별 제출집계표]

지급자						
지급자	① 상 호 (법인명)	㈜민후	② 성 명 (대표자)	진민후	③ 사업자 등록번호	123-81-45678
	④ 주민(법인) 등록번호	111122-0000123	⑤ 소재지 (주 소)	경기도 성남시 수정구		
	⑥ 전화번호		⑦ 전자우편주소			

❶ **월별 원천징수 집계현황**

⑧ 귀속연도	2025	⑨지급월 (해당 월에 "○")	[ ]1월 [ ]2월 [ ]3월 [○]4월 [ ]5월 [ ]6월 [ ]7월 [ ]8월 [ ]9월 [ ]10월 [ ]11월 [ ]12월

⑩ 일용근로자수 (⑰번에 적은 칸의 개수, 단 동일인의 경우 1명으로 합계)	⑪ 제출자료건수 (㉑번에 적은 칸의 개수)	⑫ 과세소득 합계 (㉔번 합계)	⑬ 비과세소득 합계 (㉕번 합계)	원천징수세액 합계 ⑭ 소득세 (㉖번 합계)	원천징수세액 합계 ⑮ 지방소득세 (㉗번 합계)
1 명	1 건	3,000,000		20,250	2,020

❷ **소득자 인적사항 및 일용근로소득 지급내용**
[일용근로소득 지급명세서(원천징수영수증)에 적은 지급명세와 동일하게 작성합니다]

⑯ 번호	⑰ 성명 / ⑱ 전화번호	⑲ 외국인 여부	⑳ 주민등록번호	귀속 ㉑ 근무월	귀속 ㉒ 근무일수	귀속 ㉓ 최종근무일	㉔ 과세소득	㉕ 비과세소득	원천징수세액 ㉖ 소득세	원천징수세액 ㉗ 지방소득세
1	홍길동		660516-1234567	4월	15일	30일	3,000,000		20,250	2,020
2			-							
3			-							
4			-							
5			-							
6			-							
7			-							
8			-							

위와 같이 제출합니다.

2025년 5월 31일

징수의무자(지급자) ㈜민후 (서명 또는 인)

※ 작성방법은 제2쪽을 참고하시기 바랍니다.

210mm×297mm[백상지80g/㎡ 또는 중질지80g/㎡]

보론 일용직 근로자와 4대보험 실무

1. 개요

2016.7.11.부터 일용근로자의 국민연금 적용기준이 변경되었고 국민연금공단에서는 국세청에 제출된 일용근로자 지급명세서를 입수하여 국민연금 가입 적용대상인지에 대한 확인을 진행하고 있어 사업장과 의견다툼이 발생하는 등 일용직 근로자의 4대보험에 대한 실무상 적용에 대한 고민이 많아지고 있다.

이에 일용직 근로자의 4대보험에 대해서 알아보고자 한다.

참고로 국민연금공단에서 제시하는 일용근로자 확인대상과 관련하여 공단에서 참고자료로 안내하고 있는 '일용근로자의 근로자성 인정여부 관련 대법원 판례(대법원 1995.7.11. 선고 93다2618 전원합의체 판결)'를 소개하면 다음과 같다.

참고 **일용근로자의 근로자성 인정여부 관련 대법원 판례**
(대법원 1995.7.11. 선고 93다2618 전원합의체 판결)

- 판시사항
  ① 매달 4, 5일 내지 15일 정도 근무한 근로자가 상용근로자인지 여부
  ② 형식상으로는 일용직 근로자로 되어 있으나 일용관계가 중단되지 않고 계속되어 온 경우 상용근로자로 보아야 하는지 여부
- 판결요지
  ① 원래 근로자가 반드시 월 평균 25일 이상 근무하여야만 근로기준법상 퇴직금지급의 전제가 되는 근로자의 상근성·계속성·종속성의 요건을 충족시키는 것은 아니고, 최소한 1개월에 4, 5일 내지 15일 정도 계속해서 근무하였다면 위 요건을 충족한다.
  ② 형식상으로는 비록 일용직 근로자로 되어 있다 하더라도 일용관계가 중단되지 않고 계속되어 온 경우에는 상용근로자로 보아야 한다.

2. 4대보험법상 일용근로자의 개념

"일용근로자"는 통상 일반적으로 근로계약이 1일 단위로 체결되고 그날의 근로관계가 종료되는 그날의 성과를 시급 또는 일급형태의 임금으로 지급받는 근로자를 말하는데 4대보험에서 정의하고 일용직 근로자를 정리하면 다음과 같다.

(1) 국민연금(국민연금법시행령 §2, 근로자에서 제외되는 사람)

일용근로자나 1개월 미만의 기간을 정하여 사용되는 근로자. 다만, 1개월 이상 계속 사용되는 경우는 그러하지 아니하다.

(2) 건강보험(국민건강보험법 §6 ②, 2025 사업장업무편람)

- 국민건강보험법 제6조 제2항 : 고용 기간이 1개월 미만인 일용근로자
- 2025 사업장업무편람(2024.12., p.23) : 고용기간의 보장 없이 1일 단위로 고용되어 그날로 고용계약이 종료되는 자 즉, 다음 날의 고용이 확정되지 아니한 상태로 근무하는 근로자

(3) 고용보험(고용보험법 §2 6호)

일용근로자란 1개월 미만 동안 고용되는 자를 말한다.

참고로 여기서 '1개월 미만 동안 고용'은 현실적으로 1월 미만 고용된 경우를 말하는 것이 아니며, 근로계약기간이 1일 단위 또는 1월 미만인 경우를 말하는 것이고 임금의 산정이나 지급형태가 일단위로 이루어진다 하여 일용근로자로 분류되는 것은 아니다.

3. 일용직 근로자의 4대보험 가입 여부[14)]

(1) 국민연금 · 건강보험 가입대상 여부

일용근로자나 1개월 미만의 기간을 정하여 사용되는 근로자는 국민연금과 건강보험의 가입대상 근로자에서 제외되지만, 1개월 이상 계속 사용되는 경우로서 아래의 경우에 해당되면 가입대상 근로자에 포함된다.

| 국민연금 · 건강보험 일용근로자 적용대상 여부 |

구 분		가입 적용대상
일반 일용직	국민연금	사업장에 고용된 날부터 1개월 이상 근로하면서, 월 8일 이상 또는 월 60시간 이상 근로하거나 1개월 동안의 소득이 월 220만원 이상인 경우
	건강보험	1개월 이상 근로하면서 월 8일 이상 근로한 경우
건설 일용직	국민연금	1개월 동안의 근로일수가 8일 이상이거나 1개월 동안의 소득이 월 220만원 이상인 경우
	건강보험	1개월 이상 근로하면서 월 8일 이상 근로한 경우

14) 2025 알기쉬운 국민연금 사업장 실무안내(p.13), 2025 건강보험 사업장 업무편람(p.35), 일용근로자 건강보험 자격 실무 안내 참고

❙ 국민연금 · 건강보험 적용기준 ❙

계약서 유무	구 분*2	적용여부
명시적인 근로계약서가 있는 경우*1	근로계약서의 근로일수가 8일 이상이거나 근로시간이 60시간 이상인 경우*3	최초 고용일부터 사업장가입자로 적용하고 최종 근로일의 다음 날 상실신고함
	근로계약서의 근로일수가 8일 미만이나 실제 1개월 이상 근로하고, 월 8일 이상이거나 근로시간이 60시간 이상인 경우*3	
명시적인 근로계약서가 없는 경우	사업장에 고용된 날 또는 기산일로부터 1개월간 8일 이상 근로한 경우	최초 고용일부터 사업장가입자로 적용함*4
	사업장에서 전월의 근로일수가 8일 미만이던 근로자가 당월 1일부터 말일까지 8일 이상 근로한 경우	해당 월의 1일부터 사업장가입자로 적용*2

*1. 실제 근로를 제공하거나 기간 · 일수 불문하고, 근로(고용)계약이 1개월 이상인 경우(기간의 정함이 없는 경우 포함)를 말함.

*2. (저자주) 건강보험의 경우 일용직 근로자의 건강보험 가입여부에 대한 명확한 지침이 없었지만 '2024년 건강보험 사업장 업무편람'에 일용직 근로자의 건강보험 가입기준에 대한 추가 설명을 주요 변경사항으로 실어 놓았고 '일용근로자 건강보험 자격 실무 안내'도 함께 정보 제공을 하고 있는 점을 감안한다면 일용직 근로자의 건강보험 가입여부의 중요성이 커진 것으로 판단되니 실무처리에 유의하여야 할 것임.

*3. 국민연금의 경우 2022년부터 근로일수와 상관없이 월 소득이 220만원 이상인 경우 사업장가입자로 적용됨

*4. 근로일수가 8일 미만인 월의 기산일에 상실신고함. 단, 근로일수 미달로 상실한 경우, 최종 근로일의 다음 날로 상실 가능함.

실무 POINT **일용근로자 국민연금 적용기준의 변경**[15)]

(1) 2016.7.11. 개정

2015.5.6. 이전 일용근로자 국민연금의 경우 '사업장에 고용된 날부터 1개월 이상 근로하고 1개월간 근로일수가 20일 이상이고, 근로시간이 월 60시간 이상'일 경우 가입대상이었지만, 2015.5.6.부터는 해당 내용 중 '1개월간 근로일수가 8일 이상이고 근로시간이 월 60시간 이상'일 경우 가입대상자로 변경되었고 다시 2016.7.11.부터는 '1개월간 근로일수가 8일 이상이거나, 근로시간이 월 60시간 이상'일 경우 가입대상자로 변경되어 국민연금 가입기준이 강화되었다. 국민연금법 제21조(신고)에 의하면 아르바이트 등 어떤 명칭에도 불구하고 1개월간 8일 이상 또는 60시간 이상 근무하는 일용근로자의 자격 취득신고를 국민연금 공단에 하여야 한다고 규정되어 있고 국민연금법 제131조(과태료)에 의하면 사용

15) 국민연금공단, 일용근로자 국민연금 적용 관련 협조 안내문 발췌

자가 국민연금법 제21조 신고의무 규정을 위반하여 신고하지 않거나 거짓으로 신고하는 경우에는 50만원 이하의 과태료를 부과하므로 실무상 일용직 근로자의 국민연금 가입여부를 신중하게 판단하여야 한다. 변경내용을 정리하면 다음과 같다.

1개월간 근로일수 8일 이상 요건 또는 근로시간이 월 60시간 이상 요건 중 하나를 충족하는 일용근로자에 대해 사업장가입 당연대상으로 적용(2016.7.11. 시행)

종전 기준(2015.5.6. 이후)		변경 기준(2016.7.11. 이후)
사업장에 고용된 날부터 1개월 이상 근로하고, 1개월간 근로일수가 8일 이상이고, 근로시간이 월 60시간 이상인 일용근로자는 사업장에 고용된 날부터 사업장가입자로 적용	→	사업장에 고용된 날부터 1개월 이상 근로하고, 1개월간 근로일수가 8일 이상이거나, 근로시간이 월 60시간 이상인 일용근로자는 사업장에 고용된 날부터 사업장가입자로 적용

✔ 단, 상기 규정은 지침 시행일(2016.7.11.) 이후 근로한 기간에 적용하고 2016.7.10. 이전 근로한 기간에 대하여서는 종전 기준을 적용함

참고로 건설일용직의 경우에는 2018.8.1.부터 국민연금 가입 근로일수가 종전 20일에서 8일로 변경되었다. 다만, 건설현장의 부담을 완화하기 위해서 해당 변경 규정은 신규 건설현장부터 적용되는 것이며 진행 중인 건설공사(2018.8.1. 이전에 입찰공고일, 입찰공고를 하지 않은 경우에는 발주자와 수급인 간의 계약체결일이 있고 이후 입찰공고에 따른 공사현장을 의미함)는 2년간 유예를 두기로 하였다.

(2) 2022년 개정

2022년부터는 근무일수와 상관없이 월 220만원 이상을 지급받는 일용직근로자는 국민연금 가입대상자이다.

(2) 고용보험·산재보험 가입대상 여부

국민연금과 건강보험과 달리 일용근로자(1개월 미만 동안 고용되는 자)는 고용보험과 산재보험은 의무적으로 가입이 된다.

참고로 근로자가 월 소정근로시간이 60시간 미만(1주간 소정근로시간 15시간 미만 포함)인 시간제근로자의 경우 고용보험 적용제외 대상자에 해당되어 고용보험은 가입하지 않고 산재보험만 가입하면 된다.

▎고용보험법상 일용근로자 판단▎

구 분		일용근로자 판단
고용기간을 사전에 정한 경우	1월 이상의 고용기간을 사전에 정하고 고용된 경우	실제 근로를 제공한 기간, 일수, 시간을 불문하고 상용근로자로 판단함
	1월 미만(1일 단위 포함)의 고용기간을 정하고 고용되었으나 실제 1월 이상 근로를 제공한 경우	일용근로자로 판단함
고용기간을 사전에 정하지 않은 경우	입·이직률이 높아 고용기간을 사전에 정하지 아니한 경우로서 근로를 제공한 기간이 결과적으로 1월 이상인 경우	일용근로자로 판단함(단, 상용직 전환 여부 판단함)
	입·이직률이 높아 고용기간을 사전에 정하지 아니하고 근로를 제공한 기간이 결과적으로 1월 미만인 경우	일용근로자로 판단함

실무 POINT 고용및산재보험료징수법의 자진신고사업장과 부과고지사업장

2011년 1월부터 고용보험과 산재보험의 적용이 건설업과 벌목업(자진신고사업장)을 제외한 업종의 부과체계가 '부과고지방식'으로 변경되었다. 일용직 근로자에 대한 업종별 내용을 정리하면 다음과 같다.

구 분	보험료 납부 및 정산	근로내역확인신고서 제출
일반업종 (건설업과 벌목업 제외)	월별 보험료 부과고지 ⇒ 보수총액신고로 정산	고용·산재보험 제출
건설업과 벌목업	연간 개산보험료 선납부 ⇒ 확정보험료로 정산	고용보험만 제출

4. 일용직 근로자의 고용정보 신고(근로내용 확인서의 제출)

(1) 신고사유 및 시기

사업주는 일용근로자에 대하여 '근로내용 확인신고서'를 근로를 제공한 달의 다음 달 15일까지 공단에 신고하여야 한다. 일용근로자의 경우 '근로내용 확인신고서'를 제출한 경우 근로자 고용개시 신고 및 근로자 고용종료 신고, 이직확인서 제출을 한 것으로 보며 만약 제출하지 않은 경우라면 사업주에게 최대 300만원 이하의 과태료가 부과될 수 있다.

실무 POINT **일용직지급명세서와 근로내용 확인신고서**

소득세법시행령 제213조 제4항에 '지급명세서를 제출하여야 하는 자가 근로내용 확인신고서를 고용노동부장관에게 제출한 경우에는 지급명세서를 제출한 것으로 본다'라고 규정이 되어 있다. 이에 2015.7.1. 근로내용 확인신고서 서식이 개정되어 일용근로자에 대하여 고용센터 또는 근로복지공단에 '근로내용 확인신고서'상의 '일용근로 소득신고'란을 기재하여 제출하였으면 국세청에 분기별로 '일용근로소득 지급명세서'를 별도로 제출하지 않아도 지급명세서제출불성실가산세를 부담하지 않는다.

하지만 세법과 고용및산재보험료징수법상 일용직의 범위가 다르고 세법은 일용직 근로자와 단시간근로자를 구분하지 않는 반면에 고용및산재보험료징수법은 일용직 근로자와 단시간근로자를 구분하므로 실무상 오류가 발생할 가능성이 있다.

이에 실무상으로는 일용근로자에 대해서 '근로내용 확인신고서'와 '일용근로소득 지급명세서'를 각각 제출하는 것이 가장 최선의 실무 방안이라 판단된다.

(2) 일용근로자 근로내용 확인신고서 작성 시 유의사항[16)]

① 매월별로 각각 신고하여야 한다(여러 달을 한 장에 신고할 수 없음).

② 부과고지 대상 사업장은 고용보험과 산재보험을 동시에 작성하고, 자진신고 대상 사업장인 건설업 및 벌목업은 고용보험만 작성하여 신고한다.

③ 일용근로자 고용정보신고 대상이 10인 이상인 경우에는 전자신고하여야 한다.

④ 근로내용 확인신고를 착오한 경우 해당 근로자만 해당 월 근로내용 확인신고서를 정정하여 다시 신고한다.

⑤ 1개월간 소정 근로시간이 60시간 미만인 단시간근로자는 산재보험 고용정보 신고 제외대상이나, 고용신고를 하지 않은 경우에는 연간 보수총액만 신고할 수 있다. 즉 월 60시간 미만 단시간근로자는 근로내용 확인신고서에 기재하여 고용정보 신고를 한 경우에는 다음 연도 3월 15일 보수총액신고서 ⑥ 일용근로자 보수총액에 기재하고, 근로내용 확인신고서를 작성하지 않은 경우에는 ⑦ 그 밖의 근로자에 기재한다.

(3) 근로내용 확인신고서 서식 설명

① '근로내용 확인신고서'는 일용근로자에 대한 고용정보를 신고하는 서식이다. 일용근로자라 함은 ㉠ 1일 단위로 근로계약을 체결한 근로자 또는 ㉡ 1개월 미만 동안 고용되는 근로자를 말한다.

16) 2022 4대보험 실무(한국세무사회, 신현범저, p.492~497 일부 발췌)

② '근로내용 확인신고서'에 따라 신고사항을 신고하지 않거나 거짓으로 신고한 경우에는 300만원 이하의 과태료가 부과될 수 있으며, 거짓 신고 등으로 근로자가 실업급여를 부정하게 수령한 경우에는 사업주도 연대하여 책임을 질 수 있다.

③ 부과고지 사업장과 자진신고 사업장

부과고지 사업장(일반업종)	자진신고 사업장(건설업과 벌목업)
고용·산재보험 모두 기재	고용보험만 기재
보수총액과 임금총액 모두 기재	임금총액만 기재

④ 사업주가 1쪽의 '일용근로 소득신고'란을 포함하여 '근로내용 확인신고서'를 작성·제출한 경우 소득세법시행령 제213조 제4항에 따라 '일용근로소득 지급명세서'를 별도로 국세청에 제출할 필요가 없다.

이 경우 건설업(건설장비운영업 제외)과 임업 중 벌목업 사업장 소속 일용근로자도 반드시 '보수총액'을 적어야 하며, 일용근로소득 신고 대상자에 대하여 '근로내용 확인신고서'에 '일용근로 소득신고'란을 작성하지 않은 경우에는 해당 일용근로자에 대한 일용근로소득 지급명세서를 별도로 국세청에 제출하여야 한다.

⑤ '보수총액'은 근로소득에서 비과세 근로소득을 뺀 금액으로서, 해당 월에 발생된 금액을 기재한다. '보수총액'은 소득세법에 따른 비과세 근로소득만 뺀 금액이므로 '조세특례제한법'상 비과세, 감면 등은 공제하지 않는다는 점과 해당 월(근로를 제공한 달)에 지급하지 않았어도 기재한다는 점에 유의해야 한다.

⑥ '임금총액'은 '근로기준법' 제2조에 따른 임금으로서, 해당 월에 발생된 금액을 기재한다. '근로기준법'상 '임금'은 '소득세법'상 과세여부와는 무관하다.

⑦ '보수총액'은 보험료 산정기준, '임금총액'은 보험급여 산정기준의 역할을 한다. 즉 '보수총액'은 일용근로자에 대한 보험료 산정·부과 시 기준이 되는 금액이며, '임금총액'은 일용근로자가 실업급여 등을 수급할 때 기준이 되는 금액이다.

⑧ 소액부징수에 해당되어 원천징수할 세액이 없는 경우 '소득세'와 '지방소득세'란에 '0'으로 기재한다.

⑨ 이직사유코드

코 드	이직사유	구체적 사유
1	회사의 사정에 의한 이직	폐업, 공사중단, 공사 종료, 계약기간 만료 등
2	부득이한 개인사정에 의한 이직	질병, 부상, 출산 등
3	기타 개인사정에 의한 이직	전직, 자영업을 위한 이직 등

⑩ 건설업에 한해 고용관리 책임자를 기재해야 한다. 고용관리 책임자는 사업장별(건설공사별)로 지정·신고하여야 하며, 이를 위반할 경우에는 100만원 이하의 과태료가 부과된다.

⑪ '근로일수'란 피보험단위기간으로 산정되는 임금지급의 기초가 된 날을 의미하며, 1시간을 일해도 1일로 기재한다.

5. 일용근로자의 보험료 산정·납부·정산

(1) 일용근로자의 월별보험료 산정

일용근로자의 월별보험료는 그달에 일용근로자가 지급받은 보수총액을 월평균보수로 보아 월별보험료를 산정하여 부과한다.

일용근로자 월별보험료＝그달에 지급받은 보수총액×보험료율

✔ 그달에 지급받은 보수총액은 '근로내용 확인신고서'에 작성된 그달의 보수총액임

✔ 근로복지공단은 '근로내용 확인신고서'상의 일용근로자 보수 및 고용정보로 그달의 월별보험료를 산정하여 신고서를 제출한 날이 속하는 달의 월별보험료에 합산하여 부과한다. 단, 연도를 소급하여 일용근로자 '근로내용 확인신고서'를 제출할 경우 해당 연도 '보수총액수정신고서'를 제출해야 보험료가 소급 정산됨에 유의하자

(2) 일용근로자의 보험료 납부

사용주는 매월 부과받은 보험료를 다음 달 10일까지 납부하고 익년 3월 15일까지 보수총액신고를 하여 익년 4월 귀속분에 정산되어 고지된다.

(3) 일용근로자의 보험료 정산

일용근로자의 월별보험료는 '근로내용 확인신고서'에 의하여 산정·부과되므로 익년도 3월 15일까지 일반근로자와 동일하게 보수총액신고를 하여 보험료를 정산한다.

Chapter

03 퇴직소득 원천징수 실무

01 퇴직금 제도

1 퇴직소득의 의의와 퇴직급여제도

1. 퇴직소득의 의의

퇴직소득이란 근로소득이 있는 근로자가 현실적으로 고용관계가 종료되어 퇴직하는 경우 지급받는 퇴직금을 의미한다. 법에서 근로자를 보호하기 위하여 퇴직금은 근로자퇴직급여보장법에 규정하고 근로자에게 지급하여야 할 최소한의 금액을 법으로 정해 놓고 있다. 근로자퇴직급여보장법에 규정한 퇴직금 규정은 다음의 3가지로 정리할 수 있다.

근로자퇴직급여보장법

① 제2조 [정의] 확정급여형퇴직연금제도, 확정기여형퇴직연금제도 및 퇴직금제도를 말한다.
② 제4조 [퇴직급여제도의 설정] 사용자는 퇴직하는 근로자에게 급여를 지급하기 위하여 퇴직급여제도 중 하나 이상의 제도를 설정하여야 한다.
③ 제8조 [퇴직금제도의 설정] 퇴직금제도를 설정하려는 사용자는 계속근로기간 1년에 대하여 30일분 이상의 평균임금을 퇴직금으로 퇴직 근로자에게 지급할 수 있는 제도를 설정하여야 한다.

2. 퇴직급여제도

퇴직급여제도는 근로자퇴직급여보장법에서 크게 퇴직금제도와 퇴직연금제도로 구분하여 두 가지 중 하나를 선택하도록 하고 있다.

구 분	내 용	적립방식	지급형태
퇴직금 제도	계속기간 1년에 대하여 30일분 이상 평균임금 지급	회사내부	일시금
퇴직연금 제도	근로자에게 지급할 퇴직금을 외부 금융기관에 적립하여 회사 또는 근로자의 지시에 따라 운용	회사 외부에 예치(금융기관) 운용방식에 따른 구분 ① 확정급여형(DB형) ② 확정기여형(DC형) ③ 개인형퇴직연금(IRP)	연금 또는 일시금

PART 4 원천징수

실무 POINT **2012년 7월 26일 이후 설립된 신규사업자의 퇴직금제도**

2012년 7월 26일 근로자퇴직급여보장법이 개정되면서 2012년 7월 26일 이후 설립된 사업자는 사업장의 설립 1년 이내에 확정급여형 또는 확정기여형 퇴직연금에 반드시 가입하여야 한다. 정리하면 2012년 7월 26일 이전에 설립된 기존의 사업장은 퇴직금제도와 퇴직연금제도 중 선택하는 것이고, 2012년 7월 26일 이후에 설립된 사업장은 반드시 퇴직연금제도를 선택하여야 하는 것이다. 다만, 관련 법령에 의하면 현재 퇴직연금제도를 설정하지 않은 경우에 대한 벌칙 규정은 없다.

3. 퇴직금 산정과 회사의 퇴직급여규정

근로자퇴직급여보장법에 규정한 퇴직금은 계속근로기간 1년에 대하여 30일분 이상의 평균임금을 지급하여야 하며 평균임금은 퇴직 이전 3개월 동안에 그 근로자에게 지급된 임금의 총액을 그 기간의 총일수로 나눈 금액을 말하는 것으로 최소한의 퇴직금을 의미한다. 참고로 근로자는 근로자퇴직급여보장법에 의한 규정과는 별도로 회사의 퇴직급여규정이 있는 경우 해당 규정에 따라 퇴직금을 지급받게 된다.

❙ 퇴직금의 법정 최저한도 ❙

퇴직금 산정＝1일 평균임금×30일×계속근로연수(근속일수/365)

✔ 1일 평균임금=퇴직일 이전 3개월 평균임금의 합÷퇴직일 이전 3개월간의 총일수

✔ 1일 평균임금이 1일 통상임금보다 적으면 1일 통상임금을 평균임금으로 하여 퇴직금을 산정함

4. 원천징수대상 퇴직소득

원천징수대상 퇴직소득은 해당 과세기간에 발생한 다음의 소득을 말한다(소법 §22).

① 국민연금 등 공적연금 관련법에 따라 받는 일시금(지연지급 이자 포함)

- 과세기준일(2002.1.1.) 이후에 납입된 연금 기여금 및 사용자 부담금을 기초로 하거나 2002년 1월 1일 이후 근로의 제공을 기초로 하여 받은 일시금을 말함

② 사용자 부담금을 기초로 하여 현실적인 퇴직을 원인으로 지급받는 소득

- 현실적 퇴직을 원인으로 지급받는 소득은 퇴직소득에 해당하나 임원의 경우에는 퇴직소득 한도를 초과하는 경우에는 근로소득으로 보며, 현실적인 퇴직 사유가 발생하였으나 퇴직급여를 실제로 지급받지 않은 경우는 퇴직으로 보지 않고, 현실적인 퇴직 사유에는 해당하지 않지만 퇴직금 중간지급 사유에 해당하여 지급받는 퇴직금은 퇴직소득으로 봄

③ 소기업·소상공인 공제금(2016.1.1. 이후 가입분부터 적용)

- 폐업 등 사유(소기업·소상공인 폐업 또는 해산, 공제 가입자 사망, 법인 대표자 지위로 공제에 가입한 자가 그 법인의 대표자 지위 상실, 만 60세 이상으로 공제부금 납입월수가 120개월 이상인 자가 공제금의 지급을 청구한 때)가 발생하여 소기업·소상공인 공제에서 공제금을 지급받는 경우를 말함
- 이 경우 퇴직소득으로 보는 금액은 다음과 같음

퇴직소득 = 공제금 − 실제 소득공제받은 금액을 초과하여 납입한 금액의 누계액

④ 건설근로자의 고용개선 등에 관한 법률에 따라 지급받는 퇴직공제금(2013.2.15. 이후 발생하는 소득분부터 적용)

⑤ 과학기술인공제회법에 따라 지급받는 과학기술발전장려금

⑥ 종교관련 종사자가 현실적인 퇴직을 원인으로 종교단체로부터 지급받는 소득

실무 POINT **퇴직위로금과 해고예고수당 등**

1. 퇴직위로금

2013.1.1. 이후 현실적인 퇴직사유로 인하여 지급하는 퇴직위로금은 종업원과 임원으로 구분하여 다음과 같이 원천징수를 한다.

① 종업원의 경우

종업원에게 퇴직 시 지급하는 퇴직위로금은 퇴직금지급규정과 상관없이 퇴직금으로 보아 원천징수를 한다(2013년 이전에는 퇴직금지급규정에 있는 경우 퇴직소득으로 보았음).

② 임원의 경우

정관 또는 정관에 위임된 퇴직금 및 퇴직위로금지급규정에 따라 임원에게 지급하는 퇴직위로금은 퇴직소득에 해당하는 것이며, 이에 의하지 아니하고 회사 내부 결정에 따라 지급하는 퇴직위로금 중 법인세법 또는 소득세법상 임원퇴직소득한도를 초과하는 금액은 근로소득에 해당한다.

2. 해고예고수당

사용자는 근로자를 해고(경영상 이유에 의한 해고를 포함한다)하려면 적어도 30일 전에 예고를 하여야 하고, 30일 전에 예고를 하지 아니하였을 때에는 30일분 이상의 통상임금을 지급하여야 한다. 다만, 근로자가 계속 근로한 기간이 3개월 미만인 경우, 천재·사변, 그 밖의 부득이한 사유로 사업을 계속하는 것이 불가능한 경우 또는 근로자가 고의로 사업에 막대한 지장을 초래하거나 재산상 손해를 끼친 경우 등 관련 법령에서 정하는 정당한 사유에 해당하는 경우에는 그러하지 아니하다(근기법 §26). 세법상 해고예고수당은 퇴직소득에 해당된다(소통 22-0…2).

3. 퇴직금의 지급

사용자는 근로자가 퇴직한 경우에는 그 지급사유가 발생한 날부터 14일 이내에 퇴직금을 지급하여야 하며, 전부 또는 일부를 그 지급하지 않는 경우 연 20%에 해당하는 연체이자를 지급하여야 하며 특별한 사정이 있는 경우에는 당사자 간의 합의에 따라 지급기일을 연장할 수 있다(근퇴법 §9, 근기법 §37, 근기령 §17).

세법상 동 연체이자에 해당하는 지급액은 관련 법령의 위약으로 인한 위약금으로 보는 것이므로 기타소득에 해당됨에 유의하여야 한다. 관련예규는 다음과 같다.

- **서면법규-596**(2014.6.16. 퇴직금 지연지급으로 인한 지연이자의 소득구분)

  근로계약의 위약으로 인하여 받는 퇴직금 지급 지연손해금은 「소득세법」 제21조 제1항 제10호의 계약의 위약 또는 해약으로 인하여 받는 위약금과 배상금으로서 기타소득에 해당하는 것임

  참고로 서면1팀-914(2005.7.25.) 예규는 삭제된 예규로 미지급임금 등에 대한 지연이자의 소득구분을 퇴직소득으로 구분했었다.

- **서면1팀-914**(2005.7.25.)

  근로기준법 제36조의 규정에 의해 근로자가 사망 또는 퇴직함에 따라 지급하여야 하는 임금 및 퇴직금의 전부 또는 일부를 지급하지 아니하여 같은 법 제36조의 2 규정의 미지급 임금 등에 대한 지연이자를 지급하는 경우 동 지연이자는 해당 근로자의 근로소득(임금) 또는 퇴직소득(퇴직금)으로 보는 것임

4. 퇴직금의 개인형퇴직연금(IRP) 이전 의무화(2022.4.14. 시행)

기존에는 퇴직연금 가입 사업자의 경우에만 퇴직급여를 개인형퇴직연금제도(IRP)계좌로 지급하도록 하였는데 퇴직금 제도의 적용을 받는 근로자는 급여통장 등으로 퇴직금을 받기 때문에 세제 혜택 등을 받지 못하고 퇴직금을 소진하는 문제가 있었다.

이에 퇴직금도 퇴직연금과 같이 개인형퇴직연금계정(IRP)으로 지급하도록 하여 일시금 수령으로 퇴직금을 모두 소진하는 상황을 예방하고 과세이연 등 세제 혜택을 받을 수 있도록 관련 법령을 개정하였다.

따라서 2022.4.14.부터는 퇴직금을 근로자가 지정한 개인형퇴직연금제도의 계정 등으로 지급하여야 하므로 사용자는 가입자에게 퇴직금 수령을 위한 개인형퇴직연금제도(IRP)계좌를 개설하도록 안내하고, 기한 내에 퇴직금을 세전 금액으로 지급해야 한다. 다만, 55세 이후 퇴직한 경우, 퇴직급여액이 300만원 이하인 경우, 사망으로 인한 당연퇴직 및 외국인 근로자가 국외 출국한 경우, 타법령에서 퇴직소득을 공제할 수 있도록 한 경우에는 IRP계정 등으로 지급하지 않아도 무방하다(근로자퇴직급여 보장법 시행령 일부개정안 설명자료, 2022.4.14. 고용노동부 보도자료 발췌).

5. 비과세 퇴직소득

비과세 퇴직소득의 범위는 다음과 같다(소법 §12 3호).

① 산업재해보상보험법에 따라 수급권자가 받는 요양급여, 휴업급여, 장해급여, 간병급여, 유족급여, 유족특별급여, 장해특별급여, 장례비 또는 근로의 제공으로 인한 부상·질병·사망과 관련하여 근로자나 그 유족이 받는 배상·보상 또는 위자(慰藉)의 성질이 있는 급여

② 근로기준법 또는 선원법에 따라 근로자·선원 및 그 유족이 받는 요양보상금, 휴업보상금, 상병보상금(傷病補償金), 일시보상금, 장해보상금, 유족보상금, 행방불명보상금, 소지품 유실보상금, 장례비 및 장제비

③ 국민연금법에 따라 받는 반환일시금(사망으로 받는 것만 해당한다) 및 사망일시금

④ 공무원연금법, 공무원재해보상법, 군인연금법, 군인재해보상법, 사립학교교직원연금법 또는 별정우체국법에 따라 받는 공무상요양비·요양급여·장해일시금·비공무상 장해일시금·비직무상 장해일시금·장애보상금·사망조위금·사망보상금·유족일시금·퇴직유족일시금·유족연금일시금·퇴직유족연금일시금·퇴역유족연금일시금·순직유족연금일시금·유족연금부가금·퇴직유족연금부가금·퇴역유족연금부가금·유족연금특별부가금·퇴직유족연금특별부가금·퇴역유족연금특별부가금·순직유족보상금·직무상유족보상금·위험직무순직유족보상금·재해부조금·재난부조금 또는 신체·정신상의 장해·질병으로 인한 휴직기간에 받는 급여

⑤ 국가유공자등예우및지원에관한법률 또는 보훈보상대상자지원에관한법률에 따라 받는 보훈급여금·학습보조비

⑥ 국군포로의송환및대우등에관한법률에 따른 국군포로가 받는 보수 및 퇴직일시금

실무 POINT 퇴사 후 지급하는 자녀학자금의 소득구분 등

1. 근로자나 유가족에게 지원하는 학자금의 과세여부(서면1팀-1522, 2004.11.11.)

사용자로부터 지급받는 학자금이 근로의 제공으로 인한 사망과 관련하여 그 유족이 지급받는 보상 또는 위자의 성질을 가지는 경우에는 비과세되는 퇴직소득에 해당한다.

2. 근로자의 유가족에게 지원하는 학자금의 손비여부(법령 §19 21호, 법칙 §10의 3)

임원 또는 직원(제43조 제7항에 따른 지배주주 등인 자는 제외)의 사망 이후 유족에게 학자금 등으로 일시적으로 지급하는 금액으로서 임원 또는 직원의 사망 전에 정관이나, 주주총회·사원총회 또는 이사회의 결의에 의하여 결정되어 임원 또는 직원에게 공통적으로 적용되는 지급기준에 따라 지급되는 것은 손비의 금액으로 한다.

3. 직원의 업무 외의 사망으로 법인이 수령한 보험금을 유족에게 지급 시 소득구분 및 비과세 여부(서면원천 2024-1188, 2025.2.24.)

직원의 업무 외의 사유로 인한 사망과 관련하여 유족이 지급받는 위로금은 퇴직소득에 해당하며, 업무와 관련없이 직원의 사망으로 그 유족이 받는 위로금 성격의 급여는 비과세소득에 해당하지 않는다.

2 현실적인 퇴직

1. 현실적인 퇴직의 의의

현실적인 퇴직이란 고용관계의 종료를 통한 실질적인 퇴직뿐만 아니라 소득세법에서는 고용관계의 종료와는 상관없이 사용인이 임원으로 취임하는 경우 등 법에서 정한 사유(현실적인 퇴직으로 보는 경우)로 퇴직금을 지급하는 경우를 포함하는 개념이다.

구 분	현실적인 퇴직으로 보는 경우	현실적인 퇴직으로 보지 않는 경우
소 득	퇴직소득	업무무관가지급금으로 처리
원천징수 여부	원천징수함	원천징수하지 않음

2. 현실적인 퇴직으로 보는 경우

사용자 부담금을 기초로 하여 실제로 퇴직시 지급받는 금액뿐만 아니라 그 외 현실적인 퇴직을 원인으로 지급받는 소득도 퇴직소득에 해당하며 이것을 퇴직금 중간정산 또는 퇴직금 중간지급이라고 한다.

다만, 현실적인 퇴직사유가 발생하였으나 퇴직급여를 실제로 지급받지 않는 경우 퇴직으로 보지 않고, 현실적인 퇴직 사유에는 해당하지 않지만 퇴직금 중간지급 사유에 해당하여 지급받는 퇴직금은 퇴직소득으로 본다(소령 §43 ①).

(1) 현실적인 퇴직사유가 발생하였으나 퇴직금 미수령시 퇴직으로 보지 않는 경우

다음의 1)부터 4)까지의 사유가 발생하여 퇴직급여를 지급한 경우에는 퇴직으로 보며 원천징수신고를 하여야 한다. 다만, 사유가 발생했으나 퇴직급여를 실제로 받지 않은 경우는 퇴직으로 보지 않는다(소령 §43 ①).

1) 종업원이 임원이 된 때

현실적 퇴직시기는 아래와 같다(소행 22-43-2).

구 분	현실적 퇴직일
법인의 이사가 상법 제385조 제1항에 따라 주주총회의 결의에 의하여 해임된 경우	해당 규정에 따른 주주총회 결의일
법인의 종업원이 임원으로 취임함으로써 퇴직급여지급규정·취업규칙 또는 노사합의에 의하여 퇴직금을 실제로 지급받은 때	주주총회에서 임원으로 선임되는 날

2) 합병·분할 등 조직변경, 사업양도 또는 직·간접적으로 출자관계에 있는 법인으로의 전출이 이루어진 경우(2015.2.3. 이후 전출분부터 적용함)

3) 법인의 상근임원이 비상근임원이 된 경우

4) 비정규직 근로자(기간제및단시간근로자보호등에관한법률에 따른 기간제근로자 또는 단시간근로자를 말함)가 정규직 근로자(근로기준법에 따라 근로계약을 체결한 근로자로서 비정규직 근로자가 아닌 근로자를 말함)로 전환된 경우(2020.2.11. 이후 사유가 발생하는 경우부터 적용)

(2) 계속근로기간 중 미리 퇴직금을 수령하여 퇴직으로 보는 경우

계속근로기간 중에 아래의 어느 하나에 해당하는 사유로 퇴직급여를 미리 지급받은 경우(임원인 근로소득자를 포함하며, 이하 "퇴직소득중간지급"이라 함)에는 그 지급받은 날에 퇴직한 것으로 본다(소령 §43 ②).

1) 근로자퇴직급여보장법시행령 제3조 제1항에 의한 '주택구입 등 대통령령으로 정하는 사유'에 의하여 퇴직급여가 지급되는 경우

① 무주택자인 근로자가 본인 명의로 주택을 구입하는 경우

② 무주택자인 근로자가 주거를 목적으로 전세금 또는 보증금을 부담하는 경우. 이 경우 근로자가 하나의 사업에 근로하는 동안 1회로 한정함

③ 근로자가 6개월 이상 요양을 필요로 하는 다음 중 어느 하나에 해당하는 사람의 질병이나 부상에 대한 의료비를 해당 근로자가 본인 연간 임금총액의 1천분의 125를 초과하여 부담하는 경우(2020.4.30.부터 시행)

- 근로자 본인
- 근로자의 배우자
- 근로자 또는 그 배우자의 부양가족

✔ 2020.4.29.까지는 근로자, 근로자의 배우자 또는 근로자 또는 근로자의 배우자와 생계를 같이하는 부양가족이 질병 또는 부상으로 6개월 이상 요양을 하는 경우 적용됨

④ 퇴직금 중간정산을 신청하는 날부터 거꾸로 계산하여 5년 이내에 근로자가 채무자회생및파산에관한법률에 따라 파산선고를 받은 경우

⑤ 퇴직금 중간정산을 신청하는 날부터 거꾸로 계산하여 5년 이내에 근로자가 채무자회생및파산에관한법률에 따라 개인회생절차개시 결정을 받은 경우

⑥ 사용자가 기존의 정년을 연장하거나 보장하는 조건으로 단체협약 및 취업규칙 등을 통하여 일정 나이, 근속시점 또는 임금액을 기준으로 임금을 줄이는 제도를 시행하는 경우(임크피크제)

⑦ 사용자가 근로자와의 합의에 따라 소정근로시간을 1일 1시간 또는 1주 5시간 이상 단축함으로써 단축된 소정근로시간에 따라 근로자가 3개월 이상 계속 근로하기로 한 경우(시간선택제)

⑧ 근로기준법의 개정에 따른 근로시간의 단축으로 근로자의 퇴직금이 감소되는 경우

⑨ 재난으로 피해를 입은 경우로서 고용노동부장관이 정하여 고시하는 사유에 해당하는 경우(고용노동부 고시 제2020-139호, 2020.12.1.)

2) 법인의 임원이 향후 퇴직급여를 지급받지 아니하는 조건으로 급여를 연봉제로 전환하는 경우(2016.1.1.부터 폐지)

3) 퇴직연금제도가 폐지되는 경우

실무 POINT 퇴직소득 중간지급 관련 추가 검토사항

1. 현실적인 퇴직으로 보는 경우(소행 22-43-1 ③)

① 법인의 직영차량 운전기사가 법인소속 지입차량의 운전기사로 전직하는 경우

② 근로자가 사규 또는 근로계약에 따라 정년퇴직을 한 후 다음 날 해당 사용자의 별정직 사원(촉탁)으로 채용된 경우

2. 중간정산 이후의 퇴직금의 기산일과 퇴직금 산정

퇴직소득 중간정산 후의 퇴직금 산정을 위한 계속근로연수는 직전 중간정산 대상기간 종료일의 다음날부터 새로이 기산하며(근퇴법 §8, 법령 §44 ② 3호), 퇴직금 중간정산 이후 퇴직금 산정을 위한 계속근로연수가 1년 미만인 근로자의 경우에도 전체 근로연수가 1년 이상이라면 중간정산 이후의 1년 미만이 되는 기간에 대해서는 1년간의 퇴직금에 비례하여 퇴직금을 지급해야 한다.

3. 퇴직 후 재입사하는 경우 소득구분

종업원이 퇴직급여지급규정 및 노사합의에 따라 퇴직금을 지급받은 후에 새로운 고용계약을 체결하여 재입사하는 경우로서 현실적으로 퇴직한 것으로 인정되는 때에는 해당 퇴직금은 퇴직소득에 해당한다(소행 22-43-3).

다만, 근로자가 퇴직 후 재입사하여 기왕의 근로계약에 기한 각종 근로혜택(연·월차수당의 누진 및 대출금 지원 등)이 지속되는 등 종업원에 대한 자금지원 등을 목적으로 퇴직금을 중도지급한 것으로 인정되는 경우에는 새로운 근로계약에 의한 고용관계의 체결로 볼 수 없는 것이며, 현실적으로 퇴직하지 아니한 근로자에게 지급한 퇴직금은 현실적으로 퇴직할 때까지 근로자 등에 대한 업무와 관련 없는 가지급금으로 보는 것(법인 46012-3398, 1995.9.1.)이므로 퇴사 후 바로 재입사하는 경우라면 해당 재입사는 현실적인 퇴직사유로 퇴직한 것으로 인정받지 못할 수도 있음에 실무상 유의하여야 할 것이다.

참고 **고용노동부 고시 제2020-139호(2020.12.21.)와 퇴직소득 중간지급 시 증명서류**

1. 고용노동부 고시 2020-139호(2020.12.1.)

(1) **천재지변** : 태풍, 홍수, 호우, 강풍, 풍랑, 해일, 조수, 대설, 낙뢰, 가뭄, 지진(지진해일 포함), 그 밖에 이에 준하는 자연현상으로 인하여 발생하는 재해

(2) 가입자(근로자를 말함) 또는 부양가족이 입은 피해의 기준

피해종류	내 용
물적 피해	• 피해유형 : 주거시설 등이 완전 침수·파손·유실·매몰되거나 일부 침수·파손·유실·매몰된 경우 • 피해정도 : 주거시설 등이 50% 이상 피해를 입어 시설의 복구가 거의 불가능하거나 복구에 오랜 시간이 걸리는 피해를 입은 경우
인적 피해	• 피해유형 – 가입자의 배우자, 소득세법 제50조 제1항 3호에 따른 가입자(그 배우자 포함)와 생계를 같이하는 부양가족이 사망하거나 실종된 경우 – 가입자, 가입자의 배우자 또는 소득세법 제50조 제1항에 따른 가입자(그 배우자 포함)와 생계를 같이하는 부양가족이 15일 이상 입원 치료가 필요한 피해를 입은 경우

(3) 신청시기(고용노동부고시 제2012-55호 참고)

① 천재지변 등으로 물적·인적 피해를 입은 날로부터 3개월 이내에 신청

② 다만, 천재지변 등으로 물적·인적 피해를 입은 날로부터 3개월이 경과한 이후에도 해당 사유가 해소되지 아니하였음을 증명하는 경우에는 그 사유가 해소되기 전까지 신청할 수 있음

(4) 증빙서류(고용노동부고시 제2012-55호 참고)

① 물적 피해 : 피해사실확인서 또는 자연재난 피해신고서에 따른 행정기관의 피해조사(확인) 자료

② 인적 피해 : 자연재난 피해신고서에 따른 행정기관의 피해조사(확인) 자료, 입원사실 확인서, 사망(실종)증명서, 가족관계증명서 등

2. 퇴직소득 중간지급 시 증명서류(퇴직금 중간정산제도 업무처리지침, 2013.2.)

(1) 무주택자인 근로자가 본인 명의로 주택을 구입하는 경우

① 무주택자 여부에 대한 판단

• 근로자 본인에 대한 확인만 거치면 되므로 중간정산 신청일을 기준으로 본인 명의로 등기된 주택이 없다면 세대원이 주택을 소유하고 있다 하더라도 무주택자 요건을 충족한 것으로 봄

② 주택구입여부에 판단

• 근로자 본인 명의로 된 주택 매매계약을 체결하였는지 여부를 통해 확인

✔ 부부공동명의로 주택을 구입하는 경우도 본인 명의로 주택을 구입하는 것으로 봄

③ 신청시기 : 주택매매계약 체결일부터 소유권 이전 등기 후 1개월 이내에 신청 가능

④ 증빙서류

구 분	구비서류
무주택자 여부 확인	• 현 거주지 주민등록등본 • 현 거주지 건물등기부등본 또는 건축물관리대장등본 • 재산세 (미)과세 증명서
주택구입 여부 확인	• 주택 구입의 경우에는 부동산 매매계약서(분양계약서) 사본, 주택 신축의 경우에는 건축설계서 및 공사계약서 등 • 구입한 주택에 대한 건물등기부등본 또는 건축물관리대장등본(등기 후 신청 시)

⑤ 사례

사례 1 주택을 소유했다가 되팔고 다시 주택을 취득하는 경우에도 무주택자 요건을 충족하는지?

→ 중간정산신청 전에 주택을 소유한 사례가 있다 하더라도 신청일을 기준으로 확인하여 본인 명의의 주택이 없는 경우에는 무주택자로 봄

사례 2 근로자가 전세로 살고 있던 주택을 구입하는 경우로서 주택매매계약체결, 주택구입 대금 지급, 소유권 이전 등기가 동시에 이루어진 경우 퇴직금 중간정산 받을 수 있는지?

→ 증빙서류를 구비하여 소유권 이전 등기일로부터 1개월 이내에 중간정산 신청하는 경우에는 중간정산 가능함

(2) 무주택자인 근로자가 주거를 목적으로 전세금을 부담하는 경우(1개 사업에서 1회에 한함)

① 무주택자 여부에 관한 판단

- 근로자 본인에 대한 확인만 거치면 되므로 중간정산 신청일을 기준으로 본인 명의로 등기된 주택이 없다면 세대원이 주택을 소유하고 있다고 하더라도 무주택자 요건을 충족한 것으로 봄

② 전세금 또는 보증금의 범위

- 주거목적의 전세금으로서 민법 제303조에 따른 전세금 또는 주택임대차보호법 제3조의 2에 따른 임차보증금의 경우임
- 임대차계약상 보증금으로 전세보증금뿐만 아니라 월세보증금도 해당

③ 신청시기 : 주택임대차계약 체결일부터 잔금지급일 이후 1개월 이내에 신청 가능

④ 증빙서류

구 분	구비서류
무주택자 여부 확인	• 현 거주지 주민등록등본 • 현 거주지 건물등기부등본 또는 건축물관리대장등본 • 재산세 (미)과세 증명서
전세금 또는 임차보증금 필요 여부 확인	•전세 및 임대차계약서 사본 •전세금 또는 임차보증금을 지급한 경우에는 지급영수증(잔금지급일로부터 1월 이내)

⑤ 사례

사례 1 전세계약기간을 연장하는 경우에 중간정산할 수 있는지?

→ 전세금(임차보증금)을 부담하기 위한 경우를 신규 전세계약을 체결하는 경우로 한정하고 있지 않으므로 현 거주지의 임대차계약 기간을 연장하여 연장계약을 체결하는 경우에도 중간정산할 수 있음

사례 2 본인 명의가 아닌 배우자 등 세대주 명의로 주택 임대차계약을 체결하는 경우에도 중간정산받을 수 있는지?

→ 중간정산 신청을 하는 근로자 스스로 부담하는 전세금(임차보증금)에 대하여 중간정산받을 수 있으므로 근로자와 세대를 같이하는 동거인의 명의로 주택 임대차계약을 체결하는 경우에는 원칙적으로 중간정산받을 수 없음. 그러나 배우자, 직계존비속, 형제자매 등 세대원 명의로 계약을 한 경우로서 향후 전입신고 등을 통해 해당 주택에 거주함을 증명할 것을 서약하는 문서를 제출한다면 주거를 목적으로 임대차계약을 체결하는 경우로 갈음할 수 있음

(3) 근로자, 근로자의 배우자 또는 부양가족이 6개월 이상 요양을 하는 경우

① 부양가족의 범위

- 소득세법 제50조 제1항에 따른 근로자 또는 근로자의 배우자와 생계를 같이하는 부양가족

✔ 부양가족 범위를 판단함에 있어 소득 수준은 고려하지 않음

② 6개월 이상의 요양에 해당하는지 여부에 대한 판단기준

- 의사의 진단서 또는 소견서, 건강보험공단의 장기요양확인서 등에서 병명 및 치료기간(6개월 이상)이 명시되어야 함

③ 신청시기

- 중간정산 신청 당시 질병 또는 부상 등으로 요양 중이거나 요양 예정이어야 함
- 다만, 요양이 종료된 경우에는 요양 종료일부터 1개월 이내에 신청 가능

④ 증빙서류

구 분	구비서류
요양 필요 여부 확인	• 의사의 진단서 또는 소견서 또는 건강보험공단의 장기요양확인서 등 6개월 이상 요양의 필요 여부를 확인할 수 있는 서류(병명, 요양기간 확인) • 요양이 종료된 경우 요양종료일과 치료비를 부담했음을 확인할 수 있는 서류
부양가족 확인	• 가족관계증명서 등 배우자, 생계를 같이하는 부양가족 여부를 확인할 수 있는 서류

⑤ 사례

사례 1 근로자의 시모(55세)가 교통사고로 인해 6개월 이상 진단받은 경우 중간정산할 수 있는지?

→ 근로자의 시모는 배우자의 직계존속에 해당하나 60세 미만이므로 6개월 이상의 요양을 한다고 하더라도 중간정산할 수 없음

사례 2 입원기간만 요양기간으로 인정되는지 혹은 통원치료기간도 요양기간으로 볼 수 있는지?

→ 요양은 질병 또는 부상 등으로 인하여 일정 치료를 필요로 하는 경우를 말하므로 입원치료뿐만 아니라 통원치료, 약물치료 기간도 요양기간으로 봄

사례 3 임플란트 등 치과치료의 경우에도 6개월 이상의 진단서를 제출하면 중간정산 가능한지 여부?

→ 미용목적의 치료는 중간정산 요건에 해당하지 않지만 치과계질환으로 인해 임플란트가 필요하고 6개월 이상 지속적으로 치료할 필요가 있는 경우에는 가능한 것으로 봄

(4) 신청일로부터 역산하여 5년 이내에 근로자가 채무자회생및파산에관한법률에 따라 파산선고를 받은 경우

① 채무자회생및파산에관한법률에 따른 파산선고를 받은 경우를 의미함

② 신청시기 : 파산 선고를 받은 날부터 5년 이내

✔ 면책·복권 결정 여부 불문

③ 증빙서류 : 법원의 파산선고문

(5) 신청일로부터 역산하여 5년 이내에 근로자가 채무자회생및파산에관한법률에 따라 개인회생절차개시 결정을 받은 경우

① 채무자회생및파산에관한법률에 따른 개인회생절차개시 결정을 의미함

② 신청시기 : 신청하는 날부터 역산하여 5년 이내에 파산선고를 받은 경우로서 신청 당시 개인회생절차개시 결정의 효력이 진행 중이어야 함

✔ 개인회생절차 폐지 결정, 면책결정이 된 경우에는 개인회생절차개시 결정의 효력이 종료되었으므로 중간정산 불가함

③ 증빙서류 : 개인회생절차개시 결정문 또는 개인회생절차변제인가 확정증명원

④ 사례

신용회복위원회의 신용회복절차개시결정을 중간정산 요건으로 볼 수 있는지?

→ 개인회생절차개시 결정은 「채무자 회생 및 파산에 관한 법률」을 근거로 법원에서 결정하는 것을 말함. 따라서 신용회복위원회의 신용회복지원제도에 따른 개인워크아웃, 프리워크아웃(사전채무조정) 결정 등은 이에 해당하지 않아 중간정산 요건으로 볼 수 없음

(6) 고용보험법시행령 제28조 제1항 제1호부터 제3호에 따른 임금피크제를 실시하여 임금이 줄어드는 경우

구 분	요 건
정년연장형 임금피크제 (고용보험법시행령 §28조 ① 1호)	사업주가 근로자대표의 동의를 받아 정년을 60세 이상으로 연장하거나 정년을 56세 이상 60세 미만으로 연장하면서 55세 이후부터 일정나이, 근속시점 또는 임금액을 기준으로 임금을 줄이는 제도를 시행하는 경우

구 분	요 건
근로시간 단축형 임금피크제(고용보험법시행령 §28 ① 2호)	사업주가 정년을 연장하거나 정년 후 재고용하면서 주당 소정근로시간을 15시간 이상 30시간 이하로 단축하는 경우
정년 후 재고용형 임금피크제(고용보험법시행령 §28 ① 4호)	정년을 55세 이상으로 정한 사업주가 정년에 이른 사람을 재고용(재고용기간이 1년 미만인 경우는 제외)하면서 정년퇴직 이후부터 임금을 줄이는 경우

3. 현실적인 퇴직으로 보지 않는 경우

다음과 같이 현실적인 퇴직으로 보지 않는 경우 퇴직금을 지급하면 퇴직소득으로 보지 않고 업무무관가지급금으로 본다. 따라서 원천징수대상에서 제외한다(소통 22-0…1 ②).

① 임원이 연임된 경우

② 법인의 대주주 변동으로 인하여 계산의 편의, 기타 사유로 전 근로자에게 퇴직금을 지급한 경우

③ 기업의 제도·기타 사정 등을 이유로 퇴직금을 1년 기준으로 매년 지급하는 경우(근로자퇴직급여보장법 제8조 제2항에 따라 퇴직금을 미리 정산하여 받은 경우 제외)

④ 비거주자의 국내사업장 또는 외국법인의 국내지점 종업원이 본점(본국)으로 전출하는 경우

⑤ 정부 또는 산업은행 관리기업체가 민영화됨에 따라 전 근로자의 사표를 일단 수리한 후 재채용한 경우

⑥ 2 이상의 사업장이 있는 사용자의 근로자가 한 사업장에서 다른 사업장으로 전출하는 경우

✔ 위에서 설명한 현실적인 퇴직으로 보는 경우와 현실적인 퇴직으로 보지 않는 경우는 소득세법 관련 법령에 대해서 설명하였지만 법인세법시행령 제44조 제1항과 제2항, 법인세법 시행규칙 제22조 제3항 그리고 법인세법 집행기준 26-44-3에도 설명되어 있다.
만약 현실적인 퇴직으로 보지 않는 경우임에도 불구하고 퇴직금을 중간지급하여 비용처리를 하는 경우라면 법인세법상 비용으로 인정받지 못할 뿐만 아니라 법인세 과세신고에 따른 가산세의 불이익도 부담하여야 하는 상황이 발생될 수 있음에 유의하여야 한다.

3 퇴직소득의 수입시기

1. 원칙

퇴직소득의 수입시기는 퇴직한 날로 한다(소령 §50 ②). 여기서 퇴직한 날은 근로계약이 해지되어 실제로 퇴직을 한 날을 말하며(원천세과-432, 2009.5.21.), 고용기간을 약정한 경우에는 고용계약 만료일이 된다(원천세과-331, 2011.6.8.).

참고로 근로자가 사용자로부터 해고되어 노동위원회에 부당해고 구제를 신청함에 따라 노동위원회의 화해결정에 의하여 퇴직일 등이 확정되는 경우로서 그 퇴직일이 2012.12.31. 이전인 경우 소득세법시행령 제42조의 2 제5항 규정(2012.7.24. 대통령령 제23987호로 개정된 것)을 적용함에 있어 "퇴직한 날"이란 화해결정에 따른 퇴직일을 말한다.

2. 예외

예외적인 퇴직소득의 수입시기는 다음과 같다(소령 §50 ②).

구 분	수입시기
국민연금법에 따른 일시금, 건설근로자의고용개선등에관한법률 제14조에 따라 지급받는 퇴직공제금	소득을 지급받는 날(분할하여 지급받는 경우에는 최초로 지급받는 날)
소기업·소상공인 공제에서 발생하는 소득 과세이연된 퇴직소득을 연금 외 수령하는 경우	소득을 지급받는 날

3. 중간정산 퇴직금의 수입시기

퇴직소득중간지급의 사유로 퇴직급여를 미리 지급받은 경우에는 그 지급받은 날에 퇴직한 것으로 본다(소령 §43 ②, 2013.2.15. 이후 발생하는 중간정산분부터 적용함). 예를 들어 2015.1.2. 입사한 근로자가 퇴직소득 중간지급 요건을 충족하여 2015.1.2.부터 2019.12.31.까지의 퇴직소득 중간정산분을 2025.7.1.에 신청하여 지급받는 경우의 수입시기는 지급받은 날인 2025.7.1.인 것이다.

또한 회사가 근로자에게 중간정산 퇴직금을 분할하여 지급하는 경우에는 다음과 같이 원천징수한다(소통 148-203…1).

<table>
<tr><th colspan="3">구 분</th><th>시 기</th></tr>
<tr><td rowspan="2">퇴직소득의 수입시기</td><td colspan="2">중간정산 퇴직금을 약정에 의하여 분할지급하는 경우</td><td>약정에 의하여 중간정산퇴직금을 최초로 지급받기로 한 날</td></tr>
<tr><td colspan="2">지급일에 관한 약정이 없는 경우</td><td>실제로 중간정산 퇴직금을 최초로 지급받은 날</td></tr>
<tr><td rowspan="3">분할지급하는 경우 원천징수 시기</td><td colspan="2">1차 지급분</td><td>1차 지급한 때에 원천징수</td></tr>
<tr><td rowspan="2">2차 이후 지급분</td><td>1차 지급일과 동일연도에 지급</td><td>당해 지급분을 지급하는 때 원천징수</td></tr>
<tr><td>1차 지급일과 동일연도에 미지급</td><td>퇴직소득지급시기의 의제규정을 적용하여 원천징수</td></tr>
</table>

실무 POINT 퇴직소득 수입시기 사례

1. 추가지급하는 중간정산퇴직금 정산차액의 수입시기(소행 22-50-4)
퇴직금제도 변경에 관한 노사합의에 따라 중간정산 신청일을 기준으로 계산한 중간정산 퇴직금과 기지급한 금액과의 정산차액을 추가로 지급한 경우 그 정산차액의 수입시기는 중간정산을 신청한 날로 한다.

2. 재정산 퇴직금을 다음 해에 추가 지급하는 경우 수입시기(원천세과-766, 2009.09.18.)
성과금이 확정됨에 따라 재산정한 퇴직금을 퇴직한 다음 해에 추가 지급하는 경우 퇴직금에 대한 퇴직소득세 원천징수는 실제 퇴직한 날을 귀속연도로 하고 퇴직시 지급된 퇴직소득금액과 합산하여 지급하는 때에 함

4 원천징수세액의 계산

퇴직소득에 대한 원천징수는 사업소득이나 이자소득처럼 특정한 단일세율을 곱하여 나온 금액을 단순하게 원천징수하는 것이 아니라 퇴직소득세 계산절차를 통하여 퇴직소득결정세액을 구하고 이를 원천징수하는 것이다. 퇴직소득세 계산절차는 다음과 같다(소법 §48·§55 ②, 소령 §105).

1. 2020년 이후 퇴직소득 산출세액

1단계	2단계	3단계
퇴직소득금액 − 근속연수공제 = 환산전퇴직급여 ÷ 근속연수 × 12 = 환산급여	환산급여 − 환산급여공제 = 퇴직소득과세표준	퇴직소득과세표준 × 소득세율(기본세율) = 환산산출세액 ÷ 12 × 근속연수 = 퇴직소득산출세액

(1) 1단계 : 환산급여

1) 퇴직소득금액 계산

퇴직소득은 단순하게 총수입금액에서 필요경비를 차감하여 퇴직소득금액을 계산하지 아니하고 퇴직급여, 명예퇴직수당, 퇴직연금 일시금 등을 포함한 퇴직소득총액에서 비과세퇴직소득을 차감하여 계산한다.

2) 근속연수공제

근속연수에 따른 공제액은 다음과 같다. 근속연수가 1년 미만인 경우에는 1년으로 한다(소법 §48 ① 1호).

① 2023.1.1. 이후 퇴직하는 경우

근속연수	공제액
5년 이하	100만원×근속연수
5년 초과~10년 이하	500만원+200만원×(근속연수- 5년)
10년 초과~20년 이하	1,500만원+250만원×(근속연수-10년)
20년 초과	4,000만원+300만원×(근속연수-20년)

② 2022.12.31.까지 퇴직하는 경우

근속연수	공제액
5년 이하	30만원×근속연수
5년 초과~10년 이하	150만원+50만원×(근속연수- 5년)
10년 초과~20년 이하	400만원+80만원×(근속연수-10년)
20년 초과	1,200만원+120만원×(근속연수-20년)

실무 POINT **근속연수**

1. 원칙

근속연수는 근로를 제공하기 시작한 날 또는 퇴직소득중간지급일의 다음 날부터 퇴직한 날까지로 한다. 다만, 퇴직급여를 산정할 때 근로기간에 포함되지 아니한 기간은 근속연수에서 제외한다(소령 §105 ①).

2. 건설근로자 퇴직공제금의 근속연수 계산

퇴직공제금의 근속연수는 「건설근로자의 고용개선 등에 관한 법률」 제14조 제4항에 따라 계산된 공제부금의 납부월수를 12로 나누어 계산한 납입연수로 한다(소령 §105 ③).

3. 명예퇴직금의 근속연수

2018.8.22. 개정 전 소득세법집행기준 22-105-2[명예퇴직금 등에 대한 근속연수 등]에서는 명예퇴직금 등에 대한 근속연수는 '최초 입사일부터 각각 기산한다'라고 되어 있었다. 다만, 2013.2.15. 소득세법시행령 제105조 제1항이 신설되면서 퇴직소득 지급시기는 '중간지급일의 다음 날부터 퇴직한 날까지로 한다'라고 규정되어 있으므로 중간지급일 이후의 퇴직소득원천징수영수증 작성 시 일반퇴직금과 법정외퇴직금(명예퇴직금)을 구분하지 않고, 중간정산일 이후의 기간에 대하여 근속연수를 적용하여야 할 것으로 판단된

다. 만약 퇴직금 중간정산 후 퇴직 시 퇴직일시금과 명예퇴직수당을 함께 지급받은 경우로서 명예퇴직수당의 근속연수를 최초 입사일부터 기산하기 위해서는 세액정산을 해야 하는 것이다(기획재정부소득-1100, 2023.12.15.).

3) 환산 전 퇴직급여와 환산급여

퇴직소득금액에서 근속연수공제를 차감하여 환산 전 퇴직급여를 구한 후 근속연수로 나누고 12를 곱하여 환산급여를 계산한다. 2015.12.31. 이전 계산방식에서 적용되었던 정률공제가 적용되지 않는다.

(2) 2단계 : 퇴직소득과세표준

환산급여에서 환산급여공제를 차감하여 퇴직소득과세표준을 계산한다. 환산급여공제는 다음과 같다.

환산급여	공제액
8백만원 이하	환산급여의 100%
8백만원 초과 7천만원 이하	8백만원+(8백만원 초과분의 60%)
7천만원 초과 1억원 이하	4천 520만원+(7천만원 초과분의 55%)
1억원 초과 3억원 이하	6천 170만원+ (1억원 초과분의 45%)
3억원 초과	1억 5천 170만원+ (3억원 초과분의 35%)

(3) 3단계 : 산출세액계산(원천징수세액)

퇴직소득과세표준에 기본세율을 적용한 후 나온 금액을 12로 나누고 근속연수를 곱해서 산출세액을 계산한다. 산출세액이 원천징수할 세액을 말하는 것이며 기본세율은 다음과 같다(소법 §55).

▌초과누진방식▐

과세표준	세 율
1,400만원 이하	과세표준의 6%
1,400만원 초과 5,000만원 이하	84만원+ 1,400만원 초과금액의 15%
5,000만원 초과 8,800만원 이하	624만원+ 5,000만원 초과금액의 24%
8,800만원 초과 1.5억원 이하	1,536만원+ 8,800만원 초과금액의 35%
1.5억원 초과 3억원 이하	3,706만원+ 1.5억원 초과금액의 38%
3억원 초과 5억원 이하	9,406만원+ 3억원 초과금액의 40%
5억원 초과 10억원 이하	17,406만원+ 5억원 초과금액의 42%
10억원 초과	38,406만원+ 10억원 초과금액의 45%

| 누진공제방식 |

과세표준		세 율
	1,400만원 이하	과세표준× 6%
1,400만원 초과	5,000만원 이하	과세표준× 15%− 126만원
5,000만원 초과	8,800만원 이하	과세표준× 24%− 576만원
8,800만원 초과	1.5억원 이하	과세표준× 35%−1,544만원
1.5억원 초과	3억원 이하	과세표준× 38%−1,994만원
3억원 초과	5억원 이하	과세표준× 40%−2,594만원
5억원 초과	10억원 이하	과세표준× 42%−3,594만원
10억원 초과		과세표준× 45%−6,594만원

퇴직소득산출세액＝퇴직소득결정세액＝퇴직소득의 원천징수세액

또한 원천징수한 퇴직소득세의 10%를 별도로 특별징수하여야 한다.

2. 2019년까지의 퇴직소득 세액계산

2019년 귀속까지의 퇴직소득세액을 계산하는 절차는 다음과 같다.

(1) 종전규정에 따른 퇴직소득 산출세액×적용률
+ (2) 개정규정에 따른 퇴직소득 산출세액×적용률

(1) 종전규정에 따른 퇴직소득 산출세액 – 2015.12.31. 이전 퇴직의 경우 적용되었던 방법

1단계	2단계	3단계
퇴직소득총액 − 비과세퇴직소득 = 퇴직소득금액	퇴직소득금액 − 퇴직소득공제 = 퇴직소득과세표준	퇴직소득과세표준 ÷ 근속연수 × 5 = 연평균과세표준 × 소득세율(기본세율) = 연평균산출세액 ÷ 5 × 근속연수 = 퇴직소득산출세액

주 2012.12.31.까지 발생된 퇴직소득 원천징수세액의 3단계는 다음과 같이 계산한다.
{(퇴직소득과세표준÷근속연수)×소득세율}×근속연수, 즉, 5의 배수를 곱한 후 나누는 계산을 하지 않는다.

1) 퇴직소득금액 계산

퇴직소득금액 계산은 2020년 이후 퇴직소득 산출세액에서 설명한 퇴직소득금액 계산과 동일하다.

2) 퇴직소득과세표준 계산

퇴직소득금액에서 퇴직소득공제를 차감하여 과세표준을 계산한다. 퇴직소득공제는 ① 정률공제(기본공제)와 ② 근속연수에 따른 공제를 합하여 계산한다.

① 정률(기본)공제	② 근속연수공제
퇴직소득금액×40%	근속연수공제는 2020년 이후 퇴직소득 산출세액에서 설명한 근속연수공제와 동일함

3) 산출세액 계산(연분연승법)

> 퇴직소득과세표준÷근속연수×5×기본세율÷5×근속연수=퇴직소득산출세액
>
> (=연평균과세표준)

퇴직소득은 장기간 동안 발생하여 집적된 소득이므로 과세표준에 세율을 바로 적용하지 않고 이를 근속연수로 나누어 연평균과세표준을 구한다. 이는 여러 해 걸쳐 발생된 퇴직소득을 한 해 동안의 금액(연평균)으로 환산하여 기본세율을 적용하기 위함이다. 다만, 2013년 이후에 발생되는 퇴직소득의 경우에는 근속연수에 5를 곱한 금액에 기본세율을 적용하여 연평균산출세액을 계산한 다음 해당 연평균산출세액을 5로 나눈 금액에 근속연수를 곱하여 퇴직소득산출세액을 계산하는데 이것은 퇴직연금제도가 본격적으로 시행됨으로써 퇴직연금 일시금 수령에 대하여는 중과하고 연금형태 수령방식을 우대함으로써 연금형태 수령을 지원하기 위한 개정내용으로 이해하면 된다. 세율은 2020년 이후의 퇴직소득세액 계산의 내용을 참고한다.

실무 POINT 퇴직소득에 관한 경과조치

2012년 12월 31일까지 퇴직한 사람의 퇴직소득이 2013년 1월 1일 이후에 발생하는 경우 해당 퇴직소득에 대해서는 퇴직소득산출세액 계산방법의 개정규정에도 불구하고 종전의 계산방식에 따라서 퇴직소득산출세액을 계산한다.

다만, 2013년 1월 1일 전에 근무를 시작하여 2013년 1월 1일 이후에 퇴직한 자의 경우 해당 퇴직소득과세표준에 근속연수 비율(2012년 12월 31일까지의 근속연수를 전체 근속연수로 나눈 비율)을 곱하여 계산한 금액에 대해서는 퇴직소득산출세액 계산방법의 개정규정에도 불구하고 종전의 계산방식에 따라서 퇴직소득산출세액을 계산하는데 이 경우 퇴직소득원천징수세액을 계산하는 방법은 다음과 같다.

$$\{\underbrace{\text{퇴직소득과세표준} \times \frac{\text{2012.12.31.까지 근속연수}}{\text{총근속연수}}}_{㉠} \times \frac{1}{\text{2012.12.31.까지 근속연수}} \times \text{기본세율} \times \text{2012.12.31.까지 근속연수}\}$$

$$+ \ \{(\text{퇴직소득과세표준} - ㉠) \times \frac{5}{\text{2013.1.1. 이후 근속연수}}\} \times \text{기본세율} \times \frac{\text{2013.1.1. 이후 근속연수}}{5}$$

(2) 개정규정에 따른 퇴직소득 산출세액 – 2016.1.1. 이후 퇴직의 경우 적용되었던 방법

개정규정에 따른 퇴직소득 산출세액 방법은 위의 2020년 이후 퇴직소득세액 계산방식과 동일하다.

(3) 적용률

2016.1.1. 이후 2019.12.31.까지 퇴직하는 경우의 퇴직소득 산출세액은 급격한 퇴직소득세액을 완화하기 위해서 2016.1.1.부터 2019.12.31.까지의 기간 동안 퇴직한 경우에는 퇴직소득세액을 다음과 같이 계산한다.

퇴직일이 속하는 과세기간	퇴직소득 산출세액
2016.1.1.~2016.12.31.	종전규정에 따른 퇴직소득 산출세액×80% + 개정규정에 따른 퇴직소득 산출세액×20%
2017.1.1.~2017.12.31.	종전규정에 따른 퇴직소득 산출세액×60% + 개정규정에 따른 퇴직소득 산출세액×40%
2018.1.1.~2018.12.31.	종전규정에 따른 퇴직소득 산출세액×40% + 개정규정에 따른 퇴직소득 산출세액×60%
2019.1.1.~2019.12.31.	종전규정에 따른 퇴직소득 산출세액×20% + 개정규정에 따른 퇴직소득 산출세액×80%

주 종전규정에 따른 퇴직소득 산출세액은 2015.12.31. 이전 퇴직하는 경우의 퇴직소득세액을 계산하는 방식에 의한 산출세액을 말하는 것이며, 개정규정에 따른 퇴직소득 산출세액은 2016.1.1. 이후 퇴직하는 경우의 퇴직소득세액을 계산하는 방식에 의한 산출세액을 말하는 것임

(4) 결정세액(=원천징수세액) 계산

퇴직소득산출세액=퇴직소득결정세액=퇴직소득의 원천징수세액
=(1) 종전규정에 따른 퇴직소득 산출세액×적용률
+(2) 개정규정에 따른 퇴직소득 산출세액×적용률

3. 퇴직소득세액의 세액정산

(1) 퇴직소득세의 정산(동일한 과세연도에 2회 이상 퇴직한 경우)

퇴직자가 퇴직소득을 지급받을 때 이미 지급받은 다음과 같은 퇴직소득에 대한 원천징수 영수증을 원천징수의무자에게 제출하는 경우 원천징수의무자는 퇴직자에게 이미 지급된 퇴직소득과 자기가 지급할 퇴직소득을 합계한 금액에 대하여 정산한 소득세를 원천징수하여야 한다(소법 §148 ①, 소령 §203).

① 해당 과세기간에 이미 지급받은 퇴직소득

② 근로제공을 위하여 사용자와 체결하는 계약으로서 사용자가 같은 하나의 계약(소득세법 제43조 제1항의 다음 어느 하나에 해당하는 사유로 체결하는 계약 포함)에서 이미 지급받은 퇴직소득

㉠ 종업원이 임원된 경우

㉡ 합병·분할 등 조직변경, 사업양도 또는 직·간접으로 출자관계에 있는 법인으로의 전출 또는 동일한 사업자가 경영하는 다른 사업장으로의 전출이 이루어진 경우

㉢ 법인의 상근임원이 비상근임원이 된 경우

㉣ 비정규직 근로자(기간제 및 단시간근로자 보호 등에 관한 법률에 따른 기간제근로자 또는 단시간근로자를 말함)가 정규직 근로자(근로기준법에 따라 근로계약을 체결한 근로자로서 비정규직 근로자가 아닌 근로자를 말함)로 전환된 경우(2020.2.11. 신설)

(2) 정산방법

1) 일반적 정산

정산하는 퇴직소득세는 이미 지급된 퇴직소득과 자기가 지급할 퇴직소득을 합계한 금액(퇴직소득누계액이라고 함)에 대하여 퇴직소득세액을 계산한 후 이미 지급된 퇴직소득에 대한 세액을 뺀 금액으로 한다.

> 퇴직소득세액=①−②
> ① 전체 퇴직금 산출세액
> → 전체 퇴직금이라 함은 최종퇴직금과 중간정산 등의 퇴직금의 합계금액을 말함
> ② 중간정산 등의 산출세액
> → 중간정산 등의 사유로 인하여 납부한 퇴직소득 세액을 기납세액으로 공제하여 퇴직소득세액을 계산한다.

2) 기 지급된 이연퇴직소득이 있는 경우 정산(2026.1.1. 이후 퇴직하여 지급받는 분부터 적용)

이미 지급된 퇴직소득 중 이연퇴직소득이 있는 퇴직자가 퇴직소득을 지급받는 경우로서 정산하는 퇴직소득세는 다음에 따라 계산한 금액으로 한다.

PART 4 원천징수

이 경우 퇴직자는 퇴직소득에 대한 원천징수영수증을 원천징수의무자에게 제출할 때 연금계좌취급자로부터 발급받은 연금계좌 현황자료(소칙 별지 제24호의 5 서식, 연금계좌 이연퇴직소득 현황 명세서를 말함)를 함께 제출하거나 연금계좌취급자로 하여금 해당 연금계좌 현황자료를 원천징수의무자에게 제출하게 해야 한다(소령 §203 ②, 2026.1.1. 이후 퇴직하여 지급받는 소득분부터 적용하고 현실적 퇴직사유에 따라 퇴직한 것으로 보는 경우를 포함함).

> 정산 퇴직소득세 = A − (B + C + D)
> A : 퇴직소득누계액에 대한 퇴직소득세액
> B : 정산전이연퇴직소득세액
> C : 정산 전까지 지급된 퇴직소득에 대해 원천징수된 세액
> → 환급된 원천징수세액 및 정산 전까지 인출한 이연퇴직소득에 대한 원천징수세액은 제외
> D : 정산 전까지 인출한 이연퇴직소득을 전액 연금외수령하였다고 가정할 때 제202조의2 제2항부터 제4항까지의 규정에 따라 계산한 원천징수세액
>
> 위 B의 정산전 이연퇴직소득세액은 다음과 같다.
> 정산전 이연퇴직소득세액=(E×F)÷G
> E : 퇴직소득누계액에 대한 퇴직소득세액
> F : 정산 전까지의 이연퇴직소득 누계액에서 정산 전까지 인출한 이연퇴직소득 누계액을 뺀 금액
> G : 퇴직소득누계액

✔ 원천징수의무자는 기 지급된 이연퇴직소득이 있는 경우에 따라 퇴직소득세를 정산하는 경우에는 위 계산식 중 정산전이연퇴직소득세액과 정산 시 자기가 지급할 퇴직소득에 대해 제202조의 2 제1항에 따라 계산한 이연퇴직소득세액을 합산한 금액(정산후이연퇴직소득세액)을 계산하고, 지급명세서에 정산후이연퇴직소득세액을 반영하여 연금계좌취급자에게 즉시 통보해야 한다.
이 경우 둘 이상의 연금계좌에 있거나 입금될 이연퇴직소득에 대한 연금계좌별 정산후이연퇴직소득세액은 전체 정산후이연퇴직소득세액을 연금계좌별 이연퇴직소득(정산 전까지 인출한 이연퇴직소득은 제외)의 비율로 안분한 금액으로 한다(소령 §203 ⑤).

(3) 근속연수의 계산

퇴직소득세를 정산하는 경우의 근속연수는 이미 지급된 퇴직소득에 대한 근속연수와 지급할 퇴직소득의 근속연수를 합산한 월수에서 중복되는 기간의 월수를 뺀 월수에 따라 계산한다.

실무 POINT **퇴직소득 세액정산의 요약과 관계회사에서 퇴직시의 세액정산 여부**

1. 퇴직소득 세액정산의 요약

(1) 이중근로자가 동일연도에 동시에 퇴사하는 경우

이중근로자가 동일연도에 2군데 회사에서 동시에 퇴사하는 경우 첫 번째 회사에서 지급받은 퇴직소득원천징수영수증을 두 번째 퇴사하는 회사에 제출할 수 있다면 두 번째 회사에서 퇴직소득 세액정산을 할 수 있지만 실무상은 그렇지 못하는 경우가 대부분이다.

따라서 이중근로자가 동일연도에 퇴사하는 경우라면 근로자 스스로 퇴사한 다음연도 5월에 주소지 관할 세무서장에게 퇴직소득 확정신고를 하여야 한다(소법 §71 ①).

(2) 근로제공을 위하여 사용자와 체결하는 계약으로서 사용자가 같은 하나의 계약인 경우

동일회사에서 근로자가 동일연도에 중간정산 후 실제퇴직하는 경우라면 원천징수 의무자인 회사가 퇴직소득 세액정산을 하여 원천징수 신고를 하여야 한다.

다만, 동일회사에서 퇴직소득 중간지급 후 실제 퇴직하는 것이 동일연도 퇴사가 아니라면 세액정산을 원칙적으로 하지 않아도 무방하지만 전체근속기간에 대한 퇴직소득세액(세액정산세액을 의미함)과 중간지급 이후의 근속기간에 대한 퇴직소득세액을 비교하여 둘 중 작은 퇴직소득세액을 선택할 수 있다.

이와 관련된 내용을 정리하면 다음과 같다.

동일회사 여부	동일연도 퇴직 여부	퇴직소득 세액정산 여부
○	○	세액정산함
○	×	세액정산할 수 있음*1
×	○	세액정산함*2
×	×	세액정산하지 않음

*1. 2012년 12월 31일 이전에 퇴직하여 지급받은 퇴직소득을 퇴직연금계좌에 이체 또는 입금하여 퇴직일에 퇴직소득이 발생하지 아니한 경우 해당 퇴직일에 해당 퇴직소득이 발생하였다고 보아 해당 퇴직소득을 근로제공을 위하여 사용자와 체결하는 계약으로서 사용자가 같은 하나의 계약인 경우의 이미 지급받은 퇴직소득으로 보고 퇴직소득 세액정산을 할 수 있다(소법 §148 ②).

*2. 첫 번째 퇴사한 회사의 퇴직소득원천징수영수증을 두 번째 퇴사하는 회사에 제출하는 경우 세액정산을 할 수 있지만 실무상 업무처리가 그렇지 못하므로 근로자 스스로 퇴사한 다음연도 5월에 주소지 관할 세무서장에게 퇴직소득 확정신고를 하여야 할 것으로 판단함.

2. 관계회사에서 실제 퇴직시 현실적 퇴직으로 중간에 지급받은 퇴직금을 포함하여 퇴직소득 세액정산을 할 수 있는지의 여부(사전법령해석소득 2016-0588, 2016.12.27.)

직·간접적으로 출자관계에 있는 법인으로의 전출 등의 사유로 전입한 회사에서 근로를 제공하고 퇴사하는 경우 이미 지급받은 퇴직소득을 합산하여 퇴직소득세액을 정산할 수 있음

사례 퇴직소득 원천징수세액의 계산

홍길동(임원은 아님)은 10.31.에 현실적 퇴직요건을 충족하여 퇴직소득 중간지급 신청을 하였고 회사는 퇴직급여지급규정에 따라 퇴직소득 중간지급액 50,000,000원을 10.31.에 지급하였다(근속연수 : 8년, 입사일 2017.11.1., 중간정산일 2025.10.31.).

〈요구사항〉

회사가 징수해야 할 원천징수세액 및 특별징수세액을 계산하고 홍길동에게 원천징수영수증을 발급하라. 원천징수의무자 및 소득자 인적사항은 다음과 같다.

원천징수의무자 인적사항	소득자 인적사항
① 사업자등록번호 : 123－81－45678 ② 법인명 : ㈜민후 ③ 대표자 성명 : 진민후 ④ 법인등록번호 : 111122－00000123 ⑤ 주소 : 서울 중구 동호로 14길 1－1	① 성명 : 홍길동 ② 주민등록번호 : 660516－1234567 ③ 주소 : 서울 강남구 도산대로 104길 1－1

〈해답〉 원천징수세액 및 특별징수세액 계산

(1) 원천징수세액

① 환산급여(1단계) 58,500,000

(퇴직소득금액－근속연수공제)×12÷근속연수

=(50,000,000원－11,000,000원*)×12÷8

* 근속연수공제=[5,000,000+2,000,000×(8－5)년]=11,000,000

② 환산급여공제 38,300,000

8,000,000원+50,500,000원×60%

③ 퇴직소득과세표준(2단계) 20,200,000

④ 퇴직소득산출세액(3단계) 1,180,000

(퇴직소득과세표준×기본세율)×근속연수÷12

=(20,200,000×15%－1,260,000원)×8÷12

(2) 특별징수세액(원천징수세액×10%) 118,000

(3) 총원천징수세액 1,298,000

〈서식 작성방법〉

만약 10.31.에 중간정산을 신청하였지만 퇴직소득 중간지급을 11.5.에 지급하였다면 중간정산의 퇴직일은 중간정산 퇴직금의 지급일이므로 서식상 퇴사일은 2025.11.5.이고 지급일도 2025.11.5.로 기입하여야 함에 유의하여야 하고, 이 경우 근속월수는 97개월, 근속연수는 9년이 되는 것이다.

참고로 9년으로 위 사례에 대한 퇴직소득세액을 계산하면 소득세 915,000원, 지방소득세 91,500원이 된다.

■ 소득세법 시행규칙[별지 제24호서식(2)] 〈개정 2025. 3. 21.〉 (2쪽 중 제1쪽)

관리번호	

퇴직소득원천징수영수증/지급명세서
([○]소득자 보관용 [ ]발행자 보관용 [ ]발행자 보고용)

거주구분	거주자1 / 비거주자2
내 · 외국인	내국인1 / 외국인9
종교관련종사자 여부	여 1 / 부 2
거주지국	거주지국코드
징수의무자 구분	사업장1/공적연금사업자3

구분	항목	내용	항목	내용	항목	내용
징수의무자	① 사업자등록번호	123－81－45678	② 법인명(상호)	㈜민후	③ 대표자(성명)	진민후
	④ 법인(주민)등록번호	111122－0000123	⑤ 소재지(주소)	서울 중구 동호로 14길 1－1		
소득자	⑥ 성 명	홍길동	⑦ 주민등록번호	660516－1234567		
	⑧ 주 소	서울 강남구 도산대로 104길 1－1			⑨ 임원 여부	[ ]여 [✔]부
	⑩ 확정급여형 퇴직연금제도 가입일				⑪ 2011.12.31. 퇴직금	
귀 속 연 도	2025.01.01. 부터 2025.10.31. 까지		⑫ 퇴직사유	[ ]정년퇴직 [ ]정리해고 [ ]자발적 퇴직 [ ]임원퇴직 [✔]중간정산 [ ]기 타		

퇴직급여현황	근 무 처 구 분	중간지급 등	최종	정산
	⑬ 근무처명		㈜민후	
	⑭ 사업자등록번호		123－81－45678	
	⑮ 퇴직급여		50,000,000	50,000,000
	⑯ 비과세 퇴직급여			
	⑰ 과세대상 퇴직급여(⑮－⑯)		50,000,000	50,000,000
	⑱ 과세이연 여부	[ ]해당 [ ] 미해당		

근속연수	구 분	⑲ 입사일	⑳ 기산일	㉑ 퇴사일	㉒ 지급일	㉓ 근속월수	㉔ 제외월수	㉕ 가산월수	㉖ 중복월수	㉗ 근속연수
	중간지급 근속연수									
	최종 근속연수	2017.11.01.	2017.11.01.	2025.10.31.	2025.10.31.	96				8
	정산 근속연수	2017.11.01.	2017.11.01.	2025.10.31.		96				8

과세표준계산	계 산 내 용	금 액
	㉘ 퇴직소득(⑰)	50,000,000
	㉙ 근속연수공제	11,000,000
	㉚ 환산급여 [(㉗－㉘)× 12배/정산근속연수]	58,500,000
	㉛ 환산급여별공제	38,300,000
	㉜ 퇴직소득과세표준(㉚－㉛)	20,200,000

퇴직소득 세액계산	계 산 내 용	금 액
	㉝ 환산산출세액(㉛× 세율)	1,770,000
	㉞ 퇴직소득 산출세액(㉜× 정산근속연수/12배)	1,180,000
	㉟ 세액공제	
	㊱ 기납부(또는 기과세이연) 세액	
	㊲ 신고대상세액(㉞－㉟－㊱)	1,180,000

이연퇴직소득세액계산	㊳ 신고대상세액(㊲)	연금계좌 입금명세: 연금계좌취급자	사업자등록번호	계좌번호	입금일	㊴ 계좌입금금액	㊵ 퇴직급여(⑰)	㊶ 이연 퇴직소득세 (㊳×㊴/㊵)
		㊷ 합 계						

납부명세	구 분	소득세	지방소득세	농어촌특별세	계	부표 작성 여부
	㊸ 신고대상세액(㊲)	1,180,000	118,000		1,298,000	※ ⑱ 과세이연 여부 란에 '해당'으로 체크한 경우"○" 표시를 합니다.
	㊹ 이연퇴직소득세(㊶)					
	㊺ 차감원천징수세액(㊸－㊹)	1,180,000	118,000		1,298,000	

위의 원천징수세액(퇴직소득)을 정히 영수(지급)합니다.

2025년 10월 31일

징수(보고)의무자 ㈜민후 진민후(서명 또는 인)

중부 세 무 서 장 귀하

210mm×297mm[백상지80g/㎡ 또는 중질지80g/㎡]

사례 퇴직소득 원천징수세액의 세액정산

홍길동(임원은 아님)은 2025.10.31. 퇴직소득 중간지급 후 2025.12.31. 퇴직하였다. 회사는 퇴직시 퇴직급여지급규정에 따라 계산된 퇴직금과 퇴직위로금 총 10,000,000원을 지급하였다. 홍길동의 최종 근속연수와 퇴직금 지급내역을 정리하면 다음과 같다.

총근속연수	퇴직소득 지급액	원천징수세액
2017.11.01.~2025.10.31. (96개월)	50,000,000 (2025.10.31. 지급)	소득세 : 1,180,000원 지방소득세 : 118,000원
2025.11.01.~2025.12.31. (2개월)	10,000,000 (2025.12.31. 지급)	

〈요구사항〉

회사가 징수해야 할 원천징수세액 및 특별징수세액을 계산하고 홍길동에게 원천징수영수증을 발급하라. 원천징수의무자 및 소득자 인적사항은 다음과 같다.

원천징수의무자 인적사항	소득자 인적사항
① 사업자등록번호 : 123－81－45678 ② 법인명 : ㈜민후 ③ 대표자 성명 : 진민후 ④ 법인등록번호 : 111122－00000123 ⑤ 주소 : 서울 중구 동호로 14길 1－1	① 성명 : 홍길동 ② 주민등록번호 : 660516－1234567 ③ 주소 : 서울 강남구 도산대로 104길 1－1

〈해답〉 원천징수세액 및 특별징수세액 계산

동일한 회사에서 동일연도에 2회 이상 퇴직이 발생하였으므로 퇴직소득 세액정산을 하여야 한다.

(1) 원천징수세액

① 환산급여(1단계) 62,666,666

(퇴직소득금액－근속연수공제)×12÷근속연수

＝(60,000,000원－13,000,000원*)×12÷9

* 근속연수공제＝[5,000,000＋2,000,000×(9－5)년]＝13,000,000

② 환산급여공제 40,799,996

8,000,000원＋54,666,666원×60%

③ 퇴직소득과세표준(2단계) 21,866,667

④ 퇴직소득산출세액(3단계) 1,515,000

(퇴직소득과세표준×기본세율)×근속연수÷12

＝(21,866,667×15%－1,260,000원)×9÷12

⑤ 기납부세액 1,180,000
⑥ 신고대상세액 335,000
(2) 특별징수세액(원천징수세액×10%) 33,500
(3) 총원천징수세액 368,500

〈서식 작성방법〉

① 중간지급 등과 중간지급 근속연수

퇴직급여현황의 '중간지급 등'과 근속연수의 '중간지급 근속연수'란에 2025.10.31.에 지급한 퇴직급여현황과 최종 근속연수를 그대로 옮겨 적는다.

② 퇴직일과 지급일

중간정산분의 퇴사일은 중간정산지급일과 일치하여야 하고(소령 §43 ②), 최종분의 기산일은 중간정산지급일(퇴사일)의 다음날이어야 하며(소령 §105 ①), 최종분의 퇴사일은 지급일이 아니라 실제 퇴직일을 입력한다.

실무 POINT 중간정산 근속연수 계산시 유의사항[17]

1. 퇴직소득 중간지급시의 퇴직일

2018.1.1.에 입사한 근로자가 2025.7.1.에 퇴직소득 중간지급 요건을 충족하여 2018.1.1.부터 2022.12.31.까지의 기간에 대한 중간정산을 신청하여 2025.7.1.에 퇴직금을 지급받는 경우의 퇴직일은 중간정산 대상기간의 종료일인 2022.12.31.이 아니라 중간정산 지급일인 2025.7.1.이다(소령 §43 ②, 2013.2.15. 이후 중간정산을 지급하는 분부터 적용함). 즉 중간정산분의 퇴사일은 중간정산지급일과 일치하는 것이다. 따라서 근속월수는 7년 6개월 1일이고 1개월 미만은 1개월로 보는 것이므로 91개월이다.

2. 퇴직소득 중간지급 후 실제 퇴직시의 근속연수

'1'의 사유에 해당하는 근로자가 2025.7.1. 이후 퇴직소득 중간지급 후 2025.12.31.에 실제 퇴직하면서 최종 퇴직금을 2025.1.10.에 지급받는 경우 퇴직소득 세액정산의 근속연수는 다음과 같이 서식에 표기된다.

	구 분	⑱ 입사일	⑲ 기산일	⑳ 퇴사일	㉑ 지급일	㉒ 근속월수	~	㉖ 근속연수
근속연수	중간지급 근속연수	2018.01.01.	2018.01.01.	2025.07.01.	2025.07.01.	91		8
	최종 근속연수	2018.01.01.	2025.07.02.	2025.12.31.	2026.01.10	6		1
	정산 근속연수	2018.01.01.	2018.01.01.	2025.12.31.		96		8

17) 2020 소득세 실무(김두천세무사 저, 한국세무사회, p.1466 참고)

그러나 퇴직소득 중간지급 퇴직일을 실제 중간정산 대상기간의 종료일로 보지 않고 퇴직소득 중간지급 지급일로 하게 되면 퇴직소득 중간지급 세액 계산시의 근속연수가 5년이 아니라 8년이 되며, 최종근속연수는 3년이 아니라 1년이 되는 모순이 발생하지만 정산 근속연수는 8년이므로 최종 세액계산의 결과에 변동은 없다.

이에 국세청은 이러한 일시적 왜곡현상을 해결하기 위해 2023.1.1.부터 2025.7.1.까지의 31개월을 '㉓ 제외월수'와 '㉔ 가산월수'에 기입하여 다음과 같이 서식을 작성하도록 안내하고 있다.

근속연수	구 분	⑱ 입사일	⑲ 기산일	⑳ 퇴사일	~	㉒ 근속월수	㉓ 제외월수	㉔ 가산월수	~	㉖ 근속연수
	중간지급 근속연수	*2018.01.01.*	*2018.01.01.*	*2025.07.01.*		*91*	31			5
	최종 근속연수	*2018.01.01.*	*2025.07.02.*	*2025.12.31.*		*6*		*31*		*4*
	정산 근속연수	*2018.01.01.*	*2018.01.01.*	*2025.12.31.*		*96*	*31*	*31*		*8*

다만, 소득세법에 의한 서식 작성방법이나 국세청에 의한 서식 작성방법 모두 정산 근속연수는 동일하게 8년으로 최종세액도 당연히 동일하므로 어떠한 방법으로 서식을 작성하여도 무방한 것으로 판단된다.

■ 소득세법 시행규칙[별지 제24호서식(2)] 〈개정 2025. 3. 21.〉 (2쪽 중 제1쪽)

관리번호	

퇴직소득원천징수영수증/지급명세서

([ ]소득자 보관용 [ ]발행자 보관용 [ ]발행자 보고용)

거주구분	거주자1 / 비거주자2
내 · 외국인	내국인1 / 외국인9
종교관련종사자 여부	여 1 / 부 2
거주지국	거주지국코드
징수의무자 구분	사업장1/공적연금사업자3

구분	항목	내용	항목	내용	항목	내용
징수의무자	① 사업자등록번호	123－81－45678	② 법인명(상호)	㈜민후	③ 대표자(성명)	진민후
	④ 법인(주민)등록번호	111122－0000123	⑤ 소재지(주소)	서울 중구 동호로 14길 1－1		
소득자	⑥ 성 명	홍길동	⑦ 주민등록번호	660516－1234567		
	⑧ 주 소	서울 강남구 도산대로 104길 1-1			⑨ 임원 여부	[ ]여 [✔]부
	⑩ 확정급여형 퇴직연금제도 가입일				⑪ 2011.12.31.퇴직금	

귀 속 연 도	2025.01.01. 부터 2025.12.31. 까지	⑫ 퇴직사유	[ ]정년퇴직 [ ]정리해고 [✔]자발적 퇴직 [ ]임원퇴직 [ ]중간정산 [ ]기 타

	근 무 처 구 분	중간지급 등	최종	정산
퇴직급여현황	⑬ 근무처명	㈜민후	㈜민후	
	⑭ 사업자등록번호	123－81－45678	123－81－45678	
	⑮ 퇴직급여	50,000,000	10,000,000	60,000,000
	⑯ 비과세 퇴직급여			
	⑰ 과세대상 퇴직급여(⑮－⑯)	50,000,000	10,000,000	60,000,000
	⑱ 과세이연 여부	[ ]해당 [ ] 미해당		

	구 분	⑲ 입사일	⑳ 기산일	㉑ 퇴사일	㉒ 지급일	㉓ 근속월수	㉔ 제외월수	㉕ 가산월수	㉖ 중복월수	㉗ 근속연수
근속연수	중간지급 근속연수	2017.11.01.	2017.11.01.	2025.10.31.	2025.10.31.	96				8
	최종 근속연수	2017.11.01.	2025.11.01.	2025.12.31.	2025.12.31.	2				1
	정산 근속연수	2017.11.01.	2017.11.01.	2025.12.31.		98				9

	계 산 내 용	금 액
과세표준계산	㉘ 퇴직소득(⑰)	60,000,000
	㉙ 근속연수공제	13,000,000
	㉚ 환산급여 [(㉗－㉘)× 12배/정산근속연수]	62,666,666
	㉛ 환산급여별공제	40,799,999
	㉜ 퇴직소득과세표준(㉚－㉛)	21,866,667

	계 산 내 용	금 액
퇴직소득세액계산	㉝ 환산산출세액(㉛× 세율)	2,020,000
	㉞ 퇴직소득 산출세액(㉜× 정산근속연수/12배)	1,515,000
	㉟ 세액공제	
	㊱ 기납부(또는 기과세이연) 세액	1,180,000
	㊲ 신고대상세액(㉞－㉟－㊱)	335,000

이연퇴직소득세액계산	㊳ 신고대상세액(㊲)	연금계좌 입금명세					㊵퇴직급여(⑰)	㊶ 이연 퇴직소득세 (㊳×㊴/㊵)
		연금계좌취급자	사업자등록번호	계좌번호	입금일	㊴계좌입금금액		
		㊶ 합 계						

	구 분	소득세	지방소득세	농어촌특별세	계	부표 작성 여부
납부명세	㊸ 신고대상세액(㊲)	335,000	33,500		368,500	※ ⑱ 과세이연 여부란에 '해당'으로 체크한 경우 "○" 표시를 합니다.
	㊹ 이연퇴직소득세(㊶)					
	㊺ 차감원천징수세액(㊸－㊹)	335,000	33,500		368,500	

위의 원천징수세액(퇴직소득)을 정히 영수(지급)합니다.

2025년 12월 31일

징수(보고)의무자 ㈜민후 진민후(서명 또는 인)

중부 세 무 서 장 귀하

210mm×297mm[백상지80g/㎡ 또는 중질지80g/㎡]

PART 4 원천징수

5 임원의 퇴직금

1. 개요

임원의 퇴직금 중간정산 사유 중 '법인의 임원이 향후 퇴직급여를 지급받지 아니하는 조건으로 급여를 연봉제로 전환하는 경우'의 사유가 2016.1.1.부터 폐지가 결정되어 2015년 말까지 많은 기업들이 대표이사 등의 가지급금 정산목적으로 임원퇴직금 중간정산을 실시하였다. 이에 과세당국은 2016년 6월 말경부터 임원퇴직금 중간정산에 대한 과세자료 해명자료를 보냈었다.

또한 최근 고용보험과 산재보험의 가입은 근로기준법상 근로자만 해당되어 임원은 원칙적으로 고용보험과 산재보험에 가입되지 않음으로 인하여 근로시간단축지원금 또는 실업급여 등의 수령이 배제되는 경우도 발생되고 있다.

이에 임원퇴직금의 적정성 여부에 대해서 면밀하게 파악해 보고 더불어 임원의 4대보험 처리방안에 대해서 정리해 보고자 한다.

2. 임원퇴직금의 적정성 여부 – 과세당국의 해명자료 분석

과세당국의 임원퇴직금 중간정산 해명자료는 다음과 같으며 임원퇴직금과 관련한 과세당국의 해명자료를 분석해 보면 다음과 같다.

① 과세당국의 임원퇴직금의 해명자료는 임원퇴직금이 5억원 이상인 경우 요청되었다. 이에 향후에도 동일한 금액 이상[18)]일 경우 해명자료가 요청될 가능성이 높아 보이므로 이에 대한 정확한 대비가 필요할 것으로 판단된다.

② 퇴직금 지급규정의 유무에 따라서 임원퇴직금의 세법상 한도가 달라지므로 과세당국은 법인의 퇴직금 지급규정이 있는지의 여부와 퇴직금 지급규정에 따라서 임원퇴직금을 정확하게 계산하였는지 확인하고자 한다.

③ 2012.1.1. 이후 소득세법상 임원의 퇴직소득세 한도가 퇴직 직전 3년간 총급여액의 연평균환산액의 3배로 개정되었으므로 2012.1.1. 이전 입사한 임원의 경우 2011.12.31.의 퇴직금 산정이 어떻게 계산되었는지 확인하고자 한다.

④ 임원퇴직금 중간정산 금액이 전액 또는 일부가 미지급되었을 경우 비현실적 퇴직에 해당되므로 금액 지급여부를 확인하고자 한다.

⇒ 예를 들면 임원 퇴직급여 10억원과 가지급금 7억원을 상계처리한 후 잔액 3억원을 미지급비용으로 계상한 경우로서 2015년 귀속 퇴직급여 비용을 인정받지 못하고 업무무관가지급금으로 변경되어 법인세를 추징당한 사례가 있음에 유의

18) (저자주) 향후 임원퇴직금의 경우 금액여부와 상관없이 해명자료를 요청받을 가능성도 배제할 수 없다고 판단된다.

퇴직소득 해명자료 제출 안내

문서번호 : 재산법인－××××

○ 상호(법인명) : ㈜×××× ○ 성명(대표자) : ××× 귀하

안녕하십니까? 귀사의 사업이 번창하길 기원합니다.
귀사가 제출한 퇴직소득세 원천징수와 관련하여 아래와 같이 자료가 발생하여 알려드리니 이에 대한 해명자료를 2016.7.26.까지 제출하여 주시기 바랍니다.

○ 자료 발생 경위

이 자료는 귀사가 임원 퇴직자에 대한 퇴직소득세 원천징수한 내용으로, 퇴직급여를 소득세법상 임원퇴직소득금액 한도 내로 적정 지급하였는지 여부를 확인하기 위한 자료입니다.

○ 자료 내용

(단위 : 천원)

소득자		귀속 연도	원천징수의무자 (퇴직소득지급자)		퇴직 급여	2011. 12.31. 퇴직금	퇴직 소득세
성명	생년월일		법인명	사업자등록번호			
×××	××××	2015	㈜×××	×××－××－×××××	650,000		45,320

○ 제출할 해명자료

[소득세법 제22조 제3항], [소득세법시행령 제42조의 2 제6항] 관련
－2011.12.31. 퇴직금 계산근거(단, 정관 또는 정관의 위임에 따른 임원퇴직급여지급규정에 따라 계산한 경우 해당 규정 포함)
－임원 퇴직소득 한도 계산 근거

제출 기한까지 회신이 없으면 정관 등에 의한 퇴직급여지급규정이 없는 것으로 간주하고 당초 신고된 내용을 근거로 소득세법상 퇴직소득 한도초과액을 계산하여 초과분에 대해 근로소득으로 세금이 부과될 수 있음을 알려드립니다.

2016년 7월 일

×× 세 무 서 장(관인생략)

위 내용과 관련하여 문의 사항이 있을 때에는 담당자에게 연락하시면 친절하게 상담해 드리겠습니다.
성실납세가 우대받는 사회를 만드는 국세청이 되겠습니다.

◆ 담당자 : ××× ◆ 전화번호 : ×××－××××

3. 임원의 여부

사용인의 경우 회사의 퇴직금지급규정이 있으면 지급규정대로, 퇴직금지급규정이 없으며 근로자퇴직급여보장법에 따른 법적퇴직금으로 퇴직금을 지급하면 되지만 임원의 경우에는 퇴직금지급규정 유무에 따라서 한도액이 계산되며 한도액을 초과하는 금액은 근로소득으로 보는데 이때 임원은 법인세법에 따른 임원을 말한다(법령 §40 ①).

① 법인의 회장, 사장, 부사장, 이사장, 대표이사, 전무이사 및 상무이사 등 이사회의 구성원 전원과 청산인

② 합명회사, 합자회사 및 유한회사의 업무집행사원 또는 이사

③ 유한책임회사의 업무집행자

④ 감사

⑤ 그 밖에 ①부터 ④까지의 규정에 준하는 직무에 종사하는 자

임원에 해당하는지 여부는 종사하는 직무의 실질에 따라 사실 판단할 사항이다. 즉 직책의 명칭에 의하지 않고 실질적인 임원인지 여부로 판단한다.

4. 임원퇴직금 지급규정

(1) 임원퇴직금 지급규정 유무에 따른 세법상 처리

임원의 경우 퇴직금 지급규정의 유무에 따라서 세법상 한도금액이 달라지고 세법상 한도금액을 초과하는 경우 법인세법상 손금에 산입하지 않도록 하고 있으며 초과하는 금액은 근로소득으로 본다(법령 §44 ④, 소령 §38 ① 13호).

임원퇴직금 지급규정유무에 따른 법인세법상 손금인정 여부와 소득구분을 정리하면 다음과 같다.

| 임원퇴직금의 세법상 처리 |

구 분		손금인정 여부	소득구분
임원퇴직금 지급규정이 있는 경우	지급규정 금액보다 초과 지급한 경우	손금불산입	근로소득
	지급규정 금액을 지급한 경우	손금산입	퇴직소득*1
	지급규정 금액보다 과소 지급한 경우*2	손금산입	퇴직소득 또는 근로소득
임원퇴직금 지급규정이 없는 경우	법인세법상 한도액*3	손금산입	퇴직소득
	법인세법상 한도액을 초과한 금액	손금불산입	근로소득

*1. 소득세법상 한도를 초과할 경우 손금산입은 인정되지만 근로소득으로 봄

*2. 퇴직금을 포기하는 경우의 원천징수

① 정관에 따른 임원 퇴직금 중 일부의 수령을 포기한 경우 원천징수방법
당초 퇴직 후 법인 정관의 임원퇴직금지급규정에 따라 지급 결정된 대주주인 임원의 퇴직금을 수령 포기할 경우 퇴직금 포기시 퇴직금을 수령한 것으로 보아 동 포기금액에 대해서 퇴직소득세를 원천징수하는 것이며, 임원 퇴직소득 한도액 계산시 '총급여'라 함은 소득세법 제20조 제1항 제1호 및 제2호에 따른 금액을 말하는 것이고 4호의 소득은 포함되지 않는 것이므로 질의한 바와 같이 한도를 재계산하는 것이 아닌 것임(서면원천 2021-6635, 2023.2.9.)

② 포기한 퇴직금에 대해서도 퇴직소득세가 과세되는지 여부
법인의 대주주인 상근임원이 비상근임원으로 전환하면서 임원퇴직금지급규정에 규정된 퇴직금의 수령을 주주총회에서 전액 포기한 경우에는 당해 대주주가 퇴직금 포기시에 퇴직금을 수령한 것으로 보아 동 포기금액에 대하여는 퇴직소득세를 원천징수하는 것이며,
이 경우 당해 법인은 각 사업연도 소득금액계산상 임원 퇴직금 한도내의 금액을 손금에 산입하되 동 포기금액을 익금에 산입하여야 하는 것임(서이46012-12368, 2002.12.30.)

*3. 법인세법상 한도액을 요약하면 다음과 같고 자세한 내용은 「6. **임원퇴직금의 계산**」에서 소개하기로 한다.
법인세법상 한도액=퇴직직전 1년간 총급여액×10%×근속월수÷12개월

(2) 임원퇴직금 지급규정이란?

임원퇴직금 지급규정이라 함은 정관에 정하여진 금액(정관에 퇴직금 계산기준이 기재된 경우 포함) 또는 정관의 위임에 따라 주주총회에서 정한 규정(법령 §44 ⑤)을 말한다.

여기서 정관에서 위임된 퇴직금 지급규정은 당해 위임에 의한 임원 퇴직금 지급규정의 의결내용 등이 정당하고, 특정임원의 퇴직시마다 퇴직금을 임의로 지급할 수 없는 일반적이고 구체적인 기준을 말하는 것으로, 당해 지급규정의 내용에 따라 임원 퇴직시마다 계속·반복적으로 적용하여 온 규정이라야 할 것으로, 만약 정관에 퇴직금 지급규정에 대한 구체적인 위임사항을 정하지 아니하고 '별도의 퇴직금 지급규정에 의한다'라고만 규정하면서 특정임원의 퇴직시마다 임의로 동 규정을 변경·지급할 수 있는 경우에는 법인세법상 손금으로 용인할 수 있는 적정한 퇴직금 지급규정이라 할 수는 없는 것이다.

따라서 임원에게 지급하는 퇴직금이 정당하게 지급한 퇴직금인지 여부는 특정임원의 퇴직을 앞두고 당해 임원 등만을 위한 퇴직금 지급규정인지, 아니면 당해 임원의 퇴직 전·후에도 계속·반복적으로 적용하여 온 퇴직금 지급 규정인지, 사용인에 비하여 지나치게 많이 지급되는 퇴직금인지 등 제반상황에 따라 사실판단하여야 하는 것이다(서면법인-434, 2017.5.26.).

(3) 임원퇴직금 규정이 없는 것으로 보는 경우

다음의 경우는 임원 퇴직금 지급규정이 없는 것으로 본다.

① 정관의 위임 없이 주주총회결의에 의하여 지급되는 경우

② 정관의 위임에 따라 이사회 결의로 정한 규정에 의하여 지급하는 경우

③ 법인의 퇴직급여지급규정이 불특정다수를 대상으로 지급배율을 정하지 아니하고 개인별로 지급배율을 정하는 경우

참고로 임원퇴직금 지급규정이 없는 것으로 보는 예규를 소개하면 다음과 같다.

① 정관상 퇴직금 지급규정 없이 주주총회에서 정하는 임원퇴직금은 퇴직급여지급규정에 의한 지급액으로 볼 수 없음(법인 46012-1043, 1997.4.14.)

② 정관의 위임에 따라 이사회에서 정한 퇴직금지급규정에 의하여 지급한 임원퇴직금은 법인세법 시행령 제44조 제4항 제2호의 규정에 의한 한도액 내에서 손금산입됨(서면2팀-2064, 2004.10.11.)

③ 법인의 퇴직급여지급규정이 불특정다수를 대상으로 지급배율을 정하지 아니하고 개인별로 지급배율을 정하는 경우에는 정관에서 위임된 퇴직급여지급규정으로 볼 수 없음(법인-450, 2010.5.14.; 서이 46012-11540, 2003.8.25.; 재법인-570, 2010.7.2.)

(4) 임원 퇴직금 지급규정의 소급적용

임원의 퇴직급여지급규정은 임원의 퇴직 당시 유효하게 성립한 임원의 퇴직급여지급규정에 따라야 하며 별도의 규정이 없는 경우 퇴직 당시 급여를 기준으로 전체 근속연수에 대한 퇴직급여를 소급적용할 수 있으며 별도의 규정이 있는 경우 과거의 급여를 기준으로 퇴직급여를 산정하거나 근속연수를 안분하여 각각 다른 배수를 적용하여 산정할 수 있다(대법원 2003다40798, 2005.7.8.; 대법원 2003다16092, 2006.5.25.).

임원 퇴직급여지급 소급규정에 대한 국세청 상담센터 상담사례와 관련 예규를 소개하면 다음과 같다.

① 법인의 정관이나 정관에서 위임된 퇴직급여지급규정에서 임원의 퇴직급여로 지급할 금액이 정하여진 것이라면 손금산입 한도는 정관이나 지급규정에 따르는 것으로, 정관 등에 임원퇴직급여지급규정을 신설하거나 개정한 경우, 신설 또는 개정한 정관 내용상 신설 전 또는 개정 전 근무기간에 대해서도 신설 또는 개정된 임원퇴직급여지급규정을 적용하도록 규정하고 있다면 소급 적용하여 계산된 퇴직급여에 대해 손금산입이 가능할 것임. 즉 소급적용가능한지 여부는 법인의 정관 등에 규정된 내용에 따르는 것임(국세청 상담센터 사례, 2015.7.8.)

② 내국법인이 임원의 퇴직급여지급규정에 대하여 정관을 개정할 경우 법인세법시행령 제60조 제2항에 따른 '퇴직급여로 지급되어야 할 금액의 추계액'은 정관 기타 퇴직급여지급에 관한 규정에 의하여 계산한 금액을 말하며, 같은 법 시행령 제44조 제4항 제1호의 금액은 정관에 지급할 금액이 정하여진 경우에는 정관에 정하여진 금액으로 하는 것임(법인-149, 2013.3.27.)

③ 임원이 퇴직하기 전에 퇴직급여지급규정을 개정한 경우에는 당해 규정의 개정 전까지의 근속기간에 대하여도 개정된 규정을 적용할 수 있는 것임(서이 46012-11540, 2003.8.25.)

실무 POINT **임원퇴직금 지급규정의 신설·개정**

법인은 개인사업자와 달리 임원 보수 등 법인 운영의 의사결정을 위해서는 반드시 상법에 따른 일정한 절차를 거쳐야 하므로 세무적인 불이익이 발생하지 않도록 주의하여야 한다. 임원퇴직금 지급규정 등을 신설·개정을 위한 상법상의 절차를 간략하게 설명하면 다음과 같다.

1. 주주총회 소집통지

자본금 10억 이상 : 주주총회일 2주 전 각 주주에게 서면 또는 전자문서로 통지

자본금 10억 미만 : 주주총회일 10일 전 각 주주에게 서면 또는 전자문서로 통지

참고로 1인 주주 기업일 경우 주주총회 소집 통지 의무가 면제됨(대법원 2004다25123, 2004.12.10.; 서울행법 2014구합53223, 2014.10.16)

2. 정관변경 및 퇴직금지급규정 등 주주총회 의결 후 주주총회 의사록 작성

3. 정관변경 및 공증진행

[임원퇴직금 지급규정(예시)]

제10조(임원의 퇴직금 산정 및 지급)

퇴직금은 [퇴직금 산출기준액×근속연수×지급률]을 한 금액으로 한다.

1. 퇴직금 산출기준액은 퇴직한 날부터 소급하여 3년 동안 지급받은 총급여액의 연평균환산액의 10%로 하며 총급여액은 소득세법과 조세특례제한법상 비과세 소득은 제외한다. 단, 근무기간이 3년 미만인 경우에는 개월 수로 계산하며, 1개월 미만의 기간이 있는 경우에는 1개월로 본다.
2. 근속연수는 휴직기간을 포함하며, 1년 미만의 기간은 개월 수로 계산하고, 1개월 미만의 기간은 1개월로 계산한다.
3. 지급률은 다음과 같다. 단, 2011.12.31.까지의 지급률은 종전규정대로 500%이다.

구 분	지급률
대표이사, 전무, 상무, 감사	300%

5. 임원의 현실적 퇴직사유

현실적인 퇴직이란 고용관계의 종료를 통한 실질적인 퇴직뿐만 아니라 고용관계의 종료와는 상관없이 직원이 임원으로 취임하는 경우 등 법에서 정한 사유(현실적인 퇴직으로 보는 경우)로 퇴직금을 지급하는 경우를 포함하는 개념이다.

구 분	현실적인 퇴직으로 보는 경우	현실적인 퇴직으로 보지 않는 경우
소 득	퇴직소득	업무무관가지급금으로 처리
원천징수 여부	원천징수함	원천징수하지 않음

(1) 현실적인 퇴직으로 보는 사유

현실적인 퇴직으로 보는 경우에는 퇴직소득으로 하여 원천징수를 하여야 한다. 임원과 관련된 현실적 퇴직사유는 다음과 같다(법령 §44 ②).

① 법인의 직원이 해당 법인의 임원으로 취임한 때

② 법인의 임원 또는 직원이 그 법인의 조직변경·합병·분할 또는 사업양도에 의하여 퇴직한 때

③ 법인의 임원에 대한 급여를 연봉제로 전환함에 따라 향후 퇴직급여를 지급하지 아니하는 조건으로 그때까지의 퇴직급여를 정산하여 지급한 때(2016.1.1. 이후 폐지)

④ 정관 또는 정관에서 위임된 퇴직급여지급규정에 따라 장기 요양 등 기획재정부령(법칙 §22 ③)으로 정하는 사유로 그때까지의 퇴직급여를 중간정산하여 임원에게 지급한 때(중간정산시점부터 새로 근무연수를 기산하여 퇴직급여를 계산하는 경우에 한정)

㉠ 중간정산일 현재 1년 이상 주택을 소유하지 아니한 세대의 세대주인 임원이 주택을 구입하려는 경우(중간정산일부터 3개월 내에 해당 주택을 취득하는 경우만 해당)

㉡ 임원(임원의 배우자 및 기본공제대상자로 생계를 같이하는 부양가족 포함)이 3개월 이상의 질병 치료 또는 요양을 필요로 하는 경우

㉢ 천재·지변, 그 밖에 이에 준하는 재해를 입은 경우

(2) 현실적인 퇴직으로 보지 않는 경우

다음과 같이 현실적인 퇴직으로 보지 않는 경우 퇴직금을 지급하면 퇴직소득으로 보지 않고 업무무관가지급금으로 본다. 따라서 원천징수대상에서 제외한다.

임원과 직원에 대한 현실적인 퇴직으로 보지 않는 경우를 정리하면 다음과 같다(법행 26-44-3 ②).

① 임원이 연임된 경우

② 법인의 대주주 변동으로 인하여 계산의 편의, 기타 사유로 전 직원에게 퇴직급여를 지급한 경우

③ 외국법인의 국내지점 종업원이 본점(본국)으로 전출하는 경우

④ 정부투자기관 등이 민영화됨에 따라 전 종업원의 사표를 일단 수리한 후 재채용한 경우

⑤ 근로자퇴직급여보장법 제8조 제2항에 따라 퇴직급여를 중간정산하기로 하였으나 이를 실제로 지급하지 아니한 경우. 다만, 확정된 중간정산 퇴직급여를 회사의 자금사정 등을 이유로 퇴직급여 전액을 일시에 지급하지 못하고 노사합의에 따라 일정기간 분할하여 지급하기로 한 경우에는 그 최초 지급일이 속하는 사업연도의 손금에 산입한다.

⑥ 법인분할에 있어서 분할법인이 분할신설법인으로 고용을 승계한 임직원에게 퇴직금을 실제로 지급하지 아니하고 퇴직급여충당금을 승계한 경우

⑦ 법인의 임원 또는 직원이 특수관계 있는 법인으로 전출하는 경우에 전입법인이 퇴직급여상당액을 인수하여 퇴직급여충당금으로 계상한 때

실무 POINT **현실적인 퇴직으로 보지 않는 경우**

현실적인 퇴직으로 보지 않는 경우와 관련된 예규와 국세청 상담센터의 상담사례를 소개하면 다음과 같다. 2016년 6월부터 나온 과세당국의 해명자료 안내 중 상당부분이 가지급금의 정산목적으로 임원퇴직금을 중간정산한 경우로서 임원퇴직금 금액과 가지급금의 상계 후 남은 잔액을 미지급금으로 계상한 경우 현실적인 임원퇴직금의 중간지급 요건에 해당하지 않아 2015년 귀속 퇴직급여로 비용 인정받지 못하고 업무무관가지급금으로 변경되어 법인세를 추징당한 사례가 있음에 유의하여야 한다.

1. 임원에 대한 확정기여형 퇴직연금 소급가입시 손금 여부(서면법인 2017-2482, 2019.6.28.)

요약 내국법인이 임원에 대한 급여를 연봉제로 전환함에 따라 퇴직급여를 중간정산하고 이후 해당 임원에 대해 확정기여형 퇴직연금을 가입하여 지급하는 경우에는 현실적인 퇴직으로 보지 않는 것임

2. 당초 중간정산기간을 근속연수에 포함하여 지급하는 임원 퇴직급여 손금산입여부(서면법령해석법인 2015-1566, 2016.5.24.)

요약 내국법인이 임원에 대한 급여를 연봉제로 전환함에 따라 향후 퇴직급여를 지급하지 아니하는 조건으로 그때까지의 퇴직급여를 정산하여 지급하고, 그 후 주주총회에서 임원의 급여를 연봉제 이전의 방식으로 전환하면서 당초 중간정산기간도 근속연수에 포함하여 퇴직급여를 지급하는 내용으로 임원의 퇴직급여지급규정을 개정하는 경우 당초 중간정산하여 지급한 퇴직급여는 임원에 대한 업무무관가지급금으로 보는 것이며, 해당 퇴직급여지급규정은 '법인세법 시행령' 제44조 제4항 제1호 또는 제5항에 따른 임원의 퇴직급여지급규정에 해당하지 아니하는 것임

3. 임원퇴직금의 손금귀속시기(서면법인 2015-1096, 2015.9.25.; 서면2팀-79, 2005.1.12.)

요약 임원에 대한 급여를 연봉제로 전환함에 따라 향후 퇴직금을 지급하지 아니하는 조건으로 그때까지 퇴직금을 정산하여 지급하는 때에는 현실적인 퇴직에 해당하는 것이며, 이 경우 지급이란 퇴직금 전액을 지급하는 경우에만 해당하는 것이므로 자금사정 등을 이유로 퇴직금을 임원과 합의에 따라 분할하여 지급하는 경우에는 현실적인 퇴직에 해당하지 아니하는 것임

4. 임원퇴직금 미지급 시 가지급금 계상여부(국세청 상담센터 질의응답, 2015.12.3.)

사실관계 대표이사가 연봉제로 전환하는 조건으로 퇴직금 중간정산을 할 경우, 이를 올해 미지급하고 내년부터 지급하려 할 때 정상적인 중간정산으로 볼지 아니면 가지급금으로 보아 인정이자계산을 하여야 하는지 여부

답변 현실적인 퇴직으로 보는 중간정산은 실제 중간정산한 퇴직급여를 지급하는 경우에 한하여 인정되므로 연봉제 전환을 사유로 퇴직금을 중간정산할 경우 그 퇴직급여를 2015.12.31. 이내 지급하지 않는다면 현실적인 퇴직으로 보는 중간정산에 해당하지 않아 2016.1.1. 이후 지급분은 업무무관가지급금에 해당함

6. 임원퇴직금의 계산

(1) 법인세법상 한도

① 퇴직금 지급규정이 없는 경우 임원에 대한 퇴직소득금액의 한도

퇴직금 지급규정이 없는 경우 임원에 대한 법인세법상 한도는 다음과 같이 계산하며 법인세법상 한도를 초과하는 금액은 근로소득이며 손금에 산입하지 않는다(법령 §44 ④ 2호, 법칙 §22 ⑤).

$$\text{퇴직한 날부터 소급하여 1년 동안 지급받은 총급여액}^{*1} \times \frac{1}{10} \times \frac{\text{근속월수}^{*2}}{12}$$

*1. 임원에게 지급한 총급여액은 소득세법 규정에 따라 근로의 제공으로 받는 봉급·급료·보수·세비·임금·상여·수당과 이와 유사한 성질의 급여 및 잉여금 처분에 의한 상여를 포함한다. 다만, 소득세법상 비과세소득과 법인세법상 손금불산입된 금액은 제외한다.

*2. 근속연수는 역년에 의하여 계산한 근속연수를 말하며, 이 경우 1년 미만의 기간은 월수로 계산하되, 1개월 미만의 기간은 이를 산입하지 아니한다. 또한, 해당 임원이 직원에서 임원으로 된 때에 퇴직금을 지급하지 아니한 경우에는 직원으로 근무한 기간을 근속연수에 합산할 수 있다.

② 퇴직금 지급규정이 있는 경우 임원에 대한 퇴직소득금액의 한도

정관에 퇴직급여(퇴직위로금 등을 포함)로 지급할 금액이 정하여진 경우에는 정관에 정하여진 금액을 한도로 하고 한도를 초과하는 금액은 근로소득금액으로 보며 손금에 산입하지 않는다(법령 §44 ④ 1호).

실무 POINT 임원의 퇴직급여지급규정 예규

임원의 퇴직급여지급규정은 임원의 퇴직 당시 유효하게 성립한 임원의 퇴직급여지급규정에 따라야 하며 별도의 규정이 없는 경우 퇴직 당시 급여를 기준으로 전체 근속연수에 대한 퇴직급여를 소급적용할 수 있으며 별도의 규정이 있는 경우 과거의 급여를 기준으로 퇴직급여를 산정하거나 근속연수를 안분하여 각각 다른 배수를 적용하여 산정할 수 있다(대법원 2003다40798, 2005.7.8.; 대법원 2003다16092, 2006.5.25.). 임원 퇴직급여지급규정에 대한 국세청 상담센터 상담사례와 관련 예규를 소개하면 다음과 같다.

1. 퇴직금 지급규정의 소급적용(2015.7.8.)

사실관계 당사는 법인사업자로서 종전 정관에는 임원퇴직금 규정이 없기에 2014년 추가로 임원퇴직금 규정을 삽입하여 임원 직위에 따라 차등 지급하는 것으로 정관을 변경하였음

그 후 2015년 7월 현재 정관을 재차 변경하여 임원들의 퇴직금 지급규정을 차등지급이 아닌, 일괄적으로(3배수) 지급하기로 한 경우, 입사일로부터 현재까지 새로 변경된 정관 규정(3배수)에 따라 임원퇴직금을 지급하는 경우 세법상 문제 여부

답변 법인의 정관이나 정관에서 위임된 퇴직급여지급규정에서 임원의 퇴직급여로 지급할 금액이 정하여진 것이라면 손금산입 한도는 정관이나 지급규정에 따르는 것으로, 정관 등에 임원퇴직급여지급규정을 신설하거나 개정한 경우, 신설 또는 개정한 정관 내용상 신설 전 또는 개정 전 근무기간에 대해서도 신설 또는 개정된 임원퇴직급여지급규정을 적용하도록 규정하고 있다면 소급 적용하여 계산된 퇴직급여에 대해 손금산입이 가능할 것임. 즉, 소급적용가능한지 여부는 법인의 정관 등에 규정된 내용에 따르는 것임

2. 참고예규(법인-149, 2013.3.27.)

질의요지 및 사실관계

- 질의법인은 정관에 임원퇴직금을 규정하고 있으며 2012년 중 정관개정을 통해 임원퇴직금에 대한 규정을 변경할 예정
  - 개정내용은 임원근속기간에 대한 지급 배수를 5배수에서 3배수로 개정할 예정이며, 동 기준은 상무·사장·회장 등에 대해 모두 동일하게 적용
  - 개정 전 근속연수에 대해서는 종전규정을 적용하고, 개정된 규정은 개정 후 근무기간(2012년 이후)부터 적용
  - 정관상 임원퇴직금 규정-

현행(2011년 이전)	개정(2012년 이후)
퇴직 전 3개월 평균임금 ×임원재직기간×5배	퇴직 전 3개월 평균임금 ×임원재직기간×3배

- 정관에 따라 임원퇴직금 지급규정을 변경할 경우 퇴직급여충당금 손금산입 한도액 계산시 적용하는 퇴직금추계액 및 임원 퇴직급여 손금 한도액 산정방법

〈갑설〉 퇴직시점 또는 결산시점 전 개정된 정관상 퇴직급여 지급기준에 따라 계산

– 퇴직 전 3개월 평균임금×임원재직기간×3배

〈을설〉 개정 전 근속기간에 대해서는 종전 정관상 퇴직급여 지급기준, 개정 이후 근속기간에 대해서는 개정된 기준 적용하여 계산

– 퇴직 전 3개월 평균임금×2011년까지 근무년수×5배

+퇴직 전 3개월 평균 임금×2012년 이후 근무년수×3배

회신 내국법인이 임원의 퇴직급여지급규정에 대하여 정관을 개정할 경우 법인세법시행령 제60조 제2항에 따른 「퇴직급여로 지급되어야 할 금액의 추계액」은 정관 기타 퇴직급여지급에 관한 규정에 의하여 계산한 금액을 말하며, 같은 법 시행령 제44조 제4항 제1호의 금액은 정관에 지급할 금액이 정하여진 경우에는 정관에 정하여진 금액으로 하는 것임

(2) 소득세법상 한도

소득세법상 2012.1.1. 이후 퇴직금 한도액까지는 퇴직소득으로 보며 한도액을 초과하는 금액은 근로소득으로 본다. 퇴직금 한도액과 근로소득금액으로 보는 금액을 계산하는 방법은 다음과 같으며(소법 §22 ③·④, 소령 §42의 2 ⑥), 이 경우 근로소득으로 보는 금액은 법인세법상 한도 이내의 금액이므로 손금산입이 가능하다.

① 2012.1.1. 이후 임원퇴직금 한도액=㉠+㉡

㉠ 2012.1.1.~2019.12.31.까지의 한도액

$$\left\{\frac{\text{2019.12.31.로부터 소급하여 3년 동안 지급받은 총급여액}^{*1}}{36^{*2}}\times 12\right\}\times\frac{1}{10}\times\left\{\frac{\text{2012.1.1.~2019.12.31. 근무기간}^{*3}}{12}\times 3\right\}$$

㉡ 2020.1.1. 이후의 한도액

$$\left\{\frac{\text{퇴직일로부터 소급하여 3년 동안 지급받은 총급여액}^{*1}}{36^{*2}}\times 12\right\}\times\frac{1}{10}\times\left\{\frac{\text{2020.1.1. 이후 근무기간}^{*3}}{12}\times 2\right\}$$

*1. 근무기간이 3년 미만인 경우에는 해당 근무기간 동안 지급받은 총급여로 하고 총급여액은 봉급·상여 등 소법 제20조 제1항 제1호 및 제2호에 따른 근로소득(소법 제12조에 따른 비과세소득은 제외)을 합산함. 예를 들어 2년 6개월의 총급여액이 2억원인 경우의 연평균환산액은 80,000,000원(=2억원÷30개월×12개월)임. 근무기간 중 해외현지법인에 파견되어 국외에서 지급받는 급여를 포함함. 다만, 정관 또는 정관의 위임에 따른 임원의 급여지급 규정이 있는 법인의 주거보조비, 교육비수당, 특수지수당, 의료보험료, 해외체재비, 자동차임차료 및 실의료비 및 이와 유사한 급여로서 해당 임원이 국내에서 근무할 경우 국내에서

지급받는 금액을 초과해 받는 금액은 제외함(소령 §42의 2 ⑦, 2020.2.11. 이후 퇴직하여 지급받는 소득분부터 적용)

*2. 회사의 종업원이 임원으로 취임하여 퇴직금을 지급받은 후 임원으로 근무하던 중 퇴직하는 경우 소득세법 제22조 제3항에 따른 총급여의 연평균환산액을 산정함에 있어 임원으로 근무한 기간이 3년 미만인 경우 "근무기간"은 임원으로 실제 근무한 기간으로 계산하는 것이며, "2011.12.31. 퇴직하였다고 가정할 때 지급받을 퇴직소득금액"은 불특정다수에게 적용되는 퇴직금지급규정에 따라 2011.12.31. 퇴직 시 실제 지급받을 수 있는 퇴직소득금액을 말하는 것임(법규소득 2013-246, 2013.7.25.)

*3. 근무기간은 개월 수로 계산함. 이 경우 1개월 미만의 기간이 있는 경우에는 이를 1개월로 봄

② 근로소득으로 보는 금액

{ 임원퇴직소득금액 − 2011.12.31.에 퇴직하였다고 가정할 때 지급받을 퇴직소득금액*1 } − 한도액

*1. 퇴직소득금액에 2011년 12월 31일 이전 근무기간(개월 수로 계산하며, 1개월 미만의 기간이 있는 경우에는 1개월로 본다)을 전체 근무기간으로 나눈 비율을 곱한 금액(2011년 12월 31일에 정관 또는 정관의 위임에 따른 임원 퇴직급여지급규정이 있는 법인의 임원이 2011년 12월 31일에 퇴직한다고 가정할 때 해당 규정에 따라 지급받을 퇴직소득금액을 적용하기로 선택한 경우에는 해당 퇴직소득금액)을 말함

실무 POINT **임원의 2011.12.31. 퇴직소득금액**

소득세법상 2012.1.1. 이후 일명 3배 한도가 적용되므로 2011.12.31. 퇴직소득금액으로 보는 금액이 산정되어야 2012.1.1. 이후의 금액과 3배 한도를 비교하여 근로소득금액으로 보는 금액을 계산할 수 있다. 다만, 2015.2.3. 세법이 개정되어 아래 (1)의 ②와 (2)의 ② 방법을 선택할 수 있도록 되었으므로 실무 적용 시 유의하여야 한다.

(1) 2011년 12월 31일 현재 임원퇴직금 지급규정이 있는 경우=Max(①, ②)
 ① 2011.12.31. 퇴직하였다고 가정하고 산정한 금액
 ② 퇴직소득금액×2011.12.31.까지 근속월수/총근속월수
 ✔ 근속월수 계산 시 1개월 미만은 1개월로 봄

(2) 2011년 12월 31일 현재 임원퇴직금 지급규정이 없던 회사가 2015.1.1. 이후 임원퇴직금 지급규정을 규정하여 소급적용하는 경우=Max(①, ②)
 ① 퇴직직전 1년간 총급여액×10%×근속월수*1÷12
 ② 퇴직소득금액×2011.12.31.까지 근속월수*2÷총근속월수*2
 *1. 근속월수 계산 시 1개월 미만은 1개월로 보지 않음
 *2. 근속월수 계산 시 1개월 미만은 1개월로 봄

(3) 임원퇴직금 계산사례

다음은 ㈜민후의 임원퇴직금 지급규정이다. 임원퇴직금 지급규정은 적법한 지급규정이며 임원퇴직금 지급규정을 참고로 하여 2025.12.31. 퇴직한 나이사의 임원퇴직금 지급액과 근로소득으로 보는 금액을 산정하시오.

▎자료 ❶ 임원퇴직금 지급규정▎

제1조 [목적]
이 규정은 회사 임원의 퇴직금 지급에 관한 사항을 정함을 목적으로 한다.

제2조 [적용범위]
① 이 규정은 주주총회에서 선임한 이사 이상의 상근 임원에 대하여 적용한다.
② 임원에 준하는 대우를 받더라도 별도의 계약에 의하여 근무하는 자는 그 별도의 계약에 의한다.

제3조 [주관부서]
임원퇴직금 지급에 관한 업무의 주관부서는 본사 인사부로 한다.

제4조 [퇴직금의 지급방법]
① 퇴직금은 현금으로 지급한다.
② 제1항에 불구하고 퇴직한 자의 요구 또한 동의가 있는 경우 현금 외의 재산으로 지급할 수 있다. 이 경우 재산평가는 상속세및증여세법 규정에 따른 시가로 한다.

제5조 [퇴직금의 산정]
① 퇴직금은 [퇴직금 산출기준액×근속연수×지급률]를 한 금액으로 한다.
② 퇴직금 산출기준액은 퇴직직전 1년간 총급여액으로 하며 총급여액은 소득세법과 조세특례제한법상 비과세 소득은 제외한다.
③ 근속연수는 휴직기간을 포함하며, 1년 미만의 기간은 개월 수로 계산하고, 1개월 미만의 기간은 1개월로 계산한다.
④ 지급률은 다음과 같다. 단, 해당 지급률은 2012.1.1. 이후 적용하기로 하며 2011.12.31.까지의 퇴직금은 2011.12.31.기준으로 제5조 제1항부터 제3항까지를 적용하며 지급률은 종전규정대로 500%를 적용한다.

구 분	지급률
대표이사, 전무, 상무, 감사	300%

제6조 [재임연수의 계산]
① 재임기간은 선임일자로부터 실근무 종료일까지로 한다.
② 5년 미만의 기간의 재임연수에 해당자는 해당사항이 없다.

제7조 [퇴직금지급의 특례규정]
업무와 관련하여 고의 또는 중대한 과실에 의한 불법행위로 금고 이상의 형을 받거나 회사의 명예나 신용을 훼손하거나 손실을 초래하는 귀책사유로 인하여 파면, 면직요구, 해임권고 또는 징계면직 상당의 결정통보를 받은 자에 대하여는 퇴직금을 감액 또는 지급하지 아니한다.

부 칙

본 규정은 2012년 1월 1일부터 시행하며 제5조의 규정 적용 시 2011.12.31.까지의 지급률은 명시된 바와 같이 종전규정인 500%를 적용한다.

| 자료 ❷ 퇴직관련 추가 자료 |

① 나이사의 재직기간 : 2010.1.2.~2025.12.31.

총근속월수	2011.12.31.까지 근속월수	2012.1.1. 이후 근속월수
192개월	24개월	168개월

② 나이사의 연도별 총급여액

2010~2011년	2012~2017년	2018년	2019년	2020년
1.2억원	1.3억원	1.4억원	1.5억원	1.5억원
2021년	**2022년**	**2023년**	**2024년**	**2025년**
1.4억원	1.4억원	1.4억원	1.5억원	1.6억원

| 해답 |

(1) 임원퇴직금 지급규정에 의한 총퇴직급여해당액=①+②=792,000,000원

① 2011.12.31.까지 퇴직급여=1.2억원×10%×24개월÷12개월×5배
=120,000,000원

임원퇴직금 지급규정에 2011.12.31. 퇴직급여 계산방식이 규정되어 있으므로 규정된 계산방식에 의하여 계산하여야 하며, 만약 임원퇴직금 지급규정 제5조에 2011.12.31.까지 퇴직급여 계산방식과 지급률이 규정되어 있지 않고, 부칙에 '임원이 입사할 때부터 소급적용하기로 적용한다'라고 규정되어 있으면 2025년 총급여액인 1.6억원 기준으로 퇴직급여를 계산하여야 함에 유의하자(과세당국의 중점 검토사항임).

② 2012.1.1. 이후 퇴직급여=1.6억원×10%×168개월÷12개월×3배=672,000,000원

임원퇴직금 지급규정에 의한 금액인 792,000,000원 대신 8억원을 지급한 경우 초과금액인 8,000,000원은 법인세법상 손금불산입되며 상여(근로소득)로 처분됨에 유의하자.

(2) 2011.12.31. 퇴직급여해당액=Max(①, ②)=120,000,000

① 2011.12.31. 퇴직하였다고 가정하고 산정한 금액=120,000,000원

② 퇴직소득금액×2011.12.31.까지 근속월수 / 총근속월수
=792,000,000원×24개월/192개월=99,000,000원

✔ 근속월수 계산시 1개월 미만은 1개월로 봄

(3) 2012.1.1. 이후 퇴직금=(1)−(2)=672,000,000원

(4) 소득세법상 한도=①+②=516,000,000원

① 2012년~2019년까지의 한도액=1.4억원*×10%×96개월÷12개월×3배
=336,000,000원

* 2017년부터 2019년까지의 총급여액의 연평균 환산액이므로 1.4억원(=(1.3억원+1.4원+1.5억원)/3년)

② 2020년 이후의 한도액=1.5억원*×10%×72개월÷12개월×2배=180,000,000원

PART 4 원천징수

* 2023년부터 2025년까지의 총급여액의 연평균 환산액이므로 1.5억원{=(1.4억원+1.5억원+1.6억원)/3년}

(5) 소득세법상 한도초과금액=(4)−(5)=156,000,000원

(6) (1)부터 (5)까지에 따라 퇴직소득금액과 근소득금액은 다음과 같다.

① 퇴직소득금액 : 636,000,000원

② 근로소득금액 : 156,000,000원

참고로 위 사례를 임원퇴직금 지급규정이 없는 경우로 풀이하면 다음과 같다.

임원 퇴직급여해당액=1.6억원×10%×192개월/12개월=256,000,000원

실무 POINT 임원 퇴직소득세액의 중점사항 정리

1. 임원의 퇴직소득원천징수영수증과 근로소득원천징수영수증

(1) 퇴직소득원천징수영수증

① 임원의 표시

임원이 퇴직한 경우 퇴직소득원천징수영수증/지급명세서의 ⑨란에 임원에 '√' 표시를 한다.

② 2011.12.31.퇴직금의 표시

2011.12.31. 이전에 임원으로 취임한 임원이 2012.1.1. 이후 퇴직하는 경우 퇴직소득원천징수영수증/지급명세서의 ⑪ 2011.12.31. 퇴직금란에 2011.12.31.에 계산된 퇴직금을 기입한다. 위 사례의 경우 120,000,00원을 기입하면 된다.

(2) 근로소득원천징수영수증

소득세법상 한도액을 초과하여 지급한 금액은 근로소득원천징수영수증/지급명세서의 '15-3.임원퇴직소득금액한도초과액'에 기입한다. 위 사례의 경우 120,000,000원을 기입하여 중도퇴사 연말정산을 정산하면 된다.

	구 분	주(현)	종(전)	합 계
I 근 무 처 별 소 득 명 세	⑨ 근 무 처 명	㈜민후		
	⑩ 사업자등록번호	109-81-14741		
	⑪ 근무기간	2025.1.1.~ 2025.12.31	~	~
	⑫ 감면기간	~	~	~
	⑬ 급 여	160,000,000		160,000,000
	⑭ 상 여			
	⑮ 인 정 상 여			
	⑮-1 주식매수선택권 행사이익			
	⑮-2 우리사주조합인출금			
	⑮-3 임원 퇴직소득금액 한도초과액	156,000,000		156,000,000
	⑮-4 직무발명보상금			
	⑯ 계	316,000,000		316,000,000

2. 임원 퇴직소득 한도초과액의 건강보험 보수 포함여부

소득세법 제22조 제3항의 '임원퇴직소득 한도 초과액'은 국민건강보험법 시행령 제33조의 '퇴직금'에 포함된다는 '이의신청 인용'결정에 따라 건강보험 보수에서 제외한다(제2016-이의-02327).

따라서 임원의 건강보험 상실신고시 '임원퇴직소득 한도 초과액'이 '사업장가입자격상실신고서'의 건강보험 '보수총액'란에 포함되지 않도록 주의하여야 한다.

실무상 '근로소득원천징수영수증'의 '16.계' 금액을 상실신고시 보수월액에 기입하는데 상실신고시 '16.계' 금액에서 '15-3. 임원퇴직소득금액 한도초과액'을 차감하여 상실신고를 하여야 하는 것이다.

3. 저자주 : 무보수 임원의 퇴직금

경영악화 등의 사유로 무보수 재직중 퇴직하는 임원의 퇴직금에 대해서 관련 예규와 판례는 임원퇴직금 지급규정에 따라 지급여부를 결정하는 것으로 안내를 하고 있다(서면법인-2148, 2018.10.16.; 법인세과-1388, 2017.5.26.; 서면2팀-1455, 2004.7.13. 등).

이에 정관에서 위임된 퇴직금 지급규정에 따라 임원 퇴직금 지급규정의 의결내용 등이 정당하고, 특정임원의 퇴직 시마다 퇴직금을 임의로 지급할 수 없는 일반적이고 구체적인 기준 등 합당한 퇴직금 지급규정에 무보수 임원의 퇴직금 지급이 명시되어 있는 경우라면 그에 따라 지급하면 될 것으로 판단된다.

다만, 퇴직금 지급규정이 없는 경우로서 퇴직직전 1년간 총급여액이 없는 경우임에도 불구하고 퇴직금을 지급하는 경우라면 다음의 예규에 의하여 계산된 금액을 임원 퇴직금으로 계산할 수 있을 것으로 보이나 손금인정 여부를 위해서는 무보수 임원의 퇴직금 지급 규정을 정관 등에 명시하기를 바란다.

[관련예규] 무급여로 근무한 임원이 퇴직하는 경우 근속연수 및 총급여액 계산방법

임원에 대한 퇴직금지급기준을 정관 등에 정하고 있지 아니하는 법인의 임원이 1년 동안 급여수령을 포기하고 무급여로 근로를 제공한 후 퇴직하는 경우에 당해 임원에 대한 퇴직금을 계산함에 있어서 근속연수는 무급여로 근무한 기간을 포함할 수 있으며, 이 경우 임원퇴직금의 손금용인한도액을 계산하기 위한 총급여액은 급여수령을 포기하기 전 1년 동안 지급한 총급여액으로 할 수 있는 것임(법인 46012-487, 1998.2.26.).

참고로 임원의 무보수 기간도 퇴직금 지급 산정시 포함되는지에 대한 추가 예규를 소개하면 다음과 같다.

[관련예규] 임원의 퇴직소득 계산시 무보수 기간의 근속연수 포함여부

임원 등의 거주자가 창업초기 때는 무보수로 수년간 근무하고 그 이후로는 급여를 받다가 실제 퇴직하여 임원퇴직금지급규정에 따라 퇴직소득을 지급받는 경우 근속연수에 의한 퇴직소득공제금액 계산은 해당 법인에 직접 고용되어 실제 근로를 계속 제공한 총기간으로 하는 것이나 법인세법 제52조에 따른 부당행위계산의 부인 대상이 되는 경우에는 그러하지 않는다(원천세과-768, 2009.9.18.; 소행 22-105-3).

거주구분	거주자1 / 비거주자2
내·외국인	내국인1 / 외국인9
종교관련종사자 여부	여 1 / 부 2
거주지국	거주지국코드
징수의무자 구분	사업장1/공적연금사업자3

관리번호	

퇴직소득원천징수영수증/지급명세서

([✔]소득자 보관용 [ ]발행자 보관용 [ ]발행자 보고용)

구분	항목	내용	항목	내용	항목	내용
징수의무자	① 사업자등록번호	123－81－45678	② 법인명(상호)	㈜민후	③ 대표자(성명)	진민후
	④ 법인(주민)등록번호	111122－0000123	⑤ 소재지(주소)	서울 중구 동호로 14길 1－1		
소득자	⑥ 성 명	나이사	⑦ 주민등록번호	660516－12345697		
	⑧ 주 소	경기도 성남시 수정구 위례순환로 211, 5402동 1501호	⑨ 임원 여부	[✔]여 [ ]부		
	⑩ 확정급여형 퇴직연금제도 가입일		⑪ 2011.12.31.퇴직금	120,000,000		
귀 속 연 도	2025.01.01. 부터 2025.12.31. 까지		⑫ 퇴직사유	[ ]정년퇴직 [ ]정리해고 [ ]자발적 퇴직 [✔]임원퇴직 [ ]중간정산 [ ]기 타		

	근 무 처 구 분	중간지급 등	최종	정산
퇴직급여현황	⑬ 근무처명		㈜민후	
	⑭ 사업자등록번호		123－81－45678	
	⑮ 퇴직급여		636,000,000	636,000,000
	⑯ 비과세 퇴직급여			
	⑰ 과세대상 퇴직급여(⑮－⑯)		636,000,000	636,000,000
	⑱ 과세이연 여부	[ ]해당 [ ] 미해당		

	구 분	⑲ 입사일	⑳ 기산일	㉑ 퇴사일	㉒ 지급일	㉓ 근속월수	㉔ 제외월수	㉕ 가산월수	㉖ 중복월수	㉗ 근속연수
근속연수	중간지급 근속연수									
	최종 근속연수	2010.01.02.	2010.01.02.	2025.12.31.	2025.12.31.	180				15
	정산 근속연수	2010.01.02.	2010.01.02.	2025.12.31.		180				15

	계 산 내 용	금 액
과세표준계산	㉘ 퇴직소득(⑰)	636,000,000
	㉙ 근속연수공제	30,000,000
	㉚ 환산급여 [(㉘－㉙)× 12배/정산근속연수]	454,500,000
	㉛ 환산급여별공제	205,775,000
	㉜ 퇴직소득과세표준(㉚－㉛)	248,725,000
	계 산 내 용	금 액
퇴직소득세액계산	㉝ 환산산출세액(㉜× 세율)	74,575,500
	㉞ 퇴직소득 산출세액(㉝× 정산근속연수/12배)	99,434,000
	㉟ 세액공제	
	㊱ 기납부(또는 기과세이연) 세액	
	㊲ 신고대상세액(㉞－㉟－㊱)	99,434,000

	㊳ 신고대상세액(㊲)	연금계좌 입금명세					㊵퇴직급여(⑰)	㊶ 이연 퇴직소득세 (㊳×㊴/㊵)
이연퇴직소득세액계산		연금계좌취급자	사업자등록번호	계좌번호	입금일	㊴계좌입금금액		
		㊶ 합 계						

	구 분	소득세	지방소득세	농어촌특별세	계	부표 작성 여부
납부명세	㊸ 신고대상세액(㊲)	99,434,000	9,943,400		109,377,400	※ ⑱ 과세이연 여부란에 '해당'으로 체크한 경우 "○" 표시를 합니다.
	㊹ 이연퇴직소득세(㊶)					
	㊺ 차감원천징수세액(㊸－㊹)	99,434,000	9,943,400		109,377,400	

위의 원천징수세액(퇴직소득)을 정히 영수(지급)합니다.

2025 년 12 월 31 일

징수(보고)의무자 ㈜민후 진민후(서명 또는 인)

중부 세 무 서 장 귀하

210mm×297mm[백상지80g/㎡ 또는 중질지80g/㎡]

실무 POINT

임원의 고용보험과 산재보험 관련 판례와 임원의 근로자성

임원의 경우 업무집행권 등을 행사하지 않는 경우 등 근로자성 성격을 인정받으며 예외적으로 일반 근로자와 동일하게 고용보험과 산재보험 가입이 허용되지만 실무상 근로자성 성격으로 인정받기 위해서는 상당한 제약이 수반되며 실업수당 등은 고용보험 가입이력에 따라 지급되는바 임원에 해당하여 실업급여가 거부된 처분에 대한 판례도 최근 발생되고 있음에 유의를 하여야 한다.

1. 2015구합431(출처 : 고용보험심사위원회의 고용보험 판례요약집 p.4 발췌)

원고는 등기임원으로 회사로부터 일정한 사무처리 위임을 받는 관계에 있었다고 할 것이므로, 사용자의 지휘 감독 아래 일정한 근로를 제공하고 소정의 임금을 받는 고용관계에 있었다고 보기는 어려우므로 고용보험 가입이력 삭제처분은 타당함

2. 2014구합8209(출처 : 고용보험심사위원회의 고용보험 판례요약집 p.6 발췌)

원고가 이사로 취임한 점, 주식 20%를 보유하면서 주주총회에 참석하여 의결권을 행사한 점, 근로계약서, 출근부 등 근무 관련 자료가 존재하지 않는 점 등에 비추어 보면, 종속된 관계에서 임금을 목적으로 근로를 제공한 근로자로 볼 수 없으므로 피보험자격 직권취소 처분은 적법함

3. 임원의 근로자성

임원의 근로자성은 임원의 권한 및 직무가 회사의 규정 또는 소관업무에 한정되고, 대표이사의 지휘 및 감독을 받는 경우 그 실질에 있어서 사업 또는 사업장에 임금을 목적으로 종속적인 관계에서 근로를 제공하는 경우 인정받을 수 있는 것으로 판례에 명시되어 있다. 근로자성 판단기준을 요약해보면 다음과 같다.

① 회사가 업무내용을 정하였는지 여부

회사가 업무내용을 특정하고 별도의 직무기술서까지 비치하고 있는 경우 인정받을 가능성 있음

② 업무의 재량권 발휘 여부

경영사항에 대한 결정 재량권을 가지고 있지 않으며 사용자의 지휘 및 명령에 의존하여 업무처리를 할 경우 인정받을 가능성 있음

③ 근무시간 및 장소

출장 및 휴가에 대하여 사용자의 사전 결재가 이루어지고 있으며 출퇴근 시간에 명확한 제약이 있으면 인정받을 가능성 있음

④ 일반근로자와 근로조건 차이

개인비서 및 차량지원, 독립된 근로 장소를 제공받지 않는 경우라면 인정받을 가능성 있음

⑤ 등기임원의 여부

상법상 일반적 절차에 따라 등기임원으로 선임된 경우라 하더라도 그 지위 또는 명칭이 형식적, 명목적인 경우에 해당됨을 증명하면 인정받을 가능성 있음

> **3. 대표이사만 있는 법인사업장의 4대보험 적용**
>
> ① 국민연금·건강보험
>
> 법인사업장의 대표이사는 근로자와 동일한 개념으로 볼 수 있어 대표이사가 1인인 경우에도 사업장 적용대상에 해당한다. 다만, 정상적으로 사업장을 운영하고 대표자도 실제 근로의 대가로 임금을 지급받아 생활하여야 하며, 국세청에 근로소득신고를 정상적으로 한 경우에 한한다.
>
> ② 고용보험·산재보험
>
> 법인의 대표이사는 근로기준법상 근로자에 해당되지 않으므로, 의제적용 사업장이 아닌 한 근로자가 없는 법인사업장에 대하여는 고용·산재보험이 적용되지 않는다.

6 퇴직소득의 원천징수시기

1. 원칙

원칙적으로 퇴직소득에 대한 원천징수는 원천징수대상 퇴직소득을 지급하는 때에 한다(소법 §146 ①). 다만, 소득세법은 원천징수시기에 대한 특례규정에 따라 회사(원천징수의무자)가 실제로 퇴직소득을 지급하지 않았더라도 원천징수시기에 대한 특례로 규정한 날까지 지급한 것으로 간주하여 퇴직소득세를 원천징수하도록 하고 있다.

2. 퇴직소득의 원천징수시기에 대한 특례

퇴직소득을 미지급한 경우 원천징수시기에 대한 특례규정에 따라 일정한 시기가 도래하면 지급하지 않았더라도 지급한 것으로 간주하여 소득세를 원천징수한다. 즉 퇴직소득을 미지급한 경우 소득세법에서의 원천징수시기에 대한 특례규정에서 정한 날을 원천징수시기로 본다(소법 §147). 예를 들어 1~11월 사이에 퇴직한 자의 퇴직급여를 당해 연도 12월 31일까지 지급하지 아니하는 때에는 그 퇴직급여는 12월 31일에 지급한 것으로 본다. 그러면 12월에 퇴직한 자의 퇴직급여를 다음 연도 2월 말일까지 지급하지 아니한 때에는 그 퇴직급여액은 2월 말일에 지급한 것으로 본다.

| 퇴직소득 원천징수 시기 |

구 분		원천징수 시기
일반적인 경우		퇴직소득을 현실적으로 지급하는 때
원천징수 특례가 적용되는 경우	1~11월 사이에 퇴직한 자의 퇴직급여를 당해 연도 12월 31일까지 지급하지 아니하는 때	12월 31일
	12월에 퇴직한 자의 퇴직급여를 다음 연도 2월 말일까지 지급하지 아니한 때	다음 연도 2월 말일

7 퇴직소득 원천징수세액의 신고·납부

원천징수의무자(회사)는 퇴직금 지급일의 다음 달 말일까지 퇴직급여(퇴직금) 및 원천징수세액을 기재한 원천징수영수증을 퇴직자에게 발급하여야 한다. 그리고 원천징수한 퇴직소득세를 그 징수일이 속하는 달의 다음 달 10일까지 관할세무서에 신고·납부하여야 한다(소법 §146 ③).

구 분	내 용
원천징수영수증 발급	퇴직금 지급일의 다음 달 말일까지 원천징수영수증을 소득자에게 발급
원천징수세액 신고·납부	회사가 그 징수일이 속하는 달의 다음 달 10일까지 신고·납부
신고 시 제출할 서류	다음 달 10일까지 원천징수이행상황신고서를 세무서에 제출

8 퇴직소득 지급명세서의 제출

국내에서 퇴직소득을 지급하는 자는 그 지급을 받는 소득자별로 '퇴직소득지급명세서'를 그 지급일이 속하는 과세기간의 다음 연도 3월 10일까지(휴업, 폐업 또는 해산한 경우에는 휴업일, 폐업일 또는 해산일이 속하는 달의 다음다음 달 말일)까지 원천징수 관할 세무서장, 지방국세청장 또는 국세청장에게 제출하여야 한다(소법 §164 ①).

| 퇴직소득 지급명세서 제출시기 |

구 분	지급명세서 제출시기
일반적인 경우	지급일이 속하는 연도의 다음연도 3월 10일까지
원천징수시기 특례가 적용되는 경우	과세연도 종료일이 속하는 연도의 다음연도 3월 10일까지

사례 퇴직소득 지급명세서 제출시기

다음의 각 사례별로 퇴직소득의 원천징수시기와 지급명세서 제출시기를 기입하시오.

구 분	퇴사일	퇴직금 지급시기	원천징수 시기	지급명세서 제출시기
사례 1	2025.12.31.	2026.3.10.	?	?
사례 2	2025.12.31.	2026.2.28.	?	?

〈해답〉

사례 1의 경우

(1) 원천징수 시기와 신고 : 2025년 12월 귀속, 2026.2월 지급, 2026.3.10. 신고

– 12월 귀속분을 익년 2월말까지 지급하지 못하였으므로 퇴직소득 원천징수시기 특례를 적

용하여야 한다. 따라서 2026.2월 지급으로 하여 2026.3.10.까지 원천징수를 신고하고 납부하여야 한다.

(2) 지급명세서 제출시기 : 2026.3.10.까지 제출

– 원천징수시기 특례가 적용되는 경우의 지급명세서 제출시기의 지급일은 해당 과세연도의 종료일이 되는 것이므로 반드시 2026.3.10.까지 해당 지급명세서를 제출하도록 유의하여야 한다.

사례 2의 경우

(1) 원천징수 시기와 신고 : 2025년 12월 귀속, 2026.2월 지급, 2026.3.10. 신고

– 퇴직소득의 수입시기는 실제 퇴사일인 2025.12.31.이고, 원천징수시기는 퇴직금을 지급한 날인 2026.2.28.이므로 2026.3.10.까지 원천징수를 신고하고 납부하여야 한다.

(2) 지급명세서 제출시기 : 2027.3.10.까지 제출

– 사례 2는 퇴직소득 원천징수시기 특례에 해당되지 않으며 지급명세서는 지급일이 속하는 연도의 다음 연도 3월 10일까지 제출하는 것이므로 원칙적 제출시기는 2027.3.10.까지인 것으로 판단된다.

다만, 국세청 지급명세서 제출 프로그램을 보면 해당 귀속연도의 퇴직소득에 대해서 다음 연도 3월 10일까지 지급명세서를 제출하도록 안내를 하고 있으며 실무상 2026.3.10.까지 해당 지급명세서를 충분히 제출할 수 있으므로 이런 사항이 발생되면 귀속년도를 기준으로 지급명세서를 제출할 수 있도록 하자.

02 퇴직연금제도

1 확정급여형과 확정기여형 퇴직연금*

퇴직연금제도란 종업원의 퇴직금을 금융기관에 위탁하여 운용하고 종업원이 퇴직한 후 연금이나 일시금으로 퇴직금을 지급하는 제도를 말한다. 이러한 퇴직연금제도에는 확정급여형 퇴직연금제도(DB)와 확정기여형 퇴직연금제도(DC)가 있다.

* 확정급여형과 확정기여형 퇴직연금의 자세한 내용은 「PART 2 임금 및 퇴직급여 관리–Chapter 06 퇴직급여–04 퇴직연금의 운용 및 지급」편에 자세하게 설명되어 있다.
아래의 내용은 확정급여형과 확정기여형 퇴직연금에 대한 세무적 업무처리를 위해서 필요하다고 판단되는 내용만 요약정리하였으니 보다 자세한 내용은 「PART 2」의 관련 내용을 참고하길 바란다.

| 확정급여형 퇴직연금제도와 확정기여형 퇴직연금제도의 비교 |

<table>
<tr><th colspan="2">구 분</th><th>확정급여형 퇴직연금제도</th><th>확정기여형 퇴직연금제도</th></tr>
<tr><td colspan="2">개 념</td><td>근로자가 지급받을 퇴직급여액이 확정되어 있는 퇴직연금으로서 연금불입금액의 운용책임 및 성과는 사용자에게 귀속되며, 운용성과에 따라 사용자의 부담액이 변동되는 퇴직연금제도임</td><td>사용자가 부담하여야 할 부담금액이 확정되어 있는 퇴직연금으로서 연금불입액이 운용책임 및 성과는 근로자에게 귀속되며, 운용성과에 따라 근로자의 퇴직급여 수령액이 변동되는 퇴직연금임</td></tr>
<tr><td colspan="2">기업 부담금</td><td>• 적립금 운용실적에 따라 변동가능
• 사용자가 적립하는 적립금 수준은 사업연도 말 현재 퇴직급여 예상액의 100%에 상당하는 금액이 되어야 함</td><td>기업의 부담금은 확정(연간 급여총액의 1/12 이상)되어 있고, 근로자가 추가납입이 가능</td></tr>
<tr><td colspan="2">근로자의 퇴직연금 수령액</td><td>확정</td><td>운용실적에 따라 다름</td></tr>
<tr><td colspan="2">운용책임</td><td>회사부담</td><td>개별 근로자 부담</td></tr>
<tr><td colspan="2">근로자 부담금의 수준</td><td>불입할 수 없음</td><td>선택에 따라 불입가능</td></tr>
<tr><td rowspan="2">퇴직 연금 수령 방법</td><td>연금식</td><td>55세 이상으로서 가입기간 10년 이상인 경우</td><td>55세 이상으로서 가입기간 10년 이상인 경우</td></tr>
<tr><td>일시금</td><td>연금수급요건에 해당하지 아니하거나 일시금 수급을 원하는 경우</td><td>연금수급요건에 해당하지 아니하거나 일시금 수급을 원하는 경우</td></tr>
<tr><td colspan="2">중도인출</td><td>불가능</td><td>법정사유에 해당하는 경우 중도인출가능</td></tr>
<tr><td colspan="2">원천징수 신고의무</td><td>회사</td><td>확정기여형 퇴직연금 사업자</td></tr>
</table>

실무 POINT **퇴직연금제도 간 변경 시 퇴직급여 지급방법 등과 중소기업퇴직연금기금제도**

1. DB형에서 DC형으로 변경 시

DB→DC 전환 시 적립금을 DC로 이전하여 적립금을 DC근로자가 운영하여 퇴직 시 퇴직급여를 지급받을 수 있음

2. DC형에서 DB형으로 변경 시

DC→DB 전환 시 적립금을 DB로 이전하는 것은 근로자가 직접 운영하던 적립금을 사용자의 적립금으로 변경하는 것이므로 이는 허용되지 않음. 다만, DC→DB 전환 이전 기간은 DC로 적립금을 운영하고, DB 전환 이후 기간은 DB로 적립금을 운영하여 퇴직 시 제도별 급여를 각각 산정하여 지급하는 것은 가능함(퇴직연금복지과-586, 2016.2.12.)

3. 혼합형 퇴직연금

근로자퇴직급여보장법 제6조가 개정(2012.7.26.)되어 사용자가 가입자에 대하여 DB형 퇴직연금제도와 DC형 퇴직연금제도를 함께 설정할 수 있도록 함에 따라 한 근로자가 두 제도에 동시에 가입하는 것(혼합형 퇴직연금제도)이 가능해졌음

4. 퇴직연금 제도 폐지·중단시 처리방법(소행 22-0-4)

(1) 퇴직연금이 폐지 또는 운영이 중단된 경우 폐지된 이후 또는 중단된 기간에 대해서는 법정퇴직금제도를 적용한다.

(2) 퇴직연금이 폐지·중단된 경우 적립금은 근로자에게 지급되며, 이는 퇴직금의 중간정산으로 본다.

① 확정급여형(DB) : 사용자는 근로자에게 귀속된 퇴직연금 급여액과 퇴직금과의 차액을 지급한다.

② 확정기여형(DC) : 납부가 중단된 기간 이후에 대해서는 퇴직금제도를 적용한다.

5. 중소기업퇴직연금기금제도(푸른씨앗)

2022.4.14.부터 중소기업퇴직연금기금제도가 퇴직연금에 포함된다(근로자퇴직급여 보장법 시행령 일부개정안 설명자료, 2022.4.14. 고용노동부 보도자료 발췌).

(1) 중소기업퇴직연금기금제도란?

중소기업퇴직연금기금제도란 상시 30명 이하 중소기업의 사용자·근로자가 납입한 부담금으로 공동의 기금을 조성·운영하여 근로자 퇴직 시 퇴직급여를 지급하는 제도이다(근로자퇴직급여보장법 §2 14호).

(2) 사용자부담금과 퇴직금

확정기여형 퇴직연금제도(DC형)와 같이 사업주는 매년 연간임금총액의 1/12 이상을 근로자의 퇴직연금계좌에 납부한다. 다만, 확정기여형 퇴직연금제도의 경우 적립금의 운용을 근로자가 직접 해야 했지만, 중소기업퇴직연금기금제도의 경우 근로복지공단이 선정한 전문기관에서 이를 대행하며, 근로자는 확정급여형 퇴직연금제도(DB형)의 기준인 평균임금으로 퇴직금을 받는 제도이다.

(3) 재정지원과 수수료

저소득 가입자(2025년도는 월평균 보수가 최저임금의 130% 미만에 해당하는 273만원 미만 근로자를 말함)를 고용한 사용자는 사용자부담금의 10%를 중소기업 퇴직기금제도 시행일부터 3년간 지원받을 수 있으며 당해 연도 부담금은 납기 내(12월말)에 납부한 부담금을 말한다.

수수료 또한 최저 수준의 수수료(0.2% 이하)를 통해 수수료 부담을 줄일 수 있다.

(4) 비용인정여부

확정기여형 퇴직연금과 동일하게 사업자가 사업연도에 불입한 불입금액에 대해서 전액 비용(손금산입, 필요경비산입) 인정이 된다(법령 §44의 2 ③).

1. 확정급여형 퇴직연금제도(Defined Benefit Pension)[19)]

(1) 근로자가 받을 급여수준

가입자의 퇴직일을 기준으로 산정한 일시금이 계속근로기간 1년에 대하여 30일분의 평균임금에 상당하는 금액 이상이 되도록 하여야 한다(근퇴법 §15). 이 금액은 근로자퇴직급여보장법상 법정퇴직금 금액과 동일한 금액이다.

(2) 부담금

사용자는 퇴직연금 규약에서 정한 시기에 따라 매년 1회 이상 정기적으로 부담금을 납입하여야 한다(근퇴령 §4 ③). 부담금의 종류는 표준부담금, 보충부담금, 특별부담금이 있다.

(3) 최소적립금

사용자는 급여 지급능력을 확보하기 위하여 매 사업연도 말 다음 각 호에 해당하는 금액 중 더 큰 금액(이하 "기준책임준비금"이라 한다)에 60% 이상으로 일정 비율을 곱하여 산출한 금액(이하 "최소적립금"이라 한다) 이상을 적립금으로 적립하여야 한다(근퇴법 §16 ①).

① 매 사업연도 말일 현재를 기준으로 산정한 가입자의 예상 퇴직시점까지의 가입기간에 대한 급여에 드는 비용 예상액의 현재가치에서 장래 근무기간분에 대하여 발생하는 부담금 수입 예상액의 현재가치를 뺀 금액으로서 고용노동부령으로 정하는 방법에 따라 산정한 금액

→ 여기서 "고용노동부령으로 정하는 방법"이란 근로자퇴직급여보장법시행규칙 제3조 제2항부터 제5항까지의 기초율을 사용하여 예상 퇴직시점의 급여를 산출하고 이를 예상 가입기간 단위로 배분하여 할당하는 방법을 말함(근퇴칙 §5 ①)

② 가입자와 가입자였던 사람의 해당 사업연도 말일까지의 가입기간에 대한 급여에 드는 비용 예상액을 고용노동부령으로 정하는 방법에 따라 산정한 금액

→ 여기서 "고용노동부령으로 정하는 방법"이란 해당 가입자의 가입기간에 대하여 근로자퇴직급여보장법시행규칙 제15조에 따른 급여수준을 곱하여 예상급여를 산출한 후 가입자별 예상급여를 합하는 방법을 말함(근퇴칙 §5 ②)

③ 최소적립수준

구 분	최소적립수준
2012.7.26. ~ 2013.12.31.	60%
2014.1.1. ~ 2015.12.31.	70%
2016.1.1. ~ 2018.12.31.	80%

19) 퇴사에 따른 노무·세무와 퇴직연금실무(김경하 저, 한국세무사회, p.153~186 참고)

PART 4 원천징수

구 분	최소적립수준
2019.1.1. ~ 2021.12.31.	90%
2022.1.1. 이후	100%

실무 POINT **확정급여형 퇴직연금 최소적립금 미적립시 과태료 부과(2022.4.14. 시행)**

확정급여형 퇴직연금의 최소적립금 미달 사용자를 대상으로 재정안정화계획서 작성·통보의무를 부과하였으나, 작성 여부만을 확인하였을 뿐 미적립 시 제재 조치가 없어 근로자 수급권 보장에 한계가 있었다. 이에 따라 2022.4.14. 이후 최소적립금 부족분을 해소하지 않는 사용자에 과태료를 부과하도록 하였다.

적립금이 최소적립금의 95% 미만인 사용자는 재정안정화계획서를 작성·통보해야 하며, 최소적립금 대비 부족분 비율의 1/3 이상을 직전 사업연도 종료 후 1년 이내에 해소하지 않을 시 다음과 같이 과태료가 부과될 수 있다. 다만, 해당 과태료는 2022년 적립 부족 해소 여부를 2023년부터 점검하여 행정지도 중심으로 이행을 유도할 계획이라고 한다(근로자퇴직급여 보장법 시행령 일부개정안 설명자료, 2022.4.14. 고용노동부 보도자료 발췌).

위반 횟수	1차 위반시	2차 위반시	3차 위반시
과태료	200만원	500만원	1,000만원

(4) 퇴직급여의 지급

1) 급여의 종류

확정급여형 퇴직연금제도의 급여 종류는 연금 또는 일시금으로 하되, 수급요건은 다음과 같다(근퇴법 §17).

① 연금은 55세 이상으로서 가입기간이 10년 이상인 가입자에게 지급할 것. 이 경우 연금의 지급기간은 5년 이상이어야 한다.

② 일시금은 연금수급 요건을 갖추지 못하거나 일시금 수급을 원하는 가입자에게 지급할 것

2) 퇴직연금사업자의 지급

사용자는 가입자의 퇴직 등 급여를 지급할 사유가 발생한 날부터 14일 이내에 퇴직연금사업자로 하여금 적립금의 범위에서 지급의무가 있는 급여 전액을 지급하도록 하여야 한다. 다만, 퇴직연금제도 적립금으로 투자된 운용자산 매각이 단기간에 이루어지지 아니하는 등 특별한 사정이 있는 경우에는 사용자, 가입자 및 퇴직연금사업자 간의 합의에 따라 지급기일을 연장할 수 있다.

3) 사업장의 지급

사용자는 퇴직연금사업자가 지급한 급여수준이 근로자가 받아야 할 급여수준에 미치지 못할 때에는 급여를 지급할 사유가 발생한 날부터 14일 이내에 그 부족한 금액을 해당 근로자에게 지급하여야 한다. 이 경우 특별한 사정이 있는 경우에는 당사자 간의 합의에 따라 지급기일을 연장할 수 있다.

4) 급여의 지급방법

급여의 지급은 가입자가 지정한 개인형 퇴직연금제도의 계정(IRP : Individual Retirement Pension)으로 이전하는 방법으로 한다. 다만, 가입자가 55세 이후에 퇴직하여 급여를 받는 경우 등 다음의 사유가 있는 경우에는 가입자의 일반금융계좌로 이체할 수 있다.

❙ 개인형 퇴직연금제도로의 이전 예외 사유(근퇴령 §9) ❙

① 가입자가 55세 이후에 퇴직하여 급여를 받는 경우
② 가입자가 근로자퇴직급여보장법 제7조 제2항에 따라 급여를 담보로 대출받은 금액 등을 상환하기 위한 경우. 이 경우 가입자가 지정한 개인형 퇴직연금제도의 계정으로 이전하지 아니하는 금액은 담보대출 채무상환 금액을 초과할 수 없다.
③ 퇴직급여액이 고용노동부장관이 정하는 금액(300만원) 이하인 경우
④ 근로자가 사망한 경우
⑤ 외국인 근로자가 퇴직 후 출국한 경우
⑥ 타 법령에서 퇴직소득을 공제하도록 한 경우

(5) 확정급여형 퇴직급여액 지급절차

DB형 퇴직급여액 지급절차는 다음과 같다.

① 근로자가 퇴직신청을 하게 되면 회사는 확정급여형 퇴직연금사업자에게 퇴직자에 대한 퇴직연금 적립금이 얼마인지 문의를 하여 추가불입여부를 확인하다.

② 회사는 퇴직근로자에게 IRP 계좌를 개설하게 하여 통장사본을 받는다.

③ 회사는 확정급여형 퇴직연금사업자에게 퇴직근로자에 대한 퇴직통보를 하면서 회사가 작성한 퇴직자의 퇴직소득 원천징수영수증과 퇴직근로자에게 받은 IRP 계좌를 함께 확정급여형 퇴직연금사업자에게 송부한다.

④ 회사는 확정급여형 퇴직연금 지급에 관련된 원천징수신고를 지급일이 속하는 달의 다음 달 10일까지 하고 이와 관련된 퇴직소득 지급명세서를 다음 연도 3월 10일까지 과세당국에 제출한다.

2. 확정기여형 퇴직연금제도(Defined Contribution Pension)[20]

(1) 특징

DC형의 특징은 다음과 같다.

① 사용자는 정기적(최소 매년 1회 이상)으로 근로자의 개인계좌에 연간 임금총액의 1/12 이상을 적립하여야 한다.

② 적립금을 근로자가 운용하므로 운영성과에 따라 퇴직급여액이 달라진다.

(2) 부담금의 부담수준

확정기여형 퇴직연금제도를 설정한 사용자는 가입자의 연간 임금총액의 1/12 이상에 해당하는 부담금을 현금으로 매년 1회 이상 정기적으로 가입자의 확정기여형 퇴직연금제도 계정에 납입하여야 한다(근퇴법 §20).

이 경우 사용자가 정하여진 기일(확정기여형 퇴직연금규약에서 납입 기일을 연장할 수 있도록 한 경우에는 그 연장된 기일)까지 부담금을 납입하지 아니한 경우 그 다음 날부터 부담금을 납입한 날까지 지연 일수에 대하여 연 40% 이내의 범위에서 은행법에 따른 은행이 적용하는 연체금리, 경제적 여건 등을 고려하여 대통령령(근퇴령 §11)으로 정하는 다음의 지연이자를 납입하여야 한다.

구 분	지연이자
① 부담금을 납입하기로 정해진 날짜의 다음 날을 기산일로 하여 가입자의 퇴직 등 급여를 지급한 사유가 발생한 날부터 14일(당사자 간의 협의에 따라 납입 날짜를 연장한 경우 그 연장된 날짜)까지의 기간	연 10%
② 위 ①에 따른 기간의 다음 날부터 부담금을 납입하는 날까지의 기간	연 20%

그러나 사용자가 천재지변, 그 밖에 대통령령(근퇴령 §12)으로 정하는 사유에 따라 부담금 납입을 지연하는 경우 그 사유가 존속하는 기간에 대하여는 적용하지 아니한다.

사용자는 확정기여형 퇴직연금제도 가입자의 퇴직 등의 사유가 발생한 때에 그 가입자에 대한 부담금을 미납한 경우에는 그 사유가 발생한 날부터 14일 이내에 추가 부담금 및 지연이자를 해당 가입자의 확정기여형 퇴직연금제도 계정에 납입하여야 한다. 다만, 특별한 사정이 있는 경우에는 당사자 간의 합의에 따라 납입 기일을 연장할 수 있다.

가입자는 퇴직할 때에 받을 급여를 갈음하여 그 운용 중인 자산을 가입자가 설정한 개인형 퇴직연금제도의 계정으로 이전해 줄 것을 해당 퇴직연금사업자에게 요청할 수 있으며 가입자의 요청이 있는 경우 퇴직연금사업자는 그 운용 중인 자산을 가입자의 개인형 퇴직연금제도 계정으로 이전하여야 한다. 이 경우 확정기여형 퇴직연금제도 운영

20) 퇴사에 따른 노무·세무와 퇴직연금실무(김경하 저, 한국세무사회, p.153~186 참고)

에 따른 가입자에 대한 급여는 지급된 것으로 본다.

실무 POINT **확정기여형 퇴직연금 미납부담금에 대한 지연이자**

확정기여형 퇴직연금을 도입하는 경우 퇴직연금규약상의 확정기여형 퇴직연금 불입일에 부담금을 납입하지 않으면 지연이자가 부담될 리스크를 배제할 수 없으니 퇴직연금 불입일에 맞춰서 퇴직연금 부담금을 납입하여야 한다.

(3) 가입기간

가입기간은 사용자 부담금을 의무적으로 전액 납입해야 기간을 의미하는 것으로 퇴직연금제도의 설정 이후 해당 사업에서 근로를 제공하는 기간으로 한다. 다만, 해당 퇴직연금제도의 설정 전에 해당 사업에서 제공한 근로기간(과거근로기간)에 대하여도 가입기간으로 할 수 있으며 이 경우 퇴직금을 미리 정산한 기간은 제외한다.

가입기간에 해당하는 부담금을 모두 납입한 경우 사용자는 가입기간에 대한 퇴직금 지급의무를 전부 이행한 것이다. 따라서 가입기간에 포함되지 않은 기간에 대한 퇴직금은 근로자가 퇴직할 때 퇴직 전 3개월 동안의 평균임금을 반영한 퇴직금을 계산하여 지급하여야 한다.

(4) 부담금의 산정

① 퇴직연금 제도 설정 이후의 가입기간에 대한 부담금의 산정

가입자의 연간 임금총액의 1/12 이상에 해당하는 금액을 부담금으로 한다.

② 과거근로기간 중 가입기간에 산입한 기간에 대한 부담금의 산정

DC형 설정 시점 이전에 제공한 근로기간(과거근로기간)을 퇴직연금 가입기간으로 할 경우 부담금 산정은 과거근로기간을 가입기간에 포함시키기로 결정한 시점 이전 1년간의 임금총액의 1/12에 해당하는 금액을 과거근로기간에 비례(일할계산)하여 산정된 금액을 부담금으로 한다(퇴직연금복지과-159, 2008.5.6.).

사례 ❶ DC형 부담금

2011.1.1. 입사한 근로자에 대해 2014.1.1. DC형 퇴직연금제도에 가입하여 퇴직일인 2025.3.31.까지 퇴직연금 부담금을 납입한 경우 근로자가 받을 퇴직금은 얼마인가?

① 가입기간에 대한 퇴직금 : 사용자가 납입한 부담금과 그에 따른 운용수익

② 2014.1.1. 이전의 퇴직금 : 퇴직 전 3개월 동안(2013.10.1.~2013.12.31.)의 평균임금 ×30일×3년

사례 ❷ DC형 부담금

> 2020.1.1. DC형 퇴직연금제도 도입 후 2025.1.1.에 과거근로기간(2018.1.1.~2019.12.31.)을 가입기간에 포함시킬 것을 결정한 경우 납입해야 할 부담금은?
>
> ⇒ 2019년도 임금총액×1/12×2년(2018년~2019년)

(5) DC형 중도인출

확정기여형 퇴직연금제도에 가입한 근로자는 주택구입 등의 사유가 발생하면 적립금을 중도인출할 수 있다(근퇴법 §22). 참고로 DB형의 경우 중도인출을 할 수 없다.

확정기여형 퇴직연금제도의 중도인출 사유는 다음과 같다(근퇴령 §14).

① 무주택자인 가입자가 본인 명의로 주택을 구입하는 경우

② 무주택자인 가입자가 주거를 목적으로 전세금 또는 보증금을 부담하는 경우. 이 경우 가입자가 하나의 사업 또는 사업장에 근로하는 동안 1회로 한정한다.

③ 근로자가 6개월 이상 요양을 필요로 하는 다음의 어느 하나에 해당하는 사람의 질병이나 부상에 대한 의료비를 해당 근로자가 본인 연간 임금총액의 1천분의 125를 초과하여 부담하는 경우(2020.4.30.부터 시행)

- 근로자 본인
- 근로자의 배우자
- 근로자 또는 그 배우자의 부양가족(소득세법 제50조 제1항 제3호에 따른 부양가족을 말함)

✔ 2020.3.31.까지는 근로자, 근로자의 배우자 또는 근로자 또는 근로자의 배우자와 생계를 같이하는 부양가족이 질병 또는 부상으로 6개월 이상 요양을 하는 경우 적용됨

④ 그 밖에 천재지변 등으로 피해를 입는 등 고용노동부장관이 정하여 고시하는 사유와 요건에 해당하는 경우

⑤ 중도인출을 신청한 날부터 역산하여 5년 이내에 가입자가 채무자회생및파산에관한법률에 따라 파산선고를 받은 경우

⑥ 중도인출을 신청한 날부터 역산하여 5년 이내에 가입자가 채무자회생및파산에관한법률에 따라 개인회생절차개시 결정을 받은 경우

(6) 퇴직급여의 지급절차

DC형의 퇴직급여 절차는 다음과 같다.

① 회사에서 퇴직연금지급신청서(퇴직연금사업자의 양식 이용)를 작성하여 퇴직연금사업자에게 지급신청을 한다. 퇴직연금지급신청서 작성 시 회사에서 퇴직금을 중간정산하여 지급한 경우 중간정산일을 정확하게 기입하여야 함에 유의하자.

② 퇴직연금사업자는 지급신청서에 의해 퇴직소득세를 계산한 후 IRP계좌 또는 가입자

의 일반계좌로 지급을 하고 관할 세무서에 퇴직소득에 대한 원천징수신고를 하며 이와 관련된 퇴직소득 지급명세서도 제출한다. 즉 회사는 퇴직소득에 대한 원천징수신고와 퇴직소득 지급명세서 제출의무가 없는 것이다.

③ 근로자는 IRP계좌를 해지하여 일시금으로 퇴직금(과세이연된 퇴직소득세액이 있는 경우 해당 금액을 차감한 금액)을 수령할 수 있으며, 55세 이후에 연금으로 수령할 수도 있다.

- 근로자가 IRP를 일정기간 유지 후 해지하는 경우에는 운용수익(기타소득으로 원천징수함)과 퇴직소득이 함께 발생할 수 있지만, IRP를 유지하지 않고 바로 해지하는 경우에는 운용수익은 발생하지 않고 퇴직소득만 발생한다.

실무 POINT **DC에서 퇴직금 지급 후 회사에서 추가퇴직금을 지급하는 경우의 퇴직소득세 정산**

DC형에 불입되는 퇴직금 이외에 추가로 회사가 지급해야 할 퇴직금이 발생한 경우로서 사용자인 회사가 추가로 발생한 퇴직금을 DC형에 불입하지 않고 근로자의 일반계좌로 이체한 경우에는 다음과 같이 업무처리를 진행하여야 한다.

1. 회사에서 근로자에게 퇴직금을 먼저 지급하고 DC형에서 지급되는 경우

① 회사에서 지급하는 퇴직금에 대해서만 퇴직소득세를 원천징수하고 퇴직소득원천징수영수증(이연퇴직세액란은 기입하지 않음)을 작성한다. 이에 대한 원천징수 신고와 관련된 지급명세서도 기한 내에 제출하여야 한다.

② 퇴직연금사업자에게 퇴직연금지급신청서와 퇴직소득원천징수영수증을 함께 제출한다.

③ 퇴직연금사업자는 회사로부터 받은 원천징수영수증의 내용을 '소득원천 관리 및 퇴직소득세액 계산 부표(별지 24호(6) 부표) 서식' 2쪽의 '중간지급 등'란과 '중간지급 근속연수'란 그리고 '기납부세액'란에 입력하고 퇴직연금사업자가 지급하는 퇴직연금은 '최종'란에 입력하여 세액정산을 한 후 근로자가 요청하는 대로 IRP계좌 또는 일반계좌로 지급한다.

2. 퇴직연금사업자가 퇴직연금을 먼저 지급하고 회사가 추가퇴직금을 지급하는 경우

DC에서 지급한 퇴직연금에 대한 원천징수가 완료된 이후에 회사가 퇴직위로금과 미정산된 금액을 추가로 지급하는 경우를 말한다.

① 회사가 퇴직연금지급신청서를 작성하여 지급을 신청한 후 지급이 완료되면 회사는 퇴직연금사업자로부터 '연금계좌원천징수영수증(별지 24호(6))'과 '소득원천 관리 및 퇴직소득세액계산 부표(별지 24호(6) 부표)'를 제출받는다.

② '소득원천 관리 및 퇴직소득세액 계산 부표 서식' 2쪽의 ❷ 연금계좌 가입자의 퇴직으로 인한 연금외지급 명세의 '최종', '최종 근속연수' 그리고 '신고대상세액'을 '퇴직소득원천징수영증/지급명세서'의 '중간지급 등', '중간지급 근속연수' 그리고 '기납부세액'에 입력한다.

③ 회사에서 추가로 지급하는 금액은 '최종'란에 입력하여 세액정산을 한 후 퇴직소득세 등을 원천징수하고 근로자에게 차인지급액을 지급한다. 이 경우 원천징수신고와 관련된 지급명세서도 기한 내에 제출하여야 한다.

사례 **퇴직연금사업자가 퇴직연금을 먼저 지급하고 회사가 추가퇴직금을 지급하는 경우**

㈜민후는 국민은행에 확정기여형 퇴직연금에 가입되어 있으며, 과장 이연금은 2017.11.1. 입사하여 2025.10.31. 퇴직하였다. 과장 이연금의 확정기여형 퇴직연금 수령과 관련된 자료는 다음과 같고 이연퇴직소득세액은 적용하지 않았다.

근속연수	지급일	퇴직금	소득세	지방소득세
2017.11.1.~2025.10.31. (96개월, 8년)	2025.11.05.	50,000,000	1,180,000	118,000

㈜민후는 과장 이연금에게 2025.11.15. 퇴직과 관련하여 추가로 10,000,000원을 지급하기로 하였고 과장 이연금의 퇴직계좌가 해지되었으므로 과장 이연금의 급여계좌로 해당 금액을 이체하였다.

㈜민후는 과장 이연금으로부터 연금계좌원천징수영수증을 받았다.

〈요구사항〉

회사가 징수해야 할 원천징수세액 및 특별징수세액과 관련된 원천징수영수증을 작성하고 과장 이연금에게 발급하라. 원천징수의무자 및 소득자 인적사항은 다음과 같다.

원천징수의무자 인적사항	소득자 인적사항
① 사업자등록번호 : 123-81-45678 ② 법인명 : ㈜민후 ③ 대표자 성명 : 진민후 ④ 법인등록번호 : 111122-00000123 ⑤ 주소 : 서울 중구 동호로 14길 1-1	① 성명 : 이연금 ② 주민등록번호 : 830413-2123456 ③ 주소 : 경기 성남시 수정구 위례순환로 211, 5402동 2001호

〈해답〉 원천징수세액 및 특별징수세액 계산

확정기여형 퇴직연금 퇴직금(50,000,000원)과 회사에서 지급한 퇴직금(10,000,000원)에 대하여 퇴직소득 세액정산을 하여야 한다.

(1) 원천징수세액

① 환산급여(1단계) 73,500,000

(퇴직소득금액 - 근속연수공제) × 12 ÷ 근속연수

= (60,000,000원 - 11,000,000원*) × 12 ÷ 8

* 근속연수공제 = [5,000,000 + 2,000,000 × (8 - 5)년] = 11,000,000

② 환산급여공제 47,125,000

45,200,000원+3,500,000원×55%

③ 퇴직소득과세표준(2단계) 26,375,000

④ 퇴직소득산출세액(3단계) 1,797,500

(퇴직소득과세표준×기본세율)×근속연수÷12

=(26,375,000×15%−1,260,000원)×8÷12

⑤ 기납부세액 1,180,000

⑥ 신고대상세액 617,500

(2) 특별징수세액(원천징수세액×10%) 61,750

(3) 총원천징수세액 679,250

〈서식 작성방법〉

퇴직연금사업자로부터 받은 '소득원천 관리 및 퇴직소득세액 계산 부표 서식' 2쪽의 ❷ 연금계좌 가입자의 퇴직으로 인한 연금외지급 명세의 '최종', '최종 근속연수' 그리고 '신고대상세액'을 '퇴직소득원천징수영증/지급명세서'의 '중간지급 등', '중간지급 근속연수' 그리고 '기납부세액'에 입력한다.

■ 소득세법 시행규칙[별지 제24호서식(6)] 〈2025.3.21. 개정〉 (앞쪽)

거주구분	거주자1 / 비거주자2
내 · 외국인	내국인1 / 외국인9
거주지국	거주지국코드
배우자 승계 여부	[ ]여 [ ]부
의료비연금계좌	[ ]여 [ ]부

관리번호	

연금계좌원천징수영수증/지급명세서

([ ]소득자 보관용 [ ]발행자 보관용 [ ]발행자 보고용)

구분	항목	내용	항목	내용	항목	내용
징수 의무자	① 사업자등록번호		② 법인명(상호)	국민은행	③ 대표자(성명)	
	④ 법인(주민)등록번호		⑤ 소재지(주소)			
소득자	⑥ 성 명	이연금	⑦ 주민등록번호	830413-2123456		
	⑧ 주 소	경기 성남시 수정구 위례순환로 211, 5402동 2001호				

계좌 명세				
⑨ 계좌번호		⑩ 연금수령개시신청일		⑪ 연금계좌평가액
⑫ 연금수령 기산연도	⑬ 연금계좌 가입시기	⑭ 연금 수령연차	⑮ 연금수령한도 ([⑪/(11-⑭)]×120%)	⑯ 연금 실제 수령연차
	2013.3.1. 전[ ] 이후[ ]			

소득명세						
⑰ 귀속연월	2025년 10월		⑱ 퇴직분	50,000,000		
구분	과세제외금액	이연퇴직소득 세액이연분	이연퇴직소득 전환분	세액공제분 및 운용수익	사유	
인출분 연금수령 ⑲일반연금					㉓부득이한 사유	[ ]천재지변 [ ]사망 [ ]해외이주 [ ]요양 [ ]개인회생 · 파산 [ ]금융회사 영업정지 등
인출분 연금수령 ⑳의료비 인출						
인출분 연금수령 ㉑부득이한 사유					㉔ 연금외 수령 사유	[ ]계좌해지 [ ]일부인출 [ ]한도초과 [ ]주택차액 등 반환
인출분 ㉒연금외수령						

세액명세					
소득	원천		세율	지급액	세액
㉕ 과세제외금액					
연금소득	㉖ 이연퇴직소득	세액이연분			
		전환분			
	㉗ 세액공제분 및 운용수익		3%		
			4%		
			5%		
퇴직소득	㉘ 이연퇴직소득	세액이연분			
		전환분			
	㉙ 퇴직분			50,000,000	1,180,000
기타소득	㉚ 연금외수령		15%		

납부명세					
구분		지급액	소득세	지방소득세	세액계
㉛ 연금소득	종합과세				
	무조건분리과세				
㉜ 퇴직소득		50,000,000	1,180,000	118,000	1,298,000
㉝ 기타소득					

위의 원천징수세액(수입금액)을 정히 영수(지급)합니다.

2025 년 11 월 5 일

징수(보고)의무자 국민은행 (서명 또는 인)

세 무 서 장 귀하

부표 작성 여부 ※ 해당란에 "○" 표시를 합니다.	
❷ 퇴직	❸ 세액이연 퇴직소득

210mm×297mm[백상지80g/㎡ 또는 중질지80g/㎡]

❷ 연금계좌 가입자의 퇴직으로 인한 연금외지급 명세

퇴직급여현황	근 무 처 구 분	중간지급 등	최종	정산
퇴직급여현황	① 근무처명		㈜민후	
퇴직급여현황	② 사업자등록번호		123-81-45678	
퇴직급여현황	③ 퇴직급여		50,000,000	
퇴직급여현황	④ 과세이연 여부	[ ] 해당 [ ] 미해당		

근속연수	구 분	⑤ 입사일	⑥ 기산일	⑦ 퇴사일	⑧ 지급일	⑨ 근속월수	⑩ 제외월수	⑪ 가산월수	⑫ 중복월수	⑬ 근속연수
근속연수	중간지급 근속연수									
근속연수	최종 근속연수	2017.11.1.	2017.11.1.	2025.10.31.	2025.11.5.	96				8
근속연수	정산 근속연수		2017.11.1.	2025.10.31.		96				8

과세표준계산	계 산 내 용	금 액
과세표준계산	⑭ 정산퇴직소득(③)	50,000,000
과세표준계산	⑮ 근속연수공제	11,000,000
과세표준계산	⑯ 환산급여 [(⑬-⑭)× 12배/정산근속연수]	58,500,000
과세표준계산	⑰ 환산급여별공제	38,300,000
과세표준계산	⑱ 퇴직소득과세표준(⑯-⑰)	20,200,000

퇴직소득 세액계산	계 산 내 용	금 액
퇴직소득 세액계산	⑲ 환산산출세액(⑰× 세율)	1,770,000
퇴직소득 세액계산	⑳ 퇴직소득 산출세액(⑱× 정산근속연수/12배)	1,180,000
퇴직소득 세액계산	㉑ 기납부(또는 기과세이연) 세액	
퇴직소득 세액계산	㉒ 신고대상세액	1,180,000
퇴직소득 세액계산	㉓ 이연 퇴직소득세	
퇴직소득 세액계산	㉔ 차감원천징수세액(㉒-㉓)	1,180,000

이연세액	연금계좌 취급자	사업자등록번호	계좌번호	입금일	계좌입금금액	퇴직급여	이연퇴직소득세
이연세액							
이연세액							
이연세액	㉕ 합 계						

작성방법

❷ 연금계좌 가입자의 퇴직으로 인한 연금외지급 명세

별지 제24호서식(2)의 퇴직소득원천징수영수증/지급명세서의 작성방법을 참조하여 적습니다.

210mm×297mm[백상지80g/㎡ 또는 중질지80g/㎡]

■ 소득세법 시행규칙[별지 제24호서식(2)] 〈개정 2025. 3. 21.〉 (2쪽 중 제1쪽)

관리번호	

퇴직소득원천징수영수증/지급명세서

([ ]소득자 보관용 [ ]발행자 보관용 [ ]발행자 보고용)

거주구분	거주자1 / 비거주자2
내ㆍ외국인	내국인1 / 외국인9
종교관련종사자 여부	여 1 / 부 2
거주지국	거주지국코드
징수의무자 구분	사업장1/공적연금사업자3

구분	항목	내용	항목	내용	항목	내용
징수의무자	① 사업자등록번호	123－81－45678	② 법인명(상호)	㈜민후	③ 대표자(성명)	진민후
징수의무자	④ 법인(주민)등록번호	111122－0000123	⑤ 소재지(주소)	서울 중구 동호로 14길 1－1		
소득자	⑥ 성 명	이연금	⑦ 주민등록번호	830413－2123456		
소득자	⑧ 주 소	경기도 성남시 수정구 위례순환로 211, 5402동 2001호			⑨ 임원 여부	[ ]여 [✔]부
소득자	⑩ 확정급여형 퇴직연금제도 가입일				⑪ 2011.12.31.퇴직금	
귀 속 연 도	2025.01.01.부터 2025.12.31.까지		⑫ 퇴직사유	[ ]정년퇴직 [ ]정리해고 [✔]자발적 퇴직 [ ]임원퇴직 [ ]중간정산 [ ]기 타		

퇴직급여현황	근 무 처 구 분	중간지급 등	최종	정산
	⑬ 근무처명	㈜민후	㈜민후	
	⑭ 사업자등록번호	123－81－45678	123－81－45678	
	⑮ 퇴직급여	50,000,000	10,000,000	60,000,000
	⑯ 비과세 퇴직급여			
	⑰ 과세대상 퇴직급여(⑮－⑯)	50,000,000	10,000,000	60,000,000
	⑱ 과세이연 여부	[ ]해당 [ ] 미해당		

근속연수	구 분	⑲ 입사일	⑳ 기산일	㉑ 퇴사일	㉒ 지급일	㉓ 근속월수	㉔ 제외월수	㉕ 가산월수	㉖ 중복월수	㉗ 근속연수
	중간지급 근속연수	2017.11.01.	2017.11.01.	2025.10.31.	2025.11.05.	96				8
	최종 근속연수	2017.11.01.	2017.11.01.	2025.10.31.	2025.11.15.	96				8
	정산 근속연수	2017.11.01.	2017.11.01.	2025.10.31.		96			96	8

	계 산 내 용	금 액
과세표준계산	㉘ 퇴직소득(⑰)	60,000,000
	㉙ 근속연수공제	11,000,000
	㉚ 환산급여 [(㉗－㉘)× 12배/정산근속연수]	73,500,000
	㉛ 환산급여별공제	47,125,000
	㉜ 퇴직소득과세표준(㉚－㉛)	26,375,000

	계 산 내 용	금 액
퇴직소득세액계산	㉝ 환산산출세액(㉛× 세율)	2,696,252
	㉞ 퇴직소득 산출세액(㉜× 정산근속연수/12배)	1,797,500
	㉟ 세액공제	
	㊱ 기납부(또는 기과세이연) 세액	1,180,000
	㊲ 신고대상세액(㉞－㉟－㊱)	617,500

이연퇴직소득세액계산	㊳ 신고대상세액(㊲)	연금계좌 입금명세: 연금계좌취급자	사업자등록번호	계좌번호	입금일	㊴ 계좌입금금액	㊵ 퇴직급여(⑰)	㊶ 이연 퇴직소득세 (㊳×㊴/㊵)
		㊶ 합 계						

납부명세	구 분	소득세	지방소득세	농어촌특별세	계	부표 작성 여부 ※ ⑱ 과세이연 여부란에 '해당'으로 체크한 경우 "○" 표시를 합니다.
	㊸ 신고대상세액(㊲)	617,500	61,750		679,250	
	㊹ 이연퇴직소득세(㊶)					
	㊺ 차감원천징수세액 (㊸－㊹)	617,500	61,750		679,250	

위의 원천징수세액(퇴직소득)을 정히 영수(지급)합니다.

2025 년 11 월 15 일

징수(보고)의무자 ㈜민후 진민후(서명 또는 인)

중부 세 무 서 장 귀하

210mm×297mm[백상지80g/㎡ 또는 중질지80g/㎡]

2 원천징수의무자

1. 확정급여형(DB) 퇴직연금

DB형의 경우 IRP사업자가 근로자에게 퇴직금을 지급하더라도 퇴직연금의 적립금과 운용수익의 귀속은 회사이므로 사용자인 회사가 원천징수하여야 하고 그에 따른 원천징수신고도 하여야 한다.

참고로 근로자가 확정급여형 퇴직연금제도의 계정에서 개인형 퇴직연금제도의 계정으로 이체된 퇴직급여에 대하여 일시금 수급을 요구하였으나 사용자의 부도, 폐업 및 행방불명으로 인하여 퇴직소득세에 대한 원천징수 의무를 이행하지 못하는 경우 근로자퇴직급여보장법 제17조 제2항(2011.7.25. 법률 제10967호로 개정된 것)에 따라 근로자에게 퇴직급여 일시금을 지급할 의무가 있는 퇴직연금사업자가 퇴직소득세를 원천징수하는 것이다(서면법규-145, 2013.2.8.).

2. 확정기여형(DC)형 퇴직연금

확정기여형 퇴직연금제도에서 퇴직연금일시금을 지급받는 경우에는 자산관리업무를 수행하는 퇴직연금사업자가 소득세를 원천징수하는 것(서면1팀-1061, 2006.7.27.)이므로 회사는 DC형 부담금 불입 시 퇴직급여로 비용처리 계상만 하면 된다.

3 일시금 또는 연금수령 시의 소득구분

퇴직연금제도 가입 후 인출시(이것을 '연금계좌에서 인출한다'라고 함) 일시금으로 인출하는 경우 퇴직소득으로 과세되지만, 연금으로 인출하는 경우로 연금수령 요건에 충족하면 연금소득으로, 연금 외 수령에 해당하면 퇴직소득(퇴직연금 사용자부담분) 또는 기타소득(퇴직연금 근로자부담분과 퇴직연금운용수익분)으로 과세된다.

4 퇴직소득 과세이연

1. 퇴직소득 과세이연의 대상

거주자의 퇴직소득이 다음의 어느 하나에 해당하는 경우에는 퇴직소득에 대한 소득세를 연금 외 수령하기 전까지 원천징수하지 아니한다. 만약 퇴직소득세가 이미 원천징수된 경우라면 해당 거주자는 원천징수세액에 대한 환급을 신청할 수 있다(소법 §146 ②).

(1) 퇴직일 현재 연금계좌에 있거나 연금계좌로 지급되는 경우

(2) 지급받은 날부터 60일 이내에 연금계좌에 입금되는 경우

참고 **이연퇴직소득세의 환급절차**(소령 §202의 3)

① 이연퇴직소득세액에 환급을 신청하려는 사람은 퇴직소득이 연금계좌에 지급 또는 입금될 때 과세이연계좌신고서를 연금계좌취급자에게 제출하여야 한다.

② 연금계좌취급자는 제출받은 과세이연계좌신고서를 원천징수의무자에게 제출하여야 하고 원천징수의무자는 이연퇴직소득세액을 환급할 세액으로 하되, 환급할 소득세가 환급하는 달에 원천징수하여 납부할 소득세를 초과하는 경우에는 다음 달 이후에 원천징수하여 납부할 소득세에서 조정하여 환급한다. 다만, 원천징수의무자가 원천징수세액 환급신청서를 원천징수 관할 세무서장에게 제출하는 경우에는 원천징수 관할 세무서장이 그 초과액을 환급한다.

③ 환급되는 세액은 과세이연계좌신고서에 있는 연금계좌에 이체 또는 입금하는 방법으로 환급하며, 해당 환급세액은 이연퇴직소득에 포함한다. 다만, 원천징수의무자의 폐업 등으로 연금계좌취급자가 과세이연계좌신고서를 원천징수의무자의 원천징수 관할 세무서장에게 제출한 경우에는 원천징수 관할 세무서장이 해당 환급세액을 환급신청자에게 직접 환급할 수 있다.

④ 이연퇴직소득세를 원천징수하지 않거나 환급한 경우 원천징수의무자는 퇴직소득 지급명세서를 연금계좌취급자에게 즉시 통보하여야 한다.

2. 이연퇴직소득세액의 계산

원천징수하지 아니하거나 환급하는 퇴직소득세는 다음의 계산식에 따라 계산한 금액으로 한다(소령 §202의 2 ①).

$$\text{퇴직소득 산출세액} \times \frac{\text{연금계좌로 지급 또는 입금된 금액}}{\text{퇴직소득금액}^{*}}$$

* 환급하는 경우에는 퇴직소득금액－원천징수세액을 말함

참고로 2012.12.31. 이전에 퇴직하여 지급받은 퇴직소득을 퇴직연금계좌에 이체 또는 입금하여 퇴직일에 퇴직소득이 발생하지 아니한 경우 해당 퇴직일에 해당 퇴직소득이 발생하였다고 보아 해당 퇴직소득을 이미 지급받은 퇴직소득으로 보고 퇴직소득 세액정산을 적용할 수 있다(소법 §148 ②, 2015.1.1. 이후 세액을 정산하는 분부터 적용).

실무 POINT 이연퇴직소득세가 반영된 퇴직소득원천징수영수증과 원천징수이행상황신고서 작성방법

1. 퇴직소득원천징수영수증

이연퇴직소득세액계산에 신고대상세액과 연금계좌 입금내역, 입금일, 계좌입금금액, 퇴직금 지급액과 이연퇴직소득세를 차례대로 기입한다.

■ 소득세법 시행규칙[별지 제24호 서식(2)] (2025.3.21. 개정)

구분	㊳ 신고대상세액(㊲)	연금계좌 입금명세					㊵퇴직급여(⑰)	㊶ 이연 퇴직소득세 (㊳×㊴/㊵)
		연금계좌취급자	사업자등록번호	계좌번호	입금일	㊴계좌입금금액		
이연 퇴직 소득 세액 계산	1,855,300	삼성화재	206-81-34524	110030300201	2025.10.31	50,000,000	50,000,000	1,855,300
		㊶ 합 계						

구분	구 분	소득세	지방소득세	농어촌특별세	계	부표 작성 여부 ※ ⑱ 과세이연 여부란에 '해당'으로 체크한 경우 "○" 표시를 합니다.
납부명세	㊸ 신고대상세액(㊲)	1,855,300	185,530		2,040,830	
	㊹ 이연퇴직소득세(㊶)	1,855,300	185,530		2,040,830	
	㊺ 차감원천징수세액(㊸-㊹)					

2. 원천징수이행상황신고서

이연퇴직소득세가 반영되는 경우 원천징수이행상황신고서에는 총지급액만 반영되고 소득세 등 금액란에는 '0'이 반영된다. 즉, 납부할 원천징수세액은 없다. 참고로 납부할 원천징수세액이 없다 할지라도 관련 지급명세서 제출의무는 원천징수의무자에게 있으므로 반드시 잊지 말고 퇴직소득지급명세서는 기한 내에 전자제출할 수 있도록 실무상 잊지 말아야 한다. 퇴직소득 이외의 원천징수세액은 없다고 가정하고 산정한 원천징수이행상황신고서는 다음과 같다.

❶ 원천징수 명세 및 납부세액 (단위: 원)

소득자 소득구분			코드	원천징수명세					⑨ 당월 조정 환급세액	납부세액	
				소득지급 (과세 미달, 일부 비과세 포함)		징수세액				⑩ 소득세 등 (가산세 포함)	⑪ 농어촌 특별세
				④ 인원	⑤ 총지급액	⑥ 소득세 등	⑦ 농어촌 특별세	⑧ 가산세			
근로소득	간이세액		A01								
	중도퇴사		A02								
	일용근로		A03								
	연말정산	합계	A04								
		분납신청	A05								
		납부금액	A06								
	가감계		A10								
퇴직소득	연금계좌		A21								
	그 외		A22	1	50,000,000	0					
	가감계		A20								

사례 퇴직소득 정산과 이연퇴직소득세

㈜민후의 과장 박급여는 2019.1.1. 입사하여 2025.12.31. 퇴직하였으며 2022.12.31.에 2019.1.1.부터 2022.12.31.까지에 대한 중간소득 퇴직금을 수령한 후 2023.1.1.에 확정급여형 퇴직연금을 가입하였다. 중간소득 퇴직금의 현실적 요건을 충족하였다.

과장 박급여의 퇴직금 수령과 관련된 자료는 다음과 같고 과장 박급여는 중간정산분을 합산하여 퇴직소득 세액정산을 하기로 하였다.

과장 박급여는 국민은행에 IRP를 개설하였고 계좌번호는 110-063-300201(국민은행 사업자등록번호 206-81-34524)이며 과장 박급여의 확정급여형 퇴직연금 18,000,000원은 모두 IPR계좌에 이체되었다.

구분	총근속연수	퇴직금 지급액	원천징수세액
퇴직금 제도 (중간정산)	2019.1.1.~ 2022.12.31. (4년, 48개월)	25,000,000 (2022.12.31. 지급)	소득세 : 911,500원 지방소득세 : 91,150원
확정급여형 퇴직연금	2023.1.1.~ 2025.12.31. (3년, 36개월)	18,000,000 (2026.1.10. 지급)	소득세 : ? 지방소득세 : ?

〈요구사항〉

회사가 징수해야 할 원천징수세액 및 특별징수세액과 관련된 원천징수영수증을 작성하고 과장 박급여에게 발급하라. 원천징수의무자 및 소득자 인적사항은 다음과 같다.

원천징수의무자 인적사항	소득자 인적사항
① 사업자등록번호 : 123-81-45678 ② 법인명 : ㈜민후 ③ 대표자 성명 : 진민후 ④ 법인등록번호 : 111122-00000123 ⑤ 주소 : 서울 중구 동호로 14길 1-1	① 성명 : 박급여 ② 주민등록번호 : 830420-1456789 ③ 주소 : 경기 성남시 수정구 위례순환로 211, 5402동 2201호

〈해답〉 원천징수세액 및 특별징수세액 계산

동일연도에 발생된 퇴직소득은 아니지만 퇴직소득 세액정산 하는 것이 유리하므로 세액정산을 할 수 있다.

(1) 원천징수세액

① 환산급여(1단계) 58,285,714

(퇴직소득금액－근속연수공제)×12÷근속연수

=(43,000,000원－9,000,000원*)×12÷7

* 근속연수공제=[5,000,000+2,000,000×(7－5)년]=9,000,000

② 환산급여공제 38,171,428

8,000,000원+50,285,714원×60%

③ 퇴직소득과세표준(2단계) 20,114,286

④ 퇴직소득산출세액(3단계) 1,024,999

(퇴직소득과세표준×기본세율)×근속연수÷12

=(20,114,286×15%−1,260,000원)×7÷12

⑤ 기납부세액 911,500

⑥ 신고대상세액 113,499

⑦ 이연퇴직소득세액 113,499

신고대상세액×계좌입금금액÷퇴직급여

=113,499×18,000,000÷18,000,000

⑧ 차감원천징수세액 0

(2) 특별징수세액(원천징수세액×10%) 0

(3) 총원천징수세액 0

※ 참고로 세액정산을 하지 않는 경우의 신고대상세액을 계산하면 다음과 같다.

① 환산급여(1단계) 60,000,000

(퇴직소득금액−근속연수공제)×12÷근속연수

=(18,000,000원−3,000,000원*)×12÷3

* 근속연수공제=1,000,000×3년=3,000,000

② 환산급여공제 39,200,000

8,000,000원+52,000,000원×60%

③ 퇴직소득과세표준(2단계) 20,800,000

④ 퇴직소득산출세액(3단계) 465,000

(퇴직소득과세표준×기본세율)×근속연수÷12

=(20,800,000×15%−1,260,000원)×3÷12

⑤ 신고대상세액 465,000

신고대상세액을 비교하면 세액정산을 하지 않는 경우보다 세액정산을 하는 것이 유리하다는 것을 알 수 있다.

〈서식 작성방법〉

① 중간지급 등과 중간지급 근속연수

퇴직급여현황의 '중간지급 등'과 근속연수의 '중간지급 근속연수'란에 2022.12.31.에 지급한 퇴직급여현황과 최종 근속연수를 그대로 옮겨 적고, ㉟ 기납부세액란에 2023.1.10.에 납부한 소득세 911,500원을 기입한다.

② 이연퇴직소득세액계산

근로자 제출한 IRP 사업자의 사업자등록번호와 IRP 계좌번호, 입금일 그리고 계좌입금액을 기입하여 이연퇴직소득세를 계산한다. ㊴ 퇴직급여란에는 서식 ⑰ 퇴직급여를 기입하는데 중간정산 퇴직금을 제외한 금액을 기입함에 유의하자.

■ 소득세법 시행규칙[별지 제24호서식(2)] 〈개정 2025. 3. 21.〉 (2쪽 중 제1쪽)

관리번호	

퇴직소득원천징수영수증/지급명세서
([○]소득자 보관용 [ ]발행자 보관용 [ ]발행자 보고용)

거주구분	거주자1 / 비거주자2		
내 · 외국인	내국인1 / 외국인9		
종교관련종사자 여부	여 1 / 부 2		
거주지국		거주지국코드	
징수의무자 구분	사업장1/공적연금사업자3		

구분	항목	내용	항목	내용	항목	내용
징수의무자	① 사업자등록번호	123-81-45678	② 법인명(상호)	㈜민후	③ 대표자(성명)	진민후
	④ 법인(주민)등록번호	111122-0000123	⑤ 소재지(주소)	서울 중구 동호로 14길 1-1		
소득자	⑥ 성 명	박급여	⑦ 주민등록번호	830420-1456789		
	⑧ 주 소	경기 성남시 수정구 위례순환로 211, 5402동 2201호			⑨ 임원 여부	[ ]여 [✔]부
	⑩ 확정급여형 퇴직연금제도 가입일	2023.01.01.			⑪ 2011.12.31.퇴직금	

귀 속 연 도	2025.01.01.부터 2025.12.31.까지	⑫ 퇴직사유	[ ]정년퇴직 [ ]정리해고 [✔]자발적 퇴직 [ ]임원퇴직 [ ]중간정산 [ ]기 타

퇴직급여현황	근 무 처 구 분	중간지급 등	최종	정산
	⑬ 근무처명	㈜민후	㈜민후	
	⑭ 사업자등록번호	123-81-45678	123-81-45678	
	⑮ 퇴직급여	25,000,000	18,000,000	43,000,000
	⑯ 비과세 퇴직급여			
	⑰ 과세대상 퇴직급여(⑮-⑯)	25,000,000	18,000,000	43,000,000
	⑱ 과세이연 여부	[ ]해당 [ ] 미해당		

근속연수	구 분	⑲ 입사일	⑳ 기산일	㉑ 퇴사일	㉒ 지급일	㉓ 근속월수	㉔ 제외월수	㉕ 가산월수	㉖ 중복월수	㉗ 근속연수
	중간지급 근속연수	2019.01.01.	2019.01.01.	2022.12.31.	2022.12.31.	48				4
	최종 근속연수	2019.01.01.	2023.01.01.	2025.12.31.	2026.01.10.	36				3
	정산 근속연수	2019.01.01.	2019.01.01.	2025.12.31.		84				7

과세표준계산	계 산 내 용	금 액
	㉘ 퇴직소득(⑰)	43,000,000
	㉙ 근속연수공제	9,000,000
	㉚ 환산급여 [(㉘-㉙)× 12배/정산근속연수]	58,285,714
	㉛ 환산급여별공제	38,171,428
	㉜ 퇴직소득과세표준(㉚-㉛)	20,114,286

퇴직소득 세액계산	계 산 내 용	금 액
	㉝ 환산산출세액(㉜× 세율)	1,757,142
	㉞ 퇴직소득 산출세액(㉝× 정산근속연수/12배)	1,024,999
	㉟ 세액공제	
	㊱ 기납부(또는 기과세이연) 세액	911,500
	㊲ 신고대상세액(㉞-㉟-㊱)	113,499

이연 퇴직 소득 세액 계산	㊳ 신고대상세액(㊲)	연금계좌 입금명세: 연금계좌취급자	사업자등록번호	계좌번호	입금일	㊴ 신고대상세액(㊲)	㊵ 퇴직급여(⑰)	㊶ 이연 퇴직소득세 (㊳×㊴/㊵)
	113,499	삼성화재	206-81-34524	110-063-300201	2025.01.10.	18,000,000	18,000,000	113,499
		㊶ 합 계				18,000,000		

납부명세	구 분	소득세	지방소득세	농어촌특별세	계	부표 작성 여부
	㊸ 신고대상세액(㊲)	113,499	11,349		124,848	※ ⑱ 과세이연 여부란에 '해당'으로 체크한 경우 "○" 표시를 합니다.
	㊹ 이연퇴직소득세(㊶)	113,499	11,349		124,848	
	㊺ 차감원천징수세액(㊸-㊹)	0	0		0	

위의 원천징수세액(퇴직소득)을 정히 영수(지급)합니다.

2026년 1월 10일

징수(보고)의무자 ㈜민후 진민후 (서명 또는 인)

중부 세 무 서 장 귀하

210mm×297mm[백상지80g/㎡ 또는 중질지80g/㎡]

5 임원 퇴직연금

임원이 확정급여형과 확정기여형 퇴직연금을 가입하고 있는 경우의 세무처리는 임원퇴직금편에서 설명한 것과 동일하다.

즉 임원이 확정급여형 퇴직연금을 가입하고 있는 경우라면 회사가 퇴직소득 원천징수신고와 지급명세서를 제출하므로 퇴직금지급규정유무와 소득세법 한도 이내인지의 여부를 확인하여 원천징수 신고업무를 하면 되고, 임원이 확정기여형 퇴직연금을 가입하고 있는 경우라면 회사는 지급규정유무에 따른 임원 퇴직금 총부담액이 불입되었는지를 확인하여 과소불입된 경우라면 추가 불입하고, 과다불입된 경우라면 과다불입된 금액을 반환받아 근로소득 등의 원천징수 신고 업무처리를 하면 되는 것이다.

사례 임원의 확정기여형 퇴직연금을 선불입하는 경우

임원의 확정기여형 퇴직연금의 경우 퇴직연금의 불입에 대한 법인세법상 손금귀속시기에 대한 이해가 중요하다. 이와 관련된 예규와 법령을 소개하면 다음과 같다.

1. 서면법령법인-5074, 2020.12.18.

내국법인이 임원의 퇴직을 퇴직급여의 지급사유로 하고 확정기여형 퇴직연금의 부담금을 당해 사업연도 종료일 현재 정관상 산정되는 퇴직급여를 초과하여 선불입하는 경우 미리 불입한 부담금은 납입한 사업연도의 손금에 산입한 후 퇴직시점에 퇴직급여 한도초과액을 손금불산입 한다.

2. 법인세법 시행령 제44조의2 제3항

임원에 대한 확정기여형 퇴직연금 부담금은 법인이 퇴직시까지 부담한 부담금의 합계액을 퇴직급여로 보아 퇴직급여 손금불산입 한도를 적용하되, 손금산입한도 초과금액이 있는 경우에는 퇴직일이 속하는 사업연도의 부담금 중 손금산입 한도 초과금액 상당액을 손금에 산입하지 아니하고, 손금산입 한도 초과금액이 퇴직일이 속하는 사업연도의 부담금을 초과하는 경우 그 초과금액은 퇴직일이 속하는 사업연도의 익금에 산입한다.

참고 확정급여형과 확정기여형의 회계처리

1. 확정급여형 퇴직연금제도의 회계처리

확정급여형 퇴직연금제도의 회계처리는 ① 부담금 적립시, ② 적립금 운용수입시, ③ 퇴직급여충당부채의 계상시, ④ 종업원이 퇴사한 경우로 나눌 수 있다.

① 부담금 적립시

회사가 퇴직연금의 부담금 1,000,000원을 납부하면서 수수료 40,000원을 퇴직연금운용사업자에게 적립하는 경우의 회계처리는 다음과 같다.

(차)	퇴직연금운용자산	1,000,000	(대) 현금 등	1,040,000
	지급수수료	40,000*		

* 지급수수료는 부담금 납입시 운용관리회사에 납부하는 운용관리수수료이다.

② 적립금 운용수입의 회계처리

회사가 연금운용사업자로부터 퇴직연금운용수익을 100,000원 수령하였을 경우의 회계처리는 다음과 같다.

(차)	퇴직연금운용자산	100,000	(대) 퇴직연금운용수익* (영업외수익)	100,000

* 퇴직연금운용수익 대신 이자수익 계정과목을 사용해도 무방하다.

③ 퇴직급여충당부채의 계상

보고기간 종료일 현재 종업원이 퇴직하면서 퇴직일시금의 수령을 선택한다고 가정하고 이때 지급하여야 할 퇴직일시금에 상당하는 금액을 측정하여 퇴직급여충당부채로 인식한다. 퇴직급여충당금으로 계상할 금액이 5,000,000원이라고 할 때 회계처리는 다음과 같다.

(차)	퇴직급여	5,000,000	(대) 퇴직급여충당부채	5,000,000

④ 종업원이 퇴사한 경우

종업원이 퇴직연금에 대한 수급요건 중 가입기간 요건을 갖추고 퇴사하였으며, 일시금 1,000,000원을 선택한 경우의 회계처리는 다음과 같다. 일시금 1,000,000원 중 퇴직연금운용사업자에게 적립된 금액은 600,000원이다.

(차)	퇴직급여충당부채	1,000,000	(대) 퇴직연금운용자산	600,000
	보통예금 등	400,000		

주 2012년 7월 26일 근로자퇴직급여보장법이 개정되면서 확정급여형의 경우 근로자가 퇴직시 받은 퇴직금이 IRP(개인퇴직계좌)로 이체된다. 퇴직금, 퇴직연금에 대하여 퇴직일로부터 60일 이내 개인퇴직계좌로 이체하는 경우 퇴직시에는 퇴직소득과 관련된 소득세액을 원천징수하지 않고 개인퇴직계좌에서 추후 근로자가 일시금으로 인출할 때 퇴직소득에 대한 원천징수를 퇴직연금운용사업자가 징수한다. 이것을 퇴직소득의 과세이연제도라고 한다. 따라서 회사에서 확정급여형과 관련된 퇴직금을 지급하는 경우라면 퇴직소득에 대한 원천징수 없이 회계처리를 한다. 단, 원천징수의무자는 퇴직소득에 대한 원천징수를 하지는 않지만 퇴직금지급과 관련된 원천징수신고와 지급명세서는 제출하여야 한다.

2. 확정기여형 퇴직연금제도의 회계처리

확정기여형 퇴직연금제도를 설정한 경우에는 회사가 납부하여야 할 부담금(기여금)을 퇴직급여(비용)로 처리한다. 즉 퇴직연금운용자산, 퇴직연금충당부채 및 퇴직연금미지급금은 인식하지 않는다. 예를 들어 확정기여형 퇴직연금제도를 설정하고 있는 회사가 퇴직연금의 부담금(기여금) 100,000원을 현금으로 납부하였다면 회계처리는 아래와 같다.

(차) 퇴직급여	100,000	(대) 현　금	100,000

주 확정기여형 퇴직연금의 운용주체는 근로자이므로 회사는 근로자 퇴직시 별도의 원천징수신고 등의 의무를 이행할 필요가 없으며 퇴직소득에 대한 지급명세서 제출의무도 없다.

PART 4 원천징수

Chapter 04 사업소득과 기타소득 원천징수 실무

01 사업소득과 기타소득의 구분

사업소득이란 계속적이고 반복적으로 발생하는 소득에 대한 소득이고 기타소득이란 소득발생 원천을 기준으로 분류한 이자·배당·사업·근로·연금·퇴직·양도소득 이외에 일시적이고 우발적으로 발생하는 소득으로 소득세법에서 과세소득으로 열거한 것을 말한다(소법 §19 ①·§21 ①).

구 분	사업소득	기타소득
특 징	계속적이고 반복적으로 발생	일시적이고 우발적으로 발생

실무 POINT **소득구분(자문료 및 강사료)**

회사가 지급하는 자문료 및 강사료의 세무처리 방안은 다음과 같다.

1. 고용관계에 따라 근로제공의 대가의 경우 : 근로소득
2. 고용관계 없이 대가를 받는 경우 : 사업소득(계속적이고 반복적), 기타소득(일시적인 경우)

02 사업소득 원천징수 실무

1 원천징수대상 사업소득

모든 사업소득에 대하여 원천징수하지 않는 것은 아니고 사업소득 중 부가가치세가 면세되는 다음의 의료보건용역과 특정인적용역을 제공하는 개인사업자에게 지급하는 사업소득에 대해서는 지급총액의 3%(봉사료 수입의 경우 5%, 외국인 직업운동가가 프로스포츠구단과 계약을 하고 받은 용역은 20%)를 원천징수하여야 한다(소법 §127 ① 3호·8호, 소령 §184 ①, 부법 §26 ① 5호·15호, 부령 §36·42).

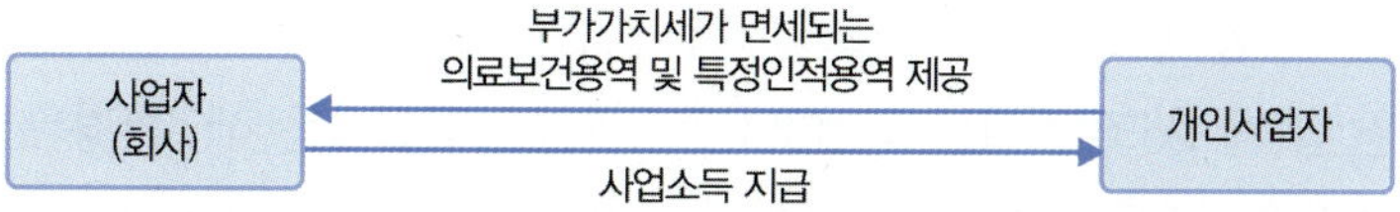

회사는 부가가치세가 면세되는 의료보건용역 및 특정인적용역을
제공받고 개인사업자에게 사업소득을 지급할 때 지급총액의 3%를 원천징수하여야 한다.

1. 의료보건용역

원천징수대상 의료보건용역은 다음과 같다(소령 §184 ①, 부법 §26 ① 5호, 부령 §35).

① 의료법에 따른 의사, 치과의사, 한의사, 조산사 또는 간호사가 제공하는 용역

② 의료법에 따른 접골사, 침사, 구사 또는 안마사가 제공하는 용역

③ 의료기사등에관한법률에 따른 임상병리사, 방사선사, 물리치료사, 작업치료사, 치과기공사 또는 치과위생사가 제공하는 용역

④ 약사법에 따른 약사가 제공하는 의약품의 조제용역

⑤ 수의사법에 따른 수의사가 제공하는 용역. 다만, 동물의 진료용역은 축산물위생관리법에 따른 가축, 수산생물질병관리법에 따른 수산동물, 장애인복지법 제40조 제2항에 따른 장애인 보조견표지를 발급받은 장애인 보조견, 국민기초생활보장법 제2조 제2호에 따른 수급자가 기르는 동물, 그 외 질병 예방 및 치료를 목적으로 하는 동물의 진료용역으로 한정

⑥ 장의업자가 제공하는 장의용역

⑦ 장사등에관한법률 제14조 및 제15조에 따라 사설묘지, 사설화장시설 또는 사설봉안시설을 설치한 자가 제공하는 화장, 묘지분양 및 관리업 관련 용역

⑧ 지방자치단체로부터 공설묘지, 공설화장시설 또는 공설봉안시설의 관리를 위탁받은 자가 제공하는 화장, 묘지분양 및 관리업 관련 용역

⑨ 응급의료에관한법률 제2조 제8호에 따른 응급환자이송업자가 제공하는 응급환자이송용역

⑩ 하수도법 제45조에 따른 분뇨수집·운반업의 허가를 받은 사업자와 가축분뇨의관리및이용에관한법률 제28조에 따른 가축분뇨수집·운반업 또는 가축분뇨처리업의 허가를 받은 사업자가 공급하는 용역

⑪ 감염병의예방및관리에관한법률 제52조에 따라 소독업의 신고를 한 사업자가 공급하는 소독용역

⑫ 폐기물관리법 제25조에 따라 생활폐기물 또는 의료폐기물의 폐기물처리업 허가를 받은 사업자가 공급하는 생활폐기물 또는 의료폐기물의 수집·운반 및 처리용역과 같은 법 제29조에 따라 폐기물처리시설의 설치승인을 받거나 그 설치의 신고를 한 사업자가 공급하는 생활폐기물의 재활용용역

⑬ 산업안전보건법 제21조에 따라 보건관리전문기관으로 지정된 자가 공급하는 보건관리용역 및 같은 법 제126조에 따른 작업환경측정기관이 공급하는 작업환경측정용역

⑭ 노인장기요양보험법 제2조 제4호에 따른 장기요양기관이 같은 법에 따라 장기요양인정을 받은 자에게 제공하는 신체활동·가사활동의 지원 또는 간병 등의 용역

⑮ 사회복지사업법 제5조의 2 제2항에 따라 보호대상자에게 지급되는 사회복지서비스 이용권을 대가로 국가 및 지방자치단체 외의 자가 공급하는 용역

⑯ 모자보건법에 따른 산후조리원에서 분만 직후의 임산부나 영유아에게 제공하는 급식·요양 등의 용역

⑰ 모자보건법에 따른 산후조리원에서 분만 직후의 임산부나 영유아에게 제공하는 급식·요양 등의 용역

⑰ 사회적기업육성법 제7조에 따라 인증받은 사회적기업 또는 협동조합기본법 제85조 제1항에 따라 설립인가를 받은 사회적협동조합이 직접 제공하는 간병·산후조리·보육 용역

⑱ 정신건강증진및정신질환자복지서비스지원에관한법률 제15조 제6항 및 부가가치세법시행규칙 제24조의 2에 따라 국가 및 지방자치단체로부터 의료보건 용역을 위탁받은 자가 제공하는 의료보건 용역

실무 POINT **의료보건용역의 원천징수 예규**

1. **사업자등록을 한 개인 면세사업자에게 인적용역 사업소득 지급시 원천징수 여부**(원천세과-3096, 2008.12.30.).

   사업자등록을 한 개인 면세사업자로부터 원천징수대상 사업소득의 인적용역을 제공받고 대가를 지급하는 사업자(법인, 국가등)는 원천징수 의무가 있는 것이며, 그 대가를 지급하는 때 원천징수영수증을 교부하여야 하는 것임. 이 경우 원천징수의무를 이행하지 아니한 경우에는 가산세가 적용되는 것임

2. **회사가 부담하는 의료비 지급액의 사업소득 원천징수 여부**(원천 46013-257, 2002.09.09.)

   업무상 재해 직원의 산재보험적용기준 제외로 회사가 부담하는 의료비 지급액은 의료보건용역에 해당하여 지급방법에 관계없이 의료비 지급시 사업소득으로 원천징수하는 것이며,

   ① 의료기관이 법인인 경우

   법인은 사업소득세 납부의무가 없어 원천징수 없이 해당 의료법인으로부터 계산서를 발급받아야 하는 것임

   ② 의료기관이 개인인 경우

   의료보건용역에 해당하여 사업소득으로 원천징수하고 해당 의료기관으로부터 계산서를 교부받아야 하는 것이나, 소득세법 시행령 제211조 제5항에 따라 원천징수영수증을 발급받는 것에 대하여는 계산서를 발급한 것으로 보는 것임

2. 특정인적용역

개인이 계속적·반복적으로 사업에만 이용되는 건축물 기계장치 등의 물적시설 없이 근로자를 고용(고용 외의 형태로 해당 용역의 주된 업무에 대해 타인으로부터 노무 등을 제공받는 경우를 포함)하지 아니하고 독립된 자격으로 용역을 공급하고 대가를 받는 다음과 같은 인적용역(소령 §184 ①, 부법 §26 ① 15호, 부령 §42)

(1) 개인이 물적시설 없이 근로자를 고용(고용 외의 형태로 해당 용역의 주된 업무에 대해 타인으로부터 노무 등을 제공받는 경우를 포함)하지 아니하고 독립된 자격으로 용역을 공급하고 대가를 받는 다음의 인적용역

① 저술·서화·도안·조각·작곡·음악·무용·만화·삽화·만담·배우·성우·가수와 이와 유사한 용역

② 연예에 관한 감독·각색·연출·촬영·녹음·장치·조명과 이와 유사한 용역

③ 건축감독·학술용역과 이와 유사한 용역

④ 음악·재단·무용(사교무용을 포함)·요리·바둑의 교수와 이와 유사한 용역

⑤ 직업운동가·역사·기수·운동지도가(심판을 포함)와 이와 유사한 용역

⑥ 접대부·댄서 또는 이와 유사한 용역

⑦ 보험가입자의 모집, 저축의 장려 또는 집금 등을 하고 실적에 따라 보험회사 또는 금융기관으로부터 모집수당·장려수당·집금수당 또는 이와 유사한 성질의 대가를 받는 용역과 서적·음반 등의 외판원이 판매실적에 따라 대가를 받는 용역

⑧ 저작자가 저작권에 의하여 사용료를 받는 용역

⑨ 교정·번역·고증·속기·필경·타자·음반취입과 이와 유사한 용역

⑩ 고용관계 없는 자가 다수인에게 강연을 하고 강연료·강사료 등의 대가를 받은 용역

⑪ 라디오·텔레비전 방송 등을 통하여 해설·계몽 또는 연기를 하거나 심사를 하고 사례금 또는 이와 유사한 성질의 대가를 받는 용역

⑫ 작명·관상·점술 또는 이와 유사한 용역

⑬ 개인이 일의 성과에 따라 수당 또는 이와 유사한 성질의 대가를 받는 용역

(2) 개인·법인 또는 법인격 없는 사단·재단 기타 단체가 독립된 자격으로 용역을 공급하고 대가를 받는 다음의 인적용역

① 형사소송법 및 군사법원법 등에 따른 국선변호인의 국선변호, 국세기본법에 따른 국선대리인의 국선대리 및 기획재정부령으로 정하는 법률구조(法律救助)

② 새로운 학술 또는 기술을 개발하기 위하여 행하는 새로운 이론·방법·공법 또는 공식 등에 관한 학술연구용역과 기술연구용역

③ 직업소개소 및 그 밖에 기획재정부령이 정하는 상담소 등을 경영하는 자가 공급하는 용역

④ 장애인복지법 제40조의 규정에 의한 장애인보조견 훈련용역

⑤ 외국공공기관 또는 국제금융기구에의가입조치에관한법률 제2조에 따른 국제금융기구로부터 받은 차관자금으로 국가 또는 지방자치단체가 시행하는 국내사업을 위하여 공급하는 용역(국내사업장이 없는 외국법인 또는 비거주자가 공급하는 것을 포함)

⑥ 민법에 따른 후견인과 후견감독인이 제공하는 후견사무 용역

⑦ 가사근로자의고용개선등에관한법률에 따른 가사서비스 제공기관이 가사서비스 이용자에게 제공하는 가사서비스

⑧ 직업안정법에 따른 근로자공급 용역(2025.1.1. 이후 용역을 공급하는 경우부터 적용)

⑨ 다른 사업자의 사업장(다른 사업자가 제공하거나 지정한 경우로서 그 사업자가 지배·관리하는 장소를 포함)에서 그 사업자의 시설 또는 설비를 이용하여 물건의 제조·수리, 건설, 그 밖에 이와 유사한 것으로서 기획재정부령으로 정하는 작업을 수행하기 위한 단순인력 공급용역(파견근로자보호등에관한법률에 따른 근로자파견 용역은 제외)(2025.1.1. 이후 용역을 공급하는 경우부터 적용)

실무 POINT **원천징수 사업소득에서 제외되는 소득**

다음의 어느 하나에 해당하는 소득은 원천징수 대상 사업소득에서 제외된다(소령 §184 ①).

1. 다음의 조제용역의 공급으로 발생하는 사업소득 중 소득세법시행규칙 제88조로 정하는 바에 따라 계산한 의약품가격이 차지하는 비율에 상당하는 소득
   가. 의료법에 따른 의사, 치과의사, 한의사, 조산사 또는 간호사가 제공하는 용역 중 약사법 제23조 제4항(약국이 없는 지역에서 조제하는 경우 등)에 따라 의사 또는 치과의사가 직접 제공하는 조제용역
   나. 약사법에 따른 약사가 제공하는 의약품의 조제용역
2. 접대부 댄서 또는 이와 유사한 용역에 따른 용역의 공급으로 발생하는 소득

2 사업소득 원천징수하기

1. 원천징수 요건

회사는 개인사업자에게 부가가치세가 면세되는 의료보건용역 및 특정인적용역에서 발생하는 소득을 지급하더라도 다음과 같은 요건이 성립할 때 해당 소득에 대하여 원천징수해야 한다.

구 분	요 건
원천징수의무자(소득지급자)	법인, 법인으로 보는 법인격 없는 단체 등
소득자	개인사업자일 것
원천징수대상 사업소득	부가가치세가 면세되는 의료보건용역 및 특정인적용역을 제공받고 지급하는 사업소득

2. 원천징수의무자의 요건

원천징수대상 사업소득을 지급할 때 원천징수하여야 할 원천징수의무자는 다음과 같다(소법 §127 ① 3호·8호, 소령 §184 ③).

① 법인세의 납세의무자

② 소득세법에 따른 사업자

③ 국가, 지방자치단체, 조합 등

3. 원천징수세액 : 총지급금액의 3%(지방소득세 포함 3.3%)

원천징수의무자인 회사가 원천징수대상 사업소득을 개인사업자에게 지급하는 경우에는 필요경비와는 상관없이 지급총액의 3%(봉사료수입의 경우 5%)를 원천징수해야 한다(소법 §129 ① 3호·8호). 다만, 2018년부터 외국인 직업운동가가 한국표준산업분류에 따른 스포츠 클럽 운영업 중 프로스포츠구단과의 계약(2018년부터 2024년까지는 계약기간이 3년 이하인 경우로 한정)에 따라 용역을 제공하고 받는 소득에 대해서는 20%로 한다.

사업소득원천징수세액＝사업소득 지급총액×3%(지방소득세 포함 3.3%)

✔ 사업소득의 소액부징수

개인에게 지급하는 이자소득의 경우에만 소액부징수의 예외가 있었지만 2024.7.1. 이후 지출하는 인적용역 사업소득의 경우에도 소액부징수의 예외가 적용된다.

따라서 2024.7.1. 이후 지급하는 인적용역 사업소득의 경우에 총지급액의 3%에 해당하는 금액이 1,000원 미만이라고 하더라도 무조건 원천징수세액을 징수하여야 하는 것이다.

참고 **봉사료 원천징수**

고객이 직접 지급하는 접대부 등의 봉사료는 원천징수대상소득이 아니나, 사업자 등이 유흥업소 접대부 등에 대한 봉사료를 지급하는 경우에는 그 수입금액의 5%를 원천징수하여야 한다(소법 §129 ① 8호). 이때 봉사료라 함은 음식숙박업 및 유흥업소를 운영하는 사업자(법인을 포함)가 다음에 해당하는 용역을 제공하고 공급가액(부가가치세법상 간이과세사업자의 경우에는 공급대가를 말함. 이하 같음)과 함께 접대부·댄서와 이와 유사한 용역을 제공하는 자의 봉사료를 계산서·세금계산서·영수증 또는 신용카드매출전표 등에 그 공급가액과 구분하여 기재하는 경우(봉사료를 자기의 수입금액으로 계상하지 아니하는 경우에 한함)로서 그 구분기재한 봉사료 금액이 공급가액의 20%를 초과하는 경우의 봉사료를 말한다. 다만, 봉사료를 사업자가 자기의 수입금액으로 계상하는 경우에는 원천징수하지 아니한다(소령 §184의 2).

① 음식·숙박용역

② 개별소비세법 제1조 제4항(식품위생법의 유흥주점, 외국인전용유흥음식점과 기타 이와 유사한 장소)의 규정에 의한 과세유흥장소에서 제공하는 용역

③ 안마시술소·이용원·스포츠마사지업소 및 그 밖에 이와 유사한 장소에서 제공하는 용역

4. 원천징수 시기

사업소득의 원천징수시기는 실제로 사업소득을 지급하는 때이다. 원천징수의무자(회사)는 원천징수대상 사업소득을 지급하는 때 사업소득 지급총액과 원천징수세액 등이 기재된 원천징수영수증을 소득자에게 발급하고 원천징수한 사업소득세를 그 징수일의 속하는 달의 다음 달 10일까지 관할세무서에 신고·납부하여야 한다(소법 §144 ①).

구 분	요 건
원천징수영수증 발급	사업소득을 지급할 때 원천징수영수증을 소득자에게 발급
원천징수세액 신고·납부	회사가 그 징수일이 속하는 달의 다음 달 10일까지 신고·납부
신고 시 제출할 서류	다음 달 10일까지 원천징수이행상황신고서를 세무서에 제출 (지급명세서는 다음 해 3월 10일까지 제출)

실무 POINT **인적용역 사업소득 수입시기**

인적용역 사업소득의 수입시기는 용역대가를 지급받기로 한 날 또는 용역의 제공을 완료한 날 중 빠른 날이다. 다만, 연예인 및 직업운동선수 등이 계약기간 1년을 초과하는 일신전속계약에 대한 대가를 일시에 받는 경우에는 계약기간에 따라 해당 대가를 균등하게 안분한 금액을 각 과세기간 종료일에 수입한 것으로 하며, 월수의 계산은 해당 계약기간의 개시일이 속하는 달이 1개월 미만인 경우에는 1개월로 하고 해당 계약기간의 종료일이 속하는 달이 1개월 미만인 경우에는 이를 산입하지 아니한다(소령 §48 8호).

5. 사업소득 지급명세서와 간이지급명세서의 제출

(1) 지급명세서의 제출

국내에서 사업소득을 지급하는 자는 그 지급을 받는 소득자별로 '사업소득지급명세서'를 그 지급일이 속하는 과세기간의 다음 연도 3월 10일까지(휴업, 폐업 또는 해산한 경우에는 휴업

일, 폐업일 또는 해산일이 속하는 달의 다음다음 달 말일)까지 원천징수 관할 세무서장, 지방국세청장 또는 국세청장에게 제출하여야 한다(소법 §164①).

(2) 간이지급명세서의 제출

소득세 납세의무가 있는 개인에게 원천징수대상 사업소득을 국내에서 지급하는 자는 사업소득 지급일(연말정산 사업소득의 원천징수시기에 대한 특례를 적용받는 소득에 대해서는 해당 소득에 대한 과세기간 종료일을 말함)이 속하는 달의 다음 달 말일(휴업, 폐업 또는 해산한 경우에는 휴업일, 폐업일 또는 해산일이 속하는 달의 다음 달 말일)까지 원천징수 관할 세무서장, 지방국세청장 또는 국세청장에게 간이지급명세서(거주자의 사업소득)를 제출하여야 한다(소법 §164의 3, 2021.3.16. 개정, 2021.7.1. 이후 지급하는 소득분부터 적용).

참고로 2023.1.1. 이후 소득을 지급하는 분부터는 간이지급명세서를 제출한 경우에는 그 제출한 부분에 대하여 지급명세서를 제출한 것으로 본다(소법 §164의 7 ④).

구 분		제출기한
지급 명세서	일반적인 경우	지급일이 속하는 과세기간의 다음 연도 3월 10일까지
	연말정산 대상 사업소득의 원천징수시기 특례에 해당하는 경우	과세기간 종료일이 속하는 달의 다음 연도 3월 10일까지
	휴업·폐업 또는 해산한 경우	휴업일, 폐업일 또는 해산일이 속하는 달의 다음다음 달 말일까지
간이 지급 명세서*3	매월 지급분	지급일이 속하는 달의 다음 달 말일까지*1
	휴업·폐업·해산하는 경우	휴업·폐업·해산일이 속하는 달의 다음 달 말일까지*2

*1. 6월 귀속분을 7월에 지급하는 경우 8월말까지 제출하는 것이지만 12월 귀속분을 익년 1월에 지급하는 경우에는 다음과 같이 간이지급명세서를 제출하여야 한다.

- 연말정산 대상 사업소득(보험모집인, 방문판매원, 음료배달원)
  해당 귀속연도의 사업소득을 12월 말일까지 미지급한 경우 12월에 지급한 것으로 보아 다음 연도 1월 말일까지 간이지급명세서를 제출하는 것이므로 2025년 12월 소득을 2026년 1월 이후에 지급한 경우, 2025년 12월 지급분 간이지급명세서에 포함하여 제출하고, 2026년 1월 지급분 간이지급명세서 제출시에는 제외하는 것이다.
- 연말정산 대상 사업소득 외 사업소득
  2025년 12월 귀속, 2026년 1월에 지급하는 경우의 사업소득은 지급일이 속하는 달의 다음달 말일까지 간이지급명세서를 제출하는 것이므로 2026년 2월말까지 간이지급명세서를 제출한다.

*2. 2021년 6월 30일까지는 휴업·폐업·해산일이 속하는 반기 마지막 달의 다음 달 말일까지임

*3. 간이지급명세서 제출대상 사업소득(보험모집인 등의 연말정산 대상 사업소득은 제외)의 경우 간이지급명세서를 제출한 경우에는 그 제출한 부분에 대하여 지급명세서를 제출한 것으로 봄(소법 §164 ⑦)

사례 사업소득 원천징수

1. 실무자료

• 지급내역 및 요구사항

(주)민후는 홍길동으로부터 내부 업무개선을 위한 경영컨설팅, 즉 자문용역을 제공받고 그 대가로 1,000만원을 3월 7일에 지급했다. 단, 홍길동은 경영자문을 계속적이고 반복적으로 하고 있어 사업자에 해당된다.

• 원천징수의무자 및 소득자 인적사항

원천징수의무자 인적사항	소득자 인적사항
① 사업자등록번호 : 123－81－45678 ② 법인명 : (주)민후 ③ 대표자 성명 : 진민후 ④ 법인등록번호 : 111122－00000123 ⑤ 주소 : 서울 중구 동호로 14길 1－1	① 성명 : 홍길동 ② 주민등록번호 : 660516－1234567 ③ 주소 : 서울 강남구 도산대로 104길 1－1

2. 요구사항

회사가 징수해야 할 원천징수세액 및 특별징수세액을 계산하고 홍길동에게 원천징수영수증을 발급하라.

[해답] 원천징수세액 및 특별징수세액 계산

(1) 사업소득금액 : 1,000만원

(2) 사업소득의 원천징수세액＝지급총액×3%＝300,000원

(3) 특별징수세액＝원천징수세액×10%＝30,000원

(4) 총원천징수세액(소득세＋개인지방소득세)＝330,000원

(5) 사업소득 원천징수영수증

원천징수의무자(회사)는 원천징수대상 사업소득을 지급하는 때 사업소득 지급총액과 원천징수세액 등이 기재된 원천징수영수증을 소득자에게 발급한다.

(6) 원천징수세액 및 특별징수세액 신고·납부

원천징수의무자(회사)는 원천징수한 사업소득세를 그 징수일이 속하는 달의 다음 달 10일인 6월 10일까지 관할세무서와 관할 지방자치단체에 각각 신고·납부하여야 한다.

■ 소득세법 시행규칙 [별지 제23호서식(2)] (개정 2025. 3. 21.) (5쪽 중 제1쪽)

귀속 연도	2025년	거주자의 사업소득 지급명세서(발행자 보고용) (사업소득 원천징수영수증 발행자 보관용 소득자별 연간집계표)	관리 번호	

❶ 원천징수의무자 인적사항 및 지급내용 합계사항

① 법인명 (상호, 성명)	② 사업자 (주민) 등록번호	③ 소재지 (주소)	④ 연간 소득인원	⑤ 연간 총 지급건수	⑥ 연간 총 지급액 계	⑦ 세액 집계현황		
						⑧ 소득세	⑨ 지방소득세	⑩ 계
㈜민후	123-81-45678	경기 성남	1	1	10,000,000	300,000	30,000	330,000

❷ 소득자 인적사항 및 연간 소득내용

일련번호	⑪ 업종구분	⑫ 소득자 성명(상호)	⑬ 주민(사업자) 등록번호	⑭ 내·외국인 (1·9)	⑮ 지급년도	⑯ 지급건수	⑰ (연간) 지급총액	⑱ 세율	⑲ 소득세	⑳ 지방소득세	㉑ 계
	소득자별 연간소득 내용 합계					1	10,000,000	3%	300,000	30,000	330,000
	소액 부징수 연간 합계										
1	940600	홍길동	660516-1234567	1	2025	1	10,000,000	3%	300,000	30,000	330,000
2											
3											
4											

(5쪽 중 제2쪽)

작 성 방 법

1. 이 서식은 거주자가 사업소득이 발생한 경우에만 작성하며, 비거주자는 별지 제23호서식(5)를 사용해야 합니다.
2. ④ 연간 소득인원란 : ⑫ 소득자 성명(상호)란에 적힌 소득자의 수를 합산하여 적습니다.
3. ⑤ 연간 총지급건수란 : ⑯ 지급건수란에 적힌 건수를 합산하여 적습니다.
4. ⑪ 업종구분란에는 소득자의 업종에 해당하는 아래의 업종구분코드를 적어야 합니다.

종목	업종코드	종목	업종코드	종목	업종코드	종목	업종코드	종목	업종코드
저술가	940100	연예보조	940500	음료배달	940907	목욕관리사	940915	대여제품 방문점검원	940922
화가관련	940200	자문 · 고문	940600	방문판매원	940908	행사도우미	940916	대출모집인	940923
작곡가	940301	바둑기사	940901	기타자영업	940909	심부름용역	940917	신용카드 회원모집인	940924
배우	940302	꽃꽂이교사	940902	다단계판매	940910	퀵서비스	940918	방과후강사	940925
모델	940303	학원강사	940903	기타 모집수당	940911	물품운반	940919	소프트웨어 프리랜서	940926
가수	940304	직업운동가	940904	간병인	940912	병의원	851101	관광통역 안내사	940927
성악가	940305	봉사료 수취자	940905	대리운전	940913	학습지 방문강사	940920	어린이통학 버스기사	940928
1인미디어 콘텐츠창작자	940306	보험설계	940906	캐디	940914	교육교구 방문강사	940921	중고자동차 판매원	940929

· 기타자영업 코드(940909)는 고용관계 없이 독립된 자격으로 일정한 고정보수를 받지 않고 그 실적에 따라 수당 또는 이와 유사한 성질의 대가를 지급받는 경우로서 위 표에서 기타자영업을 제외한 39개 업종코드 중 어느 하나로 분류되지 않는 업종[예: 컴퓨터 프로그래머(소프트웨어 프리랜서 제외), 전기 · 가스검침원 등]인 경우 적습니다.

· 근로계약에 따라 근로를 제공한 날 또는 시간에 따라 근로대가를 계산하여 받는 사람으로서, 「소득세법」 제14조제3항제2호에 따른 일용근로자(예: 식당주방보조원, 시간제 편의점근무자, 건설노동자 등)는 기재대상이 아닙니다.

5. ⑭ 내 · 외국인란에는 내국인인 경우는 "1"을, 외국인인 경우는 "9"를 적습니다.
6. ⑱ 세율란에는 3%를 적습니다. 다만, 직업운동가(940904) 중 프로스포츠 구단과의 계약기간이 3년 이하인 외국인 직업운동가는 20%, 봉사료 수취자(940905) 중 「소득세법 시행령」 제184조의2에 해당하는 봉사료 수입금액은 5%를 적습니다.

210mm×297mm[백상지 80g/㎡ 또는 중질지 80g/㎡]

■ 소득세법 시행규칙 [별지 제23호서식(2)] (개정 2025. 3. 21.) (5쪽 중 제4쪽)

귀속연도	2025년	[✔]거주자의 사업소득 원천징수영수증 [ ]거주자의 사업소득 지급명세서 ([✔]소득자 보관용 [ ]발행자 보관용)	내·외국인	내국인1 외국인9
			거주지국	거주지국코드

징수의무자	① 사업자등록번호 123-81-45678	② 법인명 또는 상호 (주)민후	③ 성명 진민후
	④ 주민(법인)등록번호 111122-0000123	⑤ 소재지 또는 주소 경기 성남시 수정구 위례순환로	
소득자	⑥ 상 호	⑦ 사업자등록번호	
	⑧ 사 업 장 소 재 지		
	⑨ 성 명 홍길동	⑩ 주민등록번호 660516-1234567	
	⑪ 주 소 서울 강남구 도산대로 104길 1-1		

⑫ 업종구분 940600 ※ 작성방법 참조

⑬ 지 급			⑭ 소득귀속		⑮ 지 급 총 액	⑯ 세율	원 천 징 수 세 액		
연	월	일	연	월			⑰ 소 득 세	⑱ 지방소득세	⑲ 계
2025	4	7	2025	3	10,000,000	3%	300,000	30,000	330,000

위의 원천징수세액(수입금액)을 정히 영수(지급)합니다.

2025 년 4 월 7 일

징수(보고)의무자 (주)민후 진민후 (서명 또는 인)

중부 세 무 서 장 귀하

(5쪽 중 제5쪽)

작 성 방 법

1. 이 서식은 거주자가 사업소득이 발생한 경우에만 작성하며, 비거주자는 별지 제23호서식(5)을 사용해야 합니다.
2. ④ 주민(법인)등록번호란 : 소득자 보관용에는 적지 않습니다.
3. ⑫ 업종구분란에는 소득자의 업종에 해당하는 아래의 업종구분코드를 적어야 합니다.

종목	업종코드	종목	업종코드	종목	업종코드	종목	업종코드	종목	업종코드
저술가	940100	연예보조	940500	음료배달	940907	목욕관리사	940915	대여제품 방문점검원	940922
화가관련	940200	자문·고문	940600	방문판매원	940908	행사도우미	940916	대출모집인	940923
작곡가	940301	바둑기사	940901	기타자영업	940909	심부름용역	940917	신용카드 회원모집인	940924
배우	940302	꽃꽂이교사	940902	다단계판매	940910	퀵서비스	940918	방과후강사	940925
모델	940303	학원강사	940903	기타 모집수당	940911	물품운반	940919	소프트웨어 프리랜서	940926
가수	940304	직업운동가	940904	간병인	940912	병의원	851101	관광통역 안내사	940927
성악가	940305	봉사료 수취자	940905	대리운전	940913	학습지 방문강사	940920	어린이통학 버스기사	940928
1인미디어 콘텐츠창작자	940306	보험설계	940906	캐디	940914	교육교구 방문강사	940921	중고자동차 판매원	940929

· 기타자영업 코드(940909)는 고용관계 없이 독립된 자격으로 일정한 고정보수를 받지 않고 그 실적에 따라 수당 또는 이와 유사한 성질의 대가를 지급받는 경우로서 위 표에서 기타자영업을 제외한 39개 업종코드 중 어느 하나로 분류되지 않는 업종[예: 컴퓨터 프로그래머(소프트웨어 프리랜서 제외), 전기·가스검침원 등]인 경우 적습니다.

· 근로계약에 따라 근로를 제공한 날 또는 시간에 따라 근로대가를 계산하여 받는 사람으로서,「소득세법」 제14조제3항제2호에 따른 일용근로자(예: 식당주방보조원, 시간제 편의점근무자, 건설노동자 등)는 기재대상이 아닙니다.

5. ⑯ 세율란에는 3%를 적습니다. 다만, 직업운동가(940904) 중 프로스포츠 구단과의 계약기간이 3년 이하인 외국인 직업운동가는 20%, 봉사료 수취자(940905) 중 「소득세법 시행령」 제184조의2에 해당하는 봉사료 수입금액은 5%를 적습니다.

210mm×297mm[백상지 80g/㎡ 또는 중질지 80g/㎡]

보론 사업소득 연말정산

사업소득 연말정산에 대해서 간략하게 요약하면 다음과 같다(소법 §144의 2~5, 소령 §201의 11·§201의 12, 소칙 §94의 2).

1. 연말정산 대상 사업소득

간편장부대상자(해당 과세기간에 신규로 사업을 개시 또는 직전 과세기간의 수입금액 7,500만원 미만)로서 다음에 해당하는 사업자에게 사업소득을 지급하는 원천징수의무자는 해당 과세기간의 사업소득금액에 대해 연말정산하여 소득세를 징수한다. 다만 '②'와 '③'의 경우에는 원천징수의무자가 해당 과세기간의 종료일까지 사업소득세액연말정산신청서를 사업장 관할 세무서장에게 제출해야 한다.

① 독립된 자격으로 보험가입자의 모집 및 이에 부수되는 용역을 제공하고 그 실적에 따라 모집수당 등을 받는 사업자(보험모집인)

② 방문판매등에관한법률에 의해 방문판매업자를 대신하여 방문판매업을 수행하고 그 실적에 따라 판매수당 등을 받는 사업자(방문판매업자로부터 사업장의 관리·운영의 위탁을 받은 사업자 포함)(방문판매원)

③ 독립된 자격으로 일반 소비자를 대상으로 사업장을 개설하지 않고 음료품을 배달하는 계약배달 판매 용역을 제공하고 판매실절에 따라 판매수당 등을 받는 자(음료품 배달원)

2. 연말정산 시기

(1) 일반

간편장부대상자로서 보험모집인·방문판매원·배달판매원에게 사업소득을 지급하는 원천징수의무자는 해당 과세기간의 다음 연도 2월분의 사업소득을 지급할 때에 해당 과세기간의 사업소득에 대한 연말정산을 해야 한다.

(2) 거래계약을 해지하는 경우

거래계약을 해지하는 달의 사업소득을 지급하는 때에 연말정산을 해야 한다.

(3) 사업소득 지급특례

연말정산 사업소득을 지급하지 않은 때에는 다음에 해당하는 때에 지급한 것으로 본다.

① 1월~11월분 사업소득을 해당 과세기간의 12월 31일까지 지급하지 않은 경우 : 12월 31일

② 12월분의 사업소득을 다음 연도 2월 말일까지 지급하지 않은 경우 : 다음 연도 2월 말일

3. 연말정산 사업소득금액

(1) 사업소득금액

연말정산 사업소득금액은 해당 과세기간에 지급한 사업소득 수입금액에 연말정산 사업소득의 소득률을 곱해 계산한 금액을 말한다.

사업소득금액＝해당 과세기간에 지급한 수입금액×연말정산사업소득의 소득률

(2) 연말정산 사업소득 소득률

소득률 계산방법은 다음과 같고 해당 과세기간의 단순경비율이 결정되어 있지 않은 경우에는 직전 과세기간의 단순경비율을 적용한다.

소득률＝(1－단순경비율)

구 분	단순경비율		소득률(1－단순경비율)	
	4,000만원 이하분	4,000만원 초과분	4,000만원 이하분	4,000만원 초과분
보험모집인	77.6%	68.6%	22.4%	31.4%
방문판매원	75.0%	65.0%	25.0%	35.0%
음료품배달업	80.0%	72.0	20.0%	28.0%

4. 소득공제 및 과세표준

(1) 소득공제의 신고

연말정산대상 사업자가 종합소득공제를 적용받으려는 경우에는 연말정산시점까지 원천징수의무자에게 소득·세액공제신고서(소칙 별지 제37호 서식)에 주민등록표 등본 및 소득공제 항목별 제출서류를 첨부하여 원천징수의무자에게 제출해야 한다.

만일, 원천징수의무자가 소득공제신고를 하지 않은 사업자에 대해서 연말정산을 수행하여 소득세를 원천징수할 때에는 기본공제 중 그 사업자 본인에 대한 분과 표준세액공제만을 적용한다.

(2) 소득공제의 적용

연말정산대상 사업자가 연말정산시점에 소득공제신고를 한 경우에는 인적공제, 연금보험료공제, 개인연금저축공제, 소기업·소상공인 공제부금 소득공제, 투자조합 등 공제, 자녀세액공제, 연금저축세액공제, 기부금공제를 적용한다.

근로소득자의 경우 특별세액공제와 표준세액공제 중 선택하여 적용하지만 사업소득자는 기부금세액공제와 표준공제를 중복하여 공제를 적용한다.

(3) 납부할 세액

납부할 세액의 계산과정은 다음과 같다.

① 산출세액 : 과세표준에 기본세율을 적용하여 계산

② 결정세액 : 산출세액－소득세법 및 조세특례제한법에 따른 세액공제

③ 납부할 세액 : 결정세액－해당 과세기간에 이미 원천징수하여 납부한 소득세

5. 원천징수세액의 추가 징수 또는 환급

원천징수해야 할 소득세가 지급할 사업소득의 금액을 초과할 때(그 다음 달에 지급할 사업소득이 없는 경우 제외)에는 그 초과하는 세액은 그 다음 달의 사업소득을 지급할 때에 징수하고, 해당 과세기간에 이미 원천징수하여 납부한 소득세가 해당 종합소득 산출세액에서 세액공제를 한 금액을 초과할 때에는 그 초과액은 원천징수의무자가 해당 사업자에게 조정 환급하거나 환급신청이 있는 경우에는 관할 세무서장이 그 초과액을 환급한다.

6. 원천징수영수증 발급 및 지급명세서 제출

연말정산 대상 사업소득을 지급하는 원천징수의무자는 연말정산일이 속하는 달의 다음 달 말일까지 사업소득세 연말정산분에 대한 '사업소득 원천징수영수증(연말정산용)'을 해당 사업자에게 발급해야 하며 다음 연도 3월 10일까지 지급명세서를 원천징수 관할세무서장에게 제출해야 한다.

03 기타소득 원천징수 실무

1 기타소득의 범위

기타소득이란 소득발생원천을 기준으로 분류한 이자소득 · 배당소득 · 사업소득 · 근로소득 · 연금소득 · 퇴직소득 · 금융투자소득 및 양도소득 외에 일시적이고 우발적으로 발생하는 소득으로 다음과 같다(소법 §21 ①).

① 상품 · 현상금 · 포상금 · 보로금 또는 이에 준하는 금품

② 복권 · 경품권, 그 밖의 추첨권에 당첨되어 받는 당첨금품

③ 사행행위등규제및처벌특례법에 규정하는 행위(적법 또는 불법여부는 고려하지 아니함)에 참가하여 얻는 재산상의 이익

④ 한국마사회법에 따른 승마투표권 및 경륜 · 경정법에 따른 승자투표권, 전통소싸움경기에관한 법률에 따른 소싸움경기투표권 및 국민체육진흥법에 따른 체육진흥투표권의 구매자가 받는 환급금(발생 원인이 되는 행위의 적법 또는 불법 여부는 고려하지 아니함)

⑤ 저작자 또는 실연자 · 음반제작자 · 방송사업자 외의 자가 저작권 또는 저작인접권의 양도 또는 사용의 대가로 받는 금품

⑥ 영화필름, 라디오 · 텔레비전방송용 테이프 또는 필름, 그 밖에 이와 유사한 자산 또는 권리의 양도 · 대여 또는 사용의 대가로 받는 금품

⑦ 광업권 · 어업권 · 양식업권 · 산업재산권 · 산업정보, 산업상 비밀 · 상표권, 영업권(일정 점포임차권을 포함), 토사석의 채취허가에 따른 권리, 지하수의 개발 · 이용권, 그 밖에 이와 유사한 자산 또는 권리를 양도하거나 대여하고 그 대가로 받는 금품. 다만, 사업용 고정자산과 함께 양도하는 영업권은 양도소득으로 본다.

⑧ 물품 또는 장소를 일시적으로 대여하고 사용료로서 받는 금품

⑧의2 통신판매중개를 하는 자를 통하여 물품 또는 장소를 대여하고 대통령령으로 정하는 규모(연간 수입금액 500만원) 이하의 사용료로서 받은 금품

⑨ 공익사업을위한토지등의취득및보상에관한법률 제4조에 따른 공익사업과 관련하여 지역권 · 지상권(지하 또는 공중에 설정된 권리 포함)을 설정하거나 대여함으로써 발생하는 소득

⑩ 계약의 위약 또는 해약으로 인하여 받는 위약금과 배상금 · 부당이득 반환 시 지급받는 이자

⑪ 유실물의 습득 또는 매장물의 발견으로 인하여 보상금을 받거나 새로 소유권을 취득하는 경우 그 보상금 또는 자산

⑫ 소유자가 없는 물건의 점유로 소유권을 취득하는 자산

⑬ 거주자 · 비거주자 또는 법인의 특수관계인이 그 특수관계로 인하여 당해 거주자 · 비거주자

또는 법인으로부터 받는 경제적 이익으로서 급여·배당 또는 증여로 보지 아니하는 금품

⑭ 슬롯머신(비디오게임을 포함) 및 투전기, 그 밖에 이와 유사한 기구를 이용하는 행위에 참가하여 받는 당첨금품·배당금품 또는 이에 준하는 금품

⑮ 문예·학술·미술·음악 또는 사진에 속하는 창작품(정기간행물에 게재하는 삽화 및 만화와 우리나라의 창작품 또는 고전을 외국어로 번역하거나 국역하는 것 포함)에 대한 원작자로서 받는 소득으로서 원고료, 저작권사용료인 인세, 미술·음악 또는 사진에 속하는 창작품에 대하여 받는 대가

⑯ 재산권에 대한 알선수수료

⑰ 사례금

⑱ 소기업·소상공인 공제부금 해지일시금

⑲ 다음에 해당하는 인적용역(⑮·⑯·⑰은 제외)을 일시적으로 제공하고 지급받는 대가

㉠ 고용관계 없이 다수인에게 강연을 하고 강연료 등의 대가를 받는 용역

㉡ 라디오·텔레비전방송 등을 통하여 해설·계몽 또는 연기의 심사를 하고 보수 또는 이와 유사한 성질의 대가를 받는 용역

㉢ 변호사·공인회계사·세무사·건축사·측량사·변리사 그 밖에 전문적 지식 또는 특별한 기능을 가진 자가 그 지식 또는 기능을 활용하여 보수 또는 그 밖에 대가를 받고 제공하는 용역

㉣ 그 밖에 고용관계 없이 수당 또는 이와 유사한 성질의 대가를 받고 제공하는 용역

⑳ 법인세법에 의하여 기타소득으로 처분된 소득

㉑ 소득공제를 받은 연금과 연금계좌의 운용실적에 따라 증가된 금액을 연금 외로 수령한 금액

㉒ 퇴직 전에 부여받은 주식매수선택권을 퇴직 후에 행사하거나 고용관계 없이 주식매수선택권을 부여받아 이를 행사함으로써 얻는 이익

㉒의2 종업원 등 또는 대학의 교직원이 퇴직한 후에 지급받는 직무발명보상금

㉓ 뇌물

㉔ 알선수재 및 배임수재에 의하여 받는 금품

㉕ 종교관련종사자가 종교의식을 집행하는 등 종교관련종사자로서의 활동과 관련하여 종교단체로부터 받은 소득

㉖ 가상자산이용자보험등에관한법률에 따른 가상자산을 양도하거나 대여함으로써 발생하는 소득(2025.1.1. 이후 양도·대여하는 분부터 적용함)

㉗ 아래에 해당하는 서화(書畵)·골동품[개당·점당 또는 조(2개 이상이 함께 사용되는 물품으로서 통상 짝을 이루어 거래되는 것을 말함)당 양도가액이 6천만원 이상인 것. 다만, 양도일 현재 생존해 있는 국내 원작자의 작품은 제외하며 사업장 등 물적시설을 갖춘 경우나 사업자등록을 한 경우에는 사업소득으로 봄].

㉠ 서화·골동품 중 회화, 데생, 파스텔(손으로 그린 것에 한정하며, 도안과 장식한 가공품은 제외) 및 콜라주와 이와 유사한 장식판, 오리지널 판화·인쇄화 및 석판화, 골동품(제작 후 100년

PART 4 원천징수

을 넘은 것에 한정)

㉡ ㉠의 서화·골동품 외에 역사상·예술상 가치가 있는 서화·골동품으로서 기획재정부장관이 문화체육관광부장관과 협의하여 기획재정부령으로 정하는 것

실무 POINT 기타소득 사례

장소 등을 일시적으로 대여하고 사용료로서 받는 금품, 사례금, 지역권과 지상권의 대여소득 등은 기타소득이다.

2 비과세되는 기타소득

아래의 소득에 대해서는 기타소득에 대한 원천징수를 하지 않는다(소법 §12 5호, 소령 §18).

(1) 국가유공자등예우및지원에관한법률에 의하여 받는 보훈급여금·학자금 및 북한이탈주민의 보호및정착지원에관한법률에 의하여 받는 정착금·보로금과 그 밖의 기타금품

(2) 국가보안법에 따라 받는 상품과 보로금

(3) 상훈법에 따른 훈장과 관련하여 수여받는 부상이나 그 밖에 대통령령으로 정하는 상금과 부상

✔ 그 밖에 대통령령으로 정하는 상금과 부상이란?(소령 §18 ①)
노벨상 또는 외국정부·국제기관·국제단체 기타 외국의 단체나 기금으로부터 받는 상의 수상자가 받는 상금과 부상과 국가 또는 지방자치단체로부터 받는 상금과 부상 등을 말하므로 한강 작가가 받은 노벨상 상금은 비과세 기타소득이다.

(4) 종업원 등 또는 대학의 교직원이 퇴직한 후에 지급받거나 대학의 학생이 소속 대학에 설치된 산학협력단으로부터 받는 직무발명보상금으로서 연 700만원(해당 과세기간에 근로소득으로 보는 비과세 직무발명보상금액이 있는 경우에는 700만원에서 해당 금액을 차감한 금액. 2023.12.31.까지 지급받은 소득의 경우는 연 500만원임) 이하의 금액. 단, 2024.1.1. 이후 직무발명보상금을 지급한 사용자등 또는 산학협력단과 특수관계에 있는 자가 받는 직무발명보상금은 과세임

✔ 직무발명보상금의 비과세가 제외되는 특수관계에 있는 자
① 사용자 등이 개인인 경우
국세기본법시행령 제1조의 2 제1항에 따른 친족관계
② 사용자등이 법인인 경우
법인세법시행령 제43조 제7항에 따른 지배주주등(해당 지배주주등과 국세기본법시행령 제1조의 2 제1항에 따른 친족관계 또는 같은 조 제3항에 따른 경영지배관계에 있는 자를 포함)인 관계

(5) 국군포로의송환및대우등에관한법률에 따른 국군포로가 받는 위로지원금과 그 밖의 금품

(6) 문화재보호법에 따라 국가지정문화재로 지정된 서화·골동품의 양도로 발생하는 소득

(7) 서화·골동품을 박물관 또는 미술관에 양도함으로써 발생하는 소득

(8) 법령·조례에 따른 위원회 등의 보수를 받지 아니하는 위원(학술원 및 예술원의 회원 포함) 등이 받는 수당

3 기타소득 원천징수하기

1. 원천징수대상 기타소득

회사가 기타소득 중 ① 계약의 위약 또는 해약으로 받은 위약금과 배상금(계약금이 위약금·배상금으로 대체되는 경우만 해당), ② 뇌물, 알선수재 및 배임수재에 의하여 받은 금품을 제외한 기타소득을 지급할 때 기타소득금액의 20%(연금 외 수령한 소득 중 사망 등 부득이한 사유로 받는 기타소득과 소기업·소상공인 공제부금을 임의해지한 경우는 기타소득금액의 15%)를 원천징수하여야 한다(소법 §127 ① 6호, 소법 §129 ① 6호).

구 분	원천징수세액
원천징수를 하지 않는 기타소득 ① 계약의 위약 또는 해약으로 받은 위약금과 배상금 ② 뇌물, 알선수재 및 배임수재에 의하여 받은 금품	원천징수하지 않음
세액공제를 받은 연금계좌 납입액과 연금계좌 운용실적에 따라 증가된 금액과 소기업·소상공인 공제부금의 해지일시금	지급금액×15%
그 외 기타소득	기타소득금액×20% 주

주 복권의 당첨금이나 경마, 경륜의 배당금은 기타소득으로 분류한다. 당첨금 등의 지급 시 20% 세율로, 3억원 초과분은 30% 세율로 원천징수됨으로써 납세의무가 종결된다(분리과세).

2. 기타소득의 수입시기

기타소득의 수입시기는 다음의 날로 한다(소령 §50 ①).

① 영업권 등의 양도에 따른 기타소득(자산 또는 권리를 대여한 경우의 기타소득은 제외)

그 대금을 청산한 날, 자산을 인도한 날 또는 사용·수익일 중 빠른 날. 다만, 대금을 청산하기 전에 자산을 인도 또는 사용·수익하였으나 대금이 확정되지 아니한 경우에는 그 대금 지급일로 한다.

② 계약금이 위약금·배상금으로 대체되는 경우의 기타소득

계약의 위약 또는 해약이 확정된 날

③ 법인세법에 따른 기타소득

그 법인의 해당 사업연도의 결산확정일

④ 거주자의 납입과 운용실적 등에 의한 연금계좌의 일시금 등

연금 외(일시금 등) 수령한 날

⑤ 그 밖의 기타소득

그 지급을 받은 날

3. 원천징수세액

기타소득을 지급하는 자는 기타소득금액의 20%(복권당첨소득 등 3억원 초과분은 30%)를 원천징수하여야 한다. 사업소득과 달리 지급총액 기준이 아니라 지급총액에서 필요경비를 차감한 소득금액을 기준으로 원천징수함에 유의하여야 한다.

> 기타소득금액=기타소득지급총액(비과세 제외)−필요경비
> 원천징수세액=기타소득금액×20%

✔ 다음에 해당하는 소득의 원천징수세율은 3억원 초과분에 대하여는 30%로 한다.

① 복권당첨소득
② 승마투표권·승자투표권의 환급금
③ 부가가치세법에 의한 신용카드 등의 사용자에 대한 보상금
④ 슬롯머신 등의 당첨금품 등
⑤ 소싸움경기투표권, 체육진흥투표권의 환급금

4. 기타소득의 필요경비·계산

기타소득의 특성상 필요경비의 입증이 쉽지 않다. 따라서 해당 과세기간의 총수입금액에 대응하는 비용으로서 일반적으로 용인되는 통상적인 것의 합계액을 필요경비에 산입한다. 다만, 기타소득 중 지급총액의 60% 또는 80%를 필요경비로 인정하는 경우가 있는데 해당 사항을 정리하면 다음과 같다(소령 §87).

구 분	내 용
지급총액의 80% 필요경비	① 공익법인이 주무관청의 승인을 받아 시상하는 상금 및 부상과 다수가 순위 경쟁하는 대회에서 입상자가 받은 상금과 부상 ② 위약금과 배상금 중 주택입주 지체상금
지급총액의 60% 필요경비[주]	① 광업권·어업권·양식업권·산업재산권·산업정보, 산업상 비밀·상표권, 영업권(일정 점포임차권을 포함), 토사석의 채취허가에 따른 권리, 지하수의 개발·이용권, 그 밖에 이와 유사한 자산 또는 권리를 양도하거나 대여하고 그 대가로 받는 금품 ② 전자상거래등에서의소비자보호에관한법률에 따라 통신판매중개를 하는 자를 통하여 물품 또는 장소를 대여하고 연간 수입금액이 500만원 이하의 사용료로서 받은 금품 ③ 공익사업을위한토지등의취득및보상에관한법률 제4조에 따른 공익사업과 관련하여 지역권·지상권(지하 또는 공중에 설정된 권리 포함)을 설정하거나 대여함으로써 발생하는 소득 ④ 문예·학술·미술·음악 또는 사진에 속하는 창작품(정기간행물에 게재하는 삽화 및 만화와 우리나라의 창작품 또는 고전을 외국어로 번역하거나 국역하는 것 포함)에 대한 원작자로서 받는 소득으로서 원고료, 저작권사용료인 인세, 미술·음악 또는 사진에 속하는 창작품에 대하여 받는 대가

구 분	내 용
	⑤ 고용관계 없이 다수인에게 강연을 하고 강연료 등의 대가를 받는 용역, 라디오·텔레비전방송 등을 통하여 해설·계몽 또는 연기의 심사 등을 하고 보수 또는 이와 유사한 성질의 대가를 받는 용역, 변호사·공인회계사·세무사·건축사·측량사·변리사, 그 밖에 전문적 지식 또는 특별한 기능을 가진 자가 그 지식 또는 기능을 활용하여 보수 또는 그 밖에 대가를 받고 제공하는 용역

주 2018년 3월 31일까지 수입시기가 도래하는 분에 대해서는 지급총액의 80%를 필요경비로 인정하며, 2018년 4월 1일부터 12월 31일까지는 70%, 2019년 1월 1일부터는 지급총액의 60%를 필요경비로 인정한다. 참고로 실제 소요된 필요경비가 거주자가 받은 금액의 100분의 60에 상당하는 금액을 초과하면 그 초과하는 금액도 필요경비에 산입한다.

✔ 서화·골동품의 양도로 인한 기타소득의 필요경비

서화·골동품의 양도로 인한 기타소득의 필요경비는 아래의 구분에 따라 계산한 금액을 필요경비로 한다. 단, 실제 소요된 필요경비가 다음의 구분에 따라 계산한 금액을 초과하면 그 초과하는 금액도 필요경비에 산입한다(소령 §87 2호).

구 분	필요경비
거주자가 받은 금액이 1억원 이하인 경우	받은 금액×90%
거주자가 받은 금액이 1억원 초과하는 경우	9천만원+(받은 금액−1억원)×80%*

* 서화·골동품의 보유기간이 10년 이상인 경우에는 90%

저자주 흑백요리사 상금의 원천징수 여부

흑백요리사의 상금이 3억원이라고 알려져 있다. 해당 상금에 대해서는 어떤 소득으로 원천징수를 하여야 할까?

1. 사업소득일까? 기타소득일까?

프로골프선수가 받는 홀인원 상금(서면소득 2015-2617, 2015.12.31.), 마라톤 선수가 지급 받는 초정료 및 순위상금(서면1팀-1401, 2007.1.8.) 그리고 프로게이머가 각종대회에서 지급 받는 상금은 사업소득에 해당되므로 요리사란 직업으로 대회에 참가해서 받는 상금의 성격은 사업소득으로 원천징수를 하여야 할 것으로 판단된다.

[참고예규] 프로게이머의 게임대회 상금의 소득구분(서이 46013-10461, 2001.11.5.)
게임을 전문직업으로 하는 프로게이머가 각종대회에서 지급받는 상금은 사업소득에 해당하나 아마추어게이머가 지급받는 상금은 기타소득에 해당하는 것임.

2. 기타소득이라면 원천징수세액은?

사업소득으로 원천징수를 하여야 하는 것으로 판단되지만 만약 흑백요리사의 상금이 기타소득이라면 필요경비 80%를 적용받을 수 있는지 여부를 고려하여야 하는데 불특정 다수가 순위 경쟁하는 대회에서 받는 상금은 80% 필요경비가 가능하기 때문이다.
흑백요리사의 경우 100인을 한정해서 순위를 정하는 대회였으므로 80% 필요경비를 적용할 수 없을 것으로 판단된다.

[참고예규①] 고객참여 이벤트 행사에 참여하고 받은 경품의 소득구분과 필요경비 계산여부

불특정 다수의 고객을 대상으로 하는 고객참여 행사(노래자랑 등)에서 수상자가 받는 경품은 기타소득에 해당되고, 80%에 상당하는 금액을 필요경비로 함(원천세과-458, 2011.7.29.; 소득세과-488, 2014.9.2.).

[참고예규②] 직원가족의 밤 행사의 상금지급시의 소득구분과 필요경비 계산여부

불특정 시민을 대상으로 '시민노래자랑'을 개최하고 수상자에게 상금을 지급하는 경우 해당 상금의 80%에 상당하는 금액은 기타소득의 필요경비로 할 수 있는 것이나, 회사가 직원 및 직원가족을 대상으로 '직원가족의 밤'을 개최하고 수상자에게 상금을 지급하는 경우 해당 상금은 80%에 상당하는 금액을 기타소득의 필요경비로 할 수 없는 것임(법규소득-317, 2009.9.14.).

[참고예규③] 언론 발전에 기여한 자를 선발하여 포상하는 경우 '다수가 순위 경쟁하는 대회에서의 포상'에 해당하는지 여부

다수가 순위 경쟁하는 대회는 불특정의 다수가 우열을 가릴 목적으로 상호 순위 경쟁을 하는 대회를 의미하는 것으로 공로에 대한 포상은 다수가 순위 경쟁하는 대회에서의 포상에 해당하지 아니함(사전법령해석소득 2017-239, 2017.6.30.).

5. 원천징수 시기

기타소득의 원천징수 시기는 실제로 기타소득을 지급하는 때이다. 원천징수의무자(회사)는 원천징수대상 기타소득을 지급하는 때 기타소득 지급총액과 원천징수세액 등이 기재된 원천징수영수증을 소득자에게 발급하고 원천징수한 기타소득세를 그 징수일이 속하는 달의 다음 달 10일까지 관할세무서에 신고·납부하여야 한다(소법 §145).

구 분	내 용
원천징수영수증 발급	기타소득을 지급할 때 원천징수영수증을 소득자에게 발급
원천징수세액 신고·납부	회사가 그 징수일이 속하는 달의 다음 달 10일까지 신고·납부
신고 시 제출할 서류	다음 달 10일까지 원천징수이행상황신고서를 세무서에 제출 (익년도 2월 말까지 기타소득지급명세서 제출)

6. 기타소득 지급명세서와 간이지급명세서의 제출

(1) 지급명세서의 제출

국내에서 기타소득을 지급하는 자는 그 지급을 받는 소득자별로 '기타소득지급명세서'를 그 지급일이 속하는 과세기간의 다음 연도 2월말일까지(휴업, 폐업 또는 해산한 경우에는 휴업일,

폐업일 또는 해산일이 속하는 달의 다음다음 달 말일)까지 원천징수 관할 세무서장, 지방국세청장 또는 국세청장에게 제출하여야 한다(소법 §164 ①).

(2) 간이지급명세서의 제출

2024.1.1. 소득을 지급하는 분부터는 인적용역관련 기타소득(소법 §21 ① 19호만 해당함)에 대해서는 간이지급명세서를 제출하도록 세법이 개정되었다.

따라서 소득세 납세의무가 있는 개인에게 인적용역관련 기타소득을 국내에서 지급하는 자는 인적용역관련 기타소득 지급일이 속하는 달의 다음 달 말일(휴업, 폐업 또는 해산한 경우에는 휴업일, 폐업일 또는 해산일이 속하는 달의 다음 달 말일)까지 원천징수 관할 세무서장, 지방국세청장 또는 국세청장에게 간이지급명세서(인적용역관련 기타소득)를 제출하여야 한다(소법 §164의 3 ①, 2023년 개정, 2024.1.1. 이후 지급하는 소득분부터 적용).

참고로 2024.1.1. 이후 인적용역관련 기타소득을 지급하는 분에 대해서 간이지급명세서를 제출한 경우에는 그 제출한 부분에 대하여 기타소득 지급명세서를 제출한 것으로 본다(소법 §164의 7 ④).

구 분		제출기한
지급명세서	일반적인 경우	지급일이 속하는 과세기간의 다음 연도 2월말일까지
	휴업·폐업 또는 해산한 경우	휴업일, 폐업일 또는 해산일이 속하는 달의 다음다음 달 말일까지
간이지급명세서*1	매월 지급분	지급일이 속하는 달의 다음 달 말일까지*2
	휴업·폐업·해산하는 경우	휴업·폐업·해산일이 속하는 달의 다음 달 말일까지

*1. 2024.1.1. 이후 인적용역관련 기타소득(소법 §21 ① 19호만 해당함)을 지급하는 분부터 적용하며 인적용역 관련 간이지급명세서를 제출한 경우에는 그 제출한 부분에 대하여 지급명세서를 제출한 것으로 봄(소법 §164 ⑦)
간이지급명세서 대상 기타소득의 소득구분 코드는 다음과 같다.

코드	소득구분
76	다음 각 목의 어느 하나에 해당하는 인적용역을 일시적으로 제공하고 받는 대가 가. 고용관계 없이 다수인에게 강연을 하고 강연료 등 대가를 받는 용역 나. 라디오·텔레비전방송 등을 통하여 해설·계몽 또는 연기의 심사 등을 하고 보수 또는 이와 유사한 성질의 대가를 받는 용역 다. 변호사, 공인회계사, 세무사, 건축사, 측량사, 변리사, 그 밖에 전문적 지식 또는 특별한 기능을 가진 자가 그 지식 또는 기능을 활용하여 보수 또는 그 밖의 대가를 받고 제공하는 용역(대학이 자체연구관리비 규정에 따라 대학에서 연구비를 관리하는 경우에 교수가 제공하는 연구용역 포함) 라. 그 밖에 고용관계 없이 수당 또는 이와 유사한 성질의 대가를 받고 제공하는 용역
79	소득세법 제21조 제1항 제19호에 해당하는 소득으로서 자문 또는 고문 활동을 하고 보수 또는 이와 유사한 성질의 대가를 받고 제공하는 용역

*2. 인적용역 관련 기타소득의 수입시기는 그 지급을 받은 날이므로 근로소득이나 사업소득과 같이 12월 귀속분을 익년

1월에 지급하는 경우 등은 발생할 수 없을 것으로 판단되므로 지급일을 기준으로 간이지급명세서를 제출하여야 할 것이다.

4 기타소득의 과세최저한

기타소득이 다음에 해당하는 경우에는 당해 소득에 대한 소득세를 과세하지 아니한다(소법 §84).

① 승마투표권 및 승자투표권의 구매자가 받은 환급금으로서 건별로 승마투표권 또는 승자투표권의 권면에 표시된 금액의 합계가 10만원 이하이고 적중한 개별투표당 환급금이 10만원 이하인 경우 또는 단위투표금액당 환급금이 단위투표금액의 100배 이하이면서 적중한 개별투표당 환급금이 200만원 이하인 경우

② 복권당청금(복권당첨금을 복권 및 복권 기금법령에 따라 분할하여 지급받는 경우에는 분할하여 지급받는 금액의 합계액을 말함) 또는 슬롯머신 등의 당첨금품 등이 건별로 200만원 이하인 경우

③ 그 밖의 기타소득금액이 건별로 5만원 이하인 경우

→ 2018.3.31.까지 80% 필요경비개산제도가 적용되는 기타소득은 25만원이며, 2018.4.1. 이후 70% 필요경비개산제도가 적용되는 기타소득은 166,666원, 2019.1.1. 이후 60% 필요경비개산제도가 적용되는 기타소득은 125,000원임

실무 POINT 기타소득 과세최저한과 종합 또는 분리과세

1. 기타소득의 과세최저한 사례

(주)민후는 설립 40주년을 맞아 사내에서 발행하는 사보를 특집으로 구성하려고 한다. 따라서 재테크 전문가인 홍길동에게 관련 원고를 기고받고 그 대가로 125,000원을 지급하였다.

1) 원고료는 기타소득에 해당하므로 필요경비는 지급총액의 60%이다.
2) 기타소득금액=125,000원−75,000원=50,000원
3) 기타소득세의 과세최저한에 해당하므로 (주)민후는 원고료에 대하여 원천징수하지 않는다.

2. 기타소득의 종합과세와 분리과세

소득자는 기타소득금액(분리과세 기타소득은 제외)이 300만원 이하인 경우 종합과세와 분리과세 중 선택할 수 있다.

사례 기타소득 원천징수하기

1. 실무자료

• 지급내역 및 요구사항

(주)민후는 3월 25일 최고의 경영리더십 강사인 홍길동을 초정하여 전 사원을 대상으로 '21

세기 기업환경변화와 대응'이라는 주제로 강연회를 개최하고 홍길동에게 강사료 200만원을 지급하다(단, 계속적인 강연이 아니라 일회성 강연임).

2. 요구사항

회사가 징수해야 할 원천징수세액 및 특별징수세액을 계산하고 홍길동에게 원천징수영수증을 발급하라.

(1) 원천징수의무자 및 소득자 인적사항

원천징수의무자 인적사항	소득자 인적사항
① 사업자등록번호 : 123-81-45678 ② 법인명 : (주)민후 ③ 대표자 성명 : 진민후 ④ 법인등록번호 : 111122-00000123 ⑤ 주소 : 서울 중구 동호로 14길 1-1	① 성명 : 홍길동 ② 주민등록번호 : 660516-1234567 ③ 주소 : 서울 강남구 도산대로 104길 1-1

(2) 원천징수세액 및 특별징수세액 계산

① 기타소득금액 = 지급총액 - 필요경비(지급총액×60%)
= 2백만원 - (2백만원×60%) = 80만원

② 기타소득의 원천징수세액 = 기타소득금액×20% = 80만원×20% = 16만원

③ 개인지방소득세의 특별징수세액 = 기타소득세 원천징수세액×10%
= 16만원×10% = 1.6천원

④ 총원천징수세액(소득세+지방소득세) = 176,000원

(3) 기타소득 원천징수영수증

원천징수의무자(회사)는 원천징수대상 기타소득을 지급하는 때 기타소득 지급총액과 원천징수세액 등을 기재한 원천징수영수증을 소득자에게 발급한다.

(4) 원천징수세액 및 특별징수세액 신고·납부

원천징수의무자(회사)는 원천징수한 기타소득세를 그 징수일이 속하는 달의 다음 달 10일인 4월 10일까지 관할세무서에 신고·납부하여야 한다.

■ 소득세법 시행규칙 [별지 제23호서식(4)] (2023. 3. 20. 개정) (5쪽 중 제1쪽)

귀속 연도	2025년	관리 번호	

거주자의 기타소득 지급명세서(발행자 보고용)

(거주자의 기타소득 원천징수영수증 발행자 보관용 소득자별 연간집계표)

❶ 원천징수의무자 인적사항 및 지급내용 합계 사항

① 법인명 (상호, 성명)	② 사업자(주민) 등록번호	③ 소재지 (주소)	④ 연간 소득 인원	⑤ 연간 총지급 건수	⑥ 연간 총지급액 계	⑦ 비과세 소득	⑧ 연간 소득금액 계	⑨ 세액 집계현황			
								⑩ 소득세	⑪ 지방소득세	⑫ 농어촌특별세	⑬ 계
㈜민후	123-81-45678	경기 성남	1	1	2,000,000		800,000	160,000	16,000		176,000

❷ 소득자 인적사항 및 연간 소득내용

일련 번호	⑭ 소득 구분 코드	⑮ 소득자 성명 (상호)	⑯ 주민(사업자) 등록번호	⑰ 내·외 국인	⑱ 지급 연도	⑲ 지급 건수	⑳ (연간) 지급총액	㉑ 비과세소득	㉒ 필요경비	㉓ 소득금액	㉔ 세율	㉕ 소득세	㉖ 지방 소득세	㉗ 농어촌 특별세	㉘ 계
1	76	홍길동	660615 -1234567	1	2025	1	2,000,000		1,200,000	800,000	20%	160,000	16,000		176,000
2															
3															
4															
5															
6															
7															
8															
9															
10															

작 성 방 법

1. 이 서식은 거주자에게 기타소득을 지급하는 경우 작성하며, ⑭ 소득구분코드란은 제2쪽을 참조하여 해당 코드를 적습니다.
2. ㉕부터 ㉘까지 중 세액이 소액 부징수(1천원 미만을 말합니다)에 해당하는 경우에는 세액을 "0"으로 적으며, 원천징수의무자가 지급하는 ⑥ 연간 총지급액계는 소득자별 ⑳(연간)지급총액 합계와, ⑧연간 소득금액계(소액 부징수를 포함합니다)는 소득자별 ㉓소득금액 합계와 각각 일치해야 합니다.
3. ④ 연간소득인원란은 ⑮ 소득자성명(상호)란의 인원을, ⑤ 연간총지급건수란은 ⑲ 지급건수(소액 부징수를 포함합니다)의 합계를 적으며, 연간 지급한 원천징수소득 중 소득자를 기준으로 합계하여 제출합니다.
4. ⑰ 내·외국인란은 내국인의 경우 "1"을 외국인의 경우 "9"를 각각 적습니다.
5. ⑳ (연간)지급총액란은 「소득세법」 제12조제5호아목에 따라 비과세되는 종교인소득을 제외하고 적습니다.
6. ㉑ 비과세소득란에는 「소득세법 시행령」 제19조제3항제3호의 금액(종교관련종사자가 소속 종교단체의 규약 또는 소속 종교단체의 의결기구의 의결·승인 등을 통하여 결정된 지급 기준에 따라 종교 활동을 위하여 통상적으로 사용할 목적으로 지급받은 금액 및 물품)을 적습니다.
7. ㉓ 소득금액란은 ⑳ (연간)지급총액에서 ㉒ 필요경비를 뺀 금액을 적습니다.
8. 서화·골동품 양도소득(소득구분코드 64)의 경우 4쪽의 서화·골동품 양도소득 명세서를 반드시 작성하여 제출하여야 합니다.
9. ⑭ 소득구분코드의 작성은 다음 표에 따라 구분하여 적습니다.

210mm× 297mm(백상지 80g/㎡)

■ 소득세법 시행규칙 [별지 제23호서식(4)] (2023. 3. 20. 개정) (5쪽 중 제5쪽)

귀속 연도	2025년

[✓] 거주자의 기타소득 원천징수영수증
[ ] 거주자의 기타소득 지급명세서
([✓] 소득자 보관용 [ ] 발행자 보관용)

소득자 구분	
내·외국인 구분	내국인1 외국인9

징수의무자	① 사업자등록번호 123-81-45678	② 법인명 또는 상호 (주)민후	③ 성명 진민후
	④ 주민(법인)등록번호	⑤ 소재지 또는 주소 경기 성남시 수정구 위례순환로	
소득자	⑥ 성명 홍길동	⑦ 주민(사업자)등록번호 660516-1234567	
	⑧ 주소 서울 강남구 도산대로 104길 1-1		

⑨소득구분코드 * 해당코드에 √ 표시	68 비과세 기타소득, 69 분리과세 기타소득, 63 소기업소상공인공제부금 해지 소득, 60 필요경비 없는 기타소득(61, 63, 65, 78 제외), 61 주식매수선택권 행사이익 64 서화·골동품 양도소득 65 직무발명보상금, 71 상금 및 부상 72 광업권 등 73 지역권등 74 주택입주지체상금 75 원고료등 [✓]76 강연료등 77 종교인소득 78 사례금 79 자문료등 80 통신판매 대여소득 62 그 밖에 필요경비 있는 기타소득(64, 68, 69, 71 ~ 77, 79, 80 제외)

⑩ 지급 연월일			⑪ 귀속 연월일		⑫ 지급 총액	⑬ 비과세 소득	⑭ 필요 경비	⑮ 소득 금액	⑯ 세율	원천징수세액			
연	월	일	연	월						⑰ 소득세	⑱ 지방소득세	⑲ 농어촌특별세	⑳ 계
2025	4	25	2025	4	2,000,000		1,200,000	800,000	20%	160,000	16,000		176,000

위의 원천징수세액(수입금액)을 정히 영수(지급)합니다.

2025 년 4 월 25 일

징수(보고)의무자 (주)민후 진민후 (서명 또는 인)

성남 세무서장 귀하

작 성 방 법

1. 이 서식은 거주자에게 기타소득을 지급하는 경우에 사용하며, 이자·배당소득원천징수영수증[별지 제23호서식(1)]의 작성방법과 같습니다.
2. 징수의무자란의 ④ 주민(법인)등록번호는 소득자 보관용에는 적지 않습니다.
3. ⑫ 지급총액란은 「소득세법」 제12조제5호아목에 따라 비과세되는 종교인소득을 제외하고 적습니다.
4. ⑬ 비과세소득란에는 「소득세법 시행령」 제19조제3항제3호의 금액(종교관련종사자가 소속 종교단체의 규약 또는 소속 종교단체의 의결기구의 의결·승인 등을 통하여 결정된 지급 기준에 따라 종교 활동을 위하여 통상적으로 사용할 목적으로 지급받은 금액 및 물품)을 적습니다.
5. ⑰란부터 ⑳란까지 중 세액이 소액 부징수(1천원 미만을 말합니다)에 해당하는 경우에는 세액을 "0"으로 적습니다.

210mm× 297mm(백상지 80g/㎡)

PART 4 원천징수

보론 종교인 소득

종교인 소득이란 종교관련 종사자가 종교의식을 집행하는 등 종교관련 종사자로서 활동과 관련하여 소속된 종교단체로부터 받은 소득을 말하는 것으로 2018.1.1. 이후 원천징수 등 세금 신고를 하여야 한다(소법 §21 ① 26호, 소령 §41 ⑮~⑰, 소법 §145의 3, 소령 §202의 4).

1. 관련 용어 정리

① 종교관련 종사자

통계법 제22조에 따라 통계청장이 고시하는 한국표준직업분류에 따른 종교관련 종사자로 종교적인 업무에 종사하거나 특정 종교의 가르침을 설교하고 전파하는 자로서 성직자(목사, 신부, 승려, 교무, 그 외 성직자)와 기타 종교관련 종사원(수녀 및 수사, 전도사, 그 외 종교 관련 종사원이 포함)으로 구분된다.

② 종교단체

민법에 따라 설립된 비영리법인, 국세기본법에 따른 법인으로 보는 단체, 부동산등기법에 따라 등록번호를 부여받은 단체로서 종교의 보급이나 교화를 목적으로 설립된 단체(그 소속 단체를 포함함)를 말한다.

③ 종교인 소득 중 과세대상 소득

종교인이 소속된 종교단체로부터 종교 활동과 관련하여 받은 생활비, 상여금, 격려금 등 매월 또는 정기적으로 지급되는 수당 등을 말한다.

④ 종교인 소득 중 비과세소득

종교인 소득 중 종교활동비(종교 활동에 사용할 목적으로 지급받은 금액 및 물품), 학자금(종교 활동과 관련 있는 교육·훈련을 위하여 받은 학비 또는 시설의 입학금·수업료·수강료 및 그 밖의 공납금), 식사 또는 식사대(월 10만원 이내), 여비로서 실비변상적 성질의 금액(월 20만원 이내), 출산 및 보육관련 비용(종교인 또는 그 배우자의 출산이나 6세 이하 자녀의 보육과 관련된 금액으로서 월 10만원 이내)과 사택제공이익 등은 소득세를 과세하지 않는다.

✔ 여비로서 실비변상적 성질의 금액(차량유지보조금)

종전에는 종교관련종사자가 본인 소유의 차량을 직접 운전하여 소속 종교단체의 종교관련종사자로서의 활동에 이용하고 소요된 실제 여비 대신에 해당 종교단체의 규칙 등에 정하여진 지급기준에 따라 받는 금액 중 월 20만원 이내의 금액에 대해서 비과세를 적용하였으나 2025년부터는 종교관련종사자가 본인 명의로 임차한 차량도 차량유지보조금에 대한 비과세가 적용되도록 세법이 개정되었다.

2. 종교인 소득의 소득구분

① 소득구분

종교인 소득은 기타소득으로 신고하는 것이 원칙이나 근로소득으로 원천징수하거나 종합소득 과세표준확정신고를 할 수도 있으며 종교인이 현실적인 퇴직을 원인으로 종교단체로부터 지급받은 소득은 퇴직소득으로 구분한다.

② 종교인 소득을 기타소득으로 구분한 경우의 원천징수 방법

종교인 소득을 기타소득으로 구분하여 원천징수하는 경우에는 '종교인소득 간이세액표'에 따른 세액을 기준으로 원천징수한다. 종교인소득 간이세액표(소령 별표 3의 4)를 소개하면 다음과 같다.

월지급액(천원)		부양가족 인원별 원천징수 세액(원)									
이상	미만	1명	2명	3명	4명	5명	6명	7명	8명	9명	10명
3,000	3,020	64,780	42,280	19,780	1,000	1,000	1,000	1,000	–	–	–
3,020	3,040	65,960	43,460	20,960	1,000	1,000	1,000	1,000	–	–	–
3,040	3,060	67,140	44,640	22,140	1,000	1,000	1,000	1,000	–	–	–

위의 표에서 월지급액은 비과세소득을 제외한 금액을 말하며, 부양가족 수는 기본공제대상자에 포함되는 부양가족 수를 말하는 것으로 본인 및 배우자도 각각 1명으로 보아 계산하며 추가공제 대상자와 자녀세액공제가 있는 경우는 다음과 같이 계산한다.

> 부양가족 수＝실제공제대상 가족의 수
> ＋경로우대자, 장애인공제 대상 인원 수, 20세 이하 자녀의 수

③ 종교인 소득을 근로소득으로 구분한 경우의 원천징수 방법

종교인 소득을 근로소득으로 선택한 경우에는 일반적인 근로소득세 계산방식을 적용하여 원천징수를 한다.

3. 종교인 소득의 신고와 납부

종교단체는 종교인 소득에 대한 원천징수이행여부를 선택할 수 있다.

① 종교단체가 원천징수를 선택하는 경우

종교단체가 원천징수를 선택한 경우 종교단체는 종교관련 종사자에게 매월 소득지급 시 기타소득 또는 근로소득 원천징수방법을 적용하여 원천징수신고를 하고 다음 달 10일까

지 원천징수이행상황신고서 제출 및 원천징수세액을 납부하여야 한다.

참고로 종교단체는 상시고용인원 요건과 관계없이 세무서장의 승인·지정을 받아 반기별 원천징수신고와 납부가 가능하며, 다음 해 2월분 소득지급 시 기타소득 또는 근로소득에 대한 연말정산을 하여 3월 10일까지 지급명세서를 제출하여야 한다.

다만, 지급명세서는 원천징수 및 연말정산 여부에 관계없이 제출하여야 함에 유의하여야 한다.

② 종교단체가 원천징수를 선택하지 않는 경우

종교단체가 원천징수를 선택하지 않은 경우 종교관련 종사자는 다음 해 5월에 종교인 소득에 대해 종합소득세 과세표준확정신고를 직접 하여야 한다.

4. 종교인 소득의 과세표준

종교인 소득을 기타소득으로 선택한 경우에는 종교관련 종사자가 해당 과세기간에 받은 금액(비과세소득은 제외)의 금액 규모에 따라 다음과 같이 필요경비를 계산하여 과세표준을 계산하여 연말정산을 하거나 종합소득세 확정신고를 한다.

| 종교인 소득 필요경비 |

종교인이 받은 금액	필요경비
2천만원 이하	80%
2천만원 초과 4천만원 이하	1,600만원 + 2천만원 초과 금액의 50%
4천만원 초과 6천만원 이하	2,600만원 + 4천만원 초과 금액의 30%
6천만원 초과	3,200만원 + 6천만원 초과 금액의 20%

다만 소요된 필요경비가 위의 금액을 초과하면 초과하는 금액도 필요경비로 산입할 수 있다.

Chapter 05 수정신고와 경정청구

01 일반 원천징수신고 관련 수정신고와 경정청구

1 원천징수 납부 불이행 시 가산세

1. 원천징수 등 납부지연가산세

원천징수납부지연가산세는 소득세법 및 법인세법에 의해 원천징수의무자가 원천징수하였거나 원천징수하여야 할 세액을 납부하지 아니하였거나 미달하여 납부하였을 때에 해당하는 가산세이다. 이러한 경우 원천징수의무자는 원천징수세액에 대해 다음과 같은 가산세(세법상의 불이익)를 더한 금액을 납부하여야 한다(국기법 §47의 5).

| 원천징수 등 납부지연가산세 |

> 원천징수하였거나 원천징수하여야 할 세액을 그 기한 내에 납부하지 아니하였거나 미달하게 납부한 때에는 납부할 세액에 해당 세액의 50%[*1] 한도 내에서 다음의 금액을 가산하여 부과한다.
> 원천징수납부지연가산세 = ① + ②
> ① 납부하지 아니한 원천징수세액 × 미납부일수[*2] × 0.022%[*3]
> ② 납부하지 아니한 원천징수세액 × 3%

*1. ①과 ② 중 법정납부기한의 다음 날부터 납세고지일까지의 기간에 해당하는 금액을 합한 금액은 10%임
*2. 법정납부기한의 다음 날부터 납부일까지의 기간(납세고지일부터 납세고지서에 따른 납부기한까지의 기간은 제외)
*3. 2019.2.12. 전에 납부기한이 지난 경우로서 2022.2.15. 이후 납부하는 경우 그 납부기한의 다음 날부터 2019.2.11.까지의 기간에 대한 이자율은 0.03%를 적용하고 2019.2.12.부터 2022.2.14.까지는 0.025%, 2022.2.15. 이후는 0.022%를 적용한다(국기령 부칙 32424호 §6). 정리하면 2019.2.11.까지는 0.03%, 2019.2.12. 이후부터 2022.02.14.까지는 0.025%, 2022.2.15. 이후부터는 0.022%를 적용하는 것이다.

2. 특별징수 납부지연가산세

특별징수 납부지연가산세는 지방세법에 따른 납부기한까지 납부하지 아니하거나 과소납부한 경우에는 납부하지 아니한 세액 또는 과소납부하였을 때에 해당하는 가산세이다. 이러한 경우 특별징수의무자는 특별징수세액에 대해 다음과 같은 가산세(세법상의 불이익)를 더한 금액을 납부하여야 한다(지기법 §56, 지기령 §34).

‖ 특별징수 납부지연가산세 ‖

> 특별징수하여야 할 세액을 법정납부기한까지 납부하지 아니하였거나 과소납부한 경우에 납부하지 아니한 세액 또는 과소납부분 세액의 50%[*1] 한도 내에서 다음의 금액을 가산한 금액을 부과한다.
>
> 특별징수 납부지연가산세=①+②+③
>
> ① 납부하지 아니한 세액 또는 과소납부세액×3%
>
> ② 납부하지 아니한 세액 또는 과소납부세액×경과일수[*2]×22/100,000[*3]
>
> ③ 납세고지서에 따른 납부기한이 지난 날부터 1개월이 지날 때마다 계산한 다음의 금액
>
> | 납부하지 아니한 세액 또는 과소납부분 세액(가산세는 제외)×금융회사 등이 연체대출금에 대하여 적용하는 이자율 등을 고려하여 정하는 이자율(22/100,000[*3]) |
> |---|

*1. ①과 ② 중 법정납부기한의 다음 날부터 납세고지일까지의 기간에 해당하는 금액을 합한 금액은 10%이고 ③의 가산세를 부과하는 기간은 60개월(1개월 미만은 없는 것으로 봄)을 초과할 수 없다.

*2. 납부기한의 다음 날부터 자진납부일 또는 부과결정일까지의 기간

*3. 2018.12.31.까지는 0.03%, 2022.6.6.까지는 0.025%, 2022.6.7. 이후부터는 0.022%를 적용한다. 다만, 2018.12.31. 이전 지방세 관련 납부지연 가산세를 부과해야 하는 사유가 발생한 경우로서 2019.1.1. 이후 납부를 해야 할 경우에는 개정된 규정에도 불구하고 종전 규정인 0.03%를 적용해야 할 것으로 판단되며(지기령 부칙 대통령령 제29436, 2018.12.31.) 2022.6.7. 이전 납세의무가 성립한 납부지연가산세를 2022.6.7. 이후 납부하는 경우 2022.6.7. 이전 기간분에 대한 납부지연가산세의 계산에 적용되는 이자율은 개정규정에도 불구하고 종전 규정인 0.025%를 적용하고 2022.6.7. 이후 기간분에 대한 납부지연가산세의 계산에 적용되는 이자율은 개정규정인 0.022%를 적용한다(지기령 §34, 지기령 부칙 대통령령 제32665호, 2022.6.7. 2022년 개정).

실무 POINT 원천징수 등 납부지연 가산세와 특별징수 납부지연 가산세액의 세율 구간

원천징수 등 납부지연가산세와 특별징수세액 납부지연 가산세의 세율 적용구간을 정리하면 다음과 같다.

구 분	0.03% 구간	0.025% 구간	0.022% 구간
원천징수 등 납부지연 가산세	2019.2.11.까지	2019.2.12. ~2022.2.14.	2022.2.15. 이후
특별징수 납부지연 가산세	2018.12.31.까지	2019.1.1. ~2022.6.6.	2022.6.7. 이후

2 원천징수이행상황신고서의 수정신고방법

1. 개요

이미 제출한 원천징수이행상황신고서에 기재사항 또는 금액 계산상 오류나 누락이 있는 경우에는 이를 바로잡아 당해 사유가 발생한 달의 다음 달 10일까지 수정신고서를 제출하고, 추가 납부할 세액이 있는 경우에는 이를 납부하여야 한다.

2. 수정신고서 작성방법

① 수정신고서는 당월분 신고서와 별지로 작성·제출하며, 귀속연월과 지급연월은 반드시 수정 전 신고서와 동일하게 기재한다.

② 원천징수이행상황신고서의 신고구분란의 "수정"에 "○" 표시한다.

③ 수정 전의 모든 숫자는 상단에 빨간색으로, 수정 후 모든 숫자는 하단에 검은색으로 기재한다.

④ 수정신고서는 당초 신고한 신고서별로 작성하는 것으로 임의로 수개월의 신고서에 대한 수정신고서를 1장으로 작성할 수 없다.

* 임의로 수개월의 신고서에 대한 수정신고서를 1장으로 작성할 경우 전산처리가 안 되어 무납부 고지서가 발부될 수 있으므로 주의하여야 한다.

⑤ 수정신고 시 발생한 환급세액은 수정신고서의 '❷ 환급세액조정'의 당월발생환급세액 '⑮ 일반환급'란에 기재한다.

⑥ 수정신고로 발생한 납부 또는 환급할 세액은 수정신고서의 '수정신고(세액)[A90]'란에는 기재하지 않고, 당월분 신고서의 '수정신고(세액)[A90]'란에 옮겨 적는다.

⑦ 환급세액은 조정환급하거나 직접 환급신청하고, 납부세액은 해당 세목으로 추가 납부하는 것이다. 즉, 당월 신고서의 각 세목에 합산하여 기재하지 않는다.

실무 POINT **납부서 작성**

수정신고에 따른 납부는 납부구분에 '2(수시분자납)'를 기입한 후 세목별로 작성하여 납부하는 것이며, 국세청 홈택스를 통한 전자납부 시에도 동일하게 적용하여 세목별로 납부하여야 함에 유의하자.

▌영수증서(납부서) 양식▐

■ 국세징수법 시행규칙[별지 제1호서식] (2025.3.21. 개정) (앞쪽)

납부서(수납기관용)

납부번호					수입징수관서			QR코드
분류기호	납부연월	납부구분	세목	발행번호	세무서명	서코드	계좌번호	
126	2504	2	14		성동	206	011905	
성명(상호)	(주)원천징수		주민등록번호(사업자등록번호)		109-81-14756		회계연도	
주소(사업장)					일반회계	기획재정부소관	조세	

연도/기분	2025년 기 분													
세목명	납부금액													
	조	천	백	십	억	천	백	십	만	천	백	십	일
근로소득세									1	0	2	3	0
농어촌특별세													
계													

왼쪽의 금액을 한국은행 국고(수납)대리점인 은행 또는 우체국 등에 납부합니다.
(인터넷 등에 의한 전자납부 가능)

납부기한 년 월 일

년 월 일
은 행 지점
우체국 등
수납인

(1) **분류기호** : 고정된 숫자(01. 국세, 26. 국세청)

(2) **납부연월** : 연도와 월을 합하여 4자리 기입(2025년 4월 납부 → 2504)

(3) **납부구분** : 다음의 숫자를 기입

① 정기신고 시 : 정기신고 시에는 숫자 '4'를 기입함. '4'는 원천분자납을 말함

② 수정신고 시 : 수정신고 시에는 숫자 '2'를 기입함. '2'는 수시분자납을 말함

(4) **세목** : 이자소득(11), 배당소득(12), 사업소득(13), 근로소득(14), 기타소득(15), 연금소득(17), 퇴직소득(21) 기입

(5) **수입징수관서** : 세무서명, 세무서 고유번호(서코드) 등이 기입됨

→ 성동세무서일 경우 세무서명은 성동, 서코드는 206, 계좌번호는 011905

(6) **성명과 사업자등록번호 등** : 회사명과 회사의 사업자등록번호, 주소 등을 기입함

(7) 기타 기입사항

① 연도/기분 : 연도와 귀속월을 입력함

② 납부금액 : 소득세 및 지방소득세를 원천징수하여 납부할 때 세액 중 참고로 10원 미만의 금액은 절사한다. 따라서 납부서를 작성할 때 만일 세액이 10,231원이라면 10,230원으로 적으면 됨

3. 수정신고서 제출기한

수정신고서 제출기한은 별도의 제출기한 없이 수정사항이 생기는 경우에 바로 제출 가능하다. 다만, 당월 수정분을 홈택스로 전자신고하는 경우에는 지급월의 다음 달 25일부터 가능하다.

3 원천징수이행상황신고서의 수정신고의 사례

㈜세무는 매월 원천징수 신고하는 사업자로 2025.4. 귀속분, 4월 지급분에 대한 사업소득 금액 중 일부가 누락되었다는 것을 알게 되어 2025.5.30.에 원천징수 수정신고를 하려고 한다. 당초 자료와 누락된 자료 그리고 2025.5. 귀속, 5월 지급분에 대한 원천징수 자료는 아래와 같다.

㈜세무는 원천징수신고기한인 2025.5.10.까지 4월 지급분에 대한 원천징수신고를 정상적으로 하였다.

원천징수납부지연가산세를 계산하고 원천징수이행상황수정신고서를 작성하라.

(1) 자료

| 자료 ❶ 당초 신고내역 |

귀속연월	지급연월	소득구분	인 원	총지급액	소득세 등
2025.4.	2025.4.	근로소득(A01)	10	40,000,000	1,200,000
		사업소득(A25)	1	500,000	15,000

그러나 2025.4. 지급분에 대한 사업소득(A25)이 500,000원 누락되었다. 수정사항이 반영된 신고내역은 다음과 같다.

| 자료 ❷ 수정 사항 |

귀속연월	지급연월	소득구분	인 원	총지급액	소득세 등
2025.4.	2025.4.	근로소득(A01)	10	40,000,000	1,200,000
		사업소득(A25)	2	1,000,000	30,000

✔ 2025.4.에 지급된 사업소득이 500,000원에서 1,000,000원으로 변경되었다.

| 자료 ❸ 2025년 5월 지급분에 대한 당월신고내역 |

귀속연월	지급연월	소득구분	인 원	총지급액	소득세 등
2025.5.	2025.5.	근로소득(A01)	11	42,000,000	1,300,000

PART 4 원천징수

(2) 해답

1) 가산세의 계산

가산세 계산은 다음과 같다.

① 원천징수 등 납부지연가산세(㉠+㉡)=510원(한도 : 15,000×10%=1,500원)

㉠ 납부하지 아니한 원천징수세액×미납부일수×0.022%

=15,000원×20일(5.11.~5.30.)×0.022%=66원

㉡ 납부하지 아니한 원천징수세액×3%

=15,000원×3%=450원

② 특별징수 납부지연가산세(㉠+㉡)=51원⇒50원(한도 : 1,500×10%=150원)

㉠ 납부하지 아니한 세액 또는 과소납부분세액×미납부일수×0.025%

=1,500원×20일(5.11.~5.30.)×0.022%=6원

㉡ 납부하지 아니한 원천징수세액×3%

=1,500원×3%=45원

(3) 당초 원천징수이행상황신고서

■ 소득세법 시행규칙 [별지 제21호서식] (2025.3.21. 개정) (10쪽 중 제1쪽)

① 신고구분						[✔]원천징수이행상황신고서 [ ]원천징수세액환급신청서	② 귀속연월	2025년 4월
(매월)	반기	수정	연말	소득처분	환급신청		③ 지급연월	2025년 4월

원천징수 의무자	법인명(상호)	㈜세무	대표자(성명)	진세무	일괄납부 여부	여, 부
					사업자단위과세 여부	여, 부
	사업자(주민) 등록번호	109-81-14741	사업장 소재지	서울 강남 개포 민후빌딩 704	전화번호	
					전자우편주소	@

❶ 원천징수 명세 및 납부세액 (단위: 원)

소득자 소득구분			코드	원천징수명세: 소득지급(과세 미달, 일부 비과세 포함) ④ 인원	⑤ 총지급액	징수세액 ⑥ 소득세 등	⑦ 농어촌특별세	⑧ 가산세	⑨ 당월 조정 환급세액	납부세액 ⑩ 소득세 등 (가산세 포함)	⑪ 농어촌특별세
개인(거주자·비거주자)	근로소득	간이세액	A01	10	40,000,000	1,200,000					
		중도퇴사	A02								
		일용근로	A03								
		연말정산 합계	A04								
		연말정산 분납신청	A05								
		연말정산 납부금액	A06								
		가감계	A10	10	40,000,000	1,200,000				1,200,000	
	퇴직소득	연금계좌	A21								
		그 외	A22								
		가감계	A20								
	사업소득	매월징수	A25	1	500,000	15,000					
		연말정산	A26								
		가감계	A30	1	500,000	15,000				15,000	
	기타소득	연금계좌	A41								
		종교인소득 매월징수	A43								
		종교인소득 연말정산	A44								
		가상자산	A49								
		인적용역	A59								
		그 외	A42								
		가감계	A40								
	연금소득	연금계좌	A48								
		공적연금(매월)	A45								
		연말정산	A46								
		가감계	A47								
	이자소득		A50								
	배당소득		A60								
	저축 등 해지 추징세액 등		A69								
	비거주자 양도소득		A70								
법인	내·외국법인원천		A80								
수정신고(세액)			A90								
총합계			A99	11	40,500,000	1,215,000			1,215,000		

❷ 환급세액 조정 (단위: 원)

전월 미환급 세액의 계산: ⑫ 전월 미환급세액	⑬ 기환급 신청세액	⑭ 차감잔액 (⑫-⑬)	당월 발생 환급세액: ⑮ 일반환급	⑯ 신탁재산 (금융회사 등)	⑰ 그 밖의 환급세액: 금융회사 등	합병 등	⑱ 조정대상 환급세액 (⑭+⑮+⑯+⑰)	⑲ 당월조정 환급세액계	⑳ 차월이월 환급세액 (⑱-⑲)	㉑ 환급 신청액

원천징수의무자는 「소득세법 시행령」 제185조제1항에 따라 위의 내용을 제출하며, 위 내용을 충분히 검토하였고 원천징수의무자가 알고 있는 사실 그대로를 정확하게 적었음을 확인합니다.

2025 년 5 월 10 일

신고인 ㈜세무 (서명 또는 인)

세무대리인은 조세전문자격자로서 위 신고서를 성실하고 공정하게 작성하였음을 확인합니다.

세무대리인 진성규 (서명 또는 인)

삼성 세 무 서 장 귀하

신고서 부표 등 작성 여부 ※ 해당란에 "○" 표시를 합니다.		
부표(4~5쪽)	환급(7쪽~9쪽)	승계명세(10쪽)

세무대리인	
성명	진성규세무사사무소
사업자등록번호	206-24-74144
전화번호	02-464-8852
국세환급금 계좌신고	
예입처	
예금종류	
계좌번호	

210mm×297mm[백상지80g/㎡ 또는 중질지80g/㎡]

(4) 수정 원천징수이행상황신고서

■ 소득세법 시행규칙 [별지 제21호서식] (2025.3.21. 개정) (10쪽 중 제1쪽)

① 신고구분						[✔]원천징수이행상황신고서 [ ]원천징수세액환급신청서	② 귀속연월	2025년 4월
(매월)	반기	(수정)	연말	소득처분	환급신청		③ 지급연월	2025년 4월

원천징수의무자	법인명(상호)	㈜세무	대표자(성명)	진세무	일괄납부 여부	여, (부)
					사업자단위과세 여부	여, (부)
	사업자(주민)등록번호	109-81-14741	사업장 소재지	서울 강남 개포 민후빌딩 704	전화번호	
					전자우편주소	@

❶ 원천징수 명세 및 납부세액 (단위: 원)

소득자 소득구분			코드	원천징수명세: 소득지급(과세 미달, 일부 비과세 포함) ④ 인원	⑤ 총지급액	징수세액 ⑥ 소득세 등	⑦ 농어촌특별세	⑧ 가산세	⑨ 당월 조정 환급세액	납부세액 ⑩ 소득세 등(가산세 포함)	⑪ 농어촌특별세
개인(거주자·비거주자)	근로소득	간이세액	A01	10 10	40,000,000 40,000,000	1,200,000 1,200,000					
		중도퇴사	A02								
		일용근로	A03								
		연말정산 합계	A04								
		연말정산 분납신청	A05								
		연말정산 납부금액	A06								
		가감계	A10	10 10	40,000,000 40,000,000	1,200,000 1,200,000				1,200,000 1,200,000	
	퇴직소득	연금계좌	A21								
		그 외	A22								
		가감계	A20								
	사업소득	매월징수	A25	1 1	500,000 1,000,000	15,000 30,000		0 510			
		연말정산	A26								
		가감계	A30	1 1	500,000 1,000,000	15,000 30,000		0 510		15,000 30,510	
	기타소득	연금계좌	A41								
		종교인소득 매월징수	A43								
		종교인소득 연말정산	A44								
		가상자산	A49								
		인적용역	A59								
		그 외	A42								
		가감계	A40								
	연금소득	연금계좌	A48								
		공적연금(매월)	A45								
		연말정산	A46								
		가감계	A47								
	이자소득		A50								
	배당소득		A60								
	저축 등 해지 추징세액 등		A69								
	비거주자 양도소득		A70								
법인	내·외국법인원천		A80								
수정신고(세액)			A90								
총합계			A99	11 11	40,500,000 41,000,000	1,215,000 1,230,000		0 510		1,215,000 1,230,510	

❷ 환급세액 조정 (단위: 원)

전월 미환급 세액의 계산: ⑫ 전월 미환급세액	⑬ 기환급 신청세액	⑭ 차감잔액(⑫-⑬)	당월 발생 환급세액: ⑮ 일반환급	⑯ 신탁재산(금융회사 등)	⑰ 그 밖의 환급세액: 금융회사 등	합병 등	⑱ 조정대상 환급세액(⑭+⑮+⑯+⑰)	⑲ 당월조정 환급세액계	⑳ 차월이월 환급세액(⑱-⑲)	㉑ 환급신청액

원천징수의무자는 「소득세법 시행령」 제185조제1항에 따라 위의 내용을 제출하며, 위 내용을 충분히 검토하였고 원천징수의무자가 알고 있는 사실 그대로를 정확하게 적었음을 확인합니다.

2025 년 5 월 30 일

신고인 ㈜세무 (서명 또는 인)

신고서 부표 등 작성 여부		
※ 해당란에 "○" 표시를 합니다.		
부표(4~5쪽)	환급(7쪽~9쪽)	승계명세(10쪽)

세무대리인은 조세전문자격자로서 위 신고서를 성실하고 공정하게 작성하였음을 확인합니다.

세무대리인 진성규 (서명 또는 인)

삼성 세 무 서 장 귀하

세무대리인	
성명	진성규세무사사무소
사업자등록번호	206-24-74144
전화번호	02-464-8852
국세환급금 계좌신고	
예입처	
예금종류	
계좌번호	

210mm×297mm[백상지80g/㎡ 또는 중질지80g/㎡]

✔ 수정 전의 모든 숫자는 상단에 빨간색으로, 수정 후 모든 숫자는 하단에 검은색으로 기재한다.

(5) 당월 원천징수이행상황신고서

■ 소득세법 시행규칙 [별지 제21호서식] (2025.3.21. 개정) (10쪽 중 제1쪽)

① 신고구분						[✔]원천징수이행상황신고서 [ ]원천징수세액환급신청서	② 귀속연월	2025년 5월
(매월)	반기	수정	연말	소득처분	환급신청		③ 지급연월	2025년 5월

원천징수의무자					
법인명(상호)	㈜세무	대표자(성명)	진세무	일괄납부 여부	여, (부)
				사업자단위과세 여부	여, (부)
사업자(주민)등록번호	109-81-14741	사업장 소재지	서울 강남 개포 민후빌딩 704	전화번호	
				전자우편주소	@

❶ 원천징수 명세 및 납부세액 (단위: 원)

소득자 소득구분			코드	④ 인원	⑤ 총지급액	⑥ 소득세 등	⑦ 농어촌특별세	⑧ 가산세	⑨ 당월 조정 환급세액	⑩ 소득세 등(가산세 포함)	⑪ 농어촌특별세
				원천징수명세: 소득지급(과세 미달, 일부 비과세 포함)		징수세액				납부세액	
개인(거주자·비거주자)	근로소득	간이세액	A01	11	42,000,000	1,300,000					
		중도퇴사	A02								
		일용근로	A03								
		연말정산 합계	A04								
		연말정산 분납신청	A05								
		연말정산 납부금액	A06								
		가감계	A10	11	42,000,000	1,300,000				1,300,000	
	퇴직소득	연금계좌	A21								
		그 외	A22								
		가감계	A20								
	사업소득	매월징수	A25								
		연말정산	A26								
		가감계	A30								
	기타소득	연금계좌	A41								
		종교인소득 매월징수	A43								
		종교인소득 연말정산	A44								
		가상자산	A49								
		인적용역	A59								
		그 외	A42								
		가감계	A40								
	연금소득	연금계좌	A48								
		공적연금(매월)	A45								
		연말정산	A46								
		가감계	A47								
	이자소득		A50								
	배당소득		A60								
	저축 등 해지 추징세액 등		A69								
	비거주자 양도소득		A70								
법인	내·외국법인원천		A80								
수정신고(세액)			A90			15,000		510		15,510	
총합계			A99	11	42,000,000	1,315,000		510		1,315,510	

❷ 환급세액 조정 (단위: 원)

전월 미환급 세액의 계산			당월 발생 환급세액				⑱ 조정대상 환급세액(⑭+⑮+⑯+⑰)	⑲ 당월조정 환급세액계	⑳ 차월이월 환급세액(⑱-⑲)	㉑ 환급신청액
⑫ 전월 미환급세액	⑬ 기환급 신청세액	⑭ 차감잔액(⑫-⑬)	⑮ 일반환급	⑯ 신탁재산(금융회사 등)	⑰ 그 밖의 환급세액: 금융회사 등	⑰ 그 밖의 환급세액: 합병 등				

원천징수의무자는 「소득세법 시행령」 제185조제1항에 따라 위의 내용을 제출하며, 위 내용을 충분히 검토하였고 원천징수의무자가 알고 있는 사실 그대로를 정확하게 적었음을 확인합니다.

2025 년 6 월 10 일

신고인 (주)세무 (서명 또는 인)

세무대리인은 조세전문자격자로서 위 신고서를 성실하고 공정하게 작성하였음을 확인합니다.

세무대리인 진성규 (서명 또는 인)

삼성 세 무 서 장 귀하

신고서 부표 등 작성 여부		
※ 해당란에 "○" 표시를 합니다.		
부표(4~5쪽)	환급(7쪽~9쪽)	승계명세(10쪽)

세무대리인	
성명	진성규세무사사무소
사업자등록번호	206-24-74144
전화번호	02-464-8852

국세환급금 계좌신고	
예입처	
예금종류	
계좌번호	

210㎜×297㎜[백상지80g/㎡ 또는 중질지80g/㎡]

✔ 수정신고로 발생한 납부세액은 수정신고서의 '수정신고(세액)[A90]'란에는 기재하지 않고, 수정신고일 이후의 당월분 신고서의 '수정신고(세액)[A90]'란에 옮겨 적는다.

4 원천징수이행상황신고서의 경정청구방법

위 '3 원천징수이행상황신고서의 수정신고의 사례'가 반대의 경우라면, 즉 사업소득을 당초에 1,000,000원(세액 30,000원)으로 신고했다가 500,000원(세액 15,000원)으로 경정청구하는 경우의 신고서 작성방법은 다음과 같다.

① 경정청구의 원천징수이행상황신고서는 수정신고 원천징수이행상황신고서와 동일한 방법으로 작성하고 가산세는 없다.

② 경청정구를 통한 환급세액은 당월 원천징수이행상황신고서의 당월분 신고서의 '수정신고(세액)[A90]'란에 (-)표시를 하여 기입하여 당월분 신고서의 납부세액과 조정환급한다.

■ 소득세법 시행규칙 [별지 제21호서식] (2025.3.21. 개정) (10쪽 중 제1쪽)

① 신고구분						[✔]원천징수이행상황신고서 [ ]원천징수세액환급신청서	② 귀속연월	2025년 5월
(매월)	반기	수정	연말	소득처분	환급신청		③ 지급연월	2025년 5월

원천징수의무자	법인명(상호)	㈜세무	대표자(성명)	진세무	일괄납부 여부	여,(부)
					사업자단위과세 여부	여,(부)
	사업자(주민)등록번호	109-81-14741	사업장 소재지	서울 강남 개포 민후빌딩 704	전화번호	
					전자우편주소	@

❶ 원천징수 명세 및 납부세액 (단위: 원)

소득자 소득구분			코드	원천징수명세: 소득지급(과세 미달, 일부 비과세 포함) ④ 인원	⑤ 총지급액	징수세액 ⑥ 소득세 등	⑦ 농어촌특별세	⑧ 가산세	⑨ 당월 조정 환급세액	납부세액 ⑩ 소득세 등(가산세 포함)	⑪ 농어촌특별세
개인(거주자·비거주자)	근로소득	간이세액	A01	11	42,000,000	1,300,000					
		중도퇴사	A02								
		일용근로	A03								
		연말정산 합계	A04								
		연말정산 분납신청	A05								
		연말정산 납부금액	A06								
		가감계	A10	11	42,000,000	1,300,000				1,300,000	
	퇴직소득	연금계좌	A21								
		그 외	A22								
		가감계	A20								
	사업소득	매월징수	A25								
		연말정산	A26								
		가감계	A30								
	기타소득	연금계좌	A41								
		종교인소득 매월징수	A43								
		종교인소득 연말정산	A44								
		가상자산	A49								
		인적용역	A59								
		그 외	A42								
		가감계	A40								
	연금소득	연금계좌	A48								
		공적연금(매월)	A45								
		연말정산	A46								
		가감계	A47								
	이자소득		A50								
	배당소득		A60								
	저축 등 해지 추징세액 등		A69								
	비거주자 양도소득		A70								
법인	내·외국법인원천		A80								
수정신고(세액)			A90			-15,000					
총합계			A99	11	42,000,000	1,300,000			15,000	1,285,000	

❷ 환급세액 조정 (단위: 원)

전월 미환급 세액의 계산: ⑫ 전월 미환급세액	⑬ 기환급 신청세액	⑭ 차감잔액(⑫-⑬)	당월 발생 환급세액: ⑮ 일반환급	⑯ 신탁재산(금융회사 등)	⑰ 그 밖의 환급세액 금융회사 등	⑰ 그 밖의 환급세액 합병 등	⑱ 조정대상 환급세액(⑭+⑮+⑯+⑰)	⑲ 당월조정 환급세액계	⑳ 차월이월 환급세액(⑱-⑲)	㉑ 환급신청액
			15,000				15,000	15,000		

원천징수의무자는 「소득세법 시행령」 제185조제1항에 따라 위의 내용을 제출하며, 위 내용을 충분히 검토하였고 원천징수의무자가 알고 있는 사실 그대로를 정확하게 적었음을 확인합니다.

2025 년 6 월 10 일

신고인 ㈜세무 (서명 또는 인)

세무대리인은 조세전문자격자로서 위 신고서를 성실하고 공정하게 작성하였음을 확인합니다.

세무대리인 진성규 (서명 또는 인)

삼성 세 무 서 장 귀하

신고서 부표 등 작성 여부 ※ 해당란에 "○" 표시를 합니다.		
부표(4~5쪽)	환급(7쪽~9쪽)	승계명세(10쪽)

세무대리인	
성명	진성규세무사사무소
사업자등록번호	206-24-74144
전화번호	02-464-8852

국세환급금 계좌신고	
예입처	
예금종류	
계좌번호	

210mm×297mm[백상지80g/㎡ 또는 중질지80g/㎡]

02 연말정산 관련 수정신고와 경정청구

1. 연말정산 관련 수정신고

(1) 수정신고 대상자

다음 중 어느 하나에 해당하는 자는 종합소득세 확정신고 시 또는 연말정산 시 과소납부(또는 과다환급)한 부분이 있거나, 원천징수의무자가 정산 과정에서의 소득을 누락하는 등의 사유로 불완전한 신고를 하였다면 관할 세무서장이 해당 국세의 과세표준과 세액을 결정 또는 경정하여 통지하기 전으로서 국세부과의 제척기간이 끝나기 전까지 과세표준 수정신고서를 제출할 수 있다(국기법 §45, 국기령 §25 ②).

국세부과의 제척기간은 세액의 납부기한 또는 연말정산세액의 납부기한(지급일이 속하는 과세기간의 다음 연도의 3.10.까지)이 지난 후 5년 이내이다.

> ① **종합소득과세표준을 확정신고하거나 기한 후 신고를 한 경우** : 과세표준신고서를 법정신고기한(과세기간의 다음 연도 5.31.)까지 제출한 자 및 기한후과세표준신고서를 제출한 자
> ② **원천징수의무자가 근로소득(또는 연말정산대상 사업소득)의 연말정산에 의하여 소득세를 납부하고 지급명세서를 제출기한까지 제출하거나 기한 후 신고·제출한 경우** : 원천징수의무자 또는 원천징수대상자(근로소득자 등)

(2) 부당하게 소득·세액공제를 받은 경우의 수정신고

연말정산 사후검증을 통한 부당공제자 통지에 의하여 부당한 소득·세액공제를 받은 근로자는 연말정산에 대한 수정신고를 하여야 한다.

이 경우 수정신고는 원천징수의무자인 회사가 할 수도 있으며 납세의무자인 근로자가 할 수도 있다.

1) 원천징수의무자인 회사가 수정신고하는 경우

① 종합소득세 확정신고기한 전 수정신고하는 경우

종합소득세 신고기한인 5월 말까지 과다통지를 받은 경우로서 원천징수의무자인 회사가 연말정산결과가 반영된 원천징수이행상황신고서를 수정신고하고 수정된 지급명세서를 제출하는 것을 말한다.

이 경우 원천징수의무자는 원천징수 등 납부지연가산세를 부담하고 지급명세서제출불성실가산세는 적용하지 않는다. 반면 근로자가 부담하는 가산세는 없다.

참고로 수정신고의 귀책사유가 근로자에게 있는 경우 회사가 수정신고하면서 부담하게 되는 원천징수납부지연가산세액은 회사가 1차적으로 부담하고 근로자에게 구상권을 행사할 수 있다.

② 종합소득세 확정신고기한 후 수정신고하는 경우

종합소득세 신고기한인 5월 말 이후 과다통지를 받은 경우로서 원천징수의무자인 회사가 연말정산결과가 반영된 원천징수이행상황신고서를 수정신고하고 수정된 지급명세서를 제출하는 것을 말한다.

이 경우 원천징수의무자는 원천징수납부지연가산세를 부담하고 지급명세서제출불성실가산세는 적용하지 않는다. 반면 근로자는 과소신고에 따른 가산세를 적용하고 납부지연가산세는 적용하지 않는다.

실무상으로는 회사가 근로자가 부담하여야 할 과소신고가산세까지 원천징수이행상황신고서에 반영하여 신고·납부한 후 근로자에게 해당 가산세액을 돌려받는 업무처리가 되어야 한다.

참고로 부당하게 공제를 받은 경우가 아니라면 근로자에게 국세기본법상 과소신고가산세 및 납부지연가산세가 부과되지 않는다(서면법규기본 2022-2548, 2022.12.4.).

실무 POINT 관련예규와 법령

① **국세기본법 제47조의 4 제4항**

원천징수의무자에게 원천징수납부지연가산세가 부과되는 부분에 대해서는 근로자에게 납부지연가산세를 부과하지 아니한다.

② **부당하게 소득공제를 받은 연말정산 수정신고 시 가산세 적용방법**(원천-499, 2009.6.9.)

근로소득 연말정산 시 근로자가 부당한 방법으로 소득공제하여 과세표준을 과소신고한 경우 근로자가 직접 2008.1.1. 이후부터 수정신고 가능하며 부당과소신고가산세 및 납부지연가산세 대상임. 또한 이를 원천징수의무자가 수정신고할 때에는 원천징수납부지연가산세 및 부당과소신고가산세를 적용하는 것임

③ **원천징수가 일부 누락된 근로소득자의 과소신고가산세 및 납부지연가산세 대상 여부 및 계산 방법**(서면법규기본 2022-2548, 2022.12.4.)

[요약] 종합소득세 확정신고 의무 없는 근로소득자의 연말정산 시 누락된 일부 근로소득에 대해 과세관청이 원천징수의무자에게 부과·징수하거나, 원천징수의무자가 원천징수이행상황신고서를 수정하여 제출·납부한 경우, 해당 근로자에게 국세기본법상 과소신고가산세 및 납부지연가산세가 부과되지 않음

[질의] (사실관계)

- 갑법인은 과거 주식매수선택권을 부여받은 자회사 임직원들이 2017~2020년경 해당 주식매수선택권을 행사할 당시,
  - 위 주식매수선택권 행사이익을 구 조세특례제한법 제16조의 3에서 정하는 양도소득세 과세특례대상*으로 보아 주식매수선택권 행사이익에 대하

여 근로소득으로 원천징수하지 않음

* 행사시점에 소득세로 과세하지 않고 주식 양도시점에 양도소득세로 과세

• 그러나 2022년경 위 갑법인 자회사 임직원들의 2020.12.31. 이전 주식매수선택권 행사이익은 구 조세특례제한법 제16조의 3에 따른 양도소득세 과세특례대상에 해당하지 않음을 인지하게 됨

(질의내용)

• 주식매수선택권 행사이익에 대한 근로소득세 원천징수가 누락된 결과 근로소득에 대한 원천징수가 일부 누락됨에 따라, 추후 과세관청의 부과 · 징수 또는 원천징수의무자의 원천징수이행상황신고서 수정분 제출과 관련하여

– (질의1) 납세의무자가 종합소득세 확정신고의무가 없는 근로소득자인 경우로서 납세지 관할 세무서장이 소득세법 제85조에 따른 부과·징수를 하는 경우,

해당 근로소득자가 국세기본법 제47조의 3 내지 제47조의 4에 따른 과소신고가산세 내지 납부지연가산세를 추가로 부담하는지 여부

– (질의2) 납세의무자가 종합소득세 확정신고의무가 없는 근로소득자인 경우로서 원천징수의무자가 원천징수이행상황신고서 수정분을 제출하면서 당초 원천징수 누락된 세액과 국세기본법 제47조의 5에 따른 원천징수 등 납부지연가산세를 납부한 경우,

해당 근로소득자가 국세기본법 제47조의 3 내지 제47조의 4에 따른 과소신고가산세 내지 납부지연가산세를 추가로 부담하는지 여부

– (질의3) 납세의무자가 종합소득세 확정신고의무 있는 근로소득자인 경우로서 원천징수의무자가 원천징수이행상황신고서 수정분을 제출하면서 원천징수 누락된 소득세액과 국세기본법 제47조의 5에 따른 원천징수 등 납부지연가산세를 납부한 경우,

해당 근로소득자의 국세기본법 제47조의 3 내지 제47조의 4에 따른 과소신고가산세 내지 납부지연가산세 계산 시 해당 가산세 계산의 기준이 되는 '과소신고 납부세액'(미달납부세액) 계산 방법

[회신] (질의1 · 2) 납세의무자가 종합소득세 확정신고 의무가 없는 근로소득자인 경우로서, 연말정산 시 누락된 일부 근로소득에 대해 과세관청이 원천징수의무자에게 부과·징수하거나, 원천징수의무자가 원천징수이행상황신고서를 수정하여 제출·납부한 경우에는 해당 근로자에게 국세기본법상 과소신고가산세 및 납부지연가산세가 부과되지 않는 것임

(질의3) 납세의무자가 종합소득세 확정신고 의무 있는 근로소득자인 경우로서, 연말정산 시 누락된 일부 근로소득에 대해 원천징수의무자가 원천징수이행상황신고서를 수정하여 제출 및 납부한 경우, 이후 해당 근로자가 종합소득세 수정신고를 하면서 부담하는 국세기본법상 과소

신고가산세 및 납부지연가산세는 원천징수의무자가 수정신고를 통해 기납부한 세액(본세에 한함)을 차감한 후의 추가 납부할 세액을 기준으로 하여 계산하는 것임

2) 납세의무자인 근로자가 수정신고를 하는 경우

① 종합소득세 확정신고기한 전 종합소득세 확정신고를 하는 경우

종합소득세 신고기한인 5월 말까지 과다통지를 받은 경우로서 납세의무자인 근로자가 5월에 종합소득세 확정신고를 하는 것을 말한다. 이 경우 납세의무자인 근로자는 종합소득세 확정신고기한 내 신고를 하는 것이므로 신고불성실가산세와 납부지연가산세를 적용하지 않는다(원천-280, 2011.5.17.).

② 종합소득세 확정신고기한 후 종합소득세 수정신고를 하는 경우[21)]

종합소득세 신고기한인 5월 말 이후 과다통지를 받은 경우로서 납세의무자인 근로자가 수정신고를 하는 것을 말한다.

이 경우 납세의무자인 근로자는 종합소득세 확정신고기한이 지난 후 수정신고를 하는 것이므로 과소신고가산세를 부담하여야 하고 납부지연 가산세는 적용하지 않는다.

✔ [저자주] 근로자 수정신고시 회사의 가산세 적용 여부

연말정산 과다공제 통지를 받은 부분에 대해서 근로자가 직접 신고를 하는 경우 회사 부담 가산세는 적용되지 않으며 일선 세무서의 경우 근로자와 회사 중 선택하여 신고할 수 있음을 안내하는 경우도 있는 듯하다. 다만, 원천징수의무자인 회사는 연말정산 결과가 반영된 원천징수신고를 당초에 잘못 신고한 것이므로 근로자가 종합소득세 확정신고시 과다공제를 반영하여 신고를 하거나 또는 종합소득세 확정신고기한 이후 수정신고를 하는 경우라도 근로소득 연말정산 지급명세서 제출일의 다음날부터 근로자의 수정신고일까지 원천징수납부지연가산세를 적용하여야 할 것으로 판단되며 이와 관련해서 국세청도 '2023년 원천세 신고안내(P.16)'에 '근로자가 단순한 착오 또는 세법에 대한 무지로 인하여 연말정산시 과다하게 공제받은 경우로서 근로자가 직접 주소지 관할세무서에 수정신고 하는 경우에도 원천징수의무자는 원천징수 등 납부지연가산세를 부담'한다고 안내하고 있음을 참고하길 바란다.

❙ 연말정산 수정신고 시 가산세의 요약 ❙

구 분	회사의 가산세		근로자의 가산세	
	원천징수 등 납부지연가산세	지급명세서제출 불성실가산세	과소신고가산세	납부지연 가산세
종합소득세 확정신고기한 전	적용	해당 없음	해당 없음	해당 없음
종합소득세 확정신고기한 후	적용	해당 없음	적용	해당 없음

21) 근로소득만 있는 자 등 과세표준 확정신고 예외의 자에 대하여도 수정신고를 할 수 있도록 2008년에 세법이 개정되었다.

(3) 원천징수의무자의 귀책사유로 근로자의 연말정산 대상 소득이 누락되는 경우

원천징수의무자인 법인이 종업원(근로소득자)에 대한 총급여액을 일부 누락하여 근로소득세액의 연말정산 후 누락된 근로소득에 대해 원천징수이행상황신고서를 수정신고하여 추가 납부할 세액을 납부하는 경우 원천징수의무자는 원천징수납부지연가산세와 지급명세서제출불성실가산세를 부담하는 것이며, 근로소득자는 과소신고불성실가산세를 부담하지 아니하는 것이나 부당한 방법으로 해당 근로소득을 누락한 경우에는 과소신고불성실가산세를 부담하는 것이다(소득-882, 2011.10.28.).

(4) 근로자가 종(전) 근무지 소득 제출을 누락하고 확정신고하지 않은 경우

근로자가 종(전) 근무지의 근로소득을 주(현) 근무지의 원천징수의무자에게 제출하지 않아 연말정산 시 종(전) 근무지의 근로소득이 합산신고되지 않은 경우에는 5월 종합소득세 확정신고기간에 종합소득세 신고대상자가 된다(소법 §73 ④).

따라서 해당 근로자가 종합소득세 확정신고기한 내에 종합소득세 확정신고를 하지 않을 경우에 해당 근로자에 대해서는 확정신고를 안 했으므로 무신고가산세와 납부지연가산세가 적용되며, 회사는 원천징수납부지연가산세를 적용하지 않는다.

(5) 가산세의 계산

① 근로자(납세의무자)에 대한 가산세

근로자가 연말정산과정에서 부당하게 소득·세액공제를 받은 경우 등에 적용되는 가산세를 정리하면 다음과 같다.

구 분			가산세액	근거법령
신고 불성실	과소신고 (초과환급신고) 가산세[*1]	일반적인 경우	=과소신고납부세액 등[*2]×10%	국기법 §47의 3
		부정행위에 의한 경우	=과소신고납부세액 등[*2]×40%[*3]	
	무신고 가산세[*1]	일반적인 경우	=무신고납부세액[*4]×20%	국기법 §47의 2
		부정행위에 의한 경우	=무신고납부세액[*4]×40%[*5]	
납부 지연	납부지연가산세		=미납부·과소납부분 세액(또는 초과환급받은 세액)×미납기간[*6]×0.022%	국기법 §47의 4

*1. 예정신고 및 중간신고와 관련하여 무신고 또는 과소신고 가산세가 부과되는 부분에 대해서는 확정신고와 관련하여 무신고 가산세를 적용하지 아니한다(국기법 §47의 2 ⑤).

*2. 과소신고한 납부세액과 초과신고한 환급세액을 합한 금액으로 국세기본법 및 세법에 따른 가산세와 세법에 따라 가산하여 납부하여야 할 이자상당가산액을 제외한다(국기법 §47의 3 ①).

*3. 부정과소신고납부세액과 일반과소신고납부세액을 구분하기 곤란한 경우 부정과소신고납부세액은 다음 계산식에 따라 계산한 금액으로 한다(국기령 §27의 2 ③).

$$\text{과소신고납부세액 등} \times \frac{\text{부정행위로 인하여 과소신고한 과세표준}}{\text{과소신고한 과세표준}}$$

*4. 그 신고로 납부하여야 할 세액으로 국세기본법 및 세법에 따른 가산세와 세법에 따라 가산하여 납부하여야 할 이자 상당 가산액을 제외한다(국기법 §47의 2 ①).

*5. 원천징수 등 납부지연가산세와는 달리 납부지연가산세는 미납부·과소납부분 세액(또는 초과환급받은 세액)의 50% 한도를 적용하지 아니한다. 참고로 2020.1.1.부터 납부불성실 가산세가 납부지연가산세로 제목이 개정되었다. 이것은 비슷한 제도를 중첩적으로 운영하여 발생하는 납세자의 혼란을 완화하기 위하여 납세자가 세법에 따른 납부기한까지 세금을 완납하지 아니한 경우에 납부고지 전에 적용되는 납부불성실 가산세와 납부고지 후에 적용되는 국세징수법의 가산금을 일원화하여 납부지연가산세로 규정하는 것이다.

*6. 법정납부기한의 다음날부터 납부일까지의 기간(납부고지일부터 납부고지서에 따른 납부기한까지의 기간은 제외)

실무 POINT **부정행위로 인한 과소신고·초과환급신고가산세를 적용하는 경우의 "부정행위"**

국세기본법시행령 제12조의 2 제1항 및 조세범처벌법 제3조 제6항

① 이중장부의 작성 등 장부의 거짓 기장
② 거짓 증빙 또는 거짓 문서의 작성 및 수취
③ 거짓 증빙 등의 수취(거짓임을 알고 수취한 경우만 해당)
④ 장부와 기록의 파기
⑤ 재산의 은닉, 소득·수익·행위·거래의 조작 또는 은폐
⑥ 고의적으로 장부를 작성하지 아니하거나 비치하지 아니하는 행위 또는 계산서, 세금계산서 또는 계산서합계표, 세금계산서합계표의 조작
⑦ 조세특례제한법 제5조의 2 제1호에 따른 전사적 기업자원관리설비의 조작 또는 전자세금계산서의 조작
⑧ 그 밖에 위계(僞計)에 의한 행위 또는 부정한 행위

② 원천징수의무자에 대한 가산세

원천징수의무자가 연말정산과정에서 근로자의 부당한 소득·세액공제 또는 정산 과정에서 소득누락 등을 하는 경우 적용되는 가산세를 정리하면 다음과 같다.

구 분	가산세액	근거법령
원천징수 등 납부지연가산세	=Min[①, ②] ① 한도 : 미납부·과소납부분 세액×50%*1 ② 다음의 금액을 합한 금액(=㉠+㉡) ㉠ 미납부·과소납부분 세액×3% ㉡ 미납부·과소납부분 세액×미납기간*2 0.022%	국기법 §47의 5
지급명세서제출 불성실가산세	= 미제출분 또는 불분명하거나 사실과 다른 분의 지급금액×1%(0.5%*3)	소법 §81의 11 법법 §75의 7

*1. ①과 ② 중 법정납부기한의 다음 날부터 납부고지일까지의 기간에 해당하는 금액을 합한 금액은 10%이다.
*2. 법정납부기한(또는 환급받은 날)의 다음 날부터 납부일까지의 기간. 단, 납세고지일부터 납세고지서에 따른 납부기한까지의 기간은 제외한다.
*3. 미제출분의 경우 제출기한이 지난 후 3개월 이내에 제출하는 경우에는 0.5%로 한다(소법 §81의 11, 법법 §75의 7).

(6) 가산세의 감면

1) 감면내용

과세표준신고서를 법정신고기한까지 제출한 자가 법정신고기한이 지난 후 수정신고를 하는 경우와 과세표준신고서를 법정신고기한까지 제출하지 아니한 자가 법정신고기한이 지난 후 기한 후 신고를 하는 경우 과소신고가산세액과 무신고가산세액에서 다음의 금액을 감면한다(국기법 §48 ②).

구 분	신고기간		감면액	근거법령
과소신고 (초과환급신고) 가산세의 감면	수정신고가 법정신고기한 경과 후*	1개월 이내	가산세액의 90%	국기법 §48 ② 1호
		1개월 초과 3개월 이내	가산세액의 75%	
		3개월 초과 6개월 이내	가산세액의 50%	
		6개월 초과 1년 이내	가산세액의 30%	
		1년 초과 1년 6개월 이내	가산세액의 20%	
		1년 6개월 초과 2년 이내	가산세액의 10%	
무신고가산세의 감면	기한 후 신고가 법정신고기한 경과 후*	1개월 이내	가산세액의 50%	국기법 §48 ② 2호
		1개월 초과 3개월 이내	가산세액의 30%	
		3개월 초과 6개월 이내	가산세액의 20%	
지급명세서제출 불성실가산세의 감면	제출, 신고 등의 의무이행이 법정신고기한 경과 후*	1개월 이내	가산세액의 50%	국기법 §48 ② 3호 나목

* 경과 가산일은 법정신고기한 및 법정제출기한의 다음 날로 한다.
예를 들어 2024년 귀속 근로소득에 대한 연말정산 부당공제 사항을 2025.7.10.에 수정신고하는 경우 법정신고기한(2025.5.31.)이 지난 후 3개월 이내 수정신고를 하는 경우에 해당하므로 과소신고가산세의 75% 상당액을 감면한다.

2) 감면배제

과소신고가산세와 무신고가산세의 경우 과세표준과 세액을 경정할 것을 미리 알고 각각 과세표준수정신고서와 기한후과세표준신고서를 제출한 경우에는 과소신고가산세와 무신고가산세에 대한 감면이 적용되지 않는다(국기법 §48 ② 1호·2호). 여기서 경정할 것을 미리 알고 제출한 경우는 다음 중 어느 하나에 해당하는 경우를 말한다(국기령 §29). 이 경우 특히 부당공제로 인해 세무서장으로부터 과세자료 해명 통지서를 받지 않도록 공제 여부 판단에 주의를 기울여야 한다.

① 해당 국세에 관하여 세무공무원이 조사에 착수한 것을 알고 과세표준수정신고서 또는 기한후과세표준신고서를 제출한 경우
② 해당 국세에 관하여 관할 세무서장으로부터 과세자료 해명 통지를 받고 과세표준수정신고서를 제출한 경우

3) 사례연구 – 연말정산 관련 원천징수이행상황신고서 수정신고서 작성[22)]

㈜세무는 2025.9.에 2024년 귀속 연말정산 과다공제 점검을 받고 수정신고 요청을 받았다. 과다공제 유형은 김연말 과장의 직계존속 이중공제이며 김연말 과장의 연말정산 재정산 결과 추가로 납부할 세액이 200,000원 발생하였다.

① 자료 1 : 당초의 2024년 귀속 연말정산이 반영된 원천징수이행상황신고서는 다음 페이지에 있다.

② 자료 2 : 2025년 9월 귀속, 2025년 9월 지급, 2025년 10월 10일의 신고내역은 다음과 같다.

▎2025년 9월 귀속, 2025년 9월 지급, 2025.10.10. 신고내역 ▎

귀속연월	지급연월	소득구분	인 원	총지급액	소득세 등
2025년 9월	2025년 9월	근로소득(A01)	8	22,230,000	1,198,170

연말정산 관련 수정 원천징수이행상황신고서를 작성하고 2025.10.10.에 제출하는 원천징수이행상황신고서를 작성하시오.

22) 2017원천징수이행상황신고서 작성요령, 국세청, p.101 참고

4) 자료

| 자료 ❶ 당초의 2024년 귀속 연말정산이 반영된 원천징수이행상황신고서 |

* 2025년 2월 귀속, 2025년 2월 지급, 2025.3.10. 신고(신고기한임)

■ 소득세법 시행규칙 [별지 제21호서식] (2025.3.21. 개정) (10쪽 중 제1쪽)

① 신고구분						[✔]원천징수이행상황신고서 [ ]원천징수세액환급신청서	② 귀속연월	2025년 2월
(매월)	반기	수정	(연말)	소득처분	(환급신청)		③ 지급연월	2025년 2월

원천징수 의무자	법인명(상호)	㈜세무	대표자(성명)	진세무	일괄납부 여부	여, (부)
					사업자단위과세 여부	여, (부)
	사업자(주민)등록번호	109-81-14741	사업장 소재지	서울 강남 개포 민후빌딩 704	전화번호	
					전자우편주소	@

❶ 원천징수 명세 및 납부세액 (단위: 원)

소득자 소득구분	코드	원천징수명세: 소득지급(과세 미달, 일부 비과세 포함) ④ 인원	⑤ 총지급액	징수세액 ⑥ 소득세 등	⑦ 농어촌특별세	⑧ 가산세	⑨ 당월 조정 환급세액	납부세액 ⑩ 소득세 등(가산세 포함)	⑪ 농어촌특별세
개인(거주자·비거주자) 근로소득 간이세액	A01	8	22,230,000	1,981,170					
중도퇴사	A02								
일용근로	A03								
연말정산 합계	A04	8	323,231,250	-3,901,030					
연말정산 분납신청	A05								
연말정산 납부금액	A06			-3,901,030					
가감계	A10	16	345,461,250	-2,702,860					
퇴직소득 연금계좌	A21								
그 외	A22								
가감계	A20								
사업소득 매월징수	A25								
연말정산	A26								
가감계	A30								
기타소득 연금계좌	A41								
종교인소득 매월징수	A43								
종교인소득 연말정산	A44								
가상자산	A49								
인적용역	A59	1	1,000,000	80,000					
그 외	A42								
가감계	A40	1	1,000,000	80,000			80,000		
연금소득 연금계좌	A48								
공적연금(매월)	A45								
연말정산	A46								
가감계	A47								
이자소득	A50								
배당소득	A60								
저축 등 해지 추징세액 등	A69								
비거주자 양도소득	A70								
법인 내·외국법인원천	A80								
수정신고(세액)	A90								
총합계	A99	17	346,461,250	80,000			80,000		

❷ 환급세액 조정 (단위: 원)

전월 미환급 세액의 계산: ⑫ 전월 미환급세액	⑬ 기환급 신청세액	⑭ 차감잔액(⑫-⑬)	당월 발생 환급세액: ⑮ 일반환급	⑯ 신탁재산(금융회사 등)	⑰ 그 밖의 환급세액: 금융회사 등	합병 등	⑱ 조정대상 환급세액(⑭+⑮+⑯+⑰)	⑲ 당월조정 환급세액계	⑳ 차월이월 환급세액(⑱-⑲)	㉑ 환급신청액
			2,702,860				2,702,860	80,000	2,622,860	2,622,860

원천징수의무자는 「소득세법 시행령」 제185조제1항에 따라 위의 내용을 제출하며, 위 내용을 충분히 검토하였고 원천징수의무자가 알고 있는 사실 그대로를 정확하게 적었음을 확인합니다.

2025 년 3 월 10 일

신고인 ㈜세무 (서명 또는 인)

세무대리인은 조세전문자격자로서 위 신고서를 성실하고 공정하게 작성하였음을 확인합니다.

세무대리인 진성규 (서명 또는 인)

삼성 세 무 서 장 귀하

신고서 부표 등 작성 여부		
※ 해당란에 "○" 표시를 합니다.		
부표(4~5쪽)	환급(7쪽~9쪽)	승계명세(10쪽)
	○	

세무대리인	
성명	진성규세무사사무소
사업자등록번호	206-24-74144
전화번호	02-464-8852

국세환급금 계좌신고	
예입처	
예금종류	
계좌번호	

210mm×297mm[백상지 80g/㎡ 또는 중질지 80g/㎡]

5) 해답

(가) 연말정산에 대한 수정 원천징수이행상황신고서

* 2025년 2월 귀속, 2025년 2월 지급, 2025.10.10. 제출

■ 소득세법 시행규칙 [별지 제21호서식] (2025.3.21. 개정) (10쪽 중 제1쪽)

① 신고구분						[✓] 원천징수이행상황신고서 [ ] 원천징수세액환급신청서	② 귀속연월	2025년 2월
(매월)	반기	(수정)	(연말)	소득처분	(환급신청)		③ 지급연월	2025년 2월

원천징수 의무자	법인명(상호)	㈜세무	대표자(성명)	진세무	일괄납부 여부	여, (부)
					사업자단위과세 여부	여, (부)
	사업자(주민)등록번호	109-81-14741	사업장 소재지	서울 강남 개포 민후빌딩 704	전화번호	
					전자우편주소	@

❶ 원천징수 명세 및 납부세액 (단위: 원)

소득자 소득구분	코드	④ 인원	⑤ 총지급액	⑥ 소득세 등	⑦ 농어촌특별세	⑧ 가산세	⑨ 당월 조정 환급세액	⑩ 소득세 등 (가산세 포함)	⑪ 농어촌특별세
개인(거주자·비거주자) 근로소득 간이세액	A01	8 8	22,230,000 22,230,000	1,981,170 1,981,170					
근로소득 중도퇴사	A02								
근로소득 일용근로	A03								
근로소득 연말정산 합계	A04	8 8	323,231,250 323,231,250	-3,901,030 -3,901,030		0 25,410			
근로소득 연말정산 분납신청	A05								
근로소득 연말정산 납부금액	A06			-3,901,030 -3,701,030		0 25,410			
근로소득 가감계	A10	16 16	345,461,250 345,461,250	-2,702,860 -2,502,860		0 25,410	0 25,410		
퇴직소득 연금계좌	A21								
퇴직소득 그 외	A22								
퇴직소득 가감계	A20								
사업소득 매월징수	A25								
사업소득 연말정산	A26								
사업소득 가감계	A30								
기타소득 연금계좌	A41								
기타소득 종교인소득 매월징수	A43								
기타소득 종교인소득 연말정산	A44								
기타소득 가상자산	A49								
기타소득 인적용역	A59	1 1	1,000,000 1,000,000	80,000 80,000					
기타소득 그 외	A42								
기타소득 가감계	A40	1 1	1,000,000 1,000,000	80,000 80,000			80,000 80,000		
연금소득 연금계좌	A48								
연금소득 공적연금(매월)	A45								
연금소득 연말정산	A46								
연금소득 가감계	A47								
이자소득	A50								
배당소득	A60								
저축 등 해지 추징세액 등	A69								
비거주자 양도소득	A70								
법인 내·외국법인원천	A80								
수정신고(세액)	A90								
총합계	A99	17 17	346,461,250 346,461,250	80,000 80,000		0 25,410	80,000 105,410		

❷ 환급세액 조정 (단위: 원)

⑫ 전월 미환급세액	⑬ 기환급 신청세액	⑭ 차감잔액 (⑫-⑬)	⑮ 일반환급	⑯ 신탁재산 (금융회사 등)	⑰ 그 밖의 환급세액 금융회사 등	⑰ 그 밖의 환급세액 합병 등	⑱ 조정대상 환급세액 (⑭+⑮+⑯+⑰)	⑲ 당월조정 환급세액계	⑳ 차월이월 환급세액 (⑱-⑲)	㉑ 환급 신청액
			2,702,860 2,502,860				2,702,860 2,502,860	80,000 105,410	2,622,860 2,397,450	2,622,860 2,622,860

원천징수의무자는 「소득세법 시행령」 제185조제1항에 따라 위의 내용을 제출하며, 위 내용을 충분히 검토하였고 원천징수의무자가 알고 있는 사실 그대로를 정확하게 적었음을 확인합니다.

2025 년 10 월 10 일

신고인 ㈜세무 (서명 또는 인)

세무대리인은 조세전문자격자로서 위 신고서를 성실하고 공정하게 작성하였음을 확인합니다.

세무대리인 진성규 (서명 또는 인)

삼성 세 무 서 장 귀하

신고서 부표 등 작성 여부 ※ 해당란에 "○" 표시를 합니다.		
부표(4~5쪽)	환급(7쪽~9쪽)	승계명세(10쪽)
	○	

세무대리인	
성명	진성규세무사사무소
사업자등록번호	206-24-74144
전화번호	02-464-8852

국세환급금 계좌신고	
예입처	
예금종류	
계좌번호	

210mm×297mm[백상지80g/㎡ 또는 중질지80g/㎡]

* 환급신청액은 수정하지 않는다.

가산세 계산은 다음과 같다.

<table>
<tr><th>세 목</th><th colspan="2">구 분</th><th>금 액</th><th>계산 근거</th></tr>
<tr><td rowspan="5">소득세</td><td colspan="2">본 세</td><td>200,000원</td><td></td></tr>
<tr><td rowspan="3">가산세</td><td>신고불성실</td><td>10,000원</td><td>200,000원×10%×50%*</td></tr>
<tr><td>원천징수 등 납부지연</td><td>15,410원</td><td>Min[①, ②]=15,410원
① ㉠+㉡=15,410원
㉠ 200,000원×3%=6,000원
㉡ 200,000원×214일
(2023.3.11.~2023.10.10.)×0.022%
=9,416원
② 200,000원×10%=20,000원</td></tr>
<tr><td>소 계</td><td>25,410원</td><td>10,000원+15,410원 [10원 미만 절사]</td></tr>
<tr><td colspan="2">소득세 계</td><td>225,410원</td><td>200,000원+25,410원</td></tr>
<tr><td rowspan="5">지방
소득세</td><td colspan="2">본 세</td><td>20,000원</td><td></td></tr>
<tr><td rowspan="3">가산세</td><td>신고불성실</td><td>1,000원</td><td>20,000원×10%×50%*</td></tr>
<tr><td>특별징수 납부지연</td><td>1,540원</td><td>Min[①, ②]=1,540원[10원 미만 절사]
① ㉠+㉡=1,540원
㉠ 20,000원×3%=600원
㉡ 20,000원×214일
(2023.3.11.~2023.10.10.)×0.022%
=941원
② 20,000원×10%=2,000원</td></tr>
<tr><td>소 계</td><td>2,540원</td><td>1,000원+1,670원[10원 미만 절사]</td></tr>
<tr><td colspan="2">지방소득세 계</td><td>22,540원</td><td>20,000원+2,670원</td></tr>
<tr><td colspan="3">총부담세액</td><td>247,950원</td><td>225,410원+22,540원</td></tr>
</table>

* 법정신고기한(2024.5.31.) 경과 후 6월 이내(2024.9.10.) 수정신고하므로 과소신고가산세의 50%를 감면한다. 이는 지방세기본법에 따라 지방소득세도 동일하다. 다만, 과세당국의 해명 통지를 받고 수정신고를 하는 경우라면 가산세 감면을 적용 받을 수 없다.
참고로 해당 공제가 부당하게 공제받은 것이 아니라 단순착오에 의한 공제였다면 근로자에 대한 신고불성실가산세는 적용되지 않을 것으로 판단된다(서면법규기본 2022-2548, 2022.12.4).

실무 POINT 원천징수이행상황신고서 작성시의 환급신청액

원천징수이행상황신고서 작성시 ㉑환급신청액은 당초 신고서상 금액과 수정신고서상 금액이 동일하여야 한다. 즉, 환급신청액은 수정하지 않음에 주의하여야 하는데 만약 수정하게 되면 당초 환급신청하여 환급받은 금액에도 영향을 미치기 때문이다.

(나) 정기 원천징수이행상황신고서

■ 소득세법 시행규칙 [별지 제21호서식] (2025.3.21. 개정) (10쪽 중 제1쪽)

① 신고구분						[✔]원천징수이행상황신고서 [ ]원천징수세액환급신청서	② 귀속연월	2025년 9월
(매월)	반기	수정	연말	소득처분	환급신청		③ 지급연월	2025년 9월

원천징수 의무자	법인명(상호)	㈜세무	대표자(성명)	진세무	일괄납부 여부	여, (부)
					사업자단위과세 여부	여, (부)
	사업자(주민)등록번호	109-81-14741	사업장 소재지	서울 강남 개포 민후빌딩 704	전화번호	
					전자우편주소	@

❶ 원천징수 명세 및 납부세액 (단위: 원)

소득자 소득구분			코드	④ 인원	⑤ 총지급액	⑥ 소득세 등	⑦ 농어촌특별세	⑧ 가산세	⑨ 당월 조정 환급세액	⑩ 소득세 등 (가산세 포함)	⑪ 농어촌 특별세
				원천징수명세: 소득지급 (과세 미달, 일부 비과세 포함)		원천징수명세: 징수세액				납부세액	
개인(거주자·비거주자)	근로소득	간이세액	A01	8	22,230,000	1,981,170					
		중도퇴사	A02								
		일용근로	A03								
		연말정산 합계	A04								
		연말정산 분납신청	A05								
		연말정산 납부금액	A06								
		가감계	A10	8	22,230,000	1,198,170				1,198,170	
	퇴직소득	연금계좌	A21								
		그 외	A22								
		가감계	A20								
	사업소득	매월징수	A25								
		연말정산	A26								
		가감계	A30								
	기타소득	연금계좌	A41								
		종교인소득 매월징수	A43								
		종교인소득 연말정산	A44								
		가상자산	A49								
		인적용역	A59								
		그 외	A42								
		가감계	A40								
	연금소득	연금계좌	A48								
		공적연금(매월)	A45								
		연말정산	A46								
		가감계	A47								
	이자소득		A50								
	배당소득		A60								
	저축 등 해지 추징세액 등		A69								
	비거주자 양도소득		A70								
법인	내·외국법인원천		A80								
수정신고(세액)			A90			200,000		25,410		225,410	
총합계			A99	8	22,230,000	1,398,170		25,410		1,423,580	

❷ 환급세액 조정 (단위: 원)

전월 미환급 세액의 계산			당월 발생 환급세액				⑱ 조정대상 환급세액 (⑭+⑮+⑯+⑰)	⑲ 당월조정 환급세액계	⑳ 차월이월 환급세액 (⑱-⑲)	㉑ 환급 신청액
⑫ 전월 미환급세액	⑬ 기환급 신청세액	⑭ 차감잔액 (⑫-⑬)	⑮ 일반환급	⑯ 신탁재산 (금융회사 등)	⑰ 그 밖의 환급세액: 금융회사 등	⑰ 그 밖의 환급세액: 합병 등				

원천징수의무자는 「소득세법 시행령」 제185조제1항에 따라 위의 내용을 제출하며, 위 내용을 충분히 검토하였고 원천징수의무자가 알고 있는 사실 그대로를 정확하게 적었음을 확인합니다.

2025 년 10 월 10 일

신고인 ㈜세무 (서명 또는 인)

세무대리인은 조세전문자격자로서 위 신고서를 성실하고 공정하게 작성하였음을 확인합니다.

세무대리인 진성규 (서명 또는 인)

삼성 세 무 서 장 귀하

신고서 부표 등 작성 여부		
※ 해당란에 "○" 표시를 합니다.		
부표(4~5쪽)	환급(7쪽~9쪽)	승계명세(10쪽)

세무대리인	
성명	진성규세무사사무소
사업자등록번호	206-24-74144
전화번호	02-464-8852
국세환급금 계좌신고	
예입처	
예금종류	
계좌번호	

210mm×297mm[백상지80g/㎡ 또는 중질지80g/㎡]

6) 해설

(가) 수정신고의 방법(국기령 §25 ①·§26, 국기칙 §12)

① 수정 후 근로소득원천징수영수증을 작성한다.

② 수정 전 내역을 수정 후 근로소득원천징수영수증상의 수정 후 금액 위에 적색으로 기재한다.

✔ 원칙적으로는 수정 후 서식상의 모든 금액 위에 적색으로 수정 전 금액을 기재하여야 하나, 실무상으로는 수정되지 않은 숫자를 제외한 실제 수정된 숫자 위에만 적색으로 기재하기도 한다.

③ 수정 전 근로소득원천징수영수증의 결정세액과 수정 후 근로소득원천징수영수증의 결정세액의 차이액을 확인하고 수정 후 원천징수이행상황신고서를 작성한다.

④ 수정 전 내역을 수정 후 원천징수이행상황신고서상의 수정 후 금액 위에 적색으로 기재한다.

⑤ 수정신고로 발생한 납부(가산세 포함) 또는 환급할 세액은 수정신고하는 월에 제출하는 당월분 신고서의 수정신고(세액)(A90)란에 이기하여 납부·환급세액을 조정한다.

✔ 수정 후 서식을 작성할 때에는 부당공제를 반영한 해당 연도의 서식을 사용하고 해당 연도의 세법을 적용하여 작성하여야 함에 주의하여야 한다.

| 신고구분란의 표시 예시 |

구 분			표시요령 (해당항목 ○ 표시)
수정 신고	월별납부	평 월	[매월], [수정]
		연말정산월	[매월], [연말], [수정]
	반기별납부	상반기	[반기], [연말], [수정]
		하반기	[반기], [수정]

✔ 귀속연월과 지급연월은 반드시 수정 전 신고서와 동일하게 기재한다.

(나) 원천징수의무자의 수정신고

원천징수의무자가 수정신고를 하기 위해서는 다음의 서류를 제출하여야 한다.

① 과세표준수정신고서 및 추가자진납부계산서[별지 제16호 서식]
② 수정 원천징수이행상황신고서
③ (당초분·정정분)지급명세서, (당초분·정정분)소득·세액공제신고서
④ 기타 관련 증명서류 수정본(공제 관련 영수증 수정사본)

(다) 근로소득자의 수정신고

근로소득자가 수정신고를 하기 위해서는 다음의 서류를 제출하여야 한다.

① 과세표준수정신고서 및 추가자진납부계산서[별지 제16호 서식] ② (당초분·정정분)원천징수영수증, (당초분·정정분)소득·세액공제신고서 ③ 기타 관련 증명서류 수정본(공제 관련 영수증 수정사본)

(라) 과세표준수정신고서의 작성 및 제출

수정신고를 하고자 하는 원천징수의무자 또는 근로자는 과세표준수정신고서 및 추가자진납부계산서[별지 제16호 서식]에 다음의 사항을 적어서 제출(국세정보통신망을 활용한 제출을 포함)하여야 한다.

① 신고인의 성명과 주소 또는 거소 ② 수정 전의 과세표준 및 세액 ③ 수정 후의 과세표준 및 세액	④ 수정신고를 하는 이유 ⑤ 기납부세액 및 (추가)자진납부세액 ⑥ 그 밖에 필요한 사항

(마) 추가세액 및 가산세의 납부

경정청구와 달리 수정신고의 경우 추가납부세액인 소득세 본세와 가산세를 추가로 납부하여야 한다(국기법 §46 ①).

2. 연말정산 관련 경정청구

(1) 경정청구 대상자

원천징수의무자가 근로소득(또는 연말정산대상 사업소득)의 연말정산에 의하여 소득세를 납부하고 지급명세서를 제출기한까지 제출하거나 기한 후 신고·제출한 경우 원천징수의무자 또는 원천징수대상자(근로소득자 등)는 연말정산 시 과다납부(또는 과소환급)한 부분에 대하여 종합소득과세표준 확정신고를 하지 않은 경우에도 연말정산세액의 납부기한(지급일이 속하는 과세기간의 다음 연도 3.10.까지)이 지난 후 5년 이내에 관할 세무서장에게 경정청구를 할 수 있다(국기법 §45의 2 ①·④).

✔ 실무적으로는 대부분 원천징수대상자가 직접 5월에 종합소득세 확정신고를 통하여 환급을 받는다.

(2) 경정청구방법

1) 원천징수의무자의 경정청구(국기칙 §12의 2)

원천징수의무자가 경정청구를 하기 위해서는 다음의 서류를 제출하여야 한다.

① 과세표준 및 세액의 결정(경정)청구서[별지 제16호의 2 서식] ② 수정 원천징수이행상황신고서 ③ (당초분·정정분)지급명세서, (당초분·정정분)소득·세액공제신고서 ④ 기타 관련 증명서류(공제 관련 영수증 사본)

PART 4 원천징수

2) 근로소득자의 경정청구(국기칙 §12의 2)

근로소득자가 경정청구를 하기 위해서는 다음의 서류를 제출하여야 한다.

① 과세표준 및 세액의 결정(경정)청구서[별지 제16호의 2 서식] ② (당초분·정정분)원천징수영수증, (당초분·정정분)소득·세액공제신고서 ③ 기타 관련 증명서류(공제 관련 영수증 사본)

3) 경정청구서의 작성 및 제출(국기령 §25의 3)

경정청구를 하고자 하는 원천징수의무자 또는 근로자는 결정(경정)청구서에 다음의 사항을 적어서 제출(국세정보통신망을 활용한 제출을 포함)하여야 한다.

① 청구인의 성명과 주소 또는 거소	④ 결정 또는 경정의 청구를 하는 이유
② 결정 또는 경정 전의 과세표준 및 세액	⑤ 그 밖에 필요한 사항
③ 결정 또는 경정 후의 과세표준 및 세액	

원천징수의무자가 경정청구를 하는 경우에는 수정신고하는 월에 제출하는 당월 원천징수이행상황신고서상 "수정신고(세액)[A90]"란에 환급할 세액을 이기하여 납부·환급세액을 조정(조정환급)하는 경우가 일반적이다. 따라서 보통 실무상으로는 경정청구서 "⑯ 국세환급금 계좌신고"란(환급받을 세액이 있는 사업자만 기재, 환급금액이 2천만원 이상인 경우에는 별도로 "계좌개설신고서"를 제출하여야 함)을 기재하지 아니한다.

(3) 사례연구 – 연말정산 경정청구

㈜태욱은 2024년 귀속 연말정산 시 환급세액이 발생하여 정상적으로 2025.3.10.(신고기한)에 원천징수 신고를 하였고, 세액환급 신청은 하지 않았다. 참고로 연말정산 환급세액은 4월 지급분 원천징수 신고 시 모두 조정환급되었다.

2025.6.에 연말정산 내역 점검 시 김원천 과장의 연말정산 시 교육비 등 세액공제 500,000원을 반영하지 못했음을 확인하였다.

김원천 과장은 2025.5.에 종합소득세 확정신고를 하지 않았으며 ㈜태욱은 연말정산 미반영분에 대한 경정청구를 수행하고자 한다.

① 자료 1 : 당초의 2024년 귀속 연말정산이 반영된 원천징수이행상황신고서는 다음 페이지에 있다.

② 자료 2 : 2025년 6월 귀속, 2025년 6월 지급, 2025.7.10. 신고내역

| 2025년 6월 귀속, 2025년 6월 지급, 2025.7.10. 신고내역 |

귀속연월	지급연월	소득구분	인 원	총지급액	소득세 등
2025.6.	2025.6.	근로소득(A01)	8	22,000,000	853,000

연말정산 경정청구 관련 원천징수이행상황신고서를 작성하고 2025.7.10.에 제출하는 원천징수이행상황신고서를 작성하시오.

2) 해답

김원천 과장의 연말정산을 재정산한 후 근로소득원천징수영수증(근로소득지급명세서)를 출력한 후 당초 신고한 내역을 빨간색으로 수정 후 근로소득원천징수영수증(근로소득지급명세서)에 기입하여 관할 세무서에 서면으로 제출한다.

교육비 세액공제액 500,000원 만큼 추가 환급이 발생된 수정 원천징수이행상황신고서와 당월분 원천징수이행상황신고서는 〈자료 1〉 당초 연말정산 결과가 반영된 원천징수이행상황신고서의 다음페이지에 작성되어 있다.

PART 4 원천징수

1) 자료

자료 ❶ 당초의 2024년 귀속 연말정산이 반영된 원천징수이행상황신고서

✔ 2025년 2월 귀속, 2025년 2월 지급, 2025.3.10. 신고(신고기한)

■ 소득세법 시행규칙 [별지 제21호서식] (2025.3.21. 개정) (10쪽 중 제1쪽)

① 신고구분						[✔]원천징수이행상황신고서 [ ]원천징수세액환급신청서	② 귀속연월	2025년 2월
(매월)	반기	수정	(연말)	소득처분	환급신청		③ 지급연월	2025년 2월

원천징수의무자	법인명(상호)	㈜태욱	대표자(성명)	윤태욱	일괄납부 여부	여, (부)
					사업자단위과세 여부	여, (부)
	사업자(주민)등록번호	215-87-16444	사업장 소재지	서울 강남 개포 민준빌딩 703	전화번호	
					전자우편주소	@

❶ 원천징수 명세 및 납부세액 (단위: 원)

소득자 소득구분			코드	원천징수명세: 소득지급(과세 미달, 일부 비과세 포함) ④ 인원	⑤ 총지급액	징수세액 ⑥ 소득세 등	⑦ 농어촌특별세	⑧ 가산세	⑨ 당월 조정 환급세액	납부세액 ⑩ 소득세 등(가산세 포함)	⑪ 농어촌특별세
개인(거주자·비거주자)	근로소득	간이세액	A01	4	9,000,000	490,410					
		중도퇴사	A02								
		일용근로	A03								
		연말정산 합계	A04	4	99,141,842	−2,171,630					
		연말정산 분납신청	A05								
		연말정산 납부금액	A06			−2,171,630					
		가감계	A10	8	108,141,842	−1,681,220					
	퇴직소득	연금계좌	A21								
		그 외	A22								
		가감계	A20								
	사업소득	매월징수	A25								
		연말정산	A26								
		가감계	A30								
	기타소득	연금계좌	A41								
		종교인소득 매월징수	A43								
		종교인소득 연말정산	A44								
		가상자산	A49								
		인적용역	A59								
		그 외	A42								
		가감계	A40								
	연금소득	연금계좌	A48								
		공적연금(매월)	A45								
		연말정산	A46								
		가감계	A47								
	이자소득		A50								
	배당소득		A60								
	저축 등 해지 추징세액 등		A69								
	비거주자 양도소득		A70								
법인	내·외국법인원천		A80								
수정신고(세액)			A90								
총합계			A99	8	108,141,842						

❷ 환급세액 조정 (단위: 원)

전월 미환급 세액의 계산: ⑫ 전월 미환급세액	⑬ 기환급 신청세액	⑭ 차감잔액(⑫-⑬)	당월 발생 환급세액: ⑮ 일반환급	⑯ 신탁재산(금융회사 등)	⑰ 그 밖의 환급세액: 금융회사 등	합병 등	⑱ 조정대상 환급세액(⑭+⑮+⑯+⑰)	⑲ 당월조정 환급세액계	⑳ 차월이월 환급세액(⑱-⑲)	㉑ 환급 신청액
			1,681,220				1,681,220		1,681,220	

원천징수의무자는 「소득세법 시행령」 제185조제1항에 따라 위의 내용을 제출하며, 위 내용을 충분히 검토하였고 원천징수의무자가 알고 있는 사실 그대로를 정확하게 적었음을 확인합니다.

2025 년 3 월 10 일

신고인 ㈜태욱 (서명 또는 인)

신고서 부표 등 작성 여부		
※ 해당란에 "○" 표시를 합니다.		
부표(4~5쪽)	환급(7쪽~9쪽)	승계명세(10쪽)

세무대리인	
성명	진성규세무사사무소
사업자등록번호	206-24-74144
전화번호	02-464-8852

세무대리인은 조세전문자격자로서 위 신고서를 성실하고 공정하게 작성하였음을 확인합니다.

세무대리인 진성규 (서명 또는 인)

삼성 세 무 서 장 귀하

국세환급금 계좌신고	
예입처	
예금종류	
계좌번호	

210mm×297mm[백상지80g/㎡ 또는 중질지80g/㎡]

자료 ❷ 2025년 2월 귀속, 2025년 2월 지급, 2025.7.10. 수정 제출분 원천징수이행상황신고서

■ 소득세법 시행규칙 [별지 제21호서식] (2025.3.21. 개정) (10쪽 중 제1쪽)

① 신고구분						서식	② 귀속연월	2025년 2월
(매월)	반기	(수정)	(연말)	소득처분	환급신청	[✔]원천징수이행상황신고서 [ ]원천징수세액환급신청서	③ 지급연월	2025년 2월

원천징수의무자						
원천징수의무자	법인명(상호)	㈜태욱	대표자(성명)	윤태욱	일괄납부 여부	여, (부)
					사업자단위과세 여부	여, (부)
	사업자(주민)등록번호	215-87-16444	사업장 소재지	서울 강남 개포 민준빌딩 703	전화번호	
					전자우편주소	@

❶ 원천징수 명세 및 납부세액 (단위: 원)

소득자 소득구분	코드	④ 인원	⑤ 총지급액	⑥ 소득세 등	⑦ 농어촌특별세	⑧ 가산세	⑨ 당월 조정 환급세액	⑩ 소득세 등 (가산세 포함)	⑪ 농어촌특별세
개인(거주자·비거주자) 근로소득 간이세액	A01	4 4	9,000,000 9,000,000	490,410 490,410					
근로소득 중도퇴사	A02								
근로소득 일용근로	A03								
근로소득 연말정산 합계	A04	4 4	99,141,842 99,141,842	-2,171,630 -2,671,630					
근로소득 연말정산 분납신청	A05								
근로소득 연말정산 납부금액	A06			-2,171,630 -2,671,630					
근로소득 가감계	A10	8 8	108,141,842 108,141,842	-1,681,220 -2,181,220					
퇴직소득 연금계좌	A21								
퇴직소득 그 외	A22								
퇴직소득 가감계	A20								
사업소득 매월징수	A25								
사업소득 연말정산	A26								
사업소득 가감계	A30								
기타소득 연금계좌	A41								
기타소득 종교인소득 매월징수	A43								
기타소득 종교인소득 연말정산	A44								
기타소득 가상자산	A49								
기타소득 인적용역	A59								
기타소득 그 외	A42								
기타소득 가감계	A40								
연금소득 연금계좌	A48								
연금소득 공적연금(매월)	A45								
연금소득 연말정산	A46								
연금소득 가감계	A47								
이자소득	A50								
배당소득	A60								
저축 등 해지 추징세액 등	A69								
비거주자 양도소득	A70								
법인 내·외국법인원천	A80								
수정신고(세액)	A90								
총합계	A99	8 8	108,141,842 108,141,842						

❷ 환급세액 조정 (단위: 원)

전월 미환급 세액의 계산			당월 발생 환급세액				⑱ 조정대상 환급세액 (⑭+⑮+⑯+⑰)	⑲ 당월조정 환급세액계	⑳ 차월이월 환급세액 (⑱-⑲)	㉑ 환급신청액
⑫ 전월 미환급세액	⑬ 기환급 신청세액	⑭ 차감잔액 (⑫-⑬)	⑮ 일반환급	⑯ 신탁재산 (금융회사 등)	⑰ 그 밖의 환급세액 금융회사 등	⑰ 그 밖의 환급세액 합병 등				
			1,681,220 2,181,220				1,681,220 2,181,220		1,681,220 2,181,220	

원천징수의무자는 「소득세법 시행령」 제185조제1항에 따라 위의 내용을 제출하며, 위 내용을 충분히 검토하였고 원천징수의무자가 알고 있는 사실 그대로를 정확하게 적었음을 확인합니다.

2025 년 7 월 10 일

신고인 ㈜태욱 (서명 또는 인)

세무대리인은 조세전문자격자로서 위 신고서를 성실하고 공정하게 작성하였음을 확인합니다.

세무대리인 진성규 (서명 또는 인)

삼성 세 무 서 장 귀하

신고서 부표 등 작성 여부		
※ 해당란에 "○" 표시를 합니다.		
부표(4~5쪽)	환급(7쪽~9쪽)	승계명세(10쪽)

세무대리인	
성명	진성규세무사사무소
사업자등록번호	206-24-74144
전화번호	02-464-8852

국세환급금 계좌신고	
예입처	
예금종류	
계좌번호	

210mm×297mm[백상지80g/㎡ 또는 중질지80g/㎡]

✔ 당초 차기이월환급세액(1,681,220원)이 다음 월로 차기이월됨에 따라 해당 금액을 수정하지 아니하기 위하여 경정청구하는 달에 수정신고(세액)(A90)란에 경정청구로 인한 환급세액 500,000원을 (-)금액으로 기입함.

자료 ❸ 2025년 6월 귀속, 2025년 6월 지급, 2025.7.10. 당월 제출 원천징수이행상황신고서

■ 소득세법 시행규칙 [별지 제21호서식] (2025.3.21. 개정) (10쪽 중 제1쪽)

① 신고구분						[✔]원천징수이행상황신고서 [ ]원천징수세액환급신청서	② 귀속연월	2025년 6월
(매월)	반기	수정	연말	소득처분	환급신청		③ 지급연월	2025년 6월

원천징수의무자	법인명(상호)	㈜태욱	대표자(성명)	윤태욱	일괄납부 여부	여,(부)
					사업자단위과세 여부	여,(부)
	사업자(주민)등록번호	215-87-16444	사업장 소재지	서울 강남 개포 민준빌딩 703	전화번호	
					전자우편주소	@

❶ 원천징수 명세 및 납부세액 (단위: 원)

소득자 소득구분				코드	④ 인원	⑤ 총지급액	⑥ 소득세 등	⑦ 농어촌특별세	⑧ 가산세	⑨ 당월 조정 환급세액	⑩ 소득세 등 (가산세 포함)	⑪ 농어촌특별세
개인(거주자·비거주자)	근로소득	간이세액		A01	8	22,000,000	853,000					
		중도퇴사		A02								
		일용근로		A03								
		연말정산	합계	A04								
			분납신청	A05								
			납부금액	A06								
		가감계		A10	8	22,000,000	853,000			500,000	353,000	
	퇴직소득	연금계좌		A21								
		그 외		A22								
		가감계		A20								
	사업소득	매월징수		A25								
		연말정산		A26								
		가감계		A30								
	기타소득	연금계좌		A41								
		종교인소득	매월징수	A43								
			연말정산	A44								
		가상자산		A49								
		인적용역		A59								
		그 외		A42								
		가감계		A40								
	연금소득	연금계좌		A48								
		공적연금(매월)		A45								
		연말정산		A46								
		가감계		A47								
	이자소득			A50								
	배당소득			A60								
	저축 등 해지 추징세액 등			A69								
	비거주자 양도소득			A70								
법인	내·외국법인원천			A80								
수정신고(세액)				A90			-500,000					
총합계				A99	8	22,000,000	853,000			500,000	353,000	

❷ 환급세액 조정 (단위: 원)

전월 미환급 세액의 계산			당월 발생 환급세액				⑱ 조정대상 환급세액 (⑭+⑮+⑯+⑰)	⑲ 당월조정 환급세액계	⑳ 차월이월 환급세액 (⑱-⑲)	㉑ 환급 신청액
⑫ 전월 미환급세액	⑬ 기환급 신청세액	⑭ 차감잔액 (⑫-⑬)	⑮ 일반환급	⑯ 신탁재산 (금융회사 등)	⑰ 그 밖의 환급세액 금융회사 등	⑰ 그 밖의 환급세액 합병 등				
			500,000				500,000	500,000		

원천징수의무자는 「소득세법 시행령」 제185조제1항에 따라 위의 내용을 제출하며, 위 내용을 충분히 검토하였고 원천징수의무자가 알고 있는 사실 그대로를 정확하게 적었음을 확인합니다.

2025 년 7 월 10 일

신고인 ㈜태욱 (서명 또는 인)

세무대리인은 조세전문자격자로서 위 신고서를 성실하고 공정하게 작성하였음을 확인합니다.

세무대리인 진성규 (서명 또는 인)

삼성 세 무 서 장 귀하

신고서 부표 등 작성 여부 ※ 해당란에 "○" 표시를 합니다.		
부표(4~5쪽)	환급(7쪽~9쪽)	승계명세(10쪽)

세무대리인	
성명	진성규세무사사무소
사업자등록번호	206-24-74144
전화번호	02-464-8852

국세환급금 계좌신고	
예입처	
예금종류	
계좌번호	

210mm×297mm[백상지80g/㎡ 또는 중질지80g/㎡]

연말정산 관련 수정신고와 경정청구에 대한 요약정리를 해보면 다음과 같다.

구 분		신고의무자·청구권자	신고·청구 방법	신고·청구기간 또는 기한
당초 법정 신고기한 내에 신고 하였으나 잘못 신고한 경우	세액의 과다납부 (과소환급)*1	근로자	종합소득세 확정신고	다음연도 5.1.부터 5.31.까지
		근로자, 원천징수 의무자	경정청구*3	연말정산세액 또는 원천징수세액의 납부기한이 지난 후 5년 이내(국기법 §45의 2 ④)
	세액의 과소납부 (과다환급)*2	근로자	종합소득세 확정신고	다음연도 5.1.부터 5.31.까지
		근로자, 원천징수 의무자	수정신고*3	관할세무서장이 해당 국세의 과세표준과 세액을 결정 또는 경정하여 통지하지 전까지(국기법 §45 ①)
당초 법정신고기한 내에 신고를 못한 경우		근로자	기한 후 신고	관할세무서장이 해당 국세의 과세표준과 세액(가산세 포함)을 결정하여 통지하기 전까지(국기법 §45의 3 ①)

*1. 소득·세액공제사항의 과소적용 및 소득의 과다신고 등의 경우이다.

*2. 소득·세액공제사항의 과다적용 및 소득의 과소신고 등의 경우이다.

*3. 세법이 개정되어 기한 후 신고를 한 경우에도 수정신고와 경정청구가 가능하다(2020.1.1. 전에 기한후과세표준신고서를 제출하고 2020.1.1. 이후 과세표준수정신고서를 제출하거나 국세의 과세표준 및 세액의 결정 또는 경정을 청구하는 경우에도 적용함).

03 소득처분이 있는 경우 원천징수이행상황신고서 작성방법

1. 소득처분에 대한 원천징수

(1) 작성대상자

매월납부자와 반기별납부자는 법인세법 제67조에 의한 소득처분이 있는 경우 해당 처분액에 대한 소득세를 원천징수하여 소득처분일(지급의제일)이 속하는 다음 달 10일까지 원천징수내역을 신고하고 원천징수세액을 납부하여야 한다.

연말정산이 종료된 귀속연도분을 소득처분하는 경우에는 추가로 소득처분된 금액을 증가시키는 신고만 하면 된다. 즉, 소득처분으로 인해 증가되는 금액에 대해서는 수정신고를 하지 않는 것이다. 그러나 근로소득에 대한 지급명세서는 당초 제출한 지급명세서에 소득처분액을 반영하여 수정작성한 후에 원천징수이행상황신고서와 함께 제출하여야 한다.

(2) 소득처분일

법인세법에 따라 소득처분되는 배당·상여 등에 대한 소득세의 원천징수시기는 다음과 같다(소법 §135 ④·§131 ②).

① 법인의 과세표준 신고에 의한 소득처분 시 : 법인세 과세표준 신고일(수정신고일)

② 세무조사 등을 통한 정부의 결정·경정에 의한 소득처분 시 : 소득금액변동통지서 수령일

2. 자진신고에 의한 소득처분 시 원천징수이행상황신고서 작성방법

(1) 매월납부자

1) 소득처분에 대한 연말정산 재정산

법인세법상 소득처분된 인정상여에 대한 연말정산 재정산을 하여 인정상여 반영 전 결정세액과 인정상여 반영 후 결정세액의 차액을 계산한다.

* 인정상여는 근로소득원천징수영수증 '⑮ 인정상여'란에 반영하여 연말정산 재정산을 한다.

* 법인세법상 소득처분된 인정상여에 대해서 법인세 신고 시 '소득자료명세서(법칙 별지 55호 서식)'를 작성하여 제출하므로 '소득자료명세서'와 소득처분이 반영된 '근로소득지급명세서'의 일치성을 확인하여야 함에 유의하자.

2) 원천징수이행상황신고서 기재대상 기입방법

원천징수이행상 귀속연월은 당초 연말정산 등의 귀속연월을 기입하고, 지급연월은 법인세 과세표준 신고일(수정신고일)을 기입하여 지급연월의 다음 달 10일까지 신고·납부한다.

✔ 해당 신고는 수정신고가 아니라 소득처분에 따른 원천징수 추가신고이다.

① 신고구분 : 매월 또는 반기, 소득처분, 연말란에 'O' 표시를 한다.

② 귀속연월은 당초 연말정산 등의 귀속연월을 입력한다. 2024년 귀속분 연말정산인 경우 2025.2.를 기입한다.

③ 지급연월은 법인세 과세표준 신고일을 기입한다. 12월 말 결산법인으로 2024년 귀속분에 대한 법인세 신고월은 2025.3.이므로 2025.3.을 기입한다.

④ 소득처분된 인정상여 연말정산 재정산은 수정신고가 아니며 해당 재정산 내역은 [A04(연말정산)]란에 기입한다.

구 분	기재내역
인 원	소득처분 인원수를 기입
지급액	소득처분받은 금액을 기입
소득세 등	연말정산 재정산 추가납부세액을 기입

3) 근로소득지급명세서의 서면 제출

인정상여가 반영된 근로소득지급명세서는 앞서 설명한 수정신고 작성방식으로 작성하여 원천징수이행상황신고서 제출일에 서면으로 제출하여야 한다.

✔ 인정상여가 반영된 근로소득지급명세서 위에 당초의 근로소득지급명세서의 금액을 빨간색으로 기입한다. 실무상 금액이 달라지는 금액만 표기하여 신고하기도 한다.

(2) 반기별납부자

반기별납부자의 경우에도 매월납부자와 동일하게 소득처분의 원천징수시기(소득금액 변동통지를 받은 날, 법인세 신고일, 수정신고일)가 속하는 달의 다음 달 10일까지 소득처분에 대한 원천징수이행상황신고서와 지급명세서를 작성하여 제출하여야 한다(소법 §128 ②).

다만, 연말정산에 대한 환급신청을 하지 않은 반기별납부자는 연말정산분과 재정산하거나, 연말정산 시 세액과 비교하여 증가액만 납부할 수 있다.

실무 POINT 인정상여 처분시의 건강보험

근로소득 지급명세서가 반영되면 9월부터 10월 초 사이에 건강보험료 추가고지에 대한 안내를 받을 수 있음도 인지하여야 한다.

다만, 법인세법 67조 및 같은 법 시행령 106조 제1항 제1호에 의한 '대표자 인정상여'로 소득 처분된 금액은 국민건강보험법 시행령 33조의 '근로의 대가'에 포함되지 않는다는 대법원 판결에 따라 보수에서 제외(2015두 37525)되므로 건강보험료 추가고지 안내를 받지 않을 것으로 판단된다.

(3) 사례연구[23)]

〈자료〉

㈜세무는 12월 말 결산법인으로 2025년 귀속 법인세 정기신고(2026.3.) 시 업무용승용차 관련 비용 손금불산입의 소득처분(상여) 1명에 1,000만원이 발생하여, 연말재정산 결과 2025년 귀속 연말정산 정산세액 140만원이 추가 발생한 경우의 원천징수이행상황신고서를 작성하라.

2026년 3월분 정기 근로소득 지급내역은 20명, 총지급액 8천만원이고 소득세는 950,000원이다.

〈해답〉

소득처분에 의한 원천징수이행상황신고서와 정기 근로소득 지급분에 대한 원천징수이행상황신고서를 각각 별지로 작성하여 제출한다. 즉, 당월분 정기 원천징수이행상황신고서 1부, 소득처분이 반영된 원천징수이행상황신고서 1부를 각각 작성하여 제출하는 것이다.

법인세 신고시 제출된 소득자료명세서와 소득처분이 반영된 원천징수이행상황신고서는 다음과 같다.

23) 2017년 귀속 원천징수이행상황신고서 작성요령, 국세청, p.91 참고

■ 법인세법 시행규칙 [별지 제55호서식] 〈개정 2011. 2. 28.〉

사업 연도	2025.01.01. ~ 2025.12.31.	소득자료 [인정상여] [인정배당] [기타소득] 명세서	법인명	㈜세무
			사업자등록번호	109-81-14741

①소득 구분	②소득 귀속연도	③배당 · 상여 및 기타소득금액	④원천징수할 소득세액	⑤원천징수일	⑥신고 여부	소득자		⑨ 비고
						⑦성명	⑧주민등록번호	
1.인정상여	2025	10,000,000	1,400,000	2026.03.25	여	진세무		
계			30,000,000					

작 성 방 법

1. "소득금액조정합계표(별지 제15호서식)"의 ③소득처분란 중 배당 · 상여 및 기타소득을 소득자별로 구분하여 원천징수할 세액을 산출하여 적습니다.
2. ①소득구분란의 경우 인정상여는 1, 인정배당은 2, 기타소득은 3으로 적습니다.
3. ②소득귀속연도란은 인정상여 · 인정배당 · 기타소득의 귀속사업연도를 적습니다.
4. ⑤원천징수일란은 당해 소득에 대한 원천징수일을 적습니다.
5. ⑥신고여부란은 당해 소득에 대해 원천징수이행상황신고서를 통해 신고한 경우에는 "여", 신고하지 않은 경우에는 "부"를 적습니다. 다만, 연말정산을 통하여 원천징수한 경우에는 ④원천징수할 소득세액란에 세액을 "0", ⑥신고여부란은 "여", ⑨비고란에는 "연말정산 원천징수필"로 적습니다.

210㎜×297㎜[일반용지 70g/㎡(재활용품)]

■ 소득세법 시행규칙 [별지 제21호서식] (2025. 3. 21. 개정) (10쪽 중 제1쪽)

① 신고구분						[✔]원천징수이행상황신고서 [ ]원천징수세액환급신청서	② 귀속연월	2026년 2월
(매월)	반기	수정	(연말)	(소득처분)	환급신청		③ 지급연월	2026년 3월

원천징수 의무자	법인명(상호)	㈜세무	대표자(성명)	진세무	일괄납부 여부	여, (부)
					사업자단위과세 여부	여, (부)
	사업자(주민)등록번호	109-81-14741	사업장 소재지	서울 강남 개포 민후빌딩 704	전화번호	
					전자우편주소	@

❶ 원천징수 명세 및 납부세액 (단위: 원)

소득자 소득구분			코드	소득지급 (과세 미달, 일부 비과세 포함) ④ 인원	⑤ 총지급액	징수세액 ⑥ 소득세 등	⑦ 농어촌특별세	⑧ 가산세	⑨ 당월 조정 환급세액	납부세액 ⑩ 소득세 등 (가산세 포함)	⑪ 농어촌특별세
개인(거주자·비거주자)	근로소득	간이세액	A01								
		중도퇴사	A02								
		일용근로	A03								
		연말정산 합계	A04	1	10,000,000	1,400,000					
		연말정산 분납신청	A05								
		연말정산 납부금액	A06			1,400,000					
		가감계	A10	1	10,000,000	1,400,000				1,400,000	
	퇴직소득	연금계좌	A21								
		그 외	A22								
		가감계	A20								
	사업소득	매월징수	A25								
		연말정산	A26								
		가감계	A30								
	기타소득	연금계좌	A41								
		종교인소득 매월징수	A43								
		종교인소득 연말정산	A44								
		가상자산	A49								
		인적용역	A59								
		그 외	A42								
		가감계	A40								
	연금소득	연금계좌	A48								
		공적연금(매월)	A45								
		연말정산	A46								
		가감계	A47								
	이자소득		A50								
	배당소득		A60								
	저축 등 해지 추징세액 등		A69								
	비거주자 양도소득		A70								
법인	내·외국법인원천		A80								
수정신고(세액)			A90								
총합계			A99	1	10,000,000	1,400,000				1,400,000	

❷ 환급세액 조정 (단위: 원)

전월 미환급 세액의 계산 ⑫ 전월 미환급세액	⑬ 기환급 신청세액	⑭ 차감잔액 (⑫-⑬)	당월 발생 환급세액 ⑮ 일반환급	⑯ 신탁재산 (금융회사 등)	⑰ 그 밖의 환급세액 금융회사 등	⑰ 그 밖의 환급세액 합병 등	⑱ 조정대상 환급세액 (⑭+⑮+⑯+⑰)	⑲ 당월조정 환급세액계	⑳ 차월이월 환급세액 (⑱-⑲)	㉑ 환급 신청액

원천징수의무자는 「소득세법 시행령」 제185조제1항에 따라 위의 내용을 제출하며, 위 내용을 충분히 검토하였고 원천징수의무자가 알고 있는 사실 그대로를 정확하게 적었음을 확인합니다.

2026 년 4 월 10 일

신고인 ㈜세무 (서명 또는 인)

신고서 부표 등 작성 여부 ※ 해당란에 "○" 표시를 합니다.		
부표(4~5쪽)	환급(7쪽~9쪽)	승계명세(10쪽)

세무대리인	
성명	진성규세무사사무소
사업자등록번호	206-24-74144
전화번호	02-464-8852

세무대리인은 조세전문자격자로서 위 신고서를 성실하고 공정하게 작성하였음을 확인합니다.

세무대리인 진성규 (서명 또는 인)

삼성 세 무 서 장 귀하

국세환급금 계좌신고	
예입처	
예금종류	
계좌번호	

210㎜×297㎜[백상지80g/㎡ 또는 중질지80g/㎡]

3. 세무조사 등을 통한 정부의 경정·결정에 의한 소득처분 시 원천징수이행상황신고서 작성방법

(1) 소득금액변동통지서에 의한 통지

법인의 세무조사 등을 통하여 소득금액을 결정 또는 경정함에 있어서 처분되는 상여(인정상여) 등은 법인소득금액을 결정 또는 경정하는 세무서장 또는 지방국세청장이 그 결정일 또는 경정일부터 15일 내에 소득금액변동통지서에 의하여 당해 법인에게 통지하여야 한다. 다만, 당해 법인의 소재지가 분명하지 아니하거나 그 통지서를 송달할 수 없는 경우에는 당해 상여 등의 처분을 받은 거주자에게 통지하여야 한다(소령 §192 ①).

(2) 연말정산의 재수행

세무조사 등을 통하여 처분되는 상여(인정상여)는 근로를 제공한 날에 귀속하며(소령 §49 ① 3호), 소득금액변동통지서를 받은 날에 해당 소득을 지급한 것으로 보아 소득세를 원천징수한다(소법 §135 ④·§131 ②).

세무조사 등을 통하여 처분되는 상여(인정상여)에 대하여 원천징수할 소득세는 해당 과세기간에 귀속한 동 상여 외의 근로소득과 합산하여 연말정산을 다시 하여야 한다(소통 135-192…3).

작성방법은 '자진신고에 소득처분 시 원천징수이행상황신고서 작성방법'과 동일하게 작성하여 제출한다.

(3) 종합소득세 확정신고기한을 경과하여 처분되는 상여의 경우

종합소득과세표준 확정신고기한(2020년 귀속분은 2021.5.1.부터 5.31.까지)이 지난 후에 상여로 처분됨으로써 근로소득만 있는 자가 소득세를 추가 납부해야 하는 경우 해당 법인(또는 거주자)이 "소득금액변동통지서를 받은 날이 속하는 달의 다음다음 달 말일"(이하 "추가신고자진납부기한"이라 함)까지 추가신고납부한 때에는 과세표준 확정신고 기한까지 신고납부한 것으로 본다(소령 §134 ①, 소행 70-134-1 ①).

따라서 근로소득만 있는 자가 해당 추가신고자진납부기한까지 추가신고납부한 때에는 가산세의 부담이 없다.

실무 POINT **종합소득세 추가 신고**

정부의 경정·결정에 의하여 소득금액변동통지서를 받은 경우 "소득금액변동통지서를 받은 날이 속하는 달의 다음다음 달 말일"까지 종합소득세 추가신고도 하여야 함에 유의하여야 한다.

예를 들면, 2025.6.에 2022년 귀속분에 대한 법인세 세무조사 시 대표자 인정상여 처분을 받고 소득금액변동통지서를 받은 경우로서 대표자가 근로소득 외 부동산임대소득이 있어 2022년 귀속분에 대한 종합소득세 확정신고를 한 경우라면 2025.7.10.까지 소득처분이 반영된 원천징수이행상황신고서를 작성·제출하고 인정상여가 반영된 근로소득원천징수영수증과 당초의 부동산임대소득금액을 합산하여 종합소득세 추가신고·납부도 2025년 8월 말까지 하여야 하는 것이다.

(4) 추가신고자진납부기한까지 추가신고납부하지 아니한 경우

① 신고불성실가산세

근로소득만 있는 자가 인정상여에 대하여 추가신고자진납부기한 내에 추가신고를 하였으나 추가로 납부해야 할 세액을 전액 납부하지 아니한 경우에는 확정신고 기한 내에 신고납부한 것으로 보지 아니하므로 신고불성실가산세를 적용하는 것이며, 추가로 납부해야 할 세액의 일부만 납부한 경우 신고불성실가산세는 추가납부할 세액 중 납부한 세액이 차지하는 비율만큼 감면한다(소행 70-134-1 ②).

② 납부지연가산세

근로소득만 있는 자가 인정상여에 대하여 추가신고자진납부를 하지 아니한 경우 납부지연가산세는 추가신고자진납부기한의 다음 날부터 계산한다(소행 70-134-1 ③).

(5) 사례연구

〈자료〉

㈜연말정산은 12월 말 결산법인이고 원천징수 매월납부자이다. ㈜연말정산은 2022년 귀속분에 대한 세무조사 시 대표자 상여처분과 관련된 소득금액변동통지서를 2025.6.에 수령하였다. 대표자 상여처분액과 세액 그리고 기타 자료가 다음과 같을 때 2025.7.에 제출하는 원천징수이행상황신고서를 작성하시오.

① 대표자 상여처분액과 세액 : 30,000,000원(추가세액 7,200,000원)

② 2025년 6월분 근로소득 원천징수는 인원 5명, 총지급액 10,600,000원, 세액 61,150원이다. ㈜연말정산은 6월 귀속분을 6월에 지급하였다.

〈해답〉

소득처분이 반영된 원천징수이행상황신고서 작성방법은 귀속연월이 2023.2.(2022년 귀속분 연말정산 연월일)인 것만 제외하고 자진신고에 의한 원천징수방법과 동일하므로 앞의 사례를 참고한다.

만약, 해당 대표자가 근로소득 외의 소득이 있어서 2022년 귀속분에 대한 종합소득세 확정신고를 한 경우라면 소득금액변통지서를 받은 날이 속하는 다음다음 달 말일인 2025.8. 말까지 종합소득세 확정신고도 추가로 신고하여야 함에 유의한다.

실무 POINT 종합소득세 추가신고

소득금액변동통지서에 의한 종합소득세 추가신고는 2021년 귀속 (구)종합소득세·농어촌특별세·지방소득세 과세표준 확정신고 및 자진납부계산서(별지 40호 서식 (1))의 신고구분에 '추가신고(인정상여)'에 표기해서 신고서를 작성하면 된다.

■ 소득세법 시행규칙 [별지 제22호서식(1)] (2014.3.14 개정)

소득금액변동통지서(1)
(법 인 통 지 용)

※ 아래의 유의사항을 읽고 작성하여 주시기 바라며, [ ]에는 해당되는 곳에 √표를 합니다. (앞쪽)

수령자	① 법 인 명	② 사업자등록번호
	③ 주 소	
	④ 대표자 성명	

소득자별 [ ]배 당 / [ ]상 여 / [ ]기타소득 소득금액 변동내용

⑤ 소득종류 (배당·상여·기타)	⑥ 사업 연도	⑦ 귀속 연도	⑧ 소득금액	소 득 자		
				⑨ 성명	⑩ 주 민 등 록 번 호	⑪ 주 소
					-	
					-	
					-	
					-	

「소득세법 시행령」 제192조제1항에 따라 위와 같이 소득금액 변동사항을 통지합니다.

년 월 일

세 무 서 장 직인

유의사항

1. 소득금액변동통지서를 받은 법인은 통지받은 소득에 대한 소득세를 원천징수하여 통지서를 받은 달의 다음 달 10일까지 납부해야 합니다.
2. 「소득세법」 제155의4제1항에 따라 법인이 「채무자 회생 및 파산에 관한 법률」에 따른 회생절차에 따라 특수관계인이 아닌 다른 법인에 합병되는 등 지배주주가 변경된 이후 회생절차 개시 전에 발생한 사유로 인수된 법인의 대표자 등에 대하여 「법인세법」 제67조에 따라 상여로 처분되는 경우에는 해당 법인에 소득금액변동통지서를 통지하는 것이 아니라, 해당 소득자에게 직접 「소득세법 시행규칙」 별지 제22호서식(2)의 소득금액변동통지서(2)(소득자통지용)를 통지합니다.
3. 소득금액변동통지서를 받은 법인은 종합소득과세표준확정신고 대상 소득자의 소득금액이 변동됨으로써 소득세를 추가로 납부해야 하는 경우에는 즉시 해당 소득자에게 이 통지서를 받은 날이 속하는 달의 다음 다음 달 말일까지 주소지 관할 세무서에 추가신고 · 자진납부해야 한다는 것을 알려주시기 바랍니다.

210mm×297mm[백상지 80g/㎡(재활용품)]

(뒤쪽)

법인세과세표준 결정(경정)내용

	⑫ 결정(경정)기관				
구 분	각 사 업 연 도 소 득		특 별 부 가 세 과 세 표 준		
	신 고	결 정 (경정)	구 분	신 고	결 정 (경정)
⑬ 각사업연도 소 득			⑲ 양 도 가 액		
⑭ 이월결손금			⑳ 취 득 가 액		
⑮ 비과세소득			㉑ 양 도 비 용		
⑯ 소 득 공 제			㉒ 특 별 공 제		
⑰ 차감과세표준			㉓ 과 세 표 준		
⑱ 추계결정(경정)기준 수입금액					

■ 소득세법 시행규칙 [별지 제22호서식(2)] (2014.3.14 개정)

소득금액변동통지서(2)

(소 득 자 통 지 용)

수령자	① 성 명	② 주민등록번호
	③ 주 소	

❶ 소득발생법인

④ 법 인 명	⑤ 사업자등록번호
⑥ 소 재 지	
⑦ 대 표 자	

❷ 소득금액 변동내용

⑧ 소 득 종 류	⑨ 사 업 연 도	⑩ 소득귀속연도	⑪ 소 득 금 액	비 고

「소득세법」 제155의4제1항 및 같은 법 시행령 제192조제1항 단서에 따라 소득금액 변동사항을 통지합니다.

년 월 일

세 무 서 장 직인

유의사항

※ 종합소득과세표준확정신고 대상 소득자의 소득금액이 변동됨으로써 소득세를 추가납부해야 하는 경우에는 이 통지서를 받은 날이 속하는 달의 다음 다음 달 말일까지 주소지 관할 세무서에 추가신고 · 자진납부해야 합니다.

210mm×297mm[백상지 80g/㎡(재활용품)]

4. 3월 말 결산법인의 인정상여 소득처분 시 원천징수이행상황신고서 작성방법

근로소득의 수입시기 중 해당 사업연도의 소득금액을 법인이 신고하거나 세무서장이 결정·경정함에 따라 발생한 그 법인의 임원 또는 주주·사원, 그 밖의 출자자에 대한 상여는 해당 사업연도 중의 근로를 제공한 날이 근로소득의 수입시기이고 이 경우 월평균금액을 계산한 것이 2개 연도에 걸친 때에는 각각 해당 사업연도 중 근로를 제공한 날로 한다(소령 §49 ① 3호).

따라서 3월 말 결산법인이 당해 연도 2025.6. 말까지 법인세를 신고하는 경우로서 법인세법에 따른 인정상여처분을 하였다면 2024년과 2025년으로 안분하여 원천징수이행상황신고서를 작성하여 제출해야 하는 것이다.

2024.4.1.~2025.3.31.까지의 사업연도에 대해서 2025.6.30.까지 법인세 신고를 하는 3월 말 결산법인이 2025.6.30.에 인정상여에 대한 소득처분을 하였다고 가정하고 원천징수이행상황신고서 작성방법을 소개하면 다음과 같다.

(1) 연말정산이 종료되지 않은 귀속연도분에 대하여 소득처분이 있는 경우

사례의 3월 말 결산법인의 인정상여로 처분된 근로소득은 2024.4.1.~2025.3.31.까지의 근로소득이고 이 중 2025.1.1.~2025.3.31.까지의 금액은 아직 연말정산이 완료되지 않은 근로소득이므로 다음과 같이 원천징수이행상황신고서를 작성한다.

① 인정상여로 처분된 금액을 12개월로 나누고 3개월을 곱하여 2025.1.1.~2025.3.31.까지의 근로소득을 계산한다.

② 원천징수이행상황신고서의 기재대상은 다음과 같이 작성한다.

구 분	기재내역
신고구분	매월
귀속연월	2025년 6월
지급연월	2025년 6월
제출연월	2025년 7월 10일

근로소득 A01(간이세액)란에 인원, 처분된 금액 그리고 처분된 금액에 대한 소득세 등을 기입하여 원천징수이행상황신고서를 제출한다.

(2) 이미 연말정산이 완료된 귀속연도분을 소득처분하는 경우

위 사례의 2024.4.1.~2024.12.31.까지의 금액은 이미 연말정산이 완료된 부분이므로 소득처분일 기준으로 연말정산 추가신고를 하여야 한다.

① 인정상여로 처분된 금액을 12개월로 나누고 9개월을 곱하여 2024.4.1.~2024.12.31.까지의 근로소득을 계산한다.

② 계산된 2024년 귀속분 인정상여 금액에 대한 연말정산 재정산을 하여 추가납부세액을 결정한다.

③ 원천징수이행상황신고서 작성은 다음과 같이 작성한다.

구 분	기재내역
신고구분	매월, 소득처분
귀속연월	2025년 2월
지급연월	2025년 6월
제출연월	2025년 7월 10일

근로소득 A04(연말정산)란에 인원, 처분된 금액 그리고 연말정산 재정산에 따른 추가납부세액을 소득세 등란에 기입하여 원천징수이행상황신고서를 제출하고 인정상여가 반영된 근로소득지급명세서도 서면 제출한다.

PART

5

인건비에 대한 세무처리

Chapter

01 급여 관련 세무처리

01 인건비의 종류

1 의의

인건비란 근로를 제공받은 대가로 임원 또는 직원에게 지급하는 보수, 상여금, 퇴직급여(퇴직금, 퇴직위로금, 퇴직연금) 그리고 복리후생비를 말하며, 인건비는 순자산을 감소시키는 비용형태이므로 세법상 원칙적으로 손금에 산입한다. 그러나 급여가 ① 과다계상하여 법인세를 부당하게 회피하거나, ② 이익처분에 의하여 지급하는 경우에는 이를 손금에 산입하지 아니한다.

이는 주로 임원에게 지급되는 인건비에 관한 것으로 기업경영에 전반적인 영향력을 행사하는 임원이 자기에 대한 이익의 분여를 인건비 등으로 위장하는 것을 방지하기 위한 방편으로 이해할 수 있다.

인건비에 대한 손금산입여부를 직원과 임원으로 구분하여 정리하면 다음과 같다.

구 분		직 원	임 원
(1) 일반 급여		손금산입	손금산입
(2) 상여금	① 일반적인 상여금	손금산입	급여지급기준에 의한 금액의 한도 내에서 손금산입
	② 이익처분에 의해 지급되는 상여금	손금불산입	손금불산입
(3) 퇴직금		손금산입	일정한 한도 내에서 손금산입
(4) 복리후생비		열거된 것 및 그와 유사한 것에 한하여 손금산입	

✔ 위의 표에서 손금산입은 원칙적으로 손금으로 인정한다는 것일 뿐이며, 손금불산입하는 예외도 있음

2 임원과 직원의 구분

1. 임원

임원은 법인의 회장, 사장, 대표이사 등 임원 등기 여부나 명칭에 불문하고 업무의 실질적인 내용에 따라 판단되며 법인세법상 임원에 대해서는 법인소득의 조작 등을 할 수 있는

직위에 있으므로 각종 규제를 두고 있다(법령 §40 ①).

① 법인의 회장, 사장, 부사장, 이사장, 대표이사, 전무이사 및 상무이사 등 이사회의 구성원 전원과 청산인

② 합명회사, 합자회사 및 유한회사의 업무집행사원 또는 이사

③ 유한책임회사의 업무집행자

④ 감사

⑤ 그 밖에 ①부터 ④까지의 규정에 준하는 직무에 종사하는 자

임원에 해당하는지 여부는 종사하는 직무의 실질에 따라 사실 판단할 사항이다. 즉, 법인 등기부상 등기여부와 출자여부는 임원의 판단기준이 아니고 실질적인 임원인지 여부로 판단한다.

2. 직원

직원이란 임원의 직무에 종사하지 아니하는 종업원을 말한다. 참고로 법인세법에서 종전에는 직원이란 용어 대신 사용인이라는 용어를 사용하였는데 직원으로 세법 용어를 조정하였다.

3. 지배주주 등

법인세법에서 「지배주주 등」이란 법인의 발행주식총수 또는 출자총액의 1% 이상의 주식 또는 출자지분을 소유한 주주 등으로서 그와 특수관계에 있는 자와의 소유 주식 또는 출자지분의 합계가 해당 법인의 주주 등 중 가장 많은 경우의 해당 주주 등을 말한다(법령 §43 ⑦).

3 급여

1. 원칙

근로의 대가로 통상 지급하는 급여는 이익처분에 의한 것이 아닌 한 직원, 임원을 구분하지 아니하고 모두 손금에 산입한다.

2. 손금불산입되는 경우

다음에 해당하는 경우 손금불산입한다.

(1) 지배주주 등인 임원 또는 직원에게 지급한 초과보수

법인이 지배주주 등(특수관계에 있는 자 포함)인 임원 또는 직원에게 정당한 사유 없이

동일 직위에 있는 지배주주 등 외의 임원 또는 직원에게 지급하는 금액을 초과하여 보수를 지급한 경우 그 초과금액은 이를 손금에 산입하지 아니한다(법령 §43 ③).

(2) 비상근임원에게 지급하는 금액 중 부당행위계산 부인액

비상근임원에게 지급하는 보수는 손금에 산입하는 것이 원칙이나, 부당행위계산에 해당하는 경우에는 손금에 산입하지 않는다. 부당행위계산에 해당하는지 여부는 그 임원이 수행하는 직무의 내용, 동일 규모의 사업을 영위하는 법인의 지급수준 등을 감안하여 판단한다(법령 §43 ④).

실무 POINT 해외현지법인에 파견근무하는 임직원급여와 출산·양육비의 손금산입여부 등

1. 해외현지법인에 파견근무하는 임직원의 인건비 손금산입여부

내국법인이 발행주식총수 또는 출자지분의 100%를 직접 또는 간접 출자한 해외현지법인에 파견된 임원 또는 직원의 인건비로서 소득세법 제127조 제1항에 따라 근로소득세가 원천징수된 인건비(해당 내국법인이 지급한 인건비가 해당 내국법인 및 해외출자법인이 지급한 인건비 합계의 50% 미만인 경우로 한정)는 손금산입한다(법령 §19 3호).

2. 임원 또는 직원의 출산·양육 지원금액의 손금산입여부

임원 또는 직원의 출산 또는 양육 지원을 위해 해당 임원 또는 직원에게 공통적으로 적용되는 지급기준에 따라 지급하는 금액은 손금산입한다(법령 §19 3의 2호, 2024년부터 적용함).

3. 임원 또는 직원 할인금액 지원금액의 손금산입여부

사업자나 법인이 생산·공급하는 재화 또는 용역을 그 사업자나 법인(독점규제 및 공정거래에 관한 법률에 따른 계열회사 포함)의 사업장에 종사하는 임원등에게 시가보다 낮은 가격으로 제공하거나 구입할 수 있도록 지원함으로써 해당 임원 또는 직원이 얻는 이익에 상당하는 금액은 손금산입한다(법령 §19 3의 3호, 2025년부터 적용함).

4 상여금

1. 일반적인 상여금

(1) 직원에 대한 상여금

법인이 직원에게 지급하는 상여금은 이익 처분에 의한 것을 제외하고는 전액 법인의 손금으로 인정된다.

(2) 임원에 대한 상여금

법인이 임원에게 지급하는 상여금 중 정관 또는 주주총회·사원총회나 이사회의 결의에 의하여 결정된 급여지급기준에 의하여 지급하는 상여금을 초과하는 금액은 손금불산입한다(법령 §43 ②).

실무 POINT **임원상여금 관련 예규**

1. 총급여한도액만을 정하고 지급하는 임원상여금이 손금용인되는지 여부

법인이 임원에 대한 급여(상여금 포함) 지급기준을 주주총회의 결의에 의하여 정하면서 전체임원에 대한 총급여한도액만을 정하고, 실제로 임원에게 상여금을 지급할 때에는 사용인에 대한 급여지급 규정상의 상여금 지급 비율을 준용하여 지급한 경우에도 당해 상여금은 손금산입대상 상여금으로 볼 수 있는 것임(법인 46012-206, 1998.1.26.).

2. 객관적인 지급기준이 없이 특정임원에게 지급한 상여금의 손금불산입

객관적인 지급기준이 없이 특정임원에게 지급한 쟁점상여금에 대해 이사회결의로 지급하는 이익처분성격의 상여금에 해당하는 것으로 보아 손금불산입하여 과세한 처분은 잘못이 없는 것으로 판단됨(국심 2003서3734, 2004.5.10.; 서면법인 2019-1274, 2020.4.8.).

3. 자기주식을 상여로 지급하는 경우 손금산입 방법

자기주식을 당해 법인의 임직원에게 상여로 지급하는 경우 자기주식의 시가(임직원으로부터 일부 수령하는 대가는 차감)를 당해 법인의 각 사업연도 소득금액 계산 시 손금에 산입(임원의 경우 법인세법 시행령 제43조 제2항의 규정에 의한 급여지급기준 내의 것에 한함)하는 것이며, 상여금으로 지급한 자기주식의 장부가액과 시가와의 차이를 당해 법인의 각 사업연도 소득금액 계산상 익금 또는 손금에 산입하는 것임(서면법인 2023-2600, 2023.9.22.).

2. 이익처분에 의하여 지급하는 상여금

법인이 그 임원 또는 직원에게 이익처분에 의하여 지급하는 상여금은 이를 손금에 산입하지 아니한다. 이 경우 합명회사 또는 합자회사의 노무출자사원에게 지급하는 보수는 이익처분에 의한 상여로 본다(법령 §43 ①).

3. 상여금의 손금 귀속시기

(1) 원칙

상여금은 그 상여금을 지급할 의무가 확정되는 날이 속하는 사업연도의 손금으로 한다. 따라서 지급기준이 정하여진 상여금을 회사자금 사정으로 퇴직한 사원에게 미지급한 경우 등의 상여금은 그 지급의무가 확정된 날이 속하는 사업연도의 각 사업연도 소득금액 계산 시 손금에 산입하는 것이다(법인 46012-1295, 1995.5.12.).

(2) 성과배분 상여금

성과산정지표 등을 기준으로 하여 사용인에게 성과배분상여금을 지급하기로 하는 노사협약을 체결하고 그에 따라 지급하는 성과배분상여금에 대하여 법인이 사업연도종료일을 기준으로 성과배분상여금을 산정한 경우 해당 성과배분상여금은 그 성과배분의 기준일이 속하는 사업연도의 손금에 산입한다(법행 40－71－20).

5 퇴직급여

퇴직급여란 임원 또는 직원이 일정기간 근속하고 퇴직하는 경우에 연금 또는 일시금으로 지급하는 인건비를 말하는 것으로 법인세법상 퇴직급여는 근로자퇴직급여보장법에 따른 퇴직금 및 퇴직연금을 말하는 것이다.

퇴직급여와 관련된 인건비 처리에 대해서는 「PART 4 – Chapter 03 **퇴직소득 원천징수 실무**」에서 자세하게 설명하였으므로 이하에서는 퇴직급여의 손금산입과 관련된 요약정리만 하기로 한다.

1. 퇴직금

근로자퇴직급여보장법에 의하여 임원 및 직원에게 지급하는 퇴직급여는 손금으로 인정한다. 다만, 임원퇴직급여 중 한도초과액은 과다경비로 인정되어 손금불산입하고 상여로 소득처분하며 직원에게 지급한 퇴직급여는 정관 또는 퇴직급여규정에 정하여진 금액을 초과하더라도 이를 전액 손금산입한다(법령 §44 ① 및 ④).

(1) 직원

구 분		손금인정 여부	소득구분
퇴직금 지급규정이 있는 경우	지급규정대로 지급한 경우	손금산입	퇴직소득
	지급규정을 초과한 금액	손금산입	근로소득
퇴직금 지급규정이 없는 경우	근로자퇴직급여보장법에 따라 계산한 금액	손금산입	퇴직소득
	근로자퇴직급여보장법에 따라 계산한 금액을 초과한 경우	손금산입	퇴직소득

(2) 임원

구 분		손금인정 여부	소득구분
임원퇴직금 지급규정이 있는 경우	지급규정대로 지급한 경우	손금산입	퇴직소득*1
	지급규정을 초과한 금액	손금불산입	근로소득

구 분		손금인정 여부	소득구분
임원퇴직금 지급 규정이 없는 경우	법인세법상 한도액*2	손금산입	퇴직소득
	법인세법상 한도액을 초과한 금액	손금불산입	근로소득

*1. 소득세법상 한도를 초과할 경우 손금산입은 인정되지만 근로소득으로 봄

*2. 법인세법상 한도액=퇴직직전 1년간 총급여액×10%×근속월수÷12개월

2. 현실적 퇴직여부

현실적인 퇴직이란 고용관계의 종료를 통한 실질적인 퇴직뿐만 아니라 고용관계의 종료와는 상관없이 사용인이 임원으로 취임하는 경우 등 법에서 정한 사유(현실적인 퇴직으로 보는 경우)로 퇴직금을 지급하는 경우를 포함하는 개념이다.

구 분	현실적인 퇴직으로 보는 경우	현실적인 퇴직으로 보지 않는 경우
소 득	퇴직소득	업무무관가지급금으로 처리
원천징수 여부	원천징수함	원천징수하지 않음
손금산입 여부	손금산입	손금불산입

3. 퇴직연금

퇴직연금제도는 퇴직급여의 지급에 소요되는 재원을 사용자가 퇴직연금사업자에게 미리 불입하고, 근로자의 퇴직 시 퇴직급여를 퇴직연금사업자가 지급하는 제도를 말하는 것으로 확정급여형 퇴직연금제도와 확정기여형 퇴직연금제도(2022. 4. 14.에 시행되는 중소기업퇴직연금기금제도 포함)로 구분한다.

구 분	확정급여형 퇴직연금	확정기여형 퇴직연금
사용자부담금의 수준	근로자의 퇴직일을 기준으로 산정한 일시금의 금액이 계속 근로기간 1년에 대하여 30일분의 평균임금액 이상이어야 한다.	근로자의 연간 임금총액의 1/12에 해당하는 금액 이상을 현금으로 불입하여야 한다.
기업회계상 회계처리	연금부담금을 퇴직연금 운용자산으로 계상한 후 퇴직급여와 관련된 부채(퇴직급여충당부채와 퇴직연금미지급금)에서 차감표시	연금분담금을 퇴직급여로 회계처리
손금산입여부	세법상 한도 내 손금산입	전액 손금산입*1

*1. 임원의 경우는 퇴직 시까지 납부한 퇴직연금 회사부담금의 합계액을 퇴직급여로 보아 임원퇴직금 손금산입 한도 내에서 손금으로 인정하고, 한도초과 시 퇴직일이 속하는 사업연도의 회사부담금은 손금부인한다.

PART 5 인건비에 대한 세무처리

실무 POINT **경영성과급을 확정기여형 퇴직연금에 납입 시 손금 여부**

근로자퇴직급여보장법 제19조에 따른 확정기여형 퇴직연금제도를 설정한 내국법인이 근로자와 합의한 퇴직연금규약에 따라 임원 및 사용인의 경영성과급 중 일부 또는 전부를 사용자부담금으로 확정기여형 퇴직연금에 추가하여 납입하는 경우(2015.2.3. 이후 적립하는 분부터는 소득세법시행령 제38조 제2항에 따라 적립하는 경우에 한정) 해당 부담금은 전액 손금에 산입하는 것임.

다만, 임원에 대한 부담금은 법인이 퇴직 시까지 부담한 부담금의 합계액을 퇴직급여로 보아 법인세법시행령 제44조 제4항을 적용하되, 손금산입한도 초과액이 있는 경우에는 퇴직일이 속하는 사업연도의 부담금 중 손금산입한도 초과액 상당액을 손금에 산입하지 아니하고 손금산입한도 초과금액이 퇴직일이 속하는 사업연도의 부담금을 초과하는 경우 그 초과금액은 퇴직일이 속하는 사업연도의 익금에 산입하는 것임(서면법령해석법인 2014-21432, 2015.6.29.; 서면법인 2016-2879, 2016.8.10.)

✔ 소득세법시행령 제38조 제2항

근로자가 적립금액 등을 선택할 수 없는 것으로서 다음 각 호의 요건을 모두 충족하는 적립방법을 말한다.

1. 근로자퇴직급여보장법 제4조 제1항에 따른 퇴직급여제도의 가입 대상이 되는 근로자(임원 포함) 전원이 적립할 것. 다만, 각 근로자가 다음 각 목의 어느 하나에 해당하는 날에 향후 적립하지 아니할 것을 선택할 수 있는 것이어야 한다.
   가. 사업장에 제2호에 따른 적립 방식이 최초로 설정되는 날(해당 사업장에 최초로 근무하게 된 날에 제2호의 적립 방식이 이미 설정되어 있는 경우에는 근로자퇴직급여보장법 제4조 제1항에 따라 최초로 퇴직급여제도의 가입 대상이 되는 날을 말한다)
   나. 제2호의 적립 방식이 변경되는 날
2. 적립할 때 근로자가 적립 금액을 임의로 변경할 수 없는 적립 방식을 설정하고 그에 따라 적립할 것
3. 제2호의 적립 방식이 근로자퇴직급여보장법 제6조 제2항에 따른 퇴직연금규약, 같은 법 제19조 제1항에 따른 확정기여형퇴직연금규약 또는 과학기술인공제회법 제16조의 2에 따른 퇴직연금급여사업을 운영하기 위하여 과학기술인공제회와 사용자가 체결하는 계약에 명시되어 있을 것
4. 사용자가 퇴직연금계좌에 적립할 것

6 복리후생비

법인이 그 임원 또는 직원을 위하여 지출한 복리후생비 중 다음 중 어느 하나에 해당하는 비용 외의 비용은 이를 손금에 산입하지 아니한다. 이 경우 직원에 파견근로자보호등에관한법률 제2조에 따른 파견근로자를 포함한다(법령 §45).

① 직장체육비

② 직장문화비

③ 직장회식비

④ 우리사주조합의 운영비

⑤ 국민건강보험법 및 노인장기요양보호법에 따라 사용자로서 부담하는 보험료 및 부담금

⑥ 영유아보육법에 의하여 설치된 직장어린이집의 운영비

⑦ 고용보험법에 의하여 사용자로서 부담하는 보험료

⑧ 그 밖에 임원 또는 직원에게 사회통념상 타당하다고 인정되는 범위 안에서 지급하는 경조사비 등 ① 내지 ⑦의 비용과 유사한 비용

실무 POINT **복리후생비 관련 예규 등**

1. 부서별로 진행하는 회식비용의 손금산입

법인이 영업사원 등의 복리후생 및 판매활성화를 위하여 영업전략회의 후 사기진작을 위한 송연회식을 하는 경우 부서별로 일정금액을 정하여 소속직원의 회식비 등으로 사용하기 위해 지출하는 경우 그 금액이 사회통념상 적정하다고 인정되는 경우에는 법인의 각 사업연도 소득금액계산상 손금으로 인정한다(서이-2744, 2004.12.27.).

2. 법인이 지출한 임원 등의 손해배상금

법인이 임원 또는 직원의 행위 등으로 인하여 타인에게 손해를 끼침으로써 법인이 손해배상금을 지출한 경우에는 그 손해배상의 대상이 된 행위 등이 법인의 업무수행과 관련된 것이고 또한 고의나 중과실로 인한 것이 아닌 경우에는 그 지출한 손해배상금은 각 사업연도의 소득금액계산상 손금에 산입한다(법행 19-19-18).

3. 부임수당의 손금산입

종업원에게 지급하는 부임수당은 이를 각 사업연도의 소득금액계산상 손금에 산입한다. 그 수당 중 이사에 소요되는 비용상당액은 여비·교통비로 보며 이를 초과하는 부분은 인건비로 본다(법통 19-19…7).

4. 불우종업원에 대한 보조금의 손금처리

불우종업원에게 지급하는 생계비 및 학비보조금은 인건비로 보아 이를 각 사업연도의 소득금액계산상 손금에 산입한다(법통 19-19…6).

5. 임원의 순직으로 지급된 장례비 등의 손금산입

임원의 순직과 관련하여 지급하는 장례비나 위로금 등으로서 사회통념상 타당하다고 인정되는 범위 안의 금액은 이를 당해 사업연도의 손금에 산입할 수 있다(법통 19-19…13).

7 여비교통비 및 교육훈련비

1. 일반적인 여비 및 교육훈련비

법인의 사업과 관련하여 지출한 여비 및 교육훈련비는 수익을 창출하기 위한 순자산의 감소거래이므로 임원 및 직원 모두에 대하여 손금으로 인정한다.

2. 여비 및 교육훈련비의 손금불산입

법인이 임원 또는 직원이 아닌 지배주주 등(특수관계에 있는 자 포함)에게 지급한 여비 또는 교육훈련비는 해당 사업연도의 소득금액을 계산할 때 손금에 산입하지 아니한다(법령 §46).

이것은 임원과 직원이 아닌 자에게 지급한 금액이므로 업무무관경비의 성격이므로 지배주주 등에 대한 부당행위계산에 해당한다.

실무 POINT **여비 및 교육훈련비의 예규 등**

1. 퇴직자에게 지급하는 창업교육훈련비의 처리

구조조정에 따라 퇴직하는 근로자가 회사의 사규에 의해 퇴직한 후에 일정기간(통상 6월 이내) 동안 당해 회사로부터 창업 또는 전직을 위한 교육훈련을 받고 그 비용을 지급받는 경우, 그 교육훈련비는 퇴직위로금 등으로서 당해 근로자의 근로소득에 해당하는 것이며, 그 수입시기는 동 교육훈련비를 지급받거나 지급받기로 한 날로 하는 것이다. 이 경우, 그 교육훈련비는 당해 내국법인의 각 사업연도의 소득금액계산 시 손금으로 한다(서이 46013-11196, 2002.6.12.).

2. 해외여비의 손금산입기준(법행 19-19-11)

① 임원 또는 사용인의 해외여행에 관련하여 지급하는 여비는 그 해외여행이 해당 법인의 업무수행상 통상 필요하다고 인정되는 부분의 금액에 한한다. 따라서 법인의 업무수행상 필요하다고 인정되지 아니하는 해외여행의 여비와 법인의 업무수행상 필요하다고 인정되는 금액을 초과하는 부분의 금액은 원칙적으로 해당 임원 또는 사용인에 대한 급여로 한다. 다만, 그 해외여행이 여행기간의 거의 전 기간을 통하여 분명히 법인의 업무수행상 필요하다고 인정되는 것인 경우에는 그 해외여행을 위해 지급하는 여비는 사회통념상 합리적인 기준에 따라 계산하고 있는 등 부당하게 과다한 금액이 아니라고 인정되는 한 전액을 해당 법인의 손금으로 한다.

② 임원 또는 사용인의 해외여행에 있어서 그 해외여행기간에 걸쳐 법인의 업무수행상 필요하다고 인정할 수 없는 여행을 겸한 때에는 그 해외여행에 관련하여 지급되는 여비를 법인의 업무수행상 필요하다고 인정되는 여행의 기간과 인정할 수 없는 여행의 기간과의 비율에 따라 안분하여 업무수행과 관련이 없는 여비는 이를 해당 임원 또는 사용인에 대한 급여로 한다. 이 경우 해외여행의 직접 동기가 특정의 거래처와의 상담, 계약의

체결 등 업무수행을 위한 것인 때에는 그 해외여행을 기회로 관광을 병행한 경우에도 그 왕복교통비(해당 거래처의 주소지 등 그 업무를 수행하는 장소까지의 것에 한함)는 업무수행에 관련된 것으로 본다.

3. 업무수행상 필요한 해외여행의 판정(법행 19-19-12, 법통 19-19…23)

① 임원 또는 사용인의 해외여행이 법인의 업무수행상 필요한 것인가는 그 여행의 목적, 여행지, 여행기간 등을 참작하여 판정한다. 다만, 다음 각 호에 해당하는 여행은 원칙적으로 법인의 업무수행상 필요한 해외여행으로 보지 아니한다.

㉠ 관광여행의 허가를 얻어 행하는 여행

㉡ 여행알선업자 등이 행하는 단체여행에 응모하여 행하는 여행

㉢ 동업자단체, 기타 이에 준하는 단체가 주최하여 행하는 단체여행으로서 주로 관광목적이라고 인정되는 것

② ①의 단서에 해당하는 경우에도 그 해외여행기간 중에 있어서의 여행지, 수행한 일의 내용 등으로 보아 법인의 업무와 직접 관련이 있는 것이 있다고 인정될 때에는 법인이 지급하는 그 해외여행에 소요되는 여비 가운데 법인의 업무에 직접 관련이 있는 부분에 직접 소요된 비용(왕복 교통비는 제외)은 여비로서 손금에 산입한다.

4. 해외여행동반자의 여비처리(법행 19-19-13, 법통 19-19…24)

임원이 법인의 업무수행상 필요하다고 인정되는 해외여행에 그 친족 또는 그 업무에 상시 종사하고 있지 아니하는 자를 동반한 경우에 있어서 그 동반자와 관련된 여비를 법인이 부담하는 때의 그 여비는 그 임원에 대한 급여로 한다. 다만, 그 동반이 다음 중 어느 하나의 경우와 같이 분명히 그 해외여행의 목적을 달성하기 위하여 필요한 동반이라고 인정되는 때에는 그러하지 아니하다.

① 그 임원이 상시 보좌를 필요로 하는 신체장애자이므로 동반하는 경우

② 국제회의의 참석 등에 배우자를 필수적으로 동반하도록 하는 경우

③ 그 여행의 목적을 수행하기 위하여 외국어에 능숙한 자 또는 고도의 전문적 지식을 지니는 자를 필요로 하는 경우에 그러한 적임자가 법인의 임원이나 직원 가운데 없기 때문에 임시로 위촉한 자를 동반하는 경우

Chapter

02 급여 관련 회계처리[1)]

일반기업회계기준(제21장 종업원급여)과 한국채택국제회계기준(제1019호 종업원급여)에서는 급·상여 및 퇴직급여 등 인건비와 관련된 기업회계기준에 대해 설명하고 있다. 한국채택국제회계기준은 주식회사등의외부감사에관한법률의 적용대상기업 중 자본시장과금융투자업에관한법률에 따른 주권상장법인 등에 적용되는 회계기준을 말하며, 주식회사등의외부감사에관한법률의 적용대상기업 중 한국채택국제회계기준에 따라 회계처리하지 아니하는 기업이 적용하는 기업회계기준을 일반기업회계기준이라고 한다.

01 일반기업회계기준하의 종업원급여

1 종업원급여의 범위와 구분

1. 종업원급여의 범위

일반기업회계기준상의 종업원급여에는 다음을 포함한다.

① 기업과 종업원(종업원단체 또는 그 대표자 포함) 사이에 합의된 공식적인 제도나 그 밖의 공식적인 협약에 따라 제공하는 급여

② 기업이 공공제도, 산업별제도 등에 기여금을 납부하도록 강제하는 법률이나 산업별협약에 따라 제공되는 급여

③ 의제의무를 발생시키는 비공식적 관행에 따라 제공하는 급여

2. 종업원급여의 구분

종업원급여는 퇴직급여 외의 종업원급여와 퇴직급여로 구분한다. 퇴직급여 외의 종업원급여는 임금, 사회보장분담금(예 국민연금), 이익분배금, 상여금, 현직종업원을 위한 비화폐성급여(예 의료, 주택, 자동차, 무상 또는 일부 보조로 제공되는 재화나 용역), 명예퇴직금(조기퇴직의 대가로 지급하는 인센티브 등을 포함) 등을 말한다.

---

1) 월간조세(2019년 5월, 조영호 회계사의 인건비 관련 주요 회계처리 발췌)

2 종업원급여의 회계처리

1. 퇴직급여 외의 종업원급여

종업원이 근무용역을 제공한 때 근무용역에 대한 대가로 경제적 효익이 사용 또는 유출됨으로써 자산이 감소하거나 부채가 증가하고 그 금액을 신뢰성 있게 측정할 수 있다면 종업원급여를 다음과 같이 인식한다.

① 이미 지급한 금액을 차감한 후 부채(미지급비용)로 인식한다. 이미 지급한 금액이 해당 급여의 금액보다 많은 경우에는 그 초과액 때문에 미래 지급액이 감소하거나 현금이 환급되는 만큼을 자산(선급비용)으로 인식한다.

상황 1

회사는 해당 월의 급여를 다음 달 1일에 지급하고 있다. X1년 말 현재 X1년 12월 귀속분 급여 및 상여 100원이 미지급상태이며 X2년 1월 1일 동 금액을 지급할 예정이다. 이때 X1년 말 현재 필요한 결산대체분개는 다음과 같다.

(차)	급여	100	(대)	미지급비용/미지급금	100

상황 2

회사는 기준 월의 11일부터 다음 달 10일까지의 귀속급여를 다음 달 10일에 지급하고 있다. X1년도 12월에 지급된 급여 및 상여 중 30원은 X2년도 1월 귀속분에 대한 선지급액이다. 이때 X1년 말 현재 필요한 결산대체분개는 다음과 같다.

(차)	선급비용/선급금	30	(대)	급여/상여	30

② 다른 일반기업회계기준에 따라 해당 급여를 자산의 원가에 포함하는 경우를 제외하고는 비용으로 인식한다. 즉, 일반적인 종업원급여 중 제조원가, 공사원가 등의 노무비에 포함되어 당기총제조원가 등을 구성하고 추후 수익에 대응되어 비용으로 인식되는 종업원급여 성격 외의 비용(판매관리부서의 인건비 등)은 판매관리비 등으로 처리된다.

③ 종업원이 미래의 연차유급휴가(연차수당)에 대한 권리를 발생시키는 근무용역을 제공하는 회계기간에 연차유급휴가와 관련된 비용과 부채를 인식한다. 근로기준법 등에 따르면, 연차유급휴가는 당해 연도에 일정 기간을 근무한 종업원에게 그 권리가 주어지며, 종업원은 차기 연도에 연차유급휴가를 사용하거나 차기 연도에 미사용된 연차유급휴가에 대한 수당을 그 이후에 지급받을 수 있는 것으로 해석되고 있다.

기업회계기준은 연차유급휴가(연차수당)에 대해 권리의무확정주의에 따라 미지급비용 계상을 인정하지 않는 세법과 달리 발생주의에 따라 연차수당 관련 미지급비용을 인식한다.

이때 연차수당과 관련하여 기말 재무상태표에 계상되는 연차유급휴가(연차수당) 계산방법이 회사별로 차이가 발생하는데 연차유급휴가(연차수당) 계상과 관련하여 가장 일반적으로 사용되고 있는 방법 중 하나를 소개하면 다음과 같다.

기말 재무상태표상 연차수당 계상금액(인별)

→ 부여일수×일당
　일당 : (직전 3개월의 월평균급여+1년간 수령한 총상여 / 12개월) / 30일

이때, 회사별로 차이가 가장 많이 발생하는 부분이 부여일수인데 어떤 회사는 결산이 완료된 사업연도에 대한 정산일수를 적용하기도 하고 어떤 회사는 경험률에 따라 현금으로 정산될 것으로 예상되는 다음 사업연도의 예상 보상일수를 적용하기도 한다.

회사별 다양한 연차수당 인식방법과 관련하여 2012년 금융감독원에서는 연차휴가사용촉진제도를 시행하는 경우와 그렇지 않은 경우의 관련 회계처리 예시를 제시하였는데 해당 내용을 정리하면 다음과 같다.

사례 연차유급휴가 회계처리

1. 배경정보
   - A사는 20X1년 1월 1일에 창립되었음
   - A사는 20X1년 1월 1일에 종업원 10명을 고용하였음
   - A사 종업원의 법정근무일수는 1년에 300일이라고 가정하며, 근무일수 300일에 대한 임금은 300이며, 평균임금 또는 통상임금에 해당하는 일급 금액은 1이라고 가정함
   - A사는 근로기준법에 따라 당해 연도에 8할 이상 근무한 종업원에게 15일의 연차유급휴가를 부여함
   - X1년도와 X2년도에 모든 종업원은 8할 이상 근무하였음
   - X1년 말 현재 A사의 종업원은 X2년도에 연차유급휴가일수의 80%를 사용할 것으로 예상하였으며, X2년 실제 연차유급휴가사용일수는 X1년의 예상과 일치함
   - X2년 말 현재 A사의 종업원은 X3년도에 연차유급휴가일수의 90%를 사용할 것으로 예상함
   - X1년과 X2년에 종업원의 신규입사, 퇴사 및 임금상승은 없다고 가정함

2. 회계처리(X1~X2)

   ① (연차휴가사용 촉진제도를 시행하는 경우) A사가 X2년도에 근로기준법 제61조상 연차유급휴가의 사용촉진을 이용하여, 종업원의 미사용연차유급휴가에 대하여 연차유급휴가 미사용 수당을 X2년도에 지급할 의무가 존재하지 않을 것으로 예상되는 경우

구 분	20X1	20X2
제공근무용역 임금 지급	차) 급여 3,000 대) 현금 3,000	차) 급여 2,880 대) 현금 2,880
연차유급휴가 수당지급	해당사항 없음	차) 부채 120* 대) 현금 120

* 10명×15일×1원×80%=120

② (연차휴가사용 촉진제도를 시행하지 않는 경우) 종업원의 미사용연차유급휴가에 대하여 A사가 연차유급휴가미사용수당을 지급할 의무가 존재하며, 미사용한 연차유급휴가수당의 100%를 연차유급휴가미사용수당으로 지급함

구 분	20X1	20X2
제공근무용역 임금 지급	차) 급여 3,000 대) 현금 3,000	차) 급여 2,880 대) 현금 2,880
연차유급휴가 수당지급	해당사항 없음	차) 부채 120 대) 현금 120
연차유급휴가 관련 부채인식	차) 급여 120*1 대) 부채 120	차) 급여 135*3 대) 부채 135
미사용 연차유급휴가 관련 부채인식	차) 급여 30*2 대) 부채 30	차) 급여 15*4 대) 부채 15

*1. 10명×15일×1원×80%=120

*2. 10명×15일×1원×20%=30(20X3년도에 연차유급휴가미사용 수당으로 지급하며, 이와 관련된 20X3년의 회계처리는 다음과 같음)

차) 부채 30 대) 현금 30

*3. 10명×15일×1원×90%=135

*4. 10명×15일×1원×10%=15

상기 금융감독원의 회계처리 예시를 확인해보면 연차휴가사용 촉진제도를 시행하지 않는 경우 기업회계기준은 발생주의에 따라 보고기간 말 시점에 부여된 연차일수 전체에 대하여 연차수당 관련 부채를 인식한다. 한편 연차휴가사용 촉진제도를 시행하는 경우 보고기간 말 시점 부여된 연차일수 중 사용촉진으로 인해 보상이 되지 않는 일수를 제외한 보상을 할 것으로 예상되는 연차일수에 대해 연차수당 관련 부채를 인식하고 있음을 확인할 수 있다.

2. 퇴직급여

(1) 확정기여제도

확정기여제도를 설정한 경우에는 당해 회계기간에 대하여 기업이 납부하여야 할 부담금(기여금)을 퇴직급여(비용)로 인식하고, 퇴직연금운용자산, 퇴직급여충당부채 및 퇴직연금미지급금은 인식하지 아니한다.

일정기간 종업원이 근무용역을 제공하였을 때 기업은 그 근무용역과 교환하여 확정기여제도에 납부해야 할 기여금을 다음과 같이 인식한다.

① 이미 납부한 기여금을 차감한 후 부채(미지급비용)로 인식한다. 이미 납부한 기여금이 보고기간 말 이전에 제공된 근무용역에 대해 납부하여야 하는 기여금을 초과하는 경우에는 초과기여금 때문에 미래 지급액이 감소하거나 현금이 환급되는 만큼을 자산(선급비용)으로 인식한다.

② 다른 일반기업회계기준에 따라 해당 퇴직급여를 자산의 원가에 포함하는 경우를 제외하고는 비용으로 인식한다. 즉, 일반적인 종업원급여 중 제조원가, 공사원가 등의 노무비에 포함되어 당기총제조원가 등을 구성하고 추후 수익에 대응되어 비용으로 인식되는 종업원급여 성격 외의 비용(판매관리부서의 인건비 등)은 판매관리비 등으로 처리된다.

다만 확정기여제도의 경우 납입하지 않은 금액에 대해 부채로 인식해야 하는 경우가 있음에도 실무적으로 누락되는 경우가 있는데 예시를 통해 확인해보도록 한다.

상황 회사는 매년 인별로 관리되는 퇴직급여추계액 자료를 작성하고 그에 따라 계산된 납부하여야 할 금액을 기말에 외부 금융기관에 납입하고 있다. X1년 말 현재 퇴직급여추계에 따른 당기 추가 납입필요액은 100원이나 회사의 자금사정으로 당기 납입한 금액은 50원에 불과하다. 이때 X1년 말 현재 필요한 결산대체분개는 다음과 같다.

(차)	퇴직급여	50	(대)	미지급비용/미지급금	50

✔ 일반기업회계기준(한국채택국제회계기준 포함)은 발생주의에 따라 거래를 인식하기 때문에 추계액 계산에 따라 납입이 필요하나 납입이 되지 않은 관련 금액에 대해 결산대체분개를 통하여 관련 부채를 인식하여야 함에 주의하여야 한다.

(2) 확정급여제도

1) 퇴직급여충당부채

퇴직급여충당부채는 보고기간 말 현재 전 종업원이 일시에 퇴직할 경우 지급하여야 할 퇴직금에 상당하는 금액으로 하며 급여규정의 개정과 급여의 인상으로 퇴직금소요액이 증가되었을 경우에는 당기분과 전기 이전분을 일괄하여 당기비용으로 인식한다.

확정급여형 퇴직연금제도에서 지급하는 퇴직급여와 관련된 부채는 일반적으로 보고기간 말 현재 종업원이 퇴직할 경우 지급하여야 할 퇴직일시금에 상당하는 금액을 측정하여 퇴직급여충당부채로 인식한다. 종업원이 아직 퇴직하지는 않았으나 퇴직연금에 대한 수급요건 중 가입기간 요건을 갖춘 경우에도, 보고기간 종료일 현재 종업원이 퇴직하면서 퇴직일시금의 수령을 선택한다고 가정하고 이때 지급하여야 할 퇴직일시금에 상당하는 금액을 측정하여 퇴직급여충당부채로 인식한다.

2) 퇴직연금운용자산 등

확정급여형 퇴직연금제도에서 운용되는 자산은 기업이 직접 보유하고 있는 것으로 보아 회계처리한다. 재무상태표에는 운용되는 자산을 하나로 통합하여 '퇴직연금운용자산(또는 퇴직연금운영자산)'으로 표시한다.

확정급여형 퇴직연금제도에서 퇴직급여와 관련된 자산과 부채를 재무상태표에 표시할 때에는 퇴직급여와 관련된 부채에서 퇴직급여와 관련된 자산(퇴직연금운용자산)을 차감하는 형식으로 표시한다. 퇴직연금운용자산이 퇴직급여충당부채와 퇴직연금미지급금의 합계액을 초과하는 경우에는 그 초과액을 투자자산(단기금융상품 등)의 과목으로 표시한다.

3) 퇴직연금제도가 아닌 퇴직금제도를 채택한 기업이 단체퇴직보험·종업원퇴직보험 또는 퇴직보험에 가입한 경우

(가) 단체퇴직보험과 종업원퇴직보험

① 퇴직보험료(퇴직급여 등)로 납입한 금액에서 보험회사가 사업비(운영수수료 등)로 충당하는 금액을 차감한 잔액을 자산(단기금융상품 등)으로 처리한다.

② 단체퇴직보험예치금은 투자자산(단기금융상품 등)의 과목으로 표시한다.

③ 이자수익과 특별배당금의 수령은 영업외수익으로 인식하며, 동 금액을 납입할 보험료로 대체할 경우 동 금액에 해당하는 금액을 단체퇴직보험예치금 등의 증가로 처리한다.

(나) 퇴직보험

① 기업이 종업원의 수급권을 보장하는 퇴직보험에 가입한 경우 퇴직보험예치금은 퇴직급여충당부채에서 차감하는 형식으로 표시한다. 다만, 퇴직보험예치금액이 퇴직급여충당부채를 초과하는 경우의 당해 초과액은 투자자산의 과목으로 표시한다.

② 이자수익과 특별배당금의 수령은 영업외수익으로 인식하며, 동 금액을 납입

할 보험료로 대체할 경우 동 금액에 해당하는 금액을 퇴직보험예치금의 증가로 처리한다.

기업이 이미 가입된 단체퇴직보험 등을 퇴직보험으로 전환한 경우에는 단체퇴직보험예치금을 퇴직보험예치금으로 대체한다

퇴직금제도와 확정급여형 퇴직연금제도가 병존하는 경우에는 각 제도의 퇴직급여충당부채는 합산하여 재무상태표에 표시한다. 그러나 퇴직금제도에서 경과적으로 존재하는 퇴직보험예치금은 확정급여형 퇴직연금제도의 퇴직연금운용자산과 구분하여 퇴직급여충당부채에서 차감하는 형식으로 표시한다.

한편, 기말 결산 시 퇴직연금운용자산과 관련하여 하기와 같이 계정구분에 오류가 발생하는 경우가 있으므로 주의가 필요하다.

재무상태표(계정분류 오류)

(단위 : 억)

자산	금액	부채·자본	금액
금융상품(퇴직연금운용자산)	10	퇴직급여충당부채	20
		기타부채	50
기타 자산	110	자본	50
	120		120

재무상태표(올바른 계정분류)

(단위 : 억)

자산	금액	부채·자본	금액
		퇴직급여충당부채	20
		금융상품(퇴직연금운용자산)	(10)
		순퇴직급여충당부채	10
		기타부채	50
기타 자산	110	자본	50
	110		110

법인세신고기한 경과 후 금융감독원으로부터 감사인 선임 관련 안내문을 수령하는 회사 중 상기 계정분류 오류와 같이 퇴직연금운용자산을 퇴직급여충당부채에서 차감하지 아니하고 각각 자산과 부채로 계상하여 자산과 부채가 모두 과대계상되는 경우가 간혹 있다. 올바른 계정구분에 따라 퇴직연금운용자산을 퇴직급여충당부채에서 상계하였을 경우 자산은 110억, 부채는 60억이 되어 주식회사등의외부감사에관한법률에 의한 외부감사에 해당하지 않는다. 하지만 퇴직연금운용자산을 퇴직급여충당부채에서 차감하지 아니하고 금융상품 등의 계정으로 잘못 계상하여 자산 120억, 부채 70억 이상으로 국세청에 재무상태표가 신고될 경우 주식회사등의외부감사에관한법률에 따른 외부감사 대상 규모를 충족하게 되어 불필요한 외부감사를 받는 경우가 발생할 수 있으므로 주의가 필요하다.

3. 퇴직급여제도의 변경

기존의 퇴직금제도에서 확정급여형 퇴직연금제도 또는 확정기여형 퇴직연금제도로 변경하는 경우 기존 퇴직급여충당부채에 대한 회계처리는 다음과 같다.

① 퇴직급여제도를 변경하면서 기존 퇴직급여충당부채를 정산하는 경우 기존 퇴직급여충당부채의 감소로 회계처리한다.

② 확정기여형 퇴직연금제도가 장래근무기간에 대하여 설정되어 과거근무기간에 대하여는 기존 퇴직금제도가 유지되는 경우 임금수준의 변동에 따른 퇴직급여충당부채의 증감은 퇴직급여(비용)로 인식한다.

③ 기존의 퇴직금제도에서 과거근무기간을 포함하여 확정급여형 퇴직연금제도로 변경하는 경우, 기존 퇴직급여충당부채에 대해 부담금 납부의무가 발생하더라도 이는 사내적립액을 사외적립액으로 대체할 의무에 지나지 않으므로 별도의 추가적인 부채로 인식하지 아니하고 납부하는 시점에 퇴직연금운용자산으로 인식한다.

02 한국채택국제회계기준하의 종업원급여

한국채택국제회계기준은 거래의 구체적인 적용, 인식과 측정 등에서 일반기업회계기준과 차이가 있다. 이하에서는 종업원급여와 관련하여 일반기업회계기준과 차이를 보이는 한국채택국제회계기준의 주요 인건비(종업원급여) 항목에 대해 살펴본다.

| 종업원급여와 관련된 일반기업회계기준과 한국채택국제회계기준의 주요 차이 항목 |

구 분	일반기업회계기준 제21장 종업원급여	한국채택국제회계기준 제1019호 종업원급여
퇴직일시금제도 /퇴직연금제도	병행, 퇴직급여충당부채 인식	• 퇴직급여충당부채 없음 • 퇴직연금제도(확정기여형, 확정급여형)
퇴직급여채무의 측정	청산가치 개념을 채택	예측급여채무의 개념을 채택하여 보험수리적 방법으로 측정
단기종업원급여	기업의 퇴직금지급규정에서 별도로 정하지 않는 한 인식하지 않음	1년 미만 근속자에 대한 퇴직급여채무 인식함
사외적립자산	• 측정(규정 없음) • 기대수익(이자수익이나 특별배당금을 영업외수익으로 처리)	• 측정(공정가치) • 기대수익(이자수익이나 특별배당금을 퇴직급여원가에서 차감함)

구 분	일반기업회계기준 제21장 종업원급여	한국채택국제회계기준 제1019호 종업원급여
해고급여	규정 없음(단, 제21호와 제24호 실무지침에서 판관비 항목으로 처리)	통상 일시불현금 지급, 해고급여비용 즉시 인식

1 확정급여형 퇴직연금(급여)제도

일반기업회계기준과 한국채택국제회계기준에서 가장 많은 차이를 보이는 부분이 확정급여형 퇴직급여(연금)제도이다. 일반기업회계기준의 퇴직급여충당부채, 퇴직연금운용자산은 한국채택국제회계기준에서 확정급여채무, 사외적립자산과 비교 가능한데 그 계산 방법 및 회계처리에는 차이가 있다.

1. 한국채택국제회계기준하의 확정급여제도 회계처리절차와 평가주기 및 평가주체

(1) 한국채택국제회계기준하의 확정급여제도 회계처리절차

1) 다음과 같이 과소적립액과 초과적립액을 산정한다.

① 종업원이 당기와 과거 기간에 제공한 근무용역의 대가로 획득한 급여에 대한 기업의 궁극적인 원가를 보험수리적 기법(예측단위적립방식)을 사용하여 신뢰성 있게 추정한다. 이 경우 당기와 과거 기간에 귀속되는 급여를 산정하고, 급여원가에 영향을 미치는 인구통계적 변수(예 종업원의 이직률과 사망률)와 재무적 변수(예 미래의 임금상승률과 의료원가상승률)를 추정(보험수리적 가정)한다.

② 확정급여채무의 현재가치와 당기 근무원가를 산정하기 위해 급여를 할인한다.

③ 확정급여채무의 현재가치에서 사외적립자산의 공정가치를 차감한다.

2) 순확정급여부채(자산)의 금액을 위 1)에서 산정된 과소적립액이나 자산인식상한을 한도로 하는 초과적립액으로 산정한다.

3) 당기손익으로 인식되는 당기근무원가, 과거근무원가와 정산 손익, 순확정급여부채(자산)의 순이자를 결정한다.

4) 기타포괄손익으로 인식되는 순확정급여부채(자산)의 재측정요소를 결정한다. 재측정요소는 다음 항목으로 구성된다.

① 보험수리적손익

② 순확정급여부채(자산)의 순이자에 포함된 금액을 제외한 사외적립자산의 수익

③ 순확정급여부채(자산)의 순이자에 포함된 금액을 제외한 자산인식상한효과의 변동

(2) 한국채택국제회계기준하의 확정급여제도 평가주기 및 평가주체

1) 평가주기

일반기업회계기준을 적용하는 기업의 경우 퇴직급여추계에 따른 추정금액을 퇴직급여충당부채로 계상하며 평가는 통상 기말결산을 위한 목적으로 연 1회 이루어진다.

한국채택국제회계기준은 재무제표에 인식된 순확정급여부채(자산)금액이 보고기간 말에 결정될 금액과 중요한 차이가 나지 않을 정도의 주기를 두고 결정하도록 요구하고 있다. 한국채택국제회계기준을 적용하는 회사의 경우 일반적으로 연 2회(반기, 기말)가량 계리평가보고서를 수령하여 재무제표에 계리평가보고서의 금액을 반영하게 된다.

2) 평가주체

기업회계기준에서 그 자격을 한정하거나 요구하고 있지는 않지만 중요한 퇴직급여채무를 측정하기 위해서는 자격이 있는 보험계리인의 참여를 권장한다(실제 대부분의 기업은 외부평가기관에 평가를 맡기며 그 결과 계리평가보고서를 수령하게 된다). 보고기간 말 전에 퇴직급여채무의 평가를 보험계리인에게 의뢰하는 기업의 경우에는 평가일과 보고기간 말 사이에 있었던 중요한 거래와 그 밖의 중요한 상황변화(시장가격과 이자율의 변동 포함)를 반영하여 보험계리인의 평가 결과를 조정하도록 한다.

2. 한국채택국제회계기준하의 확정급여제도 기타

일반기업회계기준을 적용하는 기업의 경우 일반적으로 기중 발생한 퇴사한 인원에 대한 퇴직금 지급액은 퇴직급여충당부채의 감소로 처리한 후 당해 연도 결산 전 잔액과 당해 연도 기말 퇴직급여추계액을 비교하여 부족분 또는 초과분을 퇴직급여 항목에 반영한다.

하지만 미래 예측치에 기초하여 결정되는 한국채택국제회계기준의 확정급여채무의 경우 X1년 말에 예측했던 X2년(말)의 예상금액이 X2년의 실제 발생금액 및 실제 기말잔액과 일치하지 않을 수 있다. 사외적립자산의 경우도 마찬가지다. X1년 말에 예측하였던 사외적립자산의 기대수익은 X2년 말의 실제수익과 달라질 수 있다. 이러한 예상과 실제의 차이를 반영하는 과정에서 기타포괄손익누계액인 보험수리적손익이라는 계정을 사용하여 관련 자산과 부채를 조정한다. 보험수리적손익은 경험조정(이전의 보험수리적 가정과 실제 일어난 결과의 차이 효과)과 보험수리적 가정의 변경 효과로 인해 생기는 확정급여채무 현재가치의 변동을 말한다.

한편, 일반기업회계기준에서는 잔고증명서 또는 기말 계좌조회 등을 통해 확인되는 운용수익 금액을 이자수익으로 계상하면서 퇴직연금운용자산의 원본을 증가시키는 것이 일반적이다. 반면 한국채택국제회계기준의 사외적립자산에서 발생할 것으로 예상되었던 기대수익은 퇴직급여의 차감항목이라는 점도 차이가 있다.

상황 아래의 표는 한국채택국제회계기준을 적용한 기업의 계리평가보고서 중 일부를 발췌한 것이다. 일반적으로 계리평가보고서에는 당해 연도(말)의 재무제표 계상금액과 차후년도(말)의 예정금액이 함께 표시된다. 아래 계리평가보고서의 '당기(X1 말)' 및 '차기(X2 예측)'의 금액은 X1년도 말에 수령한 계리평가보고서상의 금액이며 '차기(X2 실제)'의 금액은 X2년도 말에 수령한 계리평가보고서상의 금액이다. 이와 같이 2개년도의 계리평가보고서를 이용하여 결산을 진행한다고 가정하는 경우 필요한 X2 기중 회계처리 및 X2년 말 결산대체분개는 다음과 같다(단위 : 원).

| 계리평가보고서 |

재무상태표상 인식금액

구 분	당기(X1 말)	차기(X2 예측)	차기(X2 실제)
1. 확정급여채무의 현재가치	1,046,515,744	1,326,671,879	1,337,671,879
2. 사외적립자산의 공정가치	(239,690,580)	(423,933,303)	(424,933,303)
3. 재무상태표에 인식하는 순부채	806,825,164	902,738,576	912,738,576

확정급여채무의 현재가치 변동

구 분	당기(X1 말)	차기(X2 예측)	차기(X2 실제)
1. 기초 확정급여채무의 현재가치	760,194,069	1,046,515,744	1,046,515,744
2. 당기근무원가	294,387,233	374,032,535	384,032,535
3. 이자원가	36,216,119	38,569,611	38,569,611
4. 재측정요소(이익)	(25,270,655)	(45,361,377)	(44,361,377)
5. 정산 지급액	(19,011,022)	(87,084,634)	(87,084,634)
6. 기말 확정급여채무의 현재가치	1,046,515,744	1,326,671,879	1,337,671,879

사외적립자산의 현재가치 변동

구 분	당기(X 1말)	차기(X2 예측)	차기(X2 실제)
1. 기초 사외적립자산의 현재가치	129,218,232	239,690,580	239,690,580
2. 기여금	105,000,000	200,000,000	200,000,000
3. 이자수익	7,576,620	7,990,937	7,990,937
4. 재측정요소(손실)	(2,104,272)	1,762,150	2,762,150
5. 급여 지급액	–	(25,510,364)	(25,510,364)
6. 기말 사외적립자산의 현재가치	239,690,580	423,933,303	424,933,303

| 회계처리 |

(단위 : 원)

구 분	차 변		대 변	
X2의 기중 확정급여 채무변동 인식	(차) 퇴직급여	412,602,146	(대) 확정급여채무	280,156,135
			(대) 보험수리적손익	45,361,377
			(대) 현금및현금성자산	87,084,634
X2의 기중 사외적립 자산변동 인식	(차) 사외적립자산	184,242,723	(대) 퇴직급여	7,990,937
			(대) 보험수리적손익	1,762,150
			(대) 현금및현금성자산	174,489,636
X2 말 결산 시 결산 대체분개	(차) 퇴직급여	10,000,000	(대) 확정급여채무	10,000,000
	(차) 사외적립자산	1,000,000	(대) 보험수리적손익	1,000,000
	(차) 보험수리적손익	1,000,000	(대) 확정급여채무	1,000,000

한국채택국제회계기준과 일반기업회계기준의 차이점 중 하나는 상기 X2 말 결산 시 결산대체분개와 같이 실제와 예상의 차이로 인한 보험수리적손익의 정산과정이 추가로 필요하다는 것이다. 일반적인 한국채택국제회계기준 적용기업의 확정급여제도 결산과정은 직전에 수령(통상 전년도 혹은 당반기 수령)한 계리평가보고서의 미래 예상금액을 기간의 경과에 따라 점진적으로 반영한 뒤 결산 시점에 새로이 계리평가서를 수령하여 차이 부분을 조정함으로써 종료하게 된다.

2 기타 장기종업원급여

일반기업회계기준은 기타장기종업원급여와 관련하여 기준서에 별도의 정함이 없는 관계로 통상 장기종업원급여 지급 시 이를 지급연도의 비용으로 인식한다.

반면 한국채택국제회계기준은 기타장기종업원급여와 관련된 내용을 기준서에서 별도로 제시하고 있으므로 그 내용을 살펴본다.

1. 기타 장기종업원급여의 종류

종업원이 관련 근무용역을 제공하는 연차 보고기간 말 후 12개월이 되기 전에 모두 결제될 것으로 예상되지 않는 경우에 한정되며 다음과 같은 급여가 포함된다.

① 장기근속휴가나 안식년휴가와 같은 장기유급휴가

② 그 밖의 장기근속급여

③ 장기장애급여

④ 이익분배금과 상여금

⑤ 이연된 보상

2. 기타 장기종업원급여의 처리방법

(1) 인식과 측정

기타 장기종업원급여의 초과적립액이나 과소적립액을 인식하고 측정할 때는 한국채택국제회계기준서의 확정급여제도와 동일한 기준으로 인식한다. 다만 퇴직급여에 대한 회계처리와는 달리 재측정요소를 기타포괄손익으로 인식하지 않는다. 이는 일반적으로 기타 장기종업원급여를 측정할 때 나타나는 불확실성이 퇴직급여를 측정할 때 나타나는 불확실성에 비하여 크지 않다고 판단하고 있기 때문이다.

(2) 당기손익 인식항목

기타 장기종업원급여와 관련하여, 다른 한국채택국제회계기준서에 따라 자산의 원가에 포함하는 경우를 제외하고는 다음의 순합계금액을 당기손익으로 인식한다.

① 근무원가

② 순확정급여부채(자산)의 순이자

③ 순확정급여부채(자산)에 대한 재측정요소

(3) 통상적인 기타 장기종업원급여의 처리방법

기타 장기종업원급여의 금액이 중요한 경우 확정급여제도의 경우와 마찬가지로 외부평가를 의뢰하고 계리평가보고서를 수령하여 결산을 진행한다. 결산 반영 시 기타 장기종업원급여와 관련하여 급여 또는 복리후생비 등의 비용계정을 사용하고 상대계정으로 충당부채 또는 미지급비용 등 관련 부채를 인식한다. 후속적인 절차는 확정급여제도에 의한 결산의 절차와 동일하다.

03 종업원급여 기타

일반기업회계기준과 한국채택국제회계기준 모두 일반적인 경우는 아니지만, 장기근속자의 다수 퇴사, 종업원 구성의 대규모 변동, 관계사 전출입 등에 따라 기말에 계상되어야 할 퇴직급여충당부채/확정급여채무 금액이 기말 결산 전 퇴직급여충당부채/확정급여채무 금액보다 작은 경우 퇴직급여충당부채/확정급여채무의 환입이 발생한다.

이때 일부 회사들이 퇴직급여충당금환입이라는 계정을 사용하여 관련 환입액을 영업외수익/기타수익으로 인식하는데 이는 기업회계기준에서 언급하고 있는 방법과는 차이가 있어 기업회계기준의 내용을 다음과 같이 소개한다.

일반기업회계기준 제2장 재무제표의 작성과 표시 실 2.47

판매비와관리비는 상품과 용역의 판매활동 또는 기업의 관리와 유지에서 발생하는 비용으로 급여(임원급여, 급료, 임금 및 제수당을 포함한다), 퇴직급여, 명예퇴직금(조기퇴직의 대가로 지급하는 인센티브 등을 포함한다), 복리후생비, 임차료, 접대비, 감가상각비, 무형자산상각비, 세금과공과, 광고선전비, 연구비, 경상개발비, 대손상각비 등 매출원가에 속하지 아니하는 모든 영업비용을 포함하며, 당해 비용을 표시하는 적절한 항목으로 구분한다. 한편, 빈번하게 발생하는 것은 아니지만 영업활동과 관련하여 비용이 감소함에 따라 발생하는 퇴직급여충당부채환입, 판매보증충당부채환입 및 대손충당금환입 등은 판매비와관리비의 부(−)의 금액으로 표시한다.

상기 내용에서 확인할 수 있듯 일반기업회계기준에서는 퇴직급여충당부채/확정급여채무가 퇴직으로 인한 지급사유가 아닌 추계액의 감소 등으로 환입되는 경우 퇴직급여충당부채환입이라는 계정을 사용하는 것이 아닌 판매관리비의 부(−)의 금액으로 표시하도록 하고 있다.

(단위 : 원)

구 분	올바르지 않은 손익계산서	올바른 손익계산서
매출총이익	1,000	1,000
판매관리비	300	100
퇴직급여	−	(200)
퇴직급여 외	300	300
영업이익	700	900
영업외수익/기타수익	200	−
퇴직급여충당부채환입	200	−
법인세비용차감전순이익	900	900

퇴직급여충당부채환입의 영업외수익/기타수익 계상은 당기순이익이나 법인세 납부액에는 차이를 가져오지 않을 수 있지만 회사의 영업이익에는 차이를 가져오며 일반적으로 기업의 영업이익을 축소시켜 나타낸다. 특히 차입금 등 이자를 지급하는 외부조달자금이 존재하는 경우 영업이익률 등 재무분석지표의 수치가 하락하여 기업평가나 신용등급에 영향을 미칠 수 있다. 따라서 기업회계기준의 준수 여부가 회사의 신용등급이나 자본조달비용에도 영향을 미칠 수 있다는 점을 인지할 필요가 있다.

Chapter 03 조세특례제한법상 인건비 세무처리[2)]

01 고용증대 관련 세액공제[3)]

실무 POINT 통합고용증대세액공제 신설

2023.1.1. 이후 개시하는 과세연도부터 기업의 고용 활성화를 지원하기 위하여 고용증대 세액공제, 사회보험료 세액공제 및 경력단절여성 세액공제 등을 통합고용세액공제로 일원화하여 상시근로자 수 증가에 대해 기본공제를 적용하고, 비정규직 근로자의 정규직 전환 촉진과 일·가정 양립의 지원을 위하여 정규직 전환자 및 육아휴직 복귀자에 대하여 추가공제를 적용하도록 세법이 개정되었다(조특법 §29의 8).

다만, 2023년 및 2024년 과세연도 분에 대해서는 기업이 신설된 통합고용증대세액공제와 기존의 고용관련 세액공제(고용증대 및 사회보험료 세액공제 등) 중 선택하여 적용 가능하도록 하였고 통합고용증대세액공제를 선택한 경우에도 고용관련 세액공제(고용증대 및 사회보험료 세액공제 등)의 추가공제는 적용가능하였지만 2025년 과세연도 분부터는 통합고용세액공제만 가능하고 고용관련 세액공제는 2차년도 또는 3차년도 공제만 가능함에 유의하여야 한다.

1 통합고용증대세액공제[4)]

1. 대상법인

내국인(소비성서비스업*1은 제외)의 2025.12.31.이 속하는 과세연도까지의 기간 중 해당 과세연도의 상시근로자의 수가 직전 과세연도의 상시근로자의 수보다 증가한 경우에는 일정한 금액을 해당 과세연도와 해당 과세연도의 종료일부터 1년(중소기업 및 중견기업의 경우에는 2년)이 되는 날이 속하는 과세연도까지의 소득세(사업소득에 대한 소득세만 해당) 또는 법인세에서 공제한다(조특법 §29의 8 ①).

---

2) 조세특례제한법상 인건비 세무처리의 내용은 해당 내용이 다소 어렵고 방대하므로 본 교재에서는 간략한 소개정도만 하기로 하고 법인세 신고를 담당하는 재경부서의 실무진들을 위한 별도 자료를 작성하여 제공하기로 계획 중이다. 관련 내용이 완료되면 홈페이지 등의 별도 안내를 통해서 제공하기로 하겠다.

3) 고용증대세액공제와 사회보험료 세액공제는 2018년 귀속 법인세 신고실무(배택현 저, 한국세무사회, p.378~392)를 참고하였음

4) 통합고용증대세액공제 중 고용관련 세액공제와 관련된 내용만 설명하기로 하고 정규직 근로자의 전환에 따른 세액공제, 경력단절 여성 고용기업에 대한 세액공제, 육아휴직 복귀자에 대한 세액공제는 별도 법인세 등 교재를 참고하길 바란다.

*1. 소비성서비스업은 다음과 같다(조특령 §26의 8 ①).
① 호텔업 및 여관업(관광진흥법에 따른 관광숙박업 제외)
② 주점업(일반유흥주점업, 무도유흥주점업 및 식품위생법시행령 제21조에 따른 단란주점 영업만 해당하되, 관광진흥법에 따른 외국인전용유흥음식점업 및 관광유흥음식점업은 제외)
③ 그 밖에 오락·유흥 등을 목적으로 하는 사업

2. 공제금액

공제금액=(1)+(2)

(1) 청년등 상시근로자(청년 정규직 근로자, 장애인근로자, 60세 이상 근로자 또는 경력단절 근로자 등)의 증가 인원 수* ×400만원(중견기업은 800만원, 중소기업 중 수도권 내의 지역에서 증가한 경우는 1,450만원, 중속기업 중 수도권 밖의 지역에서 증가한 경우에는 1,550만원)

(2) 청년등 상시근로자 외 상시근로자의 증가한 인원 수* ×0원(중견기업은 450만원, 중소기업 중 수도권 내의 지역에서 증가한 경우는 850만원, 중소기업 중 수도권 밖의 지역에서 증가한 경우는 950만원)

* 인원 수는 전체 상시근로자의 증가 인원수를 한도로 한다.

구 분	중소기업		중견기업	대기업
	수도권	수도권 밖		
청년 청규직, 장애인과 60세 이상 근로자 또는 경력단절 근로자	1,450만원	1,550만원	800만원	400만원
그 외 상시근로자	850만원	950만원	450만원	–
세액공제기간 (공제인원 유지할 때)	해당연도 포함하여 3년간			2년간

실무 POINT 중견기업

중견기업은 다음과 같다(조행 5-4-1).
(1) 중소기업이 아닐 것
(2) 다음 어느 하나에 해당하는 업종을 주된 사업으로 영위하지 아니할 것. 이 경우 둘 이상의 서로 다른 사업을 영위하는 경우에는 사업별 사업수입금액이 큰 사업을 주된 사업으로 본다.
① 소비성서비스업
② 중견기업성장촉진및경쟁력강화에관한특별법시행령 제2조 제2항 제2호의 업종
• 금융업
• 보험 및 연금업

• 금융 및 보험 관련 서비스업

③ 소유와 경영의 실질적인 독립성이 중견기업성장촉진및경쟁력강화에관한특별법시행령 제2조 제2항 제1호에 적합할 것

④ 직전 3개 과세연도의 매출액(매출액은 제2조 제4항에 따른 계산방법으로 산출하며, 과세연도가 1년 미만인 과세연도의 매출액은 1년으로 환산한 매출액을 말함)의 평균금액이 3천억원 미만인 기업일 것

3. 청년 정규직 근로자 등

(1) 청년 정규직 근로자와 장애인 근로자, 60세 이상인 근로자 또는 경력단절 근로자(이하 '청년등 상시근로자'라 함)

청년등 상시근로자는 다음과 같다(조특령 §26의 8 ③).

① 15세 이상 34세 이하인 사람 중 다음의 어느 하나에 해당하는 사람을 제외한 사람. 다만, 해당 근로자가 병역을 이행한 경우에는 그 기간(6년 한도)을 현재 연령에서 빼고 계산한 연령이 29세 이하인 사람을 포함한다.

㉠ 기간제및단시간근로자보호등에관한법률에 따른 기간제근로자 및 단시간근로자

㉡ 파견근로자보호등에관한법률에 따른 파견근로자

㉢ 청소년보호법에 따른 청소년유해업소에 근무하는 같은 법에 따른 청소년

② 장애인복지법의 적용을 받는 장애인, 국가유공자등예우및지원에관한법률에 따른 상이자, 5·18민주유공자예우에관한법률 제4조 제2호에 따른 5·18민주화운동부상자와 고엽제후유의증등환자지원및단체설립에관한법률에 따른 고엽제후유의증환자로서 장애등급 판정을 받은 사람

③ 근로계약 체결일 현재 연령이 60세 이상인 사람

④ 경력단절 근로자

✔ 경력단절 근로자는 다음과 같다(조특법 §29의 8 ②).

1. 임금을 목적으로 같은 기업에서 1년 이상 계속하여 근로를 제공(근로소득세를 원천징수한 사실이 확인되는 경우로 한정한다)한 후 결혼·임신·출산·육아·자녀교육·가족돌봄의 사유로 퇴직하였을 것
   ① 퇴직한 날부터 1년 이내에 혼인한 경우(가족관계기록사항에 관한 증명서를 통하여 확인되는 경우로 한정)
   ② 퇴직한 날부터 2년 이내에 임신하거나 난임시술을 받은 경우(의료기관의 진단서 또는 확인서를 통하여 확인되는 경우에 한정)
   ③ 퇴직일 당시 임신한 상태인 경우(의료기관의 진단서를 통하여 확인되는 경우로 한정)
   ④ 퇴직일 당시 8세 이하의 자녀가 있는 경우
   ⑤ 퇴직일 당시 초·중등교육법 제2조에 따른 학교에 재학 중인 자녀가 있는 경우
2. 결혼 등의 사유로 퇴직한 날부터 2년 이상 15년 미만의 기간이 지났을 것
3. 해당 기업의 최대주주 또는 최대출자자(개인사업자의 경우에는 대표자)나 그와 특수관계인이 아닐 것

⑤ 북한이탈주민의 보호 및 정착지원에 관한 법률에 따른 북한이탈주민

(2) 상시근로자

상시근로자는 근로기준법에 따라 근로계약을 체결한 내국인 근로자로 한다. 다만, 다음에 해당하는 사람은 제외한다(조특령 §26의 8 ②, 조특령 §23 ⑩).

① 근로계약기간이 1년 미만인 근로자. 다만, 근로계약의 연속된 갱신으로 인하여 그 근로계약의 총기간이 1년 이상인 근로자는 상시근로자로 본다.

② 근로기준법 제2조 제1항 제9호에 따른 단시간근로자. 다만, 1개월간의 소정근로시간이 60시간 이상인 근로자는 상시근로자로 본다.

③ 법인의 임원

④ 해당 기업의 최대주주 또는 최대출자자(개인사업자의 경우에는 대표자를 말함)와 그 배우자

⑤ ④에 해당하는 자의 직계존비속(그 배우자 포함) 및 친족관계인 사람(4촌 이내 혈족, 3촌 이내 인척)

⑥ 근로소득원천징수부에 의하여 근로소득세를 원천징수한 사실이 확인되지 아니하고, 다음의 어느 하나에 해당하는 금액의 납부사실도 확인되지 아니하는 자

㉠ 국민연금법 제3조 제1항 제11호 및 제12호에 따른 부담금 및 기여금

㉡ 국민건강보험법 제69조에 따른 직장가입자의 보험료

(3) 상시근로자 수와 청년 등 상시근로자 수의 계산

상시근로자와 청년 등 상시근로자의 수는 다음과 같이 계산하며 100분의 1 미만의 부분은 없는 것으로 한다(조특령 §26의 8 ⑥).

- 상시근로자 수＝해당 과세연도의 매월 말 현재 상시근로자 수의 합÷해당 과세연도의 개월 수
- 청년 등 상시근로자 수＝해당 과세연도의 매월 말 현재 청년 등 상시근로자 수의 합÷해당 과세연도의 개월 수

단시간근로자는 상시근로자에 제외되지만 1개월간의 소정근로시간이 60시간 이상인 근로자로서 상시근로자에 포함하는 경우의 근로자 1명은 0.5명으로 하여 계산한다.

그러나 단시간근로자 중 아래의 요건을 모두 갖춘 상용형 시간제 근로자는 0.75명으로 계산한다(조특령 §26의 7 ⑦, 조특령 §23 ⑪).

① 해당 과세연도의 상시근로자 수(1개월의 소정근로시간이 60시간 이상인 근로자는 제외)가 직전 과세연도의 상시근로자 수(1개월의 소정근로시간이 60시간 이상인 근로자는 제외)보다 감소하지 아니하였을 것

② 기간의 정함이 없는 근로계약을 체결하였을 것

③ 상시근로자와 시간당 임금(근로기준법 제2조 제1항 제5호에 따른 임금, 정기상여금·명절상여금 등 정기적으로 지급되는 상여금과 경영성과에 따른 성과금을 포함), 그 밖에 근로조건과 복리후생 등에 관한 사항에서 기간제및단시간근로자보호등에관한법률 제2조 제3항에 따른 차별적 처우가 없을 것

④ 시간당 임금이 최저임금법 제5조에 따른 최저임금액의 100분의 130(중소기업의 경우에는 100분의 120) 이상일 것

실무 POINT 외국인 근로자의 상시근로자 여부와 인원계산시 유의사항

1. 외국인 근로자의 상시근로자 여부(국세상담센터 고용증대세액공제 핫토픽 참고)

(1) 상시근로자 계산시 적용대상 상시근로자는 근로기준법에 따라 계약을 체결한 내국인 근로자로서 상시근로자 제외요건에 해당되지 않는 자를 말하는 것이며, 내국인이란 소득세법에 따른 거주자(국내에 주소를 두거나 183일 이상의 거소를 둔 개인)를 의미하므로, 외국인이 국내에 주소를 두거나 183일 이상의 거소를 둔 개인으로서 상시근로자 제외요건에 해당되지 아니한 경우라면 상시근로자에 해당된다.

(2) 근로기준법에 따라 계약을 체결한 내국인 근로자인 외국인에 대해 근로소득세를 원천징수한 사실이 확인되는 경우라면 국민연금 납부사실이 없다는 이유만으로는 상시근로자에서 제외되지 아니하므로, 이를 제외한 기타 상시근로자 제외 요건에 해당되지 아니한 경우라면 상시근로자에 해당되는 것이다.

2. 인원계산과 나이계산

(1) 세법상 근무인원수는 별도의 규정이 없는 한 12월 말 근무인원이 아니고 매월 말 근무인원을 합하여 사업연도 월수로 나눈 금액을 말한다. 따라서 매월 말일자 퇴사자는 퇴사한 월을 근무월수에 포함한다(법인-812, 2009.7.15.).

(2) 청년, 60세 이상 등 나이의 계산시 초일을 산입하여 계산하고, 청년의 경우 34세 이하는 민법상 만 나이를 기준으로 계산하므로 35세 미만을 의미한다. 이때도 매월 말을 기준으로 청년 등의 인원수를 합하여 사업연도 월수로 나누어 청년 인원수를 계산한다.

(3) 사후관리에 의한 감소인원 계산 시 공제받은 과세연도의 종료일 현재 34세 이하인 사람은 이후 과세연도에도 34세 이하인 것으로 본다.

(4) 1990.8.31. 출생자의 경우 2025.8.31.부터 35세에 해당하므로 2025.1.1. 근로계약을 체결한 경우 7월 말까지가 청년근로자에 해당된다. 따라서 2025년 청년인원수는 7/12명으로 계산된다.

(5) 인원수 계산시 100분의 1 미만은 없는 것으로 하므로 결국 소수점 3자리 이하는 절사한다. ⇒ 7/12=0.5833이므로 인원계산시 0.58명으로 하는 것이다.

4. 사후관리

(1) 세액공제 배제

소득세 또는 법인세를 공제받은 내국인이 최초로 공제를 받은 과세연도의 종료일부터 2년이 되는 날이 속하는 과세연도의 종료일까지의 기간 중 전체 상시근로자의 수가 감소하는 경우 다음에 따라 추가공제를 적용하지 않으며 공제받은 세액에 상당하는 금액(공제받지 못하고 이월된 금액이 있는 경우에는 그 금액을 차감한 후의 금액을 말함)을 소득세 또는 법인세로 납부하여야 한다(조특법 §29의 8 ②).

구 분	세액공제 배제
① 전체 상시근로자 수가 감소한 경우	전체 상시근로자의 수가 최초로 공제를 받은 과세연도에 비하여 감소한 경우에는 감소한 과세연도부터 통합고용증대세액공제에 대한 추가공제를 적용하지 않음
② 청년 등 상시근로자 수가 감소한 경우	청년 등 상시근로자의 수가 최초로 공제를 받은 과세연도에 비하여 감소한 경우에는 감소한 과세연도부터 청년 등 상시근로자에 대한 추가공제를 적용하지 않음

(2) 세액공제 배제금액

상시근로자 수가 감소한 경우에 추징하는 세액은 다음과 같다.

1) 1차년도 추징

최초로 공제받은 과세연도의 종료일부터 1년이 되는 날이 속하는 과세연도의 종료일까지의 기간 중 최초로 공제받은 과세연도보다 상시근로자 수 또는 청년 등 상시근로자 수가 감소하는 경우에는 다음의 구분에 따라 계산된 금액(해당 과세연도의 직전 1년 이내의 과세연도에 공제받은 세액을 한도로 함)을 해당 과세연도의 과세표준을 신고할 때 소득세 또는 법인세로 납부하여야 한다(조특령 §26의 8 ④).

구 분	세액공제 배제
① 전체 상시근로자 수가 감소한 경우	①-1. 청년 등 상시근로자의 감소한 인원 수가 전체 상시근로자의 감소한 인원 수 이상인 경우 : ㉠+㉡ ㉠ (최초로 공제받은 과세연도 대비 청년 등 상시근로자의 감소한 인원 수*1 – 전체 상시근로자의 감소한 인원 수)×(청년 등 공제금액 – 청년 등 외 공제금액) ㉡ 전체 상시근로자의 감소한 인원 수×청년 등 공제금액
	①-2. 그 밖의 경우 : ㉠+㉡ ㉠ 최초로 공제받은 과세연도 대비 청년 등 상시근로자의 감소한 인원 수*2×청년 등 공제금액

구 분	세액공제 배제
	㉡ 최초로 공제받은 과세연도 대비 청년 등 상시근로자 외 상시근로자의 감소한 인원 수[*2]×청년 등 외 공제금액
② 전체 상시근로자 수는 감소하지 않으면서 청년 등 상시근로자 수가 감소한 경우	최초로 공제받은 과세연도 대비 청년 등 상시근로자의 감소한 인원 수[*1]×(청년 등 공제금액－청년 등 외 공제금액)

*1. 최초로 공제받은 과세연도에 청년 등 상시근로자의 증가한 인원 수를 한도로 한다.
*2. 상시근로자의 감소한 인원 수를 한도로 한다.

2) 2차년도 추징

1차년도 추징에 따른 기간의 다음 날부터 최초로 공제받은 과세연도의 종료일부터 2년이 되는 날이 속하는 과세연도의 종료일까지의 기간 중 최초로 공제받은 과세연도보다 전체 상시근로자 수 또는 청년 등 상시근로자 수가 감소하는 경우에는 다음의 구분에 따라 계산한 금액을 추가납부세액으로 한다.

1차년도 추징에 따라 계산한 금액이 있는 경우에는 그 금액은 제외하며, 해당 과세연도의 직전 2년 이내의 과세연도에 조세특례제한법 제29조의 7 제1항에 따라 공제받은 세액의 합계액을 한도로 한다(조특령 §26의 8 ④).

구 분	세액공제 배제
① 전체 상시근로자 수가 감소한 경우	①－1. 청년 등 상시근로자의 감소한 인원 수가 전체 상시근로자의 감소한 인원 수 이상인 경우 : ㉠＋㉡ ㉠ (최초로 공제받은 과세연도 대비 청년 등 상시근로자의 감소한 인원 수[*1]－전체 상시근로자의 감소한 인원 수)×(청년 등 공제금액－청년 등 외 공제금액)×직전 2년 이내의 과세연도에 공제받은 횟수 ㉡ 전체 상시근로자의 감소한 인원 수×청년 등 공제금액×직전 2년 이내의 과세연도에 공제받은 횟수 ①－2. 그 밖의 경우 최초로 공제받은 과세연도 대비 청년 등 전체 상시근로자 및 청년 등 상시근로자 외 상시근로자의 감소한 인원 수[*2]에 대해 직전 2년 이내의 과세연도에 공제받은 세액의 합계액
② 전체 상시근로자 수는 감소하지 않으면서 청년 등 상시근로자 수가 감소한 경우	최초로 공제받은 과세연도 대비 청년 등 상시근로자의 감소한 인원 수[*1]×(청년 등 공제금액－청년 등 외 공제금액)×직전 2년 이내의 과세연도에 공제받은 횟수

*1. 최초로 공제받은 과세연도에 청년 등 상시근로자의 증가한 인원 수를 한도로 한다.
*2. 상시근로자의 감소한 인원 수를 한도로 한다.

5. 주의사항

① 고용인원이 유지되는 경우 고용이 증가한 해당연도를 포함하여 중소기업과 중견기업은 3년간 세액공제가 가능하며 그 외 일반기업은 2년간 세액공제를 적용한다.

② 세액공제를 받은 과세연도부터 2년(대기업의 경우 1년) 이내 근로자 수 감소 시 공제받은 세액을 추징당하므로 근로자 수 관리에 주의를 요한다.

③ 통합고용증대 세액공제와 창업중소기업감면 또는 중소기업특별세액감면의 중복적용이 가능하며 다른 세액공제와도 중복 적용이 되지만 사회보험료 세액공제와 고용증대세액공제는 중복적용되지 않는다.

④ 최저한세가 적용된다.

⑤ 농어촌특별세가 해당된다.

⑥ 2022과세연도에 대해 고용증대세액공제를 적용한 중소기업이 2023년 이후 과세연도에 대한 세액공제 방법(서면법인 2023-1263, 2023.6.8.)

- 중소기업인 내국법인이 2022.12.31.이 속하는 과세연도에 대해 조세특례제한법 제29조의 7(고용을 증대시킨 기업에 대한 세액공제)에 따라 세액공제를 받은 경우, 2023.12.31.이 속하는 과세연도와 2024.12.31.이 속하는 과세연도까지 조세특례제한법 제29의 7(고용을 증대시킨 기업에 대한 세액공제) 규정을 적용하여 세액공제하는 것임.
- 또한, 2023.12.31.(또는 2024.12.31.)이 속하는 과세연도의 상시근로자 수가 직전 과세연도보다 증가하는 경우, 해당 과세연도에는 조세특례제한법 제29조의 7(고용을 증대시킨 기업에 대한 세액공제)과 같은 법 제29의 8(통합고용세액공제) 중 어느 하나를 선택하여 세액공제를 적용하고 이후 과세연도의 추가 공제 시에도 당초 선택한 공제방법을 적용하는 것임(서면법인 2023-1263, 2023.6.8.).

6. 주의사항

통합고용증대세액공제 중 고용증대세액공제는 기존의 고용증대세액공제의 차이점이 있는데 해당 내용을 정리하면 다음과 같다.[5)]

<table>
<tr><th>구 분</th><th>기존 고용증대세액공제</th><th>통합고용증대세액공제 중
고용증대세액공제</th></tr>
<tr><td>청년 등
상시근로자의
범위</td><td>① 15세 이상 29세 이하 청년
② 장애인, 국가유공자 등
③ 근로계약체결일 현재 60세 이상인 근로자</td><td>① 34세 이하 청년
② 장애인
③ 근로계약체결일 현재 60세 이상인 근로자
④ 경력단절여성</td></tr>
<tr><td>세액공제액</td><td>(단위 : 만원)
<table>
<tr><th rowspan="2">구분</th><th colspan="2">중소기업</th><th rowspan="2">중견</th><th rowspan="2">일반</th></tr>
<tr><th>수도권</th><th>지방</th></tr>
<tr><td>청년</td><td>1,100</td><td>1,200</td><td>800</td><td>400</td></tr>
<tr><td>청년외</td><td>700</td><td>770</td><td>450</td><td>0</td></tr>
</table></td><td>(단위 : 만원)
<table>
<tr><th rowspan="2">구분</th><th colspan="2">중소기업</th><th rowspan="2">중견</th><th rowspan="2">일반</th></tr>
<tr><th>수도권</th><th>지방</th></tr>
<tr><td>청년</td><td>1,450</td><td>1,550</td><td>800</td><td>400</td></tr>
<tr><td>청년외</td><td>850</td><td>950</td><td>450</td><td>0</td></tr>
</table></td></tr>
<tr><td>추가납부세액
처리방법</td><td>실제로 공제받은 세액 우선 납부 후 이월된 세액에서 차감(사전법령해석소득 2020-478, 2020.10.21.)</td><td>이월세액에서 우선 차감 후 잔액 납부
(조특법 §29의 8 ②)</td></tr>
<tr><td>중소기업
사회보험료
세액공제</td><td>중복공제 가능</td><td>중복공제 불가</td></tr>
</table>

5) [국세상담센터]→[참고자료]→[법인세]→[참고자료]에서 '번호 23. 통합고용증대세제(조특법 제29조의 8 제1항) 및 고용증대세제(조특법 제29조의 7)차이 비교 발췌

■ 조세특례제한법 시행규칙 [별지 제10호의9서식] (2025.3.21 개정)

통합고용세액공제 공제세액계산서

(3쪽 중 제1쪽)

❶ 신청인	① 상호 또는 법인명	② 사업자등록번호
	③ 대표자 성명	④ 생년월일
	⑤ 주소 또는 본점소재지 (전화번호:)	

❷ 과세연도	년 월 일부터 년 월 일까지

❸ 상시근로자 현황 (작성방법 2,3번을 참고하시기 바랍니다.)

구분	직전전 과세연도	직전 과세연도	해당 과세연도
⑥ 상시근로자 수 (⑦+⑧)			
⑦ 청년등상시근로자 수			
⑧ 청년등상시근로자를 제외한 상시근로자 수			
⑨ 정규직 전환 근로자 수	–	–	
⑩ 육아휴직 복귀자 수	–	–	

❹ 기본공제 공제세액 계산내용

가. 1차년도 세제지원 요건 : ⑬ 〉0

1. 상시근로자 증가 인원

⑪ 해당 과세연도 상시근로자 수	⑫ 직전 과세연도 상시근로자 수	⑬ 상시근로자 증가 인원 수 (⑪–⑫)

2. 청년등상시근로자 증가 인원

⑭ 해당 과세연도 청년등상시근로자 수	⑮ 직전 과세연도 청년등상시근로자 수	⑯ 청년등상시근로자 증가 인원 수 (⑭–⑮)

3. 청년등상시근로자를 제외한 상시근로자 증가 인원

⑰ 해당 과세연도 청년등상시근로자를 제외한 상시근로자 수	⑱ 직전 과세연도 청년등상시근로자를 제외한 상시근로자 수	⑲ 청년등상시근로자를 제외한 상시근로자 증가 인원 수(⑰–⑱)

4. 1차년도 세액공제액 계산

구분	구분		직전 과세연도 대비 상시근로자 증가 인원 수 (⑬상시근로자 증가 인원 수를 한도로 함)	1인당 공제금액	⑳ 1차년도 세액공제액
중소기업	수도권 내	청년등		1천4백5십만원	
		청년등 외		8백5십만원	
	수도권 밖	청년등		1천5백5십만원	
		청년등 외		9백5십만원	
	계				
중견기업	청년등			8백만원	
	청년등 외			4백5십만원	
	계				
일반기업	청년등			4백만원	
	청년등 외				
	계				

나. 2차년도 세제지원 요건 : ㉓ ≥ 0

1. 상시근로자 증가 인원

㉑ 2차년도(해당 과세연도) 상시근로자 수	㉒ 1차년도(직전 과세연도) 상시근로자 수	㉓ 상시근로자 증가 인원 수(㉑-㉒)

2. 2차년도 세액공제액 계산(상시근로자 감소여부)

1차년도(직전 과세연도) 대비 상시근로자 감소여부	1차년도(직전 과세연도) 대비 청년등상시근로자 수 감소여부	㉔ 1차년도 (직전 과세연도) 청년등상시근로자 증가 세액공제액	㉕ 1차년도 (직전 과세연도) 청년등 외 상시근로자 증가 세액공제액	㉖ 2차년도 세액공제액
부	부			
	여			
여				

다. 3차년도 세제지원 요건(중소 · 중견기업만 해당) : ㉙ ≥ 0

1. 상시근로자 증가 인원

㉗ 3차년도(해당 과세연도) 상시근로자 수	㉘ 1차년도(직전전 과세연도) 상시근로자 수	㉙ 상시근로자 증가 인원(㉗-㉘)

2. 3차년도 세액공제액 계산(상시근로자 감소여부)

1차년도(직전전 과세연도) 대비 상시근로자 감소여부	1차년도(직전전 과세연도) 대비 청년등상시근로자 수 감소여부	㉚ 1차년도 (직전전 과세연도) 청년등 상시근로자 증가 세액공제액	㉛ 1차년도 (전전 과세연도) 청년등 외 상시근로자 증가 세액공제액	㉜ 3차년도 세액공제액
부	부			
	여			
여				

❺ 추가공제 공제세액 계산내용

가. 세제지원 요건 : ㉟ ≥ 0

㉝ 해당 과세연도 상시근로자 수	㉞ 직전 과세연도 상시근로자 수	㉟ 상시근로자 증가 인원 수 (㉝-㉞)

나. 세액공제액 계산

구분	구분	인원 수	1인당 공제금액	㊱ 추가공제 세액공제액
중소기업	정규직 전환자		1천3백만원	
	육아휴직 복귀자			
	계			
중견기업	정규직 전환자		9백만원	
	육아휴직 복귀자			
	계			
⑥ 세액공제액 : ⑳ 1차년도 세액공제액 + ㉖ 2차년도 세액공제액 + ㉜ 3차년도 세액공제액 + ㊱ 추가공제 세액공제액				

「조세특례제한법 시행령」 제26조의8제11항에 따라 위와 같이 공제세액계산서를 제출합니다.

년 월 일

신청인 (서명 또는 인)

세무서장 귀하

작 성 방 법

1. 근로자 수는 다음과 같이 계산하되, 100분의 1 미만의 부분은 없는 것으로 합니다.
   가. 상시근로자 수: 매월 말 현재 상시근로자 수의 합 / 과세연도의 개월 수
   나. 청년등상시근로자 수: 매월 말 현재 청년등상시근로자 수의 합 / 과세연도의 개월 수
   다. 청년등상시근로자 외 상시근로자 수: 매월 말 현재 청년등상시근로자 외 상시근로자 수의 합 / 과세연도의 개월 수
2. ⑥란의 상시근로자란 「근로기준법」에 따라 근로계약을 체결한 내국인 근로자로서 다음의 어느 하나에 해당하는 사람을 제외한 근로자를 말합니다.
   가. 근로계약기간이 1년 미만인 근로자. 다만, 근로계약의 연속된 갱신으로 인하여 그 근로계약의 총 기간이 1년 이상인 근로자는 상시근로자로 봅니다.
   나. 「근로기준법」 제2조제1항제9호에 따른 단시간근로자. 다만, 1개월간의 소정근로시간이 60시간 이상인 근로자는 상시근로자로 봅니다.
   다. 「법인세법 시행령」 제40조제1항 각 호의 어느 하나에 해당하는 임원
   라. 해당 기업의 최대주주 또는 최대출자자(개인사업자의 경우에는 대표자를 말합니다)와 그 배우자
   마. 라목에 해당하는 자의 직계존비속(그 배우자를 포함합니다) 및 「국세기본법 시행령」 제1조의2제1항에 따른 친족관계인 사람
   바. 「소득세법 시행령」 제196조에 따른 근로소득원천징수부에 의하여 근로소득세를 원천징수한 사실이 확인되지 않고, 「국민연금법」 제3조제1항제11호 및 제12호에 따른 부담금 및 기여금 또는 「국민건강보험법」 제69조에 따른 직장가입자의 보험료에 해당하는 금액의 납부사실도 확인되지 않는 자
3. ⑦란 등의 청년등상시근로자란 상시근로자 중 15세 이상 34세 이하인 사람으로서 다음 각 목의 어느 하나에 해당하는 사람을 제외한 사람(해당 근로자가 병역을 이행한 경우에는 6년을 한도로 병역을 이행한 기간을 현재 연령에서 빼고 계산한 연령이 34세 이하인 사람을 포함)과 「장애인복지법」의 적용을 받는 장애인, 「국가유공자 등 예우 및 지원에 관한 법률」에 따른 상이자,「5ㆍ18민주유공자예우 및 단체설립에 관한 법률」 제4조제2호에 따른 5ㆍ18민주화운동부상자와 「고엽제후유의증 등 환자지원 및 단체설립에 관한 법률」 제2조제3호에 따른 고엽제후유의증환자로서 장애등급 판정을 받은 사람, 근로계약 체결일 현재 연령이 60세 이상인 사람,「조세특례제한법」 제29조의3제1항에 따른 경력단절 여성,「 북한이탈주민의 보호 및 정착지원에 관한 법률」에 따른 북한이탈주민을 말합니다.
   가. 「기간제 및 단시간근로자 보호 등에 관한 법률」에 따른 기간제근로자 및 단시간근로자
   나. 「파견근로자보호 등에 관한 법률」에 따른 파견근로자
   다. 「청소년 보호법」 제2조제5호 각 목에 따른 업소에 근무하는 같은 조 제1호에 따른 청소년
4. 청년등 외 상시근로자란 상시근로자 중 청년등상시근로자가 아닌 상시근로자를 말합니다.
5. ⑳, ㉖, ㉜ 계산 시 각 공제금액(청년/청년 외)은 전체 상시근로자 수 증가분을 한도로 합니다.
6. ㉝, ㉞란의 상시근로자 수는 「근로기준법」 제74조에 따른 출산전후휴가를 사용 중인 상시근로자를 대체하는 상시근로자가 있는 경우 해당 출산전후휴가를 사용 중인 상시근로자를 제외하고 계산한 상시근로자 수를 말합니다.
7. 해당 과세연도의 상시근로자 수가 전년 대비 증가하여 「조세특례제한법」제29조의8의 통합고용세액공제 1차년도 공제를 신청할 경우 「조세특례제한법」 제29조의7의 고용 증대 기업에 대한 세액공제 1차년도 공제를 중복하여 신청할 수 없습니다.

210mm×297mm[백상지 80g/㎡]

2 고용증대 세액공제

1. 대상법인

내국인(소비성서비스업*1은 제외)의 2024.12.31.이 속하는 과세연도까지의 기간 중 해당 과세연도의 상시근로자의 수가 직전 과세연도의 상시근로자의 수보다 증가한 경우에는 일정한 금액을 해당 과세연도와 해당 과세연도의 종료일부터 1년(중소기업 및 중견기업의 경우에는 2년)이 되는 날이 속하는 과세연도까지의 소득세(사업소득에 대한 소득세만 해당) 또는 법인세에서 공제한다(조특법 §29의 7).

*1. 소비성서비스업은 다음과 같다.
① 호텔업 및 여관업(관광진흥법에 따른 관광숙박업 제외)
② 주점업(일반유흥주점업, 무도유흥주점업 및 식품위생법시행령 제21조에 따른 단란주점 영업만 해당하되, 관광진흥법에 따른 외국인전용유흥음식점업 및 관광유흥음식점업은 제외)
③ 그 밖에 오락·유흥 등을 목적으로 하는 사업

2. 공제금액

공제금액=(1)+(2)

(1) 청년 정규직 근로자, 장애인근로자, 60세 이상 근로자 인원 수*×400만원(중견기업은 800만원, 중소기업 중 수도권 내의 지역에서 증가한 경우는 1,100만원, 2021년 12월 31일이 속하는 과세연도부터 2022년 12월 31일이 속하는 과세연도까지의 기간 중 수도권 밖의 지역에서 증가한 경우에는 대기업 500만원, 중견기업 900만원, 중소기업 1,300만원)

(2) 청년 등 상시근로자 외 상시근로자의 증가한 인원 수*×0원(중견기업은 450만원, 중소기업 중 수도권 수도권 내의 지역에서 증가한 경우는 700만원, 중소기업 중 수도권 밖의 지역에서 증가한 경우는 770만원)

* 인원 수는 증가한 상시근로자의 인원 수를 한도로 한다.

구 분	중소기업		중견기업		대기업	
	수도권	지 방	수도권	지방	수도권	지방
청년 정규직, 장애인과 60세 이상 근로자	1,100만원	1,300만원	800만원	900만원	400만원	500만원
그 외 상시근로자	700만원	770만원	450만원	450만원	–	–
세액공제기간 (공제인원 유지할 때)	해당연도 포함하여 3년간				2년간	

실무 POINT **중견기업**

중견기업은 다음과 같다(조행 5-4-1).

(1) 중소기업이 아닐 것

(2) 다음 어느 하나에 해당하는 업종을 주된 사업으로 영위하지 아니할 것. 이 경우 둘 이상의 서로 다른 사업을 영위하는 경우에는 사업별 사업수입금액이 큰 사업을 주된 사업으로 본다.

① 소비성서비스업

② 중견기업성장촉진및경쟁력강화에관한특별법시행령 제2조 제2항 제2호의 업종

- 금융업
- 보험 및 연금업
- 금융 및 보험 관련 서비스업

③ 소유와 경영의 실질적인 독립성이 중견기업성장촉진및경쟁력강화에관한특별법시행령 제2조 제2항 제1호에 적합할 것

④ 직전 3개 과세연도의 매출액(매출액은 제2조 제4항에 따른 계산방법으로 산출하며, 과세연도가 1년 미만인 과세연도의 매출액은 1년으로 환산한 매출액을 말함)의 평균금액이 3천억원 미만인 기업일 것

3. 청년 정규직 근로자 등

(1) 청년 정규직 근로자와 장애인 근로자, 60세 이상인 근로자(이하 '청년 등'이라 함)

청년 정규직 근로자와 장애인 근로자는 다음과 같다(조특령 §26의 7 ③).

① 15세 이상 29세 이하인 사람 중 다음의 어느 하나에 해당하는 사람을 제외한 사람. 다만, 해당 근로자가 병역을 이행한 경우에는 그 기간(6년 한도)을 현재 연령에서 빼고 계산한 연령이 29세 이하인 사람을 포함한다.

㉠ 기간제및단시간근로자보호등에관한법률에 따른 기간제근로자 및 단시간근로자

㉡ 파견근로자보호등에관한법률에 따른 파견근로자

㉢ 청소년보호법 제2조 제5호 각 목에 따른 업소에 근무하는 같은 조 제1호에 따른 청소년

② 장애인복지법의 적용을 받는 장애인, 국가유공자등예우및지원에관한법률에 따른 상이자, 5·18민주유공자예우에관한법률 제4조 제2호에 따른 5·18민주화운동부상자와 고엽제후유의증등환자지원및단체설립에관한법률 제2조 제3호에 따른 고엽제후유의증환자로서 장애등급 판정을 받은 사람

③ 근로계약 체결일 현재 연령이 60세 이상인 사람(2021.2.17. 신설)

(2) 상시근로자

통합고용증대세액공제의 상시근로자 내용과 동일하므로 생략한다(조특령 §26의 7 ②, 조특령 §23 ⑩).

(3) 상시근로자 수와 청년 등 상시근로자 수의 계산

통합고용증대세액공제의 상시근로자 내용과 동일하므로 생략한다(조특령 §26의 7 ⑦).

4. 사후관리

(1) 세액공제 배제

소득세 또는 법인세를 공제받은 내국인이 최초로 공제를 받은 과세연도의 종료일부터 2년이 되는 날이 속하는 과세연도의 종료일까지의 기간 중 상시근로자의 수가 감소하는 경우 다음에 따라 추가공제를 적용하지 않으며 공제받은 세액에 상당하는 금액을 소득세 또는 법인세로 납부하여야 한다(조특법 §29의 7 ②).

구 분	세액공제 배제
① 전체 상시근로자 수가 감소한 경우	전체 상시근로자의 수가 최초로 공제를 받은 과세연도에 비하여 감소한 경우에는 감소한 과세연도부터 청년 등 및 청년 등 외 상시근로자에 대한 추가공제를 적용하지 않음
② 청년 등 상시근로자 수가 감소한 경우	청년 등 상시근로자의 수가 최초로 공제를 받은 과세연도에 비하여 감소한 경우에는 감소한 과세연도부터 청년 등 상시근로자에 대한 추가공제를 적용하지 않음

(2) 세액공제 배제금액

상시근로자 수가 감소한 경우에 추징하는 세액은 다음과 같다.

1) 1차년도 추징

최초로 공제받은 과세연도의 종료일부터 1년이 되는 날이 속하는 과세연도의 종료일까지의 기간 중 최초로 공제받은 과세연도보다 상시근로자 수 또는 청년 등 상시근로자 수가 감소하는 경우에는 다음의 구분에 따라 계산된 금액(해당 과세연도의 직전 1년 이내의 과세연도에 공제받은 세액을 한도로 함)을 해당 과세연도의 과세표준을 신고할 때 소득세 또는 법인세로 납부하여야 한다(조특령 §26의 7 ⑤).

구 분	세액공제 배제
① 상시근로자 수가 감소한 경우	①-1. 청년 등 상시근로자의 감소한 인원 수가 상시근로자의 감소한 인원 수 이상인 경우 : ㉠+㉡ ㉠ (최초로 공제받은 과세연도 대비 청년 등 상시근로자의 감소한 인원 수*1 – 상시근로자의 감소한 인원 수)×(청년 등 공제금액 – 청년 등 외 공제금액) ㉡ 상시근로자의 감소한 인원 수×청년 등 공제금액
	①-2. 그 밖의 경우 : ㉠+㉡ ㉠ 최초로 공제받은 과세연도 대비 청년 등 상시근로자의 감소한 인원 수*2×청년 등 공제금액 ㉡ 최초로 공제받은 과세연도 대비 청년 등 상시근로자 외 상시근로자의 감소한 인원 수*2×청년 등 외 공제금액
② 상시근로자 수는 감소하지 않으면서 청년 등 상시근로자 수가 감소한 경우	최초로 공제받은 과세연도 대비 청년 등 상시근로자의 감소한 인원 수*1×(청년 등 공제금액 – 청년 등 외 공제금액)

*1. 최초로 공제받은 과세연도에 청년 등 상시근로자의 증가한 인원 수를 한도로 한다.
*2. 상시근로자의 감소한 인원 수를 한도로 한다.

2) 2차년도 추징

1차년도 추징에 따른 기간의 다음 날부터 최초로 공제받은 과세연도의 종료일부터 2년이 되는 날이 속하는 과세연도의 종료일까지의 기간 중 최초로 공제받은 과세연도보다 상시근로자 수 또는 청년 등 상시근로자 수가 감소하는 경우에는 다음의 구분에 따라 계산한 금액을 추가납부세액으로 한다.

1차년도 추징에 따라 계산한 금액이 있는 경우에는 그 금액은 제외하며, 해당 과세연도의 직전 2년 이내의 과세연도에 조세특례제한법 제29조의 7 제1항에 따라 공제받은 세액의 합계액을 한도로 한다(조특령 §26의 7 ⑤).

구 분	세액공제 배제
① 상시근로자 수가 감소한 경우	①-1. 청년 등 상시근로자의 감소한 인원 수가 상시근로자의 감소한 인원 수 이상인 경우 : ㉠+㉡ ㉠ (최초로 공제받은 과세연도 대비 청년 등 상시근로자의 감소한 인원 수*1 – 상시근로자의 감소한 인원 수)×(청년 등 공제금액 – 청년 등 외 공제금액)×직전 2년 이내의 과세연도에 공제받은 횟수 ㉡ 상시근로자의 감소한 인원 수×청년 등 공제금액×직전 2년 이내의 과세연도에 공제받은 횟수

구 분	세액공제 배제
① 상시근로자 수가 감소한 경우	①-2. 그 밖의 경우 최초로 공제받은 과세연도 대비 청년 등 상시근로자 및 청년 등 상시근로자 외 상시근로자의 감소한 인원 수*2에 대해 직전 2년 이내의 과세연도에 공제받은 세액의 합계액
② 상시근로자 수는 감소하지 않으면서 청년 등 상시근로자 수가 감소한 경우	최초로 공제받은 과세연도 대비 청년 등 상시근로자의 감소한 인원 수*1×(청년 등 공제금액－청년 등 외 공제금액)×직전 2년 이내의 과세연도에 공제받은 횟수

*1. 최초로 공제받은 과세연도에 청년 등 상시근로자의 증가한 인원 수를 한도로 한다.

*2. 상시근로자의 감소한 인원 수를 한도로 한다.

실무 POINT 코로나19로 인한 고용증세액공제 개정사항(2021.3.16. 신설)

① 2020년 12월 31일이 속하는 과세연도의 전체 상시근로자의 수 또는 청년 등 상시근로자의 수가 최초로 공제받은 과세연도에 비하여 감소한 경우에는 최초로 공제받은 과세연도의 종료일부터 3년이 되는 날이 속하는 과세연도의 종료일까지의 기간에 대하여 세액공제를 추징한다. 다만, 2020년 12월 31일이 속하는 과세연도에 대해서는 코로나 19로 인한 세제지원 혜택으로 상시근로자가 감소했음에도 불구하고 세액공제를 추징하지 않는다.

② 위 ①을 적용받은 내국인이 2021년 12월 31일이 속하는 과세연도의 전체 상시근로자의 수 또는 청년 등 상시근로자의 수가 최초로 공제받은 과세연도에 비하여 감소하지 아니한 경우에는 고용증대세액공제에 따른 일정한 금액을 2021년 12월 31일이 속하는 과세연도부터 최초로 공제받은 과세연도의 종료일부터 2년(중소기업 및 중견기업의 경우에는 3년)이 되는 날이 속하는 과세연도까지 소득세(사업소득에 대한 소득세만 해당한다) 또는 법인세에서 공제한다.

③ 위 ②를 적용받은 내국인이 2022년 12월 31일이 속하는 과세연도의 전체 상시근로자의 수 또는 청년 등 상시근로자의 수가 최초로 공제받은 과세연도에 비하여 감소한 경우에는 최초로 공제받은 과세연도의 종료일부터 3년이 되는 날이 속하는 과세연도의 종료일까지 고용증대세액공제에 따른 일정한 금액을 적용한다.

5. 주의사항

① 고용인원이 유지되는 경우 고용이 증가한 해당연도를 포함하여 중소기업과 중견기업은 3년간 세액공제가 가능하며 그 외 일반기업은 2년간 세액공제를 적용한다.

② 세액공제를 받은 과세연도부터 3년 이내 근로자 수 감소 시 공제받은 세액을 추징당하므

로 근로자 수 관리에 주의를 요한다.

③ 고용증대 세액공제와 창업중소기업감면 또는 중소기업특별세액감면의 중복적용이 가능하며 다른 세액공제와도 중복 적용된다.

→ 고용증대 세액공제+창업중소기업감면
  고용증대 세액공제+사회보험료 세액공제+중소기업특별세액감면
  고용증대 세액공제+사회보험료 세액공제+각종 투자세액공제

④ 최저한세가 적용된다.

⑤ 농어촌특별세가 해당된다.

저자주 **고용증대세액공제 관련 국세청 자료 활용**

고용증대 관련 근로자수의 계산과 고용유지 또는 고용감소시 고용증대세액공제를 적용하는 것이 실무상 매우 어렵다. 이에 국세청이 제공하는 자료를 활용하여 실무를 적용하는 것을 고려해 볼 수 있어서 이에 대한 국세청 경로를 소개하고자 한다.

[국세상담센터]→[참고자료]→[법인세]→[참고자료]에서 '번호 9. 2021년 귀속 법인세신고시 고용증대세액공제 계산 서식 작성방법'을 활용하길 바란다.

■ 조세특례제한법 시행규칙 [별지 제10호의8서식](2024.03.22 개정)

고용 증대 기업에 대한 공제세액계산서

(3쪽 중 제1쪽)

❶ 신청인	① 상호 또는 법인명	② 사업자등록번호
	③ 대표자 성명	④ 생년월일
	⑤ 주소 또는 본점소재지 (전화번호:)	

❷ 과세연도	년 월 일부터 년 월 일까지

❸ 공제세액 계산내용

가. 1차년도 세제지원 요건 : ⑧ 〉0

1. 상시근로자 증가 인원

⑥ 해당 과세연도 상시근로자 수	⑦ 직전 과세연도 상시근로자 수	⑧ 상시근로자 증가 인원 수 (⑥-⑦)

2. 청년등 상시근로자 증가 인원

⑨ 해당 과세연도 청년등 상시근로자 수	⑩ 직전 과세연도 청년등 상시근로자 수	⑪ 청년등 상시근로자 증가 인원 수 (⑨-⑩)

3. 청년등 상시근로자 외 상시근로자 증가 인원

⑫ 해당 과세연도 청년등 상시근로자 외 상시근로자 수	⑬ 직전 과세연도 청년등 상시근로자 외 상시근로자 수	⑭ 청년등 상시근로자 외 상시근로자 증가 인원 수(⑫-⑬)

4. 1차년도 세액공제액 계산

구분	구분		직전 과세연도 대비 상시근로자 증가 인원 수 (⑧ 상시근로자 증가 인원 수를 한도)	1인당 공제금액	⑮ 1차년도 세액공제액
중소기업	수도권 내	청년등		1천1백만원	
		청년등 외		7백만원	
	수도권 밖	청년등		1천2백만원	
		청년등 외		7백7십만원	
	계				
중견기업	청년등			8백만원	
	청년등 외			4백5십만원	
	계				
일반기업	청년등			4백만원	
	청년등 외				
	계				

210mm×297mm[백상지 80g/㎡ 또는 중질지 80g/㎡]

PART 5 인건비에 대한 세무처리

나. 2차년도 세제지원 요건 : ⑱ ≥ 0

1. 상시근로자 증가 인원

⑯ 2차년도(해당 과세연도) 상시근로자 수	⑰ 1차년도(직전 과세연도) 상시근로자 수	⑱ 상시근로자 증가 인원 수(⑯–⑰)

2. 2차년도 세액공제액 계산(상시근로자 감소 여부)

1차년도(직전 과세연도) 대비 상시근로자 감소 여부	1차년도(직전 과세연도) 대비 청년 등 상시근로자 수 감소 여부	⑲ 1차년도 (직전 과세연도) 청년 등 상시근로자 증가 세액공제액	⑳ 1차년도 (직전 과세연도) 청년 등 외 상시 근로자 증가 세액공제액	㉑ 2차년도 세액공제액
부	부			
	여			
여				

다. 3차년도 세제지원 요건(중소 · 중견기업만 해당) : ㉔ ≥ 0

1. 상시근로자 증가 인원

㉒ 3차년도(해당 과세연도) 상시근로자 수	㉓ 1차년도(직전전 과세연도) 상시근로자 수	㉔ 상시근로자 증가 인원 수(㉒–㉓)

2. 3차년도 세액공제액 계산(상시근로자 감소 여부)

1차년도(직전전 과세연도) 대비 상시근로자 감소 여부	1차년도(직전전 과세연도) 대비 청년 등 상시근로자 수 감소 여부	㉕ 1차년도 (직전전 과세연도) 청년 등 상시근로자 증가 세액공제액	㉖ 1차년도 (직전전 과세연도) 청년 등 외 상시 근로자 증가 세액공제액	㉗ 3차년도 세액공제액
부	부			
	여			
여				

❹ 세액공제액 [⑮ 1차년도 세액공제액 + ㉑ 2차년도 세액공제액 + ㉗ 3차년도 세액공제액]	

「조세특례제한법 시행령」 제26조의7제10항에 따라 위와 같이 공제세액계산서를 제출합니다.

년 월 일

신청인 (서명 또는 인)

세무서장 귀하

210mm×297mm[백상지 80g/㎡ 또는 중질지 80g/㎡]

작 성 방 법

※ (작성요령) 2021년, 2022년에 「조세특례제한법」 제29조의7에 따라 고용증대 세액공제를 신청한 기업이 2023년 분에 대해 추가로 고용증대세액공제를 신청하는 경우의 작성방법은 다음과 같습니다.

– 1차년도는 직전 과세연도보다 상시근로자 수가 증가하여 최초로 공제받은 과세연도, 2 · 3차년도는 추가공제가 적용되는 과세연도(1차연도 과세연도의 종료일부터 1년, 중소기업 및 중견기업의 경우 2년)를 말합니다.

작성항목	해당 과세연도	직전 과세연도	직전전 과세연도	비고
가. 1차년도 세제지원 요건	2023년 귀속	2022년 귀속		2023년 최초공제
나. 2차년도 세제지원 요건	2023년 귀속	2022년 귀속		2022년 최초공제분 추가공제
다. 3차년도 세제지원 요건	2023년 귀속		2021년 귀속	2021년 최초공제분 추가공제

1. 근로자 수는 다음과 같이 계산하되, 100분의 1 미만의 부분은 없는 것으로 합니다.
   가. 상시근로자 수: 매월 말 현재 상시근로자 수의 합 / 과세연도의 개월 수
   나. 청년등 상시근로자 수: 매월 말 현재 청년등 상시근로자 수의 합 / 과세연도의 개월 수
   다. 청년등 상시근로자 외 상시근로자 수: 매월 말 현재 청년등 상시근로자 외 상시근로자 수의 합 / 과세연도의 개월 수
2. ⑥란부터 ⑧란까지의 상시근로자란 「근로기준법」에 따라 근로계약을 체결한 내국인 근로자로서 다음의 어느 하나에 해당하는 사람을 제외한 근로자를 말합니다.
   가. 근로계약기간이 1년 미만인 근로자. 다만, 근로계약의 연속된 갱신으로 인하여 그 근로계약의 총 기간이 1년 이상인 근로자는 상시근로자로 봅니다.
   나. 「근로기준법」 제2조제1항제9호에 따른 단시간근로자. 다만, 1개월간의 소정근로시간이 60시간 이상인 근로자는 상시근로자로 봅니다.
   다. 「법인세법 시행령」 제40조제1항 각 호의 어느 하나에 해당하는 임원
   라. 해당 기업의 최대주주 또는 최대출자자(개인사업자의 경우에는 대표자를 말한다)와 그 배우자
   마. 라목에 해당하는 자의 직계존비속(그 배우자를 포함) 및 「국세기본법 시행령」 제1조의2제1항에 따른 친족관계인 사람
   바. 「소득세법 시행령」 제196조에 따른 근로소득원천징수부에 의하여 근로소득세를 원천징수한 사실이 확인되지 않고, 「국민연금법」 제3조제1항제11호 및 제12호에 따른 부담금 및 기여금 또는 「국민건강보험법」 제69조에 따른 직장가입자의 보험료에 해당하는 금액의 납부사실도 확인되지 않는 자
3. ⑨란부터 ⑪란까지의 청년등 상시근로자란 15세 이상 29세 이하인 근로자 중 다음 각 목의 어느 하나에 해당하는 사람을 제외한 근로자[해당 근로자가 병역을 이행한 경우에는 그 기간(6년을 한도로 합니다)을 현재 연령에서 빼고 계산한 연령이 29세 이하인 사람을 포함]와 근로계약 체결일 현재 「장애인복지법」의 적용을 받는 장애인, 「국가유공자 등 예우 및 지원에 관한 법률」에 따른 상이자, 「5 · 18민주유공자예우 및 단체설립에 관한 법률」 제4조제2호에 따른 5 · 18민주화운동부상자와 「고엽제후유의증 등 환자지원 및 단체설립에 관한 법률」 제2조제3호에 따른 고엽제후유의증환자로서 장애등급 판정을 받은 사람(5 · 18민주화운동부상자, 고엽제후유의증환자로서 장애등급 판정을 받은 사람은 2019년 과세연도부터 적용됩니다), 근로계약 체결일 현재 연령이 60세 이상인 사람을 말합니다.
   가. 「기간제 및 단시간근로자 보호 등에 관한 법률」에 따른 기간제근로자 및 단시간근로자
   나. 「파견근로자보호 등에 관한 법률」에 따른 파견근로자
   다. 「청소년 보호법」 제2조제5호 각 목에 따른 업소에 근무하는 같은 조 제1호에 따른 청소년
4. ⑫란부터 ⑭란까지의 청년등 상시근로자 외 상시근로자란 상시근로자 중 청년등 상시근로자가 아닌 상시근로자를 말합니다.
5. ㉑, ㉗ 계산 시 각 공제금액(청년/청년 외)은 전체 상시근로자 수 증가분을 한도로 합니다.
6. 2차, 3차년도 상시근로자 또는 청년 등 상시근로자 감소 시에는「소득세법 시행규칙」 별지 제51호서식'추가납부세액계산서', 별지 제40호서식(1)'종합소득세 · 농어촌특별세 과세표준확정신고 및 납부계산서' 및 별지 제40호서식(6) '종합소득세 과세표준확정신고 및 납부계산서'를 작성하여 공제받은 세액 상당액을 납부하여야 합니다.
7. 해당 과세연도의 상시근로자 수가 전년대비 증가하여 「조세특례제한법」 제29조의8 통합고용세액공제 1차년도 공제를 신청할 경우 「조세특례제한법」 제29조의7 고용증대 세액공제 1차년도 공제를 중복하여 신청할 수 없습니다.

210mm×297mm[백상지 80g/㎡ 또는 중질지 80g/㎡]

3 사회보험료 세액공제

1. 개요

조세특례제한법시행령 제2조에 의한 중소기업이 2024.12.31.이 속하는 과세연도까지의 기간 중 해당 과세연도의 상시근로자 수가 직전 과세연도의 상시근로자 수보다 증가한 경우 고용증가에 대한 사용자의 사회보험료 부담금액으로서 일정한 금액을 소득세(사업소득에 대한 소득세만 해당) 또는 법인세에서 공제한다(조특법 §30의 4).

2. 세액공제금액

(1) 청년 및 경력단절여성(이하 청년 등이라 함) 상시근로자의 경우

(해당연도 청년 등 상시근로자 수－직전연도 청년 등 상시근로자 수)*1 ×청년 등 상시근로자 고용증가인원에 대한 사용자의 사회보험료 부담금액*2 ×100%

*1. 그 수가 음수인 경우에는 '0'으로 보며 해당 과세연도에 직전 과세연도 대비 증가한 상시근로자 수를 한도로 한다.

*2. $\frac{\text{해당 과세연도에 청년 등 상시근로자에게 지급하는 총급여액}}{\text{해당 과세연도 청년 등 상시근로자 수}}$ ×사회보험료율

(2) 청년 등 외 상시근로자의 경우

{(해당연도 상시근로자 수－직전연도 상시근로자 수)－(해당연도 청년 등 상시근로자 수－직전연도 청년 등 상시근로자 수)}*1 ×청년 등 외 상시근로자 고용증가인원에 대한 사용자의 사회보험료 부담금액*2 ×50%(신성장 서비스업*3을 영위하는 중소기업의 경우는 75%)

*1. 그 수가 음수인 경우에는 '0'으로 봄

*2. $\frac{\text{해당 과세연도에 청년 등 외 상시근로자에게 지급하는 총급여액}}{\text{해당 과세연도 상시근로자 수－해당 과세연도 청년 등 상시근로자 수}}$ ×사회보험료율

*3. 신성장 서비스업을 영위하는 중소기업이란 다음에 해당하는 사업을 주된 사업으로 영위하는 중소기업을 말한다. 이 경우 둘 이상의 서로 다른 사업을 영위하는 경우에는 사업별 사업수입금액이 큰 사업을 주된 사업으로 본다(조특령 §27의 4 ⑤).

① 컴퓨터 프로그래밍, 시스템 통합 및 관리업, 소프트웨어 개발 및 공급업, 정보서비스업 또는 전기통신업
② 창작 및 예술관련 서비스업(자영예술가는 제외), 영화·비디오물 및 방송프로그램 제작업, 오디오물 출판 및 원판 녹음업 또는 방송업
③ 엔지니어링사업, 전문디자인업, 보안시스템 서비스업 또는 광고업 중 광고물 작성업
④ 서적, 잡지 및 기타 인쇄물출판업, 연구개발업, 학원의설립·운영및과외교습에관한법률에 따른 직업기술 분야를 교습하는 학원을 운영하는 사업 또는 근로자직업능력개발법에 따른 직업능력개발훈련시설을 운영하는 사업(직업능력개발훈련을 주된 사업으로 하는 경우로 한정)
⑤ 관광진흥법에 따른 관광숙박업, 국제회의업, 유원시설업 또는 관광객이용시설업
⑥ 물류산업
⑦ 그 밖에 기획재정부령으로 정하는 신성장 서비스업(조특칙 §14의 4 ①)
  • 전시산업발전법 제2조 제1호에 따른 전시산업

- 그 밖의 과학기술서비스업
- 시장조사 및 여론조사업
- 광고업 중 광고대행업, 옥외 및 전시 광고업

3. 청년 등 상시근로자

(1) **상시근로자** : 근로기준법에 따라 근로계약을 체결한 내국인 근로자로 한다. 다만, 다음에 해당하는 사람은 제외한다(조특령 §27의 4 ①).

① 근로계약기간이 1년 미만인 근로자. 다만, 근로계약의 연속된 갱신으로 인하여 그 근로계약의 총기간이 1년 이상인 근로자는 상시근로자로 본다.

② 근로기준법 제2조 제1항 제9호에 따른 단시간근로자. 다만, 1개월간의 소정근로시간이 60시간 이상인 근로자는 상시근로자로 본다.

③ 법인의 임원

④ 해당 기업의 최대주주 또는 최대출자자(개인사업자의 경우에는 대표자를 말함)와 그 배우자

⑤ ④에 해당하는 자의 직계존비속(그 배우자 포함) 및 친족관계인 사람(6촌 이내 혈족, 4촌 이내 인척)

⑥ 근로소득원천징수부에 의하여 근로소득세를 원천징수한 사실이 확인되지 아니하는 사람

⑦ 사회보험에 대하여 사용자가 부담하여야 하는 부담금 또는 보험료의 납부 사실이 확인되지 아니하는 근로자

(2) **청년근로자** : 15세 이상 29세 이하인 상시근로자. 단, 청년근로자가 병역을 이행한 경우에는 그 기간(6년을 한도로 함)을 근로계약 체결일 현재 연령에서 빼고 계산한 연령이 29세 이하인 사람을 포함한다(조특령 §27의 4 ②).

(3) **경력단절여성** : 경력단절여성의 범위는 다음과 같으며(조특법 §29의 3 ①), 다음 각 호의 요건을 모두 충족하는 여성을 말한다.

① 해당 기업 또는 해당 기업과 동일한 업종의 기업에서 1년 이상 근무(대통령령으로 정하는 바에 따라 해당 중소기업이 경력단절 여성의 근로소득세를 원천징수하였던 사실이 확인[*1]되는 경우로 한정, 동일 업종의 개정은 2020.1.1.부터 적용)한 후 대통령령으로 정하는 결혼·임신·출산·육아 및 자녀교육의 사유[*2]로 퇴직하였을 것

② ①의 사유로 퇴직한 날부터 3년 이상 15년 미만의 기간이 지났을 것

③ 해당 중소기업의 최대주주 또는 최대출자자(개인사업자의 경우에는 대표자를 말함)나 그와

대통령령[*3]으로 정하는 특수관계인이 아닐 것

*1. 근로소득원천징수부를 통하여 근로소득세를 원천징수한 사실이 확인되는 경우(조특령 §26의 3 ③)
*2. ① 퇴직한 날부터 1년 이내에 혼인한 경우(가족관계기록사항에 관한 증명서를 통하여 확인되는 경우로 한정) (2020.2.11. 신설)
② 퇴직한 날부터 2년 이내에 임신하거나 난임시술을 받은 경우(의료기관의 진단서 또는 확인서를 통하여 확인되는 경우에 한정)
③ 퇴직일 당시 임신한 상태인 경우(의료기관의 진단서를 통하여 확인되는 경우로 한정)
④ 퇴직일 당시 8세 이하의 자녀가 있는 경우
⑤ 퇴직일 당시 「초·중등교육법」 제2조에 따른 학교에 재학 중인 자녀가 있는 경우(2020.2.11. 신설)
*3. 특수관계자는 「국세기본법 시행령」 제1조의 2 제1항에 따른 친족관계인 사람을 말함

(4) 청년 등 상시근로자 수 : 고용증대 세액공제의 계산방식과 동일하다(조특령 §27의 4 ⑥).

(5) 상시근로자 수와 청년 등 상시근로자 수의 계산 : 고용증대 세액공제의 계산방식과 동일하다(조특령 §27의 4 ⑥).

(6) 직전연도의 상시근로자 수 계산 시 유의사항

청년 등 상시근로자 또는 상시근로자 증가인원을 계산할 때 해당 과세연도에 창업 등을 한 기업의 경우에는 다음의 구분에 따른 수를 직전 또는 해당 과세연도의 청년 등 상시근로자 수 또는 상시근로자 수로 본다(조특령 §27의 4 ⑦).

구 분	직전연도의 청년 등 상시근로자 수 또는 청년 등 외 상시근로자 수
① 창업(조특법 §6 ⑩ 1호부터 3호까지는 제외한 경우)	0
② 조특법 §6 ⑩ 1호(합병·분할·현물출자 또는 사업의 양수 등을 통하여 종전의 사업을 승계하는 경우는 제외)부터 3호에 해당하는 경우	종전 사업, 법인전환 전의 사업 또는 폐업 전의 사업의 직전 과세연도 청년 등 상시근로자 수 또는 상시근로자 수
③ 해당 과세연도에 합병·분할·현물출자 또는 사업의 양수 등에 의하여 종전의 사업부문에서 종사하던 청년 등 상시근로자 또는 상시근로자를 승계하는 경우	• 승계시킨 기업의 경우 : (직전 과세연도 청년 등 상시근로자 수 또는 상시근로자 수) − (승계시킨 청년 등 상시근로자 수 또는 상시근로자 수) • 승계한 기업의 경우 : (직전 과세연도 청년 등 상시근로자 수 또는 상시근로자 수) + (승계한 청년 등 상시근로자 수 또는 상시근로자 수) • 해당 과세연도의 상시근로자 수는 해당 과세연도 개시일에 상시근로자를 승계시키거나 승계한 것으로 보아 계산한 청년 등 상시근로자 수 또는 상시근로자 수로 함
④ 특수관계인으로부터 청년 등 상시근로자 또는 상시근로자를 승계하는 경우	

4. 공제기간과 사회보험료율

(1) 공제기간

사회보험료 세액공제를 공제받은 중소기업이 공제를 받은 과세연도의 종료일부터 1년이 되는 날이 속하는 과세연도의 종료일까지의 기간 중 전체 상시근로자의 수가 공제를 받은 과세연도의 전체 상시근로자 수보다 감소하지 아니한 경우에는 다음에 따른 금액을 공제를 받은 과세연도의 종료일부터 1년이 되는 날이 속하는 과세연도의 소득세(사업소득에 대한 소득세만 해당) 또는 법인세에서도 공제한다(조특법 §30의 4 ②).

→ 2018년부터 이후 사업연도에 인원이 감소하지 않으면 해당연도와 다음연도(총2년간) 세액공제가 가능한 것으로 세법이 개정되었다.

① **청년 등 상시근로자 수가 감소하지 아니한 경우** : 위의 2. 세액공제금액 (1) 및 (2)에 따라 공제받은 금액 상당액

② **청년 등 외 상시근로자 수가 감소하지 아니한 경우** : 위의 2. 세액공제금액 (2)에 따라 공제받은 금액 상당액

(2) 사회보험료율

사회보험료율은 해당 과세연도 종료일 현재 적용되는 다음의 수를 더한 수로 한다. 2024년도의 요율은 다음과 같다(조특령 §27의 4 ⑩).

구 분		요 율
국민건강보험료율		7.09%×50%=3.545%
노인장기요양보험료율		3.545%×12.95%=0.4590775%
국민연금보험료율		4.5%
고용보험	실업급여보험료율	0.9%
	고용안정·직업능력개발 사업의 보험료율	0.25%~0.85%
산재보험료율		업종별 상이

5. 사후관리

(1) 세액공제 배제

2022년 귀속분부터는 소득세 또는 법인세를 공제받은 중소기업이 최초로 공제를 받은 과세연도의 종료일부터 1년이 되는 날이 속하는 과세연도의 종료일까지의 기간 중 전체 상시근로자의 수가 최초로 공제를 받은 과세연도에 비하여 감소한 경우에는 감소한 과세연도에 대하여는 세액공제를 적용하지 아니하고, 청년등상시근로자의 수가 최초로

공제를 받은 과세연도에 비하여 감소한 경우에는 감소한 과세연도에 대하여 세액공제를 적용하지 아니한다. 이 경우 공제받은 세액에 상당하는 금액을 소득세 또는 법인세로 납부하여야 한다(조특법 §30의 4 ②).

(2) 세액공제 배제금액

납부하여야 할 금액은 다음과 같이 계산한다(조특령 §27의 4 ⑪).

구 분		세액공제 배제금액
상시근로자 수가 감소한 경우	감소한 청년등 상시근로자의 수가 감소한 상시근로자수 이상인 경우	배제금액=①−②+③ ① 최초로 공제받은 과세연도에 비해 감소한 청년등 상시근로자 수(최초공제연도에 청년등 상시근로자가 증가한 수를 한도로 함)에서 최초공제 연도에 비해 감소한 상시근로자 수를 뺀 인원수에 대하여 공제받은 청년 등 공제금액 계산식을 준용하여 계산한 금액 ② 차감인원수에 대하여 공제받은 청년 외 공제금액 계산식을 준용하여 계산한 금액 ③ 최초공제연도에 비해 감소한 상시근로자 수에 대하여 공제받은 청년 등 공제금액 계산식을 준용하여 계산한 금액
	그 밖의 경우	배제금액=①+② ① 최초공제연도에 비해 감소한 청년등 상시근로자 수(최초공제연도에 청년등 상시근로자가 증가한 수를 한도로 함)에 대하여 공제받은 청년 등 공제금액 계산식을 준용하여 계산한 금액 ② 최초공제연도에 비해 감소한 청년등 상시근로자 외의 상시근로자 수(최초공제연도에 비해 감소한 상시근로자 수를 한도로 함)에 대하여 공제받은 청년 외 공제금액 계산식을 준용하여 계산한 금액
상시근로자 수는 감소하지 않으면서 청년등 상시근로자 수가 감소한 경우		배제금액=①−② ① 최초공제연도에 비해 감소한 청년등 상시근로자 수(최초공제연도에 청년등 상시근로자가 증가한 수를 한도로 하고 청년감소인원수라고 함)에 대하여 공제받은 청년 등 공제금액 계산식을 준용하여 계산한 금액 ② 청년감소인원수에 대하여 공제받은 청년 외 공제금액 계산식을 준용하여 계산한 금액

6. 신규가입근로자의 사회보험료 세액공제

중소기업 중 대통령령으로 정하는 기업[*1]이 2020년 1월 1일 현재 고용 중인 대통령령으로 정하는 근로자[*2] 중 2020년 12월 31일까지 사회보험에 신규 가입하는 근로자에 대하여 신규

가입을 한 날부터 2년이 되는 날이 속하는 달까지 사용자가 부담하는 사회보험료 상당액(두루누리사회보험료와 건강보험료 감면 금액 등 국가 지원금은 제외)의 50%에 상당하는 금액을 해당 과세연도의 소득세(사업소득에 대한 소득세만 해당) 또는 법인세에서 공제한다(조특법 §30의 4 ③).

*1. 중소기업 중 대통령령으로 정하는 기업(조특령 §27의 4 ⑪)
다음의 요건을 모두 갖춘 중소기업을 말한다
① 해당 과세연도의 상시근로자 수가 10명 미만일 것
② 해당 과세연도의 소득세 또는 법인세 과세표준이 5억원 이하일 것
⇒ 개인사업자의 경우의 과세표준은 다음과 같이 계산한다.

$$\text{종합소득과세표준} \times \frac{\text{해당 과세연도의 사업소득금액}}{\text{해당 과세연도의 종합소득금액}}$$

*2. 대통령령으로 정하는 근로자(조특령 §27의 4 ⑫)
대상 근로자는 근로기준법에 따라 근로계약을 체결한 내국인 근로자 중 시간당 임금이 최저임금법 제5조에 따른 최저임금액의 100분의 100 이상 100분의 120 이하인 근로자를 말한다.

7. 주의사항

(1) 최저한세 대상이지만 농어촌특별세는 해당되지 않는다.

(2) 고용증대 세액공제는 고용인원 감소 시 세액공제받은 금액에 대하여 일정금액의 추가납부세액이 발생하지만 사회보험료 세액공제는 다음 사업연도 이후 고용인원이 감소하더라도 추가납부의 규정이 없다.

(3) 2018년부터 고용인원이 감소하지 않으면 해당연도와 다음연도(총2년간) 세액공제가 적용된다.

(4) 사회보험료 세액공제와 고용증대 세액공제는 공제 요건이 거의 대동소이하지만 중복공제가 가능하며, 사회보험료 세액공제는 중소기업투자세액공제 등의 그 외의 세액공제와도 중복적용이 가능하다.
→ 사회보험료 세액공제 + 고용증대 세액공제 + 각종 투자세액공제

(5) 사회보험료 세액공제는 세액감면과 중복적용하지 않지만 2018년부터는 중소기업특별세액감면과는 중복적용이 가능하다.
→ 사회보험료 세액공제 + 고용증대 세액공제 + 중소기업특별세액감면

(6) 개인사업자의 경우에는 사업소득(부동산 임대소득 제외)에 대한 소득세에서만 공제가 가능하다.

(7) 2020년 귀속분부터는 사용자가 부담하는 사회보험료 상당액에 국가 등의 보조금과 감면액(두루누리 지원금)은 제외한다.

저자주 **중소기업사회보험료 세액공제 납부할 세액 계산 사례**

국세청 상담센터에서 '중소기업사회보험료 세액공제 납부할 세액 계산 사례'에 대한 자료를 제공하고 있으므로 해당 자료를 활용하여 실무를 적용하는 것을 고려해 볼 수 있어서 이에 대한 국세청 경로를 소개하고자 한다.

[국세상담센터]→[참고자료]→[법인세]→[참고자료]에서 '번호 22. 중소기업사회보험료 세액공제 납부할 세액 계산 사례'를 활용하길 바란다.

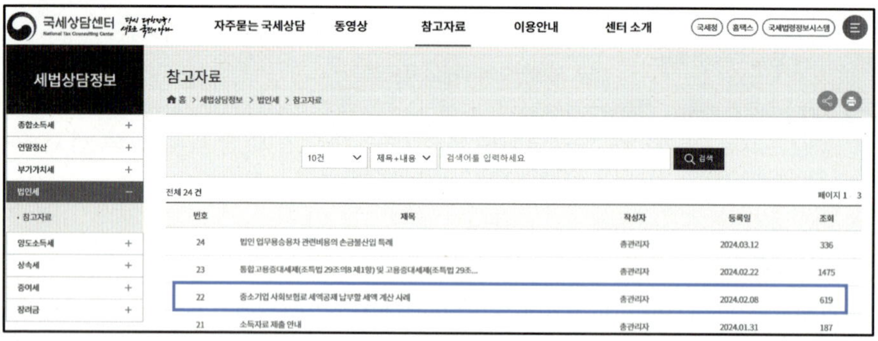

■ 조세특례제한법 시행규칙 [별지 제11호의9서식] (2023.3.20. 개정)

중소기업 사회보험 신규가입에 대한 사회보험료 세액공제 공제세액계산서

❶ 신청인	① 상호 또는 법인명	② 사업자등록번호
	③ 대표자 성명	④ 생년월일
	⑤ 주소 또는 본점소재지 (전화번호:)	

❷ 과세연도	년 월 일부터 년 월 일까지

❸ 공제세액 계산내용

1. 공제요건 : 가, 나, 다를 모두 갖출 것

가. 해당 과세연도의 상시근로자 수가 10명 미만인 중소기업 여부	여, 부
나. 해당 과세연도의 소득세(법인세) 과세표준이 5억원 이하인 중소기업 여부	여, 부
다.「조세특례제한법」 제30조의4제3항의 요건에 해당하는 근로자에 대해 사회보험에 신규가입하고, 해당 근로자의 시간당 임금이「최저임금법」 제5조에 따른 최저임금액의 100% 이상 120% 이하 여부	여, 부

2. 공제세액계산

가. 사회보험에 신규 가입하는 근로자의 사회보험료 중 사용자 부담분

⑥성명(생년.월.일)		⑦ 국민건강보험	⑧ 장기요양보험	⑩국민연금	⑪고용보험	⑫산업재해보상보험	⑬소계(⑦+⑧+⑨+⑩+⑪+⑫)
A	(. .)						
B	(. .)						
C	(. .)						
D	(. .)						
합계							⑭
나. 공제세액 = ⑭ × 0.5							⑮

「조세특례제한법」 제30조의4제5항에 따라 공제세액계산서를 제출합니다.

년 월 일

신청인 (서명 또는 인)

세무서장 귀하

작 성 방 법
⑦~⑫ 의 사회보험료 상당액은 국가 및 공공기관이 지급하였거나 지급하기로 한 보조금 및 감면액은 제외합니다.

PART 5 인건비에 대한 세무처리

■ 조세특례제한법 시행규칙 [별지 제11호의5서식] 2022.3.18. 개정)

(3쪽 중 제1쪽)

중소기업 고용증가 인원에 대한 사회보험료 세액공제 공제세액계산서

❶ 신청인	① 상호 또는 법인명	② 사업자등록번호
	③ 대표자 성명	④ 생년월일
	⑤ 주소 또는 본점소재지 (전화번호:)	

❷ 과세연도	년 월 일부터 년 월 일까지

❸ 공제세액 계산내용

⑥ 해당년도 공제세액 합계(⑦+㉒)	

1. 청년 및 경력단절 여성 상시근로자 고용증가 인원의 사회보험료 부담증가 상당액에 대한 공제세액계산

⑦ 공제세액(⑩×⑮)	

가. 고용증가 인원 계산

⑧ 해당 과세연도 청년등 상시근로자 수	⑨ 직전 과세연도 청년등 상시근로자 수	⑩ 증가한 청년등 상시근로자 수 [(⑧-⑨), ⑩≤㉕]

나. 고용증가 인원 1인당 사용자의 사회보험료 부담금액

⑪ 해당 과세연도에 청년등 상시근로자에게 지급하는「소득세법」 제20조제1항에 따른 총급여액	⑫ 해당 과세연도 청년등 상시근로자 수(=⑧)	⑬ 사회보험료율 (=㉑)	⑭국가 등이 지급한 보조금 및 감면액의 1인당 금액	⑮ 사회보험료 부담금 (⑪/⑫×⑬-⑭)
		(%)		

다. 사회보험료율

⑯ 국민건강보험	⑰ 장기요양보험	⑱ 국민연금	⑲ 고용보험	⑳ 산업재해보상보험	㉑계 (⑯+⑰+⑱+⑲+⑳)
(%)	(%)	(%)	(%)	(%)	(%)

2. 청년 및 경력단절 여성 외 상시근로자 고용증가 인원의 사회보험료 부담증가 상당액에 대한 공제세액계산

㉒ 공제세액(㉗×㉜×0.5, 신성장 서비스업을 영위하는 중소기업의 경우에는 ㉗×㉜×0.75)	

가. 고용증가 인원 계산

㉓ 해당 과세연도 상시근로자 수	㉔ 직전 과세연도 상시근로자 수	㉕ 증가한 상시근로자 수 (㉓-㉔)	㉖ 증가한 청년등 상시근로자 수 (=⑩)	㉗ 증가한 청년등 외 상시근로자 수 (㉕-㉖)

210mm×297mm[백상지 80g/㎡ 또는 중질지 80g/㎡]

(3쪽 중 제2쪽)

나. 고용증가 인원 1인당 사용자의 사회보험료 부담금액

㉘ 해당 과세연도에 청년등 외 상시근로자에게 지급하는 「소득세법」 제20조제1항에 따른 총급여액	㉙ 해당 과세연도 상시근로자 수 – 해당 과세연도 청년등 상시근로자 수 (㉓–⑧)	㉚ 사회보험료율 (=㉑)	㉛ 국가 등이 지급한 보조금 및 감면액의 1인당 금액	㉜ 사회보험료 부담금 (㉘/㉙×㉚–㉛)
		(%)		

3. 2차년도 세제지원 요건 : ㉟ ≥0

가. 상시근로자 증가 인원

㉝ 2차년도(해당 과세연도) 상시근로자 수	㉞ 1차년도(직전 과세연도) 상시근로자 수	㉟ 상시근로자 증가 인원 수(㉞–㉝)

나. 2차년도 세액공제액 계산(상시근로자 감소여부)

직전 과세연도 대비 상시근로자 감소 여부	직전 과세연도 대비 청년등 상시근로자수 감소여부	㉠ 직전 과세연도 청년등 상시근로자 증가에 대한 사회보험료 세액공제액	㉡ 직전 과세연도 청년등 외 상시 근로자 증가에 대한 사회보험료 세액공제액	㊱ 2차년도 세액공제액 (㉠+㉡)
부	부			
	여			
여				
㊲ 세액공제액 : ⑥ 해당년도 세액공제액 + ㊱ 2차년도 세액공제액				

「조세특례제한법」 제30조의4제5항에 따라 공제세액계산서를 제출합니다.

년 월 일

신청인 (서명 또는 인)

세무서장 귀하

첨부서류	없음	수수료 없음

210mm×297mm[백상지 80g/㎡ 또는 중질지 80g/㎡]

작 성 방 법

1. 상시근로자 수를 계산할 때 「근로기준법」 제2조제1항제9호에 따른 단시간근로자 중 1개월간의 소정근로시간이 60시간 이상인 근로자 1명은 0.5명으로 계산하되, 「조세특례제한법 시행령」 제27조의4제6항제2호 각 목의 지원요건을 모두 충족하는 상시근로자는 0.75명으로 하여 계산하며, 상시근로자 수 중 100분의 1 미만은 없는 것으로 합니다.

가. 상시근로자 수: 해당 과세연도의 매월 말 현재 상시근로자 수의 합 / 해당 과세연도의 개월 수

나. 청년 및 경력단절 여성 상시근로자 수: 해당 과세연도의 매월 말 현재 청년 및 경력단절 여성 상시근로자 수의 합 / 해당 과세연도의 개월 수

다. 청년 상시근로자의 의미: 15세 이상 29세 이하인 상시근로자[「조세특례제한법 시행령」 제27조제1항제1호 단서에 따라 병역을 이행한 경우에는 그 기간(6년을 한도로 합니다)을 근로계약 체결일 현재 연령에서 빼고 계산한 연령이 29세 이하인 경우를 포함하며, 최대 35세까지 가능합니다]입니다.

라. 경력단절 여성 상시근로자의 의미: 해당 중소기업에서 1년 이상 근무한 여성이 결혼 · 임신 · 출산 · 육아 · 자녀교육의 사유로 퇴직한 날부터 2년 이상 15년 미만의 기간 내에 해당 중소기업에서 상시근로자로 재고용하는 것을 의미합니다(「조세특례제한법」제29조의3 제1항 각 호의 규정에 해당되는 자를 의미하며, 해당 중소기업의 최대주주 또는 최대출자자 등의 경우에는 제외됨).

마. 청년등 상시근로자의 의미: 청년 상시근로자와 경력단절 여성 상시근로자를 의미합니다.

2. ⑩란의 "증가한 청년등 상시근로자 수"는 ㉕란의 "증가한 상시근로자 수"를 한도로 합니다.

3. ⑩, ㉗란의 수가 음수인 경우 영으로 합니다.

4. ⑭ 보조금 및 감면액은 국가 및「공공기관의 운영에 관한 법률」제4조에 따른 공공기관이 지급하였거나 지급하기로 한 보조금 및 감면액의 1인당 금액(청년등 상시근로자와 관련된 보조금 및 감면액/⑫)을 말합니다.

5. ⑯란부터 ⑳란까지의 사회보험료율은 해당 과세연도 종료일 현재 적용되는 보험료율을 말합니다.

⑯ 국민건강보험 :「국민건강보험법 시행령」 제44조제1항에 따른 보험료율의 2분의 1

⑰ 장기요양보험: ⑯란의 보험료율에 「노인장기요양보험법 시행령」제4조에 따른 장기요양보험료율을 곱한 수

⑱ 국민연금: 「국민연금법」 제88조에 따른 보험료율

⑲ 고용보험: 「고용보험 및 산업재해보상보험의 보험료 징수 등에 관한 법률」 제13조제4항 각 호에 따른 수를 합한 수

⑳ 산업재해보상보험: 「고용보험 및 산업재해보상보험의 보험료 징수 등에 관한 법률」 제14조제3항에 따른 산재보험료율

6. ㉒란의 신성장 서비스업을 영위하는 중소기업이란 「조세특례제한법 시행령」 제27조의4제5항 각 호에 따른 업종을 주된 사업으로 영위하는 중소기업을 말합니다.

7. ㉛ 보조금 및 감면액은 국가 및「공공기관의 운영에 관한 법률」제4조에 따른 공공기관이 지급하였거나 지급하기로 한 보조금 및 감면액의 1인당 금액(청년등 외 상시근로자와 관련된 보조금 및 감면액/㉙)을 말합니다.

210mm×297mm[백상지 80g/㎡ 또는 중질지 80g/㎡]

4 성과공유 중소기업의 경영성과급에 대한 세액공제

1. 개요

중소기업인력지원특별법 제27조의 2 제1항에 따른 중소기업(성과공유 중소기업)이 상시근로자에게 2027.12.31.까지 경영성과급을 지급하는 경우 그 경영성과급의 10%(2022년부터 2024년까지는 15%, 2021년까지는 10%)에 상당하는 금액을 해당 과세연도의 소득세(사업소득에 대한 소득세만 해당) 또는 법인세에서 공제한다. 다만, 성과공유 중소기업의 해당 과세연도의 상시근로자 수가 직전 과세연도의 상시근로자 수보다 감소한 경우에는 공제하지 아니한다(조특법 §19 ①).

2. 감면요건

(1) 성과공유 중소기업

중소기업인력지원특별법 제27조의 2 제1항에 따른 중소기업으로서 중소벤처기업부장관이 발급하는 성과공유기업 확인서가 있는 중소기업을 말한다(조특법 §19 ①).

(2) 상시근로자 수

상시근로자란 근로기준법에 따라 근로계약을 체결한 내국인 근로자를 말한다. 다만, 다음의 어느 하나에 해당하는 사람은 제외한다(조특령 §17 ①).

① 근로계약기간이 1년 미만인 근로자(근로계약의 연속된 갱신으로 인하여 그 근로계약의 총기간이 1년 이상인 근로자는 제외)

② 근로기준법 제2조 제1항에 따른 단시간근로자. 다만, 1개월간의 소정근로시간이 60시간 이상인 근로자는 상시근로자로 본다.

③ 법인세법시행령 제40조 제1항의 어느 하나에 해당하는 법인의 임원

④ 해당 기업의 최대주주 또는 최대출자자(개인사업자의 경우에는 대표자를 말함)와 그 배우자

⑤ ④의 직계존비속(그 배우자를 포함) 및 친족관계인 사람(6촌 이내 혈족, 4촌 이내 인척)

⑥ 근로소득원천징수부에 의하여 근로소득세를 원천징수한 사실이 확인되지 아니하고, 다음의 어느 하나에 해당하는 금액의 납부사실도 확인되지 않은 자

㉠ 국민연금법 제3조 제1항 제11호 및 제12호에 따른 부담금 및 기여금

㉡ 국민건강보험법 제69조에 따른 직장가입자의 보험료

⑦ 해당 과세기간의 총급여액이 7천만원을 초과하는 근로자

그 밖의 상시근로자 수를 계산하는 방법은 고용증대 세액공제 내용을 참고한다.

(3) 경영성과급

경영성과급은 중소기업인력지원특별법시행령 제26조의 2 제1항 제1호에 따라 중소기업과 근로자가 경영목표 설정 및 그 목표 달성에 따른 성과급 지급에 관한 사항을 사전에 서면으로 약정하고 이에 따라 근로자에게 지급하는 성과급을 말한다(조특령 §17 ②).

✔ 우리사주조합을 통하여 성과급으로서 근로자에게 지급하는 우리사주는 포함함

3. 세액공제

세액공제액은 다음과 같으며, 해당 과세연도의 상시근로자 수가 직전 과세연도의 상시근로자 수보다 감소한 경우에는 세액공제가 적용되지 않음에 유의하여야 하며 상시근로자의 수 계산은 고용증대 세액공제 계산방식과 동일하다(조특법 §19 ①, 조특령 §17 ③·④).

경영성과급 × 15%(2021년까지는 10%)

성과공유 중소기업의 경영성과급에 대한 세액공제를 받으려는 자는 과세표준신고와 함께 기획재정부령으로 정하는 세액공제신청서 및 공제세액계산서를 납세지 관할 세무서장에게 제출해야 한다(조특령 §17 ⑤).

02 기타 인건비 관련 세액공제

기타 인건비와 관련된 세액공제는 개요에 대한 부분만 설명하기로 하고 자세한 내용은 관련 법령을 참고하길 바란다.

1 산업수요맞춤형고등학교 등 졸업자를 병역이행 후 복직시킨 중소기업 세액공제

중소기업 또는 중견기업이 산업수요맞춤형고등학교 등을 졸업한 사람 중 대통령령으로 정하는 사람을 고용한 경우 그 근로자가 병역을 이행한 후 2020.12.31.까지 복직된 경우(병역을 이행한 후 1년 이내에 복직된 경우만 해당)에는 해당 복직자에게 복직일 이후 2년 이내에 지급한 인건비의 100분의 30(중견기업의 경우에는 100분의 15)에 상당하는 금액을 해당 과세연도의 소득세(사업소득에 대한 소득세만 해당) 또는 법인세에서 공제한다(조특법 §29의 2).

2 경력단절 여성 고용 기업 등에 대한 세액공제

중소기업 또는 중견기업이 경력단절 여성과 2022.12.31.까지 1년 이상의 근로계약을 체결하는 경우에는 고용한 날부터 2년이 되는 날이 속하는 달까지 해당 경력단절 여성에게 지급한 대통령령으로 정하는 인건비의 100분의 30(중견기업의 경우에는 100분의 15)에 상당하는 금액을 해당 과세연도의 소득세(사업소득에 대한 소득세만 해당) 또는 법인세에서 공제한다(조특법 §29의 3 ①).

또한 중소기업 또는 중견기업이 육아휴직 복귀자를 2022.12.31.까지 복직시키는 경우에는 복직한 날부터 1년이 되는 날이 속하는 달까지 해당 육아휴직 복귀자에게 지급한 인건비의 100분의 30(중견기업의 경우에는 100분의 15)에 상당하는 금액을 해당 과세연도의 소득세(사업소득에 대한 소득세만 해당) 또는 법인세에서 공제한다. 다만, 해당 중소기업 또는 중견기업의 해당 과세연도의 상시근로자 수가 직전 과세연도의 상시근로자 수보다 감소한 경우에는 공제하지 않으며(조특법 §29의 3 ②), 소득세 또는 법인세를 공제받은 기업이 해당 기업에 복직한 날부터 1년이 지나기 전에 해당 육아휴직 복귀자와의 근로관계를 종료하는 경우에는 근로관계가 종료한 날이 속하는 과세연도의 과세표준신고를 할 때 공제받은 세액에 상당하는 금액을 소득세 또는 법인세로 납부하여야 한다(조특법 §29의 3 ③, 2021.1.1.부터 시행).

3 근로소득증대 세액공제

중소기업 또는 중견기업이 2025.12.31.이 속하는 과세연도까지 직전 3년 평균 초과 임금증가분의 100분의 20(중견기업의 경우에는 100분의 10)에 상당하는 금액을 해당 과세연도의 소득세(사업소득에 대한 소득세만 해당한다) 또는 법인세에서 공제한다(조특법 §29의 4).

4 중소기업·중견기업 비정규직의 정규직 근로자 전환 세액공제

중소기업 또는 중견기업이 2021.6.30. 당시 고용하고 있는 기간제및단시간근로자보호 등에 관한법률에 따른 기간제근로자 및 단시간근로자, 파견근로자보호등에관한법률에 따른 파견근로자, 하도급거래공정화에관한법률에 따른 수급사업자에게 고용된 기간제근로자 및 단시간근로자를 2022.12.31.까지 기간의 정함이 없는 근로계약을 체결한 근로자로 전환하거나 파견근로자보호등에관한법률에 따라 사용사업주가 직접 고용하거나 하도급거래공정화에관한법률 제2조 제2항 제2호에 따른 원사업자가 기간의 정함이 없는 근로계약을 체결하여 직접 고용하는 경우(정규직 근로자로의 전환)에는 정규직 근로자로의 전환에 해당하는 인원에 1천만원(중견기업의 경우에는 700만원)을 곱한 금액을 해당 과세연도의 소득세(사업소득에 대한 소득세만 해당) 또는 법인세에서 공제한다. 다만, 해당 과세연도에 해당 중소기업 또는 중견기업의 대통령령으로 정하는 상시근로자 수가 직전 과세연도의 상시근로자 수보다 감소한 경우에는 공제하지 아니한다(조특법 §30의 2 ①).

또한, 소득세 또는 법인세를 공제받은 자가 정규직 근로자로의 전환을 한 날부터 2년이 지나기 전에 해당 정규직 근로자와의 근로관계를 종료하는 경우에는 근로관계가 종료한 날이 속하는 과세연도의 과세표준신고를 할 때 공제받은 세액상당액에 대통령령으로 정하는 바에 따라 계산한 이자상당액을 가산하여 소득세 또는 법인세로 납부하여야 한다(조특법 §30의 2 ②, 2023년 세법개정으로 조문은 삭제되었지만 2023.1.1.전에 개시한 과세연도에 정규직 근로자로의 전환을 한 경우에 대한 세액공제에 관하여는 종전의 규정에 따름).

5 고용유지중소기업에 대한 소득공제

중소기업기본법 제2조에 따른 고용유지중소기업*은 다음과 같이 계산한 금액을 2026.12.31.이 속하는 과세연도까지 각 과세연도의 소득세(사업소득에 대한 소득세만 해당) 또는 법인세에서 공제한다(조특법 §30의 3).

* 고용유지중소기업의 요건

① 해당 과세연도의 대통령령으로 정하는 바에 따라 계산한 상시근로자(해당 과세연도 중에 근로관계가 성립한 상시근로자는 제외) 1인당 시간당 임금이 직전 과세연도에 비하여 감소하지 아니한 경우

② 해당 과세연도의 상시근로자 수가 직전 과세연도의 상시근로자 수와 비교하여 대통령령으로 정하는 일정비율 이상 감소하지 아니한 경우

③ 해당 과세연도의 대통령령으로 정하는 바에 따라 계산한 상시근로자(해당 과세연도 중에 근로관계가 성립한 상시근로자는 제외) 1인당 연간 임금총액이 직전 과세연도에 비하여 감소한 경우

세액공제금액＝(1)＋(2)

(1) (직전 과세연도 상시근로자 1인당 연간 임금총액－해당 과세연도 상시근로자 1인당 연간 임금총액)×해당 과세연도 상시근로자 수×100분의 10

(2) (해당 과세연도 상시근로자 1인당 시간당 임금－직전 과세연도 상시근로자 1인당 시간당 임금×100분의 105)×해당 과세연도 전체 상시근로자의 근로시간 합계×100분의 15

저자 약력

김성중 노무사

연세대학교 생화학과 졸업
중현공인노무사사무소 공인노무사
노무법인 길벗 대표공인노무사
한양대학교 경영전문대학원, 한국표준협회 등 강의
(현) 노무법인 유앤 파트너 노무사
이나우스아카데미 강사

〈주요저서〉
- 문화예술분야 (예비)사회적기업 운영가이드
- 근로계약과 취업규칙 실무
- 인사관리실무 채용에서 퇴직까지
- 예술경영실무따라잡기

진성규 세무사

한양대학교 석사(경영학), 경기대학교 박사 수료(회계세무)
성동세무서 국세심사위원
한국세무사회 중소기업위원회 상임위원, 도서출판위원회 위원
서울지방세무사회 연수교육위원
신구대학 세무회계과 겸임교수
(현) 진성규세무사사무소 운영
한국세무사회 세무연수원 교수
중부지방세무사회 조세제도연구위원, 연수위원
더존평생교육원 전문교육위원
한국생산성본부 전문교육위원
이나우스아카데미 전문교육위원

〈주요저서〉
- 알기쉬운 세무실무(2025, 조세통람)
- 슬기로운 가산세 사례실무(2025, 조세통람)
- 원천징수실무, 연말정산실무, 재무제표결산실무 (2024, 더존평생교육원)

2025 한눈에쏙쏙 인건비 & 4대보험실무

저　　자　**김성중 · 진성규**
발 행 인　**서원진**
편집 · 교정　**류현수, 김영림**
편집디자인　**이은희, 이미영, 황자애**
발 행 처　**㈜조세통람**
펴 낸 날　**2012년 3월 15일 초판 발행**
　　　　　2025년 4월 25일 개정14판 발행

저자와의 협의하에 인지생략

주　　소　서울특별시 중구 동호로 14길 5-6(신당동)
등　　록　1976. 11. 5. 제9-81호
대표전화　02) 2231-7027
F A X　02) 2234-1754
구입문의　02) 2231-7027
I S B N　979-11-6064-346-6　13320
정　　가　**55,000원**

(주)조세통람은 좋은 책을 만들기 위해 독자 여러분의 의견을 기다립니다.
• 독자 의견 및 도서 문의 메일 : josetop@inaus.co.kr